中研院歷史語言研究所集刊論文類編

思想與文化編

二

中華書局

戰 國 道 家

陳 榮 捷

一、道家之起源　　　　　五、稷下諸子
二、老子　　　　　　　　六、貴生之流
三、關尹和楊朱　　　　　七、潔身隱士
四、莊子　　　　　　　　八、結論

一、道 家 之 起 源

　　道家這個名詞，是前二世紀陳平 (178 B.C.年死) 頭一次用的[1]。秦朝以前沒有。道是學者所共言，各人有各人之道，沒有人獨佔的。莊子天下篇評論諸家，都說「聞古之道術……而悅之」[2]。荀子評論諸子，也從個人而講而不講學派[3]。當時諸子爭鳴，各樹其說。以學派著名的，只有儒墨兩派。就是韓非子所說「世之顯學儒墨也」[4]。莊子常常說「儒墨」[5]，可以做一個佐證。他又說「儒墨楊秉」[6]，秉是公孫龍的字，這裏不叫做「名」家，楊也不是一家，結果只有儒墨兩派。儒墨之所以成派，就是因為孔子和墨子都是文化傳統中心的魯國人。他們的學派裏有師承，有組合，有典籍，有具體方案。淮南子說，「孔丘墨翟修先王之術，道六藝之論。口道其言，身出其表」[7]。所以他們有系統，有傳說。至于戰國的道家就沒有結合，也沒有領袖。他們的思想縱橫發展，沒有一定的傳授。在天下篇裏，老子和莊子分開兩組，就是一個證據。不過這並不是說戰國時代沒有後世所謂「道家」的人物和學說。相反地，戰國初期，道家最少可以和儒墨爭衡，到中期並直駕諸派而上之。這是有證據的。第一，戰國諸子引述老子的很多，遠在楊墨之上[8]。第二，戰國思想家之集中，以稷下為最盛，人數過千，歷時六七十年。其知名的以道家或有道家主要成份的為最多，儒墨都遠不可及[9]。第三，莊子和惠子辯論許多次，除了辯者以外無出其右[10]。更重要的，就是道家的道，具有特殊性質，意義高深，遠出乎其他諸子的道之上。照司馬談 (110 B.C.年死) 的

話，「道家使人精神專一，動合無形，贍足萬物。其爲術也，因陰陽之大順，采儒墨之善，名法之要。與時遷移，應物變化，立俗施事，無所不宜。指約在易操，事少而功多」[11]。所以沒有一個學派能避免他的薰染。他的影響之大，令到學者說某家某家的確是從道家生出來的。這一點在下面再詳細討論[12]。

道家的興起，並不是突然的。他的來源有自，學者已經詳細說過。有王官、隱士、陰陽、儒墨、黃帝、楊朱、老子八種學說。現在簡略地討論一下。

1. 道家出于王官　這一說近人討論得相當熱烈。漢書藝文志根據劉歆(約 6 B.C.—23)七略說，「道家者流，蓋出于史官，歷記成敗存亡禍福古今之道」[13]。至于爲什麼出于史官，就沒有說明。有人說古時政敎合一，所以思想由上而下。布政施令之由上而下，自不待言。然而思想的發生，爲什麼一定由上而下呢？況且老子書極力攻擊政府是很猛烈的。有人說古時的資料如曆法，祀典之類由王官管理。然而道家的思想裏絕少有這種資料的痕跡。大槪相傳老子做過柱下史，管理周室文獻，可以說是史官。周朝的時候政府都有史官，掌理官書。所以老子的書，一定是拿周室的文獻做根據，而他的思想成熟，也一定在他做史的時候。不過根據傳說老子退隱之後才著書。卽使說他去職之後才思想成熟，那麼他的拼擊政府，與其說是出于史官，不如說是和史官相反對罷。莊子評諸子，荀子非十二子，司馬談論六家要指，淮南子要略[14]，都沒有出自王官的說法。漢書藝文志著錄了道家總共三十七家，伊尹，太公最先。班固(39—92)自己注伊尹說，「湯相」，注太公說，「呂望，爲周師尙父(崇尙之老者)」，其他都和政府沒有關係。做相做師，並不是史官，大抵所謂「出」的不是指思想的源泉，而是說貴族時代的學術，原來是在王官裏，到後來知識份子流落到普通社會去，所以說做「出」罷。成帝的時候(32—7 B.C.)書籍遺失很多。所以廣求遺書于天下，歸諸政府。因此劉向(77—6 B.C.)和他的兒子歆上溯思想的來源，以爲歷史上有文獻可尋的，非王官莫屬，于是看學術和官職是一樣。而且漢朝的政治組織逐漸強大起來，劉歆就以爲文化的組織必定基立在政治機構上。可是卽使這樣廣義解釋諸子出于王官之說，最多也只可以說墨子信鬼，所以「墨家者流蓋出于淸廟之守」。但是說道家出于史官，無論廣義或狹義，都是莫明其妙的。實際上劉歆不過說蓋「出」于史官罷了，他仍然用疑似的詞，還未敢決定的[15]。

2.　道家是隱者所形成的　學者持這說的，爲數不少。在某種意義上面，說隱士是道家的先河，未嘗不可。隱士避世離俗，自潔全生，或且遊于方外，獨與天地往來，自古以來都有。孔子所碰到的楚狂、接輿、長沮、桀溺、荷篠丈人、晨門、荷蕢[16]，是其中著名的。莊子因爲隱者許由，務光辭天下而不受，當做理想人物[17]。根據史記，老子本人也是「隱君子」，他的學術是「自隱無爲爲務」[18]。而隱者的思想行爲，都和道家的思想行爲的一部相適合。不過這樣只能够說他們具有道家型的思想，而不能說他們是道家歷史上或思想上的淵源。因爲隱者未曾聚過生徒，也未曾立了學說。老子敎人，功成才退，只說「小國寡民」，不說避世。救人治國，和光同塵[19]，這不是楚狂等人所崇尙的。莊子也曾做過小官。稷下的道家都有政治之圖。所以隱士的好潔好靜，明哲保身，最多不過反映道家思想的一個角度，而這個角度又不是最重要的[20]。

3.　道家出于陰陽　章學誠 (1738—1801) 和章太炎 (1868—1936) 們說道家出于陰陽。學誠說，「老子說本陰陽，莊子寓言假象，易敎也」[21]。太炎說「若以道家之出于陰陽者，實有數端可驗。一以列子天瑞驗之，二以列子力命驗之，三以列子湯問驗之」。又說，「所謂道家者，實陰陽之變形也」[22]。老子莊子和其他的道家都講陰陽，那麼道家和陰陽的關係密切，是很明了的。不過爲什麼道家必定出于陰陽，兩位章氏都沒解釋。陰陽是春秋戰國諸子百家所共言的，至漢朝陳平才稱他做一家。天瑞篇只說「聖人因陰陽以統天地」，「道終乎？本乎始」。力命篇講死生。湯問篇講物之始終。只可以說是和易經的陰陽生死，始終相近。但是這不能說是道家出于陰陽的效驗的。

4.　道家出于儒家　這一說是專指莊子的。韓愈 (768—824)說，「蓋子夏之學，其後有田子方，田子方之學流而爲莊周。故周之書喜稱子方之爲人」[23]，莊子以爲田子方「緣順而葆貞，清而容物」[24]，是合理的。莊子裏面稱其爲人的，是田子方稱贊東郭順子之爲人。不能因此便說他的「學流而爲莊周」的。根據呂氏春秋，「田子方學于子貢，段干木學于子夏」[25]。韓文公混亂了。無論如何，文公的目的是在贊美孟子而排貶莊子。拿來講歷史的事實是不可靠的。

5.　道家出于墨家　這是錢穆的主張。他說，「先秦學術……皆從儒墨生。要而言之，法原于儒，而道啓于墨」[26]。這裏他不同意若干學者法家出于道家的主張。他

以爲老子書是在莊子之後的。初時只有儒墨兩派，所以說諸派都出自他們。至於爲什麼法出於儒，道出於墨，錢氏沒有解說。

　　6.　道家出于黃帝　剛才說的三說，支持的很少，比較頗爲通行的，就是道家出于黃帝之說。這裏的原因，可能是世間傳說黃帝登仙升天，以浮游于世外，做成老子退居和隱士避世的典型。或也可能是有人說黃帝起始設立史官。不過這些都屬神話，出乎學術史範圍以外。漢書藝文志載道家有黃帝書四種。其中有黃帝君臣十篇，班固自己注說，「起六國時，與老子相似也」。既然說是起于六國的時候，又只說和老子相似，可知老子並非發原于黃帝了。藝文志開始是伊尹，而且黃帝又在老子經傳四種之後。藝文志裏的陰陽、天文、曆譜、五行、雜占、醫經、經方、房中、神仙等家，很多假託黃帝的名，不單是道家和黃帝有關係的。所以從藝文志來說完全沒有道家出于黃帝的根據。太史公司馬遷 (145—86 B.C.) 說「百家言黃帝，其文不雅馴，薦伸先生難言之」[27]，可知黃帝是百家所共言，並不限於道家的。

　　這一說的起源，一方面是因爲莊子講黃帝的很多，另一方面是因爲史記常常把黃老相提並論。黃帝的名，在莊子十一篇裏提了三十次[28]。諸子講黃帝的很多，他們都是託古。准南子說，「故爲道者必託之于神農黃帝而後能入」[29]。比方莊子把老子的甘食、美服、樂俗、安居、鄰里不相往來的教訓[30]，上溯到黃帝伏羲和神農便是一例[31]。值得注意的，是莊子把黃帝和堯舜一塊講[32]。可是託古聖人，越多越妙。史記屢次講諸子本于黃老，說申子「學本于黃老」[33]，韓子「其歸本于黃老」[34]，愼到、田駢、接子、環淵，「皆學黃老道德之術」[35]。此外還有「善修黃帝老子之言」[36]，「學黃老術」[37]，「通……黃帝、老子」[38] 的，這是太史公的說話。漢景帝的時候(156-141 B.C.)黃老盛行，史公特別注重他們。班固說他「論大道則先黃老而後六經」[39]。這不是隨便講的。不過史公講莊子，說「其要本歸于老子之言」[40]，單舉老子而不提及黃帝，也許史公沒有意思把莊子的歸于老子和其他諸子的歸于黃帝分做兩件事，不過班固的話意味很長，是我們不容忽略的。倘若我們說莊子天下篇評論學派，都說「古之道術有在於是」，於是老聃莊周等「聞其風而悅之」，因此把史記黃帝的「順以天地之紀，幽明之占、死生之說，存亡之難」，算做道，黃帝的「習用干戈」，「修德振兵，治五氣」，「禽殺蚩尤」算做術[41]，那就附會太過了。

7. 　楊朱是道家的前驅　又有人把楊朱做道家的濫觴[42]。他們的前提是楊朱生在老子之前。我們否認這說，詳第三節。認爲這說不能成立。

8. 　老子是道家之祖　司馬談要指叙述道家，只說他採陰陽，儒，墨，名，法的精華，而不說他有什麼承受。史記的老子傳有老子教孔子的事而沒有任何一人教老子的[43]。這兩種記載都似乎暗示老子是自得的。但是我們所謂始祖，並非說無中生有，像破天荒一樣。我們以爲學說的興起，都是時勢的反動。春秋時代封建制度崩潰，貴族制度搖動。富有的人流入民間。商業發達，鐵器逐漸通用。教育發展，平民抬頭。諸子於是跟著興起來。當時政治腐敗，道德淪喪，諸子都想設法拯救。有知其不可而爲的孔子，有摩頂放踵以利天下的墨子，有先從政，後來見得世道衰微于是隱退但仍然立說來挽住狂瀾的老子，有避世而全生保眞的楊朱等隱士。淮南子論儒者，墨者、管子、晏子、形名、商鞅之興起，都是以改革社會爲職志[44]，這可謂觀察精確了。歷史上某一種型態、某一種學說、不可以說是從一個人突然而起。然而這型態在當初發現的時候，常常因爲某一個人而得到完成，這學說在他剛興起的時候，常常因爲某一個人而可以基立。老子之成立道家，就是如此。老子書裏有「古之所謂」，「建言 (立言) 有之」[45]，「聖人有云」，「用兵有言」[46]。顯然有所源自。但是大體來講，說道家成于老子，並不是錯的。我們從下面詳細討論老子的思想，可以見到這一說是不謬的。

二、老 子

1. 　老子其人　老子的思想幾乎完全在老子書裏面可以見到。這本書的時代是什麼？著者是誰？老子有沒有這個人？生在春秋還是戰國？這些問題近五十年來，紛訟不已。有關的著作，大概有五十萬字。學者緘默的很少，他們的爭論到現在還未停止。他們的問題和答案，關於道家思想的意義和他的演進，重大得很。假如說老子是在前，莊子是在後，那麼必定是先有反正的觀念才有齊物的學說。如果說老子書是在莊子之後，那麼有生於無的觀念，必定是完成于戰國的末期。所以我們在討論老莊思想之前，不能不將老子問題作一個總結。現在首先討論老子的人，跟著討論老子的書，然後講到他的哲學。

史記老莊申韓列傳說：

老子者，楚苦縣曲仁里人也。姓李氏，名耳，字伯陽，諡曰聃。周守藏室之史也。孔子適周，將問禮于老子。老子曰，「子所言者，其人與骨皆已朽矣。獨其言在耳。且君子得其時則駕，不得其時則蓬累 (頭載東西把兩手扶著) 而行。吾聞之，良賈深藏若虛。君子盛德，容貌若愚。去子之驕氣與多慾，態色與淫志。是皆無益于子之身。吾所以告子，若是而已」。孔子去，謂弟子曰，「鳥吾知其能飛，魚吾知其能游。獸吾知其能走。走者可以為罔，游者可以為綸，飛者可以為矰 (把繩繫著矢來射)。至於龍，吾不能知其乘風雲而上天。吾今日見老子，其猶龍耶」！老子脩道德。其學以自隱無名為務。居周久之，見周之衰，迺遂去。至關，關令尹喜曰，「子將隱矣，彊為我著書」。于是老子迺著上下篇，言道德之意五千言而去。莫知其所終。

　　或曰，老萊子亦楚人也。著書十五篇，言道家之用，與孔子同時云。蓋老子百有六十餘歲，或言二百餘歲，以其脩道而養壽也。

　　自孔子之後百二十有九年，而史記周太史儋，見秦獻公 (384—362 B.C.) 曰，「始秦與周合而離，離五百歲而復合。合七十餘歲，而霸王出焉」。或曰，儋即老子，世莫知其然否。老子，隱君子也。老子之子名宗。宗為魏將，封于段干。宗子注，注子宮，宮玄孫假。假仕于漢文帝 (197—158 B.C.) 而假之子解，為膠西王卬太傅，因家于齊焉。

　　世之學老子者則絀儒學，儒學亦絀老子。「道不同，不相為謀」[47]，豈謂是耶？[43]

　　太史公的消息來源不一，材料衝突，他自己已經不能無疑，所以說「或曰」，「云」，「蓋」，「或言」，「世莫知其然否」。宋儒葉適 (1150—1223) 已經懷疑這傳記是不可靠的。到了清朝疑問更多。汪中 (1744—1794) 和崔述 (1740—1816) 都不信史記的傳。民國十一年梁啓超 (1873—1929) 批評胡適 (1891—1962) 中國哲學史大綱，提出六個疑問，(一) 老子八代孫和孔子十三代孫不能同時，(二) 孔子，墨子，孟子都不提老子，(三) 問禮的老子和著書的老子的思想相反，(四) 史記的傳是出于寓言的莊子的，(五) 老子的思想太過激烈，不屬春秋時代，(六) 「仁義」等詞是春秋時人所有的

[49]。因此梁氏否認史傳而以爲老子是戰國末期的作品，從此我國學術史上的一場大官司就開始了。

本傳同時敍述老聃，老萊子，太史儋三個人，不免混亂。他說老子二百餘歲，大概是想解除三者的矛盾，也未可定。現在把老子的生地姓名，職業，問禮，老萊子，太史儋五項來討論。

甲、生地姓名 苦縣[50]，本來屬於陳。前五三五年陳被楚國滅了。本傳和太史公自序裏都叫李耳。前四世紀以前沒有李姓。戰國時候沒有人叫老子做李某的。所以他的姓大生問題。姚鼐 (1731—1815) 懷疑他本來姓子，因爲「子」「李」同音，所以世人叫他做李[51]。馬叙倫以爲這是對的[52]。不過這一說沒有證據。馬說「李」本來是「里」。左傳有里克這個人[53]，後來呂氏春秋注叫李克[54]。高亨以爲這是後人所改的[55]。他說「老」實在是姓，因爲「老」「李」同音，所以改做「李」。高亨不准別人改「里」做「李」，而准自己改「老」做「李」，這不是自相矛盾嗎？實在老子姓李，並沒有絕對的不可能。從來只叫他的名或尊號，到後來史家才注意他的姓和里，這樣有何不可？史記所載，在以前典籍裏看不到的不計其數。倘若都算作虛造，那麼可信的史料還有多少呢？

「老子」和「老聃」這個名字，見于莊子很多次[56]，其中三次講孔子見老聃[57]，一次記孔子和老聃談話[58]，四次當老子和老聃是一個人[59]，韓非子兩次引老子當做老聃的話[6)]。淮南子也如此[61]。呂氏春秋用「聃」(垂耳)，也用「耽」(耳大垂)[62]。畢沅 (1730—1797) 說，這兩個字同音互通。所以耳這個名沒有問題[63]。司馬貞 (壯年729) 史記索隱本來作「名耳，字聃，姓李氏」。他的注說，「今作『字伯陽』非正也」[64]。王念孫 (1744—1832) 根據這兒來斷定今本的文字是後人所竄改的[65]。「伯陽」的號，其實來自神仙傳[66]。聃的字也沒有問題，但是「謚」字是後來增加的。姚鼐說老子不是貴族，沒有受謚的道理。就算要謚，也應該表示他的美德。爲什麼特別指出他的耳長呢[67]？這是很對的。

「老」這個字，鄭玄 (127—200) 解做「古壽考者之號」，是最通行[63]。葛玄 (壯年210) 說老子「生卽皓然」，這顯然是怪話。又有人釋「老」做「考」，說老子「考敎眾理」[69]，這眞是思想過敏了。至于年老的人很多，爲什麼單獨李聃叫做「老子」？這

就不容易解釋。姚鼐說「老」是宋國的姓[70]。胡適以爲老可能是姓，李是氏，而老又可能是字[71]。陳柱則以爲「李」「老」是双聲，所以叫做「老子」[72]。高亨也一樣說法，而且舉出四個證據來說明[73]。這種種解說不同，我們不知道誰是對的。既然沒有圓滿的答案，那就不如以鄭玄的解釋似乎比較近情。史公屢次講「黃老」。倘若「老」是姓，則黃帝也應用姓，「黃老」應當改做「公孫老」了。「史公」用「老」做形容詞，和他以爲先秦的人都用「老」做形容詞，這是可無疑義的。

　　乙、職業　　史記索隱以爲守藏室史是「周藏書室之史」[74]。汪中則說老子不能做周吏，因爲除了晉悼一人以外，列國之產，不仕于周[75]。可是既然有例外，那麼爲什麼老子也不可以做例外呢？「關令尹喜」，呂氏春秋注[76]，劉向別錄，漢書藝文志道家周尹子注，都說他「名喜」。也有作喜悅解的。「關令尹」普通解爲「守關良善之官」，簡稱「關尹」，如莊子，呂氏春秋[77]。「尹」又可作姓[78]。關或說散關[79]，或說函谷關[80]。這些枝節，和老子的存在與否和他的時代無關，現在可以不講。

　　丙、孔子問禮　　關于問禮之說，史記孔子世家說，「魯宮敬叔言于魯君。魯君與之一乘車兩馬，一豎子俱，適周問禮」。禮記又記孔子從老聃助葬，碰到日食。老聃說，「止柩就道右，止哭以聽變。既明反而後行，禮也」。又說老子稱引周公[81]。朱子(1130—1200)說，「孔子問老聃之禮，而老聃所言禮殊無謂，恐老聃與老子非一人，但不可考耳」[82]。汪中以爲史記和禮記裡的記載裏老子嚴謹禮法，稱讚周公，都和老子乖違太甚，所以不信問禮[83]。崔述也以爲老子責孔子驕而多欲，和孔子稱美老聃都是妄的[84]。魯君贈車之事，史公放在孔子十七歲至三十歲之間。司馬貞說孔子十七歲不能問禮，因爲孔子問禮之時說，「甚矣，道之于今難行也」[85]。這一定是在後的話[86]。不過這句話是出于孔子家語，這本書未必可靠。梁玉繩(1745—1819)較爲合理。他說孔子二十二歲的時候，敬叔才生。假如說孔子三十歲適周，那時敬叔不過九歲，怎能從游呢[87]？根據閻若璩(1636—1704)的考據，孔子三十歲的時候（魯昭公廿九年，522 B.C.）沒有日食，四年之後才有。所以斷定孔子三十四歲適周[88]。崔述以爲這年敬叔僅十三歲。而且在哀絰之中，不能隨行[89]。然而十三歲從游，也未嘗不可。游完之後趕回守喪，也屬可能。莊子說孔子行年五十有一，往見老聃[90]，學者以爲如此便可以解決十七歲和三十歲的種種困難，可惜根據閻氏的考證，那年（魯定公九年，501 B.C.）沒有日蝕。胡適相信孔子之

游是在三十四歲 (518 B.C.) 和四十一歲 (511 B.C.) 之間，因爲這兩年都有日蝕 [91]。莊子
天道篇說「孔子西藏書于周室……往見老聃」。姚鼐很早就以爲這是秦火而後所增加的
[92]。王先謙 (1842—1917) 勉強辯護，說「聖人知有秦火而預藏之」[93]，令人很難相信。
梁啓超則走于其他極端，以爲史傳取材于莊子，完全不可相信 [94]。無論如何，史傳和
莊子是兩不相符的。莊子說孔子到南邊的沛 [95]，本傳則說到周。本傳以問禮爲本，莊
記則不然。可是孔老相會和孔子學于老子的傳說，除禮記曾子問四次，莊子五次以外
[96]，還有呂氏春秋 [97]，可見盛行。所以問禮之事，學者多數接受。

丁、老萊子　史公的仲尼弟子列傳[98]分老子和老萊子做兩個人，在本傳裏也說老
子著上下篇，老萊子著十五篇。又說老萊子「亦楚人」。可見以爲他們是兩個人。然
而旣是兩人，爲什麼把老萊子加入老子傳裏呢？這很難明白。或者當時有人以爲他們
是一個人的，所以載之以存疑。錢穆根據莊子載老萊子敎孔子「去汝躬矜，與汝容知」
（智慧之容）的話[99]，和本傳老子敎孔子「去子之驕氣多欲，態色與淫志」相合，便以
爲老萊子卽是孔子問禮的老子[100]。然而證據恐怕不够。莊子十份之九是寓言的，未可
盡信。

戊、太史儋　史公只是說老子的兒子名宗，而不說這位老子是老聃還是太史儋。
「聃」「儋」兩個字同音同義，可以互通。梁啓超以爲老子的八世孫假在漢文帝時候
做官，那時孔安國（壯年130 B.C.）已經是孔子的十三代孫，所以孔老不能同時[101]，但
是胡適則說其本人少時和同族相隔六代的同時[102]。有些學者跟隨汪中，說宗是太史儋
的兒子[103]。根據戰國策[104]和史記[105]，前二七三年秦破魏，魏將段干子卽段干崇，請割
地求和。姚範 (1701—1771) [106] 和汪中都說他就是段干宗，因爲「崇」「宗」相通。但
是錢穆說這樣從太史儋見秦献公的年（献公十一年），卽前三七四年，到段干子請和的
年相隔一百零一年，爲期太遠[107]。然而依據高亨的解釋，假定儋三十歲見秦献公，六
十歲時宗才出世，那麼宗請和的時候七十一歲，未嘗不可[108]。又有人解「玄孫」做
「遠孫」，希望這樣解決年代的困難。

由於困難沒有法子完全解決，現在完全接受史傳的，可以說竟無一人。同時以爲
老子絕無其人的也很少。最早以爲老子是虛構的，似乎是日本人伊藤蘭嵎(1693—1778)。
他說孔孟都不提老子，而荀子所提的老子是另外一個人[109]。倘若依靠這個論據，那麼

孟子不提莊子，于是莊子和其他諸子，都可以說是虛構了。

2.　**老子其書**　老子又叫做道德經。普通說是五千字，但是各種版本最少 5227 字，最多 5722 字。漢書說河間獻王 (131 B.C.死) 所得的書有古文老子[110]，劉向七略也有老子，已經喪失了。現在留存最古的是河北易縣龍興觀七〇八年石刻本。現在流行本分上下篇，上篇三十七章，下篇四十四章，總共八十一章。王弼 (226—249) 所注的有數本，5610 或 5683 字。篇章都沒有題目。河上公 (壯年約 179—159 B.C.) 所注的也有幾本，5355 字或 5590 字叫上經做道經，下篇做德經，每一章都有題目。這本書本來叫做老子，到漢景帝的時候才叫做經[111]。漢書藝文志道家類有老子經傳三種，但是沒有老子。揚雄 (53 B.C.—18) 曾說老子著道經[112]。馬敍倫說道德經這個名稱在前漢諸書裏可以見到的[113]。

這本書之分上下兩篇，是史記本傳裏所說的。有人說王弼的注本來不分篇，但是他的註明明有「下篇」的字[114]。也許到宋朝時他的注有分編有不分編的。至于分章，學者以爲是在隋唐以後，因爲漢書藝文志錄河上公注不指出章數，陸德明 (556—627) 老子音義也不分章。有人說河上公分上篇爲三十七章以符天的奇數，分下篇爲四十四章以符地的偶數。嚴遵 (壯年53—24 B.C.) 分上篇爲四十章，下篇三十二章，共七十二章，以抵陰八陽九之和。葛洪 (253—333) 以天有四時，地有五行，于是把三十六章 (天四與九之和) 做上篇，四十五章 (地五與九之和) 做下篇，總共八十一章。唐明皇 (713—755) 的註以九章爲一組，上篇四組共三十六章配四時，下篇五組共四十五章紀五行。吳澄 (1249—1333) 的注合兩三章爲一章，共六十八章。每章專言一題。明太祖 (1368—1398) 道德眞經注分六十七章。姚鼐老子章義仍然是八十一章，不過上篇有三十一，下篇有五十章。現代的馬敍倫、嚴靈峯等人都自編新的章句[115]，學者很多移易句語，增減文字，恐怕如果老子復生，就無所措手足。

老子注釋以韓非解老喩老爲最古[116]。藝文志所載的三經已不存了。現存最古的註大概是想爾註。這註1900年從敦煌出土。這註不全，時代著者都無可考，饒宗頤以爲是出于張魯 (壯年188—220) 之手[117]。古註仍然存在而無缺的，就是王弼和河上公兩注。王注重哲學，河上注重宗教，開以後註疏兩大潮流。此後我國註疏，據嚴靈峯的調查大約有七百種，其中仍然存在的大約一半，日本方面大約有二百五十種[118]。外文譯本以玄奘(596—664)譯梵文的爲最早。一千年以後 (1788) 才有拉丁文譯本。後來俄文譯本

(1828)、法文譯本 (1831)、英文譯本 (1868) 次第出現。英文譯本已經超過四十種，幾乎每隔一年有一種新譯本。

至于書的本身，各章長短不一，語句幾乎完全押韻。全書沒有一次對話，不用人名。沒有日期，也沒有歷史的事蹟。多用「我」而不用「你」。重複矛盾，不一而足。顯非一人一時之作。于是議論紛紛，至今不絕。崔浩 (450年死) 老早就懷疑不是老子的著作。宋儒葉適說「敎孔子者必非著書之老子，而爲此書者必非禮家所謂老聃」119。以後汪中120崔述121都否認這書是老子所作的。日人齋藤拙堂 (1787—1865) 以此書用「仁義」一詞，而且反對戰爭苛政，決不是戰國以前的書122。然而熱烈爭執，則從1922年梁啓超提出六點疑問以後，才和老子人的問題，一同掀起。參加論戰的人，各守陣壘，不肯相讓。他們爭論之點，有關引述、文體、名詞、思想、和個人著述五點。

甲、引述　莊子引老子二十二次123。荀子不引而評老子爲「有見于詘，無見于信」124，可知他一定知道老子的思想如何。韓非子除了解老、喩老以外另外引老子五次125。呂氏春秋126和戰國策127都引老子。這些都是戰國的作品。所以崔述斷定老子不是春秋時代的書。梁氏則問何以論語、孟子、墨子都不提老子？然而問何以論語不提老子，則我們也可以問何以老子不提論語？而且古書喪失很多。比方墨子本來是七十一篇128，現在只有五十三篇。而太平御覽所載的墨子逸語，則引老子129。孟子所引孔子的話，也有不見諸論語的130。孟子不提荀卿，而荀子則屢次批評孟子131。孟莊同時而彼此一言不及。韓非子、戰國策都沒有孟子莊子的話。可知提與不提，不能證實某書是否已經存在。錢穆以莊子內篇所引老子132都不在現在的老子，只有外篇雜篇所引才見於現在的老子。所以老子書爲後期的書133。錢氏的大前提是外雜篇是晚出的。這個前提還沒有證實。顧頡剛以呂氏春秋所引，幾乎佔老子三份之二，但始終不曾吐出其爲取材于老子，所以說老子不可靠134。但是胡適已經指明，顧氏所舉五十三句，只有三句是來自老子的135。

乙、文體　顧氏以老子爲賦體，用韻，又用「兮」、「乎」兩字，這是戰國文體136。馮友蘭以老子不是問答體而是簡明的經體137。所以顧馮二氏都以老子一定是戰國的產物。馮氏之說，胡適辨駁最切。依照胡氏所說，姑勿論所謂簡明經體是怎樣，老子第一章，「道可道，非常道。名可名，非常名」，和論語，爲政篇第三章「道之以

政，齊之以刑。……道之以德，齊之以禮」，就是這個體裁。論語大部份也非問答。
至于所謂韻文一定是戰國的文體，那是完全武斷。詩經和書經，用韻不是很多嗎？所
以胡適說，「我們不容易確定某種文體或術語起于何時。一種文體往往經過很長期的
歷史」[138]。

　　丙、名詞　　梁氏說老子「侯王」，「王公」，「萬乘之主」，「取天下」這幾個
名詞[139] 是描寫戰國的情形，這能够證明這本書是戰國的作品[140]。可是「有天下」，
「匡天下」，「以天下讓」，「千乘之國」，論語都有[141]。易經蠱卦象辭有「王侯」，
坎卦、離卦象辭有「王公」。至于說「三公」這個名詞[142]，戰國以前未有，那就不
對，因爲墨子裏是有的[143]。春秋時代沒有老子第卅一章所說「偏將軍」，「上將軍」
的官，這是對的。但是這可能是後人所加，或者本來是註。這一點以前有人已經指
出。

　　瑞典漢學家高本漢(Bernhard Karlgren)研究左傳，他的結論是戰國的書，用「若」
字和「如」字作「同也」解，不用「斯」字作「此」或「卽」解。他們用「乎」字爲
介詞和「歟」「耶」爲語尾辭，但沒有作爲「與」字解的「及」字，而且「於」「于」兩字
不分[144]。英國人魏蕾 (Arthur Waley 1889—1960) 翻譯老子，依據高氏之說，以爲除老
子第二章之「斯」字之外，完全和高氏所說相符，于是斷定老子是前三世紀的產物
[145]。魏蕾忽略了老子裏並沒有用「乎」字作介詞。莊子只用「邪」字兩次[146]，這不能
够做戰國文法的證據的。而且高氏本人也承認墨子比較莊子等書早百年以上，可是文
體大體相同。因爲要彌縫補漏，他于是說墨子可能曾經後人修改。然則莊子「邪」
字太少，也是後人所刪嗎？張壽林統計由春秋以至戰國，用從來感嘆詞之「於」字爲
介詞的日多，而用素來以爲介詞之「于」字日少。老子用「於」字凡五十二次而沒有
一次用「于」字，于是斷定他是晚出[147]。這樣說法，然則論語以「于」爲介詞比較
少，必定是在孟子之後嗎？而且淮南子以「于」爲介詞，那麼老子必定在他之後了！
　　丁、思想　　梁氏以老子攻擊法令孝慈[148]，太過激烈，不屬春秋。「仁義」一詞[149]
是孟子所創的。所以老子在後[150]。馮友蘭以老子講「無名」必要在惠施、公孫龍講名之
後[151]。錢穆選出老子道、天、一、名、常等三十三個概念，他說都是經過莊子，到了
老子才能完成[152]。三位都是從思想立場，判定老子是戰國的產物。相反地，徐復觀也

從思想立場來斷定老子資料的年代，以老子「善爲士者不武」爲反映春秋士武連在一起，並且戰國中期以後沒有不以陰陽來解釋宇宙，而老子則以無、有、道、德來解釋[153]。我們以爲思想實在不能限于某一個時期。孔子老早已經講名，何必等待惠施呢？莊子講理、性、太一、至人很多，而老子不講，那裏有經莊子到了老子才能完成的道理？左傳已並言仁義[154]。老子說一生二，萬物負陰抱陽[155]，是以陰陽解釋宇宙了。莊子的有始有未始[156]，也從有無來說，而不是以陰陽來說的。至於爲什麼反對法令孝慈一定不是春秋的事，那就我們所不可解了。

　　戊、個人著述　孔子以前無私人著作，這是馮友蘭的話，孔子以前的個人著述，他看作僞品[157]。羅根澤增加了幾個理由，然而不出孔子以前個人著書皆僞的理論[158]。這樣我們可以說任何一個時代以前沒有私人著作，他以前的私人著作都是僞品了。

　　老子書中用「吾」「我」三十五次，都是自稱之詞。而且用韻等文體頗爲一致。許多學者于是以這書爲出于一人之手。至于此人是誰？則言人人殊，有老聃、太史儋、楊朱之徒，詹何、環淵、關令尹喜幾種說法。

　　從上面看來，關于老子的人和老子的書，意見紛歧，達於極點。現在製一個表在下面，來表示諸家結論之不同。以年期爲次序，那可以看見學者們的趨向。所列的是限于對于問題有討論的或對于老子有專著的。當然遺漏在所不免。

諸家擬定老子及老子年代表：

	春　秋	戰　國
朱　子	疑老聃和老子非一人[159]。	
伊藤蘭嵎	老子無其人[160]。	
畢　沅	老子卽孔子問禮之老聃。著老子。	又卽太史儋[161]。
崔　述	老聃不知有無。無問禮事。此書「不知何人所作，要必楊朱之徒之所僞託」[162]。	
汪　中	老子卽孔子問禮之老聃。	「言道德之意五千餘言者，儋也」[163]。

1919	胡　適	老子卽孔子問禮之老聃。 著老子[164]。	
1922	梁啓超	就令有其人，孔子問禮亦可疑。	書成于戰國之末，「莊周前或在其後」[165]。
1924	馬敍倫	老子卽孔子問禮之老聃 著老子[166]。	
1927	張壽霖	「孔子不及見老子」無問禮事。	書作于「孟子之前後」[167]。
1927	武內義雄	老子卽墨子時之老聃，問禮事虛構。	書爲戰國末秦初法家系統學者所編纂[168]。
1928	陳　柱	老子卽孔子問禮之老聃。 著老子[169]。	
1929	劉汝霖	老子卽孔子問禮之老聃。	書「和孟子年代相差不遠」。又「是解老喩老以後輯成」。「或就是李耳所作」[170]。
1930	馮友蘭	問禮之老聃不知有無，然可能。	李耳爲戰國道家領袖。書成于孟子後，後又改公孫龍後，非一人著[171]。
1930	黃方剛	老子卽孔子問禮之老聃。 著老子[172]。	
1931	顧頡剛		老聃在戰國中葉。書成于呂氏春秋與淮南子之間[173]。
1934	唐　蘭	老子卽孔子問禮之老聃。 書爲其語錄。	成于戰國早期，墨子成書時[174]。
1934	英人魏蕾	老子無其人。	書成于前三世紀[175]。
1935	錢　穆	孔子所見老子卽老萊子，卽荷篠丈人。	書成于公孫龍宋鈃時或稍後。作者大概爲詹何[176]。

1935	胡哲敷	老子卽孔子問禮之老聃。著 老子[177]。	
1937	蔣錫昌	老子卽孔子問禮之老聃。著 老子[178]。	
1937	津田左右吉	老子無其人。	書成于孟子後[179]。
1941	美人德效騫		老子卽太史儋，老子著者[180]。
1945	郭沫若	老子卽孔子問禮之老聃。書 爲其語錄。	集成者爲楚人環淵，卽關尹， 大率與孟子同時[181]。
1948	蔣伯潛	問禮之老聃非道家老聃。	書成于戰國[182]。
1949	呂振羽	老子卽孔子問禮之老聃。 著老子[183]。	
1950	侯外廬	老子思想後于孔墨。	書在孔墨顯學之後，莊子之前 [184]。
1954	楊榮國	老子生卒年代不詳。	書「成于戰國時代的莊子之學 大興之後」[185]。
1955	吳　康	老子卽孔子問禮之老聃。 著老子[186]。	
1956	高　亨	老子卽孔子問禮之老聃。 著老子[187]。	
1958	羅根澤		「老聃卽太史儋，老子書卽太 史儋所著[188]。
1958	張起鈞	老子「是一假託」。	「孔子以後，莊子以前成書」[189]。
1959	嚴靈峰	老子卽孔子問禮之老聃。著 老子[190]。	
1959	任繼愈	老子固有思想，後其書經過 年代才成爲定本[191]。	
1959	木村英吉	老子無其人。	書爲古名言集，成于史記淮南

			子時[192]。
1961	王昌祉	老子卽孔子問禮之老聃。可能著老子。	書完成于莊子內篇後，可能爲太史儋編成[193]。
1962	關鋒、林聿時	老子卽孔子問禮之老聃，著老子[194]。	
1963	徐復觀	老子卽孔子問禮之老聃。資料由於老子。	書成「必在莊子前」。著者可能是關令尹喜[195]。
1965	勞思光	「道家之老聃約在孔子之後莊子之前」。與禮記「習禮」之老聃不同。問禮事不可靠。	書原料來自道家老聃。一部份材料先于莊子。至韓非子時今本已大致形成[196]。

我們的意見是：史記老子傳老聃的部份除了過關之事以外，大體無誤。孔子問禮的傳說，春秋以及戰國，必定是很流行，所以儒家都不能因爲他抑低孔子而埋沒他。老子的書不是出于一時一人之手。老子的要旨名言，經過他門弟子各人自己傳誦記錄，後來逐漸集輯成篇，各本不一樣，或者同時，或者先後，或者錄言，或者記意。其中錯誤、竄改、增減、以及混入他人的話，採用錄者當時的文體，都是不能避免的。卽如老子第三十一章「夫佳[197]兵不祥之器」，經注相混，已成定論。王弼單獨這一章沒有注。王弼原本的注說這一章不是老子的話[198]。「偏將軍」等字，也是後來增加的材料。不過全書的思想統系，他的完整處並不下于別的經典。大抵至戰國之初已經略約成形，在韓非以前已經大定。此後還有變更，可是無關宏旨。

3. **老子的哲學** 老子的書以道德爲名，蓋道德總括老子的思想統系，所以現在從道德兩個觀念討論他的思想。

甲、道 說文說「䢜，所行道也。从『辵』『首』。一達之謂道」。段玉裁(1735—1815)的注說，「道者人所行，首者行所達也。『徒』『皓』切」。古文寫䢜，衟，䚅。現存最古的是國立故宮博物院所藏殷代前十四世紀的貉子卣上所刻的金文衟。「[illegible]」象路之形，「𦣻」卽是人頭，人行之路，一直達到，不是交差四出，也沒有旁支。這是本義。進而指怎樣養生，怎樣是治國之法，再伸而爲理則。最後則爲本

體。先秦百家都講道。但是各家所講道的意義，各有不同。孔子的道是文武先王之
道，三代之道，人所能弘之道[199]。「天命之謂性，率性之謂道」，「道不遠人」[200]。老
子的道，恰和他絕對相反。「大道汎兮，其可左右，萬物恃之而生」（老子卅四），
「道者萬物之奧」（藏，六二）。「道之爲物，惟恍惟惚（不可言狀）」（廿一）。「視之不見
名曰夷，聽之不聞曰希，搏之不得名曰微。此三者不可致詰。故混而爲一。其上不皦
（白），其下不昧，繩繩（芸芸）不可名，後歸于無物。是謂無狀之狀，無物之象，是
謂惚恍」（十四）。「吾不知其名，字之曰道，強爲之名曰大」（廿五）。然而「惚兮恍
兮，其中有象。恍兮惚兮，其中有物。窈兮冥兮，其中有精。其精甚眞，其中有信」
（廿一）。那麼道之虛無，並非空幻。司馬談要指說老子之術「以虛無爲本，以因應爲
用」。不過道不是如物之可以形容，所以說是無名。

　　(1)　**無名**　老子說，「道常無名」（卅二），道是「無名之樸」（卅七）。「無名」這個
名詞是老子所首創的。諸家爭論正名和名實，爲春秋戰國學術界辨論焦點之一。諸家
都主有名而老子獨主無名。這不只破除名分，開莊子齊物之先，而且拋棄言說，爲莊
子泯言說之預備。老子開章就說，「道可道，非常道。名可名，非常名」（一）。王弼
的注說，「可名之名，指事造形，非其常也」。韓非子解老說，「道者萬物之所然
也，萬理之所稽（合）也。理者成物之文也。道者萬物之所以成也，故曰道，理之者
也。物有理不可以相薄（侵）。……　故定理有存亡，有生死，有盛衰。………謂常者而
常，無攸易，無定理。無定理非在于常。所是以不道也。………故曰『道可道，非常
道。』也」[201]。韓非又說理有方圓短長，微粗堅脆。可見無名的觀念並非消極。相反
地，「無名天地之始，有名萬物之母」（一），惟其無名，所以無限，所以泉源不絕，
萬物滋生。

　　(2)　**無**　老子說，「天地萬物生于有，有生于無」（四〇）。又說，「故常無[202]，
欲以觀其妙。常有，欲以觀其徼（歸結）[203]。此兩者同出而異名。同謂之玄。玄之又
玄，衆妙之門」（一）。史記老子傳說，「老子所貴道，虛無因應，變此于無窮」。

　　「無」這一個字，比較「無名」更是激烈。諸家用「無」字都作對待之「無」，
卽是解作「沒有」，而老子之無則是絕對之「無」，卽是「無極」（廿八）。王注說，
「不可窮也」。莊子天下篇說老聃「建之以常無有」。「無」在「有」之先。有卽有

限，無則無窮。這積極無限之無，不特在我國思想史上為突出的新觀念，以後王弼等玄學家把他大量昌明。根據美國哲學家德效騫(Homer Dubs 1892—1969)這個觀念在世界上也是創見。因為古時希臘哲學家之無，不過指有之不存在罷了[204]。這「無」能够因應，所以他的功用無窮。「埏埴(搏土)以為器，當其無，有器之用」（十一）。必要在器的無的地方，才能得器的用，也才能得器的所以為有。

天下篇說：

> 以本為精，以物為粗，以有積為不足。澹然獨與神明居。古之道術有在於是者，關尹老聃聞其風而悅之。建之以常無有，主之以太一。以濡弱謙下為表，以空虛不毀萬物為實。……老聃曰，知其雄，守其雌，為天下谿。知其白，守其辱，為天下谷[205]。人皆取先，己獨取後。曰，受天下之垢。人皆取實，己獨取虛。無藏也，故有餘。巋然(獨立)而有餘。其行身也，徐而不費(拂)。無為也而笑巧。人皆求福，己獨曲全。曰，苟免于咎。以深為根，以約為紀。曰，堅則毀矣，銳則挫矣。常寬容于物，不削于人，可謂至極。關尹老聃乎，古之博大真人哉。

這一節文以「常無有」，「太一」，「謙下」，「空虛」來形容老子的道德，可以說是最確最妙。前兩個詞說道的體，後兩個詞說道的用，就是德。道體的主要屬性，就是常，就是一。

(3) **常和復**　「有物混成，先天地生。寂兮寥兮，獨立不改，周行而不殆」（廿五）。「自古及今，其名不去，以閱衆甫(物之始)」(廿一)。道是無始無終，永久常存的。不過這並不是一成不變，梗死的東西。因為這個常是復反的常。老子勉強叫道做「大」。「大曰逝，逝曰遠，遠曰反」(廿五)。又說，「反者道之動」（四十）。「萬物並作，吾以觀復。夫物芸芸，各復歸其根。歸根曰靜，是謂復命，復命曰常」。（十六）。這不只是普通循環思想，而是歸根。反本歸根，是循環的中心點。

(4) **一和樸**　道的根本，在其為一。道的夷，希，微，混而為一，就是莊子所說「主之以太一」。這道的根本也就是天地人物的主體，所以「天得一以清，地得一以寧，神得一以靈，谷得一以盈，萬物得一以生，侯王得一以為天下貞(正)」（卅九）。這個單純的一，又叫做「樸」，即是「無名之樸」（卅七），為原始狀態，純一完整。

萬物常德滿足，便「復歸於樸」（卄八）。「樸散則爲器。聖人用之，則爲官長。故
大制不割」（卄八）。王弼的注說，「眞散則百行出，殊類生，若器也。聖人因其分散
……復使歸一也」。老子說，「樸雖小，天下莫能臣也。……始制有名。名亦旣有，
夫亦將知止。知止可以不殆」（卅三）。似乎是人類的敎化制度，都是道的淪喪。「失
道而後德，失德而後仁，失仁而後義，失義而後禮」（卅八）。因此有人以爲道家思想
是退化的，悲觀的。其實老子的側重是在乎一，在乎本，在乎根。散而爲器，本身不
是害，散而不能歸一，才是大害呢。這一點可從老子的對立思想見到。

　　(5)　**對立**　老子的一，並不是沒有內容的。書裏的有無，同異（一）、善惡、難
易、長短、前後（二）、寵辱（十三）、白黑（卄八）、直屈、巧拙、辯訥、躁靜、寒熱（四
五）、母子、塞開（五二）、大小、多少、怨德（六三）等等對立，不只幾十種。對立不
單是並存，而且是互相涵攝的。「有無相生，難易相成」（二）。「重爲輕根，靜爲躁
君」（卄六）。「禍兮福之所倚，福兮禍之所伏」（五八）。這是宇宙一個自然的狀態。
在這個緊張之中，道似乎是靜而實際是動。然而這不妨碍道之所以爲一，因爲由天之
道，萬物都歸於平和。「天之道，其猶張弓乎。高者抑之，下者擧之。有餘者損之，
不足者與之」（七七）。「長短相較，高下相傾，音聲相和，前後相隨」（二）。所以存
在是有其固有的平衡的。而且相生相成，「萬物負陰而抱陽，冲氣以爲和」（四二）。
而和又是道的特徵。

　　(6)　**生化**　上面反復、循環、對立、相成、融和、都可以說是宇宙運行的規律。
比較更重要的，是道之能生能化。老子以母比喩道，說他「可以爲天下母」（卄五）。道
而有名，就是「萬物之母」（一）。「天下有始，以爲天下母」（五二）。又說，「元
牝之門，是謂天地根」（六）。道有動有用，所以萬物藉之以生（四〇）。「大道氾兮，
其可左右，萬物恃之而生」（卅四）。生有層次，「道生之，德畜之，物形之，勢成
之」（五一）。王弼的注說，「凡物之所以生，功之所以成，皆有所由。有所由焉，則
莫不由乎道也」。那麼這四個層次，也不外是道本身的層次罷了。其更有意義的，是
「道生一，一生二，二生三，三生萬物」（二）。「一」字不論解做元氣，理，太極，
太一，或混沌，總是指道的本身完整。「二」字解做陰陽或天地，並無衝突。「三」
字或作陰陽和氣，或作「一」「二」兩字錯寫做一個字，或作形質之始，也有人把一

二三等于天地人。這都無關重要。最重要的是以數目字來解天地的進程，有些像古時希臘畢達哥拉斯 (Pythagoras 約497 B.C.死) 的數論哲學。由單數而多數，又像進化論。我們不敢把老子的思想太過哲學化，更不敢太過西洋化。然而老子宇宙觀是合理的，是有機體的，是有常規的自然秩序的，任誰也不能否認。這宇宙觀立定周敦頤 (1017—1073) 的太極圖說的基礎[206]，也卽是理學宇宙論的基礎。儒家的宇宙觀實在不出乎老子的基本典型。

(7) **無爲自然**　老子說，「人法地，地法天，天法道，道法自然」(二五)。這並不是說道的上面另有一件東西叫做自然。王弼說「自然者，在方而法方，在圓而法圓」。所以道、德、物、勢的生，畜、形、成，「皆莫之命而常自然」(五一)，就是各自爲之。聖人「輔萬物之自然而不敢爲」(六四)。同時「道常無爲而無不爲。……萬物將自化」(卅七)。聖人說「我無爲而民自化」(五七)，這就是遵循道的常軌，老子所謂「天地不仁，以萬物爲芻狗」的 (五)，不外像蘇轍 (1039—1098) 所說，「天地無私，而聽萬物之自然」[237]罷了。

萬物既是自然而生，所以老子沒有創世主宰的觀念。老子說，「道沖而用之或不盈，淵兮似萬物之宗。……吾不知誰之子，象帝之先」(四)。河上公的注說，「道在天帝之前」。這就是莊子所謂「自本自根，未有天地，自古固存。神鬼神帝，先天地生」[208]。這自然論不特和西洋上帝創造論不同。就是和儒家的「天生蒸民」[209]的思想也不一樣。

以上是從道和天地萬物來講，並不是想把老子哲學現代化，而是在標出老子是在我國哲學史上以道從宇宙而言的第一個人。然而有人把唯心唯物等西洋的範疇來比論老子的。固勿論根據「道之爲物」一句，便以道之思想是唯物，太不合理。根本上唯心唯物等問題，絕不是老子的問題的。又有人把道比並印度的梵天。梵天是超越，不動不生，不容對立。相反地，道是內在，與物不離，是自然而非超自然。所謂「玄之又玄，眾妙之門」者 (一) 不外惚恍之意，完全沒有神秘意味。西方學者有把「夷」，「希」，「微」(十四) 等于猶太敎和耶敎的耶和華和婆羅門敎的大自在 (Ishvara)，那就附會不堪了。

乙、德　老子講道體，並非空談。他的目的是在道用。老子書十份之九討論道之施

應，卽是持身治國，和儒家無異。道和德不相離。德就是得，萬物所得于道的是德。換言之，德卽是道之具體化，個別化。所以人物社會之性質不離乎道之性質。有生化，有對立，有反本。其得到德之精的就能知常得一，無爲而自然。老子說，「復命曰常，知常曰明。不知常妄作兇。知常容，容乃公，公乃王[210]，王乃天[211]，天乃道，道乃久，終身不殆（十六）。「知和曰常，知常曰明」（五五）。又說，「見小曰明，守柔曰強。用其光，復歸其明，無遺身殃。是謂習（實行）[212]常」。因爲遵循常道，所以無所不包，復歸光明。

(1) **抱一** 無所不包容，卽是爲一。不得一則天地不能淸寧，萬物不能生，侯王不能正（卅九）。在事物之相反相成的過程之中，「曲則全，枉則直，窪（凹）則盈，弊則新，少則得，多則惑。是以聖人抱（守）一爲天式（法）」（廿二）。抱一不容對立，于物不貳。在精神修養方面，「載[213]（處，抱）營（魂）魄抱一，能無離乎」（十）？魂魄合一，就當于道。這點打開以後道敎內丹修養以至太乙之敎，其影響不小。老子書沒有「性」字，但是頗講氣。說「益（強增）生曰祥（妖），心使（任）氣曰強（過份）。物壯則老」（五五）。抱一無離之下，就說，「專（專一無間斷）[214]氣致柔，能嬰兒乎？滌除玄覽（鑒）（妄見），能無疵乎？愛民治國，能無知乎[215]？天門[216]開闔，能爲（守）雌乎？明白四達，能無知（私智）乎（十）？於是致柔、無爲、嬰兒、雌等等德之重要成份，一同指出。

(2) **致柔** 致柔是老子的特殊觀念。其他諸家都尙剛。儒家主張中庸而剛毅近仁[217]。老子則叫人守柔。他本人「淸虛以自守，卑弱以自恃」[218]。他的敎訓是「見素抱樸，少私寡欲」（十九）；「致虛極，守靜篤」（十六）；「去甚，去奢，去泰」（十九）；「不敢爲天下先」（六七）；「不爭」[219]；知足，知止[220]；「不自見……不自貴」（七二）；無知無欲（三）。一言以蔽之，是柔的人生哲學，論者或以爲這是消極，是奴隸道德，然而老子這敎訓實在是有其積極理由的。第一，「高下相傾，前後相隨」（二）是宇宙的常軌。剛柔並需，所以柔不可缺。必須兩備，乃能健全。老子說，「知其雄，守其雌，爲天下谷（水之所歸）」（廿八）。第二，「大成若缺，其用不弊。大盈若冲，其用不窮，大直若屈，大巧若拙，大辯若訥」（四五）。可見宛似消極之柔，實際上是非常積極的。第三，「知足不辱，知止不殆」（四四）。聖人「外其身而身存」（七）。「夫唯不

爭，故能無尤」（八）。「知止可以不殆」（卅二）。「知足之足常足」（四六）。換言之，柔是自保自存的良方。第四，柔可以勝剛。「牝常以靜勝牡，以靜爲下。故大國以下小國，則取小國，小國以下大國，則取大國」（六一）。「不自見故明，不自是故彰，不自伐故有功，不自矜故長。夫唯不爭，故天下莫能與之爭」（廿二）。「江海所以能爲百谷王者，以其善下之」（六六）。所以「天下之至柔，馳騁天下之至堅」（四三）。可惜的是「弱之勝強，柔之勝剛，天下莫不知，莫能行」（七八）。第五，柔是生的原理。「萬物將自化，化而欲作……不欲以靜，天下將自定」（卅七）。「萬物草木之生也柔脆」（七六）。「弱者道之用」（四十）。這樣柔是生存的本則，並非像朱子所謂「揀便宜」的[221]。

　　(3)　權術　這裏所謂以柔制勝，很像是權術。老子更說，「將欲歙之，必固張之。將欲弱之，必固強之。將欲廢之，必固興之。將欲奪之，必固與之」（卅六）。說「欲」說「固」，似乎是安排。程頤（1033—1107）于是說老子以此「却入做權詐者上去」[222]。朱子並且以他爲「只是佔便宜，不肯自犯手做」[223]。程朱的批評眞是嚴酷了。吳澄最正確，最平允。他說，「老子言『反者道之動』（四十），又謂『玄德深矣，遠矣，與物反矣』（六五）。其道大抵與世俗之見相反，故借此數者相反之事爲譬，而歸于柔勝剛，弱勝強之旨。孫吳申韓之徒，用其權術陷人于死而不知，論者皆以爲原于老氏之意，遂謂天下誰敢受老氏之學者哉？是亦立言之弊。故『邦之利器，不可以示人』（卅六），老子已自言之矣」[224]。又有人說「非以明民，將以愚之」（六五）是愚民政策。殊不知下文卽說「以智治國國之賊」。聖人本人之心「我愚人之心也哉」（二十）。所謂愚，不外不用智術權詐，「使乎智者不敢爲」（三）罷了。況且「聖人無常心（成見），以百姓之心爲心」（四九）呢。

　　(4)　水、雌、嬰兒　老子好以水、雌、嬰兒（二十、廿八）爲譬喩。三者都是柔之象徵。他用空虛的谷（六）和單純的樸[225]，用意也是一樣。諸家絕少以這些做象徵的。然而這柔弱，乃是上德的表示。「常德不離，復歸于嬰兒」（廿八）。「含德之厚，比于赤子」（五五）。「百姓皆注其耳目（用智），聖人皆孩之」（復其赤子之心）（五十）。「玄牝之門，是謂天地根」（六）。天門開闔必爲雌（十）。知雄守雌，可爲天下谿（廿八）。牝以靜勝（六一）。母爲有名萬物之所出[226]。「天下莫柔于水，而攻堅強者莫之能勝，

其無以易之」（七八）。「上善若水，水善萬物而不爭。據衆人所惡。故幾（近）于道（八）。希臘古哲學家討論水是本體抑是現象，爲西方形上學的基礎。印度奧義書說水是百河之歸滙，卽是小我之渾于大我，純是宗敎觀念。老子則以水比善。孔子「逝者如斯」[227]和孟子之「水無有不下」[228]，都是對人而言。于此可以看見西洋，印度，和我國文化中心之不同。我們不必強解柔的觀念是母系社會，低下階級，或是被壓羣衆之產物。也不必硬說老子的思想是反映他來自楚國南方的重柔文化。因爲思想是不可以地理拘限的。心之發展，任何社會，都有可能。

　　(5) **聖人與無爲而治**　以上所言，似乎只是從自我著想。然而老子之道，「聖人常善救人，故無棄人。常善救物，故無棄物」（廿七）。卽不善也不棄（六二）。聖人「生之畜之，生而不有，爲而不恃，長而不宰」（十）。又說，「萬物作焉而不辭。生而不有，爲而不恃，功成而弗居」（二）。這是聖人之無爲。「聖人處無爲之事」（二），「無爲而無不爲」（四八）。所以「我無爲而民自化」（五七），「無爲則無不治」（三），「無爲之益，天下希及之」（四三）。

　　因爲老子主張無爲，所以實際上可以說是主張無政府主義。「太上下[229]知有之，其次親之，其次畏之，其次侮之」（十七）。老子又對統治者之造作操縱，大加攻擊。「民之饑以其上食稅之多」（七五）。「法令滋彰，盜賊多有」（五七）。「民不畏死，奈何以死懼之」（七四）？攻擊最力的，就是戰爭。「兵者不祥之器」（卅一）。「天下無道，戎馬生于郊」（四六）。「師之所處，荊棘生焉。大軍之後，必有凶年」（三十）。至于奢華僞善，通通爲老子所痛恨。「服文綵，帶利劍，厭（飽）飲食，財貨有餘，是謂盜夸（魁）」（五三）。「金玉滿堂，莫之能守，富貴而驕，自遺其咎」（九）。所以一定要「去甚、去奢、去泰」（廿九）。當時眞正之道德淪喪，所以老子大聲疾呼說，「禮者忠信之薄，而亂之首」（卅八）。「大道廢，有仁義。智慧出，有大僞。六親不和有孝慈，國家昏亂有忠臣」（十八）。必要「絕聖棄智，民利百倍。絕仁棄義，民復孝慈。絕巧棄利，盜賊無有」（十九）。他思想之激烈，批評之嚴厲，是我國思想上所未有的。他說「戰勝以喪禮處之」（卅一），實際上比孟子說「善戰者服上刑」[230]更是悲痛。然而老子固不是破壞者。他所攻擊的是假仁假義。他所以「不尙賢」（三），乃是因爲他們不能無爲而治。老子自己有他的「上德」（卅八），「積德」（五十），側重慈愛（六七）。「善者

吾善之，不善者吾亦善之」（四九）。孔子主張「以直報怨」[231]老子則主張「報怨以德」
（六三），達到我國倫理思想的高峯。

聖人的無爲，絕不是遯世，以拱默山林。他必要等待成功然後退休。他的目的在
乎「成其大」（卅四）。「聖人之治，虛其心，實其腹，弱其志，強其骨。常使民無知
無欲……無爲則無不治」（三）。

(6) **貴生**　老子之道，在「賢于貴生」（七五）。在個人方面，目的在乎「長久」
（四四），「長生久視（久立）」（五九），「不殆」（十六），「死而不亡」[232]（卅三）。其
好生並不亞於任何學派。這個和以後道教之以種種方術或迷信而求長生不死是不同
的。老子不講神仙。倘若以「谷神不死」（六）爲仙，以「兕無所投其角，虎無所措其
爪」（五十）爲神，那就太過不懂老子的谷神是空虛莫測，猛獸無害是「生生之厚」
（五十）了。河上公的注把老子宗教化，神幻化，是假口于老子，不是講老子的本意。

在社會方面，老子的理想國是「小國寡民，使有什伯之器而不用，……民至老死不
相往來」（八十）。倘若以爲這是退化，是出世，則可謂不善讀老子了。老子對于社
會，「和其光，同其塵」（五六），而且進而「居善地，山善淵，與善仁，言善信，正
善治，事善能，動善時」（八）。使人人都能「甘其食，美其服，安其居，樂其俗」
（八十）。這樣人人「自化」，「自正」，「自富」，「自樸」（五七），「百姓皆謂我
自然」（十七）。

三、關尹和楊朱

世傳關尹，楊朱和環淵是老子弟子，無據。環淵在下面第五節才說。楊朱是戰國
初的人，有人以爲他是道家前驅。關尹生于春秋，然莊子把他和老聃一塊討論。他們
的思想行于戰國。現在討論一下：

1.　**關尹**　漢書藝文志載道家關尹子九篇。班固自己注說，「名喜，爲關吏。老
子過關，喜去吏而從之」。隋書、唐書經籍志都不錄。這書已經喪失很久了。現存的
關尹子九篇，篇名叫做一宇，二柱，三極，四符，五鑑，六匕，七釜，八籌，九藥。
書裏很多跟釋氏和神仙方技等家的說法，所用的語詞，並不是先秦道家所用的。顯然
是後世假託之作。

莊子天下篇把關尹老聃相提並論。其中「以本爲精」，「與神明居」，常無有，主太一，謙下空虛，是他們兩個人的共同性格。其單講關尹的部份則說，「關尹曰、『在已無居，形物自著。其動若水，其靜若鏡，其應若嚮。芴乎若亡，寂乎若淸。同焉者和，得焉者失。未嘗先人，而常隨人』」。其重點在虛己接物，獨立淸靜。莊子達生篇又引關尹說，「純氣之守，……游乎萬物之所終始。壹其性，養其氣，合其德，以通于物之所造。夫若是者，其天守全，其神無郤，物將奚入焉」[233]？呂氏春秋又載列子問尹子射中之道。關尹答說，「守而勿失。非獨射也。國之存也，國之亡也，身之賢也，身之不肖也，亦皆有以」[234]。高誘(壯年205)注說，「守求諸己，不求諸人」。這也是獨主淸淨之意。列子載關尹說，「言美則嚮美，言惡則嚮惡。……是故聖人見出以知入，觀往以知來」[235]，有些像老子「不出戶，知天下」[236]。然而下文「人愛我，我必愛之。人惡我，我必惡之」，顯然和老子「報怨以德」[237]相背而馳，絕非道家的口氣。以上所引，于天下篇一無所加。天下篇關于關尹的意旨，除了鏡一個象徵以外，沒有不在老子書裏可以看見的。其專講關尹的部份和其他的書所引，不過僅及老子思想的一小部份，而哲學意味較深的常、無、主一，則聲音寂然。我們敢說關尹對于道家的哲學完全無補。近人以爲關尹卽是環淵[238]，以老子是他所集的語錄或是發明老子的意旨而作[239]。又有人推測他是老聃的直傳弟子，疏釋老聃的思想，而著成現行的老子書[240]。這兩說對不對我們不敢決定，但說他是單獨成派[241]，就恐怕言過其實了。

2. **楊朱** 楊朱的生平和學說可考的很少。莊子說「陽子居南之沛。………遇老子。老子中道仰天而嘆曰，『始以汝爲可教，今不可也。………大白若辱，盛德若不足』。陽子居蹴然變容曰『敬聞命矣』」[242]。莊子書十份之九是寓言，未可爲憑。說苑載楊朱見梁王，說治天下如運諸掌上。梁王譏他有一妻一妾，尚且不能管治[243]。梁王元年是前三七○年，孔子死了已經一百零八年。離開老子更遠。假定老子比孔子大十歲，而楊朱二十歲方做老子的弟子，那麼他最少活了一百四十歲才能够在春秋做老子的弟子而又在戰國見梁王。所以這兩樣事情，必有一誤。莊子寓言篇陸德明的釋文說，「陽子居姓陽，名朱，字子居」，或者是推測之詞。古時「陽」「楊」互通，「居」「朱」相轉，居不一定是字的。莊子騈拇，胠篋，天地，徐無鬼都用「楊」。山木用「陽」，釋文說，「司馬云，『陽朱也』」。韓非子說林上和八說都用「楊」。韓非

子並且評論他「干（預）世亂而卒不決。雖察而不可以爲官職之令」[244]。此外沒有事蹟可考。史記沒有他的傳。漢書藝文志沒有他的書，人表也沒有他的名。列子楊朱篇是魏晉僞作，這是學者所公認的。我們只可以說楊朱是戰國初時的人，在墨子之後，莊子之前。

我們既然認楊朱篇是僞的，那麼他的學說，只可以向先秦典籍，和淮南子裏找尋，找到下面幾條：

「楊子取爲我。拔一毛而利天下，不爲也。」（孟子，盡心上，第廿六章。）

「楊朱、墨翟之言盈天下。天下之言不歸楊則歸墨。楊氏爲我，是無君也。墨氏兼愛，是無父也。無父無君，是禽獸也。……楊墨之道不息，孔子之道不著，是邪說誣民，充塞仁義也。仁義充塞，則率獸食人，人將相食」。（孟子，滕文公下，第九章。）

「陽生貴已」。（呂氏春秋，卷十七，不二。）

「兼愛、尙賢、右鬼、非命，墨子之所立也，而楊子非之。全性保眞，不以物累形，楊子之所立也，而孟子非之」。（淮南子，卷十三，氾論訓。）

「楊朱哭衢涂（歧途）曰，『此夫過擧，蹞步而覺，跌千里者，夫哀哭之』。此亦榮辱安危存亡之衢已」。（荀子，王霸第十一。）

「楊子曰，『事之可以之貧，可以之富者，有傷行者也。事之可以之生，可以之死者，其傷勇者也』。僕子[245]曰，『楊子智而不知命，故其知多疑』」。（說苑，權謀第十三。）

「『行賢而去自賢之心，焉往而不美』」？（韓非子，說林上第廿二。）

「駢（過甚）於辯者，累瓦結繩，竄（易）句（文）游心於堅白同異之間，而敝（勞）跬（近）譽無用之言，非乎？而楊墨是已。………其於傷性以身爲殉，一也」。（莊子，駢拇第八。）

「惠子曰，『今夫儒墨楊秉[246]，且方與我以辯』」。（莊子，徐無鬼第廿四。）

從上面的資料裏，我們可以看見楊朱的中心思想是保身。所以一定要全性保眞，不爲物累。至于極點，就不肯以一毛而利天下。韓非子說，「今有人于此，義不入危

城，不處軍旅，不以天下大利，易其脛一毛。世主必從而禮之，貴其智而高其行，以
爲輕物重生之士也」247，必定是指楊子等人而說的。荀子所引，卽是差以毫釐，謬以
千里之意，也可以勉強解爲愼于榮辱安危以保身的。說苑的主要宗旨以不傷行不傷勇
爲智慧。不過莊子駢拇和徐無鬼把楊朱做辯者，其結果爲傷性害身，則又和貴生的本
旨相反。我們爲材料所限，只可能說楊朱的學說是貴生。此外就不敢遽定了。莊子胠
篋篇評論他「外立其德」，卽是自炫所得。天地篇又評論他「乃始離跂（攘臂）自以爲
得，非吾所謂得也」。且以楊墨所言爲「皆生之害」。正面攻擊他重生適足以害生，
也可見他的主旨是重生。列子楊朱篇一名達生，似乎是根據貴生的宗旨。由爲我而重
生，而申衍到無名無實，齊貴賤，達生死，不爲壽，不爲名，不爲位，不爲貨，以此
爲順民。然而又百年猶厭其多，何必久生？「且趣當生，奚遑死後」？同時恣欲以養
生，憂苦則犯性，逸樂則順性。合達觀、厭世、樂世爲一大雜會，和楊朱純粹全性保
眞的重生，絕然不同。

　　楊朱沒有學徒，沒有著作，沒有思想系統，不成一家。莊子天下篇不批評他，荀
子解蔽和非十二子都不提他。韓非子以儒墨爲顯學248，莊子也稱儒墨249。司馬談的六
家裏沒有楊家。所以以學派來講，是和楊子無關的。然而莊子每說楊墨250，孟子說楊墨
之言滿天下。孟子、荀子、呂氏春秋、韓非子都述評楊子，則楊子必然是很知名的。
這是不是因爲他壽命特別長，和游歷很廣呢？然而貴生思想，在天下大亂的戰國時
代，必大流行。以前的列子，以後的魏牟，彭蒙，陳仲，史鰌等等，都主張本身自
然，以求一身之安。同時犧牲爲公，兼愛交利的學說也一定很盛行。所以孟子說天下
不歸于楊則歸于墨。然而所謂盈天下的，不是楊朱學派或是他的門徒盈天下。因爲楊
子所代表的並不是像儒墨名法等大系統，而只是貴生一點罷了。孟子所以攻擊他，看
他是等于禽獸的，是因爲以墨子的兼愛和楊子的爲我，和孔子的根本道德絕對不能相
容。孔子的全德是仁。仁的意義是己立立人，己達達人251，卽是人我兼顧。墨子偏于
人，楊子則偏于我。所以和儒家兩不相立。孟子斥駁他們，不一定是直斥楊墨本人，
而是攻擊他們所代表的兩偏不全的思想。就是孟子所謂他們「充塞仁義」。

　　楊子是貴生說的代表，似無問題，然而不能因此便說他是道家之一派，或是道家
之前驅。甚且又說老子分而掩之，隨後又爲莊子所掩。又有人說呂氏春秋是他的思想

之發展。這些都是臆度之辭，沒有實據的。貴生是諸家所同重的。儒家他主張明哲保身，並非道家所能獨佔。而且道家貴生未必貴身。老子說，「吾所以有大患者，為吾有身」。同時愛人救人，「旣以與人已愈多」[252]。和楊子不利天下不可同日而語，朱子 (1130—1200) 說，「人說孟子只闢楊墨，不闢老氏，却不知道家修養之說，只是自己獨自一身便了，更不管別人，便是楊氏爲我之學」[253]。朱子解釋孟子不闢老子的理由是對的，可是說老子不管別人，是太過了。倘若從楊朱和道家的關係來說，與其說他是前驅或後繼，不如說他是道家的叛徒。實則老子和楊朱並沒有歷史的淵源，也沒有思想的聯系。列子楊朱篇加入齊物等思想，或者是想把他和道家和協罷了。

四、莊　　　子

　　莊子是道家的大成，是戰國道家的主流，又是戰國和老子以後最重要最偉大的道者，這是毫無疑義的。現在先論他的人和書，然後分析他的哲學。

　　1. **莊子爲人**　根據史記的莊子傳[254]，莊子名周、蒙[255]人。也曾做過蒙漆園[256]的官。和梁惠王 (370—335 B.C.)，齊宣王 (342—324 B.C.) 同時。「著書十萬餘言」，「剽剝儒墨」。「其言洸洋自恣以適已。故自王公大人不能器之」。楚威王 (339—329 B.C.) 聽說他是個賢人，聘他爲相。莊子辭，說寧可做個孤豚，不肯做郊祭之犧牛[257]。韓非子記楚威王想攻打越國，莊子諫他[258]。如果此說可信，則莊子也曾到過楚國。陸德明莊子釋文說，「莊子與齊潛王 (323—284 B.C.) 同時」。莊子也記莊子送葬，「過惠子之墓」（徐）[259]。惠子卒于魏襄王九年 (310 B.C.)。又載莊周拿劍去見趙文王 (298—266 B.C.) 的事情（說）。雖然莊子記事未可盡信，然綜合諸王的年代，則莊子不能早過梁惠王元年(前 370 B.C.)，遲過趙惠文王末年 (266 B.C.)。所以馬夷初作莊子年表從周烈王七年 (369 B.C.，卽梁襄王二年) 起，到周赧王二十九年 (286 B.C.，卽趙惠文王十三年) 止。胡適以爲莊子死于前 275 年左右[260]，這大概是對的。莊子屢次說莊子和惠子來往（逍、徐、外、寓），同游于濠梁[261]（秋），後來曾經過他的墳墓，這些應該都是事實。又說他大布而補之，正廉（帶）係（繫）履（履穿故繫）而過魏王（山）；家貧，貸粟于監河侯（外），釣于濮水[262]（秋），這些都大有可能。至于說他和東郭子（知），商（宋）太宰蕩（運），和曹商（列）對話，又和孔子末年的魯哀公會談，遊于雕陵[263]之樊（藩）而看見一個異鵲（山），善劍（說），夢蚹（齊），妻死鼓盤而歌（至），則我們都看做寓言便是。至于他到楚國見髑髏（白骨）而問之（至），那就更無論了。

2.　莊子之書　莊子三十三篇，題南華眞經[264]，內篇七、外篇十五、雜篇十一。
六萬二千餘言，比較史記傳裏所說的十餘萬言，僅得一半[265]。注以郭象（312年死）的
注爲標準[266]。世說新語說[2.57]，「向秀（壯年250）於舊注外爲解義，妙析奇致，大暢玄
風。惟秋水、至樂二篇未竟而秀卒。……郭象……竊以爲己注。乃自注秋水、至樂二
篇。又易馬蹄一篇。其餘眾篇，或定點文句而已。……故今有向郭二注」[268]。向秀依
據崔譔的注作新注。這新注到宋代已經失了。經典釋文和東晉張湛（壯年310）列子注
所引的向郭兩注大同小異，可見郭象如果不是完全抄襲向秀，也大半根據他。然而向
秀的注有二十六篇、二十七篇、二十八篇三種說法。卽使我們把他最多的二十八篇，
郭象加了兩篇，也不過三十篇。怎能有現在的三十三篇呢？世說新語引文士傳說，
「郭象記志老莊，時人咸以爲王弼之亞」，又說，「象作莊子注，最有淸辭遒旨」。那麼
郭象似不是抄襲之流。歷代註解存佚總共大約七百，論說大約三百，眞是盛況了[269]。

　　至于書的分篇和篇的次第，始于何時，現在已不可考。外篇雜篇之分，以什麼做
標準，也不容易解，可是和內篇比較，就大不相同。內篇的篇名揭示本篇的主旨，
相反地，外雜除了讓王、說劍、盜跖、漁父四篇以外，都是把開始的兩三個字做題
目。內篇不引老子，外雜篇多引老子。內篇沒有「性」字，外雜篇很多講性。內篇不
提書詩禮樂，外雜篇則提及（徐、天），而且用「六經」的名詞（運）。內篇意思一貫，
語深而約，外雜篇的意思不相連屬，意白言淺。內篇思想可和老子別作一派，外雜篇
不外註釋老子罷了。內篇訾議孔子，詞句還很蘊藉，外雜篇就不同。內篇堯舜的性格
也不是和外雜篇一樣。內篇志趣逍遙，外雜篇有悲觀的色彩。外雜篇文筆、神態、思
想、都和內篇不類。所以學者大多以內篇是莊子自己所著，外雜篇是門人的記錄或是
後人所增加的。只有天下篇的文筆思想都近內篇。學者大多以爲是莊子的自序。以上
的結論大槪而說，未嘗無理。不過有求之過刻的。說內篇某節結構不同，就斷定爲僞
作，又有人以思想和體裁，例如是否條記體或是首尾成篇，把三十三篇分作若干組或
若干時期[270]，那就強求過甚了。蘇軾以莊子實在尊崇孔子，而盜跖，漁父則似乎眞詆
孔子。讓王、說劍，「淺陋不入于道」。所以都當作僞造[271]。這四篇宋濂（1310—1381）
王夫之（1619—1692），姚際恒（1647生）都懷疑[272]。然而盜跖、漁父、胠篋的篇名見于
史記本傳。這是後人把傳的文字改變了嗎？莊子和任何古書一樣，錯誤贋僞，移動增

減，是在所不免的。莊子的話，有不在現在莊子書裏的。篇裏節的次序有所不同的。列禦寇篇記莊子將死，顯然是後來加入的。我們要找完全原璧，是不可能的。然而從大體來看，則莊子的精神，昭然若覩。

　　3.　莊子思想　莊子開章便說，「北冥 (北海) 有魚，其名爲鯤，鯤之大，不知其幾千里也。化而爲鳥，其名曰鵬[273]。鵬之背，不知其幾千里也。怒而飛，其翼若垂天之雲。………水擊三千里，摶 (團飛而上) 扶搖 (上行風) 而上者九萬里」(逍) 。這些想像的文章，開了我國文學藝術一新頁。這戲劇以大自然做舞台，以造物做角色。有聲有色。他的意境之高，視線之遠，是先秦諸子所皆不可及的。倘若沒有莊子這型態，則一定沒有以後魏晉的玄學和清談，以及唐宋以降的詩和禪。

　　莊子的思想，固然是在莊子書裏，而最精確而簡的，是天下篇之述評。這篇說：

　　　芴漠恍惚，廣大無形，變化無常。死與生與？天地並與？芒乎何之？

　　　忽乎何適？萬物畢羅，莫足以歸。古之道術有在于是者，莊周聞其風

　　　而悅之。以謬悠 (迂遠) 之說，荒唐 (空大) 之言，無端崖之辭，時恣縱

　　　(放任) 而不儻(偏)，不以觭 (一端) 見之也。以天下爲沈濁，不可與莊(正)

　　　語。以卮 (支離) 言爲曼衍(推論)，以重 (要) 言爲眞，以寓言爲廣。獨與天

　　　地精神往來，而不傲倪(輕視)于萬物。不譴 (責) 是非，以與世俗處。

　　　其書雖瓌瑋 (奇特) ，連犿 (與物相從) 無傷也。其辭雖參差，而諔詭

　　　(卓異滑稽) 可觀。彼其充實，不可以已。上與造物者游，而下與外死

　　　生，無始終者爲友。其于本也，宏大而辟 (闢) ，深閎 (寬) 而肆 (放縱) 。

　　　其於宗也，可謂稠 (調) 適而上遂 (達) 矣。雖然，其應于化而解于物

　　　也，其理不竭，其來不蛻 (遺) 。芒乎昧乎，未之盡者。

　　上面最重要的，是「上與造物者游，而下與外死生無終始者爲友」這一句。這是莊子思想的總括，也是他的人生目的。因爲和造物者游，所以要「獨與天地精神往來」。因爲和外死生無終始的人做朋友，所以要「與天爲徒」(人、大) 。「天地與我並生，萬物與我爲一」(齊) 。莊子書頭兩篇是逍遙遊和齊物論。逍遙遊卽是與造物者游，齊物卽是無死生，無終始，而與物爲一。所以在下面我們以逍遙遊和齊物來談莊子的思想。

　　甲、逍遙游，上面講老子的宇宙爲機體，重在秩序。莊子的宇宙則像天籟，「大塊

噫氣」(齊)。老子從空間講，莊子則從時間講。

(1) **變化** 莊子起首卽感覺變化無常。第一問題就是「芒乎何之？忽乎何適」？人生「一受其形，不亡以待盡。與物相刃相靡 (摩)，其行盡如馳，而莫之能止」(齊)。東西都是「一虛一滿，不位乎其形。年不可舉 (挽)，時不可止。………物之生也，若驟若馳。無動而不變，無時而不移」(秋)。「日夜相代爭前」(齊、德)，逝者如斯。「人生天地之間，若白駒之過卻 (隙) 而已」(知)。

(2) **道** 這普通的變化，是道的情信。莊子說，「夫道有情有信，無爲無形。可傳而不可受，可得而不可見。自本自根，自古以固存。神鬼神帝，生天生地」(大)。宣穎 (壯年 172) 注「有情」說，「靜之動也」，注「有信」說，「動之符也」[274]。把下文「神鬼神帝，生天生地」來徵驗，則的確比老子道之精信[275]更爲活動。莊子的道，從宇宙論的觀點來看，似乎于老子無所發揮。然而老子的道是靜的，莊子的道是動的，這是顯然的。「有始也者，有未始有始也者。有未始夫未始有始也者。有有也者，有無也者，有未始有無也者，有未始夫未始有無也者」(齊)。這是從時間上並且從演進之程序上講，不但是老子之有生于無，僅從概念上講的。從空間講，道無不在。道在螻蟻，在稊稗，在瓦甓，以至于在屎溺裏，無逃于物 (知)。禪門把佛做「乾屎橛 (淨木)」[276]就根據這兒。從時間講，道貫通生物進化程序之全體。「種有幾」[277]，次第生而爲虫，爲蝶，爲鳥，爲馬。馬生人。「人又反入於機。萬物皆出于機，皆入于機」(至)。這過程雖然不是像生物學之進化，而他的變化演進之意義，是很明顯的。郭象注說，「此言一氣而萬形，有變化而無生死也」。

(3) **死生** 在這種情形之下，萬物「方生方死，方死方生」(齊)。郭象所謂「無生死」，是從歸局而言。倘若從個人而言，則「大塊 (地) 載我以形，勞我以生，佚 (逸) 我以老，息我以死」(大)。人情都好生惡死。然而「死生命也。其有夜旦之常，天也」(大)。「所以死生像晝夜一樣，是演變中不能避免的事情。所以「古之眞人，不知悅生，不知惡死」(大)，只「知生死存亡之一體」(大)，卽是說，「以死生爲一條」(德)。死不必哀，因爲生之來，是時的。死之去，是順的。「安時而處順，哀樂不能入也」(養)。從修養方面而言，「行事之情而忘其身，何暇至于悅生而惡死」(人)？而「善吾生者，乃所以善吾死」(大)。這樣，莊子之死生觀雖然似乎有他

的定命和悲觀的成份，而實際上和儒家的死生有命，立德不朽，並非不同。

(4) **養生與性理**　養生主篇有解牛的譬喻。須要看牛的全體，不把眼看而以神遇，以無厚 (之刀) 入于有間 (間節)。莊子說是「依乎天理」。「理」字在老子書未曾提及，而在莊子則出現三十八次。「理」「道」連綴為「道理」(秋、則、盜、天)，在中國思想史上這是頭一次「理」和「道」平列。「天理」這名詞，在書中至為重要(養、運、刻、漁)。又把天理和人欲相對 (運)，做成佛學中事理觀的伏線。依據莊子的看法，萬物各有其理 (秋、知)。更重要的，「萬物殊理」(則)。這一點郭象發揮透澈。郭象注重個性，恰和王弼注易經之專重同一原則相反。

正是因為物有殊理，所以物有殊性。所以「騏、驥、驊、騮 (皆駿馬)，一日而馳千里，捕鼠不如狸狌。……鴟鵂 (貓頭鷹) 夜撮蚤 (跳虫)，晝出瞋 (張) 目，而不見丘山」(秋)。所以人們必須順性，不能因為鳧脛太短而延續他，鶴脛太長而斬斷他 (駢)。順性之目的是在「可以保身，可以全生，可以養親[278]，可以全年」(養)。

(5) **因任無為**　我們的生存，總要「其心閒而無事」(大)。即使支離其形(人)，肩高于頂 (大)，也應該以達觀處之。「浸 (漸) 假 (使) 而化予之左臂以為鷄(卵)[279]予因以求時夜 (鷄)。侵假而化予之右臂以為彈，予因以求鴞炙 (小鳩)」(大)。郭象注說，「無往不因，無因不可」，這樣安時處順，「安其性命之情」(在)，即是因任自然。「常因自然而不益 (強增) 生也」(德)。這是「和之以天倪 (自然之分)，因之以曼衍，所以窮年也」(齊、寓)。解牛的秘訣，在其能「因其固然」(養)。即是老子無為而成的意思。莊子說，「天道運而無所積，故萬物成。……夫虛靜恬淡，寂漠無為者。天地之平，而道德之至。……無為也則任事者責矣」(道)。這樣，因任和放任不同。因任是有目的的，最後的目的是「古之所謂縣 (縛) 解 (大)」，也是「帝之縣解」(養)。

(6) **與造物者遊**　「帝」字諸家解釋作是天而不是上帝，這是根據道家自然之旨。齊物論論物之發生，問是否有真為主宰的。其答案是「必有真宰，而特不得其朕」。郭注說，「萬物萬情，趣舍不同，有若主宰使之然也。然索真宰之朕迹而亦終不得。以明物皆自然，無使物然也」。莊子又屢講「造物者」(大、應、列、天)，說腰曲背露，乃是造物者之所為。又說造物者可以把人做鼠肝，做虫臂，微蔑至賤 (大)。這樣很像是指有主意的天帝。然而造物者即是造化者 (大)，也是天罷。郭象說，「請問夫造物

者有邪？無邪？無也，則胡能造物哉？有也，則不足以物衆形。此明衆形之自物，而後始可與言造物耳。……故造物者無主，而物各自造」[283]。這點可「從與造物道遊」看到。

郭象注「夫造物者又將以予爲此拘拘（體彎曲）也」（大）說，「夫任自然之變」。造物者卽是自然。這裏意味最深的，莊子不說與造物遊而說與造物者遊。理由是不分作主客。遊是主動的，不是被動的。並不是有個造物者准許他去遊。而是他自己和造物者遊。「且與造物者爲人」（偶）就是（大、應）[281]。卽是「與天爲徒」（齊）的意思。所謂遊者，遊于形骸以外（德），「遊乎塵垢之外」（齊），「遊乎四海之外」（逍）（齊），「遊于方外」（大），「遊于無人之野」（山）。論者以莊子爲出世，不明白莊子的意思是不爲方內人間所限，而「遊于天地」（徐）「遊于天地之一氣」（大），「遊于物之始終」（達）。換言之，卽「遊于無窮」（逍），「無有」（應），「太虛」（知），「逍遙之虛」（運）。從精神講，就是「遊于形骸以外」（德）而以心遊。心情放縱，精神自由，就可以說是遊。而且必要「心遊于萬物之初」（田），心遊于無窮（則），「心遊于漠」（天）。遊心以乘物，「乘物以遊心」（人）與物爲一。這是人生之歸宿。因爲遊，所以動。因爲以其心遊，所以生。因爲物物，所以現成。絕對不像佛家的涅槃淨滅。

乙、齊物　與物爲一，是齊物的最高境界。章太炎說，「齊物者，一往平等之談。詳其實義，非獨等視有情，無所優劣。蓋離言說相，離名字相，離心緣相，畢竟平等」[282]。換言之，莊子齊物的對象是言知，質量，和像是非，有無，生死，彼我，物我等等一切對立。物之不齊的解釋有主觀、相對、「方生」、無窮，四說。齊物的典型是道樞、天鈞、天倪。其解決是因、明、忘、化。

(1)　**因、明、天鈞、兩行**　儒墨各是其是，各非其非，都是主觀，「隨其成心」[233]而且彼此，死生，可和不可，都爲對立。有此而後有彼，彼此相因，就是「方生」。然而死生無窮，各執是非也是無窮。聖人不由此途，而「照之以天」，卽是以本然之明照之。可與不可，然與不然，都是隨人而有。「物固有所然，物固有所可。無物不然，無物不可。故爲是擧莛（小柱）與楹（大柱），厲（癩）與西施（美女），恢（大）恑（戾）憰（乖）怪（妖），道通爲一」。若論相對，則「天下莫大於秋毫之末，而太山（泰山）爲小；莫壽于殤子（襁褓而亡），而彭祖（年八百）爲夭」。郭象說，「苟各是其性，則秋毫不獨小其小，而太山不獨大其大矣」。而且「民食芻（野蔬）豢（家畜）。麋鹿食薦

— 467 —

（草美），蝍且（蜈公）甘帶（蛇），鴟鴉耆（嗜）鼠。四者孰知正味」？世間一般質量標準，那個是正的呢？任誰決定呢？倘若彼此相辯，「若勝我，我不勝若。若果是也，我果非也邪？……其或是也，其或非也耶？其俱是也，其俱非也耶？我與若不能相知也」。倘若要和我相同的或相異的來辯正，則他既然和我相同或相異，又怎能辯正呢？與其依靠他人來決定，不如「和之以天倪」。這是說「因是」，任其自然。這有些像龍樹（約100—200）教理中的對偏中，盡偏中，絕待中，本身也是偏中。必要達到不生不滅，不斷不常，不一不異，不去不來，才是中道。而且「彼生于是，是亦因彼」，有反必有正，沒有反則正就根本上不能成立。這方生之說略約像黑格爾（Hegel）（1770—1831）的辯證法，正反相對，必要綜合，然而綜合也是一個正，所以正反無窮，至最後才被大絕對完全包容，這就是「道通為一」。莊子說，「聖人和之以是非，而體乎天鈞，是之謂兩行」。成玄英（壯年647—663）說，天鈞者「自然平均之理」。王先謙說，「聖人知道是非，共休息于自然均平之地。物與我各得其所，是兩行也」。

(2)　**忘、心齊、物化**　生死是非，道既然都通而為一，所以我們應該一律忘掉，「忘年忘義」（齊）。成玄英說，「年者生之所稟。既同于生死，所以忘年。義者裁于是非。既一于是非，所以忘義」。另一方面，得魚則忘筌（魚笱），得兔則忘蹄，得意則忘言（外）。莊子有坐忘之說。忘掉人為的仁義禮樂還不夠，必要至于坐忘，坐而自忘其身，「墮其肢體，黜聰明，離形去知，同于大通」（大）。這樣大通無碍。心似鏡頭，無去就，無將迎，「惟道集虛」（人），這也是「心齊」（人）。到此情境，便是自化，也即是與物俱化。莊子夢蝶，一息間覺了，「不知周之夢為胡蝶與？胡蝶之夢為周與」（齊）？這是證實齊物的極境，與天為徒，物我不分，天人合一，成為真人。

(3)　**真人**　莊子于「聖人」、「神人」、「至人」、「天人」、「真人」這幾個名詞，隨意使用，我們不必勉強分做層次。天下篇分開天人、至人、聖人，是每一個側重一方面而言的。其實他們都是最高生存境界的意義。「至人無己，神人無功，聖人無名」（逍），說是他們都是無己、無功、無名的。真人一定不是像日後道教所信的仙人。「真」不外是精誠罷了[284]。「古之真人，不知悅生，不知惡死。其出不訢（欣），其入不距（拒）。翛（無係）然而往，翛然而來而已矣。不忘其所始，不求其所終。受而喜之，忘而復之。是之謂不以心捐（損）道，不以人助天，是之謂真人」（大）。又說，「至

人神矣。大澤焚而不能熱，河漢沍(凍)而不能寒。疾雷破山，風振海，而不能驚。若然者，乘雲氣，騎日月，而遊乎四海之外。死生無變于已，而況利害之端乎」(齊)？不會讀莊子的人，恐怕必定以爲這是仙人。莊子固然也曾講藐(遠)姑射山 285 的神人(逍)，又講升仙(地)。然而神怪和莊子的自然主義不能相容。我們當作寓言來看好了。莊子且不重長生，何由重仙？

莊子的目的是眞人，專重內聖。「內聖外王」這名詞是莊子所創的。他以爲諸子都是一曲之士，所以「內聖外王之道，闇而不明」(天)。實際上莊子不免忽略了外聖。就是應帝王篇也完全側重遊心遊物罷了。荀子批評他是「蔽于天而不知人」[286]，是未嘗無故的。司馬遷說他是「自恣以適已」[287]，也不是太過。至于朱子說「老子猶做事在。莊子却不要做了，又說道他會做，只是不肯做」[288]。宋濂譏評他「所見過高，雖聖帝經天緯地之大業，曾不滿其一哂」[289]，恐怕都忽視了莊子哲學之眞意味。成玄英說，「夫莊子者，所以申道德之深根，述重玄之妙旨，暢無爲之恬淡，明獨化之窅冥(深遠)」[290]，這是最對的話。

丙　老莊比較　上面所論莊子，雖屬簡單，然而卽此可以看見他並不是老子的註釋便了。我們常說「老莊」，很像是老莊如一。老子和莊子並提，開始于漢書[291]「老莊」合稱，開始于淮南子[292]。史公好講黃老。到魏晉時代「老莊」的名詞才通行。天下篇敍述諸子，把關尹和老聃同做一組，而莊子則另外一組放在後面，似乎表示莊子駕乎其他諸子之上，並且不明言承受老子。惠施公孫龍在諸子之後，他們以堅白鳴，還未聽聞道術呢。然而莊子除了引老子二十二次以外[293]，直接解釋老子的也不少[294]。可是無可否認的，莊子自已有他的思想路線。和老子有同的也有異的。同的人所共知，異的還有指明之必要。現在表列在下面：

老子	莊子
道擴至天地，然而重點還在人間	道的重點在天
重常，反復是常，常是靜的	也重常，驟化是常，其常是動的
重一，一基于同	也重一，齊萬物兩行以爲一
重對立如榮辱等等	道通爲一
物之個性晦	物有殊理

輔萬物之自然	因任自然
退以處物	與物俱化
在物之外以客觀處天地	入物之內以主觀玄同天地
不講性	多講性
主守	主忘
言辯有善有不善	言辯是非，都是從妄情而來
致柔	以神遇，像解牛
做嬰兒	做初生之犢
求長生而不講仙	少講長生，却又講仙
同塵	與造物者遊
入世	雖非出世，但是在在超越
外王	內聖
聖人有所去取	聖人淡漠
聖人無爲而治	聖人遊于方外
目的是做救世的聖人	目的是與天爲徒的眞人
實際，似文	想像，似詩

五、稷下諸子

　　史記記載「宣王(342—324 B.C)……喜文學游說之士。自如騶衍、淳于髡、田駢、接子、環淵之徒七十六人，皆賜列第，爲上大夫，不治而議論。是以齊稷下[295]學士復盛，且數百千人」。又說，「各著書，言治亂之事，以干世主」[296] 鹽鐵論說，「蓋稷下先生，千有餘人。……及湣王 (323—284 B.C) ……矜功不休，百姓不堪。諸儒諫不從，各分散。慎到接子亡去，田駢如薛，而孫卿適楚」[297]。從齊桓公(384—379 B.C)立學宮在齊國都城西門稷下的外面[298]，到湣王死的時候，約共六七十年。這個學術中心可謂空前之盛。不過我們知道他們的姓名的只有十七名[299]。其中和道家有關係者是宋鈃、尹文、彭蒙、田駢、慎到、環淵、和接子。現在次第討論他們：

　　1. 宋鈃　宋鈃卽是宋榮子，宋牼子[300]。孟子稱他做先生，自己叫軻。這或者是

敬辭，或者是因爲宋子年長。秦楚快要打仗。宋子要去說秦王楚王罷兵，和孟子相遇于石邱[3.1]。秦楚戰于前312年，荀子和宋子同游稷下，他的書屢屢稱他。那麼荀子在湣王的時候離開齊國，那時宋子還在。荀子非十二子楊倞 (壯年818) 的注說，「宋鈃，宋人，與孟子、尹文子，彭蒙，愼到同時。孟子作宋牼。『牼』與『鈃』同音」[3.2]。錢穆推定他的年代大概由前360到前年290是很對的[303]。

漢書藝文志有宋子十八篇。班固自己注說，「孫卿道宋子，其言黃老意」。這書採入小說家，或者因爲他有點像街談巷語。這書老早已經亡失了[304]。

莊子天下篇說，「不累於俗，不飾於物，不苟 (且) 於人，不忮 (逆) 於衆。願天下之安寧，以活民命。人我之養，畢足而止。以此白心。古之道術有在於是者，宋鈃尹文聞其風而悅之。作爲華山之冠 (上下均平) 以自表，接萬物以別宥 (去蔽) 爲始。語心之容 (我心如此)，命之曰 (推) 心之行，以聏合驩 (歡)，以調海內，請欲置之以爲主。見侮不辱，救民之鬪。禁攻寢兵，救世之戰，以此周行天下，上說下教。雖天下不取，強聒 (耳) 而不舍者也。故曰上下見厭而強者也。雖然，其爲人太多，其自爲太少，曰，請欲固置五升之飯足矣。先生恐不得飽。弟子雖飢，不忘天下，日夜不休。曰，(豈徒爲) 我必得活哉？圖 (倔) 傲乎？救世之士哉！曰，君子不爲苛察，不以身假物 (靠人)。以爲無益于天下者，明之不如已也。以禁攻寢兵爲外，以情欲寡淺爲內。其大小精粗，其行適至是而止」。荀子非十二子篇說，「不知壹天下建國家之權稱 (輕重)。上功用，大儉約，而漫差等。曾不足以容辨異 (分別)，懸 (隔) 君臣。然而持之有故，其言之成理，足以欺惑愚衆，是墨翟宋鈃也」。荀子正論篇說，「子宋子曰，『明見侮之不辱，使人不鬪。人皆以見侮爲辱，故鬪也。知見侮之爲不辱，則不鬪矣。……人之情欲寡，而皆以己之情欲爲多，是過也』。故率其羣徒，辨其談說，明其譬稱，將使人知情欲之寡也。……聚人徒，立師學，成支曲」。莊子逍遙遊篇說，「故夫知效一官，行比 (庇) 一鄉，德合一君，而徵 (信) 一國者，其自視也，亦若此矣。而宋榮子猶然笑之。且擧世而譽之而不加功，擧世非之而不加沮 (敗)，定乎內外之分，辯乎榮辱之竟，斯已矣。彼其于世，未數數 (汲汲) 然也。雖然，猶有未樹也」。韓非子顯學篇說，「宋榮子之議，設不鬪爭，取不隨仇。不羞囹圄，見侮不辱。世主以爲寬而禮之」。

　　以上莊子，荀子，和韓子敍述和批評他。荀子說他聚徒設學，且成文曲，率徒辯論。孟子叫他做先生。他實在是稷下學者之中的聲望最高，勢力最大，而影響最廣的。莊子把他和尹文並舉，而荀子則把他和墨子並論，而他們評論之點，相同的只有荀子說他「大儉約」和莊子說他「自爲太少」。大概荀子從政治立場，所以側重建國君臣諸端，而莊子從道家的觀點，所以開始說不累俗，不飾物，其次說及容物，忍辱，禁攻，寡欲。從這兩個評論來看，可見宋子並不屬于任何派別，而自樹一幟。從莊子，荀子，和韓子的敍述來看，則見侮不辱和禁攻寢兵是最顯著的主張，其次是寡欲、儉約、和辨別。因爲他要去蔽而辨榮辱內外，可以算他是名家。他禁攻、守儉、和重功用，也可以算他是墨家。荀子把他和墨翟放在一起，和後人算他做墨家之徒，都是這個緣故[305]。不過藝文志只說「其言黃老意」，那麼他的主旨，應當是屬道家之言。天下篇開始就說，「不累于俗，不飾于物」，這就是道家的本色。他的心容萬物，見侮不辱，誹譽不計，寡情淺欲，都是道家的色彩。所以倘若必要講派別的話，則宋子非道家不可。

　　史記說道家采儒墨之善[306]，可是宋子完全沒有儒家的重要思想。根據孟子，宋子要把利害說服秦王和楚王。孟子責備他，說他應該講仁義。可見他是沒有儒家仁義的基本。荀子天論篇批評他「有見于少，無見于多」，解蔽篇又說他「蔽于欲而不知得」。正論篇評論他的人情欲寡之說，說「人之情爲欲多而不欲寡」，而宋子不知道，此所以蒙蔽。宋子見侮不辱，目的在于不鬬，以功利爲準。這和道家的報怨以德的道德動機不同。他忍辱是可嘉的，然而仍然辨別榮辱，未能忘懷。他所謂語心之容，也遠不及莊子的不將不迎，因時順勢，而與萬物爲一。莊子說他「未有樹也」，卽是指他於道還未有所建立。由此觀之，宋子仍然是名墨之流。實在他自成一派。重要之點，是由稷下的卓爾學者的宋鈃，可以見到道家是和其他學派大爲湊合，而其中儒家的份量是最少的。

　　2. 尹文　漢書藝文志有尹文子一篇。班固自己注說，「說宣王。先公孫龍」。顔師古(581—645)的注引劉向別錄說，「與宋鈃同時，俱游稷下」。他也曾和齊宣王論君道和論賢[307]，又和齊湣王論士[308]。錢穆說他的年世是大約由前350到前285年[309]。仲長統(179—219)的尹文子序說他學于公孫龍。這錯點大概是因爲誤解呂氏春秋正名篇高誘

的注「尹文齊人，作名書一篇。在公孫龍前。公孫龍稱之」的話。孔叢子居衞篇
有尹文子，因爲其妻生子不類而要趕她走，給子思勸止的故事。這本書是僞的，是不
足信的。

尹文子在藝文志入于名家，隋書經藉志作爲兩卷。現行本尹文子分上下篇，四庫
全書總目提要列入雜家。不說他是假的，只是當他本來是名家之流。近人大多是以他
是假的[310]。

莊子天下篇以爲宋鈃和尹文的思想沒有分別。不過從其他的資料來看，則尹子的
思想更爲混雜。說苑記載他和齊宣王討論君道說，「大道容衆，大德容下。聖人寡爲，
而天下可理矣」。呂氏春秋記載湣王問他，有人事親孝，事君忠，交友信，居鄉悌，這
樣可否叫做士？又問他，見侮不鬪則爲辱，如何？尹子說，「雖有侮而不鬪，未失其四
行也。不失其四行者，是未失其所以爲士一矣」。大道大德和聖人無爲，當然是老子
的敎訓，而孝悌忠信，則是孔子之道。尹子兼而有之。尹文子大道上篇說，「大道不
稱，衆必有名。……凡道治者，謂之善人。藉名法儒墨者，謂之不善人。……道不足
以治則用法，法不足以治則用術，術不足以治則用權，權不足以治則用勢」。大道
下篇說，「仁義禮樂，名法刑賞，凡此八者，五帝三王治世之術也」。可見他是集儒
道名法于一爐的。依天下篇則尹文雖然屬淺漏的道家，但是仍然以道爲主。倘若依據
其他的資料，則尹文是以道家而流入法術權勢之法家的。

3. 彭蒙　天下篇說，「公而不當（黨），易（平易）而無私，決然無主，趣物而不
兩。不顧於慮，不謀於知。於物無擇，與之俱往。古之道術有在于是者，彭蒙、田
駢、愼到聞其風而悅之。齊萬物以爲首。曰，天能覆之，而不能載之，地能載之，而
不能覆之。大道能包之，而不能辯之。萬物皆有所可，有所不可。故曰，選則不徧，
敎則不至。道者無遺者矣。是故愼到棄知去已，而緣不得已，（乃）冷汰（聽放）於物，
以爲道理。曰，知不知。將薄（有所）知，而後（復）鄰（毀）傷之者也。謑髁（不定）無任
（不肯當任），而笑天下之尚賢也。縱（恣）脫（略）無行，而非天下之大聖。椎拍（強合）輐斷
（截斷而甚圓），與物宛轉。舍是與非，苟可以免（無累）。不師所慮，不知前後，魏然
（不動）而已矣。推而後行，曳而後往。若飄之還（迴），若羽之旋（轉），若磨石之隧（同
轉），全而無非。動靜無過，未嘗有罪。是何故？夫無知之物，無建己（爲標準）之患，

無用知之累。動靜不離於理。是以終身無（毀）譽。故曰，至于若無知之物而已。無用聖賢，夬（土）塊（而）不失道。豪傑相與笑之曰，慎到之道，非生人之行，而至死人之理，適得（世人之）怪（詫）焉。田駢亦然。學于彭蒙，得不（言之）教焉。彭蒙之師曰，古之道人，至于莫之是莫之非而已矣。其風窢（疾）然，惡可而（以）言？常反（拂）人（意），不見（被）觀（瞻仰），而不免於魭（輓）斷。其所道，非道，而所言之韙（是），不免於非。彭蒙、田駢、慎到不知道。雖然，槩乎皆嘗有聞者也」。

　　這段評論以慎到做中心，而說田駢也是一樣，又說田駢學於彭蒙。現在首先討論彭蒙，其次田駢，然後到慎到，看他們的道家性質是怎樣。

　　成玄英天下篇注說，「彭蒙，田駢，慎到，並齊之隱士，俱游稷下，各著書數篇」。慎到是趙人，這裏說是齊人，是誤的。稷下諸士都有政治野心，並非隱士。然而其他並無異說，可以當作歷史的事實。田駢在湣王的時候到薛國。彭蒙是他的老師，應當比較他年長，那麼彭蒙應該是生在齊威王（378—343 B.C）和宣王的時候，大約在前380到前320的年代。漢書藝文志沒有彭蒙子，這書老早失了。天下篇說他的教是「不教」。「不教」有幾種說法。郭象以爲是「得自任之道」。宣穎解做「不言之教」。王先謙說是「不教之教，觀其所行，學焉而心自得」。老子「行不言之教」[311]，可是「不教」未必指此而言。至于成玄英說「田駢，慎到，禀業彭蒙，縱任放誕，無所教也」，這是先有成心的話。他以爲慎到也以彭蒙爲師，也是沒有根據。又有人說「不教」是指排棄知識。從莊子的評論來看，這未必是「不教」的原意。但是彭蒙的老師說，「莫之是，莫之非」。郭注說，「所謂齊萬物以爲首」，這是很對的。天下篇述評慎到思想之後，只說「田駢亦然」，而不說「彭蒙田駢亦然」。所以我們于彭蒙的學說，只能說是齊物罷了。倘若這話是對的，則三人之中彭蒙是最純于道。荀子非十二子篇同時評論慎到田駢而不講及彭蒙，是不是因爲慎田都側重法而彭蒙則不如此呢？

　　尹文子大道上引彭蒙說，「物奢則仁義相屈，分定則貪鄙不爭」。又曰，「道行于世，則貴賤者不怨。……法行於世，則貴賤者不敢怨。……此法之不及道也」。根據這裏，道之所以比較法好，是因爲他能定分。這和齊物的教旨，大相衝突。大道下篇記載宋子問聖人和聖法怎樣不同？彭蒙說，「子之亂名甚矣。聖人者，自己出也。聖

法者，自理出也。理出于己，己非理也。己能出理，理非己也。故聖人之治，獨治者也。聖法之治，則無不治矣」。這裏雖然還有棄去自己的意思，然而把法來替代能夠體道的聖人，便離道更遠了。這裏的動機是不是調和法道呢？尹子文這裏說亂名，頗有荀子正名篇的痕跡。大道上篇說，「累於俗，飾於物者，不可與爲治矣」。就分明是引天下篇批評宋銒和尹文的話了。近人以爲尹文子是假書，更有證據了。大抵尹文子的著者以愼子和田駢爲名法，而天下篇三人並論，于是非把尹文也弄成名法不可。成玄英注說，「性與法合，故聞而悅愛之也」。則把純粹道教的彭蒙，變成純粹法家的彭蒙了。

4.　田駢　史記說，「田駢接子齊人。………皆學黃老道德之術。因發明序其指意。……而田駢接子，皆有所論焉」[312]。漢書藝文志有田子二十五篇，已經失了[313]。班固自己注說，「名駢，齊人，游稷下，號天口駢」，是說他好談論，不窮其口的意思。莊子天下篇陸德明釋文引愼子說，「名廣」。唐君毅以爲卽是田子方，因爲子方的名是無擇，和田駢無擇的學說相同[314]。「陳」「田」同音，田駢又卽是陳駢。戰國策記他不做官而訾養千餘，聚徒百人。齊人譏諷他不嫁而有子七人[315]，根據淮南子，「唐子短陳駢子於齊威王。王欲殺之。陳駢子與其屬出亡奔薛。孟嘗君聞之，使人以車迎之。至而養以芻豢黍粱五味之膳。日三至。冬日被裘罽，夏日服絺綌。出則乘牢車，駕良馬」[316]。鹽鐵論記載湣王的時候，稷下諸士分散，田子到薛國去。這次去薛國或者和上次的奔走不同。大概田駢是彭蒙的後輩，生在湣王末年，卽是前290—280年左右。錢穆擬定他的年代爲前350—275年[317]，相去不遠了。

呂氏春秋說，「田駢貴齊」[318]。高誘註說，「貴齊死生，等古今也」。尸子說，「田氏貴均」[319]。呂氏春秋又說，「田駢以道術說齊王。……曰，臣之言無政而可以得政。……變化應求，而皆有章。因性任物，而無不當」[320]。又引田駢告訴齊王說，「楚魏之王，辭言不說，而境內已修備矣，兵士已修用矣。得之衆也」[321]。又載「客有見田駢者，被服中法，進退中度。趨翔閑雅，辭令遜敏。……田駢曰，『殆乎！非士也。今者客所弇歛，士所術施也。士所弇歛，客所術施也』」[322]。

田子之爲道家，可以他的基本齊物思想爲主。這不但是齊是非，去言辯，而且齊死生和古今，而他談政治也根據老子的虛無之旨。因性任物，也是道家的正道。不過

他做議大夫，養祿萬鍾，出亡的時候豪華享受。主張修政用兵，以得衆爲本。這明明是法術家的事情。而且他要弁斂術施，互相顛倒，這都不是修道者之所爲，更不是得道者之所事。和天下篇所說道家於物無擇，與之俱往，棄知去已，大背而馳。荀子說他尙法而無法，無所歸宿，這老實不是苛刻的話。大槪田駢的基本思想還是道家，像天下篇說，他的主旨貴乎齊物。可是他參加政論，又比較稷下諸士多講話，自必要兼入法術了。莊子天下篇和荀子非十二子都把愼到和田駢相提並論，然而他評論田子則絕對不同。莊子偏說他的道，荀子偏說他的法。這是不是各人講一方面呢？還是他們評述時期先後有所不同呢？

5. **愼到**　戰國時代有三個愼子，一個是戰國策裏的愼子[323]，一個是孟子裏的愼子[324]，一個是我們現在所討論的愼子。史記說，「愼到趙人。……皆學黃老道德之術，因發明序其指意，故愼到著十二論」[325]。愼到游於稷下[326]，到齊湣王的時候稷下分散，愼子和其他的人走了[327]。班固說愼子「名到，先申韓。申韓稱之」[328]。史記正義，荀子注，通志，都說愼子是戰國的處士[329]。太平寰宇記說愼子的墳墓是在山東濟陰縣的西南。可知愼子離開稷下以後，仍然隱居齊國，死在這邊。大約和孟子同時而稍遲一點。故錢穆擬定他的年是大約前350—276。高誘以爲他是齊人[330]，因爲愼子也曾住在齊國稷下，所以高誘誤了。有人說愼到是劉陽人，然而劉陽是在現在的湖南，和趙國南北了不相涉。陸德明莊子釋文田駢之下的注說愼子名廣，和田駢名廣亂了。

漢書藝文志有法家愼子十二篇。到宋代已經喪失大半。明人輯集殘本爲愼子，卽是清代錢熙祚 (1844—死) 校的七篇，附愼子逸文[331]。至于明人愼懋賞所校的愼子內外篇，純是僞造，不值注意[332]。

愼到之爲法家，人所公認。藝文志把他的書列入法家。荀子評愼子說，「尙法而無法，下修而好作。上則取聽于上，下則從衆于俗。終日言成文典，及紃察之，則倜然無所歸宿，不可以經國定萬」。又說，「愼子蔽于法而不知賢」[333]。又說他「有見於後，無見於先」[334]。楊倞的注說，「明不尙賢不使能之道」。可是荀子下文「有後而無先，則羣衆無門」的話，楊氏注說，「夫羣衆在上之開導，皆處後而不處先，羣衆無門也」。他的對象都是法。愼子七篇，全是法家之言。其中只有一小節稍有道家意味。「鳥飛于室，魚游于淵，非術也。故爲鳥爲魚者，亦不自知其能飛能游。苟知

之，立心以爲之，則必墮必溺。……是以任自然者久，得其常者濟」335。這裏任自然接近莊子，得常接近老子。至于「天道因則大，化則細。因也者，因人之情也。人莫不自爲也。化而使之爲我，則莫可得兩用矣」336，是以用人爲我爲目的，其因化是法術，而不是循逭之因化的。韓非子引愼子說，「吾以此知勢位之足恃，而賢智之不足慕也」337。則愼子之爲法家是很清楚的。

　　愼子的法家言論，這裏不必多引。然其「勢位足以屈賢」，「法雖不善，猶愈于無法」，「法制禮籍，所以立公義也」338，「法之所加，各以其分」339，「法者，所以齊天下之動，至公大定之制也」340等話，在在和天下篇所說相反。他說「關戶牖必取已明焉」341，不特和老子「不出戶，知天下，不窺牖，見天道」342相背，而且和無知無擇相反，也和天下篇所說不符。四庫全書總目提要的觀察很對。他說，「今考其書，大旨欲因物理之當然，各定法一而守之。不求於法之外，亦不寬于法之中。則上下相安，可以淸淨而治。然法所不行，勢必刑以齊之。道德之爲刑名，以此轉關。所以申韓多稱之也」343。

　　6.　環淵　史記說「接子齊人，環淵楚人，皆學黃老道德之術，因發明其指意。……環淵著上下篇，而田駢接子皆有所論焉」344。漢書藝文志道家有蜎子十三篇，班固自注說，「名淵，楚人，老子弟子」。古時「蜎」「環」同音。這書不存，殘文也缺。愼子內外篇載環淵問水旱饑荒，問士爲什麼有窮有達，又問養性345。這書是僞造，上面已經講過了。近人以環淵爲關尹，以十三篇爲道德經346，或者以環淵卽是范環347和范蜎348，『蜎』『環』兩個字寫錯了349。錢穆擬定他的年代爲大約前360—280年350。

　　7.　接子　史記記載接子游稷下，正義說他是齊人351。鹽鐵論記載稷下分散時「捷子亡去」352。接子，捷子，同是一人。漢書藝文志道家有捷子二篇，注說齊人。書已亡了。此外不詳。錢穆以爲他的年代大約是前350—275年353。

六、貴　生　之　流

　　1.　子華子　呂氏春秋注兩次說，「子華子，體道人也」354。此外我們不知道他的生平如何。錢穆說他的年代大約是由前380—320年355。漢書藝文志沒有他的著錄。現存的子華子是假的356。呂氏春秋引子華子說，「全生爲上，虧生次之，死次之，迫

生爲下」[357]。下文解釋說，「所謂全生者，六欲皆得其宜也。所謂虧生者，六欲分(牛)得其宜也。所謂迫生者，六欲莫得其宜也」。又載韓魏爭侵土地。子華子去見韓昭釐侯(358—333B.C)說，「左手攫之則右手廢，右手攫之則左手廢。然而攫之必有天下。……兩臂重于天下也。身又重于兩臂。韓之輕于天下遠(多)，今之所爭者，其輕于韓又遠。君固愁身傷生以憂之，戚不得也」[358]。他的全生思想，和楊朱相同。不以一毛而易天下，而六欲皆得其宜，則比楊朱更甚了。然而呂氏春秋又載他的話說，「厚而不博，敬守一事。正性是喜，羣衆不周，而務成一能」[359]，註說，「一能，專一之能」，則子華子也是崇尙守一，不過這個一不是道體之一的。

2.　詹何　詹何卽是瞻子，也卽是詹子[360]。呂氏春秋高誘的註說，「詹何，隱者」。又註說，「詹子，古得道者也」[361]。他的生平我們不知道。錢穆擬定他的生卒年是大約由前350—270年[362]。莊子載中山公子牟告訴瞻子說，「身在江海之上，心居乎魏闕之下，奈何」？瞻子說，「重生。重生則利輕」。中山公子牟說，「雖知之未能勝也」。瞻子說，「不能自勝則從。神無惡乎？不能自勝而強不從者，此之謂重傷之人。無壽類矣」[363]。呂氏春秋載楚王問詹子怎樣治國，詹子答說，「何聞爲身，不聞爲國」。下文解釋說，「詹子豈以國可無爲哉？以爲爲國之本，在於爲身。身爲而家爲，家爲而國爲，國爲而天下爲」[364]。呂氏強解詹子的話，以暢達治家治國的道理。其實詹何只知治身，不求治國。也正是和楊朱不以一毛而易天下之意思相同。至于他怎樣得道，則我們不能了解。他的書已失了。我們不知道他對於楊朱或者老子的學說有沒有發揮。

3.　魏牟，它囂　荀子非十二子篇說，「縱性情，安恣雎。禽獸之行，不足以合文適治。………是它囂，魏牟也」。它囂的生平我們不知道。漢書藝文志有公子牟四篇[365]，班固自注說，「先莊子。莊子稱之」。呂氏春秋注說，「子牟，魏公子也。作書四篇。魏伐得中山。公以邑子牟，因曰中山公子牟也」[366]漢書古今人表把他列在惠施公孫龍之後[367]。錢穆以爲他的生卒年世是大約由前320—245年。莊子記載他，說，「魏牟，萬乘之公子也。其隱岩穴也，難爲于布衣之士。雖未至乎道，可謂有意矣」[368]。又載公孫龍問魏牟，以自己是最通達的，但是覺得莊子的話很奇怪。子牟答他說，莊子「始於玄冥，反於大通。子乃規規然而求之以察，索之以辯，是直用管窺

天，用錐指地也」。於是公孫龍「口呿而合，舌舉而不下，乃逸而走」[369]。這是莊子
弟子所記的，未必是歷史的事實。列子仲尼篇稱贊牟子解答公孫龍的話，說是其語頗
精。他和瞻子的問答，已經在上節述過。荀子說他縱性情，大概是指瞻子所謂「不能
則從」的。孫詒讓（1848—1908）說子牟卽是孟子盡心篇上的子莫。「子莫執中」，卽是
對於楊氏為我和墨氏兼愛都不贊成，而持模稜兩可的意思。這說無據。羅根澤以為卽
是顓孫子莫[370]，也是還要考查清楚。中立態度和莊子所形容不符，他隱于岩穴，又和
縱慾者的行為不相像。大概他的宗旨在乎貴生，近于楊朱。從這立場，來打破公孫龍
之異同言辯而歸于莊子之玄冥大通。荀子說他縱情，似乎太過。但是他太過貴生，所
以莊子說他還未造就到道，不過可以說他是有意于道了。

七、潔 身 隱 士

1. **黔婁子**　漢書藝文志道家黔婁子四篇。班固自注說，「齊隱士，守道不詘。
威王下之」。皇甫謐（215—282）的高士傳說，「黔婁先生，齊人也。修身法節，不求
諸侯。著書四篇 ， 言道家之用 。 號黔婁子」。四篇隋書經籍志和唐書經籍志都已不
錄，老早失了[371]。黔婁是複姓，不知道名叫什麼。相傳他很貧窮，死的時候衣衾蓋不
住他的屍骸。所以後人叫他做貧士。陶潛（365—427）五柳先生傳說，「黔婁有言，不戚
戚於貧賤，不汲汲於富貴」[372]，大概是根據高士傳而說的。我們也可以想見黔婁子之
所謂道家之用，用在守道自潔，不與世浮沉罷。

2. **陳仲**　荀子非十二子篇說，「忍性情，綦（極行）谿（邪徑）利跂（歧途）。苟以
分異人為高，不足以合大衆，明大分。……是陳仲史鰌也」。不苟篇又說，「盜名不
如盜貨。田仲史鰌，不如盜也」。史是春秋的人，現在不講他。「田」「陳」相通，
所以田仲卽是陳仲。孟子說，「仲子，齊之世家也。……以兄之祿為不義之祿，而不
食也。以兄之室為不義之室，而不居也。辟兄離母，處於於陵」[373]。又說，「彼身織
屨，妻辟纑，以易之（食）也」[374]。荀子的注說，「辭富貴，為人灌園，號曰於陵仲子」
[375]。韓非子說，「今田仲不仰人而食，亦無益人之國，亦堅瓠之類也」[376]。孟子以他為齊
國士林中的巨擘[377]。他也是隱士，自潔自高，人所敬仰。淮南子說他「不入汙君之朝，
不食亂世之食，遂餓而死」[378]，恐怕想把他和伯夷叔齊比美罷了。戰國策記趙威后問

齊國的使者說，「於陵子仲尙存乎？是其爲人也，上不臣于王，下不治其家，中不索交諸侯。此率民出于無用者，何乎至今不殺乎」[379]？言下有鄙視他的意思。孟子譏笑他不食母之食而食妻之食，不居兄室而居於陵，以爲這是不能充其類，則必如土蚓而後可。荀子激烈地批評他，也是因爲他辟兄離母。他雖然未必像荀子所謂他這樣盜名，然而自潔之外，未見他有什麼品格高超的地方。他的年代身世都不清楚。錢穆假定他大約是由前350—260年[380]。現在的於陵子，一定是假的[381]。

3. **鶡冠子**　漢書藝文志道家有鶡冠子一篇。班固自注說，「楚人。居深山，以鶡（毛）爲冠」。現在的鶡冠子三卷十九篇，有趙武靈王(325—298 B.C)問龐煥，和龐煥和鶡冠子問答的事[382]，那麼他當然是生在武靈王時候。提要以這書是「或後人有所附益，則未可知耳。其說雖雜刑名，而大旨本原於道德」[383]。提要這話是對的。鶡冠子著希篇說「道有稽，注有據」。夜行篇說，「成功遂事，莫知其狀。圖弗能載，名弗能舉。強爲之說曰，苟乎芒乎，中有象乎。芒乎芴乎，中有物乎。窅乎冥乎，中有精乎。致信究情，復反無貌」。天則篇說，「天之不違，以不離一」。環流篇說，「遠而反，故謂之明」。這是完全引述老子的。天則篇說「捐物任勢者，天也。捐物任勢，故莫能宰而不天」。環流篇說，「五色不同采，然其爲好，齊也」。這又接近莊子。然學問篇以從道德、陰陽、法令、天官、神徵、伎藝、人性、機器、處兵爲九道。又說「禮樂仁義忠信……聖人以上六者卦（卜）世得失順逆」，則雜儒道黃老刑名。全書都是如此。所以陸佃（1042—1095）序他的書說，「其道蹎駁」。天則篇說，「故法者曲制，官備主用也。……決此，法之所貴也」。環流篇說，「從此化彼者，法也。生法者，我也。……生成在已，謂之聖人」。道家的聖人，何嘗是如此呢？而且近佚篇說，「聖人之道何先？曰先人。人道何先？曰先兵」。則離開道家更遠了。

4. **鄭長者**　班固注藝文志道家部鄭長者一篇說，「六國時(255—222B.C)人[384]。先韓子。韓子稱之」。顏師古引劉向別錄說，「鄭人，不知姓名」。他的書老早亡了。隋書經籍志已經不錄他。韓非子記載鄭長者的話說，「夫虛無無見者，窺（周密）也」。又說，「夫虛靜無爲而無見也，其可以此爲窺乎」[385]！他的宗旨在乎虛靜無爲，以此專一，不失老子之意。年長而人們不知他的姓名，或者他也是不汲富貴，安貧自守的隱士罷。他生于六國，而不像其他道家之沾染名法，可以說是守道之堅的。

八、結　　論

以上分老子、關尹和楊朱、莊子、稷下諸子，貴生之流，潔身隱士六項來討論道家以及和他們有關的人，並非說戰國的道家有這六派。思想潮流不是像一條直線可以沿著，也不是像一件東西可以分開。大道氾兮，惟恍惟惚。思想潮流也是如是，如果說尹文子「自道以至名，自名以至法」[386]，或者以稷下的黃老思想是由「宋鈃尹文一派演化而爲名家，……慎到田駢派演化而爲法家，關尹一派演化而爲術家」[337]，那就是看潮流做一件東西，剖開三部份。然而像提要說，「百氏爭鳴，九流並列。各尊所聞，各行所知。自老莊以下，均自爲一家之言。讀其文者，取其博辯閎肆足矣。安能限以一格哉」[388]？這話我們應當奉做格言。唐君毅論道家的型態有三型。一是慎到田駢順應當然物勢，一是老子觀此物勢更法天法道，一是莊子超進一步，游於天地萬物之中[389]。唐氏只是從道家之精神意識的形態而言，而不是從歷史的考證入手。這樣分析，當然合理。唐氏說這三型思想，「固可互相刺激影響而生，然孰先孰後，……則皆有其可能，未易遽定」[390]。這話不特可以拿來講慎田老莊，也可以拿來形容戰國道家的全部的。

道家的思想以戰國時期爲最盛。這時老子思想流行。關于老子的傳說很多，他的話諸家很多援引，而解釋其書之最精的，不是道家者流，而是法家之韓非。從這裏可以看見道家思想的傳佈和反應是很廣的。正因爲是很廣，所以不限于一格，不局于一派，以至于連「道家」之名也沒有，很像道的「名可名，非常名」。

以思想進化如一條直線的人，一定以道家源于隱士。如果這是眞的，那麼戰國的道家可以說是衰落。戰國的隱士並非卓越之士。黔婁子安貧自潔，倘若這樣便算「道之用」，則道用之小，很可悲嘆了！陳仲自潔，也不是品格之純。所以孟子，趙后，和荀子都評譏他。鶡冠子是講道的，但又以兵爲先。他們隱士固然不能比美夷齊，也遠不及孔子時期的隱者之能够對于孔子有所質問和批評，而能够代表批評之精神的。大概隱士無所依托，所以依歸于道。在春秋的時候還可做正面的批評家，而在戰國則諸家批評已經熱烈，無待乎隱士之必要。所以隱士只可以潔身，而他們的行爲思想，都對于道家沒有貢獻的。貴生者流也是如此。楊朱貴生，還可以代表和

墨子相對的新路線。到了子華子和詹何，則僅可守成罷了。說他們是「體道」和
「得道」，不如借莊子的話，說他們是「未至道」罷。隱士和貴生之徒，不一定和道
家有母子的關係。然而他們自潔自全，也是道家之所貴。叫他們做皮毛道家也可，做
部份道家也可。

　　戰國的道家以稷下為最盛。其所知名的十七人中，彭蒙，慎到，接子，田駢，環
淵，宋銒，尹文七人有道家之學，比較儒家只有孟子，荀子兩人，陰陽家只有騶衍，
鄒奭兩人，不止三倍。有人說宋銒和尹文是墨家，慎子，田駢，和尹文都是名法，則
道家對于名墨刑法的影響可知了。究竟慎到等人是由道而流入名法，抑或是原為名法
而採用道家的思想，很難確定。史記說韓子，「慘礉少恩者皆原于道德之意」[3¹]，這
並不是說他的少恩思想來自老子，而是說他利用老子的思想來解釋他的少恩罷。漢志
和史記都沒有道家分化為某派之說。相反地，司馬談說，「道家采儒墨之善，撮名法
之要」[3²]。這雖然是針對秦漢之際的道家而言。然而名法之不出于道家是很清楚的。
戰國時勢，正是爭利取功最烈時期。學者們議政，都想有所作為，替為政者有所効力。
稷下雖然可以橫議如夭口，然而田駢被人讒謗，便要亡命。可見稷下也不是絕對言論
自由的。論者必要有利於治才可。所以道家的純粹思想，在稷下無從發展，而老子反
正的意思，于是解釋做權術了。這是名法採用、利用、濫用道家的思想，而不是道家
本身的演變。

　　道家純粹思想的繼承而開展的，這是莊子。道家的思想到了莊子才達到高峯。他
的根本雖然在乎老子，然而他的遠大是比老子而過之。莊子之所以能够純而遠大，固
然因為他天才之高，而也是因為一方面不肯以自全自潔為自足，一方面不肯以論政任
官為快志。無去就，無將迎。他不游稷下，不必妥協。所以能够把道家的思想光而大
之。道家在莊子發展以外，對于隱士，貴生之徒，和名法各派，均有其積極之貢獻。
因為隱士和貴生之徒能够以道做立腳地而繼續他們傳統。法家得道家的無為而治和齊
物兩大思想，以為政府最終的目的和社會的理想狀態，于是刻酷的法家有所和緩和限
制，這也是化之之一端的。

　　道家除了本身發展和影響隱士、貴生、名法等潮流以外，還有一重要之演進，這
就是和方士聯合造成黃老和以後之道敎。戰國社會末期為法家所獨佔，上層社會既然

被名法操縱，不得不向下層社會去和方士神仙等宗教潮流聯合。照胡適之的說法，秦興以後，冷淡的學者和亡國的遺民，不講神仙而講述黃帝老子[393]，莊子沒有後繼，所以道家的本身發展，須等到魏晉王弼郭象們才能發展做玄學，以後薰染禪宗，又經過周子的太極圖說，邵雍（1011—1077）的數理自然宇宙論[394]，和程顥（1032—1085）的定性書[395]而成為理學的重要成份。在宗教方面，老子長生和莊子神仙的次要思想固然流為普通社會的主要目標，而道家的冲虛，清靜，玄妙，精氣等等因素，實在做了道教的哲學基礎。所以從各方面合看起來，戰國時期實在是道家發展、轉變、和分化的黃金時代。

附識：(1)本文為中國上古史稿第五本第十一章，審閱人陳槃，屈萬里二先生。

(2)本文版權屬中國上古史編輯委員會所有。

注　解

1. 史記（百衲本，1967）56，陳丞相世家11b（頁727）又23，禮書，3a（頁38）；63，老莊申韓列傳，3a（頁753）；130，太史公自序，4a（頁1231）。

2. 莊子（四部叢刊本，南華眞經，1929），33，天下，(10/26a-27a)。

3. 荀子（四部叢刊本，1929），6，非十二子(3/12b-15b)；17，天論(11/24b-25b)；21，解蔽(15/5a-b)。

4. 韓非子（四部叢刊本，1929），50，顯學(19/7a)。

5. 莊子，2，齊物論(1/26b)；11，在宥(4/31b-32b)；22，知北遊(7/56a)；24，徐無鬼(8/34a)；32，列禦寇(12/14b)。

6. 同上，24，徐無鬼(8/28a, 29a)。

7. 淮南子（四部備要本，1927），主術訓(9/17a)。

8. 參看下面第二節，老子，2，老子其書，甲，引述。

9. 參看下面第八節，結論。

10. 參看下面第四節，莊子。

11. 史記，130，太史公自序，4a（頁1231）。

12. 參看下面第八節，結論。

13. 漢書（百衲本，1967），30，藝文志，16a（頁1691）。

14. 淮南子，21。

15. 胡適，中國哲學史大綱，上卷（商務印書館，1938），附錄諸子不出于王官論。

16. 論語（世界書局，十三經注疏本，1935）4，憲問(14, 42)；18，微子(5, 6, 7,)。

17. 莊子，1，逍遙遊(1/9b)；26，外物(9/10b)；28，讓王(9/18a)。

18. 史記，63，老莊申韓列傳。

19. 老子，（世界書局，諸子集成本，老子道德經，1954）王弼注；3a（頁753），2b（頁752），（四部叢刊本，老子道德經，1929），河上公注，17，80，40，4 等章。

20. 參看馮友蘭，中國哲學史（上海，商務印書館，1934），171—172；
唐君毅，論道家思想之起源與其原始諸型態（中國學人，第二期，1970），2。

21. 文史通義（四部備要本，1919），內篇一，詩教上。

22. 諸子系統說。參看檢論（章氏叢書，浙江圖書館本，1919），(3/5a-19a)。

23. 韓昌黎全集（四部備要本，1920），20，送王秀才序 (20/9a)。

24. 莊子，21，田子方 (7/29a)。

25. 呂氏春秋（四部備要本，1927），2，當染，10a。

26. 先秦諸子繫年（香港，香港大學出版社，1956），序，23。

27. 史記，1，五帝本紀太史公贊，30a（頁 49）。

28. 莊子，6，大宗師(3/11a, 24b)。11，在宥 (4/30b, 33b, 34a，兩次，55}，12，天地 (5/4b,5a)13，天道(5/29b)，14，天運(5/47b)；16，繕性(6/7a)；18，至樂(6/32b, 34b)；22，知北遊(7/41b三次，43b三次。)；24，徐無鬼 (8/25a, 25b, 26a兩次)；29，盜跖(9/37a)；33，天下 (10/27b)。

29. 淮南子，19，修務訓 (19/13b)。

30. 老子，80。

31. 莊子，10，胠篋 (4/23b)。

32. 同上，13，天道 (5/29b)；18，至樂 (6/34b)。

33. 史記，63，老莊申韓列傳，1a（頁 761）。

34. 同上，1b，（頁761）。

35. 同上，74，孟子荀卿列傳，4b，（頁 838）。

36. 同上，80，樂毅列傳，8b（頁 879）。

37. 同上，104，田叔列傳，1a（頁 1019）。

38. 同上，127，日者列傳，6b（頁 1203）。

39. 漢書，62，司馬遷傳，22b，（頁 2024）。

40. 史記，63，老莊申韓列傳，4b，（頁 753）。

41. 同上，1，五帝本紀，2b, 3a（頁35—36）。

42. 馮友蘭，中國哲學史，168—170。

43. 史記，63，老莊申韓列傳，1a-4a（頁 752—753）。

44. 淮南子，21，要略，6a-7b。

45. 一說建言是書名。

46. 老子，22，41，57，69，78。

47. 論語，15，衞靈公 (39)。

48. 史記，63，老莊申韓列傳，1a-4a（頁 752—753）。

49. 論老子書作於戰國之末，列入顧頡剛編，古史辨，第四冊（北平，樸社，1930），305—307。

50. 現在河南鹿邑縣。

51. 老子章義序（惜抱軒全集，四部備要本，1935）(3/3a)。

52. 老子校詁（北京，古籍出版社，1956），21。

53. 閔公二年。春秋左傳正義（上海，世界書局，十三經注疏本，1935，），11（頁 1788）。

54. 呂氏春秋，3，先己篇註，6a。

55. 重訂老子正詁（北京，古籍出版社，1956）157。

56. 莊子，3，養生(2/5b)；5，德充符(2/36b-37a)；7，應帝王(3/30b-31b)；11，在宥(4/29b)；12，天地(5/9b)；13，天道 (5/29b-32a)；14，天運 (5/43b-44a, 45b, 47a-b,49b)；21，田子方 (7/33a, 34a, 35a)；22，知北遊 (7/46a)；23，庚桑楚 (8/1a, 2b, 6a, 8a)；25，則陽 (8/52b)；27，寓言 (9/17a)；33，天下(10/34b, 35b/36b)。

57. 同上，13，天道(5/29b)；14，天運(5/43b)；21，田子方(7/33a)。

58. 同上，22，知北遊(7/46a)。

59. 同上，14，天運 (5/43a, 49b) ；23，庚桑楚 (8/1a-5b) ；27，寓言 (9/17a) 。

60. 韓非子，31，內儲說下 (10/1a) ；46，六反 (18/4a)。

61. 淮南子，1，原道訓，10b。

62. 「聃」；呂氏春秋，1，貴公，9a；2，當染，9b；13，去尤，6b。「耼」；17，不二，15b，18，
重言，5a。

63. 老子道德經考異序 (訓經堂叢書本，乾隆癸卯，1783) ，1a。

64. 史記，63，老莊申韓列傳，1b，(頁 752) 。

65. 讀書雜志 (國學基本叢書本，1935) ，2，史記第四，老子韓非列傳條 (頁 78) 。

66. 關于這點，可參考馬敍倫，老子校詁，1—3，高亨，重訂老子校詁，159—160。

67. 老子章句序 (3/2b-3a)。

68. 禮記，曾子問注。禮記正義，(上海世界書局，十三經注疏本，1935) ，18，(頁 1393) 。

69. 張守節 (壯年1736) ，史記正義 (百衲本，1967) ，列傳，1b (頁 752)引張君相，張君相不知是誰。

70. 老子章句序(3/3a)。

71. 胡適，中國哲學史大綱，上卷，48—49。

72. 老學八篇 (上海，商務印書館，1934) ，12。

73. 重訂老子校詁，157。

74. 史記，63，老莊申韓列傳，2a，(頁 752) 。

75. 述學 (四部叢刊本，1929) 補遺老子考異，27b。

76. 呂氏春秋，9，審己，7b。

77. 莊子，19，達生(7/2a)；33，天下(10/34b-36b)；呂氏春秋，17，不二，15b。

78. 莊子，33，天下篇釋文說，「尹喜，字公度」(10/35a)，公度之說是後人所加的。

79. 現在陝西寶鷄縣。

80. 現在河南靈寶縣。

81. 史記，47，孔子世家，3b-4a (頁664) 。禮記，7，曾子問。禮記正義，19 (頁 1400—1401) 。

82. 朱子語類 (臺北 正中書局，1970) 126，頁 4820。

83. 述學，4，老子考異。

84. 洙泗考信錄 (臺北，世界書局，崔東壁遺書本，1963) ，1 (頁 20) 。

85. 根據孔子家語 (四部叢刊本，1930) ，3(3/4b)。

86. 史記，47，孔子世家，索隱，3b (頁 664) 。

87. 史記志疑 (叢書集成本，1939) ，25 (頁 1046) 。

88. 四書釋地續 (國學基本叢書本，1968) ，56—57，適周條。

89. 洙泗考信錄，1，(頁 21) 。

90. 莊子，14，天運(5/43b)。

91. 中國哲學史大綱，上卷，47—48。

92. 莊子章義 (惜抱軒遺書本，光緒巳卯，1879) (2/25b)。

93. 莊子集解 (國學基本叢書本，1935) ，77，天道篇注。

94. 同上注 49。

95. 現在安徽宿縣西北。

96. 莊子，12，天地 (5/9b)；13，天道 (5/30a)；14，天運(5/43b)；21，田子方 (7/33a) ；22，知北遊
(7/46a) 。

97. 呂氏春秋，2，當染，9b。

98. 史記，67。

99. 莊子，26，外物，(9/5a)。

100. 先秦諸子繫年，考辨 72，老子雜辨，第八節，孔子所見老子即老萊子。

101. 同上注 49。

102. 胡適論學近著（上海，商務印書館，1935），132。

103. 汪中，述學補遺，老子考異，28b；羅根澤，諸子考索，（北京，人民出版社，1958），225，高亨；重訂老子校詁，186—187。

104. 戰國策（四部備要本，1936），24，魏策三，4a。

105. 史記，44，魏世家，14a（頁 641）。

106. 援鶉堂筆記（道光乙未，1835，本），16，頁 7。

107. 先秦諸子繫年，考辨 72，老子雜辨，第十七節，老子之子孫。

108. 重訂老子校詁，187。

109. 武內義雄，老子の研究（東京，改造社，1947），上，150—151，引蘭嶼遺稿，紹衣稿的題老子卷首。

110. 史記，53，景十三王傳，1b（頁1916）。

111. 根據焦竑（1541—1620），老子翼（續道藏，臺北，藝文印書館，1963，第 128 函，嚴上），5，頁11b。

112. 太平御覽（鮑崇城刻本，嘉慶12年，1862）191，頁 7b 引。

113. 老子校詁，7。

114. 注第二十章。

115. 馬，老子校詁，203—213；嚴，老子章句新篇纂解（臺北，中華文化出版事業委員會，1955），170—184。

116. 韓非子，20，解老；21，喻老。

117. 饒宗頤，老子想爾注校牋（香港排印本，1956），4。

118. 中外老子著述目錄（臺北，中華叢書委員會，1957）。

119. 學習記言（宋元學案，四部備要本，1966，54，水心學案上），15，頁33。

120. 述學，補遺，老子考異，28b。

121. 洙泗考信錄，1，頁 21。

122. 老子辨（拙堂文集，1863），第五節。

123. 見莊子 10，胠篋(4/21a 引老子 36，21b引 19，22a引45，23a引80)；11，在宥(4/29a引13，33b引 19，38b引16)；12，天地（5/9b引65，17b引3)；13，天道(5/34a引56)；16，繕性 (5/7a引51)；19，達生 (7/14a引51)；20，山木 (7/21b引24)；21，田子方(7/40b引19)；22，知北遊(7/42a引43和56，42b引38，53b引14)；23，庚桑楚(8/8b引55)；27，寓言(9/11b引41)；33，天下(10/35b引28和78)。嚴靈峯，老莊研究（香港，亞洲出版社，1959），209—212舉二十九條，其中七條不過言意罷了。

124. 荀子，17，天論(11/25a)。

125. 韓非子，31，內儲說下 (10/2b 引老子 36)，38，難三 (16/3a 引老子 17和 63，16/4b引 65)，46，六反(18/4a 引44)。

126. 呂氏春秋，6，制樂 (7a 引 老子58)，16，樂成 (10a 引 41)；17，君守 (4a 引 47)。

127. 戰國策，11，齊策四 (5a 引 老子39)，22，魏策一 (3a引81)。

128. 根據漢書，30，藝文志，墨家類。

129. 太平御覽，322，頁 5b，墨子引老子 4。

130. 孟子（上海，世界書局，十三經注疏本，1935），公孫丑下 (14)，離婁上 (7，8)，離婁下 (21)，萬章上 (6)。

131. 荀子，23，性惡 (17/2b-3b，6b-8a)。

132. 莊子，5，德充符 (2/37a)；7，應帝王 (3/31a)。

133. 先秦諸子繫年，考辨72，老子雜辨，第十八節，老子書之年代。

134. 從呂氏春秋推測老子之成書年代，列入古史辨，第四册，47。

135. 評論近人考據老子年代的方法（胡適論學近著），119—121。

136. 古史辨，第四册，頁 48。

137. 中國哲學史，210。

138. 胡適論學近著，105—109。

139. 「侯王」見老子，32，37，39，「王公」見 42，「萬乘之王」見 26，「取天下」見 29，48，57。

140. 參看上註 49。

141. 「有天下」：論語 14，憲問（6）；「匡天下」：憲問（18）；「以天下讓」：論語 8，泰伯（1）；
　　　「千乘之國」：論語，1，學而（5）。

142. 「三公」見老子，62。

143. 見墨子十七次。參看哈佛燕京社墨子引得。

144. B. Karlgren, "On the Authenticity and Nature of the *Tso chuan*," *Goteborgs Hogskolas
　　　Arsskrift*, XXXII (1926), p. 63.

145. Arthur Waley, *The Way and Its Power, A Study of the Tao Te Ching.* (London, Allen
　　　and Unwin, 1935), pp. 127—129.

146. 莊子，21，田子方 (7/29a)。

147. 老子道德經出於儒後考，列入古史辯，第四册，318—332。

148. 老子，18。

149. 「仁義」見老子，18，「仁與義」見老子，19。

150. 同上注 49。

151. Fung Yu-lan, *A Short History of Chinese Philosophy* (New York, Macmillan, 1948), p. 94.

152. 莊子通辨（香港，新亞研究所，1957）21—102，287—314。

153. 中國人性論史。先秦編（臺中，東海大學，1963），493，引老子 68。

154. 莊公廿二年，僖公十四年。陳槃先生的審查報告，有所指示。他說：案戰國秦漢間人著書引述孔子之
　　　言，亦多言「仁義」也。例如公孫龍子迹府篇「仲尼曰，楚王仁義而未遂也」；荀子哀公篇，孔子對
　　　哀公曰，「仁義在身而色不伐」；呂氏春秋慎人篇，孔子謂子貢，「物仁義之道，以遭亂世之患」；
　　　韓詩外傳三，孔子謂康子「今其仁義之凌遲久矣」（說苑政理篇同）；又六，孔子謂子路，「由、何仁義
　　　之寡裕也？」；大戴記哀公問篇，孔子對哀公曰「仁義在己，而不書不志」；說苑，辨物篇，仲尼謂顏
　　　淵，「行躬以仁義」。子路之言亦然，韓非子，外儲說右上，「子路忿然怒，攘肱而入，諫曰，『夫子
　　　疾由之爲仁義乎？所學于夫子者，仁義也』」。此諸書所引，蓋亦大抵可信……由此而論，「仁義」並
　　　提，已早在春秋初世，是則孔子教學之不離仁義，不爲異也。下逮戰國，孟子私淑孔子，其昌言仁義，
　　　不爲無本，亦可知矣。捷按：左傳「仁」「義」不連詞，孔子則連詞，是則孔子爲「仁義」一詞之始也。

155. 老子，42。

156. 莊子，2，齊物論 (1/33b)

157. 中國哲學史，28，210。

158. 諸子考索，13—61。

159. 朱子語類，126，頁4820。

160. 同上註 109。

161. 老子道德經考異序，1a。

162. 洙泗考信錄，1，頁 21。

163. 述學，補遺，老子考異，28b。

164. 說儒（胡適論學近著），69—73。

165. 論老子書成於戰國之末，別入古史辨，第四冊，305—307。

166. 老子斠詁（北京，排印本 1924），20；老子校詁，18；辨老子非戰國後期之作品，列入羅根澤編，古史辨，第六冊（北平，樸社 1938），526—533。

167. 同上註 147。

168. 老子の研究，上，19，59—60。

169. 老學八篇，8。

170. 周秦諸子考（北平，文化學社，1929），36，51，62—63。

171. 中國哲學史，210—213

172. 老子年代之考證，列入古史辨，第四冊，369，377—378。

173. 從呂氏春秋推測老子成書年代，列入古史辨，第四冊，501，517。

174. 老子時代新考，列入古史辨，第六冊，597，631。

175. 註145引書，106，127。

176. 先秦諸子繫年，考辨 72 老子雜辨，第八、九、十八節；再論老子成書年代，列入古史辨，第六冊，533—538。

177. 老莊哲學（上海，中華書局，1935），10—19。

178. 老子校詁（上海，商務印書館，1937），9，477。

179. 道家の思想・其の開展（東京，岩書波店，1939）5，27。

180. Homer H. Dubs, "The Date and Circumstances of the Philosopher Lao-dz," *Journal of the American Oriental Society* LXI (1941), 217-219.

181. 青銅時代（上海，新文藝出版社，1951），245—246；十批判書（上海，羣益出版社，1950），185。

182. 諸子通考（上海，正中書店，1948），174。

183. 中國政治思想史，上（北京，人民出版社，1949），52—53。

184. 中國古代思想學說史（上海，國際文化服務社，1950），9—15，159；
中國思想通史第一冊（北京，人民出版社，1957），259。

185. 中國古代思想史（北京，三聯書店，1954），245；簡明中國思想史（北京，中國青年出版社，1962），23。

186. 老莊哲學（臺北，商務印書館，1958），4。

187. 重訂老子校詁，171。

188. 諸子考索，279。

189. 老子（臺北，自刻本，1958）30。

190. 老莊研究，269，285，309，333。

191. 老子的研究，列入老子哲學討論集（北京，中華書局，1959），5—6。

192. 老子の新研究（東京，創文社，1959），35，164。

193. 諸子的我見（臺中，光啓出版社，1961），2，204，206，209，213。

194. 春秋哲學史論集（北京，人民出版社，1963），426。

195. 中國人性論史，先秦篇，475，480，502。

196. 中國哲學史，第一卷（香港，崇基學院，1968），133，146，149，155。

197. 王念孫，讀書雜志，16，餘編上，老子，夫佳兵者不祥之器條，12—13，說「『佳』當作『唯』，文之誤也。『唯』古『唯』字」。元大德三年（1299）陝西寶雞縣磻溪宮道德經幢「佳」字作「唯」。但是盧文弨（1717—1793），抱經堂文集（四部叢刊本，1929），22，佳兵者不祥解，16b，說不應該通篇只有這個「佳」字用古文的「唯」。

198. 王應麟（1223—1296），困學紀聞（國學基本叢書本，1935），10，說，「晁景迂（晁說之，1059—1129）云，『王弼注老子，知「佳兵不祥之器」至於「戰勝以喪禮處之」，非老子之言』」。這是晁說之的跋王

亞老子注的話。張太守（壯年1098）道德眞經集註直接引王弼的話說，「疑此非老子之作也」。

199. 論語，1，學而（12）；19，子張（22）；15，衛靈公（25，29）。

200. 中庸，1，13。

201. 韓非子，20，解老（6/7a-8a）。

202. 通常讀「常無欲」，「常有欲」。王安石（1021—1086）開始讀「常有」，「常無」（老子注）。蘇軾（1036—1101）（老子解）和司馬光（1019—1086）（道德經述要）也是一樣。

203. 敦煌本作「憿」（白），王茂材（壯年1874）老子解作「竅」（穴），李約（652—683）道德經新注作「徼」（倖），王弼注解「徼」做「歸終」，河上公注解做「歸」。陸德明（老子音義）解做「邊」（邊際）。

204. Homer H. Dubs, "Taoism," in Harley Farnsworth MacNair, ed., *China* (Berkeley, University of California Press, 1946), p. 272.

205. 這和老子，28，原文有點省略。以下是採用老子，67，78，15，22，59，56 等章的意思。

206. 周子全書，1。

207. 芻狗，是結草做狗，祭禮用完後就不要，蘇轍的話是在他的老子解。

208. 莊子，6，大宗師（3/10b）。

209. 詩經，大雅、蕩、烝民（十三經注疏，毛詩正義，18，3/10b，頁 568）。

210. 景龍道德經碑和敦煌本都作「生」。王弼注說，「無所不周普」。

211. 馬敍倫（老子校詁）疑「天」是「大」的錯字。王注繼續說，「則乃至于同乎天地」。

212. 根據張錫昌，老子校詁，四十二章作「襲」。馬敍倫說，「襲」「習」古時通用。

213. 唐明皇道德經注以爲「載」「哉」兩字互通，應該在前章最後，若干注家跟從他。以爲全章都是四字一句而單獨這章有五個字，所以應該減少一個字。然而王注，河上公注和其他的注很多把「載」字放在這章之首。淮南子，12，道應訓，14a，引老子說「載營魄抱一」。

214. 朱子語類，125，頁 4800。

215. 兪樾（1821—1906），諸子平議（國學基本叢書簡編本，1936）8，頁 145，和劉師培（1884—1919），老子斠補（劉申叔遺書，第 26，寧南氏校印本，1936）5a，等以這「知」字和下面的「爲」字應該調換，因爲治國屬於爲，四達屬于知。又查淮南子，12，道應訓也引「明白四達，能無以知乎」？（3b）。

216. 各人解釋不同。王注說，「天下之所由從也」。河上公注說，「北極紫微宮………治身天門謂鼻孔」。成玄英老子注，「天門者，心也」。范應元（1240—1269）老子道德經古本集注，吾「之心神出入」。想爾注解做「男女陰陽孔」。莊子，23，桑庚楚說，「天門者，無有也」。

217. 論語，13，子路（27）。

218. 漢書，30，藝文志，總論道家，16a（頁 1691）。

219. 第 8，22，66，73，81 等章。

220. 第 32，44，46 等章。

221. 朱子語類，125，頁 4790，論老子，36。

222. 二程遺書（四部備要，二程全書本，1933），18，頁 39b。

223. 朱子語類，125，頁4786。

224. 道德經注。

225. 老子，15，19，28，32，37，57等章。

226. 同上，1，20，25，52，59等章。

227. 論語，14，憲問（14，36）。

228. 孟子，告子上（2）。

229. 很多版本作「不」。

230. 孟子，離婁上 (14)。

231. 論語，14，憲問 (14，36)。

232. 王弼注說「雖死而以爲生之道不亡」，吳澄解做人心，注家多以爲德之不朽。

233. 這和列子 (四部叢刊本，冲虛至德眞經，1929)，2，黃帝篇，3a，大略相同。

234. 呂氏春秋，9，審己，7b，文字和列子，8，說符，1b，大略相同。

235. 列子，8，說符，1a。

236. 老子，47。

237. 同上，63。

238. 郭沫若，十批判書，179；錢穆，先秦諸子繫年，考辨 72，第五節。

239. 郭沫若，青銅時代，245—246；十批判書，185。

240. 徐復觀，中國人性論史，先秦篇，502。

241. 十批判書，179。

242. 莊子，27，寓言 (9/17a-b)。

243. 說苑 (四部叢刊本，1929)，7，政理，17b。

244. 韓非子，47，八說 (18/5b)。

245. 不清楚。

246. 不清楚。有人說是公孫龍的字。

247. 韓非子，50，顯學 (19/8b)。

248. 同上 (19/7b)。

249. 莊子，2，齊物論 (1/26a)；24，徐無鬼 (8/28a，29a，34a)。

250. 同上，8，駢拇 (4/3b)；10，胠篋 (4/23a)；12，天地 (5/21a)；24，徐無鬼說「儒、墨、楊、秉」(8/28a)。

251. 論語，6，雍也 (28)。

252. 老子，13，81。

253. 朱子語類，126，頁 4820。

254. 史記，63，老莊申韓列傳，4b (頁 753)。

255. 戰國時代的宋地，後來併于楚、漢時隸屬于梁。

256. 現在的河南，高邱縣，卽是歸德城，一說是山東，荷澤縣。

257. 這事也見莊子，32，列禦寇 (10/22b)。

258. 韓非子，21，喻老 (7/4b)。

259. 以下列莊子篇名單獨用他第一個字，只有天地，天道，和天運用第二個字。

260. 中國哲學史大綱，上卷，254。

261. 現在的安徽鳳陽縣。

262. 現在的山東荷澤縣地。

263. 現在的河南扶溝縣。

264. 傳說莊子也曾居隱在山東，曹縣南華山的山頂。天寶元年 (742)，莊子題名南華眞經。

265. 根據漢書，30，藝文志，15b (頁 1691)，莊子共有五十二篇。已經喪失而篇名還存在的有陸德明釋文裏引郭象說的「閼奕，意脩之旨，危言，游鳧，子胥之篇」。莊子傳的索隱說，「畏累虛，篇名也」。北齊書 (百衲本，1967)，24，杜弼傳 (17b，頁 10530) 說「又注莊子惠施篇」。南史 (百衲本，1967)，72，文學傳 (19b，頁 12768) 記載何思澄(479—532)仿擬莊周馬捶。至于本傳裡的亢桑子就是現在的庚桑楚。馬敍倫輯了佚文一百二十幾條，在他的莊子義證附錄二，這是最齊備的。

266. 舊注有晉司馬彪(360死)注 (二十一卷，五十二篇；內篇七，外篇二十八，雜篇十四，解說三)；孟氏

注，崔譔（290死）注（十卷，二十七篇；內篇七，外篇二十，沒有雜篇）；李頤（304死）集解（三十卷，三十篇，一作三十五篇）。這些注都失了。

267. 世說新語，上卷，4，文學（四部叢刊本，1919），卷上之下，13b-14a。

268. 晉書（百衲本，1967），50，郭象傳，5a（頁 5312），文句相同。陸德明，經典釋文說，「向注無雜篇」。

269. 根據嚴靈峯，列子莊子見知書目（香港，無求備齋，1961）。

270. 比如許地山(1893—1941)，道教史上（上海，商務印書館，1934），79，分做五期；郎擎霄，莊子學案（上海，商務印書館，1934）24，27，分做三組。

271. 蘇東坡全集（四部備要東坡七集本，1935），32，莊子祠堂記，6b-7a。

272. 宋濂，諸子辨（北平，樸社，1928），莊子條，21；王夫之，莊子解序，又 27 篇首；姚際恒，古今偽書考（叢書集成本，1939）莊子條，25—26。

273. 郭象注說，「鵬鯤之實，吾所未詳」。以後……鯤爲大小魚，小魚，魚卵，以鵬爲鳳，都是強爲之說。

274. 南華經解（皖藩署本，同治丙庚，1905）(6/8a)。

275. 老子，21。

276. 雲門文偃（949死）的話，載在慧開（1183—1260）的無門關，21。

277. 郭象，陸德明都解做幾何。嚴復(1853—1921)（莊子點評，香港排印本，1953）說「幾」當作「機」，胡適，中國哲學史大綱，上卷，260—261，引易經，繫辭上第五章「幾者動之徵」，解做幾微和原子。

278. 王先謙（1842—1917），莊子集解（國學基本叢書本，1935）1，頁 18，說「以受于親者歸之于親，簍之至也」。

279. 王先謙，同上，頁41，說，疑是「卵」字之誤，齊物論說，「見卵而求時夜」。

280. 注齊物論，「岡兩」段(1/47a)。

281. 王念孫，讀書雜誌，16，餘編上，莊子，「與造物者爲人」條，頁16，說，「『人』者，偶也，爲人，猶爲偶也。中庸，『仁者，人也』（20）；鄭（玄）注曰，『「人也，讀如相人偶之人」』。

282. 齊物論釋（浙江圖書館，章氏叢書本，1927），解題。

283. 本段所引都是齊物論。

284. 莊子，31，漁父說「眞者，精誠之至也」(9/9b)；15，刻意講眞人，不了解聖人逍遙游和齊物的境界。

285. 傳說在北海。說他即是現在山西，臨汾縣的姑射山，是沒有根據的。

286. 荀子，21，解蔽 (15/5b)。

287. 史記，63，老莊申韓列傳，5a（頁 754），「空語無事實」的話（同頁），是指畏累虛，亢桑子等編而言的。

288. 朱子語類，125，頁 4790。

289. 諸子辨，莊子條，21。

290. 莊子疏序，

291. 漢書，72，王，貢，兩龔，鮑傳 2a（頁 2134），「依老子嚴周之指」顧師古（581—645）注說「嚴周即莊周」。漢明帝(58—75)名莊，所以避諱改嚴。

292. 淮南子，21，要略，3a，「道應者，考驗於老莊之術」。這比較早過漢書，100，敍傳，6a（頁 2546），「貴老嚴之術」，和後漢書（百衲本，1967），60，馬融傳1（頁 3454）的「老莊」了。

293. 同上註 123。

294. 如莊子，14，天運（5/41a-b）解「芻狗」（老子，5）；22，知北游(7/53a)解「道可道」（老子，1）等。

295. 山東，臨淄縣。

296. 史記，46，田叔仲完世家 13b-14a（頁 658）；74，孟子荀卿列傳，3b-4a（頁 838）。

297. 鹽鐵論（上海，中華書局，諸子集成本，1954），11，論儒　13。

298. 桓公設立學官之說，根據徐幹（171—218），中論（四部叢刊本，1929），18，亡國卷下，27b。

299. 見錢穆，先秦諸子繫年，考辨　75，稷下通考。

300. 「宋鈃」見莊子，33，天下（10/30b）；「宋榮子」見莊子，1，逍遙遊（1/7b）；「宋子」見荀子，17，天論（11/25a）；18，正論（12/18b）；21，解蔽（15/5a）；「宋榮」見韓非子，50，顯學（19/8a）；「宋牼子」見孟子，告子下（4）。

301. 孫奭（962—1033），孟子正義（孟子疏）說，「宋國地也」。一統志以為是河南舊衛輝府，即是現在的汲縣，這是不足信的。

302. 荀子，5，非相注(3/13b)。

303. 先秦諸子繫年，附諸子生卒年世約數。

304. 馬國翰（1794—1857）有宋子輯逸一卷，郭沫若，宋鈃，尹文遺箸考（青銅時代），以為管子，36，37，心術上下，和　49，內業是宋鈃所著的。

305. 陶潛，靖節先生集（四部備要本，1966），10，聖賢羣輔錄，附三墨；俞正燮（1775—1840），癸巳類稿（光緒十年，1884，刻本），14，墨學論；胡適中國哲學史大綱，上卷，349；梁啓超，諸子考釋，9；錢穆，先秦諸子繫年，考辨 123；但是孫詒讓（1848—1908）墨子閒詁（國學基本叢書，1935），後語，墨子傳授考則否認之。

306. 史記，130，太史公自序，4a，（頁1231）。

307. 說苑，1，君道，1a；藝文類聚（上海，中華書局，1959），20，頁 4a-b。

308. 呂氏春秋，16，正名，17b-18a。

309. 同上註 303。

310. 四庫全書總目提要（上海，商務印書館，1933），117，子部，雜家，頁 2454。羅根澤，諸子考索，398—409，拿三個證據來證明這是假的，參看唐鉞尹文和尹文子，列入古史辨，第六冊，234—241；羅根澤，尹文子探源，列入古史辨，第六冊，244—257。

311. 老子，2，43。

312. 史記，74，孟子荀卿列傳 4b-5a（頁 838—839）。

313. 馬國翰有輯田子一卷，在道家佚書輯本十七種裏。

314. 唐氏引韓愈「田子方之後而為莊周」的話做支持，參看上註 20。

315. 戰國策，11，齊策四，7a。

316. 淮南子，18，人間訓，12a。威王是宣王或是湣王之誤。孟嘗君受封，最早在宣王的時候。

317. 同上註 303。

318. 呂氏春秋，17，不三，15b。

319. 尸子（四部備要本，1927），廣澤篇上，9a，14b。這本書不可靠的，這裏的貴均，是指治法。

320. 呂氏春秋，17，執一，17a；淮南子，12，道應訓 12a-b，所載略同，而于論政的地方加了 老子，14，「無狀之狀，無物之象」。

321. 呂氏春秋，4，用衆，9b-10a。

322. 同上，26，士容，1b-2a。

323. 戰國策，15，楚策三，3a-b。

324. 孟子，告子下（8）。

325. 史記，74，孟子荀卿列傳，4b-5a（頁 838—839）。

326. 同上，46，田敬仲完世家，13b-14a（頁658）。

327. 鹽鐵論，11，論儒，13。

328. 漢書，30，藝文志，17a（頁 1692），法家，愼子注。

329. 史記，74，孟子荀卿列傳，4a（頁 838）；張守節，正義；荀子，2，修身（1/20a），楊倞（壯年 818）注；鄭樵（1102—1160），通志（光緒廿七，1901，上海，圖書集成局，九通本），68，藝文志，法家，1a。

330. 淮南子，12，道應訓註，18a。

331. 參看四庫全書總目提要，117，子部，雜家類，愼子，2454—2455。

332. 參看羅根澤，諸子考索，522—529；方國瑜，愼懋賞本愼子疏證自序，列入古史辨，第六册，313—321。

333. 荀子，6，非十二子（3/13b-14a）；21，解蔽（15/5a）。

334. 同上，17，天論(11/24b)。

335. 愼子（上海，中華書局，諸子集成本），逸文，14。

336. 同上，因循篇，3。

337. 韓非子，40，難勢篇（17/1a）。

338. 都是愼子，威德篇，1—2。

339. 同上，君人篇，6。

340. 同上，逸文，13。

341. 同上，威德篇，1。

342. 老子，47。

343. 同上注，331。

344. 史記，74，孟子荀卿列傳，4b-5a（頁 838—839）。

345. 愼子，內篇，9b；外篇，20b，27a-b。

346. 郭沫若，十批判書，179；錢穆，先秦諸子繫年，考辨 72，第五節。

347. 見戰國策；14，楚策一，5a。

348. 見史記，71，甘茂傳 9a（頁826）。

349. 錢穆，先秦諸子繫年，考辨 146。

350. 同上注 303。

351. 史記，46，田敬仲完世家，13b（頁 658）；74，孟子荀卿列傳，3b-4a（頁 838）。

352. 鹽鐵論，11，論儒，12。

353. 同上注 303。

354. 呂氏春秋，17，知度，11a，21，審爲，6a。

355. 同上註 303。

356. 參看四庫全書總目提要，117，子部，雜家類，2453—2454。

357. 呂氏春秋，2，貴生，4b。

358. 同上，21，審爲，6a-6b。莊子，28，讓王(9/21a-b)也載這問答。

359. 呂氏春秋，17，知度 11ab。

360. 「詹何」見同上，18，重言，5a；「瞻子」見莊子，28，讓王 （9/26b-27a）；「詹子」見呂氏春秋，17，執一，16b，和淮南子，12，道應訓，6b。

361. 呂氏春秋，17，執一注，16b；21；審爲注 6b。

362. 同上注 303。

363. 莊子，28，讓王 (9/26b-27a)。呂氏春秋，21，審爲，6b-7a，所記略同。

364. 呂氏春秋，17，執一，16b。

365. 馬國翰有輯公子牟子一卷，在道家佚書輯本十七種裏面。

366. 同上，21，審爲，6b，高誘注。

367. 漢書，20，古今人表，38b（頁 1437）。
368. 莊子，28，讓王（9/27a）。
369. 同上，17，秋水（6/26b—27a）。
370. 孫詒讓，籀膏述林（丙辰年，1916，刊本），述一，子莫學說考，33a-34b；羅根澤，子莫考，列入古史辨，第六冊，365—366。
371. 馬國翰輯他幾句做黔婁子一卷，在道家﹝﹞書輯本十七種裡。
372. 靖節先生集，6，頁 7b-8a。
373. 卽是舊長山，在山東，山長縣南邊。
374. 孟子，滕文公下（10）。
375. 荀子，3，不苟，楊倞注，（2/10a）。灌園的事根據史記，83，鄒陽傳14a（897），「於陵子仲辭三公，爲人灌園」。
376. 韓非子，32，外諸說左上，5a。
377. 同上註 374。
378. 淮南子，13，氾論訓 15b。
379. 戰國策，11，齊策四，6b-7a。
380. 同上注 303。
381. 參看四庫全書總目提要，124，子部，雜家類，2591。
382. 鶡冠子（四部叢刊本，1929），7，近迭全篇；8，度萬全篇；9 王鈇全篇；14，兵政全篇；15，學問全篇；19，武靈王下，18a-20a。
383. 四庫全書總目提要，117，子部，雜家類，2455—2456。
384. 馬國翰輯前頭的話做鄭長者書一卷在道家以書輯本十七種裏。
385. 韓非子，34，外儲說右上（13/5a-b）。
386. 馬端臨（壯年1277—1317），文獻通考，212，經籍考，子類，尹文子下引周氏涉筆（原引劉向）。
387. 郭沫若，十批判書，201。
388. 四庫全書總目提要，117，子部，雜家，尹文子，454。
389. 同上註，20，唐著，16，17。
390. 同上，頁17。
391. 史記，63，老莊申韓列傳，8a（頁764）。
392. 同上，130，太史公自序，4a（頁1231）。
393. 胡適之，中國中古哲學史長編（臺北，胡適紀念館，1971），267。
394. 邵雍，皇極經世書（四部備要本，1934）（5/1a，7a；6/8b；7上/1a-27b；7下/2b，19b-23b；8上/9b-17b）
395. 程顥，明道文集（四部備要二程全書本，1933）3，頁 1a—b。

引用書目舉要

1. 史記（百衲本，1967）。
2. 莊子（四部叢刊本南華眞經，1929），郭象注。
3. 荀子（四部叢刊本，1929）。
4. 韓非子（四部叢刊本，1929）。
5. 淮南子（四部備要本，1927）。
6. 漢書（百衲本，1967）。
7. 胡適，中國哲學史大綱，上卷（上海，商務印書館，1938）。
8. 論語（上海，世界書局，十三經注疏本，1935）

9. 老子（上海，世界書局，諸子集成本，老子道德經，1954）王弼注；（四部叢刊本,老子道德經，1929），河上公注。

10. 馮友蘭，中國哲學史（上海，商務印書館，1935）。

11. 唐君毅，論道家思想之起源與其原始諸型態（中國學人，第二期，1970），1—17。

12. 韓愈，韓昌黎全集（四部備要本，1920）

13. 呂氏春秋（四部備要本，1927）。

14. 錢穆，先秦諸子繫年（香港，香港大學出版社，1956）。

15. 梁啓超，論老子書作於戰國之末，列入顧頡剛編，古史辨，第四冊（北平，樸社，1930）305—307。

16. 姚鼐，老子章義序（惜抱軒全集，四部備要本）。

17. 馬敍倫，老子校詁（北京，古籍出版社，1956）。

18. 高亨，重訂老子正詁（北京，古籍出版社，1956）。

19. 畢沅，老子道德經考異序（訓經堂叢書本，乾隆癸卯，1783）。

20. 王念孫，讀書雜誌（國學基本叢書本，1935）。

21. 禮記（上海，世界書局，十三經注疏本，1935）。

22. 陳柱，老學八篇（上海，商務印書館，1934）。

23. 汪中，述學（四部叢刊本，1929）。

24. 崔述，洙泗考信錄（上海，世界書局，崔東壁遺書本，1963）。

25. 梁玉繩，史記志疑（叢書集成本，1939）。

26. 閻若璩，四書釋地續（國學基本叢書本，1968）

27. 姚鼐，莊子章義（惜抱軒遺書本，先緒己卯，1879）。

28. 王先謙，莊子集釋（國學基本叢書本，1935）。

29. 胡適，胡適論學近著（上海，商務印書館，1935）。

30. 羅根澤，諸子考索（北京，人民出版社，1958）。

31. 戰國策（四部備要本，1936）。

32. 姚範，援鶉堂筆記（道光乙未，1835，本）。

33. 武內武雄，老子の研究（東京，改造社，1947）。

34. 焦竑，老子翼（臺北，藝文印書館，續道藏本，1963）。

35. 太平御覽（鮑崇城刻本，嘉慶12年，1862）。

36. 嚴靈峰，老子章句新編纂解（臺北，中華文化事業出版事業委員會，1955）。

37. 饒宗頤，老子想爾注校箋（香港，排印本，1956）。

38. 嚴靈峰，中外老子著述目錄（臺北，中華叢書委員會，1957）。

39. 葉適，學習記言（宋元學案，四部備要本，1966，54，水心學案上）。

40. 齋藤拙堂，老子辨（拙堂文集，1863）。

41. 嚴靈峰，老莊研究（香港，亞洲出版社，1959）。

42. 孟子（上海，世界書局，十三經注疏本，1935）。

43. 顧頡剛，從呂氏春秋推測老子之成書年代，列入古史辨，第四冊，462—519。

44. Karlgren, B., *"On the Authenticity and Nature of the Tso Chuan,"* Goteborgs Hogskolas Arsskrift, XXXII (1926), 1–65

45. Waley, Arthur, *The Way and Its Power, A Study of the Tao Te Ching* (London, Allen and Unwin, 1935).

46. 張壽林，老子道德經出于儒後考，列入古史辨，第四冊，317—332。

47. Fung Yu-lan, *A Short History of Chinese Philosophy* (New York, Macmillan, 1948)

48. 錢穆，莊老通辨（香港，新亞研究所，1957）。

49. 徐復觀，中國人性論史，先秦編（臺中，東海大學，1963）。

50. 高亨，老子畢枯（北京，自刻本，1924）。

51. 同上，辨老子非戰國後期之作品，列入羅根澤編，古史辨，第六冊（北平，樸社，1938），526—533。

52. 劉汝霖，周秦諸子考（北平，文化學社，1929）。

53. 黃方剛，老子年代之考證，列入古史辨，第四冊，353—382。

54. 唐蘭，老子時代新考，列入古史辨，第六冊，597—630。

55. 錢穆，再論老子成書年代，列入古史辨，第六冊，533—557。

56. 胡哲敷，老莊哲學（上海，中華書局，1935）。

57. 蔣錫昌，老子校詁（上海，商務印書館，1937）。

58. 津田左右吉，道家の思想と其の開展（東京，岩波書店，1939）。

59. Dubs, Homer H., "The Date and Circumstances of the Philosopher Lao-dz," *Journal of the American Oriental Society*, LXI (1941), 215–221.

60. 郭沫若，青銅時代（上海，新文藝出版社，1951）。

61. 同上，十批判書（上海，羣益出版社，1950）。

62. 蔣伯潛，諸子通考（上海，正中書局，1948）。

63. 呂振羽，中國政治思想史（北京，人民出版社，1949）。

64. 侯外廬，中國古代思想學說史（上海，國際文化服務社，1950）。

65. 同上，中國思想通史，第一冊，（北京，人民出版社，1957）。

66. 楊榮國，中國古代思想史（北京，三聯書店，1954）。

67. 同上，簡明中國思想史（北京，中國青年出版社，1962）。

68. 吳康，老莊哲學（臺北，商務印書館，1958）。

69. 張起鈞，老子（臺北，排印本，1958）。

70. 任繼愈，老子的研究，列入老子哲學討論集（北京，中華書局1959），1—27。

71. 木村英一，老子の新研究（東京，創文社，1959）。

72. 王昌祉，諸子的我見（臺中，光啓出版社，1961）。

73. 關鋒，林聿時，春秋哲學史論集（北京，人民出版社，1963）。

74. 勞思光，中國哲學史，第一卷（香港，崇基學院，1968）。

75. 王應麟，困學紀聞（國學基本叢書本，1935）。

76. Dubs, Homer H., "Taoism," in Harley Farnsworth MacNair, ed., *China* (Berkeley, University of California Press, 1946), 266–289.

77. 朱熹，朱子語類（臺北，正中書局，1970）。

78. 焦竑，諸子平議（國學基本叢書簡編本，1936）。

79. 程頤，程頤，二程全書（四部備要本，1933）。

80. 列子（四部叢刊本，冲虛至德眞經，1929）。

81. 說苑（四部叢刊本，1929）。

82. 嚴靈峯，列子莊子見知書目（香港，無求備齋，1961）。

83. 許地山，道教史上（上海，商務印書館，1934）。

84. 郎擎霄，莊子學案（上海，商務印書館，1934）。

85. 蘇軾，蘇東坡全集（四部備要，東坡七集本，1935）。

86. 朱㵑，諸子辨（北平，樸社，1928）。

87. 姚際恒，古今僞書考（叢書集成本，1939）。

88. 王先謙，莊子集解（國學基本叢書，1935）。

89. 章太炎，齊物論釋（浙江圖書館，章氏叢書本本，1927）。

90. 鹽鐵論（上海，中華書局，諸子集成本，1954）。

91. 徐幹，中論（四部叢刊本，1929）。

92. 馬國翰輯，道家佚書輯書十七種（臺北，中華書局，1958）。

93. 四庫全書總目提要（上海，商務印書館，1933）

94. 唐鉞，尹文和尹文子，列入古史辨，第六册，234—241。

95. 羅根澤，尹文子探源，同上，244—257。

96. 尸子（四部備要本，1927）。

97. 方國瑜，愼樊賞本愼子疏證自序，列入古史辨，第六册，313—326。

98. 愼子（上海，中華書局，諸子集成本，1954）。

99. 孫詒讓，籀膏述林（丙辰年，1916，刊本）。

100. 羅根澤，子莫考，列入古史辨，第六册，365—366。

101. 鶡冠子（四部叢刊本，1929）。

102. 胡適之，中國中古哲學史長編（臺北，胡適紀念館，1971）。

出自第四十四本第三分（一九七三年三月）

戰 國 時 代 的 名 家

王 夢 鷗

引 言

一、正名思想的淵源。　　　　　　四、公孫龍及其著述。

二、名家先驅者鄧析的學說。　　　　五、惠施與辯者之徒的怪說。

三、尹文子在戰國名家中的地位。

　　『名家』，因古人今人對他們的看法不盡相同，故其要指亦難於設定。一般人以爲名家責在『控名責實』，使事事物物都得到『名』『實』相副。然而世間所謂『實』者，本卽難於盡知；到了人智增充，便覺得許多表『實』之『名』，大有討論的餘地了。這點思想，當是起因於『名』之被人重視；而重視『名』，則又由於『名』之具有特殊的威力或作用。沈剛伯先生的說史[1]，曾詳述『名』於初民社會所具有的神秘功能。證以後來『名諱』的流行，猶可見這風習的存在。不過從此發展爲種種『呪術』與『諡法』[2]，仍止於人們對『專名』的重視。至如周易繫辭傳所謂『辨物正言，斷辭則備』那種言辭，則顯與初民的卜筮行爲有關。卜筮所重者，於神鬼的專名作用以外，更泛及事事物物。他們無不以迫切的心情，希冀那『名』與『實』的應驗。這以外，『聽辭』『折獄』之事的進展，使得『名』『實』之間的結合，還關連到人們的生死。這樣，從『名』之神秘作用進至現實的作用；而『名』之被重視，便亦由實務而進至理論的檢討了。法家所執的『刑名之學』與儒者倡言的禮治手段，二者皆直接發展自實務上的正名，以硏求『事理』之正。然而事理如何得正？在知識論愈益發達的時代，自春秋至於戰國，政治上的權威與理論上的權威相隨解體，於是人人各逞胸臆，爭鳴於時，而發生了無窮的『辯』。從事理之辯進至言辭之辯，因而有的人便撇開實務而專談『名理』，討論的不是直接於人事的是非，而更注重於言辭的是非，亦卽以無定之『名』，如何結合於未知之『實』？這裏面便涉及正名的方法以及思想

的方法等等問題，接近於現代人所是認的名家要指。不過，在那戰國時代，他們的作為，尤急欲『勝人之口』，不免常用詭辭相鏑，造出若干『怪說』『奇辭』，傳到了新的一代權威思想重建之時，辯士箝口，而他們的流風餘韻亦隨以消散，魏晉已下，嘗一度緣附於佛老的玄談，但已不是當年的風貌了。今日得見戰國名家遺說，既甚稀少，這裡僅就其思想淵源及其流衍，略爲論述如次。

一、正名思想的淵源

漢武帝建元元封之間（約當西元前140—110），司馬談爲太史。他關心當時學者不辨學術源流，或至於迷誤，因而把先秦遺下的載籍，各依其論說特徵，區分爲『陰陽』『儒』『墨』『名』『法』『道德』等六家，並敍述其不同的要指。後來司馬遷又把這六家要指轉載於史記自序，隨而流傳至今。本來，先秦學術之分歧，早已有人做過初步的分類，如莊子天下篇、荀子非十二子篇、韓非子顯學篇等，多少都顯示有這樣的意圖，只是他們還沒有對某一流派加以『家』的名號。至於司馬談如此分『家』，在當時是否有所因襲，今已莫得其詳，但用『名家』二字綴成的這個名詞，可說是最早出現於他的敍述，而且歷代相沿未改。司馬談敍名家的要指是：

> 名家使人儉而失眞，然其正名實，不可不察也⋯⋯名家苛察繳繞，使人
> 不能反其意，專決於名而失人情，故曰：儉而失眞。若夫控名責實，參
> 伍不失，此不可不察也[3]。

這前後兩段，顯是以後段申明前段的意思。所謂『苛察繳繞』，正似莊子天下篇說惠施『徧爲萬物說，說而不休，多而無已』。又說：『桓團公孫龍辯者之徒，飾人之心，易人之意，能勝人之口，不能服人之心。』凡此種種，當是他們『專決於名而失人情』的事實了。不過他們在先秦時代只被稱爲『辯者』，顯無名家的頭銜；偶或有之，亦僅見『刑名之家』的稱謂，如戰國策之所載：

> 客有難者：今臣有患於世，夫刑名之家，皆曰白馬非馬也，亡如白馬實
> 馬，乃使有馬之爲也，此臣之所患也。

『白馬非馬』是戰國辯者最著名的論題，這裡以此說歸諸『刑名之家』，如果那本是『名家』的舊稱，則所謂名家就顯與後世的刑名師爺有着同宗的關係了。唯是，繼續

司馬談作學術分類的，如劉向劉歆班固，他們敍論名家却不一樣。他們說：

> 名家者流，蓋出於禮官。古者，名位不同，禮亦異數。孔子曰：必也正
> 名乎：名不正則言不順，言不順則事不成；此其所長也。及警者爲之，
> 則苟鉤鈲析亂而已[4]。

見於漢書藝文志的這段記載，雖似模仿司馬談的口氣，但他們還涉及名家的來歷淵
源，在這上面就很有問題了。第一，就全文的大意看來，彷彿他們把名家分作正統的
與支流的二派。正統派的名家是從禮官而演爲孔子的正名；至於支流，則只是一些
警者。警者是否算得名家？敍語中沒有明文交代。但從他們所著錄的名家作品看來，
其中既沒有孔子一派的遺篇，就像已隱示所謂名家，其實卽是警者了。如果核及名
實，警者不算名家，則名家這個名稱等於虛懸了。這點意見，胡適先生曾有很恰當
的說明。他在中國哲學史大綱說：

> 古代本沒有什麼名家，無論那一家的哲學，都有一種爲學方法。這個方
> 法，便是這一家的名學（邏輯）。所以老子要無名，孔子要正名，墨子說
> 『言有三表』，楊子說『實無名，名無實』；公孫龍有名實論，荀子有
> 正名篇，莊子有齊物論，尹文子有刑名之論。這都是各家的名學。因爲
> 各家都有名學，所以沒有名家。不過後進如公孫龍之流，在這一方面的
> 研究比別家稍爲高深一些罷了[5]。

不過，胡先生是就學術的實際情形來否定先秦時代的名家；而藝文志所表示的，則由
於不喜歡『苟鉤鈲析亂』的作業，便統貶之爲『警者』而已。然而，第二：警者之
學，怎樣接上孔子的正名思想，又怎樣接上禮官的職掌？關於這個問題，且看藝文志
兩段斷章取義的記載，一是節錄莊公十八年左傳之文：

> 莊公十八年，春，虢公晉侯朝王。王饗醴，命之宥，皆賜玉五瑴，馬三
> 四。非禮也！王命諸侯，名位不同，禮亦異數；不以禮假人[6]。

莊公十八年，是周惠王元年（約當西紀前 676）。那時，天子縱或不如以前那樣講究
禮數，但既是『大享元侯』，必然有其禮官；至於賜玉賜馬，有了差誤，何以不見專
業的禮官出來糾正，反而留待左傳作者出面說話？這個問題，一則可疑『名位不同禮
亦異數』的那種禮數，本與左傳作者時代的規定不同，一則可疑古之禮官根本沒有注意

此事。今本周禮，其春官大宗伯有『以九儀之命，正邦國之位』的一項職掌，後來鄭
玄注曰：『每命異儀，貴賤之位乃正。』現在卽使假定這些記載都是古禮官職掌的實
錄，但那禮數的執行，怎樣能發展爲名家，尤其是那些警者的學問？這顯然是不切實
際的引述。再而，孔子正名的話，載在論語子路篇。按其所說，自有原因及其目的，
且看原文：

> 子路曰：衞君待子而爲政，子將奚先？子曰：必也正名乎？子路曰：有
> 是哉，子之迂也！奚其正？子曰：野哉由也！君子於其所不知，蓋闕如
> 也。名不正，則言不順；言不順，則事不成；事不成，則禮樂不興；禮
> 樂不興，則刑罰不中；刑罰不中，則民無所措手足。

這一段對話，有起有訖，起於正名而終於刑罰之中。要說裡面與孔子倡行『禮治』的構
想有關，那是無可疑的。因爲孔子對於爲政，論語顏淵篇曾記載他與齊景公說過『君
君臣臣父父子子』的話，前一字指的是『名』，後一個字指的是『實』，他要循名責
實，使人們生活行爲全納入於禮的軌範，以造成一個極有秩序的社會。禮樂誘導於事
前，刑罰制裁於事後，二者同樣注重正名。不過以禮樂爲政，那藍圖雖畫在儒者的腦
中；實際上，自三代以來之爲政者，多是以刑罰來維持社會秩序的[7]。中間能做到
『刑罰之中』，已經是最理想的了。這種理想的正名，早在周易象辭中就常有見
『明罰敕法』『折獄致刑』等等記載；卽如『周道既衰，穆王昏眊』的時代，他仍命
甫侯度時作刑，諄諄然以聽獄正辭爲訓，如周書甫刑篇的記載。因爲獄訟之事，『辭』
與『刑』關係密切。許多刑罰不中，常由於聽辭不正。易繫辭云『理財正辭，禁民爲
非』，正辭就是正名，亦卽孔子從正名而說到刑罰之中的理由。然而此種正名乃士師
的專業，而非禮官的職務。士師對於什麼樣的罪名，卽科以什麼樣的刑罰。所以刑名
的推斷，可用片詞置人於死地。孟子公孫丑下篇載有『人可殺與？』『應之曰：士師
可。』其實那不是士師操有生殺之權，而是由他負有正辭之責。上古折獄，今雖莫見
詳情，但春秋時代的事，偶亦見載於左傳。例如：

> 昭公十四年，晉邢侯與雍子爭鄐田，久而無成。士景伯如楚，叔魚攝理。韓
> 宣子命斷舊獄，罪在雍子。雍子納其女於叔魚，叔魚蔽罪邢侯。邢侯
> 怒；殺叔魚與雍子於朝。宣子問罪於叔向，叔向曰：三人同罪，施生戮

死可也。雍子自知其罪而賂以買直，鮒（叔魚）也鬻獄，邢侯專殺；其
罪一也。已惡而掠美爲昏，貪以敗官爲墨，殺人不忌爲賊。夏書曰：貪
墨賊，殺；臬陶之刑也，請從之。乃施邢侯而尸雍子與叔魚於市。仲尼
曰：叔向，古之遺直也！治國制刑，不隱於親，三數叔魚之惡，不爲末
減，曰義也夫，可謂直矣[8]。

羊舌肸分別把三個人定爲『昏』『墨』『賊』三名，而正了典刑，孔子稱讚他爲『古之
遺直』，可見古之士師就是如此正名的。論語顏淵篇記孔子自言『聽訟吾猶人也，必
也使無訟乎！』又可見他對於於聽獄正辭，至多亦不過像士師一樣；但爲士師們所不
及的，乃在於他能用禮樂敎化，先誘導人們不至於觸犯刑章。因此，他的正名思想無
非是把應付罪行的正名方法，轉用以匡導人們的善行；務使居君之名，能行爲君之
禮；居父之名，能行爲父之禮。如是『君君臣臣父父子子』的正名，猶不過是把士師
應付罪行的一套刑名，用在勉勵善行方面。所以要追索他正名的思想淵源，與禮官的
關係淺，而與士師的關係深。更證以另一事實：據云孔子正名之作，曾表見於春秋一
書，後來學者說那裡面一字之褒，榮於華袞；一言之貶，嚴若斧鉞。這樣重視用
『名』，到了漢代便有人據以治獄了。如後漢書應劭傳所記的：

> 應劭刪定律令爲漢儀，奏曰………故膠東相董仲舒老病致仕，朝廷每有政
> 議，數遣廷尉張湯親至陋巷，問其得失，於是作春秋決獄二百三十二
> 事，動以經對，言之詳矣。…竊不自揆，輒撰具律本章句，尚書舊事，
> 廷尉板令，決事比例，司徒都目，五曹詔書及春秋斷獄，凡二百五十
> 篇，蠲去復重，爲之節文。

董仲舒是西漢大儒，他敢把春秋當作刑書使用；而應劭亦是東漢學者，更把春秋斷獄
書與當時的刑書法令混作一團編訂[9]。可知這事實，不僅說明了兩漢之人視孔子正名
的唯一著作，相等於一部刑書，而且還可從而推知孔子正名亦卽出於古刑名的運用。
這種刑名是把罪行訂爲一『名』，周之始建，如周公之誓命：『毀則爲賊，掩賊爲
藏；竊賄爲盜，盜器爲姦』之類[10]。這都像叔向之以一字斷獄。後之子產刑書，鄧析
竹刑，雖莫詳其內容，近人章炳麟云：『刑名有鄧析傳之李悝，以作具律，杜預又革
爲晉名例』，則似一脈相承。晉書刑法志嘗載張斐之言：

其要曰……刑名所以經略罪法之輕重，正加減之等差，明眾篇之多義，
補章條之不足，……其知而犯之，謂之『故』；意以爲然，謂之『失』；
違忠欺上，謂之『謾』；背信存巧，謂之『詐』；虧禮廢節，謂之『不
敬』；兩訟相趣，謂之『鬥』；兩和相害，謂之『戲』……（文長不具
錄）。

這樣經略罪法輕重，而正加減的等差，差不多就是取決於『名』了。因此，一個名的
界定，辭的結構，便與實際的罪行相等；及其明正典刑，便要生死以之了。例如墨子
小取篇中所作『人』『盜』之辯：

盜，人；人也。多盜，非多人也；無盜，非無人也。奚以明之？惡多
盜，非惡多人也；欲無盜，非欲無人也。世相與共是之。若若是，則雖
『盜，人；人也。』愛盜，非愛人也；不愛盜，非不愛人也；殺盜，非
殺人也。

盜與人，雖同是人，但在決獄上，殺人者抵命，而殺盜者有功，如果隨便用『名以亂
名』[11]，則士師們便眞的操有生殺予奪之權了。後世的刀筆吏或刑名師爺，他們『深
文周內』，往往在這上面搬弄是非。證以左傳所記叔魚的『鬻獄』，便顯見古之士師
早就這樣的幹了。孔子關心『刑罰不中而民無所措手足』，於是提出了正名的主張。
這與其說是出自禮治的構想，不如說是那構想本卽出自前人折獄的經驗。而這經驗又
不特演爲孔子的正名，同時亦表現於名家前輩鄧析之包攬訴訟的行爲，如呂氏春秋離
謂篇的記載：

子產治鄭，鄧析務難之。與民之有獄者約：大獄一衣，小獄襦袴。民之
獻衣襦袴而學訟者不可勝數。以是爲非，以非爲是，是非無度，而可不
可日變。所欲勝，因勝；所欲罪；因罪。鄭國大亂，民口讙譁。……

漢書藝文志著錄鄧析的遺文二篇，並列之爲名家的選首。這又不特可看出所謂『名家』
之學與古代獄訟之直接關係；倘更從鄧析著作的『竹刑』嘗施用於鄭國的事實看來，
他既是名家選首，又是刑名大師，則名家與刑名的淵源，就更加明白了。戰國時代，
鄭併於韓，而『鄭之賤臣』申不害竟在韓國大行其道，後世稱之爲刑名之祖。雖然申
不害與鄧析之間的學統難詳，但據韓非子定法篇的敍說『申不害言術』。術者『因任

而授官，循名而責實』，則申不害所操之術與『控名責實』的名家，本無二致，都是
承受自上古士師的刑名之術。不過申不害以之廣泛應用於一般的行政；而名家譬者則
專用之以充辯論而已。用於行政者，所主『刑名』，後人列之爲『法家』，辯論者所
主『散名』，便包括着一般知識，而爲名家學說的內容。荀子正名篇區分『名』爲四
類，他說：

> 後王之成名：刑名從商，爵名從周，文名從禮，散名之加於萬物者，則
>
> 從諸夏之成俗曲期，遠方異俗之鄉，則因之而爲通。

正名篇本是專爲名家譬者而寫的。因爲刑名爵名文名，各有既定的歷史根據，以及專
業的理官禮官，所以沒有什麼問題[12]，而當時成問題的，就是那些散名常被名家譬者
分析得面目全非，所以他要挺身說話。就在正名篇裏他說：

> 彼名辭也者，志義之使也，足以相通，則舍之矣。苟之，姦也。故名足
>
> 以指實，辭足以見極則舍之矣。外是者，謂之訒，是君子之所棄，而愚
>
> 者拾以爲寶。故愚者之言茓然而粗，嘖然而不類，諓諓然而沸。彼誘其
>
> 名，眩其辭，而無深於志義者也。

由荀子申斥名家對於散名之苛察不捨的情形，可以略知刑名之學轉變爲名家之學的關
鍵。刑名本指刑獄之用名，到了泛用及於散名，而『刑』的涵義亦隨而擴大，或又稱
作『形名』。如管子心術上篇說：『物固有形，形固有名。名當　，謂之聖人。』以
『形』泛舉一切事物，亦卽是『加於萬物』的散名了。名家專務散名，故應稱爲『形
名之家』。唯是刑形二字，從先秦轉寫下來的載籍，時相混用如，呂氏春秋正名篇之
『刑名異充，而聲實異謂』之刑名二字，實等於散名之『形名』；而莊子天道篇說
『五變而形名可舉，九變而賞罰可言』，那形名二字，稽以文義又當作『刑名』。形
名既從刑名之擴大分化而來，則宜稱名家爲『刑名之家』的譬者，而不是名家的譬者
了。

二、名家先驅者鄧析的學說

　　漢書藝文志敍九流十家，以鄧析列爲名家之首。晉代的魯勝大概卽據此而把名家
的時代肇始於鄧析。鄧析生平，班固僅注云『鄭人，與子產並時』。但據其他零星的

記載，他生平與名家的關係以及其下場，還 有 一 些 疑問。左傳記他死於魯定公九年
（西紀前 501 ），其文曰：

　　　　鄭駟歂殺鄧析，而用其竹刑。君子於是謂子然不忠。苟有可以加於國家
　　　　者，棄其邪可也。靜女之三章，取『彤管』焉；竿旄『何以告之』，取
　　　　其忠也。故用其道，不棄其人。詩云『蔽芾甘棠，勿翦勿伐，召伯所
　　　　茇』，思其人猶愛其樹，況用其道而不恤其人乎？子然無以勸能矣。

這裏既特別提到『竹刑』，又以『召伯甘棠』做比喻，則鄧析生平事業與聽訟折獄之
事有關，已甚顯然。並且左傳作者記當時輿論，對於鄧析之死，大有憐才之意，因而
不滿意執政者之如此處置。不過，這是很早出的，亦是很特別的一種看法。到了戰國
末期，見於荀子宥坐篇的[13]，則說是『湯誅尹諧，文王誅潘止，周公誅管叔，太公誅
華士，管仲誅付里乙，子產誅鄧析史付；此七子者，皆異世同心，不可不誅也。』依
其看法，鄧析之罪浮於盜竊，與少正卯同科，所以死不足惜。與這同時，呂氏春秋離
謂篇，記他敎民學訟，顚倒是非，使鄭國大亂，故『子產患之，於是殺鄧析而戮之』。
這 裏寫明鄧析 的罪狀 ， 彷彿就是宥坐篇所依據的同一傳聞，所以二者都說是子產殺
鄧析。自此而下，如淮南子氾論訓，說苑指武篇，列子力命篇，異口同聲，皆作這樣
的定讞。不過很奇怪的，漢書藝文志把說苑一書包括在劉向的著作裏，而劉向別錄却
又引左傳的記載來更正子產殺鄧析之事是誤記。如果說苑與別錄同 出 一 人 之 手，必
不至如是出爾反爾。茲雖無暇細辨這兩處之孰眞孰僞，但有一點可確定的，則是自荀
子呂氏春秋以下的記載，大抵是輾轉抄襲，以依附舊說；唯有左傳，雖未說明鄧析的
罪狀爲何，但說到『棄其邪可也 』，總不免犯有『 邪 』行。高誘注呂氏春秋離謂篇
說：『鄧析巧辯，所以車裂而死』。此事未見他書，或出於高氏記憶有誤，乃使鄧析
下場同於商鞅蘇秦 。 左傳既明載年代，且又記駟歂一字『子然』，這都不似他書之
含糊記上一筆，當推爲較有價値的史料。或因這同一的故事，經過口耳相傳兩百多年，
到了戰國之末，孔子的友人子產，因後儒之不斷宣揚，名氣愈來愈大，而子然之名則
已落漠無聞，因而子然殺鄧析之事亦移充爲子產治鄭的德政之一。子產既是好人，則
被他處死的鄧析，定是惡人無疑了。

　　　鄧析除了敎人學訟之外，是否還有其他職位？隋書經籍志 於 其 著 錄『鄧析子一

卷』之下注云『鄭大夫』。鄧析之爲大夫，未見於經傳；唯列子楊朱篇載有：

> 子產相鄭，有兄曰公孫朝，有弟曰公孫滿。朝好酒，滿好色，子產日夜
> 以爲戚，密造鄧析而謀之。鄧析曰：吾怪之久矣，未敢先言。子奚不時
> 其治也；喻以性命之重，誘以禮義之尊乎？……（文長不具錄）

隋志的編者，是否因看到子產與鄧析之親密情形，便意其亦爲鄭國大夫？茲因列子書
多僞作，未便據爲信史。然而呂氏春秋離謂篇尚存有鄧析的軼事二則，儘管那亦是隔
世的傳聞，但因其性質與鄧析之『邪』相符合，值得抄錄於下：

> 鄭國多相縣以書者，子產令無縣書，鄧析致之。子產令無致書，鄧析倚
> 之[14]。令無窮，則鄧析應之亦無窮矣。是『可』『不可』無辨也。
>
> …………
>
> 洧水甚大，鄭之富人有溺者。人得其死者，富人（之家）請贖之，其人
> 求金甚多。（富家）以告鄧析。鄧析曰：安之！人必莫之賣矣。得死者
> 患之，以告鄧析，鄧析又答之曰：安之！此必無所更買矣。

列子力命篇說『鄧析操兩可之說，設無窮之辭』，這兩句話關係鄧析的學說內容，甚
爲重要。荀子不苟篇楊倞注語，及馬總意林引述，都以爲這話是劉向奏上鄧析子書的
敍語。不過這敍語附錄於今本鄧析子的，則題爲劉歆所敍。向歆父子，作業相承，本
可不用深辨[15]，但他們親見鄧析子原書，而以『兩可之說』與『無窮之辭』爲其特色，
這特色又恰與離謂篇的記載相符，則可信鄧析之被列爲名家首選，當是有其實據的。

　　第一，離謂篇說：『令無窮，鄧析應之亦無窮』，這正是『無窮之辭』一語的出
處。而無窮之辭，則又是戰國辯者的特色之一。墨經上篇說：『辯，爭彼也。辯勝，
當也』，換言之，當時辯論是非，以辯勝者爲『是』，以不勝者爲『非』。但如何才
算是『勝』？韓非子外儲說上，有個例子：

> 鄭人有相與爭年者，一人曰：吾與堯同年。其一人曰：我與黃帝之兄同
> 年。訟而不決，以『後息』爲『勝』。

『後息』就是要說到最後使得對方無話可說時才停止，這樣，便算是『勝』；而『勝』
者的話，則是『正當』的。不過韓非子書中常拿鄭人開玩笑，是否出於征服者（鄭亡
於韓）的優越感，不得而知；但鄭人有這『後息』的辯風，必然出自『無窮之辭』。

據說，鄒衍在趙國平原君處批評公孫龍一夥辯者，亦卽指出他們的『繳紛爭言而競後息』[16]。要求做到『後息』，必然須『設無窮之辭』，而這無窮之辭，恰正從鄭人鄧析通到公孫龍一夥所謂名家督者，則鄧析之為名家首選，固已當之無愧了。

第二，他的『兩可之說』，今雖莫得詳聞，但看離謂篇所載溺死者屍首買賣的故事，可以看出鄧析當時把握此一事理之兩可。因為那特定的死貨，一方是沒有第二個賣主，故成為『莫之賣矣』；一方是沒有第二個地方可買，故曰『無所更買矣』。買賣雙方，都可以居奇，因而機會相等。其間唯一的選擇，只看那一方更急於成交，那一方便要屈讓。鄧析於此，各以『安之』一語作答，當然是最好的選擇。這樣，『安之』一辭，便具有充分的兩可性；這樣，一辭而兩可，本是對於事理利害的判斷，然亦可以引用於名理是非的判斷。同一名辭，用於某處則是，用於他處則非。這樣，『二難推論式』的判斷，把它反過來說，便亦莫不然[17]。戰國辯者之所以譊譊一世，此一是非，彼一是非，不能不推到鄧析之對於事理的分析，從而演為名家督者之對於名理的苛察。如公孫龍以『白』之一名，分為『定所白』與『不定所白』，而發展其『白馬』『堅白』的奇辭，亦可說是發軔於這兩可說了（另詳公孫龍章）。除此以外，他還帶給戰國名家多少的啓示？因流傳後代的材料太少，難得其詳。

至於現存的鄧析子一書，自南宋學者，懷疑其可靠性以後，便迭遭批駁，到了現代，幾乎被說得一文不值。但這裏面，是否亦有言過其實的地方？現在擬就其實在的情形，更作一次省察。

第一，今本鄧析子僅存『無厚』『轉辭』二篇；四部叢刊本尚錄出『漢劉歆校上鄧析子敍』一篇，其中除說明鄧析實為駟歂所殺者外，且揭示此書的內容說：

其論無厚者，言之異同與公孫龍同類。

如果這確是劉向或劉歆父子親見鄧析子原書所作的總敍，當然是極關重要的說明。近人孫次舟的鄧析子偽書考，羅根澤的鄧析子探源[18]，亦卽根據這兩句話證明今本並非二劉時代的原書。他們所持的理由：一則因今本無厚轉辭二篇，沒有一點與公孫龍同類的話語；再則，此書把公孫龍一夥辯者所說的『無厚』，誤解為恩情厚薄的無厚，顯是文不對題的偽作。羅氏說：

鄧析子無厚篇發端卽曰：『天於人無厚也，君於民無厚也，父於子無厚

也，兄於弟無厚也。釋天於民，父於子，兄於弟無厚之說，皆以恩情厚
薄爲言，鄰於道家『天地不仁以萬物爲芻狗，聖人不仁以百姓爲芻狗』
之說。……然惠施歷物之意曰：『無厚不可積也，其大千里。』墨經曰
『厚有所大也』……厚與大連擧，指物之厚薄而言，幾何所謂『體』
也。厚之問題，當時名家討論綦詳，形成社會常識……鄧析旣爲名家，
其論無厚旣與公孫龍同類，亦當略同此義，何得以恩情厚薄爲言[19]。

羅氏之言，不可謂不察，但是他忽略了時代背景與名家存在的事實。因爲所謂『名
家』，在戰國時代仍稱『辯者』，鄧析是春秋時人，何可說『鄧析旣是名家』？再者，
今所得知之鄧析生平只是精通刑名，熟察事理；至於他是否懂得幾何學，能有惠施一
樣『體積』觀念？大是可疑！但對於恩情厚薄，却是與他生平意旨相通，而且那種刻
薄寡恩的口吻，由他通及於申不害，韓非，連成一線刑名系統，則是事實昭然。南宋
晁公武敍此書云：『析之學蓋兼名法家也。今其大旨訐而刻，眞其言，無可疑者』，
這正從無厚篇首的一段話，得到的斷案。換言之：春秋時代以『竹刑』著名的鄧析，
他倘說到『無厚』，正該是這種無厚，而不可能是百餘年後治怪說者惠施所說的無
厚。羅氏混揉了時代又硬派給名家的頭銜，這都不是確當的論證。

　　第二漢書藝文志明載鄧析子二篇。旣是二篇則劉向劉歆敍述其書的內容，亦必不
會做一句話說，而謂『其論無厚者言之異同與公孫龍同類。』必然其中『論無厚』與
『言異同』是兩事。因爲：倘使他論的無厚不與公孫龍同類，則無須說『言之異同』？
設若他的無厚，果與公孫龍同類，則那是幾何學的問題，亦沒有什麼『言』之異同可
說。因此，可信二劉之敍此書，乃兼書中的無厚與轉辭二篇之旨而言。無厚篇論的是
恩情不足恃，只有刑名可以信託。但因原文殘缺，僅餘開端數語，所以使人看了莫得
其要領。其次轉辭篇，正是討論『言』之異同，與公孫龍同屬名家之學，故曰同類。
但亦因篇帙殘落，今本僅餘篇首幾句，不受後人注意。如果，原書如此，則其一半講
『刑』，一半講『名』，就正像二劉敍述的『其論無厚，與 言之異同 者，公孫龍同
類』了。中間僅爲着抄胥倒錯了『者』『與』二字，乃全失却全書要指。何以言之？
因現存的兩篇文字，儘管已被後人附益得面目模糊，然而篇首仍殘留有一點踪迹。
無厚篇如此，轉辭篇亦如之，其篇首曰：

世間悲喜哀樂嗔怒憂愁，久惑於此，今轉之。在己爲哀，在他爲悲。
在己爲樂，在他爲喜。在己爲嗔，在他爲怒。在己爲愁。在他爲憂。在
己（在）若，扶之與携，謝之與議，故之與古，諸之與己；相去千里
也。

這一段記載，自『在已若扶之與携』以下，亦見於文子上德篇，很難斷定是誰抄誰
的。但自這一句以上，至『世間悲喜哀樂』句，其情形很像無厚篇首『天於人無厚也』
一段，其語意皆在有所承接或無所承接之間，可看作起句，亦可看作承接句。因此它
的前面是否另有他文，固已無從得知；但今存這一段的下文，却是抄自他書而與此不
相連貫，却可按驗得出。像這樣無首無尾的一段文字，可疑就是劉向劉歆所曾見的鄧
析子原文之殘餘。因那原書，經過前後漢的王莽董卓之亂，篇帙散佚，傳到魏晉，只
剩下這些句子。藏書家因不忍見其書之從此滅絕，乃抄輯他書以補綴於後，反而使
鄧析子的面目全非，被後世的學者看出破綻，便由部分『附益說』而演至全部『僞託
說』。後者如孫次舟的辨僞，就言之鑿鑿，他說：

今本鄧析子非漢志著錄之舊，較然明矣，至其割裂文句，剿竊羣言，出自
己者，十不逮一，先秦舊籍，實無此體，若其『聖人已死大盜不起』一
節，盡錄莊子胠篋篇文。胠篋篇有田成子十二世有齊國之語，則其出必
甚晚，戰國辯者作鄧析書，當不克覩，四庫提要雖爲之辯護，亦枉然
也。他如荀子韓非呂氏春秋韓詩外傳淮南子說苑鬼谷子諸書，並見剿
竊，茲不贅舉。至其作僞年代，馬敍倫氏據魯勝墨辯序，謂其書晉初已
亡，今所傳者，當出於僞列子鬼谷子後。而予復考之，轉辭篇曰：『栗
陸氏殺東黑氏，宿沙氏戮箕文，桀誅龍逢，紂刳比干』其宿沙氏戮箕文
一事，唯見於皇甫謐帝王世紀，他書無之。今本鄧析子者，恐亦晉人所
僞撰矣[20]。

雖然此書的附益部分，無疑是由後人補綴而來，但要說到僞託，則不能不考慮及於僞託
者的動機與目的。如王肅的僞託孔子家語，梅賾的僞託古文尚書，多少都想在世人所
尊重的儒家經典解釋上插上一手；但是僞託鄧析子，而他的生前既已不獲善終，死後
還招到更多的惡評。縱使魏晉間的好事者，不敢僞託顏淵閔子騫之書，但漢書藝文志

中散佚的六藝遺文，百家雜學，爲數不少，何至於獨取鄧析，而僞託其書？稽以文心雕龍，劉勰於齊梁之世暢談先秦諸子，已不提鄧析其人；同時在北朝的劉晝新論，列敍九流，在名家之中，亦已削去鄧析的名字，這還不用魯勝說及漢魏以來，關心名家的人已極稀少，卽連及南北朝，而鄧析之學仍是不爲人知。在這種情形之下，僞託鄧析子，實無理由可擧。至於原書竟至於名存實亡者，當以附益說較近於事實。正因附益過多，乃至內容雜駁，疑寶叢生，自晁公武的讀書志；楊愼嚴可均的鄧析子敍，譚獻的鄧析子校文敍，馬敍倫的鄧析子校錄後序，鈕樹玉的讀鄧析子，他們或多或少，皆已指明在先，無煩贅引。唯獨轉辭篇首僅存的幾句話，直接影響戰國名家的辯術，却未受注意，使人不無遺憾而已。本來篇名『轉辭』，其涵義是否相同於後世所謂『轉語』，這可置而不論。因爲他先說世人惑於悲哀喜樂等等名辭，接着就說『今轉之』；看他的轉法：實際是要區別那些名辭用於『在己』或『在他』而有所不同，就略可知所謂『轉辭』的意旨了。墨子小取篇云：『其然也同，其所以然不必同』。因爲『名』有是非異所，不加區別，則至於惑[21]。鄧析用他對於刑名的經驗，所以嚴於轉辭篇剩下的這一點開宗明義的語句，正可引用尹文子書中一段話爲之用名，補充說明。尹文子大道篇，上說：

> 今親賢而疏不肖，賞善而罰惡。『賢』『不肖』『善』『惡』之名，宜
> 在彼；『親』『疏』『賞』『罰』之稱，宜在我。我之與彼，又復一名，
> 名之察者也。名賢不肖爲親疏，名善惡爲賞罰，令彼我之一稱而不之
> 別，名之混者也。故曰名稱不可不察也。

如果懷疑尹文子亦是僞書，把他的話不當話看，則仍可以熟參公孫龍子的指物論及名實論。因爲公孫龍把『指』『物』『名』『實』說得十分繳繞，由來學者皆信以爲眞書。但細辨那十分繳繞的本意，實亦不過把『眼前物』與『心中意』區別來說。按其宗旨，正如尹文子的『彼』『我』，鄧析子之『在己』『在他』（說詳後文公孫龍篇）。唯是說作『在己』『在他』者，其設辭特顯素朴，不失爲開山老祖所用的分析法，到了名理之學隨時精進，分別使用『物』『指』二名來解釋一個命題的構成，那就成爲名家譬者之學了。然而泰山始於培塿，要說名家，就不能不推鄧析。劉向劉歆，不特把鄧析推居名家之首，而且說他『言之異同者公孫龍同類』，則更是明白指出鄧

析子原書（卽使是戰國時人編成的），除了討論『無厚』之旨而外，還有一篇是討論
『言』（名）之異同的。

三、尹文子在戰國名家中的地位

鄧析與少正卯同時，那時期已盛有聚徒講學，辯論是非的風氣了。這風氣是否因
二人之先後被誅而受到挫折？今從那時期至孟子時代將近一百年間的情形看來[22]，其
中雖因文獻不足，著名的人物如老子墨子列子楊朱等人的年世都不容易考定，然而
史稱齊威王至宣王之世（約自西紀前358～302），單是稷下的辯士卽有『數百千人』
[23]。如果這許多人都不是短期訓練出來的，則可顯見鄧析死後，不特此種辯風未戢，
甚且爲了政治情勢之轉變，辯士們反而得到諸侯王的尊寵，而辯術亦隨以長足進展，
漸漸觸到辯術的本身，亦卽說話的邏輯問題了。今人馮氏有言：

> 辯卽是以論證攻擊他人之非，證明自己之是。非唯孟子好辯，卽欲超
> 『辯』之齊物論作者，亦須大辯特辯以示『不辯』之是。蓋欲立一哲
> 學的道理以主張一事，與實行一事不同。實行不辯，則緘默卽可；欲立
> 一哲學的道理，謂『不辯』爲是，則非大辯不可。既辯，則未有不依邏
> 輯之方法者。其辯中或有邏輯之謬誤，然此乃能用邏輯程度高下之問
> 題，非用不用邏輯的問題[24]。

邏輯的知識（名學）隨辯論的發達而精進，由具體的事理之名實之辯，進入於抽象的
名理的名實之辯。後者因其持論精微，非好學深思難得瞭解；又因其所爭者爲原理原
則，與當前的事態未必相合；于是這些議論便被那重視事理的人們看做『治怪說玩琦
辭』的無用之辯了。

但這種似乎無用之辯，其始亦是從事理之辯發展而來，所以可疑漢書藝文志據七
略而分別名家的著述，就是用這樣的觀點，先從鄧析，尹文，而後及於公孫龍惠施等
一些名家鏨者。藝文志所列名家著述如下：

鄧析子二篇，注云：鄭人，子產並時。

尹文子一篇，注云：說齊宣王，先公孫龍。

公孫龍子十四篇，注云：趙人。

　　　　成公生一篇，注云：與黃公等同時。

　　　　惠子一篇，注云：名施，與莊子並時。

　　　　黃公四篇，注云：名疵，爲秦博士，作歌詩在秦時歌詩中[25]。

　　　　毛公九篇，注云：趙人，與公孫龍等並遊平原君家。

以上七家三十六篇，按其順序姚振宗漢書藝文志條理云：『成公生與黃公並時，而列在惠子之前，似爲寫者倒錯』。這點意見，不無可取。但是，成公生黃公毛公合共十四篇，今已無片言隻語之存，實亦無法證定其是否寫者倒錯。倘從惠施與公孫龍的時代來說，惠施當位次於公孫龍之前，而藝文志不作這樣的排列，顯然其中另有理由。如果依照莊子天下篇及現存的公孫龍子殘篇來考察，二人雖並列於名家，但其所注重的對象略有不同。惠施乃是『治怪說』者；而公孫龍則近於『玩琦辭』的人。公孫龍的學說中心，在於名實之辯，故可上繼尹文鄧析。至於惠施則應爲別派，他是個創造『新觀念』的人，而不徒是修正人們的舊觀念。因此，可疑自惠子以下的黃公毛公，都不屬於公孫龍一派的著述。至於苛察名實而『專決於名』的，自鄧析尹文公孫龍而迄於成公生，當另成一派[26]。這樣解釋，才不至使諸家的時代順序倒錯太多。

　　　今先就鄧析至於尹文的順序來說：前篇已把鄧析所僅存於轉辭篇的幾句話用尹文子的話來作補充說明了。由於二者可以互相補充說明，而且前者說的極簡質，後者則略見詳明，這一點，亦可以測知鄧析轉辭的見解給尹文的影響；以及尹文所得於鄧析的啓示而作更嚴密的分析情形是如何的了。唯是現在所根據的尹文子，本身卽有疑問，如果那些疑問不得澄淸，則據僞書而討論鄧析尹文子之傳承關係，卽等於空論了。

　　　今按：藝文志所載尹文子僅有一篇；見於隋書經籍志以下的書志則皆爲二卷。四庫總目提要則又說是一卷。其言曰：

　　　　尹文子一卷，周尹文撰。前有魏黃初末，山陽仲長氏序稱：條次爲上下篇。文獻通考作二卷。此卷（按卽今本）亦題大道上下篇，與序相符，而通爲一卷，蓋後人合倂也[27]。

從藝文志的一篇，而分爲二卷，又合爲一卷，此中分合，是否影響及其內容篇幅，暫且不說；但自來說到此書內容來歷的，最早是漢書，其次則是那魏黃初末年（約當西紀 226）仲長氏的序文。這個仲長氏經宋人證明不是仲長統，而其中把尹文當作公孫

龔的學生，這點錯誤，亦經檢舉出來了[28]。其次則因陳義駁雜，高似孫子略稱『其書言大道，又言名分，又曰仁義禮樂，又言法術權勢。大略則學老氏而雜申韓』。倘就今本尹文子看來，確實如此。為着那莫名其妙的序文，以及過分駁雜的內容，傳至近代，有些學者，又據莊子天下篇，呂氏春秋正名篇等處記載尹文生平言論，拿來與本書內容互相比較，於是發現許多不合的地方，因而懷疑此書非但不是從先秦流傳至漢世的舊籍，而且就是寫序的那個仲長氏所偽撰的。其中辨偽之勤，以唐鉞羅根澤二人網羅眾說，比勘本文，寫成『尹文和尹文子』及『尹文子探源』二篇，最為詳盡。唐先生列舉了十證，然後說：

> 由以上所說的許多證據看來，今本尹文子是偽書，沒有疑義。魏徵羣書治要所錄，除下篇標題作『聖人』不作『大道下』，和書中文字有極少的差異外，與現行本相同。馬總意林卷二所引尹文子序中語及本文，也都與今本相合……洪邁容齋續筆卷十四尹文子條所引，黃震黃氏日鈔卷五十五讀尹文子，也與今本上篇相同，可見唐宋人所見，就是今本。文心雕龍諸子篇說『辭約而精，尹文得其要』，今本尹文子在善鑒別的劉勰眼中，恐怕不能得到這樣的美稱。他所歡賞的尹文子，大 約 不 是 今本。這樣說，唐初所流行的尹文子，大約是陳隋間人的偽託[29]。

但是，他的十證，除了首先懷疑此書的來歷外，多半都是挑剔書中抄襲他書的文句。然而抄襲他書，只是『補輯』，並不足列為全書皆出於『偽託』的證據。至 於 歷 舉唐宋時所引述者，皆與今本相合，唯有劉勰讚美此書，而以今本此書不值得讚美為理由，便斷定『偽託』起於陳隋時代，則近乎無稽之談了。姑不說唐先生不是劉勰，沒有理由得知劉勰不會讚美今本尹文子；卽從文心雕龍知音篇所用『楚人以雉為鳳』及『魏氏以夜光為怪石』二事按之，此二事正出於今本尹文子大道上篇，故可信劉勰在諸子篇說『辭約而精，尹文得其要者』，當是有見於今本而云然。唐先生的論據既欠周延，當然他的看法亦未見正確。再如羅先生的辨偽，他因仲長氏誤以公孫龍為尹文之師，並從而致疑今本此書卽出於仲長氏之手，但其結論却較唐氏為溫和。其言曰：

> 此書偽則偽矣，然其言菑意豐，文簡理富，聚百家而冶之，合萬流而一
> 之，折衷羣說，兼攬眾長，雖不無可議，而大體固亦整齊博贍之書。所

以四庫提要極推重周氏涉筆『自道以至於名，自名以至於法』之說，而

謂讀其文者，取其博辯宏肆足矣。文心雕龍諸子篇謂『辭約而精，尹文

得其要』，蓋指今本而言，則其年代不能後於劉勰也[30]。

這個結論，衡以名理，多有未合。因其前文，既費許多筆墨證明此書出於抄襲，則不
能又說他『聚百家而冶之』，如果此書眞能冶出一套道理，『合眾流而一之』，則是
集大成者，又何有抄襲之可慊？再者，前文既力證此書爲仲長氏所僞託，而結論又僅
謂其年代不晚於劉勰。由黃初末年至齊梁之世，相距兩百餘年，不是少數；何可如此
游移其辭？這等於以肯定的前提，立下否定的結論，亦是很可笑的。這兩篇都是詳盡
的辨僞文章，尚且如此，則其他短章臆解，可以不必更提了。胡適之先生說：『尹文
子似是眞書，但不無後人加入的材料』這話[31]，合以今本來看，確是不易之言。因今
本尹文子與鄧析子，其流傳的經過情形相似，大抵都是經過後人大量補輯而成的。唯
因鄧析子的原書殘落過甚，而補輯之文太多，形成喧賓奪主，便更像是一部僞書。至
於尹文子，因原文頗存大略，所以胡先生倒認是眞書了。關於這一點，據文獻通考經
籍考引述周氏涉筆所看到劉向對於尹文子的敍語，更證以今本內容，仍可見其有相符
合的地方。

周氏涉筆曰：尹文子，稷下能言者，劉向謂其學本莊老，其書先自道以

至名，自名以至法。以名爲根，以法爲柄，芟截文義，操制深實。必謂

聖人無用於救時，而治亂不係於賢不肖。蓋所謂專主權，聚民食，以富

貴貧賤斡動宇宙，其法則然，蓋申韓所共行也[32]。

劉向敍原本尹文子謂其學在『名』與『法』，就這點已可看作鄧析的眞傳了。因刑名
之學，衍爲名法二家，已屢申述於前文，茲可不贅；唯是，這本尹文子，其作者是否
卽是提倡『見侮不辱』『禁攻寢兵』的尹文，這個問題，則可用鄧析的『無厚』不必
是惠施的『無厚』同一理由加以解決。因爲先秦諸子，多少都有他們的徒弟。他們放
言高論，可以不必親自埋頭寫作，後世所傳某子之書，多從徒眾的散記勒成。徒眾各
據所聞而筆之於書，當然不能全部一模一樣，像尹文子之爲書，正是由『刑名』衍爲
『形名』的關鍵。刑名本只管罪與罰的判斷，是古士師的專業；及其把那判斷，應用
於萬事萬物，那個『形名』就不單是罪與罰，亦不單是士師的事業了。今從現存的先

秦遭說看來，正式把『刑名』轉變爲『形名』而泛用於一般知識，說得具體而詳明的
只有尹文子曾有這樣的記載。他在大道篇說：

> 有形者必有名，有名者未必有形，形而不名，未必失其方圓黑白之實。
>
> 名而（無形），不可不尋名以檢其差。故亦有名以檢形，形以定名，名
>
> 以定事，事以檢名。察其所以然，則形名之與事物，無所隱其理矣。

『有形有名』一語，本亦見於管子心術上篇，但那只說到具體存在的名與實；而這裏
則更說到『有名者未必有形』『形而不名，未必失其方圓黑白之實』，顯然，他的名
實論已從具體的存在進至抽象的存在了。在前，鄧析雖然能通達具體的『事』中抽象
之『理』，但他沒有說明（至少是未見其著述），尹文子就更觸到了形名以上的形
名；雖還不及後來公孫龍的苛察繳繞。所以，他可說是承前啓後的一個關鍵人物。有
形之名，大抵如荀子所說『散名之加於萬物者則從諸夏之成俗曲期』，但他不是專研
名理的人，所以未分析到散名之中，有附着於物（有形必有名）之名，有不附着於物
（有形未必有名）之名。尹文則把散名分作三科，『一曰命物之名，方圓黑白是也；
二曰毀譽之名，善惡貴賤是也；三曰況謂之名，賢愚愛憎是也』。雖然這些分析名
辭，不及現代邏輯學者或文法家的細密，但在當時已是突出前人很多了。因爲他先發
現過去籠統稱爲『名』的，既是一種判斷或是一個命題，其中都不是單純的一種名
詞，因此大道篇云：

> 語曰：好牛，好則物之通稱，牛則物之定形。以通稱隨定形，不可窮極
>
> 也。設復言好馬，則復連於馬矣，則『好』所通無方也。設復言好人，
>
> 則復屬於人矣。則『好』非『人』，『人』非『好』也。則好牛，好馬，
>
> 好人之名自離矣。故曰名分不可相亂也。五色五聲五臭五味，凡四類，
>
> 自然存於天地之間，而不期爲人用；人必用之，終身各有好惡，而不能
>
> 辨其名分。名宜屬彼，分宜屬我。我愛白而憎黑，韻商而舍徵，好膻而
>
> 惡焦，嗜甘而逆苦。白黑商徵，膻焦甘苦，彼之名也；愛憎韻舍，好惡
>
> 嗜逆；我之分也。定此名分，則萬事不亂也。

這一段話裏，更突出的是在『名』中加『分』。他明說這個『分』是屬於『我』的，
卽可瞭解這個『分』，是指人們的『了別』或『判斷』而言。實際上，人們對於事物

倘未了別判斷，則其事物亦不得有『名』，只是一種莫名其妙的事物。故凡有『名』，依他看法，必然是『名分』俱在。易以今言，則是凡一個命題，其中必合有客觀的事實與主觀的判斷。主客之間的配合，才是名實之間的配合，倘僅靠『諸夏的成俗曲期』來正名，就會導致無數的誤會與曲解。大道篇云：

> 善名命『善』惡名命『惡』，故善有善名，惡有惡名。聖賢仁智，命『善』者也；頑嚚凶愚，命『惡』者也。今卽聖賢仁智之名，以求頑嚚凶愚之實，亦未之或盡也。使善惡盡然可分，雖未能盡物之實，猶不患其差也。故曰：名不可不辨。名稱者，何彼此而檢虛實者也。自古及今，莫不用此而得，用彼而失。失者由名分混，得者由名分察。今親賢而疏不肖，賞善而罰惡。賢不肖之名宜在彼，親疏賞罰之稱宜在我。我之與彼，又復一名，名之察者也。名『賢，不肖』爲『親疏』，名『善惡』爲『賞罰』，合彼我而之一稱，而不別之，名之混也。

這裏所謂『以聖賢仁知命善，以頑嚚凶愚命惡』，這只從諸夏之成俗曲期而成名，未必得名理之正，故曰『未盡』。欲求其盡，則不能不區別一名中之彼我的成分。亦卽注意一個命題，或一個判斷，其中何者是屬於客觀的事實，何者是由主觀附加於事實之判斷。同似一名，往往相混，遂致名實混亂，不得其當。他這點區分『彼』『我』的見解，似卽發源於鄧析子之『在己』『在他』的見解。唯因鄧析之書殘缺，莫見其詳，而尹文子這樣補充，不僅可以闡發前驅者的隱微之意；而更重要的，是啓發了公孫龍一派的極辯。現存於公孫龍子書中的名實論，指物論，以及『堅白可離』『白馬非馬』之辯，揆其立義大體，都是由於對於名言之剖析而發揮出來的意見。唯是尹文立說，精而未及微，到了公孫龍子，就進至微末地步。然亦因此而可見其成說之先後，與名學的演進情形。

關於公孫龍的學說，當在下文敍述。這裏有須說明的，則是今本尹文子書中，經後人附益的部分，竟把別家所講究的『名分』寫在一起。如儒家所講的名位，法家所講的本分，與上述尹文所講的名分，混作一談，例如大道篇載：

> 田駢曰：天下之士，莫肯處其門庭，臣其妻子，必遊宦諸侯之朝者，利引之也。遊諸侯之朝，皆志爲卿大夫而不億於諸侯（者），『名』限之

也。彭蒙曰：雉兎在野，眾人逐之，『分』未定也；雞豕滿市，莫有志

者，『分』定故也。物奢，則仁智相屈；分定，則貪鄙不爭。

這些話，分明是抄自呂氏春秋慎勢篇，雖亦稱『名分』，然而涵意與上引尹文子說的
『名分』迥然不同。這不僅可看出尹文子有後人補輯的破綻；並且亦因此而被誤會為
尹文子雜有法家之言。實際上，在刑名分途之交，尹文子當是趨向於純粹的名學，而
居於由『法』而『名』的重要地位。

四、公孫龍及其著述

漢書藝文志把公孫龍子十四篇列在尹文子之下，尹文生於齊宣王時，其年輩與惠施
相接而與公孫龍相遠，今於尹文之下不列惠施而接以公孫龍，可知其不以年輩先後為
序；更證以劉向敘鄧析子書，而謂其與公孫龍同『類』，則又可知如此排列者，是以
『類』相從的。不過史記仲尼弟子傳及孟荀列傳皆著有公孫龍之名，前者是孔子弟
子，後者乃是名家，兩人的年世里籍皆不相同。王琯公孫龍子懸解敘錄云：漢志所著
錄的，當屬於後者的作品[33]。這部作品流傳至漢，本有十四篇，據今人王琯的考案說：
一、由戰國至齊梁時代，本書仍完全無缺，二、隋唐之際，本書存佚的情形不詳；
三、唐武后時重見著錄，仍為完本；四、至北宋中葉，則已散佚八篇，僅餘六篇。王
氏所考，似頗詳明，唯亦有失檢者：一，謂隋唐之際未見著錄，是他過分持慎之語。
其實隋志道家類所列公孫龍子守白論，即是此書。但因歷代書志家分類觀點不同，出
此入彼，時常有之。即如四庫提要既列鄧析子於法家，又列公孫龍子於雜家，亦如此
例。今人欒調甫之名家篇籍考已有說，這裡不談。二、王氏又說此書八篇亡於北宋，
蓋據四庫提要而未深考。王啟湘公孫龍子校詮敘，據文苑英華所載公孫龍子論序[34]，
可知唐初人所及見者，已僅存六篇。余嘉錫四庫提要辯證卷十四子部五，辨之尤詳。
所以可信，今本公孫龍子六篇，自唐以來，即是這樣的：迹府第一，白馬論第二，指
物論第三，通變論第四，堅白論第五，名實論第六。唯是迹府篇開端說『公孫龍，六
國時辯士也……，』以下兼載公孫龍與孔穿辯論的故事，是雜剟呂氏春秋正名篇及偽
孔叢子公孫龍篇之文。因此今人或疑迹府篇是漢人附益的公孫龍傳記[35]。雖然，迹府
篇後出，固無可疑，但太平御覽卷四六四引桓譚新論即有迹府篇前的幾句話，如果說

是漢人所作，則其人亦必在桓譚（西紀前24—紀後65）之後，甚或尤晚於僞孔叢子出世之後。以此觀之，則今所存六篇，其實傳自西漢者，不過五篇而已。再者，第二篇白馬論，其所持白馬非馬之辯，雖秦漢載籍，多以繫於公孫龍名下，但這議題，在戰國時曾經召致激辯。墨家的經典及莊子的齊物論都提有不同的意見。可知正反兩面，參加的人數很多，站在白馬非馬這一邊的，韓非子外儲說左上篇還有一段記載：

> 兒說，宋人，善辯者也。持白馬非馬也，服齊稷下之辯者。乘白馬而過
> 關，則顧白馬之賦。故藉之虛辭，則能勝一國；考實按形，不能謾於一
> 人。

按兒說之名，亦見於呂氏春秋君守篇，時當宋元王之世。兒有弟子能爲元王解結，似亦一代宗師。其時較公孫龍稍早[36]。此言乘白馬過關之事亦見載於初學記卷七引劉向別錄，白孔六帖卷九，引桓譚新論[37]，別錄新論皆出在韓非子後，然所記過關者，皆爲公孫龍。是則公孫龍與兒說不特持論相同，而軼事亦常相混。外儲說左上篇又云：

> 人主之聽言也，不以功用爲的，則說者多『棘刺』『白馬』之說；不以儀
> 的爲關，則射者皆如羿也。人主於說也，皆如燕王學道；而長說者，皆
> 如鄭人爭年也。是以言有纖察微難，而非務也，故秉惠宋墨皆畫策也。

其中以秉惠宋墨並列。惠謂惠施，宋謂宋銒，墨謂墨翟，可以無疑。但自莊子徐无鬼篇言『儒墨楊秉四，』及列子仲尼篇釋文，以『秉』爲公孫龍，歷代學者承之，於是公孫龍之字子秉，幾成定案。唯稽以白馬之辯與兒說的關係，再詳省徐无鬼篇載『惠子曰：今夫儒墨楊秉，且方與我以辯，相拂以辭，相鎮以聲』的語意，則在惠施生前，此一名『秉』者已屬大家，能與儒墨惠施相抗衡；質以公孫龍年輩，殊爲不類。倘以兒說充之，猶可相當。或者公孫龍後起，張皇師說，竟致後人知有公孫龍而不識兒說了。

尤其是堅白論一篇，倘據莊子齊物論，說惠施據梧『以堅白之昧終』；其德充符篇又說：『今子外乎子之神，勞乎子之精，倚樹而吟，據梧而瞑。天選子之形，子以堅白鳴』。分明都說的是惠施。惠施的年輩長於公孫龍，卽使公孫龍亦有堅白論，自當是承受惠施的緒餘。再者，堅白論力持堅白可離之理，而曰：『物白焉，不定其所白；

『物堅焉，不定其所堅；不定者兼，惡乎其石也？』這意思猶如尹文子所說的『好牛』；好與白都是通稱，不一定要加在石或牛上。所以白與石是兩個來源不同的命名，是可離的。然而白馬論，說到白馬之白，却不是這樣。白馬論的結語云：『白者，不定所白，忘之而可也。白馬者，言白，定所白也。定所白者非白也。』這意思是說，白馬之白，是白與馬合爲一名，是不可離的。這樣，同一的白，而有可離與不可離的兩般說法。這是否得自鄧析的『兩可說』，姑置不論；但細按那『白者不定所白，忘之而可也』一語，顯然是否定了『離堅白』之一說。由於離堅白一說之可以否定，則又證見堅白說之先於白馬非馬說；通常要否定先有的成見，而後才得成立其新的概念。倘從這點看來，公孫龍子書中，白馬論既自有其傳承，則堅白論亦自有其傳承了。漢書藝文志儒家類，列有魯連子十四篇，到了隋書經籍志只著『五卷，錄一卷』。這本書，今雖散佚，但李善注文選卷四十二曹子建與楊德祖書及張守節注史記卷八十三魯仲連傳，都引有一段記載。但那些注語所引的，不及太平御覽卷四六四之詳，今轉載之如下：

> 齊之辯者田巴，辯於徂丘，議於稷下，毀五帝，罪三王，訾五伯，離堅
> 白，合同異，一日而服千人。有徐劫者，其弟子魯連，謂劫曰：願得當
> 田子，使之不敢復談，可乎……[38]。

依據這個傳說，田巴還是魯仲連的前輩，其時代當可與惠施相接。但錢穆先生的先秦諸子繫年頁四七三魯仲連考，及頁二三五稷下學士表，列田巴於齊襄王之後。這個時代是否有誤，茲不深論，但以田巴置於桓團公孫龍一輩，如莊子天下篇所謂『辯者之徒』中，宜無不妥。田巴亦是善談『離堅白』之一人，則公孫龍子的堅白論，是否應派他一份？亦是值得考慮的。總之，公孫龍子如果是一部眞書，但把它看作辯者之徒所殘剩下來的叢書，似亦不至於過分[39]。

　　再者指物論與名實二篇，皆爲辨『名』之作，而且同樣不用問答體，然名實論之辭義淺顯，而指物論則繳繞難通。這不但可從其爲問答體與非問答體而認知其非出於一手，且其寫成時代先後，亦恐有不同。名實論尤接近於尹文子之平實，指物篇則甚苛察而多詭辭。最早淮南子詮言訓說公孫龍『槃於辭而貿名』，揚雄法言吾子篇亦說『公孫龍詭辭數萬』，他們所見到的原書，大體較今本要多出很多。今本寥寥五篇，其

中最爲弔詭的，當推指物一篇，而『指』『物』與『名』『實』二字相異，但言『名
實』者衆，而以『指物』爲稱的，則是公孫龍的特色。現在試先從其名實論着手，然
後進而窺其所謂『指物』。

　　名實論全文，除去末段『至哉古之明王』云云二十二字，實際討論名實的，連可
疑的脫文補足亦只有二百四十餘字。第一段可說是『名實』二字的定義，其文曰：

　　　天地與所產焉，物也。物以物其所物而不過焉，實也。實以實其所實

　　　（而）不曠焉，位也。出其所位，非位；位其所位，正也。以其所正，正

　　　其所不正，疑其所正。其正者，正所實也。其所實者，正其名也。

這一段話易以今言，則是說充滿現實世界的都是『物』，每一物，各自有其一定的分
限，在那分限內的，便是那物之『實』，因此一個『實』，自有其內涵與外延，充其
所至，卽是『正』。把這種正，凝結爲辭，就是『名』了。有此界說，則某『實』正
當某『名』，故下接着說：

　　　其名正，則唯乎其彼此焉。謂彼而彼不唯乎彼，則彼不行；謂此而此不

　　　唯乎此，則此不行。其以當，不當也；不當而當，亂也。故彼彼當乎

　　　彼，則唯乎彼；其謂行彼。此此當乎此，則唯乎此，其謂行此。其以當

　　　而當也。以當而當，正也。故彼彼止乎彼，此此止乎此，可。彼此而彼

　　　且此，此彼而此且彼，不可。夫名，實謂也。知此之非此也，知此之不

　　　在此也，則不謂也。知彼之非彼也，知彼之不在彼也，則不謂也。

這只是說，凡是名實適當的，這個就是這個，那個就是那個；如果這個不是這個，或
者這個旣是這個又是那個，便都是不適當的。誤把不適當的作爲適當的，那便要亂
了。最後則說：『名』是用來講『實』的，如果知『彼之非彼或不在彼』，就都不要
講。這點要使名實相當的意思，因其用辭繳繞，說了一大堆；難怪後來陳振孫書錄解
題說他『淺陋』。但是指物篇，就較爲迂僻，今錄其全文：

　　　『物』莫非『指』，而指非指。天下無指，物無可以謂物；非指者，天

　　　下而（無）物，可謂指乎？指也者，天下之所無也。物也者，天下之所

　　　有也。以天下之所有爲天下之所無，未可。

　　　天下無指，而物不可謂指也。不可謂指者，非指也。非指者，物莫非指

也。

> 天下無指，而物不可謂指者，非有非指也。非有非指者，物莫非指也，
> 物莫非指者，而指非指也。

> 天下無指者，生於物之各有名，不爲指也。不爲指而謂之指，是兼不爲
> 指。以『有不爲指』之『無不爲指』，未可。且指者天下之所無。

> 天下無指者，物不可謂無指也。不可謂無指者，非有非指也。非有非指
> 者，物莫非指。

> 指非非指也，指與物非指也。使天下無物指誰徑謂非指？天下無物，誰
> 徑謂指？天下有指，無物指，誰徑謂非指？徑謂無物非指？且夫指因自
> 爲非指，奚待於物而乃與爲指。

以上所錄，實較其他五篇尤見奇察繳繞。據說曹魏時代，爰愈（已見前引）曾傳習此書，
頗疑此種作風，對於魏晉以下清談名理者，大有影響。他們往往使用同名異實的名詞
來指述其論旨，以致涵義常游移於兩可之間。老實人倘不知其論旨所在，便要被鄙視
爲凡夫俗子而不足與談。如果人們不願自居於凡俗，便要勉強裝作已懂的樣子，而相
與敷衍，這樣，便大暢『玄風』了[40]。如此看來，最先從鄧析的『在己』『在彼』說（見
第三章），衍而爲公孫龍子的指物論，都可說是名理玄談的始作俑者。但公孫龍子書，
傳至唐初，據兩唐書志的記載有陳嗣古賈大隱兩家注解。陳嗣古，其人未詳，賈大隱
是賈公彥的兒子，其生平附見於新唐書張士衡傳末[41]。然陳賈二注散佚，今存者但有
署名北宋謝希深（絳）的注語。關於指物篇，謝注多與篇旨不符，遠不如賈大隱同時
的王某所擬的公孫子論序（見上引書）說『以慮心代指物，自外而明內也』二話來得切
合。『慮心』可代『指物』，則他已知指物篇討論的是概念上的問題了。因爲指物論開
宗明義即云『物莫非指』。『莫非』即『皆是』。這像個全稱的命題。而『物』經此
命題設定，便已不是現實界客觀存在的『物』，而爲反映於人心的物，實際就是物的
『概念』，故須別稱之爲『指』了。但這概念是因『物』而起，而不是概念本身，故
又曰『而指非指』。近人章炳麟把上一『指』字解作『所指』，下一『指』解作『能
指』（另見下文），大意相近。概念本是人們的心靈營構，而爲一種了別能力的活動。現
實界的事物映入心靈，隨人的了別能力構成一個物的概念。當它不作了別之時，這能

力只是藏而不用，故曰：『指（能指）也者天下之所無也；物也者，天下之所有也。』
雖然能指之指在藏而不用時，而爲天下之所無，但又不能說它沒有。若果眞沒有這種
能力，則物的概念亦無從構成。所以接着又說『天下無指，而物不可謂指也。』其
前指後指，一內一外，涵義不同而同時並用，便顯得糾夾不清。宋人黃震捉模不到它
的要領，在黃氏日抄讀子篇却說『物莫非指，謂指者指斥是非之名，物各相指，是非
混亂，終歸於無可指』云云，則成了一套玄談。黃氏日抄還說：

> 尹文子二篇，以大道自名，而所學乃公孫龍之說，九流列爲名家者也。
> 因緣白馬非馬之說，而生好牛好馬之說，復掇拾名實相亂之事以證之，
> 無理而迂，不足言文，而顧以夫子正名爲據。嗚呼，夫子之所謂名者，
> 果此之謂乎？道喪俗壞，士有謬用其心如此者[42]。

黃氏謂尹文學於公孫龍，大概是據山陽仲長氏的序文。如果他能參考漢人的著錄，便
知尹文在前，而公孫龍在後，應說公孫龍白馬非馬之說，承尹文的『好牛好馬』而
來。尹文子云：『好則物之通稱，牛則物之定形。』（已見前章引）唯是他兩用『物』
字，在公孫龍『物莫非指』的定義下都說作『指』了。于是，『物』爲具體的東西，
而『指』乃是抽象的概念，其應於物，則是名。尹文區別『名』爲三科，而『命
物之名』，僅居其一。公孫龍子雖未作『名』的分類，但看白馬論堅白論二篇，相信
他已應用這種分類。他將『堅』『白』與『石』相離，就像尹文的將『好』與牛馬相
離一樣。唯是他比尹文更進一步的，則是他還從心靈營構中區分人們接受外物的感
覺，而說由視覺來的，構成一種『白石』的概念，由觸覺來的則構成一種『堅石』的
概念。在同一感覺中構成的概念是不可分離的，如白石，白馬，是一而非二；此外，
則須分離來說。他認堅石與白石，是兩個不同的概念。所以堅白論云：『視不得其所
堅，而得其所白者，無堅也。拊不得其所白，而得其所堅。得其堅也，無白。』這裡
面推理的根據，顯與尹文子的『通稱』『定形』的觀念有關。堅白論云：『物白焉，
不定其所白；物堅焉，不定其所堅。』這意見正像好馬好牛的比喻，亦可說作『物好
焉，不定其所好』，因爲見石之白，可構成『白石』的構念，所餘之『堅』，尚藏於
心中，心中所藏，可以命名百物而不一定是石。到了『拊之得堅』，堅石的概念既
立，而這概念中又沒有『白』了。所以堅白等等通稱，應視其『定』與『不定』。及

其既定，則成一種顛撲不破的概念。有此概念，于是又有『白馬非馬』之辯。因為他把白馬構成一概念，亦即一個定形，故不能從中更拆開『定形』與『通稱』來說，故曰『白者不定所白，忘之而可也。』至於已定所白，那白就不是通稱，故曰『定所白者非白，』「非白，當然必合於馬而言，這樣的白馬就異於一般之所謂馬，故曰『非馬』。莊子的齊物論似乎要把這些否定命題，換位來說，而謂『以指喻指之非指，不若以非指喻指之非指也，以馬喻馬之非馬，不若以非馬喻馬之非馬也，』而章炳麟的解釋，則以為這只是泯絕是非的建議。他在齊物論釋裡說；

> 指馬之義，乃破公孫龍說。指物篇云：物莫非指而指非指………彼所謂指，上『指』謂所指者，即『境』；下『指』謂能指者，即『識』。物皆有對，故莫非境。識則無對，故識非境。無對故謂之無，有對故謂之有。以物為境，即是以物為識中之境，故公孫以為未可。莊生則云；以境喻『識』之非境，不若以非境喻識之非境。蓋以境為有對者。但是俗論，方有所『見』；『相』『見』同生，二無內外，『見』亦不執，『相』在見外，故物亦非境也。物亦非境，識亦非境，則有無之爭自絕矣。白馬論云：馬者，所以命『形』也；白者，所以命『色』也。命色者非命形也，故曰白馬非馬。莊生則云：以馬喻白馬之非馬，不若以非馬喻白馬之非馬。所以者何？馬非所以命形。形者何耶？唯是勾股曲直諸線種種相狀，視覺所得其界止此，初非於此形色之外別有馬覺。意、想、分別，方名為馬。馬為計生之增語，而非擬形之法言。專取現量，真馬與石形如馬者，等無差別，而云『馬以命形』，此何所據；然則命馬為馬，亦且越見量以外，則白馬與馬之爭自絕矣[43]。

因為白馬非馬之說，自齊稷下以來，辯者甚眾，上錄章氏的語，不過聊備一說，但公孫龍之苟察名實，語本通貫。他的名實論在正名實之位。首從具體的物化為概念的實，而概念的實，具有其內涵與外延，二者既立，則一成而不可變，而通變論即在申說其所堅持不變的名理。堅白與白馬二篇又在論證此名理，而區分為『定』與『不定』，其已定者，乃是指物篇的『物莫非指』之指；其不定者，則為『而指非指』的非指。這樣看法，或者對他的論旨，不至於甚悖。唯是關於他所特別注重的『感覺』，

這種意見，是否另有所承襲，這裡錄下春秋僖公十六年公羊傳的一段記載作爲參考：

> 十六年春王正月，戊申朔。霣石於宋五，六鶂退飛過宋都。曷爲先言
> 霣，而後言石？霣石記聞；聞其磌然，視之則石；察之則五。……曷爲
> 先言『六』而後言『鶂』？六鶂退飛，記見也。視之則六，察之則鶂，
> 徐而察之，則退飛[44]。

孔叢子公孫龍篇引此，卽據不同的感覺而分析種種概念的成立。春秋繁露深察名號篇
則極讚美這樣的分析，而曰：『春秋辨物之理，以正其名。名物如其眞，不失秋毫之
末。故霣石則後其五，言退鶂則先其六。聖人謹於正名如此，君子於其言無所苟而
已，五石六鶂之辭是也。』如此看來，則戰國的一些名家辯者，原意亦只在求『其言
之無所苟而已。』但因求之過深，說而不捨，其論點時而超越人們的常識與實用的範
圍，于是被看作『怪說奇辭』而另成一派了。不過，據其他零星的記載，公孫龍於侈
談名理之外，間亦說到物理與事理。其談物理，當於下章與惠施合併論述；至於事
理，他曾在平原君面前揭穿虞卿之『操其兩權，事成，操右券以責；事不成，以虛名德
君。』[45] 這是說他看穿虞卿之利用兩可說，但呂氏春秋淫辭篇亦記有他自己所用的
兩可說，如：

> 空雒之遇，秦趙相與約曰：自今以來秦之所欲爲。趙助之，趙之所欲
> 爲，秦助之。居無幾何，秦興兵攻魏。趙欲救之，秦王不悅，使人讓趙
> 王……趙王以告平原君，平原君以告公孫龍。公孫龍曰：亦可以發使讓
> 秦王曰：趙欲救之，今秦不助趙，此非約也。

但看公孫龍建議於平原君的，以及其所批評虞卿的，二者都是活用鄧析的兩可說，亦
可知『兩可』之說對於名家的影響了。

五、惠施與辯者之徒的怪說

荀子非十二子篇以『好治怪說玩琦辭』爲口實，指斥惠施一流人物。他在解蔽
篇，重複這個口實，又引『傳曰：析辭而爲察，言物而爲辯，君子賤之。』來佐證其
指斥的正當。今從其引證的話，可知『析辭而爲察』是玩奇辭之事，『言物以爲辯』
則是治怪說之事。然而現存公孫龍子六篇，除跡府篇顯係後人附加者外，其餘五篇，

皆屬『析辭』之事；至於他的『言物』，則多載於後出的載籍，如列子仲尼篇云：

> 子輿曰：吾笑龍之詒孔穿，言善射者，能令後鏃中前括，發發相及，矢
> 矢相屬。前矢造準而無絕落，後矢之括猶銜弦焉……吾又言其尤者：龍
> 誑魏王曰‥有意不心，有指不至，有物不盡，有影不移，髮引千鈞，白
> 馬非馬，孤犢未嘗有母。其負類反倫，不可勝言也[46]。

列子成書，甚有可疑，這裡記載許多關於公孫龍『言物以爲辯』之事，多半皆見於莊
子天下篇，而天下篇的記載，並不肯定這些都是公孫龍的言物之辯。很可疑是列子的
編者掇拾先秦治怪說者的遺聞，薈蕞於公孫龍名下來寫這一段文章(詳見下文)。此外，
說到公孫龍能作『臧三耳』之辯的，見於孔叢子公孫龍篇：

> 公孫龍又與子高(孔穿)汜論於平原君所，辯理至於『臧三耳』。公孫龍
> 言臧之三耳甚辨析，子高弗應，俄而辭去。明日復見，平原君曰：疇昔
> 公孫之言甚辨也，先生實以爲如何？答曰：然，幾能臧三耳矣。雖然，
> 實難。僕願得又問於君，今謂臧三耳，甚難，而實非也；謂臧兩耳，甚
> 易，而實是也。……

臧三耳，好像是言物之一論題。但是孔叢子只是雜輯秦漢間的舊傳記。而這一段記
載，則似改寫呂氏春秋淫辭篇的老文章。但因當時所據的呂氏遺篇較爲完好，所以
「臧三耳」尚未誤爲『臧三牙』。今錄呂氏春秋之文以便對質：

> 孔穿公孫龍相與論於平原君所，深而至於臧三牙。公孫龍言臧之三牙甚
> 辯。孔穿不應；少選辭而出。明日，孔穿朝，平原君謂孔穿曰：昔者，
> 公孫龍之言辯。孔穿曰：然，幾能令臧三牙矣。雖然，難，願得有問於
> 君：謂臧三牙，甚難而實非也；謂臧兩牙，甚易而實是也……[47]

呂氏春秋早出，今與孔叢子所載者比而觀之，則後者改寫的痕跡甚顯。關於『臧三
牙』，畢沅以爲『臧』『戩』古字通用。戩即是羊，謂羊有三牙。然而盧文紹王念孫
皆以爲當作『三耳』。這是與公孫龍子通變篇所說『雞足一，數雞足二故三。』用的
是同一推理方法。此謂戩耳一，數戩耳二，故曰戩三耳。[48] 倘依此看來，臧三耳，亦
屬於『析辭』方面的論題，與『白馬非馬』『孤犢未嘗有母』等論題爲同類，而還不是
言物之辯。言物之辯，本非『專決於名』而得成立，必須持之有『故』，而後始能言

之成理。如莊子天下篇所述惠施歷物十事：

> 惠施多方，其書五車，其道舛駁，其言也不中。曰：㈠至大無外，謂之大一；至小無內，謂之小一。㈡無厚不可積也，其大千里。㈢天與地卑，山與澤平。㈣日方中方睨，物方生方死。㈤大同而與小同，異；此之謂小同異。萬物畢同畢異，此之謂大同異。㈥南方無窮而有窮。㈦今日適越而昔來。㈧連環可解也。㈨我知天下之中央，燕之北越之南，是也。㈩氾愛萬物，天地一體也。

因為以上十事，天下篇所記的都只是結論。結論可由不同的前提推理而得，而這十事，究竟據的是什麼理由？古今學者解說不一。胡適之先生曾經略依章太炎國故論衡明見篇的說法，將這十事，區分作三組解釋，其分組如下：

> 第一組，論一切空間的分割區別，皆非實有[49]。如十事中之㈠㈡㈢㈥㈦㈧㈨。

> 第二組，論一切時間的分割區別，皆非實有。如十事中之㈣㈩。

> 第三組，論一切都非絕對的。如十事中之㈤。

這種扼要的分類，對於探討那十事的論證，不失為一種良好的方法。因為這三組的訂立，無異於先把握了那十事的基本觀念，然後再從這基本觀念引申來看那十事可能的理由。現在倘在這三組基本觀念上複按，似仍可歸結為『無常』的或『兩可』的一個概念。因為這十事，幾乎都是矛盾的命題，凡是一般人認為『可』的『是』的，這十事都說是『不可』或『非』的。反之，一般人認為『非』或『不可』的，而這十事便都把它說成『是』的『可』的了。莊子天下篇總評惠施，說他『以反人為實，而欲以勝人為名，是以與眾不適也。』這是極切實而中肯的話；而荀子斥之為『怪說』，大概亦因這『以反人為實』的緣故。以反人為實，是所謂名家警者的傳統精神，其見於記載的，當從鄧析說起。他操兩可之說，設無窮之辭，能使得鄭國的『是非與可不可日變』(已見前引)。雖其遺言緒說，流傳太少，但經惠施提出的十事，又以此『而曉辯者』，於是桓團公孫龍辯者之徒，接着亦傳下了二十一事，這正是他們的一脈相承了。茲將天下篇所載二十一事，並錄於下：

> 惠施以此為大觀於天下，而曉辯者。天下之辯者，相與樂之。㈠卵有毛，

㈡雞三足，㈢郢有天下，㈣犬可以爲羊，㈤馬有卵，㈥丁子有尾，㈦火不熱，㈧山出口，㈨輪不碾地，㈩目不見，�指不至，至不絕，龜長於蛇，矩不方，規不可以爲圓，鑿不圍枘，飛鳥之影未嘗動也，鏃矢之疾而有不行不止之時，狗非犬，黃馬驪牛三，白狗黑，孤駒未嘗有母，一尺之棰，日取其半，萬世不竭。辯者以此與惠施相應，終身無窮。

上面的記載十分明白，那是說惠施提出的十事，啓發了辯者，而辯者之徒便先後製作了二十一事（其實不止此數）來響應惠施。前後合共三十一個反常識的命題。自從西晉司馬彪（約當西紀240—306）註解天下篇以來，爲之說明理由的，意見很多，因而很難說定那一種理由更切合於當時辯者之徒的見解。現在倖有墨子書一，墨經與經說上下篇還保存一些反論，如果能從那些反論中探察出辯者的立論根據，似較後人紛歧的推測爲近於本題。茲依高晉生氏的墨經校詮，試爲條析數例如下：

厚有所大也。(墨經上)惟無厚無所大也。 (經說上)

盈莫不有也。 (墨經上) 無盈無厚。 (經說上)

高氏說這兩處都是反駁惠施十事之㈡『無厚不可積也，其大千里。』惠施的意思或者是說體積有厚度，沒有厚度便不是體積。雖然不是體積，但取面積却可以擴大到千里，這好像是言物之辯了。然而墨經第一條乃從惠施所用的『大』來反論，而曰『厚，有所大也，』意思是大小之『大』，乃衡量體積之名；既是體積，必然有厚度。所以經說就申明曰：『惟無厚無所大』，意思是：既說『大』，就必然有厚；既說無厚，便亦沒有『大』。但是，僅從這點反駁，沒有把『其大千里』連言，似猶未能駁倒惠施。因爲其大千里，顯然僅指面積，面積可以是無厚的。於是而有墨經的第二條：『盈莫不有也』，經說曰：『無盈無厚』。高氏校云：經說的『盈』字當作『大』。這是說『物有大則有體，無大則無體，二者相盈，故曰無大無厚。』高氏改盈爲大，雖可備一說。但只舉『盈』字，亦未嘗不可。盈者『莫不有也』，故兼有橫直深，乃謂之盈。既盈，當然是體積。今若捨體而言面，而說其大千里，便是不辭。從墨經所辯的『大』字，可知仍以析辭正名爲說。但這種『析辭之察』，實際與惠施的『歷物之意』是否相干，茲因文獻不足，難憑今人的理解力代他們答覆這問題。其

次，墨經又說：

> 平，同高也。（墨經上）
>
> 取下以求上也，說在（山）澤。經說下：高下以差不差爲度，若山澤。
>
> 處下差於處上，下所謂上也。（墨經下）

高氏認這兩條都是反駁惠施十事之（三）。『天與地卑山與澤平』。如其果然，則墨經於此所取者，在於『平』之一名。意謂『平』是同等的高度，山與澤，如其高度不等，則稱爲『平』者，亦是不辭。不過，惠施之持此說，解者不一。成玄英疏云『夫物情見者，則天高地卑，山崇而澤下。今以「道」觀之，則山澤均平，天地一致矣。這種解釋過於虛玄，等於沒有解釋。其後說者，雖曰見切實，然而意見亦頗參差。章炳麟國學略說：『卑當作比，天地必有比連之處……山上有澤，咸之象也。黃河大江，皆出於崑崙之巔，故云山與澤平也。』唯是江河是否出於崑崙之巔？問之惠施，怕他當時思不及此；問之今人，亦未必相信[50]。故此解亦殊無謂。梁啓超天下篇釋義[51] 從抽象的意義作解說：『疑其謂高下隆窪，皆人意中之幻名，非天地本體所有。或謂高下隆窪，皆相對的名詞，無絕對的意義。』因非絕對，故可亂名？這亦不是很正當的說法。高氏頗承此說而益以名理之談，他說：

> 名家立論，在離物與指，指者相也。物名專表其物，相名專表其相。但
>
> 單言『山』，則不函『高』相，必言『高山』，乃函『高』相。單言
>
> 『澤』，則不函『下』相，必言『深澤』，乃函『下』相。既單言山，單
>
> 言澤，是山不高，澤不下，而山澤平矣[52]。

高氏此說並見於其莊子今箋，從名理立言，證以墨經之反論，差或近之。因經說云：高下者，以相差等爲名，處在高位乃見下位之差，處下位亦然。上下由對比而得名，故曰『處下差於處上。』二者既非同高，安得謂『平』？墨者以此駁惠施，惟未見惠施之反辯。今人馮氏嘗借引莊子的文章代爲答辯云：

> 莊子秋水篇曰：以差觀之，因其所大而大之，則萬物莫不大；因其所小
>
> 而小之，則萬物莫不小。知天地之爲稊米也，知毫末之爲丘山也，則差
>
> 數睹矣。……推此理也，因其所高而高之，則萬物莫不高，因其所低而
>
> 低之則萬物莫不低，故曰天與地卑，山與澤平也[53]。

因爲其中引用一個『差』字，可與墨經的話，針鋒相對，聊以充數。此外墨經中尚有一條，似是反駁惠施十事之四『日方中方睨』。墨經上云：『日中，正南也。』此句經說無解釋。高氏說：正南則不得爲『睨』。因爲睨，如日之西移。今此命題，既曰『方中』，則不能同時又說『方睨』，犯有名理上的『彼此而彼且此，此彼而此且彼』，（公孫龍子名實論）的毛病，是不可的。這亦是由析辭而作的反論。此外，墨經對於惠施十事之㈥『南方無窮而有窮』，則似乎仍用同樣的方法反駁。

窮，或（域）有前不容尺也。（墨經上） 或（域）不容尺，有窮。莫不容

尺，無窮也。 （經說上）

無窮不害兼，說在盈否。 （墨經下） 南者有窮則可盡，無窮則不可盡。

有窮無窮未可知，則可盡不可盡未可知。人盈之否未可知，而人之可盡

不可盡亦未可知。而必人之可盡愛（？）也，誖。人若不盈：先窮，則人

有窮也；盡有窮，無難。盈無窮，則無窮盡也，盡有窮，無難。 （經說下）

高氏云：幾何學上之『線』，墨經稱爲『尺』。前一條說『域』不容線，是有窮；莫不容線，則是無窮。立此前提，可以爲驗。說南方有窮，必是不可以容線，既不可容線，便不能更說是『無窮』。但這個空論，似乎只是變更『有窮無窮』的問題而爲『容線不容線』的問題，終無益於問題的解決。因而又有第二說：『無窮不害兼，說在盈否』的駁論。但是，這條駁論，在經說的『而必人之可盡愛也』句中，忽衍出一個『愛』字，使高氏誤會那『有窮不害兼』之兼，是指『兼愛，』以致他的解釋陷於迂曲難通。其實墨經上篇開首即有『體，分於兼也』一語，高氏已解『兼』是『總體』的意思。此言『無窮不害兼，說在盈否』，只是說：『無妨假定總體爲無窮大，至於欲知有窮無窮，則須驗視盈或不盈』。所以經說對於南方有窮無窮的問題，就提出『人盈之否』來驗視。這個盈否，便成爲人之可盡其境域與否，爲先決條件。現在有窮無窮既未可知，則人之可盡亦未可知；二者同爲未可知，則惠施說的『南方無窮』便不成立；南方無窮既不成立，則其『有窮』亦是虛說。其中最重要的一語便是『而必人之可盡也，誖。』，因爲有窮即是人可盡，而這『必人之可盡也』既是『誖』，則這有窮斷案，便亦是誖了。這顯然又是從析辭而作的反論。

上引數例，墨者都是以觭偶不仵之辭來反駁惠施的歷物之意。如果他的歷物，眞

是應用物理的實證方法來建立理論，則這些『專決於名』的伎倆，亦必不能使惠施心服，只怕他的提論亦只似當時鄒衍的九州說一樣，單從想像中得之，那就要成爲『怪說』了。關於此中的究竟情形，列子仲尼篇記載中山公子牟對於『辯者之徒』所持怪說的解釋，亦有足資互證之處，錄之如下：

公子牟曰：智者之言，固非愚者之所曉。『後鏃中前括』，鈞後於前。

『矢注眸子而眶不睫』，盡矢勢也。……夫無意則心同（此解『有意不心』），無指則皆至（此解『有指不至』），盡物者常有（此解『有物不盡』），『影不移』者，說在改也；『髮引千鈞』，勢至等也；『白馬非馬』，形名離也；『孤犢未嘗有母，』有母非孤犢也[54]。

以上公子牟所作的解釋，後人常用以解釋莊子天下篇辯者之徒的二十一事。但是很奇怪，那二十一事，有的亦爲墨經與經說所提到，而提到的，只一部分是相反的斷案。例如：辯者說『火不熱』；而墨經則說『火熱，說在頓』；而經說又申之曰：『謂火熱也。非以火之熱我有，若視日』。又如：辯者說『一尺之箠，日取其半，萬世不竭』。而墨經則說：『非半，弗斲則不動，說在端（竭）』。而經說又申之曰：『斲半，進前後取也。中則無爲半，猶竭也。前後取則竭。中也，斲必半。無箠半，不可斲也』[55]。又如辯者說『孤駒（列子作『孤犢』）未嘗有母』。墨經則說：『可無也，有之而不可去，說在嘗然』。經說又申之曰：『已然，則當然不可無也』[56]。諸如此例，與前引墨經反駁惠施者相同，都是持著相反的意見。只有公子牟所解釋的，却與墨經相同。例如公子牟說『影不移，說在改也』。而墨經亦說：『景不徙，說在改爲』。又如公子牟說：『髮引千鈞，勢至等也』。墨經亦說：『均（髮）之絕否，說在所均』。經說云：『髮縣輕重而髮絕，不均也。均，其縣也莫絕』。如果前者是辯者之徒所治的怪說，則墨經當不至變其常例，非但不加反駁，而且還替他們作證，這是非常奇怪的。從這怪事看來，墨經與經說，是否亦有辯者之徒參加編纂[57]，雖未可知，但他們之間，或是或非，互相訾應辯駁，則是實情。如莊子天下篇對『別墨』所作的述評：

相里勤之弟子，五侯之徒，南方之墨者苦獲，已齒，鄧陵子之屬，俱誦墨經，而倍譎不同，相謂別墨。以堅白同異之辯相訾，以觭偶不仵之辭相應。

天下篇的作者，至少是接近『辯者之徒』的時代[58]，則其所記，當不是想像的話語。
這裡記述當時所謂『別墨』，已不像早期墨者之熱心於世務，而他們僅對『堅白同異』
之辯發生興趣，並且還與名家辯者一樣，專以觭偶不仵之辭來『相訾』『相應』。今
證以墨經中所殘留的，如上述諸例（例多，未悉舉）可看出他們『相訾』的情形。倘更從
『相應』二字來複按，則又可知『辯者之徒』本來亦是使用那『苟鉤𨿳析亂』的話語
來囘答的。這方面的情形，可由天下篇對於惠施公孫龍的評語中求其確解：

　　桓團公孫龍，辯者之徒。飾人之心，易人之意，能勝人之口，不能服人

　　之心。辯者之囿也。惠施日以其知與人辯，特與天下之辯者爲『怪』，

　　此其柢也。然惠施之口談，自以爲最賢，曰：天下其壯乎，施存雄而無

　　術。……惜乎惠施之才，駘蕩而不得，逐萬物而不反。是窮響以聲，形

　　與影競走也，悲夫[59]。

由於此文說出辯者之徒僅『能勝人之口』，又說惠施自以爲最賢者在於『口談』，都
特別強調『口』字，使人約略可知他們所要建立的新知識根據，仍然以『析辭』爲基
礎，使得名理之學，從正名的應用上，分化爲玩奇辭與治怪說兩項空談。不過在這兩
項空談中，玩奇辭者多致力於名理方面，旨在修正人們的舊觀念。凡是過去常認爲
『是』的，他們總要提出一些反論。這種富有反動的懷疑的精神，從『離堅白，合同
異』，而進至『毀五帝，罪三王，訾五伯。』揆其目的，似乎不僅要澄清老一代的權
威思想，甚且要促起人們對於生活常識的再認識。另一方面，治怪說者則似更進一
步，他們在破壞活動之外還要建立一些新的知識。這新知識的建立，固然要借助於析
辭的技巧，但其內容，則顯然不是從析辭中得來。尤其像惠施歷物十事中之第九事：
『我知天下之中央，燕之北，越之南，是也。』這個超常識的斷案，任憑古今注釋家
的解釋，都不能單從名理着眼。因爲這斷案的前提，必然還有個新知識的憑藉。最早
司馬彪解釋爲『天下無方，故所在爲中；循環無端，故所在爲始。』這樣把『燕』與
『越』同放在一個『循環』上來解釋，難怪胡適先生要認這是根據『地圓說』而作的
斷案了。他說：

　　當時的學者，不但知道地是動的，並且知道地是圓的。如周髀算經說：

　　日運行處極北，北方日中，南方夜半。日在極東，東方日中，西方夜

半。日在極南，南方日中，北方夜半，日在極西，西方日中，東方夜

半。這雖說日動而地不動，但似含有地圓的道理[60]。

不過這種日動而地不動的地圓說，固可解爲燕北越南皆可當於『天』之中央的理由。但這理由還只說到『天』之中央[61]沒有說到『地』的中央。錢穆先生在惠施公孫龍一書中說『夫中無定位也。居燕之北者，不自以爲北，而以燕爲南焉，則彼自以爲中也。居越之南者，不自以爲南，而以越爲北焉，則彼亦自以爲中也。中之無定位，猶今之無定時也。』[62]。這解釋，雖亦明確有據，但只是『觀念』上的問題，質　以惠施歷『物』之意，　猶不及『地圓說』之接近。　因爲天下篇明載惠施的學說由於『歷物』而來，而且後文又云『南方有倚人焉，曰黃繚，問天地所以不墜不陷，風雨雷霆之故。惠施不辭而應，不慮而對，徧爲萬物說，說而不休，多而無已。』這點記載，關係惠施的治學態度，很是重要的。由於黃繚所問的都是關於天地風雨雷霆等問題，可以知惠施本來就像『談天』的鄒衍，以這方面的知識出名[63]。曲禮有言：『不辭讓而對，非禮也，』這裏說惠施『不辭』『不慮』而對，尤足見他當仁不讓，對於這些問題的熟悉程度。唯其熟悉，故能觸類旁通，徧於萬物。最後說他『益之以怪』者，那怕是天下篇作者束縛於傳統觀念而少見多怪之故。例如禹本紀言：河出崑崙，司馬遷不相信，便在大宛列傳後說『禹本紀山海經所有怪物，余不敢言之也。』在當時，這卽是『怪』了。所幸惠施的時代；這些少見多怪的思想，已失去壓倒他人的勢力，所以辯者之徒乃能肆其想像力而探尋新的知識。儘管其中亦混雜有詭譎的空談，但他們對於物理方面的興趣，畢竟值得後人懷念的。再看惠施的十事，歸結到『氾愛萬物，天地一體』的觀念上，這又像鄒衍作了許多『怪迂之變』，而『要其歸必止乎仁義節儉』了。換言之，這許多怪說，原來還有個終極的目的，而目的皆在於淑世拯人。如果鄒衍的『仁義節儉』四字可代表當時儒墨二派的顯學，則惠施的氾愛，亦深合乎儒墨二家的理想。鄒衍想製造一種自然律來證定那種理想；而惠施更想從建立『天地一體』的觀念來成就人們『氾愛』的意志。

附識：1.本文爲中國上古史稿第五本第十三章，審閱人屈萬里，陳槃二先生。

　　　　2.本文版權屬中國上古史編輯委員會。

注　解

1. 沈剛伯先生說史，見大華晚報讀書人。民國58年。

2. 屈萬里先生說諡法亦與「名」有關，所見甚爲眞灼。蓋刑名家之用『名』，可說是對個人某一行爲所作的斷案，而諡法則是對其人一般行爲的總斷案，二者在用名的意義上有其共通的地方。茲爲節約篇幅，本文僅從刑名說起。陳槃先生云：古人生時已有諡；死後有諡，蓋興於春秋中葉以後。金文叢考第四諡法有論。

3. 史記一三○太史公自序。

4. 王先謙漢書藝文志補注本卷三○。

5. 胡適中國哲學大綱商務本，頁 187—188。

6. 左傳（春秋經傳集解本）卷三頁 16。

7. 陳槃先生云：禮之與刑，若本之生末，關係密切。管子樞言篇云『法出於禮，禮出於治。』蓋禮或有時而窮，則不能不濟之以法。又云：昭六年左傳，叔向詒子產書曰：『夏有亂政而作禹刑，商有亂政而作湯刑，周有亂政，而作九刑。三辟之興，皆叔世也。』

8. 左傳（春秋經傳集解本）卷二三頁 14—15。

9. 程樹德九朝律考（商務本頁 197—211），漢律考七，春秋決獄考章，言之已詳，茲不備引。

10. 見文公十八年左傳。

11. 荀子正名篇謂『殺盜非殺人』是一種用『名以亂名』的斷案，並提出『驗之所爲有名而視其執行』的方法來糾正。今人陳大齊先生曾作專文討論此一命題，見其所著名理論叢（正中書局）頁73—76此外如孫中原于惠棠亦有所論。其實，盜是別名，人是共名，共名別名之統攝關係，戰國的名家並非不明白，只因『白馬非馬』說流行的時候，他們似便更熱心於這一層的區別，所以故意利用『盜』與『人』同是人而謂『盜人人也』來弔詭，現在但看下文『多盜非多人』等命題，即可知之。荀子惡其詭辯，故斥之爲用名以亂名。

12. 章炳麟國故論衡下原名篇云：『禮官所守，名之一端，所謂爵也。春秋以道名分，蓋頗有刑，爵，文；其散名，猶不辯』。又說：『凡領錄散名，論名之所以成與其所以存長者，與所以爲辯者也。』即謂名家所辯，在乎散名，而荀子正名篇言散名之生成及效用特詳，乃所以專對名家而攻其闕失。大意亦以爲理官主刑名，禮官主爵文，名家主散名。

13. 今本荀子列宥坐篇於大略篇後，大略篇已是雜湊之文，而宥坐篇更在其後，可見輯入時代當不在前。胡適先生說它『東拉西扯，全無道理』，（中國哲學史大綱卷上十一篇一章二節）；楊筠如又證它與韓詩外傳及大戴記同屬晚出（荀子研究一章二節），可能是秦漢之際，而出在呂氏春秋之後。

14. 離謂篇所言『縣書』『致書』，前人未有解釋。王啓湘郘析子校詮附錄引此，並解云『縣書』是『匿名揭帖』之類，『致書』是『傳送匿名信』之類。又將『倚之』二字解爲『夾雜他物中致送』；凡此，對於字義文義皆不相安。按禮記曲禮上云：『獻田宅者操書致』，王引之經義述聞云：『致讀爲質劑之劑。兩書一札，破而爲兩，長者曰質，短者曰劑。』其訓義出於漢人（周禮地官司市注）。較可取信。

縣書致書蓋指當時訴訟使用的簡牘形式，或因其粗率，故子產禁之；但鄧析卽援用那禁止的理由來應付，故曰『倚之』，又曰『令無窮，鄧析應之亦無窮』。

15. 此敍語，在楊倞荀子注，高似孫子略，皆以爲劉向所奏。四庫提案據今本，以爲當出自劉歆。余嘉錫四庫提要辨證，則證明此是劉向奏上鄧析子之文。（詳見同書卷十一，頁 604。）

16. 事見史記平原君傳，司馬貞索隱引劉向別錄，云：『齊使鄒衍過趙，平原君見公孫龍及其徒綦母子之屬，論白馬非馬之辯，以問鄒子。鄒子曰：辯有五勝三至，而辭正爲下。……及至煩文以相假，飾辭以相惇，巧譬以相移，如此，害大道！夫繳紛爭言而競後息；不能，無害爲君子。』今從這反對的意見，亦可看出競爭後息的辯風之流行。然而後息者，必頼有『無窮之辭』，自不消說了。

17. 此例近似『二難推理』，其論式見金岳霖先生的邏輯（商務館本）頁73—78。其所引勃洛大哥拉斯與恩那特拉斯二人之訴訟。劉奇論理古例（商務印書館本，頁 108）引此稱爲『兩端論式』。

18. 二篇俱輯於古史辨第六册。

19. 羅根澤：鄧析子探原（古史辨第六册）。

20. 孫次舟鄧析子僞書考（古史辨第六册頁 219）。

21. 陳大齊名理論叢頁 103，論是非的絕對性與相對性，視『是非異所』之辯，卽相當於兩可之說。

22. 左傳記載鄧析被誅於魯定公九年（西紀前五〇一）而孔子於次年爲魯司寇，七日而誅少正卯。則少正卯之誅，當在魯定公十年，下距孟子之生於西紀前三九〇（此據錢穆先秦諸子繫年）則其間相去約百年。

23. 史記田敬仲世家。

24. 馮氏中國哲學史商務本，頁 6。

25. 按班固以黃公爲秦博士，未詳所據。然漢書儒林傳載：轅固生與黃生爭論於景帝前。黃生曰：『湯武非受命，乃弒也』。今揆其論據爲『冠雖敝必加於首，履雖新必關於足。……今桀紂雖失道，君上也··湯武雖聖，臣下也』云云，顯然，他的理由是『專決於名』的，大似一個名家。可疑這個黃生或卽黃公。又，史記自序謂司馬談『習道論於黃子』，今觀其敍六家要指，不但對道家的學術思想很瞭解，卽對於名家亦甚了然。他的學統既出自黃子，黃子與黃生年代相當，疑卽孝景時博士，其著述別稱黃公。

26. 荀子常以『怪說』『奇辭』指斥名家之學，後人亦但以『堅白同異之辯』爲解。今人馮氏謂『堅白同異之辯乃籠統言之。其實，辯者之中，當分二派；一派爲合同異，一派爲離堅白，前者以惠施爲首，後者以公孫龍爲首』，（中國哲學史頁 628），這解析很有意思。但還不及荀子之『治怪說玩奇辭』來得直截了當。劉勰文心雕龍定勢篇云：『文反正爲乏，辭反正爲奇』。皇甫謐答李生書亦云：『夫意新則異於常，異於常則怪矣，辭高出衆，出衆則奇矣。』（此據唐摭言卷五引）。這樣說明『怪』說『奇』辭，可知二者都屬於反常識，反傳統觀念的意見。所以被流俗詆爲怪奇。唯是同樣奇怪之中，如堅白可離，白馬非馬之辯，其討論的對象，顯與『日方中方睨』『南方無窮而有窮』等論旨不同。前者是專決於『名』的『析辭派』，後者則是兼及物理的『歷物派』的論題。以此區分，似猶切實。

27. 四庫總目提要藝文本，卷一一七，頁 6—7。

28. 並見晁公武郡齋讀書誌。

29. 古史辨第六册，頁240—241。

30. 古史辨第六册，頁257。

31. 胡適中國哲學大綱商務本，卷上，頁 13。

32. 文獻通考經籍考（殿本爲二一二）。

33. 史記仲尼弟子傳，載公孫龍，而平原君傳及孟荀列傳又載公孫龍善爲堅白同異之辯。自王應麟漢書藝文志疏證以下，率皆以爲不同的兩人，而後者乃是名家。今人何啓民公孫龍與公孫龍子頁1—27）列載前人辯訂頗詳，茲不贅引。

34. 文苑英華卷七五八，全唐文卷九八七，載有缺名之擬公孫龍論序一首。此雖未記撰者姓名，但文中稱『宗人王先生』宗人如非官銜，當係作者同宗，蓋亦王姓。篇首言『咸亨（十）二年，歲次辛未，十二月庚寅』。據平岡武夫先生唐代之曆（京都人文科學研究所刊本），唐高宗咸亨二年（西紀 671）歲次辛未，其十二月二十六日爲庚寅。篇中又言是夜擬論文六篇『以事原代跡府，以幸食代白馬，以慮心代指物，以達化代通變，以香辛代堅白，以稱足代名實』，而所言篇數及序次，與今本無不相同。

35. 劉汝霖周秦諸子考。

36. 錢穆先秦諸子繫年考辨兒說篇。

37. 羅振玉編古籍叢殘，唐寫本古類書第一白馬條下，亦註此文。

38. 太平御覽卷四六四。

39. 公孫龍子一書之眞僞問題，歷來論者不一。何啓民公孫龍與公孫龍子一書，已列載衆說爲一章（同書頁28—56）。雖此書歷有年世，未必出於僞撰，但視爲公孫龍手稿，亦恐失實。譚戒甫公孫龍子形名發微序謂『名家與墨徒對揚之辭，後學掇以成書』，蓋猶近之。

40. 世說新語上文學篇云：『支道林，許掾，諸人共在會稽王齋頭，支爲法師，許爲都講。支通一義，四座莫不厭心；許送一難，諸人莫不忭舞。但共嗟詠二家之美，不辨其理之所在』（頁 140）。時人不辨其理所在而竟厭心忭舞，此眞怪事！同篇又載：『客問樂令「指不至」者，樂亦不復剖析文句，直以麈尾柄确几曰：至不？客曰：至。樂又舉麈尾曰：若至者那得去？於是客乃悟服』（頁 124）。疑此悟服，正與厭心忭舞者同例，皆是強作解人。

41. 新唐書卷一九八張士衡傳附：賈公彥爲士衡弟子。唐太宗時爲太學博士，參修五經正義，其子大隱，歷仕高宗武后之期。舊唐書名家類著錄賈大隱公孫龍子注一卷。

42. 黃氏日抄商務四庫珍本二集卷五五，頁 34。

43. 章炳麟齊物論釋（章氏叢書本）頁 17—18。

44. 春秋公羊傳卷九，頁 13—14。

45. 史記平原君列傳。

46. 列子（廣文景宋本）卷四，頁 6—7。

47. 許維遹呂氏春秋集釋世界書局四部刊要本，卷十八，頁 16—17。

48. 謝希深注公孫龍子堅白論引呂氏春秋亦作『藏三耳』。因此語見於堅白論中，難者之辭『曰：天下無白，不可以視石；天下無堅，不可以謂石。堅白石，不相外，藏三可乎？曰：有藏也，非藏而藏也……。』云云。此說與在通變篇所謂難三足，並非循着同一的推理方法。

又，陳槃先生檢示唐李石續博物志卷九有言『公孫龍以書有四目四聰，遂以聽天地人，爲藏三耳。日知錄卷二十七通鑑注條『幾能令藏三耳矣，言幾能令人以爲實有三耳』。謹錄附存參。

49. 胡先生此處提出『皆非實有』之意，似依章氏轉據六朝人的玄談。世說新語文學篇『客問樂令旨不至』章，註云：『夫藏舟潛往，交臂相謝，一息不留，忽然生滅。故飛鳥之影，莫見其移，馳車之輪，曾不掩地。是以，去不去矣，庸有至乎？至不至矣，庸有去乎？然則，前至不異後至，至名所以生，前去不異後去，去名所以立。今天下無去矣，而去者非假哉？既爲假矣，而至者豈實哉？』今爲揭出，以便與後文互參。

50. 荀子不苟篇云：『山淵平，天地比，齊秦襲，入乎耳，出乎口，鉤有鬚，卵有毛；是說之難持者，而惠施鄧析能之。』其中有可以補充二十一事所無者，但其山淵平，既與『山與澤平』同義，則『天與地卑』亦當與『天地比』同義。孫詒讓梁啓超等人皆主此說。然『比』有二義，有上下之比，有左右之比。章氏似用前者。而水高山卑的解析，明人陸深玉堂漫筆已云：『水，天下之至高，山，天下之至卑者也。故海底有石，而山巔有水。然水之至高者，如霜露雨雪是也。』雖與章氏一樣出於漫談，但較章氏更說得清楚。

51. 飲冰室全集。

52. 高晉生墨經校詮頁 202。

53. 馮氏中國哲學史商務本頁 247。

54. 列子（廣文景宋本）卷四，頁 6—7。

55. 辯者謂一尺之箠，今取其半，再折取所餘一半之半，如是遞取，雖至微少，仍可分半，故曰取之萬世不竭。但是墨經的反論則注重那『半』字的名實問題。以爲一尺之箠，倘非在其中點斫斷，即不能『得半』。倘從中點折成兩半，先取其半，後取其半，則兩半都沒有了，故謂之『竭』。依此看來，墨經是據析辭而爲說的。

56. 高氏解墨經比文云：『凡物之可「無」者，謂昔日嘗有，而今日或無。今日雖無，而昔日之『有』不可去。何則？因其昔固嘗有也。孤駒昔日有母，今日無母；但昔日既有母，爲已然之事實。事實已然，當謂孤駒未嘗無母』。如果墨經的反論是合乎此意，則似從事理立論，而辯者之徒乃反從『孤』之名義立論了。

57. 胡適先生中國哲學史大綱卷上第八篇別墨，謂『今世公孫龍子一書的堅白通變名實三篇，不但材料都在墨經上下，經說上下四篇之中，並且有許多字句文章和這四篇相同。於此可見墨辯諸篇，若不是公孫龍惠施作的，一定是他們同時人作的。』但梁啓超深信墨經是墨子的手著，所以不欲見墨經被合於墨辯，便反對胡先生之說（見梁著墨經校釋）。但這種反論，方授楚之墨學源流已加辨正，惜未提及此處疑竇。有此疑竇，則胡先生的看法不可廢。

58. 莊子天下篇的成立時代，雖說者不一其辭，大都仍認爲先秦時代的作品。其末章自『惠施多方其書五車』至終篇，或疑其敍述方式與前文不一樣。王應麟嘗據北齊書杜弼傳，言其夙好名理，老而彌篤，又注莊子惠施篇云云。今本莊子無惠施篇，今世學者或即以此末章當之。錢穆莊子纂言，王叔岷莊子校釋序有說。

59. 莊子集釋（世界本）頁 480—481。

60. 胡適中國哲學史大綱商務本，頁 231。

61. 天下篇『我知天下之中央』一句，有的本子僅作『我知天之中央』，間少一『下』字，故成玄英疏解，

即以『天之中央』爲說。蔣錫昌之莊子哲學亦如之，見同書，頁 272。

62. 錢穆惠施公孫龍商務國學小叢書。

63. 史記孟荀列傳，載鄒衍大九州說謂。中國爲赤縣神州，在天下之中。赤縣神州包括禹之九州，亦卽包括
　　了『燕之北，越之南』。這樣的一種輿地構想，據桓寬鹽鐵論論鄒篇的記載，曾爲當時人所接受。惠施
　　之『我知天下之中央，燕之北，越之南，是也』的怪說是否循此同一的啓示而云然，雖無直接的證據；
　　但這構想未始不可爲那怪說的根據。茲因歷來註解家未注意及之，姑誌以備一說。

引用書目及參考論文目錄 以使用先後爲序

史記正義　裴駰　司馬貞　張守節　商務印書館四部叢刊本及開明二十五史本。

莊子集釋　郭慶藩　世界書局四部刊要本。

戰國策　鮑彪　四部叢刊本。

漢書補注　王先謙　藝文印書館本。

中國哲學史大綱　胡適　商務印書館本。

左傳集解　杜預　新興書局五經古注本。

論語正義　劉寶楠　中華書局四部備要本。

尚書　孔氏傳　五經古注本。

後漢書　范曄　開明二十五史本。

晉書　李世民　二十五史本。

文苑英華　藝文書局景本。

墨子閒詁　孫詒讓　世界四部刊要本。

呂氏春秋集釋　許維遹　同上。

春秋繁露注　凌曙　同上。

禮記正義　孔穎達　藝文印書館本。

荀子集解　王先謙　世界書局印本。

韓非子校釋　陳啓天　商務印書館本。

列子注　張湛　廣文書局景本。

淮南子注　高誘　四部刊要本。

鹽鐵論　桓寬　同上。

韓詩外傳　漢魏叢書本。

說苑　新興書局漢魏叢書本。

孔叢子　四部叢刊本。

鄧析子　同上。

鄧析子校銓　王啓湘　世界書局名家六書本。

尹文子校銓　同上。

公孫龍子校詮　同上。

漢書藝文志考證　王應麟　開明二十五史補編。

漢書藝文志條理　姚振宗　同上。

直齋書錄解題　陳振孫　四部叢刊本。

四庫總目提要　紀昀　藝文印書館景本。

四庫提要辨證　余嘉錫　同上。

世說新語　劉義慶　世界書局景宋本。

黃氏日抄　黃震　商務印書館四庫珍本二集。

國故論衡　章炳麟　世界書局章氏叢書。

春秋公羊傳注疏　徐彥　藝文印書館景本。

墨經校詮　高晉生　名家六書本。

中國哲學史　馮氏　商務印書館本。

邏輯　金岳霖　同上。

論理古例　劉奇　龍門書店覆印本。

名理論叢　陳大齊　正中書局印本。

先秦諸子繫年考辨　錢穆　商務印書館印本。

中國邏輯思想史料分析　汪奠基　中華書局印本。

公孫龍子形名發微　譚戒甫　世界書局印本。

公孫龍子懸解　王琯　中華書局印本。

公孫龍子集解　陳柱　商務印書館印本。

公孫龍子疏證　徐復觀　東海大學印本。

公孫龍與公孫龍子　何啓民　學術著作獎助會印本。

名家五種校讀記　錢基博　廣文書局印本。

莊子哲學　蔣錫昌　萬年青書廊印本。

莊子天下篇釋義　梁啓超　飲冰室全書本。

讀莊子天下篇疏記　錢基博　商務印書館人人文庫本。

惠施公孫龍　錢穆　商務印書館印本。

（以下論文）

論晚周刑名家　譚戒甫　武漢大學文哲季刊一卷一號。

論刑名家的流別　譚戒甫　同上一卷二號。

名家言釋義　楊寬　光華大學半月刊二卷 8—9。

宋尹心理主義名辯方法　紀玄冰　中國科學一卷 2—4。

荀子正名與先秦名學三宗　唐君毅　新亞學報五卷二號。

墨子的辯學　鄧振球　文史學報三期。

論別墨　陳品卿　幼獅學誌五卷一期。

名家起於三晉說　鄭康民　大陸雜誌十五卷二期。

鄧析子眞僞及年代　羅根澤　河北大學文學叢刊五期。

鄧析子僞書考　孫次舟　古史辨第六册。

惡施公孫龍名理闡微　景昌極　學原二卷五號。

惠施與辯者之徒的怪說　牟宗三　東方文化六期。

公孫龍的辯學　張東蓀　燕京學報三十七期。

晚周名家思想述　吳康　幼獅學誌七卷四期。

名家研究　竹岡八雄　三重大學研究紀要一。

刑名家之思想　豬野考史　日本及日本人二卷六號。

名辯之思想　高田淳　東洋學報四十五卷 1—2。

合與離一惠施與公孫龍　大濱皓　名古屋大學文學論叢六。

鄧析之法思想史的意義　重澤俊郎　中國文化與社會十一。

公孫龍之論理思想　中島千秋　漢學會雜誌五。

出自第四十四本第三分（一九七三年三月）

羅聘與其鬼趣圖

—兼論中國鬼畫之源流—

莊　申

目　次

一、簡論羅聘　　　　　　　　　　四、關於鬼趣圖之若干考察

二、鬼趣圖與中國之繪畫傳統　　　五、鬼趣圖流傳的歷史

三、鬼趣圖與清初之諷刺文學　　　六、結語

一、簡　論　羅　聘

羅聘，字遯夫，號兩峯。別號花之寺僧（註1），又號金牛山人（註2）、蓼洲漁夫、衣雲和尚。清雍正十一年（西元一七三三年）正月七日生於安徽歙縣。嘉慶四年（西元一七九九年）卒於揚州（今江蘇江都）。享年六十七歲。羅聘自幼能畫，「通十三科」（註3）。又「讀奇書，破五千卷」，能詩（註4）。是典型勤學的年輕文人。

註　一：據吳錫麒爲羅聘所寫的墓誌銘，聘嘗夢入一寺，額書花之寺。髣髴前生爲此持僧。逐用爲號。

註　二：按聘自著「香葉草堂詩存」有「乙酉人日」詩。其第二首第二句曰：「金牛山下淚潸然」。句下原注：「予先父母墓在金牛山下有年矣，因自號焉。」可見羅聘以金牛山人爲號，本是一種哀切思親的表現。羅聘在晚年結識了一些年齡較青的文友，如伊秉綬，張問陶，桂馥等。其中還有一位能够行醫也能詩畫的管平原。管的別號也是金牛山人。所以羅聘在晚年罕用「金牛山人」的別號。棄用的原因，據八幡關太郎的看法，是爲了表示禮貌；我想，更可能是爲了避免與管平原的別號的混淆。

註　三：據元陶宗儀輟耕錄卷廿八的「畫中十三科」條，此十三科是指：

一、佛菩薩相　　　　　　　　二、玉帝君王道相

三、金剛鬼神羅漢聖僧　　　　四、風雨龍虎

五、宿世人物　　　　　　　　六、金境山水

七、花竹翎毛　　　　　　　　八、野騾走獸

九、人間用　　　　　　　　　十、界畫樓台

十一、一切傍生　　　　　　　十二、耕種機織

十三、雕青嵌綠

按宋郭若虛的「圖畫見聞誌」（著成於宋熙寧七年，一〇七四）曾將中國繪畫分爲山水，花鳥（包括走獸），人物（包括傳寫，即肖像）與雜畫等四類。陶宗儀把中國繪畫強屬於十三科，不過是根據郭若虛的分類法，再加子目細別而已。而且他把人物畫分爲「佛菩薩相」、「玉帝君王道相」、「金剛鬼神羅漢聖僧」和「宿世人物」第四類，很像是根據當時職業畫家的專業而得的統計。

乾隆廿二年（一七五七年）或次年之頃，他因善詩而得金農的賞識，同時收爲弟子，
入門學詩。金農不但是在當時的江南，尤其在揚州一帶，極享詩畫之名的文人，就在
並非盡生於揚州，却在揚州極其活躍的，那一羣較有個性而又努力追求自己理想的
「揚州八怪」之中，他也是年齡較大和輩份較高的藝術家。當羅聘初入金農師門之
際，金農已年六十八歲，而羅聘才廿五歲。羅聘既在投入金門之前，已經能畫，所以
他在向金農學詩之餘，必亦曾向其師學畫。可惜金農在乾隆廿八年（一七六三）去世
（逝世於揚州三竺庵，享年七十四歲）。

　　雖然金農與羅聘的師生關係，前後不過五至六年，但是金農對於羅聘繪畫的發展
方向，仍然具有重大的影響。首先，在題材方面，金農最喜歡畫梅、竹、神、佛，此
外，他也常畫花卉、禽獸，比較少畫山水。羅聘的繪畫題材，嚴格說，實不超出上述
這幾個範圍。同時也是以與梅、竹、神、佛有關的題材居多。祇有他的「鬼趣圖」，
不曾爲其師所畫，可算爲一個很特殊的例外。其次在畫風方面，金農可說是完全不注
重技巧，也不注重師承關係的。用比較現代的術語來說，金農是一個極有個性的個人
主義型的畫家。他喜歡怎麼畫，就怎麼畫，這種直述胸臆的自由而浪漫的氣質，固然
可視爲「揚州八怪」在創作上的一種特徵，不過在金農的作品裏，他對這一特徵的表
現似乎特別的明顯。羅聘既隨金農學畫數年，而且當他投入金多心的師門之際，年方
廿五或廿六歲，正是一個青年藝術家在創作的路徑上，需要有一個決定性方向的時
候。金農自由的畫風，對羅聘發生影響，看來是自然的。羅聘「鬼趣圖」的完成，固
然還有其他的背景（詳本文第二、第三兩節）但至少在畫風上，他對於鬼影的描繪，
與金農在藝術創造上自由而浪漫的精神，是一脈相承的。雖然金農繪畫的精神與題
材，對羅聘都有深遠的影響，但羅聘能在十八世紀畫家林立的江南與京師，都成爲一
位傑出的人物，自然還有其他背景的存在。在中國繪畫史上，遠從第六世紀初期的南
　　　　　　　　　　　　　　　　　　　　　　　　　　　　　　　　　　　　一

註　四：羅聘著「香葉草堂詩存」(其集有乾隆六十年，即一七九五年，翁方綱，一七三三年──一八一八年)
　　　　的序，與嘉慶元年，一七九六年，吳錫麒的序，以及桂馥在同年爲此集所題的卷首，可見「香葉草堂
　　　　詩存」必在羅聘生前業已繕就付槧）。其集共收合體詩二○二首。然猶未盡收兩峰詩作。余近年略事
　　　　輯補，已收「香葉草堂詩存」集外遺詩三十餘首，此不盡錄。

「墨梅」與「墨蘭」，以及元代末年顧安與李士行所畫的「墨竹」。金農在未收羅聘為齊翔開始，已把「傳移模寫」視為一般畫家都應該遵守的六個原則之一（註5）。所謂「傳移模寫」，是指示畫家應該動手臨摹過去成功的作品，從而領取值得參考的成份，再加創新。羅聘雖然受到由金農所倡導的，不注重師承的那一點影響，而極少臨摹古代的作品（註6），不過根據可靠的文獻來推測，他曾看過不少古代的名蹟。有天才的藝術家，對古代名蹟的觀察與研究，自然會對他自己的造詣，提供很大的參考價值。以下就要簡單的討論羅聘曾經在何時何地，觀賞過古代名家的什麼畫蹟。

在乾隆時代，江南的鹽商，最稱富有。當時在居於揚州的若干鹽商之中，有兩位馬氏兄弟（兄名曰琯，字嶰谷，號秋玉，一六八八——一七五五。弟名曰璐，字半槎，號佩兮）；他們不但風雅能詩，（註7）而且廣交當時名士。在馬氏兄弟的居所（雅稱「小玲瓏山館」，築於揚州東關街），不但築有「叢書樓」，廣搜珍貴的善本（註8），而且也藏有不少自宋以迄於明的名畫（註9）；其要者為：元趙孟頫、孟堅兄弟所畫的

註　五：按創此六法者，為南齊人謝赫。六法的名稱則由謝赫記在由他寫的「古畫品錄」一書之中。其順序是：一曰氣韻生動，二曰骨法用筆，三曰應物象形，四曰隨類賦，五曰經營位置，六曰傳模移寫。」

註　六：自唐迄清，歷代畫竹的名家甚多。然以雙鉤法畫竹，世不多見。在臺灣故宮博物院所藏名畫中，北宋初年黃居寀的「山鷓棘雀」、崔白的「雙喜圖」，以及無名畫家所畫的「梅竹聚禽圖」（按此三圖皆見「故宮名畫三百種」，民國四十八年臺灣故宮博物院印行）等三圖之中，可以見到雙鉤畫法。至元代，能畫雙鉤竹的墨竹畫家已經很少。就今元人的遺作而論，大概只有張遜（字溪雲）一人。其他似尚未聞。此外，明初墨竹畫家夏㫤，偶然也用雙鉤法畫竹，如其「三祝圖」（現亦藏故宮博物院）亦用此法畫成。此後，雙鉤畫竹，漸成絕響。今檢羅聘「香葉草堂詩存」內有「仿宋人雙鉤竹」詩。詩內有「畫竹有聲風滿堂，法從鉤勒異尋常」之句。可見羅聘曾仿宋人的雙鉤畫竹法而畫竹。他臨仿宋畫的原因，大概是因在乾隆時代，雙鉤畫法已成「異常」的古法。

註　七：按馬曰璐有詩集曰「南齋文集」，凡六卷。馬曰琯有詩集曰「沙河逸老小稿」（以下簡稱「小稿」，亦六卷）。皆見上海商務印書館所刊「叢書集成初編」（民廿四年十二月出版。）

註　八：按「小稿」書末有伍崇曜之跋文。其跋嘗紀馬氏曰琯「酷愛典籍，有未見書，必重價購之。……近更廣搜經義，補所未備。王蘭泉侍郎蒲褐山房詩話，亦稱其多藏善本。……」

註　九：馬氏兄弟所藏名畫，僅就厲鶚「樊榭山房集」（此據民廿五年上海商務印書館國學基本叢書本，以下所引卷數與頁數，皆以上述版本為準）而言，已有下述六件：
　　　　一、宋郭熙寒風密雪圖（見樊榭山房續集，卷六，頁三三四）
　　　　二、宋馬麟摹黃筌春波鸂鶒圖（見樊榭山房集，卷四，頁七一）
　　　　三、元趙孟堅墨蘭（見樊榭山房續集，卷七，頁三五八）
　　　　四、元李衎道古木幽篁圖。款至治癸亥，即西元一三二三年（見樊榭山房續集，卷三，二六二）

詩弟子之前，已久與當時的名士如厲鶚（一六九二――一七五二年）、丁敬（一六九
五――一七六五年）等人常為馬氏「小玲瓏山館」的座上佳賓。金農既以羅聘為其得
意弟子，可能他常携帶羅聘，同遊馬家的小玲瓏山館。從而使羅聘獲得觀賞或研究馬
氏家藏古代名蹟的機會。

　　金農與丁敬固然常為馬家的座上佳客，這兩位名士也是私誼至篤的密友。丁敬雖
為布衣寒士，却藏有一些古代名家的作品或者石刻拓本（註10）。羅聘也可能透過其師

　　　五、元顧安墨竹（見樊榭山房集，卷六，頁一〇四）

　　　六、明仇英陶淵明像（見樊榭山房續集，卷六，頁二六八）

再以馬曰璐南齋集與馬曰琯沙河逸老小稿與葉夢龍風滿樓書畫錄（據香港陳氏金匱室舊藏容庚希白手
抄本）等三書所述，則馬氏昆仲所藏古今名畫，猶有溢出厲樊榭所記者。蓋其叢書樓中所蓄，復有下
述十餘件：

　　　一、宋李成寒林鴉集圖（見南齋集，卷二，頁三十三）

　　　二、元趙孟頫墨梅（見南齋集，卷三，頁六十四）

　　　三、元趙原楊鐵崖吹笛圖（見南齋集，卷四，頁六十七）

　　　四、明徐賁獅子林圖册（見南齋集，卷二，頁三十九）

　　　五、明文徵明煮茶圖（見南齋集，卷三，頁六十五）

　　　六、明文徵明石湖圖（見小稿，卷六，頁八十四）

　　　七、董其昌鵲華秋色圖（見小稿，卷一，頁三）

　　　八、明丁雲鵬倣米雲山卷（見書畫錄卷三，頁四十七）

　　　九、明徐枋吳中名勝（見南齋集，卷六，頁一一一）

　　　十、清漸江梅花古屋圖（見南齋集，卷五，頁一〇六）

　　　十一、清王鑑山莊雪霽圖（見南齋集，卷五，頁一〇一）

　　　十二、清邊壽民葦間圖（見小稿，卷四，頁四十九）

　　　十三、清高鳳翰折柳圖（見小稿，卷一，頁一六）

　　　十四、清鄭燮墨竹（見小稿，卷三，頁三十五）

註一〇：據前註所揭厲鶚樊榭山房集，卷八，頁一五九，丁敬藏有明季人物畫家崔子忠所繪伏生授經圖。〔按
　　　小林太市郎中國繪畫史論考（昭和二十二年，即民國三十六年，京都）第六篇為伏生圖之研究，其文
　　　亦嘗舉樊榭所記崔青蚓伏生授經圖。該圖時為日本山口謙四郎之珍藏，複製圖版則見前揭小林氏書圖
　　　版三十三。〕同書卷七頁一四二，又記丁氏所藏宋石刻劉商觀奕圖拓本。〔按唐張彥遠歷代名畫記卷
　　　十僅言劉商工畫山水樹石。後得道。如丁敬身所藏劉商觀奕圖確為真蹟刻本，則其人兼擅人物，當可
　　　補張彥遠記述之不足。惜乎此刻今亦不傳，難明究竟矣〕。

金農與丁敬的私誼，而得於丁敬訂交（註11），從而獲得觀賞或研究丁敬個人收藏的機會。

在丁、馬兩家的收藏之外，羅聘也曾陸續的在不同的時間與地點，觀賞和臨摹過別家的收藏。譬如就羅聘自著的，「香葉草堂詩存」而加觀察，就可知他曾先後觀賞過元代兩位墨竹大師——吳鎮（一二八〇——一三五四）與柯九思（一二九〇——一三四三）——以及明代一位不甚知名的墨竹畫家王彥貞的作品（註12）。總之，就文獻記載而觀，羅聘在墨梅與墨蘭方面，觀賞過趙孟頫與趙孟堅兄弟的作品，在墨竹方面，則觀賞過元代顧安，李士行、吳鎮、與柯九思等四位大師的作品。如前述，羅聘在現存的遺作之中，也以與墨蘭、墨梅、和墨竹有關的題材居多。羅聘對於梅、竹、蘭等三種題材的喜愛，固然與其師對他的影響有關，另一方面也由於他在這些題材方面涉獵較廣，易加把握。

西方的美術館雖在十五世紀略具雛形，且在十八世紀的上半期已經公開（註13），但在十八世紀的中國，還完全沒有美術館的影子。古代的器物與名畫不是收在深宮內院，就是豪門大族奢侈的玩弄品，一般人很難得到觀賞這些古物的機會。因此除

註一一：按羅聘嘗爲丁敬作「白描大士像」。丁敬且有詩題於此像上，見「硯林集拾遺」。據八幡關太郎在「羅兩峯」一文內的推測（此文收入同氏「中國畫人研究」，昭和十八年，即一九四三年，東京出版），此像約作於乾隆二十八年至三十年之間。蓋丁敬爲金農密友，羅聘爲金農愛徒，羅作丁像，當有金題。然羅繪丁像既無金題，故定羅作丁像之際，其師業已下世。

註一二：按羅氏「香葉草堂詩存」內有「著老書堂觀吳仲圭墨竹卷」之詩，又有「曲江出示蘇文二妙墨卷，後有元柯九思，明王彥貞墨竹，暨錢學蒪石先生舊作。屬余畫續之，因和王詩韻」詩。前詩詩題所謂仲圭，蓋指元末名家吳鎮。

註一三：關於西方博物館的發展史，當以惠特林（Alma Wittlin）所著「博物館史與教育工作」（The Museum: Its History and Tasks in Education）一書（1949，London）最爲詳盡。惜此書現在臺灣未能得見。再據亞多爾夫・米海里司（Adolf Amichaelis）教授所著「美術考古學發現一世紀」的第一章〔"Din Jahrhundert Kunstarchäologischer Entdeckungen"，原書係在一九〇八年版，然係按同氏在一九〇五年所著「第十九世紀考古學之發現」（"Die archäologischen Entdeckungen des neunzenatem Jahrhunderts"）一書改編而成，中文有郭之未若譯本，題曰「美術考古學發現史」，一九五四年，上海，新文藝出版社出版。〕，在意大利加比得爾丘（Capitae）的古羅馬歷史雕刻陳列所，成立於十五世紀的後半期，並在一七三四年開始公開展覽（詳見郭氏譯本第五頁，及第八頁）。

了金農的畫風曾經影響到羅聘的藝術創作的方向，由金農爲羅聘所安排的，對於丁、馬二家所收藏的古代名畫的觀賞，以及由羅聘自己所獲得的，對於其他收藏觀賞的機會，必定增加了羅聘在繪畫方面的見聞，也培養了他對古人筆墨的瞭解。易言之，這些古典作品必定滋育了羅聘的藝術生命，從而刺激了他對新意境的創造，與新風格的開拓。

當羅聘在乾隆廿二年左右以執詩弟子的名義而得入金農的師門之際，與其同門的弟子還有孫松、揚爵、東枝鳳、和項均諸人。不過只有項均（字貢夫）才和羅聘一樣，是兼長詩畫的青年藝術家。因此，項均不但成爲金農的另一名得意弟子，同時，也因與羅聘在詩畫方面的才華相當，而成爲羅聘的同門好友。

乾隆卅六年（一七七一年），羅聘首次離開他的故鄉，挾藝北上，遠行京師。當時他雖是從未在京師有所活動的，一位南方籍的中年藝術家（卅九歲），却不但能很快的結識了北京的文士集團，而且鋒芒畢露。羅聘能如此迅速的與北京的文士互相過從，與他在詩畫兩方面的造詣有關，自不待言。此外，恐怕由於他把金農的遺著加以整理與鋟版刊行的那些活動，從而引起當時京師文士對他的嘉許，大有關係。

金農生前的詩文雖然不少，也許由於經濟環境的緣故，他自己從未想到如何將之加以整理與鋟刻付印。羅聘的經濟能力雖然也很薄弱，但對於如何才能將金農的文字加以出版的業務，却一向十分關心。譬如遠在乾隆廿五年（一七六〇年），卽當羅聘得入金農師門三年之後，他已曾聯合項均與揚爵共集資金，而將金農的「自度曲」開雕。到了乾隆廿七年（一七六三年），羅聘又把金農題在畫上的廿七則「畫佛題記」編爲一卷，同時附以其師的自序及當時名士杭世駿（一六九六———一七七三年）的另一篇序言，而加以刊印。此外，金農雖嘗在其生前，自編其詩爲「金多心先生集」四卷，後又自編他詩爲「金多心先生集」的續集，並於乾隆十七年（一七五二年）二月十日自書以序，但金農的詩集的正續兩篇，却都未曾在其生前雕板刊行。羅聘對於如何才能把這兩部詩集付之剞劂的關切，必與他對金農其他著作的刊印，同樣熱心。所以在他到達京師之後的第三年（乾隆卅八年，一七七三年），終於把「金多心先生續集」，連同金農在乾隆十七年所寫的自序，一齊刊印行世。其書付梓時，上距金農寫其自序，已廿年；卽距其師逝世也已十年。羅聘對於先師詩文的愛護，與力謀刊印先師詩

文的熱誠，自然引起京師內文士對羅聘本人的愛護。羅聘對其先師文字的整理與刊印，與他在北京城內的聲譽鵲起，是極有關係的。

二、鬼趣圖與中國的繪畫傳統

「鬼趣圖」的完成，雖然在創作上受到自由而浪漫畫風的影響，但從別的背景加以觀察，還有繪畫傳統上的與思想上的兩種背景值得注意。

欲明中國繪畫傳統對「鬼趣圖」所形成的歷史背景，似乎不能不把中國畫家對於鬼的描繪史，擇要一述。按「韓非子」卷五外儲說討論古代繪畫思想的時候，曾說「客有爲齊王畫者。齊王問曰：『畫孰最難者？』曰：『犬馬最難。』『孰最易者』曰：『鬼魅最易。』夫犬馬，人所知也；且暮罄於前，不可不類之，故難。鬼魅，無形者，不罄於前，故易之也。」意思是說像狗馬這一類常見的題材，如果畫得不像，一定會遭受批評家的非難，因而成爲不容易畫的題材。至於像鬼神那一類根本不能證實其眞形的題材，儘管畫得光怪陸離，不合情理，也不會遭受非難；因爲沒有人能夠明確的指出鬼與神的眞貌究竟是什麼樣子。根據韓非子裏的這一段話，可以想見遠在漢代，鬼神之形已見於中國繪畫。且就晚近考古所得的漢代遺物而加觀察，當時所畫與神人有關的遺跡，似亦頗有可觀（註14）。

在漢代的居住遺址之中雖未見有對於鬼物的表出，但從漢代以後，中國藝術家對於鬼魅的描繪，實未一日中斷。譬如在由晚唐的藝術史家張彥遠寫成於宣宗大中元年（西元八七四）的歷代名畫記的卷七，就曾記載第五世紀（南齊時代）的畫家姚曇度「畫有逸才，巧變鋒出，魅魑鬼神，皆爲妙絕」。同書卷八又曾記載第七世紀（隋代）的畫家孫尚子，也對於鬼神的描畫，「特所偏善」。

再據張氏同書卷三在記兩京外州寺觀畫壁一節裏的記載，在唐代的西京長安與東

註一四：日本考古學者黑板勝美，原田淑人等於昭和六年（民國廿一年，一九三一年）曾在今北韓平壤發掘漢代設置在韓國境內的，樂浪郡的漢墓。並在王盱墓內獲得一件具有漢明帝永平十二年（六十九）之銘文的彩色漆案（全銘曰：「永平十二年蜀郡西工絲紵行三丸治千二百盧氏作宜子孫牢」）。其案面繪有坐在雲氣之上的西王母與其侍者。又濱田耕作於同年於在我國遼寧省旅順附近營城子所發現的漢代磚墓之中，亦曾繪有不少跪拜的俗世人物和虹龍一同出現的長髯紳人。

京洛陽的佛寺與道觀之中曾經畫過鬼物的畫家，便有吳道子、楊庭光、劉行臣、與劉茂德等數人。至於在爲晚近考古所得的唐代繪畫遺跡之中，也頗能窺見當時畫家對於鬼魅之形的描繪。卽以由敦煌千佛洞裏所發現的唐代佛教藝術而言，便至少有下述三種：

 （甲） 在妙法蓮華經（註15）與十王經的寫本之中，（註16）皆有所謂牛頭、馬面之類的，地獄中的惡鬼的描繪。

 （乙） 在密宗的經咒之中（註17），也有兇猛鬼的描繪。

 （丙） 在繪於晚唐昭宗龍紀二年（卽西元八九〇年）的四天王冊之中（註18）也各於爲四天王所治諸鬼（註19），有生動的寫照。

而在中亞細亞的吐魯番（Turfan）附近的庫克（Qoco）地區（卽唐代高昌郡的一部份），也曾由德國的探險學家勒柯克（Von Le Coq）在本世紀初年，發現過一卷

註一六：關於在敦煌石室中所發現的「十王經」，現知有三種：英國倫敦大英博物館藏有兩種，然皆有殘缺。獨日本京都中山商會所藏一種，完整無缺，尤爲可貴。惜今下落不明。以上三種「十王經」的複印圖版，皆見松本榮一：「敦煌の繪畫」的「附圖篇」圖版第一一五、八。昭和十二年（卽民國廿六年，一九三七年）東京、東方文化學院出版。

註一七：見松本榮一：敦煌の繪畫（附圖篇）圖版一九二。

註一八：見松本榮一：敦煌の繪畫（附圖篇）圖版一二二。按龍紀爲昭宗年號，僅用一年；次年易號大順。此冊題紀款署龍紀二年，當因西陲地遠，未獲朝廷新號之故。

註一九：據佛教宇宙觀（Cosmology），在大海之中，有須彌山（Sumeru）。此山最上一層曰三十三天（亦曰忉利天 Trayastrimsas），爲佛說法之處。其最下一層曰四天王天（Caturmaharajakayika），亦爲掌領鬼魅，衞護世尊（Buddha）之四天王（Catur-maharajakayikas）所居之所。茲簡錄此四天王與其所掌諸鬼之關係如下：

持國天（Dhrtarastre），居東方。大多手持弓箭。掌管樂天乾闥婆（Gandharva）與熱病鬼富單那（Putana）。

增長天（Virudhaka），居南方。大多手持鐧矛。掌管夢魘之鬼鳩盤茶（Kumbhanda），餓鬼薜荔多（Preta）。

廣目天（Virupaksa），居西方。大多手持以劍。掌管顚鬼毗舍闍（Pisacah），與毒龍。

多聞天（Vaisramana），居北方。大多手持長戟與小塔。掌管飛鬼夜叉（Yaksa），與惡鬼羅刹（Raksesa）。

紙畫的斷片（註20）。其上畫有一個身軀完全，形狀滑稽的小黑鬼（見圖版壹）。此外再據北宋藝術史學家郭若虛在其「圖畫見聞志」（寫成於熙寧七年，卽一〇七四年）卷五裡的記載，在北宋時代也還有高益、李雄、李用及、李象坤、王乗濟、孟顯，與劉清士等人善畫鬼神。根據這些遺物與記錄，可和中國畫家的描繪，遠在唐代，已被視爲繪畫裡的一個專題。前揭張氏「歷代名畫記」卷一於「叙畫之興廢」一節中曾說：

　　「聖唐至今二百三十年，奇藝者駢羅，耳目相接，開元天寶，其人最多，何必方法俱全，但取一技可采。」

在「但取一技可采」一語之下，張彥遠附有一段夾行的小註。註文是：

　　「謂或人物、或屋宇、或山水、或鞍馬、或鬼神、或花鳥，各有所長。」

張彥遠對這六種專題名稱的記述，不妨當做對中國繪畫的題材分類的一個嘗試來看待。奉宋徽宗御旨而編成的「宣和畫譜」，又曾把中國的繪畫分爲道釋、人物、宮室、龍魚、山水、畜獸、花鳥、墨竹、與蔬菓等十門，看來這一分類不過只是按照張彥遠的分類再來詳分子目而已。值得注意的是張彥遠既把「人物」與「鬼神」對置，可見在唐代，鬼神之畫已經成爲中國繪畫裡的一個專題；它們並不是每一個畫家都能描繪的。如用現代繪畫術語來討論唐代繪畫的發展，「人物」是相當於韓非子所說的「狗馬」的，那種「凡俗所見」的畫題，它們是需要仰賴寫實的手法來完成的。至於「鬼神」，則爲具有「譎怪之狀」的特殊題材，則可以用浪漫的手法——至少可用非寫實的手法——來加描繪。根據這一瞭解，在唐代的繪畫之中，寫實與浪漫的作品，顯然已經各自歧爲二途。

　　十八世紀的羅聘，既在畫風上屬於自由而浪漫的系統，看來，像「鬼趣圖」這一類浪漫的作品之必出諸羅聘之手，實不足異。因爲羅聘的畫風是可與遠自漢唐時代已經發展完成的浪漫主義的畫風，遙相接繼的。

　　從大的背景上看，羅聘的「鬼趣圖」與中國的繪畫傳統，還有其他方面的關連。唐代的吳道子在其壁畫的「地獄變相」裏畫了不少的魔鬼。據說因爲他們的形相兇

註二〇：此圖現藏德國柏林市立博物館(Staatliche Museum, Berlin)意大利美術史學教授布塞格力 (Maric Bussagli，現任教羅馬大學) 於其「中亞西亞之繪畫」(Painting of Central Asia, 1863, Geneva) 將此圖訂爲西元八至九世紀的作品。

惡，竟使長安的屠戶們「望而生畏懼罪，改業者，往往有之」。（註21）。唐代長安的壁畫，亡佚已久，吳道子所描繪的兇惡的魔鬼的形相究竟如何，今已不詳。想來恐與前舉敦煌千佛洞內所出的妙法蓮花經、十王經、佛咒，以及在四天王冊內所畫的幾種鬼魅之形的類型，相差不遠。不過，吳道子在「地獄變相」之外，還創造了與鬼有關的另一個人物——鬼王鍾馗。

　　根據「孤本元明雜劇」裏的，無名氏的「慶豐年五鬼鬧鍾馗」雜劇，鍾馗本是唐玄宗時代頭名的進士，却因奸相楊國忠受他人之賂而革除了應得的進士頭銜。在封建的帝制時代，這種革職雖是任人皆知的極端不公平的事，無奈事出御旨，鍾馗是無如其何的。他在憤怒與抑鬱之餘，逼而自殺。玉皇大帝在鍾馗死後，把他封爲都判官，專門管理天下邪魔鬼怪（註22）。在與畫史有關的文獻中，吳道子曾把這位鬼域的都判官畫成「穿藍衫・鞹一足、眇一目、腰笏、巾首而蓬髮。以左手捉鬼，以右手抉其目」的形相（註23）。爲後代藝術家所畫的鍾馗，雖不完全與捉鬼的題材有關，但却大都把鍾馗畫成穿衫、鞹足、眇目、腰笏、巾首而蓬髮的樣子。爲唐代吳道子所畫的傳說中的鍾馗，正如爲晉代顧愷之所畫的佛經中傳說人物維摩詰一樣，經常成爲後代畫家所接受的典型（註24）。可惜由吳道子所畫的「鍾馗像」，也和他的壁畫「地獄變相」一樣的沒有傳世。

註二一：關於吳道子在長安畫「地獄變相圖」的最早記載，見於晚唐藝術史家朱景玄的「唐朝名畫錄」（今易見者爲美術叢刊本，民四十五年，中華叢書委員會出版）。

註二二：關於鍾馗的身份與來源，明代郎瑛的「七修類稿」和楊慎的「鉛丹總錄」，淸代顧炎武的日知錄和趙翼的「陔餘叢考」都曾各有考證。綜合他們意見，在春秋戰國時代歲末擧行的驅鬼大禮中，要使用一種本來稱爲椎（卽鎚）的武器。用齊國的方言來讀椎，便讀成終葵。北魏時代，有一個人稱鍾葵，字辟邪。到了唐朝，又把鍾葵的辟邪的意義與古代的終葵相混，同時演化爲專捉鬼怪的鍾馗。大方先生於「大陸雜誌」第四卷第十一期（民國十一年六月，臺北出版）有「鍾馗故事的衍變」之長文（頁十六至廿一），考證淸楚，尤便參改。

註二三：關於吳道子所畫的藍衫、鞹足、眇目、巾首、蓬髮，而捉鬼的鍾馗像的記載，見於郭若虛在宋神宗熙寧七年（一○七四）所寫的「圖畫見聞志」卷六。

註二四：張彥遠「歷代名畫記」卷二於「論畫體工用搨寫」一條記云：「顧生首創維摩詰像；有淸贏示病之容，隱几忘言之狀。陸（探微）與張（僧繇）皆效之」。至於歷代繪畫中有關於維摩詰表現的畫蹟，可參閱莊申：維摩詰經在中國藝術史上的表現一文，文載香港大學成立五十週年紀念論文集」，下冊，一九六一年，香港大學中文系主編。

　　元代畫家對於鍾馗的描寫（註25），無論根據文字記載殆或現存的畫蹟來看，大概是甚感興趣的。與鍾馗的事蹟有關的最著名的畫蹟，大概是由元朝初年的龔開所畫的「中山出遊圖」卷，（今藏美國華盛頓之佛利爾美術館Freer Gallery of Art, Smithonian Institution, Washington, D.C.）。此圖共畫鬼魅十二，肩輿二乘。鍾馗坐於前輿（見圖版貳），囘顧其妹，後者則坐後輿。二輿前後之間，亦各有男女鬼僕相從（註26）（見圖版參）。在鍾馗坐輿之側出現矮小的黑鬼，雖然姿態滑稽，但在畫風上，通體悉以濃墨染成，似與由柯勒克在中亞細亞所發現的，紙卷斷片上的小黑鬼有些類似。也許爲龔開所使用的畫法，正是唐代畫鬼風格的延續。

　　鍾馗的憤世自殺，固可視爲由於自歎英才的埋沒，但換另一個角度來觀察，却也未嘗不可視爲對於殘酷而失人性的，龐大的君權的抗議。以十年寒窗苦讀的代價，來換取對陰府無窮盡的捉鬼生涯，對一個有理想的士人來說，實在是最大的痛苦。吳道子雖是盛唐時代著名的畫家，但他出身微賤，恐不屬於當時的高級智識份子。那麼，出現在吳道子筆下的鍾馗，除了具有對於一個傳說中人物的記錄，與對這個人物創造了形相上的（iconographic）典型的那兩種意義以外，或許並沒有其他的涵義。創造了「中山出遊圖」的龔開，却不但是一位詩文俱能的文士，而且對於因受蒙古人入侵而滅亡的南宋政府，更是一個忠君愛國的遺民（註27）。蒙古人統治中國之後，把整個社

註二五：在傳世的元代作品中，與鍾馗有關的畫蹟有四：一爲元末顏輝的「鍾馗元夜出遊圖」卷（見圖版肆）。此卷現藏美國克利夫蘭博物館，複製圖版則見由美國李雪曼（Sherman Lee）與國人何惠鑑所合編的「蒙古人治下之中國藝術」（Chinese Art under the Mongols）一書（一九六八年，上述博物館出版）第二〇六圖。第二件爲鍾馗出獵圖，亦爲顏輝所繪。此圖複製圖版可見由張葱玉所編的韞輝齋藏唐宋以來名畫集（民國三十六年，上海）十四至二十七圖。第三件則爲龔開的中山出遊圖卷。其內容已由本文詳述。第四件爲王振鵬的鍾馗送嫁圖，現藏臺灣故宮博物院，複製圖版見："Bulletin of National Palace Museum", Vol. Ⅵ, No. 3, (1971, July–August, Taiwan)。

註二六：「中山出遊圖」的複製圖版可見由 Lawrance Sickman 與 Alexander Soper 合編的 "The Art and Architecture of China" 的一一〇圖。

註二七：龔開「字聖予，號翠巖，又號蒙城叟，淮陰人。柯氏「新元史」卷二四一有傳。他在南宋末年理宗景定年間（一二五〇——一二六四）曾任兩淮制置司監官。入元以後，拒仕潛君。其人博文耿介，詩書之外，兼善繪畫。尤以描繪黑魂與瘦馬等一類奇誕的題材爲主。（今日本大阪市立博物館藏有龔開的「駿骨圖」爲與瘦馬有關的傳世佳作，複製圖版亦見前揭的："Chinese Art under the Mongols" 揷圖十八）。這一瘦馬的題材也具有和鍾馗一樣的，隱喻文士不得志的象徵性意義。

會的構成份子，分成蒙古、色目、漢人，與南人等四個階級。龔開正屬於位置最為低下的南人。當南宋的若干遺民把他們不事外族的愛國思想，透過藝術的手法而轉移到繪畫上去的時候，中國繪畫的表現方式，就在這種浪漫主義思潮的推動之下，而得到突然的豐收。譬如趙孟堅畫了由松、竹、梅所組成的「歲寒三友圖」（註28），來代表不屈不撓的忠貞精神，鄭思肖（字所南，一二〇六——一二八三年）也畫了無根墨蘭（註29）而以蘭之無根來代表他們對於淪於異族之手的國土的悲痛。這種具有象徵性的畫法，在元初之前，可以說，是不曾見於中國繪畫史的。

龔開筆下的「中山出遊圖」，雖不像由趙孟堅與鄭思肖所畫的松、竹、梅、蘭那樣的富於正面直喻的象徵意義，却對文士的前途和因異族入主而造成的更龐大的君權，表現了一種比較間接的諷喻的意味。在龔開的「中山出遊圖」卷之後，附有不少與龔開同時的人物的題詠。被龔開使用到「中山出遊圖」卷裏的諷喻的意味，正可由此圖卷後面的一些題詠中表露出來。元初文人對於龔開畫中的鬼魅看法也就是他們對於龔開畫卷中隱意的瞭解。如欲對於羅聘筆下的鬼物有所瞭解，似乎應該先對元人對於龔開的鬼圖的瞭解，有一種認識。

元人對於「中山出遊圖」的第一種看法是認為龔開畫的雖然是鬼，實際上是以借鬼喻人的方式來諷刺時人的。提出這一看法的，是一位未具真名的東湖襪襠翁的題跋。他說（註30）：

> 「世之奇形異狀，暴戾詭譎，彊弱吞咯，變詐百出，甚於妖魅者不少。……髯翁之畫，深有旨哉？」

這個意見可說是對龔開筆裏的鬼魅之屬，作反面的瞭解。

註二八：按趙孟堅的「歲寒三友圖」為「墨林拔萃」册之一頁，原蹟現藏故宮博物院，其複製圖版見「故宮名畫三百種」第三册圖版一三一（民四十八年，臺灣故宮博物院出版）。

註二九：鄭思肖所繪的無根墨蘭圖，現藏美國康州耶魯大學美術館。此圖之複製圖版，見前揭李、何二氏合編的蒙古人治下的中國藝術第二三六圖。

註三〇：東湖襪襠翁在中山出遊圖後的題跋的全文，見於龐元濟的虛齋名畫錄，卷二，頁三至頁四。（此據宣統元年，即一九〇九年，烏程蔣氏刊印本）。

　　第二種是把描繪了鬼王鍾馗的髯翁龔開，看成鍾馗，再把「中山出遊圖」裏的別的小鬼，看成對於承平祥和的世界發生阻力的障礙。提出這種看法的有兩位文人。一位是陳方，他說（註31）：

　　　　「楚龔胸中墨如冰，零落江南髮垂耳，文章汗馬兩無功，痛哭乾坤遽如此。恨翁不到天子傍，陰氣颯颯無輝光，翁也有筆同干將，貌取羣怪驅不祥。是心頗與馗相似，……不然異狀吾所憎，區區的日胡爲至。………」

　　陳方所說的「貌取羣怪驅不祥」與「是心頗與馗相似」兩句，可說是對龔開描繪鍾馗白日出遊的心理動機的一個瞭解。與陳方的看法大致相同的是周耘。他的跋文較長，但極重要，特引全跋如下（註三二）：

　　　　「翠巖龔先生，負荊楚雄俊才，不爲世用。故其胸中磊磊落落者，發爲怪怪奇奇，在豪端游戲；氣韻筆法，非俗工所可如。然多作汗血老驥伏櫪，態度若生，蓋志在千里也。寫中山出遊圖，髯若顧盼，氣吞萬夫，輿從詭異雜沓，魅魍束縛以待烹；使剛正者覩之心快，姦佞見之膽落，故知先生之志，在掃盪兇邪耳，豈徒以清玩目之？」

　　周耘所說的「掃盪兇邪」與陳方所說的「貌取羣怪驅不祥」是同一種意思。陳、周兩家的意見，可說是對龔開筆底的鬼魅之屬的正面瞭解。總之，元代文人對於「中山出遊圖」的看法雖不一致，但是無論在正面抑在反面，他們都已對龔開描繪鬼魅的動機，與在這種畫蹟中所隱現的諷喻的意義，盡其努力的，作了相當的瞭解。

　　在元人的畫蹟中，譬如在由龔開和顏輝所描寫的鍾馗，雖有肩輿，僕從甚多，可是絕無背景。但就文字記錄看來，在元人的畫蹟中，還有一種既有背景又有鍾馗的畫面比較複雜的作品。這種畫蹟，現在雖然未見流傳，但在吳其貞的「書畫記」裏，還可見其大概。吳氏「書畫記」卷一三嘗記元末畫家王蒙（一二九六──一三八五年）的「寒林鍾馗圖」如下：

　　　　「王叔明寒林鍾馗圖，繪畫、氣色尙佳。畫一文服鍾馗，行於寒林之下，有一鬼倒縛兩鬼，挑在肩上，隨行於後。畫法鬆秀，有題識。」

註三一：陳方的題詩亦見於虛齋名畫錄卷二，頁四。
註三二：周耘的題跋見於虛齋名畫錄卷二，頁六至頁七。

　　王蒙雖然兼畫竹石（註三三），但在中國繪畫史上，他本是一位重要的山水畫家。王蒙既然不善描繪人物，何以他會畫出鍾馗行於寒林之下的，這一類題材特別的作品來？這一畫史上的疑難，可由兩個不同的方面來尋求解答。第一，在風俗上從唐代開始，鍾馗已具有辟邪的意義。宋人爲了迎接新年的吉利，多在舊年的年底懸掛鍾馗像（註三四），以求辟邪。第二，在繪畫的傳統上面，從唐朝開始，當時的畫家已頗有專畫形似接近山水，事實却與山水畫分庭禮抗的松石或枯木一類的題材（註三五）。這一傳統延續到宋代，就變成爲李成，郭熙等人所喜愛的「寒林圖」（註三六）。大概元人不但接受了宋人在歲暮懸掛鍾馗像以求辟邪的這一習俗，就在繪畫的傳統上，也接受了宋代畫

註三三：關於王蒙的竹石圖，最早發表的，或推其古木含秋圖〔圖繪古木流泉，修竹夾雜其間〕，圖見堂谷憲勇支那美術史論（昭和十九年，卽一九四四年，京都弘文堂出版），第二十二圖〔然此圖內王蒙之款識，印章，皆不無可疑〕。又有一幅有王詩，見蘇州博物館藏畫集。此外，臺灣故宮博物院亦藏有款題爲「王蒙爲心齋老師所畫」的一幀，複製圖版見"Bulletin of the National Palace Museum", Vol. Ⅱ, No. 5, (1967, Taiwan)Fig. Ⅰ(in page 8).

註三四：據家大人熹陵先生賜告：南宋詩人陸游曾有一詩（詩題已不憶），大意謂他人爲迎新歲，家懸新畫鍾馗，吾因家貧，無力再購新畫，但縣去歲所用之鍾馗以辟邪。陸游詩詞卷帙繁浩，不及細檢，特先誌之。申按孟元老東京夢華錄（此據汲古閣刊本）卷十，十二月條亦云：
「近歲節，市井皆印賣門神，鍾馗、桃板、桃符及財門、鈍驢、回頭鹿馬之行帖子。」按孟氏此書雖寫成於南宋高宗紹興十七年丁卯（西元一一四七年），然據其序，其書乃追憶北宋汴京生活之作。如是，則歲暮取印畫鍾馗以辟邪之俗，南北兩宋皆行用之，殆無可疑。

註三五：山水與松石，在唐代本爲兩個獨立的畫題，這種對立的情形，在朱景玄的唐朝名畫錄裏，還能略見端倪。譬如其書記王維（七〇一──七六一）能畫「山水、松石」，又曾在千福寺的西塔院，畫了「青楓樹一圖」。按此青楓樹當卽松石圖之變體。唐朝名畫錄又記韋偃「善畫山水，竹樹」、王宰畫「山水，樹石」、楊炎畫「松石，山水」。有關松石與山水各自獨立發展的最明顯的記錄，是朱景玄對劉商的記載；朱景玄說他「專攻松石」。可惜二王、楊、劉諸家樹石之作，今皆不傳。然日本奈良正倉院藏有若干我國唐代之工藝品。其中曾有漆盤一件，於盤底繪以樹石之景。這些畫蹟雖非出自名家，惟其描繪之內容，却正可當作從唐代起開始流行的，松石或樹石的那一主題來看待。

註三六：故宮博物院所藏與「寒林圖」有關的題材，計有李成的「寒林圖」、「寒林平野圖」、許道寧的「喬木圖」、郭熙的「寒林圖」。據郭若虛的「圖畫見聞志」卷四，北宋時代李宗成、董羽、侯封，皆善畫山水寒林，惜其畫蹟未見流傳。再據臺灣故宮博物院的藏畫而論，到了元朝，譬如李衎的「雙松圖」、李士行的「喬松竹石」、張舜咨的「樹石」等圖仍是宋人寒林圖那一傳統的延續。
　　關於這一畫題在中國繪畫史上的發展，近年李霖燦先生曾在下述二文中，有所討論。其中文論文曰「寒林一系圖畫的初步研討」（載大陸雜誌第三十九卷第七八期合刊號）民國五十八年，卽一九六九年臺北出版），其英文論料題曰："Pine and Rock, Wintrp Tree, Old Tree, and Bamboo and Rock, The Development of A Theme," 載於故宮博物院所編輯出版的故宮英文雙月刊（"The National Palace Museum Bulletin"）的第四卷第六期（民國五十九年，卽一九七〇年，臺北出版）。按李文於寒林圖之發展，述至元初爲止（以李衎爲代表）。對於元末與明淸時代的寒林圖的發展，未及隻字。事實上，寒林圖的最重要的發展，卽在元末。至於這些發展，可由人物與寒林的配合，與寒林圖地域性的擴大等二事以見其大槪，其詳則見註三十七。

家所創的「寒林圖」。王蒙雖不善繪人物，但他的「寒林鍾馗圖」却可視爲把宋人的風俗和繪畫傳統加以綜合而產生的新畫題。鍾馗既有驅鬼的權威與辟邪的功能，所以像在顏輝的「鍾馗元夜出遊圖」與在同人的「中山出遊圖」等二卷內所畫的，把小鬼們縛在竹枝上那些景象（見圖版叄），無非是對鍾馗在鬼域內至高無上的權威，與借此畫題以求辟邪之行動的，雙重意義的表示。宋人在歲末所懸的鍾馗圖裏，究竟把鍾馗畫成什麼樣子，或者宋人究竟認爲鍾馗具有何種權威，今雖因宋代畫蹟的缺乏而難知悉，不過，在元末，王蒙與顏輝都是和龔開的活動時期大致同時的畫家。王蒙對於顏輝所畫的那種倒縛小鬼再舉之於肩的鍾馗圖，也許不會是十分陌生的。因之，在王蒙的「寒林圖」裏所出現的，與顏輝所畫的題材相同的鍾馗以及倒縛小鬼的鬼僕，實際上亦有其繪畫傳統上的源淵。

到了明代，大概因爲中華山河的重新光復，所以雖像文徵明（一四七○──一五五九）與其子姪（如文嘉，一五○○──一五八二；文伯仁，一五○二──一五七五，）與門人（如錢穀，一五○八──一五七○二），都常對「寒林鍾馗」一類的畫題，有所描繪(註三七)。可是出現於明代畫家筆下的鍾馗圖，既與爲龔開使用在「中山

註三七：寒林圖在元代以後的發展有兩點：

第一、人物與寒林的配合。發展到元初爲止的寒林圖，絲毫不見人物的蹤影。但自王蒙首創「寒林鍾馗」的題材，而把鍾馗加入寒林圖中以後，人物與寒林的配合，似乎逐漸取代了前代只畫寒林而不畫人物的舊有傳統。此外，這一新風尙，似乎在明代中期發展到了最盛期。譬如文徵明、文嘉、和錢穀諸人的「寒林鍾馗」都是在人物此外，配合着以寒林爲主的背景。文徵明的「寒林鍾馗圖」，現藏臺灣故宮博物院（複製圖版見「故宮名畫三百種」第五册，第二四○圖）。此外，又有一幅（複製圖版見「名人書畫集」第七集，文嘉的「寒林鍾馗圖」款署嘉靖二十七年，（一五四八年）。複製圖版見喜龍仁（Osvald Siren）的中國繪畫（Chinese Painting, 1958, London）第六册，第二一六圖。又有一幅，款署萬曆癸酉（合萬曆元年，一五三七年），複製圖版見南京博物院藏畫集，下集，第四十七圖。錢穀的「鍾馗圖」現亦藏臺灣故宮博物院，圖繪鍾馗秉笏，倚於林間。故宮博物院又藏淸順治帝所畫鍾馗圖然旣無寒林，亦無肩輿。是爲特例。到了淸代，鍾馗似乎又被當時的畫家摒除於寒林圖外，取而代之的或是沉坐冥思的哲士，（見於香港大學馮平山博物館所藏的方士庶（1892—1751）的寒林高士圖），或是策杖而行的隱者（見於爲美國收藏家克勞福（John Crawford）所藏的淸初畫僧石谿的寒林山水，影本見 James Cahill: "Fantastics and Eccentrics in Chinese Painting," 1967, N. Y. 第六十圖）。這兩幅似乎可以代表寒林圖的發展史上的末期的典型精圖。

第二、到元初爲止，寒林圖的繪製，大都出於北地畫家之手筆。到了元朝末葉，寒林圖的地域性才逐漸擴大。王蒙‧是江南畫家，就是明淸時代的文徵明、文嘉、錢穀、髡殘、方士庶也無部是江南（按方士庶原籍安徽，然流寓揚州最久，與「揚州八怪」中的高翔的時代相當，亦爲畫友）。

以上二點，皆爲上揭李文所未見及。附爲誌出。其詳俟另文論之。

出遊圖」裏的，那種浪漫式的表現手法無關，就與爲元人所創始的，那種寓有象徵性的或諷喻性的隱義的表現手法，似乎也沒有什麼關係。甚至明代畫家筆下的鍾馗，是否具有在宋元兩代生活習俗上的那種辟邪作用，現在也還不甚了了。

　　在另一方面，明代的文人往往具有一種或「遺世而獨立」或「孤芳而自賞」的出世思想。在他們畫筆下面出現的「寒林鍾馗」，與其說嘗與以前的繪畫傳統有什麼關連，無寧理解爲當時的畫家們借用鍾馗這個傳奇性人物，來表明其人生觀的一種新畫法。這樣的畫當然也有其藝術功能上的浪漫特質，然其表出的方式却已從龔開等人所用的諷喻方式，轉變爲對自我中心的表揚的新方向。明代中葉的畫家們所追求的，表現自我中心的思想，正是清代初年盛極一時，而又對追求個人理想的「揚州八怪」發生了深遠影響的，那一浪漫思潮的先聲。

　　明代的畫家雖然對於「中山出遊」一類的畫題不感興趣，但從記載上看，這一類的畫題却並未因爲在明代的中斷而絕跡。譬如在馬曰琯的「沙河逸老小稿」與馬曰璐的「南齋集」裏，曾兩次提到他們在某年的端午節，與一些文人集於小玲瓏山館，分賦鍾馗畫，而各得「鍾馗秤鬼圖」與「鍾馗踏雪圖」的事（註三八）。「鍾馗踏雪圖」固然無妨視爲由元代畫家所創始的「寒林鍾馗圖」裏所衍化出來的類似的題材，但「鍾馗秤鬼圖」却無寧說是由龔開與顏輝所描繪的「中山出遊圖」或「鍾馗元夜出巡圖」的那一傳統的延續。如前述，羅聘很可能因爲其師金農的安排，而得觀賞或研究馬家所藏的古畫。也許羅聘就曾在馬家小玲瓏山館或叢書樓內，看到了一些像「鍾馗秤鬼圖」之類的，那種與元代畫家所樂用而又具有浪漫形式的作品。從而啓發了羅聘對於描繪一些與鍾馗無關，却又與鬼魅有關的「鬼趣圖」的靈感與興緻。（註三九）

註三八：各見「南齋集」卷三，頁四九，與「沙河逸老小稿」卷三，頁四十三。按龐元濟虛齋名畫錄卷十，嘗錄華喦（一六八二——一七五五）的秤鬼圖。圖上並有華秋岳自己的款識：「壬申秋七月，於解弢館，擬唐人筆意。新羅山人。」按壬申年合乾隆十七年（一七五二）。其時已爲華喦逝前三年，而羅聘却不過年方二十。華喦既久客揚州，且亦爲聘師金農畫友（其新羅山人詩集卷三有，贈金壽門時客廣陵將歸放里詩）。爲馬氏兄弟所題詠的鍾馗秤僑圖也許正是華喦在乾隆十七年所完成的作品。

註三九：這一意見雖是一種推測，却在羅聘的「鬼趣圖」上，不無蛛絲馬迹可尋。例如霍本的「鬼趣圖」第二段其畫二鬼，其中一鬼瘦無一把。這種瘦鬼在過去與鍾馗有關的畫蹟中未見表出。但在馬曰璐所詠的「鍾馗秤鬼圖」中，就有相同的表現馬氏詩云：「瘦鬼伶傳無一把」）。羅聘筆下的瘦鬼頗有採用藏在馬家的小玲瓏山館裡的「鍾馗秤鬼圖」裏的若干畫意的可能。

三、「鬼趣圖」與清初的諷刺文學思潮

　　如上述，元代文士在龔開的「中山出遊圖」後的題跋中，已有把龔開的鬼，認為
是借鬼喻人的諷刺時人的看法。這一思想，到了清初，似乎更因蒲松齡的「聊齋誌異」
的撰寫，而益覺顯著。看來，在中國繪畫傳統以外，當時的文學思潮，似乎也是在
討論羅聘的「鬼趣圖」時不應忽略的另一個重要背景。更詳細的說，就是檢討在蒲松
齡的「聊齋志異」與羅聘的「鬼趣圖」之間，有無藝術主題上的類似，乃至思想上的
類似。

　　蒲松齡（字留仙，又字劍臣，號柳泉），山東淄川人。明季崇禎十三年（一六四
〇）四月十六日生，清康熙五十四年（一七一五）正月十三日卒，享年七十六歲。松齡
一生窮困，大概從二十多歲開始直到七十歲，一直為衣食奔波；賴敎讀與遊幕以為生。
他雖自幼聰慧，且在順治十九年（一六五八年，即當他年方十九之際）已中秀才，但
從此以後，歷次參加應選舉人的鄉試，却無不名落孫山。在科第方面，他在考中秀才
的第廿七年以後（康熙廿四年，一六八五年，其時蒲松齡年已四十六歲），補為廩膳
生（此後，他在康熙廿六年，曾以四十八歲的高齡，參加鄉試，可是依然落第），更
可笑的是在他七十二歲的垂暮之年（康熙五十年，一七一一年）才補為歲貢生。舉人
的資格則終生未能取到。蒲松齡在詩文方面的才華雖高，在功名方面，却是一生懷才
不遇，抑鬱以終。

　　「蒲松齡在科場失意，是他一生最受刺激的事。正因這一刺激，他却更積極的正
視文學的生命，集中精力致力於古文，奠定他一生思想和學業的型態。……他看不慣
滿人的異言異俗，却又無可奈何；他厭惡隨波逐流的人，而自己却不能不為五斗米折
腰。他內心的痛苦可想而知。這是時局對他發生的影響。加上他個人懷才不遇，一生
坎坷，而家庭的齟齬，社會的黑暗，人心的涼薄，處處都刺激著他善良的心靈。他才
把抑鬱憤慨之情，用一種莊周寓言的手法，一一寄之於筆墨。他就是在這種心情之
下，寫成了不朽的代表作──「聊齋志異」（註四〇）。

註四〇：此段文字引自張景樵：「蒲松齡與聊齋志異」下篇。（張文載於「大陸雜誌」第十九卷第四期，民國
　　　　四十八年八月，臺北）。

　　蒲松齡收在「聊齋志異」裏的故事，光怪陸離；非狐卽鬼。「他爲什麼談鬼說狐呢？因爲鬼狐和妖怪都不是人類，可以盡量描寫塑造，而不致於遭忌或引起文字獄。他所說嘲的，不過是當時他見聞的百鬼晝行的污濁社會，和隱藏著狐狸尾巴的衣冠人物。試看其全書的內容，除文字精鍊典雅外，所敍述的多半是兩性的悅戀，世態的剖面，特別強調的是人間可歌可泣之事，也都是人類舞臺的眞實題材。他的筆鋒雖是出之以抒情的格調，充滿浪漫的氣氛，而往往藉因果報應之說，揭示勸善懲惡的旨意。所以這一部書能够雅俗共賞，博得廣大讀者的歡迎。它的特點，簡單說來，就是荒誕而近人情，詼諧而有主旨。」（註四一）

　　「聊齋志異」的寫作時期，前後數十年，實際上却要到康熙四十八年（松齡年六十八歲）以後才訂正完畢，成爲定稿（註四二）。此書雖在松齡生前因爲得到當時的著名詩人兼文學批家王士禎（字貽上，號漁洋，一六三四——一七一一）的欣賞，並且爲之圈點，與批評，却從未能有付梓印行的機會。「聊齋志異」的原稿本，也和羅聘的「鬼趣圖」一樣，因爲不爲其子孫之善加保藏而流於他人之手。乾隆卅年（一七六五），當趙起杲（字荷村，山東萊陽人）在浙江睦州任官時，才將他在北京與福建二地所見的，「聊齋志異」手抄本的諸異本，勘定異同，彙爲定本。同時又參考當時著名的刻書家（按卽今日所謂出版人）鮑廷博（一七二八——一八一四）的意見，而在睦州正式開雕付印。趙起杲雖在次年午節前二日猶爲「聊齋志異」的最早刻本草成序言與例言，却在節後數日因病逝世。所以「聊齋志異」在乾隆三十一年（一七六六）之多刻竣，但其書之終能得到出版，實在不能不說是由於鮑廷博曾作最後的努力。

　　這部諷刺小說集的問世，固然由於趙、鮑兩家的投資，但是此書印刷完成，特別是在校對方面，却完全是由於余蓉裳的幫忙（註四三）。根據吳穀人的記載，余蓉裳對於羅

註四一：同上。

註四二：據前揭張氏文，「聊齋志異」的寫作，共逾五十年。蓋其「于去惡之故事，記順治十八年（1661）事，而其夏雪」故事，則記康熙四十六年（1707）事。按路大荒蒲柳泉先生年譜（附於路氏所編蒲松齡集之後，一九六二年，北京，中華書局出版）無此論。

註四三：鄧之誠「骨董瑣記」卷七；頁二三五「蒲留仙」條略云：「聊齋志異」乾隆三十一年萊陽趙起杲守睦州，以稿授以文廷博刊行。余蓉裳時客於趙，爲之校讐是正焉。……」（據臺北中國書堂翻印本）。

兩峯的畫，非常的稱讚。余蓉裳是否曾把他自己親手校閱的「聊齋志異」送給羅聘，以供欣賞，由於文獻之不足，目前似乎無法深究。但是由於羅聘和余蓉裳的友誼，以及「聊齋志異」出版以後的轟動，羅聘在乾隆三十一年或者其後不久，已能看到新刊的「聊齋志異」，却大有可能（註四四）。

　　在另一方面，「聊齋志異」的問世之年（乾隆卅一年多，其時羅聘年卅五歲），正是金農逝世四年之後。羅聘在痛失良師之餘，正可能因爲在繪畫的創作方面，失去先進的指導，而陷入一種對於繪畫的體裁與主旨都有捉摸不定之感的低潮。或者可說羅聘當時正進入一種如何才能把金農所給予的創造方向，與他歷年來對古代名蹟觀賞的心得，再配合他自己豐富的創造能力，來加以綜合的醞釀時期。同時當他子然一身北上京師之際，也需要有一種在內容上耳目一新，但在作畫的態度上，更能適合他不卑不亢的自由身份的畫題。

　　由蒲松齡寫在「聊齋志異」裏的，種種僞託鬼狐以諷刺人心的故事，對於在良師逝世之後，正在待機而發的羅兩峯說來，正好成爲適時來到的，體裁新穎和主旨正確的好畫題。所以羅聘終能在透過由其師金農的教導而得到的，浪漫主義的畫風之後，一面綜合中國繪畫裏的傳統，一面徵借由當時諷喻文字所帶來的新思潮，而構成像龔開「中山出遊圖」那樣借鬼以諷刺世態的「鬼趣圖」（註四五）。

四、關於鬼趣圖的若干考察

　　羅聘既以鬼魅的形相爲其具有諷刺性的畫題，所以他關於鬼魅的描畫，實有相當

註四四：高鳳翔（一六八三——一七四三）雖是山東膠州人，但其晚年寓居揚州，是一位既和金農、李鱓、以及馬氏兄弟頗有交誼，而且畫風也與「揚州八怪」十分相近的浪漫派畫家。在高鳳翔的南阜山人詩集卷二有題藏柳泉先生聊齋志異詩，詩文不錄。（按南阜山人詩集總目，其集卷二又稱湖海集，共收古今各體詩八十六首，爲自雍正元年至五年，即自西元一七二二年至一七二七年間之詩作）可見遠在雍正初年，當時的畫家已對蒲松齡的這部神狐小說十分注意。相信羅兩峯對這部小說不會一無所知。

註四五：蔣寶齡的「墨林今話」謂羅聘所畫「鬼趣圖」皆自目睹。吳穀人亦稱兩峯「眼有慧光，洞知鬼物地下煩寃。」可能羅聘是爲了避免由寓於「鬼趣圖」中的諷刺意味而引起的麻煩，而故有目能見鬼的遁詞。

的數目。譬如葉衍蘭在其「清代學者象傳」的「羅聘傳」便說：

> 「（聘）……嘗作鬼雄，鬼趣二圖；鬼雄圖現藏清江浦于姓家，鬼趣圖爲余所
> 得。」

可惜原爲于家所藏的「鬼雄圖」，百餘年來，未有所聞。大概已經不在人間，至於「鬼趣圖」，則見據謝堃「書畫所見錄」所述，亦有數本。按謝堃文云（據神州國光社「美術叢書」排印本）：

> 「羅聘………有鬼趣圖數本。袁子才，王夢樓諸人題之。其家藏一本最妙。余
> 向其子小峯借觀，有粉黛髑髏、紗帽髑髏，眞堪醒世。」

再就目前傳世的「鬼趣圖」看來，僅在香港一地，卽有霍寶樹先生所藏的分段本（長本）、與劉作籌先生所藏的連續本（短本）。此外在美國，也還有方聞先生所藏的摺扇本（註四六）。劉氏連續本，余未寓目，姑不置論。霍氏分段本的第八段，則於青林黃草之中，畫黑石二叢，骷髏二具；一具倚石而面向外，一具據石而面內。也許謝堃所說的「粉黛髑髏」，正指這一段（註四七）。可是謝堃所說的「紗帽髑髏」則甚費解。根據霍氏藏本而論，祇有第三段的內容，勉強可以與之相當。蓋此段中畫持蘭男鬼，頭戴紗冠，面向左側紅衣女鬼。其側另有高帽白衣鬼僕，手持傘帽。此段雖有二鬼戴冠，然無骷髏，故難視爲「紗帽髑髏」。此外，再據霍本圖後萬紫承的題跋，萬氏兄弟雖曾在道光四年把一卷「鬼趣圖」送還給羅氏子嗣。但就邏輯而言，霍氏藏本既無「紗帽髑髏」，似乎該卷必未卽爲曾經謝堃所寓目，而又畫着「紗帽髑髏」的那一卷。

註四六：方氏現爲美國新澤西州普林斯頓大學美術考古學系教授。余昔旅美，亦嘗數得見其摺扇本「鬼趣圖」。
　　　　美國加州巴克萊加州大學之高居翰教授（James Cahile）於英國有名的期刊，「小亞細亞」（Asia
　　　　Minor）一九五九年爲亞瑟威利（Authur Waley, 1889–1966 A.D.）所編之「慶祝亞瑟威利六十歲紀
　　　　念論文集」內，嘗發表爲羅聘否認之畫像（"A Rejected Portrait by Lo Ping: Pictorial footnote
　　　　to Waley's Yüan Mei"）一文（見 "Asia Minon" New Series, Vol. Ⅶ, pp. 32–39）。方氏所藏
　　　　摺扇本「鬼趣圖」亦嘗於高氏文中刊佈。

註四七：朱樸亦嘗謂此二骷髏「蓋男女也」。說見朱氏「省齋讀畫記」，頁一二五。（據此著版權頁，該書由
　　　　香港德輔道中大公書店出版。然該頁未具出版年月日。然就余記憶所及，該書問世或在一九五九年左
　　　　右）。

　　根據謝墉的記述，與就霍氏藏本鬼趣圖而言，羅聘曾於骷髏之題材，頗有描繪。因此本文也似有把中國畫家對骷髏之描繪的歷史，擇要一述的必要。按一九〇四年（清光緒三十年），以勒柯克（A. von le Coq）博士爲首的德國中亞細亞考古考察團，在今新疆省的天山北路地區，從事考古調查（註四八）。並在今庫車之西的奎則爾（Qizil），與今吐魯番（Turfan）東郊的巴查喀里喀（Pazaklik），吐峪溝（Toyuk），以及吐魯番南郊的喀潤（Qoco）等地，發現大批殘存於佛寺遺跡中的壁畫。在奎則爾的海員窟（Cave of the Navigator）中，曾經發現過一幅時代約在六世紀初期的壁畫（見圖版五）。其畫題雖爲身著黃袍的修行僧，然在此僧身側，繪有骷髏一具。

　　一九〇六年（清光緒三十二年），英人斯坦因（Aurel Stein）自印度取道天山南路區域，而先在我新疆省境內的和闐（Khotan）地區，從事田野考古（註四九）。然後東行敦煌，發現古代寫經與佛畫，其事已爲近代講論考古發現史者耳熟能詳。斯氏離敦煌後，取道天山北路返印。在其返印途中，亦嘗在吐魯番郊外，發現時代約爲八世紀之壁畫。其畫題爲三頭之佛。佛頭正面冠有小型骷髏一具（註五〇）。按中國古代畫史中罕見與骷髏有關之記錄。故由勒、斯二氏在庫車與吐魯番近郊所發現的，時代約在第六至第八世紀的，畫着骷髏的壁畫，可說是中國繪畫史上經考古發現而得知的，與這種畫題有關的惟一的畫蹟。

　　在古印度的印度教的信仰之中，由宇宙的開創乃至人生的一切，都與下述三大神

註四八：按德國首至我新疆境內之探險隊，係由格魯威得爾(A. Grünwedel)教授所率領。彼等自一九〇二年十一月至次年三月，先後在庫車，吐魯番一帶發掘。至一九〇四年九月，柯勒克始至吐番魯，再度發掘。並以其發掘所得，著爲中亞古希臘任教藝術("Auf Hellas Spuren in Ostturkistan", Leipzig, 1926)。此書後由美國巴威爾女士 (A. Barwell) 譯爲英文，易其題曰：中國土耳其之地下寶藏 ("Buried Treasures of Chinese Turkestan", London, 1928)。

註四九：按斯坦因在和闐的考古成績的報告，主要見於下列二書：一曰沙埋和闐廢址記("Saud-buried Ruins of Khotan", Personal Narrative of A Tourney of Archaeological and Geographical Exparation in Chinese Turkistan)，初版在一九〇三年，再版在一九〇四年。二曰古和闐考 ("Ancient Khotan", Detailed report of Archaeological Exploration in Chinese Turskistan)，凡二卷，一九〇七年出版。（以上二書皆在倫敦出版）。

註五〇：勒柯克的德文發掘報告，今不已得。然此三頭佛複製圖版之易見者，爲註二十所揭布塞格力 (M. Bussagli) 教授之中亞細亞之繪畫，圖版十七。

祇有關：

1. 婆羅門(Brahma)。此為創造之神。其像有四臂，各持以水壺(Kamandalu)、圓環(akshamala)、長柄勺 (srik)、與湯勺 (sruva)。然此像經常不像其他二神之普受香火供養。

2. 濕婆(siva)。此為生命之創造與毀滅之神。故其形像亦常以男性性器 (linga) 之狀而表出之。亦有四臂。常懸以由骷髏組成之項鍊（註五一），以象徵死亡。

3. 毘濕天(vishnu)。此為宇宙之保護人。有四臂，上二臂常持圓盤(chakra)、與大海螺 (sankha)，下二臂常持劍（有時為蓮padma），與棍(gada)。有十種不同之化身。

上述在西域所發現的壁畫，雖都有骷髏的描繪，但是這些無名畫家對他們筆下的骷髏的描繪，大致都與印度教的宗教思想有關。易言之，這些題材很難與中國繪畫以及中國宗教發生畫法上或思想上的關連。在中國繪畫史內，無論就畫史著錄或尚見流傳的畫蹟而言，大概只有活躍於南宋的光、寧二朝（一一九〇——一一二五）的宮庭畫家李嵩，曾經畫過幾幅與骷髏有關，但意義却曖昧不明的作品。在文獻中，據明末清初的藝術史家顧復的記錄（註五三），李嵩曾經畫過一幅骷髏拽車圖。可惜此圖今未傳世。至於在今尚見流傳的宋人畫蹟之中，也有一幅傳說是出自李嵩之手筆的骷髏戲弄

註五一：見赫恩理奇・奇默 (Heinrich Zimmer) 教授所著印度藝術與文明的神話與象徵 （"Myths and Symbols in Indian Art and Civilization", 1947, Second edition, New York)，第一七二頁。

註五二：在屬於婆羅門教的巴達米石窟 (Badami Cave, 按此窟約在西元五五〇年五七九年之間開鑿) 的走廊上(Varandah)，鑿刻有濕婆之像，其像上身以由乾枯之骷髏所組成的項鍊為飾。詳見福格森(James Fergusson) 與布格斯(James Burgess)二氏所合著印度之窟廟("The Cave Temples of India", 1880, London)，第四一一頁。

註五三：顧復「平生狀觀」卷八（下冊頁四十八，）此據漢華文化事業股份有限公司翻印本（民國六十年，臺北）李嵩曾畫「骷髏拽車圖」。此外，陳繼儒的「太平清話」又記李嵩曾畫有「大小骷髏」，其圖當即現在美國威爾遜美術館的「骷髏戲弄懸絲傀儡圖」。

懸絲傀儡圖（註五四），目前保存在美國密蘇里州堪薩斯城的納爾遜美術館（註五五）。也許就因為李嵩所畫的骷髏玩弄傀儡戲的題材別緻，竟使得元朝末年的山水畫大師黃公望（一二七二——一三五四），還特別做了一首小令（註五六），來加以題詠。

　　唐朝的吳道子雖然創畫鍾馗，但吳道子身屬畫院（註五七），所以在他筆下的鍾馗，除了奉旨描繪一個傳說中虛構的人物而外，可能並無其他深義（此意前已論及）。李嵩雖為創畫骷髏傀儡的畫家，但李嵩也和吳道子一樣，同為畫院待詔（註五八）。也許由李嵩所畫的骷髏戲弄傀儡圖，其意只在記錄直到南宋中葉，還在民間十分流行的懸絲傀儡（註五九）。此外，也許把李嵩這幅畫着懸絲傀儡的骷髏圖，稱為他的一種乘興之作。所以在主題上，李嵩的骷髏傀儡圖，恐怕除了記錄性（記錄傀儡戲）的意義之外，

註五四：按此圖在民國四十八年（一九五九年），才由美國的古玩商賣出。

註五五：傳世的李嵩畫蹟，據史克曼氏的調查，僅有十幅。然在此十幅之中，其「骷髏戲弄懸絲傀儡圖」已佔其一，比例甚大。其複製圖版，一見該館館長史可曼氏（Lawrance Sickman）所撰「簡論李嵩冊頁四片（Four Album Leaves by Li Sang）一文之附圖四。（史氏文刊於「納爾遜美術館與阿特金斯博物館館刊」（Balletin of The Nelson Gallery and Alkins Museum）一九五九年五月號，頁五至頁十。又見會用結次，江上波夫，與森鹿三等人所編「中國文化ノ成熟」（昭和四十四年，即一九六九年，東京世界文化社），第七十九圖。

註五六：按孫鳳書畫鈔卷二，此小令令牌曰醉中天。小令全文如下：「沒半點皮和肉，有一擔苦和愁。傀儡還將絲線抽，弄一個小樣子把冤家逗。識破箇羞那不羞，呆兀自理己單堠。」

註五七：按唐朱景玄唐朝名畫錄：「吳道玄，字道子。………浪迹東洛時，明皇知其名，召入內供奉。」

註五八：關於李嵩的記載，可參閱註三十五所揭厲鶚所編南宋院畫錄卷五。（此用民國三十六年，神州國光社增訂第四版）。

註五九：據前揭孟元老東京夢華錄卷五京瓦伎藝條，北宋時代在汴京瓦市之間所流行的傀儡戲，共有「懸絲」與「藥發」等兩種。（惜「藥發」二字究作何解，現尚未明）。又據南宋佚名人西湖老人繁勝錄（下簡稱繁勝錄。按此書係自永樂大典第七千六百〇二卷內輯出。現據涵芬樓秘笈第三集印本），在南宋臨安城的瓦市中所行用的傀儡戲，共有杖頭傀儡與懸絲傀儡等兩種。（南宋時代的杖頭傀儡是否自北宋時代的藥發傀儡演變而來，亦尚待考）。據孫毓修在繁勝錄後的跋文，此書有「慶元間油錢」一條，而慶元為宋寧宗年號（一一九五——一二〇〇），故此書之著成年代，或不遲於慶元時代。如是，李嵩在畫院活躍之時代適與「繁勝錄」之著成時代相當。李嵩為畫院待詔，居於臨安城內。故由李嵩畫在現藏於納爾遜美術館內的那幅團扇之上的懸絲傀儡戲，必即當時在瓦市流行的民間娛樂的寫實描畫。即使此圖內骷髏玩弄懸絲傀儡的意義曖昧不明，至少其畫猶有記錄性的寫實意義。

並沒有其他的涵意（註六〇）。黃公望在其小令中雖把李嵩筆下的「沒半點皮和肉」的骷

註六十：在古代的典籍中，「莊子」的「至樂篇」與「列子」的「天瑞篇」都曾提及骷髏，在這些作品之中，
骷髏都是死亡的象徵。在李嵩的「骷髏戲弄懸絲傀儡圖中，畫著一位正乳其嬰兒的婦人，站在一擔雜
貨與一磚墩之間。墩上豎一牌，上書「五里」二字。此婦之前，有一成年骷髏，手執懸絲傀儡（其傀
儡爲幼兒骷髏）而引逗二幼童，男童匍匐而向傀儡，女童在後，雙臂外張，作阻嬰前進之狀。史克曼
氏於其上揭文中，則以成人骷髏代表死亡；男嬰匍匐面向懸絲傀儡，是表男嬰將卒之意。（匍匐之嬰
年約五歲，墩上五里乃代表五歲之意）。按吳其貞氏「書畫記」卷一頁四十二曾記李嵩的「骷髏戲弄
懸絲傀儡圖」如下：

　　　「畫於澄心堂紙上，氣色尚新。畫一墩子，上題三字曰五里墩。下坐一骷髏，手提一小骷髏，旁
　　有娘，乳嬰兒於懷。又一嬰兒指著手上小骷髏，不知是何義意。識二字曰李嵩。余嘗見有臨摹
　　本。」

陳撰玉几山房畫外錄（據美術叢書初集第八輯排印本）「髑髏弄嬰圖」條云：

　　　「髑髏而衣冠者，衆見粉黛而乳哺者，已見也。與兒弄摩侯羅，亦髑髏者，日暮途遠，頓憩五
　　里堠者，道見也。與君披圖阿堵，見一切肉眼，作如是觀。」

陳撰此段文字雖未提及李嵩之名，然觀其大意，似與吳其貞所述相同。惟吳云「五里墩」彼亦「五里
堠」爲異。然吳云嘗見此圖有臨摹本，陳書所記者，殆李圖之摹本耶？吳、陳所記二本之異同，因可
不論，惟根據吳其貞的這段記載，可以明瞭兩件事；第一，現藏美國納爾遜美術館的，傳說出自李
嵩之手的「骷髏戲弄懸絲傀儡圖」是畫於絹底上的，其質地與吳其貞所記的澄心堂紙本不合。第二，
其畫內的「五里」二字是寫在插於磚墩內的牌上，但按照吳其貞的記載，圖內不但應有「五里墩」三
字，而且這三字似乎是直接寫在墩上，而不是寫在插於墩內的牌上。因此，爲納爾遜美術館所藏的「
髏骷戲弄懸絲傀儡圖」大概不是爲吳其貞所記述的那個本子，是可斷言的。不過吳其貞既然看過「骷
髏戲弄懸絲傀儡圖」的臨摹本，也許現爲納爾遜美術館所有的這個絹扇本，便是由李嵩的原本裏臨摹
而來的一個時代較晚的本子。在李嵩的紙本原圖內，墩上既然題著五里墩三字，可以一望即知此二字
代表該墩的墩名。但在納爾遜美術館的藏本之中，墩上插牌，牌上僅書五里二字，其字已失原來代表
墩名的意義。因此可知史克曼氏以「五里」二字代表匍匐於地的男嬰的年齡的那一看法，實另有商榷
的餘地。以骷髏戲弄傀儡與五里墩爲畫題，其事雖然罕聞，想來本有所本，惜今實不知其故何在。嘗
檢「太平廣記」卷三百四十三（鬼類廿八）李僑伯條曾引「乾饌子」而記下列故事：

　　　「隴西李僑伯元和九年任溫縣，常爲予說元和初調選時，上都興道里假居，早往崇仁里，訪同選
　　人，忽於興道東門北干曲馬前，見一短女人，服孝衣，約長三尺……曰旰，及廣衢車馬已鬧，此婦人
　　爲行路所怪，不知其由。如此兩日，稱：人多，只在崇仁北街居。僑伯自省門東出，及景風門，見
　　廣衢中人鬧，已萬……如東西隅之戲場大圍之。其間無數小兒環坐，短女人准前布幕，其首言詞轉無
　　次第，羣小兒大映嗤笑。有人欲近之，則來拿攫，小兒又退。如是日中，看者轉衆。短女人亦坐，有
　　一小兒突前牽其羣首，布遂落，見三尺力青竹，掛一髑髏聽然。」

也許原在唐元和九年（八一四）所發生的這件與骷髏有關的神異故事，在流傳了四百年之後，到了李
嵩的時候，故事內容已發生了種種的變化。所以把故事發生的崇仁里的地名，已經遺忘；改由五里墩
來代替。把穿著孝服的短女人，改爲開懷乳嬰而身材並不矮小的婦人。如果這樣的推測無誤，戲弄懸
絲傀儡的骷髏，應該是因爲附會而後增的。祇有懸在懸絲上的小骷髏傀儡，與在地上匍匐而行的男
嬰，才是由「乾饌子」所記述的故事裏的原有的成份。李嵩的「骷髏戲弄傀儡圖」可說是對於在中唐
開始流傳的一個荒誕故事的紀錄。其本身或許並沒有這麼深厚的哲理爲其背景。

體，認作「有一擔苦和愁」，看來這只是他個人以一個道敎徒的立場而作觀察的，富有深意的理解，恐怕李嵩自己並沒有這個想法。至於羅聘是否在畫「鬼趣圖」之前，曾經得到觀賞或研究李嵩的團扇本的「骷髏戲弄懸絲傀儡圖」機會，因爲文獻不足，似乎難作明確的答覆。如果羅聘不曾觀賞過李嵩畫着骷髏的團扇，那麼，「鬼趣圖」裏的骷髏，對前人畫蹟而言，可謂偶合；對淸代繪畫而言，其屬創舉，更無可疑。

在作畫的技術方面，「鬼趣圖」裏有一種頗不常見的，卽在濕紙上作畫的畫法，值得注意。下文亦將不憚費辭，而於此法試作詳細的介紹。事實上，淸季吳修已曾對於羅聘的這一特別畫法，早已有所觀察。按吳修著有「靑霞館論畫絕句百」首。其中一首乃爲吟詠羅氏「鬼趣圖」而作。（原詩不錄）。詩下有注，注云：

「羅兩峯之鬼趣圖八幅，畫時先以紙素暈濕，後乃施墨色，隨筆毫之到處，輒成幽怪相，自饒別趣。」

在濕紙上作畫，墨線不但須要纖細，運筆的速度，亦必須控制得宜。倘如墨線粗糲，則由線條本身而傳遞到濕紙的墨汁，必在紙面上有速度過快的流散，這些流散的墨水之痕，勢將翳掩線條的全部或局部，以致改變了線條的形狀；失去原美。在筆的運動方面，如果運筆過速，則當筆端的墨汁驟觸濕紙，必在紙面上形成上述粗糲的墨線。反之，如果運筆過緩，則筆端墨汁與濕紙的接觸關係，將由一條直線的形成轉變爲許多似連實斷的細點；直線旣不可得，每一細點的周圍亦將各有流散的墨水之痕。所以在濕紙上作畫，筆的運動與墨的使用，都必須輕重得宜。今檢霍本鬼趣圖的第二，第四，第六諸段，其人物輪廓皆以精微墨線，細加鈎勒。輪廓之外，皆有墨水流散之痕（其痕尤以第四段特爲顯着）此等四散的墨水痕跡，當卽如吳修所記，是先把全紙染濕，並在紙素半乾猶濕之際，隨意描畫，當墨線一與濕紙接觸，由線條帶至紙

註六一：據智龕君「董洵的印派」一文（文載「藝林叢錄」第六集頁二九八，一九六六年，香港商務印書館版），羅聘嘗取其生前所用的印章四十九方，鈐爲「衣墨印存」（在四十九印之中，丁敬與奚岡各治三方、黃易治七方、鄧琰治八方、董洵治廿八方。按丁、奚、黃、鄧、董諸印，無不爲乾嘉時代之治印名家）。但在由德國學者孔達女士（Victoria Contag）與王季遷氏所合編的「明淸畫家印鑑」之中（民國二十九年，上海，商務印書館初版）却收了羅聘的印章五十六方（但惜未著名何印出自何家）。可見羅聘生前所用印章的總數，實不止收於「衣墨印存」內的那曰十九方。也許其印之總數，比王孔二家所收的總數還要多。

面的墨汁，乃隨紙紋四散而形成。在書家與畫家的一般作品之中，這種流散的墨痕，大多視爲由於未能適當控制筆墨、或由於未能把握紙性而致的敗筆。但在「鬼趣圖」中，這種流散的墨水之痕，却因爲它們不規則的形狀與不固定的方向，而成爲魅魑的鬼物的背景的襯托。這些背景不但使「鬼趣圖」內因爲鬼物的出現而引起的氣氛，幽冷而神秘，同時在畫法上，由於這些陰黯的背景是利用在濕紙上作畫時，畫線輪廓以外必具的流散的墨水之痕而完成，更使背景的幽冷與氣氛的神秘，益覺自然。羅聘對於筆、墨，與紙面結合後所以必然發生的物理變化，不但瞭如指掌，也能善加利用。瞭解這種頗具現代藝術之創作手法的技巧之後，觀者當於「鬼趣圖」卷的欣賞，更覺趣味盎然。

　　「鬼趣圖」的題詠，雖因其數量過多，引起展閱的不便，而不得不分爲前後兩卷，可是羅聘在其已繪的「鬼趣圖」的任何一段之上，都旣未署款，鈐章，也未題繫詩文。事實上，羅聘旣善詩文，而其印章又大多由當時的金石名家爲之雕刻（註六一），同時在畫上題以詩文的風氣，自元初諸家始倡以來，到了清代中葉，卽「揚州八怪」身處的時代，更是盛極一時（註六二）。再就羅聘一般的畫蹟而言，他不但常在其「鬼趣圖」以外的作品上署款、鈐章、和題詩，就以其別本「鬼趣圖」而論；如在方氏所藏的摺扇本上，也是款、印、題跋俱全的。此外，在他爲一位子千先生所畫的「鬼趣圖」上，他除曾鈐用了一方印文是「衣雲和尙」的印章（註六三），也曾加以短題。但在霍本「鬼趣圖」內，旣未見羅兩峯的任何款、印、也沒有詩人的題詠。故在霍本卷內的八段鬼畫，看來似乎與羅聘對他一般作品之處理方式，迥然不同。羅聘何以會在霍本

註六二：國人對於在中國畫蹟題以詩文的這種文字的歷史發展，似乎未有深入的研究。現知僅有日本靑木正兒教授嘗著「題畫文學發展」一文（原載「支那學」第九卷，第一號），昭和十二年，卽一九三七年出版。後收入同氏所編「支那文學藝術考」見第二六九——二九四頁，昭和十七年，卽一九四三年，東京，弘文堂出版。）國人馬導源氏嘗爲中文譯本，初載「大陸雜誌」第三卷第十期頁十五至十九，（民國四十年十一月，臺北出版），後又收入同氏所編「日本漢學研究論文集」第四部份，頁二二五至二四〇（民國四十九年，臺北，中華叢書編審委員會出版）。

註六三：此據註四十一所揭「明淸畫家印鑑」，內所收羅聘印章第二十方之說明。又據同一說明，羅聘爲子千所作的「鬼趣圖」，在民國廿九年王孔二氏合編上述「印鑑」之際，爲張大千氏之藏品，此圖今已下落不明。

「鬼趣圖」內採取不署款、不鈐印、也不題詠詩文的異常方式，作者現要根據霍本的現況，而對這一事實的眞相，來尋求合理的解釋。

在現況方面，首先值注意的是霍本「鬼趣圖」雖分八段（見圖版陸、柒、捌、玖拾），可是這八段鬼畫的紙張，却是尺寸各異(註六四)。最明顯的是第五段，這一段紙不但特別長，也特別高。它的面積幾乎三倍於第一段或第二段。此外，畫着男女骷髏的最後一段，紙窄而高（惟其高度又較第五段略短），其高似爲第七段高度的一倍又半。這兩段（第五、第八）紙張的形狀與尺寸，實與其他各段的形狀與尺寸無相同之處。其他六段，雖在視覺上，可分三組（第一、第二段爲一組，第三第、四段爲另一組，第六、第七二段再爲一組）。實際上，不但這三組的尺寸各異，就是每一組的兩段，尺寸也各不同。

根據這八段尺寸不同的紙張來判斷，可以看出羅聘對這八段的描繪、必是時間不一。易言之，這八段畫的完成，必不曾在同一段連續的時間之內。因爲羅聘如果對於這八段「鬼趣」的佈局已經胸有成竹，他必採用尺寸相同的八幅紙而將它們次第完成。同時也必在這種題材新穎的鬼畫上面，或者題詩，或者署款、鈐印、乃至款、印、詩文，一應俱全。根據這樣的判斷，霍本「鬼趣圖」內那八段尺寸不同的畫，實際應該定爲畫稿，而不應該視爲「鬼趣圖」的定本。大概羅聘在靈感到來之際，爲了要能够迅速完成一張畫稿，就取用隨手而得的紙張，而不考慮每一幅紙張的面積。因之，當這八段畫稿次第完成之後，這八幅紙張的面積，乃不一致。如果這種理解無誤，那麼，「鬼趣圖」上沒有羅聘自己的款、印與詩文的眞相，也就完全大白：畫稿上不必署款、也沒有題以詩文的必要。

五、「鬼趣圖」流傳的歷史

「鬼趣圖」流傳的歷史，錯綜複雜，值得爲對於這一件名蹟有興趣的讀者，作最後的介紹。如前述，羅聘是在乾隆卅六年北上京師，而至少又在乾隆卅九年（一七七

註六四：霍本鬼趣圖計分八段。每段尺寸如下：

第一段：縱22.2公分，橫23.5公分　第二段：縱23.6公分，橫23.9公分　第三段：縱27.6公分，橫24.4公分
第四段：縱24.1公分，橫19.4公分　第五段：縱266.公分，橫42.1公分　第六段：縱25.3公分，橫34.1公分
第七段：縱23.2公分，橫34.3公分　第八段：縱27.5公分，橫20.8公分

四）已經囘到揚州的。霍本「鬼趣圖」在第三段，第四段，與第五段之後之後各有張壎、陸費墀、與姚鼐在乾隆卅七年（一七七二）中元節，七月廿日與十一月十日的長題。據此年代推測，「鬼趣圖」的完成，大概就在乾隆三十七年中元節之前。此圖完成之後，因爲先後得到京師與江南名士的欣賞，題詠極多（註六五）。此後，羅聘又在乾隆四十四年（一七七九）與五十九年（一七八六）兩次北上京師。而這卷「鬼趣圖」也都成爲他在旅途中携以隨行的名物。

嘉慶四年，羅聘在揚州去世。據常理，像「鬼趣圖」這樣的名蹟，應該是其子女（長子克紹，次子克纘，女芳淑）的傳家寶。事實上，此圖並未由羅聘的子女善加保存；以致在道光初年，已經成爲萬廉山的藏品。根據霍本「鬼趣圖」內萬紫承的題跋，萬廉山在道光四年（一八二四），又把這一名蹟無條件的送囘去給羅氏子弟（送（給克紹或克纘，則不可明。），並由廉山之弟（紫承）出錢，而把「鬼趣圖」重加裝裱。在霍氏此卷的題跋之中，沒有第二次裝裱的記錄。也許霍氏的「鬼趣圖」在目前還保存著一百五十年前（卽道元年初年）由萬紫承所重裱後的狀況。

萬氏兄弟雖然慷慨大方的，在把「鬼趣圖」裝裱一新之後，送囘給羅氏家人，可惜羅聘的家人在再度獲得這卷名蹟之後，對於他的保管與收藏，仍舊漠不關心。所以到了道元十一年（一八三一），李芸甫就用重價從羅聘的孫兒羅小峯之手，購得此圖。並在次年，由廣東的著名詩人張維屛（號南山，一七八〇——一八五九）題之以詩。從此這一件曾經先後在北京與江南享其盛名的「鬼趣圖」便永遠成爲廣東籍的文物收藏家的珍品。

同治二年（一八六三）清代著名的書法家何紹基（字子貞，一七九九——一八七三，湖南道州人）又在「羊城」（卽今廣州）爲「鬼趣圖」題以長詩。當時此卷的物主，是身份不明的德叟（註六六）。（大概德叟也是一位廣東籍的好古之士）。兩年以後

註六五：據注四十二所揭朱氏「讀畫記」，此圖題跋總數在百五十人以上。其中如杭世駿（一六九六——一七七三）、袁枚（一七一六——一七九七）、畢沅（一七二〇——一七九七）、王昶（一七二四——一八〇六）、蔣士銓（一七二五——一七八五）、錢大昕（一七二八——一八〇四）、姚鼐（一七三一——一八一五等，莫不爲南北名士。

註六六：余嘗遍檢陳德芸氏「古今人物別號索引」（嶺南大學叢書之一，民國五十四年，臺北藝文印書館翻印本），又陳乃乾「室名別號索引」一九五九年，中華書局出版）皆未見搜有德叟之名。

（一八六五），此卷又由德叟之手流入海山仙館；成為清末廣東有名的人士潘仕成（番禺人）的藏品。潘仕成雖和揚州的馬氏兄弟，同以販鹽致富，却在其生前對於文化界作了兩件大事，一是在道光二十八年（一八四八）刊印「海山仙館叢書」，一是雕刻書法史上有名的「海山仙館法帖」（始刻於道光九年，一八二九，刻成於同治五年，一八六六，前後凡卅七年）。刊印叢書和雕刻法帖，都需要很大的資金。購買這卷「鬼趣圖」，雖然所費不少，但對富有的潘仕成而言，也許是一件輕而易舉的事。

同治十二年（一八七三）潘仕成自粵北上京師，且將羅聘的鬼趣圖卷，携身隨行。但當他到達北京之後，不知為了什麼原因，竟將這一名蹟轉讓給他的同鄉葉衍蘭（字蘭台，廣東番禺人）。今霍氏的「鬼趣圖」的前卷（包括鬼趣圖八段至盛百二為止的題跋）與後卷（無圖，僅包括自胡德琳以至何壽的題跋）的引首，各由葉衍蘭以篆書題「兩峯山人鬼趣圖」與「鬼趣圖續題詠」等十三字。這兩段引首上的篆書，大概就是葉衍蘭在由潘仕成的手中購進此圖之後方補寫的。從同治十二年以後的廿幾年之間，在霍本「鬼趣圖」卷的題詠之中，沒有此圖再度易手的紀錄。大概葉衍蘭一直是此圖的物主。

光緒三十年（一九○四），另一位廣東籍的鹽商辛耀文（字仿蘇，廣東順德人，一八九六－一九二八）；又從廣東挾金北上，寓於京師。他最初曾被京師廠商愚弄：買了不少贋品，最後終以高價獲得原屬番禺葉氏的「鬼趣圖」（註六七）。霍本後卷有鄧驥英在民國元年（一九一二）在辛氏芋花庵中的題識，可見此圖從一九○四至一九一二之間，一直是辛耀文的寶藏。

後來辛氏不幸破產，終將所藏書畫讓予何荔甫。至民國六年（一九一七），何荔甫又逼於時勢，而將辛耀文的舊藏的一部份（包括「鬼趣圖」卷）轉讓給當時的廣東省省長李耀漢（註六八）。目前「鬼趣圖」卷的物主是香港的廣東省銀行的霍寶材先生。

結合前述，「鬼趣圖」的歷史，可分二部份。在自羅而萬，又自萬而羅的時候，

註六七：參閱冼玉清氏「鑑藏家辛耀文」一文。文載前揭「藝林叢錄」第六集（頁三三六至三三九）。

註六八：據前揭冼玉清文，李名耀漢。然據臺灣中央研究院近代史研究所張朋園學兄查告，李名漢耀，字子雲，廣東新會人。民國二年（一九一三）任少將，繼任中將，次年任廣東肇陽鎮專使，至民國六年，始任廣東督軍兼廣東省省長。此後，行踪不明。

它一直在江南流傳。此後，當它自羅而李、而潘、而葉、而辛、而何、而李、而霍的時候，已遠離江南，永存廣東。而其物主，也至少先後十易其人。

<h2 style="text-align:center">六、結　語</h2>

根據以上的討論，羅聘的「鬼趣圖」是借鬼魅來象徵人世之種種醜惡的，一種諷刺繪畫的畫稿。從整個藝術史的立場來看，在西方的繪畫中，鬼魅的描繪是要到十五至十六世紀之交的時代，在荷蘭籍畫家波希 (Hieronymus Bosch, 1450–1516 A.D.) 的作品中才開始出現(註六九)。在龔開、顏輝與王振鵬筆下的鍾馗，都遠比波希對於邪魔鬼怪的描繪要早。然而元末畫家對於鍾馗的描繪，却還不能算爲東方藝術史中最早的諷刺繪畫。遠在相當於我國南宋初期高宗紹興八年時（日本保延四年，一一三六年）日本的鳥羽僧正覺猷，已經爲了諷刺在日本平安時代末期所出現的，武士稱霸、豪強割據的局面，以及在京畿以外完全陷入無政府狀態的社會混亂，而完成其有名的鳥獸戲畫圖卷(註七〇)。在那些騎在驢背上的白兎，以及在作角抵之狀（舊稱相撲，今稱角抵）的蛙與兎（見圖版拾壹），雖然光怪陸離，但隱藏在這些滑稽與無理的形相之後的諷刺意味，實在是望而可知。同樣的，在中國方面，隱現於元末諸家筆下的形形色色的鬼羣之後的諷刺意味，實與覺猷所表現的手法，了無二致。從對鬼魅之描繪與諷刺意義之使用的歷史上看，畫鬼（或其他動物）以諷刺世態，本是東方繪畫的一個特色。在日本繪畫上，活躍於藤原時代的覺猷，雖是曾經畫出比龔開等人所畫的鍾馗圖時代更早的諷刺繪畫藝術家，但與「獸戲畫」相類的畫題，在覺猷之後，却未見繼續。元末龔開等人的鬼圖，雖比覺猷的「戲獸畫」遲出二百年，却不但比波希的鬼圖早出二百年，而且也成爲羅聘「鬼趣圖」的前驅。

註六九：在波希有關於鬼的描寫和寓有諷刺意味的畫蹟之中其荷負十字架的耶穌(Le Portement de Croix，
　　　　繪成於一五〇五年，卽明弘治十八年)，或爲最有代表性的一幅。此圖繪耶穌身負巨大之十字架，面
　　　　情痛苦。身旁環繞惡鬼無數。其意義蓋在諷刺耶穌無力拯救受苦之世人，而爲惡鬼所戲。

註七十：關於「鳥獸戲畫圖」卷的複製圖版，見 Yashiro Yukio: "Art Treasures of Japan" Vol. I, pp.
　　　　220–221(1960 A.D. Tokyo)。又見加藤泰「日本美術史」（北條足利氏時代，平安時代）（昭和十
　　　　年，卽一九二三七年，東京）第一圖。（本文圖版拾壹卽據此圖）。

　　至於羅聘的「鬼趣圖」，在西方的藝術主潮已經趨向寫實主義的十八世紀，猶上承中國繪畫裏的傳統，而續爲東方藝術所獨有的諷刺繪畫，獨放異彩。東方與西方繪畫從十八世紀以後所形成的，追求意象與自然的更大的分歧，僅以羅兩峯的「鬼趣圖」爲例而作的反映，也已昭然若揭了。

　　民國六十一年三月二十八日深夜寫完初稿，時居臺北吳興街客寓。旅中多項資料未備，文成殊不愜意。全文殺青，得臺灣大學歷史系陳麗香小姐代爲謄清一過，誌此言謝。北平莊申附識。

圖　版　說　明

〔圖版壹〕　唐代畫卷殘片（畫成於八至九世紀）。

　　　　　　本世紀初年德人柯克(Von Le Coq) 發現於我新疆、吐魯番 (Turfan) 附近之庫克 (Qoco) 。

〔圖版貳〕　元顏輝中山出遊圖卷之一部分。

　　　　　　現藏美國華盛頓佛利爾美術館 (Freer Gallery of Art, Smithsonian Institution, Washington. D. C.)

〔圖版參〕　元顏輝中山出遊圖卷之另一部分。

　　　　　　現藏美國華盛頓佛利爾美術館 (Freer Gallery of Art, Smithsonian Institution, Washington, D. C.)

〔圖版肆〕　元顏輝鍾馗元夜出遊圖卷。

　　　　　　現藏美國阿亥阿 (Ohio) 州之克利夫蘭博物館 (Cleveland Museum of Art) 。

〔圖版伍〕　南北朝時代之壁畫（約畫成於六世紀初期）。

　　　　　　本世紀初年德人柯克 (Von Le Coq) 發現於我新疆庫車(Kucha) 北郊之奎則爾 (Qizil) 。

〔圖版陸〕　羅聘鬼趣圖之第一段與第二段。

　　　　　　香港霍寶材先生藏。

〔圖版柒〕　羅聘鬼趣圖之第三段與第四段。

　　　　　　香港霍寬材先生藏。

〔圖 版 捌〕　羅聘鬼趣圖之第五段與第六段。

　　　　　　　香港霍寶材先生藏。

〔圖 版 玖〕　羅聘鬼趣圖之第六段與第七段。

　　　　　　　香港霍寶材先生藏。

〔圖 版 拾〕　羅聘鬼趣圖之第七段與第八段。

　　　　　　　香港霍寶材先生藏。

〔圖版拾壹〕　日本覺猷鳥獸戲畫圖卷。

圖版壹

圖版貳

圖版叁

圖版肆

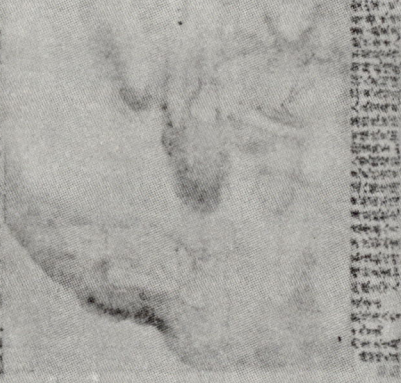

圖版 陸

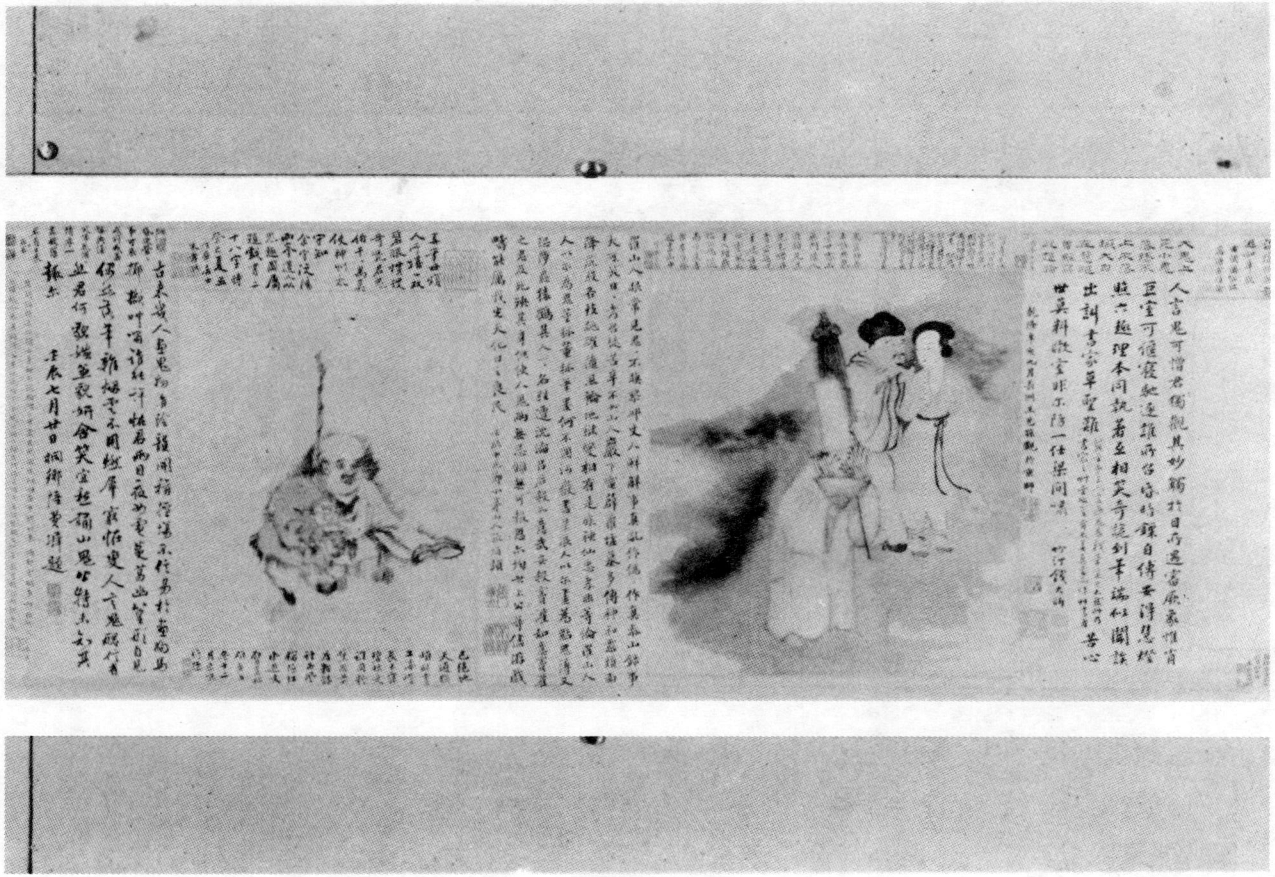

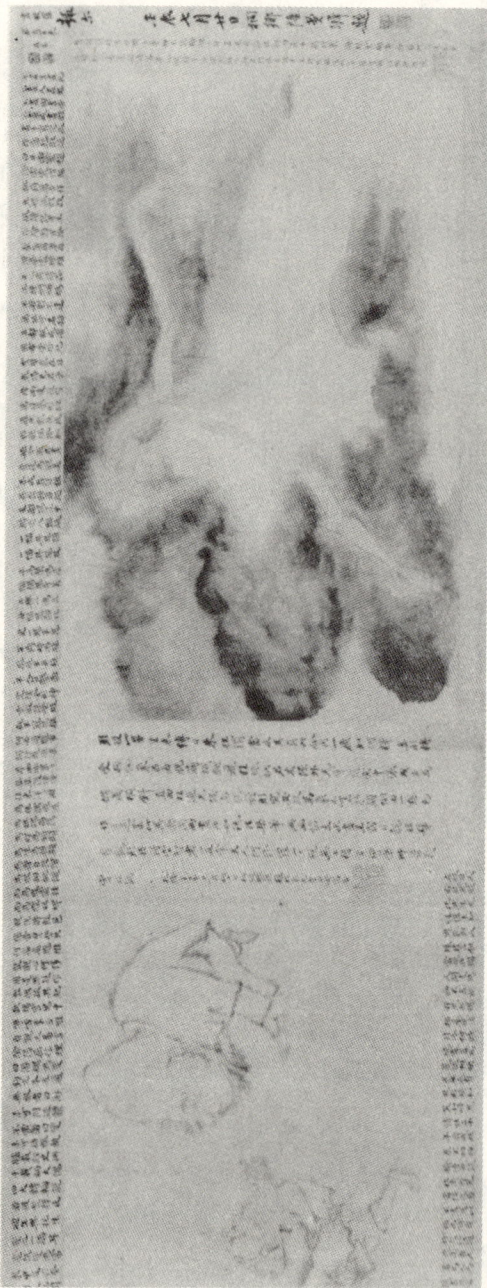

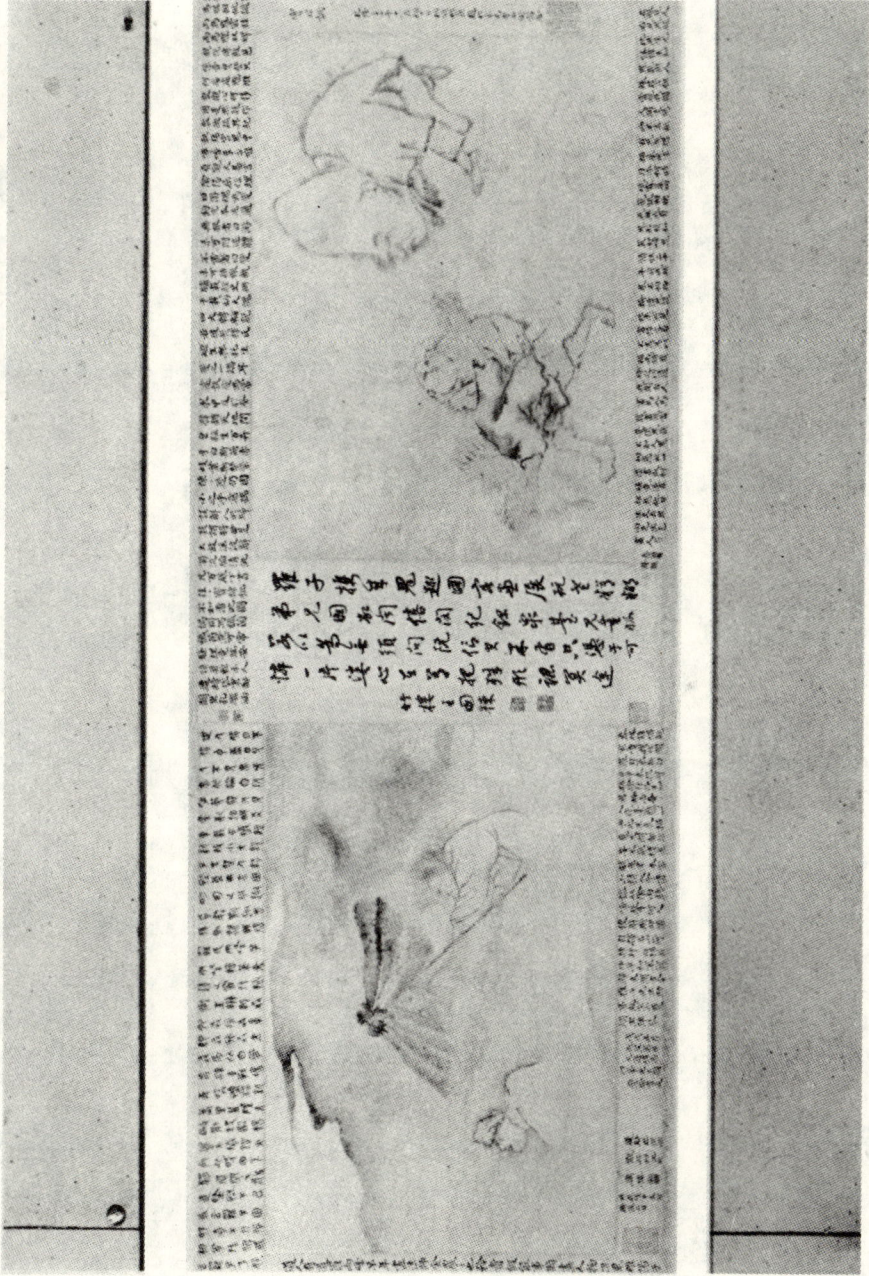

圖版拾

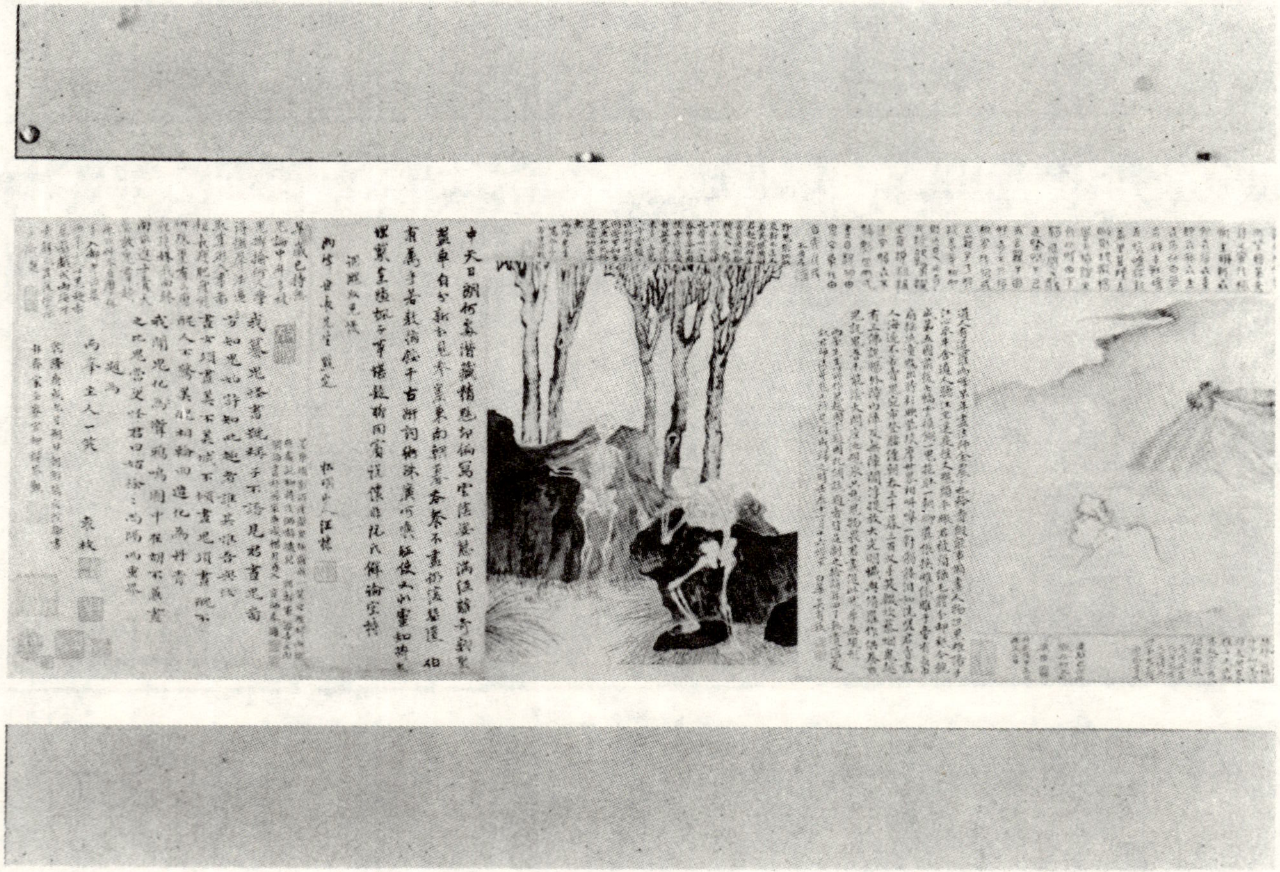

THE PERIODIZATION OF CHINESE HISTORY

A Survey of Major Schemes and Hypotheses

Chun-shu Chang*

As with the histories of all other countries, the history of China clearly follows a certain pattern, in one sense, and yet in another sense it defies all attempts at imposing any single pattern. Scholarly preference depends upon one's standpoint of historical analysis and the degree of generalization employed in that analysis. Because historians have applied different standpoints and different degrees of generalization, they have reached different conclusions regarding patterns of Chinese history. In general, historians have emphasized one of three patterns: repetitive dynastic or periodic cycles, continuous developments, and stagnation. All of these views have been reflected in different periodization schemes applied to Chinese history.

The periodization of Chinese history has been a subject of discussion for centuries within China, but also outside China in modern times. Many schemes and views of Chinese history have been presented in various Western language works.[1]

---

* Professor of History, University of Michigan. The author gratefully acknowledges the assistance of a research grant awarded in 1966 by the Joint Committee on Contemporary China of the Social Science Research Council and the American Council of Learned Societies in the preparation of this essay.

1. John Meskill, (ed.), *The Pattern of Chinese History* (Boston, 1965), including twenty-three such articles and discussions; Wolfram Eberhard, *Conquerors and Rulers: Social Forces in Medival China* (2nd. ed. Leiden, 1965), pp. 17–88; Meribeth E. Cameron, "Periodization of Chinese History," *Pacific Historical Review*, Vol. 15, No. 2 (June, 1946), pp. 171–177. Miyakawa Hisayuki, "An Outline of the Naitō Hypothesis and Its Effects on Japanese Studies of China," *Far Eastern Quarterly*, XIV (1954–55), pp. 533–552; James T. C. Liu, "The Neo-Traditional Period (ca. 800–1900) in Chinese History," *Journal of Asian Studies*, Vol. XXIV, No. 1 (Nov. 1964), pp. 105–107, esp. the various notes; Hu Shih, "The Chinese Tradition and the Future," *Sino-American Conference on Intellectual Cooperation, Reports and Proceedings* (Seattle, 1962), pp. 13–22.

The tradition of dividing Chinese history into stages stems from Confucius (551–471 B.C.), the first Chinese thinker whose views on historical stages can be documented.[2] In modern times, K'ang Yu-wei (1858–1927) and Liang Ch'i-ch'ao (1873–1928) were among the first to have discussed the problem. In a book entitled *Li-yun chu* (*The Li-yun Annotated*), K'ang proposed in 1884–1885 a three-division scheme of Chinese history: the Age of Order—the periods from Yao and Shun to Hsia, Shang, and (Western) Chou; the Age of Disorder—from Ch'un-ch'iu to the unification of China under the Ch'in; the Age of order—from Ch'in to his time (nineteenth-century China); and the Age of Great Peace—a new age of Grand Unity he proposed that China enter through reforms.[3] It is a well-known fact that this division of Chinese history follows the famous theory of the "Three Ages," a concept developed by Yen An-lo (first century B.C.), who was a third-generation disciple of Tung Chung-shu (179–104 B.C.), and Ho Hsiu (129–182 A.D.). This concept was included in their commentaries on the *Kung-yang Commentary* on the *Ch'un-ch'iu* (*Spring and Autumn Annals*). K'ang's contribution was to set forth his scheme in terms of the theory of the "Three Ages" and the idea of Grand

---

2. For example, *Lun-yü* (*The Analects of Confucius*), *Lun-yü cheng-i* ed. (Reprint, Hong Kong, 1963), pp. 39, 49, 56.

3. K'ang Yu-wei, *Li-yun chu* (*The Li-yun Annotated*) in *Yen-K'ung ts'ung-shu* (*Studies on Confucianism*) (Shanghai, 1912), pp. 2, 7, 112; Wu Tse, "K'ang Yu-wei Kung-yang san-shih shuo te li-shih chin-hua kuan-tien yen-chiu" (A Study of the Theory of Progress in K'ang Yu-wei's Theory of the Three Ages), in *Chung-hua wen-shih lun-ts'ung* (Collected studies in Literature and History), Vol. I (Shanghai, 1962), pp. 229–274, reference on pp. 233–242; Tuan Hsi-chung, "Kung-yang Ch'un-ch'iu 'san-shih' shuo t'an-yüan," (On the Evolution of the Theory of the Three Ages in the Kung-yang Commentary on the *Spring and Autumn Annals*," *ibid.*, Vol. 4 (1963), pp. 67–76, reference on pp. 73–74. It is significant to point out that the dating of the *Li-yun chu* has been controversial. K'ang Yu-wei himself dated his preface to the book in 1884–1885. Ch'ien Mu rejects this dating and suggests that the book was written in about 1901–1902. Laurence G. Thompson questions Ch'ien's view and holds to K'ang's own dating. In a recent article on K'ang's philosophy, Hsiao Kung-ch'üan again holds Ch'ien's view. The works mentioned above have followed the dating of 1884–1885 and are followed here. See Ch'ien Mu, *Chung-kuo chin san-po-nien hsüeh-shu shih* (*A History of Chinese Scholarship during the Last Three Hundred Years*), (Shanghai, 1937), pp. 698–699; Laurence G. Thompson, *Ta T'ung Shu, the One-World Philosophy of K'ang Yu-wei* (London 1958), pp. 27, 34–35 (note 10); Hsiao Kung-ch'üan, "K'ang Yu-wei and Confucianism," *Monumenta Serica*, Vol. XVIII (1959), pp. 144–147; *idem*, "In and Out of Utopia: K'ang Yu-wei's Social Thought," *Chung-chi Journal*, Vol. 7 (1968), p. 147 (note 230); Lo Jung-pang, *K'ang Yu-wei: A Biography and a Symposium* (Tucson, 1967), p. 441.

Uuity in the *Li-yun* section of the *Book of Rites*.[4] Political and social conditions are evidently the primary criteria in this periodization. The adoption of the idea of Grand Unity was aimed at easing the Chinese and non-Chinese, particulary the Manchu, conflicts of interest.[5] The unique feature of Grant Unity points to the Utopian nature of the proposal.[6]

Turning to the twentieth century, Liang Ch'i-ch'ao (1873-1928), K'ang Yu-wei's pupil, seems to have been the first Chinese scholar to have discussed the problem of periodization of Chinese history. In 1901, following conventional European divisions, he proposed a three-division scheme. The ancient period lasted from high antiquity (the Yellow Emperor) to the end of Chan-kuo,and was characterized by aristocratic political structure and self-development of the Chinese people; the medieval period, from the founding of the Ch'in in 221 B.C. to the end of the reign of Ch'ien-lung of the Ch'ing in 1795, was characterized by autocratic government and keen competition of the Chinese with other Asian peoples; the modern period, initiated since the Ch'ien-lung period, has witnessed China's transformation into the modern age, with modern government and increasing contact and competition among China, other Asian

---

4. Tuan Hsi-chung, *op. cit.*, pp. 73-75.

5. Tuan Hsi-chung, *op. cit.*, p. 75.

6. It is on the idea of Grand Unity that K'ang later wrote his great Utopian classic entitled *Ta-t'ung shu*, which was first published in book form in 1935, eight years after K'ang's death, and translated into English by Laurence G. Thompson with the sub-title *The One-World Philosophy of K'ang Yu-wei*. But contrary to the prevailing view that the book was written during 1884 and 1885, recent studies indicate that it was first written in 1901-1902 and its final version was not completed until K'ang's last years of life. See T'ang Chih-chün, "Tsai-lun K'ang Yu-wei te *T'a-t'ung shu*" (When did K'ang Yu-wei write his *Ta-t'ung shu*), *Li-shih Yen-chiu* (Historical research), August, 1959 issue, pp. 57-69, ref. 57-62. Other views, including K'ang Yu-wei's own version which is, in many respects, not reliable, hold that the first draft of the *Ta-t'ung Shu* was written during 1884 and 1885; the second, 1887; and the final form of the book was done in 1902. For these views, see Ch'ien Mu, *op. cit.*, pp. 699-700; Chao Feng-t'ien, "K'ang Ch'ang-su hsien-sheng nien-p'u kao" (A Draft Chronological Biography of Master K'ang Ch'ang-su), *Shih-hsueh nien-pao* (History Annual), Vol. II, No. 1 (1934), p. 184; K'ang Yu-wei, *Tzu-pin nien-p'u (Autobiographcial Chronicle)* (Mimeographed, 1959), pp. 5b-6a, 7a, 8a; K'ang T'ung-pi, (comp.), *Nan-hai hsien-sheng nien-p'u hsü-pien (A Sequel to Master Nan-hai's Autobiographical Chroicle)*, (Mimeo., 1958), p. 22b; Laurence C. Thompson, *op. cit.*, pp. 13, 19, 26; Hsiao Kung-ch'üan, "K'ang Yu-wei and Confucianism," pp. 106-115; *idem*, "In and Out of Utopia: K'ang Yu-wei's Social Thought," 1, 2, 13-14 (Notes 4, 5, 8); Lo Jung-pang, *op. cit.*, pp. 42, 43, 192, 441.

countries, and the West.[7] In 1922, Liang revised his scheme by changing the beginning of the ancient period to the time of the legendary Sage-ruler Yü of Hsia, and by changing the lower limit of the medieval period to the end of the Ch'ing dynasty in 1911.[8] This change added the factor of cultural growth to the two primary criteria used for the first scheme: the pattern of political structure, and the developement of the Chinese people as a nation and its relations with other peoples of the world.

In 1913–1914, a more systematic scheme of periodization was proposed by Chang Ch'in (1880–1931). Based on the criteria of political and cultural developments, Chang divided Chinese history into four periods: the ancient period, from prehistory to the end of Chan-kuo in 221 B.C.; the medieval period, from the founding of the Ch'in in 221 B.C. to the end of the T'ang in 907 A.D.; the early modern period, from the beginning of the Five Dynasties in 907 to the end of the Ming in 1644; and the modern period, the Ch'ing dynasty.[9] The major chntribution of this scheme is its suggestion of the Five Dynasties as the starting point of the early modern period, a view that, as will be shown later, has been agreed upon by contemporary researchers.

In 1918 Fu Ssu-nien (1896–1950) suggested still another scheme of periodization. Focusing on the history of the growth of the Chinese people as a nation, and its interactions with the various groups of northern nomads of Inner Asia, Fu periodized Chinese history as follows:[10]

Ⅰ. Ancient Period: First China—China of the Han people

---

7. Liang Ch'i-ch'ao, "Chung-kuo shih hsü-lun" (Introductory Remarks on Chinese History), in *Yin-ping-shih wen-chi* (*Collected Writings of Liang Ch'i-ch'ao*), (Shanghai, 1936), Vol. 3, pp. 1–12, reference on pp. 11–12; originally published in 1901.

8. Liang Ch'i-ch'ao, "Ti-li yü nien-tai" (Geography and Chronology) in *Kuo-shih yen-chiu liu-p'ien* (*Six Studies in Chinese History*), (Reprint. Taipei, 1961), Appendix, pp. 1–10, reference on pp. 5–10; this is a speech originally delivered at Ch'ing-hua University in 1929. In this second periodization scheme, Liang also divided the ancient period into two subperiods, pre–771 B.C. and 770–229 B.C., and the medieval period into four, 221 B.C.–A.D. 219, 220–906, 907–1643, and 1644–1911.

9. Chang Ch'in, *Chung-hua t'ung-shih* (*A General History of China*), 5 Vols. (Reprint. Taipei, 1959), pp. 1–2, 92–102. The book was first published in 1934, but its mimeographed manuscript was circulated as lecture notes in 1914 (Note by Sung Chung-yüeh at the end of the book).

10. Fu Ssu-nien, "Chung-kuo li-shih fen-ch'i chih yen-chiu" (On the Periodization of Chinese History) in *Fu Meng-chen hsien-sheng chi* (*Collected Works of Fu Mcng-chen*), (Taipei, 1952). Vol 1, pp. 54–61; originally published in 1918.

    Subperiod Ⅰ: pre-770 B.C.

    Subperiod Ⅱ: 770–221 B.C.

    Subperiod Ⅲ: 221 B.C.–A.D. 317

    Subperiod Ⅳ: 317–589 : Beginning of barbarian influence in China.

Ⅱ. Medieval Period: Second China—China under Nomads' Penetration and Influence

    Subperiod Ⅰ: 589–959 : China under strong influence of northern barbarians.

    Subperiod Ⅱ: 960–1279: Revival of the Han spirit.

Ⅲ. Modern Period: China of Nomads' Predominance

    Subperiod Ⅰ: 1279–1364: Mongol rule.

    Subperiod Ⅱ: 1364–1661: Revival of the Han rule from the founding of the Wu State (Chu Yüan-chang) to the Ming, and to the end of the Southern Ming.

    Subperiod Ⅲ: 1661–1900: Manchu rule.

Ⅳ. Contemporary Period:

  1912—

Fu's view is a major contribution in its suggestion of the end of the Sung dynasty in 1279 as the starting point of the modern period in China. He is among the first to have made such a suggestion.

The topic of periodization became a subject of heated debate during the "Controversy on the Social History of China" in the late 1920's and early 1930's. Various schemes of division were advanced in this period. Among the notable ones are those of Kuo Mo-jo, T'ao Hsi-sheng, Li Chi, Mei Ssu-p'ing, Hu Ch'iu-yüan, Wang Li-hsi, and Ku Meng-yü.[11] Three of these

----

11. A concise discussion of the "Controversy on the Social History of China" is found in Kuo Chan-po, *Chin wu-shih nien Chung-kuo ssu-hsiang shih* (*History of Chinese Thought during the Past Fifty Years*), (Originally published in 1935; reprinted in Hong Kong, 1965), pp. 332–345; Ch'ien Chien-fu, *Chung-kuo she-hui ching-chi shih shang te nu-li chih wen-t'i* (*The Problem of Slavery in the Social and Economic History of China*), (Shanghai, 1948), pp. 1–22; Ho Kan-chih, *Chung-kuo she-hui-shih wen-t'i lun-chan* (*Controversy on the Social History of China*), (Shanghai, 1937); idem., *Chung-kuo she-hui hsing-chih wen-t'i lun-chan* (*Controversy on the Nature of Chinese Society*), (Shanghai, 1938); Li Chi, *Chung-kuo she-hui-shih lun-chan p'i-p'an* (*A Critique of the Controversy on the Social History of China*), (Shanghai, 1936). For critical examination of the Controversy, see Benjamin I. Schwartz, "A Marxist Controversy on China," *Far Eastern Quarterly*, XIII (Feb. 1954), (pp. 143–153), pp. 143–148;

are sketched here to show the variety of views and approaches.

Writing in 1928, Kuo Mo-jo, following a Marxist interpretation of history, divided Chinese history into the following major stages:[12]

Ⅰ. Primitive Communism:　Pre-Chou Period—classless clan society.

Ⅱ. Slave Society:　Western Chou—nobles versus commoners and slaves.

Ⅲ. Feudal Society:　From the Ch'un-ch'iu period to the mid-nineteenth century—well-stratified class society.

Ⅳ. Capitalistic Society:　Since the mid-nineteenth century to the 1920's—capitalists versus proletarians.

As Kuo clearly notes, his criterion is solely the mode of production and the social structure generated by it.

T'ao Hsi-sheng's view changed a few times during the period, but by 1935 his periodization scheme emerged in definitive form, as follows: ancient society from the fifth century B.C. to the third century A.D., during which China passed from a clan society in the Chou period to a slave society; medieval society from the third to the ninth century, during which manorial economy and aristocratic government prevailed; and modern society from the tenth to the nineteenth century, during which China saw autocratic government and a new monetary, market-and handicrafts-economy with expansion of domestic and foreign trade—a type of economy he had previously termed "proto-capitalistic."[13]

Teng Ssu-yü, "Chinese Historiography in the Last Fifty Years," *Far Eastern Quarterly*, VIII (1949), (pp. 131–156), pp. 147–148; Wu Ming, "Chung-kuo she-hui chan ti chien-t'ao" (An Examination of the Controversy on Chinese Society), *Chung-shan wen-hua chiao-yü kuan chi-k'an* (Bulletin of the Institute of Cultural Education at Sun Yat-sen University), Vol. 2, No. 1 (Spring, 1935), pp. 169–190; Cheng Hsüeh-chia, *She-hui-shih lun-chan te ch'i-yin ho nei-jung (The Causes and Contents of the Controversy on the Social History of China)*, (Taipei, 1965). For principal sources of the Controversy, see Wang Li-hsi and Lu Ching-ch'ing, (eds.), *Chung-kuo she-hui-shih te lun-chan (The Controversy on the Social History of China)*, 4 Vols., (Shanghai, 1931–1933 [1932–1936]), which are the special volumes of the *Tu-shu tsa-chih* (Study Journal); *Tu-shu tsa-chih*, Vol. I: No. 2 and No. 3 (1931); Liu Chün-jo, *Controversies in Modern Chinese Intellectual History* (Cambridge, Mass. 1964), pp. 146–159; *Hsin sheng-ming* (New Life), Vols. 1, 2, and 3 (1928–1930).

12. Kuo Mo-jo, *Chung-kuo ku-tai she-hui yen-chiu (Studies in Ancient Chinese Society)*, (Rev. ed. Reprint, Peking, 1960), pp. 20–21; Introduction written in 1928.

13. T'ao Hsi-sheng, "Chan-kuo chih Ch'ing-mo she-hui shih lüeh-shuo" (Notes on the Social History of China from the Warring States period to Ch'ing Times), *Shih-huo* (The Chinese Social and Economic History Semi-monthly), Vol. 2, No. 11 (Nov. 1935), pp. 17–19; T'ao's article in Wang Li-hsi and Lu Ching-ch'ing, Vol. 3 (1932); Ho Kan-chih (1937), pp. 210–219. For T'ao's most recent view, see his *Ch'ao-liu yü tien-ti (Currents and Droplets)*, (Taipei, 1964), p. 145.

Taking the mode of production as his sole criterion, Li Chi periodized Chinese history in a quite novel way. He termed the periods of the legendary Yao and Shun as the era of a primitive communist mode of production, the period from Hsia through Yin as the era of an Asiatic mode of producton, the Chou period as the era of a feudal mode of production, the period from Ch'in to the eve of the Opium War as the era of a proto-capitalistic mode of production, and the period from the Opium War to the 1930's as the era of a capitalistic mode of production.[14]

The "Controversy on the Social History of China" brought about three new fronts on the periodization of Chinese history. First, Chinese historians turned to a broad and penetrating investigation of the economic and social factors affecting major stages of Chinese history. Second, new views on periodizations were advanced at this time to form a new framework for Chineses historical studies. Third, periodization schemes proposed by scholars outside China were introduced; among these were the Naitō hypothesis and Karl A. Wittfogel's theory of "hydraulic society."[15] Above all, periodization has since become a major field of interest in contemporary Chinese historiography. Different schemes and views have been advanced. In 1936 Lei Hai-tsung (1902-1962) made a unique proposal.[16] He first questioned the applicability of the conventional European divisions—ancient, medieval, and

---

14. Li Chi, *op. cit.*, pp. 17–18; Li's article in Wang Li-hsi and Lu Ching-ch'ing, 2nd vol. Note the slight revision of Li's views in the two sources.

15. Chou I-liang, "Jih-pen Nei T'eng Hu Nan [Naitō Konan] hsien-sheng tsai Chung-kuo shih-hsüeh shang chih kung-hsien" (The Contribution of the Japanere Scholar Naitō Konan to Chinese Historical Studies), *Shih-hsüeh nien-pao* (Annual Historical Reviews), Vol. 2, No. 1 (1934), pp. 155–172; Chi Hsiao-ch'üan, (trans.), "Chung-kuo ching-chi shih-te chi-ch'u ho chieh-tuan" (The Foundations and Stages of Chinese Economic History), by Karl A. Wittfogel, *Shih-huo*, Vol. 5, No. 3 (Feb. 1937),pp. 1–27 (original pub. in English in *Zeitschrift für Sozialforschung*, Johrgang IV, 1935, Heft I, pp. 26–60); Chang Yin-lin's review of Chi Ch'ao-ting, *Key Economic Areas in Chinese History* in *Chung-kuo she-hui ching-chi shih chi-k'an* (Chinese Social and Economic History Review), Vol. 5, No. 1 (March, 1937), pp. 121–125.

16. Lei Hai-tsung, "Tuan-tai wen-t'i yü Chung-kuo li-shih te fen-ch'i" (The Problems of Historical Periodization and the Periodization of Chinese History), *She-hui k'o-hsüeh* (The Social Science), Vol. 2, No. 1 (Oct., 1936), pp. 1–33; reprinted in Wu Hsiang-hsiang, *et al.*, (eds.), *Chung-kuo chin-tai shih lun-ts'ung* (Collected Studies of Modern Chinese History), Vol. I (Taipei, 1956), pp. 271–304; the English version of this article appeared in *The Social and Political Science Review*, XX (1936–1937), pp. 461–491.

modern—to the periodization of Chinese history. He divided China's past into two major cycles, "Classical China" from antiquity to 383 A.D., and "Synthetic China" from 383 A.D. to date. He pointed out that the history of "Classical China" followed, in general, the same growth pattern of other great civilizations—from feudal age to empire and the decline of classical culture—but the history of the second cycle is unique; no other nations have been able to create a synthetic culture on the basis of several foreign influences, racial and cultural, as did China during this long period. Like Fu Ssu-nien, Lei also took the national factor as his main criterion for the growth of Chinese civilization. In the first cycle, the creator of culture was mainly the Han Chinese, but in the second, the creator was the mixed Han-Tartar Chinese with a strongly Buddhist-influenced mind. Similar to Lei's basic attitude but different from Lei's view was the proposal made by Ch'ien Mu in 1939.[17] Ch'ien held that it is incorrect to study Chinese history in terms of European history, and that division schemes of European history are naturally not applicable to Chinese history. In the end, he divided China's past into eight parts: the period of pre-history and Hsia-Shang-Chou, the period of Ch'un-ch'iu and Chan-kuo, and six other periods arranged by dynastic groupings, i.e., Ch'in-Han, Wei-Chin and Nan-pei-ch'ao, Sui-T'ang and Wu-tai, Sung, Yüan-Ming, and Ch'ing.

One significant concept advanced further in the post-"Controversy" periodization schemes is "incipient capitalism" (*tzu-pen chu-i meng-ya*), a concept that played a key role in Chinese historiography of the 1950's and 1960's, when a great number of works were written on this problem in Chinese history.[18]

---

17. Ch'ien Mu, *Kuo-shih ta-kang* (*A General History of China*), 2 vols. (Reprint, Taipei, 1965), esp. pp. 1-29; the book was written in 1929 and first published in 1940.

18. Albert Feuerwerker, "From 'Feudalism' to 'Capitalism' in Recent Historical Writing from Mainland China," *Journal of Asian Studies*, XVIII (Nov. 1958), pp. 107-116; Albert Feuerwerker and S. Cheng, *Chinese Communist Studies of Modern Chinese History* (Cambridge, Mass. 1961), pp. 181-189; Tanaka Masatoshi, "Chūgoku rekishigaku kai ni okeru 'Shihon shuki no hoga' kenkyū," in Suzuki Shun and Nishijima Sadao, (eds.), *Chūgoku shi no jidai kubun* (*Periodization of Chinese History*), (Tokyo, 1957), pp. 219-252; Chung-kuo Jen-min Ta-hsüeh Chung-kuo Li-shih Chiao-yen Shih, (ed.), *Chung-kuo tzu-pen chu-i meng-ya wen-t'i t'ao-lun chi* (*Collected Studies on the Problem of Incipient Capitalism in Chinese History*), 2 vols. (Peking, 1957); *idem, Ming-Ch'ing she-hui ching-chi hsing-t'ai te yen-chiu* (*Studies in the Social and Economic Developments of the Ming and Ch'ing Periods*), (Shanghai, 1957); Nan-ching Ta-hsüeh Li-shih-hsi Chung-kuo Ku-tai-shih Chiao-yen Shih, (ed.), *Chung-kuo tzu-pen chu-i meng-ya wen-t'i t'ao-lun chi*, 2nd series, (Peking, 1960).

Although the concept was already developed by Wang Chih–jui, T'ao Hsi–sheng, and Li Chi, and termed *Shang–yeh tzu–pen* (commercial capitalism), *hsien tzu–pen chu–i* (proto–capitalism), and *ch'ien' tzu–pen chu–i* (proto–capitalism), respectively,[19] Chou Ku–ch'eng in 1939 proposed a periodization scheme which included "incipient capitalism" as a major stage of Chinese history. His five–part division follows the order of (1) a tribal society before 770 B.C.; (2) an era of formation of private ownership of land, from 770 B.C. to 9 A.D.; (3) a high feudal age from 9 to 960; (4) continuation of the feudal society from 960 to 1840; and (5) an era of "incipient capitalism" from 1840 to the 1920's.[20]

The discussion of periodization schemes assumed a new vigor during the "Debates on the Periodization of Chinese History" in Mainland China in the fifties, and was continued, but with less vigor, into the early sixties, until the coming of the Great Cultural Revolution in 1966. Over 350 articles and a number of books dealing with the various aspects of periodization were pulished. About one–third of the articles were edited into seven impressive volumes.[21] While it is not feasible here to reproduce the diversified views of these

---

19. See Wang Chih-jui, *Sung-Yüan ching-chi shih* (*The Economic History of the Sung and Yuan Periods*), (Shanghai, 1931; reprint, Taipei, 1964), esp. pp. 10–13; T'ao's article in Wang Li-hsi and Lu Ching-ch'ing, *op. cit.*, Vol. 3 (1932) and *Chung-kuo she-hui chih shih-te fen-hsi* (*A Historical Analysis of Chinese Society*), (Shanghai, 1929), p. 7 (here T'ao also used the term *ch'ien tzu-pen chu-i*); Li Chi's article in Wang Li-hsi and Lu Ching-ch'ing, *op. cit.*, Vol. 2 (1932), p. 45 and Li Chi's book, *op. cit.*, p. 18.

20. Chou Ku-ch'eng, *Chung-kuo t'ung-shih* (*A General History of China*), (Shanghai, 1939). Note the change of Chou's general view in the recent edition of the book (Shanghai, 1957 [1955 and 1956] in two volumes). The first two periods are now termed as one "Ancient China from the Struggle between Man and Nature to the Struggle of Classes."

21. Three of these have been listed in note 18; the other volumes are Li-shih Yen-chiu Pien-chi Pu, (ed.), *Chung-kuo ku-tai-shih fen-ch'i wen-t'i t'ao-lun chi* (*Essays on the Pediodization of Chinese Ancient History*), (Peking, 1957); Wen-shih-che Tsa-chih Pien-chi Wei-yüan Hui, (ed.), *Chung-kuo ku-shih fen-ch'i wen-t'i lun-ts'ung* (*Essays on Periodization of the History of Ancient China*), (Peking, 1957); Li-shih Yen-chiu Pien-chi Pu, (ed.), *Chung-kuo chin-tai shih fen-ch'i wen-t'i t'ao-lun chi* (*Essays on the Periodization of Modern Chinese History*), (Peking, 1957); idem, (ed.), *Chung-kuo te nu-li chih yü feng-chien chih fen-ch'i wen-t'i lun-wen hsüan-chi* (*Selected Essays on the Problem of Periodizing China's Slave and Feudal Ages*), (Peking, 1956). See also *Ming-ch'ng she-hui ching-chi hsing-t'ai te yen-chiu*.

works,[22] a few of their common features or grounds can be discussed here. They follow, for the most part, the Marxist view of history that the only deciding factors in history are (1) the mode of production, (2) the class struggle, and (3) the principal contradictions within a society.[23] But a unique factor in the context of Chinese history that has been added to these elements is "nationalism," a factor depicted in struggles between the Han Chinese and northern nomads before modern times, and between the Chinese as a whole and Europeans since the nineteenth century. As we have already explored, the application of nationalism as a major factor in periodizing Chinese history is a traditional one; it dates back to Liang Ch'i-ch'ao and Fu Ssu-nien. It is a product of the political nationalist movement in modern China.

The second common feature of the Marxist interpretation of history is that histories of all countries follow a single universal course: from primitive communism, to ancient slavery, to medieval feudalism, to modern capitalism, and to socialistic society.[24] But in the special context of China three additional conceptions, "incipient capitalism," "semi-colonial" (*pan ch'ih-min-ti*), and

22. For excellent studies on this problem, see Albert Feuerwerker, *op. cit.* (1958); *idem*, "China's History in Marxian Dress," *American Historical Review*, Vol. LXVI, No. 2 (Jan. 1961), pp. 323–353, reprinted in *History in Communist China* ed. by Albert Feuerwerker (Cambridge, Mass. 1968), pp. 14–44; Albert Feuerwerker and S. Cheng, *Chinese Communist Studies of Modern Chinese History*, pp. 1–27 (esp. pp. 21–27); Lu Yao-tung, "Chung-kung shang-ku-shih fen-ch'i wen-t'i" (Review of the Periodization Schemes Advanced in Communist China), *Min-chu p'ing-lun* (Democratic Review), Vol. 16, No. 13 (July, 1965), pp. 17–20 and Vol. 16, No. 14 (August, 1965), pp. 19–22; Chien Po-tsan, "Kuan-yü Chung-kuo li-shih fen-ch'i te wen-t'i" (Some Problems on the Periodization of Chinese History), *Tōyōshi kenkyū* (The Journal of Oriental Researches), Vol. 14, No. 4 (March, 1956), pp. 93–102 (its English trrnslation appeared in John Meskill, *op. cit.*, pp. 76–84; its Japanese translation appeared in Suzuki Shun and Nishijima Sadao, (eds.), *Chūgoku shi no jidai kubun*, pp. 61–76); Ts'en Chung-mien, *Hsi-Chou she-hui chih-tu wen-t'i* (*Problems in Western Chou Society*), (Shanghai, 1956), esp. pp. 1–57, 143–154; Nishijima Sadao, *Chūgoku kodai teikoku no keisei to kōzō* (*The Formation and Structure of Ancient Chinese Empire*), (Tokyo, 1961), pp. 7–13; Masubuchi Tatsuo, *Chūgoku kodai no shakai to kokka* (*State and Society in Ancient China*), (Tokyo, 1960), pp. 1–48.

23. For Marxist views of history, see M.M. Bober, *Karl Marx's Interpretation of History* (New York, 1965), pp. 3–45; Patrick Gardiner, (ed.), *Theories of History* (New York, 1959), pp. 126–132.

24. For a discussion of the Marxist scheme, see M.M. Bober, *op. cit.*, pp. 46–63; also J.H. Hexter, *Reappraisals in History* (New York, 1963), pp. 14–17.

"semi-feudal" (*pan feng-chien*), have come to play a major role in historical periodization.[25] In the various periodization proposals, "incipient capitalism" is used to describe the later feudal age or to replace the era of "capitalism" in the Marxist model, and "semi-colonial" or "semi-colonial and semi-feudal" age replaces "capitalism," denoting China as under "imperialist" influences since 1840. The periodization scheme of Fan Wen-lan, one of the leading and at one time one of the most influential historians in Mainland China, serves a good illustratration of this point. Fan holds that the period before Hsia was the age of primitive communes; the periods of Hsia and Shang represented China's slave society; the feudal age lasted from Western Chou to the Opium War; and a semi-colonial and semi-feudal society existed from 1840 to 1949. He also maintains that "incipient capitalism" began in the Ming period, but it was never strong enough to shake the feudal econmy and society.[26]

While a small minority have dissented from the general Marxist normative stages of societal development by simply stating that the present state of research on Chinese history does not warrant periodization efforts, the majority of historians in Mainland China have followed the pattern. But this does not make analysis of their schemes any easier. They have disagreed about the

25. Although these terms can be readily found in Marxist literature, it was during the era of the Controversy on the Social History of China that they were employed to periodize Chinese history. Chu I-chih, Li Chi, and Lü Chen-yü were among the first to do so. See Chu I-chih, "Pan ch'ih-min-ti Chung-kuo ching-chi chieh-kou te t'e-cheng" (The Characteristics of the Economy of Semi-colonial China), *Hsin-sheng-ming*, Vol. 3, No. 10 (1930), pp. 1-14; Lü Chen-yü, *Shih-ch'ien ch'i Chung-kuo she-hui yen-chiu* (*Studies in Chinese Prehistoric Society*), (Peking, 1934), pp. 2, 11-61, esp. 32-61; Li Chi's article in Wang Li-hsi and Lu Ching-ch'ing, *op. cit.*, Vol. 2. It is held that the use of *pan ch'ih-min-ti* (semi-colony; semi-colonial) was influenced by Dr. Sun Yat-sen's terming China a *tz'u ch'ih-min-ti* (sub-colony) in his famous *San-min chu-i* (*The Three Peoples' Principles*); see Ch'ien Chien-fu, *op. cit.*, pp. 139-148 and Chu I-chih's article cited above; see also Hsüeh Mu-ch'iao, *Feng-chien pan feng-chien ho tzu-pen chu-i* (*Feudalism, Semi-feudalism, and Capitalism*), (Shanghai, 1937). In his "Chung-kuo ke-ming ho Chung-kuo kung-ch'an tang" (Chinese Revolution and the Chinese Communist Party; December, 1939), Mao Tse-tung described China after 1840 as "semi-colonial" and "semi-feudal" socciety. See Mao Tse-tung, *Mao Tse-tung hsüan-chi* (*Selected Works of Mao Tse-tung*), Vol. 2 (Peking, 1952), p. 596; also p. 617.

26. Fan Wen-lan, *Chung-kuo t'ung-shih chien-pien* (*A Short History of China*), 4 vols. (Rev. ed. 1961-1965; earlier editions in 1949, 1955), pp. 5-75; *idem.*, "Chung-kuo chin-tai shih te fen-ch'i wen-t'i" (On the Problem of Periodizing Modern Chinese History), in *Chung-kuo chin-tai fen-ch'i wen-t'i t'ao-lun chi*, pp. 98-110.

presence of some stages following feudalism in Chinese history; for example, some have rejected the stage of "incipient capitalism." Further, even though they agreed on the order of stages of the system, very often they have disagreed with one another on the timing of shifts from one stage to another. It is this latter issue that has greatly divided Mainland Chinese historians. Most of the controversies in this regard have centered around two questions. One concerns when the slave age ended and the feudal age began; the other, assuming the existence of "incipient capitalism," concerns when this period began. For the former, Chou Ku-ch'eng proposed in 1950 that China's feudal age started after A.D. 9, while the period from the Shang through the Former Han to A.D. 9 was the slave age.[27] Kuo Mo-jo suggested in 1952 the transition from Ch'un-ch'iu to Chan-kuo as the transition from the slave age to the feudal age.[28] Yang Hsiang-k'uei proposed in the same year that the Western Chou represented the beginning of the feudal age; his view shared by T'ung Shu-yeh, Ts'en Chung-mien, Hsü Chung-shu, Fan Wen-lan, Lü Chen-yü, and many others.[29] Li Ya-nung's studies of 1953 contended that the collapse of the Western Chou in the eighth century B.C. marked the ending of China's slave age.[30]

As has been discussed above, the issue of "incipient capitalism" in the problem of periodization in Chinese historical studies is an old one. But the political factor has brought about a new wave of enthusiasm for a most intensive

27. Chou's article in *Chung-kuo te nu-li chih yü feng-chien chih fen-ch'i wen-t'i lun-wen hsüan-chi*, pp. 61–67.

28. Kuo Mo-jo, *Nu-li chih shih-tai (The Age of Slavery and Other Studies)*, (New ed. Peking, 1956; original ed. 1952), esp. pp. 1–50, 69–98; *idem, Chung-kuo ku tai she-hui yen-chiu*, p. 11. Note Kuo's change from his earlier view discused above. Kuo's new view was expressed in a postscript to the 1947 edition of *Chung-kuo ku-tai she-hui yen-chiu* (p. 344) but was not systematically elaborated on until 1952. See also Kuo, *Wen-shih lun-chi (Essays on Literature and History)*, (Peking, 1961), pp. 117–126.

29. See articles by these scholars in *Chung-kuo te nu-li chih yü fen-chien chih fen-ch'i wen-t'i lun-wen hsüan-chi'*; Lü Chen-yü, *Shih-chien ch'i Chung-kuo she-hui yen-chiu (Studies in Chinese Prehistoric Society)*, (Rev. ed. Peking, 1961), pp. 6–37; *idem, Yin-Chou shih-tai te Chung-kuo she-hui (Chinese Society of the Yin and Chou Periods)*, (Rev. ed. Peking, 1962); *idem, Chung-kuo cheng-chih ssu-hsiang shih (A History of Chinese Political Thought)*, (Rev. ed. Peking, 1956), pp. 17–27; Ts'en Chung-mien, *op. cit.*, pp. 1–57, 133–154

30. Li Ya-nung, *Hsin-jan-chai shih lun chi (Collected Studies in Chinese History from the Hsin-jan Studio)*, (Shanghai, 1962), pp. 87, 124, 131.

and extensive investigation of the issue.[31] Numerous works on the problem have produced an amazing amount of new materials, secondary and primary, for the study of Chinese economic and social history. Disagreement on when "incipient capitalism" began in China, however, remains as wide as ever. Ten possible periods have been proposed, namely, T'ang (618–907), Sung (960–1279), Southern Sung (1127–1279), early Yüan (13th century), early Ming (14th century), middle Ming (the 15th to the 16th century), the early sixteenth century, late Ming (the late 16th and the early 17th centuries), the early seventeenth century, and early Ch'ing to the eighteenth century. But, like the very existence of the issue itself, none of these is conclusive.[32]

Historians of Nationalist China have been relatively inactive with regard to the problem of periodization. Only a few works have been written; none has been able to raise controversy.[33] Influenced by Ott Franke, Liang Ch'i-ch'ao, Fu Ssu-nien, and Lei Hai-tsung, in 1957 Yao Ts'ung-wu proposed using the

---

31. The political factor was Mao Tse-tung's affirmative statement on the problem; it was first made in December, 1939, See *Mao Tse-tung hsüan-chi*, Vol. II (Peking, 1952), p. 596, and *Selected Works of Mao Tse-tung* (Eng. ed. 4 vols. London, 1954–1956), Vol. III, p. 77.

32. *Chung-kuo tzu-pen chu-i meng-ya wen-t'i t'ao-lun chi*, first series (2 vols.) and 2nd series; *Ming-Ch'ing she-hui ching-chi hsing-t'ai te yen-chiu*; Shang Yüeh, *Chung-kuo tzu-pen chu-i kuan-hsi fa-sheng chi yen-pien te ch'u-pu yen-chiu* (*Preliminary Studies on the Origin and Development of Capitalist Relations in China*), (Peking, 1956); Chung-kuo Jen-min Ta-hsüeh Li-shih Chiao-yen Shih, (ed.). *Chung-kuo feng-chien ching-chi kuan-hsi te jo-han wen-t'i* (*Some Problems of Feudal Economic Relations in China*), (Peking, 1958), pp. 187–345; Ch'en Shih-ch'i, *Ming-tai kuan shou-kung-yeh te yen-chiu* (*Studies in the Governmental Handicraft Industry in the Ming Dynasty*), (Wuhan, 1958); Wu Tan-ko, *Ya-p'ien chan-cheng ch'ien Chung-kuo she-hui ching-chi te pien-hua* (*Social and Economic Changes in China from the Ming Period Until the Opium War*), (Shanghai, 1959); Fu I-ling, *Ming-tai Chiang-nan shih-min ching-chi shih-t'an* (*An Exploration into the Urban Economy in the Kiangnan Area during the Ming Dynasty*), (Shanghai, 1957); *idem*, *Ming-Ch'ing shih-tai shang-jen chi shang-yeh tzu-pen* (*Merchants and Commercial Capital in the Ming and Ch'ing Periods*), (Peking 1956); and Fu Chu-fu and Li Ching-neng. *Chung-kuo feng-chien she-hui nei tzu-pen chu-i yin-su te meng-ya* (*Incipient Capitalistic Elements in Chinese Feudal Society*), (Shanghai, 1956).

33. In addition to the works to be discused in this section, also see Chiang Hsiao-yü, *et al.*, "Chi-chung Chung-kuo shih fen-ch'i kuan-nien te chieh-shao" (Some Systems of Periodization of Chinese History), *Ssu-yü-yen* (Thought and Word), Vol. 3, No. 1 (1965), pp. 11–17; Hu Ch'iu-yüan, "Tui-yü Chung-kuo li-shih chih jo-kan kuan-ch'a" (Some Observations on the Pattern of Chinese History), in *Shih-hsüeh t'ung-lun* (*General Historical Studies*), ed. by Ta-lu Tsa-chih She (Taipei, 1960), pp. 225–242; *idem*, *Chung-kuo ku-tai wen-hua yü Chung-kuo chih-shih fen-tzu* (*Ancient Chinese Culture and Chinese Intellectuals*), Vol. I (Hong Kong, 1956).

development and influence of Confucian cosmopolitanism and the growth of the
Chinese nation as the main criteria for periodizing Chinese history. In general,
Professor Yao contends that the history of imperial China (221 B.C.-A.D. 1912)
should be divided into two major periods: one prior to the fall of the T'ang
dynasty in 907, and one after this date. Each constitutes an independent cycle
in terms of the development of Confucian cosmoplitanism and the growth of
the Chinese nation. Specifically, he suggests a four-part division: (1) Shang
to the end of Han; (2) Wei to the end of T'ang; (3) the Five Dynasties
to the end of Yüan; and (4) Ming and Ch'ing, each witnessing a com-
plete cycle of racial mixing of the Chinese and northern nomads. He also
holds that China of today is in the process of the fifth such cycle.[34] The
 striking feature of this view is its strong nationalist inclination and an
absence of such conventional European labels as "feudalism," "modern," and the
like.

Taking into consideration the complexity of the periodization problem, Lao
Kan suggests three ways to look at the issue. Viewing political history and the tools
used in different ages, he divides Chinese history into (1) a stone age-
palaeolithic and neolithic; (2) a bronze age from Shang through Ch'un-ch'iu—
feudal society; (3) an iron age from Chan-kuo to the end of the Tao-kuang
reign (1821-1850) of the Ch'ing dynasty—agricultural empire with bureaucratic
government; and (4) a machine age since Tao-kuang. Viewing stages of
cultural progress, Lao proposes a four-part division: (1) a period from the
Ch'in to the Eastern Han (221 B.C.-A.D. 25), marked by mutual influences
and the growth of Confucianism and Taoism; (2) a period from the Eastern
Han through the T'ien-pao era (742-756) of the T'ang dynasty, marked by
great cultural progress and strong Buddhist influence; (3) a period from the
end of T'ien-pao to the Tao-kuang era of the Ch'ing dynasty, marked by
dominance of Neo-Confucianism, development of popular novels and stories
and dramas, increasing polical authoritarianism, and rigid civil service
examinations; and (4) a period since Tao-kuang, an era of transformation.

---

34. Yao Ts'ung-wu, "Kuo-shih k'uo-ta mien-yen te i-ko k'an-fa" (A View of the Historical
    Development of China), in *Shih-hsüeh t'ung-tun* ed. by Ta-lu Tsa-chih She (Taipei, 1960), pp.
    212-224 (Written and published in 1957); reprinted in *Tung-pei shih lun-ts'ung* (*Collected
    Studies in the History of Manchuria*), (Taipei, 1959), pp. 1-26. For Otto Franke's view, see
    Geschichte des chinesischen Reiches, 5 vols. Berlin, 1930-1952.

Viewing the periodic recurrence of internecine wars, Lao divides imperial China into three cycles: Ch'in to the end of the Southern and Northern dynasties (221 B.C.—A.D. 589); Sui through the Sung dynasty (589–1279); and Yüan to the end of Ch'ing (1279–1912), with each going through a cycle of cultural and political creative periods, an era of peace and prosperity, and a period of social and institutional disintegration and wars.[35]

It is clear that Lao's schemes stem from three early sources. The first is influenced by one of the conventional European divisions; the second is based on the works of Liang Ch'i–ch'ao, Fu Ssu–nien, Lei Hai–tsung, and others; and the third is a revision of a system first formulated by Li Ssu–kuang in 1931.[36]

Another scheme of Chinese historical divisions was suggested by Lo Hsiang–lin in 1953. Based primarily on the evolution of four factors—the role of family in Chinese society, the predominance of agricultural economy, the influence of Confucian principles, and the overall configuration of Chinese society, which he termed "olive–shape"society, Lo divides the long history, or more properly the history of the evolution of Chinese society, into four major periods: (1) the tribal society (3000–1401 B.C.), in which a confederate head ruled over various supporting tribes; (2) the feudal society (1400–221 B.C.), in which the king ruled over the feudal princes; (3) the selective–system society (221 B.C.–617 A.D.), in which the centralized power of the sovereign ruled the country by the force of a bureaucracy recruited through a recommendation–selection system; and (4) the civil service examination system society (617–1911 A.D.), in which the ruling class of the society was the elite

---

35. Lao Kan, "Chung-kuo li-shih shang te chih-luan chou-ch'i" (The Cycles of Order and Disorder in Chinese History), in *Shih-hsüeh t'ung-lun*, pp. 280–283 (Written in 1958); *idem*, "Chung-kuo li-shih te chou-ch'i chi Chung-kuo li-shih te f'en-ch'i wen-t'i" (The Cycles in Chinese History and the Problem of Periodization of Chinese History), *Ta-lu tsa-chih* (Continent Magazine), Vol. 29, No. 5 (1964), pp. 1–8.

36. Li Ssu-kuang, "Chan-kuo hou Chung-kuo nei-chan te t'ung-chi ho chih-luan te chou-ch'i" (The Periodic Recurrence of Internecine Wars in China since the Chan-kuo Period), in *Ch'ing-chu Ts'ai Yüan-p'ei Hsien-sheng liu-shih-wu sui lun-wen-chi (Studies Presented to Ts'ai Yüan-pei on His Sixty-fifth Birthday)*, Part I (Peiping, 1933), pp. 157–166; its English version appeared in *China Journal of Science and Art*, Vol. XIV, Nos. 3, 4 (March–April, 1931), pp. 111–115, 159–163. Li's English version has been discussed by Lin Yutang, *My County and My People* (New York, 1935), pp. 28–34, and by Owen Lattimore, *Inner Asian Frontiers of China* (Boston, 1962), p. 532.

who passed the civil service examinations 36A. Lo makes careful analyses of the
characteristic developments of the aforementioned four major factors in each
of the four periods. It seems clear that his periodization of Chinese history
provides some insights into the evolution and dynamics of change of
Chinese society, although the system itself is not entirely original.

Outside China, many differnt periodization schemes and views concerning
the developmental stages of Chinese society and history have also been
suggested. While some of these are duplicates of the models mentioned above, the
others present new theories. A few representative ones may be briefly sketched
here. In Japan,[37] Naitō Torajirō (1860–1934) suggested in 1922 that the late T'ang
and the Five Dynasties marked the transition to China's "modern age," which
started with the Sung, while the period from the end of the Han through the
middle T'ang constituted China's "middle ages," and the period of the Han and
prior to that lay in China's "ancient society."[38] Miyazaki Ichisada proposed in
1950 to divide Chinese history into four major ages: an ancient empire—from
high antiquity to the end of the Han; an aristocratic society—from the Three
Kingdoms to the end of the Five Dynasties; a period of autocratic government
—from the unification of the Sung to the Opium War; and the age of

---

36A. Lo Hsiang-lin, *Chung-kuo ming-tsu shih* (History of the Chinese People and Civilization),
(Taipei, 1953), pp. 92–120; "Evolution of the Chinese Society and Its Relation to Chinese
Historical Divisions," *Chinese Culture*, Vol. 3, No. 3 (March 1961), pp. 37–45.

37. For an excellent discussion of Japanése works on the periodization of Chinese history, see
Nishijima Sadao, *op. cit.*, pp. 14–19; Itō Masahiko, "Tō-matsu kodai shūmatsu setsu o megutte"
(On the Theory of the Late T'ang as the End of China's Ancient Age), *Shichō* (Historical
Currents), No. 100 (Oct. 1967),(pp. 185–200),pp. 185–190; Shigeta Toku, "Hōkensei no shiten to Min
Shin shakai" (Feudalism in the Ming and Ching Dynasties), *Tōyōshi kenkyū*, Vol. 27, No. 4
(March, 1969), pp. 136–181; Saeki Ariichi, "Nihon no Min Shin jidai kenkyū okeru sh'hin
seisan kyōka o megutte" (Evaluation of Japanese Studies on the Commercial Economy of the
Ming-Ch'ing Periods), in *Chūgoku shi no jidai kubun*, pp. 253–321; Miyakawa Hisayuki, *op.
cit.*; Gotō Kimpei, "Postwar Japanese Studies on Chinese Social and Economic History," *Monu
menta Serica*, No. 17 (1958), pp. 377–418.

38. Naitō Torajirō, "Gaikatsuteki Tō Sō jidai kan" (A General View of the T'ang and Sung
Periods), *Rekish to chiri*, Vol. 9, No. 5 (1922), pp. 1–12, reprinted in *Naitō Konan zenshū
(Complete Works of Naitō Konan)*, Vol. 8, pp. 111–119; see also Vol. 10 (*Shina kinsei shi*)
(Tokyo, 1969), pp. 347–520 (esp. 347–359). Also see Hisayuki Miyakawa, *op. cit.* As Miyakawa
already pointed out, Naitō's same ideas had first been put forward in an essay which appeared
in 1914. See Naitō Torajirō, *Shinaron (On China)*, ed. by Naitō Kenkichi (Tokyo, 1938), pp.
8–53: "Kunshusei ka kyōwasei ka" (Monarchy or Republic?), p. 9.

modernization—since the Opium War. Like Naitō, he also maintained that the dividing line between China's medieval period and the modern age was the late T'ang.[3] A theory quite different from the above two, which have been followed by a considerable number of scholars in Japan, was advanced by Maeda Naonori (1915–1949) in 1948. According to him, the periodization of Chinese history must be considered together with that of all other East Asian countries such as Japan and Korea. Secondly, the Five Dynasties period after the T'ang dynasty was the beginning of China's medieval, feudal society, while the T'ang and before constituted the ancient period, a society marked by slavery.[4] This new hypothesis has since aroused strong interest among a number of scholars. New research trends thus have resulted from their efforts to test its applicability to Chinese history and the histories of other East Asian countries. Among these researchers are Japan's leading scholars on Chinese economic and social history, such as Nishijima Sadao and Sudō Yoshiyuki.[41] In 1953 Hamaguchi Shigekuni, a leading Japanese expert on Chinese socio-econmic and military history, proposed a different line of division: China's ancient society lay in the period from high antiquity through the Ch'un-ch'iu and Chan-kuo periods, and her midde ages lasted from the Ch'in to the end of the Ch'ing in 1912. He thus maintains that the differences in socio-economic and cultural developments between the Ch'in and Han, the Wei and Chin and Southern and Northern Dynasties, and the Sui and T'ang are merely those between the various subperiods of a long stage of history; therefore the period from the Ch'in and the Han to the middle T'ang is China's early middle age, in which some of the elements of ancient society still functioned, and the period since the middle T'ang represents China's high middle age, in which all medieval

39. Miyazaki Ichisada, *Tōyōteki kinsei* (*The Modern Age of the Orient*), (Ōsaka, 1950).

40. Maeda Naonori, "Tō-Aija ni okeru kodai no shūmatsu" (The End of the Ancient Period of East Asia), *Rekishi* (History), Vol. 4, No. 1 (1948); also reprinted in *Chūgokushi jo jidai kubun*, pp. 349–367; its English translation (abridged) appeared in John Meskill, *op. cit.*, pp. 69–75.

41. Nishijima Sadao, *op. cit.*, esp. pp. 19–53. Sudō Yoshiyuki has written extensively on T'ang-Sung society and economy, in search of a better understanding of the nature of the society of this long period; see his monumental works *Chūgoku tochi seido shi kenkyū* (*Studies in the Land System of China*), (Tokyo, 1954); *Sōdai keizai shi kenkyū* (*Studies in Sung Economic History*), (Tokyo, 1962); *Tō-Sō shakai keizaishi kenkyū* (*Studies in the Economic History of the T'ang and Sung Periods*), (Tokyo, 1965). See also Gotō Kimpei, *op. cit.*, for the division among Japanese scholars between followers of the Naitō proposal and that of Maeda.

elements reached maturity.[42]

In the West,[43] various periodization schemes and views have been advanced. A few significant ones may be briefly stated. Following the Marxist theory of Oriental Society and control of water resources as his main concern, Karl A. Wittfogel considers imperial China a "complex hydraulic (Oriental)" society which never underwent basic changes and therefore needs little periodization. Chou and pre-Chou China are termed "simple hydraulic" and "semi-complex hydraulic" societies, respectively, in terms of governmental forms.[44] From a standpoint of sociological characteristics, Wolfram Eberhard sees no merit in the concept of basic differences between East and West, and suggests retaining the conventional European tri-partite division. Thus he periodizes Chinese history as (1) antiquity—a period of feudalism, from Shang to the mid-third century B.C.; (2) medieval time—a period of gentry society, from the mid-third century B.C. to the ten century A.D.; and (3) modern time—a period of the middle class, from the tenth century onwards.[45] Influenced by the Naitō proposal and, like Naitō, focusing major attention on socio-economic and intellectual changes, Edwin O. Reischauer and John K. Fairbank suggest that the late T'ang marked the transition from "classic" to "early modern" China. They regard the late T'ang and Sung as a period of renaissance that showed a decided shift in the basic values of culture and the establishment of new

---

42. Hamaguchi Shigekuni, "Chūgokishijo no kodai shakai mondai ni kansuru oboegaki" (Notes on the Problem of Ancient Society in Chinese History), *Yamanashi Daigaku gakugei gakubu kenkyū hōkoku* (Research Report of the Faculty of Arts of Yamanashi University), No. 4 (1953); reprinted in Hamaguchi's *Tō ōchō no senjin seido (A Study on the Chien-min System of the T'ang Dynasty)*, (Kyoto, 1966), pp. 549–574, additional notes on pp. 575–583.

43. An excellent study and collection of major views is found in John Meskill, *op. cit.* For excellent comments on different views and schemes, see Wolfram Eberhard, *op. cit.*, pp. 48–66, 74–88; Meribeth E. Cameron, *op. cit.*

44. Karl A. Wittfogel, *op. cit.*; *New Light on Chinese Society* (New York), 1938; "Chinese Society: An Historical Survey," *Journal of Asian Studies*, Vol. 16, No. 3 (May, 1957), pp. 343–364; *idem*, *Oriental Despotism: A Comparative Study of Total Power* (New Haven, Conn. 1957), pp. 251–252, 260, 286ff. For critical reviews of Wittfogel's theory, see Frederick W. Mote, "The Growth of Chinese Despotism: A Critique of Wittfogel's Theory of Oriental Despotism as Applied to China, "*Oriens Extremus*, VII (1961), pp. 1–41; and Denis C. Twitchett, "Some Remarks on Irrigation under the T'ang," *T'oung-pao*. XLVIII (1961), pp. 175–194.

45. Wolfram Eberhard, *op. cit.*, pp. 17–47, 172. Note that Professor Eberhard has refined his view from the first edition of the book (Leiden, 1952).

patterns.[46] Along the same line, noting a "great divide" taking place in the late T'ang, James T. C. Liu proposes a "neo-traditional period" from about 800 to 1900 A.D., which signifies a selective continuity of the old tradition as well as a reintegration of the old heritage and the new ingredients into a new tradition that in turn imposes its own set bounds.[47]

Somewhat different from the two suggestions just mentioned is Earl H. Pritchard's theory of "Six Ages,"proposed in 1964.[48] He divides Chinese history into six major periods. The first two are "The Stone Age" and "The Archaic Bronze Age," which are contemporaneous, existing in different parts of China from ca. 2000 B.C. to 770 B.C. or 500 B.C. for the Archaic Bronze and Stone Ages, respectivly. During the Archaic Bronze Age a fully developed civilization emerged, while elementary forms of society and different styles of economic life evolved during the Stone Age. The Classical Age lasted from 700 B.C. to 220 A.D., during which the dominant ideology ultimately became Confucianism; the Cosmopolitan Age, from 220 to 1127 A.D., possessed Buddhism as its dominant ideology, with Confucianism and Taoism of secondary importance; the Neo-Classical Age, from 1127 to 1911 A.D., was dominated by Neo-Confucianism; and the Sino-Western Age, which has continued to date, has had as its dominant ideology a mixture of Chinese and Western ideas. It is of interest to note Pritchard's use of "dominant ideology" as his main criterion in periodizing Chinese history, although factors of other kinds have also been taken into consideration. Pritchard also notes in his scheme three occurrences of the same cycles: (1) an "Interim-Empire" period: a period of division and internal disorder preceding a powerful empire, such as the Eastern Chou, the Three Kingdoms and Six Dynasties, the Chin, the Hsi-Hsia, and the Southern Sung, etc.; and (2) "Empires" made up of (a) a short-

---

46. Edwin O. Reischauer and John K. Fairbank, *East Asia, The Great Tradition.* (Boston, 1961), pp. 183-188.

47. James T. C. Liu, *op. cit.* For still other views of the nature of changes in Chinese society that the late T'ang or the Sung experienced, see E. A. Kracke, Jr., "Sung Society: Change Within Tradition," *Far Eastern Quarterly*, XIV (1954-1955), pp. 479-488; Hu Shih, *op. cit.*, and "Authority and Freedom in the Ancient Asian World," in *Man's Right to Knowledge: An International Symposium Presented in Honor of the Two Hundredth Anniversary of Columbia University, First Series: Tradition and Change* (New York, 1954), pp. 40-45.

48. Earl H. Pritchard, "Basic Periods in Chinese History and Factors Contributing to the Decline of Major Dynasties," in Chi-pao Cheng, (ed.), *A Symposium on Chinese Culture* (New York, 1964), pp. 5-15.

lived conquest dynasty such as the Ch'in, the Sui, and the Yüan; (b) a strong, long-lived dynasty such as the Western Han, the T'ang, and the Ming; (c) an "Interim–dynasty" such as the Hsin (Wang Mang), the Five Dynasties, the Ming–Ch'ing transition; and (d) another strong, long-lived dynasty such as the Eastern Han, the Northern Sung, and the Ch'ing.

Complementing these considerations of evolutionary movements is the theory of cycles, which, as our foregoing discussion has indicated, can be classed as periodic cycles and dynastic cycles. Chi Ch'ao–ting's division of Chinese history from 255 B.C. to A.D. 1912, based on the shifting of key economic areas, into five cycles of *unity and peace* and *division and struggle* represents the former; and Edwin O. Reischauer and John K. Fairbank's analysis of the cyclical pattern of the Han dynasty illustrates the latter.[49] The whole problem of dynastic configurations in Chinese history was further refined by Professor Lien–sheng Yang in 1954.[50]

The periodization schemes discussed above fall into three broad models: that of unique Chinese historical process, that of European history, and that of the Marxist normative stages of societal development. As already stated, historians of the last group hold that like the histories of all other countries, Chinese history follows a single universal course as prescribed by the Marxist

---

49. Chi Ch'ao–ting, *Key Economic Areas in Chinese History* (New York, 1936; reprinted in 1963), pp. 4–11; Edwin O. Reischauer and John K. Fairbank, *op. cit.*, pp. 114–123. For various aspects and discussions of cyclical theories, see also Wang Yü–chüan, "The Rise of Land Tax and the Fall of Dynasties in Chinese History," *Pacific Affairs*, Vol. 9, No. 2 (June, 1936), pp. 201–220; Owen Lattimore, *op. cit.*, pp. 45–46, 531–552; Yao Shan-yu, "The Chronological and Seasonal Distribution of Floods and Droughts in Chinese History, 206 B.C.–A.D. 1911," *Harvard Journal of Asiatic Studies* Vol. 6 (1942), pp. 273–312; *idem*, "Flood and Drought Data in the *T'u-shu chi-ch'eng* and the *Ch'ing-shih kao*," *ibid.*, Vol. 8 (1944), pp. 214–226; Hans Bielenstein, "An Interpretation of the Portents in the *Ts'ien Han Shu*," *Bulletin of the Museum of Far Eastern Antiquities*, XXVI (1951), pp. 127–143; and Wolfram Eberhard, "The Political Function of Astronomy and Astronomers in Han China," in John K. Fairbank, (ed.), *Chinese Thought and Institutions* (Chicago, 1957), pp. 33–70. An illuminating discussion of the dynastic cycle as a pattern of generalization in Chinese history is given in Arthur F. Wright, "On the Uses of Generalization in the Study of Chinese History," in Louis Gottschalk, (ed.), *Generalization in the Writing of History* (Chicago, 1963), (pp. 36–58), pp. 41–43, 49–53.

50. Yang Lien-sheng, "Toward a Study of Dynastic Configurations in Chinese History," *Harvard Journal of Asiatic Studies*, Vol. 17 (1954), pp. 329–345, reprinted in the author's *Studies in Chinese Institutional History* (Cambridge, Mass., 1961), pp. 1–17, additions and corrections on p. 225.

scheme of historical stages. The only cause of disagreements and disputes between them is the dating of the different stages within this single univrsal course.

Historians of the second group recognize the applicability of conventional periodization schemes of European history in analyzing Chinese historical stages. Their arguments emphasize the effects of econmic and political development, with the focus of attention on the difference between preindustrial societies.[51]

The first model rejects the usefulness of Marxian concepts of historical process and the general model of European history in periodizing Chinese history; it assumes, instead, that the course of Chinese history is unique, that foreign concepts cannot fit in, and that new views of history and new methods of periodization must be created on the basis of unique characteristics of Chinese historical process, including the unique pattern of cultural growth, the pattern of relations between the northern barbarians and the Chinese, the image and influence of China in Asia, the developmental stages of Chinese national character, and the pattern of dynastic relations.

These differences in asserting the pattern of Chinese history, in general, can be understandably attributed to different stands based upon the cultural values and political beliefs of the historians. Specifically, they can be understood in terms of the intellectual climate and historiographic trends of the times in which the historians lived in the past, or now live. The majority of the historians of the first group, for example, are all renowned Chinese nationalists; their schemes of periodization were advanced during the height of the Chinese nationalist movement, in which the climate of opinion in almost every kind of intellectual pursuit was dominated by a strong nationalistic spirit.

It is significant to note that the frequency of proposals of periodization schemes and the intensity of interest in making such proposals are correlated with, among other elements, the general state of academic enterprise in China and of Chinese studies in countries outside China. For example, the highest freqency of writings on periodization in Mainland China was in the mid-and late-fifties, which was also the most active period of the mainland academic world under the relatively free atmosphere of *Po-chia cheng-ming* (let the

---

51. For a clear discussion of periodization schemes of European history, see Oscar Halecki, *The Limits and Divisions of European History* (South Bend, Indiana, 1962), pp. 7-61, 145-161, 165-182.

one hundred schools of thought contend).[52] On the other hand, the relative lack of attention to the periodization problem in Nationalist China may be explained by the fact that the academic world there had been in general less active until the 1960's, due to a complex of factors.

The search for patterns of Chinese history signifies a broad dimension of persistent efforts of historians in particular and scholars in general for an in-depth understanding of the configuration and salient phases of Chinese society and civilization. Besides constituting an integral intellectual discipline, such an understanding has direct contemporary relevance. For those historians and scholars outside China, this effort is part of their research on China's past and its relevance to the present, and constitutes a significant part of the meaning of their profession for their respective societies. For historians and scholars in China, such an effort is both part of the Chinese intellectual tradition and representative of the contemporary design of rewriting China's past in terms of current value systems and political ideologies. Looking into the long history of Chinese historical writings, it is a long, recurrent tradition that after a dynastic transition or during great political changes historians and scholars chose or were induced to devote their intellectual efforts to examining the pattern and course of past history. As a result, new historical writings based on new views were produced. The reasons for this phenomenon were manifold. First of all, the great changes, dynastic or otherwise, produced new ages which, in turn, gave rise to new ways of evaluating the past. Furthermore, the need to preserve the records of the past after the changes generated and directed new intellectual efforts in historiographic pursuit. Thirdly, political changes increased the desire and need to examine the historical course of the past to find the right course of action for the future, and to reinterpret the past to affirm the legitimacy and authority of the present institutions. An examination of the timing of and ideologies behind the historiographic endeavors throughout Chinese history can fully testify to these views.[53] For example, of the twenty-

---

52. A concise analysis of the academic atmosphere, particularly the world of historical studies, is given in Albert Feuerwerker and S. Chang, *Chinese Communist Studies of Modern Chinese History*, pp. vii–xxv.

53. These views become quite apparent in reading works on the history of Chinese historiography; a few of the well-known ones are given here for reference: Chin Yü-fu, *Chung-kuo shih-hsüeh shih (A History of Chinese Historiography)*, (Reprint. Peking, 1962), esp. pp. 20ff; Naitō Torajirō, *Shina shigaku shi (A History of Chinese Historiography)*, in Naitō's *Naitō Konan*

six Dynastic Histories, twenty-two were compiled in the first years of a new dynasty, and eight of these are not even the history of the preceding dynasty of the regimes under which they were compiled.[54] The tremendous amount of historical and quasi-historical works (over eleven hundred, according to a contemporary record) produced during the Ming-Ch'ing transition, which examined from both the standpoint of dynastic changes and general Chinese history the causes of the fall of the Ming and the rise of the Ch'ing, is another good illustration of these points.[55] Therefore, one may conclude that increased Chinese historiographic efforts in contemporary times—the upsurge in efforts to explore the pattern of Chinese history in both specific and general terms—is quite in line with a recurrent model of Chinese traditional historiography, i.e., the review and re-evaluation of past experiences after great political changes, for politcal, intellectual, and historiographic purposes.

zenshū, vol. 11 (Tokyo, 1969), esp. pp. 106 ff; Li Tsung-t'ung, Chung-kuo shi-hsüeh shih (A History of Chinese Historiography), (Taipei, 1955), esp. pp. 168 ff; Charles S. Gardner, Chinese Traditional Historiography, (Cambridge, Mass., 1961), esp. pp. 7–18; Lien-sheng Yang, "The Organization of Chinese Official Historiography: Principles and Methods of the Standard Histories from the T'ang through the Ming," in Historians of China and Japan, ed. by W.G. Beasley and E.G. Pulleybland (London, 1961), pp. 44–59.

54. Hsü Hao, Nien-wu shih lun-kang (Essentials of the Twenty-five Dynastic Histories), (Reprint. Hong Kong, 1964), pp. 27–307; Chang Li-chih, Cheng-shih kai-lun (An Introduction to the Standard Histories), (Reprint. Taipei, 1964), pp. 3–146.

55. See the numerous works of this category listed in Hsieh Kuo-cheng, Wan-Ming shih-chi k'ao (Historical Sources for the Late Ming and Early Ch'ing Periods), 3 vols. (Reprint, Taipei, 1968); idem, Ming-Ch'ing pi-chi t'an-ts'ung (Notes on Ming-Ch'ing Works and Events), (Shanghai, 1962); and Chu Hsi-tsu, Ming-chi shih-liao t'i-pa (Comments on the Historical Sources for the Late Ming Period), (Peking, 1961), esp. pp. 1–122.

從石刻論武后之宗教信仰

饒　宗　頤

一、引言　　　　　　　　　　六、武后著述與儒術

二、武后與佛教　　　　　　　七、三教珠英撰述之意義

三、武后與道教及封禪之典　　八、略論武周石刻

四、武后與景教　　　　　　　九、結語

五、武后與明堂

一、引　言

　　唐初人已嗜古碑，唐會要五云：「韓王元嘉愛古碑、古跡，多得異本。」（註①）宋楊文公談苑，記王溥薦何拱爲鳳翔帥，拱思所以報、問溥所欲？溥曰：　長安故都多前賢碑版，願悉得見之。拱至，遣督匠摹打，凡得石本三千餘以獻。溥命善書者分錄爲琬琰集，凡百卷。」（註②）此事在歐趙以前。是對石刻之愛好和搜集，已不始於宋人。自宋以來，卽盛行著錄之事，以貞石證史，衆所熟悉。爲碑誌考據者，校錄文字而外，以考證人名、地名、官名爲多。以一碑作孤立之處理、此爲金石學家之職，非史家之要務也。史家之貢獻，在能提出歷史問題，以碑爲旁證，尋求解答，此以碑證史，與金石家以史證碑不同。

　　本文以武后之宗教信仰問題爲重點，討論較爲廣泛。可能牽涉武后與佛教、道教及景教，儒術關係等問題。我人或將聯想到陳寅恪先生武曌與佛教一文。該文討論重心有三：一爲武后先世楊隋皇室之佛教信仰，　陳先生指出武后受其母楊氏宗教信仰

註①　舊書一一五：「韓王元嘉，高祖第十一子也。少好學，聚書至萬卷，又採碑文古跡，多得異本。」新書七九「少好學藏書至萬卷，皆以古文字參定同異。」貞觀初，石經已有相承傳拓之本，存在秘府。見封氏聞見記，現存於巴黎之溫泉銘拓本末，有永徽年號一行，可能卽現存最早之唐拓。唐代宏文館、崇文館均設有搨書手，故知碑拓之蒐集，唐初已盛行之。

註②　羅振玉昭陵碑錄箚記已引此事。

之薰習。二爲武后以佛敎爲符讖，又證明大雲經非僞造。其三從唐人詔令看唐初佛敎地位之升降。關於第一點，陳先生據蕭瑀傳，及外戚楊仁恭傳與廣弘明集等資料，證明楊氏必爲篤信佛敎之人物。按陳先生全未利用石刻材料，故求證十分辛苦。其實武后母氏生平，有武三思撰相王旦所書之順陵碑，長達四千餘言（長安二年六月立）。顧炎武求古錄及孫星衍續古文苑陸增祥八瓊室金石補正四十五已錄其全文，羅振玉亦有校正本，載石交錄卷四，文敍楊氏先世及其信佛經過甚詳。又武后在嵩山少林寺永淳二年九月王知敬書之御製詩書碑云：「從駕幸少林寺，覩先妃營建之所，逾懷遠慕。」詩中已有「金輪轉金地，香閣曳香衣」之句，後來於長壽二年加號「金輪」，此時經已先用是語，形諸吟詠。唐高宗晚年兩度幸嵩山，一在調露二年，一爲永淳二年，此詩卽是時從幸所作。后母楊氏以咸亨元年八月薨，年九十有二，加贈太原王妃，故詩稱曰先妃。楊氏在少林寺有所營建。后見後甚爲感動。武后之信佛及以後對佛敎與造寺像，謂與母氏有關，自不成問題。又隋楊氏與佛敎淵源，見于碑刻者又不少。如大業三年栖岩道場舍利塔碑（見山右石刻叢編卷三），卽陳文中所述「其栖岩寺卽是太祖元武皇帝之所建造者」，均有碑可證。至蕭瑀信佛事，見於濟度寺比丘尼法樂法師墓誌，法樂爲瑀之長女，自幼出家。（李宗蓮㜑㹟精舍金石跋）。見於龍朔三年尼法願墓志（金石萃編五十四），法願則瑀之第三女。蕭氏一家對佛敎信奉之篤，雖經太宗之反對，其女削髮爲尼者，不止一人。可見蕭氏家庭信佛之程度，賴有碑刻可以見之。凡此可補陳先生文中所未及。

　　因鑒于陳先生於石刻資料未加利用，本人讀碑之餘，對武后宗敎信仰問題，深感興趣，由石刻領會到，有一些不同看法。

①　武后之宗敎信仰，前後有極大轉變，在其與薛懷義接近時期，由於利用佛敎，而崇信佛敎。及至晚年常遊幸嵩山，則興趣轉移于道敎。

②　雖于天授二年頒布釋敎先道之制，但此爲一時之擧。后欲造巨大佛像亦因人諫阻而中止。後來大雲寺亦且改囘原名，稱「仁壽寺」。

③　武后有若干涉及宗敎性之行動，如嵩山封禪之類，乃承接高宗之遺軌。又明堂之制，則隋以來各皇帝未完成之鴻業。天樞之立，集萬國蕃長落成之，則又天可汗精神之表現。

以下將利用碑誌，加以詳細討論。

二、武后與佛教

　　舊書則天紀「載初元年七月，有沙門十人，僞撰大雲經，表上之，盛言神皇受命之事。制頒于天下，令諸州各置大雲寺，摠度僧千人。九月九日壬午，革唐命，改國號爲周，改元爲天授。七日乙酉，加尊號曰聖神皇帝。二年四月，令釋教在道法之上，僧尼處道士女冠之前。」按此天授二年制中有「大雲闡奧，明王國之禎祥；方(等)發揚，顯自在之丕業。……爰開革命之階，……以申自我之規。」借用釋氏辭句，作爲符應之憑藉。以大雲經中「即以女身爲王國土」爲女子稱帝之理論根據。大雲經非爲僞造，只可說是僞託。武后登位之過程，先是於垂拱四年，由魏王武承嗣僞造瑞石，文云『聖母臨人，永昌帝業。』令雍州人唐同泰表稱獲之洛水，號其石曰寶圖。五月，則天由皇太后加尊號曰聖母神皇。七月，改寶圖爲天授聖圖。十二月，神皇拜洛水，受天授聖圖，勒石曰天授聖圖之表。及革唐命，改國號曰周，改元爲天授。天授一名，即由洛水之天授聖圖而來。此一製造符應而登極之辛苦歷程，與王莽時哀章等上金匱而即眞完全相似。登位手段主要仍是采取傳統符應之舊式方法 (註③)，大雲經僅是輔助手段而已。據新書武后傳「載初中，拜薛懷義輔國大將軍，封鄂國公，令與群浮屠作大雲經言神皇受命事。」又宋敏求長安志「武太后初，光明寺沙門宣政進大雲經，經中有女主之符，因改爲大雲經寺，遂令天下每州，置一大雲經寺。」(註④)則稱寺名曰「大雲經寺」。此一幕趣劇當然出於薛懷義及僧徒所策劃，舊書二三七薛懷義傳：「懷義與法明等造大雲經陳符命，言則天是彌勒下生，作閻浮提主，唐氏合微。故則天革命稱周，懷義與法明等九人 (按懷義傳稱『與洛陽大德僧法明、處一、惠儼、稜行、感德、感知、靜軌、宣政等，在內道場念誦。』合懷義恰爲九人) 並封縣公，賜物有差。其僞大雲經頒于天下，寺各藏一本，令昇高座講說。」據此，諸沙門亦援彌勒下生經立說。與隋時之彌勒教及後來之白蓮教無異。則此諸僧必有淨土宗者流。（增一阿含第四十二品言彌勒

註③　武后革命，實出武承嗣之謀，新書二〇六承嗣傳云：「初后擅政，中宗幽逐，承嗣自謂傳國及己，武氏當有天下，即諷后革命，去唐家子孫，誅大臣不附者。」

註④　見經訓堂叢書本長安志卷十南懷遠坊，東南隅大雲經寺條下註。

－ 399 －

應三十劫成無上正眞等覺。法住記述彌勒應正等覺出現世間時，贍部洲廣博嚴淨。」此爲彌勒下生作閻浮提主之
根據。東晉釋道安於彌勒前立誓，北魏太和始造彌勒像。齊傅大士自稱係彌勒菩薩分身世界，濟度眾生。隋時宋
子賢及桑門向海明均自稱彌勒佛出世。（隋書五行志）法明等持此爲說，亦卑之無甚高論。）

　　舊書姚璹（令璋，思廉孫）傳：「時武三思率蕃夷酋長請造天樞於端門外，刻字紀功，
以頌周德，璹爲督作使。聖證初，璹加秋官尙書同平章事。是歲明堂災（按在證聖元年正
月丙申夜。）則天欲責躬避正殿。璹奏曰：此實人火，非曰天災。……臣又見彌勒下生
經云：『當彌勒成佛之時，七寶臺須臾散壞。覩此無常之相，便成正覺之因。……況
今明堂乃是布政之所，非宗廟之地，陛下若避正殿，於禮未爲得也。』（按竺法護譯。）
則天乃依璹奏，先令璹監造天樞。至是以功當賜爵一等。」又舊書二十六禮志：（明
堂既災）舍人逢敏奏稱：「當彌勒初成佛時，有天魔燒宮，七寶樓臺須臾散壞，斯實諂
妄之邪言。」即針對姚璹之奏，可見當時大臣亦以則天比之彌勒下生。雖明堂之火，
亦借彌勒爲詞，豈不可笑！

　　又新書武后傳：「時春官尙書李思文復言周書武成爲篇，辭有『垂拱天下治』爲
受命之符。后喜，皆頒示天下。」可見其時言受命符應之多，僧徒之表上大雲經，特
其一端而已。但當時有反對之者，新書一〇二岑長倩傳：「和州浮屠上大雲經，著革
命事，后喜，詔天下立大雲寺，長倩爭不可，繇是與諸武忤。」長倩是岑文本從子，
因反對立武承嗣爲皇太子及大雲經事而被斬于市。岑是此一事之犧牲者，茲特爲之表
彰。舊書不載此事，新舊唐書合鈔引新書「和州浮屠上大雲經」句補之。按諸僧皆洛陽
大德，和州二字必誤。舊書本紀云：「殺豫章王亶，遷其父舒王元名于和州。有沙門十
人僞撰大雲經表上之。」此處和州乃新書涉上文舒王之貶所而誤讀，故以爲「和州浮
屠。」地理志和州屬淮南道，有和州歷陽郡，與洛陽無關，附爲訂正。

　　徐松兩京城坊考錄自長安志，均稱「大雲經寺」；考之碑刻，但作「大雲寺」，
無「經」字，如：

㊀　而稱（天授）二年，大雲寺彌勒重閣碑　杜登撰（見山右石刻叢編五）。前有一行「大
　　周大雲寺奉爲聖神皇帝敬造溫（涅）槃變碑像一區」。碑在山西猗氏縣仁壽寺。

㊁　大足元年辛丑建大雲寺之口文，賈應福撰書，太原武盡禮（武后族屬）勒上，額題
　　「大雲寺皇帝聖祚之碑」，碑長二千餘字，多殘泐，見金石萃編64，碑在河南河

內，原為隋之長壽寺。

天授碑末又一行「而稱二秊二㋐二十四㋑准制置大雲寺，至三年㸚(正)㋐十八㋑准制迴換額為仁壽寺」。是至翌年，大雲寺已可換額囘復舊稱。獲鹿縣本願寺心經周長安時石幢，末行有恒州大雲寺□道僧慧……」字樣（見沈濤常山貞石志七）。所有石刻均作「大雲寺」，不稱「大雲經寺」。唐會要：「天授元年十月二十九日，兩京及天下諸州各置大雲寺一所。至開元二十六年六月一日並改為開元寺」。後來開元寺固由大雲寺所改名，然山西猗氏之大雲寺，天授三年卽已准復原稱仁壽寺，且著之於碑文矣。

集古錄載有「長安二年司刑寺大脚跡敕幷碑銘二，閻朝隱撰。」（金石錄後碑范元起撰）歐公謂「自古君臣事佛，未有如武氏時之盛也，視朝隱寺碑銘可見矣。」惜原文不可畢覩。至于造佛像之事，明堂旣成，后命僧懷義作夾紵大像，殺牛取血，畫大像首高二百尺，據謂懷義刺膝血為之。佛像小指甲猶可容數十人，其大可知。及懷義火燒天堂延及明堂，暴風裂血像為數百段。

后又欲于洛陽北邙山造白司馬坂巨佛大像，當日諫諍者有狄仁傑、李嶠（新書一二三嶠傳）張庭珪（舊書一五二廷珪傳）多人（參唐會要四九），乃罷其役。張廷珪于後來中宗神龍時諫白馬坂營大像第二表云：

> 「天后朝，懷義營大像，幷造天堂安置，令王宏義、李昭德等，分道採斫大木，虐用威勢。……凡所營構，幷為災火。懷義之徒，相次伏法而死。自此之後，停寢十年。……」

關於建白司馬坂巨佛像事，日人松本文三郎考證甚詳（則天武后の白馬坂大像に就いて，東方學報，京都5）。自懷義寵衰被誅，武后對佛像營建已不如前之熱心，亦接納羣臣之諫。新書二二五蘇瓌傳：「武后鑄浮屠，立廟塔，役無虛歲。蘇瓌以為糜損浩廣。……請併寺，著僧常員，數缺則補。后善其言。」聖曆元年正月頒制：「佛道二敎，同歸于善，無爲究竟，皆是一宗。」對二敎已無輕重之別。可見後來后對佛敎之信仰已衰，未能貫徹到底。由是觀之，武后不得謂為佛敎之眞正信徒。

武后臣下，如前營繕大匠王璠，于長安三年七月，有石龕阿彌陀像銘（萃編六十五）。姚元之有長安三年九月造像記（萃編六十五），然元之（註⑥）後來反對佛敎最為劇烈。新

註⑥　唐書姚崇傳，字元之，長安四年九月以後始稱元之。

書姚崇傳，對玄宗請絕佛道營建。又言「佛不在外，悟之于心，行事利益，使蒼生安穩，是謂佛理，烏用姦人，以汩眞敎。」崇又戒子孫令云：「抄經鑄像之無益，緣死喪、造經像以追福，兒曹愼不得爲。」似有鑒于武氏之失，此是一種覺醒。

三、武后與道敎及封禪之典

泰山封禪之典，高宗時已舉行。舊書：「高宗麟德二年十月戊午皇后請封禪，司禮太常伯劉祥遂上疏請封禪。三年春正月戊辰，車駕至泰山，己巳，帝昇山行封禪之禮，改元乾封。兗州界置紫雲、仙鶴、萬歲觀、封巒、非烟、重輪三寺，天下諸州置觀寺一所。」因至泰山，遂命附近亦置道觀。

高宗封禪之舉，實出天后所請。金石錄有白鶴觀碑，中宗時立。然山西長子縣有白鶴觀碑，文中有云：「白鶴觀者，垂拱二年之所立也」。又云：「垂拱二年，長子縣宰朝散大夫高同營創基宇，造立尊容，建此豐碑，旌以功德。」則碑琢于武后時，而追樹于中宗之後。(山右石刻叢編5)武后嘗召天台道士司馬承禎。舊書承禎傳：(承禎)「師潘師正，傳其符籙及辟穀導引服餌之術。……………止于天台山，則天聞其名，召至都，降手勅以讚美之。及將還，勅麟臺監李嶠餞之于洛橋之東。」嵩山老君洞有王適撰序，司馬承禎書之潘尊師碣，題「弟子中巖道士獄 (司) 馬 (馬) 薜 (籀文子) 樊 (徽。出碧落文) 書，(子徽即承禎之字) 此潘尊師 (師曰) 碣，大周聖 (聖) 曆二年己亥二月立。舊書隱逸傳潘師正師事王遠知，居于嵩山之逍遙谷。高宗與天后甚尊敬之，尋勅所司于師正所居造崇唐觀。(雲笈七籤載勅置奉天觀，令于逍遙谷特開一門，號曰仙遊門。見玉海卷一百「唐太一觀」。)舊書高宗紀：調露二年二月丁巳，至少室山，賜故玉清觀道士王遠知諡曰昇眞先生。己未，幸嵩陽觀及啓母廟並命立碑。(按此碑崔融撰，沮渠智烈書) 又幸逍遙谷道士潘師正所居。永淳元年秋七月己亥，造奉天宮于嵩山之陽，二年正月朔，幸奉天宮，遣使祭嵩岳、少室。」此碣記永淳元年正月乙未，帝駕幸奉天上謁盧室。(本紀作二年，誤) 又記天册金輪聖神皇帝之睿問，有云：

神皇雅尚僊圖，永懷祕訣。每洒心容道，探賾求眞，帝步景于靑元，想餐霞于紫府。嘗致書曰：九宮神祕，顧已通其大綱，太一紫房，猶未解其深旨。尊師微言盡答，祕世莫聞。

尊師卒于永淳元年，年八十九，時后猶爲天后也。

舊書武后紀證聖元年，加尊號天册金輪聖神皇帝（碣稱武后，用此尊號），改元爲天册萬歲，萬歲登封元年臘月甲申，上登封于嵩嶽，丁亥禪于少室山。二年癸巳，至自嵩嶽。春一月重造明堂成，改元爲萬歲通天。」是時武后屢嘗駕幸嵩山。故司馬子微特爲其先師潘師正立碣。潘尊師與高宗及武后交誼之深，于此可以見之。

自此以後，武后活動多在嵩山地區，舊書后紀：「聖曆二年（二月）戊子，幸嵩山過王子晉廟，丙申幸緱山。丁酉至自嵩山。三年正月造三陽宮于嵩山。四月戊申幸三陽宮。五月癸丑，上以所疾康復，改元爲久視，停「金輪」等尊號。大足元年夏五月，幸三陽宮，七月甲戌至自三陽宮。」此時期中，后已醉心道術，即向取自佛家之金輪尊號亦復停用，而改采道德經長生久視爲年號，說嵩云：「聖曆二年，后不豫，遣給事中閻朝隱禱少室山，朝隱身爲犧牲，沐浴，伏俎上，請代太后命，太后厚賞之。」（事見舊書二五○文苑本傳）其媚主卑躬，令人失笑。后末年多病，改事道教，冀求長生，亦非偶然。

新書二〇六武三思傳云：「二張方烝蠱。三思痛屈節爲懷義御馬，倡言昌宗爲王子晉後身，引分卿歌咏淫汙，靦然媚人而不恥也。后春秋高，厭居宮中，三思欲因此市權，誘脅羣不肖，即建營三陽宮于嵩山，與泰宮于萬壽山，請太后臨幸，已與二張侍馳騁，竊威福自私云。」是嵩山之營建，殆出于三思之計謀。（聖曆二年，置控鶴府，以張易之爲控鶴監，久視元年，改控鶴府爲奉宸府，又以易之爲奉宸令，員半千等爲奉宸供奉，諛者謂昌宗是王子晉後身。按控鶴二字，出自神仙家言。孫登天臺賦：「王喬控鶴以冲天」，蓋丹家飛升之常語，借以爲喩。）此時期之石刻，重要者有下列各碑：

① 萬歲登封元年正月，昇中述志碑，武后自撰，相王旦正書。已毀。
② 萬歲登封元年十二月，封中嶽碑，薛稷正書。目見金石錄。
③ 萬歲登封元年十二月（即天册萬歲二年），封祀壇碑，梁王（武）三思撰，薛曜書。（據金石文字記）在登封縣西萬羊岡。下截剝蝕。
④ 聖曆二年六月，昇仙太子碑，題「大周天册金輪聖神皇帝御製御書」聖聖二年己亥六匝甲申朔建。碑陰御製遊仙篇，薛曜書及諸臣名銜。按此與潘尊師碣同年所立，潘碣立于二月。碑在偃師縣南二十里府店緱氏山仙君廟。

⑤　久視元年五月，夏日遊石淙詩碑，御製薛曜書。在嵩山石淙北崖上。

⑥　大足元年五月，秋日宴石淙序，（顧炎武謂張易之撰）在嵩山石淙南崖。

　　舊書禮儀志：「高宗既封泰山，又欲遍封五岳。……永淳二年七月，下詔將以其年十一月封禪于嵩岳，詳定儀注，于是議立封祀壇如圓丘之制。尋屬高宗不豫，遂罷封禪之禮。則天垂拱四年將有事于嵩山。……至天册萬歲元年臘月甲申，親行登封之禮，改元萬歲登封。三日丁亥，禪于少室山。」則天封于嵩山，即本高宗遺志，壇制亦沿高宗詳定之規而行之。禮儀志于禮畢之後，載有則天自製昇中述志碑，樹于壇之丙地。按「昇中」取觀禮「祭山丘陵升」「因名山升中于天」之語。嵩高爲地之中，故取爲名，以碑述志，古所罕見，足見后襟抱之大。高宗封禪之事，實由后所請，至是卒告成功，故勒碑記之。

　　金石錄有「道藏經序碑」高宗則天撰，王懸河行書。弘道元年十二月。（參六藝之一錄卷八十）是天皇、天后嘗出名爲道藏製序，可見其向來對道教之尊重。武后御製御書昇仙太子碑長文，據文中「敬陳嚴配之典，用展禋宗之儀，」實指登封之禮。舊書禮儀志：「丁亥，禪于少室山，己丑，御朝覲壇，朝羣臣。（案武后見崔融啓母廟碑文，嘉之，命作朝覲壇記，詔刻碑。則天封中岳，（員）半千撰封禪四壇碑十二首以進，見舊書文苑傳。）則天以封禪日爲嵩岳神祇所祐。遂封神岳天中王爲神岳天中皇帝。……王子晉亦被封爲昇仙太子。王昶謂武氏之先出自姬周，周家之昇化者有子晉，因而崇奉之。碑云：『山鳴鷙鷙，爰彰受命之祥，洛出圖書，式兆興王之運，』可證也。至于附會張昌宗事，以昌宗爲王子晉後身，雖出武三思言，然爲久視元年以後之事，昇仙立廟不得謂因昌宗而作。」其說甚是。碑陰御製遊仙篇中有「仙儲本□諒難求，蹸迹奇術秘玄猷，願□丹□賜靈藥，方期久視御隆周。」竟欲求長生之藥，是時后之心情，與稱金輪尊號時，已大不相同，後來果用「久視」二字以爲年號，及久視元年，夏日遊石淙御製詩并序，有云「幽栖無滯，泉石不孤，骖鸞崑閬之境」。應制和作者，自皇太子以下十六人。狄仁傑句「老臣預陪縣圃宴，餘年方共赤松遊」，全作神仙家言。可見晚年之武后，在嵩山遊幸中，其精神已完全陶醉于道教之中矣。

　　自高宗封泰山後，泰山地位益崇，顯慶六年，儀鳳三年皆嘗建醮於泰山東南麓王母池之岱嶽觀。其後天授二年、萬歲通天二年、聖曆元年、久視二年、長安元年、四

年，均有道士建醮造像之記。後來各代，皆於此磨崖為記，至建中而止。碑凡二，上施石蓋，合而束之，其字每面作四五層，每層文一首或二首。如長安四年文略云：「設醮奏章，投龍薦壁，以本命鎮綵物，奉為皇帝敬造石天尊皇上天尊一鋪十事□壁畫天尊一鋪十三事，敬寫本際經一部，度人經十卷，欲茲功德，奉福聖躬。」是時武后多疾，故勑道士為祈壽。至寫本際經事，今敦煌石窟所出本際經殘卷，不少為武后時物，有大周年號，英法均有之。

四、武后與景教

武后與景教本絕無關係。惟波斯阿羅憾誌銘中云：「又為則天大聖皇后，召諸蕃王建造天樞。及諸軍立功，非其一也。」事在長壽三年八月，其年五月，改元延載。（舊書繫於是年八月，新書在翌歲證聖元年四月，明堂災後，蓋指完成之時，由舊書姚璹傳可以證之。）

羅香林先生撰「景教徒阿羅憾為武則天皇后營造頌德天樞考」（清華學報新卷三期），又收入所著唐元二代之景教書中。以為天樞之造，出於景教徒之手。

按唐室接受波斯教入華傳教，已始于太宗貞觀時准許波斯僧阿羅本于義寧坊建寺一所，度僧廿一人（唐會要四九，又見陸心源全唐文拾遺一）。此唐人立國之涵蓋精神，異教均加寬容，絕不排斥之原則，太宗之遺訓也。關于天樞另外一石刻極重要材料，而羅先生所未引者，為泉獻誠墓誌，稱「天授（按天授。疑有誤。應在延載元年，或證聖元年）二年二月，奉勑充檢校天樞子來使」（參羅振玉跋，後丁戊稿 p. 45）泉獻誠為高麗蓋蘇文孫，泉男生之子，於高宗時歸附。新書一一十有傳，稱：「獻誠，天授中以右衛大將軍兼羽林衛。」所謂「天樞子來使」必臨時之職，「子來」即庶民子來之意。天樞之建，旨在頌武周功德，武三思率蕃夷諸酋及耆老共為之，其時納言姚璹實董其役，刻百官及四夷酋長名于其上，武三思為文，武后自書其榜曰「大周萬國頌德天樞。」（註⑥）所以示四海攸同，萬邦各教，其子民罔不來朝。天樞建成之日，東而高麗臣服之人，西至大秦波

註⑥　波斯阿羅憾墓誌，見羅氏芒洛遺文。參羽田亨史學論文集下卷，P.385。

　　泉獻誠墓誌亦見羅氏海東藩閥誌存

　　天樞事又詳太平廣記 240 引大唐新話，見續唐詩話李休烈條，唐詩紀事，全唐詩諮謿門同。

斯傳敎之士，無不贊襄其事。故云召諸蕃王，共建造之。佛敎、景敎均在我后化育之下，此事與高宗乾陵之下葬，諸蕃來助之情形相同，不得單獨歸功于景敎徒。

　　武后撰中宗書之述聖記碑，即述高宗聖德。碑立于乾陵。王昶云：「宋敏求長安志： 乾陵在奉天縣西北五里，有于闐國所進無字碑，即來齋金石考略所稱，碑石來自于闐者也。來齋又云 ： 此碑塡以金屑，照耀陵園。據宋趙楷記稱乾陵之葬，諸蕃來助者衆，武后欲張大誇示來世，于是錄其酋長六十一人，各有其形，可見當時乾陵規模，異乎常制。宜乎此碑之金屑照耀也。」于陵前立述政記，有如墓表，與高宗爲太子宏撰叡德記爲同一例。（萃編六十）

　　天樞之鎸諸蕃名字，亦同此制。武則天以神皇、天后之尊，君臨萬國，此卽天可汗之精神，自太宗、高宗以來，至武后而更充分加以發揮者也。

五、武后與明堂

　　舊書則天本紀：「垂拱四年春二月，毀乾元殿，就地造明堂。」新書武后傳：「詔毀乾元殿爲明堂，以浮屠薛懷義爲使督作。」「又度明堂後爲天堂。」舊書：十二月「還宮，明堂成。」新書同紀云：「辛亥改明堂爲萬象神宮」。載初元年春正月「神皇親享明堂」。其後每年于春正月必親祀明堂。證聖元年正月丙申，明堂災。考明堂之制，自隋以來卽謀恢復，至武后乃完成之。隋書六十八宇文愷傳：「自永嘉之亂，明堂廢絕。隋有天下，將復古制，議者紛然，皆不能決。愷博考羣書，奏明堂議表。」極爲詳博。會有遼東之役，事不果行，舊書：「唐高宗麟德三年正月丙寅，以明堂制度歷代不同，漢魏以還，彌更訛解。遂增古今，新制其圖。」是高宗已有新制之明堂圖。舊書禮儀志二備載當日之詔，其具製廣狹甚悉。又稱則天臨朝，儒者屢上書言請創明堂。（如員半千卽撰明堂新禮三卷上之，見舊書文苑傳）則天以高宗遺意與北門學者（指元萬頃輩）議其制。 不聽羣言，垂拱三年春，毀東都之乾元殿，就其地創之。四年五月明堂成。凡高 294 尺，四方各 300 尺，分三層，上層法廿四氣，中層法十二辰，下層象四時，又于明堂後造天堂，以安佛像，高百餘尺，此武后明堂之規模也。

　　新書禮樂志三：「高宗時，改元總章，分萬年置明堂縣，示欲必立之。而議者益紛然。或以爲五室，或以爲九室，而高宗依兩議以帟幕爲之。……乃下詔率竟班其制

度。至取象黃琮，上設鴟尾，其言益不經。而明堂亦不能立。至則天始毀東都乾元殿，以其地立明堂。……其後火焚之，旣而又復立。」是明堂之建，高宗已下最大決心，至分長安萬年置乾封明堂兩縣，分理于京城之中。武后明堂，正是承接高宗遺旨而實行之。石刻中有唐明堂令于大猷碑，在陝西三原縣北。大猷爲于志寧之孫，立政之子。碑前云：「其惟明堂縣令東海于公」。後云「聖曆二年，制除雍州明堂縣令。」據新書地志明堂縣在長安二年始省併于萬年（寰宇記云「二年六月」舊書作三年廢）。大猷卽于未省併前任明堂縣令。證聖二年一月，重造明堂成，改元萬歲通天。二年四月復鑄九鼎成，置于明堂之庭前。新書后傳：「懷義寵稍衰，而御醫沈南璆進，懷義失望，因火明堂。……後改明堂爲通天宮，鑄九州鼎，各位其方，列廷中。」唐會要十一：「武后立九鼎，有圖畫，尚方署令曹元廓圖之。武后自製曳鼎歌詞。」封氏聞見記，載武后九鼎，都用銅共560712萬斤，其豫州之鼎最高達一丈八尺（餘八州鼎高一丈四尺）。以豫州爲天下之中故也。大抵武后作明堂、九鼎，皆取自傳統觀念，以誇耀其成功而已。

六、武后著述與儒術

　　舊書則天皇后紀：「太后嘗召文學之士周思茂、范履冰，衞敬業令撰玄覽。及古今內範各百卷，青宮紀要，少陽政範各三十卷，維城典訓、鳳樓新誡、孝子、列女傳各二十卷，內軌要略，樂書要錄各十卷，百寮新誡，兆人本業各五卷，臣範兩卷，垂拱格四卷，並文集一百二十卷，藏于秘閣。」

　　新書武后傳，高宗末年與后共稱二聖。「后乃更爲太平文治事，大集諸儒內禁殿，譔定列女傳，臣軌、百寮新誡、樂書等大抵千餘篇。」可見后在高宗季年，乃篤志于儒術。從其早期著述，可窺見其原來思想之一斑。其著作見于兩唐書經籍藝文志者，子、集各部均有之，尤以儒家類爲多，今不備列。

　　武后又撰字海一百卷，新書注云：「凡武后所著，皆元萬頃、范履冰、苗神客、周思茂、胡楚賓、衞敬業等撰。」按此指所謂北門學士，新書文藝上元萬頃傳：「武后諷帝召諸儒論撰禁中，萬頃與左史范履冰等撰刊列女傳、臣軌、百僚新誡、樂書等九千餘篇。」（乾隆四年刊本）按后傳作千餘篇（舊書文苑萬頃傳作凡千餘篇。新書九字乃凡字之誤。）

惟臣軌尚存。

　　唐會要三六「垂拱二年太后撰百寮新誡及兆人本業記。」玉海二十八：「凡武后書皆元萬頃等撰。」

　　今敦煌所出有 P5523 號卷，寫于武后時。王重民爲題作「天訓」，予則疑是武后訓記雜載十卷中之文。（唐書藝文志子部武后訓記雜載十卷，註云采青宮紀要，維城典訓，古今內範，內範要略等書爲雜載云。）

　　武后早期本崇尚儒術，其能取得一般文士所擁戴者，此未始不爲主要之原因。

七、三敎珠英撰述之意義

　　舊書禮儀志二：「（載初二年）則天又御明堂，大開三敎。內史邢文偉講孝經，命侍臣及僧道士等，以次論議。」「武后開國之初，卽於明堂擧行三敎講論。」新書一〇四張昌宗傳：「詔昌宗卽禁中論著，引李嶠、宋之問、富嘉謨、徐彥伯等二十有六人，撰三敎珠英。」

　　聖曆元年元月，頒條流佛道二敎制云：「佛道二敎，同歸于善，無爲、究竟，皆是一宗。……自今僧及道士，敢毀謗佛道者，先決杖，卽令還俗。」（唐大詔令集一一三）已視佛道爲一家，惟至睿宗景雲二年，始制僧、道齊行並進。（同集同卷）

　　唐會要：「大足元年，張昌宗撰三敎珠英一千三百卷成，預修者四七人」。此四七人卽所謂「珠英學士」者也。巴黎 P3771 及英倫 P2714 卽是珠英學士集殘卷，存五十一行。文獻通考經籍考有崔融珠英學士集五卷，此書元時尚存。新書文藝李適傳「武后修三敎珠英書，以李嶠、張昌宗爲使。…」又富嘉謨傳：「與吳少微號吳富體，預修三敎珠英。」新書一一四徐彥伯傳：「武后選三敎珠英，取文辭士，皆天下選，而（徐）彥伯、李嶠居首。」又一一五朱敬則傳：「易之等集名儒譔三敎珠英，以繪武三思、李嶠、蘇味道、李廻秀、王紹宗等十八人像以爲圖，欲引敬則，固辭不與。」三敎珠英，爲書一千三百卷，煌煌巨帙，參加其事者，據會要所記共四十七人，主要分子二十六人。從其書名稱曰「三敎」觀之，必是選錄儒、道、釋三敎有關之詩文，張昌宗負責編纂，會通三敎以成書，可見武后自始至終卽有混合三敎之傾向，有如梁武後期之思想。故以三敎爲書名，可惜此書今已失傳，無從窺測其內容，然武后之宗敎思

想後來愈趨向于綜合方面，一此巨著無疑地正是重要之證明。

八、畧論武周石刻

清人注意武周石刻者，首推顧炎武（求古錄中錄岱岳觀雙碑及大周無上孝明高皇后碑銘全文）。其金石文字記著錄武后有關之碑，自永淳二年天后御製詩碑，垂拱二年王徵君臨終口授銘，訖上騎都尉相景瑞碑，共廿二事，可謂有識。

葉昌熾語石，記其所見武周碑，不下數百通。邊遠之地，文教隔絕，而碑刻記年月，皆周武后新製之字，點畫不差累黍。（西如燉煌之桂國李公舊龕碑，南至廣西上林三畔嶺之廖州刺史韋敬辨智城碑，雲南昆陽之王仁求碑，皆然。）葉氏於清季到陝西，所撰邠州石刻錄，其中收武周石刻獨多，共十四事。而張維隴右石刻錄、羅叔言西陲石刻錄收武周三碑及續出一碑。然其中有重刻者，如武威之大雲寺碑，首行題「涼州衞大雲寺古刹功德碑」竟用明代衞名（見張維書）。近年墓誌出土特多，屬於武周時代者，北平圖書館墓誌目及羅氏墓誌目所著錄，可見其概。墓誌中以張柬之一家為重要。唐會要七六：「證聖元年張漪及第。」張漪為張柬之子，詳襄陽所出張氏一家九墓誌，（註⑦）羅振玉已輯為襄陽冢墓遺文一書。章懷太子賢廢死于巴州，在武后嗣聖元年三月。邵王李重潤及永泰郡主壻武延基（承嗣之子）為張易之譖構，令自死，事在武后大足元年九月。近年來章懷墓及懿德太子（重潤）、永泰公主墓先後出土，三墓皆陪葬墓。李賢及妃房氏有墓誌二，此皆最新之材料。武后時，嘗禁立碑，聖曆二年制：「州縣長吏非奉有勅旨，毋得擅立碑。…」故周時德政碑一類絕少，（註⑧）此事至中唐而復盛。

史書中往往記立碑事，散見各篇，未有輯錄之者。中央圖書館藏清毗陵陸雅浦諸史碑銘錄一本手稿未刊。但僅錄晉書元魏、新舊五代史部分，令人失望。現存古碑，為數無多，故已佚之碑目，對于考史亦有絕大幫助。

武周時碑刻，以嵩山地區而論，據康熙間嵩人景日昣所作說嵩一書卷十四金石類，又有下列各碑，為上所未舉者：

註⑦　參李宗蓮寐岷精舍跋尾中襄陽張氏九墓誌跋。

註⑧　本所藏00934號為唐宣州刺史陶大舉德政碑，僧靈廓撰，陶德凱正書，在安徽當塗。永昌元年三月十三日立。即一例外。

① 周封中嶽碑，見鄭樵金石略。相王旦書，屠隆辨帖箋則云：「周封中嶽碑，薛稷書」。

② 降禪碑　嵩山志：「大周降禪碑，立于嵩頂，李嶠撰，今亡」。

③ 石記　歐陽修集古錄：「武后封禪處，有石記，戒人遊龍潭者，勿妄語笑以黷神龍」。

④ 朝觀壇記　后命崔融作，今碑不存，文亦無傳。

⑤ 中嶽靈廟碑　在中岳廟內。有「大周聖命……遣金臺觀主馬元貞往五岳四瀆□□作功德」語。

⑥ 幽林思詩石　歐公金石錄：「幽林思，武后時廬山林藪人韓覃撰。」鄭氏金石略：「幽林思，嵩山詩，韓覃作」。

茲附記以備考。

武周重要碑碣，唐宋以來，多被人摧毀，舊書則天紀：「封洛水神爲顯聖，加位特進，並立廟。」新書后傳：「勒石洛壇左曰『天授聖圖之表』。及玄宗開元五年四月，以則天拜洛受圖，壇及碑文，並顯聖候廟。初因唐同泰僞造瑞石文所建，令卽廢毀。」（舊書玄宗記上），他若武士彠碑（長安元年十二月立，李嶠撰，相王旦書。武后追尊士彠爲無上孝明皇帝），高大非人力所及，唐時已傳言碑上「武」字爲人鑴去（金石錄）。

若昇中述志碑，據說嵩十四于武后緱山碑條之下，引宣政雜錄云：「在嵩山下。政和中，河南尹上言請碎其碑，詔從之。今碎碑在府店西，或曰卽昇中述志碑（此武后自撰，相王旦正書），土人相誠不敢移動。予于康熙三十五年丙午歲，至碑所，觀其制度，與嵩陽紀聖德碑相類，其高大亦相仿，字爲八分書。」（武億偃師金石志同）又武后之述聖紀碑（武后御製，中宗正書），立于乾陵，明時倒仆，折爲數段（石墨鐫華）。而順陵碑亦毀于明代。（碑首曰「大周無上孝明高皇后碑銘。鐫華云：「碑已仆于乙卯之地震，而亡于縣令之修河。」）此武周碑刻之厄，亦唐代文化史之損失也。

九、結　語

綜觀武后爲人，有特殊之生理及過人之精力，而又好大喜功。其重視禎祥，封

禪，喜更易年號，有似漢武。而屢加尊號（如由聖神皇帝至加「越古金輪」之稱），（註⑨）改正朔，重時日，則甚似王莽，蓋兼有漢武王莽之雙重性格。以文學、書法、著述而論，才調之高，古今更罕有其匹。

其人本無堅定之宗教信仰，先以神皇自居。繼又自比于轉輪王，特撰借釋氏之號，妄自尊大而已。早年重儒術，登極時，利用佛典爲符讖，雖出僧徒輩與薛懷義等之謀，然后之思想早已有「金輪」二字，形之吟詠。晚歲多病，轉而好言長生久視之術，嵩山、緱嶺遂成遊幸之地。武承嗣求爲皇子之策，終不接受，實仍心存唐室，故卒能「復子明辟」，于高宗遺志，始終恢皇而張大之。觀述聖之記，及繼爲明堂封禪之制，皆高宗未竟之業。其升中述志碑，立于嵩山之頂，惜爲宋人所毀碎，遂使后之本志，不能大明于後代，爲可嘅也。又所著各書，如三敎珠英等，均已失傳，無從詳考后之三敎思想，更爲可惜。然后之舉措，規模宏大，如明堂、封禪、九鼎之類，仍秉承儒術之傳統。其思想及信仰非釋、道之所能囿，晚歲至欲牢籠三敎，可謂博大無垠，后誠人傑也哉！

補　記

近年（1954）四川廣元縣皇澤寺發見孟蜀廣政廿二年「爾利州都督府皇澤寺唐則天皇后武氏新廟記」，文云：「父士讓爲都督于是□□（按疑所缺卽「州生」二字）后焉」蜀中名勝記引九域志：「武士讓生武后于此。因賜寺刻其眞容。」（文物參考，1956,5）武后生于四川，父士讓時正在利州（廣元）任內。岑仲勉認爲皇澤寺之修建，不足爲武后早歲曾爲尼之證。（見岑著通鑑隋唐紀比事質疑「則天壽八十二」條。）

彌勒信仰在中亞與東亞流行甚廣。玄奘已言「西方道俗，並作彌勒業。」（法苑珠林六十）自竺法護譯彌勒下生經後，鳩摩羅什又譯彌勒大成佛經，沮渠蒙遜從弟京聲已信奉彌勒（Maitreya）。回紇文之彌勒下生經題識稱：「彌勒菩薩從兜率天下生經第十分終。由阿闍梨論師聖月從印度語言之彌勒下生經編爲吐火羅語，並由博士從吐火羅語譯爲突厥語」。（據伯希和吐火羅與庫車語，馮氏譯本）可見此經流傳之普遍，唐代已深入人心，故上下階層，皆據其說以作政治活動之資本。

註⑨　加尊號事，見封氏聞見記四：「秦漢以來，天子但稱皇帝，則無徽號。則天垂拱四年得瑞石于洛水，文曰『聖母臨人，永昌帝業。』號其石爲寶圖，于是羣臣上尊號，請稱「聖母神皇」，後加「慈氏越古天册金輪聖神」等號……則天以女主臨朝，苟順臣子一時之請，受尊崇之後，自後因爲故事。」

附錄　本所藏有關武后碑刻編號舉要 （以本篇嘗叙述者爲主）

順陵殘碑（01013 號）共五幅（插圖一）

乾陵述聖記碑（00927）（插圖二）武后撰，中宗正書。

高宗聖德記殘碑（03527 號）

武后封祀壇碑（03550 號）（插圖三）殘存上段。

大雲寺皇帝聖祚碑（03570 號）（篆書碑額，見插圖四）

白鶴觀碑（00930 號）碑額題「大唐潞州長子縣白鶴觀碑」。

岱岳觀題刻（03429）

夏日遊石淙碑（03567）武后並羣臣撰，薛曜正書

秋日宴石淙序（01010）張易之撰，薛曜正書。

昇仙太子碑　武后御製御書。（03558）（插圖五）

遊仙篇　武后御製，薛曜書。（03562）即昇仙太子碑額之陰。（見插圖六）

明堂令于大猷碑。（01007）

唐少林寺武后御製詩（00926）永淳二年九月　王知敬正書。

僞周嶅山寺碑（00999）天授二年正月，吳无象記。

出自第四十五本第三分（一九七四年六月）

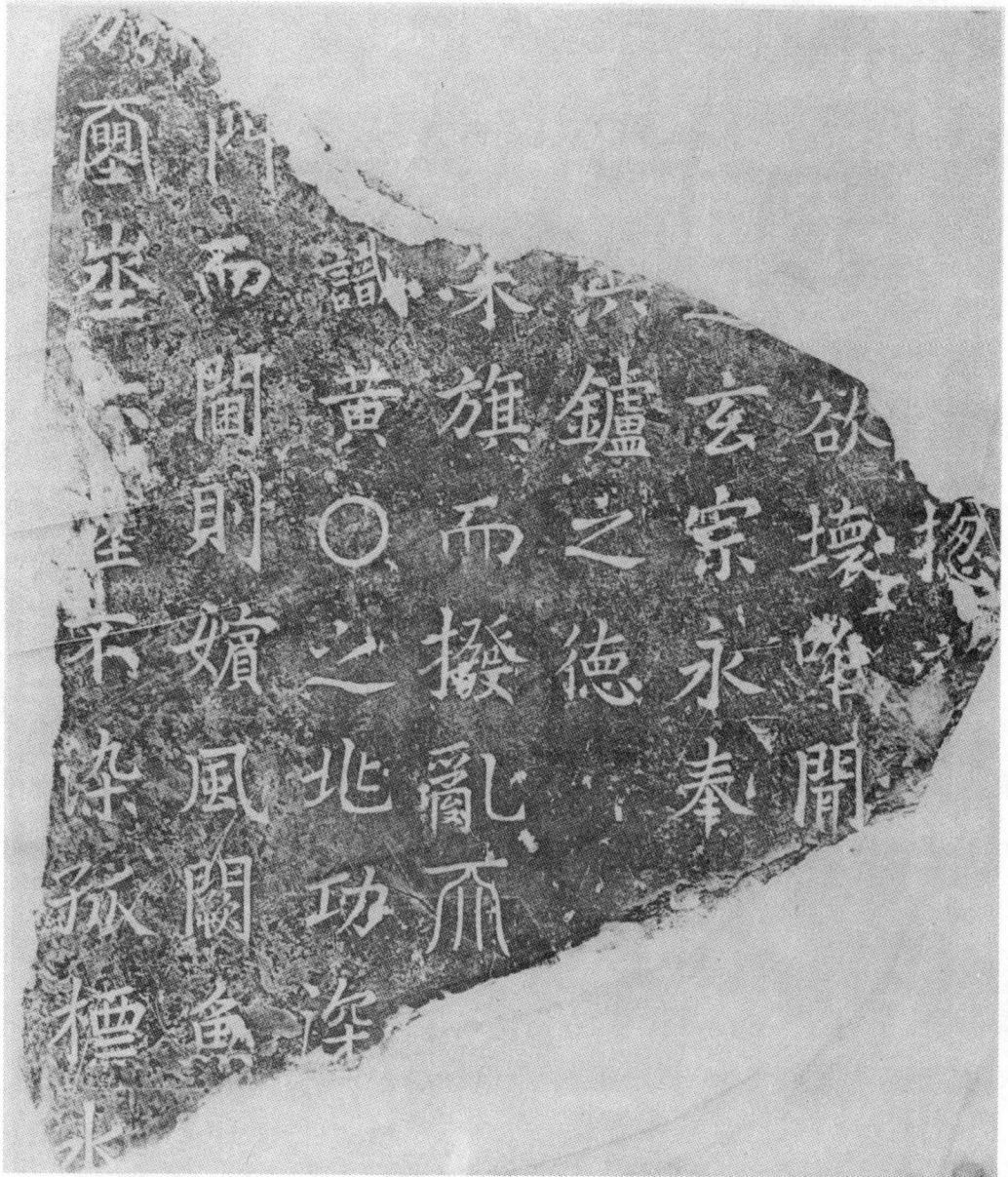

插圖一：順陵殘碑

插圖二：述聖紀碑

挿圖三：大周封祀壇碑

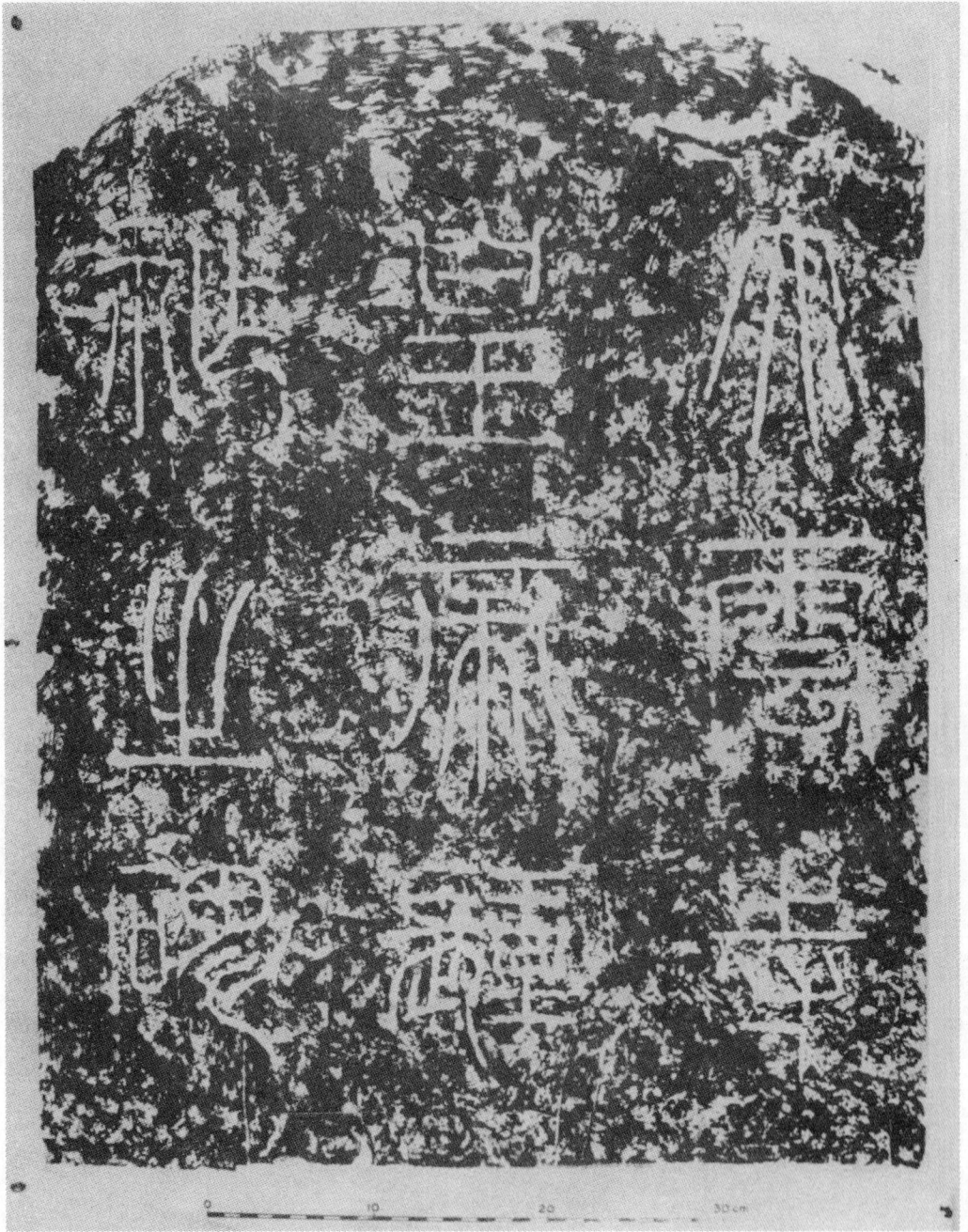

插圖四：大雲寺皇帝聖祚碑

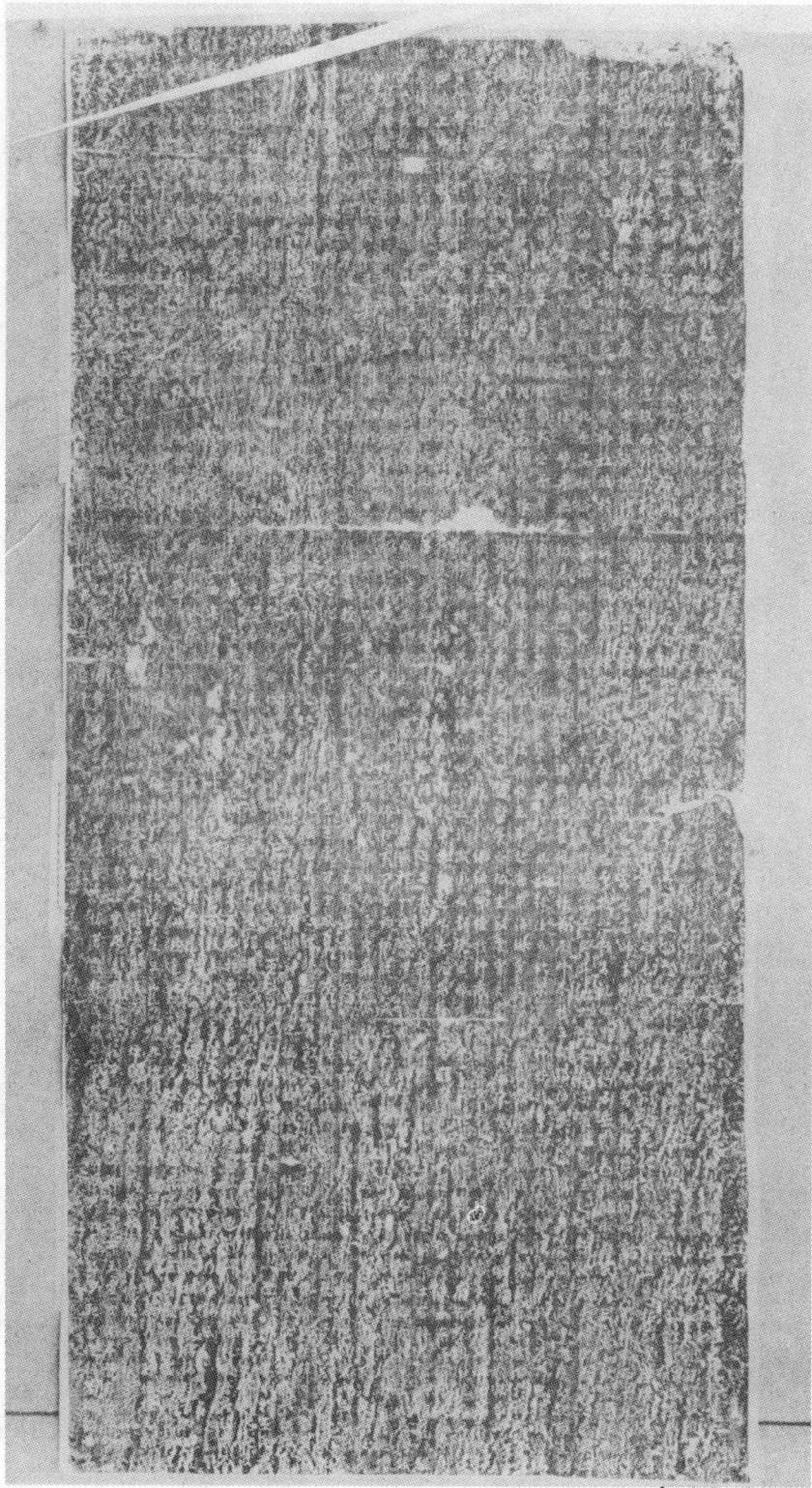

插圖五：昇仙太子碑

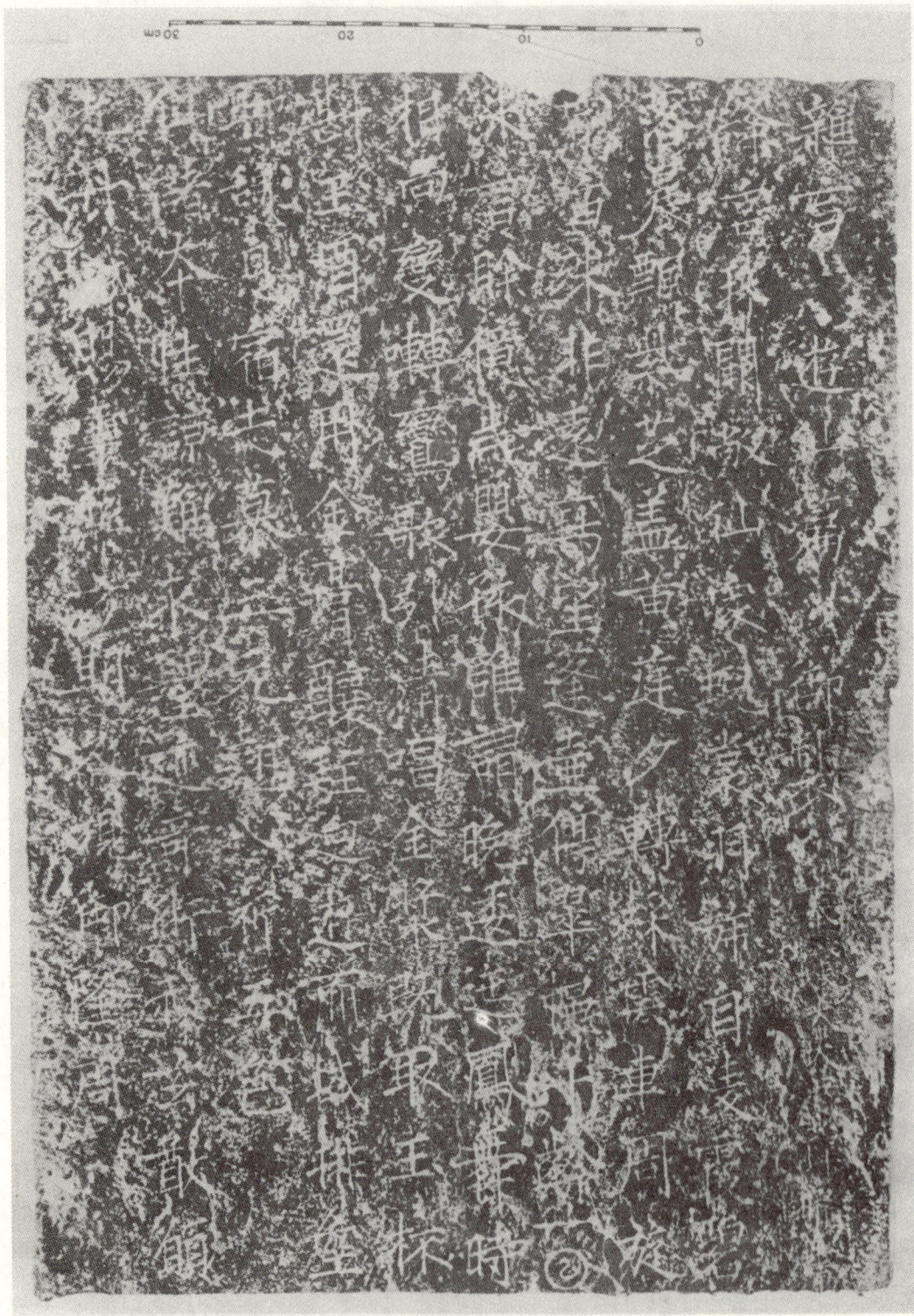

插圖六：遊仙篇（昇仙太子碑額之陰）

金趙城藏本法顯傳題記

附 達嚫國考

饒 宗 頤

　　史語所藏之金趙城藏本法顯傳，粗黃紙，原共四十三張。每葉邊刻「法顯傳第△張，廣字號。」葉二十行，行十四、十五字不等。字大如錢，全書已貼連成一長卷。開卷爲釋迦說法圖像。並記「趙城縣廣勝寺」一行，故知爲金藏本。（其他趙城藏皆有此圖，觀近年重印首楞嚴經五軸，可以知之。）趙城藏原刻板在解州（今山西解縣）天寧寺。刊刻時間，由皇統八年（1148）至大定十三年（1173）。據蔣唯心金藏雕印始末考，金藏每板廿二至三十行，共六百八十二函。廣勝寺存四千九百五十七卷，爲世界孤本。史語所藏趙城藏又有「大唐開元釋敎廣品歷章卷第十八」一至三十一張，與法顯傳可稱雙璧。（此書名稱如上，又題「京兆華嚴寺沙門釋玄逸纂。」首行云：「且小乘經律論都三百三十部，散有一千七百六十二卷，一至六十六帙，合二百二卷爲五十四軸，折有一千六百一十四卷。」其下皆列書名，起長阿含二十二卷二帙。註：供城四百九十九紙，蒲州四百二十一紙。」此書編號爲「纓」字，並記「新編入錄」四字。其內容大略如此。）亦貼連成卷子本，有軸。日本橫超慧日有新出金版藏經を見て一文（東方學報，東京 5 續。）於玄逸之廣品歷章，略有考證。（玄逸見宋高僧傳五）惟此法顯傳爲彼所未悉。足立喜六氏校勘法顯傳，用力甚勤，入校藏經，計有九條東寺及宮內省之宋福州釋藏本，增上寺之湖州思溪法寶寺雕本，及高麗藏本。大正藏經則以高麗本及宮內本參校，均未提及金藏此本。是此本尚未有人加以利用，至堪珍視。且卷帙不多，甚願它日有好事者，爲之流布也。史語所藏善本書，又有一鈔本題「昔道人法顯從長安行西至天竺傳一卷」一册，細勘之卽此金藏本之影鈔者。

　　此本第一行題「昔道人法顯從長安行西至天竺傳一卷」，下註「廣」字。第二行：「東晉沙門釋法顯自記遊天竺事。」卷末一行曰「法顯傳一卷。」考法顯所譯書，最早見於僧祐出三藏記，其卷二記顯師所出經書十一部，定出六部，最末一種曰

佛遊天竺記一卷。自餘爲梵文未譯者，言之鑿鑿。岑仲勉據此謂法顯傳當從祐錄最古之名，作佛遊天竺記。足立氏則謂「佛遊天竺記」乃「歷遊天竺記」之誤。按隋沙門法經所編衆經目錄卷六，列佛涅槃後傳記錄第八，合六十八部，其第一項爲西域聖賢傳記合一十三部，其第十二種即爲佛遊天竺記一卷。彼自註云：此十三傳記並是西域聖賢所撰。若其第二項始爲此方諸德傳記，自僧祐釋迦譜至寶唱之名僧傳，其次爲法顯傳一卷，此一組共十六部，並是漢土所作傳記，是法經所見之佛遊天竺記乃另是一書，爲西域人所作者。由是知佛遊天竺記原爲胡本，爲顯師所携來，故祐錄列於顯師譯作定出六部之中。岑仲勉曾據藝文類聚七六，闕名像記引用佛遊天竺記。余檢初學記二十三「寺」條亦引佛遊天竺本記，書達親國伽藍有五重，大致與法顯傳無異。然不得以此謂佛遊天竺記即法顯傳，因同屬記載佛國之書，故內容多雷同，不當遽目爲一書也。法顯傳末云：

　　歲在壽星，夏安居末，迎法顯道人。既至，留共多齋。因講集之餘。重問遊歷。

　　其人恭順，言輒依實。由是先所略者，勸令詳載。顯復具敍始末。………

此口吻當非顯師自陳，殆是顯師之檀越所附記者。且知顯師所述，先略後詳。佛遊天竺記既是胡本，於祐錄中明爲顯師携歸，在譯出之列，則其自敍遊印顚末，依理推之，必嘗參考此書，可無疑也。法苑珠林一一九；歷遊天竺記傳一卷，沙門釋法顯撰。圓照貞元新定釋教目錄卷五，列法顯書七部，其一爲歷遊天竺記傳一卷，下註：「亦云法顯傳，法顯自撰述往來天竺事，見長房錄。」末又二種，一爲雜阿毘曇心十三卷，一爲佛遊天竺記一卷，註：「見僧祐錄。」又對顯師著書作一總述云：「右七部二十六卷，前五部一十二卷，見在；後二部一十四卷，闕本。」所記一十四卷即阿毘曇心十三卷加佛遊天竺記一卷之數。是貞元時，佛遊天竺記一書已缺矣。圓照書于卷第三十收法顯傳一卷亦云：「歷遊天竺記傳」二十九紙，次于大唐西域求法高僧傳三十五紙之後。又同書卷二十四，卷二十七皆有法顯傳，註亦云：「歷遊天竺記傳」，是當日寫本別帙甚多，皆副題曰「歷遊天竺記傳」，今觀金藏本首題「昔道人法顯從長安行西至天竺傳」，題目極冗長。惟「歷遊天竺記傳」，則唐以來之簡稱耳。

　　金藏本法顯傳，嘗略校一遍，覺其與高麗藏本最爲接近，舉例言之：

　　褥檀國。（第一張上）同麗本。

與寶雲等共合。 （第二張上） 與麗本、石本同。

彼國人民星居。（二張下）與麗、石本同。

安頓供給法顯等于僧伽藍。（二張下）與麗本同。

其國中有四大僧伽藍。 （三上） 麗本同。他本作十四僧伽藍。

唾壺以石作之。 （四下） 麗本同。

影西四百步許。 （十上） 麗本同。

以用布施眾僧，僧受，亦自各各布施。（十二下）麗本同。

正有河水耳。（十三上）麗本同。

有一寺名大墳。大墳者惡鬼名也。（十四下）麗本同。

精舍左右，池流清淨。（十六下）麗本同。

有林名曰得眼。（十七上）麗本同。

法顯離諸師……同都就禪師出經律藏。（四二下）麗本作「就師出經律藏」，同。

投命于必死之地。（四三上）麗本同。

今不遑一一縷舉，大體言之，金藏本與高麗本實出同一系統，可謂法顯傳之北方本。若足立氏所據之東寺本宮內本，實出福州東禪寺等覺院，可謂法顯傳之南方本，故有極大之歧異。東禪院大藏經之刊行，據淳熙三山志，徽宗崇寧二年，進藏經，加號「崇寧萬歲」，蓋始雕于神宗元豐間，至政和二年，全藏刊成，共五百六十五函。（參曾我部靜雄：宋代福州之佛教，塚本頌壽集 p. 449）。南、北法顯傳寫本原自不同，故形成二系。

　　高麗本大藏經爲顯宗二年 (1011) 開雕，高宗再刻之。高麗本稱「高僧法顯傳」一卷，卷尾有「丙午歲高麗國大藏都監奉勅雕造」語，列號爲「廣」字，與金藏本同。高麗法顯傳刊成之年爲高宗丙午 (1246)，在金趙城藏之後七十餘年，疑當日雕造，必當參考趙城藏本，故雖有微異，而重要處多雷同也。

　　金藏本之特異者，略舉如次：

「焉夷國」麗本作烏夷。金藏不重鄢夷國三字。 （第二張上） （伯希和說「烏」乃焉之訛。）

「法顯得苻行當、公孫理住二月餘日。」 （第二張上） 按苻字从竹，不作苻。公孫理一名異于他本之作「公孫經理」。知此處公孫理應是人名，故下文云：「蒙苻、公孫

供給。」但舉其姓，正可互證。藉藩釋「經理」爲動詞者，實誤。「符行當」麗本同作「行當」；他本作行堂，足立釋行堂爲行者。

「化作白鼠，齧其腰帶；帶斷，所懷衣墮地，地卽裂。」(十八張上) 按多一「帶」字，文氣更完足。

「自云顧尋所經，不覺心歡汗流。」 (四十三上) 按他本皆作心動汗流，此獨不同。「心歡」義較長。足立作「心之汗流。」不甚可通。

然金藏本亦有錯誤者，列舉如下：

　第一張　奪去「夏坐、夏坐訖，復進到燉煌，有塞東西」共十四字。

　第五張上　「沙門法用轉勝，不可悉其記，國當葱嶺」。按其記二字誤倒。

　第二七張下　「一万室名賓波羅窟」。按万字乃石之訛。

　第三十五張下　「忽於王像邊，見商人以晉地一自絹扇供養。」按自絹乃「白」絹
　　　　　　　　之誤。

此爲顯而易見者。至金藏本字之誤刻，如數處問訊字皆作詋，盲龍誤作肓是。

　　金藏本稱：「離諸師」「就禪師出經律藏」，高麗本亦作「出經律藏」，足立據東禪本作「就禪師出律」。考出三藏記二，「法顯於中天竺、師子國得胡本，歸京都，住道場寺，就天竺禪師佛馱跋陀共譯出。其長雜二阿綌鄉經，彌沙塞律，薩波多律抄，猶是梵文，未得譯出。」是當包括經與律，不宜但作「出律」而已。

　　士林故宮博物院藏明萬曆戊午刊稗乘，(新安黃昌齡刊，不著撰人。詳四庫提要雜家類存目。) 其中二氏類有三十國記一書，在第十一册，分上下二卷，題晉釋曇顯撰。卽法顯傳也。此本向未爲人注意。考明人叢書法顯傳均題作佛國記，如秘册彙函、津逮秘書、漢魏叢書皆同。而此獨作「三十國記」，殆因法顯傳中有「凡所遊歷，涉三十國」一語，故取以爲名。茲錄卷末數句，俾作比較：

　　　自大敎東行，未有忘身求法，如顯之比。然後知誠之所感，無窮否而不通；志
　　　之所將，無功業而不成。成夫功業者，豈不由忘夫所重，重無所忘者哉？

下有注語云：

　　「此記依蘇文忠公墨跡抄之。中或有訛，不敢以意增故也。」

依此，東坡竟有佛國記墨跡，爲此本所據，向所未聞。值得一書，用俟詳考。

日本學者整理釋典，功績卓著。惟有不可解者，往往似乎不習慣點讀漢土散文，斷句每令人詫異。試拈末段，詳論如次：

法顯發長安，六年到中國，停，經六年。還，經三年達青州。凡所遊履，減三十國。沙河已西，迄于天竺，眾僧威儀法化之美，不可詳說。竊（竊）惟諸師，未得俻（備）聞，是以不顧微命，浮海而還，艱難具更。幸蒙三尊威靈，危而得濟。故昔疏所經歷，欲令賢者，同其聞見。是歲甲寅，晉義熙十二年矣。歲在壽星，夏安居末，迎法顯道人。既至，留共多齋，因講集之際，重問遊歷，其人恭順，言輒依實。由是先所略者，勸令詳載，顯復具敘始末。自云顧尋所經，不覺心歡汗流。所以乘危履嶮，不惜此形者，蓋是志有所存，專其愚直，故投命于必死之地，以達万（萬）一之冀。於是感歎斯人，以爲古今罕有。自大教東流，未有忘身求法如顯之比。然後知誠之所感，無竊（窮）否而不通；志之所將，無功業而不成。夫功業者，豈不由夫所重，重夫所忘者哉。

以上爲金藏本原文。除第二「竊」字顯然有誤，又末句「豈不由夫所重」，以下句文理推之，「由」下當奪一「忘」字，其餘文字均暢達可誦。觀足立校本，以「六年到中國，停六年。還，三年達青州」爲句，與稗乘本同。金藏本「還」下多一「經」字，意更明白。足立於「艱難具」句斷，以「更」字屬下文，直不成語。復去「矣」字，亦與稗乘本同；若有之，乃文氣頓挫之妙。又金藏與高麗本並作「必死之地」句，與下文「萬一之冀」爲對比句法。稗乘本作「投命于必不全之地」，而足立作「不必全之地」，按「必不全」句法，行文爲有力，「必」字在前，讀來文氣更佳。末句稗乘作「重無所忘」「無」字殆有舛誤。而足立改「忘夫所重」作「忘失所重」，不悟上句「忘夫所重」與下句「重夫所忘」，正反爲用。石山寺寫本之「忌失所重」，較以高麗本之作「忘夫所重」，「忌」「失」二字正是「忘」「夫」形似而誤。而竟有取于「失」字，可謂失之眉睫者矣。

以上討論爲校文部分。至于地理，各家考證，問題尚多。茲舉達嚫國爲例。法顯自言「達嚫國以道路阻難未往。」是彼未親履其地。惟印度人撰 Daccan 史，即靠顯師所記爲漢土唯一史料。實則漢籍中仍有不少關於達嚫之記載。

(1)道宣釋迦方志中邊篇言「水」部分，謂此洲中心有一大池，名阿那陁答多，唐

言無熱惱也，卽經所謂阿耨達池，在香山南，大雪山北。……此一池分出四門，各隨
地勢而注一海，故葱嶺以東，水注東海，達儷（一作嚧）以南，水注南海。雪山以西，
水注西海，大秦以北，水注北海。」所記：達儷與大秦，分明一南一北，不容淆混。
按此爲四河說之引申。四河說出長阿含經、世紀經、起世經等。阿耨達池（Anavatapta）
之位置，世親俱舍論以爲在大雪山北，香醉山（Gandhamādava）間，香醉山已被認爲
西藏喜馬拉雅山脈中之 Kailasa 山系，唐人卽本世親之說加以演繹，而以阿耨達池
（按卽今 Wanasarawar 湖）爲宇宙之中心，道宣資以成立其地理學之中邊說。阿含經原謂
阿耨達池南有新頭（Sindū）河，卽獅子口，以入南海。道宣則云達儷以南，水注南
海。蓋以達儷爲南印度之總稱也。（另參拙作論釋氏之崑崙說）

　　(2)又釋迦方志遊履篇（第五）搜括傳記，列十六事，其第三云：「後漢獻帝建元
（應作建安）十年，秦州刺史遣成光子從鳥鼠山度鐵橋而入，窮于達嚧。旋歸之日，還
踐前途，自出別傳。（大正，51, p. 969）所謂別傳，未諳何書。此說果可信，則東漢末
自蜀至印，卽後來所謂牂牁天竺道，實已暢通，故可從秦州，以至南印度之達嚧。史
記大宛傳張騫上書云：「今身毒國又居大夏東南，數千里有蜀物，此其去蜀不遠
矣。」又言「聞其西可千餘里有乘象國，名曰滇越，西蜀姦出物者或至焉。」是漢時
蜀賈人足迹已至天竺，當取永昌道。徵之高僧傳慧叡西行紀，「慧叡（劉宋時人）嘗遊
方而學，經行蜀之西界，爲人抄掠，遊歷諸國，乃至南天竺界。」其經行所至，必循
永昌道可知。義淨大唐西域求法高僧傳云：「有唐僧二十許人從蜀川牂牁道出白莫訶
菩提禮拜。」此卽自蜀經永昌道至南天竺。慧琳一切經音義卷八十一已詳說之。可參
李根源所編永昌府文徵紀載卷一。故漢末成光子由秦州至達嚧，必由蜀出永昌，以入
南印度，可以推想而知。

　　(3)敦煌卷中亦言及達嚧。倫敦大英博物院敦煌經卷列 Stein 目2113號爲一長卷，
內書白佛瑞像記，略云：「中印度有寺，佛高二丈，額上懸珠。………此像經憍賞彌
（按卽拘談彌）飛往于闐。」又云：「釋迦牟尼佛眞容，白檀身，從國王舍城騰空來于闐
海眼寺。」此文爲有關印度佛像紀錄之珍貴資料。另有一段文云：

　　「南天竺建嚧國，北有迦萊佛寺，五香盤石爲之。今見在山中。

　　北天竺國泥婆羅國有彌冠櫃，在水中。」

泥婆羅卽尼泊爾，建嚫當是達嚫，（見附圖4）。同卷下文「大目犍連」之「犍」字，所從之建，與「嚫」上一字相同，是敦煌卷乃誤寫達嚫爲建嚫，以達與建二字形近故也。此卷後段爲宕泉創修功德記，末署「唐乾寧三年丙辰歲四月八日畢功」。則其前段文字，當寫于乾寧以前。

史語所藏拓片14936號，爲旃檀瑞像及題記，略記「佛成道後，嘗升切利（天）爲母氏說法，數月未還。時優塡王以久濶瞻依，迺刻旃檀像佛聖表以竚翹想之懷。……自塡王像刻之初，至今泰定乙丑，凡二千三百餘歲矣。……昭文館大學士紫祿大夫宣徽使大都護脫因以積善餘慶深慕上乘………恭就麗正門西觀音堂內模刻于石。……泰定丁卯至萬曆己丑又二百六十四年，今聖安寺欽依僧錄司左覺義通月號印空重刻于石。越山陰弟子諸臣表齋沐書，秦應瑞畫。」佛象向來以檀像爲貴。于闐佛像，漠高窟 C047＝T231 號龕頂周圍西題「于闐坎城瑞像」，又龕頂南釋迦瑞像，題于闐鱳摩城中珊檀瑞像」，俱見普林斯頓大學美術史系藏羅寄梅所攝照片。可與S2113卷所記互相參證。

(4)初學記二十三「寺」條引佛游天竺本記曰：「達親國有迦葉佛伽藍，穿大石山作之。有五重，最下爲雁形，第二層作師子形，第三層作馬形，第四層作牛形，第五層作鴿形，名爲波羅越。」注：「波羅越，蓋彼國名鴿」。

金趙城藏法顯傳第三十二張至第三十四張云：「伽藍悉有僧住。自鹿野苑精舍西北行十三由旬，有國名拘睒彌。其精舍名瞿師羅園，佛昔住處。今故有衆僧，多小乘學。從是東行八由延，佛本於此度惡鬼處。亦常在此住。經行、坐處，皆起塔，亦有僧伽藍，可百餘僧。從此南行二百由延，有國名達嚫。是過去迦葉佛僧伽藍。穿大石山作之，凡有五重，最下重作象形，有五百間石室。第二層作師子形，有四百間。第三層作馬形，有三百間。第四層作牛形，有二百間。第五層作鴿形，有百間。最上有泉水循石室前，繞房而流。周圓迴曲，如是乃至下重。順房流從戶而出，諸僧室中，處處穿一石作窗牖，通明室中朗然，都無幽闇。其室四角穿石，作蹻蹬上處。今人形小，緣蹻上，正得至昔一脚蹹處。因名此寺爲波羅越者，天竺名鴿也。其寺中常有羅漢住。此土丘荒，無人民居。去山極遠方有村，皆是邪見不識佛法，沙門婆羅門及諸異學。彼國人民常見飛人來入此寺。于時諸國道人欲來禮此寺者，彼村人則言：汝何

以不飛耶？我見此間道人皆飛。道人方便答言：翅未成耳。達嚫國嶮道艱難，難知
處，欲往者要當賚錢貨施彼國王，王然後遣人送，展轉相付，示其逕路。法顯竟不得
往。承彼土人言，故說之耳。」

法顯傳所述。比佛游天竺本記為詳。金藏本穿字一作穵，與麗本同，穵為穿別
體，日本延喜寫本河渠書穿正作穵。又踊躇，他本作梯。波羅越者句，它本多「婆羅
越」三字。法顯描寫達嚫國之伽藍，乃根據傳聞，頗有失實。玄奘西域記十憍薩羅國
(Kosala)云：「國西南三百餘里，至跋邏末羅耆釐（唐言黑峰）岌然特起，峯岩峭嶮。
旣無崖谷，宛如全石，引正王(Sadvaha)為龍猛菩薩鑿此山中建立伽藍。」燉煌遺書
慧超往五天竺國傳：中南天竺國有云：「於彼山中有一大寺，是龍樹菩薩便（使）夜叉
神造，非人所作，並鑿山為柱，三重作樓，四面方圓三百餘步。」藤田豐八箋釋謂：
「龍猛即龍樹，法顯傳以為伽葉(Kāsyapa)，蓋傳聞之誤。高僧傳玄奘條云：『至憍
薩羅國即南印度之正境也，王都西南三百餘里有黑蜂山，昔古大王為龍猛菩薩造立斯
寺。』 Beal 氏云：西域記注黑峰，殆蜂之譌。黑蜂即 Bhrāmara，乃 Durgā 若
Pawati 之異名，國都為 Bhadak。諸丘為 Durgā 足跡所印，殆是引正王造寺之山也。
法顯傳波羅越 (Parāvata) 解云「鴿」，亦係傳聞。（參藤田書 p. 19）

按：達嚫為梵語 dākṣiṇa 之音譯，義指南方，亦訓為右。西域記稱「達嚫拏
者，右也。」內法傳則云：「特崎拏即是右。⋯⋯⋯⋯故時人名右手為特崎拏手。」按
「特崎拏」應是印度俗書 (Prakṛit) 之dakkiṇa，巴利文變 kṣin 為 kkiṇ，故達嚫拏
寫作特崎拏。

達嚫國現指南印度之 Deccan 高原，余於一九六三年讀書於蒲那 (Poona)之「班
達伽東方研究所」，(Bhandankar Oriental Research Institute) 參謁達嚫附近佛教勝
地，若Kanherī，Karlī 等石窟，顯師所未到者，多曾履及。班達伽為印度大儒，著有
Early History of the Dakkan，收載於其論文集，第三版則於一九二八年印行於加爾
各答 (Calcutta)。其書開首即引及佛國記，文云：

"Since in the beginning of the fifth century of the Christian era, Fahhian,
the Chinese traveller, was told at Benares that there was a country to the
south called Ta-Fhsin which corresponds to the Sanskrit Dakshiṇa."

　　佛國記自1836年有 Abel Rémusat 之法譯，1869年有 Samuel Beal 之英譯，其後 H. A. Giles (1877) James Legge (1886) 皆有修訂英譯本，班達伽得從英譯本采撫其說。然漢籍有關達嚫之記載，法顯傳外，尚有上列數條；因爲舉出，以備他日印人續撰Dakkan 史者之參考。

　　梵語「達嚫挐」，漢譯亦作「多瑳那」。Lalitavistara 經中列舉各國文字，其第十四爲 Dāksinya-lipi。西晉法護及唐時地婆訶羅 (Divākara) 皆有漢譯。（唐譯稱方廣大莊嚴經）。法護譯普曜經作「施與書」（似略去 Dā 音，參日本山田龍藏梵語佛典，諸文獻 p. 10）地婆譯作「多瑳那書」均是譯音。考普曜經中別有大秦書，列于第七，此大秦乃是東羅馬。可見 Dāksin 與大秦分明爲二地。「多瑳那書」應是指南印 Deccan 地區流行之文字，卽達嚫國文字是也。

　　達嚫與大秦，史家每混淆爲一，實宜細加釐別。伯希和交廣印度兩道考云：「大秦指地中海東部，又因音類之關係，佛教徒有時以大秦爲昔之 Daksinapatha ，今之 Deccan 之對音。」是說也，東南亞史家多受其影響，馮承鈞中國南洋交通史，岑仲勉水經注卷一箋校（中外史地考證 p. 218 ），日本杉本直治郎（東南アジア研究 p. 494 ）皆采是說。

　　後漢書哀牢夷傳記西域幻人「能變化吐火自支解，易牛馬頭。又善跳丸，數乃至千。自言我海西人，海西卽大秦也。撣國西南通大秦。」此處大秦，通鑑胡注謂卽拂菻。近年宮崎市定撰「條支と大秦と西海」一文（史林 24 之 1 ）以大秦卽羅馬，西海卽地中海，跳丸之技藝，古羅馬之折繪 （ diptych ）尚可見之，圖中作玩七丸之狀，拉丁語稱爲 Pilarius （見 Rich: Dictionary of Roman and Greek Antiquities，1900）

　　羅馬與南印度及扶南之交通，近歲考古發掘所知，早在公元初期，越南南部 Go Oc Oe 所出古物，不少爲羅馬時代銀幣。南印度 Pondicherry 河邊，一九三九年發掘亦獲羅馬 August 時代遺物 。 （一九六三年，曾於該地法國印度學研究所見之。）可證後漢書，西域大秦傳桓帝延熹九年（166）大秦王安敦（卽 Antonius 121—180）遣使自日南徼外，獻象牙犀角等之說爲可靠。梁書中天竺傳孫權黃武五年（220）有大秦買人字秦論來到交阯，交阯太守吳邈遣送諸權，權問方土謠俗。」 此羅馬買人至吳交往之事實。

　　唐人碑刻每言大秦：南詔德化碑云：「爰有尋傳，疇壤沃饒，人物殷湊，南通北海，西近大秦。」按尋傳卽蠻書中之尋傳蠻。新唐書 120 張柬之傳，其論姚州云：「姚州古哀牢國，域土荒外，山岨水深。漢世未與中國通。………光武末□請內屬，置永昌郡統之，賦其鹽、布、氈、罽，以利中土，其國西大秦，南交阯，奇理之貢不關。………」此二條之大秦，向來說者均以指遠道之東羅馬之大秦。

　　惟唐時別有「大秦婆羅門國」之稱，樊綽蠻書云：「乃西渡彌諾江水（Chindwin）千里至大秦婆羅門國。又西渡大嶺三百里，至天竺比界箇沒盧國（Kāmarāpa）。」箇沒盧爲今之 Gauhati，八世紀其地在東孟加拉（Bengal）與阿薩密（Assam）之間。（參 Anthong Chriatre：大秦婆羅門國，B. S. O. A. S. 1957, VOL 20, p. 160）吳承志撰唐賈耽記邊州入四夷道里考實卷四有極詳盡考證。謂：「大唐西域記迦摩縷波（二箇沒盧）周萬餘里國，東山阜連接，無大國都。境接西南夷，詳問土俗，可兩月行入蜀西南之境。卽大秦婆羅門道。蜀西南境，謂會川。」（求恕齋叢書本）按此大秦婆羅門，與西海之大秦，涵義不同。

　　元張道宗記古滇說原傳云：「唐册王（皮羅閣）爲特進雲南王越國公。……自唐進封之後，永昌諸郡，緬羅、暹羅、大秦皆西通之國；交阯、八百、眞臘、占城、撾國，此皆南通之國，俱以奇珍重寶…………歲進于王不缺。」（玄覽堂叢書本）。此條大秦與暹羅、緬羅等駢列，應指大秦波羅門國，卽東印度之 Assam 地方爲是。

　　至若道書言大秦者，若樓觀本紀言化胡所至地名云：「道君令下化西域，條支、安息、昆吾、大秦、罽賓、天竺，周流八十一國，作浮屠之術，以化胡人。（一切道經音義「妙門由起」引，道藏儀字上，760 册）太清金液神丹經「自天竺月支以來，名邦大國，若扶南者十有幾焉。且自大秦、拂林地各方三萬里。」又贊曰：「青木天竺，鬱金罽賓，蘇合安息，薰陸大秦。」以大秦與拂林、安息、天竺等竝列。神丹經中記大秦國一段，文字最長，間有與晉書大秦傳記載相同。此大秦則當非達嚫國。故宜細加辨別。

　　由于道宣將達嚫與大秦，區爲南北。普曜經中各種書，其多瑳那書與大秦書亦有絕對分別，則達嚫與大秦，實不容混而爲一。伯希和謂釋氏未加區別，亦不盡然也。

　　綜上所論，可得結語數事：

一、金趙城藏本法顯傳及明稊乘本三十國記二種佛國記本子向未爲人所知。金本大體

同於高麗本，可能爲高麗本所祖。

二、達嚫國一名，除佛國記所載外，漢籍資料，尙有釋迦方志及方志引別傳，敦煌卷
　　S. 2113 號，與初學記引佛遊天竺本記等條。

三、梵語 Dākṣina 之音譯，除「達嚫拏」外，又有譯作多瑳那者。釋氏書中，如釋
　　迦方志所記、達嚫與大秦，方向截然不同。

　　附圖　　① 　金趙城藏本照片

　　　　　　② 　敦煌 S. 2113號

　　　　　　③ 　拓本　　14936

出自第四十五本第三分（一九七四年六月）

附圖（一）：金趙城藏本佐顗傳之一

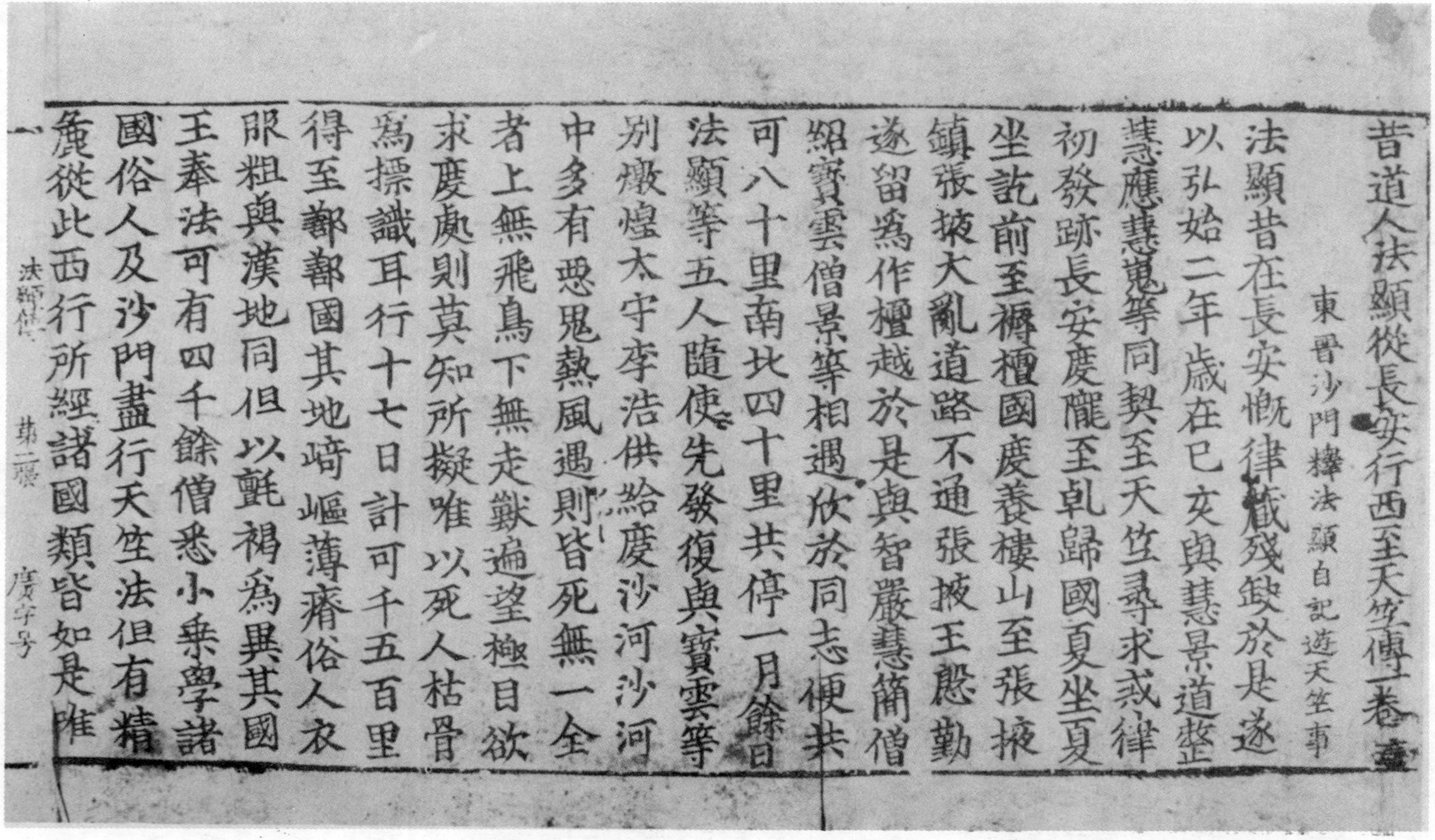
昔道人法顯從長安行西至天竺傳一卷
東晉沙門釋法顯自記遊天竺事
法顯昔在長安慨律藏殘缺於是遂
以弘始二年歲在己亥與慧景道整
慧應慧嵬等同契至天竺尋求戒律
初發跡長安度隴至乾歸國夏坐夏
坐訖前至褥檀國度養樓山至張掖
鎮張掖大亂道路不通張掖王慇勤
遂留爲作檀越於是與智嚴慧簡僧
紹寶雲僧景等相遇欣於同志便共
可八十里南北四十里共停一月餘日
法顯等五人隨使先發復與寶雲等
別燉煌太守李浩供給度沙河沙河
中多有惡鬼熱風遇則皆死無一全
者上無飛鳥下無走獸遍望極目欲
求度處則莫知所擬唯以死人枯骨
爲標識耳行十七日計可千五百里
得至鄯鄯國其地崎嶇薄瘠俗人衣
服粗與漢地同但以氈褐爲異其國
王奉法可有四千餘僧悉小乘學諸
國俗人及沙門盡行天竺法但有精
麁從此西行所經諸國類皆如是唯
法顯傳　第二張　廣字号　一

附圖（二）：金趙城藏本法顯傳之二

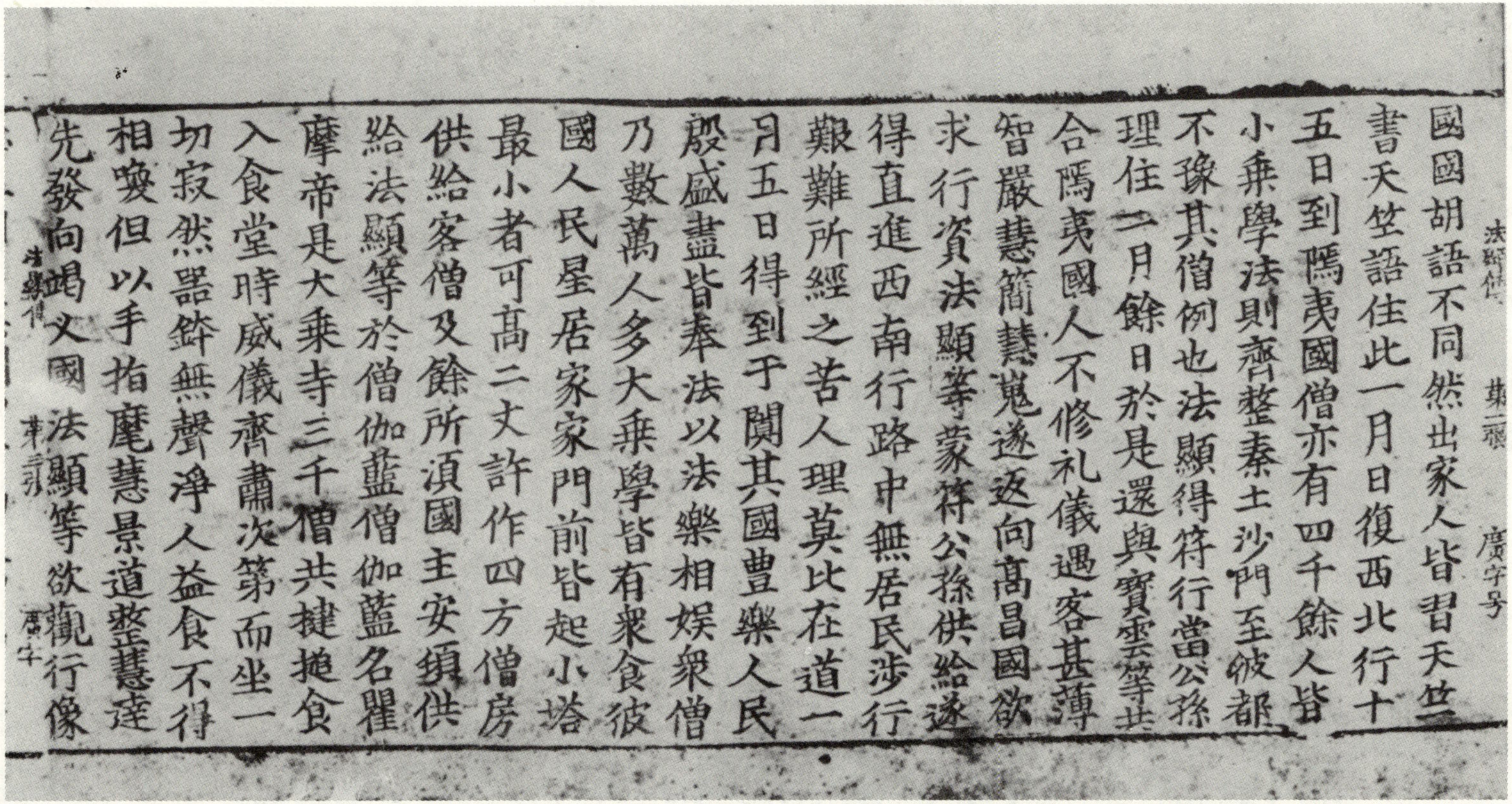

國國胡語不同然出家人皆習天竺
書天竺語住此一月日復西北行十
五日到隱夷國僧亦有四千餘人皆
小乘學法則齊整秦土沙門至彼都
不豫其僧例也法顯得符行當公孫
理住二月餘日於是還與寶雲等共
合隱夷國人不修礼儀遇客甚薄
智嚴慧簡慧嵬遂返向高昌國欲
求行資法顯等蒙符公孫供給遂
得直進西南行路中無居民涉行
艱難所經之苦人理莫比在道一
月五日得到于闐其國豊樂人民
殷盛盡皆奉法以法樂相娛衆僧
乃數萬人多大乘學皆有衆食彼
國人民星居家家門前皆起小塔
最小者可高二丈許作四方僧房
供給客僧及餘所須國主安頓供
給法顯等於僧伽藍僧伽藍名瞿
摩帝是大乘寺三千僧共揵搥食
入食堂時威儀齊肅次第而坐一
切寂然器鉢無聲淨人益食不得
相喚但以手指麾慧景道整慧達
先發向竭叉國法顯等欲觀行像

附圖（三）：金趙城藏本法顯傳之三

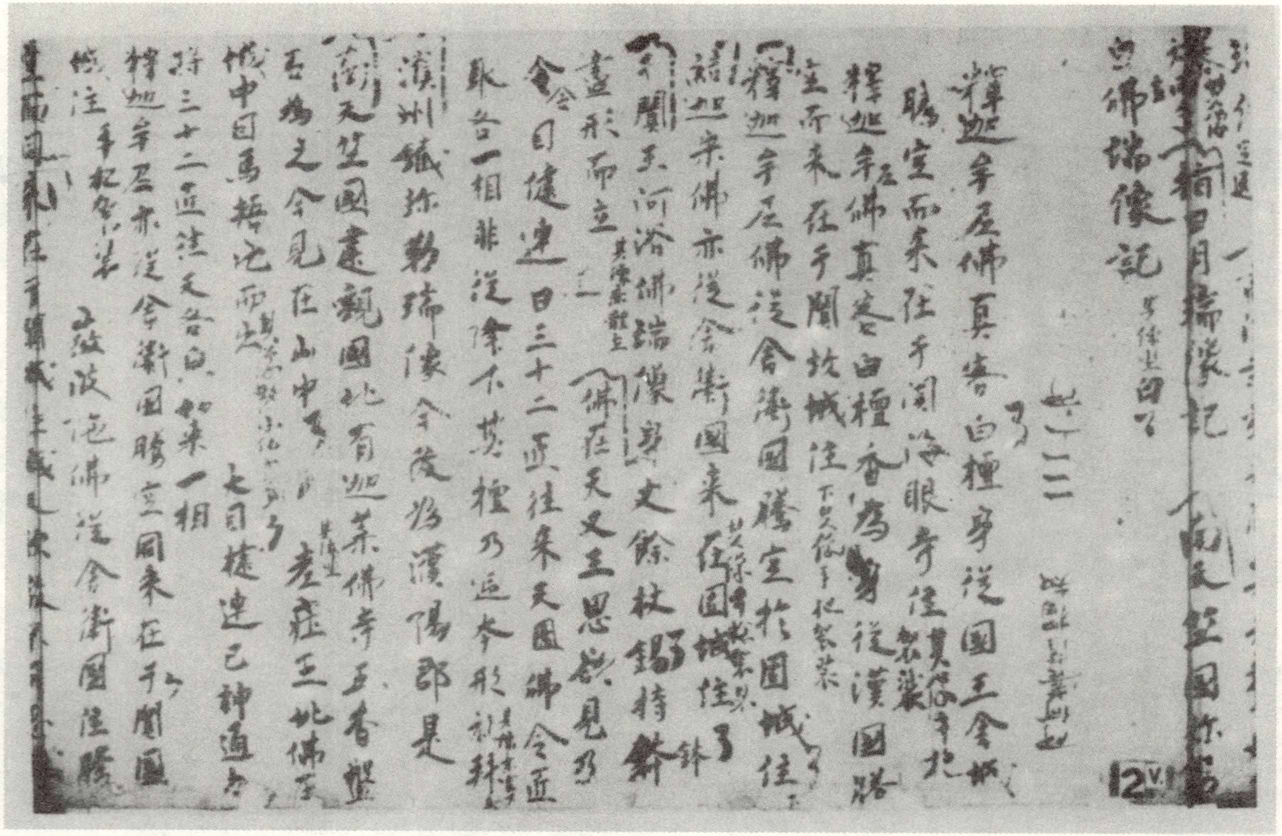

附圖（四）：S—2113 敦煌卷所見達親國

附圖（五）：旃檀瑞像及題記拓本（史語所藏拓片 14936 號）

牛羊日曆及其相關的作品與作家辨

王　夢　鷗

一、牛羊日曆及其撰者問題

今存牛羊日曆一卷，題名唐人劉軻撰。新唐書藝文志列之於小說類，南宋以來的書誌家或列之於史部傳記類或雜史類。小說的材料與歷史的材料本來就很混淆，[1]無待細論；但這一卷，要作爲唐人小說或史料看，似乎都有問題。因唐人寫的雜傳記，其敘事多少總有起訖，不像這一卷書的無頭無尾，只是雜錄軼事；再者，題稱「日曆」，又像是史官的撰述，然而史官又何至於硬把楊氏改爲羊氏？如此狡獪，何以取信於人？雖然楊羊二氏也有過混同之例，如洛陽伽藍記作者：或書爲楊衒之，或書爲羊衒之，但記載楊虞卿楊漢公，其姓爲楊，則確定不移。如果這一卷書是史官的撰述，至少那題名必是攻訐牛僧孺楊虞卿者所爲。[2]

通鑑唐紀五二云：『永貞元年（八〇五）九月壬申，監修國史韋執誼奏，始令史官撰日曆。』這是史官日曆的由來。此事，唐會要卷六三載之尤詳。[3]原因是爲着往日史官多在家裏撰修紀錄，不特資料不足，而褒貶尤多不公。所以從此限定在史館寫作，月終還要大家集會討論是非，並以此列爲永久定式。大概這定式行至晚唐五代之時便已有些走樣。舊五代史一三二賈緯傳云：『太祖卽位，緯改給事，撰修晉實錄既竟，亦望擢陞。竇貞固抗疏，既而以緯所撰日曆示監修王峻，皆媒孽貞固及蘇禹珪之

---

1. 古史使用當時小說情形，雖難細析；但自晉書以下，其引用小說材料，甚易檢尋，因那些材料各有專書傳世。例多不贅述。
2. 胡應麟四部正譌下謂史官修撰日曆，『命名詎應乃爾』卽從命名上致疑其書。
3. 唐會要卷六三，『貞元（？）元年，監修國史宰臣韋執誼奏：伏以皇王大典，實存簡册，施於千載，傳述不輕。竊見自頃以來，史臣所有修撰，皆於私家紀錄，其本不在館中。褒貶之間，恐傷獨見；編紀之際，或虧遺文……自今以後，伏望令修撰官各撰日曆，凡至月終，卽於館中都會，詳定是非，使置姓名同其封縅。除已成實錄撰進宣下者，其餘見修日曆，並不得私家置本，仍請永爲常式。從之。』此處首書貞元二字，顯係誤文。唯唐代史官在私家撰寫之事，於開元中李元紘卽已提出料正，並見同書「在外修史」條，其時尚未有日曆定式而已。

短，歷詆朝士之先達者』云云。依此記載可知史官撰修一代朝政實錄外，其對於一些大人物的私事還在日曆裏有所發揮。

這種日曆形式，到了宋代仍有偶存於書誌目錄的，如趙普的龍飛日曆，汪伯彥的建炎日曆。究其性質，日曆所記當日的行政施爲較爲詳細，也夾帶了撰述者的私見在內，不僅記載事由，時亦揭發陰私。賈緯撰寫日曆的情形如此，質以牛羊日曆的內容，恰與相同。無妨承認唐代史官的日曆，確有這樣的事實。

至於史官劉軻，他的生平沒有足夠的資料供人詳探。今存他的上座主書，[4] 自言是沛上耕人，逢安祿山之亂，舉家遷避邊疆，無改中原風教，貞元中僅能執經從師，至元和初，方結廬於廬山之陽，日有芟夷畚築之役，仍不廢讀書。關於這點自述，范攄雲溪友議卷中則說他在廬山爲僧，釋名「海納」，因爲埋藏了一個書生的遺骸，夢中吃了那書生交給他的三個雞蛋，因而文思猛進，至於成名，當了史官。雖然范氏所記，事涉神怪，但他早歲在僧寺裏半工半讀，則是實錄。登科記考列他於元和十三年進士及第，那一年知貢舉者是中書舍人庾承宣，而他所稱的「座主」，當是此人。不過，他及第後的官歷不大清楚。韓愈文集中有一封答劉秀才論史書，舊注說那秀才即是劉軻。[5] 韓愈卒於長慶四年，距劉軻及第之歲僅有六年，如果其時即已入史館，則至其撰寫牛羊日曆（太和九年）時，已是資深的史官了。

雲溪友議又載其爲史官時的情形，云：『劉君修史時，宰輔得人，藩鎮無事，朝廷凡有瑕釁，悉欲書之，冀人惕勵。擬董狐之筆，尤謗必生，匿其功過，又非史職；常暮則沉湎而出。韓公曰：史館，國之樞機也，其如海納之醉何？雲溪子曰：以劉公居史館而持兩端。夫杜徹之聾也，推蜀賢於葛亮，阮籍之醉也，託魏史於王沉；恐危難之逼，假聾醉而混時，遇物從機，即其尙也』。按這一段記載，顯見劉軻是個鬼混過日的史官。他這種行徑，是否受到韓愈說的「爲史者不有人禍，則有天刑」的影響，雖不得而知；但他「居史館而持兩端，假聾醉而混時」則是稍後於他的人所作的定論。以此定論，反質現有牛羊日曆的敍事，對牛僧孺及楊虞卿兄弟作多方面的攻訐，就完全是僅持一端的態度了。所以從其敍事的態度上看，這一卷牛羊日曆是否果

---

4. 參見全唐文卷七四二。
5. 參見五百家註昌黎先生文集卷二。

出於史官劉軻之手，已甚可疑。再從史官日曆而論，按其撰述，當不止於太和九年七月的事；而前後的記事獨不見採錄流傳，特將有關牛楊二人之事，截頭去尾，題爲「牛羊日曆」以公於世，這種蓄意十分明顯，要不是出於牛楊二人的仇家，便是爲着想討好嫉恨牛楊的人而寫的。

　　現存牛羊日曆，大體可分五節：第一節，記太和九年七月一日甲申，貶京兆尹楊虞卿爲虔州司馬。舊唐書文宗本紀書「甲辰」爲「甲申」，通鑑仍書「甲辰」，依唐曆（平岡武夫編）推算當爲甲辰，可見日曆記時記事之正確。其下則敍楊虞卿上撓宰政，下干有司，結朋黨，通關節，爲朝廷之陰蠧三十餘年。第二節，開頭無年月，但云『敕：守明州刺史李宗閔，可處州長史，馳驛前去』，其下略敍李宗閔字損之，宗正卿李朔之子，即轉言其交結牛僧孺專權貪略，接着揭發牛僧孺如何倚仗宦官楊承和勢力，不數年而登臺座，與楊虞卿兄弟及李宗閔朋比爲奸。按這一節開頭不記時日，稽以文宗本紀與通鑑的記載，李宗閔是六月二十九日（壬寅）貶爲明州刺史，至七月九日（壬子）再貶爲處州長史，日曆所記此事，後於楊虞卿之貶九日，或因時日相近，故略去月日不書。但第三節開頭又寫明『十四日丁巳，出司封郎中楊漢公爲舒州刺史』。七月九日與十四日，前後相去不過五日，而又寫出時日；因疑第二節開頭，今本流傳，或脫去「九日壬子」數字。總之，每題一事，前必記日，這就是所謂「日曆」的體例。第三節於記載楊漢公出爲舒州刺史之下，忽接以楊虞卿用計爲牛僧孺騙取李愿寵妾眞珠的事。按以史實，楊虞卿李宗閔的貶謫，雖與他們朋黨的勢力有關，但直接的原因，當由於鄭注李訓的排擠；尤以楊漢公的出守，更與牛僧孺納妾之事無關。日曆之作此紀錄，如果不是出於劉軻酒後戲筆，亦恐不是一般史官的撰述。至於第四第五兩節，就更爲離譜。這兩節的開頭皆無時日，第四節說到穆宗病重時，牛僧孺冀謀作亂，要嫁禍於當時非常得勢的宦官王思澄梁守謙；第五節又重複說明牛僧孺靠托宦官楊承和的推薦，竟至出將入相；並說牛母冶蕩無檢，一嫁再嫁；他又寫了一篇周秦行紀，膽敢直呼德宗皇帝的母親爲「沈婆」。

　　如果前面三節，因某日某事而敍及某人，勉強還似史官日曆的紀錄，到了後面兩節，既無時日，而牽扯到全不相干的事；其攻訐人身，上及父母，等是一場謾罵。楊虞卿楊漢公，在穆宗時代都做過史館修撰官與劉軻可能是同僚，同僚之間亦可能有

所積怨；但統觀牛羊月曆的攻擊對象是以牛僧孺爲首，劉軻與牛僧孺究竟有何仇隙，因無資料可稽，只好存疑。但從牛羊日曆所載的是太和九年七八月的事看來，則可確知這些文字至少是寫成於此事發生之後，亦卽太和九年八月以後。那時候，劉軻是否仍是個史官？因爲唐詩紀事卷四六曾說他還做過洺州刺史，如果他當時已任爲刺史而不再是史官，就也沒有撰寫這日曆的可能了。不過這洺州刺史四字，在全唐文卷七四二的劉軻小傳裏却說他是『文宗朝宏文館學士，出爲洺州刺史』。更稽以他手撰的唐三藏法師塔銘，明言他於開成之明年，住在洛陽行修里。開成二年上距太和九年，首尾只隔一年多，那時候他是否已離開長安到洺州任上，所以住在洛陽？但是細考全唐文所寫「洛」州，是個錯字。因爲洛州在天寶元年卽已改爲河南府（見唐地理志），只有河南府尹及其所轄的「洛陽令」而沒有洛州刺史。至於洺州，是屬於河北道，而與磁州接境；[6] 倘證以范攄雲溪友議直稱劉軻爲「劉磁州」，則可信唐詩紀事說劉軻卒於洺州刺史任上，或卽磁州之訛。

　　劉軻何時出爲磁州刺史？這又是無從取證的問題。現在唯一存留的是他所撰的硤石縣令侯續墓誌銘並敍，全文見於定鼎堂唐碑集二七一（中央圖書館存拓片編號二一四三），敍云：侯續卒於太和九年八月四日，十二月十一日歸葬；劉軻的結銜是「朝議郎行尙書省膳部員外郎史館修撰」。侯續的葬期既在太和九年底，則這篇墓誌銘之寫定日期至遲也不過第二年。第二年卽是開成元年。以此年代推算，劉軻之在史館撰寫太和九年七八月之事，是沒有什麼可疑的。但是太和九年八月至改元開成，其間相去不過四個多月，他爲什麼離開史館而住在洛陽的行修里（徐松唐兩京城坊考正名爲修行坊[7]？）是否爲着他撰寫日曆至八月之後，過了兩月卽發生「甘露之變」，仇士良率領的宦官在京城裏屠殺文人政客，流血滿街，京城裏一直亂到那年年底，他也是臨危逃命，這才回到洛陽？盱衡情勢，極有可能。不過當時的政治情形，依一個史官撰寫日曆的體例，在每一政事處分之下，似該如韓愈順宗實錄一樣，附記此事件發生的因果。如牛羊日曆第一節寫的是「太和九年七月一日甲辰貶京兆尹楊虞卿爲虔州司戶」，其下倘須附記，亦當如通鑑所載的：『京城訛言鄭注爲上合金丹，須小兒

---

6. 參見舊唐書地理志河北道洺州磁州條。

7. 徐松唐兩京城坊考卷一，據元人河南志無行修坊而有修行坊，遂以劉軻住宅置於修行坊內。

心肝，民間驚懼，上聞而惡之。鄭注李訓云：此語出楊虞卿家人，上怒，下虞卿御史獄。七月甲辰貶虔州司戶』。第二節是『（七月九日壬子）敕守明州刺史李宗閔，可處州長史，馳驛前去』，其下倘須附錄，亦當如通鑑所載的：『同平章事李宗閔救楊虞卿，上怒，叱出之。壬寅，貶明州刺史。初，宗閔爲吏部侍郎，因駙馬都尉沈㻳結女學士宋若憲知樞密楊承和得爲相，鄭注發其事，壬子，再貶處州長史』。第三節『（七月）十四日丁巳，出司封郎中楊漢公爲舒州刺史』其下如有附錄，亦當如舊唐書楊虞卿傳所載的『上收虞卿下獄，弟漢公並男知進等八人，自繫，撾鼓訴冤。詔：虞卿歸私第。翌日，貶虔州司戶，壬子，出漢公爲舒州刺史』。其第四第五兩節，如果也是補敍的文字，亦當如通鑑所載：李訓既指朝士爲朋黨相結，斥逐無虛日，八月三日丙辰，李宗閔再貶潮州司戶，賜宋若憲死。五日戊寅，沈㻳再貶柳州司戶，二十三日丙申，楊承和可驩州安置，尋遣使追賜楊承和死。這樣才與其所記的事件首尾相應。然而現存於牛羊日曆的，則是全不相干的記事，而且硬將牛僧孺扯進去爲其主要的攻擊目標，如果這稿件還留在史館中，遇到月終集會討論時，而夙負文才與史筆的劉軻，有何面目以對其同僚？由於這一點事實證明，劉軻當時確是史官，也確實寫過這些日子的日曆，但現存的牛羊日曆，却是個大疑案。

　　早先懷疑牛羊日曆的撰者的，有明代的胡應麟。他在四部正譌卷下說：『牛羊日曆，諸家悉以爲劉軻撰，其書記牛僧孺楊虞卿等事，故以此命名。案軻本浮屠，中歲慕孟軻爲人，遂長髮，以文鳴一時。卽記載時事，命名詎應乃爾？必贊皇之黨且惡軻者爲之也。案通鑑注引作皇甫松，松有恨僧孺見傳，或當近之』。依其所說，引起他懷疑的，首在命名，因爲既是史官日曆，不應使用「牛羊」取謔；第二他又懷疑這日曆是李德裕的黨羽並憎恨劉軻者以此誣栽，可收一石兩鳥之效。第三，他還提出可疑的人，並以皇甫松當之。本來唐人詩文，出於僞托者不乏其例，如張說才命論，韓愈革華傳，白居易老牛歌，鄭餘慶佛骨詩，趙璘已辯其譌（因話錄卷四）；這裏，胡氏所疑，尤有可說：

　　關於第一第二兩點是極有價值的意見，亦已詳析之於前，茲可不論。至於第三點，他的前提既設定是李德裕之黨且惡劉軻者所爲，然而皇甫松是否就是李德裕的黨羽，既恨牛僧孺而又恨劉軻的人？這就不能不加以考慮。皇甫松之恨牛僧孺與否，暫

置不講，先說他提出皇甫松與牛羊日曆有關的證據。這證據出於通鑑唐紀五十九，敬宗寶曆元年，牛僧孺以同平章事充武昌節度使一節，司馬光考異曾引用皇甫松的續牛羊日曆這本書。然而這本書一直不見於宋代書目的記載，不知司馬光從何處抄來。但看他所抄在考異中的一段文字，其實就是現存於牛羊日曆的第五節。既然這一節可稱爲「續牛羊日曆」，則可信前文推論第四第五兩節與日曆無關而又體例不合的文字，就不是原有的了。倘再檢查新唐書藝文志小說類，在牛羊日曆一卷之下，注云：『牛僧孺楊虞卿事，檀欒子皇甫松序』。可疑這個「序」，還不是「敍」字的異文，實際就是「續」字的誤書，所以它的原名亦稱「續牛羊日曆」。由於這是有正編有續編的書，便可判定現存的牛羊日曆，在前三節的開頭部分縱有脫文（如第二節不書日），但本文有一部分確出於劉軻的日曆；至於前文分析爲不合理不合體例的部分，都應該是補續的文字。至於那些文字是否皇甫松所寫的？則須另行討論了。

　　但是，皇甫松的生平資料與劉軻一樣，均難於詳悉。至於他是否李德裕黨而又與劉軻有仇隙？就更難考實了。現存於全唐詩第六函四冊僅有皇甫松詩十三首。其中四首又被尊前集收爲詞集。尊前集收錄他製的詞十首，倘除去那四首，實數他製的詞只剩花閒集所錄的六首。此外，新唐書藝文志小說類載有他撰的「醉鄉日月」一卷，而此書今輯入說郛與唐人說薈的僅有四則，而且這四則的內容與那題名李商隱「雜纂」相類似，與陳振孫書錄解題所說『唐人飲酒令，此書詳載』者不同；唯節錄於類說卷四三者，猶略存大概，[8] 然而終與王定保所看到的『皇甫松著醉鄉日月三卷，自敍之矣』的卷數廻異，且失去「自敍」的文章。可知他的作品，傳世者是少之又少。唐詩紀事卷五二，說他是『韓愈門徒皇甫湜之子』，稽之新唐書卷一七六皇甫湜傳云：「湜性卞急使酒，一日，命其子錄詩。一字誤，誶躍呼杖；杖未至，嚙其臂血流」。這一點故事，似卽採自高彥休唐闕史卷下的記載。高彥休說那倒霉的兒子就是皇甫松。他在這樣嚴厲的父教之下，是否能讀書精進而策高第？其實不然。據韋莊奏請追贈不及第的才子名單（見全唐文卷八八九），他卽列名在內。[9] 可見於其父不正常的

---

8. 曾慥類說卷四三，錄醉鄉日月十八則，間有「犯觥令」「手執令」「招手令」「令十說」「徵名」等等，似卽陳振孫所言『唐人飲酒令，此書詳載，然今人皆不能曉』者。雖較說薈所存者爲多，然比諸唐摭言所謂「三卷」，蓋亦佚落不少。

9. 按此名單，唐摭言卷十曾爲之詳說。

敎管之下，他偏向於頹廢的文人一路；寫的是醉鄉日月，吟的是月露風雲。其詩詞作風略近於溫庭筠，但後人也有評他為：『宏麗不及飛卿，而措詞閒雅，猶存古詩遺意』。（見陳廷焯白雨齋詞話卷二）。只這一點，還可看出他於頹廢之中猶有若干家風的檢束。唐摭言卷七，詳載他的父親與韓愈如何重視牛僧孺而為之揄揚。即使這些小說之言不足採信，但李玨為牛僧孺寫的神道碑，却特別提他是韓愈皇甫湜的文章友。再說：李玨是牛氏黨徒，說話應打折扣，然而通鑑唐紀五十二，明載皇甫湜牛僧孺李宗閔同登元和三年的「賢良方正能直言極諫科」；尤其是他們直言極諫的策論得罪了李德裕的父親，頗引了政界的一場風暴。舊唐書的李德裕傳及司馬光通鑑都引此為李德裕與牛僧孺李宗閔結怨的遠因。[10] 儘管皇甫湜的仕宦生涯沒有捲入牛李黨爭的漩渦，但按其蹤跡，似亦無緣與李德裕相親近。皇甫松的家世如此，他如何能成為李德裕的黨羽？僅可存疑。

　至於胡應麟根據的「皇甫松有恨於僧孺」一事，其實，這根據即出於王定保唐摭言。其原文僅云：『或曰：松，丞相奇章公表甥，然公不薦。因襄陽大水，遂為大水辨，極言誹謗，有「夜入眞珠室，朝遊玳瑁宮」之句。公愛姬名眞珠』。這一段記載，王定保特謹慎其文，加用「或曰」二字，明是採自傳聞。關於傳聞中之「大水辨」一文，不見流傳，無從考案；唯牛僧孺的愛姬名眞珠之一註語，可能就是依據牛羊日曆的記載。因為牛羊日曆第三節記載眞珠的來歷獨詳，與這夜入眞珠室的傳聞，便似周秦行紀與周秦行紀論的關係，二者有互相唱和的偽證嫌疑。皇甫松之不登科第，是事實；而這事實是否由於牛僧孺之不舉薦以及牛僧孺何以不舉薦？姑不推論；但關於襄陽大水之事，杜牧寫的牛僧孺墓誌（樊川集卷七）却有特別的記載。他說：『會昌元年七月，漢水溢隄入郭。李太尉挾維州事曰：「修利不至」，罷（僧孺）為太子少師』。本來墓誌的文字，簡約之至，杜牧於此不憚辭費而提及此事的本末與其中的私怨，可知這在當時也是人們所談論之一節目；而所謂大水辨的文章與眞珠的詩句，相信也就是當時發生的傳說之一。李德裕是否根據這些傳說材料作為罷黜牛僧孺山南東

---

10. 新唐書卷一〇五李德裕傳云：『始，吉甫相憲宗，牛僧孺李宗閔對直言策，痛詆當路，條失政；吉甫訴於帝且泣，有司皆得罪。（德裕）遂與為怨……俄而僧孺為相，由是牛李之憾結矣。』又見通鑑唐紀五十七，長慶元年載『李德裕以李宗閔對策譏切其父，恨之。』似亦據此而云。

道節度使的藉口，不得而知；但杜牧說他是挾着十年前牛僧孺不准他「詐取維州」的
夙怨，以此作爲報復，[11] 也必是當時公論的一端。舊史評論李德裕『不能釋憾解仇，
與夫市井之徒力戰錐刀之末』，在黨爭中不惜從中造謠興謗，使人懷疑王定保攄獲
「或曰」的傳聞，本來就像牛羊日曆一樣，一則托名劉軻，一則托名皇甫松；而二人
之被托名，正爲着他們不屬李德裕黨。

　　今存皇甫松的古松感興詩云：「皇天后土力，使我向此生。貴賤不我均，若爲天
地情？我家世道德，旨意匡文明，家集四百卷，獨立天地經」。[12] 其中雖痛感自己的
窮屈而怨天恨地，但對於家世道德文章，却十分自負。如果這是表達了他的眞情，像
這樣以家世爲榮的人，何至於寫詩誹謗自己的表舅？而更壞的，還在劉軻的日曆裏做
了手脚，汙辱自己的表舅而推及他的母親，把她寫成一個無可救藥的冶蕩婦人？這在
唐代的衣冠之流看來，就不單是汙人而且是自汙的勾當，皇甫松何爲而出此？

　　錢易南部新書已集，曾有一則說到：『殷僧辯，周僧達，與牛公同母異父兄弟』。
倘以這記載合於牛羊日曆所載的牛母嫁與牛幼簡[13] 又嫁李淸心；彷彿這個女人曾經四
度改嫁。而杜牧與李珏寫的牛公墓誌銘與神道碑都沒有提到牛僧孺的母親，確也可
怪。不過，他們都說牛僧孺『幼孤，依外家周氏』；從這一點似可推知所謂周僧達者，
當不是牛僧孺的同母異父兄弟，而是舅表兄弟。再由這錯誤的傳聞，反稽那不見經傳
的殷僧辯其人，連牛羊日曆都未利用他來湊熱鬧，則其人之何從出？是生於李姓之後
或前？就更難考了。倘從錢易誤以周僧達爲牛僧孺同母異父兄弟一事看來，則其傳聞
亦未必可信。然而牛母確曾再嫁，其再嫁既由於牛幼簡早死，而遺孤猶須寄托外家生
活，亦可見這個終於鄭縣尉的九品官之身後蕭條，因身後蕭條而未亡人再醮，所以
牛僧孺未引以爲恥：元和中，當她死時，他好不容易纔從縣尉遷爲監察御史，[14] 還特

---

11. 通鑑唐紀六十，太和五年『九月，吐蕃維州副使請降，盡帥其衆奔成都，德裕遣行維州御史虞藏儉將兵入
　　據其城。庚申，具奏其狀。……僧孺曰：吐蕃之境，四面各萬里，失一維州，未能損其勢。比來修好，約
　　罷戍兵，中國禦戎，守信爲上……得一維州何所用之？徒棄誠信，有害無利。此匹夫所不爲，況天子乎？
　　上以爲然，詔德裕以其城歸吐蕃。德裕由是怨僧孺益深。
12. 詩見全唐詩六函四册。此言「家集四百卷」，蓋從皇甫謐以下合數之。自新唐志以來書目，皇甫湜集皆僅
　　著錄僅三卷。
13. 牛幼簡，杜牧牛公墓誌銘，李珏牛公神道碑皆作「牛幼聞」，新唐書宰相世系表同。
14. 白居易長慶集卷三九牛僧孺監察御史制云：『河南縣尉牛僧孺，志行修飾，詞學優長。頃對策於庭，其詞
　　亮直。累從吏職，頗謂淹滯；訪諸輿論，宜當朝選。』可見其久滯卑官，此時方得朝選，仍爲丁母之憂而
　　去新職。按以檀弓所記「孔氏不喪出母」之例，則牛母再醮之情形如何，有所難明了。

別爲她之死而去官服喪（見牛公神道碑及墓誌）；至長慶寶曆兩朝，他已躋身顯官，出將入相，是否曾爲出母申請追贈？史無明文；但從牛羊日曆對此事所作的惡評加以平心體察，卽不說牛僧孺是個十分孝順的人，至少周氏之再嫁是得到兒子的同情諒解，並不似牛羊日曆所載的冶蕩無檢，兒子令其改醮。實情如此，作爲牛僧孺表甥的皇甫松何至反以此爲口實而汚辱及於長輩的先妣？

因此，關於牛羊日曆一書，雖已顯是有人就劉軻撰寫的日曆加以竄改，但這竄改的人，與其說是皇甫松，不如說是有人利用皇甫松姓名較爲允當。因爲題名皇甫松續的這一卷牛羊日曆，其攻擊的主要目標爲牛僧孺，其實也牽涉到李宗閔楊虞卿，這都是當日被稱爲牛黨的主要人物。那全部的記載，顯示出親見敵方垮臺而幸災樂禍，所以在劉軻撰述的日曆中，不多不少，只割取太和九年七月一日，九日，十四日三節，續之以落井下石的描寫。又爲着在這前前後後總找不到牛僧孺被貶謫的紀錄，因此凡對牛僧孺政治生命可以發生不良影響的，都裝載進去。現在不妨再加檢點，以見這個續作日曆者的用心：

牛羊日曆第二節揭出宦官楊承和與牛僧孺岳父辛秘有座主門生的關係，辛秘請楊承和提拔其女婿，於是連楊虞卿兄弟並受照拂。穆宗之能得位，由於楊承和定策之功，所以到長慶年間，牛僧孺便平雲直上。第五節又重申此事，說牛僧孺在元和年間，只不過是個穿靑袍的郎官，因楊承和的不斷推薦，不數年卽貴爲將相。關於這點事實：牛僧孺於對策時頗得罪了一些權貴和宦官，所以久不得調，他自己寫贈劉禹錫詩也說過「粉署爲郎十四春」，[15] 但是提携他的是誰？史傳的記載各有不同，本傳說是穆宗皇帝發現他的淸廉，所以特加寵信；但當時以權臣李逢吉正在左右開弓，一面要排擯李德裕李紳一面又要抗拒裴度，所以牛僧孺得以乘間安步靑雲，也是事勢造成的。[16] 當然，宦官的奧援，也不無關係。不過牛羊日曆單獨强調這個宦者的原因，則顯由於楊承和那時已爲王守澄所擠，先出爲西川監軍使，接着又送到驩州安置，接

15. 杜牧牛公墓誌於監察御史後，言其轉殿中，遷禮部員外，都官員外，改考功員外，集賢殿學士，庫部郎中知制誥，賜緋。稽以兩唐書本傳，其爲學士知制誥乃在元和末至長慶初。通元和之世，皆爲衣綠之員外郎。雲溪友議卷中，載其與劉禹錫詩有「粉署爲郎四十春」之句，唐詩紀事卷三九，全唐詩七函九册所錄並同。然元和止於十五年，是年末已入翰苑，次年賜緋，則「四十」二字當乙。

16. 舊唐書卷一七四李德裕傳云：『逢吉代裴度爲門下侍郎同平章事，既得權位，欲引僧孺。懼李紳與李德裕宮中沮之『出德裕爲浙西觀察使，尋引僧孺同平章事。』則其登庸似由李逢吉了。

着又賜死於中途。這都是大和九年六至八月間的事，這夥或賜死或放流的人，都是牛僧孺的重要關係人，而他那時還遙遠在淮南節度使任上，就不能不借用劉軻的日曆來掀開其底細，促使當局注意這個漏網的大魚。

尤其是第五節的末尾，於宣布牛僧孺之結黨營私好色險詐以及不孝不忠的劣迹之後，又添上牛僧孺寫了周秦行紀，呼德宗爲沈婆兒，謂睿眞皇太后爲「沈婆」，『此乃無君甚矣』。一段，好像生怕前面寫的還近乎口說無憑，臨了提出白紙黑字爲據，大有欲與大獄之勢。

不過正因有了這一點蛛絲馬跡，多少還可以從劉軻或皇甫松以外另找出續牛羊日曆的作者。

二、牛羊日曆有關的作品作者問題

新唐書藝文志小說類列有牛僧孺的玄怪錄十卷，但沒有著錄他的周秦行紀。太平廣記卷四八九輯有這一篇原文，未言這原文從何處抄來，只注云「牛僧孺撰」。再看太平廣記附錄的引用書目，其中也沒有周秦行紀這一篇，所以要說是據單篇流傳的文字輯入，也不甚妥當。到了南宋初時，曾慥抄輯類說，在牛僧孺的玄怪錄（類說作幽怪錄，據云是避玄字諱）裏不列周秦行紀，而在陳翰的異聞集（見類說卷六八）題下却節錄有這一篇。玄怪錄與異聞集（廣記時或寫作異聞記）皆見於太平廣記引書目錄，據此可以推知兩點：一、周秦行紀本不是玄怪錄中之一篇；二、太平廣記所採此篇來源是出自異聞集。或因篇末注明出處的文字脫缺，後人因見其本文是用牛僧孺的口吻自述奇遇，便補上「牛僧孺撰」四字（因廣記中如此誤落出處之例往往有之）。[17]

如果周秦行紀本出於陳翰異聞集而不出於牛僧孺的玄怪錄，陳翰是咸通乾符閒人（新唐書藝文志注爲唐末者是），縱使他的生年可與牛僧孺相接，但他編集的年代必晚於牛氏之卒後三四十年。異聞集收錄諸小說，大概都不載各篇的撰者爲誰，此則可從太平廣記所轉錄的與宋人引用此書者，皆但稱「異聞集」的情形而測知之。但因周秦行紀這一篇是用牛僧孺自敍的口吻寫的，牛僧孺是個名人，同時這一篇在當年似乎發生了一點小風波，所以到了晚唐五代偶然仍被人提起。孫光憲北夢瑣言卷一，有一節

---

17. 哈佛燕京社太平廣記篇目索引列載是書末注出處卷條表，共有一百餘篇。

評隲牛僧孺與李德裕之優劣，末云：『以牛之才術比李之功勳，自然知其臧否也。且周秦行紀，非所宜言，德裕著論而罪之，正人覽記而駭之，勿謂衛公掩賢妒善，牛相不罹大禍，亦幸而免』。北夢瑣言一書，依其中所載的事，可知是成書於五代末年，上距牛李黨爭之世已一百多年了，他這裏提到的「周秦行紀」以及「德裕著論」，當然是據一些流傳的文字與傳聞。這些文字中至少包括有現在仍能看到的牛羊日曆，周秦行紀以及李德裕會昌一品集附收的窮愁志中之周秦行紀論三種。周秦行紀論雖然論的是周秦行紀，但其部分根據，却引的是牛羊日曆，所以這三篇文章可說是一鼻孔出氣，關係密切。這裏無妨進而分別討論。

　　第一、周秦行紀雖經孫光憲說是牛僧孺的作品，但到了南宋初年的書志家就開始懷疑。晁公武的郡齋讀書志卷十三卽在周秦行紀一卷下云：『唐牛僧孺自敍所遇異事。買黃中以爲韋瓘所撰。瓘，李德裕門人，以此誣僧孺』。晁氏所疑，係發自買黃中之說。買氏之說，今見於北宋張洎編的買氏談錄；原文云：『牛奇章（牛僧孺於長慶四年封奇章公，見舊唐書穆宗本紀；並不因其先祖牛弘之封而得名）初與李衛公相善，嘗因飲會，僧孺戲曰：綺紈子何預斯坐？衛公銜之。後衛公再居相位，僧孺卒遭譴逐。世傳周秦行紀，非僧孺所作，是德裕門人韋瓘所撰。開成中，曾爲憲司所覈，文宗覽之，笑曰：此必假名僧孺。若貞元中進士，豈敢呼德宗爲沈婆兒也？事遂寢』。買黃中傳見宋史卷二六五，說他是唐德宗時宰相買耽之四世孫(似有誤)，其父買玭，五代中進士。黃中少好學，多識前朝掌故，他的這段談話，質以孫光憲所記的周秦行紀『牛相不罹大禍，亦幸而免』，是相同的；大概爲着周秦行紀中的違碍文字，當文宗開成之世確曾引起憲司的彈劾。然而引起憲司注意而加以彈劾，則不能不推及牛羊日曆第五節末段的記載了。當時這文字獄，因文宗皇帝的一笑而解，所以不見於史傳記載。但買黃中與孫光憲幾乎是同時的人，一在荆南一在江南，他們所看到的資料多寡不同，孫光憲僅據周秦行紀本文及李德裕的窮愁志，故認定牛僧孺是此文的撰者，而買黃中則別有所據，乃說成韋瓘的作品。關於這一點，買氏是否自有其有力的證據，雖不得詳知，但可信的，在北宋，周秦行紀曾經別爲一卷而流傳，那別行的周秦行紀或是已據買氏談話而改正了作者姓名。至宋室南渡，此一卷書失落不存，然而紹興間編輯的秘書省闕書目卷二（觀古堂書目本）仍著錄有「韋瓘周秦行紀一卷」。

或因晁公武當時未注意及這陸續編成的闕書目，[18] 所以僅引用賈氏談錄，而不知北宋此文卽已題韋瓘撰寫的了。

　　韋瓘生平附見於新唐書卷一六二韋夏卿傳後。他是韋正卿的兒子，本傳傳說他『及進士第，仕累中書舍人。與李德裕善。德裕任宰相，罕接士，唯瓘往請，無間也。李宗閔惡之，德裕罷，貶爲明州長史。會昌中，累遷楚州刺史，終桂管觀察使』。按韋瓘進士及第之年。徐松唐登科記考卷十七旣繫之於元和四年，但又疑其不是一人，而於卷二十七附之於不知年代中。其實，徐氏引據莫休符桂林風土記以注元和四年狀元及第的韋瓘與元和十四年狀元及第的韋諶，實有互誤之嫌。因徐氏喜用明人徐應秋玉芝堂談薈卷二所列的「歷代狀元」，便定韋諶爲元和十四年的狀頭。[19] 桂林風土記雖未寫明韋瓘何年登第，但說他『年二十一，進士狀頭，榜下除右拾遺』。稽以唐會要卷五六，說元和十五年，拾遺李珏宇文鼎韋瓘等上疏諫穆宗皇帝不宜於憲宗陵墓動工期內宴百僚。[20] 如果他是元和四年榜下除的拾遺，至此已十有餘年，不特官無寸進，而且列名於元和七年及第的李珏之後，不合於桂林風土記所述他於榜下除拾遺時，「名重縉紳，指期直上」；又云：「馬植爲長安令，二十八度候謁，未蒙一見」等事實。拾遺不是什麼了不起的官，長安令馬植竟至於二十八度候謁他，實際是因他名重縉紳有「指期直上」之希望，馬植想攀同年關係與之聯絡。因爲馬植也是元和十四年及第進士，爲韋瓘的同榜生，才有這一事發生。顯然，韋瓘以年少登科，又卽獲清要之職，受着時人奉承，志意驕滿，對那縣令同年，不放在眼裏。未料三十年後，馬植却是大中朝的宰相，韋瓘剛遷到桂管觀察使半年，卽被馬植打進冷宮，以太常卿分司東都。[21] 這在桂林風土記及韋瓘自撰洧溪題壁文中（全唐文卷六九五）都清楚的

---

18. 參見丁申武林藏書錄卷上；葉德輝宋秘書省續編到四庫闕書目序。蓋南宋紹興間搜訪遺書，先後所得闕書目錄多寡不一，鄭樵有求書闕記七卷，外卷十卷；陳振孫僅錄一卷，今所傳鈔者二卷。

19. 玉芝堂談薈卷二歷代狀元，未列元和四年狀元，而列韋諶於元和十四年。徐松登科記考卷十七，據桂林風土記列韋瓘於四年，又作後案云：『此與韋珩之弟同名，別是一人。』按宰相世系表韋氏龍門公房：韋正卿二子：韋珩韋瓘，與本傳同，實卽桂林風土記所言之人，此處又云「別是一人」者，蓋亦知韋瓘非於此年及第。

20. 按此事亦見通鑑唐紀五十七，元和十五年八月，但所載未詳，僅云『拾遺李珏帥其同僚上疏』，中略韋瓘、宇文鼎、溫會、馮約等人名。

21. 桂林風土記云：韋瓘廉察桂林：纔半載，馬相執大政，尋追懷舊事，非時除賓客分司。此據其洧溪題壁文。

可以看到。

韋氏出於杜陵望族，家世簪纓，正與李德裕之爲綺紈子氣味相投。他既自負才地，又逢着少年得志，其驕倨與熱衷於權勢的性格，都可從他的遺文與一些不完全的記載中看到。[22] 但他自元和末年入仕，至大中初年變作冷官，這一段官歷，新唐書只說是李德裕罷相之時，爲李宗閔所逐，貶作明州長史。這裏說的李德裕與李宗閔之一出一入，最頻繁的時期要算是文宗大和七年八年。據文宗本紀：大和七年，二月李德裕以兵部尙書入相；六月，李宗閔以檢校禮部尙書同平章事，出爲山南西路節度使。到了八年九月，又與李德裕對調：宗閔入執大政；德裕出鎭山南，同年十一月，德裕又調往浙西。然則新唐書韋瓘傳所謂『德裕罷，貶爲明州長史』云者，當在此時。更證以韋瓘於大中二年作的浯溪題壁記，自言『太和中以中書舍人謫官康州，逮今十六年』。從大中二年(八四八)逆數至太和八年（八三四）中間正好是十六年。唯是他初貶的地方當是嶺南道的康州（距京五千七百五十里），而新唐書所說的明州（距京四千一百里）還是後來量移較近的地方。據郎官石柱題名，他於元和末，榜下擢爲拾遺之後，曾歷倉部員外郎，司勳郎中（見勞氏石柱考卷七卷十八）中書舍人等職，做的都是京官。李宗閔於文宗時代，自太和三年八月至七年九月出鎭興元爲止，在相位足有四年之久；其中，太和六年，還加上牛僧孺同執大政，是牛黨的全盛時期；而作爲牛李交惡的最大衝突，所謂「維州」事件，[23] 亦正在此時發生。其時，韋瓘淹留郎署，以李德裕得意的門徒身份埋伏在京城，曾經做過怎樣不利於牛僧孺李宗閔的勾當，雖莫之詳，然而爲「李宗閔所惡」者，可能卽種因於這一段時間。到了太和七年李德裕入相，他是否因李德裕的提攜，由司勳郎中入中書知制誥，雖也不明；但至次年，德裕外調，宗閔復入，中書重地，當然不能容許素所痛恨的韋瓘盤踞其中，一氣斥逐至五千里外，自此，韋瓘之懷恨，也就不問可知了。

依據通鑑唐紀六十一整理出來的這一段史實，不特李宗閔李德裕的一出一入，全是宦官王守澄勾結李訓鄭注一夥人所擺佈的，卽連牛李黨之相繼垮臺，也是他們所計畫的一部分。但韋瓘既對牛黨深懷忿恨，一旦聽到李宗閔楊虞卿楊承和的貶逐消息，

22. 文苑英華卷八一三，唐文粹卷七五，各錄韋瓘之文一首。全唐文卷六九五，錄存三首。其詩今見於桂林風土記，者意氣深甚傲慢；又不僅見於對馬植的態度。

23. 維州事件，參前註11。

亦卽劉軻日曆中關於這幾天的紀錄，特感興趣，而加以剪裁。唯是其中有所不足的就是牛僧孺仍穩鎮淮南，沒有受到任何影響。韋瓘，他雖不能製造詔令與事實，但却可以在劉軻日曆的紀錄下，續以許多不屬於楊虞卿李宗閔而屬於牛僧孺的罪狀。這不僅是可以快意於一時，實際也足以媒孽仇人的長短。不過到了「甘露之變」發生，太和改元開成之際，宮內宮外，人事大變；牛李黨人既已擯斥在外，連擺佈牛李黨的一夥人也已死盡殺絕。開成初年，宮內勢力落在宦官仇士良之手，宮外則由一些老成持重的人執政，當然對這種具有濃厚的黨爭色彩的文字未曾措意，待到兩三年後，牛黨的楊嗣復李珏相繼入相，而敵對的黨羽便也死灰復燃。當時牛僧孺移至東都留守，楊嗣復又數欲引進李宗閔，於是留京的李黨不能不鼓動風潮。賈黃中說「開成中」周秦行紀曾爲憲司所縶，稽以史實，此時此際，正復相合。無疑的，所謂憲司，當屬李黨或受李黨利用的人，乃能如此關心到小說中的片語隻字以與牛羊日曆所檢舉的事相呼應。平心而論，當時仍還健在的白居易，他寫了一首長恨歌，把唐玄宗說或一個十足色荒的天子，從未見有什麼憲司提出彈劾，而那些憲司偏偏重視這篇未定作者爲誰的小說。僅憑這一點，而憲司提出此案，卽已可疑；更無須文宗皇帝說明牛僧孺是德宗朝的進士，料他不敢作此稱呼了。

今從周秦行紀本文考察，這一篇雖不是什麼文筆高妙的作品，但有一點，卽從僞托者的用意上却與牛羊日曆運用的，是相似的伎倆。因爲寫這故事的大要，不外是「牛僧孺落第見鬼」的事。落第既非美事，而又見鬼，相信牛僧孺卽使百無聊賴，亦不至如此自述，（證以殘餘的玄怪錄諸篇，並無此例）。而尤其惡作劇的，是他所遇之鬼，自薄太后以下，要不是妾媵之輩，就是再醮的婦人。其間强迫王昭君侍寢時，特揚示數語云：『昭君始嫁呼韓單于，又爲復株累單于婦，固自宜也。且苦寒地胡鬼何能爲？昭君其毋辭』。這幾句對於再嫁的婦女，可謂義正辭嚴，姑不說薄太后之爲此語時，是否還記得她自己嫁過魏豹？但以之與牛羊日曆中譏誚牛僧孺母親而又引用夏侯銛的話說：『魂而有知，前夫不納於幽壤；歿而可作，後夫必訴於玄穹』。二者互相對照，便可知寫這周秦行紀，本來就是對牛僧孺的諷刺。接着又假托他的名字，作爲牛氏之自述，使諷刺性愈益增大，竟使百年後的孫光憲看了爲之驚駭；又數百年，劉克莊看了大爲惱怒，說是元稹做了風流事還托名張生，只有牛僧孺敢於明目張膽的

自吹自擂，於是拿「名檢掃地」四字安在牛僧孺頭上（原文見後村大全集卷七一三）。如果說這種文字無靈，但却能見效於當時憲司與後代作家的詩話，也是很了不起的了。後來胡應麟總算平反此案，他在四部正譌下說：『周秦行紀，李德裕門人僞撰以搆牛奇章者。牛李二黨曲直，大都魯衞之間。牛撰玄怪錄等，無雙字搆李，李之徒顧作此以危之，於戲！二子者用心覩矣』。

　　這篇小說能在開成年間激起風波，賈黃中的談話雖未詳記，但有資料可信：這風波必賴牛羊日曆而成立。那資料就是被誤爲李德裕寫的周秦行紀論。

　　第二、周秦行紀論，現仍輯存於李德裕文集的別集中，共四卷，前有自序略云：『幽居不樂，思將當世之所疑惑，前賢之所未及，各爲一論，謂之窮愁志，凡四卷，論四十九首』。而周秦行紀論卽在諸論之末。不過這四卷書，在晚唐時代尙屬別行。據李商隱代鄭亞寫的李德裕文集序（見樊南文集卷七），由他品題的李衞公「會昌一品集」，原來只有十五卷，至北宋編的新唐書藝文志始著稱爲二十卷。從十五增至二十，顯然是那別行的四卷，經唐末五代時人合以零星的文章編成的。所以舊唐書牛僧孺傳中引述周秦行紀論，只稱爲『德裕南遷，所著窮愁志，引里俗犢子之讖，以斥僧孺，又目爲「太牢公」。其相憎恨，如此也』。由此可知：在唐末五代時人，不以「窮愁志」與鄭亞所敍的李德裕遺集併言。李德裕於大中二年正月貶潮州，九月再貶崖州，到了大中三年閏十一月始卒。這中間他還留有一些詩。但是窮阨僻壤，連他的旅櫬都不容易運回，則其時述作，能爲後人所收存者究有多少，眞僞如何，就更難說定了。唯於唐末確有「窮愁志」一書，爲五代時史官所及見，故以之引入舊唐書牛僧孺傳內，而孫光憲北夢瑣言，亦於是說爲『德裕著論罪之』。這樣便把周秦行紀論的著作權全歸於李德裕；自宋以下，窮愁志又合於會昌一品集，遂使後人益信而無疑。如陳振孫書錄解題，雖能辨周秦行紀之非，却深信周秦行紀論之是，他說：『周秦行紀一篇，本爲牛奇章怨家所爲，而李文饒逐信之以爲論』，正是爲着這緣故。不過他尙未考慮：如果周秦行紀是牛僧孺的怨家所爲，而牛僧孺的怨家可能就是李德裕的黨羽，當時此文旣經憲司提出彈劾，李德裕不容不知他的心腹做了什麼；現在卽以周秦行紀論原文細覈，李德裕不但借重了周秦行紀引起麻煩的事件爲口實。而且還引用了牛羊日曆爲口實。所以牛羊日曆，周秦行紀，周秦行紀論，是互相糾結的，三篇一體

的文字。如果中間有一篇可疑，則其他兩篇也都值得重新檢討。

　　周秦行紀論開頭卽直呼牛僧孺爲「太牢」，並引涼國李公爲標榜。這個涼國李公，作者故意不舉其名，但說是「名不便」，顯見其人仍然在世。使人懷疑是牛羊日曆第三節所說的李愿之弟李聽。因爲舊唐書卷一三三李聽傳，說他於太和二年因功封爲涼國公。但看牛羊日曆第二節，則知這個涼國李公實指的是李逢吉。[24] 因爲牛羊日曆第二節載有李逢吉呼牛僧孺爲「丑座」，爲「太牢」的事，亦爲周秦行紀論此種稱呼之唯一出典與根據。然而舊唐書李德裕傳，明言牛僧孺擢升宰輔，完全是李逢吉一手造成的；他既捧出牛僧孺而又作這樣輕賤的稱呼，已屬疑問；再者，同書又明載李德裕爲逢吉所擯，一沉風水，在浙西八年之久，一直怨恨，又何至忽然如此親暱，在周秦行紀論中把李逢吉稱爲「余涼國」；其實李逢吉出於隴西之李，而李德裕是趙郡之李，更何緣把自己怨恨的人遷入自己的祠堂？其下文，尤其可怪的，是搬出了唐史所謂「里俗犢子之讖」。其文曰：『首尾三鱗六十年，兩角犢子恣狂顚，龍蛇相鬥血成川』。這讖語究須如何解釋？他好像生怕別人不懂，所以在下文又透露一些消息。先說是：『余讀國史，見開元中，汝南子諒彈奏牛仙客，以其姓符圖讖。雖似是，而未合三鱗六十之數』。又於論文末尾結論說：『曆既有數，意非偶然。若不在當代，必在於子孫。須以太牢少長咸置於法。則刑罰中而社稷安，無患於二百四十年後』。依據這前後的複述，可以確信，作者使用這讖語的涵意是從年代上解釋那「三鱗六十」，意謂唐自開國到了三鱗六十之數，將被姓牛的人接掌江山了。依這解釋，則周秦行紀論所欲構成牛僧孺的罪狀，就遠較那牛羊日曆所載的，稱德宗爲「沈婆兒」之「無禮於其君」來得嚴重多了。這是陰謀篡位，非急辦不可。按其以「鱗」爲數據，當是那時流行的常識，段成式酉陽雜俎卷十七，詳言唐人好用鯉鱗代替「三十六」之數。如果三鱗是鯉鱗，其數爲一百零八。自唐開國至開元十二年（六一八——七二六）正好是一百零八年。舊唐書卷一〇三牛仙客傳載，開元中牛仙客爲相，御史大夫李適之據監察御史周子諒的密告，說牛仙客濫登大位。玄宗聞之大怒，周子諒因而流配，行至藍田賜死。究竟周子諒當時說些什麼，史無明文，但周子諒因彈奏牛仙客而死，則是

---

24. 舊唐書卷一六七李逢吉傳云：『敬宗初卽位，年方童丱，王守澄從容奏曰：陛下得爲太子，逢吉之力也。……逢吉尋封涼國公，邑千戶。』其受爵，蓋在寶曆初。

事實。從牛仙客之事發生，至太和時代，又過了一百多年，尚未見有「龍蛇相鬪血成川」的現象，所以周秦行紀論的作者只好認了，而說是『雖似是，而未合三鱗六十之數』。然則，他意中的鱗，已不是鯉鱗，而是龍鱗。當時常識，龍鱗之數八十一，[25]三鱗應爲一百四十三，外加六十，足足有三百多年。論實際，唐自開國至滅亡，還不過三百年，果然出來了一個戴着牛角的朱全忠，但當李德裕死時，其時，才只有二百三十年，他如何能肯定說『無患於二百四十年後』，而對那二百四十年特別關心？因爲那時已屬懿宗的咸通年間，上距李德裕之死已將近二十年了。從這特殊的時間意識以及寫這論文來攻擊的與被攻擊的，顯然都已不是李德裕與牛僧孺本人。尤其論文末尾所肯定的結論：『曆既有數，意非偶然。若不在當代，必在子孫』，這幾句話更明白表示：其時牛僧孺已死，那讖語雖不應驗於他的一生，但必定要應驗於其子或孫。牛僧孺有子五人，最得寵於懿宗之朝的，長曰牛蔚，少曰牛叢，而論文的攻擊目標正在這二人身上，故要把牛氏「少」「長」咸置於法。

　　如果檢點李德裕生平資料，他雖是綺紈子弟，然而文章勳業，照耀一世。卽使他與牛僧孺在政治舞臺上成爲敵手，但到了晚年，政治生涯趨向結束的時候，據李珏寫的牛公神道碑說：『李崖州於公讐也；恤謫官之窮途，厚供待於逆旅。其厚德歟！亦難能也』。關於此事，杜牧的牛公墓誌銘言之尤詳；他說：『李太尉志必殺公，後南謫過汝州，公厚供具。哀其窮，爲解說海上與中州少異，以勉安之；不出一言及於前事』。按通鑑唐紀六十四，武宗會昌四年（八四四）十月，李德裕構造牛僧孺與劉從諫勾結事，兩月之間，三貶牛僧孺至距東都四千八百里的循州。直到會昌六年八月，始量移爲衡州長史。牛公墓誌說他於衡州之後，又移汝州長史，時間雖未載明，但李德裕乃在大中元年（八四七）九月[26]從其分司的東都貶爲潮州司馬，則牛李之相遇於汝州逆旅，當在是年。其時，李德裕六十一歲，牛僧孺六十七歲，可說是冤家路狹，白首重逢。但是李德裕既肯接受欵待，不能說不領盛情，何至於到了潮州或崖州後又復著「論」，甚且使用里讖中傷牛僧孺以至子孫，必欲做到牛氏滿門抄斬而後快？這顯然不似李德裕之爲人，甚至於不似曾在政壇上位列將相的大人物口吻。尤其論文

---

25. 許彥周詩話云：『段成式與溫庭筠雲藍紙詩序……其詩曰：三十六鱗充使時，數番猶得表相思。蓋龍鱗八十一，鯉三十六鱗也。』

26. 舊唐書宣宗本紀，繫此事於大中元年七月。

中提到會昌四年的往事，說：『值平昭義，得其（牛僧孺）與劉從諫交結書，因竄逐之』。其實此事，通鑑唐紀六十四的記載甚詳。當時昭義軍節度使劉從諫已死，其子劉稹爲部將誘脅而反叛，李德裕乘機糾合八鎭之兵討平之。『又使人於潞州求僧孺與從諫交通書疏，無所得，乃令孔目官鄭慶，言從諫每得書皆自焚毀。詔追慶下御史臺按問，中丞李回，知雜鄭亞，以爲信然。河南少尹呂述，與李德裕書言：稹破，報至，僧孺出聲歎恨。德裕奏述書，上大怒』，於是，由分司的東都，再貶汀州，三貶至於循州。依此記載，則李德裕當時實際沒有搜到牛僧孺與劉從諫的交結書，連他的黨徒李回鄭亞都知道的，而李德裕執以搆陷的唯一證據，只有呂述在信裏寫到牛僧孺的一聲歎恨。[27] 這全案既爲李德裕一手造成，又爲朝士皆知的事實，他非健忘，又何至於論文中揑造事實，說是「得其與劉從諫交結書」，難道不怕重引起朝士的叱罵？這點枝節，如可解釋，那必是局外人，或身處遠方而不詳內情的人所撮拾的傳聞，此人可能就是遠在楚州刺史任上的韋瓘。

　　韋瓘於大中二年，從楚州轉爲桂管觀察使，僅及半年即被馬植罷黜，分司東都，以後的事迹即已不明。讀其留題桂林碧潯亭詩云：『從此歸耕洛水上，大千江路任風波』以及路過浯溪的題壁詩云：『作官不了却歸來，還是杜陵一男子』（桂林風土記並見全唐詩八函四冊），更從其於元和十四年二十一歲，順數至題詩時，才有五十歲，這樣，他活到咸通之世，不過六十出頭，那股恨恨之氣一直蘊結於心，眼看着牛蔚牛叢，正在得意，益發窮愁無賴，便模仿虞卿著書，綴合李德裕的遺文輯爲所謂「窮愁志」。他的窮愁志托名李德裕，正像周秦行紀之托名牛僧孺，牛羊日曆之托名劉軻皇甫松，三者全是一套手法，使用半眞半假的材料以蒙混當時讀者的耳目。

　　以上推論，現在依據現存的資料，可作四點說明：第一、牛羊日曆與周秦行紀被用爲攻擊的對象，是牛僧孺本人；而周秦行紀論被用爲攻擊的對象是牛僧孺的兒子；長者牛蔚，咸通中官至工部禮部刑部三尚書；少者牛叢，咸通中歷踐臺省，後爲劍南西川節度使，官至吏部尚書，牛蔚的兒子，牛循牛徽；牛叢的兒子牛嶠也都在咸通乾符中登進士第。至少韋瓘所及見的牛子牛孫，確是赫赫逼人，難怪他想要咸置之於法

----

27. 李德裕此次誣搆牛僧孺，大爲士流所不齒。杜牧牛公墓誌說是『天下人爲公（僧孺）按手叱罵。』卽唐史與通鑑的編者亦皆有譴詞。稍後白敏中令狐綯等人，對李德裕嚴厲報復，雖挾有黨派私意，但也是公憤所促成的。

了。第二、牛羊日曆與周秦行紀是互相發明的文章，其有效年代是在唐文宗太和末至開成中，目的止於罷免那無禮於其君之不忠不孝的牛僧孺；周秦行紀論的效用乃在大中咸通之世，為防牛子牛孫奪取政權，目的要聚而殲之。二者之間，不僅時效不同，而動機與目的皆不一樣。第三、牛羊日曆與周秦行紀既成篇於前，而與周秦行紀論成篇時間，前後相距十餘年，若使三者非出於一人之手，更有何人獨能留心記住這些小說讕言而耿耿於心至十餘年之久，又一再用來穿鍼引線，羅織別人的罪狀？第四、韋瓘既能使用牛僧孺的姓名寫出落第活見鬼的故事，又能利用與牛僧孺交契的韓愈門人劉軻與皇甫湜的兒子寫出牛羊日曆，更何妨使用已死的李德裕之名編輯窮愁志以附入其周秦行紀論？這三篇文字，如同罪犯之串供，互相援引，而且用的是同一伎倆，正該將著作權歸屬於韋瓘。如其不然，還怕找不出第二個人會對這細故末節發生如此濃厚的興趣，至於不厭一再播述。

後　　記

一、真珠當是牛僧孺為淮南節度使時的彈箏妓。（全唐詩八函一冊）李紳有「憶被牛公留醉州中，時無他賓，牛公出真珠輩數人」詩云：……銀燭座隅聽子夜，寶箏筵上起春風……。（白氏長慶集卷三十三）戲答思黯詩云：何時得見十三絃，待取無雲明月天……自注云：思黯有能箏者，以此戲之。按二詩，皆牛僧孺在淮南時事。

二、文苑英華卷三七二，有牛僧孺撰之「鷄觸人述」一篇，言鄠杜之郊人有鷄，如何恃其長嘴利距觸人，而人錯斂其嘴，敲折其爪，雖猶張勢觸人，僅取隣童之笑云云。鄠杜乃韋瓘之里籍，疑此文所指者，為被斥逐後之韋瓘，猶以文字攻訐。姑誌以存參。

初 期 儒 家[*]

陳 榮 捷

一、孔子的弟子——第二代　　六、弟子再傳弟子——第四代
二、大學　　　　　　　　　　七、儒墨的關係
三、弟子的弟子——第三代　　八、荀韓的批評
四、中庸　　　　　　　　　　九、結論
五、五行問題

　　初期的儒家，是指春秋末期的儒家，卽是孔子的第二三四代，剛在孟子之前，大概從紀元前五百年到三百五十年之間。關於這條題目，材料不多，答案更少。我們先看孔子弟子的姓名、人數、年歲、國籍、社會背景活動和思想。

一、孔子的弟子——第二代

　　1. 弟子人名表　關於孔門弟子的記載，最重要的是太史公司馬遷 (145-86 B. C.) 的史記卷六七仲尼弟子列傳和孔子家語。現在依史記的次序排列如下。註（一）是指裴駰（壯年450），史記集解引古本孔子家語。（二）集解引孔安國（壯年 130 B. C.）。（三）集解引馬融（79-166）。（四）集解引鄭玄（127-200）。（五）根據集解。（六）司馬貞（壯年727），史記索隱卷十八引古本孔子家語。（七）索隱引孔安國。（八）索隱引馬融。（九）索隱引鄭玄。（十）根據索隱。（十一）張守節（壯年737）史記正義引古本孔子家語。（十二）根據正義。（十三）根據今本孔子家語。（十四）論語邢昺（932-1016）疏引史記。（十五）史記仲尼弟子列傳考證。

姓　名	字	國籍	比孔子少幾歲	
1. 顏　回	子淵	魯	30	錢穆據毛奇齡（1623-1716）說是比孔子少四十歲[1]。許同萊以爲是少三十八歲[2]。

---

* 本文爲中國上古史待定稿第四本之一章，審閱人：陳槃先生。

	字	地		說明
2. 閔　損	子騫	魯四,六	15	魯國大夫季孫氏（季康子）派他做費邑宰，他辭。
3. 冉(冄)耕	伯牛	魯四,六	7	根據聖門志和闕里廣志少孔子七歲。祀名賢傳說他做中都宰，後來設教於洛，未必可靠。
4. 冉(冄)雍	仲弓	魯四	29六	論語子路篇第二章載他爲季氏宰，卽是季康子的家臣。皇侃（448-545）的疏說他是費邑的長官。
5. 冉(冄)求	子有 有子	魯四	29	做過季氏宰廿年以上。左傳哀公十一年說，「冉求帥左師」。
6. 仲　由	子路 季路 季子	魯卞邑 卞邑十三	9	孔子贊他和冉求「可謂巨臣」（論語先進篇第廿三章）。孔子爲魯國司寇時，做季康子的宰。定公十二年（498 B.C.）幫助孔子「墮三都」，折毀季孫氏的費邑，叔孫氏的郈邑，和仲孫氏（卽孟孫）的成邑三個都城。孔子周游列國以後，又在衞大夫孔悝之下做蒲邑宰三年。
7. 宰　予 宰　我	子我	魯四,六		史記列傳說，「爲臨菑（齊國的都城）大夫，與田常作亂，以夷其族。孔子恥之」。照史記索隱，「左氏（左傳）無宰我與田常作亂之文，然有闞止，字子我，而田闞爭寵，子我爲陳恒所殺。恐字與宰予相涉，因誤云然」。崔述（1740-1816）不主他們是同一人[3]。錢穆則以爲是一人[4]。
8. 端木　賜	子貢	衞	31	列傳說「好廢舉（停貯），與時（隨

| | | 子贛 | | |
| | | 衞賜 | | |

時)轉貨資。常相魯衞，家累千金」。
又說「存魯，亂齊，破吳，彊晉，而
霸越」。錢穆以爲這「蓋戰國策士之
託詞，不足信據」[5]。孔子死，他廬墓
六年。

| 9.言 | 偃 | 子游 | 吳 | 45 |
| | | | 魯六,十三 | |

論語雍也篇第十二章記他做魯國武城
宰。崔述不信，因爲吳國離魯太遠，
而且傳記沒有提到他來學于魯的事[6]。
崔述過疑了。後來不是陳良北學于中
國嗎？（孟子滕文公上，第四章）。

| 10.卜 | 商 | 子夏 | 衞一,十三 | 44 |

索隱引鄭玄云溫國人。溫國今河內溫
縣原屬衞。論語子路篇第十七章說他
做莒父宰。列傳說，「孔子旣歿，子
夏居西河敎授，爲魏文侯師」。西河
據史記索隱近龍門（現在山西河津
縣），據史記正義是汾州（山西汾陽
縣）。錢穆則以爲是東方相州之安陽
（現在河南安陽縣），卽是河南長垣
縣以北，山東觀城縣以南，山東曹州
（現在荷澤縣）以西一帶的河濱」[7]。
錢穆又指明魏文侯廿二年(425 B.C.)
稱侯，那年子夏八十四歲，可是他未
稱侯以前已經尊賢了[8]。

| 11.顓孫 | 師 | 子張 | 陳國陽城九 | 48 |
| | | | 實是魯人 | |

呂氏春秋說，「子張，魯之鄙家也」[9]。
他的先世從陳奔魯[10]。漢儒如趙岐
(108-201)注孟子盡心下第卅七章說
他就是張羋，是不對的。

| 12. 曾 | 參 | 子輿 | 魯國 | 46 | 武城今山東費縣東南，分南北。崔述 |
| | | | 南武城 | | 說他孔門中最年幼[11]。根據今本家語， |

顏商(40)和叔仲會(71)都少孔子五十歲[12]。　索隱引古本家語也說叔仲會少五十歲。那就比曾參更年幼了。韓詩外傳說他做過魯國莒邑的官，「親沒之後，齊迎以相，楚迎以令尹，晉迎以上卿」[13]。　恐怕只是尊敬的話。孟子說他有弟子七十人[14]。　禮記等書和諸註家說他有子思等學生多人[15]。　他和有若(27)很被同學推尊，所以論語稱他做「子」。

| 13. 澹台 | 滅明 | 子羽 | 魯國武城 | 39 | 弟子列傳說，「南游至江，從弟子三 |
| | | | | 49十三 | 百人」。 |

| 14. 宓 | 不齊 | 子賤 | 魯二,十三 | 49 | 做過宋國單父(亶縣)的宰。崔述强辯 |
| | | | | 30六 | 如果子賤眞是少四十九歲，那麼孔子死的時候，他只是二十五歲，孔子不能够叫他做君子。這話太沒有理由[16]。 |

| 15. 原 | 憲 | 子思 | 魯四,九 | 36 | 論語說，「原思爲之宰」[17]。　包咸 |
| 原 | 思 | | 宋十三 | | (B. C. 6–65 A. D.) 說孔子做魯司寇 |

時叫他做「家邑宰」。錢穆以爲那時他不過十五歲，太小。或者少三十六應改爲少廿六[18]。　據索隱，孔子死後他隱居衞國。

| 16. 公冶 | 長 | 子長 | 齊 | | 崔述以他是魯人，不是齊人[19]。孔子 |
| 公冶 | 萇六 | 子芝十 | 魯六,十三 | | 選之爲壻[20]。 |

| 17. 南宮 | 括 | 子容 | 魯十三,二 | | 論語說，「孔子以其兄之子妻之」[21]。 |
| 南宮 | 韜十三 | | | | 漢書古今人表顏師古(581–645)注把 |

南宮	縚六				南容和南宮縚當做一個人，又把南宮
南宮	适(論語)				敬叔（111）和南宮适當做一個人[22]。
（南容）					崔述以南容和南宮适是一人，和南宮
					敬叔是兩人[23]。
18.公晳	哀	季次			沒有做官。
公析	哀十三	季沈十三	齊一, 十三		
公哲	剋六				
19.曾	蒧	晳	魯國武城		曾參之父。閻若璩（1636-1704）因爲
曾	點十三	子晳十三			論語載他坐在子路之後[24]，按定他至
					少比孔子少九歲[25]。
20.顏	無繇	路	魯	6	顏回（1）之父。「孔子始敎于闕里而
顏	由十三	季路十三			受學焉」[26]。父子是孔子不同時的學生。
21.商	瞿	子木	魯	29	弟子列傳說，「孔子傳易于瞿」[27]，
					不可信。詳下面第一節第六目傳經問
					題。
22.高	柴	子高	衞四, 九	30	子路派他做費邑宰[28]。歷來注家以他
			齊六十一,十三	40十三	爲齊人，又有說他是衞人，後來住在
					魯國[29]。
23.漆雕	開	子開	魯四, 六	11六,十二	據閻若璩，漢人避景帝諱改「啓」做
漆雕	啓	子若十三	蔡十一, 十三		「開」[30]。正義說他「習尙書，不樂
					仕」。錢穆疑他少孔子四十一歲[31]，
					似乎證據不足。
24.公伯	繚	子周	魯三, 八		譙周（201-270）因爲他毀謗子路而孔
公伯	僚				子不責備他[32]，所以便「非弟子之
公伯	窶				流」[33]，太過武斷。家語沒有這個人
公伯	遼				而有申續，子周。參看下57。
25.司馬	耕	子牛	宋二, 六, 七		姓向名耕，或名犂。他的祖先歷代做

向	耕				宋國的司馬。他本人當過齊國陳成子的次卿。
司馬	黎耕				
司馬	牛				
26.樊	須	子遲	齊四,九	36	左傳襄公十一年記載齊國伐魯，季孫氏抗戰，叫「冉求帥左師……樊遲爲右」。那時樊遲才廿二歲。
	樊遲		魯六,十一	46十三	
27.有	若	子有	魯四,六,十一,十三	13	崔述懷疑少十三歲之說，以爲他的政治活動是少壯時的事[34]。錢穆覺得少卅三歲是對的[35]。史記說，「有若狀似孔子。弟子相與共立爲師，師之如夫子時也」[36]。孟子說，「子夏子張子游以有若似聖人，欲以所事孔子事之。彊曾子。曾子曰，不可」[37]。這裏只說要做，未曾眞做。史記以爲事實而且加「狀似」，附會的痕跡，一目了然。論語稱他做「子」，則他受同門的尊敬，倒是眞的。
				33六,十一	
				43十四	
28.公西	赤				
公西	華	子華	魯四	42	出使齊國。金鶚（1770–1819）說他使齊是在孔子做司寇的時候。那時他只是十二三歲。大概四十二是卅二之誤。而且論語載弟子侍坐言志，應該以年紀爲次序。公西華在冉有之後。冉有少孔子廿九歲，那麼公西華少卅二歲才合[38]。錢穆從其說[39]。
29.巫馬	施	子旗	魯四,九	30	
	巫馬	期	子期十三	陳十三	

30. 梁　　鱣　　叔魚　　齊一,六　29
　　梁　　鯉五　　　　　　　　39十三

31. 顏　　幸　　子柳　　魯四　　46　　據梁玉繩（1745-1819），史記志疑或
　　顏　　幸十三　　　　　　36十一　作顏韋[40]。

32. 冉(冄) 孺　　子魯
　　冉　　孺十三　子魚十三　魯一,六,十三 50
　　　　　　　　子曾九

33. 曹　　邺　　子循　　　　　50　　史記志疑說，「朱氏弟子攷，闕里文獻
　　　　　　　　　　　　　　　攷，據宋封上蔡侯爲蔡人，未知是否」。

34. 伯虔　　　　子析
　　伯處六　　　子折十
　　　　　　　楷十三
　　　　　　　子皙十一　　　50
　　　　　　　子皙六

35. 公孫　龍子　子石　　楚四
　　公孫　寵六,十三
　　公孫　蠥六　　　　衞十一, 十三 53　史記正義「孟子云趙人」。查孟子滕
　　　　　　　　　　　　　　　文公上第三章和告子上第七章兩引龍
　　　　　　　　　　　　　　　子，沒有這說。趙岐的注只是「古之
　　　　　　　　　　　　　　　賢人也」。

　　以上三十五人，史記說「頗有年名及受業聞見於書傳，其四十有二人無年及不見書傳者紀于左」[41]。實在下面顏高(40)，公良孺(46)，秦商(56)和叔仲會(71)都有事迹記載。

36. 冉(冄)季　　子產　　魯四

37. 公祖　句茲　子之　　　　　　　　　　　「句」音「鉤」。
　　公祖　茲十三

38. 秦　　祖　　子南　　秦四

39. 漆雕　哆　　子斂　　魯四
　　漆雕　侈十三　　　　魯四

40. 顏高　　　子驕　　　50　　左傳定公八年說「顏高之弓六鈞」。

顏產六　　　　　　　　　　　家語說「孔子適衛，子驕爲僕」[42]。

顏刻十三　　　　　　　　　　世家也說「顏刻爲僕」[43]，崔述硬說

「然觀其事，殊不類孔子弟子」[44]。

史記志疑疑是魯人。

41. 漆雕　徒父　子文十三

漆雕　從十三　固六

42. 壤駟　赤　　子徒　　　秦四

穰駟　赤十三　子從十三

43. 商　　澤　　子季一

季六

子秀十三

44. 石　　作蜀　子明　　　　　　史記志疑說宋高宗贊作爲秦人。

石　　子蜀十三

45. 任　　不齊　選　　　　楚四

子選六,十三

46. 公良　孺　　子正　　　陳四,六,十三　家語載他「孔子周行，常以家車五乘

公良　儒十三　　　　　　　　從」[45]。世家也說孔子在蒲，「有公

公襄　儒十　　　　　　　　　良孺者，以私車五乘從孔子」[46]。史

良　　儒六　　　　　　　　　記志疑疑是魯人。

47. 后　　處　　子里　　　齊四

石　　處十三　里之十三

48. 秦　　冉(冄)　開　　　　　　家語沒有這個人。史記志疑說宋高宗

贊作爲蔡人。

49. 公夏　首　　乘　　　　魯四

公夏　守十三　子乘十三

50. 奚　　容蒧(箴)子皙　衞十三　史記志疑據闕里攷以爲魯人。

奚　　蒧十三　子偕十三

51.	公堅	定	子中	魯四	史記集釋說有人說他是晉國人。
	公肩	定十三	子仲十三	晉五	
52.	顏	祖	襄	魯十二	
	顏	相十三	子襄十三		
53.	鄡	單	子家		世家沒有他。史記集釋引徐廣（352-425）說，「一云鄔單」。參看下面縣亶(80)。
54.	句(鉤)丄井疆		子疆十三	衞四	「句」和「鉤」古今通用。
55.	罕父	黑	子索		史記志疑說明瞿九思孔廟禮樂考以宰父出魯郡，爲複姓。
	宰父	黑十三	子黑十三		
			索一		
56.	秦	商	子丕	楚四　4十三	左傳襄公十年和家語[47]都提及他。
			不慈十三	魯六,十三	
			丕慈六,十一		
57.	申	黨	周	魯十二	論語作申棖[48]。 史記索隱說「文翁禮殿圖所記又有……申棖，申堂，俱是後人以所見增益」[49]。今所傳的文翁圖只有申黨，沒有申棖。劉寶楠(1792-1855)注申棖，講申棠，申黨，申儻，申棖，申繬，申繚，申績很詳盡，可參考。
	申	棖	子周		
	申	棠			
	申	堂十			
	申	績十三			
58.	顏	之僕	叔	魯四	
			子叔十三		
59.	榮	祈	子祺		史記的考證用「榮」，大概形誤。史記志疑據朱氏弟子考爲魯人。
	榮	祈十三	子顏六,十五		
60.	縣	成	子祺	魯四	
	縣	成十三	子橫十三		
			子謀六		

61. 左　　人郢　行　　　魯四
　　左　　郢十三　子行十三

62. 燕　　伋　　思　　　　　　史記志疑說闕里考以爲魯人，宋高宗
　　燕　　級十三　子思十三　贊以爲秦人。

63. 鄭　　國　　子徒　　　　　「國」是避漢高祖劉邦的諱。
　　薛　　邦十三　子從十三　魯十二

64. 秦　　非　　子之　　魯四

65. 施　　之常　子恒　　　　　史記志疑說朱氏弟子考以爲魯人。
　　　　　　　子常十三

66. 顏　　噲　　子聲　　魯四

67. 步　　叔乘　子車　　齊四　史記考證說少叔是複姓。
　　少叔　乘十五

68. 原　　亢籍　籍一,六　　　和下面陳亢（79）不同。史記志疑說
　　原　　亢一,六　　　　　「原子必原思(15)之誤，當是魯人。
　　　　　（亢）十二
　　原　　桃十三　子籍十三

69. 樂　　欬　　子聲　　魯十二
　　樂　　欣十三

70. 廉　　絜　　庸　　　衞四　據張文虎（1808-1885）史記札記，宋
　　廉　　潔十三　子曹十三　索隱本作子庸[50]。

71. 叔仲　會　　子期　　魯六　　54六　今本家語說他和孔璇兩個小童常常站
　　　　　　　　　　　　晉四,九　50十三　在孔子左右，未必可信[51]。

72. 顏　　何　　冉(冄)　魯四　家語無此人。
　　　　　　　稱六

73. 狄　　黑　　晢　　　　　　史記志疑說，「案家語字晢之，衞
　　　　　　　晢之十三　　　人」。

74. 邦　　巽　　子斂　　魯四　文翁禮殿圖避高祖劉邦的諱用國選。
　　邦　　選六

邽　　選　　子歛十三

75. 孔　　忠　　　　　　　魯一,六　　　　孔子兄的兒子。

孔　　弗十三　子蔑六,十三

76. 公西　輿如　子上　　　　　　　　史記志疑說,「朱氏弟子考以爲魯人,

公西　輿十三　　　　　　　　　　闕里考以爲魯人,以公西華證之,則

齊人是」。

77. 公西　葴　　子上　　　魯四

公西　蒧十

公西　減十三　子尙六十,三

以下史記沒有,今本世家却有下列三人。

78. 琴　　牢　　子張十三　衞十三　　　論語有「牢」[52],　史記集解引鄭玄說

琴　　張　　子開十三　　　　　　他是孔子弟子[53]。王念孫(1744-1832)

以琴牢本是琴張。左傳,孟子,和莊子

都用琴張,不用琴牢。他們是兩個人。

琴牢始見於今本家語,是王肅(195-

256)所僞造的。至於漢書古今人表的

琴牢[54],則是後人根據王肅而改的[55]。

79. 陳　　亢　　子亢　　　陳十三　40十三　他是史記弟子列傳所不載而見諸論

子禽十三　　　　　　　　語[56]唯一的人,和原亢(68)不同。漢

書人名表分陳亢,陳子亢,和陳子禽

爲三人[57]。

80. 懸　　亶　　子象十三　　　　　　　蔡仁厚以爲「酇」就是「鄡」,「粟」

縣　　亶　　　　　　　　　　　　是「酇」的簡寫,「粟」誤寫爲「縣」。

「亶」「單」音近,所以互用。所以鄡

單(53)和懸亶同是一人[58]。 這論據似

太曲折。不過鄡單之字子家和這裏字

子象形近,大爲可疑。

　　上面家語所載名字，錯誤甚多。照馬繡（1620-1673）說，「諸姓名之相亂者，如「壞」之爲「穰」，「后」之爲「石」，「堅」之爲「肩」，「罕」之爲「宰」，「祖」之爲「相」，「旄」之爲「祈」，「首」之爲「守」，「伋」之爲「級」，「欬」之爲「欣」，「巽」之爲「選」，或以形誤，或以音外。」[59] 古本家語已佚，今本家語學者以爲是王肅僞造，不大可靠。

　　在史記七十七子以外，朱彝尊（1629-1709）和梁玉繩增加三十二人。朱氏說，「古家語七十六人。又與叔孫會合傳有孔璇，又別見者惠叔蘭共七十八人。史記弟子傳七十七人，別見孔子世家顏涿聚共七十八人。蘇軾（1036-1101）撰古史著錄七十九人。家語有史記無者琴牢，薛邦，申績，陳亢，縣亶也。史記有而家語無者公伯寮，鄭國，申棠，鄡單，秦冉，顏何也。（榮捷按：鄭國即家語之薛邦，申棠即申績，實得四人。）益以文翁禮殿圖之廉瑀，林放，（漢）魯峻石壁像之子服何，禮（記）雜記之孺悲，射義之公罔之裘，序點，春秋左氏傳之仲孫何忌，仲孫閱，晏子之鞠語，墨子之牧皮，莊子之常季，通共九十八人」[60]。梁玉繩有所增益，說：「若以陳亢……苟子三十二人，增入七十七弟子，通計一百九人」[61]。三十二人的姓名如下：

陳亢(79)　　　琴牢(80)

81.牧皮	82.林放	83.仲孫何忌	84.仲孫說	85.孟武伯彘
86.子服何	87.孺悲	88.左邱明	89.公罔之裘	90.序點
91.賓牟賈	92.顏濁鄒	93.顏涿聚	94.盆成适	95.鞠語
96.季襄	97.惠叔蘭	98.季常	99.孔璇	100-101.闕黨互鄉二童
102.廉瑀	103.左子盧	104.襄子孺	105.襄子魚	106.公子盧
107.駟子言	108.顏子思	109.巫子	110.苟子	

　　這三十二人中有家語的陳亢和琴牢，而沒有家語的縣亶（80），結果是一百零九人。不知梁玉繩是否以他和鄡單(53)同是一人。又沒有申黨(57)。或者是以他和申根(57)同是一人。其中關於林放，孟武伯，顏濁鄒，和顏涿聚，應有所說明如下。

　82.林放，魯人。論語載他問禮之本[62]。鄭玄這裏的注只說他是魯人，不說他是弟子。史記索隱以文翁禮殿圖他的名字是後人所增益[63]。朱彝尊和梁玉繩都以他爲弟子，大概因曾問禮。

85. 孟武伯即是仲孫彘，魯人。孟懿子之子。曾問孝於孔子[64]。

93. 顏浊鄒，史記世家說，「如顏浊鄒之徒，頗受業者」[65]。焦循（1763–1820）以他是孟子書中的顏讐由[66]。

94. 顏涿聚，史記世家顏浊鄒下正義說「鄒音聚」。浊涿音近，所以浊鄒和涿聚同是一人。但焦循根據呂氏春秋和莊子說他是梁父大盜而卒受業于孔子，和顏浊鄒是另一個人。朱梁兩氏也把顏浊鄒和顏涿聚當做兩個人。不過朱氏加上一句，「顏浊聚或作浊鄒」，還存着懷疑。

此外還有三人，在廣義上可算是弟子的：

111. 孟懿子，即是仲孫無忌，魯大夫。據論語他問孝于孔子[67]。孔子答他不用他的名字，似非弟子。然梁玉繩以孟武伯（85）問孝是弟子，那麼孟懿子問孝，當然也是弟子。

112. 南宮敬叔，魯人。左傳昭公七年，孟僖子將死，叫他的兩個兒子學禮于孔子，「故孟懿子與南宮敬叔師事仲尼」。史記世家說這是孔子年十七的事[68]。史記索隱指出孟僖子死在昭公廿四年，孔子三十五歲，史記誤了。關於南宮敬叔，崔述考證更詳[69]。毛奇齡以為他們即曾問禮，也並不在弟子之門[70]。不過如果問孝可以做弟子，問禮也當然可以做弟子。

上面列傳七十七人，家語七十六人。其中列傳四人，（公孫寮24，秦冉48，鄡單53，顏何72）是家語所無。家語也有三人（琴牢78，陳亢79，縣亶80）為列傳所無。史記索隱說家語刪去三人，增入三人，以補其數[71]。崔述從其說[72]。其實上面已經說過刪去不止三人而是四人。索隱又說家語有四個人（顏高即顏刻40，公良儒46，秦商56，叔仲會71）的事跡為史記所無，這是對的。列傳「聞見於書傳」的三十五人之中，有八個人（公晳哀18，商瞿21，梁鱣30，顏幸31，冉孺32，曹邮33，伯虔34，公孫龍子35）不見于論語，而下面不見於書傳的四十二人之中，却有申根（57）見於論語。就是說，列傳弟子見於論語的總共二十八人。列傳所無而家語所有的兩人（琴牢78，陳亢79）見于論語。論語所記也有四個人（琴牢78，林放82，孺悲87，孟懿子111）不見于弟子列傳，三個人（林放，孺悲，孟懿子）不見於孔子家語。

2. 弟子的人數 所謂弟子沒有定義，有常常追從的，也有隨時請問的，所以二千

年來有聖人七十，弟子三千的說法。最初的記載是孟子「如七十子之服孔子也」[73]。幾十年後，韓非子便說，「仲尼天下聖人也，而爲服役者七十人」[74]，由孟子的「中心悅而誠服」變爲「服役」。同時呂氏春秋又說，「委質爲弟子者三千人，達徒七十人」[75]。所謂達徒，是「萬乘之主得一人可爲師」，由「誠服」和「服役」又進而爲「可爲師」。淮南子雖然也說「孔子弟子七十，養徒三千」[76] 和「孔子……以敎七十子」[77]，但又說「慕義從風而爲之服役者不過數十人」[78]。一方面把誠服和服役併合，一方面又只說人數數十，似乎比較七十少些。但大戴禮記說，「受敎者七十有餘人」[79]。則又似乎多些。孔子家語不止受敎育而且「入室升堂七十餘人」[80]。史記說「七十子之徒」，總共三次[81]，漢書也屢次用七十的數目，說「七十子之徒」[82]，「七十子喪而大義乖」[83]，「夫子沒而微言絕，七十子終而大義乖」[84]，「七十子弟子」[85]。顏師古注「七十子喪」說，「七十子謂弟子達者七十二人。舉其成數，故言七十」。此說頗有道理。孟子的「湯以七十里，文王以百里」[86]，是成數的好例子。假如七十子都達者而服役，則此外不是達者或未曾服役的必然很多。

　　顏師古所謂七十是七十二的成數，是有根據的，史記世家「孔子以詩、書、禮、樂敎弟子，蓋三千焉。身通六藝者七十有二人」[87]。這裏呂氏春秋的「達徒」演進而爲「身通六藝」，跡近誇張。漢景帝時 (156-141 B.C.) 蜀郡太守文翁在成都市內學宮繪七十二弟子的壁像。這個文翁禮殿圖便成爲以後孔子弟子人數的典型。後來靈帝光和元年 (178 A.D.)「置鴻都門學，畫孔子及七十二弟子像」[88]，和以後水經注[89]，漢魯峻冢壁像（只餘殘碑），魏書李平傳[90]，和歷代太學孔子和弟子像，都是七十二人。顏氏家訓也用七十二人[91]。弟子七十二人之說是先秦所無的。數是六和十二之和，恐是巧合。劉師培 (1884-1919) 的言論最好。他說，「古人于浩繁之數有不能確指其目者，則所舉之數或曰三十六，或曰七十二，如三十六天，三十六宮是也。……史記封禪書管子對齊桓公語，謂古之封禪者七十二家[92]。……七十二家之數，亦係以虛擬之詞，表其衆多。莊子載孔子謂以六藝干七十二君[93]。夫孔子所經之國不過十餘，則七十二君亦係虛擬詞」[94]。

　　比較着實的數目是七十七，這是從列傳「受業身通者七十七人」[95]而來。這和世家的「身通六藝者七十有二人」不符。但是列傳確有弟子七十七人，所以漢書跟着說，

「弟子受業而通者七十有七人」[96]。 家語的題目雖然是七十二弟子解，但實數是七十六。或者要從史記之數而忽略了。七十二之數也許是七十七之略，以求六和十二之和。

　　以上是講狹義的，賢達的弟子。廣義的，普通的弟子，傳說以為是三千。三千之說，起於史記所載「弟子蓋三千焉」，除身通六藝者七十二人外，「如顏濁鄒之徒頗受業者甚衆」[97]。 在淮南子裏不只是三千而是「養徒三千」[98]。 正如錢穆所問，孔子何能有如此食客之多[99]？ 家語不但說「夫子之門人蓋有三千」，而且說「自周返魯，道彌尊矣。遠方弟子之進，蓋三千焉」[100]。這便引起崔述的疑問，「是時孔子年僅三十有五，弟子安得遽至三千乎」？[101]

　　三千之數，當然可疑。不過孔子生前，弟子澹台滅明已有弟子三百[102]。老師的弟子多點，也是事理之常。況且太史公之七十七人，照他自己說，「悉取論語」[103]。其中有不少是論語所未載的，可見一書決不能全載學生姓名。世家說，「孔子自周反魯，弟子益進」。又說「弟子彌衆，至自遠方，莫不受業焉」[104]。後來「干七十餘君」[105]。據呂氏春秋，「孔子周流海內，再干世主。如齊至衞，所見八十餘君」[106]。那麼學生之多，比澹台滅明的生徒多十倍八倍，未嘗不可能。墨氏之言盈天下，號稱顯學。呂氏春秋舉孔子弟子及弟子之弟子六人，墨子及其弟子之弟子三人。孔子比墨子兩倍[107]。韓非子記載儒為八，墨為三。儒比墨幾至三倍[108]。墨子公輸篇說「弟子三百人」[109]，淮南子說「墨子服役者百八十人」[110]，而知名者不過二十四[111]。孔子知名的弟子總共一百一十多人，則又差不多等于墨徒之五倍。這樣計算，以五乘墨子之一百八十，也有八九百了。又拿稷下來講。史記說有「數百千人」[112]。鹽鐵論也說「稷下先生千餘人」，但是知名的只有十七[113]。照這個比例，一千人而知名的有十七，則孔子知名的弟子過百，六倍于十七，卽是可有六千多了！後漢書儒林傳記載經師的學生由三千人到著錄的一萬六千人[114]。後來我國歷史上法師講經和理學家講學，也常常有幾百人幾千人去聽。日本朱子學派巨儒山崎闇齋（1618--1682）有門徒六千人， 當然是從廣義的學生而言。 我們不敢說六千或三千一定可信。 但我們最少可以說，孔子的門徒特別多，又比當時，或且是以後幾百年，比任何一人為多。這是不可磨的事實。劉師培說，「古籍以三字為形容衆多之詞。其數最繁者，則擬之以三百之數，以見其多。其數之尤繁者則擬以三千之數，以見其尤多。……史記言孔子弟子三千，古詩三千[115]，

孟嘗[116]，平原[117]，春申[118]之客三千，東方朔用三千奏牘[119]，亦係形容衆多之詞。非必限于三千之數，亦非必足三千之數也」[120]。

3. 弟子的年歲和國籍　從表面上看，學生年齡最大的是秦商(56)。他比孔子少四歲。最幼的是叔仲會(71)。他比孔子少五十四歲。但是秦商的年歲是依據今本孔子家語，未必可靠。顏無繇(20)少孔子六歲是依據史記索隱，也有問題。伯牛 (3) 少孔子七歲，是根據聖門志和闕里廣志，材料更遲。子路 (6) 的事蹟比較多。崔述以爲他是「及門中年最長」[121]，大概可信。錢穆也主持這說[122]。叔仲會少孔子五十四歲，以下公孫龍子(35)少孔子五十三歲，冉孺(32)，曹邺(33)，伯虔(34)，顏高(40)都少孔子五十歲。澹台滅明 (13) 和子賤 (14) 少四十九，子張(11)少四十八，曾子 (2) 和顏幸(31)少四十六，子游 (9) 少四十五，子夏(10)少四十四。然而有事蹟可憑的只是澹台滅明以下幾個人，都比孔子少四五十歲。崔述說得對。他說，「史記弟子之年，不過得其彷彿而已。不可盡指爲實」[123]。不過他不信子賤比孔子少四十九歲，因爲如果這是事實，那麼孔子死的時候，他才二十五歲，不能被孔子稱做君子。他又說，子路(6)少孔子九歲，冉有 (5) 少孔子二十九歲，論語常常兩人並稱，年歲不應相隔這遠[124]。這似乎懷疑過甚。無論如何，孔子的弟子，老的比孔子年低十歲左右，幼的五十歲左右。如果要計闕黨互鄉二童，恐怕更幼。佛教的歷史中，有將近百歲的老禪師，門下有童年的學徒。但在佛教隆盛以前，決定未有人打破孔子這個紀錄。

至于弟子的國籍，自然是魯國爲最多，崔述說列傳著有弟子國籍的共有七人，卽是顏子 (1) 魯人，子貢 (8) 衞人，子游 (9) 吳人，子張(11)陳人，公冶長(16)齊人，曾子(12)武城（魯）人，和子路 (6) 卞(衞)人。這裏崔述有誤，因爲太史公說明商瞿(21)是魯人和澹台滅明(13)是武城人。此外又有事蹟顯然，不言而喩的，卽是曾子的父親曾蒧 (19) 和顏子的父親顏無繇 (20)。 所以從列傳的記載，統計魯國七人，衞、吳、陳、齊、各一人，共十一人。加上集釋，索隱，正義，和孔子家語的材料，則魯國增多三十七人[125]，共四十四人。其中九人有說是別國的。所以魯國的學生是由三十五至四十四人。衞國加多六人[126]，總共七人，其中高柴(22)公孫龍子(35)二人的國籍重複，所以是由五人至七人。陳國加多二人（ 巫馬期29，公良孺46 ），總共三人，其中一人國籍重複，所以由二人至四人。齊國增加六人[127]，總共七人，其中三人國籍重

複，所以是由四人至七人。此外楚國有一至三人（公孫龍子35，任不齊45，秦商56），秦國二人（秦祖38，壤駟赤42），吳國一人（子游 9 ），但可能是魯人。宋國可能是二人（原憲15，司馬牛25），晉國可能二人（公堅定51，叔仲會71），蔡國可能一人（漆雕開23）。總計七十七子國籍可考的六十一人，上面所舉的材料沒有記載的十六人。統計史記注釋和家語所舉的弟子國籍是這樣的。

　　　魯 35-44　　衞 5-7　　齊 4-7　　陳 2-3　　秦 2　　楚 1-3　　宋 1-2　　吳 0-1

　　　晉 0-2　　　蔡 0-1

如果單單依照今本孔子家語，統計是這樣的：連沒有指明國籍如曾子之父曾蒧，顏回之父顏無繇，和孔子的兄的兒子孔忠，魯國有二十二人[128]，衞國四人[129]，陳國四人[130]，齊國三人，（公晳哀18，高柴22，梁鱣30），宋國二人（原憲15，司馬牛25），蔡國一人（漆雕開23），總共三十六人，國籍不明的四十人。從上面的國籍來看，實際上學生是十國的人，當然以魯國和鄰國爲最多。所以崔述說，「孔子弟子魯人爲多，其次則衞、齊、宋，皆鄰國也」[131]。但是陳蔡頗遠，秦、晉、吳、楚更遠，也有遠道來學，崔述不能無疑，說，「吳之去魯遠矣。若〔吳人子游〕涉數千里而北學於中國，此不可多得之事。傳記所記子游言行多矣，何以皆無一言及之？……子游非吳人明矣」[132]。然而孔子本人曾說「自遠方來」[133]，又敎學生父母在不遠游[134]。中庸也說「南方之强」[135]。孟子的時候，陳良北學於中國[136]。春秋戰國周游的風氣很盛。學者遠游，何足爲怪？雖然孔子未嘗到過秦、晉、吳、楚，但不能因此便對這四國籍的七個學生發生懷疑。孔子先曾適周，後又到蔡。陳國的學生也沒有問題。那麼陳蔡再遠的吳楚和周隔鄰的晉，未嘗不可能有學生遠途來學。可怪的是鄰近的滕曹和再隔不遠的鄭國，却沒有學生。國籍多靠漢儒，尤其是鄭玄。年代相隔已遠，難免傳聞之誤。然而大體可信。倘若單以論語所載弟子爲限，孔子初期學生多是魯人，中期加上衞、宋、齊國的人。周游後又加上來自遠方的人。

　　4. 弟子的社會背境和活動　　孔子門下非常複雜。有老有幼，有君子也有小人。論語稱「德行顏淵，閔子騫，冉伯牛，仲弓」[137]。孔子贊顏子，「賢哉回也」[138]，「有顏回者好學，不遷怒，不貳過」[139]，「其心三月不違仁」[140]。顏淵死，孔子說，「天喪予」[141]。孔子又說，「孝哉閔子騫」[142]。「子貢器（瑚璉）也」[143]。子賤和南宮适

都「君子哉若人」[144]。「起予者商也」[145]。「公冶長可妻也」[146]。「吾與點也」[147]。仲弓「犂且角（祭器）」[148]。又「可使南面」[149]。伯牛有疾，孔子嘆說，「斯人也而有斯疾也」[150]。孟子也說，「子夏，子游，子張皆有聖人之一體，冉牛，閔子，顏淵則具體而微」[151]。這都是君子之流。小人方面，雖然孔子批評宰予晝寢，說他「朽木不可雕也」[152]，要「鳴鼓而攻」冉求[153]，又說「野哉由也」[154]，「回也非助我者也」[155]，「師也過，商也不及」[156]。然此不過是白璧之瑕。但是據說顏涿聚是梁父（泰山下小山）大盜[157]，那真是小人了。

孔子門下有貴有賤。貴者少，賤者多。七十七子之中，惟一的貴族是司馬牛。此外只有孟武伯，南宮敬叔，和孟懿子。其他都是平民，而且很多是貧賤的。所以錢穆說，「孔子弟子，多起微賤。顏子居陋巷，死有棺無槨。曾子耘瓜，其母親織。閔子騫着蘆衣，爲父推車。仲弓父賤人。子貢貨殖，子路食藜藿，負米，冠雄鷄，佩豭豚。有子爲卒。原思（原憲）居窮閭，敝衣冠。樊遲請學稼圃。公冶長在縲絏。子張魯之鄙家。雖不盡信，要之可見」[158]。論語載「子路衣敝縕袍，與衣狐貉者立而不恥」[159]。史記載原憲「不厭糟糠，匿于窮巷」，「終身空室蓬戶」[160]。以上是一幅很明顯的孔門社會背境的寫真。「東郭子惠問于子貢曰，『夫子之門，何其雜也』？子貢曰，『夫隱括之旁多枉木。良醫之門多疾人。砥礪之旁多頑鈍。夫子修道以俟，天下來者不止。是以雜也』」[161]。

他們很爲活動，成就也大。雖然有少數隱逸，原憲之外，又有閔損「不仕大夫，不食儒者之祿，如有後我者，必在汶上矣」[162]。但絕大多數是從事于社會工作。照錢穆說，「其見于列傳者，冉求爲季氏宰。仲由（子路）爲季氏宰，又爲蒲大夫，爲孔悝之邑宰。宰我爲臨淄大夫。端木賜（子貢）常相魯衛。子游爲武城宰。子賤爲單父宰。高柴爲費郈宰。其見于論語者，原思爲孔氏宰。子夏爲莒父宰。可以見孔門之多爲家臣」[163]。其他還有司馬牛爲次卿。又有說曾子爲莒父宰，齊相，楚尹，和晉上卿，和冉伯牛爲中都宰，不知是真是假。但孔門弟子的顯赫，是不可抹殺的事實。傳說子路「親沒以後，南游于楚。從車百乘，積粟萬鍾。累茵而坐，列鼎而食」[164]。崔述以爲「無是事也」。說他「仕于衛而死于難，何嘗有遊楚之時」[165]？又傳說曾子親沒後「南遊于楚，得尊官焉。高堂九仞，榱題三圍，轉轂百車」[166]。這兩傳說太過相

似，形跡可疑。不過孔門中確有很高的地位和威勢，尤以孔子死後爲然。

　　關于他們散佈的情形，史記儒林傳說，「自孔子卒後，七十子之徒，散游諸侯。大者爲師、傅、卿、相，小者友教士大夫。或隱而不見。故子路居衞（集解已經指出子路死於孔子之前），子張居陳，澹台子羽居楚，子夏居西河，子貢終于齊」[167]。索隱註說，「子夏爲魏文侯師，子貢爲齊魯聘吳越，蓋亦師也。而宰予亦仕齊爲卿。餘則未聞」。史記儒林傳的話，漢書儒林傳全部重述[168]。

　　子貢在政治活動以外，商業的成就更大。他「鬻財于曹魯之間。七十子之徒，賜最爲饒益」[169]。又「常相魯衞，家累千金」[170]。就算說他「存魯、亂齊、破吳、彊晉、而霸越」的話[171]，無非誇張，但他的勢力，必很雄厚。最有意義的是他們的舞場不只是齊、魯、曹、衞，而且擴瀾到吳、楚、越，卽是中國全境。于是孔子之名，聞于天下。史記說，「夫使孔子名佈揚于天下者，子貢先後之也」[172]。

　　儒林傳的記載，側重教傳諸侯大夫。至于他們教授學徒，則更加出色。列傳說，澹台滅明「旣已受業而退。……南遊至江，從弟子三百人。……名施乎諸侯」[173]。據說他是武城人。錢穆以爲武城近吳。吳滅，與越鄰。越以新興，禮賢下士。……子羽南遊至江，容有其事」[174]。如上面所述，儒林傳也說他孔子死後居楚，把孔子的教旨傳播到南方。學生有幾百之多[175]。祀名賢傳又載冉耕設教于洛。這未必可信。但後來荀子說有子張，子夏，子游，子弓等等之儒[176]。韓非子又有漆雕開等等之儒[177]。可知弟子去教學的必定很多。其中影響最大的是子夏和曾子。朱彝尊說，「曾子子夏門人極盛」[178]。

　　子夏在未赴西河以前，已有弟子。論語說及「子夏之門人小子」[179]。史記說他孔子死後居西河，卽現在山西河南的河濱，做教授，「爲魏文侯師」，文侯受子夏經藝[180]。禮記載他問樂于子夏[181]。漢書有子夏的學徒李克爲魏文侯相[182]。呂氏書秋有他的學徒段干木，不仕[183]。史記儒林傳云，「田子方，段干木，吳起，禽滑釐之屬，皆受業于子夏之倫，爲王者師」[184]。崔述以爲「此云受業于子夏之倫，則諸子非皆子夏之門人也」[185]。然子夏學徒之衆，聲勢之顯，則無可疑。

　　曾子弟子據孟子有子思。孟子說，「曾子子思同道。曾子師也」[186]。又有沈猶行[187]。大戴禮記有公明儀[188]，樂正子[189]，和單居離[190]。禮記有曾申[191]，說苑有明公

宣[192]。呂氏春秋有吳起[193]。朱彝尊以他是曾申而不是曾參的弟子[194]。註家又有陽膚[195]，子襄[196]，公明儀[197]，公明高[198]，和曾西[199]。沈猶行說，「從先生者七十人」[200]。這可能是採用孔子門人七十之數，然曾子學生之多，大概可信。

5. 弟子的思想　孔門弟子的思想，從來沒有整個的研究。因爲材料缺乏，有的也未必可靠。我們試從論語，孟子，孔子家語，禮記幾本書裏考察他們的思想是怎麼樣。我們只研究弟子的思想。他們的品格和事功不在討論範圍之內。

甲、論語裏的弟子思想　我們單從論語裏弟子的問話和言論來講，參加的只有十七個人[201]。問答最多的是子貢，子路，和子張。自己發表思見的有曾子，子夏，子貢，子張，和子游。所討論的題目最重要的是(一)仁，(二)君子，(三)爲政三項。其中以仁爲最多，共十七次。弟子問仁是什麼的七人，共九次[202]。孔子的訓話不在其內。從孔子的答案和他們的言論看，仁是「克己復禮」(12/1)。曾子說，「以友輔仁」(12/24)。有子說，「孝弟仁之本」(1/2)。子夏說，「博學而篤志，切問而近思，仁在其中矣」(19/6)。子貢問博施濟衆是否可以謂之仁，孔子答說，「夫仁者，己欲立而立人，己欲達而達人。能近取譬，可謂仁之方也已」(6/28)。又答仲弓問仁，說，「己所不欲，勿施于人」(12/2)。答樊遲的問說，「仁者先難而後獲」(6/20)。答司馬牛的問說，「仁者其言也訒」(12/3)。孔子告訴子張能行「恭、寬、信、敏、惠」五者于天下的可算做仁(17/6)，又教弟子「友其士之仁者」(15/9)。子游形容子張，「難也，然而未仁」(19/15)。子路又問管仲是否一個仁者(14/18)。仁的問答比較關於別的觀念問答爲多，連問孝問禮都比不上。仁在孔子以前，只是百善之一，孔子把他改爲百善之總名，爲全德，在中國思想史上建立一個新觀念。當時弟子屢次詰問和發表意見，是勢所必然。他們對仁已有成熟思想，如曾子的以友輔仁，有子的孝弟爲仁之本，子夏的博、篤、切、近，子貢的博施濟衆，都成爲以後孔門仁的思想之根本理論。在哲學上我們又可以說是師生討論的最大成果。

其次討論最多的是君子、士、善人、和成人　總共十七次。大部份是關於君子的性格的。子貢問君子，孔子說，「先行其言，然後從之」(2/13)。又說，「惡稱人之惡者，惡居下流而好訕上者，惡勇而無禮者，惡果敢而窒者」(17/24)。問士，孔子說，「行己有恥」(13/20)。答子路問君子說，「修己安人」(14/45)，又說，「義以爲上」

(17/23)。答子路問士說，「切切偲偲，怡怡如也」(13/28)。答他問成人又說，「見得思義，見危受命」(14/13)。 司馬牛問君子，答說，「內省不疚」，因而「不憂不懼」(12/4)。子張問善人，孔子說，「不踐迹」(11/19)。 問士，答說，「質直而好義，察言而觀色」(12/20)。曾子以爲君子應該「思不出其位」(14/28)，「臨大節而不奪」(8/6)。子夏之意君子有三變，「望之儼然，卽之也溫，聽其言也厲」(19/9)。他又說，「君子之道，孰先傳焉？孰後倦焉？譬諸草木，區以別矣」(19/12)。子貢也說，「君子惡居下流」(19/19)。「過也如日月之食焉」(19/21)。子張說，「士見危受命，見德思義。祭思敬，喪思哀」(19/1)。

以上問什麼是君子五次，問士兩次，問成人一次，共八次。孔子以前的君子是指貴族和君主而言。而孔子把他道德化，平等化。君子是全德的人，人人可以爲君子。這個思想在弟子心目中沒有什麼問題。所以詢問的和談論的是君子的品格和作風。比較屢次問什麼是仁，大有不同。可知仁的觀念還沒成熟，要弄個清楚。也許仁的觀念較爲基本的，廣泛的，所以要再三請教。

再其次的話題是政治，尤其是怎樣爲政。他們問很多次。孔子的教訓是：「行夏之時，乘殷之輅，服周之冕，樂則韶舞」(15/10)。「無欲速，無見小利」(13/17)。「足食足兵，民信之矣」(12/7)。「旣庶矣……富之……敎之」(13/9)。「居之無倦，行之以忠」(12/14)。「尊五美，屛四惡」(20/2)。「舉賢才」(13/2)。「先之勞之」(13/1)。「必也正名乎」(13/13)。 這教訓弟子全部接納，自不待言。 他們自己發表的意見比較少。但曾子也曾說，「上失其道，民散久矣。如得其情，則哀矜而勿喜」(19/19)。有子也說，「百姓足，君孰與不足？百姓不足，君孰與足」(12/9)？子路主張「加之以師旅，因之以饑饉。……可使有勇」(11/25)。冉求則相信「方六七十，可使民足」(11/25)。子路又說，「長幼之節，不可廢也。君臣之義，如之何其廢諸」(18/7)？

除此三題以外，尙有問及和討論禮，孝，等等。關於禮的不過八次。但弟子的主張，都從根本上着眼。 同時又有獨立和懷疑的精神。 林放問禮之本 (3/4)。這和君子務本，孝弟爲仁之本同一樣的基本精神。有子說，「禮之用，和爲貴。先王之道，斯爲美」(1/2)，爲後來中和思想立下根基。 子夏問詩「巧笑倩兮，美目盼兮」是什

麼意思？孔子答說，「繪事後素」。子夏便問，「禮後乎」(3/8)？ 這裏所提出的是
文質問題，因此孔子贊他「可以言詩」，因為禮是文，在質之後。孔子告訴子貢「富
而好禮」，子貢便明白詩經「如切如磋」的意思(1/5)，可以說顯出詩和禮的關係。但
子貢又要「去告朔之餼羊」，被孔子責他，「你愛其羊，我愛其禮」(3/17)。這裏可以
見得弟子們對于煩瑣的禮節有點懷疑。宰我簡直不主張三年之喪，感覺「期已久矣。
……期可已矣」(17/21)。孔子不免生氣說，「予（宰我）之不仁也。子生三年，然
後免于父母之懷。夫三年之喪，天下之通喪也。予也，有三年之愛于其父母乎」？實
在他們符合孔子「禮，與其奢也寧儉」(3/4)的精神。 根本上重禮，尤其是喪祭之
禮。曾子說，「慎終追遠，民德歸厚矣」(1/9)，不特成為曾子孝的偶像傳統所自出，
而亦是後來儒家特重喪禮的來源。 他們都像公西華，「宗廟之事……願為小相焉」
(11/25)。 後來禮越來越雜。 三年之喪，當時並非通喪，後來竟成為一個大傳統。不
過弟子的對話，大部和禮的根本問題有關。以後關于禮的多種文獻，都從這裏發揮。

　　同樣地， 弟子討論孝的 並 不多。 但子游和子夏都問什麼是孝 (2/7, 8)。 有子
說，「孝弟也者，其為仁之本歟」(1/2)。 子夏以「事父母能竭其力，……吾必謂之學
矣」(1/7)，清楚的說出學和行的關係。 最奇怪的，曾子為中國孝的典型。但在論語
裏除「慎終追遠」和複述孔子「人未有自致者也，必也親喪乎」的話 (10/17) 以外，
只載他述孔子品評孟莊子之孝，以為「他不改父之臣與父之政，是難能也」(19/18)。
于孝的思想沒有什麼發明。大概他是實行家。如關于禮，他有疾也要「啓予足，啓予
手」(8/4)。後來關于他的孝的傳說，都是在實行方面。

　　其他還有可記的是弟子問鬼神一次(11/11)，說命一次(12/5)，論學三次 (11/24,
19/5, 7)，次數並不多。不是他們不着重這些，而是他們從大範圍着眼罷了。

　　乙、孟子裏的弟子思想　孟子裏提到孔門弟子最多的是子路 和曾子[203]。 其次宰
我，子貢，冉牛，閔子，顏子，子夏，子游，子張，有若，曾晳，牧皮，和琴張[204]。
所講的是他們的性情，而敍述他們的思想的只有兩次，就是曾子「彼以其富，我以吾
仁。彼以其爵，我以吾義」(2下/2)，和子貢「學不厭，智也。教不倦，仁也」(2上/2)
的話。後一句是讚美孔子仁而且智，可以為聖的，並非說仁智的意義。當然孟子直承
孔子，不必求諸弟子之次。而且他思想上的爭論是針對同時的人。不過曾子的仁義並

提，可能說是孟子仁義連詞的張本。因爲孔子從來未嘗仁義並提，而孟子則仁義雙
舉。這裏曾子可能是個關鍵。仁智爲儒家成德的兩翼。在論語見過好幾次[205]。孟子不
特常說仁義，而且演進爲仁、義、禮、智的四德。子貢的仁智並重，也可以說是一個
關鍵。

　　丙、家語裏的弟子思想　這書未必可靠，主要是記事和品評的材料。不過假如家
語是代表孔門發展的思想，則從他所載弟子問話和言論，也可以看出第二代儒家思想
從何方面開發。最多的是曾子。他問道德、孝教、親賢、禮樂、擇友[206]。顏淵問修
身、成人、君子、朋友[207]。子路問君子和孝[208]。子貢問仁[209]。子路，子貢，閔子，和
冉有問政[210]。子張問入官[211]。冉有，仲弓問刑罰[212]。子游，子貢，子路，子羔，公西
華，子夏問禮[213]。此外子夏問詩[214]。子貢問死者有知無知[215]。宰我問什麼是鬼神[216]。
子路問可否舍古之道[217]和「學豈益哉」[218]？弟子發表意見很少，只有四次。(一)曾子
注重忠信和澤施百姓[219]。(二)子路說，「知者使人知己，仁者使人愛己」。子貢說，「知
者知人，仁者愛人」，顏子則說，「智者自知，仁者自愛」[220]。(三)閔子說，「先王制
禮，弗敢過也」[221]。(四)子路說，「吾聞諸夫子，爲善者天報之以福，爲不善者天報
之以禍」[222]。從表面上看，似乎不出論語的範圍，因爲修身治國，仍爲主題。然而詳
細考察，便見到孔門有很有意義的進展。所問的關於禮特別多，問的人數也特別多。
曲禮子夏問和曲禮公西華問[223]幾乎全部說喪禮。尤有意味的是子夏問三年之喪[224]。這
比論語之問，何止三四倍？顯然孔子死後，禮，尤其是喪禮，成爲孔門討論的中心問
題，替代了仁而爲討論的基本問題。家語問仁，只有一次[225]。而所問的不是像論語關
於仁的本質的，而是比干是否一個仁者。大概仁的根本概念經已堅立，無需再討論
了。討論仁智是加以分析。這一方面比論語大進一步。報福報禍爲論語所無。命的問
題到第二代具體化了。子貢問死者有知無知，顯然不以孔子「焉知死」[226]爲滿意。宰
我問神鬼也和孔子「子不語……神」[227]相背而馳。至於子路「舍古之道」和「學豈益
哉」，已經表示一種對於尊古和重學一種懷疑態度。

　　丁、禮記裏的弟子思想　關於弟子言論的材料，無疑的以大戴禮記和小戴記（禮
記）爲主。大戴禮記的曾子立事篇載曾子論學行、言思、和仁智等道德。曾子本孝、
曾子立孝、曾子大孝和曾子事父母四篇則完全說孝道，說「忠者孝之本。……不敢忘

其親。……三年不敢改父之道。……以正致諫，……以德從命」[228]。「君子立孝，其忠之用，禮之貴」[229]。「君子一孝一弟」[230]。「孝有三，大孝尊親，其次不辱，其下能養。……故居處不莊，……事君不忠，……涖官不敬，……朋友不信，……戰陣無勇，非孝也。……夫孝者，天下之大任也。夫孝置之而塞于天地，衡之而衡于四海，施諸後世而無朝夕。……父母全而生之，子全而歸之，可謂孝矣」[231]。又說「孝子無私。父母所愛愛之，父母所樂樂之」[232]。

這言語要和孝經比較。因為孝經裏頭有曾子問話，所以有人以為是他所傳授。四庫全書總目提要以為「要為七十學徒之遺書。……則亦禮記之一篇」[233]，恐未必然。無論如何，孝經，的「身體髮膚……不敢毀傷」[234]……「以孝事君則忠」[235]，……「孝者，天之經也」[236]，「孝弟之道，光于神明，通于四海」[237]等等基本思想和上面曾子所說並無二致。

諸書有許多曾子孝行的傳說。首先孟子記他不特養親之口，且能養親之志[238]。以後又有其妻蒸梨不熟，不善事後母，因而驅逐她[239]。他的母親有病，他便有病，因為他的孝道和他的母親同氣同體[240]。他斬錯瓜根，被父親用大杖擊打。他不特不怨恨，反而問他父親「得無疾乎」[241]？他每晚起床五次，看他的父親被衣之厚薄[242]等等故事。于是曾子成為儒家孝的偶像。

大戴禮記所載曾子講各種道德如敬孝、慈惠、仁義、智忠，而主要是仁義，更特別重仁[243]，這是論語的本色。但天圓篇說到天圓地方，更說幽明、陽陽、神明、龍鳳龜火，說「靈神者，品物之本，而禮樂仁義之祖」[244]。「聖人為天地主，為山川主，為鬼神主，為宗廟主」[245]。「聖人立五禮，……和五聲，……正五色。……此之謂品物之本，禮樂之祖，善否治亂之所由興作也」[246]。和第二代儒家其他的言論絕不相同，恐是後起時材料。

禮記關于弟子的記載，集中于檀弓，包括子路，曾子，有子，子張，子夏，顏子，公西華，子游，子貢，尤其是曾子。曾子問，雜記下，和祭義便以曾子為主。從此可知他們是孔子的出色的門徒。他們，尤其是曾子，所問和所講的幾乎完全關于喪禮[247]，尤其是三年之喪[248]。都是關於禮節條目而不講理論。曾子問對于喪禮、婚禮、祭禮，比較側重原理，然亦只是關於制度，而不是基本原則。祭義裏則論調完全不同。

這裏言孝，反以理論爲主，說尊親弗辱能養，事君不忠非孝，孝置于天地，橫于四海，全受全歸[249]。和大戴禮記完全相同。可知是抄襲大戴禮記的。在仲尼燕居裏孔子和子張，子貢，子游，子夏談禮。特別的是仲尼閒居裏子夏問詩和問樂[250]，得到孔子「無聲之樂，無體之禮，無服之喪」[251]，以至「風、雨、霜、露、無非教也」[252]的奇妙教旨。禮記所載，或者是後來的敷張，但原質上也上溯于子夏「可與言詩」[253]。更可注意的是禮的重要，尤其是喪禮的重要。不但這是從曾子本人嚴重禮節，如「啓予足，啓予手」[254]和病重還要易簀[255]的反映，而亦是論語弟子重視禮的必然開展。

戊、其他材料裏的弟子思想　從上面材料來看，只有曾子的言論稍有貫串，但也不能成一系統。此外有漆雕子和宓子的輯本，從說苑，孔子家語，呂氏春秋，韓非子王充（27-100）論衡等書，搜集漆雕開和子賤的事蹟和意見[256]。意見方面，重要的是性有善惡的主張，但是完全沒有言論。據王充說，主張性有善惡的是「宓子賤，漆雕開，公孫尼子之徒」，可知不是他們本人，而是他們的弟子。因此等到第三代再談。韓非子引子路說，「仁義者與天下共其所有而同其利者也」[257]。墨家氣味太濃。子路決不會這樣以利爲義的。

6. 傳經問題　傳經之說，在漢代突然發生。史記說「弟子受春秋」[258]。又說孔子以曾子「能通孝道，……故受之業作孝經」[259]。更說孔子「傳易於（商）瞿」，再傳易六世至齊人田何[260]。索隱變本加厲，說「子夏序詩傳易義，孔子以春秋屬商」[261]。正義也引古本家語說漆雕開「習尚書，不樂仕」[262]。各經都有專家傳授。子夏不特傳詩，又傳公羊傳。一人至少傳了三經。曾子且能作經。越出越妙。關於傳經，錢穆考據最詳。照他說，漢前並無傳經之說。即史記亦僅言傳易。大概因漢博士專經授受而推以言先秦而已[263]。就以商瞿而論，「其人尙在若有若無之間，遑論傳易之事哉」[264]？到後來陶潛（372-427）居然說，「顏氏傳詩，爲諷諫之儒。孟氏傳書，爲疏通致遠之儒。漆雕開傳禮，爲恭德莊敬之儒。仲良氏傳樂，爲移風易俗之儒。樂正氏傳春秋爲屬辭比事之儒。公孫氏傳易，爲潔靜精微之儒」[265]。陶潛和儒家第二代相隔七八百年，無中生有，說來有聲有色。

經學家又有子夏傳經，曾子傳道之說。以子夏至荀子爲傳經系統，漢、唐、清儒屬之。曾子經子思至孟子爲傳道系統，宋、元、明儒屬之。雖然所謂傳經，並非不同

時傳道。所謂傳道，並非不同時傳經。他們之分別在精神旨趣，而非思想之不同。可是完全沒有歷史根據，而且加强儒家門戶之見。其中子游傳大同之說，最容易顯出其造說的沒有事實基礎。禮記禮運篇關於大同的一段，就算是孔子的話，也和子游沒甚關係。在孔子講大同之前，他只站在孔子旁邊。孔子講完以後，他只問禮。對於大同思想沒有興趣。在我們上面討論弟子的思想，也只見得他問孝問禮。見不得有什麼和大同有關的思想。

7. 四科和分派　傳經之說，沒有歷史根據。孔門分派也是如此。論語說，「德行，顏淵，閔子騫，冉伯牛，仲弓。言語，宰我，子貢。政事，冉有，季路。文學，子游，子夏」[266]。孟子只舉說辭德行兩項，但德行少了仲弓。接着說，「子夏，子游，子張，皆有聖人之一體。冉牛，閔子，顏淵，則具體而微」[267]，又少冉有。所謂言語，是指利口辨詞，尤其是外交辭令應對。文學指是文學。後人引伸爲博學，詩書禮樂，或且是傳道之文章[268]。後漢書叫這四種做「四科」，「安得孔仲尼爲世陳四科」[269]？以後四科之名成爲通用。關于四科的次序，史記仲尼弟子列傳政事二人在前，言語二人在後。索隱說，「其記有異也」[270]。鹽鐵論也把政事放在言語之前[271]。後漢書把言語放在文學之下[272]。范仲淹（989-1052）又把政事放在言語之前[273]。諸家次序不同，沒有特殊意義。韓愈（768-824）解論語這句又進一步。他把四科劃分等級，說，「仲尼立此四品。……德行科最高。……言語科次之。……政事科次之。……文學科最下」[274]。錢穆承繼此意說，「遂特尊之曰德行。自德行言之，餘三科皆其分支」，又把三科歸入德行之內[275]。李翶（壯年798）加上分級的用意，指定「仲尼設四品以明學者不同科，使自下升高」[276]。論者越來越神化。實在孔子未嘗分科。這裏用字不用名，顯然不是孔子的話而是門人複述他的意見。也只是各舉其長。皇侃疏引王弼（226-249）說，「此四科者，各舉其才長也」[277]。王樵（壯年1001）之意也是如此。「四科者，弟子所目。夫子未嘗以是設科也。聖人教人，各用其材」[278]。朱熹（1130-1200）也說，「弟子因孔子之言，記此十人，而目其所長，分爲四科。孔子教人各因其材，于此可見」[279]。王弼又說，「弟子才不徒十。蓋舉其美者，以表業分名」[280]。很像這十個弟子是選出來的。果然唐開元七年（719）立他們做「十哲」，畫他們的像[281]。然而曾子有模範的孝行，何以不列入德行呢？徐幹（171-218）竟然說是「以其才不如也」[282]，無非臆

說。無怪劉寶楠評他「故爲苛論，不免以辭害義矣」[283]。開元時又立曾子爲四配之一，陪孔子坐。似乎以此可能避免不入德行之困難。又因論語本章上文說「從我于陳蔡者」，有人以爲這十個人是跟孔子在陳蔡兩國。曾子不在場，當然不能加入了。依程顥（明道）（1032-1085）的看法，「四科乃從夫子于陳蔡者耳。門人之聖者固不止此。曾子傳道而不與焉。故知十哲俗論也」[284]。「孔子厄于陳蔡的歷史問題很多。這裏不談。程子接受十人從于陳蔡之說，是傳統的看法。但他以十哲爲俗論，却是大膽。然弟子列傳從陳蔡者還有子張。此處不列。唐以前從來沒有人以十人爲從陳蔡的[285]。實在四科和孔子受厄無關。所說不必在陳蔡的時候。所以尤侗（1618-1704）引陳善(壯年1169)的話，「陳蔡從者豈只十人？患難之時，何必分列四科乎」[286]？我們以爲先進篇除了第十和第廿一兩章以外，都是講弟子的短長，並不講他們的思想。和科目更沒關係。就令四科等于「文、行、忠、信」[287]的四敎，「詩、書、執、禮」[288]或是據德、依仁、游藝[289]，然而四科之內沒有思和學。難道孔子不敎這兩科，而弟子于此均無所長嗎？大概事實是孔子在某一時期或某一地點說及他們，舉其所長。不一定一時之說，更非有意分做科目的。

　　歷來對於孔門弟子分途，都從四科講。近年則分他們做學派。中日學者最歡喜分他們做兩宗。從年紀去分的爲前期後期。依照錢穆，「子路，冉有，宰我，子貢，顏淵，閔子騫，冉伯牛，仲弓，原憲，子羔，公西華，則孔門之前輩也。游，夏，子張，曾子，有若，樊遲，漆雕開，澹台滅明，則孔門之後輩也。……大抵先進渾厚，後進則有稜角。先進樸實，後進則務聲華。先進極之爲具體而微，後進則別立宗派。先進之淡於仕進者蘊而爲德行。後進之不博文學者矯而爲瑋奇」[290]。於此孔門第二代的風氣，可見一班。勞思光說子夏，子游等是早期弟子，皆從孔子學禮樂，未及親聞孔子成熟期之理論。故與晚期弟子如曾子子張等思想不同[291]。說也有理。如劉汝霖分前期弟子爲屬於政治經濟，後期弟子爲宗敎人物[292]，則有問題，因爲前後期弟子都討論行政。講禮也無先後之分。

　　更有學者主張分內外兩派，卽務外主內，或主觀客觀。兩派之說，上溯於傳經傳道之說。陸象山（九淵，1139-1193）說，「孔門唯顏曾傳道。他未有聞。蓋顏曾從裏面出來，他人外面入去。今所傳者，乃子夏子張之徒外入之學」[293]。卽是說傳經由

外入，傳道由內出。蔡元培以爲有曾子子夏兩派。曾子尊德性，其後有子思及孟子。子夏治文學，其後有荀子[294]。郭紹虞跟着他說，「曾子主忠信，重本。 全是主內之學。子夏學以致道，全是務外」。又引康有爲的話，「子游受微言以傳諸孟子，子夏受大義以傳諸荀子。微言爲太平世大同敎，大義爲升平世小康敎」[295]。然則子夏博學而篤思，又何嘗不主內呢？照顧頡剛駁郭紹虞說，「子游子夏同列文學。何以孔子的微言竟全不傳於德行政事諸科呢」？鄧公玄分一派重外在的典章文物，以子夏、子游可能爲其代表人物。一派重內省的身心修養，以曾參、子思、孟子爲其代表人物[296]。這等於說子夏、子游不重修養身心，有何可通？劉百閔說子夏博學於文，兼通六藝。後來有荀子。曾子約之以禮，獨傳一貫。到後來有子思、孟子。孔子以春秋屬子夏，以孝經屬曾子[297]。劉氏深信傳經，則子夏傳詩，也必有約之以禮的特能。可是曾子固孝，子夏亦孝。六藝則通者七十二人，不限於子夏。

　　日本學者的分派更極端。武內義雄因爲曾子反對子夏、子張、子游想把服事孔子的去服事有若，便說子游、子夏爲一派，和曾子一派相對峙而異其所見聞。所以他討論孔子弟子分「曾子學派」和「子游學派」兩節。結論曾子派由主觀和禮的精神入手，子游派從客觀和禮的形式入手[298]。但禮記所載曾子和子游同重禮的形式，也由此而同重禮的精神。曲禮和王藻等編並未提及子游之名，而武內硬斷定是子游學派的學者所綴集，以完其說[299]。可謂臆造之至。平厚北堂分主觀派爲子夏、子思、孟子，和客觀派爲子夏以至荀子[300]。其論據只是因爲子夏有文學天才，其學自然有向外面矜名節的傾向[301]。我們要問：何以長于文學便有向外慕名的傾向？何以這傾向便產生了荀子？同樣的吉田賢抗以曾子由主觀而體得仁道忠恕，子游、子夏由客觀而發展禮的思想[302]。然論語所載子夏說禮也說仁。試問他是主觀還是客觀？森光雄由四科來分派別。以德行爲主，由曾子而至子思、孟子。以文章爲主，由冉雍、子夏而至荀子。又分曾子、子思，孟子爲主觀派，子夏、子游、荀子爲客觀派。四科冉雍（仲弓）明明屬于德行，此處則屬文章，眞是莫明其妙。狩野直喜則從傳經着眼，以曾子學派爲孔門正統，功在傳道。子夏學派功在傳經[303]。如果傳經可信，孔子不曾以孝經屬曾子嗎？

　　此外更有學派對攻之說。侯外廬不特分弟子爲前輩後輩。前輩問學于孔子去魯之先，計有子路，宰我，子貢，顏淵，閔子騫，冉伯牛，仲弓，原憲，子羔，公西華等

人。後輩從游于孔子返魯之後，計有子游，子夏，子張，曾子，有若，樊遲，漆雕
開，澹台滅明等人，韓子，荀子所述皆是後輩。侯氏更說子張別立宗派。有若、子游
亦似各有立宗派的趨勢。他所舉的「例證」只是弟子意見分歧，或彼此之間有所評
議[304]。這樣極端而言，則弟子可人人自爲一派了。劉汝霖以爲韓非子所述八派之中沒
有子游，子夏，和曾子，是因爲他們三個人都是孔門的正傳，言必稱師，所以不必別
立宗派。但劉氏又說四派互相攻擊，卽是曾子攻子張，子游也攻子張。曾子攻子夏，
子張也攻子夏[305]。由同門有所品評而斷爲攻擊，由攻擊而斷爲學派對壘，可謂想像靈
敏之至。

　　至于梁啓超（1873-1929）之分孔門五派，是不限于第二代，但是從孔門弟子出
發，所以現在順便討論。他的五派是：(1) 內業派。以莊子之子桑戶，孟子反，和琴
張，「相與于無相與，相爲于無相爲」，似皆與孔門有淵源。孟子言「琴張，曾晳，
牧皮，孔子之謂狂」，頗與顏回同一氣象。管子的內業篇講儒家存養之學，和道家大
同小異。大學言知止、定、靜，中庸言至誠，盡性，卽屬這派。至孟荀兩家論性觀心
之說，而這派大成。(2) 武俠派。子路問強，漆雕氏「不膚撓，不目逃」，皆屬這派。
其末統和墨家結合。(3) 經世派。子夏弟子李克爲經濟專家。這派至孟荀而分途發
展。(4) 文獻派。重歷史觀念。其中甲派比較研究古代典章制度，如大小戴禮記就
是。乙派專從事于政治，如左丘之作國語就是。(5) 傳注派。這派溯源于子夏。後來
商瞿之于易，公明高之于春秋都是[306]。梁氏東湊西合，一目了然。子張問十世[307]，宰
我答哀公問社，說「夏后氏以松，殷人以柏，周人以栗」[308]。子思也說文獻，何以不屬
文獻派呢？曾子任重而道遠[309]，何以不入武俠派呢？經世又何止子夏弟子？凡從政的
都是經世。總之，孔子之道，一以貫之。同時孔子弟子「各言爾志」[310]。說弟子志趣不
同則可，說他們建立派別則不可。這樣宋明門戶之見，大有背于孔子和孔門的精神。

二、大　學

　　我們屢次提出孔門弟子的思想雖有進展，但沒什麼統系。爲什麼又產生思想井
然，次序齊整的大學？這問題不容易解決。文體的發達是很玄妙的。論語沒有秩序，
而春秋倒是格局嚴整。孟子和荀子同時，而孟子爲對語體，荀子爲論文體。大學之出

于弟子，並非絕不可能。

　　大學是儒家的重要典籍。韓愈的原道[311]和李翱的復性書[312]都特別引他做儒家的基礎。程頤（伊川，1037-1107）看他做「入德之門」[313]。朱子以他是「修身治人的規模」[314]和「定世立教之大典」[315]。由于大學，「聖經賢傳之指，粲然復明于世」[316]。因此他十分重視大學。先著大學章句，隨後又著大學或問去闡明他註大學的哲學理由。他死之前三日還修改註大學的誠意章。他于紹熙元年（1190）把他和論語，孟子和中庸刊爲四子書，成爲以後中國教育之基本教材。王陽明（守仁，1472-1529）著的大學問[317]，無疑地是他的哲學中心。他的弟子錢德洪（1496-1574）說，「大學問者，師門之教典也」[318]。

　　大學是禮記（卽小戴記）四十九篇中的第四十二篇。鄭玄作註，孔穎達（574-648）作疏。據劉向（77-6 B.C.）的別錄，「大學屬通論」[319]。北宋仁宗（1010-1063）天聖八年（1030）賜進士王拱宸（1012-1085）大學軸[320]，想是大學首一次的單行本。不久就有司馬光（1019-1086）的大學廣義一卷，司馬光等六家的大學解義一卷。喻樗（1129卒）的大學解一卷[321]。以後專注大學的更多。程顥，程頤兩兄弟各自改正大學本文[322]，顯然要把他離開禮記而獨立。

　　1. 著者問題　關于大學的著者爲誰，宋以前沒人說過，鄭玄雖然說禮記是「七十二子之徒」所共撰[323]，但不明言大學的著者是誰。程顥說「大學乃孔氏遺書」[324]。這是指孔門，也不能確定著者是誰。指定作者以朱子爲第一人。他先前曾說孔子「筆之于書。……其門人弟子又相與傳述而推明之」[325]。二十年後（1189）才斷定「經一章，蓋孔子之言而曾子述之。其傳十章，則曾子之意而門人記之也」[326]。門徒問他怎樣知道，他答說，「正經詞約而理備，言近而指遠。非聖人不能及也。然以其無他左驗，且疑或出于古昔先民之言也，故疑之而不敢質。至于傳文或引曾子之言，而又多與中庸孟子者合。則知其成于曾氏門人之手，而子思以授孟子無疑矣」[327]。這裏「則知」「無疑」，實在也「無左驗」。朱子也說「蓋」，表示懷疑。雖然大學第七章引曾子之言，那不一定是弟子所述。不過後來朱子的話，便成定論。第十章「上老老而民興孝。上長長而民興弟」，和大戴禮記「上敬老則下益孝，上順齒則民益悌」[328]相似。這是孔子告曾子的話，不能拿來做曾子作大學的證據。張華（232-300）引曾子「好我

者知吾美矣。惡我者知吾惡矣」[329]的話，和大學第八章「故好而知其惡，惡而知其美者，天下鮮矣」詞句相同，翟灝(1788卒)似以此可證爲曾子所作[330]。因爲朱子說曾子門人記之，于是宋人王柏(1197-1274)斷定這門人是子思。理由是曾子門人之中「孰有出于子思之右」[331]？明人豐坊(1523進士)僞造石經大學刊行。鄭曉(1499-1566)爲他宣傳，說魏政和中虞松等考正五經，鍾會(225-264)等刻之于石。虞松的進表引賈逵(177-228)的話，說子思窮居宋，作大學[332]。也曾和鄭曉同事的陳耀文(壯年1550)已經指出魏沒有政和年號[333]，虞松也沒有考證五經的可能。實際上魏書沒有這個人。後來毛奇齡，朱彝尊等也發露豐坊的虛構[334]。胡渭(1633-1714)跟着王柏也說大學成于子思之手。理由是：「中庸大學爲出類拔萃之作。中庸出于子思，更誰能與子思匹而能作大學乎」[335]？崔述則以爲「大學之文繁而盡，又多排語，計其時當在戰國，非孔子曾子之言也。然其傳必出于曾子」[336]。近人唐君毅則把大學放在荀子之後[337]。錢穆相信是秦漢之際無主名之作品[338]。近人比前人越來越後了。

　　2. 經傳和改本　孔穎達在他大學的疏指出某某章「此經大學之道。……此一經廣明誠意之事。……此覆說前修身正心之事。……此一節覆明前經治國齊家之事。……覆明上文平天下在治其國之事」[339]。但朱子比較分明。他注大學第十章說，「前四章統論綱領指趣，後六章細論條目工夫」。朱鶴齡(1606-1683)說「伊川始分經傳」[340]，是揣度之詞，並非事實。朱子分經傳，後儒有所批評。陳澧(1810-1882)爲他辯護，說詩經豳風七月首章鄭(玄)箋云，「此章陳人以衣食爲急，餘章廣而成之」，先有成例[341]。陳澧更舉管子心術上篇劉績(壯年1500)注說，「按此以上皆經，下釋其義」[342]，多添一例。徐復觀因爲康有爲不滿意朱子「誤分經傳」，說「一篇中豈能自分經傳乎」[343]？認爲康氏固陋。因爲戰國末期著書的通例，有經有說。如韓非子內外儲諸篇，自分「經」「說」。管子，呂氏春秋兩書中也有這種情形[344]。

　　朱子不特分經傳，而始又補第五章的傳，共一百三十四字。說「閒嘗竊取程子之意以補之」。所謂竊取其意，只是竊取程頤格物之意，不是取程子補傳之意。補傳究竟是朱子自己的大膽作爲，不問有無前例[345]。這裏的格物思想，後來王陽明極力反對。同樣地，王氏又反對程朱之改本。首先更改本文的是程氏兄弟。他們認爲古本有錯簡。于是以自己的意思移易章句。程頤改「親民」爲「新民」，又加「此謂知本」，

說是衍文[346]。朱子採用程頤的改本，但移易本文，別爲次序[347]。程朱之後移動本文的有幾十家，由王柏，黃震（1213-1284），董槐（壯年1254），葉夢鼎（1273以後），宋濂（1310-1381），方孝孺（1357-1402），蔡清（1453-1505），程敏政（壯年 1466-1499），崔銑（1478-1541），顧憲成（1550-1612），高攀龍（1562-1626），劉宗周（1578-1646），張履祥（1611-1674），胡渭（1633-1714），張伯行（1651-1725）等等，以至近人唐君毅，皆有改本[348]。王陽明反對程朱改本而要「去分章而復舊本」[349]。這舊本並非上面所舉虞松的石經大學而是小戴禮記的大學。假造石經大學中間竄入「顏淵問仁」至「非禮勿動」等事，不是本來面目[350]。舊本是鄭注孔疏十三經本。王陽明要「以舊本爲正」，又要「去朱子之分章而削其補之傳」[351]。特別反對二程子和朱子改開章首句「作親民」爲「作新民」[352]。我們以爲移易章句，改寫補傳之類，作爲注疏以爲研究則可，作爲恢復原文則不可。我們不知道著者究竟是誰，又怎能知道他的原文是怎麼樣？

　　3. 大學的思想　　朱子說，「大學者，大人之學也」[353]。又說，「大學之書，古之大學所以教人之法也」[354]。大人是成年的人，大學是大人的學校。表面上和鄭玄的「大學者，以其記博學，可以爲政也」[355]似乎不同。其實三說相通。照古時儒家的想法，凡年十五，應該入高等學校，學做「學成之事，能治其國」[356]的人。大學開章明義便說，「大學之道，在明明德，在親民，在止于至善」。這是宋儒所謂「三綱」。下面又說，「古之欲明明德于天下者，先治其國。欲治其國者，先齊其家。欲齊其家者，先修其身。欲修其身者，先正其心。欲正其心者，先誠其意。欲誠其意者，先致其知。致知在格物。物格而后知至。知至而后意誠。意誠而后心正。心正而后身修，身修而后家齊。家齊而后國治。國治而后天下平」。這是宋儒所謂「八條目」。普通討論大學的都集中于綱和目。但中間又說「知止而后有定。定而后能靜。靜而后能安。安而后能慮。慮而后能得。物有本末，事有終始。知所先後，則近道矣」。這裏定、靜、安、慮、得五個步驟，表達心性的步步進程，是儒家從來未有的新思想，而所謂本末、始終、先後和這經文最後一句所說的厚薄，也是一個新顯的比較價值的看法，遠出乎論語之上。因此朱子屢次說大學是個大規模[357]，「如行程相似」[358]，是「爲學綱目」[359]。胡適（1891-1962）以爲大學中庸兩部書最重要的在于方法一方面。本末、

始終、先後，便是方法問題[360]。朱子要人「先讀大學以立其規模，次讀論語以立其根本，次讀孟子以觀其發越，次讀中庸以求古人之微妙處」[361]。

朱子和王陽明相反之處很多，成爲儒家理學和心學兩大對壘。但他們對明德的觀念却無二致。朱子解「明德」爲「人之所得乎天，而虛靈不昧，以具衆理而應萬事者也」[362]。明德是指「仁、義、禮、智之性」，「全體之妙」[363]。陽明也說「乃根于天命之性而自然靈昭不昧者也。是謂之明德」[364]。明德的觀念，並非突出。尚書堯典有「克明俊德」，大學第五章所引論語的大德[365]，是對小德而言。但「至德」[366]顯然是全德，亦即是論語「中庸之爲德其至矣乎」[367]之德，即是論語之仁，亦即是大學本文下面的「至善」。新的元素是在于第一個「明」字。這裏「明明德」和左傳襄公十九年的「昭明德」微有不同。左傳昭顯先祖的明德，這裏昭顯自己的明德。自己的明德是有論語性善的含義。至于怎樣去明，在朱子要「且就切近易見處理會，也且慢慢地自見得」[368]，「當于其所發之端而接續光明之」[369]。本性既明，我們便能見這性了。朱子和陽明的分別是朱子着重理會，陽明則着重「光其欲之蔽以自明其明德」[370]。他們出發點和方法不同，目標則一。

大學之第二步是親民，等于論語爲仁之方，己達達人，己立立人[371]。先把自己的本性實現，隨而推及他人。在爲政方面，當然是親民，下面引詩經「樂只君子，民之父母」[372]，和說「保我子孫黎民」(10)，就是此意，亦即是論語的老安少懷[373]。陽明說堯典「以親九族」至「平章」「協和」和論語「修己以安百姓」[374]，便是親民[375]，是很對的。程子改「親」爲「新」[376]，朱子從之，解說，「故學者當因其所發而遂明，以復其初也。新者革其舊之謂也」[377]，「使之去舊汙」[378]。陽明以人性爲物欲所蔽，對於革舊之說，自然贊同，但改「親」爲「新」則十分反對。他要回復古本的「親」字，因爲下文「君子賢其賢而親其親，小人樂其樂而利其利」(3)，「如保赤子」(9)，「民之所好好之，民之所惡惡之，此之謂民之父母」(10)之類，皆「親」字之意[379]。朱子則以爲「湯之盤銘曰，苟日新，日日新，又日新。康誥曰，作新民[380]。詩曰，周雖舊邦，其命維新」[381](2)，是釋「新民」的。「克明俊德」(1)，朱子之說，是釋「明明德」。「惟民所止」[382](3)等等是釋「止于至善」，也是順理成章。「親」是從心性方面而言，「新」是從效果而言。兩說可以並行不悖。

　　至善的概念本來是很簡單，不外朱子所謂「極好處」[383]，如韶樂之盡善盡美，
「事事皆有之善處」[384]。卽是「事理當然之極」[385]。陽明則不特是說「明德親民之極
明」[386]，而更說「只是此心純乎天理之極」[387]，是「心之本體」[388]。他引朱子註，「盡
夫天理之極而無一毫人欲之私」[389]。所謂止，是朱子所謂「必至于是而不遷」[390]。就
是大學的「爲人君，止于仁。爲人臣，止于敬。爲人子，止于孝。爲人父，止于慈。
與國人交，止于信」(5)。這裏朱王兩家並沒什麼衝突。

　　從明明德到止于至善的路線是格物、致知、誠意、正心、修身、齊家、治國、平
天下八條目。從內至外，從小至大，有條不亂。這是論語找不到的。修身、治國、平
天下當然是孔子所常談。但由個人而國而天下，比較己立立人，已達達人較有層次。
論語「君子敬而無失，與人恭而有禮，四海之內，皆兄弟也」[391]，「修己以敬，……
以安人，……以安百姓」[392]，似乎也是由個人而逐漸擴大到全社會。但總比不上大學
的整齊清楚。至于格、致、正、誠，便完全是前所未有。

　　格物致知的「格」，引起宋明清幾百年的爭辯。鄭注根據尙書「格于文祖」[393]和
「有苗格」[394]，訓「格」爲「來」，說「其知于美深，則來美物。其知于惡深，則來
惡物。緣人所好來也」。朱子說，「格，至也。物猶事也。窮至事物之理，欲其極處
無所不到也」[395]。把「至」不解作「來到」而作窮極的「至」。他是根據程頤的話，
「極，至也。窮理而至于物則物理盡」[396]，「格，至也。言窮至物理也」[397]，和解大
學格物句說，「格，猶窮也。物猶理也。猶窮其理而已也」[398]。陽明反對這說，堅持
「格者正也，正其不正以歸于正也」[399]。他是根據孟子「惟大人惟能格君心之非」[400]。
解「格」爲「正」，實遠溯于尙書的「格其非心」[401]。論語的「有恥且格」[402]，可以
解「來」，也可以解「正」。這是宋明理學格物分途之遠因。

　　朱子主張窮理，于是大膽補上第五章的傳，並且編定章句。把格致章(5)放在誠
意章(6)之前。陽明反對朱子的編章，要從舊本，卽誠意在格致之前。他以「明明德
只是箇誠意。誠意的工夫，只是格物致知。若以誠意爲主，去用格物致知的工夫，卽
工夫始有下落。卽爲善去惡，無非是誠意的事。如新本先去窮格事物之理，卽茫茫蕩
蕩，都無着落處」[403]。那是他們哲學出發點的不同處。我們所要注意的，是誠的觀念
的發源，就是大學。因爲論話裏面兩個「誠」字，都指「當眞的」[404]。勉強可以說論語

「修己以敬」[405]的「敬」和「誠」相類。因此之故，後來理學家常常誠敬並提。不過畢竟敬是嚴肅，誠是眞實。所以陳淳（1153-1271）說，「誠與敬字不相關」[406]。大學的誠是新出的。這是必然的發展，因爲從上頭的格物到下頭的正心，假如沒有眞實的意，是做不到的。沒有眞誠，物不能格，心也不能正。這思想到中庸更發揮光大。這心理的需求，也許是論語只言正身[407]，而大學則言正心的原故。

這心理方面的發展，便引到定、靜、安、慮、得的五層次。從細目上可以說都有論語的根據。普通的有「思無邪」[408]「內省不疚」[409]「三省吾身」[410]。個別的有「血氣未定」[411]，「仁者靜」[412]「仁者安仁」[413]「恭而安」[414]，「人無遠慮」[415]，「求仁而得仁」[416]。不過此等最多只是提示，沒有大學次第的逐步進展。大學特重心理，所以愼獨和自慊（6），對中庸，孟子以及明儒發生重大的影響。這個發展，無疑地是因爲大學的心理思想比論語大進步。胡適早已說過，「最早的儒家只注重實際的倫理和政治，只注重禮、樂、儀節，而不講究心理的內觀。……到了大學，便不同了。大學的重要心理學說，是在于分別心與意」[417]。這是很適當的言論。胡適又表出大學的方法。說「本末、始終、先後、便是方法問題」[418]。我們敢進一步說，這不只是方法而且是程序和規模。因此大學說，「知所先後，則近道矣。其本亂而末治者否矣。其所厚者薄而其所薄者厚，未之有也」（經文）。由論語的「抑末也，本之則無，如之何？……孰先傳焉？孰後傳焉」[419]？而歸結于大學的「知本」（2-5）。論語有「君子務本，本立而道生」[420]，「禮之本」[421]，「仁之本」[422]。所不同的，在大學有規模，而知本是規模的軸心。所以毛奇齡著大學知本圖，第一個標題是「大學有本」[423]，還在明明德，親民，止于至善之前。

什麼是本？大學說「皆以修身爲本」（經文）。王以誠意爲本，是修身內的事，實沒有抵觸。由個人出發而一面格、致、誠、正，一面修、齊、治、平。胡適說是特重個人[424]，是有見地。不過修身和事親並非如胡適所謂相反[425]。儒家哲學，沒論原始或蛻分，早期或後期，都是個人和社會並重，就是己立立人之旨。在論語這是「能近取譬，可謂仁之方也已」[426]。在大學這是「絜矩之道」（10）。朱子解說，「蓋絜，度也。矩，所以爲方也。以己之心，度人之心。平均如一，截然方正，而無有餘不足之處，正所謂絜矩者也」[247]。卽是大學說，「所惡于上，毋以使下。所惡于下，毋以事上。……

所惡于左，毋以交于右」(10)。凡大學「有諸己而後求諸人。無諸己而後非諸人」(9)，「民之所好好之，民之所惡惡之」(10) 等等，皆從絜矩而出。所可注意的，中庸的「施諸己而不願，亦勿施于人」[428]，不外直述論語。[429]大學却有個絜矩方式。從內容而論，究竟不外是以忠恕爲一貫的仁。所以大學是儒家的正統。其所發展皆以孔子的仁爲樞紐。雖然論語常常講及的孝、禮、君子，在大學少見，表面上有點可異。實際上他們皆在八個條目之內，並非大學有所忽略。這正統通過中庸而到孟子，形跡顯然。關於大學和中庸的關係，在下節中庸的思想才說。現在先說孟子。

　　孟子的「天下之本在國，國之本在家，家之本在身」[430]，簡直是從大學而來。「老吾老，以及人之老。幼吾幼，以及人之幼」[431]，和大學的「上老老⋯⋯上長長⋯⋯上恤孤」(10)差不多是一樣。「親親而仁民，仁民而愛物」[432]，也是如此。其目的相當于大學的平治天下。孟子的「于其所厚者薄，無所不薄」[433]，朱子說是本于大學[434]。孟子又有「始條理」和「終條理」[435]，「仁內也，非外也。義外也，非內也」[436]。孟子特別注重「一本」[437]，又嚴分義利[438]都和大學相同。孟子的誠[439]，雖是從中庸而來，但「反身而誠」[440]，究竟和誠意無大分別。其「不動心」[441]可以說是大學的定、靜、安。「行有不慊于心則餒矣」[442]，亦等于大學的自慊。「格君心之非」[443]是陽明解大學格物所本，更無待言。朱子說「孟子之所謂知性者，物格也。盡心者，知至也。存心養性修身者，誠意正心修身也。其他如愼獨之云，不慊之說，義利之分，恒言之序，並無不昭」[444]。當然大學和孟子可能同出一源，或竟是大學採用孟子。然儒家不一定是直線發展。誠如朱子所云[445]，大學的定、靜、安、慮、得，上不及孔子的由志于學而從心所欲[446]，下不及孟子之善、信、美、大，以至于聖而神[447]。但從全部比較來看，大學除誠意外，皆是依論語而來。大概要再待百餘年到孟子才發展。

　　不少學者又說大學採用荀子，是在荀子之後。如馮友蘭之主張大學須從荀子之觀點解釋之[448]。舉出荀子「止諸至足」[449]來比併大學的「止于至善」，荀子的「虛壹而靜」[450]來比大學的「心有所忿懥，則不得其正」(7)。我們又可以指出荀子的「此其誠心莫不求正」[451]，實在和大學更近。徐復觀于馮氏所舉之例之外，增入明德一項，及指出荀子「今人主有能明其德，則天下歸之」[452]，「靜」[453]「如保赤子」[454]和「如養赤子」[455]各點，斷定大學之作者必受荀子的影響。唐君毅也說大學言「止」，文句

有類荀子，故大學當在荀子後[456]。從這幾點，我們只可以說荀子和大學相同，並不能因此便斷定其因果關係。然而相同亦不過區區如此而已。他們相異，又何止數倍？就如唐君毅所說，荀子沒有內在之明明德觀念的。

三、弟子的弟子——第三代

七十子之弟子可考的除上面曾子和子夏的弟子以外[457]，有子貢的學生田子方[458]，子賤的「似是學生」的景子[459]，和閔子的學生孟嘗君[460]。漢書藝文志又有「七十子之弟子」的世碩，公孫尼子[461]，芉子，和「漆雕開後」的漆雕子[462]。但隋書經籍志說，「尼似孔子弟子」[463]。據朱彝尊考據，弟子的弟子共三十一人，卽成間，馯臂子弓，橋庇子庸，魏文侯都，段干木，田無擇子方，高行子，曾申子西，公羊高，穀梁赤，子思，樂正子春，檀弓，沈猶行，陽膚，公明高，公明宣，單居離，公明儀，子襄，公孫尼子，世碩，景子，王史氏，李克，芉嬰，公孫段，懸亶父，公休哀，公祈哀，盆成掞。朱氏似乎以馯臂及由魏文侯至穀梁赤爲子夏弟子，子思至子襄爲曾子弟子。公明儀又有人以爲是子張的弟子[464]。可惜關于他們的材料不多。我們只能從有限的材料去探索他們的思想。先從曾子的弟子說起。公明儀以文王爲師[465]，又問孝于曾子[466]。樂正子不僅問孝而且複述曾子全受全歸之言，可以說是他自己的意見[467]。曾子告子襄以大勇之道[468]。公明高論孝子之心[469]。陽膚問政于曾子[470]。曾申問哭泣[471]和述曾子哭泣之哀[472]。他們不外述曾子之意，沒新見解。其他如沈猶行和公明宣等均沒有學說。倘若我們相信大戴禮記的曾子天圓篇是可靠的，則單居離問天圓地方[473]，眞是別開生面，是儒家所罕見。至于他問事父母之道[474]，則當然是曾子的傳統教訓了。

子夏的弟子李克，田子方，段干木，吳起，禽滑釐之屬，都沒有學說留下來。史記稱魏文侯受子夏經藝[475]。據馬國翰（1794-1857）所輯材料[476]，知道他問古樂[477]，說治從身始[478]勢不若德尊，財不若義高[479]，仁者國之寶，智者國之器[480]。馬氏稱他「湛深儒術，而容直納諫之高風，尊賢下士之盛德，尤足垂範後世焉」[481]。但在思想上不見得對於子夏的思想有什麼發明。他談詩[482]「令人孝慈之心油然而起」[483]。這樣不特和子夏一樣，「可與言詩」，而且出乎子夏繪先禮後[484]思想之上。

李克爲魏文侯相[485]，敎人「卑不謀尊，內不謀外，疏不謀戚」[486]。「貴而下賤，

……富而分貧，……知而敎愚」[487] 。公孫尼子[488]主張「心者衆智之要。物皆求之于心」[489]，修身要知命，行善必有報[490]，有似孟子。「人有三百六十節，當天之數」[491]，近于淮南子[492]。「聖人役物而忘情」[493]，且近西晉玄學。又有養氣之說和性有善有惡之說[494]。恐是後人綜雜之話。世子卽是世碩[495]。除說「莫美于恕」[496]外，據王充說，「世碩以爲人性有善有惡。舉人之善性，養而成之，則善長。性惡養而致之，則惡長。如此則性各有陰陽善惡，在所養焉。故世子作養書一篇」[497]。漆雕子[498]也說性有善惡[499]。

綜合上面之弟子卽第二代進一步者（一）性有善惡。（二）孝。（三）禮。（四）天地與人的關係和陰陽。（五）詩。（六）心和養氣。其中關於性，天人關係，和養氣，是比較第二代的弟子思想前進一大步。孔子的弟子跟着孔子，對于人性只有涵義，並無直說。現在則說出有善有惡。或者是從孔子性相近[500]出發。第二代的思想全是關於仁、君子、倫理、政治、禮敎的問題。第三代則出乎人間範圍以外而擴大到天地的範圍。大學的心理思想也進而爲養氣、忘情。都是做孟子以後儒家思想的伏線。雖然文獻太少，我們不能附會。但單從討論題目，已經見得早期儒家層層之進展。他們幾個重要思想，都成爲中庸的主題，而中庸亦成爲第三代最完整的發展。

四、中　庸

中庸和大學一樣重要，所以宋仁宗也贈進士王拱宸中庸一軸，張載（1020-1077）見范仲淹，范氏知其器遠，勸他讀中庸[501]。程頤稱「中庸乃孔門傳授心法」[502]。中庸是禮記第三十一篇。老早就引人注意。宋戴顒（378-441）著禮記中庸傳二卷，梁武帝（502-549）著中庸講疏一卷，又張綰，朱昇，和賀琛體聖旨作私記制旨中庸義五卷。到唐李翱著中庸說一卷[503]。以後宋明的註很多。其中最重要而又是最通行的是朱子年六十（1189）所序的中庸章句。他沒有更改原著的次序，但分做三十三章。紹熙元年（1190）他把大學，論語，孟子和中庸刊做四子書，稍晚又著中庸或問。

1. 中庸和子思子與中庸說　這篇中庸和子思子與中庸說是否同一，還是未決的問題。漢書藝文志有子思二十三篇[504]。沈約（441-513）說「中庸，表記，坊記，緇衣皆取子思子」[505]，似乎中庸來自子思子。史記公孫弘傳說，「臣聞天下之通道五，所以

行之者三」[5ʋ3]。索隱說，「此語出子思子，今見禮記中庸篇」，可作一證。舊唐書經籍志還有子思子八卷[507]。但子思子至宋朝只餘一卷[508]。王應麟（1223-1296）漢書藝文志考證在上面所引沈約的話之下註說，「今有一卷，乃取諸孔叢子，非本書也」[509]。明世善堂藏書目錄記子思子七卷，不知是否隋唐之舊[510]。後來眞的僞的都失了[511]。

漢書藝文志又有中庸說二篇，顏師古注說[512]，「今禮記有中庸一篇，亦非本禮經，蓋此之流」。顯然以爲和子思子是兩本書。王柏據此以爲兩書到小戴氏的手裏亂了。他說，「中庸者，子思子所著之書。漢藝文志有中庸說二篇，顏師古註曰，『今禮記有中庸一篇』，而不言其亡。其一也。惕然有感。然後知班固時尙見其爲二也。合而亂之，其出于小戴之手乎」[513]。他的意見以爲中庸說是中庸的注。現在中庸說已經不傳。徐復觀以爲孔子世家的中庸，漢書藝文志的中庸說，和白虎通所舉的禮中庸記[514]，可以看作一書[515]。

2. 中庸的作者和章節 中庸向來以爲是子思所作。據孔叢子「子思年十六適宋。……吾困于宋，可無作乎？于是撰中庸之書四十九篇」[516]。史記孔子世家則以「子思年六十二。嘗困于宋。子思作中庸」[517]。禮記中庸篇孔穎達的正義引鄭玄說，「子思伋作之，以昭明聖祖之德。此于〔劉向的〕別錄屬通論」。以後沈約，陸德明(556-627)，[518]和朱子都相信子思作中庸的傳說。朱子的話是，「子思恐其〔傳授心法〕久而差也，故筆之于書」[519]。但是歐陽秀(1007-1072)老早便懷疑子思作中庸。他以爲子思聖人之後也。其所傳宜傳其眞，而其說有異」[520]。所以關于這傳說發生很多問題，有關于年齡的，有關于中庸詞句的，有關于中庸思想和體裁的。關于年齡的，顯然年十六和六十二相衝突。世家所載的年六十二，學者以爲是作中庸之年。但世家上文「伯魚年五十」和下文「子思生白，字子上，年四十七」，都指一生之年。而且「嘗」字也指一生中之一事而不是六十二歲那年的事。可知子思不是六十二歲作中庸的[521]。但十六仕衛，仍覺得太早，是以毛奇齡以爲六十二是八十二之誤[522]。這也是猜度之詞。

關于詞句，第三十二章「仲尼祖述堯舜」之語，一定不是孫兒的話。三十章「有宋存焉」之語，和論語「宋不足徵」[523]的話，大相違背。閻若璩疑其「殆爲宋諱」[524]。但此說太過牽強。最大的問題是「車同軌，書同文」(30)的話和「華嶽」(26)一詞。華嶽離宋太遠。同軌同文，不像秦始皇統一天下以前的話。于是葉酉（1799進士）斷

定說「華嶽」的必定是長安之人，故中庸是漢人所作[525]。但洪邁（1123-1202）列出列國詩歌，證明古代詩同文，又舉左氏所傳相同名字，以證三代書同文[526]。陳槃也指出左傳隱公元年「同軌畢至」。始皇琅邪台刻石說「普天之下，同書同文」。又「華嶽」釋文說，「本亦作『山嶽』」[527]。徐復觀更查出齊境原來有華山和嶽山[528]。可知同軌同文和華嶽的問題，並非不能解決。沒論事實如何，我們總覺得單從一兩詞句來確定中庸的時代是靠不住的。

　　關于思想和體裁的，陳善的捫蝨新話說「春秋修其祖廟，陳其宗器」（19）以下一段，乃漢儒讀論語或問禘之說[529]，因爲本章上文有「武王周公其達孝矣乎」，因而立說，說出下面「郊社之禮，禘嘗之義」，于是斷定是漢儒之雜說[530]。崔述言之更詳。他說，「孔子孟子之言皆平實切于日用。……中庸獨探賾索隱。論語之文簡而明。……有子曾子門人所記，正與子思同時。何以中庸之文獨繁而晦？……『在下位……』（20）以下十六句，見于孟子。……孟子何以獨述此語？……由是言之，中庸必非子思所作，蓋子思以後宗子思者之所爲書。……中庸之文採之孟子」[531]。俞正燮（1775-1840）則信子思實著中庸，漢儒有所更改[532]。俞越（1821-1906）以篇中「子曰」爲漢儒所附加[533]。胡適從思想立場以大學中庸爲四世紀三世紀初期儒家，由中庸的倫常發展到孟子個人主義，由君權到民族，由實際人生哲學到孟荀心理哲學，都有線索可尋。所以中庸必是孟荀以前的書[534]。馮友蘭從文體立場，以爲首段和末段大概是論著體裁，中段大概是記言體裁，因而推測中段爲子思所作，首末兩段爲後人所增加。其論命、性、誠、明諸點，較孟子爲詳，是秦漢時孟子派所作[535]。徐復觀舉出五個理由，說明中庸在孟子之前。理由是：（一）孟子五倫以父子爲首，比中庸以君爲首進步。（二）中庸知、仁、勇至孟子爲四端。（三）仁重自覺，近論語，孟子則以愛言仁。（四）未明言性善，孟子則明言。（五）中庸言愼獨，孟子則言求放心、存心、養性、養氣。後來加以補充修正，也以爲是子思之作。但第二十章前半段以前有若干章和第二十章後半段以後全文都是禮家所插入去的[536]。諸說紛紜，莫衷一是。我們以爲從思想的大體而言，中庸爲子思或子思系的人所作，不是絕對不可能的。勞思光又說中庸有「生乎今之世，反古之道」的話，不是早期儒家所說，因爲早期儒家是尚古的[537]。但是中庸的全部的仍是尚古，贊美仲尼祖述堯舜，憲章文武（30）。尚古之中，未嘗不可有一點反

古精神。上面提出子路問可否舍古之道[538]，可見一班。總之，中庸編集的問題，多未解決。朱子答中庸編集得如何，說，「便是難說。前輩諸公說得多了。其間儘有差舛處。又不欲盡駁難他，所以難下手。不比大學都未曾有人說」[539]。

　　關於中庸的章節，也是各異其說。孔穎達分古本中庸做三十三章，但毫無頭緒。第八九章關係很少，但孔氏合併爲一章。第二十八，二十九章以「故」字起有乖文法。他又把第十四章的「射有似乎君子，……反求諸其身」以下和講父、母、妻、子的第十五章合爲一章，顯然不類。朱子不更改章數和次序，只根據內容而分節。節之長短不同。有幾章加上簡單的說明，結果層次分明[540]。王柏說，「中庸古有二篇，誠明可爲綱，不可爲目，定中庸誠明各十章」。他依朱子的中庸章句分三十三章，以第一至第二十二章爲上篇，釋中庸；第二十至二十三章爲下篇，釋誠明[541]。諸家分節很多，由晁補之的八十二節最繁到景星五節最簡[542]。最近徐復觀劃分詳細，以第一章至第二十章爲上篇，餘爲下篇。但第二十章應依據禮記正義，以前五百五十九字爲一章，後二百零六字又爲一章。上篇主要是解決孔子的實踐性地倫常之教和性與天道的關係，主要是引孔子的話以爲其骨幹。下篇是以誠的觀念爲中心而開展的，完全是作者話[543]。徐氏觀察可謂精明。但我們敢說學者把中庸看作一篇像八股的整齊的文章是錯誤的。他不是一時之作，也許不是一人之作。古書大體如此。錯誤難免，夾雜的材料也難免。我們只可從他的思想大綱去尋找思想的變遷罷了。

　　3. 中庸的思想　中庸書名，依據鄭玄的解釋，「名中庸者以其中和之爲用也」[544]。中和概念來自中庸本文，「喜、怒、哀、樂之未發，謂之中，發而皆中節謂之和」(1)，由中的概念而伸到和的概念。論語用「中庸」的只有一次，就是「中庸之爲德也，其至矣乎」[545]。這個「中」是上溯於尚書大禹謨的「允執厥中」，卽是論語堯曰篇所引的「允執其中」[546]。無論堯曰篇是眞是僞和大禹謨是遲是早，「中」字的意義是很明顯的。論語的「中行……狂者進取，狷者有所不爲」[547]，「過猶不及」[548]，「求也退，故進之。由也兼人，故退之」[549]等等，無非中的意思。卽是後來程子所說「不偏之謂中」[550]。朱子跟着也說，「中者不偏不倚，無過不及之名」[551]，是「恰好處」[552]。又在質的量的無過不及之上，添加隨時而中的意思，說「大旨在時中上」[553]。接着又說，「他所以名篇者，本是取時中之中，然所以能時中者，蓋有那未發之中在」[554]。

未發之中是體，發而時中之中是用，中「自兼體用言之」[555]。

　　「庸」，鄭氏解作「用」，和古經相符。但他又解「庸，常也。用中爲常道也」[556]。所謂常，看他釋「庸德之行，庸言之謹」(14)，說「德常行也，言常謹也」，分明是「常常」的意思，似乎和「用」的意思不同。程頤說，「不易之謂庸」[557]，「庸者，是定理也。定理者，是天下不易之理也」[558]。那麼「常」又是「常久」的意義。朱子以「常」爲「平常」[559]，爲「日用常行者」[560]，和程子固然不同，和鄭玄的「用」，和「常常」也相差。所以他的門徒懷疑問他。他回荅說，「惟其常也，所以不易」[561]，「惟其平常，故不可易」[562]，「中而後能常。……常而後能中」[563]。于是「用」、「平常」、「常常」、「常久不易」成爲一而四，四而一。

　　中庸說中庸實在是含有這各方面的。「擇乎中庸」(7.8)。「依乎中庸」(11)。「中庸不可能也」(9)。「中立而不倚」(10)。「知者過之，愚者不及也」(4)。和「用其中于民」(6)。都是論語的「無過不及」。無怪直引論語「中庸其至矣乎，民鮮能久矣」(3)。「庸德之行，庸言之謹。……言顧行，行顧言」(14)，兼有平常和不偏兩義。「喜、怒、哀、樂之未發，謂之中。發而皆中節，謂之和。中也者，天下之大本也。和也者，天下之達道也。致中和，天地位焉，萬物育焉」(1)，則又兼不偏和長久之意。「君子而時中」(2)，卽朱子所謂「隨時以處中」[564]，又加上時間性。到「不勉而中。……從容中道」(20)，和「極高明而道中庸」(27)，可以說是總其成。

　　從中庸的兩面看，中是體，庸是用，其關鍵是在中和的觀念。朱子說「中字兼中和言之」[565]，卽是兼體用而言。所以中和庸是不分的。後來中和問題成爲理學一個熱烈討論的主題。伊川和蘇季明（壯年1093）的討論[566]和朱子和湖南諸公辨論，熱烈不過。鎔本體、倫理、心理于一爐。不特在學術史上爲一盛事，而亦于思想進程爲一大躍進[567]。

　　中和問題，卽是未發已發問題，亦卽是性情和性命問題。中庸把天命和性聯繫起來，說「天命之謂性」(1)，是前所未有。詩經「天生蒸民，有物有則。民之秉彝，好是懿德」[568]，隱示性善，而這裏直說率循本性就是道，當然性非本善不可。顯然超出論語「性與天道不可得而聞」和「性相近」[569]之外，又和大學言心不言性不同。中庸又說出性和敎的關係。大學言敎，已從心理和知識出發，比論語進步。中庸從人性出

發，更高一層。

所謂天命，客觀上就是天道 。 論語雖說君子要畏天命[570]，但又說天道不可得而聞。中庸不特說天道可以聞，而且和人道合說。這道是「君子之道，造端乎夫婦。及其至也，察乎天地」(12)。卽是說，天道人道貫串爲一。這貫串在乎中和。「中也者，天下之大本也。和也者，天下之達道也。致中和，天地位焉，萬物育焉」(1)。

在人方面，「道不遠人」(3)。「忠恕違道不遠」(13)。 忠恕就是中庸。論語說孔子之道「一以貫之」，亦卽「忠恕而已矣」[571]。換言之，「已所不欲，勿施于人」[572]。中庸引之而說，「施諸已而不願，亦勿施于人。……所求乎子以事父……」(13)。等于大學絜矩之道和論語爲仁之方。忠恕是爲仁兩方面。所以中庸說，「修身以道，修道以仁」(20)。

由仁道而天道，其關鍵在誠。「誠者天之道也 。 誠之者人之道也」(20)。 這裏「誠」字的意義是眞實，是實有。這是新出的，爲論語所無。在天方面，「誠者，自成也」(25)。朱子解說，「如這箇草樹所以有許多根株枝葉條幹者，是他實有」[573]。中庸說，「誠者物之始終。不誠無物」(25)。又說，「故至誠無息。……博厚，所以載物也。高明，所以覆物也。悠久，所以成物也」(26)。在人方面，誠是修身立道的準則。要反身而誠才能「順乎親」，「信乎朋友」(20)。誠的方法，首先是明乎善。「誠身有道。不明乎善，不誠身矣」(20)。這是過于大學的誠意而相當于大學的明明德。明善的步驟爲「博學之，審問之，愼思之，明辨之，篤行之」(20)，和大學的格、致、誠、正、修、齊、治、平根本相同。誠于是可以牽性。牽性于是可以修道。「自誠明，謂之性。自明誠，謂之敎。誠則明矣，明則誠矣」(21)。人能達到這個地步，就可以「擇善而固執之」(20)，「不勉而中，不思而得，從容中道」(20)，完全實現人性的本質。所以說「唯天下之至誠惟能盡其性」(22)。

誠不特成已，也是成物。「誠者，非自成已而已也。所以成物也。成已，仁也。成物，知也。性之德也，合內外之道也」(25)。「能盡其性，則能盡人之性。能盡人之性，則能盡物之性」(23)。誠之所以貫澈人物，正是如此。統而言之，誠、明、善皆是性的各方面。由盡其性到盡物之性，是「曲能有誠。誠則形，形則著，著則明，明則動，動則變，變則化。唯天下至誠爲能化」(23)。因誠而化，是因果關係。從這

關係言，「至誠之道，可以前知。……至誠如神」(24)。說來很像神怪，但因果必然。朱子說，「誠之至極而無一毫私偽留于心目之間者，乃能有以察其幾焉」574。這是「可以考諸三王而不繆」的(29)。因爲誠是一切的德性，也是一切的活動原則。從此準則，人們不特可以「經綸天下之大經，立天下之大本，知天下之化育，……可以與天地參矣」(22)。結果是天人合一。

　　明白這誠明的道理，我們不難了解生知、學知、困知、和勉行、利行、安行的分別(20)。生知、安行並沒有什麼神秘，而不外是人性的純正，不外是至誠，盡性。也不難解釋中庸所講的鬼神。「鬼神之爲德，其盛矣乎。視之而弗見，聽之而不聞，體物而不可遺。……夫微之顯，誠之不可揜，如此夫」(16)。因爲人物一體，原則相同。人物可以相通。

　　「夫微之顯」又顯出中庸的另一特性，即是相對或反對的融合。「莫現乎隱，莫顯乎微」(1)。中庸舉出許多相對或反對的觀念，如尊德性和道問學(27)，仁義(20)，語大語小(12)，和上面的仁知，內外，忠恕，誠明，己物，天人，都看作「道並行而不悖」(30)，養成儒家整個歷史上的異途同歸的中庸之道。

　　至於中庸和大學比較，學者常說大學言心不言性，中庸言性不言心。又說大學專重人道，中庸則兼言天道。大學是敎育，中庸近宗敎。如此之類，大概而言，未嘗不可。然中庸的戒愼、恐懼、和愼獨和大學的定、靜、止，自慊相似。中庸的體物不遺可以和大學的格物相通。上面經已指出，大學明明德根本上是中庸的明善，中庸的學、問、思、辨、行，有類大學的格、致、誠、正、修、齊、治、平。朱子說，「蓋中庸之所謂明善，卽格物致知之功。其曰誠身，卽誠意立心修身之效也」575。總之，己立立人，同是大學中庸的共同目的。

　　孟子和中庸的相同點，則比大學爲多。孟子的「居下位而不獲于上，民不可得而治也。獲于上有道。不信于友，弗獲于上矣。信于友有道。事親弗悅，弗信于友矣。悅親有道。反身不誠，不悅于親矣，誠身有道。不明乎善，不誠其身矣。是故誠者，天下之道也。思誠者，人之道也。至誠而不動者，未之有也」576，和中庸「在下位不獲乎上，民不可得而治矣。獲乎上有道。不信乎朋友，不獲乎上矣。信乎朋友有道。不順乎親，不信乎朋友矣。順乎親有道。反諸身不誠，不順乎親矣。誠身有道。不明

乎善，不誠乎身矣。誠者，天之道也。誠之者，人之道也」(20)，和「唯天下至誠唯能化」(23)，幾乎完全相同。孟子的「反身而誠，樂莫大焉」[577]，等于中庸的自誠。孟子說，「可欲之謂善。有諸己之謂信。充實之謂美。充實而有光輝之謂大。大而化之謂之聖。聖而不可知之之謂神」[578]，亦卽中庸的明善、自誠、能化、而神。孟子有如中庸，也說性命[579]。當然孟子的盡心、知性、存心、養性、修身、立命[580]，比中庸較爲精明。中庸(14)和孟子都主張「俟命」。孟子說，「修身以俟之，所以立命也」[581]。又說，「順受其正」[582]。孟子之「所過者化，所存者神。上下與天地同流」[583]，不外是中庸的至誠能化，與天地參。很多學者因爲中庸的誠，比較孟子詳細，于是說中庸必是孟子的發揮，後于孟子。可是孟子論性顯然比中庸較爲詳明。中庸只說知天(20)，孟子則進而說事天[584]。中庸只說智、仁、勇(20)，孟子則進而說仁、義、禮、智[585]。這些方面，則孟子又較中庸爲進步。又有許多學者說中庸屬于孟子一派，大學則屬于荀子一派。從大處言未嘗無理。至于說大學近道家，中庸近佛家，則不免胡說。孟子和荀子均言性，這是中庸。孟子和荀子均言修、齊、治、平，這是大學。

五、五 行 問 題

和中庸有間接的關係的是陰陽五行的問題。荀子非十二子說，「案往舊造說，謂之五行。……子思倡之，孟軻和之」[586]，引起後來許多爭辯。中庸和孟子都沒有「五行」名詞。于是楊倞(壯年818)的荀子注把「五常」解作「五行五常，仁、義、禮、智、信是也。」章太炎(1868-1936)駁他，以爲五行應從金木水火土舊義。他指出鄭玄注中庸「天命之謂性」說，「木神則仁，金神則義，火神則禮，水神則信，土神則知」。又指出禮記以水、火、土比父、母、和子[587]。他于是結論五行舊義是子思的遺說[588]。譚介甫不肯接受章氏之說，因爲「有子思孟軻的五行，又有子思後學的五行，又有騶衍的五行，又有漢儒的五行」。思孟的五行，卽是後世的五倫[589]。他舉出中庸「天下之達道五」的五倫，指是五行。又引呂氏春秋曾子所說的敬、孝、忠、篤、勇的「五行」[590]做旁證。然而譚氏强說達道五是五行，其武斷並不減于楊倞。由「五行」的名詞和觀念而言，詩經，易經，和春秋都沒有。但是尙書洪範篇則說，「五行，一曰水，二曰火，三曰木，四曰金，五曰土」[591]。雖然洪範時代大有問題。不少學者以

爲是戰國之作。然而左傳講「五行……五味……五色」，說是「民之行也」[592]。可知五行是五種行動。國語的魯語「地之五行」，注說金、木、水、火、土[593]，和鄭語「先王以土與金、木、水、火，雜以成物」[594]相照。從此可知五行有兩義，一是五德，一是五物。在春秋時期已是如此。兩者相配，雖然是後來的事，但論語已經有些痕跡，如「仁者樂山，知者樂水」[595]便是。所謂五行，不一定是鄒衍的怪誕和五行相勝相克等說。馬融注論語「鑽燧改火」[596]，說一年改取五種火。皇侃的疏變本加厲，以爲「改火之木，隨五行之色而變也」，表示論語已有五行相克之說。這種附會是求之過急的[597]。

陰陽之說，雖然論語，中庸，孟子沒有，但兩德相輔，可以作陰陽看，如論語的仁智，仁義，中庸的中和，已物，尊德性道問學，內外，南方之强和北方之强，和大學的明德親民均是。這沒有神秘。假如從這個角度來看陰陽五行，則史記把鄒衍放在孟子荀卿列傳裏，並不爲奇，何況太史公指出鄒衍「其歸必止乎仁義、節儉、君臣、上下、六親之施」呢[598]？鹽鐵論說，「鄒子以儒術干世主」[599]，不是假話。況且史記有孔子說陰陽的話[600]，漢書藝文志又說「儒家者流，蓋出于司徒之官，助人君，順陰陽，明教化者也」[601]。可知陰陽是儒家傳統成份之一。

然則何以荀子又評子思、孟子呢？荀子評孟子性善之說，人所共和。非十二子表面上似乎專攻子思孟子的五行。王應麟看到韓詩外傳所引荀子評諸子中只有十子，而沒有子思孟子[602]，便說，「荀子非子思孟子，蓋其門人如韓非李斯之流，託其師說，以毀聖賢」[603]。就是說，荀子本來沒有攻擊子思的。盧文弨(1717-1795)重述王應麟之說，附註于非十二子題目之下說，「韓詩外傳止十子，無子思孟子。此乃並非之。疑出韓非李斯所附益」[604]。王氏盧氏都沒證據。大概韓詩外傳刪略荀子之文，也許和王盧一樣，不肯承認荀子批評子思孟子罷了。同樣的顧頡剛以爲荀子不是評子思孟子而是評鄒衍的。因爲孟子是鄒人。鄒衍又說仁義。給人傳訛，以他的五行爲孟子的五行。又以孟子受業于子思之門人，故又以爲是子思的五行。實際上是鄒衍的[605]。顧氏的曲析造作，加倍于王應麟，用心太苦了。徐復觀則以鄒衍說仁義，借子思孟子以自重。荀子聽信流言，以爲鄒衍的五行是子思孟子所說，是以評之[606]。這樣假設太多，結論也不外是一個假設而已。我以爲荀子無疑地評，但所評不是五行本身，而是「略

法先王而不知其統。……棄往舊造說，謂之五行。……飾案其辭而祇敬之曰，此眞先君子之言也。子思唱之，孟軻和之。世俗……遂受而傳之，以爲仲尼、子游爲茲厚于後世」。所以韓詩外傳評「此十子者皆……不法先王，案往舊造說」[607]荀子除此處用「五行」以外，還有一次，卽「此五行者，足以正身安國矣」[608]。這裏的五行是「貴賤明，隆殺辨，和樂而不流，弟長而無遺，安燕而不亂」。荀子並不批評五行而反而贊美。可知荀子並不攻擊五行。他說陰陽好幾次，如「相陰陽」[609]，「陰陽大化」[610]等等。他並沒有攻擊陰陽。他攻孟子集中于性惡篇以「古者聖王以人之性惡」而孟子反而道性善[611]。當然和其他諸子一樣，都是「造說」。

陰陽五行是早期儒家傳統之一部。到鄒衍時，雖大變化，然在荀子書中仍保留不少。禮記強調五行，說「故人者天地之德，陰陽之交，鬼神之會，五行之秀氣也。……五行之動，迭相竭也。……故人者，天地之心也，五行之端也」[612]。又引荀子五行足以正身安國的話[613]。無疑地陰陽五行是早期儒家學說之一種。吾人不能因爲鄒衍等怪誕，便害怕了，要說五行不屬儒家，子思孟子沒有五行，荀子沒有批評子思孟子，因而埋沒早期儒家陰陽五行的成份。

六、弟子再傳弟子──第四代

相傳子思的弟子據漢書有魯繆公[614]，據孔叢子有子上，懸子，孟子車，申詳，羊客，曾申，和衞公子交[615]。他們只是問過子思，本人並無學說可言。且孔叢子是僞書。沒論漢書和孔叢子的記名可信不可信，他們已經到了孟子的年代，不是初期儒家了。

七、儒 墨 的 關 係

談初期儒家，不能不談初期墨家，因爲儒墨兩家的關係，素來是很密的。墨子本書便說墨子「稱于孔子」[616]。淮南子更說，「墨子學儒者之業，受孔子之術」[617]。這或者是推測之詞，然儒墨相同之處，確實不少。所以呂氏春秋說，「孔墨之弟子徒屬，充滿天下。皆以仁義之術敎導于天下」[618]。韓非子也說，「孔子墨子俱道堯舜」[619]。又說，「儒墨皆稱先王，兼愛天下，則視民如父母」[620]。淮南子又說，「孔丘墨翟修先王之術，通六藝之論。口道其言，身行其志」[621]。又說，「孔丘墨翟之弟子皆以仁義

之術教導于世」[622]。這幾本書所描寫的多是戰國末年的情形，但也反映早期儒家的境況。墨子之學于儒者是無可疑，所以據太史公說，「墨者亦尙堯舜道」[623]。儒墨相同，除堯舜仁義六藝之外，大戴禮記載有兼愛之說[624]。陳澧以爲是墨氏之說所竄入，所以孔子三朝記和小戴禮記都不收取[625]。但攻擊道佛而衞道的韓愈却說，「孔子……不上同哉？……不兼愛哉？……不上賢哉？……不明鬼哉？……儒墨同是堯舜，同非桀紂，同修身正心以治天下國家。……孔子必用墨子，墨子必用孔子」[626]。當然韓愈過言，所以王安石（1072-1086）譏他，「孔墨必相同，自古寧有此」[627]？程頤也說，「甚不可也」[628]。理學家不承認儒墨有相同處，自然是他們受孟子距楊墨的影響。但實際上儒墨確有不能相容之處。呂氏春秋指明「孔子貴仁，墨子貴兼」[629]。尸子也指出「墨子貴兼，孔子貴公」[630]。根據韓非子，儒墨「俱道堯舜而取捨不同。……墨者……服喪三月。……儒者服喪三年」[631]。因此雖然「受孔子之術」[632]，老早便反對儒家，說「儒之道足以喪天下者四政焉。儒以天爲不明，以鬼爲不神。……又厚喪久葬。……又弦歌鼓舞，習爲聲樂。……又以命爲有」[633]。他反對儒者「繁飾禮樂以淫人，久喪僞哀以謾親，立命緩貧而高浩居，倍本棄事而安怠傲。貪于飲食，惰于作務。……必服古言。……循而不作」[634]。反對儒者「好樂……立命……宗喪……機服。……孔某盛容修飾以蠱世，弦歌鼓舞以聚徒。……絫壽不能盡其學，當年不能行其禮。……其道不可以期世，其學不可以導衆」[635]。又反對三年之喪。「魯孔子之徒也，其母死，服喪三年，……深害生事」[636]。

　　以上墨子所攻擊自然是初期儒家。他在孔子之後，所以不是攻擊孔子而是攻擊孔子的後繼。他的勢力，是與儒家爭衡。呂氏春秋說，「孔墨布衣之士也。萬乘之主，千乘之君，不能與之爭士也」[637]，又說「孔丘墨翟無地爲君，無官爲長。天下丈夫女子，莫不延頸舉踵而願安利之」[638]。他們的弟子更顯烈而競爭更利害。呂氏春秋說，「孔墨之後學顯榮于天下者衆矣，不可勝數」[639]。又說，「孔墨之弟子徒屬，充滿天下」[640]。又說，「從屬彌衆，弟子彌豐，充滿天下。王公大人從而顯之。有愛子弟者，隨而學焉，無時乏絕」[641]。莊子也說，「儒墨皆起」[642]。到了韓子時候成爲「世之顯學」[643]。他們互相對峙，照莊子說，「儒墨畢起，于是乎喜怒相疑，愚知相欺，善否相非，誕信相譏」[644]。于是「有儒墨之是非，是其所非而非其所是」[645]。淮南子也說，

「周室衰而王道廢。儒墨乃始列道而議 ，分徒而訟」[646] 。又說，「夫弦歌鼓舞以爲樂，盤施揖讓以修禮，厚葬久喪以送死，孔子之所立也，而墨子非之」[647] 。所謂孔子墨子，是追憶之詞，而所形容的是儒家第二、三、四代的狀況。據淮南子的記載，墨徒所反對的「以爲其禮煩擾而不說（易），厚葬靡財而貧民。久服傷生而害事。故背周道而用夏政」[648] 。第三、四代儒家這方面的發展，醉心外觀，遭墨家的熱烈攻擊。恐怕孔子如果復生，也許以杖叩其脛。

八、荀韓的批評

儒家第三四代的情況，又可于荀子和韓非的評論見之。荀子批評「六說……十二子」[649] ，是它囂和魏牟，陳仲和史鰌，墨翟和宋鈃，愼到和田駢，惠施和鄧析，與子思和孟軻。其中只是子思和孟子是儒家。目的是抨擊「假今之世」[650] 的墨家和法家。他要推重儒家，非批評子思孟子不可，因爲照前所述，子思孟子法先王而不知其統，案往舊說，以爲是眞先君子之言。換言之，子思孟子並非孔子之眞傳。同時又有「弟佗（穨唐）其冠，神襌（沖澹）其辭，禹行而舜趨。是子張氏之賤儒也。正其衣冠，齊其顏色，嚵然而終日不言。是子夏氏之賤儒也。渝儒憚事，無廉恥而耆飲食，必曰君子固不用力。是子游氏之賤儒也」[651] 。他所鼓吹的是「大儒」，卽是能「善調一天下」[652] 的人，「其言有類，其行有禮。……千擧萬變，其道一也」[653] 。這大儒的典型是仲尼子弓[654] ，亦卽是「總方略，齊言行，壹統類而羣天下之英傑，而告之以大古，敎之以至順。……成名況乎諸侯，莫不願以爲臣，是聖人之不得勢」[655] 的仲尼子弓。他要仁人「上則法舜禹之制，下則法仲尼子弓之義，以務息十二子之說。如是則天下之害除，仁人之事業畢，聖王之跡著矣」[656] 。他攻擊子思孟子並非攻擊儒家，反而要同復儒家本義。

至于爲什麼要專意提出仲尼子弓呢？上面討論四科指出孟子除了仲弓，而荀子則特別加入，眞是奇怪。子弓就是冉雍，字仲弓。用「子弓」而不用「仲弓」，大概是要避免重複「仲」字。但孔門之中冉雍並非出色。若說傳授，不提曾子子夏而提仲弓，眞不可解。仲弓沒有顯赫的事功，也沒有特殊的言論。勉强可以說他問仁于孔子，孔子答他，「己所不欲，勿施于人」[657] ，這是忠恕，亦卽一貫之道。那麼可以說和曾子一樣，得到孔子的中心思想。這種解釋，不免近于推度。我想荀子把孔子和子弓並提，

是因爲他們是「聖人之不得勢」。既然仲弓可使南面[658]，如果得勢，便能行其道了。但荀子說世俗錯誤，以爲子思孟子所傳授的是仲尼子游的教訓。子游和子夏同列文學之科。他做過武城宰，以禮樂教人。禮記檀弓上下不少他講禮的記載[659]。我們不必相信禮記禮運篇大同一段是原于子游，但子游是早期儒家禮的傳統的一個大臺柱，並不是不可能。郝懿行（1757-1825）因爲荀子下文說「子游氏之賤儒」，以爲這「子游」必是「子弓」之誤。並且荀子所謂子張，子夏，子游之賤儒，不是指三位弟子而是指弟子的後輩。所以他說，「言在三子之門爲可賤，非賤三子也」[660]。這一點實顯而易見，因爲子張之賤儒「但宗聖人之威儀而已」[661]，和子張問仁，問士，問善人，問政的嚴重不同。子夏之賤儒靜默自得，和子夏爲莒父宰爲魏文侯師也不類。子游之賤儒無恥貪食則和子游愼禮相差更遠。荀子批評賤儒，並未說及他們的學說，反而完全批評他們的作風。他看到當時儒家的行誼低落，大有違反孔門弟子的精神。隨便舉三個著名的弟子，總而言之，統而言之，以批評三種作風。並非靜默的出自子夏，形式的出自子張，無恥的出自子游的。這是行文之便。我們不應太過固執。同樣，我們也不必問爲什麼荀子不提曾子了。我以爲非十二子的重要點是（一）儒家早有傳授，「世俗……受而傳之」。（二）這傳授集中于子思孟子。（三）這傳統是「法先王」，「見聞博雜」，「案往舊說」。即是守舊，但又包括五行。（四）儒者必是很多。（五）除子思孟子學說以外，儒家的表現在于行誼，而行誼是可鄙的，都是俗行。這是荀子所見戰國時期儒家的情形。然其來有漸。初期儒家的情形，必有這種趨向。荀子未必是完全客觀，但也持之有故，言之成理。

　　比較荀子的批評，韓非的記錄所給我們消息更少。他分儒爲八派，說「自孔子之死也，有子張之儒，有子思之儒，有顏氏之儒，有孟氏之儒，有漆雕氏之儒，有仲良氏之儒，有孫氏之儒，有樂正氏之儒」[662]。由子張第二代說至孟子第四代，歷時二百年。下面只漆雕氏有點形容，說他「不色撓，不目逃，行曲則違于臧獲，行直則怒乎諸侯。世主以爲廉而禮之」[663]。其餘只是泛言儒者。因此八派的言論和歷史上的活動，我們無從捉摸。著名的弟子曾子，子夏，子游，仲弓，有若等等言論和事功完全不提。郭沫若以爲「韓非承認法家出于子夏，也就是自己的宗師，故把他從儒家中剔除了」[664]。這是胡說。論語中子夏說孝，說禮，說有命在天，後來傳經，固然和法家

風馬牛不相及。法家怎能出于子夏呢？胡適說，「最可怪的是曾子……別成學派」[665]。
我們相信孔子死後弟子分道揚鑣則有之，設立學派則未必然。而且在此八派之中，孔
子的直傳弟子，即是第二代，佔少數。子張必然指孔子弟子顓孫師，子思指孔子的孫
兒而不是也字子思的原憲，孟子指孟軻，均無可疑。但顏氏是否顏回，便發生大問題。
皮錫瑞 (1854-1901) 指出，「孔門弟子顏氏有八，未必即是子淵」[666]。孔子弟子之中
有三個漆雕氏[667]。只漆雕開有點事跡。我們可以假設就是他。但是論語載孔子要他出
仕，他說沒有自信[668]。和韓非形容他勇敢不同。墨子非儒篇更說「漆雕形殘」[669]，以
表示其異常大勇。因爲孟子以「不膚撓，不目逃」描寫北宮黝之勇[670]，學者便以爲他
是漆雕氏之儒[671]。這只是疑似，毫無實證。況且孟子說北宮黝似子夏，沒說他似漆雕
子[672]。我們最多可能說不敢自信的漆雕開竟然一兩代後生出好勇的儒。然而這不過是
一個臆說。王先謙說上面的「漆雕開之儒」和好勇的漆雕氏是兩個人[673]，也是臆說。
仲良又作仲梁。漢書古今人表有仲梁，與齊襄王 (283-264 B.C.) 同時[674]。禮記載他
和曾子論葬禮[675]。詩經「作于楚宮」，毛傳引仲梁子說，「初立楚宮也」[676]。假使仲
良眞是仲梁，消息也不外如此。梁啓超疑他是孟子所記北學于中國的陳良[677]，則完全
虛測[678]。如果他眞是陳良，則他生在襄王時，孟子已死，他們怎能相見呢？孫氏有人
以爲是公孫尼子，又有人以爲是荀子，都是猜度的話，毫無根據。漢書名表有樂正子
春[679]。傳說是曾子弟子。孟子弟子樂正子[680]，梁啓超「疑即傳曾子學者」[681]，也是空
話。總之，「儒分爲八」的話，我們只可說儒家門徒衆多，分途並進，傳統不一。絕
不像宋儒所說由孔子直傳子思孟子。可惜墨子，荀子，韓非子供給材料太少。韓非並
未分別敍述門弟子的思想或描寫他們的個別作風。只是籠統地說他們「藏書策，習談
論，聚徒役，服文學而議說。世主必從而禮之，曰，敬賢士，先王之道也。……今世
儒者之說人主，不善今之所以爲治，而語已治之功。不審官法之事，不察姦邪之情，
而皆上古之傳譽，先王之成功」[682]。似乎上半是描寫儒家素來的性格和相當成就，下
半寫當時的作風。荀子韓非子合觀，可以互相發明。荀子重性格，韓子重事業。然而
兩面都尙古，重文敬禮，聚徒設敎，游說諸侯，說先王之道。可見第三四代，仍然不
變第一代的風格。

九、結　　論

　　在儒家第二、三、四代一百五十年當中，孔門非常活動，成就也高。人數比任何學派爲多，版圖也比他們爲大，幾乎分佈全國。他們分兩途並進，一是從政，一是敎學。這是依據孔子的模範，豎立儒家政學兩途的傳統。直到廿世紀也是如此。

　　關于從政方面，經典所載他們的政績和行動，總是注重德化，目的在修身治國，修己安人。戰爭的記錄很少。卽功利主義的作風也不多見。這也是從孔子政治理想而開發，直接傳授到孟子以至完成儒家人文的、德治的政治主義。實際的政治措施，最注重的是禮節。這是社會在組織中很自然的。但這和漢代的制禮不同。漢朝的目的大都是尊重君權，統制社會。初期儒家的重禮，尤其是喪禮，則純然從孝的道德方面出發。自天子以至于庶人，其揆一也。可惜他們成功太快而且太大，不免淪落爲職業化，官僚化，趨向小節和向外，以至成爲俗儒，賤儒。我們敢說，儒家的優良政治傳統，是成立于這個時期，而腐化的成份，也先有成例。

　　比較更爲輝煌的是他們敎學的成就。他們分途並進，並沒有一線的傳授。傳經固無其事，分做四科也無痕跡。消極方面，初期儒家沒有一個能和墨子、楊朱比並的思想家，也沒有像墨子書那樣連篇的典籍。如果我們不承認大學、中庸是這時期的作品，這時期很像是一個哲學的黑暗時代。可是就算是從大學、中庸以外來看他們的思想，也可以找出非常重大的意義。因爲他們的政治思想，總是擇善、重德、親民。倫理方面，總是集中于仁的觀念，由這裏發出做君子，敎孝，敎禮等等儒家基本敎條。這也是遵守孔子的敎訓。于是儒家思想一往前進。雖然後來荀子含有道家和法家的趨向，結果仍是孟子的儒道成了眞傳。如果初期儒家變了性格，後來儒家的歷史必然兩樣。

　　初期儒家也略談詩，鬼神，生死，陰陽，報應，天圓，大勇，和性之善惡。但他們對商業，科學，形上學，知識論總乏興趣。沒有把孔子多識于鳥獸草木之名和尊重農圃[683]伸展做科學，連大學的格物不久便成了孟子的格心。正名思想也不成爲知識論。他們最着意的是孝道和葬禮，尤其是三年之喪。在這社會組織，制作禮儀進程中，初期儒家可能從法制方面着手，把儒家變成法家。也可能從神權方面發展，把儒

家變成宗教。但他們謹守孔子的敎訓，不肯走出人文主義道德主義的路線。中國文化的優點和弱點，早在這個時期已經形成了。

　　因爲初期儒家要走道德人文的路線，他們固然不談兵，連正名也不談，讓兵家名家佔了上席。但沒論大學中庸是否這時期的作品，他們的主要的思想是這時期的。這思想是這時期儒家的結晶。大學的三綱八目，成爲以後儒學的思想藍本，固不待言。中庸的言性，言道，和天命，出于孔子罕言命和性與天道不得而聞之外，加上中和思想，以至天人合一。從整個初期儒家而言，墨家同是顯學，實際上是一個反動，而漢、唐、宋、明、儒學之遠流，也是源泉有自的。

附 注

1. 錢穆　先秦諸子繫年（香港，香港大學出版社，1956），考辨26，孔鯉顏囘卒年考，49。
2. 許同萊　孔子年譜（臺北，中華文化事業委員會，1955），480。
3. 崔述　洙泗考信餘錄（崔東璧遺書，1924），2，宰我條，15b。
4. 錢穆　先秦諸子繫年，考辨27，宰我死齊考，50—53。
5. 錢穆　論語要略（上海，商務印書館，1930），150。
6. 崔述　洙泗考信餘錄，3，孔門弟子通考，19b。
7. 錢穆　先秦諸子繫年，考辨39，子夏居西河在東方河濟之間不在西土龍門汾州辨，117—118。
8. 錢穆　同上，114—115。
9. 呂氏春秋（四部備要本，1927），4，尊師，5b。
10. 據崔述　洙泗考信餘錄，3，孔門弟子通考，19a。
11. 同上。
12. 孔子家語（四部叢刊本，1930）38，七十二弟子解，9/5a，7a。
13. 韓詩外傳（四部叢刊本，1929），1，頁 1a。
14. 孟子，4，離婁下，31。
15. 參看下第三節，弟子的弟子。
16. 論語，5，公冶長，20；崔述，洙泗考信餘錄，3，孔門弟子通考，20a。
17. 論語，7，述而，3。
18. 錢穆　先秦諸子繫年，考辨29，孔子弟子通考，74。
19. 崔述　洙泗考信錄餘，3，孔門弟子通考，19b。
20. 論語，5，公冶長，1。
21. 同上，11，先進，5。
22. 班固（32—92）漢書（百衲本，1967），20，古今人表，28b。
23. 崔述　洙泗考信錄餘，2，南容條，22b。
24. 論語，11，先進，25。
25. 閻若璩　四書釋地又續——（阮元，1764—1849，編，皇清經解，臺北，復興書局，1961）22。曾晳倚門而歌條，34 a-b。
26. 史記（百衲本，1967），67，仲尼弟子列傳，索隱引古本家語。

27. 同上，67/17b。

28. 論語，11，先進，24。

29. 參看錢穆　先秦諸子繫年，考辨，29，孔子弟子通考，61。

30. 閻若璩　四書釋地三續（皇清經解，23），漆雕開條，36b。

31. 錢穆　先秦諸子繫年，考辨29，孔子弟子通考，75。

32. 論語，14，憲問，38。

33. 史記，67，仲尼弟子列傳，18b。史記正義引譙周的古史考。

34. 崔述　洙泗考信錄餘，3，孔門弟子通考，20a。

35. 錢穆　先秦諸子繫年，考辨29，孔子弟子通考，72。

36. 史記，67，仲尼弟子列傳，19b。

37. 孟子，3，滕文公上，4。

38. 金鶚　求古錄，9（續台州叢書甲集，同治丁卯，1867），禮說，孔子弟子考，8a-b。指論語，5，公冶長，25。

39. 錢穆　先秦諸子繫年，考辨29，孔子弟子通考，73—74。

40. 梁玉繩　史記志疑，28。下同。梁氏的材料經陳槃先生指示。特此致謝。

41. 史記，67，仲尼弟子列傳，21b。

42. 孔子家語，38，七十二弟子解，9/5a-b。

43. 史記，47，孔子世家，11a。

44. 崔述　洙泗考信錄餘，3，孔門弟子通考，17b。

45. 孔子家語，38，七十二弟子解，9/5a。

46. 史記，47，孔子世家，14a。

47. 孔子家語，38，七十二弟子解，9/5a。

48. 論語，5，公冶長，10。

49. 史記，67，仲尼弟子列傳，21b。關于文翁圖可參看本節第二目弟子的人數內七十二子的討論。

50. 張文虎　史記札記，5/7a。這材料由陳槃先生指示，又謝。

51. 孔子家語，38，七十二弟子解，9/7a。

52. 論語，9，子罕，7。

53. 史記，47，孔子世家，26b。

54. 漢書，20，古今人表，29a。

55. 王念孫　讀書雜志，4，漢書第三，琴牢條。

56. 論語，16，季氏，13。

57. 漢書，20，古今人表，32b，33b。

58. 蔡仁厚　孔門弟子志行考述（臺北，商務印書館，1969），189。

59. 馬驌　繹史（臺北，廣文書局，1969），95/24a。

60. 朱彝尊，曝書亭全集（四部備要本，1966），5孔子弟子考，1a—16b。

61. 梁玉繩　史記志疑（叢書集成初編本，1939），28，仲尼弟子列傳，1137。

62. 論語，3，八佾，4。

63. 史記，67，仲尼弟子列傳，21b。

64. 論語，2，爲政，6。

65. 史記，47，孔子世家，25a。

66. 焦循　孟子正義，5，萬章上，8。

67. 論語，2，爲政，5。

68. 史記，47，孔子世家，2a—3a。
69. 崔述　洙泗考信錄，1，初仕條，12a。
70. 毛奇齡　四書賸言補（西河合集，乾隆庚寅，1~70本），1/17a。
71. 史記，67，仲尼弟子列傳，21b。
72. 崔述　洙泗考信錄餘，3，孔門弟子通考，17b。
73. 孟子，2，公孫丑上，2。
74. 韓非子（四部叢刊本，1929），49，五蠹，19/3a。
75. 呂氏春秋（四部備要本，1927），14，遇合，16b。
76. 劉安（179—122B.C.），淮南子（四部備要本，1927），20，泰族訓，10b。
77. 同上，21，要略，6b。
78. 同上，9，主術訓，17a。
79. 戴德（壯年 60 B.C.），大戴禮記（四部叢刊本，1929），60，衞將軍文子，6/3a。
80. 孔子家語，12，弟子行，3/5a。
81. 史記，67，仲尼弟子列傳贊，121，仔林列傳，1b；127，貨殖列傳，2a。
82. 漢書，88，儒林列傳序語，2a。
83. 同上，30，藝文志序。
84. 同上，36，楚元王傳，10a。
85. 同上，30，藝文志公孫尼子注，13b。
86. 孟子，3，滕文公上，3。
87. 史記，47，孔子世家，25a。
88. 范曄（398—445），後漢書（百衲本，1967），90下，蔡邕傳，4a。
89. 水經注（四部備要本，1966），8/21b。
90. 魏收（506—572），魏書（百衲本，1967），66，李平傳，9b。
91. 顏之推（531—591），顏氏家訓（四部備要本，1966），5，誠兵篇，7a。
92. 史記，28，封禪書，5a。
93. 莊子（四部叢刊本，南華眞經，1929），14，天運，5/49b。
94. 劉師培，古書疑義舉例補（長沙，鼎文書社，1924），1b。
95. 史記，67，仲尼弟子列傳，1a。
96. 漢書，28下，地理志，31b。
97. 史記，47，孔子世家，25a。
98. 淮南子，20，泰族訓，10b。
99. 錢穆　先秦諸子繫年，考辨29，孔子弟子通考，56。
100. 孔子家語，12，弟子行，3/5a。
101. 崔述　洙泗考信錄，1，初仕，15b。
102. 史記，67，仲尼弟子列傳，4b。
103. 同上，67/24a。
104. 史記，47，孔子世家，4a，7a。
105. 史記，121，儒林列傳，1a。
106. 呂氏春秋，14，遇合，16a。
107. 呂氏春秋，2，當染，10a。
108. 韓非子，50，顯學，19/7b。
109. 墨子（四部叢刊本，1929），50，公輸，13/14a。

110. 淮南子，20，要略，10b。
111. 墨子本書有禽滑釐，高石子，高河，縣子碩，公尙過，耕柱子，魏越，隋巢子，管黔敖，高孫子，治徒娛，跌鼻，曹公子，勝倬，彭輕，孟山，弦唐子，胡非子。韓非子顯學有，相里氏，相夫氏，鄧陵氏。呂氏春秋有孟勝，田襄子，腹䵍。據謝湘，墨子學說研究（香港，上海印書館，1967）121—122 。可參考康有爲（1858--1927）孔子改制考（上海，中華書局，1968），115--125。
112. 史記，46，田叔仲完世家，13b—14a。
113. 桓寬（前一世紀），鹽鐵論（上海，中華書局，諸子集成本，1954），11/12。人數據錢穆，先秦諸子繫年，考辨75，稷下通考，217—218。
114. 參看後漢書，109 上，儒林傳，曹曾傳（歐陽歙傳內），牟長傳，宋登傳，和 109 下，魏應傳，樓望傳，和蔡玄傳。
115. 史記，47，孔子世家，24a。
116. 同上，75，孟嘗君列傳，8a。
117. 同上，76，平原君虞卿列傳，5 a。
118. 同上，78，春申君列傳，7a。
119. 同上，126，滑稽列傳，8a。
120. 劉師培 古書疑義舉例補，10b—11a。
121. 崔述 洙泗考信錄餘，2，子路條，5b。
122. 錢穆 論語要略，144。
123. 崔述 洙泗考信餘錄，3，孔門弟子通考，20a。
124. 同上，3/19b。
125. 閔損 (2)，伯牛 (3)，仲弓 (4)，冉有 (5)，宰我 (7)，子游)(9)，子賤 (14)，(原憲) (15)，(公冶長) (16)，南宮括(17)，(漆雕開) (23)，公伯寮(24)，(樊遲) (26)，有若 (27)，公西華(28)，(巫馬期) (29)，顏幸(31)，冉孺(32)，冉季(36)，漆雕哆(39)，公肩夏(49)，(公堅定) (51)，顏祖 (52)，(秦商) (56)，申黨(57)，顏之僕(58)，縣成(60)，左人郢(61)，秦非(64)，鄭國(63)，顏噲(66)，樂欬(69)，叔仲會(71)，顏何(72)，邦巽(74)，孔忠(75)，公西蒧(77)。有括弧的八人可能是別國的。
126. 子夏(10)，(高柴) (22)，(公孫龍子) (35)，奚容蒧(50)，句井疆(54)，廉絜(70)。
127. 公晳哀(18)，(高柴) (22)，(樊遲) (26)，梁鱣(30)，后處(47)，叔乘(67)。
128. 顏回 (1)，閔子 (2)，伯牛 (3)，宰我 (7)，子游 (9)，曾子(12)，澹台滅明(13)，子賤(14)，公冶長(16)，南宮括(17)，曾蒧(19)，顏無繇(20)，高䂂(21)，樊遲(26)，有若(27)，公西華(28)，顏幸 (31)，冉孺(32)，顏高(40)，秦商(56)，叔仲會(71)，孔忠(75)。
129. 子貢 (8)，子夏(10)，公孫龍(35)，琴牢(78)。
130. 子張(11)，巫馬施(29)，公良孺(46)，陳亢(79)。
131. 崔述 洙泗考信餘錄，3，孔子弟子通考，19a。
132. 同上。
133. 論語，1，學而，1。
134. 同上，4，里仁，19。
135. 中庸，6。
136. 孟子，3，滕文公上，4。
137. 論語，11，先進，2。
138. 同上，6，雍也，9。
139. 同上，2。
140. 同上，5。

141. 同上，11，先進，8。

142. 同上，4。

143. 同上，5，公冶長，3。

144. 同上，2，14，憲問，6。

145. 同上，3，八佾，8。

146. 同上，5，公冶長，1。

147. 同上，11，先進，25。

148. 同上，6，雍也，4。

149. 同上，1。

150. 同上，8。

151. 孟子，3，滕文公上，2。

152. 論語，5，公冶長，9。

153. 同上，11，先進，16。

154. 同上，3，八佾，2。

155. 同上，11，先進，3。

156. 同上，15。

157. 呂氏春秋，4，尊師，5b。

158. 錢穆 先秦諸子繫年，考辨29，孔子弟子通考，77。

159. 論語，9，子罕，27。

160. 史記，124，游俠列傳，1a；129，貨殖列傳，5a。

161. 說苑（四部叢刊本，1929），17，雜言，15a。

162. 史記，67，仲尼弟子列傳，5a。

163. 錢穆 先秦諸子繫年，考辨29，孔子弟子通考，76—77。

164. 孔子家語，8，致思，2/8a；又見說苑，3，建本，3b。

165. 崔述 洙泗考信錄餘，2，子路條，5a。

166. 韓詩外傳，7/6a。

167. 史記，121，儒林列傳，1a。

168. 漢書，88，儒林列傳，1a。

169. 史記，129，貨殖列傳，5a。

170. 同上，67，仲尼弟子列傳，12e。

171. 同上。

172. 同上，129，貨殖列傳，5a。

173. 同上，67，仲尼弟子列傳，15a。

174. 錢穆 先秦諸子繫年，考辨29，孔子弟子通考，70。

175. 同上註 167。

176. 荀子（四部叢刊本，1929），6，非十二子，3/15b—21b。

177. 韓非子，50，顯學，19/7b。

178. 朱彝尊 經義考（四部備要本，1966），282，承師條，3a-b。

179. 論語，19，子張，12。

180. 史記，44，魏世家，3b。

181. 戴聖（壯年 50 B.C.），禮記，19，樂記第二十四，二十五節。

182. 漢書，30，藝文志13b。

183. 呂氏春秋，2，當染，10a；4，尊師，5b。
184. 史記，121，儒林列傳，1a。
185. 崔述，洙泗考信餘錄，3，附錄十有二人，10b。
186. 孟子，4，離婁下，31。
187. 同上。
188. 大戴禮記，52，曾子大孝，4/9b。
189. 同上，4/11a。
190. 同上，53，曾子事父母，4/12a，5，曾子天圓，7a。
191. 禮記，20，雜記下第二十九節；3，檀弓上，第十四節鄭注。
192. 說苑，20，反質，17b。
193. 呂氏春秋，2，當染，10a。
194. 朱彝尊 曝書亭全集，42，孔子門人考，57/3a。
195. 論語，19，子張，19，包咸注。
196. 孟子，2，公孫丑上，2，趙岐注。
197. 同上，3，滕文公上，1，趙岐注。
198. 同上，5，萬章上，1，趙岐注。
199. 同上，2，公孫丑上，1，趙岐注。
200. 同上註 186。參考下面第三節弟子的弟子──第三代。
201. 顏子，曾點，曾子，有子，子夏，子路，子貢，子游，子張，宰我，仲弓，樊遲，司馬牛，冉求，公西華，林放，和南宮适。
202. 顏子(12/1)，子貢(6/28，15/9)，子張(17/6)，宰我(6/24)，仲弓(12/2)，樊遲 (6/20，12/22)，司馬牛 (12/3)。
203. 孟子，子路─2上/1，8；3下/7，5上/8。曾子─2上/2，2下2，3上/4，3下/7，4上/19，4下/31，7下/36。
204. 宰我，2上/2。子貢，2上/2，3上/4。冉牛，2上/2。閔子，2上/8。顏子，2上/2，4下/29。子夏，2上/2，3上/4。子游，2上/2，子張，2上/2，3上/4。有若，2上/2，3上/4。曾哲，4上/19，7下/36，37。牧皮，7下/37。琴張，7下/37。
205. 論語，6，泰伯，6，23，15，衛靈公，33。
206. 孔子家語，3，王言解，1/7b─8b，10b。
207. 同上，13，賢君，3/14a；18，顏回，5/2a，4b，5a。
208. 同上，21，入官，5/13a；22，困誓，5/21a。
209. 同上，19，子路初見，5/9a。
210. 同上，13，賢君，3/14a；14，辯政，3/17b；25，執轡，6/4a；43，曲禮子夏問，10/10b。
211. 同上，21，入官，5/14a。
212. 同上，30，五刑解，7/6b，8b；31，刑政，7/10a。
213. 同上，6，問禮，1/20b；27，論禮，6/14b，16b；32，禮運，7/13b；42，曲禮子貢問，10/5b，6b，8a，9a；43，曲禮子夏問10/11a，12a；44，曲禮公西赤問，10/24a。
214. 同上，27，論禮，6/17b。
215. 同上，8，致思，2/10b。
216. 同上，15，六本，4/20a。
217. 同上，4/5a。
218. 同上，19，子路初見，5/5b。
219. 同上，8，致思，2/4b。

220. 同上，10，好生，2/15a。

221. 同上，15，六本，4/3a。

222. 同上，20，在厄，5/5b。

223. 同上，43，曲禮子夏問，44，曲禮公西赤問，10/11a—24a。

224. 同上，43，曲禮子夏問，10/11b，13a。

225. 同上，19，子路初見，5/9a。

226. 論語，11，先進，11。

227. 同上，7，述而，20。

228. 大戴禮記，50，曾子本孝，4/7b—8a。

229. 同上，51，曾子立孝，4/8b。

230. 同上，4/9b。

231. 同上，52，曾子大孝，4/9b—11a。

232. 同上，53，曾子事父母，4/12a。漢書，30，藝文志，13a，有曾子十八篇，今存十篇，都收入大戴禮記。
　　　除已經擧出五篇外，又有大戴禮記 54—56，曾子制言上中下，57，曾子疾病，和58，曾子天圓。叢書集成
　　　有曾子十篇，卽是這十篇。

233. 紀昀（1724—1805），四庫全書總目提要（上海，商務印書館，1933），646。

234. 孝經，1。

235. 同上，5。

236. 同上，7。

237. 同上，16。

238. 孟子，4，離婁上，19。

239. 孔子家語，38，七十二弟子解，2b。

240. 王充，論衡（四部備要本，1927），19，感虛，15b。

241. 孔子家語，15，六本，4/5b。又說苑，3，建本，5a。

242. 尸子（四部備要本，1933），卷下，8b。

243. 大戴禮記，54—56，曾子制言上、中、下。

244. 同上，58，曾子天圓，5/8a。

245. 同上，5/8b。

246. 同上，5/9a-b。

247. 禮記，3—4，檀弓，上、下。

248. 同上，21，雜記下。

249. 同上，24，祭義，第三十四，三十五節。

250. 同上，29，仲尼閒居，第一至四節。

251. 同上，第二節。

252. 同上，第五節。

253. 論語，1，學而，15。

254. 同上，8，泰伯，3。

255. 禮記，3，檀弓上，第十八節。

256. 馬國翰輯，儒家佚書輯本五十五種（臺北，世界書局，1958），漆雕子一卷，宓子一卷。

257. 韓非子，34，外儲說上，13/3a。

258. 史記，47，孔子世家，28a。

259. 同上，47/14b。

260. 同上，67，仲尼弟子列傳，17b。

261. 同上，67/13b。

262. 同上，67/18a。

263. 錢穆，先秦諸子繫年，考辨30，孔門傳經辨，77—81。

264. 同上，71。

265. 陶潛（藝苑捃華本，光緒壬辰，1868），羣輔錄，25b， 八儒條。陶潛的話是附會韓非子50，顯學，19/7b 儒分爲顏氏，孟氏等八家，和禮記經釋第一節「溫柔敦厚，詩教也。疏通知遠，書教也。……」所以四庫 全書總目提要（頁2807）說是「晚出僞書」。

266. 論語，11，先進，2。

267. 孟子，2，公孫丑上，2。

268. 邢昺的疏和劉寶楠（1791—1855），論語正義。

269. 後漢書，110 下，文苑傳內酈炎傳注，12b。

270. 史記，67，仲尼弟子列傳，1a。

271. 鹽鐵論，21，殊路，24—25。

272. 同上，註 269。

273. 范仲淹，范文正公文集（四部叢刊本，1919），5，推委臣下論，13a。

274. 韓愈，論語筆解（叢書集成本，1939）。

275. 錢穆，論語新解。

276. 李翱，論語筆解（叢書集成本，1939）。

277. 王弼，論語釋疑。

278. 王樵，四書紹聞編。程樹德（北京，國立華北編譯館，1943）：論語集釋，645，引。

279. 朱熹，論語集註（四書章句集注本）。

280. 同上，註 277。

281. 歐陽秀（1007—1072），新唐書（百衲本，1967），15，禮樂志，第五，6a。

282. 徐幹，中論（四部叢刊本，1929）9，智行，上卷頁 22a。

283. 劉寶楠，論語正義。

284. 程顥和程頤，二程外書（四部備要本，二程全書，1933），6/6a。

285. 根據程樹德，論語集釋，645。

286. 尤侗，艮齋雜說（西堂全集，康熙辛未，1691），7/19a。陳善的捫蝨新話（四庫全書珍本初集本），上 集，2/3b，辨論語分章句條却說「孔門中當時有此科目」。

287. 論語，7，述而，24。

288. 同上，17。

289. 同上，6。

290. 錢穆，先秦諸子繫年，考辨29，孔子弟子通考，75—76。

291. 勞思光，中國哲學史，第一卷（香港，香港中文大學崇基書院，1968），88。

292. 劉汝霖，周秦諸子考（北平，文化學社，1929），143。

293. 陸象山，象山全集（四部備要本，1934），35/9b。

294. 蔡元培，中國倫理學史（上海，商務印書館，1910），22。

295. 郭紹虞，論孔門學風只有務外主內兩派書，列入顧頡剛編，古史辨，第二冊，（北平，樸社，1930），253— 254。顧頡剛的答書，255—257。

296. 鄧公玄，孔子以後儒家哲學蛻變之因果，列入黃建中編，中國哲學史論集，第一冊，（臺北，中華文化出 版事業社，1958），64。

297. 劉百閔，孔門五論（臺北，世界書局，1968），13。

298. 武內義雄，中國哲學思想史，汪馥泉譯（長沙，商務印書館，1939），26—35。

299. 同上，32。

300. 平原北堂，支那思想史（京都，人生道場，1942），300。

301. 同上，172。

302. 吉田賢抗，中國思想史（東京，明治書院，1949），51—52。

303. 狩野直喜，中國哲學史（東京，岩波書店，1953），128。

304. 侯外廬，中國思想通史，第一卷（北京，人民出版社，1957），360—362。

305. 劉汝霖，周秦諸子考，150—154。

306. 梁啓超，老孔墨以後學派概觀（臺北，中華書局，1963），27—28，所引莊子是 6，大宗師，3/18b；孟子是 7，盡心下，37。

307. 論語，2，爲政，23。

308. 同上，3，八佾，26。

309. 同上，泰伯，7。

310. 同上，5，公冶長，15；11，先進，25。

311. 韓愈，韓昌黎全集（四部備要本，1920），11/3b。

312. 李翱，李文公集（四部叢刊本，1929），2/9a-b。

313. 程顥和程頤　二程遺書（四部備要本，二程全書，1933），22上/1a。

314. 朱熹，朱子語類（臺北，正中書局，1970），14，頁399。

315. 朱熹，大學或問（四書大全本，康熙壬午，1702），28a。

316. 朱熹，大學章句（國學基本叢書本，四書章句集注，1935），序。

317. 王守仁（陽明），王文成公全書（四部叢刊本，1929），26/1b-5a。

318. 錢德洪跋，王文成公全書續編，1/10b。

319. 全漢文（臺北，廣文書局，1969），38/26。

320. 王應麟，玉海（四部備要本，1966）34/3b。

321. 據托克托（1328卒），宋史（百衲本，1967），202，藝文志，禮類。三書都佚了。

322. 程顥和程頤，程氏經說（四部備要本，二程全書，1933），5/1a-6b。

323. 孔穎達，禮記正義（上海，世界書局，十三經注疏本，1935），序引。

324. 二程遺書，2上/4a。關于說大學是孔子作的，如許謙（1199—1266），等，參看高明，禮學新探（香港，香港中文大學聯合書院，1963），102。

325. 朱熹，朱子文集（四部備要本，朱子大全，1930），13，癸未(1163)垂拱奏劄一，1b。

326. 朱熹，大學章句經文注。

327. 朱熹，大學或問，27b。

328. 大戴禮記，1，主言，2b。

329. 張華，博物志（秘書廿八種本，嘉慶辛未，1811），9/2a。

330. 翟灝，四書考異（皇清經解，卷449），11b。

331. 王柏，魯齋王文憲公文集（臺北，學生書局，1970），10，大學沿革論，11a。

332. 鄭曉，大學源流。下註333陳耀文和註337陳槃引。

333. 陳耀文，經典稽疑（四庫全書珍本二集本），大學條，45b，47a-b。

334. 毛奇齡，大學證文（西河合集本）1/6b；朱彝尊，經義考，160/1a。

335. 胡渭，大學翼眞（四庫全書珍本三集本，1972），3/3b。

236. 崔述，洙泗考信錄餘，1，曾子條，16a。

337. 唐君毅，中國哲學原論，原道篇，卷二（香港，新亞研究所，1973），607。關於大學著者問題，參考陳槃，
大學中庸今釋（臺北，正中書局，1944）；4—7；高明，禮學新探，100—107，都很詳盡。

338. 錢穆，中國思想史（臺北，中華文化出版事業委員會，1952），78。

339. 孔穎達，禮記正義。方東樹（1772—1851）在他的漢學商兌（卷中之上 8b-9a）指出這點。但他據孔疏說
錯是鄭玄的注。

340. 朱鶴齡，愚庵小集（北京，燕京大學圖書館，1940），10，與楊令若論大學補傳書，2a。

341. 陳澧，東塾讀書記，9，禮記，13。

342. 陳槃，大學中庸今釋，4。

343. 康有為，康有海文集（臺北，文海出版社，1966），5，大學句序，19a。

344. 徐復觀，中國人性論史，先秦篇（臺中，東海大學，1963），295。

345. 關于補傳一點，參看戴君仁，梅園論學集（臺北，開明書店，1970），168—170，和唐君毅，中國哲學原
論，上册（香港，人生出版社，1966），284—291。

346. 程氏經說，5/1a-3a，明道先生改正大學；3a-5b，伊川先生改正大學。

347. 這就是他的大學章句。

348. 詳見程元敏，大學改本詳述，孔孟學報，23，（4/1972），135—168；高明，禮學新探，108—120；唐君
毅，大學章句辨證及格物致知思想之發展，清華學報，4/2(2/1964)，1—49；林政華，大學中庸之作者與
章次考辨，東方雜誌，9/4(10/1975)，41—48。

349. 王守仁，王文成公全書，7，大學古本序，26a。

350. 翟灝，四書考異（皇清經解，卷 449），10b。

351. 王守仁，傳習錄，上（王文成公全書本），1/1a；中，致羅整菴少宰書，59a。

352. 二程經說，5/3a，朱子語類，14/18b；大學或問，14a-b；傳習錄上，1/3a。

353. 朱熹，大學章句，經文注。

354. 同上，序。

355. 禮記正義引。

356. 禮記正義的話。

357. 朱子語類，14，頁397，398，414，415。

358. 同上，14，頁 399。

359. 同上，14，頁 401。

360. 胡適，中國哲學史大綱，上卷（上海，商務印書館，1938），281。

361. 朱子語類，14，頁397。

362. 大學章句。本節所指大學章數，都是用朱子的大學章句。

363. 朱子語類，14，頁 416。

364. 大學問，王文成公全書，26/3a。

365. 論語，19，子張，11。

366. 同上，8，泰伯，1，20。

367. 同上，雍也，27。

368. 朱子語類，14，頁 419。

369. 同上，14，頁 417。

370. 大學問，王文成公全書，26/3b。

371. 論語，6，雍也，28。

372. 詩經，國風，豳風，7，南有台。

373. 論語，6，雍也，25。

374. 同上，14，憲問，45。

375. 傳習錄，上，第一條。

376. 程氏經說，5/3a。

377. 大學章句。

378. 朱子語類，14，頁427。

379. 傳習錄，上，第一條。

380. 尚書，11，康誥。

381. 詩經，大雅，文王之什，1，文王。

382. 同上，商頌，3，玄鳥。

383. 朱子語類，14，頁 428。

384. 同上，14，頁431。

385. 大學章句。

386. 大學問，王文成公全書，26/4a。

387. 傳習錄，上，第四條。

388. 同上，第二條。

389. 同上。

390. 大學章句。

391. 論語，7，陽貨，5。

392. 同上，14，憲問，45。

393. 尚書，1，堯典。

394. 同上，大禹謨。

395. 大學章句。

396. 二程遺書，2上/6b。

397. 同上，22上/1a。

398. 同上，25/1a。

399. 傳習錄，上，第八十五條。

400. 孟子，4，離婁上，1a。

401. 尚書，28，冏命。

402. 論語，2，爲政，3。

403. 傳習錄，上，第一二九條。

404. 論語，12，顏淵，10；13，子路，11。

405. 同上，14，憲問，45。

406. 陳淳，性理字義，敬字，論誠敬之異條。

407. 論語，13，子路，6，13。

408. 同上，2，爲政，2。

409. 同上，12，顏淵，4。

410. 同上，1，學而，4。

411. 同上，16，季氏，7。

412. .同上，6，雍也，23。

413. 同上，4，里仁，2。

414. 同上，7，述而，37。

415. 同上，15，衛靈公，12。

416. 同上，7，述而，15。

417. 胡適，中國哲學史大綱，卷上，285—286。

418. 同上，281。

419. 論語，19，子張，12。

420. 同上，1，學而，2。

421. 同上，3，八佾，4。

422. 同上，1，學而，2。

423. 毛奇齡，大學知本圖說（西河合集本），6b。

424. 胡適，中國哲學史大綱，卷上，283。

425. 同上，284。

426. 論語，6，雍也，28。

427. 朱熹　大學或問，10/88。

428. 中庸，13。

429. 論語，12，顏淵，2。

430. 孟子，4，離婁上，5。

431. 同上，1，梁惠王上，7。

432. 同上，7，盡心上，45。

433. 同上，44。

434. 朱熹，大學或問，25b。

435. 孟子，5，萬章下，1。

436. 同上，6，告子上，4。

437. 同上，3，滕文公上，5。

438. 同上，3，滕文公下，1。

439. 同上，離婁上，13。

440. 同上，7，盡心上，4。

441. 同上，2，公孫丑上，2。

442. 同上。

443. 同上，4，離婁上，20。

444. 大學或問，27b—28a。恒言指孟子，4，離婁上，5，「人有恒言，皆曰天下國家。天下之本在國，國之本在家，家之本在身」。

445. 同上，16a。

446. 論語，1，學而，4。

447. 孟子，7，盡心下，25。

448. 馮友蘭，中國哲學史（上海，商務印書館，1934），439，444。

449. 荀子，21，解蔽，15/16b。

450. 同上，15/8a。

451. 同上，15/1b。

452. 同上，14，致士，9/12b。

453. 同上，6，非十二子，3/18b；21，解蔽，15/7b。

454. 同上，11，王霸，7/17a-b，22a。

455. 同上，13，臣道，9/6b。

456. 唐君毅　中國哲學原論，原道篇，卷二，607。

457. 參看上面第一節第四目，弟子的社會背境和活動最後一段。

458. 呂氏春秋，2，當染，10a。

459. 漢書，30，藝文志，13a。

460. 韓詩外傳，3/8b。

461. 參看註 463。

462. 同上 459 註。

463. 魏徵（580—643），隋書（百衲本，1967）·31，經籍志，儒家三。

464. 朱彝尊，曝書亭全集，57，孔子門人考，1a—7b。

465. 孟子，3，滕文公上，1。

466. 大戴禮記，52，曾子大孝，4/9b。

467. 同上，4/11a。

468. 孟子，2，公孫丑上，2。

469. 同上，5，萬章，上，1。

470. 論語，20，堯曰，19。

471. 禮記，21，雜記下，第二十九節。

472. 同上，4，檀弓下，第十四節。

473. 大戴禮記，58，曾子天圓，5/7a。

474. 同上，53，曾子事父母，4/12a。

475. 史記，44，魏世家，3b。

476. 漢書，30，藝文志 13b，有魏文侯六篇。隋書經籍志沒有。馬輯魏文侯書一卷二十四節。採自戰國策，呂氏春秋，韓詩外傳，淮南子，新序，說苑，通典。列入馬輯儒家佚書輯本五十五種。

477. 魏文侯書，1a。

478. 同上，5a。

479. 同上，6a。

480. 同上，8b。

481. 同上，序。

482. 說苑，12，奉使，5a，7b。

483. 馬驌的話。繹史，101/5a。

484. 論語，3，八佾，8。

485. 有書七篇，已佚。馬國翰輯，李克書一卷，七節，採自呂氏春秋，韓氏外傳，說苑等書，列入儒家佚書輯本五十五種。

486. 李克書，1a。也沒有卓見。

487. 同上，41a。

488. 漢書，30，藝文志，13b，公孫尼子二十八篇，隋書，經籍志載一卷，已佚。馬國翰輯，公孫尼子一卷，十三節，列入儒家佚書輯本五十五種。

489. 公孫尼子，1b。

490. 同上。

491. 同上，2a。

492. 淮南子，7，精神訓，2a。

493. 公孫尼子，2b。

494. 同上，47a。，

495. 漢書，30，藝文志，13b，記世子二十一篇，內養生一篇，皆亡。馬國翰輯，世子一卷，兩條，列入儒家

　　　佚書輯本五十五種。

496. 世家，2b。

497. 王充，論衡，13，本性，3/12a。

498. 漢書，30，藝文志，13a，記漆雕子十三篇。隋書不載。馬輯一卷四條，附錄七條。

499. 馬國翰輯，漆雕子一卷，1b—2a。列入儒家佚書輯本五十五種。

500. 論語，17，陽貨，2。

501. 張載，張子全書（國學基本叢書本，1935），15，呂大臨行狀，312。

502. 程顥和程頤，程氏外書，11/1b。

503. 前三書均據隋書，32，經籍志，一，禮部。三書已佚。李書恐也亡了。

504. 漢書，30，藝文志，13a。

505. 隋書，13，音樂志上，天監元年。

506. 史記，112，公孫弘傳，3b。

507. 舊唐書，37，經籍志下，1a。

508. 晁公武（1171卒）武郡齋讀書志（臺北，廣文書局，1967），10/3a。

509. 二十五史補編，第一冊（上海，開明書局，1935），漢書藝文志考證，21，全冊頁1407。

510. 陳第（1541—1617），世善堂藏書目錄，卷上（叢書集成本）11。

511. 清儒輯子思子的數家。黃以周（1828—1899）的內篇九卷，外篇一卷，附錄一卷最好。

512. 漢書，30，藝文志，5a。

513. 王柏，魯齋王文憲公文集，13，古中庸跋，1a。

514. 班固，白虎道德論（四部叢刊本，1929），1/5b，6a；10/4a。

515. 徐復觀　中國人性論史，先秦篇，104—105。

516. 孔鮒（壯年 210 B.C.），孔叢子（四部叢刊本，1929）7，居衛，卷上，45b。

517. 史記，47，孔子世家，29b。

518. 陸德明，經典釋文，14/1a 說「子思作中庸」。

519. 朱熹，中庸章句序。

520. 歐陽秀，歐陽文公集（四部備要本，1966），48，問進士策第三首，3b-4a。

521. 參看高明，禮學新探，144，引翟灝，四書考異，六十二指一生之年之說。

522. 毛奇齡，四書賸言（西河合集本），6a-b。

523. 論語，3，八佾，9。

524. 閻若璩，四書釋地，又續（皇清經解，卷22），有宋存條，5b。

525. 葉酉，再與袁隨園書。錢基博，四書解題及其讀法（臺北，商務印書館，1973重刊），52引。

526. 洪邁，容齋隨筆，14，楊之水條；5，三代書同文條。

527. 陳棨，大學中庸今釋，中，5；陸德明，經典釋文，14/3b。

528. 徐復觀，中國人性論史，先秦編 144。

529. 論語，3，八佾，11。

530. 陳善，捫蝨新話，下集，3，談論語條，234。

531. 崔述，洙泗考信錄，3，子思，6b-7b。

532. 俞正燮，癸巳存稿二（王先謙，1842—1917，編，皇清經解續編）臺北，藝文印書館 1965，卷 841，中庸大學條24a-b。

533. 俞樾，達齋叢說（皇清經解續篇，卷1350），中庸說條，6a。

534. 胡適，中國哲學史大綱，上卷，280—281。

535. 馮友蘭，中國哲學史，446—448。

536. 徐復觀，學術與政治之間，乙集（臺北，中央書局，1957），中庸的地位問題 122—124；中國人性論史，
　　　先秦篇，106。

537. 勞思光，中國哲學史，第二卷（香港，香港中文大學崇基學院，1971），50。

538. 參看上註 217。

539. 朱子語類，62，頁2358。

540. 徐復觀評朱子第二十章合孔氏兩章為一章，中國人性論史，先秦篇，107，109。

541. 朱史，4 38，王柏傳，8a，和根據王柏的研幾圖（金華叢書本，7b-8a），和魯齋王文憲公文集，10/4b-10a
　　　的中庸論和誠明論。

542. 參看高明，禮學新探，151；蔡愛仁，中庸研究（臺北，為學出版社，1964），4—6；吳怡，中庸誠字的
　　　研究（臺北，華崗出版部，1963）38。

543. 徐復觀，中國人性論史，先秦篇，107，110，145。

544. 禮記正義引。

545. 論語，6，雍也，27。

546. 同上，20，堯曰，1 。

547. 同上，13，子路，21。

548. 同上，11，先進，16。

549. 同上，20。

550. 程顥和程頤，二程遺書，7/3b，15/13b。

551. 朱熹，朱子語類，62，頁2348。

552. 同上，63，頁2415。

553. 同上，62，頁2349。

554. 同上，62，頁2348。

555. 同上，62，頁2349。

556. 註第二章。

557. 二程遺書，7/3b。朱子語類 62/2b 以為明道語。

558. 二程遺書，15/13b。

559. 朱熹，中庸章句，2 。

560. 朱子語類，62，頁2350。

561. 同上。

562. 同上，62，頁2351。

563. 同上，62，頁2353。

564. 中庸章句，2 。

565. 朱子語類，62，頁2349。

566. 二程遺書，18/14b-16a。

567. 參看錢穆，朱子新學案（臺北，三民書局，1971）2，頁123—147；牟宗三，心體與性體（臺北，正中書
　　　局1969），3，頁71—228。

568. 詩經，小雅，蕩之什，6，烝民。

569. 論語，5，公冶長，12；17，陽貨，2。

570. 同上，16，季氏，8。

571. 同上，4，里仁，13。

572. 同上，15，衛靈公，23。

573. 朱子語類，64/14b。

574. 大學章句，23。

575. 大學或問，28a。

576. 孟子，4，離婁上，12。

577. 同上，7，盡心上，4。

578. 同上，7，盡心下，25。

579. 同上，7，盡心下，24。

580. 同上，7，盡心上，1。

581. 同上。

582. 同上，7，盡心上，2。

583. 同上，7，盡心上，14。

584. 同上，7，盡心上，1。

585. 同上，2，公孫丑上，6。

586. 荀子，6，非十二子，3/14b。

587. 禮記，32，表記，第十一節。

858. 章炳麟，太炎文錄初編（章氏叢書本，1919），子思孟軻五行說，1/8a。

589. 譚戒甫，思孟五行攷，列入古史辨，第五册，709—710。

590. 呂氏春秋，14，孝行，1b-2a。

591. 尚書，3，洪範，第三節。

592. 左傳，昭公二十五年。

593. 國語，4，魯語上（四部備要本，1927），7b。

594. 同上，16，鄭語，4a。

595. 論語，6，雍也，21。

596. 同上，17，陽貨，21。

597. 關于陰陽五行，可參看古史辨，第五册，梁啓超、顧頡剛、錢穆、徐文珊、譚戒甫等人文章；李漢三，先秦兩漢之陰陽五行學說（臺北，鐘鼎文化出版公司，1967）；孫廣文，先秦兩漢陰陽五行說的政治思想（臺北，嘉新水泥公司文化基金會，1969）；小林信明，中國古代陰陽五行思想の研究（東京，講談社，1951）。

598. 史記，74，孟子荀卿列傳，2b。

599. 鹽鐵論，11，論儒，13。

600. 史記，47，孔子世家，16a。

601. 漢書，30，藝文志，14b。

602. 韓詩外傳，4/11b。

603. 王應麟，困學紀聞（國學基本叢書本，1935），846—847。

604. 盧文弨，荀子集解，6，非十二子。

605. 顧頡剛，五德始終說下的政治和歷史，列入古史辨，第五册，409—410。

606. 徐復觀，中國人性論史，先秦篇，55。

607. 同上註 602。

608. 荀子，20，樂論，14/7a。

609. 同上，9，王制，5/16b。

610. 同上，17，天論，11/17a。

611. 同上，23，性惡，17/2a。

612. 禮記，9，禮運，第廿四至廿六節。

613. 同上，34，鄉飲酒義，第十二節。

614. 漢書，30，藝文志，13a。
615. 孔叢子，6，雜訓，上冊，34a；同上，34b；同上，35a；7，居衞，43a；同上，44a；10，抗志，53a；同上，60a。
616. 墨子，48，公孟，12/14a。
617. 淮南子，21，要略，6b。
618. 呂氏春秋，25，有度，4b。
619. 韓非子，50，顯學，19/7b。
620. 同上，49，五蠹，19/2b。
621. 淮南子，9，主術訓，17a。
622. 同上，2，俶眞訓，11b-12a。
623. 史記，130，自序，4b。
624. 大戴禮記，68，千乘，9/2a。
625. 陳澧，東塾讀書記，9，禮記，2—3。
626. 韓愈，韓昌黎全集，11/16b。
627. 王安石　臨川集（四部叢刋本，1927），4/6。
628. 二程遺書，18/37a。
629. 呂氏春秋，17，不二，15b。
630. 尸子，卷下，頁9a。
631. 韓非子，50，顯學，19/7b-8a。
632. 同上，617註。
633. 墨子，48，公孟，12/13a。
634. 同上，39，非儒，9/17a-b。
635. 同上，9/21a-b。
636. 同上，墨子佚文（四十八子本），15/1a-b。
637. 呂氏春秋，12，不侵，7b。
638. 同上，15，順說，12b。重見淮南子，12，道應訓，4b；列子，黃帝，4b。
639. 呂氏春秋，2，當染，10a。
640. 同上，25，有度，4b。
641. 同上，12，當染，10a。
642. 莊子，11，在宥，5/49a。
643. 韓非子，50，顯學，19/7b。
644. 莊子，11，在宥，4/32a。
645. 同上，2，齊物，1/27a。
646. 淮南子，2，俶眞訓，10a。
647. 同上，13，氾論訓，7b。
648. 淮南子，21，要略，6b。關于儒墨並盛，和儒墨交攻，參考康有爲，孔子改制考，371—388，412—421。
649. 荀子，6，非十二子，3/16a。
650. 同上，3/12a。
651. 同上，3/21a-b。
652. 同上，8，儒效，4/14b。
653. 同上，4/15b。
654. 同上，4/16a。

655. 同上，6，非十二子，3/15a-b。

656. 同上，3/16a。

657. 論語，12，顏淵，2。

658. 同上，6，雍也，1。

659. 禮記，3，檀弓上，第五十二至五十四，六十八，七十一，七十六，八十一，八十七節；4，檀弓下，第二十二，二十七節。

660. 郝懿行，荀子補註，上（郝氏遺書本，光緒辛巳，1881），6，非十二子，16b。 王先謙，荀子集解（上海，商務印書館，1933），6，非十二子，3/16a—17a，22b，同意郝氏，並且引他。

661. 荀子，6，非十二子，註，3/21a。

662. 韓非子，50，顯學，19/7b。

663. 同上，19/8a。

664. 郭沫若，十批判書（上海，羣益出版社，1950），130。

665. 胡適，中國哲學史大綱，上卷，124。

666. 皮錫瑞，經學歷史（四部叢刊本，1959），8b，八位姓顏的弟子是：顏囘(1)，顏無繇(20)，顏幸(31)，顏高(40)，顏祖(52)，顏之僕(58)，顏噲(66)，和顏何(72)。

667. 漆雕開(23)，漆雕哆(29)，漆雕徒父(41)。

668. 論語，5，公冶長，5。

669. 墨子，38，非儒下，9/22b。

670. 孟子，2，公孫丑上，2。

671. 如洪亮吉，梁啓超等。參看蔡仁厚，孔門弟子志行考述，157。

672. 同上註 670。

673. 王先謙，韓非子集解（光緒丙申，1896本），50，顯學，19/13a。

674. 漢書，20，古今人表，38b。

675. 禮記，3，檀弓上，第七十五節。

676. 詩經，國風，鄘風，6，定之方中。

677. 孟子，3，滕文公上，4。

678. 梁啓超，諸子考釋（臺北，中華書局，1966），39。

679. 漢書，20，古今人表，33b。

680. 孟子，2，公孫丑上，16。

681. 同上註 678。

682. 韓非子，50，顯學，19/8b-10b。

683. 論語，17，陽貨9；13，子路，4。

引 用 書 目 舉 要

1. 錢　穆，先秦諸子繫年（香港，香港大學出版社，1956）。

2. 許同萊，孔子年譜（臺北，中華文化事業委員會，1955）。

3. 崔　述，洙泗考信餘錄（崔東壁遺書本，1924）。

4. 錢　穆，論語要略（上海，商務印書館，1930）。

5. 呂氏春秋（四部備要本，1927）。

6. 孔子家語（四部叢刊本，1930）。

7. 韓詩外傳（四部叢刊本，1929）。

8. 孟子（任何版本都適用。下同）。

9. 論語。

10. 漢書（百衲本，1967）。

11. 閻若璩，四書釋地又續（臺北，復興書局，皇清經解本，1961）。

12. 史記（百衲本，1967）。

13. 閻若璩，四書釋地三續（臺北，復興書局，皇清經解本，1961）。

14. 金　鶚，求古錄（續台州叢書本，同治丁卯，1867）。

15. 梁玉繩，史記志疑（叢書集成本，1939）。

16. 張文虎，史記集解索隱正義札記（金陵書局本，同治壬申，1872）

17. 王念孫，讀書雜誌。

18. 蔡仁厚，孔門弟子志行考述（臺北，商務印書館，1969）。

19. 馬　驌，繹史（臺北，廣文書局，1969）。

20. 朱彝尊　曝書亭全集（四部備要本，1966）。

21. 焦　循　孟子正義。

22. 毛奇齡　四書賸言補（西河合集本，乾隆庚寅，1770）。

23. 韓非子（四部叢刊本，1929）。

24. 淮南子（四部備要本，1927）。

25. 大戴禮記（四部叢刊本，1929）。

26. 後漢書（百衲本，1967）。

27. 水經注（四部備要本，1966）。

28. 魏書（百衲本，1967）。

29. 顏之推，顏氏家訓（四部備要本，1966）。

30. 莊子（四部叢刊本，南華眞經，1929）。

31. 劉師培，古書疑義舉例補（長沙，鼎文書社，1924）。

32. 謝　湘，墨子學說研究（香港，上海印書館，1967）。

33. 康有爲，孔子改制考（上海，中華書局，1968）。

34. 墨子（四部叢刊本，1929）。

35. 桓　寬，鹽鐵論（上海，中華書局，諸子集成本，1954）。

36. 中庸（朱熹，四書章句集注本）。

37. 荀子（四部叢刊本，1929）。

38. 朱彝尊，經義考（四部備要本，1966）。

39. 禮記。

40. 說苑（四部叢刊本，1929）。

41. 四庫全書總目提要（上海，商務印書館，1933）。

42. 孝經。

43. 王　充，論衡（四部備要本，1927）。

44. 尸子（四部備要本，1933）。

45. 馬國翰輯，儒家佚書輯本五十五種（臺北，世界書局，1958）。

46. 陶　潛，群輔錄（藝苑捃華本，光緒壬辰，1868）。

47. 劉寶楠，論語正義。

48. 范仲淹，范文正公文集（四部叢刊本，1919）。

49. 韓　愈，論語筆解（叢書集成本，1939）。

50. 錢　穆，論語新解（香港，新亞研究所，1963）。

51. 李　翱，論語筆解（叢書集成本，1939）。

52. 王　弼，論語釋疑。

53. 程樹德，論語集釋（北京，國立華北編譯館，1943）。

54. 朱　熹，論語集註（朱熹，四書章句集註本）。

55. 新唐書（百衲本，1967）。

56. 徐　幹，中論（四部叢刊本，1929）。

57. 程顥、程頤，二程外書（四部備要，二程全書本，1933）。

58. 尤　侗，艮齋雜說（四庫全書珍本三集本，1972）。

59. 勞思光，中國哲學史（香港，香港中文大學崇基書院，1968，1971）。

60. 劉汝霖，周秦諸子考（北平，文化學社，1929）。

61. 陸象山（九淵），象山全集（四部備要本，1934）。

62. 郭紹虞　論孔門學風只有務外主內兩派書，列入顧頡剛編，古史辨，第二冊，
　　　　　　（北平，樸社，1930），253-254。

63. 鄧公玄　孔子以後儒家蛻變之因果，列入黃建中編，中國哲學史論集，第一冊
　　　　　　（臺北，中華文化出版事業社，1958），53-89。

64. 劉百閔，孔門五論（臺北，世界書局，1968）。

65. 蔡元培，中國倫理學史（上海，商務印書館，1910）。

66. 武內義雄，中國哲學思想史，汪馥泉譯（長沙，商務印書館，1939）。

67. 平原北堂，支那思想史（京都，人生道場，1942）。

68. 吉田賢抗，中國思想史（東京，明治書院，1949）。

69. 狩野直喜，中國哲學史（東京，岩波書店，1953）。

70. 侯外廬，中國思想通史，第一卷（北京，人民出版社，1957）。

71. 梁啓超，老孔墨以後學派概觀（臺北，中華書局，1963）。

72. 大學（朱熹，四書章句集註本）。

73. 韓　愈，韓昌黎全集（四部備要本，1920）。

74. 李　翱，李文公集（四部叢刊本，1929）。

75. 程顥和程頤，二程遺書（四部備要，二程全書本，1933）。

76. 朱　熹，朱子語類（臺北，正中書局，1970）。

77. 朱　熹，大學或問（四書大全本，康熙壬午，1702）。

78. 朱　熹，大學章句（朱熹，四書章句集注本）。

79. 王陽明（守仁），王文成公全書（四部叢刊本，1929）。

80. 全漢文（臺北，廣文書局，1969）。

81. 王應麟　玉海（四部備要本，1966）。

82. 宋史（百衲本，1967）。

83. 程顥和程頤，程氏經說（四部備要，二程全書本，1933）。

84. 孔穎達，禮記正義。

85. 高　明，禮學新探（香港，香港中文大學聯合書院，1963）。

86. 朱　熹，朱子文集（四部備要本，朱子大全，1930）。

87. 張　華，博物志（秘書廿八種本，嘉慶辛未，1811）。

88. 翟　灝，四書考異（臺北，復興書局，皇清經解本，1961）。

89. 王　柏，魯齋王文憲公文集（臺北，學生書局，1970）。

90. 鄭　曉，大學源流。

91. 陳耀文，經典稽疑（四庫全書珍本二集本）。

92. 毛奇齡　大學證文（西河合集本，乾隆庚寅，1770）。

93. 胡　渭，大學翼眞（四庫全書珍本三集本）。

94. 錢　穆，中國思想史（臺北，中華文化出版事業委員會，1952）。

95. 唐君毅，中國哲學原論，原道篇，卷二（香港，新亞研究所，1973）。

96. 陳　槃，大學中庸今釋（臺北，正中書局，1944）。

97　方東樹，漢學商兌（光緒八年，1882）。

98. 朱鶴齡，愚庵小集（北京，燕京大學圖書館，1940）。

99. 陳　澧，東熟讀書記。

100. 康有爲，康南海文集（臺北，文海出版社，1966）。

101. 徐復觀，中國人性論史，先秦篇（臺中，東海大學，1963）。

102. 戴君仁，梅園論學集（臺北，開明書店，1970）。

103. 唐君毅，中國哲學原論，上冊（香港，人生出版社，1966）。

104. 程元敏，大學改本詳述，孔孟學報，23（4/1972）。

105. 唐君毅，大學章句辨證及格物致知思想之發展，清華學報，4/2（2/1964），1~49。

106. 林政華　大學中庸之作者與章次考辨，東方雜誌，9/4（10/1975），41~48。

107. 胡　適，中國哲學史大綱，上卷（上海，商務印書館，1938）。

108. 陳　淳，性理字義。

109. 毛奇齡，大學知本圖說（西河合集本，乾隆庚寅，1770）。

110. 馮友蘭，中國哲學史（上海，商務印書館，1934）。

111. 隋書（百衲本，1967）。

112. 張　載，張子全書（國學基本叢書本，1935）。

113. 晁公武，武郡齋讀書志（臺北，廣文書局，1967）。

114. 二十五史補編（上海，開明書店，1935）。

115. 陳　第，世善堂藏書目錄（叢書集成本）。

116. 班　固，白虎通（四部叢刊本，1929）。

117. 孔叢子（四部叢刊本，1929）。

118. 陸德明，經典釋文（叢書集成初編本）。

119. 朱　熹，中庸章句（朱熹，四書章句集註本）。

120. 歐陽修，歐陽文公集（四部備要本，1966）。

121. 毛奇齡，四書賸言（西河合集本，乾隆庚寅，1770）。

122. 葉　酉，再與袁梅書。

123. 洪　邁，容齋隨筆。

124. 陳　善，捫虱新話。

125. 俞正燮，癸巳存稿（臺北，藝文印書館，皇清經解續編本，1965）。

126. 俞　樾，達齋叢說（臺北，藝文印書館，皇清經解續編本，1965）。

127. 徐復觀，學術與政治之間（臺北，中央書局，1957）。

128. 王　柏，研幾圖（金華叢書本）。

129. 蔡愛仁，中庸研究（臺北，爲學出版社，1964）。

130. 臭　怡，中庸誠字的研究（臺北，華崗出版部，1963）。

131. 錢　穆，朱子新學案（臺北，三民書局，1971）。

132. 牟宗三，心體與性體（臺北，正中書局，1969）。

133. 章炳麟，太炎文錄初編（章氏叢書本，1919）。

134. 譚戒甫，思孟五行考，列入顧頡剛編，古史辨，第五冊，704-727。

135. 國語（四部備要本，1927）。

136. 李漢三，先秦兩漢陰陽五行學說（臺北，鐘鼎文化出版公司，1967）。

137. 孫廣文，先秦兩漢陰陽五行的政治思想，（臺北，嘉新水泥公司文化基金會，
　　　1969）。

138. 小林信明，中國上代陰陽五行思想の研究（東京，講談社，1951）。

139. 王應麟，困學紀聞（國學基本叢書本）。

140. 盧文弨，荀子集解。

141. 顧頡剛，五德始終說下的政治和歷史，列入古史辨，第五冊，404-617。

142. 王安石，臨川集（四部叢刊本，1927）。

143. 郝懿行，荀子補注（郝氏遺書本，光緒辛己，1881）。

144. 王先謙，荀子集解（上海，商務印書館，1933）。

145. 郭沫若，十批判書（上海，群益出版社，1950）。

146. 皮錫瑞，經學歷史（四部叢刊本，1959）。

147. 王先謙，韓非子集解（光緒丙申，1896本）。

148. 梁啓超，諸子考釋（臺北，中華書局，1966）。

出自第四十七本第四分（一九七六年十二月）

天 神 觀 與 道 德 思 想

饒 宗 頤

一、帝與天神崇拜的起源
二、殷周文字中所見的『德』
三、畏天威與『敬德』觀念的確立
四、天命說下的政治與道德之關聯
五、作易之憂患心理在道德學上的
　　分析
六、『時義』思想的形成

注釋
附表：
　1.周初誥命所見『上帝』表
　2.商、周書所見『德』字摘錄表
　3.金文『德』字表一、二
　4.金文所記『天命』略表

　　本文是一種嘗試，題目雖然是『天神觀與道德觀念』，但討論的範圍牽涉所及，相當廣泛，可能是中國古代思想史上『從宗教到哲學』(From Religion to Philosophy) 的主要問題。過去探討西方思想的起源 (Origion of Western Speculation) 權威的著述，像 F. M. Cornford 的著作，從希臘文獻中片段的記錄，整理出一條線索，指出西方思想上科學的 (Scientific) 與神祕的 (Mystical) 兩個傳統，和自然、神、靈魂幾個重要觀念的來歷，可給我們做為借鏡。他的書中，有時談到中國的陰陽資料，可惜只限於 De Groot: Religion of the Chinese (New York, 1910) 一書，可以說完全沒有用處。我們現在研討這一方面的問題，有時亦不得不借取一些西方的資料作為比較。對于某種抽象問題，易於明瞭和掌握到重點，在採用上必須比較謹慎。同時，本國方面的文獻，尤其是經典的材料，鑒於過去一些學人，往往有斷章取義的毛病。本文對于原文語義上的了解，力求其妥當，儘量避免誤解，像引用尚書、左傳上的文字，每拈一義，必求其在上下文理得到貫串，經過多次反覆斟酌，才確定它的涵義。因此，一些材料有許多說明和看法，都和過去不同，這一寫作態度，應該事先加以說明的。

　　西方道德起源的問題，像『命運』(Destiny) 和法則 (Law) 的關聯性，一般研究的結果，以希臘人思想為例，可追溯到泰利士 (Thales) 的水為萬物源之說。「水

本文為中國上古史待定稿第四本之一章，審閱人：陳槃、許倬雲二先生。

中有靈，神無不在。」已提出上帝（God）或精神（Spirit）、靈魂（Soul）兩個觀念[1]。
按管子水地篇已說：「水者何也？萬物之本原也。」水經注酈道元序，認爲水爲物之
先。又引（郭□）玄中記：「水之爲物，澤合靈宇，神莫與並。」其說可相比方。

　　希臘第一位宗教詩人 Hesiod 屢屢言及「自然是道德的」（Nature is moral）。
他告訴我們，爲善則受福利，爲惡必獲天譴的道理。Oedipus 的亂倫，終受到巨大的
災害。民之失德，天降荼毒[2]。古代希臘哲人的信念，認爲『天秩』正是一個道德規
範[3]。這和我國古代「天道福善禍淫」（湯誥）的思想，是非常接近的。

　　在吾國，『德』字已在殷代文獻中出現。書盤庚說：「肆上帝將复我高祖之德，
亂越我家」。『高祖』是指成湯而言；祖德的恢復，是出于上帝的意旨與力量，可見
當時已認識德和天帝的堅强聯繫。這種道德與天神結合的觀念，似乎發軔于殷代的晚
期了。

一、帝與天神崇拜的起源

　　至高無上謂之天。人旣有智識，舉目所見，莫大于天，因而發生敬天思想。對于
天的敬畏，是出于自然的。東西各地之上世宗教，莫不以拜天爲共同信仰[4]。殷代卜
辭所見帝字極多，皆指天帝而言。帝賦有全能，日月星辰、風雲雷雨，都出于帝的命
令；至於水旱豐歉，亦由于帝所控制。帝是殷代最高的統一至神，可說當時已有很具
體的神明思想。商頌玄鳥：「古帝命武湯，正域彼四方。」這裏的帝，自然指天帝而
言。王位的更替，亦由帝的命令所指使；人間世的政治和自然界一樣，都要本著帝的
命令來決定的[5]。

　　卜辭所見風雲，有時亦加以帝號。如雲稱帝云（雲）[6]，風稱帝鳳或帝史（使）風[7]。
『帝』同時是祭名；帝祭四方謂之「方帝」[8]。帝是最高的神明（Super God），撫有
四方。殷人祭於四方的風神，亦舉行「帝祭」。可見殷卜辭的最高天神是「帝」。帝
的威力左右人間的禍福。自然界在氣象上的變化和農作物的豐歉，都可由帝的命令來
決定。帝是負有保護和破壞二方面的職能的。

　　卜辭所見諸殷王，像高祖王亥，但稱爲王。到了後期才有文武帝、文武帝乙（陝
西周原近出卜甲）、帝辛等號。卜辭中稱上帝的，只有下列諸條：

　　卜爭□上帝降茣[9]。　　　　　　　　　　　　　　　　　（武丁卜辭）

　　兄……（貞）上帝……出[10]。　　　　　　　　　　　　　（庚甲卜辭）

　　叀（惟）五鼓上帝，若。王〔受〕又二[11]。　　　　　　（廩康卜辭）

有稱『王帝』的，見于祖庚、祖甲卜辭：

　　□□壬卜曰：茲下若，絲米于王帝[12]。　　　　　　　　（庚甲卜辭）

　　貞：隹王帝人不若。

　　……再王帝，今日……[13]。　　　　　　　　　　　　　（廩康卜辭）

　　帝在第二、第三期的卜辭中，已由天帝轉移到人帝身上，因而出現了「王帝」一名。

　　『天』的觀念在甲骨文中所見，沒有『帝』的地位那麼重要。有人統計『天』字，在卜辭中出現很少，以證『天』的地位之提高，乃出于周人，有如羅馬之以 Jupiter 代替希臘之 Zeus[14]。殷代後期像武乙之射天，爲偶人謂之天神，仰而射之[15]。似乎可以作爲對『天』輕蔑的旁證。雖然周人對天的崇拜加强，但對上帝的觀念並沒有貶低。西周文獻中，上帝與天有時可以換位，師訇𣪘「肆皇帝亡𦣻，臨保我𢓊雩四方。」句，毛公鼎作「肆皇天亡𦣻」；文侯之命：「惟時上帝集厥命于文王。」而毛公鼎云：「惟天𠁁集厥命。」一作「上帝集命」，而一作「天集厥命」。周人仍祀上帝；武王時器天亡𣪘云：「事喜上帝。」昭王時𣪘鐘：「隹皇上帝百神，保余小子朕猷，有成亡競。我隹司配皇天王。」同一器銘中『皇上帝』與『皇天王』同時出現。而周公𣪘銘云：「克奔走上下帝。」上下帝應該是指天上的上帝和地下的王帝。其他樂器像猶鐘說：「先王其嚴，在帝左右。」邾王義楚鍴云：「用享于皇天及我文考。」文考配天，可以在天帝的左右，所以上下帝都是人們奔走祭享的對象。天帝和王帝合起來便是上下帝。周器有『上下帝』的稱謂，可見他們並不是把『天』來代替『帝』。在西周人的觀念裏，帝與上帝支配著人們，地位仍是非常重要。不特彝銘所見如此，周初誥命所見帝庭、上帝命、上帝耿命、皇天上帝、敬事上帝、上帝監民一類的詞句，層見疊出[16]。康誥說出由于文王修西土，冒聞于上帝，所以上帝降休，天乃大命文王，殪戎殷誕受厥命。立政述成湯陟大麓上帝之耿命，後來帝降罰之，乃以周式商受命。朝代的更迭，都是秉承著上帝的意旨。從周初文誥上所見『上帝』告誡的情形來看，

周人立國，並沒有對最上神的『帝』加以蔑視，可以斷言。上帝和天，在後來儒家經典註釋者都認爲「上帝者，天之別名也。」這一說法是沒有問題的[17]。陝西臨潼縣新出西周最早武王時器的利簋上說：「珷征商，隹甲子朝，歲鼎（貞）克聞，夙有商。」「克聞，夙有商」一句，和康誥的「冒聞于上帝……殪戎殷」意思很是相近的。伐商之舉，爲上帝所聞知，故甲子一戰，遂很早得有商地。殪戎殷正由于上帝的命令。可見周人秉承上帝的情形，上帝和天二者並無軒輊於其間。

二、殷周文字中所見的『德』

『德』字原已見於殷卜辭。新訂本甲骨文編重定『𢓊』及『𢓍』爲德字[18]，蓋據羅振玉說，謂借爲得失字。甲骨刻辭所見習語像『屮（有）德』[19]，『亡德』[20]，讀爲有得、亡得，似無不可。卜辭如「庚辰卜王貞，朕德。兮六月」[21]。這德字从行；兮字下从方，可以釋爲旁字[22]，旁義爲『溥』（說文）、爲『大』（廣雅），此辭讀爲『朕德溥』，亦自可通。

盤庚三篇，屢見『德』字，如荒德、爽德、凶德，皆違背德的反面語。而實德、積德、敷民德、則是對『德』的肯定；又說上帝將恢復高祖之德，把德推到先王之上，顯然和周人的恆言「型先文祖共明德」一類辭句正是銜接的。而高宗肜日言『若德』、『正厥德』和盂鼎的『正德』，毛公鼎的『先王若德』，亦是同樣的成語。德的觀念在殷代應該出現，我們實在沒理由加以否認的。

『德』字在西周金文中，重器如克鼎、盂鼎、班簋均已見之。在西周初期，『德』字亦使用作人名。成王時器皿德鼎，形製龐大，其中三件鐫著周王對德賜貝的銘文，一件是對叔德的賞賜。德和叔德，可能是同一人。叔德如周公旦亦稱叔旦，他正以『德』爲名，可以反映周初對德觀念的重視。

西周經典，每每以『德』叮嚀地儆戒人們，康誥、召誥、君奭、立政諸篇[23]，言之再四。而金文所見德字[24]，尤不一而足，其間套語、慣語與經典可以互證，有如下列：

	經典	彝銘
中德	酒誥：「作稽中德。」	蔡侯鐘

元德	酒誥：「茲亦惟天若元德。」	番生𣪘、曆鼎
經德	酒誥：「經德秉哲。」	者沪鐘（作『湟德』）、陳曼簠
敬德	召誥、無逸、君奭	班𣪘
秉德	君奭	善鼎、伯戔𣪘、晉公簠
明德	多方、梓材、文侯之命	叔向𣪘、大克鼎、秦公𣪘、虢叔鐘

由上可見『秉明德』一成語，在周的舊疆到春秋時仍很盛行，虢國、秦國、晉國都習用之，秉承先王的明德，一點也不敢荒寧懈怠。至「穆穆秉德」一慣語，則已見西周邢人妄鐘了。

齊、徐器上『政德』一詞，則因襲孟鼎的『玫王正德』，政卽是正。晉姜稱『巠雍明德』，和孟鼎的『敬雍德』當有關係，雍是和的意思。『巠德』，越鐘作『湟德』，陳簠作『經德』，卽是常德，『湟』爲巠的繁體，左傳哀二年之『經德義』，孟子盡心之『經德不回』，『經德』二字，有其長遠的來歷。嗣子壼的『屯德』出伯戔𣪘的「前文人秉德共屯（恭純）」。屯德，卽是純德，卽詩所云「文王之德之純」也。

三、畏天威與敬德觀念的確立

敬和德二字聯成一詞，屢見於周書。召誥：「嗚呼！天亦哀于四方民，其眷命用懋，王其疾敬德。……王先服殷御事，比介于我有周御事。節性，惟日其邁。王敬作所，不可不敬德。……惟不敬厥德，乃早墜厥命。……王乃初服。嗚呼！若生子，罔不在厥初生，自貽哲命。今天其命哲、命吉凶、命歷年。知今我初服，宅新邑，肆惟王其疾敬德。王其德之用，祈天永命。」無逸：「嗚呼！厥亦惟我周太王王季，克自抑畏。文王卑服，卽康功田功。徽柔懿恭，懷保小民，惠鮮鰥寡。……自殷王中宗，及高宗、及祖甲、及我周文王，茲四人迪哲……則皇自敬德。」君奭：「其汝克敬德，明我俊民在讓，後人于丕時。」西周班𣪘：「隹民亡𢔀，才（在）彝。忐（昧）天令（命），故亡。允才（哉）顯唯敬德，亡逌（攸）遠。」這些都是周人的名言。昧天命則可招致滅亡，故必保持敬德。

大盂鼎：「今余隹令女盂，邵㝳敬雝（雍）德，巠敏，朝夕入（納）諫（諫），宫（畯）奔走，畏天畏（威）。」則稱『敬雍德』；雍，和也。毛公鼎：「女毋敢㣎

（墜）在乃服，圉夙夕，岐（敬）念王畏（威），不賜。」周書顧命：「在後之侗，敬迓天威，嗣守文武大訓，無敢昏逾。」這裏則云『敬念王威』、『敬迓天威』。要建立王威，是必須敬畏天威的。

　　董仲舒對策嘗說道：「天人相與之際，甚可畏也。」春秋緯亦云：「天之與人，昭昭著明，甚可畏也。」漢代天人相與之說十分發達，這種『畏天』的思想，萌芽甚早，詩、書及金文所見，材料尤多。雅、頌中言及畏天的，如：

　　「旻天疾威。……如何昊天……胡不相畏，不畏于天。」　（小雅雨無正）

　　「旻天疾威，敷于下土。」　（小旻）

　　「昊天已威，予愼無罪。」　（巧言）

　　「不愧于人，不畏于天。」　（何人斯）

　　「我其夙夜，畏天之威，于時保之。」　（頌我將）

西周訓誥，上天降威之語，尤不一而足。現摘錄如下：

　　「今我民罔弗欲喪，曰：天曷不降威；大命不摯，今王其如台。」　（西伯戡黎）

　　「予不敢閉于天降威。用寧王遺我大寶龜，紹天明。……天降威，知我國有疵，民不康。」　（大誥）

　　「惟天降命，肇我民，惟元祀。天降威，我民用大亂喪德，亦罔非酒惟行。」（酒誥）

　　「我有周佑命，將天明威，致王罰，勅殷命終于帝。……惟我下民秉爲，惟天明畏。」　（多士）

　　「我亦不敢寧于上帝命，弗永遠念天威越我民罔尤違、惟人。……有殷嗣天滅威，……後暨武王，誕將天威，咸劉厥敵。……告汝，朕允保奭，其汝克敬，以予監于殷，喪大否，肆念我天威。」　（君奭）

　　「天惟求爾多方，大動以威，開厥顧天。」　（多方）

　　「簡孚有衆，惟貌有稽。無簡不聽，具嚴天威。……今天相民，作配在下，……永畏惟罰，非天不中，惟人在命。天罰不極，庶民罔有令政在于天下。」（呂刑）

　　漢人認爲「敬」是殷敎，白虎通三敎篇云：「殷人之王敎以敬，其失鬼，救鬼之失莫如文，周人之王敎以文。」又云：「殷人敎以敬，故先祭器，敬之至也。」殷本紀引湯征：「湯曰：汝不能敬命，余大罰，殛之，無有攸赦，作湯征。」以敬爲殷敎，似亦非無所本。周本紀記武王入紂宮，尹佚策祝曰：「殷之末孫季紂，殄廢先王明德，侮蔑神祗不祀，昏暴商邑百姓，其章顯聞于天皇上帝。」一本作『皇天上帝』，佚周書克殷解作『昊天上帝』。此時『天』與上帝結合爲一。廢除明德被列爲紂的大罪。墨子非樂上引湯之官刑，尹佚責殷：「上帝弗常，九有以亡；上帝不順，降之百殃。」九有的意思，正如九州、九縣[25]，指的是天下。墨子所引如果眞出於殷人的刑書，則上帝對有國者的懲戒，早已著之殷人的簡册了。

　　大戴禮武王踐阼謂黃帝顓頊之道，在于丹書，引道書之言云：「敬勝怠者吉，怠勝敬者滅；義勝欲者從，欲勝義者凶。」尚書緯帝命驗云：「季秋之甲子，赤爵銜丹書入于豐，止于（姬）昌戶，其書曰：敬勝怠者吉云云。」又見六韜明傳篇，可見「敬」一詞來源之遠。楚語：「敬恭明神，以爲之祝……天地……各司其序，不相亂也。民是以能有忠信，神是以能有明德。民神異業，敬而不瀆。」民之主敬，所以與神保持距離。至『遠乎鬼神』，而仍須持敬。若論語云：「務民之義，敬鬼神而遠之。」卽其明證。楚繒書云：「毋弗或敬，隹天作福，神則各之；隹天作夭（祅），神則惠之，□敬隹僥，天像是惻。成爲天□，下民之戒，敬之毋戈（忒）。」其告誡尤爲殷切，是知『敬』之觀念，與事神有莫大關係。

　　詩大序：「成孝敬。」孝與敬二者相對爲文。敬與祭祀關係之深，在禮記亦有明文。祭義云：「（祭）煩則不敬。」祭統云：「天子諸侯，莫非耕也；王后夫人，莫非蠶也。……身致其誠信，誠信之謂盡。盡之謂敬，敬盡然後可以事神明，此祭之道也。」又云：「天子藉千畝，婦縰絲養牲爲祀，以祭先王先公。」鄉飲酒義：「聖立而將之以敬曰禮，禮以體長幼曰德。德也者，得于身也。」以得訓德，以敬德爲禮的基本。

　　周人的克殷，正是一股新勢力，有如波斯之滅巴比倫；周人有他們立國的新觀念，『敬德』便是把殷敎推進了一步。『敬』是對『天』的尊崇，而德爲立人的本體；敬是畏天威的表現，盛德是完美的威儀，亦是效法於天帝的。班固在典引上說：

「洋洋若德，帝者之上儀。」雖語出自漢人，其義必遠有所受，可無疑義。

周頌有敬之一篇云：「敬之敬之，天維顯思，命不易哉！無曰高高在上，陟降厥士，日監在茲。」老天時時在看住人們的行動，不可不『敬之敬之』。召誥且言：「節性，惟日其邁。王敬作所，不可不敬德。」性是生之理，節制血氣之性，而邁進于德。敬德須節其性，方有進德之日。召公再三垂誠，認為夏、殷二代因為「不敬厥德，乃早墜厥命。」「王其德之用，祈天永命。」故能敬則得天祐，否則遭殃。從詩、書的資料看來，『敬德』是西周道德哲學的中心觀念。

『敬』字的意義，根據周書謚法，解作「夙夜警戒」的意思。大學引湯之盤銘：「苟日新，日日新，又日新。」清儒多說「苟日新」的『苟』字，卽是說文訓自急救的苟[26]；金文盂鼎的𢫦，卽是『敬』的省體，所以湯盤的『苟』卽『敬』字。「苟日新」卽「敬日新」。說文：「敬，肅也。」肅下云：「持事振敬也。」釋名：「敬，警也；恒自肅警也。」「敬日新」卽是日惟肅警，不敢縱逸之意。可知殷人本亦主敬。敬是舊義，周人更加強調起來。敬應當是在行動中保持警惕，所以敬亦作『儆』。魯語下云：

> 夫民勞則思，思則善心生；逸則淫，淫則忘善，忘善則惡心生。沃土之民不材，淫也；瘠土之民，莫不嚮義，勞也。是故天子大采朝日，與三公九卿，祖識地德，日中考政，與百官之政事，師尹惟旅、牧相宣序民事。少采夕月，與太史、司載糾虔天刑。日入監九御，使潔奉禘郊之粢盛，而後卽安。諸侯朝修天子之業命，晝考其國職，夕省其典刑，夜儆百工，使無慆淫，而後卽安。卿大夫朝考其職，晝講其庶政，夕序其業，夜庀其家事，而後卽安。士朝而受業，晝而講貫，夕而習復，夜而計過無憾，而後卽安。自庶人以下，明而動，晦而休，無日以怠。

這一席話出自魯大夫公父文伯歜之母穆伯妻敬姜之口，爲千古名言，可看作無逸篇的注腳。她解釋朝日是要習（祖）知（識）地德，夕月是要共（糾）敬（虔）天刑（法）。據韋昭注「地德所以廣生」：「言天子與公卿，因朝日以脩陽政而習地德，因夕月以治陰教而紀天刑。日照晝，月照夜，各因其明以脩其事。」大采朝日，服用五采，在春分舉行；少采夕月，服用三采，在秋分舉行。大采、少采的服色，自來有不

同的說法，今不深論；但卜辭已見大采、小采之名[27]。敬姜所謂朝日識地德，日中考政，夕月敬天刑（法），此天子之事。而諸侯亦要晝考、夕省、夜儆，『惟日孳孳』，明勤晦休，『自朝至于日中昃，不遑暇食。』這樣勤勞認真的工作，卽是召誥所謂『敬德』。是周人所提倡的勤勞的『敬』，和宋人主靜的敬，實在是不相同的。

春秋很多名人對『敬』都有精闢的解說，如云：

> 「敬，德之聚也；能敬必有德，德以治民，君請用之。」（臼季贊冀缺語，
> 左僖三十三年傳）

又每每把『禮』與『敬』對待爲言，例如：

> 「禮，國之幹也；敬，禮之輿也；不敬、則禮不行，禮不行、則上下昏，何
> 以長世？」（內史過責晉侯受玉惰；左僖十一年傳）

又：

> 「禮，身之幹也；敬，身之基也。」（孟獻子責郤錡不敬語；左成十三年傳）

不敬便是惰（說文：「惰，不敬也。」）周人認爲不但對上要敬，對下亦要敬，所以說：

> 「敬，民之主也；而棄之，何以承守！」（穆叔論敬不可棄；左襄二十八年傳）

敬是德的基礎；人身以禮、敬爲本，「無禮則身不立，不敬則身不安。」（漢書五行志顏師古注）這些可說是對西周『敬德』的進一步的闡釋。可見『敬』之爲敎，沿漑之遠了。

四、天命說下的政治與道德之關聯

「帝命」卽是天命，帝王興替卽決定于天命。自周代殷以後，天命與王位遂成爲密切的聯繫，於是有「受命說」之興起。召誥云：「嗚呼！皇天上帝，改厥元子茲大國殷之命。惟王受命，無疆惟休，亦無疆惟恤。嗚呼！曷其奈何弗敬！」大誥：「矧曰其有能格知天命……敷賁。敷前人受命，茲不忘大功。……已！予惟小子，不敢替上帝命。天休于寧（文）王，興我小邦周，寧王惟卜用，克綏受茲命。……爽邦由哲，亦惟十人迪知上帝命。……爾亦不知天命不易。……肆朕誕以爾東征。天命不僭，卜陳惟若茲。」三監及淮夷之叛，周公奉成王命東征，作此以申天命。這說明周

所以應當代殷而有天下的道理，在詩、書及彝器，屢見這種誥誡之詞。酒誥之『明大命于妹邦』，毛公鼎、單伯鐘云：『勞菫（勤）大命』，及『譖貉（恪）大命』，大命卽是天命。書盤庚云：「恪謹天命。」已成爲一種套語。由于帝位的轉移，故有『天命靡常，匪懈』之說，像『帝命不時』，『侯服于周，天命靡常』（文王），『天命匪解』（周頌桓），『維天之命，於穆不已』（詩清廟），見於雅頌，不一而足。至漢人更造爲王者受命之論。班彪著王命論稱漢高祖之興有五因，東漢傅幹著王命敍[28]，論世祖之興有四事，下至隋李德林作天命論，已是陳陳相因了。

　　『天命靡常』的道理，在春秋戰國時有重要的發揮。左傳僖公五年宮之奇諫伐虢：「臣聞之。鬼神非人實親，惟德是依。」故周書曰：「皇天無親，惟德是輔。」杜注：「周書，逸書。」屈原作離騷，有云：「皇天無私阿兮，覽民德焉錯輔。夫惟聖哲以茂行兮，苟得用此下土。」王逸謂：「皇天神明，無所私阿。觀萬民中有道德者，因置以爲君，使賢能輔佐以成其志。」是惟有德者乃能奄有天下。康誥警告小子封曰：「惟命不于常，汝念哉！無我殄。」故必須踐德，乃克獲天之助。人主承受天命，是因爲他有德，而且還不懈地去實行，故天與之助力。班𣪘言：「惟民之𠻬，在彝。」「在彝」一語，可以詩大雅烝民：「民之秉彝，好是懿德。」解之。彝是『常』，所謂『彝倫攸敍』（洪範），是道德的秩序。此彝德不特人主爲然，一般臣民亦應該具有之。不敬的結果，是『棄命而取禍』，卽失去他受到天地生育的和氣，而不能定命。左傳成公十三年劉康公對成子受脤於社之不敬行爲，且有一段議論云：「吾聞之：民受天地之中以生，所謂命也，是以有動作禮義威儀之則，以定命也。能者養之以福，不能者敗以取禍。是故君子勤禮，小人盡力，勤禮莫如致敬，盡力莫如敦篤。敬在養神，篤在守業。國之大事，在祀與戎；祀有執膰，戎有受脤，神之大節也。今成子惰，棄其命矣，其不反乎！」劉康公所說『民受天地之中以生』，卽是所謂『命』。『中』卽書湯誥『降衷有恆性之衷』，廣雅釋詁：「衷，善也。」[29]，定命的條件，是行爲上動作威儀之則。所謂『則』，亦是大雅「天生烝民，有物有則」之則，可說是人的紀律。在君子方面要勤禮去致敬以養神。養神的任務便是祭祀，這是國之大事的一端。後漢書荀爽對策：「昔者聖人建天地之中而謂之禮，所以興福祥之本，而止禍亂之源也。」荀氏用左傳此文而說『天地之中爲禮』。致敬在于養神，可見敬是本

于祭祀，此其所以爲禮也。不敬卽惰，成子惰故有棄「命」之譏。

「定命」一詞，原見于詩。抑云：「有覺德行，四國順之 。訏謨定命，遠猶辰告。敬愼威儀，維民之則。」劉康公說「動作威儀之則」以『定命』，抑詩言遠大謨略以定命，亦必本于敬愼威儀，然後可爲民之楷則，意思是相承的。

春秋以來，『天命觀』每每從政治轉移到道德行爲方面。穀梁傳云：「人之於天也，以道受命；於人也，以言受命。不若（順）於道者，天絕之也；不若（順）於言者，人絕之也。臣子大受命。」（莊元年）穀梁傳提出對于天則用『道』來受命，於人則用『言』來受命。『道』與『言』的重要性，正是貫徹『命』的兩種工具，這是很新鮮的說法了。把『命』的涵義從『天』擴展到『人事』和『言辭』方面來，這是進一步的發揮。古有『受命』之禮，周禮大宗伯云：「王命諸侯則儐之，是來受命。」故人臣以受命之禮爲重大之事，王命有如天命，不可輕忽視之。 不順於道，則天絕之；不順于言，則人絕之。天以道受命，故天道是絕對的。吳王闔廬之被弒，吳季札至曰：「苟先君無廢祀 ，民人無廢主 ，社稷有奉 ，國家無傾 ，乃吾君也，吾誰敢怨？哀死生事，以待天命。」（左昭二十七年）處大難之中，旣非人力所能爲，乃抱一種安命無怨的態度。後來中庸引孔子言：「居易以俟命，無入而不自得。」居易是處常，和季札居危的情形正相反，但期待『命運』的決定則是相同的。邾文公卜遷於繹，其史曰：「利于民而不利於君。」邾子曰：「苟利於民，孤之利也。天生民而樹之君以利之也；民旣利矣，孤必與焉。」左右曰：「命可長也，君何弗爲？」邾子曰：「命在養民；死之短長，時也。民苟利矣，遷也，吉莫如之。」（左文十三年）杜注：「文公以百姓之命爲主，百姓之命乃傳世無窮。」邾子不理對己之不利，認爲一己之命不足計較，而養民實爲天命之所在，能捨私命而求大命，可謂眞能知命者。後來孔子因言『知天命』，『樂天知命故不憂』，而孟子亦言：「夭壽不貳，修身以俟之，所以立命。」己命之修短不足計較，但修身以待之，則兼有季札、邾子之精神。這是春秋時人對于命的理論，因舉二事，以見其對儒家思想影響之一斑。

命運觀念，希臘人謂之 Moira。在古詩人荷馬（Homer）史詩所述，天神乃要受到命運（Destiny）的決定（Moira above the God），而命運仍舊是要依據道德的（Moira as moral），命運是超越于衆神能力之上，神的行爲如果犯了錯誤，連 Zeus

也不能違反命運規定，亦要受到道德制裁的。

　　希臘在多神教孕育之下，其命運思想，是作爲限制所有無論神、人之個體力量的負有道德任務的法令[30]。在吾國銅器彝銘所見天命的詞句，像『勞勤大命』、『龢恪大命』、『惠弘天命』等，如昧天命，則召致滅亡。叮嚀再四，充分表示一由上天確定的命運是絕對的，是出于上帝意旨而不可侵犯的。希臘人以多神立教，神與神之間尙有矛盾與鬪爭，而殷、周之際，早已形成汎神，甚至超神的意識。上帝、皇上帝、皇天神、皇天上帝等名稱，都是一神的尊號，而『天』無異卽上帝的別名。在發揮天命的力量，更富有權威，而天帝與道德配合起來，更爲鞏固而有意義。

　　詩周頌：「維天之命，於穆不已；於乎不顯，文王之德之純。假以溢我，我其收之；駿惠我文王，曾孫篤之。」毛傳引孟仲子曰：「大哉天命之無極，而美周之禮也。」箋云：「天之道，於乎美哉！」訓穆爲美，毛傳訓純大。箋云：「純，亦不已也。溢，盈溢之言也。於乎不光明與！文王之施德，敎之無倦已，美其與天同功也。以嘉美之道，饒衍與我，我其聚斂之，以制法度，以大順我文王之意，謂爲周禮六官之職也。」「純德」金文作「屯德」，善鼎及伯戔簋俱云：「䂅（效）前文人秉德共屯。」其語略同「於穆」，見于金文，亦重言穆穆，或釋穆爲深奧（Profound），謂天道深不可測，于義亦通。此頌的主要意義正在把天命與純德扣緊起來。新出土周共王器的師䢅鼎云：「臣朕皇考穆穆王，用乃孔德□屯（純），乃用恩弘正乃辟安德。」又有『孔德』及『安德』二詞，德字在銅器出現十分多，原因是古代「賜祭器，正所以章有德」呢！[31]

五、作易之憂患心理與修德的建立

　　人類宗敎的產生，源於對自然物的恐懼、驚異和失望，在心理上需要安慰與寄託，故宗敎生於情，而學術出於智。宗敎最普徧的意義是信仰。例如對於天象的敬畏，和人事的恍惕戒懼，都是這種心理的表現。文中子周公篇云：「易之憂患，業業焉、孜孜焉，其畏天憫人，思及時而動乎？」這數語頗能道出作易的精神。易卦繫辭之製作，說者謂出於文王。孔氏周易正義第四論卦爻辭誰作下云：

　　　　「其周易繫辭凡有二說：一說所以卦辭爻辭，並是文王所作。知者，案繫辭

云：『易之興也，其於中古乎？作易者其有憂患乎？』又曰：『易之興也，其當殷之末世，周之盛德耶？當文王與紂之事耶？……』史遷云：『文王囚而演易。』即是作易者其有憂患乎？……二以爲驗爻辭多是文王後事，……左傳韓宣子適魯，見易象云：『吾乃知周公之德。』周公被流言之謗，亦得爲憂患也。……」

無論其辭作者爲文王抑或周公，都是生于憂患而著文垂訓。孔疏云：『若無憂患，何思何慮？不須營作。」「身旣患憂，須垂法示於后，以防憂患之事，故繫之文辭，明其失得與吉凶也。」故繫辭下云：

「易之爲書，不可遠爲道也。……唯變所適。其出入以度，外內使知懼。又明于憂患與故。无有師保，如臨父母。」

外內使知懼，所以朝夕警惕，以求無過。繫辭又云：「子曰：危者，安其位者也；亡者，保其存者也；亂者，有其治者也。是故君子安而不忘危，存而不忘亡，治而不忘亂，是以身安而國家可保也。易曰：其亡其亡，繫於苞桑。」六十四卦都是修德防患的事，繫辭傳於「作易者其有憂患」句下，列舉九個基本卦，皆以修德爲主：

履	德之基	和行
謙	德之柄	制禮
復	德之本	自知
恆	德之固	一德
損	德之修	遠害
益	德之裕	興利
困	德之辨	寡怨
井	德之地	辯義
巽	德之制	行權

這九卦卦義可以修德避患，故特指出，明爲德之所用。周語芮良夫曰：「夫王人者，使神人百物無不得其極（正），猶日怵惕，懼怨之來也。」曰怵惕者，易乾卦九三爻辭云：「君子終日乾乾，夕惕若厲，无咎。」疏謂：「君子在憂危之地，故終日乾乾，言每恆終竟此日，健健自强，勉力不有止息。夕惕者，謂終竟此日，後至向夕之時，

猶懷憂惕。」這種恍惕的心理，正在養成「臨事而懼」的好習慣。讀易可以無過，必須保持內外使知懼之心，故能免咎。周公在大誥警告幼冲人應該『永思艱』，成爲永久的勅戒。

文中子言易有畏天憫人之心，畏天之降災，致罰於人，故修德以防患。先憂而後樂，這種憂患心理，富有宗教情緒，但並非對神發生的恐懼。S. Kierkegaard 著 The Concept of Dread 說明帶著原罪（Original Sin）的人類，對天災的殘酷，在上帝面前怖慄地懺悔。中國古代無「原罪」的意識，故易傳的憂患心理與 Dread 之心，有很大的距離。

震卦是重雷，爲十分驚怖的天象，故云：「君子以恐懼修省。」不止恐懼，而是因恐懼而自我修省。既濟爲已渡到彼岸，但始終不認爲滿足，其象辭仍云：「君子以思患而豫防之。」對於防患，始終不渝，這才是易的憂患心理。

易象的作者，在解釋各卦時，屢屢以『德』爲言，如坤象云：「以厚德載物。」蒙象云：「以果行育德。」小畜象云：「以懿文德。」否象云：「以儉德辟難。」豫象云：「以作樂崇德。」蠱象云：「以振民育德。」大畜象云：「以多識前言德行，以畜其德。」坎象云：「以常德行習教事。」晉象云：「以自昭明德。」蹇象云：「以反身修德。」夬象云：「以施祿及下，居德則忌。」升象云：「以順德積小以高大。」漸象云：「以居賢德善俗。」節象云：「以制數度議德行。」六十四卦的象辭中有十四卦提到德字，大抵以進德、積德爲主，在不好的卦象，則意存警惕。否之儉德，坎之常德，蹇之修德，節之議德皆是。

乾文言論乾，元、亨、利、貞爲四德。『四德』之名，見於左傳襄公九年史官解說穆姜筮得艮之隨卦，謂穆姜「而與於亂，固在下位。而有不仁，不可謂元；不靖國家，不可謂亨；作而害身，不可謂利；棄位而姣，不可謂貞。有四德者，隨而無咎；我皆無之，豈隨也哉！」由其取惡，不能無咎。稱元、亨、利、貞爲四德，春秋時人已有此說。至於乾卦各爻的層次，初九保其龍德，九二言「德博而化」，九三言「忠信進德」，九四言「進德修業欲及時」。處處以德爲主題，故云：「君子以成德爲行，日可見之行也。」君子之成就在乎德行。易十翼的作者結合「德」義來發揮易的眞諦，以建立易的道德學。

六、時義思想的形成

『時』的觀念，在周易中有極重要的地位。乾彖言：「六位時成。」六爻構成的層次，代表著不同的時會。象辭上每說著「時之義大矣哉！」又如既濟九五爻，象曰：「東鄰殺牛，不如西鄰之時也。」王弼注：「在于合時，不在于豐也。」所以時有『合時』之義。如何才能合時，是要「先天而天弗違，後天而奉天時。」「與四時合其序。」當然須依天行的規則來進行。

古者「日中爲市，致天下之民，聚天下之貨，交易而退，各得其所。」(繫辭傳)故『日中』是一日中最重要的時間。豐的卦辭說：「豐亨，王假之，勿憂，宜日中。」王之所至，以日中爲宜。禮記祭義鄭注：「殷人大事以日中。」書無逸說：「自朝至于日中、昃，不遑暇食。」周公自晨、午、昏，連吃飯都沒有充份的時間，想見忙碌之至。殷代卜辭又作『中日』，如「中日至郭兮(曦)啓。」(林 547)「中日至昃，其雨。」(掇，394)墨子經說：「日中，正(正)南也。」日中這一時刻，是太陽當值正南的時候，故被認作一日的中間定點。

「民之大事在農」(周語)，故堯典以「敬授民時」爲重。希臘希西阿 (Hesiodos) 著工作與時令，爲 Boeotia 樸實農人之實地工作與日常生活的寫照。在吾國則有月令及夏小正一類之書。

甲骨文𡆥字，說者謂爲『之日』合文。說文：「古文時，从之日。」經典『時』字，除指 time 者外，尙有與『是』同用之例。孟子引：「夏諺：時日曷喪，予及汝偕亡。」時日卽是日，堯典：「惟時柔遠能邇。」「惟時懋哉。」詩文王：「有周不顯，帝命不時。」鄭注：「時，是也。」般：「敷天之下，裒時之對，時周之命。」時均訓是，可作指示代名詞之『此』用。惟時＝惟是，則時又可作繫詞的『是』用。這種現象，近東亞述語 (Assyrian) 在連接詞，每以 ci 字用爲 when，while。ci 正如漢語之『時』。希伯來的第五字母ה (古體ㅠ) 用作指定冠詞(Definite Article)之 "the"，亦作疑問詞，說者謂其與動詞 "be" (音 ha-iah) 有關[32]。這一情形和中國的時字用爲『是』＝the 及 be，最爲相似。

『時』由『之日』二字會意。『時』字用作『是』，在語法上具有冠詞的 the

（此）和繫詞的 be 兩種重要意義，因其具有肯定及指示作用。尚書皐陶謨云：「百僚師師，百工惟時。撫于五辰，庶績其凝。」百官必依「時」去工作。洪範：「王省惟歲，……歲月日時無易，百穀用成。……日月歲時既易，百穀用不成。」時間是不可改易的，宜順其常，否則農事的收穫便發生問題了。『時』一觀念之所以重要，是與農事有密切關係。周語虢文公曰：「民之大事在農：上帝之粢盛於是乎出，民之蕃庶於是乎生，事之共給於是乎在。……是故稷爲大官。古者大史順時瘯土，……民用莫不震動，恪恭于農，脩其疆畔，日服其鎛，不解于時。」百姓是要「不懈於時」，而王者亦要「使民以時」（論語）。『時』有它的實際生活意義，儒家重視『時』的觀念，其故在此。

孟子稱孔子爲「聖之時者也」（萬章下），以其「時行則行，時止則止。」（趙岐注），「可以速而速，可以久而久，可以處而處，可以仕而仕。」（萬章下又公孫丑上），一切因時制宜，無不得其正。趙注云：「孔子聖人，故能量時宜，動中權也。」趙說「量時宜，動中權」，即是孔子讀易所體會到的『時中』的道理。孔、孟都言『權』，孔子云：「可與言，未可與權。」孟子云：「權然後知輕重。」又云：「執中無權，猶執一也。」公羊傳論權最精：「古人之有權者，祭仲之權是也。權者何？權者反於經，然後有善者也。權之所設，舍死亡無所設。行權有道，自貶損以行權，不害人以行權。殺人以自生，亡人以自存，君子不爲也。」（桓十一年）權是『稱』、是『秤』，所以別輕重，祭仲知「國爲重君爲輕」，犧牲一已以存國，故春秋美之。焦理堂云：「（易）繫辭傳云：『巽以行權』，又云：『巽稱而隱』，又云：『巽，德之制也。』稱即是權，制即『謙以制禮』之制。」焦氏又云：「盈則以反經爲權；失道則以制禮辨義爲權，用以自救其過。執一則害道，變通則道不窮。行權者，變而通之也。」（易通釋權）又焦氏釋時云：「（易）於隨贊云：『天下隨時於升。』贊云：『柔以時升。』於遯贊云：『剛當位而應與時行也。』於无妄贊云：『茂對時育萬物。』於家人之通。解則贊云：『待時而動。』於革之通。蒙則贊云：『以亨行時中。』於塞之通。睽則兩卦皆云：『時用大矣哉！』可謂詳矣。……凡稱時用、時義各有所鈎貫，非泛言也。賁傳云：『觀乎天文，以察時變。』明賁通困也。豐傳云：『天地盈虛，與時消息。』明豐通渙也。經舉一隅，傳已不憚徧舉諸隅。而於繫辭傳總

揭其義云：『變通配四時，不煩言而決矣。』（易通釋）焦氏把易傳上的『權』與『時』的涵義，同以『變通』解釋之，可謂得其肯要。所以了解易經的『時』義，需要配合『權』的道理，要懂得『變通』去衡量，以取得至當而中正，這是大易的至理。古代許多哲人莫不認識『時』的重要性。孟子引齊諺：「雖有鎡基，不如待時。」范蠡亦講究『隨時』，他說：「夫聖人隨時以行，是謂守時。天時不作，弗爲人客；人事不起，弗爲之始。今君王未盈而溢，未盛而驕，不勞而矜其功，天時不作，而先爲人客；人事不起，而創爲之始，此逆於天而不和於人。」（國語越語）時機未到，而先時發動，自然要失敗的。「隨時以行，謂之『守時』。」說明『時』的把握在處事上非常重要，千萬不能忽視的。

相反地，時運不來的，或兩求亦莫能致；時際不合，則士有不遇之歎。屈原的「哀朕時之不當」，及「願俟時乎吾將刈」，只能夠期待，他只能夠藉文辭來發洩他的生不逢時的感慨，歸之於命運的不偶。故辭賦家每每把『時』和『命』二者聯結起來，稱之曰『時命』。莊忌有哀時命之作，其辭云：「哀時命之不及古人兮，夫何與生之不遘時！」『不遘時』便是不合時宜的了。

C. N. Callahan 曾論西方古代哲學中『時』（Time）有四義。Joseph Needham 著時與東方人（Time & Eastern Man）一文，對古代墨經、道家之論『時』諸觀念，已有詳細發揮。本文只就儒家淵源于易的「聖之時」一義，與「時變」二者的不可分關係，加以說明，他暫從略。易由卦爻所組成，王弼已說過：「卦以存時，爻以示變。」又云：「卦者，時也；爻者，適時之變者也。」（易略例）故知構成易體系基本原素的卦、爻，即代表著時與變的意義。

總之，『時』有『是』義，『是』引申爲實（Real）、爲正（Rightness）。時雖指 Time，但已進而指示：此際此事之『是』，又爲是非之『是』，可說是由 must be 而成爲 ought to be，在這種情形下，『時』便發展爲時中（timely mean），其意義已入於道德的範疇了。

附　註

1. 原文英譯大意：The ultimate "nature" of all things is water, and that the Universe is alive—has soul in it—and is full of Spirits or Gods. (F. M. Cornford:— *From Religion to Philosophy*) p. 4。

2. All nature is poisoned by the offence of man: (同前) p. 5。

3. Order of Nature is a moral order, (同前) p. 6。

4. 文廷式純常子枝語二十八 (p. 21)：「東西各邦宗教，上世同以拜天爲宗旨。」文氏又云：「人生既有知識，則舉目所見，莫大于天。卽使不出一源，而敬天祭之，必無異議。」

5. E. O. James 史前宗教中 *Sky-religion* 章。pp. 204-227。

6. 「貞帝丁帝云。」見續 2.4.1。

7. 「辛未卜帝風不用雨。」佚 227。「帝史（使）風。」通 398。

8. 「方帝」見前 7.1.1；前 4.17.5。

9. 南師 1.31；續存上 168。

10. 後上 28.14；通 368。

11. 甲1164。

12. 續存上1594。

13. 續 4.34.8；南誠75，又寧滬 1，515。

14. H. G. Creel 卽持此說，見 *The Origions of Statecraft in China*。黃俊傑譯天神的源流（大陸雜誌45/4）。

15. 殷本紀記帝武乙無道，爲偶人謂之天神，與之博，令人爲行。天神不勝，乃僇辱之。爲革囊盛血，卬而射之，命曰射天。Granet 曾揭舉此一例，同樣的情形，如達拉斯人，每逢閃電行雷，便含恨向天亂射，欲以箭使上帝服從。法國蒙田 Michel de Montaigne 在他的散文集中謂靈魂缺乏眞正對象時，把情感附託在假的對象之上，便拿這個道理來解釋。

16. 見附表一：周初誥命所見『上帝』表。

17. 帝與天同義同用說，參池田末利氏釋帝與天。封禪書裴駰集解引鄭（玄）孝經注：「上帝者，天之別名也。」

18. 甲骨文編 p. 74。

19. 屯乙 907。

20. 屯乙 375。

21. 屯甲2304。

22. 說文古文旁字有作旁的。

23. 附二：商周書所見『德』字摘錄表。

24. 附三：金文『德』字表一、二。

25. 像范曄光武紀贊。

26. 孫志祖讀書脞錄、阮元罩經堂續集釋敬、陳立釋苟、薛壽學詁齋文集釋苟等文。參陳槃先生經義扎閒「苟日新」條。

27. 小屯乙編12：「大采日，各雲自北。」又16：「大采雨自北征……。」佚 276：「今日小采，允大雨。」可證。大采、小采乃春秋分行朝日、夕月之禮，而有雲、雨，故記其異。

28. 傅燮子，入魏。文見全後漢文卷81。

29. 王念孫說。見春秋左氏傳舊注疏證，p. 884。

30. Moira as an ordiance which limits all individual power, whether human or divine; and moreover, that this ordiance is even more a decree of moral obligation. (同前) p. 14 Cornford。

31. 史記衞世家：「成王舉康叔爲周遠，賜衞寶祭器，以章有德。」

32. 參 Hugh A. Moran & David H. Kelley:*The Alphabet and the Ancient Calendra Signs* p. 76。

附一　周初誥命所見『上帝』表

金縢	乃命于帝庭，敷佑四方。
大誥	予惟小子，不敢替上帝命……爽邦由哲，亦惟十人，迪知上帝命。
康誥	越我一二邦，以修我西土惟是怙冒，聞于上帝。帝休，天乃大命文王。
召誥	嗚呼！皇天上帝，改厥元子茲大國殷之命。惟王受命，無疆惟休，亦無疆惟恤。……王來紹上帝，自服于土中，……其自時配皇天，毖祀于上下。
多士	惟帝不畀，惟我下民秉爲，惟天明畏。我聞曰：上帝引逸，有夏不適逸，則惟帝降格，嚮于時夏。……殷王亦罔敢失帝，罔不配天其澤。……惟時上帝不保，降若茲大喪。……今惟我周王，丕靈承帝事，有命曰割殷，告勑于帝。
君奭	我亦不敢寧于上帝命，弗永遠念天威，越我民罔尤違惟人。……時則有伊陟臣扈，格于上帝。……公曰君奭！在昔上帝割申勸寧王之德，其集大命于厥躬。……乃惟時昭文王廸見冒聞于上帝，惟時受有殷命哉。
多方	惟帝降格于夏……不克終日勸于帝之廸，乃爾攸聞。……惟我周王，靈承于旅，克堪用德，惟典神天。
立政	亦越成湯陟丕釐上帝之耿命。……帝欽罰之，乃伻我有夏，式商受命，奄甸萬姓，亦越文王、武王，克知三有宅心，灼見三有俊心，以敬事上帝。……
呂刑	上帝監民，罔有馨香德，刑發聞惟腥。
顧命	保乂王家，用端命于上帝。
文侯之命	惟時上帝，集厥命于文王。

附二　商周書所見『德』字摘錄表

盤庚上	非予自荒茲德，惟汝含德，不惕予一人。
	汝克黜乃心，施實德于民，至於婚友，丕乃敢大言，汝有積德。
盤庚中	故有爽德，自上其罰汝，汝罔能迪。
盤庚下	用降我凶德。……今我民用盪析離居，罔有定極，……肆上帝將復我高祖之德，亂越我家。……式敷民德，永肩一心。
高宗肜日	民有不若德，不聽罪。天既孚命正厥德，乃曰其如台！
微子	我用沈酗于酒，用亂敗厥德于下。
洪範	人無有比德，惟皇作極。　曰予攸好德，汝則錫之福。
	于其無好德，汝雖錫之福，其作汝用咎。
	六、三德：一曰正直，二曰剛克，三曰柔克。
	九、五福：四曰攸好德。
金縢	今天動威，以彰周公之德。
康誥	惟乃丕顯考文王克明德慎罰。　今民將在祇遹乃文考，紹聞衣德言。
	若德裕乃身 ，不廢在王命。　朕心朕德惟乃知。　乃非德用乂，汝亦罔不克敬典。　我時其惟殷先哲王德，用康乂民作求。　用康乃心顧乃德。
酒誥	天降威，我民用大亂喪德。　飲惟祀，德將無醉。　越小大德，小子惟一。　作稽中德，爾尚克羞饋祀。　茲亦惟天若元德。　經德秉哲。惟助成王德顯。　弗惟德馨香，祀登聞于天。
梓材	先王既勤用明德……作兄弟方來，亦既用明德。　肆王惟德用，和懌先後迷民。
召誥	王其疾敬德。　曰其稽我古人之德。　王敬作所，不可不敬德。　惟不敬厥德，乃早墜厥命。　王其德之用祈天永命。　其惟王位在德元。越友民，保受王威命明德。
洛誥	公稱丕顯德，以予小子揚文、武烈，奉答天命。　乃單文祖德。　萬年

　　　　　　厭于乃德。　其永觀朕子懷德。

多士　　　惟天不畀不明厥德。．非我一人奉德不康寧。　予一人惟聽用德。

無逸　　　則皇自敬德。

君奭　　　弗克經歷，嗣前人恭明德。　我道惟寧王德延。　惟茲惟德稱，用乂厥
　　　　　辟。　在昔上帝割申勸寧王之德。　亦惟純佑秉德迪知天威。　惟冒丕
　　　　　單稱德。　惟文王德丕承無彊之恤。　其汝克敬德，明我俊民在讓。
　　　　　乃惟知民德亦罔不能厥初，惟其終。

多方　　　惟我周王，靈承于旅，克堪用德，惟典神天。　非我有周秉德不康寧，
　　　　　乃惟爾自速辜。　爾尚不忌于凶德，亦則以穆穆在乃位。

立政　　　上帝迪知忱恂于九德之行。　謀面用丕訓德，則乃宅人。……其在四
　　　　　方，用丕式見德。……文王惟克厥宅心……以克俊有德。　亦越武王率
　　　　　惟敉功，不敢替厥義德，率惟謀從容德，以竝受此丕丕基。　用憸人，
　　　　　不訓于德，是罔顯在厥世。

呂刑　　　德威惟畏，德明惟明。　穆穆在上，明明在下，灼于四方，罔不惟德之
　　　　　勤。　惟克天德，自作天命，配享在下。　惟敬五行，以成三德。　今
　　　　　往何監非德于民之中，尚明聽之哉。

文侯之命　丕顯文武，克慎明德，昭升于上，敷聞在下。　簡恤爾都，周成爾顯
　　　　　德。

附三　金文「德」字表一

器名	套語	銘　　　　文	出　處
1. 德鼎		王異（易＝賜）㣃（㣃＝德）貝廿朋。	上海銅器27.
2. 德方鼎		自蒿（鎬）咸，王易㣃（德）貝廿朋。	同上 28.
3. 德簋			二器在美國 文物 1959/7.
4. 盂鼎	正德	今我隹即井（型）𥄂于玟王正德……。	上海 29.
	敬雝德	紹燮敬雝德，巠（經）敏，朝夕入諫。	
5. 毛公鼎	若德	告余先王若德，用邛卲皇天，龥𪉲（恪）大命。	愙 4/2.
6. 叔向簋	明德	余小子司（嗣）朕皇考，肇帥井（型）先文且 （祖），共明德，秉威儀，用䣷貉奠保我邦我家。	大系 129.
7. 番生簋	誓德	不顯皇且考，穆穆克誓氒德，嚴在上，廣啓氒孫 子于下。	陶 2/16.
8. 又番生𣪕 蓋	元德	不敢弗帥井（刑），皇且考不杯元德，用龥𪉲（恪） 大令，嬖王位，虔凤文，專求不朁德。	大系 130.
9. 大克鼎	悊德	「𢟪毫（讓）氒心，寍靜于猷，盅（淑）悊（哲） 氒㥁。」「易釐（釐）無彊，永念于氒孫辟天子， 天子明悊（德）覭考于申（神）。」	上海 47.
10. 梁其(基)鐘	悊德	不顯皇且（祖）考，穆穆異異（翼）克悊氒德， 農臣先王，得屯（純）亡敃。	上海 60.
11. 井(邢) 人妾鐘	誓德	覭盅（淑）文且皇考，克誓氒德。貯（得）屯（純） 用魯永（終）于吉……妾不敢弗帥用。秉德　文 且皇考，穆穆秉德。	上海 61.
12. 善鼎		唯用妥福，唬（效）前文人秉德共屯。	小校 3/30.
13. 師望鼎	哲德	小子師望曰：不顯皇考宄公，穆穆克盟氒㥁，㦤 （哲）氒德，用辟于先王㝵屯亡敃。	金匱 58.
14. 師訇(詢) 𣪕	首德	哀哉今日天疾畏，降喪，首德不克妥，故亡承于 先王。	薛 14; 大系 132.

15. <u>伯姟簋</u>	秉德	隹用妥神，襄虢前文人秉德共屯，隹匃萬年。	攈2/3.
16. <u>班毀</u>	敬德	允才（哉）顯唯敬德，亡逌（攸）違。	文物。
17. <u>曆鼎</u>	元德	肇對元德，孝友隹井（刑）。	代3/45.
18. <u>敚彔光鬲</u>	寶德	敚彔光康□□孝永寶德。	薛16/176.

金文「德」字表二

國別	器 名	套語	銘　　　　　　　　　　文
<u>虢</u>	虢叔鐘	明德	穆穆秉元明德……敢戲帥井（型）皇考威儀。
<u>蔡</u>	蔡姑簋		用妥多福于皇考德尹惠姬，用蘄匃眉壽，綽綰永令，徧毕生靈冬。
	蔡侯鐘	毕德	有虔不惕，輶（左）右楚王，崔崔為政，天命是遅，定均無邦，休有成慶，旣忐（協）于忌，乍中毕諬（从言）。
<u>晉</u>	晉姜鼎	明德	余不叚妄（荒）寧，至雍明德，宣邲我猷。
	晉公盦	秉德	敢帥井（刑）先王，秉德龏龏，智燮萬邦。
	嗣子壺	屯德	犀犀康盟，承受屯悳，旂無彊至于萬意（億）年。
<u>曾</u>	曾伯陭壺	為德	為德無叚，用孝用亯，用賜眉壽。
<u>齊</u>	叔夷鐘	政德	蕳（肅）成朕師旟之政德，諫罰朕庶民左右毋諱，夷不敢弗憼戒。
<u>陳</u>	陳曼簠	經德	不敢逸康，肇勤經德。
	陳侯因 齊錞	揚德	其惟因齊，揚皇考卲練高祖黃啻（帝），偯祠趚文，朝問諸侯，合敡毕德。
<u>越</u>	者沪鐘	湟德	女亦虔秉……余其念訌乃有湟悳，目克糸光躲喔。
<u>徐</u>	王孫遺者鐘	政德	肅悊聖武，惠于政德，思于威義，……余恁祠心，誕永余德。
<u>秦</u>	秦公毀	明德	……余雖小子，穆穆帥秉明德，剌剌趕趕邁（萬）民是敕……。
	秦公鐘	明德	……小子穆穆帥秉明德，叡尃明井（刑），虔敬朕祀，以受多福。

附四　金文所記『天命』略表

器　名		銘　　　文
大盂鼎	天……大令	……不顯文王，受天有大令（命），在珷王嗣玟作邦。……古天翼臨子……。
周公設	無終命	……克奔走上下帝，無冬令（終命）弜右周追孝……。
兟伯設	受大命	……朕不顯祖玟、珷雁（膺）受大命。乃且克辥先王，異（翼）自也（他）邦，又帀于大命。（此器直作大命，不以令爲之。）
毛公鼎	受大命	皇天弘猒氒德，配我有周，雁受大命。……唯天啚集氒命，亦唯先正，㠯辥（襄乂）氒辟，勞堇（勤）大命。辥皇天亡昊，臨保我有周，不巩（鞏）先王配命。……告余先王若德，用邛邵皇天，靐貊（恪）大命（此器亦逕作「命」）。
	集命	
	配命	
單伯鐘	大命	迷匹先王，勞堇大命（命）。
師訇設	天命	不顯文武，孚受天令（命），亦則殷民。……克左右先王，乍氒厶叟（肱股），用夾邵氒辟，奠大命。
番生設	大令	……不怀元德，用靐貊大令。
師燮設	虥乃命	今余隹靐虥乃令（命）。（按此成語亦見鄼設、師兟設二）令女嗣乃且舊官，小輔眔鼓鐘。
彔伯戜設	惠弘天命	……自乃祖考，又勞于周邦，右闢四方，重圆天令（惠弘天命），女肇不彖（墜）。
班設	昧天命	……隹民亡徝才（哉）！彝炗（昧）天令（命），故亡。
沈子設	受命	敢取邵告朕吾考令（命）……克成妥（綏）吾考臣于顯顯受令（命）……用气靇令，用妥公唯壽。
蔡侯鐘	天命	天命是逞，定均庶邦。
叔夷鐘	天命	……尸箕其先舊，及其高祖。貧貧成湯，又敢在帝所，尃受天命，刪伐頣（夏）司（祀）。……不顯朕皇且，受天命，䪞宅禹𧴪，十又二公，在帝之庇，嚴龏夤天命，保蓺氒秦，虩事䜌夏。
秦公鐘	天命	受天命，竃又下國，十又二公。

孔　子　學　說

梅　貽　寶

　　孔子是中國人的「至聖先師」；孔子學說，可稱爲中國「國魂」。孔學一方面確定了中國文化兩千多年來發展的重心，一方面彰明了中國人人生的精神與價值。孔學的重要性，乃世所公認，而無須費辭的。不過惟其偉大悠久，要想把孔子學說，清楚確切的說明，反而並非易易。在開始闡述孔子學說之前，首先要提出兩點，加以說明，庶乎可以避免若干常常發生的誤會與糾紛。第一點是孔子學說與儒家學說的區別。第二點是孔子學說的資料來源。茲就此兩點分別略加申說：

　　第一，孔子學說與儒家學說並非一事，不可混爲一談。要想明瞭孔子學說，這是先要認清的一點。儒學——亦稱儒教——乃是儒家學派經過兩千多年的發展演變的整體學說。孔學則是孔子本人的學說。其間廣、狹、純、駁，大有區別。儒學當然以孔學爲出發點。這個繁複的思想系統，在觀點與內容上，大致可以認爲孔學的引申推廣。但是若把儒學略加分析，便顯露出其中若干的派別，若干的門戶。儒家派別的形成，很早已經開端。孔子因材施敎，孔門中最有成就的弟子們類別爲：

　　德行：顏淵、閔子騫、冉伯牛、仲弓。言語：宰我、子貢。政事：冉有、季路。

　　文學：子游、子夏。（論語先進 9：2。以下凡論語引文，不再舉論語兩字。）可見當時的「孔子書院」，毫不強求人人一致。乃是依照個人的天材與興趣，發展他的長處。至於孔夫子的中心思想，弟子們亦各有不同的領悟與解釋。曾子以忠恕爲孔子一貫之道（里仁 4：15）；而有子則以孝弟爲仁之本（學而 1：2）。到了戰國時期，孟子主性善，荀子主性惡，形成了先秦儒學的左右兩翼。對於先秦儒家學派的分歧一點，韓非子很肯定的說：「儒分爲八」。其全文如下：

　　本文爲中國上古史待定稿第四本之一章，審閱人：陳槃先生。

世之顯學儒墨也，儒之所至孔丘也，……自孔子之死也，有子張之儒，有子思
之儒，有顏氏之儒，有孟氏之儒，有漆雕氏之儒，有仲良氏之儒，有孫氏之
儒，有樂正氏之儒。……故孔墨之後，儒分爲八，墨離爲三，取舍相反不同，
而皆自謂眞孔墨[1]。

一個博大悠久的學派系統，內部發生門戶歧異的現象，可說是勢所必然，無由避免，
亦更無足爲病。但是儒學經過兩千多年的發展過程，逐漸的積聚了許許多多觀念與學
說。其中有些與孔子學說並無顯著關係，甚且更有些所謂儒家學說，竟然與孔子原意
背道而馳的。例如西漢時代，董仲舒諫勸漢武帝罷黜百家，獨尊儒術，被公認爲當代
大儒。而董氏的春秋繁露一書，隨處都是些災異符瑞等論說。這顯然是方士之談，不
但與孔學無關，而且正是孔子所避而不語的「怪、力、亂、神」（述而 7：21）範
圍。董派儒學曾經保持着可觀的勢力，但是這樣的儒學，遠非孔子本意了。以上舉
例，只限於古代儒學發展的史料，但已足夠說明儒學與孔學大有區別這一點。本文以
孔子學說爲題，取材當以孔子本人的思想爲限。

第二，要研究孔子學說，必須劃清孔子學說的根據，亦卽是需要確定研究孔子學
說的資料。中國傳統的看法，認爲六經——易、書、詩、禮、樂、春秋——與四書
——論語、大學、中庸、孟子——都是儒家經典。他如孝經、孔子家語等等亦曾被視
爲要籍。據說六經中的詩、書、禮、樂乃爲孔子所刪定，至於易傳、春秋，則更是孔
子的親筆著作。其他各書，或則存有孔子言語，或則引申孔子本意，所以都是研究孔
子學說的基本資料，不得忽視的。無奈孔子刪作六經之說，引起若干疑難，前人由宋
代開始，早有評議，表示懷疑[2]。時人以客觀治學態度論斷孔子與六經的關係，大致
愈發傾向於冲淡此說一途。其中亦偶有例外：如康有爲仍說：「六經皆孔子所作也」[3]。
多數學人則以爲春秋或爲孔子撰述，其他各經至多只不過由孔子刪贊訂正而已。所以
六經只可視爲與孔子有關的文獻——其中一部份是孔子學說的源流，一部份是孔子學
說的濫觴。這些經典有參考的價值，而不足爲孔子學說的基本資料。採取如此立場，
而予以有力說明的，有陳大齊[4]、馮友蘭[5]、錢穆[6]等等。至於梁啓超[7]與胡適[8]雖然亦
承認六經不能一概說是孔子所作，但是他們仍然極力標榜易經與春秋，胡適認爲易經
是孔子的形上學的說明，梁啓超認爲「易是孔子哲學的總滙，春秋是孔子政治論的總

滙」[9]。胡適在中國哲學史大綱裏，論孔子哲學時，特別寫一段長達十五頁的專章，講述易經。他説：

　　孔子學說的一切根本，依我看來，都在一部易經。我且先講易經的哲學[10]。但是他這樣的結論，語氣雖然十分肯定，並未擧出任何有力證據來，亦只能説是一位當代學人的見解而已。

　　嚴格講來，以上所擧這些所謂孔子學說的資料，只有論語一書，乃是孔子及門下弟子在孔子身故不久，把各人存藏有關夫子言行起居的札記，滙集而成。雖有所謂齊論、魯論、古論派系之別，其間出入有限，所記大致可靠。其中參入了些門弟子的言論，以及一些不甚相干的片段文字。不過細心閱覽，揣其大意，孔子的思想，是不難發現的。論語以外，如禮記的檀弓、禮運、坊記、表記、儒行等篇，亦間或載有門人所記夫子的言論。其中大學、中庸兩篇尤堪注意。據説大學是曾子所作，中庸是子思所作，此説恐難據信。但是這兩篇的內容，似乎存有孔子言論與思想，至少亦可視為孔子學說的推演。孟子志在發揚孔子之道，他「言距楊、墨」以及其他「邪説」。孟子這本書中若干章節，用作論語的早期註疏，似乎未為不可。其他經籍，各有問題，未可率以為據。本文旨在闡述孔子學說，乃以論語為主要資料[11]，以大學、中庸、孟子以及禮記中學，庸以外若干篇章為輔佐資料。

　　孔子是一位實踐哲學家，而不是一位理論哲學家。當時門弟子所受的教誨很大部份亦是身教。而這兩千五百年來，中華民族所感受孔子的化育，一部份是來自他遺教的訓誨，而另一部份是由於他的人格的感召，所以他的稱號是至聖先師。孔子既然沒有著書立説，而他的言行有同等價值，所以要想闡述孔子學說，勢須搜集他的言的記錄與行的記錄，加以整理編輯，以提出他的學說系統。

　　孔子學說，依照現代學術分類來講，約可分為道德學、教育學、政治學以及宗教觀感四部份。其中以道德為本，以教育與政治為用，以宗教為道德之引申而造極。為闡述便利，特以教育學説為開端。全文綱目茲排列如下：

孔子的教育學説：

　　「有教無類」，「性相近，習相遠。」

　　教學相長

　　　　　全人教育

　　　　　啓發教育

　　　　　教育效果

　　　　孔子的道德學說

　　　　　一貫之道

　　　　　仁學（孝道）

　　　　　禮樂

　　　　　君子

　　　　孔子的政治學說

　　　　　仁政、禮治、人治、身治

　　　　　正名

　　　　　近悅遠來，無爲而治

　　　　孔子的宗教觀感

　　　　　天、命、天命

　　　　　齋、祭、禱

　　　　　「天何言哉？」

　　　　結語

孔子的教育學說

　　「有教無類」（衞靈公15：38）區區四個字，卽是在論語裏，亦要算最短的一章。這四個字却表現了孔子的偉大的革命教育思想。孔子生在純粹的封建時代。當時在教育方面，有政府委任的「教官」，教導一些有公子王孫資歷的學生；此外很少有自由職業的老師，亦很少有平民能够入學受教的學校[12]。「有教無類」這一條教育理想，卽是在今日世界上最富最强的美國亦還不能順利實現；而在古老封建的中國情況下，孔子竟然强調高呼，以轉變當時的風氣而肇創一個教育普及運動。其膽其識，自非常人所能及。而且他進而體身力行，杏壇設教。只要一個學生專誠求教，不問出身貴賤，年齡高低，一視同仁，都稱弟子。孔子說：「自行束修以上，吾未嘗無誨焉。」

（述而 7：7）。所以孔門弟子號稱三千。就此一事而論，亦卽看得出孔子自謂「述而不作」（述而 7：1），乃是自謙之辭。他平生的言行很顯然的說明，他是亦述亦作的。他以私人資格設學施教，乃是一項最具體的教育創新[13]。

孔子之所以極力主張開放教育，乃是根據他對於人性的深切瞭解。他說：「性相近也，習相遠也」[14]（陽貨 17：2）。這一章字數亦不多，驟看似乎亦沒有什麼了不起的深辭大意。然而略加思索，就能發現這句話的重要性，這句話前一半是確立人性一致的觀察，後一半是說明習染與環境對於一個人發展的重要。當今若干科學，有如社會學、人類學、心理學、教育學、生物學等等，都在研究遺傳與環境對於一個人的影響份量。雖然現代研究方法與工具精益求精，遠非上古時代所能比擬，但是他們的結論，大致仍舊不出孔子兩千五百年前的觀察：「性相近也，習相遠也。」聯合國文教處曾於一九五〇年招集國際學者，舉行會議，研討種族問題。該研討會報告書全文十五節，共十一頁，其中只有引文一條，卽是論語中「性相近也，習相遠也。」這一章。其結論且謂：「近年來若干科學研究完全支持孔子的論說」[15]。孔子這樣的灼見、遠見、先見，使得他不但不愧爲中國人的至聖先師，甚且可以稱爲全人類的至聖先師。

惟其能體認各人的差別是由環境因素所決定的老師，才能真正體認教育神聖的意義。論語裏記載孔子說過兩次「誨人不倦。」（述而 7：2；述而 7：34）這大概不是偶然的。孔子勤勤懇懇教導弟子，以完成作老師的神聖使命，概可想見。因爲他覺悟了「性相近也，習相遠也」這條真理，所以孔子一面自己盡心竭力做一個好老師，一面大聲急呼「有教無類」，要求教育開放，教育均等，務使人人都有接受教育的機會。中華民族在孔子的號召之下，培養成「萬般皆下品，惟有讀書高」的大衆理想。

再進而言之，論語這兩章經文，不但是孔子教育學說的基礎，而且，亦是中華民族的民主精神的宣言。在孔子心目中，人的本性無大差別，這乃是人類間平等博愛的理論根據。孔子雖然沒有倡導民主政治革命，但他確是燃起了民主思想的火苗。到了後來，孟子坦白的說：「民爲貴，社稷次之，君爲輕。」（孟子盡心下 7B：14）那是由來有自的[16]。

以上所說，都是有關孔子教育學說的基本觀念。因爲孔子對於人性有正確而深入

的瞭解，所以他很自然的成爲一位忠心熱誠的教師。但是孔子稱得起爲中華民族的「萬世師表」，還不只於是因爲他有一片教師的赤誠而已。他對於教學的方法與內容各方面，都有獨到的體認與實施。茲逐項略加說明如後：

近代西洋教育學界提倡「教學相長」，或說「且做且學」的原則，彷彿是一項新發明。這一項學說當然很有價值。大凡一位教師要保持他教學的效率與興趣，他必須自己不斷的努力上進。但是這項原則，孔子却早已體身力行，顯然他亦已發現了這一條眞理。論語裏論「學」的篇章很多，而其中若干條是指孔子而說，或是孔子自謂，茲略舉數條如下：

　　子曰：學而時習之，不亦說乎？（學而 1：1）

　　子曰：吾十有五而志於學。（爲政 2：4）

　　子曰：吾嘗終日不食，終夜不寢，以思，無益。不如學也。（衞靈公 15：30）

　　子曰：十室之邑，必有忠信如丘者焉，不如丘之好學也。（公冶長 5：27）

　　子曰：三人行，必有我師焉。（述而 7：22）

　　子在齊聞韶，三月不知肉味，曰：「不圖爲樂之至於斯也。」（述而 7：14）

　　子曰：默而識之，學而不厭，誨人不倦，何有於我哉？（述而 7：2）

　　子曰：……抑爲之不厭，誨人不倦，則可謂云爾已矣。（述而 7：33）

由以上幾條論語經文，可以看出孔子在學問一途，是一位「知之者」、「好之者」，而且「樂之者」。教育作業的骨幹當然是學習。而學習並不限於學生。教師一面教導學生，一面仍舊要繼續學習。這樣才能引起學生學習的興趣，以及維持教師自己的進益與興趣。這就是教育學所說的「教學相長」的原理，而亦就是孔子教學生活的濃縮寫眞。孔子以六藝授徒[17]，但是並非死板的爲諸生講述而已。孔子自己雖然成就很高，然而仍舊不斷的努力上進。由經文中所用的「志」、「習」、「思」、「好」、「樂」、「不厭」幾個字，可以看得出孔子是實行「教學相長」或「教學並進」的教育原理的。教師領導學生共同學習，亦可謂之爲一種「身教」，亦卽是孔子在教育學說上另一項偉大貢獻。

就教學內容而論，孔門教育方針可稱之爲全人教育。六藝在當時是指禮、樂、射、御、書、數六事而言，約略等於今天的美育、體育、智育三門類。孔子以六藝授

徒，顯然是施行三育並重的教育。這已經超出書本的傳授，文字的講述了。而在這智、體、美三方面的進益以外，孔子更注重健全完美的人格的培養。論語說：「子以四教：文、行、忠、信。」（述而 7：25）論語另一章說的更清楚：「子曰：弟子入則孝，出則弟，謹而信，汎愛衆，而親仁。行有餘力則以學文。」（學而1：6）孔子教導他的弟子們，必須去努力實行做人的道理，培養諸般的德行，才可以進而研討學問。由學行並進，相輔相成的功效，以達成全人的發展，實現完人的理想。孔子以全人教育、完人教育爲他的教育理想。他自己更是坐而言，起而行，有作有爲，有操有守的大丈夫的典範。在吳道子畫的「先師孔子行教像」上，孔子腰間是佩劍的[18]，這亦可見唐朝以前一般人心目中的孔子的風格。孔子的全人、完人理想，包括公民、公僕觀念。立德、立功、立言三不朽之說[19]，在孔子時代，已經流行。孔子在魯國短期從政以外，他周遊列國十四年，栖栖皇皇，席不暇煖，目的還是希望亂中求治，救民出水火。孔門弟子從政的人很多，其中仲田、宰予更是因爲忠於職守，死於國難。這一切都是說明孔子教育理想乃是全人教育、完人教育，包括公民教育。這樣教育應該培養出德、智、體、羣、美各育並進，手腦並用，退可以獨善其身，進可以兼善天下的社會領袖，國家棟樑。後來儒士的造型，演變成了一個四體不動，五穀不分的白面書生。這同孔子教育理想不但無關，甚且可以說是一個諷刺。

　　孔子教學的方法，完全合乎啓發式教育的原理。首先他說一個人要想求學，必須打破成見。論語說：「子絕四：毋意、毋必、毋固、毋我」（子罕 9：4）。隨著，他要求絕對的學問誠實。「子曰：由，誨汝知之乎！知之爲知之，不知爲不知，是知也。」（爲政 2：17）。有了虛心與誠實這樣作學問的先決條件，才好努力憤發，學思並用，舉一反三。孔子說：「學而不思則罔，思而不學則殆。」（爲政2：15）又說：「不憤不啓，不悱不發。舉一隅不以三隅反，則不復也。」（述而7：8）孔子是一位很熱誠的恩師，但是他對於門生們要求很嚴，要他們努力，運用他們的頭腦，竭盡他們的才智，求學上進。這位老師給門生們若干的指導與啓示，但是學識硬要他們自己探討追求。換言之，他絕不作塡鴨式的教學老師。孔子甚且說過他自己並沒有什麼了不起的知識；他只會引導別人做一個澈底的檢討。論語說：「子曰：吾有知乎哉？無知也。有鄙夫問於我，空空如也，我叩其兩端而竭焉。」（子罕9：7）

這是說，每個人都有若干知識，只是他頭腦不清楚，不知運用有條理的思維，一派胡思亂想。所以只顯得是個愚拙鄙夫。孔子對於這樣一個俗人，加以問詢，予以引發，那人便能清醒過來，辨認是非。稍後於孔子，索格拉底斯（公元前470？—399）在希臘、雅典完全運用啟發對話方式，探求眞理。索氏本人因爲引起了許多人的厭煩羞惱，被雅典大衆法庭，判處死刑。但是他奠定了西洋文化中眞理至上的品德。索氏所用的探索手法，後世教育學課本上稱爲索氏方法，亦稱知識助產術。孔子早已在中國古代，運用啟發手法教導諸生。可謂東西上古兩大教育家，不謀而合，相得益彰了。

　　孔子施行啟發式教育，時而收到很好效果。論語以下三章，都是記載門人受了啟示而有所發明，深使孔子感覺滿意：

　　　　子貢曰：「貧而無諂，富而無驕，何如？」子曰：「可也。未若貧而樂，富而好禮者也。」子貢曰：「詩云：如切如磋，如琢如磨。其斯之謂與？」子曰：「賜也，始可與言詩已矣。告諸往而知來者。」（學而1：15）

　　　　子夏問曰：「『巧笑倩兮，美目盼兮，素以爲絢兮。』何謂也？」子曰：「繪事後素。」曰：「禮後乎？」子曰：「起予者，商也，始可與言詩已矣。」（八佾3：8）

　　　　子謂子貢曰：「汝與回也孰愈？」對曰：「賜也何敢望回？回也聞一知十，賜也聞一知二。」子曰：「弗如也。吾與汝弗如也。」（公冶長5：8）

以上三章經文涉及子貢、子夏、顏回，孔門三大弟子，不但說明孔門施教的方法氣氛，亦表達了孔門師生情誼的自然流露。

　　孔子對於顏回最爲賞識。顏子的境遇在門弟子中最爲艱苦。孔子說他「一簞食，一瓢飲，在陋巷。人不堪其憂，回也不改其樂。」（雍也6：10）顏回在這樣簡陋的處境中，不但安之若素，處之泰然；而且對於夫子的博大精深之處最能體認。他有以下一段說話：

　　　　顏淵喟然嘆曰：仰之彌高，鑽之彌堅；瞻之在前，忽焉在後。夫子循循然善誘人。博我以文，約我以禮。欲罷不能，既竭吾才，如有所立，卓爾，雖欲從之，末由也已。[20]（子罕9：10）

顏回對於夫子這樣的崇揚，已經不限於一事一物的啟示發明而已，乃是長期的教誨薰

染的結晶。顏子受了夫子偉大人格的感召，一面使他努力上進，「欲罷不能」，一面
又讓他惶恐途程遼遠，深怕難有所成。後來司馬遷所說的「詩有之：『高山仰之，景
行行止。』雖不能至，然心嚮往之」[21]。實與顏子所云，有共鳴之處。顏回在世的時
候，夫子一再的稱賞他「賢哉回也。」（雍也 6：10）孔子聽見顏回的死訊，他呼叫
「噫，天喪予！天喪予！」（先進 11：8）。夫子故後，門人服喪三年，而子貢廬於冢
上，凡六年。惟獨顏回先夫子而去，無由守喪，自古及今，師生情誼間一大憾事也。

　　孔子學說很大一部份是教育學說，所以他被稱爲「至聖先師」、「萬世師表」。
論語是門弟子們所彙集的孔子言行錄，開宗明義 第一篇第一章 卽是家喩戶曉的「子
曰：學而時習之，不亦說乎」。亦就可見教育在孔子學說中所佔地位的重要。孔子以
「做到老學到老」的奮發學習精神，領導諸生，共同上進，「下學而上達」（憲問14：
37）。把有關教育的孔子言行的記錄聚集整理後，可以看後出他的教育思想。約有下
列數端：㈠人人教育，亦卽公開教育。他說「有教無類」。而這是基於「性相近也，
習相遠也。」的信念。㈡個人教育。孔門弟子三千，通六藝者亦有七十二人。其中年
歲長幼，品位尊卑無所不有，而個人性格興趣亦多有差別。孔子都能因人施教，使得
每個學生得到最大收穫。以下論語一章，記載兩位門人，先後向夫子問同樣問題，而
夫子的回答，大不相同，可以說明孔子的因人施教，因材施教的個人教育原則：

> 子路問聞斯行諸？子曰：「有父兄在，如之何其聞斯行之？」冉有問聞斯行
> 諸？子曰：「聞斯行之。」公西華曰：「由也問聞斯行諸，子曰：有父兄在。
> 求也問聞斯行諸，子曰：聞斯行之。赤也惑，敢問。」子曰：「求也退，故進
> 之。由也兼人，故退之。」（先進11：21）

㈢全人教育。孔子以六藝授徒，所包括的方面已經很廣。而他更把「行」擺在「學」
的前面，他說「行有餘力，則以學文」。全人教育的目的，在使得一個人的品德、學
術、美感、健康，各方面都獲得平衡發展，以達成完人的理想，且能擔任公民公僕的
職責。大學所說的「大學之道，在明明德，在新民，在止於至善。」亦卽是孔子的全
人教育，完人教育的理想。

　　孔子在當時封建社會，私人設學施教，乃是中國教育史上文化史上一項劃時代的
作業。他瞭解人性相近，所以教育重要。這更是一項眞知灼見。他平生沒有脫離教

師崗位，造就了若干的大儒，而使得中國文化學術重心發生轉移。以前中國文化權威都寄託於朝廷官府。自從孔子倡辦教育以來，這權威重心逐漸轉移到私人學士，同時在中國人心中養成「師道至上」的觀念。舊式學房中並且供奉「天地君親師」的牌位。國際文化界有人說，尊重教師，世界上沒有比中國人更隆重的。這一切的成就，都歸根於孔子的教育學說。所以孔子受中國人尊重爲「至聖先師」，爲「萬世師表」，當之無愧。而中華民國近年來創設教師節，即指定孔子誕辰，公曆九月二十八日[22]，爲節日，尤稱允當。

孔子的道德學說

孔子學說的核心當然是他的道德學說。道德學說以個人的修養爲主題，以成賢成聖爲目的。修養到了最高階層，更要涉及一個人的性靈覺悟，那亦就是天人相與的境界了。孔子一再講到一貫之道，他心目中必然有一個學說重心。但是這重心到底是什麼，夫子自己沒有明說，留待門人們各自體認，所以引發了若干的猜測，即是及門的弟子們意見亦不一致。吾人根據論語經文，作一逐步闡述如下：

第一：論語說：

> 子曰：「賜也，汝以予爲多學而識之者與？」對曰：「然。非與？」曰：「非也，予一以貫之。」（衛靈公15：2）

這一章經文說明孔子惟恐門弟子沒有看出來他的思想重心，因而捨本逐末。即使高徒如子貢者，亦難免發生誤會，需要指點。

第二：這個一貫之道，孔子非常重視。他不但說：「誰能出不由戶，何莫由斯道也？」（雍也6：17），而且說：「朝聞道，夕死可矣。」（里仁4：8）可見得這個道乃是一個人的言行舉動的根據以及尺標。充其極，一個人果然體認了道，即是死亦無憾。中庸說：「道也者，不可須臾離也，可離非道也。」（中庸第一章）可以看作孔門弟子就夫子所說的一貫之道原意，加以引申。

第三：曾子認爲夫子的一貫之道即是忠恕。

> 子曰：「參乎，吾道一以貫之。」曾子曰：「唯。」子出。門人問曰：「何謂也？」曾子曰：「夫子之道，忠恕而已矣。」（里仁4：15）

不過，有子却另有所見，以孝弟爲仁之本：

　　　有子曰：「其爲人也孝弟，而好犯上者，未之有也。不好犯上而好作亂者，未之有也。君子務本，本立而道生。孝弟也者，其爲仁之本與？」（學而1：2）

孔子曾對子貢説過「恕字」可以作爲終身行之的一言。

　　　子貢問曰：「有一言而可以終身行之者乎？」子曰：「其恕乎？己所不欲，勿施於人。」（衞靈公15：23）

所以後世學究們就根據曾子的話，以忠恕爲孔子的一貫之道。

　　　第四：如果仔細研讀論語的話，不難發現，在忠恕、孝弟、信義諸多德行背後，更有一個「仁」的觀念，爲他們的基礎，爲他們的泉源。在一切德行中，論語言仁的記載爲最多——約計五十八章，一百零八見[23]。而説的亦最肯綮，此點下文當有敍述。自程、朱以來，論者大都以仁爲孔子思想的神髓，亦卽是一貫之道。當今講孔子學説的，尤其多就此一點，予以發揮[24]。

　　　第五：仁與忠恕的關係需要澄清。但此節並不繁難。茲先擧論語説仁而關涉忠恕的兩章如下：

　　　仲弓問仁。子曰：「出門如見大賓，使民如承大祭。己所不欲，勿施於人。在邦無怨，在家無怨。」（顏淵 12：2）

　　　子貢曰：「如有博施於民而能濟衆，何如？可謂仁乎？」子曰：「何事於仁？必也聖乎，堯舜其猶病諸！夫仁者，己欲立而立人，己欲達而達人。能近取譬，可謂仁之方也已。」（雍也 6：28）

以上第一條孔子答復仲弓問仁，提到己所不欲，勿施於人。第二條孔子答復子貢問仁，由負面的己所不欲勿施於人，進而申説到正面的己立立人，己達達人的觀念。孟子後來更引申一句，説：「强恕而行，爲仁莫近焉。」（孟子盡心上，7A：A）由此可見仁與忠恕是合而爲一的。

　　　第六：實際説來，仁是全德，統攝其他諸德，忠恕亦包括在內。所以説仁是孔子的一貫之道，並不與曾子、有子的瞭解，有任何違背。

　　　以上敍述，旨在確立仁卽是孔子的一貫之道。以下分三段敍述孔子道德學説。第一段講仁，兼及其餘諸德，但限於篇幅，卽不另爲逐條述説。第二段講禮樂。禮樂觀

念乃孔子學說中之一特點，兩千年來影響中國人個人陶養，社會風氣，至深至鉅。而且禮樂觀念爲中國道、墨、法諸家所避而不談，且爲世界一切其他思想主流所忽略。是以成爲中國儒家文化之特徵。本文特敍禮樂一段，以與仁爲孔學表裏。第三段講君子，作爲孔子道德學說的具體表現。

　　仁是孔子學說的重心，亦卽是夫子對門生們所講的一貫之道。如能對仁的概念獲有清楚認識，則孔子學說亦就能得其竅要了。論語講仁的篇章很多，但並不能舉其一二而得一清楚定義或界說。以下數條都涉及仁的性質或內容。合而觀之，約可窺測孔子的仁學的梗概：

　　　　樊遲問仁。子曰：「愛人。」（顏淵12：22）

　　　　子曰：「唯仁者能好人，能惡人。」（里仁4：3）

　　　　子曰：「智者不惑，仁者不憂，勇者不懼。」（子罕9：28）

　　　　子曰：「智者樂水，仁者樂山，智者動，仁者靜，智者樂，仁者壽。」（雍也6：23）

　　　　子張問仁於孔子。孔子曰：「能行五者於天下，爲仁矣。」請問之。曰：「恭、寬、信、敏、惠。恭則不侮，寬則得衆，信則人任焉，敏則有功，惠則足以使人。」（陽貨17：6）

　　　　仲弓問仁。子曰：「出門如見大賓，使民如承大祭。己所不欲，勿施於人。在邦無怨，在家無怨。」（顏淵12：2）

　　　　樊遲問仁。子曰：「居處恭，執事敬，與人忠，雖之夷狄，不可棄也。」（子路13：19）

　　　　樊遲……問仁。曰：「仁者先難而後獲，可謂仁矣。」（雍也6：20）

　　　　子曰：「巧言令色，鮮矣仁。」（學而1：3）

　　　　子曰：「剛毅木訥近仁。」（子路13：27）

　　　　司馬牛問仁。子曰：「仁者其言也訒。」（顏淵12：3）

以上論語論仁數章，說明仁的概念的輪廓。諸多門人問仁，夫子所答不同。樊遲問仁三次，三次問答亦不一樣。這乃是一面因爲因人施敎，一面亦因爲仁的概念含義甚廣，包含若干德行。

「仁」之一字在中國上古文獻中出現甚晚。東周以前的文獻中，包括甲骨金石，並未一見。東周以來，仁字方才出現[25]。而把仁字作爲一個基本概念，推舉爲全部思想的一貫之道，乃是孔子的獨特成就。在孔子時代，仁的意義有種種說法，並不太固定，由上文所列舉論語各章可見一斑。孔子加以重視後，「仁」的概念的意義，更有各層次的不同。如能把握此淺度深度各層意義，重讀論語講仁各章，則可發明若干新義，或覺豁然貫通，因而亦更能體認孔子學說之博大精深。

仁的最淺顯解釋，卽是愛人，有如孔子同答樊遲所云。仁乃愛人一說，切合古訓。中庸說：「仁者人也，親親爲大。」（哀公問第二十章）鄭康成注曰：「人也讀如相人耦之人，以人意相存問之言。」許愼說文解字說：「仁，親也，從人二。」說文段注更謂：「人偶猶言爾我親密之詞，……故其字從人二。」仁字作愛字解，固然可通，但並不處處可通。僅就上舉論語數章而論，亦就能看得出仁字在愛字以外，必然另有廣義、深義，才能把各章統攝說通。

「仁」字的字形是從「人二」。但是「人二」的字形並不只含「親」義，或「爾我親密」義。「人二」很自然的表達更較寬廣的爾我相守，爾我交通等義，亦卽是鄭康成所說的「以人意相存問之言。」中國傳統社會很注重鄉黨鄰里，西洋近代學術有社會學一科。無論中西，人類生來便不能離羣索居，必需與他人交往。魯賓孫漂流記把這一點用小說手法說的清清楚楚。亞里斯多德早在兩千多年前就直接了當說過，「人是政治（亦卽社會）動物。」社會一詞在英文爲 society，字根爲拉丁文的 socius 義爲伴侶。可見這「從人二」的「仁」字的意義，不限於「爾我親密」，可認作人類交往的基礎，亦卽是社會關係的法則。如此說來，「仁」固然包涵「爾我親密」，但是他已超越兩人的情誼，而擴充到人類的團結感情了。

進而言之，「從人二」當然是「從二人」的意思。中文文法不大注意名詞的少數多數的差別。中文可說是很別緻的語言。世界上多數語言都清楚的標誌一個名詞的多數、少數。姑就仁字而論，設若「仁從人二」更換爲「仁從人一」，那就無從多說「仁」的意義與「人」的意義（亦卽人性）的關係了。因爲「人」成了「仁」的孤例。孤例、孤證都是很危險的論斷根據，那是無須贅言的。所可幸者，吾們所討論的乃是「仁從人二」。「人二」不是「人一」。「人一」是單數；「人二」是多數。多數就

是多數，由二到無限都一樣是多數。中文二「木」成「林」是一個很清楚的例子。是以「仁從人二」不但有「爾我親密」義，有「以人義相存問之言」義，有人類團結感通義，而且更有人類本性的內容（亦即人之所以為人）義。仁是抽象的概念；人是具體的實物。「從人二」可以解為多數人乃仁的複例。換言之，仁的意義可由人的共象獲得，而諸多人的共象必然是人類的本性，所以仁乃是人的本性。反過來說，人類的本性即是仁！仁乃是人類的本性，所以中庸說：「仁者人也」，所以孟子說：「仁也者，人也。」（盡心下7B）亦所以朱熹注此條說：「仁者，人之所以為人之理也。」（朱熹：孟子集注、盡心下7B）這是孔子的一大發明，他能用自覺的悟性體認出仁的本體即是人性，仁的運用即是人道。故而孔學即是仁學。英文有 human 與 humane 兩個字，同出乎拉丁文的 humanus 字根。human 意為人或人類；humane 意為仁慈，亦即人所應俱有的情誼，中西印證，可謂不謀而合[26]。

　　仁既然是人的本性，一切的人都有仁，無論貧富貴賤，智愚賢不肖。所以論語有以下兩章：

　　　　子曰：「仁遠乎哉？我欲仁，斯仁至矣。」（述而7：30）

　　　　子曰：「……有能一日用其力於仁矣乎！吾未見力不足者。……」（里仁4：6）

這樣說來，仁是很簡單，很普遍。但是仁有仁籽、仁果之分。其間大有距離。這裏所說「我欲仁，仁斯至」的仁只是仁籽。用孟子的語詞來講，亦可說是「仁之端」。這個仁籽，人人都有，除非一個人喪盡了天良，那是例外。但是人人都有仁籽，並不等於人人都稱得起是「仁人」。只是把仁籽培養成仁果的人，才稱得起是仁人。成仁果是一個了不起的成就，孔子認為仁與聖一樣的崇高難致。他很謙虛的說，他自己不敢承當這樣崇高的名聲：

　　　　子曰：「若聖與仁，則吾豈敢？抑為之不厭，誨人不倦，則可謂云爾已矣！」

　　　　（述而7：34）

孔子對顏淵倍加賞識，逾格的嘉許他，亦只說：

　　　　子曰：「回也，其心三月不違仁，其餘則日月至焉而已矣！」（雍也6：6）

可見得為仁是何等的困難。每個人都賦有本性的仁籽，但是仁籽都需要培養。在論語講六言、六蔽一章裏，孔子說，「好仁不好學，其蔽也愚」（陽貨17：8）。為仁需

要學習。學習爲仁最早的時期，最自然的環境卽是家庭。一個兒童對親長行孝，卽是爲仁的初步。孝悌爲仁之本。中庸說：「仁者人也，親親爲大。」（哀公問第二十章）由近及遠，推而論之，孔門的一切學習都是爲成仁果而學習。

　　以下顏淵問仁一章最富意義，茲先錄原文如下：

　　　　顏淵問仁。子曰：「克己復禮爲仁。一日克己復禮，天下歸仁焉。爲仁由己，
　　　　而由人乎哉？」（顏淵 12：1）

孔子指示顏子爲仁之道在克己復禮，卽是約束自己，來踐行禮[27]，因而本性的仁得以彰顯。果然能做到這一步，則「天下歸仁焉。」「天下歸仁」前人有的注爲「事事皆仁」（程注），亦有的注爲「則天下之人皆與其仁，極言其效之甚速而至大也。」（朱注）。一個人能修成仁果，對於事物人羣必有莫大影響，自不待言。不過如此注解的觀點，都是使「天下」歸向那成仁果的人。另外一解乃是，一旦人能達成仁果，他卽可感覺他的本性的仁與天下人的本性的仁，原是一個仁。因爲仁是人類的共象，仁人與整個人類自然的溶爲一體。這卽是人我不二的澈悟。再進一步，那便是「民胞物與」的境界了。所以說「天下歸仁」不只於指外界人物受感召，而發生良善變化，而主要所指乃是仁人內心的人我合一的大澈大悟。

　　仁人的心境達到了這樣情況，可謂登峯造極。施之於教育自然是有教無類；施之於政治則是天下爲公。但是這樣的仁境，得之甚難，失之頗易。孔子說過以下兩條，對於有志於仁的人，作爲一面勉勵，一面警誡：

　　　　子曰：「君子去仁，惡乎成名？君子無終食之間違仁。造次必於是，顛沛必於
　　　　是。」（里仁4：5）

　　　　子曰：「志士仁人，無求生以害仁，有殺身成仁。」（衞靈公15：8）

中國文化在孔子的教化下孕育長成。中國歷史記載了許多偉大人物。姑以岳飛、文天祥兩人而言，其悲壯事蹟，感動天地，自不待言。而其偉大犧牲之動機，乃超乎執干戈衞社稷的義務，文天祥的正氣歌開頭便說「天地有正氣。」這些位聖賢所殉的乃是天地間的正氣，亦卽那形而上的仁、義；至於殉國，倒還居其次了。

　　禮樂在中國文化中佔有很重要的地位。古代教育以六藝爲宗。禮樂、射御、書數約略等於今天所說的美育、體育、智育三方面。禮樂的興廢亦可用作衡量政治成窳的

標尺。孔子曾說「事不成，則禮樂不興。」（子路13：3）可見得禮樂對於個人修養以及社會安寧，都有莫大影響。但是先秦諸子，如道家、墨家、法家等，對於禮樂並未促進，墨家且以節用為理由鼓吹非樂。世界各大思想主流亦少有以禮樂為重要題目的。惟孔子在諸德中，十分標榜禮樂，禮樂因而成了孔子學說之一特點，允應予以闡述。

論語時而單言禮，時而併言禮樂，其間並無重要區別。孔學可以說是以仁為體，以禮為用，互為表裏。仁存乎心，禮見之行。無仁禮即不興，無禮仁亦難現。論語以下三章，都是說明禮與仁的密切關係：

子曰：「人而不仁如禮何？人而不仁如樂何？」（八佾3：3）

子曰：「禮云，禮云，玉帛云乎哉？樂云，樂云，鐘鼓云乎哉？」（陽貨17：11）

顏淵問仁。子曰：「克己復禮為仁，一日克己復禮，天下歸仁焉。」（顏淵12：1）論語裏很少專門言孝的篇章。孝乃是本性的仁對於親長的表現。這樣至情亦要合乎禮才算完善。孟懿子問孝，孔子同答說「無違。」隨著解釋說：「生，事之以禮；死，葬之以禮；祭之以禮。」（為政2：5）

禮既然是仁的一種作用，所以他不但有外在表達一方面，更有內在心情一方面。禮的內心情境是恭敬辭讓，外在表達則包括品節儀文與政治制度兩端。孔子言禮，注重點多在內心情境，仍舊不脫離仁的發揮。後來荀子言禮，把重心點轉移到儀文制度，再推一步，則荀子的禮制，便轉而為法家的法制了。論語以下諸章旨在說明為禮內心的情境遠較外貌為重。只要有純厚的心情，儀文儉素些，於禮亦無傷：

林放問禮之本。子曰：「大哉問！禮，與其奢也寧儉。喪，與其易也寧戚。」（八佾3：4）

子夏問曰：「『巧笑倩兮，美目盼兮，素以為絢兮。』何謂也？」子曰：「繪事後素。」曰：「禮後乎？」子曰：「起予者，商也，始可與言詩已矣。」（八佾3：7）

子曰：「先進於禮樂，野人也；後進於禮樂，君子也。如用之，則吾從先進。」（先進11：1）

子曰「居上不寬，為禮不敬，臨喪不哀——吾何以觀之哉？」（八佾3：26）

子夏曰：「……君子敬而勿失，與人恭而有禮，四海之內，皆兄弟也。……」（顏淵 12：5）

孔子言禮，屢次提及「立」字。論語有關經文如下：

子曰：「興於詩，立於禮，成於樂。」（泰伯 8：7）

子曰：「不知命，無以爲君子也；不知禮，無以立也；不知言，無以知人也。」（堯曰 20：3）

鯉趨而過庭。曰：「學禮乎？」對曰：「未也。」「不學禮無以立。」鯉退而學禮。（季氏16：13）

孔子晚年有一段自述，亦說到「三十而立」（爲政2：4）。所謂立，乃是立己立人，近者立身，遠者立國。要想做到卓然而立，必須內存恭敬辭讓之心，外有儀文節度之行。所以說「立於禮」。

禮有節制作用。毫無節制的言行舉動稱之爲無禮，爲粗暴。但是禮的功用主要在調節，而不在限制。中庸所說：「喜怒哀樂之未發謂之中，發而皆中節謂之和」（中庸第一章）的中和狀態，乃是情感的表達完全合乎禮節尺度。論語說：

子曰：「恭而無禮則勞，愼而無理則葸，勇而無禮則亂，直而無禮則絞。」（泰伯 8：2）

恭、愼、勇、直，都是美德。但是不經禮的調節，則毫無規範，反而成了德行的累贅，所謂「過猶不及」（先進11：14）是也。子貢問「君子亦有惡乎？」夫子同答他說：「有惡。」以後列舉四項，「勇而無禮者」卽是四項之一。（陽貨17：23）顏淵請問爲仁之目，子曰：「非禮勿視，非禮勿聽，非禮勿言，非禮勿動。」（顏淵12：1）所以顏淵喟然讚嘆夫子的偉大的時候，他提到：「夫子循循然善誘人，博我以文，約我以禮。」

禮樂對於人生俱有美化作用。論語說：

子曰：「君子義以爲質，禮以行之，孫以出之，信以成之——君子哉！」（衞靈公15：18）

子路問成人。子曰：「若臧武仲之知，公綽之不欲，卞莊之勇，冉求之藝——文之以禮樂，亦可以爲成人矣。」（憲問14：12）

孔子曰：「益者三樂，損者三樂。樂節禮樂，樂道人之善，樂多賢友，益矣。……」（季氏16：5）

以上各章，講到君子、成人，所應俱備的品德中，都列舉了禮樂。禮樂亦更是人生一項有益的嗜好。

禮樂對於社會政法能發生重大影響，那是很顯然的。諺云：「移風易俗，莫善於樂；安上治民，莫善於禮」[28]。本文末段講述孔子政治學說，當就孔子的禮治思想，有所說明。本段講禮，卽以此為限，而不涉及禮與治的關係。

君子是孔子道德學說的具體表現。論語裏講君子的篇章很多。大部份所講的乃是一位才德具備的上人，但是並不盡然。論語裏的君子，有幾條顯然是指有位有勢，居上臨下，而與才德並無大關係的人。茲先澄清此點。以下論語各章所指的都是在上位的君子：

季康子問政於孔子，……孔子對曰：「……君子之德風，小人之德草。草上之風必偃。」（顏淵12：19）

子路問君子。子曰：「修己以敬，……修己以安人，……修己以安百姓。修己以安百姓，堯舜其猶病諸！」（憲問14：45）

子曰：「……君子篤於親，則民興於仁。故舊不遺，則民不偷。」（泰伯8：2）

孔子的時代盛行封建制度。貴賤高下，區別分明，不得擅越。當時的「君子」名詞，一如公子、王孫，狹義所指卽是君王的兒子，廣義的亦限於統治階級。所以論語裏有幾章講「君子」而所指在統治階級，無足為怪，亦無足為病。孔子的偉大處乃在他能把「君子」的意義，由統治階級變化為才德具備的賢人。在孔子以前，君子是貴族的標幟。君子之所以為貴，只憑他出生在貴族家庭，實際上他可以是一個卑鄙齷齪的小人。由於孔子的施教，「君子」的意義發生了革命性的轉變。「君子」為詞，完全脫離了他的字根，而變為一切學子修養的目標。是以在論語裏講論君子的各章中絕大部份是講新義的君子。但是舊義的君子在論語裏亦還留有痕跡，適足以表明這新舊兩義的演變。孔子自稱「述而不作」，亦就有人根據這一句話說孔子是老頑固，在開倒車。我們稍微的想想孔子所作所為，就看得出他是一位有膽有識，別具隻眼的大思想家。他自稱「述而不作」，只是謙虛的言談，毫未妨碍他的創新思想。有如教育的開

放以及君子意義的推陳出新，都是孔子的創新思想的很好的例子。孔子可以說是既述且作。

　　孔子所說的君子乃是一位有學有識，才德具備的賢人。論語以下幾章是說明君子應有的條件：

　　　　子曰：「……君子去仁，惡乎成名？君子無終食之間違仁。造次必於是，顛沛必於是。」（里仁 4：5）

　　　　子曰：「質勝文則野，文勝質則史。文質彬彬，然後君子。」（雍也 6：17）

　　　　子曰：「君子義以爲質，禮以行之，孫以出之，信以成之——君子哉！」（衞靈公15：17）

　　　　子曰：「君子博學於文，約之以禮，亦可以弗畔矣夫。」（雍也 6：25）

　　　　（顏淵 12：15重出）

成爲君子的因素有種種，大略仍是以仁義爲體，以禮文爲用。體用協和，可稱爲「文質彬彬」。孔子對於這樣爲人表率的君子十分重視。他屢次說他的造詣還算不得君子。他說「躬行君子，則吾未之有得。」（述而 7：33）又說：「君子道者三，我無能焉。」（憲問14：28）孔子所說的「三」乃是指着仁、智、勇而言。不過子貢加了一句按語：「夫子自道也。」這亦可表明孔子的自謙，以及門人的崇仰。

　　孔子惟恐門人對於君子新義的認識仍有模糊遊移的地方，所以不厭其煩的用君子與小人比對的方式，來申說兩者不同與對立的各點。茲擇尤列舉數條如下：

　　　　子曰：「君子坦蕩蕩，小人長戚戚。」（述而 7：37）

　　　　子曰：「君子喻於義，小人喻於利。」（里仁 4：16）

　　　　子曰：「君子求諸己，小人求諸人。」（衞靈公15：20）

　　　　子曰：「君子上達，小人下達。」（憲問14：23）

　　　　子曰：「君子懷德，小人懷土。君子懷刑，小人懷惠。」（里仁 4：11）

　　　　孔子曰：「君子有三畏：畏天命，畏大人，畏聖人之言。小人不知天命而不畏也，狎大人，侮聖人之言。」（季氏16：8）

　　　　子路慍見，曰：「君子亦有窮乎？」子曰：「君子固窮；小人窮，斯濫矣。」（衞靈公15：2）

　　君子本爲貴族之尊號。孔子打破了家世貴賤的階級觀念，而代以個人才德修養高低觀念。孔子所標榜的君子以仁、義、禮、智諸德爲條件。君子超越常人，以其能發揚人性之至善，實踐人生之眞諦，自孔子以來，君子就成了中國學人的學習榜樣，亦就是孔子道德學說的具體表現。由君子階段，再努力不輟，繼續修養，則可入聖人之室。聖人爲學人修養之登峯造極，集諸德於一身，妙用顯行，臻神化之境。故而求聖亦就牽涉到人的性靈生活。另節敍述孔子的宗敎意識，當有申論。本節講述孔子道德學說，卽以君子觀念爲結束。

孔子的政治學說

　　孔子一生七十多年間，至少發生了一百零七次大小國際（諸侯國）戰爭[29]。孔子政治學說的課題是亂中求治。這亦是先秦諸子的共同課題，所以中國哲學大都涉及政治問題。孔子以仁爲一貫之道。仁學施之於敎育則推演爲「有敎無類」。用之於政治則標榜民爲邦本。這是很自然的體用關係的發揮。孔子政治學說可以稱之爲人政、仁政、德治，或人治。雖然當時是封建社會，孔子的政治學說却種下了民主觀念的種籽，而引發出孟子的民貴君輕的呼聲。

　　既然民爲邦本，人民的福利乃是政府的主要責任。人民福利大致有兩部份，一部分屬於經濟方面，一部分屬於敎化方面。論語下列一章說明富民，敎民這兩種觀念：

　　　　子適衛，冉有僕。子曰：「庶矣哉！」冉有曰：「既庶矣，又何加焉？」曰：
　　　　「富之。」曰：「既富矣，又何加焉？」曰：「敎之。」（子路 13：9）
孔子很淸楚的認定富民是政府的第一要務。他稱讚子產，說他「有君子之道四焉」，「其養民也惠」（公冶長 5：16）卽是這四道之一。孔子未曾言及如何增加生產，如何富裕民生。但是他提出了一個重要而必須防範的警告——「不均」。

　　　　孔子曰：「⋯⋯丘也聞有國家者，不患寡而患不均，不患貧而患不安。蓋均無
　　　　貧，和無寡，安無傾。夫如是，故遠人不服，則修文德以來之。既來之，則安
　　　　之。」（季氏 16：1）
貧富懸殊必然導致紊亂。民與民間固然是如此，官民之間，尤忌不均。官富民貧，定要激起變亂。論語裏記載了一章魯哀公同孔子門人有若的談話。有若的結論說：「百

姓足，君孰與不足？百姓不足，君孰與足？」（顏淵 12：9）貧富甘苦，君民與共的
原則，是孔子政治思想的一端。有若在這一章的言論，可以視爲孔門的發言人。

富民是使民衣食無缺的物質福利。這乃是爲政的起碼任務，但並不是最終目標。
孔子與子貢有一段議論，比較各項政事的輕重先後。這一段論語經文如下：

子貢問政。子曰：「足食，足兵，民信之矣。」子貢曰：「必不得已而去，於
斯三者何先？」曰：「去兵。」子貢曰：「必不得已而去，於斯二者何先？」
曰：「去食。自古皆有死，民無信不立。」（顏淵 12：7）

富民以後必須施以教誨，其最後標的乃在使人人能講信修睦，崇德知恥。所以講次
序，爲政應該先富民而後教民；講輕重，則教化遠重於豐衣足食。遭遇到必不得已的
情況，寧可「去食」，不可亡信。孔子政治思想在這一點似乎超越常情，而實際亦正
是彰顯他的偉大的地方。

亂中求治，有種種不同的途徑。孔子很注重正名一途，以下論語各章都與正名有
關：

孔子曰：「天下有道，則禮樂征伐自天子出。天下無道，則禮樂征伐自諸侯出。
自諸侯出，蓋十世希不失矣；自大夫出，五世希不失矣；陪臣執國命，三世希
不失矣。天下有道，則政不在大夫。天下有道，則庶民不議。」（季氏16：2）
子路曰：「衞君待子而爲政，子將奚先？」子曰：「必亦正名乎！」（子路13：3）
子曰：「觚不觚，觚哉，觚哉！」（雍也6：24）
齊景公問政於孔子。孔子對曰：「君君，臣臣，父父，子子。」公曰：「善
哉！信如君不君，臣不臣，父不父，子不子，雖有粟，吾得而食諸？」（顏淵
12：11）

周朝滅殷，文，武，周公樹立了封建制度。典章儀文，成一完備體制。其中尊卑長
幼，權責禮節，秩序井然。孔子終身嚮往這已去的黃金時代，臨終以前還說「久矣，
吾不復夢見周公。」（述而7：5）言之不勝悵惘。孔子時期的政治，紊亂已極，
潛越篡奪已成了司空見慣的風氣。甚至陪臣亦會執國命。他的政治思想的目的在亂中
求治。在他的經驗範圍內所能想像到的，即是重建周初的政治社會秩序。這樣復古的
念頭當然是做不到。設若做到了，亦不見得即是最合理的理想國。但是設若我們撇開

「正名」觀念的歷史背景，而專講正名的精神，此說亦還不失為一有價值的貢獻。一個國家社會，必須要有組織，要有秩序，這是顯而易見的。否則便有如墨子所說，「一人一義，十人十義，百人百義」[30]，雜亂無章了。要維持這社會秩序，人人都要堅守崗位，盡責稱職，名實相符。聞名世界的柏拉圖的理想國所說的亦不外此旨，不過孔子比柏氏見到此點，更早百餘年耳。中國先秦的名家、法家，以至於荀子，對於正名觀念，亦都有所發揮。

　　為政的積極要素為德，為禮。孔子說：

　　「道之以政，齊之以刑，民免而無恥。道之以德，齊之以禮，有恥且格。」
　　（為政 2：3）

又說：

　　「能以禮讓為國乎，何有？不能以禮讓為國，如禮何？」（里仁 4：13）

德治，禮治當然與刑治，法治大不相同。為政的力量不靠武力威嚇，而憑教化感召。換言之，為政與教學要用同一手段。如此，國家成了一個擴大的學校，君王成了一位人民的老師。這樣從政的政長，不只於要維持公共秩序，使人民互不侵犯，免於刑罰而已。他的主要任務乃是領導人民，一致向上向善，知恥好義，而達於國治民安的境地。那亦就可稱為理想國了。

　　在上的決定要行德治禮治，可以憑藉他的崇高的地位，利用上行下效的心理，而推行之。論語以下幾章，說明如若政長倡導，則人民自然服從：

　　子曰：「……上好禮，則民莫敢不敬；上好義，則民莫敢不服；上好信，則民莫敢不用情。」（子路 13：4）

　　子曰：「上好禮，則民易使也。」（憲問 14：42）

　　季康子問政於孔子……。孔子對曰：「子為政，焉用殺？子欲善，而民善矣。君子之德風，小人之德草。草上之風必偃。」（顏淵 12：19）

　　季康子患盜問於孔子。孔子對曰：「苟子之不欲，雖賞之不竊。」（顏淵 12：18）

而最有效的教化政治，則莫如以身作則的身治。有如老師的體身力行最能影響生徒，同樣的，政長的言行舉動亦是人民間最有效的榜樣。以下論語經文足以說明此點：

　　季康子問政於孔子。孔子對曰：「政者，正也。子帥以正，孰敢不正？」（顏

淵12：17）

子曰：「苟正其身矣，於從政乎何有？不能正其身，如正人何？」（子路13：13）

子曰：「其身正，不令而行；其身不正，雖令不從。」（子路 13：6）

子路問君子。子曰：……「修己以安百姓。修己以安百姓，堯舜其猶病諸！」

（憲問14：43）

　　孔子認為為政最高的境界，乃是國泰民安，無為而治。一切的典章制度，禮儀法則都臻完備。人民安居樂業，熙攘敦穆，至少可稱小康景象。政治至此，已達無為而無不為的地步。論語以下兩章說明無為而治的理想。

子曰：「為政以德，譬如北辰，居其所，而眾星拱之。」（為政 2：1）

子曰：「無為而治者，其舜也與！夫何為哉？恭己正南面而已矣。」（衞靈公15：5）

　　施政的良窳，為普通人評判的便利，孔子另有一個比較明顯簡便的標準，那便是近悅遠來，既來則安的理想。

子曰：「近者悅，遠者來。」（子路13：16）

孔子曰：「……夫如是，故遠人不服，則修文德以來之。既來之，則安之。」

（季氏 16：1）

樊遲請學稼。……子曰：「……夫如是，則四方之民襁負其子而至矣，焉用稼

？」（子路 13：4）

　　孔子政治學說以亂中求治，救民出水火為基礎，以德治禮治為手段。為政最終的目標乃是倉廩實，禮義興，國泰民安，近乎理想的社會。為政長的，必須以身作則，傾導人民向上向善，但是最終則以無為而治為施政最高境界。孔子學說應以道德學說為重心，而以教育學說與政治學說為濫觴。道德、教育、政治，這三部份合而為孔子學說之全部，分而有體用的區分。

宗　教　觀　感

　　孔子學說，以上分段就教育、道德、政治各部門，予以闡述。嚴格講來，孔子對於宗教並無學說之可言，本文亦可略而不論。不過若想對孔子的遺教窺其全貌，對孔

子的行誼得其神髓，則不能不談他的宗教觀感。孔子在教育、道德、政治各方面，亦未曾有系統的講述。只是他對於宗教愈發不願多說，及門的大賢如子貢者，已經說過：「夫子之文章可得而聞也；夫子之言性與天道不可得而聞也。」（公冶長 5：12）所以我們敘述孔子的宗教學說，只可說是窺測，而這一段的標題亦只能稱之爲孔子的宗教觀感。

　　孔子不但很少談到性與天命這一方面的問題，每次有人提出鬼神一節，孔子似乎廻避深入，而訓示門人們這不是當務之急。以下兩章論語經文說明此義：

　　　季路問事鬼神。子曰：「未能事人，焉能事鬼？」敢問死。曰：「未知生，焉知死？」（先進11：11）

　　　樊遲問知。子曰：「務民之義，敬鬼神而遠之，可謂知矣。」（雍也6：21）

亦就有人根據這兩章而主張孔子不但沒有宗教學說，而且亦沒有宗教意識。吾人認爲孔子誠然缺乏很清楚的宗教學說，他更無意創建一個宗教團體。但是他個人生活中的確有很濃厚的宗教意識。此節論者意見頗不一致，今就以下三方面略申吾人見解：

　　㈠論語文中屢見「天」、「命」、「天命」諸詞。這些抽象名詞在中國思想史中經過諸多變遷，所以包括幅度很廣的涵義。「天」可以指爲主宰之神，宇宙之義理基礎，大自然的運用理則等等。即是論語一書中所見的「天」字，亦可作不同的註釋。但是綜觀論語中有關「天」、「命」各章，孔子似乎仍然持有主宰神的觀念，並未完全脫離古典如書經[31]、詩經[32]中「天」的涵義。宋儒程朱等以「理」爲宇宙之基本存在。朱註論語，每以「理」註「天」[33]，影響後人對於論語以及對於孔子論天的瞭解甚大。實際說來，孔子距離詩、書時代（姑以周初爲準）約數百年，而宋儒距離詩書則兩千年。孔子的「天」、「命」觀念吻合於詩、書的程度，遠過於他吻合於宋儒理學。換言之，朱註論語，有關於「天」、「命」各詞，難免有牽強之處[34]。宋朝以前，漢唐時代各家註釋論語，少有註「天」、「命」爲理則的。如論語以下各節，所說的「天」、「命」，顯然指主宰之神，而絕不能以「理」釋之：

　　　子曰：「大哉，堯之爲君也！巍巍乎，唯天爲大，唯堯則之……」（泰伯8：19）

　　　子見南子。子路不悅。夫子矢之曰：「予所否者，天厭之，天厭之。」（雍也6：26）

顏淵死。子曰：「噫，天喪予！天喪予！」（先進 11：8）

子疾病，子路使門人爲臣。病間，曰：「……吾誰欺，欺天乎？……」（子罕 9：11）

子曰：「天生德於予，桓魋其如予何？」（述而 7：23）

子曰：「不怨天，不尤人，下學而上達，知我者其天乎！」（憲問14：35）

子曰：「道之將行也與，命也。道之將廢也與，命也。公伯寮其如命何？」（憲問14：36）

顯然孔子說「天」說「命」，他心目中所有的是一個主宰神，而不只是一個理則。而且與他同時的人們亦是這樣想法。儀封人見過了孔子，出來對門人說：「天下之無道也久矣！天將以夫子爲木鐸。」（八佾3：24）門人子貢囘答太宰說：「固天縱之將聖，又多能也。」（子罕9：6）可見孔子時期，一般人都以天爲「巍巍乎天」，而不是什麼天理，至理，理則的抽象觀念。有人以爲由主宰神的天演化爲抽象的理則的天，乃是人類思想進化的象徵。本文無須論斷此說之是非。所應注意者，乃在使孔子的天，歸本還原，而不可以讓後人的觀念取代了孔子的觀念。

㈡論語有幾章記載孔子關於齋、祭、禱的言行。經文如下：

齊必有明衣，布。齊必變食，居必遷坐。……雖疏食：菜、羹、瓜——祭，必齊如也。（鄉黨10：7）

祭如在，祭神如神在。子曰：「吾不與祭，如不祭。」（八佾3：11）

王孫賈問曰：「『與其媚於奧，寧媚於竈』何謂也？」子曰：「不然。獲罪於天，無所禱也。」（八佾3：12）

子曰：「丘之禱久矣。」（述而7：35）

由此可見孔子不但說「天」說「命」時，心目中有一個主宰神，而在他的日常生活中，亦確有齋、祭、禱告的行動，但是雖然表面上他像是隨習當時一般人的行動，內心中他自有他獨特的宗教觀感。姑以禱告而論。他對於王孫賈的問題大不以爲然。他說禱告不應該問那位神祇靈驗，以便向那位禱告。所該問者，乃是本人是否公正廉明，對天無愧？果然，則隨處都可獻禱，否則無處而可獻禱矣。至於「丘之禱久矣」這句話乃是孔子對子路而發，言外之意，約可作如下觀：「爾輩諸生，只知急來抱佛

脚（借用現代成語），想用禱告來獲得奇蹟。至於吾本人呢，吾亦禱告，乃是無時不在禱告氣氛中生活耳！」中庸說：「道也者，不可須臾離也，可離非道也」（第一章）。孔子稱讚顏淵，說他「三月不違仁」（雍也6：7）。孔子爲顏淵解釋仁的涵義，說：「克己復禮爲仁。一日克己復禮，天下歸仁焉。」（顏淵12：1）。此章申論，詳見上文，茲不重述。孔子又說：「志士仁人，無求生以害仁，有殺身以成仁。」（衞靈公15：9）孔子的一生，可以說是浸潤在仁，在道，在禱之中。他的修養已達到希聖希天的境界。孔子素來很謙虛，但是他自己亦說「七十而從心所欲，不踰距。」（爲政2：4）這顯然是天理人欲融合爲一。如此的聖境，已超越了道德的領域，只可稱之爲宗教經驗，宗教觀感了。

　　㈢孔子自己說「七十而從心所欲。不踰矩」，這樣高超境界亦是由來有自的。論語這一章的全文如下：

　　　　子曰：「吾十有五而志於學；三十而立；四十而不惑；五十而知天命；六十而耳順；七十而從心所欲，不踰距。」（爲政2：4）

在另在一章，孔子對子貢說他自己「下學而上達，知我者其天乎！」（憲問14：35）這都足以表明孔子，達於聖人境界，乃是由修養而成。至於「丘之禱久矣」則更是無時或忘的薰陶習染於天命、天心的氣氛之中。由此可見孔子心目中有主宰擬人之天，生活中有齋、祭、禱告行動，而且是持之以恆的爲成聖而修養。

　　然則孔子何以對「性與天道」這樣的諱莫如深呢？似乎有兩種可能的原因。(1)春秋時代的社會，是充滿了卜筮、夢占、鬼神、災異，種種迷信的。詳見左傳、國語、墨子諸書。巫醫之術逐漸的流爲賤業。子曰：「南人有言曰：『人而無恆，不可以作巫醫。』善夫！」（子路13：22）[35]孔子殊不欲於此鬼神迷信諸端，有任何牽聯干涉。論語直截了當的說：「子不語：怪、力、亂、神。」（述而7：21）(2)人生經驗之最深奧處，亦卽是最不可以語言傳述處。道德經說：「道可道，非常道。」禪宗佛徒標榜不落言詮，同是一個道理。俗語說：「師傅領進門，修行在個人」。孔門弟子們朝夕追隨，如於夫子的宗教觀感，仍是不得其門而入，再怎樣講述亦就罔然了。子曰：「二三子以我爲隱乎？吾無隱乎爾。吾無行而不與二三子者，是丘也。」（述而7：24）孔門造詣最高的顏淵亦深感夫子之敎，有些學得到的，有些學不到

的。

　　顏淵喟然嘆曰：「仰之彌高，鑽之彌堅。瞻之在前，忽焉在後。……旣竭吾

　　才，如有所立，卓爾。雖欲從之，末由也已。」（子罕 9：10）

其學不到的地方，莫非卽是夫子的宗教觀感。孔子與子貢一段對話中表示他不想再多

講話。子貢是以「言語」見長的，對於夫子的決定深感困惑。孔子說：「天何言哉？

四時行焉，百姓生焉，天何言哉？」（陽貨17：17）

　　總而言之，孔子無意建樹一個孔教。就是對於傳統的宗教儀式崇拜，他亦採取敬

而遠之的態度。但是他確有深厚的宗教觀感。他個人的性靈修養已達到天人合一的聖

境。宗教於孔子並不限人生的一個角落，而是彌漫整個人生的一種氣質。陳立夫說：

「孔子之教，具有宗教之實，而無宗教之名」[36]。姑以此說爲本段之結語。

結　　語

　　孔子學說約可分爲道德、教育、政治、宗教四部份，藉以便利敍述。實際上那乃

是一個渾圓完整的人生常道。孔子一言一動都是這個常道的表現。當然，孔子是一位

歷史人物，受時代影響與限制，一如他人。在中國兩千年文化史中，孔子時而受到無

上推崇，被稱爲無冕之王。時而受到百般侮辱，有人吼叫打倒孔家店，有人說他是奴

力主階級的舌人。這些謬說，對於孔學瞭解，一概無益而有害，無庸置論。孔子學說

不無缺欠。姑就政治而言，他沒有想像到民治、民有、民享的政體。但是依兩千五百

年前封建時代的背景而論，這是不足爲奇的。在那樣黑暗政治環境中，他奔走倡導人

本的治道，而人本很自然的演化成爲民本——這才是值得驚奇的。總之，孔子學說不

可說無一不是，亦不可說一無足取。應採取客觀態度，考慮到他的時代背景，而評定

他的價值。大致說來，孔子學說有許多地方可以說是超越時間，千古常新的。中國文

化在孔學孕育薰陶中，而能延續兩千餘年，歷久不衰，這亦就是孔學價值的歷史證

明。當今世界文化問題嚴重。若干國際識者開始注意孔學、孔道。孔子學說或且有補

於全世界之世道人心，吾人且拭目以待之。

附　注

1. 韓非子，顯學第五十（四部叢刊縮印本）19/98。

2. 參閱歐陽修，易童子問；崔東壁，洙泗考信錄等。

3. 康有為，孔子改制考（臺北，商務印書館，1968），10/1b。

4. 陳大齊，孔子學說（臺北，正中書局，1964），p. 4。

5. 馮友蘭，孔子在中國歷史中之地位（燕京學報，第二期，1927），pp. 233～239。馮著，中國哲學史（上海商務印書館，1934）仍持此說（上冊，p. 68）。

6. 錢穆在所著先秦諸子繫年裏寫有一篇「孔門傳經辨」（pp. 83～89），對於孔門傳易說及其系統提出疑點六項。他在近著孔子傳（臺北，綜合出版社，1975，p. 112）更說：「史記孔子世家復曰：『孔子之時，周室衰微而禮樂廢，詩書缺。追跡三代之禮。序書傳。』又曰：『孔子晚而喜易，序象繫象說卦文言。』此言序書傳作易十翼兩事，皆不可信。」

7. 梁啟超，孔子（臺北，中華書局，1962 "初版，1936"）pp. 4～7。

8. 胡適，中國哲學史大綱（上海，商務印書館，1919），卷上，pp. 69～70。

9. 梁啟超，孔子（見注7）p. 27。但是梁著先秦政治思想史（上海，商務印書館，1923）有云（p. 110）：「要之，論語以外各書，若確指為孔子學說則尚容商榷；若認為儒家學說，蓋無大過也。」看來梁氏對於六經，尤其易經、春秋，與孔子的關係說法前後並不一致。或者他心中並沒有堅決的主張。

10. 胡適，中國哲學史大綱（見注8），pp. 77～78。

11. 方東美在原始儒家思想之因襲及創造一篇學術演講講詞裏，曾謂：「現在有許多人，往往把儒家思想的著重點擺在論語這一方面；……但是真正儒家的思想系統發展，恐怕拿論語不足以完全表達。所以我特別提出洪範篇這部重要的文獻，第二個是周易。」（哲學與文化月刊，臺北，二卷，十一期，1975/11，p. 9）。本文著者以為儒家思想當然不應局限於論語，而孔子思想則必須以論語為主要資料。

12. 陳槃先生審閱意見：案國語齊語：「管子於是制國以為二十一鄉：工商之鄉六，士鄉十五……正月之朝，鄉長復事，君親問焉，曰：於子之鄉，有居處好學……發聞於鄉里者，有則以告」。此所謂「好學」，當即指士與工商子弟之曾受學校教育者。同上齊語又云：農「其秀民之能為士者，必足賴也」。農之秀民能為士，必其曾受學校教育，可知矣。僖二七年左傳：「晉侯（文公）始入而教其民，二年，欲用之，子犯曰：民未知義，未安其居。……民未知禮，未生其共」。此其先言「民」，而後言「教」，殆亦相當於「鄉校」之民教。孫詒讓曰：『孔子曰：「以不教民戰，是謂棄之」。教之云者，納之學校，而以德行、道藝督課之，非徒習擊刺進退已也』。（籀膏述林卷六沈丹曾東遊日記跋）。孫說是也。中國自西周以來即有鄉校之設置，不論貴賤，皆有受教育之機會，拙著春秋時代的教育詳之（本所集刊第四十五本第四分 pp. 740～745；pp. 756～761）

13. 陳槃先生審閱意見：案私人設教，自當推孔子為最著稱與最偉大。然不可謂孔子以前無私教。孔子三千徒衆、七十二賢，大都來自民間——庶民階級。若其時無私教與鄉校，則孔子非職兼啟蒙不可，豈有此理邪？考呂氏春秋下賢篇：子產相鄭，往見壼丘子林，與其弟子坐，必以年，是倚其相於門也。（集釋：馬敍倫曰，此謂子產與壼丘弟子，皆相從於壼丘之門，故坐必以年，而不以爵凌其上。）此壼丘聚徒講學，子產為相亦親修謁敬，執弟子禮。子產相鄭在魯襄公三十年（周景王二年，543 B.C.），卒於定公十四年（敬王二十四年，496 B.C.）。孔子生于魯襄二十一年。由此，吾人可知，孔子猶在幼年，壼丘已經講學有大名，足當孔子之老前輩矣。與孔子同時而且名聲著聞的則是少正卯。此君「居處足以聚徒成羣，言談足以飾邪營衆」。此即所謂聚徒講學。事見荀子宥坐篇，論衡講瑞篇謂「少正卯在魯，與孔子並。孔子之門，三盈、三虛，唯顏淵不去」。此則更說得明白矣。然則謂「私人設學施教」乃孔子教育的「創新」者，蓋亦非也。

14. 宋儒因爲孟子主性善，竭力要調協孔孟兩説，所以提出人之「本性」與「氣質之性」兩種不同的性。程子
　　註此章，並説「若言其本，則性卽是理，理無不善。孟子之言性善是也。何相近之有哉？」朱熹註此章則
　　稍爲冲淡，只説「此所謂性，兼氣質而言者也。」實際此章論語經文，只言「性相近」。毫未涉及性善、
　　性惡問題，但是此所謂性乃確指人之本性，應無疑異。參閱朱子，四書集註；並錢穆，從朱子論語註論程
　　朱、孔孟思想歧點（錢穆，孔子與論語，臺北，聯經出版事業公司，1974，第九章，p. 130）。
　　陳槃先生審閱意見：案孔子謂「性相近」，卽是性善。顧炎武曰：『曲沃衞嵩曰：孔子所謂「相近」，卽
　　是性善而言。若性有善、有不善，其可謂之相近乎？如「堯舜性者也」，湯武反（同返）之也」（槃案見孟子
　　盡心篇下）。湯武之性不善，安能反之以至於堯舜邪？湯武可以反之，卽性善之説。湯武之不卽爲堯舜，
　　而必待於反之，卽「性相近」之説也。孔孟之言一也』（日知錄卷七，性相近也條）。衞嵩此説發明孔子
　　性善之義至精。陳澧亦別有論證、而與衞氏之説，殊途同歸，見所著東塾讀書記卷三。
　　貽寶案：孔孟之間，性善之説出諸孟子，孔子並未明言。關於此節程朱註釋孔孟，已感吃力（見拙文註
　　14）。可見這是一看法解釋問題，見仁見智，自難一致。但就經文而論，似無涉及善惡之必要。至於有背
　　於某先哲，某註解，亦只可聽之。

15. 英文原文如下： The Scientific investigations of receut years fully support the dictum of
　　Confucius (551-478 B. C.): "Men's natures are alike; it is their habits that carry them far
　　apart." (*The Race Question*,　New York, Unesco Publications No. 791, 1950, p. 7.)

16. 陳槃先生審閱意見：案民貴君輕之説，商周以來已有之。商書盤庚：「古我前後，罔不惟民之承」；泰誓：
　　「天視自我民視，天聽自我民聽」（孟子萬章下引）；又曰：「民之所欲，天必從之」（襄三十一年左傳引）；
　　又曰：「與聞國政而無益于民者退」（説苑臣術篇引）；又左傳桓三年、襄十四年、國語晉語等皆有説，皆
　　前于孔子，不可謂倡自孔子也。
　　貽寶案：孔子説人性相近，進而主張「有教無類」。於是爲中華民族的民主精神建立了簇新而鞏固的理論
　　基礎。孟子説：「民爲貴，社稷次之，君爲輕。」著者認爲這是祖述孔子學説，而加以肯定。

17. 陳槃先生審閱意見：案「六藝」，據周禮地官保氏：「一曰五禮，二曰六樂，三曰五射，四曰五馭，五曰
　　六書，六曰九數」。史記孔子世家：「孔子以詩、書、禮、樂教弟子三千焉，身通六藝者，七十有二
　　人」。漢書藝文志序：「哀帝復使向子侍中奉車都尉歆卒父業，歆於是總羣書而奏其七略，故有輯略，有
　　六藝略（師古注：六藝，六經也）。今删其要，以備篇籍」；又曰：「序六藝爲九種」。其目曰：易、書、
　　詩、禮、樂、春秋、論語、孝經、小學。是六藝之説，諸家不同。竊謂孔子之教弟子，決不止於禮、樂、
　　射、御、書、數。春秋時代之高等教育，主要是「文」（論語學而：「行有餘力，則以學文」），亦卽「文
　　學」（論語先進：「文學：子游、子夏」）；而所謂「文」，所謂「文學」，主要當是經藝。孔子之教
　　其弟子，亦莫不然。但謂孔子與其弟子未嘗肄習射、御、書、數，則亦不然。惟此爲小學課目（以上説，
　　別詳拙撰春秋時代的教育，載本所集刊第四十五本，pp. 767～777；又戰國文學審查報告，引見原文注三
　　十六，文載本所集刊第四十八本，p. 175）。孔子非小學教師，固不必以此爲必修課程也。
　　貽寶案：本段主旨在説明孔子教育學説裏的教學相長一節。「孔子以六藝授徒」顯然是一句簡括説話。六
　　藝的考證解釋各點，在本段無什麼重要。

18. 陳槃先生審閱意見：案佩劍，古人之通俗：史記吳世家，「季札之初使，北過徐君，徐君好季札劍，口弗
　　敢言」；仲尼弟子列傳：子路「冠雄雞、佩豭豚，陵暴孔子」（會注：「洪頤煊曰、莊子盜跖篇，使子路
　　去其危冠，解其長劍，而受教於子。佩豭豚，謂取豭豚之皮以爲劍飾」；）又，越王「送子貢金百鎰，劍
　　一，良矛二，子貢不受」；項羽本紀：「項籍少時學書不成，去，學劍，又不成」；淮陰侯列傳：「淮陰
　　屠中少年有侮信者，曰：若雖長大好帶刀劍，中情怯耳」。此類可證。孔子佩劍之事，未詳所據。卽使如
　　此，亦不足以爲異也。

19. 三不朽之説出諸左傳，魯襄公二十有四年（549 B. C.）。左傳原文如下：「春，穆叔如晉，范宣子逆之問
　　焉」，曰：「古人有言曰，死而不朽，何謂也？」……穆叔曰「……豹聞之，大上有立德，其次有立功，其
　　次有立言，雖久不廢，此之謂不朽。」孔子當時乃四歲稚童，待其長成後，於此説應有所聞。

20. 陳槃先生審閱意見：何晏集解：「孔曰：言夫子既以文章開博我，又以禮節節約我，使我欲罷而不能。已竭我才矣。其有所立，則又卓然不可及。言已雖蒙夫子之善誘，猶不能及夫子之所立」。據此則此文句讀當作「既竭吾才。如有所立，卓爾。雖欲從之，末由也已。」

21. 史記，卷四十七，孔子世家第十七，末段結語。

22. 程發軔，孔子誕辰爲國曆九月二十八日之說明（楊化之編，孔子研究集，臺北，臺灣書店，1960，pp. 35~40）。

23. 據淸儒阮元，論語論仁篇（揅經室一集，卷八）。

24. 類如：(一)馮友蘭說：「故仁爲孔子一貫之道，中心之學說。故論語中亦常以仁爲全德之代名詞。……惟仁亦爲全德之名，故孔子常以統攝諸德。」（馮友蘭，中國哲學史，上册，上海，商務印書館，1934，pp. 100~101）；(二)錢穆說：「孔子與弟子論行己處世之道，最重仁字。」（錢穆，四書釋義，臺北，中華文化出版委員會，1953，p.64）；(三)吳康說：「謂孔子之基本思想爲『人道哲學』，易詞言之，卽『仁之哲學』也。」（吳康，孔孟荀哲學，臺北，商務印書館，1967，p.25）；(四)羅光說：「『仁爲德綱』，孔子早就說了。」（羅光，中國哲學史大綱，上册，臺北，商務印書館，再版序文爲1967，p.180）；(五)徐復觀說：「首先我們根據下述三端，可以確定『孔學』卽是『仁學』」。（徐復觀，釋論語的仁——孔學新論（楊化之編，孔子研究集，臺北，臺灣書店，1960，p.287））；其餘不備擧，只有陳大齊以爲一個仁字不足以盡孔子思想的精髓，必須仁義並重方稱妥當。(六)陳大齊說：「孔子思想，如實說來，是仁義合一主義，不是唯仁主義，亦不是唯義主義。仁必須合於義，義必含鋪着仁。仁而不合於義，不足以爲眞正的仁，義而不含鋪仁，不足以爲眞正的義。仁義交織，始成道德。」（陳大齊，孔子學說，臺北，正中書局，1969，p.3，自序）。著者仍舊以爲孔子學說中，仁可以統攝諸德。義是一項重要德行，自不待言。

25. 詳見屈萬里，仁字涵義之史的觀察（民主評論，卷五，期二十三，1954。錄入楊化之編，孔子研究集，pp. 273~285）。

26. 仁卽人性或人道一說，著者曾著英文論文，予以闡發：The Basis of Social, Ethical, and Spiritual Values in Chinese Philosophy (Charles A. Moore (ed.): Essays in East-West Philosophy, Honolulu, University of Hawaii Press, 1951, pp. 301-316.)
徐復觀著有孔學新論（民主評論，第六卷，六期，1955，三月。錄入楊化之編，孔子研究集，pp. 287~307。）亦持此說。

27. 復禮的復字解爲踐，乃據朱註。「言可復也」（論語，學而 1：13）。註曰：「復，踐言也」。又錢穆註「復禮」曰：「復如『言可復也』之復，謂踐行也。」（錢穆，論語新解，香港，新亞研究所，1963，下册，p.398）

28. 孝經，廣要道章。

29. 屈萬里：Confucius' Opinions on International Relationship ("Asian Culture Quarterly", Vol. IV, No. 4, Winter, 1976, p. 101B, Taipei, Asian Cultural Center). 屈先生原文如下："From the year of Confucius' birth to the year of Confucius' death, according to the records of Spring and Autumn Chronicles (春秋經), there had broken out 107 wars resulted from one state (or several states united together) attacking another state. Those wars only put down in the Annotations of Tso Ch'iu-ming on the Spring and Autumn Chronicles, but many were not recorded."

30. 墨子卷三，第十二章，尚同中，首段。

31. 「天秩有典，……天命有德，……」（書經，皋陶謨）今商王弗受，弗敬上天，降災下民，……皇天震怒，……（書經，泰誓上）。

32. 「彼蒼天者，殲我良人。」（詩經，小旻）

「皇矣上天臨有赫，監視四方，求民之莫。」（詩經，大明）

33. 論語八佾 3：12「子曰：不然。獲罪於天，無所禱也。」朱註曰：「天卽理也，其尊無對。」
論語，爲政2：4「五十而知天命」。朱註曰：「天命卽天道之流行而賦於物者，乃事物所以當然之故也。」
論語季氏16：8「孔子曰：君子有三畏，畏天命……」。朱註曰：「天命者，天所賦之正理也。」

34. 參閱錢穆，從朱子論語註論程朱孔孟思想之歧點（錢穆，孔子與論語，臺北，聯經出版公司，1974，pp. 129～164）。

35. 陳槃先生審閱意見：案古代巫卽是醫，故曰「巫醫」。山海經大荒西經：「有靈山，小巫從此升降，百藥爰在」；莊子逸文：「黔首多疾，黄帝氏立巫咸……以通九竅」（御覽五三〇引）；周禮男巫：「春招弭以除疾病」。巫醫是一非二，此並其證也。

　　梅先生謂「巫醫被人普遍賤視」，是無異謂巫之在古代，被人普遍賤視。今案國語楚語下：「古者民神不雜，民之精爽不攜貳者，而又能齊肅衷正，其智能上下比義，其聖能光遠宣朗，其明能光照之，其聰能聽徹之，如是則神明降之，在男曰覡，在女曰巫。（周禮春官神仕疏：男陽，有兩稱，曰巫、曰覡。女陰，不變，直名巫，無覡稱）。漢書地理志下：「周武王封舜後嬀滿於陳，是爲胡公，妻以元女大姬。婦人尊貴，好祭祀，用史巫，故其俗巫鬼」；又：「桓公兄襄公淫亂，姑姊妹不嫁，於是令國中，民家長女不得嫁，名曰巫兒，爲家主祠。嫁者不利其家。民至今以爲俗」。晏子春秋卷一：「楚巫微導裔款以見景公……公命百官供齋具於楚巫之所，裔款視事。晏子聞之，而見于公曰……公曰……請逐楚巫而拘裔款。晏子曰：楚巫不可出。……楚巫出，諸侯必先受之」。桓子新論：「（楚）靈王簡賢務鬼，信巫覡，祀羣神」（御覽五二六引）。以此等事例推之，則巫在古代，身分、地位皆甚高，能得人尊信，絕不致「被人普遍賤視」。

36. 陳立夫，四書道貫，臺北，世界書局，1966，下册，p.762。

引 用 書 目

1. 韓非子（四部叢刊縮印本）。

2. 易童子問（歐陽修撰）。

3. 洙泗考信錄（崔東壁撰）。

4. 孔子改制考（康有爲撰，商務印書館，臺北，1968）。

5. 孔子學說（陳大齊撰，正中書局，臺北，1964）。

6. 燕京學報第二期。

7. 先秦諸子繫年（錢穆撰）。

8. 孔子（梁啓超撰，中華書局，上海，1936）。

9. 中國哲學史大綱（胡適撰，商務印書館，上海，1919）。

10. 哲學與文化月刊二卷十一期（臺北，1975）。

11. 四書集註（朱熹撰）。

12. 孔子與論語（錢穆撰，聯經出版社，臺北，1974）。

13. *The Race Question* (*Unesco Publications, New York*, 1950)。

14. 左傳。

15. 史記。

16. 孔子研究集（楊化之編，臺灣書店，臺北，1960）。

17. 揅經室（阮元撰）。

18. 中國哲學史（馮友蘭撰，商務印書館，上海，1934）。

19. 四書釋義（錢穆撰，中華文化出版委員會，臺北，1953）。

20. 孔孟荀哲學（吳康撰，商務印書館，臺北，1967）。

21. 中國哲學史大綱（羅光撰，商務印書館，臺北，1967）。

22. *Essays in East-West Philosophy* (*Honolulu, University of Hawaii Press*, 1951)。

23. 孝經。

24. 墨子。

25. *Asian Culture Quarterly* (*Asian Cultural Center, Taipei*, 1976)

26. 書經。

27. 詩經。

28. 四書道貫（陳立夫撰，世界書局，臺北，1966）。

出自第四十九本第一分（一九七八年三月）

神道思想與理性主義

饒 宗 頤

一、神、民地位的升降　　　五、天法與德法
二、德的類型與禮、榮　　　六、道、德的先後和天、
三、德與刑　　　　　　　　　　人的分合問題
四、五行思想與「德禮」　　七、結語
　　之宇宙義　　　　　　　　附：參考書目

一、神、民地位的升降

周書呂刑云：「遏絕苗民，無世在下。乃命重黎絕地天通，罔有降格。」又云：「上帝不蠲，降咎于苗，苗民無辭于罰，乃絕厥世。」上帝對於苗民加以懲罰，使他們無嗣于後。在政治措施上，是使重、黎氏把地與天隔開，使二者不得互相侵犯。據楚語觀射父對楚昭王的對答，在少昊衰世，九黎亂德，家為巫史，使到神和民上下同等而雜糅。本來神屬于上，而民屬于下。因此使南正重司天以屬神，火正黎司地以屬民，重新劃分起來。魯語記著仲尼的說話：「山川之靈足以紀綱天下者，其守為神，社稷之守者公侯。」史記魯世家集解引王肅云：「守山川之祀者為神，謂諸侯也。」韋注謂「主山川之君為羣神之主，故謂之神也，」是在古代諸侯而主山川之祀，以「人」的身份而得被稱為神。楚人重巫術，人神仍舊糅合，故屈原稱其君曰靈修，無異視之為神。左僖五年傳：「虢公曰：吾享祀豐潔，神必據我。」以為祭祀豐，則神可憑依于人，仍是神民未能完全分隔的舊習慣。

可是，皋陶謨上已說：「天聰明自我民聰明，天明畏自我民明畏，達於上下，敬哉有土。」上謂天，下謂民。明、畏指賞、罰。把天和民對舉而言。民本來是要「畏天畏」的，現在卻說天的明畏是由于民的明和畏。泰誓上對民亦很重視，好像「民之所欲，天必從之。」（左傳襄三十一年及國語鄭語引）「天視自我民視，天聽自我民聽。」

本文爲中國上古史待定稿第四本之一章，審閱人爲陳槃先生。

這無異說天的一舉一動是和民脫不了關係，而且民有所要求，天必定聽從他們。民的地位可以左右天，這分明是一很重要的轉變。到了東周，才有民為神之主的說法。左桓六年傳，隨季梁說：「所謂道，忠于民而信于神也。上思利民，忠也；祝史正辭，信也。……夫民，神之主也。是以聖王先成民，而致力于神。故奉牲以告曰：『博碩肥腯。』謂民力之普存也。于是乎民和而神降之福，故動則有成。今民各有心而鬼神乏主，君雖獨豐，其何福之有！」這段話是說能對民忠而對神信，才是「所謂道」。必須先使民豐足，國力充裕，然後有肥美無疾的牲畜可以事神。民不餒則神才降福，否則在君是「逞欲」，在祝史是「矯舉」。這樣對民是「不忠」，對神是「不信」的。季梁說：「民，神之主也。」意思應該是說祀神之先務，主要是在於民力充足，并不是說民可以為神的主宰，和民的地位可以代替了神的。漢西嶽華山碑上云：「深達和民事神之義。」事神必以和民為先務，漢人亦深明此旨。莊三十年傳，史囂曰：「虢其亡乎？吾聞之：國將興，聽于民；將亡，聽于神。神，聰明正直而壹者也，依人而行。虢多涼德，其何土之能得？」這是說神是「依人而行」的。人君為國，宜以民為重；失民，則神無由享。神是聰明而正直的。又僖十九年傳，司馬子魚曰：「古者六畜不相為用；小事不用大牲，而況敢用人乎！祭祀以為人也。民，神之主也；用人，其誰饗之？」這是指斥宋公以人（鄫子）為祭牲的不合理。亦引用「民、神之主也」一句，可見這一說在東周已極通行。「祭祀以為人也」，而不是「為神也」，這是很進步的理論。民人的地位，至此已提高了。

　　左僖二十四年富辰曰：「大上以德撫民，其次親親以相及也。昔周公弔二叔之不咸，故封建親戚，以蕃屏周。……召穆公思周德之不類，故糾合宗族于成周（而作棠棣之詩）……庸勳、親親、暱近、尊賢，德之大者也。」「以德撫民」是第一義，其次封建尊賢，亦是德之大者。因為「非賢無與興功，非親無與輔治。」（魏志曹冏上書。）西周立國的政策，於此可見其端倪。富辰稱「太上以德撫民」，後來叔孫豹論三不朽，「太上有立德，其次有立功，其次有立言。」（襄二十四年傳）禮記曲禮亦說：「太上貴德。」以德居首的重德思想，即是周人的教訓。因此，神之對人，亦「惟德是依」。左僖五年宮之奇言：「鬼神非人實親，惟德是依。」引詩：「黍稷非馨，明德惟馨。」「民不易物，惟德繄物。」如是則非德之人，其民不和而神不享。

神所憑依，將在于德。這一說法，在古劍銘曰：「帶之以爲服，動必行德。行德則興，倍德則崩。」（亦見北堂書鈔122引太公金匱）可見行德與否，是有國者興亡的關鍵。周初已成爲格言。這種以民爲重點的尊德思想，顯然是對人主的一種警戒。

又左宣三年傳，楚（莊王）問鼎，周大夫王孫滿對曰：「在德不在鼎。昔夏之方有德也，遠方圖物，貢金九牧……用能協于上下，以承天休。桀有昏德，鼎遷于商，載祀六百，商紂暴虐，鼎遷于周。德之休明，雖小，重也；其姦回昏亂，雖大，輕也。天祚明德，有所底止。」休美的德，雖小必獲天的重視。至于巨惡，則當然天不直其所爲。所以，有明德者必得到天的福祚。天是眼睛雪亮（聰明）而公正的，故云：「天祚明德，有所底（致）止。」王孫滿把德遠推到夏代，可見尊德必爲天佑的思想，是有其遠源的。

金文及經典屢屢言及「明德」。春秋之世，明德成爲王室一般的教育宗旨。國語楚語：「莊王使大夫士亹傅太子箴（恭王名），士亹的對答，指出堯、舜、啓、湯、文王，是五王者皆『元德』也。」元德一詞已見金文的曆鼎：「肇對（答）元德，孝友隹刑（型）。」元，大也。元德指的是盛德的大君。士亹問于申叔時，叔時又指出可以用各種故書來設教，大都和明德有關係，如云：

「敎之春秋而爲之聳善而抑惡焉，以戒勸其心。

「敎之世而爲之昭明德而廢幽昏焉。

「敎之詩而爲之道廣顯德，以耀明其志。

「敎之語，使明其德而知先王之務，用明德于民也。」

世是「先王之世繫也」，卽是世本；語是「治國之善語」，卽是國語之屬。周禮小師：「諷誦詩，世奠繫。」故書奠或作「帝」，鄭注周禮小史：「繫世謂帝繫、世本之屬。」這些都是歷史敎科書，是當時以誦習史冊爲入德之門；卽是以歷史敎育作爲昭明德的武器。

二、德的類型與禮、樂

周人以「修德」、「立德」爲開國訓典。周語祭公謀父曰：「先王之訓也，有不王，則修德。」韋昭注：「修文德以來之。」又周語單襄公引時儆與夏令二篇，闡釋

有關「使民以時」的辦法云：「此先王所以不用財賄而廣施惠于天下者也。」如是對百姓及遠人都用「德」來收服人心。對遠人布德，又稱文德，像詩、書云：「矢其文德，洽此四國。」「帝乃誕敷文德，舞干羽于兩階。」

　　「文」字在春秋時嘗被給予統攝諸德的意義。周語單襄公對其子頃公解釋文王所以獲得到「文」的稱號，有很精闢的解釋，其言曰：

> 「周將得晉國，其行也文。能文則得天地，天地所胙，小而後國。夫敬，文之恭也；忠、文之實也；信、文之孚也；仁、文之愛也；義、文之制也；知、文之輿也；勇、文之帥也；教、文之施也；孝、文之本也；惠、文之慈也；讓、文之材也。象天能敬，帥意能忠，思身能信，愛人能仁，利制能義，事建能知，帥義能勇，施辯能教，昭神能孝，慈和能惠，推敵能讓。此十一者，夫子皆有焉。天六地五，數之常也，經之以天，緯之以地，經緯不爽，文之象也。文王質文，故天胙之以天下。」

所謂文王「質、文」，卽謂他質有其文。他把敬、忠、信、仁、義、和、勇、教、孝、惠、讓十一種「德」，都作爲某種「文」的表現。

敬	忠	信	仁	義	知	勇	教	孝	惠	讓	「文」統攝一切德；文是經天緯地，有
恭	實	孚	愛	制	輿	帥	施	本	慈	材	它的「宇宙義」。

「文」字在周初彝銘上，屢屢見之。

　　「明德」見于堯典，謂「克明俊德，以親九族」。金文師望鼎云：「穆穆克盟（明）氒心悊氒德。」悊德亦卽是明德。左傳中言「明德」者凡十數見，錄四事如下：

> 左宣三年傳，王孫滿曰：「天祚明德，有所厎止；成王定鼎於郟鄏，卜世三十，卜年七百，天所命也。」說已見上。

> 左宣十五年傳，羊舌職曰：「此之謂明德矣，文王所以造周，不是過也。」

> 左昭七年傳，臧孫紇有言曰：「聖人有明德者，若不當世，其後必有達人。」

> 左定四年傳，昔武王克商，成王定之，選建明德，以藩屏周，故周公相王室以尹天下，於周爲睦。

　　春秋以來，德的理論異常發達，舉其要者：

(1) 九德說：

　　　晉大夫成鱄曰：「詩曰：『唯此文王，帝度其心，莫其廙音。其廙克明，克明克類，克長克君。王此大國，克順克比。比于文王，其廙靡悔，既受帝祉，施于孫子。』心能制義曰度，廙正應和曰莫，照臨四方曰明，勤施無私曰類，敎誨不倦曰長，賞慶刑威曰君，慈和徧服曰順，擇善而從之曰比，經緯天地曰文。九廙不愆，作事無悔，故襲天祿，子孫賴之。」

　　　左文七傳，郤缺曰：「九功之廙，皆可歌也。」

按皋陶謨所言九廙，就是：寬而栗、柔而立，愿而恭，亂而敬，擾而毅，直而溫，簡而廉，剛而塞，彊而義。

(2) 楚莊子武有七德說：

　　　左宣十二傳，楚子曰：「夫武有七廙，禁暴、戢兵、保大、定功、安民、和衆、豐財者也。」

(3) 周禮地官大司徒六廙說：

　　　知、仁、聖、義、忠、和。

　　又地官師氏三德說：

　　　至德、敏德、孝德。

(4) 三德、四德說：

　　　洪　範次六曰乂用三德，卽正直、剛克、柔克。

　　　周語中：「夫義，所以生利也；祥，所以事神也；仁，所以保民也。……古之明王，不失此三德者，故能光有天下，而和寧百姓。」

　　　左僖十四年傳：慶鄭曰「背施無親，幸災不仁，貪愛不祥，怒鄰不義，四德皆失，何以守國？」

上面一以義、祥、仁爲三德；一以親、仁、祥、義爲四德。其實「親親而仁民」，「親」和「仁」意思是一樣的。所以左僖的四德，減去「親」一項，剩下只有三德，表列如下：

$$
三德\begin{cases} 義——生利 \\ 祥——事神 \\ 仁——保民 \end{cases}
$$

三德中事神的「祥」，仍佔重要地位。左成十六年傳，申叔時亦言「祥以事神」，祥字作「詳」。

又左襄三年傳云：「恤民爲德；正直爲正，正曲爲直，參和爲仁。」杜注：「德、正、直三者備乃爲仁。」這雖是後起義，但「仁」的觀念的提出，和被人重視而作爲統攝德的要目，在左傳國語二書中，仁字屢屢被提及。左成二年有云：「神，福仁而禍淫。」居然把「仁」字來代替「善」與「德」，這時「仁」在德目上地位的提高，很可以看出了。

在德上繫以數目字，周書所見很多，象立政云：「籲上帝廸，知忱恂于九德之行。……茲惟后矣。謀面用丕訓德。」這九德可能是臯陶謨上的「行有九德」。呂刑云：「惟敬五行，以成三德。」這三德有人以洪範的正直、剛克、柔克說之。（曾星笠尙書正讀）德的理論不限于人的行爲，又推演及于自然物。尸子之說，水有仁、義、勇、智四德（君治篇）。禮家、法家都說玉有仁、義、智、勇、絜五德（荀子法行篇，管子水地篇、禮記聘義、賈誼新書道德說；孔子家語有問玉篇等）。陰陽家說鬲象三德（漢書郊祀志：「黃帝作寶鼎三象天、地、人。其空足曰鬲，以象三德。」顏注以洪範三德說之。）這些都是重要的例子。

合神人的音樂，謂之德音：

左昭四年傳：「先王務修悳音，以享神人。」可見德音是可以交通人、神之際的。德音卽是樂。禮記樂記在文侯問二章指出：「絃歌詩頌，此之謂『德音』。」一部詩經，就是「德音」的教材。詩經中提及「德音」凡十七處。「貊其德音，其德光明。」卽是說有了「德音」，卽充分表現其人之有明德，如「威儀抑抑，德音秩秩。」威儀是禮、德音是樂；行動能合乎禮與樂，方算有這種造詣的。

古代重視以樂爲教；欲用樂音來測量人性，以樂德、樂語來培養善人。周禮記大司樂成均卽以此設教。堯典記虞廷命樂正夔以四德教胄子，「直而溫，寬而栗，剛而無虐，簡而無傲。」四者都借樂音來作調節；人性有這四種，音樂亦然。證之樂記亦有相通之處：

聲之直者　樂地樂本章云：「其敬心感者，其聲直以廉。」

聲之寬者　「其樂心感者，其聲嘽以緩。」

音之剛者　樂記樂言章云：「廣大憤怒之音作，而民剛毅。」

　　音之簡者　「繁文簡節之音作，而民康樂。」

魏絳論樂與德的關聯，見左襄十一年傳。絳曰：「夫樂以安德，義以處之，禮以行之，信以守之，仁以厲之，而後可以殿邦國，同福祿，來遠人，所謂樂也。」必先以樂和其心；能以和且平的精神與人協力爲善，諸德既備，乃爲眞樂。不獨器樂之娛心，這樣才是眞正的快樂。樂記說因不同的樂器而異聲，而所立之事亦異；聽之卽有不同的感受，表之如下：

樂器之聲別	隨聲引起之事	聞聲而生之臣德
鐘　聲　鏗	鏗以立號，號以立橫，橫以立武。	君子聽鐘聲，則思武臣。
石　聲　磬	磬以立辨，辨以致死。	君子聽磬聲，則思死封疆之臣。
絲　聲　哀	哀以立廉，廉以立志。	君子聽琴瑟之聲，則思志義之臣。
竹　聲　濫窄	濫以立會，會以聚衆。	君子聽竽笙簫管之聲，則思畜聚之臣。
鼓鼙之聲讙	讙以立動，動以進衆。	君子聽鼓鼙之聲，則思將帥之臣。

　　因爲樂是德音，到了後來漢初諸樂舞皆以「德」爲名。房中歌十七章言德者，有休德、秉德、孝德、承德、敎德，明德等稱。宋書樂志建平王宏議，祖宗廟樂總以德爲名。可見樂和德關係的密切。

　　禮的構成是「本于天」的。禮記鄉飲酒中，賓主象天地，介僎象陰陽，三賓象三光。鄉飲酒義云：「立賓以象天，立主以象地，設介僎以象日月，立三賓以象三光，古之制禮也。經之以天地，紀之以日月，參之以三光，政敎之本也。」禮以祭爲最重要。祭在禮有正負二義：漢白石神君碑云：「蓋聞經國序民，莫急於禮。禮有五經，祭。祭有二義：或祈或報。報以章德，祈以弭害。」祈是消極的避免禍莫重於害；報是積極的所以表章盛德。魯語言殷先公：「上甲微能帥契者也，殷人報焉。」孔叢子論書篇引書曰：「惟高宗報上甲微。」殷報乙、報丙、報丁諸先王，卜辭作匚乙、匚丙、匚丁，借匚爲報。有德者必獲報，詩抑云：「無言不讐，無德不報。」這一語，諸子書每加以引用，而多所證發。報的意義，從人神的關係，引申到人與人方面。墨子兼愛下引此語說明「愛人者，人必愛之；惡人者，人必惡之。」荀子致仕篇言：

「水深而同；樹落則糞本。」亦引此詩句論弟子必報師恩。禮記表記引此云：「子言之仁者，天下之表也。義者，天下之制也。報者，天下之利也。」上述諸條，正說明人與人的相互關係，以德相往來乃有其必然的因果存在。從功利言，報是「天下之利」。故禮家亦以報義來說禮。樂記云：「樂也者、施也；禮也者、報也。樂，樂其所自生，而禮反其所自始。樂章德，禮報情，反始也。」又云：「樂也者，動于內者也；禮也者，動於外者也。故禮主其減，樂主其盈。禮減而進，以進爲文；樂盈而反，以反爲文。禮減而不進則銷；樂盈而不反則放，故禮有報而樂有反。禮得其報則樂，樂得其反則安。禮之報，樂之反，其義一也。」樂記又云：「禮樂不可斯須去身，致樂以治心，則易直子諒之心油然生矣；易直子諒之心生則樂，樂則安，安則久，久則天，天則神。天則不言而信，神則不怒而威，致樂以治心者也。致禮以治躬則莊敬，莊敬則嚴威。心中斯須不和不樂，而鄙詐之心入之矣。」禮施于人，而樂通乎天。這一段精湛議論，又重見于祭義篇中。茲將「禮」與「樂」內外報反之義，以表示之如次：

內	外
樂	禮
治心	治躬
和	順
主盈而反	主減而進
以反爲文	以進爲文
以反	以報
天	人

所謂「不可斯須去身」，同于中庸所謂「道不可須臾離」。須臾即 Kierkegaard 所謂 The Moment. God in time。道在每一 moment 之間不可離開。儒家之道有雙軌，即爲禮樂，其精義如此。

三、德　與　刑

西周尚德，但穆王時的呂刑篇却言「王享國百年耄荒度作刑，以詰四方。」該文又說道：「上帝監民，罔有馨香德，刑發聞惟腥。」（言上帝下視，並沒有馨香的氣升聞於天，所發聞到的只是刑殺的腥氣。）所以皇帝要清問下民，幷指出「德威

惟畏，德明惟明。」這二句十分重要。「惟畏」、「惟明」，分開來說卽是皋陶謨的「天明、畏」。「明」指賞而「畏」指罰。禮記表記引甫刑這二句，鄭注云：「德所威，則人皆畏之，言服罪也；德所明，則人皆尊之，言得人也。」這樣說來，德是可以包含威和明二方面：一是消極性的刑罰，一是積極性的獎勵。前者如竄三苗，後者如命三后；威與明都可放於德之範疇之內。所以呂刑又說：「士制百姓于刑之中，以敎祇(敬)德。穆穆在上，明明在下，灼于四方，罔不惟德之勤。」大家都勤于德，而制刑之目的，所以敎民得到祇德，納刑于德敎之內。故德威與德明二者兼施。呂刑又云：「朕敬于刑，有德惟刑。」言有德於民，惟刑爲重，愼刑則民被其德，濫刑則民蒙其害，故必敬于刑。是敬于刑者，亦敬德之一端。

在皋陶謨中論安民之道，在以人代天工。牧民之官，無曠其職。天的任務，由人代行之。因之有天敍、天秩、天命、天討諸事，來完成「政事懋哉」的效果。綱目如下：

　　　　天敍有典

　　　　天秩有禮

　　　　天命有德

　　　　天討有罪

故有五典、五禮、五服、五刑。服曰天命，是謂有德而得到褒賞的；刑曰天討，是謂有罪而應受到懲罰的。天命是「德明惟明」，天討是「德畏惟畏」。至於天敍的典；天秩的禮，都本于天道的自然規範，這種倫類和秩序，似都被認爲出于天意。

這裏典、禮、德、刑（罪），雖然區別爲四事，但刑與德仍非完全對立。刑是敬德的一種不得已的手段而已。後來論語上說導以德而齊以刑，用刑遠不如導德而用禮來得要緊。又說「爲政以德，譬如北辰。」却特別把「德」加以強調起來。

刑與德的運用，亦有遠近之別。左僖二十五年傳，晉啓南陽，陽樊不服，不肯屬晉。陽樊人倉葛呼曰：「德以柔中國，刑以威四夷，宜吾不敢服也。」這說明對中國諸夏，當用德；對外夷才用刑，而晉侯臨之以兵，陽樊爲近畿之地，故其民不服，因爲兵者是刑之一也。申叔時亦言「德、刑」爲戰的武器（成十六年傳）

到了戰國，兵刑成爲一般治國主要武器。荀子憧憬往古，在議兵篇中分析兼人之

術有三：

> 有以德兼人者
>
> 有以力兼人者
>
> 有以富兼人者

惟「以德兼人者王」，可以達到「威厲而不試，刑錯而不用。」仁義之兵，不血双而遠邇來服，「德盛及此，施及四極。」德與力之分，便是王霸之辨了。（孟子故云：「以德行仁者王，以力假仁者霸。」）荀卿弟子韓非說明主制臣之法有二柄：刑與德而巳矣。（二柄篇）特別把刑與德對立化，故有二柄之目。又論世代的演進分「上古、中世、當今」三個階段，而以「德」繫於上古。如五蠹云：「上古競於道德，中世逐於智謀，當今爭於氣力。」又八說篇：「古人亟於德，中世逐於智，當今爭於力。」以「德」屬之上世，在韓非心目中，不曾視爲落伍之觀念了。然秦雖以兵刑得天下，但仍不忘「德」。觀其名河曰「德水」，可以見之。秦蓋采用鄒衍之說。（封禪書云：「自齊威、宣之時，騶子之徒，論著終始五德之運。及秦帝，而齊人奏之，故始皇采用之。」是其明徵。又始皇紀：「始皇推終始五德之傳，以爲周得火德；秦代周，德從所不勝。方今水德之始，改年始朝賀，皆自十月朔。衣服旄旌節旗，皆上黑。數以六爲紀，符法冠皆六寸，而輿六尺；六尺爲步，乘六馬。更名河曰『德水』，以爲水德之始。」）刑德觀念後來與陰陽觀念結合起來，馬王堆新出黃帝帛書中觀篇論刑、德語甚多，如云「嬴陰布德」、「宿陽脩刑」，其言曰：

> 「不靡不黑（經）而正之以刑與德。春夏爲德，秋冬爲刑。先德后刑以養生。
>
> 姓生已定，而适（敵）者生爭，不諶（裁）不定，凡諶之極，在刑與德。刑德
>
> 皇皇，日月相望，以明其當，而盈□无匡。」

把刑德分配四時，春夏爲德，秋冬爲刑，和管子四時篇：「德始于春，長于夏；刑始于秋，流于冬。」正是一樣。四時篇將刑德加上一個「和」來配合三光的日月星；刑與德是相對的「正」與「反」，星之和可說是「合」了。四時篇說：

> 「日掌陽，月掌陰，星掌和。陽爲德，陰爲刑，和爲事。……是故聖王日食則修
>
> 德，月食則修刑。德生正（政），正生事。」表之如下：

> 陰　　　陽　　　和

```
月　　　日　　　星
刑　　　德→政→事
```

史記天官書云：「日變德修，月變省刑，星變結和。」漢書藝文志有刑德七卷，列在「五行家」。淮南子天文訓陰陽刑德有七舍，五行家歲月皆有刑德。德在室則刑在野；德在堂則刑在術。尙書緯亦有刑德放，長沙馬王堆第三號墓出土另有刑德殘文，可見漢初此說之盛行。

　　刑德說亦施用於兵家，依託於黃帝。尉繚子天官篇：「梁惠王問曰：黃帝刑德，可以百戰百勝。」天文志引（黃帝）五星傳：「日者，德也；月者，刑也。」漢人以生殺爲刑德。淮南子天文訓：「冬至爲德，夏至爲刑。」因冬至一陽萌爲始生，夏至陰生爲始殺。大戴禮義本命謂「山爲積德，川爲積刑」。則以刑德來解釋山與川形成的原因。這些都是後來陰陽家刑德觀念逐漸推演的新說。

四、五行思想與「德禮」之宇宙義

　　春秋時流行着樸素的五材說（Five Elements）；左襄二十七年傳，子罕論兵之重要性，所以用五材而昭文德，其說曰：

　　　　「天生五材，民並用之。廢一不可，誰能去兵。兵之設久矣！以威不軌而昭文
　　　　德也。聖人以興，亂人以廢。」

用兵來勘亂和振威，正是宣揚經天緯地的文德。呂刑所謂「德威惟畏」是也。五材，杜注：「金、木、水、火、土也。」這五種原料，爲人民生殖之本。國語稱：「地之五行，所以生殖也。」五材和糧食合稱「六府」，屬于九功。左文七年傳，郤缺對趙宣子論德禮云：

　　　　「非威非懷，何以示德？無德何以主盟？子爲正卿，以主諸侯，而不務德，將
　　　　若之何！……九功之德，皆可歌也，謂之九歌。六府三事，謂之九功。水、
　　　　火、金、木、土、穀，謂之六府。正德、利用、厚生，謂之三事。義而行之，
　　　　謂之『德禮』；無禮不樂，所由叛也。若吾子之德，莫可歌也，其誰來之？」

此文原亦引夏書。今大禹謨作「德惟善政，政在養民，水、火、金、木、土、穀，惟脩；正德、利用、厚生，惟和；九功惟敍，九敍惟歌。」九敍卽九功，合六府與三事

言之。六府指六種物質，三事同于三才。周禮大司樂亦有九德之歌，鄭司農引此傳六府三事說之。疏謂正德，人德；利用，地德；厚生，天德。按易傳：「天地之大德曰生。」故厚生可爲天德，而合稱爲德禮。表之如下：

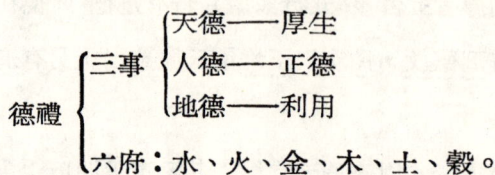

$$\text{德禮}\begin{cases}\text{三事}\begin{cases}\text{天德——厚生}\\\text{人德——正德}\\\text{地德——利用}\end{cases}\\\text{六府：水、火、金、木、土、穀。}\end{cases}$$

禹貢亦言：「六府孔修。」六府當然是指水、火、金、木、土、穀六種職司。古代必定在官府設有專職以司之。穀爲民食之原，所以在五行之外增加這一項目。六府一名，幷見于禹貢、（大禹謨）、左傳。可見九功之歌，事屬可信。五行與六府爲民生要務，厚生之本，莫重於此。是古人重視生產，故把厚生、利用與正德聯在一起，成爲德禮的三大鵠的。六府之有專司，徵之左昭二十九年傳，蔡墨曰：

「夫物，物有其官；官修其方。……失官不食。官宿其業，其物乃至，若泯棄之，物乃坻伏，鬱湮不育，故有五行之官，是謂五官。」

可以證明五行，本有官司負責，采集這五大類的物資，增加生產（厚生），爲人民衣食日用之資（利用）。夏書甘誓始見「五行」一名。有扈氏有「威侮五行，怠棄三正」的罪狀，可能卽是責備他濫用物資和失時之過失。後來洪範提出「敬用五行」，專論五行物質之用途。這些屬于六府的五行、五材，卽較早的樸素五行說，其性質可謂唯物論。但在正德、利用、厚生三事看來，它是屬于「德禮」的。這是春秋五行和「德」關係說的第一階段。

「德禮」既成爲一專詞，在春秋之世「禮」被賦予新的天地意義，和周初的「文」一詞同等重要。左傳有許多重要的話言：

「禮以順天，天之道也。」（左文15年）

「禮，上下之紀；天地之經緯也。」（左昭25年）

「夫禮，天之經也，地之義也，民之行也。天地之經，民實則之。」（昭25年）

「禮……與天地並，……先王所稟于天地以爲其民也。」（昭26年）

把禮與天地相準，這簡直是「文」的翻版了。

禮記禮運說到禮的成立，必先本于天，後法乎地，復取法五祀、四時（參鄭注）。
所謂「禮義」，旣是「人之大端」，亦是「事鬼神之大端」。把禮和天地、鬼神的關
係說明得非常透徹，這是進步的禮論。（王靜安釋禮謂禮古文作豊，本爲祀神之物，
推之奉神人之事通謂之禮（觀堂集林六）。從禮之器而推及禮之用，其說可取。關于
禮的問題，非常複雜，這裡不欲深論。）

鄭語中史伯說：「先王以土與金、木、水、火雜，以成百物，……建九紀以立純
德，合十數以訓百體。」這裏可注意的有二事：

(1) 以土爲主，以雜百物。春秋時史墨說：「天有三辰，地有五行。」（左昭
三十二年傳）展禽說：「天之三辰，所以瞻仰也；地之五行，所以生殖
也；及九州名山川澤，所以出財用也。」（魯語上）他們都把五行隸屬于
「地」，因爲五行是以土爲主；金、木、水、火皆在地上孕育孳長的[1]。

(2) 以九紀爲純德。九紀者，根據洪範中有五紀，指歲、月、日、星、辰、曆
數，實爲紀時的標準，可能卽堯典敬授民時的事務。九紀和五紀，應該有
密切關係。建立九紀（包含五紀之類），以定時間標準，使民事不會失時，
來充分發展生產，這樣叫做「純德」，與左傳所謂「德禮」意思亦符合。

上述樸素的五行、五材說，是從物體形質方面加以分析，而以三事爲目的。這樣
的德禮，是以民生爲主，而不是箇人道德修養的意義。

德的反面爲祆，史記殷本紀：帝太戊時，亳有祥，桑穀共生于朝，一暮大拱。太
戊懼，伊陟曰：「祆不勝德，帝其修德。」而祥桑枯死而去。德是可以勝「祆」的；
人主修德，則祆孽自絕。這是秦、漢所保存殷人遺說。這件事見于呂氏春秋、韓詩外
傳、書序、尙書大傳、劉向說苑，及漢書五行志、郊祀志。各書所述發生的時代，
有成湯、太戊、武丁諸說。孔安國以爲二木合生爲不恭之罰，劉向以爲草妖，今不深
究。惟以德可勝祆，則漢人之論，無不皆然。

馬王堆十大經立命篇：「唯余一人（指帝王）乃肥（配）天，乃立王、立公、立
國，置君之卿。數日、曆月、計歲以當日月之行。」這指出置官正所以法天。五行大
義卷五引帝王世紀，殷湯問伊摯：立三公九卿大夫元士的道理，伊摯說：「三公智通
於天地，應變于無窮，故三公之事常在於道。九卿通于地理，能通利不利，故九卿之

事常在德。大夫通於人事，行內舉繩，故大夫之事常在仁。元士知義而不失期，事功而不獨專，故元士之事常在義。道、德、仁、義定，而天下正矣。」（帝王世紀輯存殷商第三）這樣地把道、德、仁、義來分說三公以下各官職，據稱亦是殷代的事情。也許是道家伊尹四十一篇的遺說，而由皇甫謐所保存的（海日樓札叢四說）。

天秩（Order of Nature）是依據道德的，所以上天祐善而懲惡，這卽是天道。試看經典的一些名言，有如下例：

1. 曹劌答莊公：「小信未孚，神弗福也。」（左莊10）
2. 王孫滿對楚子：「天祚明德，有所底止。」（宣 3）
3. 司馬侯論楚「天或者欲逞其心以厚其毒而降之罰，未可知也。」（昭 4）
4. 叔向對韓宣子曰：「天之假助不善，非祚之也，厚其凶惡，而降之罰也。」（昭11）
5. 宮之奇對虢公曰：「鬼神非人實親，惟德是依。」（僖 5）
6. 蒍武子與衛人盟曰：「有渝此盟，以相及也，明神先君，是糾是殛。」（僖28）
7. 貞伯曰：「神福仁而禍淫。淫而無罰，福也；祭其得亡乎？」（成 5）
8. 申叔時言德、刑、詳、義、禮、信六者爲戰之器。是以神降之福，時無災害。（成16）
9. 天道賞善而罰淫。（周語中）
10. 天道皇皇，日月以爲常，明者以爲法，微者則是行。（越語下范蠡）
11. 天道無親，常與善人。（老子）

再看下表：

正（善）	反（惡）
天福（襄26，昭 3）	天殃（晉語 3）
天祚（晉語 4）	天罰（昭26，晉語 5）
天祿（詩；昭25、28；成 8。）	天禍（周語；左隱11禍許；僖28禍衛；成13禍晉；襄 9禍鄭；昭28禍魯。）
天常（文18；哀 6。）	天疾（穀梁昭20）
天法（昭26）	天誘（其衷。僖28；襄25；成13）

天贅（昭元年，穀禾熟。）

天授（桓6授楚；成16晉。）

天相（昭13天方相晉。）

上面所列舉一些禍福的字眼，都和「天」字聯在一起。這說明禍福的由來，是天所主宰的。到易的理論，便說自天祐之，吉無不利了。天如明鑑，時時在察人的善惡。善的則予福，惡的則降禍。人的行爲受到天的監視，天反應的好壞是和人的行爲的善惡有互相感應的，于是有吉凶妖祥說的興起。宣15年，「天反時爲災，地反物爲妖，民反德爲亂。」三者的產生，都是反常的：

　　　　天──災（反時）

　　　　地──妖（反物）

　　　　人──亂（反德）

妖祥問題都是人所引起。左傳所記如：

(1) 鄭申繻論二蛇鬥，謂「妖由人興也，人無釁焉，妖不自作；人棄常則妖興，故有妖（莊14年傳）

(2) 周叔興論隕石，「陰陽之事，非吉凶所生也，吉凶由人。」（僖16）。

(3) 晉伯宗論恃才與衆必亡：「亂則妖災生」（宣15）。

(4) 閔子馬對公鉏曰：「禍福無門，唯人所召（襄23）。」

上舉諸例，皆謂吉凶祅祥，皆由人的行爲所影響而生，這樣慢慢形成了漢人的天人感應說了。漢書藝文志雜占亦引申繻之語，謂「惑者不稽諸躬，而忌䛡之見。」乃是舍本而憂末，可見這一說的深入人心。

唐代柳宗元却持天人不相應說。他以爲：

(1) 「受命不于天，于其民。」「休符不于祥，于其仁。」

(2) 「以天、人爲不相知，以禮樂爲虛器。」禮樂只爲少數人所利用。

而劉禹錫則主張「天人交相勝」，以天與人處于同等地位。他的理論重點：天與人互有影響，是陰騭之說；天與人實相異，是自然之說。天之能在能生殖，其用在彊弱；人之道在法制，其用在辨是非。故「人能勝天者，法也。」這種天人相需的思想，是有它的遠源的。春秋以來，對於「天道」的懷疑，最著名的人物要算鄭國的子產。占星術者裨竈，因天象而預言鄭國將要大火。子產說：「天道遠，人道邇，非所及也，

何以知之？竈焉知天道？是亦多言矣，豈不或信？」（左傳昭公十八年）子產提出人道和天道對立的看法，顯然是一種進步。子產其他反對鬼神的行動，又如論禜之無益于疾病（昭六年）；懲罰巫祝因旱而砍伐樹木（昭十六年），都載在左傳。後來孔子不甚言性與「天道」；他對天道避開不喜歡和門弟子多談，又不語怪力亂神，似乎很受到子產的影響。

五、天法與德法

馬王堆老子甲本後面附鈔一些已佚文字，除較後部分爲伊尹九主之外（文物1974，11），尚有論德之行及引世子（卽世碩）等。其中論『德』頗有新義，摘錄如次：

德之行五和胃（謂）之德，四行和謂之善。善、人道也；德、天道也。

認爲善是人道，而德是天道。他所謂行五者，依楊倞注荀子言子思孟子「案往舊造說，謂之五行。」「五行，五常；仁、義、禮、智、信是也。」四行在下文是「仁、義、禮、智。」寫本又說：

君子之爲善也，有與始也，有與終也。君子之爲德也，有與始也，无與終也。金聲而玉振之，有德者也。金聲，善也；王言，聖也。善、人道也；德、囚道囼。囼有德者然笱（后）能金聲而玉振之。

「金聲玉振」一說，見于孟子萬章篇，故我疑心這一段言善與德皆有終與始，正如孟子所謂始條理與終條理，故這一章也許是荀子所述子思，孟子言及五行的佚文，這裡把善看作人道，而視德爲天道，把德與善對立起來，看成天人的關係。下面且說：「聞君子道，恖（聰）也；聞而知之，聖也。聖人知天道，知而行之聖也。」能够聞君子之道而能行之卽是聖，這顯然是儒家思想。鄒衍的五德終始，說不定和這些理論有多少關係，尤其把「德」看成天道，更值得注意的。

鄒衍把五行講成五德，拿來解釋人事，尤其說明帝王應運而興的道理，構成他的一套新的歷史哲學，他把握三個原則：

(1) 確定每一代的帝王的運命，有他五行上所屬先天的德性。

(2) 根據五行相勝，互相生尅，推演爲五德終始，創爲帝王更迭的循環說。

(3) 把一年的「紀」，擴大爲歷年的「紀」，成爲大型的終始說。

考五行相勝說，由來甚遠，左傳史墨有火勝金、水勝火之言（昭三十年及哀九年

傳），已被墨家、兵家、名家所采用。墨子經說之論五合，貴義篇之五龍，孫子虛實篇之論五行無常勝，（山東臨沂新出孫臏兵法有五壞之勝，「青勝黃，黃勝黑，黑勝赤，赤勝白，白勝青」之語，見地葆篇。）公孫龍子通變之引證木賊金。當日之言五行者，有常勝與毋常勝二系（參欒調甫：梁任公五行說之商榷）。鄒衍執常勝之說來解釋歷史，不沾沾于名實，從極大處落墨，故有其成就。史記孟荀列傳云：

> 「騶衍睹有國者益淫侈，不能尙德，若大雅整之于身，施及黎庶矣。乃深觀陰
> 陽消息，而作怪迂之變，終始大聖之篇，……稱引天地剖判以來，五德轉移，
> 治各有宜，而符應若茲……要其歸必止乎仁義節儉君臣上下……。」

鄒氏仍以儒家倫理爲基本，而主張尙德。封禪書說他以「陰，陽主運」，顯於諸侯。主運者，應如禮記的禮運，如淳在「主運」一名下注「五律相次轉用事，隨方面爲服。」應如禮運所謂：「五色、六章、十二服還相爲質。」服指服色，秦漢以來大家討論：「改正朔易服色」，似卽承襲鄒氏主運之觀點。若「終始大聖之篇」，大聖者，明指帝王，周書諡法解稱「德象天地爲帝」。如何方配稱爲帝？似乎是戰國季世學者討論的主題。今觀大戴禮書中，有五帝德、盛德、虞戴德諸篇可以見之。盛德論聖王之盛德，而提出「明堂者，天法也。禮度、德法也。所以御民之嗜慾好惡，以愼天法，以成德法也。」分析天法及德法二者，顯然是反對法家的專以刑法御民之失的。

> 「夫民善其德，必稱其人。今之人稱五帝三王者，依然若猶存者，其法誠德，
> 其德誠厚。夫民思其德，必稱其人。朝夕祝之，升聞于皇天。上帝歆焉，故永
> 其世而豐其年。」

這是盛德篇所描寫的德法，是要依循天法而行的。鄒子主張「尙德」，先整之于身，然後施及于民，想必和盛德之篇，不太違悖的。大戴禮五帝德所描寫之黃帝顓頊諸帝王，都是德合天地的領導人物，述黃帝一段說他：

> 「治五氣，設五量，撫萬民，度四方，敎熊、羆、貔、貅、豹、虎以與赤帝戰
> 于版泉之野。三戰然後得行其志。黃帝黼黻衣，大帶黼裳，乘龍扆雲。以順天
> 地之紀，幽明之故，死生之說，存亡之難。時播百穀少木，故敎化淳鳥獸昆
> 蟲，麻離日月星辰，極畋土石金玉，勞心力耳目，節用水火材物。生而民得其
> 利百年，死而民畏其神百年，亡而民用其敎百年，故曰三百年。」

他對人民的貢獻是民得其利，畏其神而用其敎，這是帝德的標準，這樣才是大聖。易文言所謂：「與天地合其德，日月合其明。」堯典云：「光被四表，移于上下。」尙書緯釋稽古卽同天，兪正燮以法天去解釋（癸巳類稿一）；這種與天地合德的人物，惟大聖之帝，才可以勝任。

呂氏春秋對鄒說更發揚光大。封禪書云：「自齊威宣之時，騶子之徒論著終始五德之運；及秦帝，齊人奏之，故始皇采用之。」秦人學術，部份是接受鄒說的。史記始皇紀李斯等議古敎不同一段，證以嚴安上書引用鄒衍語：「政敎文質，所以救世。當時則用，過時則舍之，有易則易也。」是鄒氏主張變通。秦人在政敎上主張「五帝不相復，三代不相襲，時變異也。」可易則易之，故始皇推鄒衍「終始五德之傳」，以秦爲水德，以代周之火德。其色上黑；名河曰「德水」，以爲水德之始，而事皆決于法，刻削毋仁恩和義，以合五德之數（見始皇本紀）。他一方面采用鄒子五德之理論，一方面則去掉儒家「止乎仁義」的「尙德」部分，專尙刑法，而非「德法」，可說是修正的鄒學了。

六、道、德的先後和天、人的分合問題

呂氏春秋季春紀先己篇：「五帝先道而後德，故德莫盛焉；三王先敎而後殺，故事莫功焉；五霸先事而後兵，故兵莫彊焉。」下至三國高貴鄉公甘露元年，博士馬照對曰：「太上立德，謂之三皇五帝之世以德化民；其次報施，謂三王之世以禮爲治也。」（魏書少帝紀）五帝是先「道」而後「德」的，三王則隆禮。德在先而禮在後，這一說法，事實上是戰國以後道家思想發展的結果。老子說失道而後德，失德而後仁、義、禮，把禮列在很後。司馬彪戰略：傅幹說馬騰曰：「古人有言：『順道者昌，逆德者亡。』」（三國志鍾繇傳裴注引）胡三省注出新城三老董公之言。」他把道與德分開來說，亦是先道而後德的。

最近馬王堆三號墓發見的老子寫本帛書，甲、乙本都是從「上德不德」章開始，把德經列前，而乙本㊀德經末有「德三千冊□」一行；㊁道經末有「道：二千四百廿六」一行。這一卷漢初寫本，是先德而後道；韓非子解老篇首先卽解德經第一章，然後釋道經諸章，戰國時，道經、德經分開，不分章，只題曰「道」與「德」，而排列

先後不一定。楚墓所出的確是德經在前，道經在後的。然「道」「德」一複合詞的組
成，在漢初已是通言「道德」，而不曰「德道」。賈誼新書中有道德說一篇，可以爲
證。惟董仲舒春秋繁露乃有「德道」一名，見於卷十深察名號篇，他說：「事各順於
名，名各順於天，天人之際合而爲一，同而通理，動而相益，順而相受，謂之德道。
詩曰：『維號斯言，有倫有迹。』此之謂也。」這樣的說德道，更具另一番意思。主
要意義應該是指德之道　，二者不是平列關係，有點像太史公所謂「王道」。史公序
贊：「天人之際，承敝通變，作八書。」而自序云：「補弊起廢，王道之大者也。」
能够通「天人之際」，莫過于「補弊起廢」；這樣可以說是「德道」，亦可說是「王
道」。意思又深一層了。

　　道與德的結合和先後問題，先秦諸子有不同的說法：

（1）道家　道──→德

　　　　像莊子天地篇：「故通於天地者，德也；行於萬物者，道也。上治人者，
　　　　事也；能有所藝者，技也。技兼於事，事兼於義，義兼於德，德兼於道，
　　　　道兼於天。」這裡雖然他把德列在先　，而道列在後　，可是他是以道來兼
　　　　德，德爲道所包。

　　　　管子四時篇：「道生天地，德出賢人。道生德，德生正，正生事。」則以
　　　　德爲道所生。

（2）法家　道──→法

　　　　經法道法篇云：「道生法。」法是道的產物。又名理云：「道者，神明之
　　　　原也。」

（3）儒家　至德要道

　　　　孝經云：「先王有至德要道。」

　　　　劉劭人物志云：「孝經以愛爲至德，以敬爲要道。易以感爲德，以謙爲
　　　　道；老子以無爲爲德，以虛爲道。」這樣的次序是先德後道；德是本質，
　　　　道是作用。

　　上舉諸例，對于道與德安排的先後，有許多異說。

　　老子經上云：「孔德之容，惟道是從。」德是要遵從道的。經下：「道生之，德

蓄之。」實在是把道放在德之前，老子作者心目中，是道先而德後。至于莊子，在內篇德充符提出「全德爲至人」的標準。他訓德爲和：至人「遊心乎德之和」，而要才全而德不形。他說：「何謂德不形？曰：平者，水停之盛也。其可以爲法也，內保之而外不蕩也。德者，成和之修也。德不形者，物不能離也。」德充于內，而不形于外；遺其形骸，而與物爲春。修養到（大）和的境界，便是全德。莊子外篇時時把道與德相提幷論，庚桑楚云：「道者，德之欽也；生者，德之光也。」按諡法解：「威儀悉備曰欽。」這無異說德的總和便是道。徐無鬼云：「故德總乎道之所〔不〕一。」「道之所一者，德不能同也。」德者，得也；有所得則道之所一者已破而不完。失道而後德；道之所不一的才算是德，而道之所一者，德便不能同。道的層次，居德之上。又繕性篇云：「夫德，和也；道、理也。德無不容，仁也；道無不理，義也。」把德與道幷舉，說德爲仁，指道爲義，這似乎是後期儒家對莊子的解釋。文中先德後道，可見在行文上先德後道，有時可以任意。雖然老莊之學主張失道而後德，基本上道的層次是在德之上，而在做文章的時候，可以把德放在道的上面；天地篇的先德後道正是同樣的例子。繕性篇對世與道交相喪的理論，有深入的發揮；他的歷史觀是失道而後尙德，德又越來越衰，所以一代不如一代。他說：「逮德下衰，及燧人、伏羲始爲天下，是故順而不一。德又下衰，及神農、黃帝始爲天下，是故安而不順。德又下衰，及唐虞始爲天下，與治化之流，澆淳散朴，離道以善，險德以行，然後去性而從於心。心與心識知而不足以定天下，然後附之以文，益之以博；文滅質，博溺心。」世愈下而道彌薄，德愈衰，以至離道而標榜以善，險德而博之以文。這無異說周不如殷，殷不如夏。呂覽先己篇所說先道後德，完全是道家的理論，和莊子並無二致的。

　　金文如散盤，「道」字凡六見，皆作道路用。其字从首从行，其下或从「止」，又有从「又」作的。其从「又」的如毀鼎，曾伯簠亦相同。石鼓文有衕字，作原章言盭衕；遨水章云：「遨衕旣平。」「遨其周衕」，都指道路。汗簡采古文尙書，道字有衎、衕二體。漢封泥有「衎人令印」。吳式芬等封泥考略謂卽漢書地理志之代郡道人縣，以衎爲道字。道字用作「原則」、「道理」的意義，在西周彝銘上可說是一無所見，僅是訓爲道路而已。後來由道路之義引申爲道理，在左傳常見天道、人道一類

的字眼。到了道家，更把道字的意義擴大起來；從思想發展史來說，道的觀念的誕生，應當在德的觀念確立之後，所以德在先而道在後，才是思想發展的實際情形。

儒家及早期法家都喜歡用「道」字，論語說「志道、據德、依仁、遊藝」（述而），已把道列于德之前。論語言道的地方極多；道的重要性在儒家思想亦占第一位。孝經所言「至德要道」只是行文的方便。至于法家管子之言道生天地，與老子同；道法篇言道生法，因爲法家正是掌握道做總原則；法家「主道」的理論乃是采自道家的。

所以用道德二字作爲聯詞的時候，事實應該是先道而後德，這是儒、道、法三家思想共同的地方。老子書道、德二篇，照理仍應是先道後德，所以史記老聃傳云：「老子修道、德。」「著書上下篇言道、德之意。」馬王堆所出老子甲乙本，德經放在前、道經放在後，乃是偶然的。

楚墓乙本老子卷前佚書四篇：經法、十大經、稱、道原，這都是戰國由道入法的重要文獻。對于道法相資爲用，及法源于道的理論，有極重要的論證。

書中論道爲太虛；能懂得太虛的道理，便「能通天下之精，得道之本，在握少以知多。」（道原篇）又說：「陽法天，陰法地。」地德尙柔，所以主張守雌（稱篇）。

黃帝四經亦時時言「德」，君正篇云：「一年從俗，二年用德，三年民有得。」大分篇云：「天下大平，正以明德，參之以天地，兼覆載而无私。」強調用德的重要性。四經主要是以老學爲基礎，主張「玄德」；老子曰：「玄德深矣、遠矣！」故此書在大分篇說：「王天下者有玄德。」理論重點是守雌，所以在雌雄篇上說雄節是散德，而雌節則爲絝德。因爲雄是盈（湼）之徒而雌是兼（謙）之徒。又云：「德積者昌，〔殃〕積者亡。觀其所積，乃知〔禍福〕之鄉。」仍是春秋以來的老調。

荀子對「天人之際」是主張分而不主張合的。他說：「故明于天人之分，則可謂至人矣。」（天論篇）他把天與人的界限劃分起來。他說：「天行有常，不爲堯存，不爲桀亡。」（同上）正是針對天人行爲相應說而開炮。他提出「天職」、「天功」、「天養」、「天政」諸論點來解釋自然運行的功用，並解釋禍福的產生是對「類」（可說是自然律）的順、逆，完全把天與人隔開。這和儒家思孟一派主張的五行和合──德（天道）與善（人道）之統一，墨家的天志，道家莊周的「天德」，不以人滅天，與天爲徒諸說，完全反腔背調，殊不易取得一般人的同情。再加上鄒衍「五德終始、

天人相應」說得到政治上的强有力支持，秦漢以來，「天人之際」論，甚囂塵上，復主合而不主分。于是荀卿的天論遂成孤掌難鳴；要到了柳宗元、劉禹錫，才是荀氏的同路人。黃帝四經上亦談到「天道」、「天極」。四度篇說：「失天則几（飢），失人則疾。周遷動作，天爲之稽，天道不遠。」可說是對子產見解「天道遠」的否定。在國次篇說：「禁伐當罪當亡，必虛（墟）其國。兼之而勿擅，是謂天功。」同篇又說：「過極失當，天將降央（殃）。」篇末說：「唯聖人能盡天極，利用天當。」天極一詞，亦見于管子勢篇。這裡的天極、天當、天功，完全和荀子意見相反的。四經解釋「文」「武」二字，君正篇云：「因天之生以養生謂之文，因天之殺以伐死謂之武。」又四度篇：「動靜參乎天地謂之文，誅囗時當謂之武。」都是從天道觀點來解釋人文現象。黃帝四經是戰國前期末、中期初法家接受道家思想後的作品，和荀卿時代不相上下，可見在這個時代天道觀仍不輕易接受荀學的觀點。

七、結　語

　　理性主義在西方的興起甚遲，亦是從神道中解放出來，但是古代希臘是以客觀知識爲中心。中世紀教權掌握一切，人的地位屈膝于神的威靈之下；人之理性，無獨立價值。個人的道德心，純爲教權所支配，只有他律，沒有自律的可能。到了後來才有個人的發見。我的自覺，使「理性我」的自律說，緩緩擡頭起來，方才形成哲學上的理性主義。中國在西周貴族提倡明德、敬德的道理，在上則配合天命，在下則踐履純德，天與人相賚爲用。由春秋的「德禮」（以德合禮）發展到戰國的「德法」（以德配法），從禮治到法治，都是一貫地以「德」作它的內涵。

　　天神是輔導人，而不是控制人、約束人的；在中國，人沒有原罪，不必在神的面前去贖罪。人如果能自覺地遵從德禮去行事，已可說是自我肯定（Self Affirmation）了。可是天（神）對人，仍有所預感，有所儆戒的。天會示人以「祥」、「異」。祥有吉與凶的雙面性——即是德祥和災祥。人君有至德，則瑞物出現；有凶德則山崩川竭日食……等災異發生，表示天對其有所警告，易所謂「視履考祥」，後人謂之「卜征考祥」（張衡東京賦），都是這個意思。把德與符應的關聯性連起來講，正構成鄒衍政治道德學的基本骨幹，發展成爲秦漢以來的新的天命說和德運論。

自春秋以來，民人的地位提高，人道與天道可以對立看待。天道遠而人道邇，孔子言「道」，而少言天道；從切近的人事方面着力，渺茫的天和不可知的鬼神，逐漸爲儒家所略視。原有的畏天、尊天的思想，發展爲儒家的則天、同天、順天。到了荀子遂以制天爲主；天神的地位反屈居人之下，人本的理性主義，可謂發展至最高峰。可是另一方面，陰陽家的興起，承接原有的敬天傳統。「序天地四時之大順（司馬談論六家要旨），以天律人，而道家的莊子，反對以人滅天，天與人分的理論，復變而趨于『天人相合』，鄒衍一派之說，得以風行。春秋以來理性主義的發軔，其特別成就在于思辨的推理方面。名家在這方面的努力，爲儒、墨、法各家所吸收。陰陽家亦主張符驗，但所驗的不在事物的自身，而在「天人之際」的證驗。鄒衍的方法，是「必先驗小物，推而大之，至于無垠。」驗小以推大，好像很接近科學方法了。黃帝素問學痛論：「五帝問曰：『余聞善言天者必驗于人。』」又氣交變大論：「余聞之：『善言天者，必應于人；善言古者，必驗于今；善言氣者，必彰于物；善言應者，同天地之化。』」這種「驗」變而爲「事徵」，鄒衍論「驗」之意義，變而爲「符應」之先兆（Omen），後世讖緯即由此而興。說文云：「讖、驗也。」緯書亦多以驗爲名，如易通卦驗、尙書帝命驗，即其著例。荀學之失敗，變質的理性主義遂爲陰陽家氣氛所籠罩。鄒衍之學，部分爲秦漢政治階層所接受，進一步而讖緯之說復披靡一世。秦漢以來的「天人相應」論，「人」仍舊爲「天」所限制；天與人的感應，其神秘性質，一如歐洲中古的「人神和合」，距離理性主義遂越來越遠了。

附 註

1. 馮友蘭中國哲學史新編引尙書大傳：「武王伐紂，至于商郊，停止宿夜。士卒皆歡樂達旦，前歌後舞，格于上下，咸曰：『孜孜无怠。』水火者，百姓之所飲食也；金木者，百姓之所興生也；土者，萬物之所資生；是爲人用。」他認爲這是五行思想發生于西周初期的證據（原書 p. 55）。案此條見孔頴達尙書正義洪範篇引書傳，只有「水火者，百姓之求飲食也；金木者，百姓之所興作也；土者，萬物之所資生也，是爲人用。」書傳共三十三字，陳壽祺大傳輯本卷三相同。馮氏不知何據？這裏特別說明「土」爲萬物之所資生，和國語史伯之說相符。也許伏生所記雜入後期的思想。惟史伯說：「先王以土爲金木水火雜以成百物。」歸之先王：則其說必遠有所承。

參 考 書 目

阮　元，詩書古訓。

　　　　釋敬　（揅經堂續集）。

傅斯年，性命古訓辨證。

劉　復，帝與天　（古史辨第二冊）。

胡厚宣，殷代的天神崇拜　（甲骨學商史論叢初集）。

　　　　殷代的天帝與王帝　（歷史研究 1959/9 ）。

唐文治，易憂患卦解

呂思勉，皇帝說探源　（古史辨第七冊中編）。

楊向奎，三皇考　（同上）

　　　　中國古代社會與古代思想研究上。

繆　篆，顯道——中國固有之道德上冊。

錢寶琮，太一考　（燕京學報）。

徐炳昶，五帝起源說　（中國古史的傳說時代第五章，增訂本）。

唐君毅，先秦思想中之天命觀　（新亞學報 2.2 ）。

　　　　中國哲學原論——原道篇。

陳　槃，春秋時代的教育　（史語所集刊第四十五本）。

關　鋒，林聿時：春秋哲學史論集。

老子甲本及卷後古佚書。

老子乙本及卷前古佚書　（馬王堆漢墓帛書、壹）線裝二冊、1974。

老子　（馬王堆漢墓帛書）附釋文，1976。

經法　（馬王堆漢墓帛書），1976。

孫臏兵法　（銀雀山漢墓竹簡），1975。

津田左右吉，上代支那人の宗敎思想　（全集28卷）又左傳思想史の研究。

池田末利，釋帝與天　（廣島大學文學部紀要第三卷，1953）。

　　　　天道與天命上下　（廣島大學文學部紀要第28卷、29卷 1968/2，1970)。

春秋合理主義の再檢討　（廣島大學文學部紀要第27卷，1967）。

中國固有の宗敎と陰陽思想　（宗敎研究182號）。

配天考　（福井博士頌壽集）。

山口義男，春秋王道に關する一考察　（廣島大學文學部紀要第6卷，1954）。

重澤俊郎，支那古代に於ける合理的思惟の展開。

小島祐馬，古代支那研究。

伊藤道治，中國古代王朝之形成。

鴛　淵　一，滿文滿洲實錄所見滿洲族の天地との崇拜。

高田眞治，支那思想の研究——天の思想

S. Kierkegaard: *Philosophical Fragments*.

E. O. James: *Prehistoric Religion*.

J. Needham: *Time and Eastern Man*.

H. G. Creel: *The Origins of Statecraft in China* vol. I （西周帝國，1970）
　　　　　　天神的源流　（黃俊傑譯，大陸 45/4）

張鍾元，*The Concept of Tao in Chinese Culture, The Review of Religion
　　　1953.*

陳榮捷，*The Evolution of the Neo-Confucian Concept Li* 理 *As Principle*
　　　（清華學報，新 4, 1964）

S. N. Kramer, *Mythologies of the Ancient World*.

F. M. Cornford, *From Religion to Philosophy 1912*.

G. Murry, *Five Stages of Greek Religion 1951*.

（本文與「天神觀與道德思想」合爲上下篇，參考書目乃兩篇所共用。）

孔 子 的 生 平 及 弟 子

何 佑 森

一、聖人後裔　　六、在陳絕糧
二、吾少也賤　　七、隱者之譏
三、在齊聞韶　　八、孔子歸魯
四、誅少正卯　　九、孔子弟子
五、子見南子　　十、孔子思想

一、聖 人 後 裔

　　孔子生於魯襄公二十二年，西元前五五一年，距離今天已經有兩千五百餘年的歷史了。他是聖人的後裔，後來自己也修養成爲聖人。聖人二字，先後見於左傳昭公七年、及史記孔子世家，兩書中對於孔子的祖先弗父何與正考父的品德，有相同的記載。司馬遷說：

　　　　魯大夫孟釐子病且死，誡其嗣懿子曰：孔丘，聖人之後。滅於宋。其祖弗父何始有宋而嗣讓厲公。及正考父佐戴、武、宣公，三命茲益恭。……吾聞聖人之後，雖不當世，必有達者。今孔丘年少好禮，其達者歟。吾卽沒，若必師之。史記孔子世家

孔子的先世所以能爲聖人，是由於弗父何能讓，正考父能恭。能讓的人不爭，能恭的人不驕，有這種美德的人就是聖人。孔子是聖人之後，加以年少好禮，自然就繼承了他祖先的這份美德。

　　孔子最得意的弟子顏淵，曾將聖人提升到高不可攀的地位

　　顏淵喟然嘆曰：仰之彌高，鑽之彌堅，瞻之在前，忽焉在後。論語子罕

顏淵形容孔子有一種可望而不可及、恍惚而不可捉摸的氣象。

　　太宰問於子貢曰：夫子聖者與？何其多能也？子貢曰：固天縱之將聖，又多能也。同上

本文爲中國上古史待定稿第四本之一章。審查人陳槃。

太宰以聖與能問子貢，子貢說，孔子是天生而又多能的聖人。

> 叔孫武叔毀仲尼。子貢曰：無以爲也，仲尼不可毀也。他人之賢者，丘陵也，
> 猶可踰也；仲尼，日月也，無得而踰焉。人雖欲自絕，其何傷於日月乎？多見
> 其不知量也。子張

子貢又說，孔子是日月，而賢者祇是丘陵。人可成賢，而無法成聖。可是孔子却自謙
地說：

> 若聖與仁，則吾豈敢。述而

孔子不以聖人與仁者自居。他曾感慨地說：

> 聖人，吾不得而見之矣！得見君子者斯可矣！述而

孔子生在亂世，不敢奢望能遇到聖人，在不得已的情況下，祇求能見到君子，內心已
是十分滿足。可見孔子心目中的聖人和君子不同，君子又和一般世俗之人不同。

> 子貢曰：如有博施於民而能濟衆，何如？可謂仁乎？子曰：何事於仁，必也聖
> 乎？堯舜其猶病諸！雍也

孔子期待的聖人，是一個能爲人類廣施博與的在位者。

> 子路問君子。子曰：脩己以敬。曰：如斯而已乎？曰：脩己以安人。曰：如斯
> 而已乎？曰：脩己以安百姓。脩己以安百姓。堯舜其猶病諸。憲問

孔子所祈求的，是在位者必先要有君子的修養，自身旣是君子，更重要的，使天下百
姓都能得到安樂。能脩己，能安百姓，自然就是聖人。孔子一生，不在堯舜之位，自
謙不是聖人，不過却時常勸勉他的弟子，至少要做一個君子，得位行道，然後再做聖
人。

孔子雖不是堯舜，其實他就是聖人。

> 子之燕居，申申如也，夭夭如也。述而

孔子性情開朗，態度和靄；給人一種悠閑從容、一團和氣的印象。

> 子溫而厲，威而不猛，恭而安。述而

孔子性情溫和，其實是不可侵犯；面貌威嚴，其實是平易近人；待人謙恭，其實是出
之自然。

> 子食於有喪者之側，未嘗飽也。子於是日哭，則不歌。述而

聖人不是神，有哀慟的情感；不過孔子不是獨哀，而是哀人之哀，與人同哀。

　　子與人歌而善，必使反之，而後和之。述而

聖人不是神，也有歡樂的情感；不過孔子不是獨樂，而是樂人之樂，與人同樂。

　　子路、曾晳、冉有、公西華侍坐。子曰：以吾一日長乎爾，毋吾以也。先進

　　顏淵、季路侍。子曰：盍各言爾志。……子路曰：願聞子之志。公冶長

孔子和他的弟子，不因年齡的懸殊，地位的不同，以及知識的差距，而拉長了情感上
的距離；相反地，他們經常無拘無束地互相交換自己的志願，以及各人發自內心的言
語，因此弟子在親切的閑談中，不自覺地聽到了最有益的教誨。

　　子之武城，聞弦歌之聲。夫子莞爾而笑曰：割雞焉用牛刀。……子曰：二三
　　子，偃之言是也，前言戲之耳。陽貨

孔子的輕鬆幽默，使武城地方的弦歌，平添了許多快樂的氣氛。

　　子在齊聞韶，三月不知肉味。述而

　　子在衛擊磬。憲問

孔子聞韶擊磬，醉心古樂，常到忘我的境界。

　　子夏問曰：巧笑倩兮，美目盼兮，素以為絢兮，何謂也？子曰：繪事後素。
　　曰：禮後乎。子曰：起予者商也，始可與言詩已矣。八佾

孔子從文學和藝術中，認識到現實的人生。

　　色斯舉矣，翔而後集。曰：山梁雌雉，時哉！時哉！子路共之，三嗅而
　　作。鄉黨

孔子愛好自然，有時也擺脫世俗的煩擾，漫步在一個清靜的有山溪水流的地方，看到
一隻在水橋上神態閑適的雌雉，時飲時啄，時飛時止，逍遙自得，神情嚴肅口中輕輕
的唸着「時哉！時哉！」從此對人生有了更深一層的領悟。

　　子謂顏淵曰：用之則行，舍之則藏，惟我與爾有是夫！述而

孔子藏道於身，時時充實自己，不因不能用世而感到氣餒，他只期望：「為之不厭，
誨人不倦。」述而 終有一日達到聖與仁的境界。其實，孔子的動靜語默，就是聖與仁
的最高表現。從論語的記載中，我們可以看出，孔子是一位人人可以親近的聖人，不
是一個用泥土塑造出來的聖人。

二、吾少也賤

　　孔子並不隱瞞自己早年貧困的生活，也不以曾做低下的職業——所謂「鄙事」爲恥。他說：

　　　　吾少也賤，故多能鄙事。……牢曰：子云：吾不試故藝。子罕

藝是技藝、技能，維持生活需要多習技藝。孔子爲了求生，就曾當過委吏和乘田的小吏。孟子說：

　　　　孔子嘗爲委吏矣，曰會計當而已矣。嘗爲乘田矣，曰牛羊茁壯長而已矣。萬章

孔子自謂：「吾非生而知之者」述而。聖人不是生知，生下來和常人一樣；不過，在生命成長的過程中，不學的變爲常人，好學的成爲聖人。孔子說：「十室之邑，必有忠信如丘者焉；不如丘之好學也。」公冶長 孔子管理過倉庫，飼養過牛羊，在各種低賤的職業中，先學會了謀生的技能，解決了生活的困境，同時也深切地體會到普通一般人民的生活之道。

　　　　子曰：富而可求也，雖執鞭之士，吾亦爲之。如不可求，從吾所好。述而

孔子未嘗不想改善貧苦的生活，財富可以求得，執鞭雖是賤職，他也欣然樂意去做。

　　　　飯疏食飲水，曲肱而枕之，樂亦在其中矣。不義而富且貴，於我如浮雲。述而

孔子寧可安於貧窮，過着簡單而逍遙自在的生活，也不願留戀浮雲，用不正當方法得到富貴。孔子所以能爲聖人，是他能在任何逆境中，不做不義的事。

　　　　子曰：吾十有五而志於學，三十而立。爲政

孔子從十五歲立志學藝，到三十歲學藝完成，成爲魯國唯一兼通禮樂射御書數各種技藝的人。從此他的生活開始有了轉變。

　　　　子曰：自行束脩以上，吾未嘗無誨焉。述而

孔子依賴一束乾肉以上的學費維生，以自己所學習到的技藝，教誨各處來魯受學的弟子。司馬遷說：

　　　　孔子不仕，退而脩詩書禮樂，弟子彌衆，至自遠方，莫不受業焉。史記孔子世家

孔子五十歲前，眼看季氏專政，陽虎擅權，決心暫時隱退，立了有教無類的宗旨，使遠近各國各階層子弟都有接受教育的機會。

> 孔子以詩書禮樂敎，弟子蓋三千焉，身通六藝者七十有二人。同上

孔子五十五歲後，出遊各國，十四年中，受敎弟子陸續增加，經濟生活自然也就得到改善。

> 衞靈公問孔子，居魯得祿幾何？對曰：俸粟六萬；衞人亦致粟六萬。同上

孔子受到各國諸侯的禮遇，在衞國時，靈公致粟六萬小斗，相當於漢朝太子太傅以下到三輔長官及郡國守相秩二千石（月各百二十斛）的俸祿。史記索隱

> 君命召，不俟駕行矣。鄉黨

孔子思鄉心切，六十八歲回到魯國。平日出必有車；每次哀公召見，不等僕人套車，便匆忙地徑自徒步前往。

> 君子不以紺緅飾，紅紫不以爲褻服。當暑，袗絺綌，必表而出之。緇衣羔裘，素衣麑裘，黃衣狐裘。褻裘長，短右袂。必有寢衣，長一身有半。狐貉之厚以居。去喪無所不佩。非帷裳，必殺之。羔裘玄冠，不以弔。吉月，必朝服而朝。齊，必有明衣，布。同上

孔子晚年衣著，守着一定禮節。他對於衣裳的顏色、質料、尺寸、剪裁，一點不肯馬虎。至於顏色的搭配，以及不同時節、不同場合的服飾，也一點不肯隨便。

> 食不厭精，膾不厭細。食饐而餲，魚餒而肉敗，不食。色惡，不食。臭惡，不食。失飪，不食。不時，不食。割不正，不食。不得其醬，不食。肉雖多，不使勝食氣。惟酒無量，不及亂。沽酒市脯，不食。不撤薑食，不多食。祭於公，不宿肉。祭肉不出三日，出三日，不食之矣。食不語，寢不言，雖疏食菜羹瓜祭，必齊如也。同上

孔子晚年飲食，也同樣守着一定禮節。他早年貧困，後來受過諸侯的祿養，收過弟子的束脩，生活自然就改善了。他懂得養生，不吃腐爛變色變味的食物，至於他吃的稻米魚肉，要舂得精緻，要切得細巧，看起來似乎是苛求挑剔，實際上他並不嫌棄粗茶淡飯。從不以「惡衣惡食」爲恥 里仁。他祇約束自己不暴飲暴食，醉酒容易亂性，飽食有傷身體，飲食雖是小事，如沒有禮的節制，對人對己，都一無好處。所以子貢問：「貧而無諂，富而無驕，何如？」孔子回答說：「可也。未若貧而樂，富而好禮者也。」學而 顏回簞食瓢飲，是貧而能樂。雍也 孔子衣食無憂，每食必祭，祭時恭恭

敬敬，像齋戒一樣，是富而好禮。有人或許懷疑，一個人窮愁潦倒，命都不保，如何能樂？祇要生活舒泰，衣食考究，自然就會好禮。殊不知聖賢和常人分別就在這裏，常人祇重穿衣吃飯，追求一己的滿足；而聖賢君子則在穿衣吃飯中，更重要的，是要追求人類共同的慾望。

三、在齊聞韶

魯襄公二十九年，吳公子季札到魯國聘問，得見虞舜的樂舞名叫「韶箾」的，夏禹的樂舞名叫「大夏」的，商湯的樂舞名叫「韶濩」的，周文王的樂舞名叫「象箾、南籥」的，周武王的樂舞名叫「大武」的；到魯昭公二年，晉韓宣子亦到魯國聘問，見易象與魯春秋，說：「周禮盡在魯矣！」俱見左傳 足證魯國保存了舜、禹、湯、文王、武王等四代天子的樂舞。禮和樂，樂和舞的制度，是維持國家統一社會安定的一種力量，當禮樂不能約束人類行為、和諧人類情感的時候，必然會引起天下大亂。韓宣子聘魯二十餘年後，魯國大夫季氏，竟僭用了天子的樂舞。

孔子謂季氏，八佾舞於庭，是可忍也。孰不可忍也。八佾
季氏私用八佾樂舞，孔子不以為然，於是去魯適齊。

子在齊聞韶，三月不知肉味，曰：不圖為樂之至於斯也。述而
韶是舜樂，可能和季札聘魯所見的韶箾是同一性質。孔子三十五歲在齊國時，學習韶樂 據史記孔子世家， 心裏懷有一種好古敏求的溫情；而季氏私用八佾樂舞，心中却暗藏一種叛逆的陰謀。孔子所以能為聖人 ， 季氏所以成為亂臣 ， 從兩人對音樂所持的態度，可以看出一點痕跡。

樂則韶舞。放鄭聲，遠佞人。鄭聲淫，佞人殆。衞靈公
虞夏商周四代的音樂，孔子最醉心韶樂。韶是古樂，音節簡單，出自自然，不矯揉造作，有原始質樸的風格。孔子最厭惡鄭聲，鄭聲是今樂，音節繁雜，如同佞人之變化多端，如同小人之巧言令色，這些音調，聽來悅耳，却非出自真情，它可以摧毀人的意志，祇有禁絕遠離，才不致使情感腐蝕。

子謂韶，盡美矣，又盡善也；謂武，盡美矣，未盡善也。八佾
古代的音樂，每一時期的風格不盡相同，孔子評價最高的是早期虞舜時的韶樂，因為

韶樂的聲調，柔和自然。聽起來是一片平和氣象，可以稱得上是盡美盡善；至於後期武王時的武樂，聲調激昂威武，帶有一種肅殺之氣，違反了人類和平的本性，到達不了自然至善的境界，這是孔子特別感到遺憾的。孔子後來到了衞國，曾從師襄學琴。

> 孔子學鼓琴師襄子，十日不進。師襄子曰：可以益矣。孔子曰：丘巳習其曲矣，未得其數也。有閒曰：已習其數，可以益矣。孔子曰：丘未得其志也。有閒曰：已習其志，可以益矣。孔子曰：丘未得其爲人也。孔子世家

琴是六藝中的一藝。大凡禮樂射御書數中任何一藝，孔子無一不學，無一不習，所以孔子深通六藝。三千弟子中有七十二人也深通六藝。[1] 孔子從師襄學琴，不祇是死讀曲譜，而是習其曲數，習的次數愈多，技巧愈是純熟，宮商節奏中規中矩，內心深處自然流露出一種無限的喜悅。孔子愛好音樂，過的是藝術生活，不是成天愁眉苦臉、板起面孔說教的聖人。他說：「學而時習之，不亦說乎？」譬如學習韶樂，而最後透過曲數了解到帝舜的爲人，從此所獲得的內心喜悅，不是一般爲滿足慾望而學習的人所能感受到的。

> 子擊磬於衞。有荷蕢而過孔氏之門者，曰：有心哉，擊磬乎。既而曰：鄙者，硜硜乎。莫己知也，斯已而已矣。深則厲，淺則揭。子曰：果哉！末之難矣。憲問

孔子在衞擊磬，無意間道出自己用世的心事。聽到磬聲的是一個擔荷草器的隱者，他稱得上是知音的人，却和孔子道不相同。可惜磬音不爲世人所知，孔子空有用世的抱負，却終于不爲世人所用。

> 子之武城，聞弦歌之聲。夫子莞爾而笑，曰：「割鷄焉用牛刀。」陽貨

孔子不爲時君所用，晚年回到魯國，專心教書工作。弟子中子游從政，當武城邑宰，用禮樂教化百姓，使孔子的理想政治得在魯國的邊境武城實現。孔子率領弟子往游武城，居然在這個小邑聽到處處都有琴瑟詩歌的聲音，家家和氣，人人歡樂，好像自己突然回到了虞舜的時代，無憂無慮地過着家給人足的生活。

> 子與人歌而善，必使反之，而後和之。述而

---

1. 陳槃先生認爲六藝指的是六經，參看中央研究院歷史語言研究所集刊，春秋時代的教育，四十五本第四分，頁七六七～七七七。

孔子在齊國時，聽到古代的韶樂，嚮往着當時的聖人政治，曾經食不知味；現在聽到春秋的民謠，一而再地和善歌者唱和，希望從他們的歌聲中，儘量能了解亂世百姓的心情，捉摸當時作曲者心中的寄託。

　　子曰：吾自衞反魯，然後樂正，雅頌各得其所。子罕

孔子晚年，弟子散居四方，傳播儒學；自己則閑居在鄉，潛心傳統的文化，整理殘缺零亂的樂章，要人們都能遠離鄭聲，唱出失落已久的商周兩代的雅頌詩篇。

四、誅少正卯

　　魯定公九年，公元前四九七年，孔子當了魯國司寇，上任纔七天，就殺了魯國知名人物少正卯。荀子最早記載了這件史事：

　　　孔子爲魯攝相，朝七日而誅少正卯。門人進問曰：夫少正卯，魯之聞人也，夫子爲政而始誅之，得無失乎？孔子曰：居，吾語女其故。人有惡者五，而盜竊不與焉。一曰心達而險，二曰行辟而堅，三曰言僞而辯，四曰記醜而博，五曰順非而澤，此五者，有一於人，則不得免於君子之誅；而少正卯則兼而有之：故居處足以聚徒成羣，言談足以飾邪營衆，強足以反是獨立，此小人之桀雄也，不可不誅也。是以湯誅尹諧，文王誅潘止，周公誅管叔，太公誅華仕，管仲誅付里乙，子產誅鄧析、史付，此七子者皆異世同心，不可不誅也。詩曰：「憂心悄悄，慍于羣小。」小人成羣，斯足憂矣。宥坐

孔子誅少正卯這件大事，我們在論語、左傳、孟子書中找不出一點痕迹，而突然出現在荀子書中，雖然後來尹文子聖人篇，以及漢代淮南子氾論訓、史記孔子世家、劉向說苑、王充論衡等相繼引述，並十分肯定這個故事的可靠性；不過從南宋朱熹、葉適開始，到清代的崔述、梁玉繩等，却懷疑這個故事的可信程度，他們列舉很多理由，說明誅少正卯事是出自荀卿以後學者的虛構。

　　古人和今人做學問的態度不同：古人尊孔子，講儒學，是本着求真的精神，爲的是延續傳統文化的命脈；今人做學問，爲的是要挖根，要突破，用曲解古書的方法，要捨命挖掉二千多年前孔子辛苦培植的文化命根，要用勁突破二千多年來國人堅信不移的聖人觀念。要爲我們換一個新的聖人，要將擁有廣土衆民的所謂現代帝王捧上聖

人的寶座。爲辨正史事，以下先節錄今人對荀文的一段新解：

請看孔子是怎樣宣布少正卯的罪狀的（見荀子宥坐）。

孔子說：下面五條，只要犯有其中一條的人，就應該處死。

一、通達古今之變，了解事物變化的人，是容易鋌而走險的（「心達而險」）；

二、不以奴隸制的正道而行，固執地走所謂革新之路的（「行辟而堅」）；

三、把他的所謂革新道理說得頭頭是道的（「言僞而辯」）；

四、對奴隸統治中所產生的一些腐朽不穩的現象，知道得非常之多的（「記醜而博」）；

五、把反奴隸制的道理說得義正詞嚴似的（「順非而澤」）。

孔子說，現在少正卯對這五條都犯了，所以非殺不可。他根據這五條定少正卯的罪案，那就是：

一、聚衆結社（「居處足以聚徒成羣」）；

二、鼓吹邪說（「言談足以飾邪營衆」）；

三、淆亂是非（「強足以反是獨立」）。

少正卯倡導革新　，是適應當時歷史發展和人民羣衆的願望的　。孔子殺了少正卯，連他的學生子貢也懷疑是錯誤的（「孔子家語」）。

按以上引文是楊榮國撰「孔子——頑固地維護奴隸制的思想家」中「孔子的政治立場」，刊登在民國六十二年八月一日僞「人民日報」第二版，轉引自中國大陸問題研究所出版毛共「批孔資料彙編」。

孔子不是一個好殺的聖人，也不是一個守舊而不求「革新」的聖人。我們不必盲從漢儒的記載，抹殺了宋明清儒的求眞懷疑的態度，應該直接從論語中了解孔子平日的爲人和言論，眞相自然大白。

季康子問政於孔子，曰：如殺無道，以就有道，何如？孔子對曰：子爲政，焉用殺。顏淵

孔子反對爲政用殺，那有自已當了司寇，在魯國當權派季氏眼前，殺了一個少正卯，樹立了許多「聚徒成羣」的仇敵？

子曰：善人爲邦百年，亦可以勝殘去殺矣，誠哉是言也。子路

孔子主張以德以禮代替殺人的政令刑罰，所謂「道之以政，齊之以刑，民免而無恥；
道之以德，齊之以禮，有恥且格。」為政 刑殺必然使人心生畏懼，只有去刑去殺，上
下的情意才能溝通，人與人間也不會有爭訟的事情發生。這是孔子所說的法，也是後
來儒家所講的法。誅少正卯用的是法家之法，是後來韓非、李斯所講之法、根本違背
了孔子為政的原則。

　　　廐焚，子退朝，曰：傷人乎？不問馬。鄉黨
馬廐燒了，孔子回到家裏，急問：「傷人乎？」孔子有如此愛人之心，豈能「不敎而
殺」，做出一個有失人心的暴虐舉動？堯曰

　　孔子也不是泥古守舊的聖人。他說：

　　　齊一變，至於魯。魯一變，至於道。雍也
變就是革新，道就是王道。孔子為轉移齊國風俗，所以要變，要革新；為使魯國適應
當時歷史的發展，所以反對霸業，特提王道政治的理想，作為魯國政治改革依據。

　　　子張問十世可知也？子曰：殷因於夏禮，所損益可知也。周因於殷禮，所損益
　　　可知也。其或繼周者，雖百世可知也。為政
孔子既知夏商周三代禮制的因革損益，是歷史發展的必然趨勢，豈有誅少正卯，剷除
「倡導革新」派勢力的道理？其實孔子當了司寇，做了兩件極有意義的大事：一是魯
定公十年，齊魯兩國諸侯在夾谷的會盟。齊景公欲以武力劫持魯君，滿足他的征服野
心，當時由於孔子的正義言辭，終使齊國的霸業受到一次很大的挫折，歸還了魯國的
侵地；一是定公十二年的墮三都運動。孔子有意要削弱魯國孟、叔、季三家割據的勢
力，徹底清除叛臣陽虎、公山不狃等禍亂的根源，提議拆毀三家都邑，最後由於孟氏
抗命，孔子的王道政治理想受到惡勢的阻撓不能實現，到了第二年，祇好離開魯國。

五、子 見 南 子

　　在中國古代宗法和封建制度下，在兩千多年前的魯國，竟然出現了一個極端自由
的國家，這是富有強烈自由意識的現時代人所意想不到的事。當昭公、定公、哀公的
時代，季孫氏身為大夫，專橫霸道，僭用了天子的八佾樂舞，孔子是一平民，却嚴厲
指摘季氏這種越禮的行為，可是有權有勢的季氏，並不因此憑藉權勢，剝奪孔子的言

論自由。

　　　孔子謂季氏八佾舞於庭，是可忍也，孰不可忍也。八佾

孔子對孟氏、叔氏、季氏三家的撤祭歌雍，不守上下尊卑的禮制，也極為不滿。

　　　三家者以雍徹。子曰：相維辟公，天子穆穆，奚取於三家之堂。八佾

孔子甚至用兵墮郈墮費，推展墮三都運動，最後受到孟孫氏的阻撓，未能達成他的願
望，可是三家並未憑藉權勢，約束孔子的行動自由。孔子和他的弟子子路顏回等人，
將家室安頓以後，很從容地離開魯國。

　　　孔子行乎季孫，三月不違。曰：家不藏甲，邑無百雉之城。於是帥師墮郈，帥
　　　師墮費。公羊傳定公十二年。按左傳定公十二年與孔子世家亦載孔子墮三都事。

季桓子接受齊國饋贈的女樂，三天不聽政事；孔子在失望不得已的心情下，才決定了
周遊各國的打算。

　　　齊人歸女樂，季桓子受之，三日不朝，孔子行。微子

孔子懷抱天下為公的理想，先到衛國。衛靈公不因孔子魯人而歧視孔子，曾致粟六
萬，要求孔子在衛國做官。衛靈公能用魯人，足證衛國也是一個自由的國家。

　　　衛靈公問孔子，居魯得祿幾何？對曰：俸粟六萬。衛人亦致粟六萬。孔子世家

孔子在衛國做了官；這時，衛靈公的夫人南子已經私通宋朝，太子蒯聵認為這是一件
羞恥的事，想殺掉南子，謀殺失敗後，逃到宋國。左傳定公十四年 孔子對這件事有點感
慨，不便議論南子的淫行，祇隱約說到在衰世中出現像宋朝這樣一類敗德壞行的人。

　　　子曰：不有祝鮀之佞，而有宋朝之美，難乎免於今之世矣！雍也

南子有一天或想召見魯國來的孔子。

　　　子見南子，子路不說。夫子矢之曰：予所否者，天厭之！天厭之！雍也
　　　靈公夫人有南子者，使人謂孔子曰：四方之君子，不辱，欲與寡君為兄弟者，
　　　必見寡小君。寡小君願見。孔子辭謝，不得已，見之。夫人在絺帷中，孔子入
　　　門，北面稽首。夫人自帷中再拜，環佩玉聲璆然。孔子曰：吾鄉為弗見，見
　　　之，禮答焉。子路不說，孔子矢之曰：予所不者，天厭之！天厭之！孔子世家

南子是一國夫人，孔子不得不見。孔子北面稽首，南子帷中再拜，這是君臣相見的禮
節。假設孔子當時堅辭不見南子，那麼就有失禮背禮之嫌。衛靈公因孔子熟知「俎豆

之事」，故重用孔子；孔子平日重禮講禮，豈肯不尊國君夫人，而在衞人心中留下一個違禮的口實？子路不在衞國做官，可以不見南子；而孔子則不得不見南子，否則就是違禮。子見南子後，在從遊弟子中，獨「子路不說」；後來「在陳絕糧」，獨「子路慍」，是子路祇知「軍旅之事」，不知「俎豆之事」，平日常表現出一種魯莽無禮的剛強性格，孔子說他「行行如也」行行，剛強的意思，見先進篇。當然深知他不是存心無禮，祇好對天發誓說：我的所作所爲，祇求天知，不求人知。我做錯事，天自然會厭棄我；我沒有做錯事，又何必求人諒解。

　　　　人不知而不慍，不亦君子乎？學而

子路不知孔子，而孔子不慍。在孔子看來，做人是我自己的事，別人不能知，我也不求人知，想通了這一點，心中自然不會無故生怨。孔子一生守禮，以子路的性格來說，必然無法了解孔子。

　　　　衞靈公問陳於孔子。孔子對曰：俎豆之事，則嘗聞之矣；軍旅之事，未之學
　　　　也。明日遂行。衞靈公

衞靈公不問禮而問陣，孔子於是毅然離開了衞國。

六、在　陳　絕　糧

　　孔子在周遊各國的旅途中，常會遇到一些不如意事。在宋國的匡邑，受到匡人的圍困，被拘五天，幾乎不得脫身。

　　　　孔子去衞，過匡，匡人聞之，以爲魯之陽虎。陽虎嘗暴匡人，匡人於是遂止孔
　　　　子。孔子狀類陽虎，拘焉五日。孔子世家

　　　　子畏於匡。曰：文王既沒，文不在茲乎？天之將喪斯文也，後死者，不得與於
　　　　斯文也；天之未喪斯文也，匡人其如予何！子罕

孔子以「斯文」爲己任，當急難時，他的態度仍如平日那樣地從容鎮定。匡人危害孔子，孔子是無可奈何；孔子不幸爲匡人所害，孔子自信，匡人却奈何不了這傳統文化。

　　　　子畏於匡，顏淵後。子曰：吾以女爲死矣。曰：子在，回何敢死。先進

孔子關心顏回，顏回安慰孔子，師弟子在言辭間流露出無限眞情。顏回不輕言死，他

要死得其所。孔子在世一天，他要追隨一天，顏回不忍師在而先死，讓孔子獨自承受
這歷史文化的使命。

孔子經過宋境，司馬桓魋欲殺孔子。

子曰：天生德於予，桓魋其如予何！述而

孔子不悅於魯衞，遭宋桓司馬，將要而殺之，微服而過宋。孟子萬章

孔子去曹適宋，與弟子習禮大樹下。宋司馬桓魋欲殺孔子，拔其樹。孔子去。

弟子曰：可以速矣。孔子曰：天生德於予，桓魋其如予何！孔子世家

孔子在危難時，一再說：「其如予何」，這是「勇者不懼」的表現。子罕，桓魋欲殺
孔子，祇能殺其身，不能殺其德。身死而德不死，所以孔子說：其如予之德何！後來
孔子到了陳國。

在陳絕糧。從者病，莫能興。子路慍，見曰：君子亦有窮乎？子曰：君子固
窮，小人窮斯濫矣。衞靈公

陳蔡大夫⋯⋯相與發徒役，圍孔子於野，不得行。絕糧，從者病，莫能興。孔
子講誦弦歌不衰。孔子世家

小人窮困時，心裏最恨君子，於是做盡壞事，使君子蒙受傷害，使自己感到滿足；君
子窮困時，先是掃除心中雜念，既不怨天，也不尤人，憲問。希望用弦歌的聲音，使
自己的心志平和堅定，使小人能改變他危害君子的意念和作為。子路不知孔子，更不
知在行道途中，隨地都有阻人的荊棘，所以到了陳國，為絕糧而生怨恨，為行道受阻
而有怨言。這種種危機，在孔子看來，都是意料中事。

孔子南適楚，厄于陳蔡之間，七日不火食，藜羹不糝，弟子皆有飢色。荀子宥坐。
孟子盡心亦記此事。

孔子知弟子有慍心，乃召子路而問曰：吾道非邪？吾何為于此？子路曰：意者
吾未仁邪，人之不我信也。孔子曰：有是乎？由，譬使仁者而必信，安有伯夷
叔齊，使知者而必行，安有王子比干！孔子世家

人要行道，是由於天下無道。孔子一生都在講孝道、仁道、忠道、恕道，是由於天下
有不孝、不仁、不忠、不恕的人。立志行道是我的事，信不信道是人的事。夷齊餓
死，比干殺死，這些都是寧可犧牲自己生命的仁者智者，如果夷齊比干因武王紂王不

信不行便不仁不智，後世人以是爲非，以非爲是，古史人事，從此就無是非可言了。

　　子貢入見。孔子曰：吾道非邪？吾何爲于此？子貢曰：夫子之道至大也，故天
下莫能容夫子，夫子蓋少貶焉。孔子曰：賜，良農能稼，而不能爲穡，良工能
巧，而不能爲順。君子能脩其道，綱而紀之，統而理之，而不能爲容。今爾不
脩爾道，而求爲容，賜，而志不遠矣。同上

禮可以損益，道不能損益。道就是道，不是商品，商品可以降低價格，道就不能降低
標準。子貢「億則屢中」，爲求迎合和滿足世人好惡，以爲道如貨殖，不妨貶值，以
求世人採用。子貢祇看眼前，所以孔子諄諄告誡他說：要有大志，要脩大道，這才是
君子。

　　顏回入見。孔子曰：吾道非邪！吾何爲於此？顏回曰：夫子之道至大，故天下
莫能容。雖然夫子推而行之，不容何病。不容然後見君子，夫道之不脩也，是
吾醜也；夫道既已大，脩而不用，是有國者之醜也，不容何病？不容，然後見
君子。同上

顏回的意思是說：道脩與不脩，在我不在人；道用與不用，在人不在我。不強求人信
我之道，不強求人行我之道。否則就是強行霸道，不是孔子顏回所謂的君子之道。

　　子曰：從我於陳蔡者，皆不及門也。德行：顏淵、閔子騫、冉伯牛、仲弓。言
語：宰我、子貢。政事：冉有、季路。文學：子游、子夏。先進

孔子晚年回到魯國，懷念曾在陳蔡從游的弟子，其中以顏淵居四科之首，他能「用之
則行，舍之則藏。」述而。能脩道，也能行道，是孔子最稱許的一位弟子。

七、隱者之譏

　　孔子離開魯國，滿懷着「視天下猶一家，中國猶一人」朱子語的崇高理想，帶領
弟子到各國周遊，希望藉此能獲得一個改革現實政治的機會；至於理想能否實現，現
實能否改變，理想和現實兩個世界的衝突能否消滅，聖人君子和野心政治家的意見能
否協調，這些都不是他所考慮的問題。在一路上，他也遇見許多「道不同」衛靈公的
隱者，用一半譏刺一半關懷的態度暗示他，不要和那些「道不同」的當世諸侯大夫往
來，可是孔子寧可面對現實生活在亂世同類之中，也不願逃避現實去和山林中的禽獸

爲伍。

　　子擊磬於衞，有荷蕢而過孔氏之門者，曰：有心哉！擊磬乎！旣而曰：鄙哉硜
硜乎！莫己知也，斯已而已矣！深則厲，淺則揭。子曰：果哉，末之難矣。憲問
隱者荷蕢透過磬聲了解到孔子當時的心情，知道孔子「有心」救世，却無心改變他那
「硜硜」固執的個性，不能隨俗浮沉，終究「莫己知也」，得不到世人的同情。最後，
世人不容孔子，孔子終于不得已而有「莫我知也」、「知我其天」憲問 的感嘆。

　　孔子在陳蔡的旅途上，曾先後遇到南方的幾位隱者。

　　楚狂接輿歌而過孔子曰：鳳兮鳳兮，何德之衰，往者不可諫，來者猶可追，已
而已而，今之從政者殆而。孔子下，欲與之言，趨而辟之，不得與之言。微子
楚國佯狂的隱者接輿，用「有道則見 ， 無道則隱」的鳳鳥比喩孔子 。 歌聲的大意是
說：你若眞是祥瑞的鳳鳥！何苦在德衰的亂世出現！不去遠離當今許多危險的「從政
者」，逃隱在山林中呢？後來當孔子年老力衰 ， 對世事感到絕望 ， 連在深夜夢中也
不能看到周公時代的太平日子 ， 曾感慨地嘆道 ： 「甚矣吾衰也，久矣吾不復夢見周
公！」述而

　　長沮桀溺耦而耕 。 孔子過之，使子路問津焉 。 長沮曰：夫執輿者爲誰？子路
曰：爲孔丘。曰：是魯孔丘與？曰：是也。曰：是知津矣。問於桀溺，桀溺
曰：子爲誰？曰：爲仲由。曰：是魯孔丘之徒與？對曰：然。曰：滔滔者，天
下皆是也，而誰以易之。且而與其從辟人之士也，豈若從辟世之士哉！耰而不
輟。子路行以告。夫子憮然曰：鳥獸不可與同羣，吾非斯人之徒與而誰與！天
下有道，丘不與易也。微子
孔子迷失在人生的道路上，眼前是滔滔混濁的河水，不知渡口所在，適巧有兩位隱士
在田間耕作，於是叫子路上前問路。長沮答語的意思是說，津渡就在眼前，聖人豈有
不知？子路再問，桀溺同答的意思是說：逃避「道不同」的壞人，總不是辦法，天底
下沒有一處清流，我在不停地耙土耕田，這裏就是津渡，拿起犁鋤，學我一樣？孔子
眼看世人，「唯恐入山之不深，浮海之不遠。」論語會箋 心中悵然，若有所失，尤其在
亂世中，怎可以忍心獨自離開一家一國同族的人，和不同語言的鳥獸同羣生活呢！

　　子路從，而後，遇丈人，以杖荷蓧。子路問曰：子見夫子乎，丈人曰：四體不

勤，五穀不分，孰爲夫子！植其杖而芸。<u>子路</u>拱而立。止<u>子路</u>宿，殺雞爲黍而

食之。見其二子焉。明日，<u>子路</u>行，以告。子曰：隱者也。使<u>子路</u>反見之，

至，則行矣。_{微子}

荷蓧丈人隱於田畝，自耕自食，<u>孔子</u>說他終究是一位「隱者」。兩人不同處，荷蓧爲

一人謀，<u>孔子</u>爲人羣謀，一個是勤四體，分五穀，一個是「四體不勤，五穀不分。」

兩人志趣抱負不同，「不相爲謀」_{衞靈公}，是意料中事。<u>孔子</u>欲見荷蓧，荷蓧不見<u>孔</u>

<u>子</u>，在氣度上，有很大的一種差別。所謂隱者，雖有傲骨驕氣，一生逃隱隱埋，使自

己逃離世人，難免永久埋葬了自己，生活除穿衣吃飯之外，自己的生命在宇宙的大生

命中，似乎是可有可無，顯不出他存在的價值。

　　<u>孔子</u>從<u>楚國</u>經<u>陳蔡</u>到了<u>衞國</u>，然後從<u>衞國</u>回到<u>魯國</u>的家鄉。在這一次由北而南、

由南而北的奔走中，當接近國門時候，還遇到兩位隱者。

　　<u>微生畝</u>謂<u>孔子</u>曰：<u>丘</u>，何爲是栖栖者與？無乃爲佞乎？<u>孔子</u>曰：非敢爲佞也，

　　疾固也。_{憲問}

<u>微生畝</u>也是一位隱者，直呼<u>孔子</u>名字，疑是私下批評。他譏笑<u>孔子</u>的栖栖皇皇，是一

位專以口辯捷給取信於人的佞人。<u>孔子</u>平日最厭惡佞而不仁的人。有人說：<u>冉雍</u>「仁

而不佞」。<u>孔子</u>說：「焉用佞。禦人以口給，屢憎於人。不知其仁，焉用佞。」_{公冶長}

<u>孔子</u>屢說「焉用佞」，不用「口給」，因爲世人固陋，加以行道心切，難免言辭好

辯。<u>微生畝</u>與世隔絕，恥於爲仁，當然無法諒解<u>孔子</u>的心意。

　　<u>子路</u>宿於<u>石門</u>。晨門曰：奚自？曰：自孔氏。曰：是知其不可而爲之者與？_{憲問}

　　<u>子路</u>在<u>魯國</u>外城<u>石門</u>投宿，看守城門的隱者晨門，從過往行人的談話中，已知<u>孔</u>

<u>子</u>這十幾年來的遭遇，是一位明明「知其不可而爲之」，有愛人之心而不受歡迎的人

物。

　　隱者若隱若現，在春秋末世，或有亡國之痛，或有難言之隱，都對世人世事持有

一種不關心不合作的態度，這些人不見<u>孔子</u>，却對<u>孔子</u>寄予一種同情。荷蕢、<u>接輿</u>、

<u>長沮</u>、<u>桀溺</u>、荷蓧、<u>微生畝</u>、晨門等隱者，或聞磬聲，或佯狂而歌，或透過<u>子路</u>，用

種種方式表達了心中的意見，<u>孔子</u>祇聞其聲，不見其人；雖然如此，不過在亂世中，

有了這些隱者，才因此襯托出<u>孔子</u>人格的偉大。

八、孔子歸魯

孔子在外倦遊十四年，在「歸與歸與」_{公冶長}和「知其不可而爲之」_{憲問}的矛盾和苦悶心情下，最後不得已於魯哀公十一年回到魯國。

> 季康子以幣迎孔子，孔子歸魯。孔子之去魯，凡十四歲而反乎魯。_{孔子世家}

> 魯人以幣召孔子，乃歸。_{左傳哀公十一年}

孔子年事已高，最擔心在亂世中的文獻失傳，所以致力整理古代典籍的工作。他說：

> 吾自衞反魯，然後樂正，雅頌各得其所。_{子罕}

> 夏禮，吾能言之，杞不足徵也。殷禮，吾能言之，宋不足徵也。文獻不足故也。足則吾能徵之矣。_{八佾}

孔子是一性情中人，他一生中最疼愛的弟子顏回，在他晚年不幸早死，這件事使他幾乎慟不欲生。

> 顏淵死。子曰：噫！天喪予！天喪予！

> 顏淵死，子哭之慟。從者曰：子慟矣！曰：有慟乎？非夫人之爲慟而誰爲。_{先進}

孔子最痛恨的是虐待善良百姓的官吏。在他晚年，他的弟子冉求做季康子的家宰，竟然替季氏聚斂財富，孔子知道了這件事，立刻叫弟子們鳴鼓攻之。

> 季氏富於周公，而求也爲之聚斂而附益之。子曰：非吾徒也，小子鳴鼓而攻之可也。_{先進}

孔子七十以後，自述爲學的過程說：_{見爲政篇}

> 吾十有五而志於學。

孔子從十五歲開始立定志向，心想人生不過百年，豈能祇看眼前，於是上溯源遠流長的古代歷史文化，專心學習古代聖人「脩己以安百姓」_{憲問}的大道。他說：「志於道」_{述而}，又說：「我非生而知之者，好古，敏以求之者也。」_{述而}。孔子求的是傳統，爲的是現代。

> 三十而立。

孔子說：「不學禮，無以立。」_{季氏}，又說：「立於禮」_{泰伯}。禮有古禮今禮，今禮從古禮

損益而來。「愼終追遠」中有古禮今禮，任何人都必須講求。制度風俗生活習慣中有古禮今禮，任何人亦都必須講求。一個人生活在人羣中，一切言行不違背禮，自然能在社會上立得住脚，內心旣無困擾，外力也動搖你不得。孔子從「年少好禮」孔子世家到了三十歲，在僭禮不講禮的風氣下，祇有他是一位知禮守禮的君子。

　　四十而不惑。

孔子說：「知者不惑」子罕憲問。所謂智者，有兩層含義：一是「知之爲知之，不知爲不知。」爲政，無時無刻知道所不知道的，日積月累，自然成爲智者；不然，不知道的永遠不求知道，這就不是智者。一是用有限知識，觀察古往今來人事變化，難免有所矇蔽，於是是非不明，黑白不分。孔子到了四十歲，却能做到「學而不厭」述而，日日追求新知，不爲是非所惑的智者。

　　五十而知天命。

孔子說：「死生有命，富貴在天。」顏淵。死生富貴，皆由天命，祇好聽天安排，不可强求；至於天賦予人的仁愛之性，伴隨着生命的生長而繼續不斷地擴充，人可以自己作主，不假外求。孔子到了五十歲，方體悟到生命的意義。

　　六十而耳順。

孔子說：「不知言，無以知人也。」堯曰。所謂知言不易，知人更難。知人由於知言，知言由於耳順。孔子到了六十歲，已能打破人我之間的種種隔閡。

　　七十而從心所欲，不踰矩。

孔子自述：「其爲人也，發憤忘食，樂以忘憂，不知老之將至云爾。」述而。孩提之童，皆能忘食忘憂，從心所欲；而孔子自少至老，一生中經歷許多磨練，仍然不失赤子之心，所不同的，他能隨便說一話，做一件事，都能中規中矩，不使人受到一點兒傷害。

　　孔子晚年過着自由安閑的生活。他專心敎育事業，成爲兩千餘年來知識分子的典型人物。他說：

　　有敎無類。衛靈公

　　誨人不倦。述而

孔子不分年歲、資質、身份、階級，凡願意來學的，都一律給予受敎的機會。他有一

種孜孜不倦的誨人精神，　使弟子自動感到「學而時習」是一種悅事，　所以整部論語中，處處是樂，而無一個苦字。自孔子說出「有教無類」，從此教育普及，上至帝王將相，下至販夫走卒，都尊稱孔子爲萬世師表。

子曰：述而不作。述而

孔子懼，作春秋。孟子滕文公下。

孔子所述是詩書禮樂，所作是春秋。春秋的主旨重在尊王攘夷。他說：

管仲相桓公，霸諸侯，一匡天下，民到于今受其賜。微管仲，吾其被髮左袵矣。憲問

管仲「霸諸侯，一匡天下。」爲的是尊天子，攘夷狄，救中國；在孔子看來，這是仁者建立萬世功業的最高表現。仁者治天下，不可不以道德維繫民心；救天下，則不能空談道義不講實力。　孔子論仁，在華夏之防、民族意識上，　有另一層含義，不可不知；否則，「吾其被髮左袵矣」，何仁之有？

孔子不幸於魯哀公十六年（公元前四七九年）卒，年七十三歲。

九、孔　子　弟　子

司馬遷說，孔子弟子有三千人，深通六藝的有七十二人孔子世家，又說「受業身通者七十有七人」仲尼弟子列傳。

受業弟子中，[2] 入門有早有晚。顏淵、閔子騫、冉伯牛、仲弓、宰我、子貢、冉有、子路等，是孔子早年弟子；曾子、子游、子夏、子張、有子、澹臺滅明等，是孔子晚年弟子。

孔子弟子各有不同的性格和資質。如顏回：

子曰：吾與回言終日，不違，如愚，退而省其私，亦足以發，回也不愚。爲政

子謂子貢曰：女與回也孰愈？對曰：賜也何敢望回，回也聞一以知十，賜也聞一以知二。公冶長

顏回領悟力强，能聞一知十，發明師說，不違師道，是一位大智若愚的智者。曾子說他「有若無，實若虛」泰伯。在老師和同輩的印象中，顏回看似虛無的愚者，實則內

2. 參看朱彝尊撰孔子弟子考。

心是實有不愚、隱藏着人不能及的智慧。

　　　曾子曰：犯而不校。昔者吾友嘗從事於斯矣。泰伯

　　　子曰：回也，其心三月不違仁，其餘則日月至焉而已矣。雍也

顏回有恢弘的氣度，從不在利害得失上事事和人計較；在人我之間，他始終不間斷地能以至誠愛人之心，打破人我無形存在着的一層隔閡。

　　　子曰：賢哉回也。一簞食，一瓢飲，在陋巷，人不堪其憂，回也不改其樂。賢
　　　　　哉回也。雍也

顏回住在貧民聚集的陋巷裏面，過着簞食瓢飲別人不堪忍受的艱苦生活，使他不幸在四十一歲時短命早死，雖然如此，但他心中一直懷着「道之不脩，是吾醜也。」世家的好學精神，他每天不停地在自己所脩的道上邁步前進，在充實而有生氣的生活中，使他充滿了人所不能體會的快樂。孔子在陳蔡絕糧，弟子皆有怨心，唯獨顏回在飢餓的環境中面帶堅定的信心和樂觀的態度，這也是他平日在艱苦中磨練出的一種性格。孔子說：「用之則行，舍之則藏，唯我與爾有是夫。」述而 對他期望最深，可惜其道不傳。

　　　古來讀書人，大都不善理財，不顧生計，於是發展成一個安貧樂道的觀念。孔子說「志於道」述而，可是未嘗敎人安於貧窮，祇說「游於藝」。一個人有了藝能，自然就不致三餐不繼。如果大家都要求讀書人一生安於貧窮，不顧生活，這不是孔子脩道立敎的意思。

　　　在孔子弟子中，顏回最貧，子貢最富。

　　　子曰：回也其庶乎，屢空；賜不受命而貨殖焉，億則屢中。先進

　　　七十子之徒，賜最爲饒益。……子貢結駟連騎，束帛之幣，以聘享諸侯，所至國
　　　　　君，無不分庭與之抗禮，夫使孔子名布揚於天下者，子貢先後之也。史記貨殖列傳

子貢「使於四方」子路顏淵，能「使孔子名布揚於天下」，這是由於他的財富力量。樊遲請學稼圃，孔子說這是小人的事 子路；子貢貨殖營利，孔子旣未深許，亦未深斥，或許有人懷疑這是孔子重商輕農的思想，不然何以不許樊遲「用稼」。

　　　子貢問曰：何如斯可謂之士矣？子曰：行己有恥，使於四方，不辱君命，可謂
　　　　　士矣。子路

孔子不是計較弟子學貨殖或學稼圃 ， 問題在身爲一個士人 ， 是否能將所學用世，樊遲、子貢都是一個士人，他們做的事，如祇求利己，不求用世，沒有盡到做士人的責任，這是孔子所以不以樊遲學稼學圃爲然的一個主要原因。

子貢有「侃侃如也」的樂觀個性，孟子說他「善爲說辭」公孫丑上，孔子說他「始可與言詩已矣，告諸往而知來者。」學而。 是一位博學而有悟力的智者。 孔子死後，弟子服喪三年，三年之外，唯獨子貢在墓旁築室，又居三年。滕文公上可以稱得上是一位至情至性「富而好禮」學而 的賢者。

子貢「言詩」，子夏亦「言詩」。

子夏問曰：巧笑倩兮，美目盼兮，素以爲絢兮 。 何謂也？子曰 ：繪事後素。

曰：禮後乎？子曰：起予者商也，始可與言詩已矣。八佾

子貢、子夏「言詩」，談的都是現實人生問題。孔子說：「不學詩，無以言。」「不學禮，無以立。」季氏 孔子教人學詩學禮，意在教人在一生中，文學生活和道德生活要兩面兼顧，要相互充實，不能祇偏一邊。子夏雖有領悟的能力，不過後來却朝向學問一途發展。

子夏曰：博學而篤志，切問而近思，仁在其中矣。子張

子夏曰：日知其所亡，月無忘其所能，可謂好學也已矣。子張

子夏以博學成名 。 孔子死後，在西河廣收弟子。 仲尼弟子列傳 對孔子教人爲學的程序上，却和同門子游發生了意見上的爭執。

子游曰：子夏之門人小子，當洒埽應對進退則可矣，抑末也；本之則無，如之何？子夏聞之，曰：噫！言游過矣，君子之道，孰先傳焉？孰後倦焉？譬諸草木，區以別矣。君子之道，焉可誣也。有始有卒者，其惟聖人乎？子張

子游子夏爭的是本末先後問題，子游教人從大本大原處着眼，子夏教人從眼前事物上下工夫，然後由近及遠，由小及大。

子夏傳孔子的六藝之學，開創了荀子一派的儒學，普及了漢代經學研究的風氣，可謂功不可沒；但眞能樹立尊師重道觀念，使孔子人格成爲國人典範的，是孔子認爲最魯鈍的弟子曾參。

參也魯。先進

> 曾子有疾，召門弟子曰：啓予足，啓予手。詩云：戰戰兢兢，如臨深淵，如履
> 薄冰。而今而後，吾知免夫！小子！泰伯

在孔子弟子中，平日臨淵履冰，實踐夫子之道的，祇有曾子一人。不問親存親歿，不使孝心須臾喪失的，也祇有曾子一人。曾子資質魯鈍，心地仁厚，全是出之自然，他在病痛中，仍然不改其平日戰戰兢兢的態度，小心翼翼地，不使自己的孝心受到任何的傷害，也唯有如此資質的人能夠如此。

> 曾子曰：吾日三省吾身，爲人謀而不忠乎？與朋友交而不信乎？傳，不習乎？學而

人我相處，或是有了隔閡，不在要求他人，或指摘對方的不忠不信，而要日日不間斷地反省自己，是否已盡到潛藏在內心深處生來就有的忠信之德。曾子的省，是由內而外，由己及人的。他上承孔子，下啓子思、孟子，開展演變成我國思想上一條重要的血脈，主要就在這一個省字上。

> 曾子曰：鳥之將死，其鳴也哀；人之將死，其言也善。泰伯

人到死時，一切都拋開了，落得一無所有，方露出自己生來就有的一點善性，這就是人唯一和禽獸不同的地方。曾子從人之將死說性善，後來發展到孟子，引申古代「天生蒸民，有物有則。」所含的性善觀念，從人之初生說性善，從此曾子孟子的性善學說，落實在現實人生和歷史的實際問題上，發生了很大的作用。

孔子的弟子，由於各人的性格和資質的不同，以及平日對夫子之道領悟的深淺精粗的不同，因此孔子死後，有的功在傳經，有的功在傳道，有的偏重問學，有的偏重德性，各有不同的發展方向。

十、孔子思想

孔子不輕易談「天」，最關心的是「人」。他從一個人的道德修養程度上，常說到「聖人」、「仁人」、「成人」、「善人」、「惠人」、「君子人」、「野人」、「小人」、「佞人」和「斗筲之人」。這些人，有的在現實社會中可以經常遇到；有些見不到的，所謂「善人吾不得而見之矣」、「聖人吾不得而見之矣」述而，聖人善人則是孔子理想中的一個典型人物。孔子眼前所能接觸、或在文獻中所能看到的，有

「予一人」、「民人」、「庶人」、「丈人」、「婦人」、「君夫人」、「大人」、「行人」、「封人」、「古之人」、「齊人」、「魯人」、「鄉人」、「黨人」、「邦人」、「南人」、「遠人」、「異邦人」，其中有身份、地位、年齡、性別、時代，以及地域的不同，而孔子都將他們納入道德範疇之中，作一個公平的衡量。

　　孔子注意到人和道德有不可分的關係，所以提出一些道德觀念，期望藉此改變每一個人的道德意識，消除每一個人爭而不讓的自私心理，以求打破人我之間一層無形的隔閡。如父母子女間之「孝」的觀念，論語篇首載有子的話說：

　　　　有子曰：其爲人也孝弟，而好犯上者鮮矣；不好犯上，而好作亂者，未之有

　　　　也。君子務本，本立而道生。孝弟也者，其爲仁之本與？學而

有子說，孝是「仁之本」。孔子答樊遲問仁，說仁就是「愛人」顏淵。做子女的：祇愛自己，或坐等父母的愛，或對父母敵視，這都不叫做「愛人」；凡事抬出一個理字，爭是非，對事不對人，不講眞情眞意的，這也不叫做「愛人」。古人說，天下無不是的父母；現代人說，天下有不是的父母，於是兩代在是與不是之間，各持一端，互不相讓，父母說子女不孝，子女說父母不講道理，這是由於是非心太重的緣故，是非心太重，情意相對減輕，結果就自然形成了今人所謂「代溝」。孟子說：「惻隱之心，仁之端也……，是非之心，智之端也。」公孫丑上。爲人子女的，不是說凡事盲目順從，不論是非。孟子將惻隱之心的仁放在第一，是非之心的智排在第四，意在敎人先惻隱而後是非。當父母有過，可暫時將是非之心擱置一邊，先出之於一片眞摯的愛心和敬意，那麼天底下就永無「犯上」「作亂」以及不孝的事情發生了。孔子說：

　　　　事父母幾諫，見志不從，又敬不違，勞而不怨。里仁

孔子不諱言父母的過失。人子愛親，應該不生怨心，不爭是非，不使父母低頭認罪，祇檢討自己是否犯了不孝的過失，擔心自己是否已盡到十分的孝心，這樣，兩代之間必然和諧；如父母有了過失，子女所表現的，是不滿、是爭論，是指摘，對事而不對人，重理而不重情，這樣，兩代之間必然衝突。孔子看出人我之間有一層無形的隔閡，使得彼此的情意和思想不能溝通，所以首先提出一個孝字，在人我關係上，以父母和子女爲起點，爲的是要和諧人我的情感，而不是增加人我的衝突，每個人都有父母，都擺脫不掉這層關係，既然如此，如每個人能將這起點上的情意盡到了，這就是

孝，然後再將這孝心擴充，立身社會，自然就能與人和平相處。孔子說：

　　夫仁者，己欲立而立人，己欲達而達人。雍也

　　己所不欲，勿施於人。顏淵

仁的內涵是愛，其中不夾雜絲毫仇恨和私心私欲，是人己相處共同遵守的一個法則。
能愛人的人便是仁者，充滿仇恨傷害仁者的便是不仁者。

　　顏淵問仁。子曰：克己復禮爲仁。一日克己復禮，天下歸仁焉。爲仁由己，而
　　由人乎哉！顏淵曰：請問其目。子曰：非禮勿視，非禮勿聽，非禮勿言，非禮
　　勿動。顏淵

孔子所說的「視思明，聽思聰，言思恭、事思敬。」等「九思」季氏，就是「克己復
禮」的內省工夫，這種工夫，也是基於一個愛字。人己相處時，能自動自發，隨時在
視、聽、言、事中，從內心自然流露出眞誠的愛意，給人一種溫和、謙恭、忠實、敬
謹的印象，讓人有一種和藹和快樂的感覺。每一個人平日時時省察，時時涵養，表現
出來的，自然不需禮的約束，而一切言行舉止都能中規中矩，符合禮的要求。

　　孟懿子問孝。子曰：無違。樊遲御，子告之曰：孟孫問孝於我，我對曰：無
　　違。樊遲曰：何謂也？子曰：生，事之以禮；死，葬之以禮；祭之以禮。爲政

　　曾子曰：愼終追遠，民德歸厚矣。學而

孔子將孝和禮的抽象觀念，落實在人生實際問題上。養生送死是人生一大事，父母活
在世上不說，死了以後，心中哀慟，想到要埋葬、祭祀，這是人之常情，也可說是人
類天性中最原始的一點愛意。孟懿子違背了他父親臨終時的遺命，既不學禮，又不守
禮；他問到孝字的意義，孔子告訴他，意思是說：一個人不論父母是活在世上，或離
開人世，至少不能失去這天性中僅存的一點愛意，奉事葬祭是愛的表達方式，祇要這
方式能使自己心安，能使父母快樂，這就是孝。因爲世上有些人平日對活着的人不肯
施捨一點感情，寧願對死去的人不計報酬而心甘情願地掏出情意；所以曾子說，每一
個人如果能夠將對死人的這份眞實愛意，用在活人身上，那麼社會的習俗自然就變好
了。其實，社會習俗是禮的具體內容，曾子所發展的禮，就是源於孔子的孝的思想，
既平實，而人人隨時隨地可以付諸實踐。

　　林放問禮之本。子曰：大哉問。禮，與其奢也，寧儉。喪，與其易也，寧

戚。八佾

禮之本是愛，不是形式。人人都懂得這個道理，可是爲了要贏得別人的羨慕，博取別人的稱譽，往往講究虛文形式，而在與活人往來爲死人送葬的時候，無形中就冲淡了內心歡樂和哀戚的愛意。

子曰：道之以政，齊之以刑，民免而無恥，道之以德，齊之以禮，有恥且格。爲政

子曰：聽訟，吾猶人也。必也使無訟乎？顏淵

儒家之法和法家之法不同。政令刑罰固然可以判斷是非曲直，而究竟不能使人心悅誠服，惟有用德和禮的約束力量，才能使人與人可以互通情意，可以避免爭訟。而德和禮也是基於一個愛字。通常一般人祇知法家之法，而不知兩千年來在政治上能發生作用的正是儒家之法。

哀公問弟子孰爲好學。孔子對曰：有顏回者好學，不遷怒，不貳過，不幸短命死矣。今也則亡，未聞好學者也。雍也

孔子論人，以「不遷怒、不貳過。」爲好學，不以讀書爲好學。

子曰：弟子入則孝，出則弟，謹而信，汎愛衆，而親仁，行有餘力，則以學文。學而

孝弟仁愛是本，學文讀書是末。子夏說：「賢賢易色，事父母能竭其力，事君能致其身，與朋友交，言而有信，雖曰未學，吾必謂之學矣。」同上 子夏雖然功在傳經，也認爲人我相處是學的第一義，讀書是第二義。後人不重道德實踐，專務讀書，不從實踐上求，祇在書本上學，以爲學問僅在書本上，不講愛人之德，祇爭是非，於是誤解了孔子的「學而不厭，誨人不倦。」述而 的精神，失去了「學」的道德意義。其實，學的主要意義，是學如何做人，如何愛人。上述孔子論仁、論孝、論禮、論政、論學，簡單地說，關鍵在一愛字上。實踐一分愛，人我之間的隔閡就消失一分，實踐十分愛，人我之間的隔閡就會消失十分。孔子不厭不倦，一生最關心的，其實就是這個現實的問題。

梁著「中國歷史研究法」探原

杜　維　運

　　民國十一年（一九二二）一月梁啓超長及十萬言的中國歷史研究法問世，是近代中國史學界的一件大事。梁氏精通中國史學，又醉心西方史學，他的這部書，無疑是中西史學互相激盪下的產品。數十年來，中國史學界稱頌此書，接受此書的影響，但是此書中突破性的見解，究係梁氏的新創，抑係沿自西方，鮮有人道及。學術上的發現，是由涓滴成巨流。絕頂的天才，命世的學者，無法頃刻創出嶄新的學說。從沿襲到新創，是新學說出現的一種自然過程。梁氏在此書中對史料的闡解，對史料的分類，對史蹟的論次，都有突破性的見解，都言數千年來中國史學家所未及言，其不能全出新創，而係接受了西方史學的影響，極為明顯。所以梁氏此書的探原工作，有待試做。學術的清徹，是學術的價值所繫。

　　梁氏是晚清政治界極為活躍的人物，人人能知。在學術界，他與嚴復同為輸入西學最重要的人物。生值「『學問饑荒』之環境中」(註一)，「欲以構成一種『不中不西卽中卽西』之新學派」(註二)，所以他雖然沒有直接閱讀英文、法文、德文等西方書籍的能力，也毅然負起了輸入西學的大任務。史學是他最專門、最酷嗜之學，西學中的史學，自為他注視的焦點。從光緒二十八年（一九〇二）他所發表的一篇題名新史學的文章來看，他對西方史學，已有了約略的認識，他已用西方史學來批評中國史學，並提出了嶄新的寫史方法。民國七年（一九一八）十二月至民國九年（一九二〇）三月的歐遊，對他進一步瞭解西方史學，更富有關鍵性。民國十年（一九二一）他在南開大學演講中國歷史研究法，以及翌年的出書，不是出於偶然，而實是歐遊後應有的成果。

註一：梁啓超清代學術概論（民國十年二月初版，商務），頁一六一。
註二：同上。

　　梁氏的歐遊，最大的目的之一，是「想自己求一點學問，而且看看這空前絕後的歷史劇怎樣收場，拓一拓眼界。」(註三)他的遊踪甚廣，英國、法國、德國、意大利、瑞士、荷蘭、比利時皆有足跡，而以停在法國的時間最久。在法國，他結交當時的名流，自謂「法國方面之名士，已見者殆十之七八，最多見者則政治家及哲學、文學家。」(註四)並且請了許多第一流學校教授，到他住的巴黎近郊白魯威寓廬，作專題演講，由蔣方震、張君勱、徐新六、丁文江把這些演講稿，從法文譯成中文，蔣方震發表的歐洲文藝復興史，就是其中演講稿之一(註五)。這些專題演講，除歐洲文藝復興史外，已難知其內容，其中似必有西方史學理論與方法一項。但是在梁氏的書札及歐遊心影錄中，全未提及。從表面上看，梁氏歐遊像是僅注意西方的政治、哲學、科學、文學等方面，而毫不關心史學(註六)。這是令人大惑不解的。他怎能不關心西方史學呢？他怎能不想深入認識西方史學理論與史學方法呢？

　　李宗侗師曾有這樣的一段記載：「中國史學方法論第一部書是梁啓超的中國歷史研究法。梁先生到歐洲去的時候，我恰好住在巴黎，他請了很多留法學生給他講述各門的學問，恐怕史學方法論亦是其中之一，不過他另補充上很多中國的材料，但其原則仍不免受外國人影響。」(註七)這是極珍貴的同時人的記載。梁氏旣聘請了法國第一流學校的教授，作專題演講，也極可能約請中國留法學生講述各門學問，而且當時正是西方史學方法論最爲盛行的時候，有「西方史學方法論鼻祖」之稱的班漢穆 (Ernst Bernheim, 1854-1937) 於一八八九年出版其大著史學方法論與歷史哲學 (Lehrbuch der Historischen Methode und der Geschichtsphilosophie)，法國史學家朗格諾瓦 (Charles U. Langlois, 1863~1929) 與瑟諾博司 (Charles Seignobos, 1854~1942) 繼其後於一八九七年合著史學原論 (Introduction aux E'tudes Historiques)，翌年英譯本 Introduction the Study & History (譯者爲 G. B. Berry) 問世。自此法國變成

註三：梁任公近著第一輯（民國十一年十二月初版，商務），上卷，「歐行途中」，頁七三。
註四：民國八年六月九日梁啓超與仲弟書，轉引自丁文江編梁任公先生年譜長編初稿（世界書局，民國四十七年），下册，頁五五八。
註五：參見毛以亨著梁啓超（亞洲出版社，民國四十六年），頁一三二。
註六：初看丁文江編梁任公先生年譜長編初稿，卽有此對象，再細稽梁啓超個人的作品，更感覺如此。
註七：二十世紀之科學第九輯人文科學之部「史學」（正中書局，民國五十五年），前言，頁一。

史學方法論最重要的發源地之一。梁氏以中國史學家於一九一九年左右至其地，著史學原論的朗、瑟二氏尚在，他不可能絲毫不受朗、瑟二氏作品的影響。他請法國教授或中國留法學生講述西方學問，似必有朗、瑟二氏的史學原論在內。筆者撰寫「史學方法論」一書（註八）期間，曾將梁氏的中國歷史研究法與朗、瑟二氏的史學原論細作比較，深覺二者關係極爲密切，梁氏突破性的見解，其原大半出於朗、瑟二氏。下面是幾段的比較：

梁著中國歷史研究法頁六六：

「史料爲史之組織細胞，史料不具或不確，則無復史之可言。史料者何？過去人類思想行事所留之痕跡，有證據傳留至今日者也。思想行事留痕者本已不多。所留之痕，又未必皆有史料的價值。有價值而留痕者，其喪失之也又極易。因必有證據然後史料之資格備，證據一失，則史料卽隨而湮沉。」

朗、瑟合著史學原論頁一七：

「史學家憑藉史料進行其工作。史料是以往人類思想與行爲所留下的痕跡。然而在這類思想與行爲之中，極少留下清晰可見的痕跡，且易遭遇意外而漸滅。舉凡未曾留下清晰痕跡的一切思想與行爲，或其痕跡約已消失無踪了，則歷史卽無從記載，就像什麼都沒有發生一樣。人類過去重大時期的歷史，由於史料缺乏，永不可知曉。所以沒有史料，就沒有歷史。」（註九）

以兩者作比較，前者原出後者，是極爲清楚的。認爲史料是「過去人類思想行事所留之痕跡」，梁氏簇新之說，顯係沿自朗、瑟二氏；確言「史料爲史之組織細胞，史料不具或不確，則無復史之可言」，與朗、瑟二氏所肯定的「沒有史料，就沒有歷史」，也沒有什麼不同。

梁著中國歷史研究法頁六七至六八：

「距今約七十年前，美國人有彭加羅夫 (H. H. Bancroft) 者，欲著一加里佛尼省志。竭畢生之力，傾其極富之家資，誓將一切有關係之史料蒐集完備然後從事。凡一切文件，自官府公牘下至各公司、各家庭之案卷帳簿，願售者不惜重

註八：民國六十八年二月初版，由華世出版社總經銷。
註九：本文根據史學原論的英文本翻譯。法文原本，非筆者所能譯；李思純中文譯本（民國十五年十月初版），僅作參考，因其不妥處甚多。

價購之，不願售者展轉借鈔之。復分隊派員諏詢故老，搜其口碑傳說。其中人
物有尚生存者，彼用種種方法巧取其談話及其經歷。如是者若干年，所叢集之
資料盈十室。彼乃隨時將其所得者爲科學分類，先製成『長編式』之史稿，最
後乃進而從事於眞著述。若以嚴格的史學論，則採集史料之法，必如此方爲合
理。雖然，欲作一舊邦之史，安能以新造之加里福尼省爲比例？且此種『美國
風』的搜集法，原亦非他方人所能學步。」

朗、瑟合著史學原論頁一九及二○：

「當太平洋沿岸加利福尼亞史學家彭加羅夫 (H. H. Bancroft) 決定由參與歷史
事件的現存者身上採訪史料時，他動員了採訪大軍(a whole army & reporters)，
筆錄他們的口述。」

「彭加羅夫……他富有，盡蒐市場所有的史料，不管是印刷的或手寫的；更商
於經濟困窘的家庭與公司，購買其檔案資料，或邀其允許，雇人往鈔。當此一
工作做完，卽將所有蒐集到的史料，置於一專門爲儲藏此類史料而興建的大建
築物中，並一一爲之分類。在理論上，這是蒐集史料最合理的方法。但是此等
快速的美式方法 (American method)，僅能靠財富之力幾於成功。異時異地，
難語於斯，沒有其他地方有此環境便利如此做的。」

梁氏所津津樂道的彭加羅夫搜集史料的方法，係承自朗、瑟二氏，似不必深辨。

梁著中國歷史研究法頁一三○及二一五：

「凡史蹟之傳於今者，大率皆經過若干年若干人之口碑或筆述而識其概者也。
各時代人心理不同，觀察點亦隨之而異，各種史蹟，每一度從某新時代之人之
腦中濾過，則不知不覺間輒微變其質，如一長河之水，自發源以至入海中間所
經之地所受之水，含有種種雜異之礦質，則河水色味，隨之而變。故心理上的
史蹟，脫化原始史蹟而喪失其本形者，往往而有。」

「凡史蹟皆人類心理所構成。」

朗、瑟合著史學原論頁六五：

「史料可分爲兩種，有時過去的事件，留下實蹟（碑碣及製造品），有時，也是
更常見的，事件所留下的痕跡，是心理的狀態 (the psychological order)——

　　一種文字上的描寫或敍述。」

　　以「史蹟皆人類心理所構成」，梁氏此等突破性的創見，與朗、瑟二氏所强調的
「事件所留下的痕跡，是心理的狀態」之說，應有相當程度的關係。

　　梁著中國歷史研究法頁一四六至一四七：

　　　「史料可分爲直接的史料與間接的史料。直接的史料者，其史料當該史蹟發生
　　　時或其稍後時，卽已成立。……此類直接史料，如浪淘沙，滔滔代盡，勢不能
　　　以多存。……於是乎在史學界佔最要之位置者，實爲間接的史料。……譬諸紡
　　　績，直接史料則其原料之棉團，間接史料則其粗製品之紗線也。吾儕無論爲讀
　　　史爲作史，其所接觸者，多屬間接史料。」

　　朗、瑟合著史學原論頁六三及六四：

　　　「凡事件能以驗知，僅有兩種方式：一爲直接的，當事件經過時，身在其間而
　　　得以直接觀察。一爲間接的，僅研究事件所留下的痕跡。」

　　　「歷史知識基本上是間接知識。」

　　將史料分爲直接史料與間接史料，且承認間接史料的普遍，梁氏之說，應似多少
受了朗、瑟二氏的啓發與影響。

　　梁著中國歷史研究法頁一一九及一二一：

　　　「某時代有某種現象，謂之積極的史料。某時代無某種現象，謂之消極的史
　　　料。」

　　　「消極的史料……其重要的程度，殊不讓積極史料。蓋後代極普通之事象，何
　　　故前此竟不能發生，前代極普通之事象，何故逾時乃忽然滅絕，其間往往含有
　　　歷史上極重大之意義，倘忽而不省，則史之眞態未可云備也。此等史料，正以
　　　無史蹟爲史蹟，恰如度曲者於無聲處寄音節，如作書畫者於不着筆墨處傳神。
　　　但以其須向無處求之，故能注意者鮮矣。」

　　朗、瑟合著史學原論頁二五三、二五四及二五六：

　　　「運用推理之道有二，一爲消極的，一爲積極的。」

　　　「消極的推理，亦可稱之爲『默證』(argument from silence)，後以一項事實
　　　缺乏存在的跡象作基礎。凡是一項事實爲任何史料所未提及，在此種情形下，

可以推斷本無此項事實存在。……在日常生活中，每謂：『如其事果眞，吾人必曾聞之。』默證卽根據此種感覺而生。其中隱藏一普遍的定理：『倘若一假定的事件，眞正發生了，必當有一些提及此事件的史料存在。』

欲使此推理正確，必須所有事實均經目擊，均經記錄，而所有記錄均保全未失而後可。但是發生過的事件，大部分未經記錄，經記錄而成的史料，今天大部分散失，在大多數情形下，默證實不適用。」

「積極的推理，自史料中所已建立的事實開始，而推理史料中未提及的其他事實。」

梁氏將消極的推理與積極的推理，一變而爲消極的史料的積極的史料，不啻化朽腐爲神奇。朗、瑟二氏詳論消極推理的缺陷（亦卽默證的缺陷），梁氏則以消極史料「正以無史蹟爲史蹟，恰如度曲者於無聲處寄音節，如作者書者於不著筆墨處傳神」，突轉之下，也不無眞理。凡學說有由正以至反者，此爲其例。

梁著中國歷史研究法頁一八一：

「吾嘗言之矣，事實之偶發的孤立的斷減的，皆非史的範圍。然則凡屬史的範圍之事實，必其於橫的方面，最少亦與他事實有若干之聯帶關係；於縱的方面，最少亦爲前事實一部分之果或爲後事實一部分之因。是故善治史者，不徒致力於各個之事實，而最要著眼於事實與事實之間。此則論次之功也。」

梁著頁二一二至二二一之間，舉出了史蹟論次的程序：

第一：當畫出一「史蹟集團」以爲研究範圍。

第二：集團分子之整理與集團實體之把捉。

第三：常注意集團外之關係。

第四：認取各該史蹟集團之「人格者」。

第五：精研一史蹟之心的基件。

第六：精研一史蹟之物的基件。

第七：量度心物兩方面可能性之極限。

第八：觀察所緣。

突破中國孤立事實的史學傳統，而着眼於事實與事實之間的關係，畫出「史蹟集

團」以爲研究的範圍，這種治史的新方法，顯係受西方治史方法的影響。西方史學家喜將每一事實與其他衆多事實編織成一個錯綜的關係網，不類中國史學家僅將注意力局促於一個時代的一項孤立事實，約略敍其前後。所以到德國大史學家蘭克 (Leopold von Ranke, 1795～1886) 便倡出了「事件相關」(interconnectedness & events) 之說。其後西方史學家在這方面的闡述甚多，梁氏多少會受到啓示，朗、瑟二氏對他的啓示，從下面幾段，可以隱約看出：

「研究同時發生的事實間的關係，須於一社會中所發生的各種事實，搜得其相互間的聯絡。我們每有一種空泛概念，以爲一切殊異事象，由抽象方法區分離立而置於殊異範疇之下者（藝術、宗教、政治制度），按其實際，俱非分裂離析，而皆具有共通特性，密切關連，若其一變，則其他隨之而變。」(註一○)

「吾人須將普遍事實 (general facts) 與獨特事實（事件）區分清楚。

普遍事實……吾人須確定其『性質所在』、『空間所發』與『時間所延』。

爲了使普遍事實的性質公式化，我們將組成一項事實（習性、制度之類）的各種狀態，聯繫起來，使其與所有其他事實涇渭分明。我們將所有個別情況而彼此極相類似者，聯合在一起，受同一公式支配，而略去其相異者。」(註一一)

「爲了確定一種習性確切空間所被，當探察其所呈現的最遠距點（於此獲知其所分布之幅員面積），及其最常被及的地區（中心區）。」(註一二)

「此項公式又須指其習性的時間所延，凡形式、主義、功利、制度、羣體的最初出現與最後出現，皆須探察。但僅注意其兩孤立點，最初與最後，是不夠的，須確定其實際活動的時間。」(註一三)

「在一個人的習慣中，需要確定其曾發生影響力的基本觀念，如他的人生觀，他的學識，他的特別嗜好，他的正常職業，他的行爲原則。凡此種種，變化無窮，而由此可形成此人的『人格』(character)，集此人格的各方面，卽塑成此人的『肖像』(portrait)，用今日流行的辭彙，卽是此人的『心理』。」(註一四)

註一○：Charles V. Langlois & Charles Seignobos, Introduction to the Study of History, p. 284.
註一一：Ibid., p. 267.
註一二：Ibid., pp. 268～269.
註一三：Ibid., p. 269.
註一四：Ibid., p. 271.

　　梁氏在談及「史蹟之論及」，除着眼於事實與事實之間，畫出「史蹟集團」，並屢言「人格」、「心理」，及史蹟集團外的時間線、空間線，則其所受朗、瑟二氏的啟示，似乎是不應忽視的事實了。

　　從以上的比較，可以看出梁氏中國歷史研究法與朗、瑟二氏合著的史學原論的密切關係。雖然梁氏不可能祇受朗、瑟二氏的影響，但是我們可以有理由的假設，他在法國期間，必請了法國教授或中國留法學生爲他專門講解了朗、瑟二氏之書，而且作了相當詳盡的劄記。他自己的直接閱讀，怕是輔助性質的。研究梁氏最透徹的張朋園教授曾云：「任公在歐一年，他的求知慾似乎沒有滿足，因爲他不通西文。臨陣磨槍，從學英文做起，四十餘歲的人，除非有極大的耐心，不可能學好一種新的語文。他的知識，除了直覺的觀察，是間接得來的，頗爲有限，受隨員的影響甚大。」(註一五)梁氏的英文程度，確實很難毫無阻礙的直接閱讀有關史學方法的英文書(註一六)。他接受西方史學方法，大部分應是間接的。

　　丁文淵在丁文江編梁任公先生年譜長編初稿的前言云：

　　　「二哥（按指丁文江）素性戇直，對人極具至性，有問必答，無所隱諱。與任公坐談之際，嘗謂任公個性仁厚，太重感情，很難做一個好的政治家。因爲在政治上，必須時時具有一個冷靜的頭腦，纔能不致誤事。又謂任公的分析能力極強，如果用科學方法，研究歷史，必定能有不朽的著作。因此勸任公放棄政治活動，而從事學科研究，任公亦深以爲然。」

　　　「二哥當時還曾設法協助任公如何學習英文，並且介紹了好幾部研究史學的英文書籍，任公根據此類新讀的材料，寫成中國歷史研究法一書。」

　　這兩段話，揭出了梁氏中國歷史研究法所受西方影響的眞相，但是梁氏是否完全由自己閱讀丁文江所介紹的幾部書，則有待存疑。

　　最值一提的，是梁氏綜合中西史學的卓越能力。他不是以西方理論配合中國事例

註一五：張朋園著、梁啟超與民國政治（食貨出版社，民國六十七年），頁一五二。

註一六：民國八年六月九日梁啟超致其弟梁啟勳函云：「此行若通歐語，收獲奚啻十倍？前此蹉跎，雖悔何裨，今惟汲汲作補牢計耳。」（丁編梁譜，頁五五九）又於同年十一月五日致其女梁令嫺函云：「吾現在兩種功課，日間學英文，夜間寫遊記，英文已大略能讀書讀報了。……吾將來之英文，不能講，不能聽，不能寫，惟能讀耳。」（丁編梁譜，頁五六五）梁氏的英文如此，他似乎極難直接閱讀有關史學方法的英文者。卽閱之；亦必矇矇曨曨。

以談史學方法，而是將中西史學方法作了極和諧的綜合。所以他不是稗販，不是籠統的將西方史學方法移植過來，朗、瑟二氏之說，有時正面的加以採用了，而細節處則加潤色；有時反轉過來採用，而更見奇縱；有時約略採用，而另建完密的系統，以致絲毫不着採撫的痕跡，渾若天成，圓而多神。至於文字的暢達優美，意興的恣縱英發，又其餘事了。

　　梁氏也決非祇接受朗、瑟二氏的影響。他將史料分爲在文字記錄以外者與在文字記錄以內者兩種，在文字記錄以外者，又區分爲現存之實蹟、傳述之口碑、遺下之古物三類，在文字記錄以內者，區分爲舊史、關係史蹟之文件，史部以外之羣籍，類書與古逸書輯本、古逸書及古文件之再現、金石及其他鏤文諸類(註一七)，顯與班漢穆的史料分類法有密切的關係。班氏提倡史源學的二體三元說，其所謂二體，是指文字的記載與古物的遺留；所謂三元，是指口頭傳說、文字記載與事實自身的遺留(註一八)。班氏以後，西方史學家沿其說者紛紛，如於一九一一年出版歷史寫作之史學方法導論 (The writing & History: an Introduction to Historical method) 的弗領 (F. M. Fling)，卽極力呼應，並爲之說明理由。班氏的書，未有英譯本，梁氏不可能讀其德文原本，丁文江爲他介紹的幾部英文書，其中可能有弗氏之書，而梁氏矇矓讀之，受其影響，亦未可知。梁氏又精通日文，自日文書間接所知的西方史學，亦必可觀。「近今史學之進步有兩特徵。其一，爲客觀的資料之整理——疇昔不認爲史蹟者，今則認之；疇昔認爲史蹟者，今或不認。舉從前棄置散佚之跡，鉤稽而比觀之；其夙所因襲者，則重加鑑別以估定其價值。如此則史學立於『眞』的基礎之上，而推論之功，乃不至枉施也。其二，爲主觀的觀念之革新——以史爲人類活態之再現，而非其彊跡之展覽；爲全社會之業影，而非一人一家之譜錄。如此，然後歷史與吾儕生活相密接，讀之能親切有味；如此，然後能使讀者領會團體生活之意義以助成其爲一國民爲一世界人之資格也。歐美近百數十年之史學界，全向於此兩種方嚮以行。今雖僅見其進未見其止，顧所成就則旣斐然矣。」觀於梁氏在中國歷史研究法自序中所言，當可瞭然他所受西方史學的影響，已非朗、瑟二氏所能範圍了。

註一七：見梁啓超中國歷史研究法頁六八至九九。

註一八：參見班漢穆著陳韜譯史學方法論(商務)，頁一九○至一九三；並參用姚從吾師在臺大歷史系所開「歷史方法論」一課上的講述。

試論「無生老母」宗教信仰的一些特質

宋 光 宇

一、前言
二、羅教概述
三、「無生老母」信仰的基本內容

四、基本特質的分析
五、結語

一、前　言

　　明朝萬曆、崇禎年間，民間的宗教信仰似乎呈現出蓬勃興盛的局面。依照黃育楩在破邪詳辯一書所載，這個時期突然「妖人」四起，「邪教」橫行，信徒們刊刻經卷，傳習邪說，夜聚曉散，聚財歛錢[1]。這個時期的民間信仰是以「無生老母」為信仰的核心。

　　最先提出「無生老母」這個宗教概念的人，相傳姓羅，俗稱羅祖[2]。他的生存年代依據臺灣省通志有關齋教龍華派的記載，是生於明英宗正統七年（西元一四四二年），歿於明世宗嘉靖六年（西元一五二七年），享年八十五歲。他所創立的教派世稱羅祖教或羅教。又因他以「無極」和「無為」的道理傳授信徒，羅祖教又稱作無為教，羅祖本人也就稱作無為道人。

　　自明末以降，以無生老母為信仰核心的教派，除了羅教之外，還衍生分化出許多支派，每個支派有它自己的名號和傳承系統，諸如清初雍正，乾隆年間的青陽教、收圓教、長生教、天理教等等；目前在臺灣的社會上仍然可以看到以無生老母為信仰核心的教派，如：齋教（分成龍華、金幢、先天三派）、一貫道（分成基礎、發一、浩然、文化、寶光、金光、紫光、法一、師兄等派）、慈惠堂（分瑤池王母、瑤池金母

1. 黃育楩 1834 破邪詳辯序
2. 有關羅祖的真實姓名說法不一。臺灣省通志卷二人民志宗教篇齋教一節作羅因；葉文心在淺論十八世紀的羅教（1930）中作羅懷；龍華科儀的羅祖略傳作「羅祖名因字清」；一貫道教內的說法作「羣羅蔚」；歐大年（Denial Overmeyer）1980: 113 作羅清；日人塚本善隆（1949）作羅祖。戴玄之（1977）據日人澤田瑞穗的說法，認為「羅因即羅英，是羅清的化名」。

兩支）、紅卍字會、正宗書畫壇以及爲數眾多的鸞堂。其中齋敎龍華派儼然以羅敎的嫡裔自居。而無生老母這個名號也轉換成「無生父母」「無極老母」「瑤池王母」「瑤池金母」「先天老祖」等等。

曾經有一些中外學者注意過這種宗敎信仰，但各有各自的偏重之處。如周作人曾研究過無生老母這個宗敎槪念[3]；日人塚本善隆[4]、吉岡義豐[5]、澤田瑞穗[6]、鈴木中正[7]和國人葉文心[8]以羅敎爲研究對象；DeGroot[9], Naquin[10], Overmeyer[11], 和日人酒井忠夫[12]則在研究中國秘密宗敎時，兼及羅敎和無生老母信仰；鄭振鐸[13]、李世瑜[14]、傅惜華[15]和酒井忠夫[16]等曾研究過這種宗敎所採用的寶卷善書。以上所列的研究工作，大半是以文獻資料爲主，缺乏實地調查資料。其中祇有歐大年曾實地調查過花蓮及台灣全省的慈惠堂[17]，李世瑜於抗戰結束後在華北實地調查祕密宗敎[18]。

本文將以近年來對齋敎和一貫道的觀察所得，藉着對羅敎的簡略敍述，來分析討論無生老母這個信仰的一些基本特質。至於無生老母宗敎信仰產生的社會環境，當另外爲文討論。

---

3. 周作人：無生老母的訊息　見知堂乙酉文編頁 28-41。
4. 塚本善隆：羅敎の成立で流傳について1949（昭和24年）東方學報第十七册頁 11-34。
5. 吉岡義豐：羅祖の無爲敎　大正大學學報第 37 集。
6. 澤田瑞穗：羅祖の無爲敎　東方宗敎等卷 1.2。
7. 鈴木中正：關於羅敎　東洋文化研究所紀要第一册。
8. 葉文心：人神之間——淺論十八世紀的羅敎 1980 史學評論第二期臺北華世書局。
9. DeGroot, J.I.M. "The Reilgious System of China" 6 Vols. Leiden E.J. Brill, 1892-1910. 以及 "Sectarianism and Religious Persecution in China" 2 Vols. Amsterdan, Johannes Muller, 1903.
10. Naquin, Susan "Mellenarian Rebellion in China: The Eight Trigrams Uprising of 1813" Yale Univ. Press, 1974.
11. Overmeyer, Danial L. "Folk Buddhism Religion: Creation and Eschatology in Medieval China" History of Religions 12:42-70. 1972 "Folk Buddhism Religion" Havard Univ. Press 1976.
12. 酒井忠夫：現代中國的秘密結社　收入近代中國研究。
13. 鄭振鐸：中國俗文學史第十一章寶卷。
14. 李世瑜：寶卷新研　文學遺產增刊第四輯頁 165-181 北京作家出版社 1957.
15. 傅惜華：寶卷總錄　巴黎大學北京漢學研究所出版 1951.
16. 酒井忠夫：中國善書的研究　日本弘文堂 1961.
17. Overmeyer, D.L. "The Tz'u-hui T'ang: A Comtemporary Religious Sect on Taiwan" Paper on Toronto, Canadian Society for Asian Studies, June 2. 1974.
18. 李世瑜：現今華北秘密宗敎 1948.

二、羅教概述

根據前述各學者對羅教的研究和今日尚存的齋教龍華科儀的記載，羅教的發展歷史大致如以下所述。

羅祖名因，字清[19]，法名普仁，法號悟空。明英宗正統七年生於山東省萊州府卽墨縣猪尾城成陽社。父親羅全，字登龍，務農爲業，樂善好施。羅祖是孤兒出身，三歲時母親去世，七歲時父親見背，全賴叔父羅奎和叔母聶氏撫養成人[20]。

羅祖很聰明，與親友相處和睦，勤於讀書。十二歲時皈依三寶，成了佛門子弟，勤信佛道。十四歲時，投入密雲衛當兵，日間習武，夜讀佛經。密雲衛在長城古北口，是明朝北邊軍衛之一。羅祖爲什麼要從山東萊州跑到古北口去當兵，沒有詳細的資料可資說明。日人澤田瑞穗依巍巍不動太山深根結果經會解，認爲經中兩言「祖輩當兵」有兩種可能，一是羅祖的祖先是軍人，另一是羅祖本人是軍人[21]。酒井忠夫則認爲羅祖的先世可能隸屬軍戶[22]，但沒有確實可信的證據。目前，我們祗知道羅祖當兵，做一名漕運軍人，當兵期間不忘研讀佛經。

娶妻顏氏，法名妙榮。生有一男，名佛正，一女，名佛廣。由此可知羅祖是在家修行。俗稱這種修行方式爲「火居」。

羅祖退伍後，到各地拜訪大德名師。最初是拜臨濟宗寶月和尚爲師，學習修持。他覺得那樣的修持不能領悟生死大事，遂離寶月他去，另訪明師。後來讀金剛經，悟得「求道不如求心」的道理，改攻金剛科儀。但科儀只是禮佛的儀式，還是不能明心見性。後來又向無諍禪師求敎，研究華嚴經。羅祖苦心研讀此經六年，略微有所收獲。最後到九華山白雲洞拜見眞空無際禪師，受他指點，日夜勤修坐禪，不久就參透

---

19. 按照中國人命名取字的習俗來說，明朝時取單名的頻率已大爲降低，取字更少用單字，因此羅祖字淸的說法可能有錯誤。暫且存疑，待日後考證。又葉文心根據寶卷（未說明是那個寶卷）說羅祖名懷，又名慧能字榮珠。其餘見註 2.

20. 有關羅祖的傳說甚多。民國七十年十月十九日本所學術討論會時，黃彰健先生說他在湖南家鄉就聽過關羅祖的故事。說羅祖原是生來帝王之命，有相者預言他將來大貴，其母告訴他一旦當了皇帝有那些仇家要捉來殺掉，上天認爲這種念頭要不得，就撤換了他的骨相，做不成皇帝。這個故事並沒說羅祖是孤兒。

21. 澤田瑞穗：仝 6.

22. 酒井忠夫：中國善書の研究第七章明末的寶卷與無爲敎，蔡懋棠譯，刊登於國立編譯館館刊一卷二期頁137.

宇宙與人生眞諦，悟性明道。從以上所述的求道過程，我們知道羅祖深受佛教禪宗，特別是慧能派下的臨濟宗和白雲宗的影響。

羅祖到處求訪明師，歷十三年而有成。他不僅是學得佛教禪宗的精義，而且更是以佛教的教義爲基礎，雜用儒道兩家理論，寫了五部六册——苦功悟道寶卷，正信除疑無修證自在寶卷、歎世無爲寶卷、破邪顯正鑰匙寶卷（上、下）和巍巍不動太山深根結果寶卷。

龍華科儀的羅祖簡史記載羅祖在正德年間得道後，將他所撰寫的五部六册寶卷和大乘科儀廣布天下。羅祖的傳道是從北京開始。羅祖簡史記他到北京，投宿在棋盤街湯了然家，招集地方人士講經說法，信者日眾。後來，由於聽他說法的人愈來愈多，太監張永訪得箇中情形，派巡城御史周昇捉拿羅祖、投入大牢，拷打訊問。羅祖在獄中說法，渡化眾生。臺灣省通志[23] 和葉文心[24] 則記羅祖因得罪了翰林楊谷明而爲他所陷害，投入京師天牢中。現今因資料不足，詢問齋堂堂主也說不出孰是孰非，姑且兩說並存。這兩種說法共同顯示一個事實，那就是羅祖在創教傳教的過程中，曾經遭遇到挫折。

龍華科儀的羅祖簡史、葉文心[25] 以及塚本善隆[26] 的文章中都提到羅祖曾與番僧對辯，折服番僧，得到明武宗的獎賞，受封爲護國法王。此事現已不可查考，可以看成是教內傳說。

羅祖傳教的範圍大致在北京一帶。到了嘉靖六年（西元一五二七年）正月二十九日子時，坐化歸天，享壽八十五歲。葬於北京檀州無峰塔。他的妻子顏氏，子佛正，女佛廣（號爲圓眞子）以後也修成正果。

相傳羅祖曾到浙江地界傳道，而後繼的各代的祖師又都是浙江人，從這一點來說，羅祖到浙江傳教應爲可能。而且，羅祖曾是漕運軍人。明代的漕運主要是靠大運河。大運河從北京附近的通州，南下抵達浙江杭州，證諸後世羅教信徒中有許多是漕運水手，我們不妨推測羅祖當年曾大力向昔日軍中伙伴宣揚教義。於是，羅教的發展

23. 臺灣省通志卷二人民志宗教篇齋教。
24. 葉文心：人神之間——淺論十八世紀的羅教。
25. 仝 24.
26. 塚田善隆：羅教の成立た流傳について。

從北京附近沿大運河南下，抵達浙江地區。

　　羅教的第二代祖師姓殷，名繼南，法名普能，浙江省處州府縉雲縣虎頭山人。生於明世宗嘉靖十九年（西元一五四〇年），即羅祖逝世後十三年。歿於明神宗萬曆十年（西元一五八二年），享年四十三歲。相傳是羅祖轉世。父母早逝，在歷盡艱辛困苦的情況下長大。十五歲入教。後來設立無極正派道場，廣收門徒三千七百人。著述頗多，計有聖論寶卷、天經、結經等。

　　第三代祖師姚文宇，法名普善，浙江省盧州府慶元縣人。生於明神宗萬曆六年（西元一五七八年），明思宗崇禎七年（西元一六三四年）歿。相傳姚文宇原先不會說話，殷祖轉世之後才開始說話。自幼孤苦，皈依羅教之後，勤研教理。三十三歲開悟，三十六歲設立靈山正派道場，使羅教大為昌盛。羅、殷、姚合稱「三祖」。

　　羅教到了明朝末年大為興盛。臺灣省通志引明末進士周如砥追思記的話說：「………祖門若市，祖心如水，一言半偈甫傳於灶娟乳兒之耳，而聲入人心通者，已淪肌浹腑而莫之可探。………祖距今四世矣，而祖風愈熾。………」鄭振鐸[27]、李世瑜[28]葉文心[29]、酒井忠夫[30]等人研究那個時代的寶卷，都認為這個時期寶卷特別流行，資助刊印寶卷的人，有很多是宮裡的太監。明季的太監擁有很大的政治勢力，荼毒天下，如開課礦稅，閹黨惡鬥東林黨，掌錦衣衛與東西廠等。作惡做多了，太監們也會感到恐懼，需要藉著宗教來撫慰心靈上的憂懼，他們助印寶卷，可看成是一種贖罪方式。這種現象有助於羅教和其他同類型宗教的發展。

　　第四代祖師湯克峻，法名普霄。明崇禎七年（西元一六三四年）接位，浙江省撫州府臨川縣人。崇禎十六年（西元一六四三年）將位子傳給五祖楊時春。楊祖法名普步，浙江省處州府人。於清順治二年（一六四五年）傳位予六祖張普錢。張祖是福建建寧府人。順治十一年（一六五四年）傳與七祖黃大姐普德。黃祖是福建興化府涵江縣人。康熙八年（一六六九年）傳與八祖池普方，福建興化府人。康熙卅五年（一六九六年）傳與九祖張普通，福建興化府人。康熙三十五年（一六九六年）傳與十祖陳

---

27. 鄭振鐸：中國俗文學史第十一章寶卷。

28. 李世瑜：寶卷新研。

29. 葉文心：人神之間——淺論十八世紀的羅教。

30. 酒井忠夫：中國善書の研究。

普月，福建福州下衣運白石頭人。雍正二年（一七二四年）傳與十一祖張嘉義，法名普樂，福建福州下衣運後橋人，創立壹是堂。乾隆四十四年（一七七九年）傳與十二祖張朗，法名普應，十一祖之弟。乾隆五十三年（一七八八年）傳與十三祖陳普聰。嘉慶元年（一七九六年）傳與十四祖張普有。嘉慶五年（一八〇〇年）傳與十五祖盧炳，法號普耀，創立漢陽堂。嘉慶九年（一八〇四年）傳與十六祖盧德成，法號普濤，並由謝普爵承接法擔。

臺灣之有羅敎，相傳在明鄭時期已有在家持齋的風氣。正式有龍華派齋敎（羅敎）是乾隆三十年。臺灣省通志卷二宗敎篇齋敎：

> 乾隆三十年二月十九日，設齋堂於安平鎮效忠里海頭社李普通家，稱化善堂，爲龍華派之始。」

嘉慶二年（一七九七年）盧德成（普濤）和謝普爵到臺灣傳敎，在臺南住了八年。嘉慶四年重建化善堂。十九年（一八一四年）在臺南廣慈庵街建德善堂。謝普爵並於嘉慶九年（一八〇四年）繼位副勅，總攬臺灣漢陽堂龍華齋敎。化善堂與德善堂後來合併，稱德化堂，堂址設在臺南郡王里開山街。漢陽堂一系的龍華齋敎多分布在嘉義以南地區。所屬的主要齋堂如：新豐的善化堂、通化堂，北門的信和堂、善行堂，嘉義有太元堂、義德堂、德和堂，斗六有眞一堂、龍虎堂、虎尾有慶元堂、養德堂，東石有正心堂，高雄有明善堂等。這些齋堂於日據時期多被日本佛敎各宗派所合併，爲和尙尼姑所據，與最初的德化堂夫去聯絡。許多寶卷善書也隨之被和尙尼姑焚毀。

在臺灣的龍華齋敎除了漢陽堂外，還有一是堂派、復信堂派、無極正派、蘭風法派、靈山正派等。一是堂派是十祖陳普月、普應兄弟所創建。十三祖普聰時傳入臺灣。最初是在大墩仔（今臺中市）建愼齋堂。臺中以北是它的敎區，新竹最多，彰化次之。

復信堂派是十五祖盧普耀所立。來臺傳敎後，以臺中爲根擔地。臺灣省通志記有該派齋堂十三所。

無極正派是從二祖殷繼南派下。蘭風法派則源出於臨濟宗。相傳殷繼南曾問道於臨濟宗第二十六代法嗣蘭風老人，而蘭風老人的弟子王源靜補註羅祖的五部經卷。這兩派現已不存，祇剩下文獻資料。

　　靈山正派相傳是三祖姚文宇和四祖湯普霄所建，兩人共同 制定堂規 以及科儀寶卷。嚴格的說來，一是堂派、漢陽堂派、復信堂派都應該算是靈山正派的支派。

　　以上簡述羅教的發展歷程，從歷代祖師的籍貫上看，我們不難發現它的發展方向是從北京附近南下到浙江，而後由浙江再南下到福建興化，再由興化北上到福州，最後由福州傳到臺灣。其所以有這種發展歷程，與清代的宗教政策有密切的關係。

　　大清律一如明律，對宗教活動有明文限制。大清律禮律祭祀有禁止師邪巫術條：

　　　　凡師巫假降邪神、書符、咒水、扶鸞、禱聖，自號「端公」「太保」「師婆」
　　　　及妄稱彌勒佛、白蓮社、明尊教、白雲宗等會，一應左道亂正之術，或隱藏
　　　　圖像，燒香集眾，夜聚曉散，佯修善事，煽惑人民，為首者絞，為從者杖一
　　　　百流三千里。若軍民裝扮神像，鳴鑼擊鼓，迎神賽會者，杖一百，坐為首之
　　　　人。里長知而不首者，各笞四十。其民間春秋義社不在此限。

　　這條律令再加上禮律祭祀褻瀆神明條，戶律戶役禁私創庵院及私度僧道條和刑律造妖書妖言條，幾乎已把所有的宗教活動都包括在禁止的範圍之內。因此。羅教從創立開始，一直沒有側身在「正教」的行列中。清雍正、乾隆年間，羅教屢屢遭到取締。

　　雍正七年（西元一九二九年）十二月初六日署理江西巡撫奏稱：江西南安、贛州、吉安、瑞州、南昌、撫州等地有羅教傳布，「查出之人，在城者習手藝，在鄉者務耕作，止在家吃素修行，又名大成教、三乘教，並無匪為」「閱其經卷有淨心、苦功、去疑、泰山、破邪五部，名色皆雜引釋道言語湊集成。」[31]「陳萬善一犯又稱，福建之泉漳兩郡，羅教更多。」[32] 這次取締羅教僅止於訓誡斥回，不許再立佛堂。

　　乾隆十八年（西元一七五三年）浙江有羅教案，官府捕拏三祖姚文宇的後代[33]。乾隆三十三年（西元一七六八年）浙江又有羅教案發生。在浙江巡撫覺羅永德的奏摺裏說明取締七十餘座齋堂，其中最初創立的三座是供糧船水手回空居住之處。「因糧船水手俱係山東直隸各處人氏，回空之時，無處住歇，疾病身死，亦無處掩埋，故創

---

31. 史料旬刊　天 48 頁羅教案　謝旻摺。
32. 史料旬刊　天 49 頁羅教案　史貽直摺
33. 史料旬刊　天 861 頁羅教案　雅爾哈善摺

設各菴，俾生者可以託足，死者有地掩埋。在菴者俱習羅教，嗣因水手眾多，續又分七十餘菴。」[34] 覺羅永德認為，儘管這些齋堂對漕運水手的生活很有幫助，「但此等邪教，最易惑眾。況糧船水手甚多，皆係好勇鬥狠之徒，聲應氣從，亦易齊心生事。……若不從此嚴加究審，將為首叛教之人從重處治，毀其經像，則眾不知儆，蔓延崇信，流弊無底。」[35] 這完全是站在治安的立場考慮衡量，怕民間宗教社團一旦形成氣候，難以控制。

　　同年，江蘇省也有大乘，無為教案發生。江蘇巡撫彰寶奏稱，羅祖死後，由女兒佛廣之夫婿王善人所傳下的一支，稱為大乘教。同樣奉誦羅祖的五部六冊寶卷。無為教卽是羅祖傳下的羅教。兩教「每歲多至，在教之人齊集堂內，將傳下經卷誦唸禮拜，各出錢一錢及七、八分，以為齋供。平時吃素修行，並無別項邪術。遇有初來入教者，收銀一二兩，以作投師之儀。」[36] 彰寶處理此家的立場與覺羅永德相同，以治安為著眼點。「……竊照蘇州城外訪出久經奉禁大乘、無為二教經堂十一處，拏獲人犯……共七十餘名。該管堂之人非僧非道，藉稱各有宗派，開堂施教。平日茹素誦經，招徒傳授，並與無籍水手往來存頓，非僅煽惑本地愚民，更恐與外海駕船之人勾引為匪，潛滋不法。或割辮奸徒，卽有知情，夥黨在內，均當嚴速跟究。……。」[37]

　　以上，對於羅教的起源，傳承脈絡、曾經遭遇到的取締情形 約略的做了說明。同時在行文中也提到了有關的核心信仰、組織、社會服務和修持方法等項目。從雍正乾隆年間的取締，配合上傳承脈絡，我們可以指出，羅教一直往政治統治力量薄弱的地方發展。福建多山，交通不便；臺灣又係新闢荒野，官府力量不大，以致羅教在閩臺兩地得以生存。

　　下一節，就「無生老母」這個概念，加以剖析探討。

三、「無生老母」信仰的基本內容

　　在中國人的宗教信仰中，無生老母是個很重要，又很晚近方才形成的信仰對象。

---

34. 史料旬刊　天 405 頁羅教案　覺羅永德摺
35. 仝 34.
36. 史料旬刊　天 524–527 頁　彰寶摺
37. 史料旬刊　天 524–527 頁　彰寶摺

近代中國的秘密宗教更以它做為核心信仰。有關無生老母信仰的產生，黃育楩破邪詳辯卷四有一段話說得最清楚[38]：

> 邪教一流，始自後漢妖人張角、張梁、張寶，下迨唐宋元明，歷代皆有邪教，從未聞有供奉無生老母者。至明末萬曆以後，有飄高、淨空、無為、四維、普明、普靜、悟明、悲相、頓悟、金禪、還源、石佛、普善、收源、呂菩薩、米菩薩、孫祖師、南陽母等，一時並出，始奉無生老母為教主，可見無生出自明末，原無疑義。再查直隸滄州城內，有無生廟碑記。文係明朝進士官至尚書之戴明說所作。內言無生著於明世，至萬曆時，靈異尤甚。……至飄高傳教，……又捏出未有天地先有無生之說。而還源、弓長、淨空、普明等，皆從飄高之言，供奉無生，以煽惑愚民。被所誤者遂誤信無生為天上神仙。滄州尚書戴明說正與飄高等同時，亦誤信飄高之言，以為靈異尤甚。……余任滄州時，始將無生碑與兩邪廟，並各邪經盡行毀絕。

黃育楩認為無生老母的信仰起自明末，主要是依據古佛天真考證龍華寶經（簡稱龍華經）。龍華經的成書年代不易考訂。依經中所提到的年代，真經出現在壬辰年，經板完成是在乙未年，刊印流通是在甲午年。天干地支記年無法確定到底是那一年。龍華經寫成的年代或許是萬曆二十年，也可能是清順治九年；經板完成可能是在萬曆二十三年或順治十二年[39]。但龍華經是明末清初時期的作品，是無庸置疑的。

黃育楩挑選龍華經作為講述無生老母信仰的主要依據，是因為整個無生老母信仰在此經中演繹得最為完備[40]。演繹得最完備是代表發展成熟，已非初起狀況。那麼這個信仰最初面貌又當如何呢？

羅祖的五部六冊寶卷很可能是最早提出無生老母信仰的寶卷。目前，我所蒐集到的五部六冊所載最早刊印的時間是明神宗萬曆二十四年王源靜補注重刊，清順治九年、嘉慶七年、道光二十七年、同治八年和民國六十九年都曾重新刊印過。但澤田瑞穗引傅惜華寶卷總錄、明世瑜寶卷綜錄上的年代考證，說五部六冊原刊本的年代是明

---

38. 黃育楩：破邪詳辯　卷四頁 4-5。
39. 澤田瑞穗：龍華經の研究　見校注破邪詳辯附錄一頁 195。
40. 黃育楩：破邪詳辯卷一頁十六註文「邪教妖言盡備此經（指龍華經）故辯駁尤詳焉。」。

武宗正德四年（西元一五〇九年），嘉靖二十八年（一五四九年）、萬曆二十三、二十四年（一五九六、九七年）和清嘉慶七年（一八〇二年）有重刻本[41]。因此，推斷羅祖寫成五部六冊的時間是在正德年間。比龍華經約早九十年。

在五部六冊中有關無生老母的說法比較含糊。在第一部苦功悟道卷中無生老母與阿彌陀佛相混用，第四部正信除疑卷則推翻原說，認為先天地而立的是無極聖祖。

苦功悟道寶卷總述羅祖個人求道歷程。羅祖提出一個問題：「人的靈魂從那裏來？」在他初求道時，假設人的靈魂是從阿彌陀佛那兒來，因那個源頭是先天地而立，故又稱作「無生父母」。卷一思慕家鄉品第二參：

> 想我這點靈魂，不知何處住所，無量劫來，生了又死，死了又生。四生六道受苦，轉到如今。今得人身，百年光景，如夢如幻，死後又不知何處受苦去了。……忽然間，想起我，這點靈魂。臭皮囊，父母生，膿血聚會。這點魂，何處來，甚人所生？……嘆得我，心中裏，煩惱不住，……豈爭我，這點魂無處安身？……

尋師訪道品第三參：

> 忽一日，有信來，朋友相見。說與我，孫甫宅，有一明師。連忙去，拜師傅，不離左右。告師傅，說與我，怎麼脩行。……
> 說與我，彌陀佛，無生父母。這點光，是嬰兒，佛嫡兒孫。就跪下，告師傅，佛在何處？師傅說，彌陀佛，彼國天上。告師傅，說與我，怎麼上去？舉著唸，四字佛，便得超生。
> 每日間，念彌陀，不肯放鬆。行也唸，坐也唸，猛進功程。……
> 念彌陀，無晝夜，八年光景。朝不眠，夜不睡，猛進功程。使盡力，叫一聲，無生父母。恐怕我，彌陀佛，不得聽聞。下苦功，念彌陀，晝夜不住。心不明，不自在，又往前行。

覷破頑空品第四參：

> 又參一步，單唸四字，阿彌陀佛。唸得慢了，又怕彼國天上無生父母，不得聽

---

41. 澤田：校注破邪詳辯　頁 53. 1972

聞。晝夜下苦，高聲舉唸，八年光景，心中煩惱，不得明白。

　　羅祖求道之初把阿彌陀佛和無生父母合作一體，依照唸佛以求超生的方便法門，專精唸「阿彌陀佛」這個名號，有八年之久。但是對他所提出的問題「人的靈魂從何而來？」沒有得到解答。因而心中煩惱。於是他再去訪求明師。在撥草尋踪品第五參敍述他研讀金剛科儀三年，也得不到開悟。

　　在達本尋源品第七參說：

　　　　又參一步，當初無天無地，是個什麼光景？ 無邊無際，不動不搖 ﹔是諸佛法身。乾坤有壞，虛空不壞，是諸佛法體。懼怕生死輪廻之苦，不肯放鬆，再參一步。

在這一品中，羅祖參悟得一個「空」字。他稱之爲「眞空」或「虛空」。接下去無處安身品第八參又問「這無邊虛空，怎麼安身立命？」穿山透海品第九參悟出虛空無所不在。

　　　　又參一步，忽然參透虛空，穿山透海，普覆人身，裏外原是一體。

不執有無品第十一參：

　　　　忽然間，參一步，心中大喜。不歸有，不歸無，我是眞空。娘是我，我是娘，本來無二。裏頭空，外頭空，我是眞空。

裏外透徹品第十三參：

　　　　我今參到這一步地，纔得自在縱橫。裏外透徹，打成一片。無內無外，無東無西，無南無北，無上無下，縱橫自在，行住坐臥，明明朗朗，一段光明。到臨危，四大分張。難描難盡、任意縱橫、山河石壁，不能隔礙。東西南北，四維上下，一體同觀。十三年苦功，纔得明徹，纔得省悟。

羅祖悟道後，領悟到虛空化作萬物的道理，在威音已前品第十四參提到：

　　　　想當初、無天地、無有名號。本無成，亦無壞，不增不減。太虛空，無名號，神通廣大。太虛空，生男女，能治乾坤。 太虛空，不動搖，包天裏地。 太虛空，變春秋，五穀能生。太虛空，穿山海，泉水常湧。誰知道，太虛空，好個能人。化菩薩，廣無邊，虛空能變。有陰陽，和日月，虛空能通。誰知道，太虛空，神通廣大。他是我，我是他，一體虛空。又無俗，不是仙，不是佛祖。

除虛名，一步地，自在縱橫。

　　有關無生父母或無生老母的故事母題，到此算是初步建立。但羅祖在此並沒說無生父母和阿彌陀佛是兩回事，也沒提出無生老母這個名號。直到正信除疑無修證自在寶卷提出個無極聖祖，有別於先前無生與彌陀相混用的情形。在正信寶卷上卷諸惡趣受苦熬大刧無量品第一說：

　　　　有一等愚痴迷種，說迷人，飲酒吃肉不參道，也得歸家。迷人終日走著生死之
　　　　路，又不知安身立命，又不知淨土家鄉，他怎麼便得歸家？無極聖祖見他不參
　　　　道，臨命終時，著他下無間地獄，永轉輪廻，四生受苦，不得翻身。

無極化現度眾生品第五的頌詞：

　　　　凡聖含靈無極生，頂天立地鎮乾坤。智風遠播酣三有，慧水週流境四恩。

正文：

　　　　無極聖祖，大慈大悲，恐怕眾生，作下業障，又轉四生六道，不得翻身。故化
　　　　現昭陽。 寶蓮宮主，太子歎退浮雲 ，一切雜心，顯出眞心參道，究這本來面
　　　　目，出離輪廻生死苦海。

　　在無極化現度眾生品的註文說道：「先師曰：無極聖祖迺是諸佛之本原，眾生之慈父。」至此，無極聖祖、無生父母開始與阿彌陀佛分開，也開始蛻變成在諸佛眾生之上的主宰。在此品中，無極聖祖托化成各式各樣的人物，到世間化度眾生。

　　在虛空架住大千界品第四有個偈語：

　　　　不知天地誰人托
　　　　不知江海誰人治　　　｝都是忘恩背祖人
　　　　不知天地誰人掌
　　　　不知春秋誰人發

偈中又問：

　　　　不是無極神通大──春秋四季那裏來？大千世界那裏來？天地日月那裏來？五
　　　　湖四海那裏來？一切男女那裏來？吃的萬物那裏來？金銀
　　　　財寶那裏來？三災八難那裏來？三敎聖人那裏來？三敎經
　　　　書那裏來？一切牛馬那裏來？

因而羅祖引圓覺經說「萬物靈光無極生，立天立地立人根。」同時，也引老子道德經，提出有關「先天大道」的概念。在先天大道本性就是品第十二提到：

> 大道無形，生育天地。大道無情，運行日月，大道無名，長養萬物。吾不知其名，強名曰道。

在本無嬰兒見娘品第十六中，羅祖否定了初求道時所提出阿彌陀佛是無生父母的說法。

> 愚痴之人，說本性是嬰兒，說阿彌陀佛是無生父母。阿彌陀佛小名號曰無諍念王。父親是轉輪王。阿彌陀佛也是男人，不是女人。他幾曾生下你來？阿彌陀佛生本性，本性是誰？爺爺生父親，父親生兒，兒生孫子，大道門中，本無此事。

羅祖推衍人性靈魂來源，最後終結出「無極聖祖」這個名號。認為無極聖祖是先天地而立，是「諸佛的本原，是眾生的慈父」。那麼又怎麼產生「母」的概念呢？「慈父」不能生育子女，必須得有「母」才行。羅祖在巍巍不動太山深根結果寶卷一字流出萬物的母品第四說道：

> 那個是諸佛母？諸佛母、藏經母、三教母、無當母，怎麼為母？

> 諸佛名號，藏經名號、人人名號、萬物名號，這些名號從一字流出。認的這一字為做母。母即是祖、祖即是母。

有了這種概念，無極聖祖和無生父母這兩個名號才有蛻變為無生老母的可能。

羅祖的宇宙觀在深根結果卷中反覆說明。例如：先有本來面目後有天地品第六提到：

> 未曾初分天地，先有本來面目。本來的面目，從曠大無量刧。先有本來面目，永刧長存。後有諸佛三教，後有僧俗、戒律、善惡，後有天堂地獄，後有無當（照法要解釋做「玄關一竅」）萬物，後有古今。

未曾初分無極太極鷄子在先品第十七：

> 無極是太極、太極是無極、無極是鷄子，鷄子是太極。（法要解釋鷄子是喻五行未判，混混沌沌的狀態）

> 無極鷄子都是假名，假名叫做無極太極鷄子。即是無邊太虛空。天地日月，森

羅萬象、五穀田苗，春秋四季，一切萬物，三教、牛馬、天堂地獄，一切文字，都是無極虛空變化。本來面目，就是眞無極。本來面目，相連太虛空。臨危之時總現身，一體同觀無二門。但不知根基，都是忘恩背祖人。

無生老母這個信仰的母題，在羅祖的五部六冊寶卷中只是勾勒出一個雛型。羅祖告訴人們，世上的萬世萬物都來自同一個源頭——無極聖祖。後來依照羅祖所說「祖卽是母」的概念，逐漸演釋出「無生老母」這個名號。

整個有關無生老母信仰的基本母題，到了萬曆、崇禎年間，發生大幅的變化。首先，無生老母這個名號確立。這個老母高高在上，統率著天庭和人間。人都是她的子女，奉命投胎下世，結果爲紅塵所迷，失去了本性。在天上家鄉的無生老母思念陷在紅塵刼難中的子女們，就不斷的派遣使者下凡，救刼渡人。敍述這樣無生老母信仰母題最完備的一部寶卷就是古佛天眞考證龍華寶經。目前在臺灣沒有這部經書，日本天理大學收藏一部。但是由於故事發展成熟，黃育楩在破邪詳辯中剖辯尤詳，因而所保留下來的原始材料也最多。茲抄錄破邪詳辯所錄龍華經的經文如下：

1. 混沌初分品：無始以來，無天地，無日月，無人物。從眞空中，化出一尊無極天眞古佛來。

——古佛出現安天地，無生老母立先天。

——無生曰：無始以來，天眞古佛打開家鄉寶藏庫，取出一部龍華眞經，傳留後世。

——家鄉聖景龍華會，在都斗太皇宮中，古佛無生座前，有七寶池，八功德水，黃金爲地，金繩界道，樓臺殿閣，件件不同。

——天上龍華日月星，地下龍華水火風，人身龍華精氣神，三才配合天地人。

——初會龍華是燃燈，二會龍華釋迦尊，三會龍華彌勒祖。龍華三會願相逢。

2. 古佛乾坤品：無生母，產陰陽，嬰兒姹女起乳名，叫伏羲、女媧眞身。

——李伏羲、張女媧，人根老祖。有金公和黃婆，匹配婚姻。

——混元了，又生出九十六億皇胎兒、皇胎女，無數福星。

——無生母，差皇胎，東土住世。頂圓光，身五彩，腳踏二嵛（輪）。

——來東土，盡迷在，紅塵景界。稍家書，吩咐你，龍華相逢。

3. 無生傳令品：無生母，吩咐你，法王傳令。天眞佛，聖臨凡，下生投東。

——下生在，中原地，燕南趙北，桑園里，大寶庄，有祖弓長。

4. 家鄉走聖品：弓長祖，感神靈，呈奏玉帝，玉皇牒，奏無生，詔請弓長。

5. 弓長領法品：無生母令弓長，親來領法。母今日，傳與你，十步修行。

6. 慧眼開通品：無生母，賜弓長，軒轅聖寶，正佛門。忽然間，慧眼開通。

7. 聖來投凡品：古佛留，續命通，聖光接續，性續命，命續性，好續長生。

8. 磬中遊宮品：開荒眞表每月伸，皈家聖表續凡名，拔鎖眞表銷罪案。三元聖表修來因。

——有一尊老古佛，初分治世。有一尊無生母，掌定天輪。

9. 眞香普赴品：鼎鑪中，我焚上，眞香一柱。舉眞香，滿靈山，諸佛來臨。

10. 戊己安身品：弓長祖，坐中央，安身立命。安四相，立五行，戊己爲尊。

11. 南北展道品：無病尋出路，休等腳手忙。末刧看看到，個個要隄（提）防。

12. 東西取經品：弓長去赴天元聖景龍華會，親見無生老母。吩咐弓長，東去取經。原因雷音寺經被龍殊菩薩收入龍宮鎭海。有石佛域老佛王，親下龍宮，取在石佛域。弓長往石佛域去取眞經。

——取一部古佛經，安天立地。取一部無生經，妙法流通。（以下有二十多部經，未見抄錄）

——湧泉穴內找，有本蘆芽經。丹田宮內找，有本聚寶經。（以下有四十多部經，未見抄錄。黃育楩記述：或後人身找經，或從器用找經，或從房屋找經，或從山水橋梁找經。）

13. 三佛傳燈品：燃燈佛後，有釋迦佛接續傳燈。釋迦佛後，有彌勒佛接續傳燈。彌勒佛後，有天眞老祖接續傳燈。天眞間，誰人接續？有三宗五派九杵一十八枝領袖，頭行開言，弟子都會接續傳燈。

14. 五祖承行品：周世祖、留果木，爲懸谷。漢高祖，留瓜瓢、爲腕谷。唐高祖，留諸豆，爲角豆。宋太祖，留荣蔬，爲葉谷。朱太祖，留稻麥，爲穗

谷。

15. 蘆伯點杖品：十在鑰匙十步功，十樣點杖祖留行。

16. 祖續蓋宗品：無極祖會下有二十四祖，太極祖會下有三十六祖，皇極祖會下
有四十八祖。

17. 諸祖鬪寶品：孔雀佛從初分打開寶藏，藥師佛將寶貝散與兒孫。

18. 末劫眾生品：弓長祖，到家鄉，聽母吩咐。說下元，甲子年，末劫來臨。辛
巳年，又不收，黎民餓死。癸未年，犯三辛，瘟疫流行。

　　——弓長說，這劫數，如何解救？無生說，發靈符，救渡人民。

19. 走馬傳道品：儒童祖，騎龍駒，川州過府，有子路和顏淵，左右跟隨。有曾
子和孟子前來引路。七十二眾門徒，護定聖人。

　　——焚香上供，接待佛祖。赴雲城，會龍華。

20. 龍華相逢品：老古佛傳一個龍華佛令，老無生，坐蓮臺，嘻笑吟吟。（此品
演出五千數百佛祖以及九十六億皇胎兒女，萬國九州，鄉兒鄉女，齊來赴
會）。

　　——有號的，纔得出世；無號的，趕出雲城。

　　——龍華會，考道德，封賢掛號。考皇胎，九品三乘。

21. 排造法船品：無生老母令太上老君，在無影山前，排造大法船一隻，大金船
三千六百隻，中金船一萬二千隻，小法船八萬四千隻。小孤舟十萬八千隻。
又令五千數百佛祖母眞人及九十六億皇胎兒女，八萬四千金童玉女，十萬八
千護法善神，齊領船隻，救渡眾生。

　　——造法船時，定南針，觀住地水火風，用魯班三百六十個。

　　——吩咐合會男和女，不必你們分彼此。

22. 地水火風品：四大天王不管世，天神放了四風輪，地水火風一齊動，折磨大
地苦眾生。

23. 天眞收圓品：古佛曰，地水火風齊動，大地諸佛都無處安身立命，誰了後
事？無生曰，著天眞佛收圓結果，他了後天大事。

　　——紅陽教，颷高祖。淨空僧。無爲教，四維祖。西大乘，呂菩薩。黃天

教，普靜祖。龍天教，米菩薩。南無教，孫祖師。南陽教，南陽母。悟明教，悟明祖。金山教，悲相祖。頓悟教，頓悟祖。金禪教，金禪祖。還源教，還源祖。大乘教，石佛祖。圓頓教，菩善祖。收源教，收源祖。

24. 萬法皈一品：我眾生替祖代勞，開荒立教，我化人天，到無我等點杖。

——萬法皈一，有彌陀教主，法王佛，三陽佛，無量佛，皇極佛，天元佛。太寶佛、普善佛、儒童佛、天眞佛，爲十號圓滿。

有關無生老母的概念，到了清末民國，又在母題上發生些許變化。自清末以降所流行的無生老母信仰，主要的內容是說，無生老母在家鄉思念迷失在紅塵假景中的子女，思念益切，日夜滂哭，悲痛欲絕。老母或親身下凡，或屢派使者下凡。所派的使者不再是龍華經所說的太上老君，弓長祖，而是關聖帝君、濟公活佛、呂純陽等。傳遞這些渡世訊息的方式是扶鸞。有關這一時期無生老母信仰的典籍，可以一貫道、龍華齋教的典籍做代表。

一貫道可說是這個大的宗教信仰陣營中最晚興起的一支。時間最多不過一百零四年（光緒三年至民國七十一年）。道中的皇母訓子十誡、家鄉書信等書成書年代不詳，推測是清末民初的作品。書中提到無生老母思念塵世子女時，都是哭得通篇是淚。

像家鄉書信說：

> 老母天宮放悲聲、淚流不止濕雲裳。皆爲佛子迷世上，九六皇胎不還鄉。差你臨凡治世界，講明三綱與五常，三從四德教婦女，溫柔謙雅要端莊。那知迷了假色像，貪戀妻子日夜忙；酒色財氣是羅網，九六佛子裏邊亡。……世人皆是我兒女，兒女遭劫娘悲傷。差下仙佛臨凡世，設立大道化八方。老娘哭的肝腸斷，何法喚兒回家鄉。三教歸一同舟渡，誰來修道誰免殃。萬教道祖同護佑，免劫免難得吉祥（頁七一九）。

皇母訓子十誡中也說

> 想兒痛斷腸，無盡悲傷，極樂家鄉好淒涼。差盡仙佛臨東土，爲教原皇。嘆迷夢黃粱，愁壞老娘。親身渡世化凡鄉，空垂血書千萬語，當作耳旁。我無皇上帝萬靈眞宰，率諸佛子來會皇胎，兒女立穩，細聽開懷。母今批書，警告

迷孩（頁十一）

　　一貫道流傳於華北地區，而在東南海隅的臺灣，於民國初年時，也流傳著同樣母題的無生老母信仰。像龍華齋教，即羅祖教的嫡裔教派，於民國十六年由臺北保安堂印行的經書中，載有無生老母嘆五更偈：

　　　　一更之裏淚悲啼　　　　想起姹女與嬰兒
　　　　自從靈山別了後　　　　東土紛紛把性迷
　　　　名愛利牽迷人網　　　　紅塵滾滾不歸西
　　　　叫嬰兒早尋名師　　　　脫俗了凡入聖機

　　　　二更也裏淚汪汪　　　　想起嬰兒哭一場
　　　　臨行囑咐怎麼講　　　　爲何一出不還鄉
　　　　看看三災八難降　　　　損害我的好賢良
　　　　叫嬰兒早來尋娘　　　　莫到臨時失主張

　　　　三更者裏珠淚流　　　　嬰兒姹女早回頭
　　　　貪戀紅塵不長久　　　　無非總是一骷髏
　　　　趁早起此船行走　　　　大儕約伴上慈舟
　　　　叫嬰兒來及早脩　　　　咽喉氣斷葬荒坵

　　　　四更時裏淚長傾　　　　嬰兒姹女早回心
　　　　丈六金身實難行　　　　自己性命莫看輕
　　　　求的指點佛心印　　　　好念彌陀觀世音
　　　　叫嬰兒來爾聽眞　　　　身中自有無字經

　　　　五更早裏淚滿腮　　　　嬰兒姹女早回來
　　　　倘若修成不壞體　　　　諸佛接爾上瑤階
　　　　世間萬物皆有壞　　　　惟有靈光不怕災

　　叫嬰兒我的乖乖　　　　　試看蓮花九品開

　　另外，屬於鸞堂這個系統的寺廟，藉著扶鸞也有類似的說法存在。像臺北淡水彝倫堂於民國三十九年（庚寅）所刊行的無極瑤池老母十六金丹有瑤池老母五更夢歌（頁一二五——一二六）：

　　一更夢，淚汪汪。未度殘零意感傷，司航急把槳忙，九二來齊返故鄉。一枕黃
　　梁誰夢覺，修眞學道步純陽。龍華會，蟠桃宴，瑤池面見老慈娘。

　　二更夢，淚沉沉。盼盡殘零一片心，紅塵擾白浪侵，千年醉臥古猶今。無限裙
　　釵誰先覺，嬌癡依舊擁寒衾。心猿嘯意馬，吟堪愁，南海古慈音。

　　三更夢，淚零零。亂穿秋水望浮生，纏六慾，擾七情。輪迴生死幾時停。走錯
　　迷途須回首，千年醉臥這回醒。修道果、上天庭、瑤池閬苑任遊行。

　　四更夢，淚如麻。迷兒未返不勝嗟，沈情慾，墜虛華。先天性、惜含瑕。夢入
　　南柯猶未醒，紅塵錯認古鄉家。仰天望，撥雲遮，急從苦海上仙槎。

　　五更夢，淚如絲。倚門兩眼看迷兒。早一日，赴三期。眷戀紅塵有幾時，過隙
　　光陰人易老，鬼門關內獨生悲。須回想，再三思。名韁利鎖返瑤池。

　　以上概略的述說了無生老母信仰的雛型和演變過程。我們藉此知道，中國的民間信仰中存在著一種非佛非道非儒的另一種信仰體系。只是幾百年來，爲學者所忽略，鮮有學者撰文討論。但它一直流傳在民間中下階層，支配著廣大的羣眾的宗教觀。

　　接著，讓我們來分析一下形成無生老母信仰的基本特質。

四、基本特質的分析

　　要想明瞭無生老母這個信仰的來源和成份，似乎該從佛學和宋明理學兩個方面來探討。

　　歐大年曾指出這個信仰源自佛教的淨土宗和禪宗[42]，但沒有詳細說明其中原委。

---

42. 歐大年（D. Overmeyer): Folk Buddhism Religion 1976: 115.

同時也忽略了宋明理學對這個信仰的影響。如前所述，羅祖是最早提出無生老母的
人，他早年曾師事臨濟宗的寶月和尚和白雲宗的無際禪師。從這種學歷來看，與禪宗
（特別是六祖惠能禪師一系）有密切的關係。臨濟、白雲都是惠能派下的支派，在明
清律例中都被列入「邪教」之列[43]。無生老母這個信仰一直不能得到政府及佛教的承
認，可能與這種限禁有密切的關係。羅祖所揭櫫的參道方法，是勤唸「阿彌陀佛」四
字。這又與明朝當時的佛教流行以唸佛號為修行法門的風氣密切相關。

　　無生老母信仰的基本論點，是說在天地萬物以及人類形成之前，原本是一片混沌
狀態。後來從這個混沌狀態化出開天闢地的天眞古佛，產生了陰陽，孕育了萬物和人
類。這種原始的混沌狀態是美好的，有主宰能力的，因其是萬物和人類的本源，所以
稱之為「父母」或「老母」。人類離開了「老母」身邊，降生塵世，迷惑於紅塵假景
之中，逐漸失去了善良本性，終因罪孽深重，墮入地獄惡趣受苦，回不得老母的身
邊。在天上家鄉中的老母卻是思念在塵世中的子女，啼泣悲號不已，終使他親身臨凡
或派遣使者下凡，救世渡劫，喚醒沉迷在紅塵中的世人，共同修道，累積功德，以便
回到老母身邊。

　　從它的基本論點來說，是把原先沒有生命的混沌狀態，加以神格化，轉化成一個
有意識的主宰眞神。這種概念的形成，包括儒家、佛家和道家三種成份在內。

　　首先，就儒家方面來說，又包含了幾種來源。第一，是千字文、幼學瓊林一開始
所說「天地玄黃、宇宙洪荒」「氣之清輕，上升者為天，氣之重濁，下沉者為地」等有
關天地形成的概念。千字文、幼學瓊林是明清時代學童啟蒙用的教科書。每一個讀書
人都要從這幾本教科書讀起。因此，有關天地形成的概念早已深植一般人的腦海中。

　　第二是盤古開天闢地神話故事的影響。盤古開天闢地的神話傳說在三國時代以後
逐漸演變成為中國人創世神話中的要角[44]。盤古的神話是說從原先渾沌一片的原始狀

---

43. 如前節所述，明清律令禮律祭祀「禁止師巫邪術」條，規定四種教派——彌勒教，白蓮教，明尊教，白雲
　　宗等會是為邪教。有關「白雲宗等會的」解釋，如明胡瓊大明律解附例（正德十一年出版）解釋成「白雲
　　宗如臨濟、雲門之類，有七十二宗，此其一也，其名尚多故以等會該之。」另一本不具撰人的大明律講解
　　（朝鮮活字本）解釋成「白雲宗者釋氏支流，世今七十二宗，白雲其一宗也，如黃梅、臨濟，曹溪之類，
　　其他左道惑眾為會不一，故曰等會。」

44. 有關盤古的說法，參見楊寬盤古槃瓠與犬戎犬封古史辨第七冊上編頁 156-175；呂思勉盤古考全書第七冊
　　中編頁 14-20.

態中產生了盤古，從此陰陽分開，化生出萬事萬物和人類。這個神話的母題，與無生老母的傳說中，天眞古佛自混沌中化生的說法相同。甚至可以說，後者就是胎源於前者。盤古之後有三皇、女媧、伏羲等神話人物，無生老母信仰也把女媧、伏羲列爲人類的始祖。只可惜如今已看不到明朝各種寶卷全文，否則，當可以把兩者做對此，指出兩者中究竟有多少相似雷同之處。

　　第三是宋儒周敦頤的太極圖說。這是一項非常重要的成份。筆者在調查一貫道時，向多位領導前人請教教義時，他們所認識的宇宙觀就是周敦頤的太極圖說。太極圖說的原文如下：

　　　　周子曰：無極而太極，太極動而生陽，動極而生靜，靜而生陰，靜極復動。一動一靜，互爲其根。分陰分陽，兩儀立焉。陽變陰合而生水火木金土，五氣順布，四時行焉。五行一陰陽也，陰陽一太極也，太極本無極也。五行之生也，各一具性。無極之眞，二五之精，妙合而凝。乾道成男，坤道成女。二氣交感，化生萬物，萬物生生而變化無窮焉。惟人也，得其秀而最靈。形旣生矣，神發知矣。五性感動而善惡分，萬事出矣。聖人定之以中正仁義而生靜，立人極焉。故聖人與天地合其德，日月合其明，四時合其序，鬼神合其吉凶。君子修之吉，小人悖之凶。故曰：立天之道，曰陰與陽；立地之道，曰柔與剛；立人之道，曰仁與義。又曰：原始反終，故知生死之說。大哉明也，斯其至矣。

　　周敦頤的太極圖說在基本上是假設宇宙的起源和世上事物形成的過程。稱宇宙最初的混沌狀態爲「無極」。朱熹解釋無極爲「造化之樞紐、品彙之根柢」[45]。從這個根源上產生陰陽，陰陽交感，孕育成萬事萬物和人類。人類處世做人必需要配合支配天地的基本法則——這個法則名之爲「道」。於是又和老子道德經中所說的道相配合。共同形成中國人的基本宇宙觀。

　　宋代的理學到了明朝正德年間，因王陽明的大力提倡而再度興盛，成爲當時中國人思想的主流。王陽明的年代正好與羅祖的年代相同。據說羅祖是個讀書很勤的人。

---

45. 朱熹：太極圖說註解　見中國子學名著集成　儒家子部　周元公選集。

這一點可從羅祖所著五部六冊寶卷博引各種書籍得到證明[46]，所涵蓋的範圍包括三教經典。在巍巍不動太山深根結果寶卷的末曾初分無極太極鷄子在先品第十七，羅祖就採用周敦頤的太極圖來說明宇宙是如何先成。因此，我們可以這麼說，無生老母宗教信仰是把純哲學形而上的探討染上一層宗教色彩，向中國民間的中下階層流傳。

第四是中國人對「天」的看法。「天」的概念有主張起於殷代[47]，也有主張起於周代[48]。無論何說正確，「天」的概念自周朝以降一直成爲儒家思想的基礎之一。從周天子所祭祀的天到西漢董仲舒談天人合一時所說的天，都是指一個有意識，有主宰能力的天[49]。這種主宰之天的概念，一直支配著中國人的宇宙觀，到了明清兩代，更是普遍存在於人們的意識之中。這主宰之天是不言不語的，照著一定的程序運作，四時行焉，萬物生焉。天對人類的恩惠的確够大够深也够多，人們也認爲「天生萬物」。天既然生孕萬物，那麼天就是萬物之母。「天」這個概念在無生老母信仰中，相當重要，幾乎可以當作是無生老母的代名詞。

其次，就佛教方面來說，「無生」基本上是佛家用語，它的意思是「自有還無，隨緣不變」，它的同義詞就是「寂滅」「涅槃」「眞如」「法性」「佛性」「實相」等[50]。簡單的說，就是指不生不滅，不墮輪廻的境界，也就是佛家的最高修習境界。

---

46. 日本人酒井忠夫在中國的善書の研究和澤田瑞穗在羅祖の無爲教兩書或文中，曾將羅祖五部六冊中所引用的經籍加以整理歸類，如下：

甲、金剛經、金剛眞經、圓覺經、華嚴經、大涅槃經、涅槃經、小涅槃經，般若心經（般若經，金剛般若心經，心經），法華經，楞嚴經、報恩經、醫喩經、彌陀經、壽生經、佛因果經、智度論、大丈夫論、地獄論、金剛經論、姚秦三藏西天取清淨解論。

乙、金剛科儀、金剛經科儀、金剛儀論，圓覺科儀，慈悲水懺、水懺。

丙、彌陀寶卷，彌陀卷，大彌陀卷，香山寶卷，香山卷，金剛寶卷，大乘金剛寶卷，圓覺卷，圓通卷，地藏卷、目蓮卷、心經卷，法華卷、無相卷、正宗卷、淨土卷、無漏卷、子牒卷、因行卷、昭陽卷、優雲卷、大乘卷、科儀卷、宗服語錄贊卷。

丁、六祖壇經、六祖經、傳燈錄、傳燈、參禪傳燈、廬山寶鑑、優雲語錄、優雲、龐居士、就舒淨土文、淨土指歸集，慈心功德錄，明心寶鑑，無上妙法血脈論，大顚註解心經，無垢註解心經，釋迦佛胝身文。

戊、大藏一覽集，大藏覽集，覽集，經律異相。

巳、道德清淨經、太上老子道德經、悟眞篇、大學、中庸、羣書類要，事林廣記、說太極圖

47. 見島邦男：殷墟卜辭研究頁 213-216.
48. 馮友蘭：中國哲學史頁 54-55；陳夢家：殷墟卜辭綜述 1956; 562
49. 馮友蘭仝上頁 55.
50. 李聖一：淨土生無生論講義 1933 頁22，臺北佛教出版社影印本。

在前面提到羅祖拜師求道的過程，曾向佛門高僧請益，他當然深受佛教思想的影響。

佛教在隋唐時代大盛，出現了宗派林立的現象。這種現象的產生是中國的僧侶以不同的經典做爲立論的基礎，來詮釋佛經和佛陀的原旨。可是佛經多如翰海，而佛教哲學又很深奧，一般世俗善信不易窺得堂奧。因此，從唐末北宋以降，中國的社會上就流行各種懺法儀式，民眾喜好用經懺儀式來消除罪障，相信唸佛誦經可以早日往生極樂淨土。於是，在宋代制定各種懺法，信眾們以高僧大德爲中心結成唸佛淨業團體的風氣大爲盛行。此時，隋唐隆盛一時的各大宗派已歸於寂靜，只有淨土和禪兩宗獨盛。到了明代，唸佛的風氣更甚，有所謂「萬宗皆歸淨土」的說法。換個角度來說，淨土宗特盛的現象，實質上是偏重儀式而忽略了深奧的教義哲學。在另一方面，人們還是要追尋對教義的闡釋和發揚。在這種情形下，把佛教的基本理想，也就是最高的修習境界，加以理想化，轉換成「人類與萬物的根源」，相當合理的事。

再者，老子道德經中所假設的「道」也對無生老母信仰的形成，提供相當大的助力。老子賦以「道」在形上學方面的意義，認爲道是天地萬物之生的總原理。老子上篇提到：

有物混成，先天地生。寂兮寥兮，獨立而不改，周行而不殆，可以爲天下母。

吾不知其名，字之曰道。強爲之名曰大。

又說

大道氾兮其可左右，萬物恃之而生而不辭。功成不名有，衣養萬物而不爲主。

韓非子解老篇云：

道者，萬物之所然也，萬理之所稽也。理者，成物之文也。道者，萬物之所以成也。故曰：道理之者也。

道家的概念對後世影響相當大。唐宋以降，道德經是每個士子幾乎必讀的書。羅祖讀過道德經，據此提出了「先天大道」的說法，在正信除疑無修證自在寶卷有一品，即先天大道本性就是品第十二，發揮道家的說法。

從以上的分析，我們對無生老母這個信仰的來源和成份有了較清楚的認識。它可說是把傳統中國人對「天」的認識，宋明理學對宇宙源起的看法和佛家的「無生」「涅槃」以及道家所說「道」等概念揉合在一起的一種新概念。借用淨土的「無生」和

理學的「無極」兩個名詞來表達。因此，無生老母也稱作無極老母。後來更蛻化成「
瑤池金母」「無極瑤池王母」「瑤池王母」「先天老祖」等名號。由於這種信仰一直
採用通俗文學形式（寶卷和善書）來表達，傳布的對象也一直以中下階層人士爲主，
致使它在哲學理論方面無法有長足的發展，始終維持原始的形貌。

　　一種宗教信仰的流布必需依靠教團組織。接下去，就讓我們探討一下伴隨無生老
母這個信仰的教團組織的基本特質。

　　首先，讓我們從社會功能方面來討論它的特質。羅教的廟堂稱爲齋堂，它不僅是
信徒們禮拜神明的場所，同時也是救助窮困孤苦的地方。前一節提到清雍正、乾隆
年間取締羅教齋堂，永德的奏摺中清楚的說，那些齋堂不僅僅提供信徒一個拜佛的場
所，同時也是信教的糟運水手多天在南方過多的棲身之所；生病或亡故時有個照料和
埋骨之所。這種社會服務特色，使得羅教歷經多次取締而能綿延不絕的生存下去。從
羅教的發展路線來看，從北平一帶順大運河而下到浙江地界。雍正、乾隆年間幾次在
浙江取締羅教，迫使該教向南發展，到福建南部興化府和江西南部，以後在福州設立
總壇。乾隆年間傳入臺灣。福建是交通不便之處，而臺灣則是晚近開發的地方，兩地
的官府力量顯得薄弱。這兩地的經濟條件在清代是貧窮的，而齋堂的社會服務工作適
合閩臺兩地的實際需要，在官府力量薄弱的地方生存發展。

　　而且，從歷史上看，浙閩地區從南宋以降，一直是一些不能見容於政府和傳統佛
教的教派存身之處。宋代的摩尼教（明教或喫菜事魔）就是以福建爲主要分布地[51]。
以後擴及兩浙。南宋時、白蓮菜和白雲菜（又名十地菜）更是徧布江南[52]。明清時期
羅教的發展還是以浙閩兩地爲主。

　　筆者調查一貫道期間，曾親身參與到他們的日常活動中。目前臺灣的一貫道信徒
以農人、商人和工人爲多數。在商人這個範疇內，如果領導者是經營建築業，他的道
親就以與建築有關的行業爲多。可以說他們藉著這樣的組合，達成彼此的互通有無，
且信任可靠。工人中又以工廠女作業員爲多，究其原因，可以這麼說，女作業員多來

---

51. 志磐佛祖統紀卷54，南宋；陳垣摩尼教人中國考1923；王國維摩尼教流行中國考1921；牟潤孫宋代的摩尼
　　教1938；吳晗明教與大明帝國1941
52. 志磐仝上；重松俊章作陶希聖譯早期的白蓮教會1935。

自鄉下，隻身來到都市諸生，很自然的有一種惶恐的感覺，佛堂和伙食團正好提供生活上的保障，在佛堂中認識許多志同道合的人，心理上不再覺得孤單；住在佛堂或宿舍或集體租屋，可以省下不少房租。茹素持齋，共組伙食團，則開銷小。凡此種種，都對一個薪水微薄的女作業員來說，有莫大的便利。信徒們更以生活費用的節餘集合起來，長期的資助各地的孤兒院救濟院和有急需的人。

　　我們深究無生老母信仰推行社會服務工作的根本動力，必須指出中國宗教信仰的根本動力在於「行善邀福」心理。這種心理起源甚早。隋唐時代的三階教就設立「無盡藏院」，布施天下伽藍與貧苦大眾[53]。宋代流行的太上感應篇，基本立場是勸人爲善。明代袁了凡的功過格更是強調行善是修功的必要條件。中國人行善布施的基本動機是「種福田」，認爲不但自己能得善報，而且可能澤及子孫。在無生老母信仰的基本理論中，認爲人類迷惑於滾滾紅塵中，迷失了本性，必需靠「修道」才能解脫罪障，返回老母所在的天堂。修道的基本條件就是布施行善。在這種信念下，信徒們會主動的奉獻自己的財力，以達到修道的目的。

　　如果我們從經濟的角度來看，齋堂和佛堂是信徒們合資或獨資建立的。齋堂或佛堂的經費來源，是靠信徒因相信「行善邀福」而自願捐出。我們不妨把它看成是一種財產的積聚；透過各種社會救助或服務工作，把積聚起來的財富，做一次再分配，散給社會上孤苦無依的人。這種經濟再分配方式，對於生活條件不好的地區的人們來說，是很重要的。福建、浙江是多山地少平原的地方，可耕地少，生活物資缺乏，人們盛行向外遷移。臺灣的開發相當晚，至今才四百多年；清代的臺灣是一個有待開發的地區。在開墾的過程中，墾民之間唯有互助合作才能保障生活。羅教齋堂能夠在浙閩臺灣生存發展，經濟上財物的積聚與重新分配當是個重要的因素。時至今日，我們當前的社會儘管已經達到安和富足的境界，但社會上總是存有一些孤苦無依又缺乏謀生能力的人，需要別人伸予援手。行善就是合眾人之力來救助這些可憐的人們。既有救助行動，我們係舊可以將它看成是財物的積聚與再分配。筆者曾多次跟隨一貫道信徒們到各地孤兒院救濟院和養老院去放賑，分析他們錢財的來源和如何使用出去，認

---

53. 矢吹慶輝：三階教の研究 1926 東京岩波書店。

爲他們一直是照著「取之於社會，用之於社會」旣定經濟運作原則而行。

其次，從政治權力方面來看。中國的秘密宗敎，甚至說所有流行於世的宗敎，或多或少的會強調對現實社會環境的不滿，認爲在將來會有一個美好的世界。佛敎在中國能流行就是它帶給中國人對未來世界的憧景。阿彌陀經所描述的西方極樂世界是一個用黃金鋪地，用七寶造屋，沒有生死，也沒有煩惱的世界。它彌補了先秦諸子哲學的缺憾。阿彌陀經所說的極樂世界是要信徒努力修行，歷經多少劫，才能達到。對中國人來說顯得太遙遠。中國人一直喜歡在現實的社會中建立樂土。所以，佛經中說彌勒佛將會降生世間，帶給世間無限美好的信念，從北魏起就一直在中國廣泛的流傳。在中國歷史上，曾引起過多次的「叛亂」行動。從此，彌勒信仰就成了中國秘密宗敎的核心。最具體的行動就是元末羣雄倡言「彌勒降生、明王出世、天下太平」，推翻蒙古人的統治，建立起大明帝國[54]。

朱元璋可說是最懂得宗敎革命運動有多麼可怕的皇帝。所以當他卽位以後，就援用元典章中有關「禁聚衆」的各項條文[55]，制定了明律中禮律祭祀的「禁師邪巫術第」，另外又制定「褻瀆神聖」條。他的基本用意就是要禁絕後世有人假借宗敎名義，發動革命運動，危及大明江山。現在讓我們檢視一下這兩條律令的內容。大明律卷五禮律祭祀褻瀆神聖條：

> 凡私家告天拜斗，焚燒夜香，燃點天燈七燈，褻瀆神明者，杖八十。婦女有犯罪，坐家長。若僧道修齋誦醮而拜奏靑詞表文及祈禳火灾者。同罪，還俗。

> 若有官及軍民之家縱令妻女於寺觀神廟燒香者，笞四十，罪坐夫男。無夫男者，罪坐本婦。其寺觀神廟住持及守門之人，不爲禁止者，與同罪。

徵諸今日在臺灣仍可見到的齋敎、一貫道、正宗書畫壇，紅卍字會和鸞堂等寺廟，都設有「天燈」，也燒夜香。在儀式過程中；進奏表（疏）文是很重要的很莊嚴的儀式動作。明律禁之，清律也因襲禁之。這條律令的制定，主要是在強調天子獨享祭天的特權，彰顯天子特殊的地位，杜絕平民百姓有非份之想。但是民間宗敎卻堅持

---

54. 吳晗：明敎與大明帝國 1941.
55. 元典章卷五十七禁聚衆有以下各項條文：①禁跳神師婆；②禁治聚衆作會；③禁祈賽神社；④流民聚衆擾民；⑤住罷集場聚衆等事；⑥禁聚衆賽社集場；⑦禁罷集場等。

尋常百姓可以直接祭天。於是，雙方的衝突就形成了。在衝突相爭的過程中，失敗的
總是尋常百姓。

　　禁止師邪巫術條已在第二節（第五六一頁）中引述過。這條律令所禁止的範圍
含蓋面相當廣，所有的巫術和歷來得不到政府正式認可的教派——彌勒教、白蓮教、
摩尼教和自弘忍、慧能一系的南方禪宗各支派，如臨濟、白雲、雲門等[56]都在禁止之
列。考其基本用意是要禁止俗家信眾自行組織宗教團體，表面上是維護佛教和道教的
正統地位，而骨子裏是要消除一切有反抗政府潛能中宗教組織。在這種律令和統治心
態之下，演變成統治者與民間宗教團體間長期的緊張關係。像雍正、乾隆年間出現頻
繁的教案，我們仔細的審讀各有關的奏摺[57]，大都是「訪得」有「此色邪教」「有一
干人犯在此喫素集會」等藉口，就掀起一次牢獄之災。這種現象表示政治統治力量強
過民間結社力量，民間宗教團體紛紛被摧毀，主事者被殺，從者遭流放。等到乾隆晚
年，政治紊亂，統治力量轉弱。從嘉慶元年開始，以宗教團體爲主的叛亂屢屢興作。
這種現象代表着統治力量已衰，而原有的觀念和取締民間宗教的做法不變，民間宗教
團體在不堪壓迫，又有隙可乘的時候，亂事就發生了。

　　第三，就宗教方面來說，以無生老母爲核心信仰的教派包括了「祭天」「自由詮
釋經文和自創儀式」「俗眾自組教團」和「巫術重於經義」四項特質。

　　有關「祭天」這項特質，在分析無生老母信仰的哲學基礎和政治權力時，已經提
到過，在此不再贅述。

　　「自由詮釋經文和自創儀式」這項特質，包括對佛教經典作微言大義式的自由發
揮，特別強調因果報應，這種情形在善書寶卷中表露無遺。同時也包括了另行創作一
套禮拜儀式。記載這套儀式的書就是科儀。像齋教龍華派有龍華科儀，先天派有先天
科儀，一貫道有暫定佛規。龍華科儀在形式上仍舊類似佛教的懺法，唸唱疏文一應俱

---

56. 有關明清律合中對「邪教」的認定範圍，參看胡瓊大明律解附例(1516)；鄭繼芳大明律集解附例(1610)；
　　應朝卿大明律（1593）不著撰人大明律講解（朝鮮活字本）；姚雨薌原篹，胡仰山增輯大清律例會通新篹
　　(1873)。並參看註 43。
57. 參閱史料自刊所載的各個教案，如雍正三年、六年的山西澤州妖富聚衆案；雍正七年的羅教案；雍正十三
　　年的安徽抬天三乘二會案；乾隆十三年韓德榮倡立邪教案，老官齋教案；乾隆十八年的福建鐵尺會案；乾
　　隆十八年的羅教案；乾隆三十三年羅教案；河南桐柏縣天主教案；浙江長生教案；江蘇大乘無爲二教案；
　　臺灣黃教案；乾隆四十年河南青陽教案。

全。清代中期才出現的先天科儀，就簡化多了，以祈禱代替唸唱，保留疏奏。民國以後才興起的一貫道暫定佛規，就更加簡化，幾乎完全以祈禱叩首取代了敲打唸唱。這種趨勢應當可以看成是針對佛教繁褥懺法的簡化運動。

「俗眾自組教團」一項，是中國民間宗教的一個歷史悠久的特色。像隋唐時代曾經盛行的三階教，雖是以僧人爲主，但三階僧不與其他和尚同住，別立宅院居處[58]。宋朝盛行以一高僧爲中心，由俗家善男信女共同組成唸佛淨業團體。南宋時，延祥院僧人茅子元創立白蓮教，也不過秉承這個傳統而已[59]。另外，由摩尼教發展而來的宋代「喫菜事魔」（又名明尊教、明教、牟尼教），也是標榜由俗家信眾組成宗教團體[60]。到了明代，唸佛風氣尤甚，而佛教的發展重心有從出家僧人轉移到在家信眾的趨勢。羅教以及同一類型教派的產生，應當是這種趨勢下的產物。

俗眾自組教團，當然也會有經濟活動。從經濟角度來看，佛教出家僧侶在基本上是要靠眾多的善男信女布施奉養，才能生存下去。在這種情形下，經濟流通方向是在家人向出家人做單向流通。當俗家人自立教團組織以後，捐錢捐財物給這個俗家組織，從事社會救濟工作。經濟流通方向成了俗家人與俗家人之間的反覆循環流動。這兩種經濟流動方式是互不相容的。俗家人之間的反複經濟流動必然危害到單向由俗家人供養出家僧侶的經濟流動方式。佛教僧侶一方面基於護教，一方面基於現實利益，很自然的要竭盡所能的攻訐這些教派，阻止他們的發展。也正因俗家經濟循環有助於中下階層社會大眾生活的改善，使得這一類型宗教在統治者禁令高懸和佛教僧侶無情攻訐之下，仍能孳長不息，緜延不絕。

「巫術」這項特質可能是無生老母信仰的各個教派與其他宗教最大差別之所在。以無生老母爲核心的教派帶有濃厚的巫術成份。無生老母的訊息是透過扶乩（扶鸞）方式表達出來。目前流行於臺灣社會上的各種善書，有許多是透過扶乩所寫成的。另一種巫術行爲就是神靈附體，神靈托附在鸞生乩手的身上，口述訓文，由旁人筆記。這兩種靈異現象是此種信仰最能吸引信眾的地方。筆者進行對一貫道信徒個案分析

---

58. 矢吹慶輝：三階教の研究　1925；釋智昇：開元釋教錄卷十八。
59. 重松俊章著，陶希聖譯：早期的白蓮教會　食貨半月刊一卷四期 1935。
60. 陸游於南宋孝宗乾道二年（1166年）所上的條對狀中說：「……唯是妖幻邪人，平時誑惑良民，結連素定，待時而發……名號不一，明教尤甚。」

時，問到什麼因素使他們虔奉？約有百分之七十的人說是目睹這種巫術行爲所顯示的靈異現象而虔誠信奉。在這種情形下，巫術已不單是在解除個人心靈方面的焦慮，而且已經涉及到教義、甚至祖師的傳承都借此決定，顯示出在社會整合方面的功能。

一般人研究研究宗教行爲時，總是把宗教和巫術劃分爲截然不同的兩個大類，認爲宗教是藉着固定的儀式，吟誦經典，以及不斷重複的祈禱，來達到超自然的目的；而巫術是用硬的辦法，強迫超自然屈服，以達到所企求的目的。但在分析中國民間宗教，特別是無生老母信仰的各個教派的基本特質時，看到巫術所佔的份量很重。在這種現象裏巫術不再是和宗教截然不同，而是相輔相成，兩者之間的界線泯滅。這就是中國人民間宗教最主要的特色。

五、結　語

從以上各節的分析和討論，我們可以認識到，中國傳統的宗教信仰中，除了佛教和道教之外，還有一種非佛非道的宗教信仰存在，這就是以無生老母爲核心的各個教派。他們的名稱互異，經典不同，連無生老母這個名稱也轉換成不同的名號。這種信仰起自於明朝中葉，盛行於明末清初，一直流傳到今天。

無生老母這個信仰的形成，包括了中國人長久以來對於創世神話的認識、對「主宰之天」的認識、和宋明理學周敦頤等人所提出的宇宙觀，再加上佛教所揭櫫無生涅槃境界，道家所說的「道」，共同混合而成。它的母題隨着時代而逐漸發生變化。

目前我們所知最早形成的教派是明朝正德年間由羅姓祖師所立的羅教，在明末化成十六個教派，清雍正乾隆年間這些教派屢屢遭到取締，迫使羅教南走浙江、福建，以至於臺灣。羅教在今日臺灣社會改稱齋教龍華派。

這種教派能夠縣延不絕的傳承下去，主要的原因是信徒與社會之間能夠做有效的經濟溝通。這種信仰又強調個人行善爲修道的基本條件。而促進「行善」的原動力就是中國人傳統「種福田、求福報」的心理。

無生老母信仰在教義方面並沒有發展出一套邏輯推理完整縣密的神學體系，而且帶有濃厚的巫術成份在內。藉着這樣的研究，使關心中國宗教問題的學者要重新估量巫術在中國人的宗教信仰中所扮演的角色和所佔的比重。

　　由於這種信仰的經籍多遭官府和和尚尼姑的焚毀，祇能從少數「破邪」的書籍引文中看到片斷資料。以至，今日所能勾勒出來的輪廓仍是有些模糊。筆者於民國七十年中積極調查一貫道並略及各地鸞堂，希望能整理出一份完整的報告，屆時或許能夠對無生老母這個信仰有較多較精確的論述。

　　（本文初稿曾蒙管東貴毛漢光兩先生賜閱一過，多所匡正，謹此致謝。）

引 用 書 目

王 國 維

　　1921. 摩尼教流行中國考　收入觀堂別集別後頁 7-15。

矢吹慶輝

　　1926. 三階教の研究　東京　岩波書店。

牟 潤 孫

　　1938. 宋代的摩尼教　輔仁學誌七卷一期頁 1-22, 北平。

李 世 瑜

　　1948. 現在華北秘密宗教　臺北　古亭書屋民國六十八年重印本。

　　1957. 寶卷新研　文學遺產增刊四輯頁 165-181　北京　科學出版社。

李 聖 一

　　1933. 淨土生無生論講義　臺北　佛教出版社重印本。

吳　　晗

　　1941. 明教與大明帝國　清華學報十三卷一期頁 49-65。

周 作 人

　　1945. 無生老母的訊息　知堂乙酉文編頁 28-41。

周 敦 頤

　　北宋. 太極圖說　中國子學名著集成　儒家子部　周元公選集。

吉田義豐

　　　　羅祖の無爲教　日本大正大學學報第37集。

重松俊章作　陶希聖譯

1935. 早期的白蓮教會　食貨半月刊一卷四期頁 143-151。

胡　　瓊

1516. 大明律解附例

姚雨瀣原纂　胡仰山增輯

1873. 大清律例會通新纂　臺北　文海出版社重印本。

島邦男撰　溫天河　李壽林譯

1958. 殷墟卜辭研究　臺北　鼎文書局印行

莊吉發

1981. 清高宗查禁羅教的經過　大陸雜誌第六十三卷三期頁135-142, 臺北。

黃育楩

1834. 破邪詳辯

陶希聖

1935a. 元代彌勒白蓮教會的暴動　食貨半月刊一卷四期頁 152-155。

　　 b. 明代彌勒白蓮及其他妖賊　食貨半月刊一卷九期頁 402-408。

酒井忠夫原著　蔡懋棠譯

1972. 明朝的善書　國立編譯館館刊一卷二期頁 106-143.

馮友蘭

1934. 中國哲學史　香港太平洋圖書公司 1956 重印

陳垣

1923. 摩尼教入中國考　北京大學國學季刊一卷二期頁 203-239.

陳夢家

1956. 殷墟卜辭綜述　科學出版社　北京

傅惜華

1951. 寶卷總錄　巴黎大學　北京漢學研究所出版。

葉文心

1980. 人神之間——淺論十八世紀的羅教　史學評論第二期頁 45-84　臺北
華世書局出版。

鈴木中正

　　　關於羅教　東洋文化研究所紀要第一册

鄭　振　鐸

　　　1957.　中國俗文學史　北京　作家出版社

鄭　繼　芳

　　　1610.　大明律集解附例

應　朝　卿

　　　1593.　大明律。

釋　智　昇

　　　唐代　開元釋教錄　四庫全書珍本六集　臺北商務印書館影印。

塚本善隆

　　　1949.　羅教の成立ご流傳について　東方學報京都第十七册頁 11-34。

澤田瑞穗

　　　羅祖の無爲教　東方宗教一、二卷

史料旬刊　故宮博物院出版

臺灣省通志　1950年代臺灣省文獻會出版

龍華科儀　1975年臺中明德堂印行

DeGroot, J. I. M.

　　　1892-1910. *The Religious System of China.* 6 Vols. Leiden E. J. Brill.

　　　1930. *Sectarianism and Religious Persecution in China.* 2. Vols. Amsterdam, Johannes Muller,

Naquin, Susan.

　　　1974. *Millenarian Rebellion in China: The Eight Trigrams Uprising of 1813.* Yale University. Press.

Overmeyer, Danial L.

　　　1972. *Folk Buddhism Religion: Creation and Eschatology in Medieval China.* History of Religions 12:42-70.

　　　1976. *Folk Buddhism Religion* Harvard University Press.

出自第五十二本第三分（一九八一年九月）

穀梁傳「不孤子」與「緩帶」解

——明史解經的一個案例研究

管 東 貴

據春秋經記載，魯文公於十八年春薨於臺下；六月下葬；十月魯文公與夫人姜氏所生的孩子死了；同月夫人姜氏回到齊國母家。穀梁傳對春秋經的「夫人姜氏歸于齊」這句話有這樣一段解說：

「夫人姜氏歸于齊」，惡宣公也。有不待貶絕而罪惡見者；有待貶絕而惡從之者。姪娣者，不孤子之意也；一人有子，三人緩帶。一曰就賢也[1]。

春秋穀梁傳，本屬解經之作，性質同於後代的一般注解。但後來它本身也被奉爲一種經典，卽現在的十三經之一。本文要提出來討論的是上面引到的「姪娣者，不孤子之意也；一人有子，三人緩帶」。這句話的解釋，關乎到中國古代娣媵制的重要內容，值得研究。

穀梁氏受經於子夏，作春秋傳[2]。子夏是孔子弟子。所以穀梁傳所述春秋時候的事，應有相當高的可信度。

「姪娣者……三人緩帶」這句話，雖然還有待於我們的研究才能眞正明瞭它的意思，但從上下文的關係上我們可以清楚地知道，這是穀梁氏以娣媵婚的禮制爲根據，對「夫人姜氏歸于齊」這件事所表示的意見。舉爲根據的事，當非出自杜撰，而應是

---

1. 「一曰就賢也」，大概是穀梁氏作春秋傳時就有的對「夫人姜氏歸於齊」的一種說法。這顯然是指姜氏歸齊的理由而言。但穀梁氏並沒有採用這一說法，而提出了自己的解釋。雖然穀梁氏沒有說出不採用這一說法的理由來，但我們也不難看出就賢說是不妥當的。因爲春秋經已經明明記到，那年春季文公薨於臺下，十月「子卒」，卽夫人姜氏的兒子被謀殺（參考下引左傳），接着姜氏歸齊。子被殺才歸齊，顯然不是「就賢」所能解釋的。

2. 范寧穀梁傳集解序楊士勛疏：「穀梁子名淑，字元始，魯人，一名赤，受經于子夏，爲經作傳，故曰穀梁傳」。見臺北藝文印書館景印十三經注疏（各經下同），頁3上左。按，穀梁氏爲子夏弟子，見風俗通佚文（見王利器風俗通義校注，頁550，臺北明文書局出版）。關於穀梁傳的著成，請參看四庫全書總目所論。

當時社會上眾所知曉的事。但後人對這句話卻有不同的解釋。本文主旨在於探討：這句話究竟是指娣媵婚禮制中的什麼情形？我們有什麼辦法把它找出來？

在漢代，春秋三傳之立於學官，公羊傳最早，穀梁傳次之，左傳最晚[3]。但後人對三傳的研究，數量上則左傳遠多於穀梁傳。范寧認為，穀梁傳文字簡潔而含意委婉[4]。這使它在文學上和史學上的吸引力都無法跟左傳相比。研究穀梁傳的人較少的主要原因大概也在這裏。而對「姪娣者，不孤子之意也；一人有子，三人緩帶」這句話提出解釋意見的，據我目前所知，只不過數人而已（完全襲前人成說者不計）。然而，這些人的意見並不一致。現在我們先把這幾個人的意見依時間順序表列於下：

穀梁 注　疏 作者	姪娣者，不孤子之意也	一人有子，三人緩帶
范　　　寧[5]	言其一人有子則共養。	共望其祿。
楊　士　勛[6]	上文直云姪娣者，所以分別尊卑，明夫人須媵妾之意。	下文總言緩帶者，欲見有子則喜樂之情均，貴賤之意等。今宣公為人君，不尊養姜氏，非緩帶之謂也。緩帶者優游之稱也。
鍾　文　烝[7]	或姪或娣有子，通夫人三人共養之，是不孤之。	傳（按，指穀梁傳，下同）言三人，謂夫人及其姪娣也。頃熊非姜氏姪娣[8]，據左傳是文公二妃。春秋時，諸侯娶女不合九女

---

3. 公羊傳立於武帝建元五年，穀梁傳立於宣帝甘露三年，左傳立於平帝時。參看漢書卷八十八儒林傳贊（鼎文標點本，頁 3620-3621），另參看武帝紀及宣帝紀。

4. 范寧穀梁傳集解序（頁 7 上左）：「左傳艷而富，其失也巫；穀梁清而婉，其失也短；公羊辯而裁，其失也俗」。

5. 范寧穀梁傳集解，頁 113 上。

6. 范寧穀梁傳集解楊士勛疏，頁 113 上。

7. 鍾文烝春秋穀梁傳補注，漢京文化事業公司景印重編本皇清經解續編第十五冊，頁 11939。

8. 宣公生母，穀梁傳作頃熊（宣公八年：「戊子，夫人熊氏薨……冬十月巳丑，葬我小君頃熊」）左傳作敬嬴（文公十八年：「文公二妃敬嬴生宣公」，又宣公八年：「冬，葬敬嬴」。按左傳所釋春秋經宣公八年作「戊子，夫人嬴氏薨」，頁 379 上左）；公羊傳同於穀梁傳，作「頃熊」。宣公八年穀梁傳鍾文烝補注謂：「頃敬古通用，說苑以南宮敬叔為頃叔」。又按，鍾氏認為「頃熊非姜氏姪娣」，不確，參下。

			之制，又有違禮再娶者。傳特依正禮言耳。右媵、左媵，班次在適姪娣上，與夫人亦爲三人。又，右媵亦有姪娣，左媵亦有姪娣，合之亦各爲三人。傳但以適姪娣爲三人者，略言之，足相包也。何休公羊傳注曰：「必以姪娣從之者，欲使一人有子二人喜也；所以防嫉妒，令重繼嗣也；因以備尊尊親親也」[9]。孔廣森曰：「禮，婦人無子當去。諸侯夫人雖無子，媵有子，適得不去。重黜尊也」[10]。
柯劭忞[11]		一人有子則共養之。宣公不使其母奉養姜氏，故傳發此義，以惡宣公，並惡頃熊。	楊士勛說：「欲見有子則喜樂之情均，貴賤之意等。緩帶者優游之稱」。
廖平[12]		恐一人無子，故備姪娣。又：孤，獨也；謂有子不得以自私。	劉子云：禮天子十二，諸侯九，大夫三，士二。恐一人無子，故備姪娣。又，宣公，姪娣之子；公子遂（按，襄仲名遂）殺適立庶，以妾子而逐適母，有子不得以自私。

9. 見何休公羊傳注莊公十九年，頁97下右。
10. 見孔廣森春秋公羊通義莊公十九年（皇清經解，藝文景印精裝本第十一冊，頁8080下右）：「穀梁傳曰：『姪娣者，不孤之意也；一人有子，三人緩帶』。禮，婦人無子當去；諸侯夫人雖無子，媵有子，適得不去。重黜尊也」。孔氏的這段文字雖見於所著公羊通義。但他却是針對著穀梁傳上的那句話作的解釋。
11. 柯劭忞春秋穀梁傳注，民國十六年鉛印本。
12. 廖平穀梁春秋經傳古義疏，民國十九年，成都鴻寶書局刊本。

　　依據上表五人的意見，對於穀梁傳這句話的解釋，大體可以分爲兩種：前四人爲一種（以范寧爲首），最晚的廖平提出另一種[13]。下面我們先對這兩種解釋作一簡單分析。

　　對前半句「姪娣者，不孤子之意也」，第一種解釋雖包括四個人的意見，但後面三人的意見基本上都是從范寧的「一人有子則共養」引伸出來的。然而，他們卻都沒有從字義上去說明何以可如此解釋。所謂「一人有子則共養」，顯然是指嫡夫人及姪娣等共同撫養所生的孩子。楊士勛認爲，這就是夫人須有媵妾的理由。鍾文烝又補充說，「不孤子」就是由大家來共同撫養的意思。他們對後半句「一人有子，三人緩帶」的解釋，基本上也是從范寧的「共望其祿」引伸來的。楊士勛對「緩帶」二字作了特別的解釋，認爲是「優游」的意思。但他所說的優游，是指「有子則喜樂之情均，貴賤之意等」；而這又是由於共有祿望的緣故。楊疏是針對着范注而發的。所以楊氏把「緩帶」釋作「優游」，是在接受了范寧的「共望其祿」的解釋後得出來的。這跟一般從字義到經義的解經程序適相反。鍾文烝對這後半句的經義，自己沒有表示明確的意見，看不出他對范說持肯定或否定的態度。他既引了何休的公羊傳注（按，楊士勛的「欲見有子則喜樂之情均」跟何休的「欲使一人有子則二人喜」意思相同。均見上表），也引了孔廣森的公羊通義，而何、孔兩人的意見頗不相同。不過，由於鍾氏對這後半句沒有表示自己意見，而他對前半句已同意了范、楊的說法，所以仍把他列入第一種解釋中。

　　第二種解釋對前半句中的「孤」字，特別作了字義上的說明，認爲是「獨」的意思；在文句中的意思則轉成爲「有子不得以自私」。這話的意義應是指：生母不可以獨佔自己所生的孩子。廖氏對後半句沒有特別表示意見，對「緩帶」二字也沒有作解釋；基本上他只是重說在前半句中說過的話。

　　綜合起來看，第一種解釋認爲穀梁傳這句話的意思是：姪娣婚的意義，在於任何一個女子生了孩子，都會有眾多的女子來共同撫養；任何一個女子生了孩子，三個人都因共有祿望而同感喜樂。第二種解釋則認爲：姪娣婚的意義，在於生母不獨佔自己

---

13. 也許還有其他的解釋本文未及收入。不過，本文主要是討論有不同解釋的史料如何處理。所以卽使還有其他不同的解釋，也不妨礙本文的討論。除非本文的意見早已有人說過。

所生的孩子。

　　由以上的分析我們可以看出，這是兩種不同的解釋。穀梁傳的這句話，記的是尚存在於當時社會中的事情。這樣的記載傳到後代便成了史料，而記載之所指卽是歷史。我們是靠史料去認識歷史。現在對史料有不同的解釋，也就是對歷史有不同的認定。但是，歷史事實是單一的，它不可能既是這樣又是那樣。換句話說，對歷史有不同的認定，其中必有錯的。在這種情形下，我們有什麼辦法分辨誰是誰非，或兩者皆非？這是我們經過了前面的分析後所面臨的第一個問題。

　　文字是表達思想或記載事情，並使所表達的思想或所記載的事情能產生傳遞效果的一種工具或媒介。所以了解字義，幾乎可以說是了解經義的基本條件。在第一種解釋中，對前半句沒有一個人在文字方面提出說明。我們如何能知道他們的解釋是正確的？這是我們的第二個問題。

　　「緩帶」二字本是物象描述辭，指放鬆捆緊的帶子。惟在穀梁傳中顯然是作轉語用，指精神狀態。楊士勛說「緩帶者優游之稱」，雖是指精神狀態，但他是根據范寧的「共望其祿」引伸而得出來的（參前）。如果范寧的說法有問題，楊的解釋還能成立嗎？我們如何判斷他的解釋能不能成立？這是我們的第三個問題。

　　廖平把「孤」字解釋爲「獨」，認爲「不孤子」是「有子不得以自私」的意思。按，孤可釋爲獨，早已見於張揖廣雅釋詁。范寧晚於張揖，應知孤可以釋爲獨。但范寧以及楊士勛、鍾文烝等人都沒有引用來解釋穀梁傳「不孤子」的孤。這顯然表示他們認爲引廣雅釋孤爲獨，無助於解經。當然，這並不足以表示廖平採用廣雅爲不對。但孤字並非只有獨這一種意義。我們如何能確定「不孤子」的孤應釋爲獨，以指「有子不得以自私」呢？這是我們的第四個問題。

　　要了解前人對穀梁傳的「姪娣者，不孤子之意也；一人有子，三人緩帶」解釋得對與不對，則上面的四個問題必須有適當的解決。

　　根據上面所提的問題，我們已可看出：了解字義對了解經義雖有基本的重要性，但對文字在經義中的正確意義的了解，卻並不單是懂得字義就可以做到，它還須有其他方面知識的配合，這主要是歷史方面的知識。道理很簡單，因爲經典中的字義往往可以作不同的解釋，而各有所指。但經義則往往牽涉到歷史，而歷史是有縱橫相關的

整體性的，有這種正確的歷史知識，就可以幫助我們去選擇甚至發現適當的涉史經義
的字義。

　　現在我們如何憑藉歷史知識來解決上面所提的那些問題呢？我覺得這可以分爲兩
個步驟進行。第一、了解「夫人姜氏歸于齊」這件事的歷史背景，這有助於我們了解
穀梁傳的作者是針對著什麼樣的歷史景象來說那句話的；經義的正確解釋應與這歷史
景象密切關聯。第二、從文字及娣媵制（歷史）兩方面看，在這幅歷史景象下，穀梁傳
的那句話作怎樣的解釋才最適合。

　　「夫人姜氏歸于齊」這件事的歷史背景，可以從左傳上得到補充。左傳文公十八
年：

> 二月丁丑，公薨……六月葬文公……文公二妃敬嬴（參前註 8 ）生宣公。敬嬴
> 嬖而私事襄仲。宣公長而屬諸襄仲。襄仲欲立之；叔仲不可。仲（按，指襄
> 仲，下同）見於齊侯而請之；齊侯新立而欲親魯，許之。多十月，仲殺惡及視[14]
> 而立宣公。書（按，指春秋經）曰：「子卒」，諱之也。仲以君命召惠伯[15]。
> 其宰公冉務人止之，曰：「入必死」。叔仲曰：「死君命，可也」。公冉務人
> 曰：「若君命，可死；非君命，何聽！」。弗聽，乃入。殺而埋之馬矢之中。
> 公冉務人奉其帑以奔蔡，旣而復叔仲氏。夫人姜氏歸于齊，大歸也。將行，
> 哭而過市曰：「天乎！仲爲不道，殺適立庶」。市人皆哭，魯人謂之哀姜。

有了這段記載，我們才知道在「夫人姜氏歸于齊」的背後，有一段殘酷的宮廷政治權
力鬥爭的歷史。依左傳的記載，文公的家庭上下一代的情形如下：

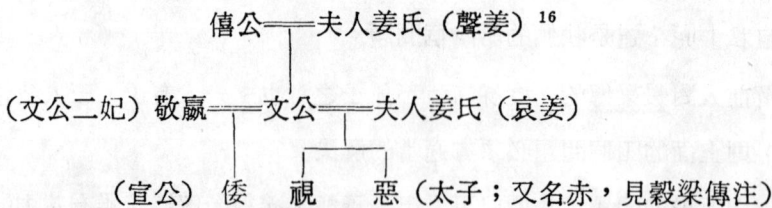

僖公————夫人姜氏（聲姜）[16]

（文公二妃）敬嬴————文公————夫人姜氏（哀姜）

（宣公）倭　　視　　惡（太子；又名赤，見穀梁傳注）

---

14. 杜注：「惡，太子；視，其母弟」，按兩人都是文公夫人姜氏所生。
15. 「君命」，指太子惡之命，當時文公已去世。惠伯即叔仲。
16. 見春秋經文公十六年：「秋八月辛未，夫人姜氏薨」，杜注：「僖公夫人，文公母也」。同年左傳：「秋
　　八月辛未，聲姜薨」。

娣媵制到春秋時候已有重大的變化[17]。但嫡庶名分仍爲禮制所重。姜氏（哀姜）既是嫡夫人，則敬嬴是庶妾。惡及視爲姜氏所生，屬嫡出；宣公倭爲敬嬴所生，屬庶出。所以左傳說「殺適立庶」。文公去世前，惡已是君位繼承人（杜注：太子）。襄仲殺惡及視後，欲召叔仲惠伯來加以殺害時，左傳記載說：「仲以君命召惠伯」；惠伯也說：「死君命可也」。由左傳用「君」字的記載看來，則當時惡已有國君身分。惟當時魯國的強人襄仲因跟敬嬴及其子倭已結爲一幫，謀立倭爲國君，但叔仲不予同意。剛好這時候姜氏母家齊國有內亂，懿公被殺，齊人立其弟元（皆桓公子），是爲惠公。襄仲遂藉着去齊國賀新君卽位的機會，跟惠公談欲立倭爲魯國君的事。惠公初卽位，亟欲得到魯國的支持，遂同意了襄仲的要求[18]。襄仲回到魯國，索性把夫人姜氏的兩個兒子惡及視殺了，幫助他們的叔仲也遭到殺害。姜氏在孤單無援的情形下，被迫出國門。臨行時，在國都市上呼天搶地，訴責襄仲無道，殺適立庶。市上的人都爲同情姜氏而哭。穀梁傳的作者乃是面對着「夫人姜氏歸于齊」這句話背後一幅悽慘的歷史景象而寫「姪娣者，不孤子之意也；一人有子，三人緩帶」的。若非如此，則我們就根本無法理解穀梁氏對春秋經的「夫人姜氏歸于齊」說「姪娣者……」究竟是什麼用意。

　　另外，我們再看穀梁傳上的整個這段話：「『夫人姜氏歸于齊』，惡宣公也。有不待貶絕而罪惡見者，有待貶絕而惡從之者。姪娣者，不孤子之意也；一人有子，三人緩帶」。這應該是一段內容相關的文字。其中除「夫人姜氏歸于齊」是引自春秋經當作主題外，其餘三句都是穀梁氏針對這主題而發的意見。第一句「惡宣公也」，可以有兩種解釋。一是，穀梁氏認爲孔子在春秋上記載「夫人姜氏歸于齊」的用意是惡宣公。二是，穀梁氏認爲夫人姜氏是因惡宣公而歸于齊[19]。第二句「有不待貶絕而罪

---

17. 參看管東貴中國古代的娣媵制與試婚制，頁 10-12，中央研究院國際漢學會議論文集民俗與文化組，民國七十年十月，臺北。

18. 參看文公十八年春秋經、左傳、及王士濂春秋世族譜補正（鶴壽堂叢書）齊世次國，頁33。

19. 如果是作第一種解釋，則下句「有不待貶絕而罪惡見者」是「惡宣公」句的補充，以說明何以無一貶詞是惡宣公；而第三句「姪娣者……」則又是第二句的補充，以說明何以無一貶詞而能見其罪惡。作第二種解釋也可以找到理由。因爲穀梁氏在這段文字的末尾引述到當時的一種說法「就賢」。這顯然是指姜氏歸齊的理由而言，不是指孔子記「夫人姜氏歸于齊」這句話的態度。穀梁氏既然引述到「就賢」這一說法，而不採用它（參前註1），則針對着這一說法所論之事的錯誤而提出自己對姜氏歸齊的理由，在文法上是妥當的。

惡見者；有待貶絕而惡從之者」，在說明孔子把「夫人姜氏歸于齊」文字上看來平凡的這件事而又不加貶詞地記載在春秋上的用意是不待貶絕而見其罪惡，這是春秋筆法的一種。第三句「姪娣者，不孤子之意也；一人有子，三人緩帶」，則是穀梁氏對「夫人姜氏歸于齊」這一悽慘的歷史事件所作的批評，並藉以闡明「不待貶絕而罪惡見」的春秋筆法。所以對「姪娣者……」這句話的解釋決不能脫離「夫人姜氏歸于齊」這一主題及其歷史背景。穀梁氏在第三句中要批評的是什麼呢？這也有線索可尋。我們看，在這句話的前半句中有「不孤子」，後半句中有「一人有子」，都是以「子」為著眼點。可見穀梁氏在面對「夫人姜氏歸于齊」這一歷史事件而寫「姪娣者，不孤子之意也；一人有子，三人緩帶」時，「子」是他心目中的重心。他的這個概括性的「子」的中心概念是由什麼具體的事所引發的呢？很明顯是「仲殺惡及視而立宣公」（見前引左傳）所引發的。惡及視是夫人姜氏之子，宣公則是媵妾敬嬴之子。殺姜氏之子立敬嬴之子，是導致夫人姜氏歸于齊的根本原因。惡與視之被殺在文公去世八個月之後，而姜氏歸齊卻正在惡、視被殺之後（同在十月）。在時間上也顯示姜氏是因兩子皆被殺而含恨歸齊的。分析到這裏，我們已不難看出，穀梁氏在面對由「殺適立庶」到「夫人姜氏歸于齊」這一連串歷史事件而寫「姪娣者……」，其中有一脈相通的關係。

　　明瞭了「夫人姜氏歸于齊」這件事的歷史背景，以及這歷史背景對解釋「姪娣者……」這句話的重要性後，我們已具備了檢查前面所述注疏家的兩種解釋的基本要件了——可以根據它來看那一種解釋跟這歷史背景相合，或都不合。如果兩種解釋都不合，則第二步驟的分析（即同時觀察字義及娣媵制）才有進行的必要，以便找出更恰當的解釋來。

　　現在先看第一種解釋，即范寧、楊士勛等人的解釋。他們把前半句的「不孤子」解釋為：一人有子則眾女共同撫養。看到這樣的解釋，心裏立刻就會有這樣的問題出現：如果穀梁氏只是對「夫人姜氏歸于齊」這件字面上單純的事說這樣的話，那麼他說這話的意思究竟是什麼？是姜氏不願意跟敬嬴共同撫養小孩，抑是敬嬴不要姜氏共同撫養小孩？我們怎麼能知道魯文公去世後八個月，有共同撫養小孩的問題？我們根本找不到關於這些問題的任何線索。所以，作那樣的解釋，則我們根本無法理解穀梁

氏說那樣的話究竟是什麼意思。爲什麼會這樣？我認爲根本毛病出在范、楊等人把「姪娣者，不孤子之意也」當作了一句孤立的話去解釋，沒有顧到它跟「夫人姜氏歸于齊」這件事的歷史背景的關係，以致無法把握到句中「孤」字的正確解釋。他們對後半句的解釋是：有子，則共有祿望，而優游喜樂；今宣公爲人君，不養養姜氏，使姜氏失去了祿望和優游喜樂之情。表面上看，這跟「夫人姜氏歸于齊」是拉起了關係（按，「今宣公爲人君，不養養姜氏」是楊士勛的話，所以這關係只能算是楊士勛拉起來的），甚致使他們對前半句的解釋也變得可以貫通。但我們稍微仔細觀察，就不難看出它跟姜氏歸于齊的歷史背景仍然毫不相關。前面我們已經說到，穀梁氏雖把春秋經的「夫人姜氏歸于齊」當作主題而說「姪娣者……」，但他說這話的著跟點卻在於深一層的導致夫人姜氏歸于齊的歷史背景。還有，「緩帶」釋爲「優游」，也欠妥當。「緩帶」一詞又見於漢書，奇怪的是從來不見有人引用它來解釋穀梁傳的那句話。漢書匈奴傳贊[20]。

> 如匈奴者，非可以仁義說也；獨可說以厚利，結之於天耳……夫賦斂行賂不足以當三軍之費，城郭之固無以異於貞士之約，而使邊城守境之民父兄緩帶，稚子咽哺，胡馬不窺於長城，而羽檄不行於中國，不亦便於天下乎！

這裏「緩帶」一詞的意義很清楚，是指邊境居民時時警備匈奴入寇的緊張情緒得以紓解。這顯然也是物象描述辭的轉成義，但卻比楊士勛的釋爲「優游」更恰當。因爲從漢書這段文字中可以清楚地看出「從緊張中」紓解的含意，這很重要，但卻是楊士勛的釋爲「優游」所缺的。

　　由以上的分析，我們可以看出第一種解釋不但跟「夫人姜氏歸于齊」的歷史背景不相配合，從文字解釋上看也不妥當。至於第二種解釋，即廖平的解釋，我認爲雖有獨到之處（見下），但由於他只解釋了前半句，而對後半句幾乎看成了跟前半句一樣的意義，這是一大缺失。因此我們暫時把這一解釋擱下，而先進行第二步驟的分析，也卽在姜氏含恨歸齊的歷史背景下同時觀察字義與娣媵制，以尋找更恰當的解釋。

　　穀梁傳那句話的問題，文字上的關鍵在於前半句的「孤」字及後半句的「緩帶」一詞。「孤」字在句中顯然是作動詞用，這一點必須肯定，而且可以肯定。「孤」字

20.　鼎文版標點本，頁3831。

作動詞用，古書上不乏其例。國語卷十九吳語：「天王親趨玉趾，以心孤勾踐」，韋昭注：「孤，棄也」[21]。又漢書卷六十四下終軍傳：「臣年少材下，孤於外官」，顏師古注：「孤，遠也」[22]。但是，在穀梁傳上作「棄」或「遠」解都不通，所以它當另作解釋。前面我們說到，廖平採用了廣雅的解釋：「孤，獨也」，意思是「有子不得以自私」。這也是把它當動詞解的，用現在的話來說是「獨佔」的意思。所謂「有子不得以自私」，就是：生母不可以獨佔自己所生的孩子。廖氏的說法值得注意。因為這正是娣媵婚的根本精神。

在古代，女子嫁人如不生育，即可被出棄，屬七出之一[23]。諸侯間的婚姻，情形特殊。娶方有承宗繼統的問題，更是非有子嗣不可。然而，嫁方則希望女子一旦嫁人，婚姻就穩定。諸侯間的婚姻如發生問題，往往會導致嚴重的國際糾紛。嫁與娶是相對的，也即娶方也可能有女子要出嫁而成為嫁方。因此，上述嫁娶雙方的要求，也是每個諸侯在婚姻上的要求，為了要滿足這些要求，所以嫁方遂以眾多的女子嫁給娶方，以增加娶方獲得子嗣的機會[24]，而換取婚姻的穩定。諸侯階級間的娣媵制就是在這樣的情形下產生的[25]。

所謂「娣媵」，娣是指妹妹，媵是送女陪嫁的意思。所以娣媵制就是妹妹陪着姊姊一併嫁給新郎的一種婚姻制度。這也就是人類學上所說的姊妹共夫制（Sororal Polygyny）。在中國古代，又有姪女陪嫁的例子，所以又叫做姪娣媵，簡稱為「姪娣」。娣媵婚中的諸女子，嫡姊的地位最為特殊，她在夫家居嫡夫人之位，所有姪娣媵者都只是為她而嫁的生育後備隊。如果嫡夫人不生孩子，姪娣有子，依禮仍視同嫡夫人之子，於是可取得繼嗣地位。如果嫡夫人與姪娣皆無子，為夫者（諸侯）再娶生子時，仍應視同嫡夫人之子，而後始可取得繼嗣地位。這可以從衞莊姜的例子上看

---

21. 藝文景印天聖明道本，頁 452。
22. 鼎文版標點本，頁2820，
23. 大戴禮記本命篇（漢魏叢書本，卷十四頁6）：婦有七去：不順父母去，無子去，淫去，妒去，有惡疾去，多言去，竊盜去。又儀禮卷十三喪服（頁 355 上右）：「出妻之子為母」疏：「七出者：「無子一也，淫泆二也，不事舅姑三也，口舌四也，竊盜五也，妒忌六也，惡疾七也」。
24. 班固白虎通卷四嫁娶篇（漢魏叢書本，頁10）：「諸侯一娶九女何？重國廣繼嗣也」。
25. 參看前引管東貴中國古代的娣媵制與試婚制，頁 24-31。

出[26]。若嫡夫人去世，依禮只可由姪娣遞補[27]。總之，在當時父系父權社會的娣媵制中，眾女之共事一夫，根本作用在於增加娶方獲得子嗣的機會。而她們也是藉著增加娶方獲得子嗣的機會，以保障嫡夫人的地位，而求得婚姻的安定的。所以她們在爲娶方生育子嗣這一任務中，關係是一體的。他們不但嫁相共，離也相共，生子更是相共[28]。這也就是說，任何一個女子生了孩子（子嗣），就等於全體女子生的孩子，因爲這生育保障了全體女子對婚姻的安全感。所以「有子不得以自私」乃是這種一體關係的具體表現，同時也是娣媵制的根本精神。

娣媵制原先只是一種單純的姊妹共夫制，只有同父之妹陪嫁[29]。眾女一體的關係大概卽是源自姊妹間單純的親緣關係來的。但後來這種單純性發生了變化，到春秋時代變化已很明顯，除同父之妹外，同姓國也送女來參加媵列[30]；浸假而又有異姓國參加[31]。魯文公的婚姻大概也是屬於這種情形，卽敬嬴（或頃熊）是哀姜的異姓媵女；穀梁氏對「夫人姜氏歸于齊」這件事說「姪娣者……」，已顯示了這一點；左傳說「仲爲無道，殺適立庶」，也是持的同樣看法。就理論上說，異姓媵女跟嫡夫人之間的一體關係應同樣存在，否則娣媵制就會失去意義。但是，異姓媵女跟嫡夫人之間沒有

---

26. 左傳隱公三年：「衛莊公娶于齊，東宮得臣之妹。曰莊姜，美而無子，衛人所爲賦碩人也。又娶于陳，曰厲嬀，生孝伯，早死。其娣戴嬀，生桓公，莊姜以爲己子」。詩衛風碩人：「齊侯之子，衛侯之妻，東宮之妹……庶姜孽孽……」，鄭箋：「庶姜，謂姪娣。」可見莊姜有姪娣，但都沒有生孩子。衛莊公另有子州吁，爲嬖人所生，不爲莊姜所喜，無嫡嗣身分。故莊公又娶于陳，生子，莊姜以爲己子，始得繼位，是爲衛桓公。

27. 左傳隱公元年：「惠公元妃孟子，孟子卒，繼室以聲子，生隱公」，杜注：「聲，諡也，蓋孟子之姪娣也。」又文公七年：「穆伯娶于莒曰戴己，生文伯，其娣聲己生惠叔。戴己卒，又聘于莒，莒人以聲己辭」。又襄公二十三年：「臧宣叔娶于鑄，生賈及爲而死，繼室以其姪」。

28. 參看李宗侗中國古代社會史第六章（民國四十三年九月初版，頁143）引左傳文公十一年「杞桓公來朝」，哀公十一年「（衛太叔）疾娶于宋子朝……」及穀梁傳文公十八年「姪娣者，不孤子之意也；一人有子，三人緩帶」等三段後，認爲：「（娣媵婚）不止嫁往是連帶的，卽離婚也是連帶的……生子也係連帶的。」

29. 參看前引管東貴文，頁 10-11 及頁 30。

30. 公羊傳莊公十九年：「諸侯娶一國，則兩國往媵之，以姪娣從」。左傳成公八年：「凡諸侯嫁女，同姓媵之，異姓則否。」

31. 春秋經成公九年二月：「伯姬歸于宋」，而成公八年的 衛人來媵 及九年的「晉人來媵」，三傳都認爲就是來媵伯姬之歸于宋。但成公十年又記：「齊人來媵」，公羊傳認爲齊人這次來媵，也是爲伯姬歸于宋故。然而公羊傳接著又說：「三國來媵：非禮也」。這顯然是指齊國而言，因爲依傳統禮俗是「同姓媵之」（參上註 ）。魯、衛、晉皆姬姓，齊則姜姓，所以公羊傳說「非禮也」。但是，嫁方魯國與娶方宋國都沒有拒絕齊國的媵女。可見這是繼同姓國參媵後產生的另一種變化。

血緣關係，因此也就缺乏互信互賴的親情基礎，春秋時代是娣媵制發生重大變化而趨
於解體的時候[32]。所以凡有異姓媵女的娣媵婚，對制度上的或傳統上的理想規定實際
遵行到什麼程度，往往不是制度或傳統本身的力量所能約束的，而是由其他一些現實
的因素來決定。在這種情形下，「有子不得以自私」的精神當然難以維持。哀姜與敬
嬴的例子可能就是這種情形。左傳的記載：「敬嬴生宣公。敬嬴嬖而私事襄仲。宣公
長而屬諸襄仲。襄仲欲立之」，已透露了這一點。

　　由上面的分析，我們可以看出，廖平把「不孤子」解釋爲「有子不得以自私」，
甚爲恰當。作這樣的解釋是否跟「夫人姜氏歸于齊」的歷史景象相配合呢？我認爲可
以。不過，這要跟後半句的解釋合起來看才比較清楚；但廖平對後半句沒有解釋。我
認爲「緩帶」二字，應採用漢書上的解釋，意思是：從緊張情緒中得到紓解。因此，
穀梁傳這整句話的意思是：姪娣婚的意義，在於不獨占自己所生的孩子[33]；任何一個
人生了孩子，三個人都可以從惟恐無子的緊張情緒中得到紓解。

　　現在我們把作這樣解釋的這句話擺在「夫人姜氏歸于齊」的歷史背景前，就可以
更清楚地看出，穀梁氏說這句話的用意是在批評「夫人姜氏歸于齊」這一歷史事件，
並藉以闡明「有不待貶絕而罪惡見」的春秋筆法。前面我們已經說到，敬嬴是夫人姜
氏的異姓媵女。依當時禮制，國君的權位，嫡長子是當然繼承人。然而，敬嬴、襄仲
等人卻謀殺了夫人姜氏所生的兩個兒子惡及視，而立了敬嬴之子倭（宣公）。穀梁氏
認爲：這是在以子自私的觀念下，憑藉暴力違背了「姪娣者，不孤立之意也；一人有
子，三人緩帶」的娣媵制的根本精神，破壞了跟娣媵制相關聯的繼嗣法；孔子之所以
沒有把破壞禮制的部份記載在春秋上，乃是孔子用了「不待貶絕而罪惡見」的春秋筆
法，因爲只要知道姜氏歸于齊這件事，就一定會想到它的歷史背景，這樣就自然會產

---

32. 東周以降，王綱不振，諸侯們普遍失去了政治安全感。於是乃各利用婚姻來作爲拉攏邦交，廣結外援的
　　手段，使娣媵制在本質上發生急遽的變化。異姓國參加媵列，即是這一趨勢下產生的。雖不合傳統禮俗，
　　但有政治作用，所以「非禮」的事也會被接受，遂使娣媵制漸漸崩潰。另請參看前引管東貴文，頁11及
　　30-31。

33. 我在中國古代的娣媵制與試婚制一文註6中，認爲前半句的意思是「姪娣婚的意義，在於增加夫家獲得子
　　嗣的機會」。這跟范寧、楊士勛等人所犯的錯誤一樣。今更正，改從廖平的說法。按，廖氏的「有子不得
　　以自私」，也是由「恐一人無子，故備姪娣」（參前表）推衍出來的。當時我還沒有看到廖平的疏，但部
　　份想法的不謀而合，顯示「恐一人無子，故備姪娣」跟「有子不得以自私」兩者有一體的關係。

生貶絕而見其罪惡的作用。

　　上面兩段是本文的結論。當然，本文的研究結論，基本上也是一種解釋。不過，本文的解釋不僅可以得到文字上的及其他相關記載的支持，更重要的是能跟當時的歷史「相扣合」。而前人解釋之所以有錯誤（第一種解釋）或缺失（第二種解釋），主要是由於前者（范寧等人）沒有注意到「姪娣者……」這句話跟「夫人姜氏歸于齊」的歷史背景的關係，以及它跟「有不待貶絕而罪惡見」這句話的連貫性，他們把「姪娣者……」這句話孤立在娣媵制的小範圍內去求解，沒有顧到它「活在歷史中的生命」；而後者（廖平）則是對「緩帶」二字在句中指娣媵制的什麼情形尚缺乏了解。

　　如果「六經皆史」這句話對，則經典上的每句話都應有「活在歷史中的生命」。這並不是強調經典上的每句話都要經過這樣一番分析研究之後才可採信。不過，我確信對經典上那些異說紛紜而皆似言之成理的注疏，或讀時覺得難解而又值得深入究明的經典文句，從「明史解經」的觀點去作一番清理卻是有必要的。因為只有經過了這樣的清理，才能剔除那些似是而非的說法，而找出正確的解釋來。

　　　　　　　　　　　　　　　　　　　一九八二年十二月廿日於南港

ORTHODOXY AND HETERODOXY
IN ANCIENT CHINESE PATTERNS OF THOUGHT

TENG Ssu-yü

Contents

A. Ideological formation from antiquity to the Christian era
   Conservatives and Progressives in the Oracle Bone Records
   Legendary rebels

B. Confucius and the Confucian school
   Mencius' campaign for democracy
   Hsün Tzu's role in Confucianism and Legalism

C. Antithetic schools of thought
   Mo Tzu's proto-union organization
   Schism and obscurity of the Mohists
   Philosophic Taoism
   The mystic Lao-tzu and the Ma-wang-tui version
   Chuang-tzu and Robber Chih
   The Legalists' antithesis of Confucianism
   Han Fei Tzu and Machiavellian intrigues

D. Eclectic trend and dual functions of the *I-ching*
   The first mention of Revolution in Chinese literature
   Tsou Yen and the Yin-yang school
   Occult practices

E. The Ch'in Han Empire and the Confucian orthodoxy
   The Huang-Lao Taoism
   Tung Chung-shu and Confucian supremacy

Introduction

The following pages do not represent an attempt to sum up the present state of knowledge regarding all aspects of Chinese antiquity; rather, they highlight important considerations, to serve as a background to historical trends in Chinese thought.

Unlike Europe, China experienced little struggle between church and state because of the absence of such entities as Catholicism and Protestantism.[1]

---

1. For a classical treatment of the struggle between church and state, see Charles H. McIlwain, *The Growth of Political Thought in the West* (New York: Macmillan, 1932), 146-318.

Instead she had a great number of conflicts between orthodoxy and heterodoxy in more than two millennia. Orthodoxy is taken to mean an officially and authoritatively established doctrine for the government and the people to follow.[2] This is called the correct teaching (*cheng-chiao*) or rightful denomination (*cheng-t'ung*), a position occupied by Confucianism.[3] Heterodoxy, corresponding to the following Chinese terms (*i-tuan*,[4] *hsieh-chiao*,[5] *hsiao-tao*,[6] and *tso-tao*[7]),

2. Orthodoxy stems from the Greek *orthos* (correct) plus *doxa* (opinion), signifying right opinion. It is translated in Chinese as *cheng-tsung* 正宗 or the orthodox sect. Heterodoxy, "the other opinion," corresponds to the Chinese term *i-tuan* 異端 (see note 4 below).

3. Confucianism primarily means Confucius' teaching or doctrine. Many Chinese scholars did not consider it a religion. But in English usage it has been often mentioned together with Buddhism and Taoism, and in reatility it has functioned as a national orthodox religion since the second century B. C. Any idea not in accordance with the Confucian classics was condemned as heretical. Only the Confucian doctrine was the rightfully dominating pattern of thought.

　　Concerning the rightful doctrine (*cheng-chiao*) Wang Ping-hsieh 王炳燮 (*chin-shih* 1876) said, "The doctrine is derived from heaven. Because there is no second heaven, there is no second doctrine... After the death of Confucius' seventy disciples, the great principle was perverted. This gave rise to heretics... The followers of Yang Chu and Mo Tzu prevailed in the Chou dynasty, and those of Lao Tzu and Buddha began in the Han." *Wu Tzu-ch'i shih wen-chi*, 毋自欺室文集 pp. 100-101; See Ssu-yü Teng, *Protest and Crime in China, a Bibliography of Secret Associations, Popular Uprisings, Peasant Rebellions* (New York and London: Garland Publishing, Inc., 1981), 390.

4. *I-tuan* 異端, literally meaning different side or strange extremity, appears in the *Lun-yü*, "Tzu yüeh, 'Kung hu i-tuan, Ssu-hai yeh-i.' 子曰, 攻乎異端, 斯害也已.'" ("The Master said, 'The study of strange doctrines is injurious indeed'"); James Legge's translation of the *Confucian Analects*, II, ch. 16. *I-tuan* is rendered by Arthur Waley as "a different strand" (*Analects of Confucius*, 2.16), and by James R. Ware as "utterly and strange doctrines" (*The Best of Confucius*, p. 26). *I-tuan* implies heathenism or paganism in the sense that he who is not a Confucian is an *i-tuan*. But the famous scholar and prolific writer Yü Cheng-hsieh 俞正燮 (1775-1840) went even further to include Wang An-shih 王安石 (1021-86) in the list of the *i-tuan* heretics, *Kuei-ssu ts'un-kao* 癸巳存稿 14:425. In short, all those who are not Confucian or have different opinions from the orthodox scholars such as Wang Ch'ung and Wang An-shih might be classified as *i-tuan*.

5. *Hsieh-chiao* 邪教 is the antonym of *cheng-chiao*.

6. *Hsiao-tao* 小道 is probably derived from the sentence, "Sui hsiao-tao, pi-yu k'o-kuan che yen, 雖小道, 必有可觀者焉, "*Lun-yü*, XIX. 4. "Even the lesser doctrines certainly have their attraction," my translation. The *Analects'* commentators inform us that *hsiao-tao* resembles minor philosophers such as those in the periods of the Spring-Autumn and Warring States (770-221 B.C.). *Hsiao-tao* is further explained by Chu Hsi (1130-1200) as the way of farmers, gardeners, physicians, and fortune-tellers. Liu Pao-nan 劉寶楠 (1791-1855) interprets *hsiao-tao* as *i-tuan*, heterodoxy, *Lun-yü cheng-i* 論語正義 (Basic Commentaries on the *Analects*) (Taiwan: *Chung-hua ts'ung-shu* edition, 1958), 1053-54. Taking *hsian-tao* as a synonym of *i-tuan* actually began with Ho Yen 何晏 (3rd century A.D.) and was recently endorsed by the legal historian, Ch'eng Shu-te 程樹德 (1876-?) in his *Lun-yü chi-shih* 論語集釋 (Collection of Commentaries on the *Lun-yü*) (Taipei: I-wen yin-shu kuan, 1965) II:1132-34.

7. *Tso-tao* 左道 is derived from the phrase "Chih tso-tao i-luan kuo-cheng 執左道以亂國政," "Practicing corrupt ways [or holding fast to heterodoxies] so as to throw government into confusion" is a guilt punishable by death; See Legge's translation of the *Li Chi* 禮記 (*Book of Rites*), chapter on "The Royal system," I:237 (Photo-reprint, University Books Inc.,

may refer to such unorthodox religions as Buddhism and Taoism, especially in the early stage of their development, and to subversive sects, such as Zoroastrianism, Manicheanism, Maitreya-Buddhism, the White Lotus sect, and numerous other denominations.

Confucianism, Buddhism, and Taoism contended with each other for a long time, but eventually they fought to a triangular stalemate.[8] At the apex of the triangle stood Confucianism; the two base angles were held by alien Buddhism and native Taoism, each of which commanded a large following and hence gained a legal position in public debates and in ceremonial services. The seditious sects, with less formal doctrines were not so fortunate. They were declared illegal, and were persecuted by the Confucian governing class. The oppressors and the oppressed engaged in life-and-death struggles on many occasions in Chinese history.

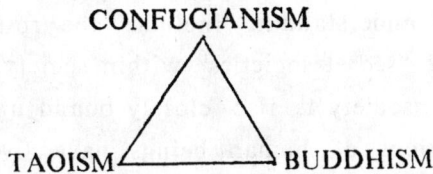

CONFUCIANISM

TAOISM —————— BUDDHISM

The framework of this study generally follows Hegelian dialectic: thesis-antithesis-synthesis,[9] or more simply stated: orthodoxy-opposition-eclecticism. Let us test whether the evolution of Chinese thought is well fitted into this pattern. If not, what theoretical modifications are necessary? If so, can we expect some corollaries and ramifications? Although this topic is large enough for a thick volume, we can only provide "large branches without leaves." It is hoped that some general tendencies of Chinese thought and the peculiar conditions of China may be discerned. It is expected, too, that a little hint

1967). Other commentators take *tso-tao* to include witchcraft, black magic, and other unlawful sects. Another commentator classifies Yang, Mo, Shen, Han 楊, 墨, 申, 韓, i. e. Yang Chu (ca. 440-360 B.C.), Mo Ti (ca. 468-376 B.C.), Shen Pu-hai (d. 337 B.C.), and Han Fei-tzu (d. 233 B.C.) as *tso-tao*. In this case *tso-tao* may be translated as the left wing, implying that Confucius was the right wing. See Sun Hsi-tan 孫希旦 (1778 *chih-shih*), *Li-chi chi-chieh* 禮記集解 (Collected Commentaries on the *Book of Rites*), *Kuo-hsüeh chi-pen ts'ung-shu* ed., p. 34. Thus *tso-tao* means: (1) heterodoxy; (2) sorcery, witchcraft;(3) black magic; (4) left-wing doctrine; (5) evil course.

8. Ts'ai Jen-hou 蔡仁厚 "Kuan tsung-chiao ti hui-t'ung wen-t'i 關於宗教的會通問題," (On the Problem of Religious Conglomeration), *Chung-kuo wen-hua yüeh-k'an* 中國文化月刊 no. 16 (Feb. 1981) 67.

9. Merlan, Philipp: "Ist die 'These- Antithese-Synthese' Formel Unhegelisch?" In *Archiv für die Geschichte de Philosophie* 53.1 (1971) 35-40; W. T. Stace, *The Philosophy of Hegel* (Dover Publications, 1955), 126, 166.

may be offered, not for presumptuous prediction of what may happen in the future, but for a little deeper understanding of China.

The complex ideas may be divided into three periods for the convenience of presentation: firstly, ideological formation from antiquity to the Christian era; secondly, orthodox Confucianism, native Taoism, and alien Buddhism from the first to the twelfth century; and thirdly, orthodox Confucianism versus religious sects from the thirteenth to the twentieth century. In this essay, we have space to cover the first period.

A. Ideological formation from antiquity to the Christian era

Chinese ideas and ideals are occasionally referred to as "this-worldly" philosophy or "down-to-earth" philosophy. These appellations are not strictly true. The goal of Chinese philosophy and religion seems to be to provide both educated and uneducated people with an understanding of the workings of heaven and earth. This understanding includes the role of the individual in society, and the role of "secret societies" within society as well. The evolution of Chinese history and society is also closely bound up with the good earth where hundreds of millions of human beings have lived. Location, climate, and topography have influenced the pattern of life and thought.

People in a primeval stage seem to have been greatly affected by meteorology. Ancient Chinese must have learned by experience and observation the vagaries of weather and climate, the properties of the soil, the alternation of day and night, the mystery of the moon and power of the sun. From the moon and sun they developed the concept of the Yin and Yang. Rain and cloud are connected with Yin, the shady, dark, cold, mysterious side; sunshine with Yang, the bright, warm, productive side. Facing the south a cottage is warmer in the winter and cooler in summer; facing south, plants grow faster. This gave them the impression that Yang is more powerful than Yin. Moreover the sun gave them a sense of seasons and a sense of directions. And by watching the vapors of the sky, they learned to foretell the following day's weather and wind conditions.[10] Therefore meteorology fostered a natural

---

10. Wang Meng-ou 王夢鷗, "Yin-yang Wu-hsing chia yü hsing-li chi chan-shih 陰陽五行家與星曆及占筮" (Astrology, Sorcery and Divination of the Yin-yang and Five Elements School), *Shih-yü So chi-k'an*), 489; Chou Ch'ün-chen 周羣振, "Yin-yang Wu-hsing shuo ssu-hsiang chih yüan-yüan 陰陽五行說思想之淵源" (The Origin of the ideas of Yin-yang and the Five Elements) in *Chung-kuo wen-hua t'e-k'an* 中國文化特刊 18 (Sept. 1981) 65-69. For China's meteorological zones, see *Chung-yang yen-chiu yüan ch'i-hsiang yen-chiu so chi-k'an* 中央研究院氣象研究所集刊 (Academia Sinica: Memoir of the National Research Institute of Meteorology, 1929-35), no. 1-8.

development of the Yin-yang concept by the early Chinese. The view that the Yin-yang dualism of Chinese thought is "an importation of Iranian origin" may warrant a reconsideration.[11]

Fire was probably produced in China after repeated experimentation, inspired by lightning or sparks from striking a rock with a stone axe. Discovery of how to make fire was not necessarily carried from a certain cultural center in Africa or west Asia to China.[12] At the dawn of human society fire kept beasts from attacking human beings. Early humans soon tasted the difference between raw and cooked food. Along with fire early Chinese used water, wood, earth, and later, metal, without any complicated ideas behind them, as developed still later with the conception of the Five Elements (*Wu-hsing*). Seemingly simple-minded the early people were superstitious and apprehensive of many objects.[13] Natural phenomena like flood and drought were beyond their comprehension and control. Especially incomprehensible were the changeable sky and the ever-moving sun and moon, all of which stimulated their imagination but remained beyond their dominion. They imagined that above the sky there must be a Supreme Ruler (*Shang-ti* or God).[14] The

---

11. This is stated by Arthur Waley in *The Way and its Power* (London: Allen & Unwin, 1954) 112. The Yin and Yang symbols have been found on the Neolithic Yang-shao pottery from about 2000 B. C. and also on Chou bronzes; P. J. Lowenstein, "Swastika and Yin-Yang," *China Society Occasional Papers*, Lo ndon, 1942. This may serve as follow-up material for a natural-development concept of fire and *Yin-Yang*. Joseph Needham does not pay much attention to Waley's statement.

12. The Chinese story attributes the discovery of fire to a fabulous ruler, Sui-jen 燧人, the Prometheus of China, who procured fire from wood by friction, probably using a piece of metal. See *Confucian Analects* with James Legge's translation and notes, XVII, ch. 21; Han Fei (d. 233 B. C.), *Han Fei Tzu* 韓非子, 2:1-2 (any edition); and Sir James George Frazer (1854-1941), *Myths of the Origin of Fire* (London: Macmillan, 1930) 100-108, 193 *passim*. All these stories belong to mythology, which is defined by Frazer as "the philosophy of primitive man."

13. Certain schools of diffusionists hold that "the presence of similar traits in two cultures is always an indication of contact irrespective of distance which may separate the cultures in either time or space." As a matter of fact, "independent invention has been more frequent than the extreme diffusionists admit"; Ralph Linton, *The Study of Man* (New York: D. Appleton Century, 1936), 368. See also Joseph Needham's discussion of "Simplicity and complexity," *Science and Civilization in China* II: 228-29 *passim*. Needham seems to be in agreement with Linton; otherwise the diffusionists would not leave him much chance to write several volumes on *Science and Civilization in China*. On this problem, Herbert Chatley has also presented some reference data with an objective attitude in "Origin and Diffusion of Chinese Influence" (London: The China Society, occasional paper, 1948).

14. *Shang-ti* 上帝 seems to be derived from the classic, *Shih-ching* (*Book of Poetry*): "Shang-ti lin ju, wu er er hsin 上帝臨汝，無二爾心" (God is with you, have no doubts in your heart), "Ta-ya, ta-ming 大雅，大明," *The Chinese Classics* V: 436. Karlgren translated this term as "God on High," *The Book of Poetry* (Stockholm: The Museum of Far Eastern Antiquities, 1950), 189. *Shang-ti* appears 19 times in *The Book of Poetry;* 16 in *Li Chi;* 6 in *Chou-li;* 25 in *Mo Tzu;* and only once in *Hsün Tzu. I-ching* is one of the oldest of the *Thirteen Classics*, yet it is surprising to find no record of *Shang-ti* in the *Book of Changes*. Nor is there mention of *Shang-ti* in *Lun-yü, Meng-tzu, Ch'un-ch'iu* and *I-li*.

almighty and mysterious sky was awe-inspiring. Spirits of the sun, the moon, thunderbolt, cloud, wind, rain, snow, earth, rivers, high mountains, and foggy islands (especially as seen from the Shantung coast) were all regarded with reverence. Such a conception of a world of natural gods prevailed in ancient China.

Life was full of uncertainties with no way to ensure good hunting or abundant harvest, and full of anxieties about birth, death, illness, and weather conditions. Elderly people were admired, especially people's parents and grand-parents, who had acquired rich experience from weathering many storms. While the elders were alive, their children and grandchildren always asked their advice before starting any major activities. After their deaths their counsel was still sought, and hence ancestor worship developed. Worship of man after his death has been considered "the oldest religion of the human race."[15]

They might also worship a tall tree, a queer rock, a high mound, and many other objects which might have served them as a landmark in the past, or which might have come to symbolize their ancestry. This resembles the totem system.[16] No doubt animism was practiced, and it is still visible and traceable in China and Japan.

Divination seems to have been extensively used to get answers from deceased ancestors and natural spirits. The anthropologist K. C. Chang defines divination as "communication with ancestors."[17] Their descendants formulated simple questions, and recorded some of the answers and, if known, the results. Many of these transactions are inscribed on tortoise shells and animal bones. This is the earliest ideographic Chinese, written first with fine brushes, then incised on bones about 3400 years ago prior to other written script in East Asia.[18]

---

15. J. J. M. deGroot, *Reiglion in China* (New York and London: Knickerbocker Press, 1912), 177.
16. Cheng Te-k'un, *Shang China* in *Archaeology in China* (Cambridge: W. Heffer & Sons Ltd., 1960) II: 132; Linton, *Study of Man*, 206-207, 425-26. Totemic symbols are more visible in Japan, because of Shintoism, than in China.
17. In K. C. Chang, *Early Chinse Civilization: Anthropological Perspectives* (Harvard-Yenching Institute Monograph Series, no. 23, 1976), 196.
18. Traditionally, the Chinese attributed the invention of the writing brush to Meng T'ien 蒙恬 (D. 209 B.C.) But a long-time field worker in the Yin ruins and great expert on oracle bones assures us: "In the Yin dynasty people wrote characters definitely with a well-made fine brush." Tung Tso-pin 董作賓 (1895-1965), *Chia-ku-hsüeh liu-shih nien* 甲骨學六十年 (Sixty Years of Studies of the Oracle-bone Inscriptions) (Taipei: I-wen yin-shu kuan, 1965), 101. There is an English translation of Tung Tso-pin's earlier work, *Fifty Years of Studies in Oracle Inscriptions* (Tokyo: Centre for East Asian Studies [Toyo Bunko], 1964).

These oracle bones appeared to learned society in 1899 in the old capital of the Yin dynasty (ca. 1523-1028 B. C.), which is briefly referred to as Yin-hsü or the Yin ruins. Here, and later from a few other nearby sites, the Academia Sinica conducted archeological excavations and harvested about 10,000 oracle bones. The ones with inscriptions provide 4500 characters, 1723 of which hava been deciphered including 371 compound expressions. There are 2949 isolated or partly obliterated characters which have not been deciphered.[19] These longburied records on oracle bones, unknown to the great Chinese historian, Ssu-ma Ch'ien, in the first century B. C., offer us valuable information about ancient China in general and the 495-year history of the Yin dynasty in particular. The deciphered characters have been incorporated in large dictionaries for students to compare the earliest form of a certain character with the modern script.[20] The writing of the Yin dynasty looks quite different from modern Chinese, but most of the oracle-bone ideograms have been identified with their later forms by paleographers.

From the Yin ruins, the well-known specialist, Tung Tso-pin, deduced a dualistic phenomenon within the ancient ruling family. Lamenting the paucity of source material and hence the brevity of Ssu-ma Ch'ien's chapter on the Yin dynasty in the *Historical Memoirs* (*Shih-chi*), Tung furnished us with new information after careful analysis of the dualism.

Conservatives and Progressives in the Oracle Bone Records

In the royal house of the Yin dynasty there were two powerful factions alternately dominating the administration like thesis-antitheses. Tung Tso-pin divided the Yin history into four periods:

---

19. The progress in deciphering oracle-bone characters may be seen from the following works: 873 characters in Wang Hsiang 王襄, *Fu-shih Yin-ch'i lei-tsuan* 簠室殷契類纂 (1920); 789 characters in Shang Ch'eng-tso 商承祚, *Yin-hsü wen-tzu lei-pien* 殷墟文字類編 (1933); 956 in Chu Fang-p'u 朱芳圃, *Chia-ku-hsüeh wen-tzu pien* 甲骨學文字編 (1933); 1006 deciphered, 1112 undeciphered in Sun Hai-po 孫海波, *Chia-ku-wen pien* 甲骨文編 (1934); 1046 deciphered, 1585 undeciphered in Chin Hsiang-heng 金祥恆, *Hsü chia-ku wen-pien* 續甲骨文編 (1959), and finally 1377 deciphered in Li Hsiao-ting 李孝定, *Chia-ku wen-tzu chi-shih* 甲骨文字集釋 (1965). See Tung Tso-pin, *Chia-ku-hsüeh liu-shih nien*, 10-13. Yen I-p'ing 嚴一萍, a devoted disciple of Tung Tso-pin, who regarded Yen as an amateur but productive writer on oracle scripts, has lent us his assistance; herein we offer him our best regards. *Cf.* also the statistical figures given under the "*Chia-ku-wen*" entry in the *Tz'u-hai* 辭海 (Peking: Chung-hua shu-chü, 1979).

20. Such as Ting Fu-pao 丁福保, *Shuo-wen chieh-tzu ku-lin* 說文解字詁林 and Supplement (Shanghai: I-hsüeh shu-chü, 1928, 1932); Morohashi Tetsuji 諸橋轍次; *Dai Kan Wa jitem* 大漢和辭典 (Tokyo, 1956-60); and Chang Ch'i-yun 張其昀, *Chung-wen ta tz'u-tien* 中文大辭典 (Taipei, 1962-68).

1. Conservatives (adhering to tradition) 1401-1274 B. C., covering five reigns.
2. Progressives (innovating) 1273-1227 B. C., three reigns.
3. Conservatives (restoring the tradition) 1226-1210 B. C., two reigns.
4. Progressives (reviving the innovation) 1209-1112 B. C., two reigns.

These two factions' major differences lie in the ceremonial rites, calendar system, style of writing, and scope of divination. The conservatives found a favorable date for official sacrifice by divination; the progressives adopted pre-fixed dates for such occasions in order to avoid the trouble of casting lots each time. The conservatives offered sacrifices to remote ancestors, mountains, rivers, and the earth (or local god); the progressives were more regular, rational, and definite with predated sacrifices. It is easy to arrange the bones of the progressives, while some of their opponents' bones are hard to put in order. Regarding the calendar, the reformers placed the intercalary month right after the acumulated extra days, instead of (as a thirteenth month) at the end of each year. In style of writing, the progressives' oracle bone inscriptions are more skillfully done and better spaced than the conservatives'. As an excellent archaic-style calligrapher, Tung enjoyed the beautiful oracle inscriptions by official historians (shih-ch'en 史臣) under King Wu-ting 武丁 (r. 1339-1281 B. C.), a leader of the conservative faction, and well known in ancient Chinese literature.

In divination, the conservative kings consulted more spirits and raised more inquiries than the progressives; the latter felt that it was unnecessary to divine dreams, births (regarding identification of sex), illness (regarding prognosis), etc. The leader of the progressives was Tsu-chia 祖甲 (r. 1273-1239 B. C.), who, in contrast to Wu-ting, has been unknown; he attained some fame only recently, with the discovery of new information from oracle-bone records.[21]

While Tung had many supporters, he was challenged, notably by Ch'en Meng chia and Kaizuka Shigeki.[22] Fortunately for us, the well-established

---

21. Tung Tso-pin, *Chia-ku-wen tuan-tai yen-chiu li* 甲骨文斷代研究例 (Periodic Classification of Oracle-bone Inscriptions), published in Academia Sinica's *Shih-yü so chi-k'an, wai-pien* 外編 extra 1.1 (1933) 323-424; Tung's "Ten Examples of Early Tortoise-shell Inscriptions," (resumé, notes, and forward by Yang Lien-sheng) *HJAS* (1948) 119-129; his *Chia-ku wen liu-shih nien* (see n. 18) 102-120; and K. C. Chang, *Early Chinese Civilization* (see n. 17) 103-106, 113-14 with pertinent comments.

22. Ch'en Meng-chia 陳夢家, *Yin-shü pu-tz'u tsung-shu* 殷墟卜辭綜述 (A Synthetic Account of Oracle Bone Inscriptions from the Yin Ruins) (Peking: K'o-hsüeh ch'u-pan she, 1956); Kaizuka Shigeki 貝塚茂樹 and Ito Michiaru 伊藤道治, *Kōkotsu soji kenkyū* 甲骨文字研究 (Study of the Oracle Bone Writing) (Kyoto: Dohosha, 1980) I:5-14. (This is the Catalogue of the Oracle bones in the Kyoto University Research Institute for Humanistic Studies.)

theory of dualism remains unaffected by Tung's detractors.

Legendary rebels

Another brilliant savant, Joseph Needham, made a new observation which is enlightening and informative. According to legend, a group of mythological beings, as rebels and heretics, revolted against the earliest orthodox king, who had to fight and destroy them. One of the leaders, Ch'ih Yu 蚩尤, the first rebel in Chinese history, attempted in 2698 B. C. to overthrow the Yellow Emperor (Huang-ti) and was crushed at a battlefield (Cho-lu, in modern Hopei). Another monster, Huan Tou 歡兜, was punished by the Yellow Emperor, on a certain mountain. Pai Kun 伯鯀, father of Yü, despite his perverse nature, was reluctantly appointed by Emperor Yao as Minister of Works to drain the flooded country. After performing his duty perfunctorily for nine years without success, he was banished. The work was entrusted to his son who achieved the goal and became the Great Yü, the founder of the so-called Hsia dynasty (traditionally 2205-1755 B. C.).[23] Another legendary being, Kung Kung 共工, a minister of state under emperor Fu Hsi, led an abortive rebellion and was banished. Finally the chieftains of San Miao 三苗 formed a confraternity with solemn ceremonies. The oath of mutual alliance is illustrated by a vivid picture under the label, "The Miao People Sworn Alliance (*Miao-min chü-meng t'u* 苗民咀盟圖)" in Needham's *Science and Civilization in China*, II: 118. The rebels, Ch'ih Yu, Huan Tou, Pai Kun, and Kung Kung, were grouped together in a picture entitled, "The Four Punished Miscreants (*Ssu-hsiung fu-tsui t'u* 四兇服罪圖)" in Needham, II: 116.

Needham includes these legends in his work because of the relation to science of the bronze workers, who became rebels and subsequently received favorable mention in Taoist texts. Some of the rebels' names have a distinct connection to later scientific technical terms. For instance, Needham says that Huan Tou means "literally 'peaceable bellows.'"[24] There is no doubt that

---

23. Yü, a cultural hero, was, during the period of the Warring States, incorporated into the systematized dynasties of ancient times as founder of the Hsia. Professor Ku Chieh-kang 顧頡剛 (1893-1980) cast doubt in 1926 upon the real existence of Yü. This caused an era of suspicion and argument in the academic world about the authenticity of ancient Chinese history and literature. See Ku Chieh-kang, "Yü Ch'ien Hsüan-t'ung hsien-sheng lun ku-shih shu 與錢玄同先生論古史書" (A Letter Discussing Ancient Chinese History with Professor Ch'ien Hsüan-t'ung) in *Ku-shih pien* (Discussions on Ancient History) I (1926) 106-34, 165-86, 207-10. For other rebels, see Liang Yü-sheng 梁玉繩, *Han-shu jen-piao k'ao* 漢書人表考 (A Study of the List of Personal Names in the *Han-shu*), *Ts'ung-shu chi-ch'eng* ed., pp. 447-48.

legendary rebels have come to be regarded as spirits of various kinds and have come to be worshipped and sacrificed to. Ch'ih Yu, a legendary inventor of metallurgy and metal weapons, joined with the San Miao as sworn brothers. He is painted black in the chapter "Lü-hsing" of the *Book of Historical Documents* (*Shu-ching*). He was the first to rebel, and supplanted Emperor Yen 炎 as ruler. He was avaricious and murderous. The *Book of Historical Documents* states:

> Disorder spread among the common people, all of whom became robbers and bandits. They conducted themselves like owls and traitorous villains. They carried on seizures, robbery, deception and looting.[25]

San Miao or Miao is mentioned six times in the *Book of Historical Documents* and was located in the region between the lakes Tung-t'ing and Po-yang in modern Hunan, Hupeh, and Kiangsi.[26]

---

24. *Huan-tou* 驩兜 can be used interchangeably with 歡兜 meaning a harmonious or peaceful belows. The connection between legendary rebels and metal workers needs a little explanation. Legends might have been transmitted verbally, but they were not written down until the period of the Warring States (481-221 B.C.) or later, when metals including iron and steel were in wide use. It is not easy for a historian to write ancient tales completely detaching himself from his own time and environment. Similarly, no one could describe an atomic bomb in detail until nuclear physics had advanced to the manufacturing stage and actual bombs had been made and dropped. See Needham, III, 108, 115-120; Vi, 135ff; H. Maspero, *China in Antiquity*, pp. 18, 21, 193, 278.

25. Chapter "Lü-hsing 呂刑," *Shu-ching* (Book of Historical Documents). Cf. translations of Legge in *Chinese Classics*, III, 590-1; and Karlgren in the *Museum of Far Eastern Antiquities*, no. 22: 74. For Ch'ih Yu, including a dramatized battle at Cho-lu 涿鹿, Hopei, see Henri Maspero, *Taoism and Chinese Religion* (Amherst: University of Massachusetts Press, 1981), 233-34.

26. Lin Yüeh-hwa, "The Miao-Man Peoples of Kweichow," *HJAS* 5 (1941) 261-344, esp. 271. Ruey Yi-fu, a famous senior anthropologist, supplies more information in a special essay about the Miao people. Consisting of several tribes, they were referred to as San Miao. Together with the Chinese and others, they were the earliest occupants of China. But the Miao ancestors, according to Ruey, were probably the legendary emperor Fu-hsi 伏羲 (2953-2838 B.C.) and his female successor Nü Wa 女媧. The customs and rites of these two rulers were different from the then legitimate line, emperors Yao 堯 (d. 2258 B.C.), Shun 舜 (2317-2208 B.C.) and Yü 禹. The heretic San Miao line rebelled against the orthodox Yao-Shun-Yü line. The former was defeated, driven from the north to Nan-hai 南海, Kwangtung, in southern China, where its descendants eked out a living awaiting a chance for revenge. After nearly a thousand years they supported King Wu of Chou (Chou Wu-wang 周武王 [?-1122 B.C.]) in overthrowing the last king Chou 紂 of the Shang dynasty. The successful Chou kings put the descendants of Miao under the control of the feudal state of Ch'in. Thereafter the Miao was overshadowed by other names such as Mao 髳 and Nan-man 南蠻. Until the thirteenth century A. D. the term Miao-jen had seldom been used. In the last several hundred years, the Miao tribe reappears in history, and their rebellion in the early 1830s made them noticeable. Ruey is inclined to think that today's Miao people are descendants of the Miao in the ancient period. Now their population is more than 2,500,000 scattered in Kweichow, Yunnan, Szechwan, Hunan, Kwangsi, and

Needham has noticed that in every case the legends attributed to the rebels have connections with metal workers. He says "A vast mass of folklore is available from Han and pre-Han texts, and a full working out of the views would embrace such diverse subjects as the position of totemism and the secret societies of the first bronze founders."[27]

We can see that whenever there are weapons, whether primitive or advanced, there may be danger of rebellion. That is why Lao Tzu says, "In general, good weapons are inauspicious tools."[28]

We can also see that wherever there are human societies, whether clans or communities, dualism will exist in one way or another in the form of argument or conflict.

One may raise a question whether legends have historical value. The answer is affirmative, because these legendary tales are recorded in Chinese classical literature from the fifth to first centuries B. C. As the eminent historian Chang Hsüeh-ch'eng 章學誠 (1738-1801) said, "Of the *Six Classics*, all have historical value."[29] If history is a reflection, interpretation, or evaluation by the author in the present, then the pre-Christian records have historical value in understanding that period.

Let us take Ch'ih Yu as an example. Ch'ih Yu was first recorded in the *Book of Historical Documents* in chapter "Lü-hsing," which has been generally considered authentic and translated into English by Bernhard Karlgren and others. This name, Ch'ih Yu, appeared thirteen times each in Ssu-ma Ch'ien's

Kwangtung. There are also more than 100,000 Miao tribesmen living in northeast Burma, north Thailand, northeast Cambodia, and in Tongking, Vietnam. Most Miao people are living in mountainous areas, possibly because they are minority groups. In China there are several "Self-government Districts (*Tzu-chih hsien* 自治縣) established by the Peking government for the Miao peopale to rule themselves in Kweichow, Hunan, Yunnan, and especially in Kwangsi. Ruey Yi-fu 芮逸夫, "Miao-jen k'ao 苗人考 " (A Study of the Miao Tribe), *Hong Kong Ta-hsüeh wu-shih chou-nien chi-nien lun-wen chi* 香港大學五十週年紀念論文集 (A Symposium Commemorating the Fiftieth-year Establishment of Hong Kong University) (Hong Kong University Press, 1964), 2: 308-321. Especially see Wen I-to 聞一多 (1899-1946), "Fu-hsi k'ao 伏羲考 " in *Wen I-to ch'üan-chi* (Hong Kong: Yüan-tung t'u-shu kung-ssu遠東圖書公司, 1968) 1: 3-68. This scholarly article actually traces many other legendary beings of the Miao tribe in connections with totemism and flood stories. Wen believed that these beings were totem animals of primitive tribes who became incorporated into Chinese civilization in the fourth century B. C. One of his conclusions is that Fu Hsi and Nü Kua were the ancestors of the Miao tribe (p. 52).

27. Needham, *Science and Civilization in China*, II: 119.
28. *Lao Tzu* 老子 XXXI, my own translation.
29. *Wen-shih t'ung-i* 文史通義 (A General Discussion of Literature and History) (Peking: Chung-hua shu-chü, 1961), 1. In the same essay the six classics are listed as *I* 易, *Shih* 詩, *Shu* 書, *Li* 禮, *Yüeh* 樂, and *Ch'un-ch'iu* 春秋.

Shih-chi and in Pan Ku's *Han-shu*; these two histories are comparable to Herodotus and Thucydides in Western historiography. In Ssu-ma Chien's narrative, Ch'ih Yu revolted against Huang-ti and engaged in a great battle in Cho-lu in modern Hopei. He was a fierce fighter who killed many people. For his awe-inspiring bravery he was deified in later ages. Ch'in Shih-huang worshipped eight spirits; the first was called Lord of Heaven, the second, Lord of the Land, and the third, Ch'ih Yu, Lord of Arms (主兵 or God of War). The location of his grave is given in the *Historical Memoir*. When Liu Pang (later Han Kao-tsu) began his uprising aginst the Ch'in dynasty, he offered prayers and sacrifice to Ch'ih Yu. After he became governor of the district of P'ei, he worshipped the warrior-god Ch'ih Yu again, and anointed his drums and flags with the blood of the sacrifice. During the thirty-year war covering the Ch'in conquest of the six states and Liu Pang's defeat of Ch'in and Hsiang Yü (231-202 B.C.), "the people killed, like scattered sesame seeds, were incalculable. There has never been a tragedy like this since the time of Ch'ih Yu."[30] This statement signifies the importance of Ch'ih Yu who was said to have eighty-one dauntless warriors consisting of his brothers and cousins. Because of his awe-struck might, he was worshipped also in the Han dynasty, when more temples were built in his honor. He was respected as a national hero; his name and flags were used to bolster the morale of the soldiers who were deployed for the territorial expansion of the Ch'in Han Empire, and were especially used when repulsing the invasion of the Hsiung-Nu people.[31] This background may help us understand why Ch'ih Yu became a prototype god of war, like Kuan Yü 關羽 or Kuan Kung 公 (d. 219 A.D.), who received this title in later ages. Thus the evolution of Ch'ih Yu's reputation from "First Rebel" of the legendary period (see p. 9) to that of a national hero and god of war in the third and second centuries B. C., indicates a contradiction resolved by a kind of eclecticism. Nevertheless, in the Shantung reliefs decorating the walls of shrines at the Wu family graves of the second century A. D., Ch'ih Yu appears again as a

---

30. *Shih-chi*, 27:40, "T'ien-kuan shu" (On astronomy), 40, Wu-ying tien chu-chen-pan ed., photo-reprint (Taipei: I-wen yin-shu kuan). See also *Shih-chi* 1:3, 3:5, 8:7 referring to Ch'ih Yu. *Cf*. Burton Watson's translation of *Records of the Grand Historian of China* (New York: Columbia University Press, 1961), II: 30-32.

31. Liu Ming-shu 劉銘恕, "Han Wu-liang-tz'u hua-hsiang chung Huang-ti, Ch'ih-yu ku-chan T'u-k'ao 漢武梁祠畫象中黃帝蚩尤古戰圖考 " (A Study of the Picture of Fighting Between Huang-ti and Ch'ih Yu in the Stone Chamber of Wu-liang Tz'u of the Han Dynasty), *Chin-ling hsüeh-p'ao* 金陵學報 42.9 (Sept. 1942) 341-66.

rebel warrior in company with such other famous assassins as Nieh Cheng 聶政 (d. 397 B. C.) and Ching K'o 軻荊 (d. 227 B. C.). But this is not a reevaluation of Ch'ih Yu, but rather a display of ancient legends to show the long history of the Wu family, which claimed descent from Wu-ting (r. 1339-1281 B. C.) of the Yin dynasty.[32]

It behooves us now to straighten out the chronology, so that we can move forward to a more colorful arena. In archeological terms, the Yang-shao (Painted Pottery) culture and Lung-shan (Black Pottery) culture in North China belong to the late Neolithic times. The material foundation of these Neolithic cultures was a primitive agricultural economy supplemented by hunting, fishing, and domestication of dogs, pigs, and other animals. Many people lived in round, subterranean dwellings and engaged in cultivation of millet and other coarse grains. Villages developed into clan-organized units, which are claimed to have been matriarchal in the Yang-shao period and patriarchal in the Lung-shan period. Each village was self-sufficient and autonomous.[33]

The *Nu-li* Slave society existed in the Shang (ca. 1520-ca. 1030 B. C.) and early Chou periods (ca. 1030-722 B. C.). The *Feng-chien* Feudal society prevailed in the late Chou (722-221 B. C.). and its spirit survived in subsequent dynasties. More seeds of culture were planted in the period of the Spring and Autumn Annals (722-480 B. C.). By the middle of this period, about 600 B. C., there were signs that all of the old social order of the Western Chou was crumbling. The second half of the Spring and Autumn period witnessed the disintegration of the higher social strata of Chinese society, the upward rise of individuals on the basis of ability, and the use of

---

32. Wilma Fairbank, "The Official Shrines of 'Wu Liang Tz'u,'" *HJAS* 6 (Mar. 1941) 1-36, with excellent artistic retouching of the indistict stone rubbings: and "A Structural Key to Han Mural Art," *HJAS* 7 (1942) 52-88. Joseph Needham has reproduced a second-century A. D. tomb-shrine of relief showing the culture-heroes, Fu-hsi and his sister consort Nü-kua, jointly holding a carpenter's square and a *quipu* as symbols of construction and order, Needham, I, 164.

33. For a more detailed and well-documented presentation, see Paul Wheatley, *The Pivot of the Four Quarters* (Chicago: Aldine Co., 1971), 22-30; an Cheng Te-k'un, "New Light on Ancient China," *Antiquity* 38 (1964) 179-86. In these sources there is a controversy as to whether the climate in ancient north China was warmer than it is today. I am inclined to think that it was warmer because: (1) elephant bones were unearthed in North China where no such animal can exist in the wild today, and (2) silk and hemp were often mentioned in Chinese literature, while cotton was not introduced from India until more than a millennium later. Not everyone could have afforded to wear fur. Thus ancient winters along the Yellow River might not have been so severely cold as they are today.

technical skills dissociated from noble birth. This background gave rise to Confucius and Mo Tzu, and subsequently many other philosophers, in the period of Warring States (480–221 B.C.), especially in the 5th and 4th centuries when a period of intense ferment resulted in a great burgeoning of thought, the so-called "Hundred Flowers Blossom."[34]

B. Confucius and the Confucian school

War should be cursed in every way, but we cannot but admit that war is sometimes thought-provoking. One of the earliest respondents to the declining and war-torn feudal system was Confucius (K'ung Ch'iu 孔丘, K'ung Tzu or K'ung Fu-tzu, 551–479 B.C.). He tried to save the traditional socio-political system by means of a vehemently advocated moral code, including benevolence (jen), filial piety, loyalty, considerateness, righteousness, propriety, honesty, and wisdom. He was a spokesman for morality, traveling from state to state seeking a responsible post from the feudal lords, with his earnest pledge, which was quoted by his students as: "If I were given the conduct of the government of a country now, in one year, I should have accomplished something considerable; after three years, I should have put everything in order."[35]

This self-assertion did not generate the expected result, even though it is said that he visited more than seventy princes. Disappointed, Confucius went home in the state of Lu (Shantung), where he resumed teaching as a lifelong profession, though he traveled again when there was an opportunity.[36] He is

---

34. Generally people have the impression that there were more wars in the period of the Warring States than that of the Spring and Autumn Annals. However, Hsü Cho-yün has calculated that in the Ch'un-ch'iu period of 259 years there were 1215.5 wars with only 38 peaceful years. The number of wars in the Chan-kuo period of 242 years was 468.5 with 89 peaceful years. (*Ancient China in Transition, an Analysis of Social Mobility*, 722–222 B.C. [Stanford University Press, 1965], pp, 56, 65). With so many wars in 500 years, no wonder people were wearied, as we can see in many poems in the *Shih-ching*. They blamed the sociopolitical system. The intelligentsia wondered what should be done to remedy the situation.

35. *Lun yü*, XIII, 10. Here we adopt Ku Hung-ming's translation, *The Discourses and Sayings of Confucius* (Shanghai, 1898), 111.

36. It was Ssu-ma Ch'ien who recorded that Confucius had interviewed more than seventy princes, none of whom granted him a steady position. *Shih-chi*, 14: 1b. It is Feng Yu-lan 馮友蘭 who advocated that Confucius was the first professional school teacher in Chinese history. "K'ung-tzu tsai Chung-kuo li-shih shang ti ti-wei 孔子在中國歷史上的地位" (The Position of Confucius in Chinese History), *Yen-ching hsüeh-pao* 2 (Dec. 1927) 233–47. This idea is also included in Feng's *Chung-kuo che-hsüeh-shih* (Hong Kong: T'ai-p'ing yang, 1959), 68–78. For Confucius' traveling and life history, see Fang Chüeh-hui 方覺慧, K'ung Tzu pien-nien chi 孔子編年記 (A Chronological Account of Confucius) (Taipei: Taiwan shu-tien, 1958).

one of the earliest sowers of practical philosophy, which he accumulated through his checkered life. His disciples glorified him as a great sage. The master modestly remarked, "As to being a sage, or a man of virtue, how dare I presume to such a claim? But as to striving thereafter unswervingly, and teaching others therein without flagging — that can be said of me, and that is all." "And that," said Kung Hsi-hua, "is just what we disciples can not learn."[37]

As a matter of fact Confucius was not very famous during his lifetime. A villager from Ta-hsiang said, "Great indeed is Master Kung. Though his learning is vast, in nothing does he acquire a reputation."[38] Once a stranger, trying to pay him a visit, inquired about his residence, "Where is Philosopher K'ung's house?" A villager pointed it out contemptuously, "Are you looking for my 'East Neighbor, Ch'iu' [or K'ung Ch'iu]?"[39] In ancient China when a person's given name was used without any modifier, it signified, not familiarity, but disrespect. There are two other examples in the Lun-yü to indicate the contempt shown him. No wonder the Master lamented, "Alas, no one knows me!"[40] Evidently he was not yet celebrated during his lifetime.

What then makes Confucius famous and great posthumously and so permanently? It seems to be his wisdom, his modesty, his golden mean, and a government machinery to promote Confucianism, especially after 1200A. D. He was wise to open a road through the jungle of myth, legend, divination, and superstition. The pioneer's task is not easy, for he is like a lotus flower that grows out [of dirty mud and yet stands aloof, uncontaminated, with subdued color, and mild fragrance. He dodged the question of what life would be after death.[41] He offered sacrifices to ancestors hoping that they

---

37. *Confucian Analects*, VII, ch. 33. Here the translation of W. D. Soothill is adopted, *The Analects* (Oxford University Press, 1910), 69.

38. *Confucian Analects*, IX, ch. 2, with modification of Legge's translation.

39, The story of Tung-chia Ch'iu 東家丘 is neither in the *Lun-yü* nor in *K'ung-tzu chia-yü* 孔子家語 (The Discourse of the Confucian School). Such dictionaries as *Tz'u-yüan, Tz'u-hai, Dai Kan-wa jitem*, and *Chung-wen ta tz'u-tien*, all indicate the source of *K'ung-tzu chia yü* without mentioning the chapter. We had no success in finding the exact location from the best available editions of this work. Fortunately the internal evidence in the *Lun-yü*, XVIII, 507, can prove that K'ung Tzu was not well known during his lifetime. *Cf.* also R. P. Kramers, *K'ung Tzu chia yü* (Leiden, 1950).

40. *Confucian Analects*, XIV: 37.

41. "Chi Lu asked about serving the spirits of the dead. The Master said, 'You are not able to serve men, how can you serve their spirits?' Chi Lu added, 'I venture to ask about death?' He was answered, 'While you do not know life, how can you know about death?'" *Confucian Analects*, XI: 11.

were alive to enjoy it.[42] Confucius would not speculate on what is invisible or intangible. He "did not discuss prodigious feats of strength, rebellions, and the supernatural."[43] Therefore it is safe to say that Confucius was an agnostic. Ironically and unexpectedly he enjoyed posthumous honor as the founder of Confucian religion. His polite name, K'ung Fu-tzu, has been Latinized as Confucius in modern times.

He was perhaps wise, too, in not publishing any book of his writing but in editing his school textbooks—some of the *Five Classics*.[44] He rarely argued or competed with others, insisting, "I have no course for which I am predetermined, and no course against which I am predetermined."[45] Moreover there were four things from which the master was entirely free. "He had no preconceptions, no predeterminations, no obstinacy, and no egoism."[46] He was broad-minded but reserved; slow of speech but quick of action. He advocated filial piety in the family, loyalty in the state, considerateness and reciprocity in human relationship. These characteristics *inter alia* and the good fortune of having many enthusiastic adherents made Confucianism the long-lived orthodoxy of Chinese history.

Confucius' reputation gained headway after his demise. Several disciples mourned near his tomb for three years, while Tzu Kung 子貢 mourned six years. On one occasion a few of his devoted students competed with one another in eulogizing their master. Tzu Kung compared Confucius to the sun

---

42. *Ibid.*, III: 12. This imagining of a deceased person's actual presence at a sacrifice seems to have been a psychological justification so that Confucius could compromise with prevailing custom of his time and environment. Whether he really believed in spirits or not is uncertain. Let's remember that when the master fell ill, Tzu Lu asked him to pray. The Master doubted, "Is there such a thing?" He politely ended the request, "My praying has been in progress a long time." *Confucian Analects*, VI: 34.

43. *Ibid.*, XVI: 20. For the English translation in the text I have eclectically drawn from Legge, Waley, Ware, Soothill; each of their translations makes good sense. For instance, this sentence is translated by Ku Hungming as: "Confucius always refused to talk of supernatural phenomena, of extraordinary feats of strength, of crime or unnatural depravity of men, or of supernatural beings"; *The Discourses and Sayings of Confucius*, 53.

44. The *Five Classics* comprise the *Shih* 詩 (*Book of Poetry*), *Shu* 書 (*Book of Historical Documents*), *I* 易 (*Book of Changes*), *Li* 禮 (*Book of Rites*), and *Ch'un-ch'iu* 春秋 (*Spring and Autumn Annals*). The order of the *Five Classics* is sometimes *I-ching*, *Shu-ching*, *Shih-ching*, *Li-chi*, and *Ch'un-ch'iu*. The last follows the arrangement of the archaic text school, which is different from modern (Han) text school.

45. Lao Tzu said, "If he does not contend, no one in the world would contend against him" (*Lao Tzu*, LXVI). Whether Confucius learned this knack from Lao Tzu or vice versa is a moot question to be tackled later. See also *Analects*, XVII, ch. 8.

46. *Confucian Analects*, IX, ch. 4.

and moon. Tsai Wo 宰我 regarded him as far "superior to Yao and Shun." Tzu-kung added, "From the birth of mankind till now, there has never been another [sage] like our Master." These highest honors paid by his disciples certainly enhanced Confucius' image. But at the same time they were seemingly fraught with political motivation. According to the *Mencius*, there was an attempt to make Yu Jo 有若 the successor to Confucius simply because he looked like the sage. Others objected to the idea, and so the attempt failed.[47]

Schism seems inevitable even in the same school of thought. Han Fei Tzu informs us that the Confucians were divided into eight schools, each one claiming that it alone taught the orthodox Confucian ideology.[48]

Confucius was said to have had some three thousand students of whom more than seventy-two were scholars of extraordinary ability.[49] Many of his first and second generation disciples, such as Tseng Tzu, Tzu-kung, and Tzu Ssu, were prominent and influential in socio-political circles and built a foundation for Confucianism. But they died before long. Some of the eight schools must also have been short-lived or local. So the most influential Confucian came to be Mencius and Hsün Tzu whose positions in Chinese philosophy correspond with those of Plato and Aristotle in Western philosophy.

---

47. Those who supported Yu-jo were Tzu-hsia 子夏, Tzu-chang 子張, Tzu-yu 子游. The objector was Tseng-tzu 曾子, who was a very popular teacher in his own right and was second to none but Yen Hui in the Confucian school. The *Work of Mencius* in the *Chinese Classics*, Vol. 2, pt. 1, ch. 2, pp. 70-71, ch. 4, pp. 130-31; *Shih-chi*, ch. 47, "Hereditary House of Confucius," ch. 67, "Biographies of Confucius' Disciples"; James Legge, *Prolegomena*, III, "Immediate Disciples" (New York: Dover Publications, 1971), 117; H. G. Creel, *Confucius aud the Chinese Way* (*Confucius; the Man and the Myth*, 1949) (New York: Harper Torchbooks, 1960), pp. 56, 176, 297; and Wing-tsit Chan, "Ch'u-ch'i Ju-chia 初期儒家" (Confucianists in the Early Period), *Shih-yü-so chi-k'an* 史語所集刊, 47.4 (1976) 1-76. Professor Chan granted me an offprint copy. He observes that in the *Lun-yü*, the affiliation of *tzu* with a name, such as Meng-tzu, Tseng-tzu, Tzu-kung, Tzu-hsia, indicates a ranked disciple, of which there were 27; see pp. 1-12.

48. Since the death of Confucius the Tzu-chang 子張 school, the Tzu-ssu 子思 school, the Yen family 顏氏 school, the Meng family 孟氏 school, the Ch'i-tiao family 漆雕 school, the Chung-liang family 仲良 school, the Sun family 孫 school, and the Yüeh-cheng 樂正 family school. Wang Hsien-shen 王先慎, *Han Fei Tzu chi-chieh* 韓非子集解 (Taipei: Shih-chai shu-chü, 1955), ch. 50, "Hsieh-hsüeh 顯學," p. 351. *Cf.* Burton Watson, tr., *Basic Writings of Mo Tzu, Hsün Tzu and Han Fei Tzu* (New York: Columbia University Press, 1967), p. 118.

49. For details and exactness see the well-documented essay of Ch'ien Mu 錢穆, "K'ung-tzu ti-tzu t'ung-k'ao 孔子弟子通考" in *Hsien-ch'in chu-tzu hsi-nien* 先秦諸子繫年 (A Chronology of Pre-Ch'in Scholars) (Shanghai: Commercial Press, 1937) I: 56-77; and Wing-tsit Chan (see n. 47), 1-20.

Mencius' campaign for democracy

Meng K'o 孟軻 Meng Tzu or Mencius (ca. 390–305 B.C.), was a native of Tsou, while Confucius was a native of Lu; both are in modern Shantung. He studied under Confucius' grandson, Tzu Ssu, who was trained by the sage's celebrated first generation disciple, Tseng Tzu. Therefore Mencius was a direct descendant of the Confucian school, and indeed the two masters were close in ideas and actions. Both were professional teachers; both traveled widely for a long time; both preferred the maintenance of the traditional socio-political systems of the Chou dynasty; and both were transmitters of previous ideas, not creative writers. Nevertheless Mencius sharpened the focus of Confucius' terse and vague statements. Speaking of human nature, Confucius said, "By nature near together, by practice far apart."[50] Mencius explained his belief that human nature is originally good in a dialogue with Kao Tzu who might have been his student or friend, and who held that human nature is neutral.

Kao Tzu said, "The nature of man is like whirling water. Open a passage for it to the east, and it will flow to the east; open a passage for it to the west, and it will flow to the west. Human nature is indifferent to good and evil, just as the water is indifferent to the east and west." Mencius replied, "...Human nature is good just as water flows downward. There is no man who does not intend to do good, there is no water that does not flow downward. ...Due to the force of circumstance, man may be brought to do evil."[51]

Although this is only a part of Mencius' explanation, he ably defended his good-human-nature thesis, and made it popular in Chinese history.

Unlike Confucius, who spoke briefly, Mencius liked to argue, to debate, and to convince his audience with anecdotes, parables, and witty arguments. This resulted in wide publicity for Confucianism. The two sages were interested in political theory and practice, and especially in public administration. Both believed in a notion of "sage king" similar to Plato's "philoso-

---

50. The original text is 性相近也，習相遠也。 *Confucian Analects*, XVII, ch. 2. We adopt the translation of Arthur Waley. W. E. Soothill's rendering is "By nature men nearly resemble each other; in practice they grow wide apart" (188). Ku Hung-ming gives "Men in their nature are alike; but by practice they become widely different" (153).
51. *The Works of Mencius*, Bk. VI, pt. I, 2. *Cf.* Wm. Theodore de Bary *et al.*, *Sources of the Chinese Tradition* (New York: Columbia University Press, 1960), 102–103.

pher king." It seems, however, that whereas Confucius paid more attention to the ruler in an enlightened monarchy, Mencius put more emphasis on the ruled—the people in a sort of proto-democracy where majority rule was advocated. Confucius disapproved of rebellion; Mencius sanctioned tyrannicide.

Of the three basic elements of a state, Mencius believed that the people were the most valuable; the territory, second; the prince was the least important.[52] For him the people should be the master, the ruler the public servant. The ruler should like what the people like and hate what the people hate, and should follow the majority rule. When there is a candidate for a position, if the king's advisers say he is wise and talented, this is not enough; even if all high officials say he is wise and talented, this is still not enough; not until everyone in the state says so, may the candidate be investigated. If the result is satisfactory, then he may be employed. In order to make his point clear Mencius gives us two examples of the dismissal of an incompetent official or the execution of a criminal; the same procedure must be followed, namely a majority rule with nationwide approval.[53]

For further illustration of a government "by the people," Mencius drew supporting data from ancient history. He said that the reason for King Chieh 桀 (d. 1783 B. C.) and King Chou 紂 (d. 1122 B. C.) to have lost the Shang and Chou dynasties respectively was that they lost the support of the people. The king and the people should have close relations and each should fulfill their duties. If either party neglected its duty, then they would each suffer. In Mencius' words: "When a prince regards his ministers as his hands and feet, they will regard him as their belly and heart; when he treats them as dogs and horses, they will treat him as…a robber or as an enemy." Worse still, they can rebel against or kill him. And this is tyrannicide, not regicide, because the king has forfeited the prerogatives of the throne and become a deserted man (t'u-fu 獨夫). Mencius drew this conclusion from ample historical evidence.[54]

---

52. Based on *Mencius*, Bk. VII, pt. II: 14, Mencius' political theory, with its emphasis on the people, may be verified in our present time in the cases of Japan and Germany whose territories were reduced after World War II. Despite such loss, they survived and have recovered quickly because of their energetic and cooperative people and their unselfish government.

53. It is based on *The Works of Mencius*, Bk. I, pt. II, ch. 7.

54. *Ibid.*, Bk. IV, pt. II, ch. 3. Mencius' approval of rebellion is not his personal opinion but based largely on the lessons given in the *Book of Historical Documents*. To begin with,

Modern scholars also support this analysis. According to James Legge, people **have** the right to raise the standard, "not of rebellion but of right-eousness." "Ch'i i-ping 起義兵, a raising of righteous soldiers, is the profession of all rebel leaders in China".[55]

That Mencius approved of rebellion, even of tyrannicide, has also been endorsed by a current sinologist who says, "When a ruler fails to be a kingly ruler, he is no longer a king and the people have the right to resist, to rebel against him, and, if necessary, even to kill him in the course of rebellion."[56]

What then does the "mandate of heaven" (*T'ien-ming*) mean, when Mencius has already granted so much power to the people? To my mind, in the case of Mencius, *T'ien-ming* may simply mean popular support. To receive the mandate of heaven is to receive popular support. *T'ien* or heaven, in many usages, may be treated as an equivalent of *min*, people. As Mencius said, "Heaven sees according as my people see; Heaven hears according as my people hear." Here heaven is almost a symbol of the people. Heaven does not speak; it merely presents a person, as Yao presented Shun, to the people and "the people accepted him." Thus, to receive the mandate from heaven (*shou-ming yü T'ien*) actually means to receive popular support from the people. Mencius said: "There is a way to get the kingdom—get the people and the kingdom is got." He further stated: "They who accord with Heaven are preserved, and they who rebel against Heaven, perish." These statements may be taken to mean that those who work in accordance with the need of the people will prosper, whereas those who act against the wish

---

"Heaven sees as people see; Heaven hears as my people hear" is copied exactly from the chapter "T'ai-shih 泰誓" in James Legge's translation of *Chinese Classics*, III, 292. There are other instances of calling for people's rebellion. In the Speech of T'ang, the king said, "Come, ye multitudes of the people, listen all to my words. It is not I, the little child, who dare to undertake *what may seem to be a rebellious enterpris;e* but for the many crimes of the sovereign of Hea [Hsia], Heaven has given the charge to destroy him," III, 173. In the *Book of Chou*, the "Great Declaration," pt. 1, "Now, Chou 紂 the [last] king of Shang, does not reverence Heaven above, and inflicts calamities on the people below. He has been abandoned to drunkenness, and reckless in lust. Along with criminals he has punished all their relatives ... He has burned and roasted the loyal and good. He has ripped up pregnant women. Great Heaven was moved with indignation, and charged my deceased father Wan [King Wen] reverently to display its majesty; but he died before the work was completed ... The iniquity of Shang is full. Heaven gives command to destroy it. If I (Wu-wang Fa 武王發) did not comply with Heaven, my iniquity would be as great," III, 284-287. Based on these instances, it seems clear that to rebel against a tyrant king is to obey the will of heaven.

55. The *Chinese Classics*, II, Prolegomena, sect. II, Mencius' influence and opinions, 48.
56. Frederick W. Mote, *Intellectual Foundations of China* (New York: Alfred A. Knopf, 1971), 58.

.of the people will perish. Thus, mandate of heaven may mean popular support.[57] In Frederick Mote's understanding, "Mencius not only made the people the ultimate standard for judging the government, but made man the standard for Heaven itself. Heaven to Mencius meant nature, or the ethic cosmic order *in toto*."[58]

One of the most extensive treatment of *T'ien-ming* 天命 is given by T'ang Chün-i, who says, "Mencius' doctrine of establishing *ming* is a development of Confucius' doctrine of understanding *ming*, though Mencius emphasized more advanced preparation for cultivating one's virtue."[59] It is obvious that throughout the whole book, Mencius tried his best to promote Confucius' ideas and ideals, such as benevolence (*jen*), righteousness (*i*), propriety (*li*), and wisdom (*chih*). He is therefore called the Second Sage (*Ya-sheng* 亞聖).

Hsün Tzu's role in Confucianism and Legalism

Hsün Tzu, Master Hsün (given name, Hsün K'uang 荀況, and Hsün Ch'ing 卿, 3rd century B. C., ca. 298-238) was a native of Chao in modern Shansi. At the age of fifty he traveled to the state of Ch'i (in modern Shantung), then the center of Chinese civilization. He associated with other scholars in an informal academy located near the capital's city gate called Chi-hsia 稷下, thanks to the king of the Ch'i, who attracted many scholars from other states to come to his capital by offering them stipends, living quarters, and leisure to pursue their studies and to enjoy the freedom of thinking and discussion as we can see below. Having been an avid reader, Hsün Tzu was able to survey the late Chou thought as a whole including the Taoist, Legalist, and logic schools. Thus he became a great synthesist of ancient knowledge up to his time. His work represents the most complete and well-ordered

---

57. T'ien-ming 天命 is mentioned only once in *Mencius*, Bk. IV, pt, A, 7.5, "The decree of Heaven is not unchanging." My interpretation of this term was published in *China in Crisis*, Ping-ti Ho and Tang Tsou, eds. (Chicago: University of Chicago Press, 1968) I: 438. The quotations are from the *Work of Mencius*, Bk. V, pt. 1, ch. V; Bk. IV, pt. 1, ch. IX; Bk. IV, pt. 1, ch. VII. These citations follow the order in the text. See also Yang Hua-chih 楊化之, comp., *Meng Tzu yen-chiu chi* 孟子研究集 (Taipei: Chi-ch'eng tu-shu Co., 1963), 30-31. *Cf.* also Vincent Y. C. Shih, "Metaphysical Tendencies in Mencius," *Philosophy East and West* 12.4 (Jan. 1963) 319-41.

58. Mote (see n. 56), 58.

59. T'ang Chün-i 唐君毅, "The T'ien-ming [Heavenly Ordinance] in Pre-Ch'in China," *Philosophy East and West* 11.4 (Jan. 1962) 195-218; 12.1 (Apr. 1962) 29-49. It was originally published under the Chinese title, "Hsien Ch'in ssu-hsiang chung chih t'ien-ming kuan 先秦思想中之天命觀" in *Hsin-ya hsüeh-pao* 新亞學報 11.2 (Feb. 1957) 1-33.

philosophic system of the early period.[60] As a senior scholar he was honored with the position of a Libationer. This high post incurred jealousy and criticism for him. He had to leave the Ch'i court for the Ch'u state where in 255 B.C. he was appointed magistrate of Lan-ling 蘭陵 in southern Shantung. As a living compendium of all the learning of the age, Hsün Tzu rendered excellent service in promoting education and in teaching students to enhance the cultural level of the district. He won the fond respect of the people. For eighteen years he continued in the office until the assassination of his superior, Prince Ch'un Shen 春申 in 238 B.C., when he lost his position. He continued to live and teach in Lanling until his death, and there he was buried.

Hsün Tzu trained two outstanding disciples: Han Fei-tzu (d. 233 B.C.), the last of the Chou Legalist philosophers, and Li Ssu (d. 208 B.C.), who was an able assistant of the First Emperor of China (Ch'in Shih Huang-ti).[61] Just as Hegel's dialectic affected Marx, Hsün Tzu's evil-human-nature theory influenced Han and Li to reshape the Chinese empire. In this respect he played an important role in Legalism.

Although both Mencius and Hsün Tzu were staunch supporters or molders of Confucianism, to use Homer Dubs' term, each had different opinions. It was Hsün Tzu's belief that human nature is basically evil, and therefore nurture and discipline are needed. People should be governed by law and punishment. This flatly contradicts Mencius' theory that man is originally good. Every man should do his best to cultivate his original good nature to the utmost.[62] This is indeed the most fundamental divergence of the two educators. As for minor disagreements and Hsün Tzu's criticism of Mencius, see Feng Yu-lan, *A History of Chinese Philosophy*, I: 280-81.

There is a controversy that Mencius patterned after ancient kings, Hsün Tzu later kings, which may mean that Mencius looked backward and Hsün Tzu forward. Actually it is not true. The later kings here spoken of are the

---

60. Liang Ch'i-hsiung 梁啓雄, *Hsün Tzu chien-shih* 荀子柬釋 (*Kuo-hsüeh chi-pen ts'ung-shu* edition, v. 31), ch. 6: 57-67; ch. 17: 235; ch. 21: 294-95. See also Wei Cheng-t'ung 韋政通, *Hsün Tzu yü ku-tai che-hsüeh* 荀子與古代哲學 (Taipei: Commercial Press, 1966) in *Jen-jen wen-k'u* series.

61. *Shih Chi*, ch. 74, Biographies of Meng Tzu and Hsün Ch'ing, 5-7 (Taipei: I-wen Yin-shu kuan reproduction of the Wu-ying tien ed.), and Homer Dubs, *Hsüntze* (London: Arthur Probsthain, 1927), 24.25 *passim*.

62. *Hsün Tzu Chien-shih*, sect. 23: 329-35. For a good treatice see Homer H. Dubs, "Mencius and Sün-dz on Human Nature," *Philosophy East and West* 6.3 (Oct. 1956) 213-22.

kings of the early Chou dynasty, not of the remote antiquity. "There were so many sage-kings," said Hsün Tzu. "Which shall I follow? When rites are too ancient, their forms become obliterated. If you wish to see the footprints of the sage-kings, then look where they are most clear, that is to say, at the later Chou kings. If you wish to know the governance of the Chou dynasty, you should learn from the esteemed superior man [i. e. Confucius]."[63]

"Hsün Tzu, like Mencius, thus paid honor to Confucius and believed in the conservation of the Chou institutions, but where Mencius said that man should follow the examples of the early kings such as Yao and Shun, Hsün Tzu maintained that it is the later kings who should be followed. However, what they meant by these two terms was exactly the same," according to Feng Yu-lan.[64]

It seems that Hsün Tzu cast a little doubt on the reliability of legendary kings. If so, Hsün Tzu may be honored as a remote predecessor of Professor Ku Chieh-kang (1893-1980) who started a great "doubt-ancient-history movement" in the 1920s.[65]

Hsün Tzu also approved the people's right to revolt against evil kings. It is not Mencius but Hsün Tzu who said: "The ruler is the boat and the common people are the water. It is the water that bears the boat up, and the water that capsizes it."[66] The success of a government depends on the morality of a ruler who can command the support of the people, and then

---

63. Dubs, *Hsüntze*, sect. 5, 50-51.
64. *Cf.* Feng Yu-lan, *Chunk-kuo che-hsüeh-shih* (Hong Kong: T'ai-p'ing-yang tu-shu kung-ssu, 1959), 351; and Derk Bodde's translation of his *History of Chinese Philosophy* (Princeton: Princeton University Press, 1952), 1: 282.
65. Hsün Tzu thought that history did not clearly record what Yao, Shun, and Yü did. They were supposed to have reigned two thousand years before his time. Were these sage-kings really good? Did they really yield the throne to their successors, and for what reasons? (Homer Dubs, *Hsüntze*, 106-107, 282-84). Burton Watson also noticed that Hsün Tzu "vehemently refutes the legend that the ancient sage ruler Yao selected Shun from among the common people to be his successor, and ceded the throne to him. This legend is recorded in the *Book of Documents* [*Yao-tien*], the *Analects*, ch. 20, and the *Mencius* [5A:5], and was evidently widely accepted among the followers of the Confucian school. Scholars now believe that it is an invention of fairly late Chou times" (*Hsün Tzu*, 9-10). No wonder Hsün Tzu decided to honor King Wen (?-1157 B.C.), King Wu (1156-1116 B.C.), and Duke Chou (d. 1105 B.C.) who lived several hundred years before Hsün Tzu.
66. This famous simile has been ascribed wrongly to Mencius by some. But actually it is in the *Hsün Tzu*, ch. 9: 37, in Burton Watson's translation. For more original sources on Hsün Tzu's ideas of revolution and respect for public opinion, see Wei Cheng-t'ung 韋政通, (See n. 60), 97-106. For more internal evidence against the remote antiquity, see Lo Ken-tse 羅根澤, *Chu-tzu k'ao-so* 諸子考索 (Peking: Jen-min ch'u-pan she, 1958), 63-77.

his state is secure.

The notorious behavior and maladministration of the last king of the Yin (or Shang) dynasty reportedly caused two-thirds of the Chinese tribes to switch their loyalty to the rebellious force. Wen Wang and Wu Wang received the mandate of heaven, which means "to succeed in possession of the kingdom" and established the Chou dynasty in 1122 B. C. The Duke of Chou, no doubt an able statesman, served as a kind of regent during the childhood of King Ch'eng. In consolidation of the conquest the heir of Yin was captured and placed under the guard of Chou Kung's brothers, Kuan and Ts'ai. Before long, these guards allied with their captive and the defeated soldiers of the Yin dynasty, in an attempt to retake the Yin capital.[67] In a power struggle Chou Kung suppressed the new rebels, executed his brother Kuan, and the Yin heir, and exiled Ts'ai. When King Ch'eng came to maturity, Chou Kung returned the administrative power to him and was thus praised highly by Hsün Tzu and other philosophers. This political transaction, called "*I-wei* 易位 dethrone or change positions," established a precedent to be followed in later Chinese history such as minister Yang Chien who deposed the emperor and set up a new regime called the Sui dynasty (589-618), and as the Regent Uncle Dorgon (1612-1650) did in early Manchu history. During the last two thousand years Hsün Tzu, according to T'an Ssu-t'ung and Liang Ch'i-chao, has been one of the most influential scholars on both Confucian and legal ideas.[68]

On the whole, however, Confucius advocated reverence toward the prince

---

67. Ch'en Meng-chia 陳夢家 collected some information from oracle bone and especially bronze inscriptions on the early Chou history in his chapter on "The Greatness of Chou (ca. 1027-ca. 221 B.C.)" in *China*, ed. by Harley F. MacNair (Berkeley: University of California Press, 1946), 54-71. Unfortunately MacNair did not use footnotes. See also Teng Ssu-yü, "Chou Kung shih-shuo yen-pien k'ao 周公史說演變考" (Evolution of Historical Stories About the Duke of Chou) in Huang Pei 黃培 and T'ao Chin-sheng 陶晉生, eds, *Teng Ssu-yü hsien-sheng hsüeh-shu lung-wen hsüan-chi* 鄧嗣禹先生學術論文選集 (Taipei: Shih-huo ch'u-pan she, 1980), 189-221.

68. *Hsün Tzu Ch'ien shih* (see n. 60), ch. 8: 78, "Ju-hsiao 儒效 (The Merit of Confucianism): 故以枝代主，而非越也；以弟誅兄，而非暴也；君臣易位，而非不順也。" (Hence for a branch to take the place of the head of the house is not overstepping the bounds of what is right; for a younger brother to kill his older brother is not oppression [violence]; for a prince and a minister to exchange positions is not improper), Dubs' translation, *Hsüntze Works*, 93. See also Chu Chien-chang 朱堅章, *Li-tai ts'uan-shih chih yen-chiu* 歷代篡弒之研究 (A Study of Usurpation and Assassination in All Dynasties) (Taipei: Wen-hua chi-chin-hui ts'ung-shu, 1964); and Liang Ch'i-ch'ao 梁啓超, *Ch'ing-tai hsüeh-shu kai-lun* 清代學術概論 (*Jen-jen wu-k'u* edition), 95-96, trans. by Immanuel C. Y. Hsü with the title *Intellectual Trends in the Ch'ing Period* (Cambridge: Harvard University Press, 1959), 108.

and restraints upon subjects; he had gained the support of would-be absolute monarchs. Monarchism tried to build up an authoritarian political and ethical doctrine after the period of the Warring States. The Confucian emphasis on loyalty and considerateness suited the need of those kings whose avowed purpose was to be benevolent, at least at the time of enthronement.

Finally Hsün Tzu's objection to religious magical practices, his condemnation of prayers for rain and for the cure of illness, and his attacks on physiognomy, fortune telling and other superstitions were for the purpose of attacking heretics.[69] His systematic defense of Confucian ideas against the persistent attacks of varied opponents was a significant factor in the ultimate dominance of Confucian dogma in Chinese thought. Undoubtedly Mencius and Hsün Tzu are the two arch supporters of Confucianism. Nevertheless, Confucianism has been virtually divided into the Mencius and Hsün Tzu branches.

C. Antithetic schools of thought

Mo Ti 墨翟, Mo Tzu, or Master Mo (ca. 468-ca. 376 B.C.) was an early Confucian heretic.[70] In the 5th century B.C. Confucius and Master Mo were the two most popular and influential philosophers and politico-social reformers. Mo Tzu's ambition was "to promote what is beneficial to the world and to eliminate what is harmful" ("Universal Love," pt. 2, trans. by Watson). While Confucius has been compared to Socrates, Mo Tzu has been called in a general way the anticipator of Rousseau's *Social Contract* and J. S. Mills Utilitarianism. Confucianism and Mohism were the two rival philosophical schools in the technical sense. Both teachers, affected by the

69. *Hsün Tzu Ch'ien-shih*, Ch. 17: 231-34; H. H. Dubs, *Hsüntze, the Moulder of Ancient Confucianism* (London, 1927), ch. 5, "Speculative philosophy and superstition," 57-76; and B. Watson, *Hsün Tzu*, 8-9.

70. The dates of birth and death of many ancient Chinese are approximate, if we are lucky to find some information, and those of Mo Tzu are particularly perplexing. Ssu-ma Ch'ien in the first century B.C. could not furnish us with the desired biographic information. For some two thousand years Mo Tzu was little studied, until Sun I-jang 孫詒讓 (1848-1908) made a scholarly commentary on the book *Mo Tzu*, and a chronological chart of the author Mo Tzu. In the latter source Mo Tzu's dates are indicated as 468-376 B.C. This is modified to 480-390 B.C. by Ch'ien Mu 錢穆 who spent many years in the preparation of *Ch'ien Chin Chu-tzu hsi-nien* (see n. 49), p. 100. Needham gives 479-381 B.C., *Science and Civilization in China*, II, 165; Wm. Theodore de Bary *et al*, 470-391 B.C.?, *Sources of Chinese Tradition*, 36; Wing-tsit Chan, fl. 479-438 B.C., *A Source Book in Chinese Philosophy*, 211. These are only a few examples. Because there is no consensus of opinion, it is safe for us to indicate Mo Tzu's dates tentatively as in the text.

social upheavals of the time, traveled about persuading feudal lords to adopt their ideas. Both believed that government should correspond to the desires of the common people. Both urged that the hereditary rulers should turn the administration over to persons of wisdom and talent.

These similarities may have been caused by the fact that Mo Tzu was probably a native of the state of Lu, as was Confucius, and received the same basic education as in the Confucian schools. But he broke away and became a dissident from Confucianism. He set up his own independent school of thought.[71]

There are two reasons for the establishment of Mohism or Moism. One is the different family and social backgrounds of Confucius and Mo Tzu, and the other is the organizational difference between Confucianism and Mohism. Confucius was a descendant of a Shang dynasty official, and he belonged to the hereditary bureaucratic class. Mo Tzu belonged to a lower class of artisans. Mo Tzu literally means "Master of the Ink Marking Line" (device for making a straight line on lumber; a long thread rolled up on a wheel to go through an ink pad). He said: "The will of Heaven to me is like the compass to the wheelwright and the square to the carpenter." Mo Tzu is also reported to be descended from displaced knights or wandering military adventurers.[72]

---

71. According to Liu An 劉安 (d. 122 B. C.), "Confucius and Mo Ti practiced the arts of the ancient sages and were learned in all the discourses on the Six Disciplines [decorum, music, archery, charioteering, writing, and mathematics]," *Huai-nan hung-lieh chi-chieh* 淮南鴻烈集解 (A Collected Commentary of Prince Huai-nan's Compendium), *Kuo-hsüeh chi-pen ts'ung-shu* ed., 9: 24. On another occasion the same author wrote, "Mo Tzu learned the professions from Confucians (*ju* 儒) and received the teaching metihod of Confucius. But he considered that the ceremones of the Confucian school were too numerous and displeased him; its stress on elaborate funerals was money-consuming and impoverished the people; and its observance of lengthy mourning periods was wasteful of the observer's life and harmful to his public service, Therefore he turned his back on the Chou dynasty and instead he prefered the Hsia customs" (ch. 21: 8). *Cf.* Derk Bodde's translation of Feng Yu-lan's *History of Chinese Philosophy* I: 77.

72. For Confucius' family and social background, see "K'ung-tzu shih-chia 孔子世家" in *Shih-chi*, ch. 47. For Mo Tzu's labor class background, see Y. P. Mei, *The Works of Motse*, 140, 255-59; Li Ying 黎嬰, *Chung-kuo ku-tai ta ssu-hsiang-chia* 中國古代大思想家 (Great Thinkers of Ancient China) (Hong Kong: Shanghai shu-chü, 1962), 20-21; Hsiao Kung-ch'üan, trans. by F. W. Mote, *A History of Chinese Political Thought*, 214-17; and Mote, *Intellectual Foundations of China*, 86-87. It is Feng Yu-lan who suggested that "the Mohist school was originated from the chivalrous group of the professional fighters [the knights-errant]"; "The Origin of Ju and Mo," *Chinese Social and Political Science Review* 19.2 (Jul. 1935) 153-55.

Confucius, although poor, sought to maintain his traditional prestige and dignity. Since his youth he had been master of ceremonies, mourning observances, and decorum.[73] It is said that when a dinner table was not properly set, he would not sit (*Analects* 10. 10); when meat was improperly cut, he would not eat (*ibid.*, 10. 8). He traveled in a two-horse chariot loaded with books.[74] When he was in Ch'i, he heard Shao music, and for three months was not conscious of the taste of meat (*ibid.*, 7. 13). On one occasion he candidly told his students: "As a youth I was poor, hence I learned to do many things" (*ibid.*, 9.6). Confucius preferred charioteering to archery (*ibid.*, 19. 2); this may hint that he was a pacifist. Indeed, he admitted: "I have not learned military matters" (*ibid.*, 15. 1).

Mo Tzu, on the other hand as Ssu-ma Ch'ien informed us, "lived in a small house built of rough unworked timbers and with a thatched roof. He used none but earthenware utensils, and partook of the coarsest food. His clothing was of the simplest skin or hemp according to the season."[75] We can visualize this Mo Tzu from the lower social stratum, whose appearance and manner were quite different from those of Confucius. No wonder that a feudal lord of Ch'u refused to see him, on the pretext of old age—the real reason was that Mo Tzu was from a humble background (*chien-jen* 賤人).[76]

The teaching of simplicity in funeral ceremonies and brevity in the

---

73. Hsü T'ung-lai 許同萊, *K'ung Tzu nien-p'u* 孔子年譜 (Taipei: Chung-yang wen-hua kung-yin she, 1955), 24, 28, 34 *passim*.

74. Note that it was Mencius, not Confucius, who was questioned by his disciple, "Is it not an extravagant procedure to go from one prince to another and live upon them, followed by several tens of carriages, and attended by several hundred men?" *Mencius*, bk. III, pt. II, ch. 4.

75. *Shih-chi*, ch. 130: 5. *Cf.* also *Mo Tzu chien-ku*, p. 289.

76. Here *chien-jen* 賤人 may also mean a low-class man. I adopt Y. P. Mei's translation of *Motse*, ch. 47: 223. The antonym of *chien-jen* is *chün-tzu* 君子, princely or superior man. According to Chang Ch'un-i 張純一, Mo Tzu was proud of his skill with his "ink marking line (*shun-mo* 繩墨) and of his peasant background. He valued manual labor and stoic life as reasons for pride," *Tseng-ting Mo Tzü chien-ku ch'ien* 增訂墨子閒詁箋. (Notes on *Mo Tzu chien-ku*, revised and enlarged) (Taipei: I-wen Yin-shu kuan, 1975), 269. See also Hsü Wen-shan 徐文珊, *Hsien Ch'in chu-tzu tao-tu* 先秦諸子導讀 (An Introduction to Pre-Ch'in Philosophers) (Taichung: Yu-shih shu-t'ien, 1964), 121, in which the author believes that Mo Tzu spoke for the commoners. Then *chien-jen* may also mean a low commoner. On the class background of Mo Tzu and Mohists, see also the three essays written by Chao Fu-chieh 趙馥潔, Wang Ming 王明, and Sun Kuo-chen 孫國珍 in Che-hsüeh yen-chiu pien-chi pu 哲學研究編輯部 ed. *Chung-kuo che-hsüeh-shih wen-chi* 中國哲學史文集 (Chilin: Jen-min ch'u-pan she, 1980), 88-127.

mourning period was made from the point of view of the lower class of society. Mo Tzu criticized Confucius and Confucianism for being extravagant, pompous, fatalistic, and for being over-fond of music, dancing and lavish funerals. The death of a common man exhausted the wealth of a family, and that of a feudal lord emptied the state treasury. As a radical reformer Mo Tzu would have liked to abolish the ways of the Chou dynasty with its art and luxury, its wars and moral blindness, and completely revive the primitive simplicity of the Hsia period.[77]

Mo Tzu, founder of the Mohist School, diagnosed the trouble in his society as the lack of "love," or better still, of "universal love." Here is his reasoning: because I do not like your children and your home, therefore I do not care if I kill your children and destroy your home; but if I love them both, I can not bear to do so. How could universal love, which seems to be more concrete than the Confucian kindness or benevolence (jen), be realized? Mo Tzu answered that mutual love and mutual benefit on a utilitarian basis were most essential to this realization. In addition, honoring the worthy (shang-hsien 尚賢), identifying with one's superior in ideology and aim (shang-t'ung 尚同), and determination to overcome destiny (fei-ming 非命) and to stop incessant wars could improve the chaotic situation and promote better human relationships.[78] This leads to the second point—the organizational difference between Confucianism and Mohism.

Mo Tzu seems to have organized a labor or carpenters' union, like Freemasonry, with skillful carpenters, architects, chivalrous adventurers, religious zealots, and a number of the hish 士 class, who were mostly educated military officers. Mo Tzu trained them to live a stoic life and to obey the iron rules of the leader.[79] On the contrary, Confucius made no attempt to organize his disciples.

---

77. *Mo Tzu chien-ku*, ch. 20-25; and H. R. Williamson, *Moti, a Chinese Heretic; a Short Sketch of His Life and Works* (Tsinan: Print at University Press, 1927), p. 5.

78. *Mo Tzu chien-ku*, ch. 14-16.

79. T'ao Hsi-sheng 陶希聖, *Chung-kuo cheng-chih ssu-hsiang-shih* 中國政治思想史 (A History of Chinese Political Thought) (Taipei: Ch'üan-min ch'u-pan she, 1954), I: 84-36, 90-91; Feng Yu-lan/Bodde, I, 81-84, and n. 71. Note that, in China, not until recent decades were there architects. Normally the chief carpenter served as architect for a house, temple, or monastery, especially in rural districts. A Japanese sinologist has capably covered the Mohist Union, its ideas and activities from beginning to end; see Takashi Watanabe 渡邊卓, "Bokuka no shūdan to sono shisō 墨家の集團とその思想" (The Mo Tzu Group and its Ideas), *Shigaku Zasshi* 70.10 (Oct. 1961) 1-34; 70.11 (Nov. 1961) 40-74.

Needham has noticed that Mohism seems from the beginning to have been better organized than Confucianism. In order to volunteer their knowledge and service to defensive war for an oppressed state, the Mohists practiced the techniques of fortification and defense leading them to take interest in the basic methods of science—mechanics, optics, and flying automation.[80]

The wooden kite or artificial flying bird which stayed aloft for three days is amazing. In the *Mo Tzu* the construction is attributed to Kung-shu Pan 公輸般, who is the same person as Lu Pan 魯班 (or 般), a famous mechanic of the Lu state. Lu Pan has been worshipped as a god of carpentry.[81] But in *Han Fei Tzu* it is mentioned twice that Mo Tzu made the wooden flying kite and that Mo Tzu was a very skilled man.[82] At any rate he and the god of carpentry had demonstrated their ingenuity.

Mo Tzu's proto-union organization

Now it behooves us to explore Mo Tzu's prototype craft or labor union and its stern rule. This organization was not simply an academic association, but rather a revolutionary secret seciety, like those formed in later ages.

First, Mo Tzu had his laborers so well organized that they could take prompt group action. In chapter 50 of the *Mo Tzu*, the Lord of Ch'u said: "Kung-shu Pan has already constructed scaling ladders for me, and I must capture Sung'" As countermeasures Mo Tzu untied his belt and laid out a model city with it, using small sticks to represent various military installations. Kung-shu Pan set up nine different means of attack; Mo Tzu repulsed him nine times. Kungshu Pan had exhausted his means of attack, yet Mo Tzu was far from being exhausted in defense. Moreover, continued the *Mo Tzu*, "My disciples Ch'in-ku Li 禽滑釐 and others numbering three hundred are already armed with my implements of defense waiting on the city wall

---

80. Needham, II, 54.

81. *Mo Tzu chien-ku*, ch. 49: 291-92; Y. P. Mei's translation, 257; *Huai-nan-tzu* (*Ssu-pu ts'ung-k'an* ed.), ch. 19: 11a, 20; and Herbert A. Giles, *A Chinese Biographical Dictionary* (Taipei: Reprinted by Literature House, undated), 548, under Lu Pan 魯班 (or 般).

82. Wang Hsien-shen 王先愼, *Han Fei-tzu chi-chieh* 韓非子集解 (Collected Commentaries on *Han Fei-tzu*) (Taipei: Shih-chieh shu-chü, 1955), ch. 11: 199: "Mo Tzu made a wooden kite, taking three years to complete it." Fortunately there is a third source, which seems to have missed Needham's attention. It is *Huai-nan-tzu* (*Ssu-pu ts'ung-k'an* ed.), which states: "Lu Pan and Mo Tzu used wood to make a kite which flew for three days," ch. 12: 12a. For further discussion, see Needham, VI, 137ff.

for the invaders from Ch'u." These three hundred men might have marched
for days and nights to the scene of action, as Mo Tzu did himself (Y. P.
Mei, 257). In the *Mo Tzu* there were twenty chapters discussing defensive
warfare, although some of them have been lost. He was undoubtedly a
military expert in addition to being a scholar and craftsman.[83]

Secondly, a Mohist must obey the union laws. These included fighting
for defensive but not offensive war. A Mohist who killed a person must be
killed; one who wounded someone was duly punished. A disciple, Sheng
Ch'o 勝綽, who happened to take part in an offensive war, was immediately
ordered to resign by Mo Tzu. He tried to systematize and rationalize the
morality of contemporary chivalry.[84]

Thirdly, a union member must make a contribution to its leader. Mo
Tzu had recommended his disciple Keng Chu 耕柱 to Ch'u for a job. Before
long Keng Chu presented Mo Tzu with some money which he was delighted
to accept.[85] This has been a general practice in underground circles.

Fourthly, the *Chü-tzu* 鉅子, the Great Master, wielded supreme power.
As the commander-in-chief of the Mohist party, the *Chü-tzu's* words, just as
the will of heaven, must be obeyed. Obedience to heaven's will, in Mo's
religion, was an absolute necessity, a basic requirement involving religious
sanction for the maintenance of his hierarchy. He believed in the will of
God and other spirits who had the power to reward goodness and punish evil.
He invoked all kinds of sanctions to induce people to love one another.
Ironically, however, he opposed belief in destiny; he encouraged people to
struggle hard to improve their lot, which was not predetermined. This

---

83. Y. P. Mei, *Works of Motse*, 255-59, esp. 259. For Mo Tzu's union organization, see Chi
Che 嵇哲, *Hsien Ch'in chu-tzu hsüeh* 先秦諸子學 (Pre-Ch'in Philosophers) (Taipei: Lo-t'ien
ch'u-pan she, 1970), 273-77; the famous textual critic, Ts'en Chung-mien's 岑仲勉 *Mo Tzu
ch'eng-shou ko-p'ien chien-chu* 墨子城守各篇簡注 (Brief Notes on the Chapters Dealing With
City Defense in the *Mo Tzu*) (Peking: Ku-chi ch'u-pan she, 1958); Chihara Masayoshi 千原
勝美, "Bokushi heigokō-kō 墨子兵技巧考" (On Mo-tzu as a Practitioner of Military Tactics),
Shinshū daigaku kyōiku-gakubu kenkyū ronshū 信州大學教育學部研究論集 (Bulletin of the School
of Education, Shinshū University) 2 (Mar. 1952) 44-53. The *Huai Nan Tzu* says that the
wisdom of Wu Ch'i 吳起 (d. 381 B.C.) and Chang I 張儀 (d. 310 B.C.) was inferior to
Confucius and Mo Tzu, ch. 9: 21. Wu Ch'i was a famous general, Chang a clever politician
and diplomat. This information may support Mo Tzu's military talent. See Kuo Mo-jo 郭沫
若, "Shu Wu Ch'i 述吳起" in *Ching-t'ung shih-tai* 青銅時代 (The Bronze Age) (Peking: Hsin-
hua shu-tien, 1957), 202-30.
84. Y. P. Mei, p. 254. See also T'ao Hsi-sheng, *Chung-kuo cheng-chih ssu-hsiang shih*, pp. 100-
101, where there is a section on Mohism, Religious organization and knights-errant.
85. Y. P. Mei, p. 214.

encouragement might have influenced peasant rebellion in the future.

A charismatic leader, Mo Tzu served as the first Great Master. He expected his successors to carry on the Mohist organization from generation to generation. The morality of absolute obedience to the *Chü-tzu* was practiced by the chivalrous group. According to the *Lü-shih ch'un-ch'iu*, the son of Fu T'un 腹䵍, one of the later leaders of the Mohists, killed a man. This murderer was Fu T'un's only son. But Fu T'un explained that according to the rules of the Mohists his son must be executed. "Though the king has ordered the officers not to execute my son, I will execute him according to the Mohist rules.[86] This illustrates that the *Chü-tzu* had authority to execute a member who violated Mohist law. No wonder that Mo Tzu had one hundred and eighty men at his service, all ready to go through fire or water at his command.[87]

After Mo Tzu's death the much-coveted post of *Chü-tzu* was filled for a few generations. One of the Mohist Great Masters was Meng Sheng 孟勝 who was a friend of Prince Yang Cheng, and who was entrusted with guarding the Prince's fief. Because of complicated court intrigues Meng Sheng failed to keep his promise. This left him no other choice than to commit suicide. His disciple, Hsü Jo 徐弱, requested that he not die, but Meng insisted that his death would maintain the reputation of the Mohists and expand their influence. The disciple begged to die first, and thereupon cut his own throat. After sending two messengers to confer the *Chü-tzu* position on another worthy man, T'ien Hsiang Tzu 田襄子 in the state of Sung, Meng Sheng himself died for his faith, and the disciples who died

---

86. *Lü-shih ch'un-ch'iu* 呂氏春秋 (Mr. Lü's Spring and Autumn Annals) attributed to Lü Pu-wei 呂不韋 (d. 239 B.C.) (Taipei: Shih-chieh shu-chü, 1958), ch. 15: 173; and Feng Yu-lan, *History of Chinese Philosophy*, I: 82-84. *Chü-tsu* may also be read as pope, boss, dragon head (*Ta lung-t'ou* 大龍頭 of the Ko-lao hui), etc. An interesting, similar case occurred about 1903 in Hunan where Ma Fu-i 馬福益 (d. 1905), a Dragon Head of the Elder-brother Society (Ko-lao hui) put a beloved brother to death. The victim, named Tai 戴, had violated a rule of the society. Ma summoned a court at night and sentenced him to commit suicide in Japanese *harakiri* style. Ma and a few others walked with Tai through narrow mountain passes to a riverside. The doomed man repeatedly urged Ma: "Elder brother, please walk carefully, lest you fall into the valley." Ma also sobbed and consoled Tai. At the execution ground Tai did as he was ordered, and his body was immediately thrown into the river. This shows that the Ko-lao hui also had strict rules with no regard for personal feelings. Liu K'uei-i 劉揆一, *Huang Hsing chuan-chi* 黃興傳記 (Peiping: 1929), 3.

87. *Huai-nan-tzu*, ch. 20: 10a; Feng, I: 82.

with him numbered one hundred eighty three.[88]

This tragedy, though well-documented, sounds dubious. But in ancient China there is a parallel tale, which has to be omitted for the sake of space. At any rate the conduct of the Mohists shows similarities to that of the knights-errant (*yu-hsia*), whose word must be kept, whose actions must be determined, and who considered their lives, light as feathers, as something easily tossed away.[89]

Schism and obscurity of the Mohists

In spite of such strong organization and rigid ethics the Mohists split into heretic groups. Chuang Tzu (ca. 365-ca. 290 B.C.) reported (ch. 33: 366-67, Watson) that, in his time, there were Mohists in the north: Hsiang-li-ch'in 相里勤, the followers of the Five Marquises; and Mohists in the south: K'u Huo 苦獲, Chi Ch'ih 已齒, Teng Ling-tzu 鄧陵子, and the like. Han Fei-tzu (d. 233 B.C.) recorded (ch. 50: 351) that there were Mohists of Hsiang-li, of Hsiang-fu 相夫, and Teng Ling; all read the Mohist canon, and yet they disagreed in their interpretations, calling each other Mohist factionalists.

Mohism declined in the second and first centuries B.C., and disappeared after Western Han. The famous book *Mo Tzu* was rarely mentioned except by Han Yü in the T'ang dynasty, and later it caught the attention of a few scholars near the end of the nineteenth and the beginning of the twentieth century.

Why did the Mohists disappear? Possible explanations are (1) Mo Tzu's

---

88. Yin Chung-jung 尹仲容, *Lü-shih ch'un-ch'iu chiao-shih*, chapter "Kao-i 高誼," 90. A scholar in Taiwan, Chang T'ai-hsiang 張泰祥 compares Mo Tzu's *Chü-tzu* with the Ko-lao hui's Ta-lung-t'ou, the disciple Hsü-Jo 徐約 with the second rank *Chün-shih* 軍師 or *P'ai-shan* 白扇, and the two messengers with *Ts'ao-hsieh* 草鞋. See *Chung-hua Min-kuo wu-shih nien-lai min-chung t'uan-t'i* 中華民國五十年來民眾團體 (Mass organizations in the last fifty years of the Republic of China) by Chang T'ai-hsiang 張泰祥 (Taipei: Chung-hua min-kuo t'uan-t'i huo-tung chung-hsin, 1961), 49. See also Yang Hsiang-k'uei 楊向奎, *Mo Tzu ti ssu-hsiang yü Mo-che chi-t'uan* 墨子的思想與墨者集團 (Mo Tzu's Ideas and the Mohist Groups), *Wen Shih Che*, no. 67 (1958) 11-20; and Feng Yu-lan, "Yuan Ju Mo 原儒墨" (The Origin of the Confucians and Mohists), *Tsing-hua hsüeh-pao* 10.2 (May 1935) 279-310, esp. 304-10. Also Tatsuo Masubuchi 增淵龍夫, "The Yu Hsia 游俠 and the Social Order in the Han Period," *Annals of the Hitotsubashi Academy* 3.1 (Oct. 1952) 84-101; *Sima Qian: War-Lords*, trans. with twelve other stories from his *Historical Records* by William Dolby and John Scott (Edinburgh: Southside, 1974); T'ao Hsi-sheng 陶希聖, *Pien-shih yü yu-hsia* 辯士與游俠 (Debaters and Wandering Adventurers) (Shanghai: Commercial Press, 1930). On the academic and philosophic aspect, see A. C. Graham, *Later Mohist Logic, Ethics and Science* (Hong Kong: Chinese Univesrity of Hong Kong, 1978).

89. *Shih-chi*, ch. 124: 1b; Kao Pao-kuang 高葆光, *Mo-hsüeh k'ai-lun* 墨學概論 (A general discussion of *Mo Tzu*) Taipei: Chung-yang wen-wu kung-ying-she, 1956), 128-30.

theory lacks cohesion and is "curiously heterogeneous"[90]; (2) Mohists were sharply criticized by Mencius and Hsün Tzu, the former condemning them as beasts; (3) Mohism was hard to follow and was behind the times; his pioneering spirit of primitive society was no longer welcomed by ambitious emperors and by luxury loving people who disliked hard labor but were fond of an easy life; and (4) Han rulers persecuted the Mohists. According to Ku Chieh-kang, many Mohists, who had become wandering knights, were killed by Han Wu-ti (r. 140-87 B. C.). They were driven underground, and some at least were absorbed by the religious Taoists.[91] A biography of Mo Tzu is even included in a Taoist biographical work, *Shen-hsien chuan* 神仙傳 (Lives of Divine *Hsien*) attributed to Ko Hung (283-343 A. D.).[92]

Thus Feng Yu-lan concludes: "Since the Han dynasty, Confucianism was upheld while Moism was suppressed. The reason is that the ruling class needed a philosophy that stands for the higher class of society. But, though Moism was suppressed, the chivalrous groups continued to exist, which we can find even today, if only we have a real contact with the lower part of our society." ("The Origin of Ju and Mo," in *The Chinese Social and Political Science Review* 19, 2 (July, 1935) 163.) In other words, Mohism is a proto-organization of a secret society like the Green and Red bands that prevailed in Shanghai in the early twentieth century. This conclusion is supported by H. R. Williamson, Liu Yung-chi, and especially by Wei Ch'ü-hsien 衛聚賢 or Wei Ta-fa-shih, and Chang Tai-hsiang, to mention a few.[93]

90. Vitaly A. Rubin, *Individual and State in Ancient China, Essays on Four Chinese Philosophers*, trans. by Steven I. Levine (New York: Columbia University Press, 1976), 54; and Arthur Waley, *Three Ways of Thought in Ancient China* (New York: Doubleday Anchor Books, 1939). Mo Tzu did not leave a good impression on Waley who says, "These doctrines strike us as curiously heterogeneous," 122. Likewise Kuo Mo-jo did not have a high opinion of Mo Tzu's ideas; he thought that many later Mohists changed sides to Confucianism and Taoism, and that some of the Mohists were too close to the aristocratic class and had lost their foundation in the mass of the people. As we know the early Mohists were close to Hsü Hsing's "digger type" of toiling primitive communism. Kuo Mo-jo, *Ch'ing-t'ung shih-t'ai*, 157-81.
91. Ku Chieh-kang, *Ch'in Han ti fang-shih yü ju-sheng* 秦漢的方士與儒生 (Magicians and Confucians in the Ch'in and Han Periods) (Shanghai: Jen-min Ch'u-pan she, 1957), 20-21.
92. Ko Hung 葛洪, *Shen-hsien chuan* 神仙傳 (Lives of Divine *hsien*), 8: 3-5 (*Lung-wei mi-shu* ed.).
93. Williamson, *op. cit.*, p. 27; Liu Yung-chi 劉永濟, "Kuei hsia pien 貴俠篇" (Honoring the Knights-errant), *Wen Che Hsüeh-pao* 文哲學報 (National Wuhan University) 7.3 (1943) 1-5; Liang Ch'i-ch'ao, "Chung-kuo chih wu-shih tao" (China's *bushido* or knighthood), *Yin-ping-chih wen-chi, ch'uan-ch'i, ts'e* 6; Wei Ta-fa-shih 衛大法師, *Chung-kuo pang-hui, ch'ing-pang, han liu* 中國幫會青幫漢留 (Chungking: Shuo-wen she, 1946), 1-8; and Wu Hsi-tse 吳錫澤, "The Spirit of Mohism," *Chung-kuo hsüeh-shu ssu-hsiang lun-ts'ung* 中國學術思想論叢 (Taipei: Commercial Press, 1967), 169; and Chang, T'ai-hsiang 張泰祥 et al, *Chung-hua min-kuo wu-shih nien-lai min-chung t'uan-t'i* 中華民國五十年來民衆團體 (Mass organizations in the last fifty years of the Republic of China) (Taipei: Chung-hua min-kuo t'uan-t'i huo-tung chung-hsin, 1961).

Philosophic Taoism

Another rival school of Confucianism is philosophical Taoism, as distinguished from religious Taoism. Taoism as a whole has been a protean movement. It began as a philosophy that ranks among the world's greatest non-systematic bodies of thought, and became the outstanding opponent of the right-wing tenets, and has managed to survive as a heterogeneous mixture of folk religions and superstitions.

The Taoist system of thought is a combination of philosophy, religion, proto-science and magic. It sprouted from two roots. The first is the early philosophers who followed the Tao (the Way) of nature rather than the way of human society. While Confucius advocated entering into society and cooperating with the government, the early Tao philosophers, who were speculative and theoretical, tried to return to nature where human artificialities and hypocrisies were unknown, and where they could maintain their original simplicity, self-supporting, personal freedom and independence.[94] In the Warring States period the doctrines current in the empire were those of the school of Yang Chu and the school of Mo Ti. Yang Chu (ca. 440–360 B.C.) is regarded by Feng Yu-lan as one of the founders of Taoism, and is known for his extreme egoism to the point of not plucking out a single hair for the benefit of the empire. Since Mo Ti and Yang Chu were rivals of Confucianism, Mencius criticized them sharply.[95] But *Lao Tzu* is not mentioned in Mencius, possibly because the book had not yet been completed.

The second root of Taoism was an incorporation of popular, indigenous elements. The ideas of Yin and Yang, natural magic, the Five Elements, occultism, and the practice of animism are some of the ingredients of

---

94. Confucianism advocates close association with man, hence humanism; Taoism with nature, hence naturalism. *Cf*. Needham, II, 33ff.; H. Dubs, "Taoism" in H. F. MacNair, ed., *China*, 266ff; and Fu Ch'in-chia 傅勤家, *Chung-kuo Tao-chiao shih* 中國道教史 (A History of Chinese Taoism) (Shanghai: Commercial Press, 1932), 14ff.

95. *The Work of Mencius*, III B: 9 and VII A: 26. The meager material on Yang Chu is well presented in Chi Che 嵇哲, *Hsien Ch'in chu-tzu hsüeh* 先秦諸子學 (A Study of Pre-Ch'in Philosophers) (Taipei: Lo-t'ien ch'u-pan she, 1970), 193-200; and Feng Yu-lan, "Hsien Ch'in Tao-chia che-hsüeh chu-yao ming-tz'u t'ung-shih 先秦道家哲學主要名辭通釋" (A General Explanation of the Major Terms of the Pre-Ch'in Taoist Philosophy), *Pei-ching ta-hsüeh hsüeh-pao, Jen-wen k'o-hsüeh* 北京大學學報, 人文科學 4 (1959) 1-3. A. C. Graham offers a new interpretation; the true position of Yang Chu was that even if he could have gained the empire by losing one hair, he would have refused to do so; in "The Dialogue Between Yang Chu and Chyntzyy 莊子," [*Bulletin of the School of Oriental and African Studies* 22 (1959) 291-99.

religious Taoism. In addition to native shamanism, there were counterparts in the eastern and northern regions of China. Many shamans and magicians later concentrated from other areas in modern Hopei and the Shantung coast, where the foggy weather stimulated their imagination and speculation. They were known as wizards (*wu* 巫) and magicians (*fang-shih*). In the Han dynasty the Yellow Emperor and Lao Tzu were adopted as Taoist ancestors to enhance the prestige of religious Taoism, which will be dealt with in more detail.

The mystic Lao-tzu and the Ma-wang-tui version

Concerning the prestigious book, *Lao Tzu* or *Tao-te Ching*, there are still unsolved problems which stem from a confusing biographic note on Lao Tzu in Ssu-ma Ch'ien's *Shih-chi*. Apparently the Grand Historian was in such a hurry or unable to make a decision because of the paucity of data, that he grouped six names together without judicious consideration. The first person, Lao Tzu, with the two alternate names: Lao Tan, and Li Erh, was a native of the K'u county of the Ch'u state in Honan, He was senior to and a teacher of decorum to Confucius. The second person, Lao Lai-tzu, also a man of Ch'u, who wrote fifteen chapters on the application of Taoism, was a peer of Confucius. The third person was the Historian Chan (T'ai-shih Chan 太史儋) of the Chou dynasty, who lived 129 years after the death of Confucius. "Some say that the Historian Chan was Lao Tzu, and others say he was not. No one of the world knows if it is correct or not," concluded Ssu-ma Ch'ien. He added that Lao Tzu lived more than 160 years; others say more than 200 years, because he cultivated the *Tao* and nurtured longevity.[96] This mixture of queer information in one biography of the *Shih-chi* created enigmas, and it may have served as a source of the Taoist legend of immortality. In any event, Ssu-ma Ch'ien's biography of Lao Tzu is far below the standard of his biographies of Confucius' disciples (ch. 67), which demonstrate a brilliant analysis and careful digestion of the reliable data from the *Confucian Analects*.

Because Ssu-ma Ch'ien in the first century B. C. could not decide who was the correct Lao Tzu, later scholars since the Sung dynasty have had doubts whether or not Lao Tzu was a teacher of Confucius, and whether he

---

96. *Shih-chi*, ch. 63, 1-2.

was a senior or a peer of Confucius. Also questioned was whether or not the book *Lao Tzu* (or *Tao-te ching*) was written by only one author, and more importantly, when it was written. A large amount of such material has been accumulated by Chang Hsin-cheng and Wing-tsit Chan.[97] Chan has added some new names and arranged the data chronologically from Chu Hsi (1130–1200) to 1965. It seems that there have not been many new translations and new studies of Lao Tzu since 1965. Examining most of the available primary and secondary sources, we cannot find a consensus on the pending questions mentioned above. We can only cast a negative vote on Confucius' studying decorum with Lao Tzu. We agree with the statement that "it is hard to believe that the two great philosophers ever met at all," and that "very few critical scholars any longer believe that Lao Tzu, if there was such a person, lived as early as Confucius ...... there was no mention of Lao Tzu in any book until we come to a much later time."[98] We may add that Confucius paid punctilious attention to *li*, etiquette, and *te*, virtue; it seems unnecessary for him to learn etiquette from Lao Tzu, who, after all, even at their supposed meeting did not grant him a direct answer but uttered some irrelevant words. Hu Shih also remarked that K'ung Tzu had a reputation for erudition and mastery of *li*.[99] Obviously it must be later Taoists who fabricated the story in order to augment the prestige of Taoism above Confucianism. Chinese treasure antiques and revere the aged, the older the better. If the teacher-student relationship between Lao Tzu and Confucius is untenable, then Lao Tzu lived later than Confucious, and the book also had to have appeared later.

This question has been pondered by at least twenty famous scholars. Six of them, including Hu Shih, favored the idea that *Lao-Tzu* was written in the Ch'un-ch'iu period (722–480 B.C.); fourteen, including Ch'ien Mu and Feng Yu-lan, argued that it was written during the Warring States period

---

97. Chang Hsin-cheng 張心澂, *Wei-shu t'ung-k'ao* 僞書通考 (Apocryphal Books; a Comprehensive Study) (Shanghai: Commercial Press, 1939), II: 660–90; and Wing-tsit Chan 陳榮捷, "Chan-kuo Tao-chia 戰國道家" (Taotsis in the Warring States Period), *Shih-yü-so chi-k'an* 史語所集刊 44.3 (1972) 1–63, esp. 6–8.

98. Max Kaltenmark, *Lao Tzu and Taoism*, trans. from the French by Roger Greaves (Stanford: Stanford University Press, 1969), 9; and H. G. Creel, *Chinese Thought* (New York: New American Library, 1960), 84.

99. "Shuo Ju 說儒" (An Exposition of Ju), *Hu Shih wen-ts'un* 胡適文存 (Taipei: Yüan-tung t'u-shu kung-ssu, 1968), IV: 1–103, esp. 27–35.

(480–221 B. C.).[100] We follow the majority.

Karlgren's linguistic and grammatical approach to this problem reached the conclusion: "That a work called the *Lao-tsi* existed in the IIId and IId centuries B. C. is absolutely certain."[101]

A Japanese bibliographer, Takeuchi Yoshio 武內義雄, reached a similar conclusion that *Lao Tzu* was composed near the end of the Warring States period and the beginning of Ch'in (221–206 B. C.) by some Legalists.[102] Ku Chieh-kang believed that *Lao Tzu* was completed between the writing of *Lü-shih Ch'un-ch'iu* and *Huai-nan Tzu* (ca. 240–140 B. C.). Liang Ch'i-ch'ao placed it at the end of the Warring States, probably after *Chuang Tzu*. Burton Watson, translator of *The Complete Works of Chuang Tzu*, Fu Ssu-nien, Director of Academia Sinica, and Hsiao Kung-ch'üan seem to indicate that *Chuang Tzu* preceded *Lao Tzu* instead of the reverse order.[103]

New light has been shed by the copy of *Lao Tzu* unearthed from the third tomb at Ma-wang-tui, Changsha, Hunan, in 1973. The first version of *Lao Tzu* was written sometime between 206–195 B. C.; the second version in 179–157 B. C., based on the observance of taboo characters of the names of early Han emperors. In the excavated versions *Tao-te-ching* becomes *Te-tao ching;* that is, in the same order as Han Fei Tzu's commentary on *Lao Tzu*.

100. Li Chiu-jui 李九瑞, *Hsin-Ch'in shih-tzu ssu-hsiang k'ai-shu* 先秦十子思想概述 (A General Account of the Ideas of Ten Philosophers in the Pre-Ch'in Period) (Taipei: Tai-wan shu-chü, 1972), 63–64.

101. B. Karlgren, "The Poetical Parts in Lao-tsi," *Göteborgs Högskolas Arsskrit* 38 (1932) 25. We would go along with Karlgren's proposal that *Lao Tzu* was composed in the third century B. C., but not much later, because *Lao Tzu* is quoted and/or commented on by Han Fei Tzu (d. 233 B. C.), and by *Lü-shih ch'un-ch'iu* attributed to Lü Pu-wei 呂不韋 (d. 235 B. C.). The trouble is that an ancient work may have been recopied for decades or even centuries with each copyist or edtior making some intentional changes or inadvertent errors. To prevent this, Confucian classics were inscribed on huge stone tablets during the Hsi-p'ing period (172–177), but this was too expensive for other books.

102. Chiang Hsia-an 江俠菴, trans. and ed., *Hsien Ch'in ching-chi k'ao* 先秦經籍考 (A Bibliographic Study of Chinese Classics Before the Ch'in Dynasty) (Shanghai: Commercial Press, 1931), II: 197–322.

103. Ku Chieh-kang 顧頡剛, "*Ts'ung Lü-shih ch'un-ch'iu t'ui-ts'e Lao-tzu ch'eng-shu chih nien-tai* 從呂氏春秋推測老子成書之年代" (A Reconstruction of the Date for the Completion of *Lao Tzu* from its Quotations in the Lü's *Spring and Autumn Annals*), *Shih-hsüeh nien-pao* 史學年報 4 (June 1932) 11–46; Liang Ch'i-ch'ao in Chang Hsin-cheng, *Wei-shu t'ung-k'ao* (see n. 97) 674–75; *Fu Ssu-nien ch'üan-chi* 傅斯年全集 (A Complete Collection of Fu Ssu-nien's Writings) (Taipei: Lien-ching ch'u-pan she, 1980), II: 127–38; and Hsiao Kung-ch'üan, *A History of Chinese Political Thought*, trans. by F. W. Mote, I, 76n; "The writing of *Lao Tzu* was later than the *Chuang Tzu*."

The wording of the two texts is frequently different.[104] Moreover, the Western Han manuscript of *Lao Tzu* fills a gap in bibliographical history and proves that a version by ghost writer Ho-shang Kung 河上公 (Riverside Gentleman), who is said to have lived in Han Wen-ti's time (179-157 B.C.), is probably spurious, or a later production.[105]

We are inclined to think that *Lao Tzu* could be an anthology of aphorisms accumulated in the third century B. C. or earlier, but revised and reedited repeatedly until the end of the first or second century A. D. when the book was divided into two parts: *Tao Ching* and *Te Ching*. The subdivision into some eighty stanzas or paragraphs was done probably by Ho Shang Kung, Liu Hsin 劉歆 (1st cent. B.C.), or Wang Pi 王弼 (226-249). The book may not have been written entirely by one person at one time. It may be attributed to Lao Tzu, the Old Master who lived in a war-weary society, but perhaps more properly to other anonymous contributors and editors as well.

---

104. Kao Heng 高亨 and Ch'ih Hsi-chao 池曦朝, "Shih t'an Ma-wang-tui Han-mu chung ti Po-shu Lao Tzu 試談馬王堆漢墓中的帛書 '老子'" (Notes on the Silk Manuscript Text of *Laotzu* Found in the Han Tomb, No. 3 at Ma-wang-tui, Changsha), *Wen-wu* (Cultural Relics) 11 (1974) 1-7; Ma-wang-tui Han-mu Po-shu Cheng-li Hsiao-tsu 馬王堆漢墓帛書整理小組 (Small Group for Han Silk Manucripts from Ma-wang tui), "Ma-wang-tui Han-mu ch'u-tu Lao Tzu shih-wen 馬王堆漢墓出土老子釋文" (Transcription of the Silk Manuscript Text of *Lao Tzu* Found in the Han Tomb, No. 3 at Ma-wang-tui, Changsha), *Wen-wu* 11 (1974) 8-20; *Lao Tzu: Ma-wang-tui Han-mu po-shu* 老子, 馬王堆漢墓帛書 (*Lao Tzu*, written on silk in a Han tomb at Ma-wang-tui), compiled by an *ad hoc* committee (Peking: Wen-wu ch'u-pan she, 1976); Hatano Tarō 波多野太郎, "Tu Ma-wang-tui ch'u-t'u ti Lao-tzu 讀馬王堆出土的老子" (Notes on the *Lao Tzu* Unearthed from the Ma-wang-tui), trans. from Japanese into Chinese by Liang Kuo-hao 梁國濠, *Ming-pao* 明報 *Monthly* (Hong Kong) 10.4 (April 1975) 40-41; Hsü Fu-kuan 徐復觀, "Po-shu Lao Tzu so fan-ying ti jo-kan wen-t'i 帛書老子所反映的若干問題" (Some Problems Reflected from the Silk Version of *Lao Tzu*), *Ming-pao Monthly* 10.6 (June 1975) 96-99; and Robert G. Henricks, "A Note on the Question of Chapter Divisions in the Ma-wang-tui Manuscript of the *Lao Tzu*," *Early China* 4 (1978-79) 45-51. Using the silk manuscript, Cheng Liang-shu 鄭良書 has made a critical textual comparison with many other editions of the *Lao Tzu*, entitled *Lao Tzu Hsin-chiao* 老子新校 in *Ta-lu tsa-chih* 大陸雜誌 (Taipei) from 54.4 (Apr. 1977) 23-46 to 59.4 (Oct. 1979) 23-39.

105. *Lao Tzu Tao Te Ching* with Ho Shang Kung's 河上公 comments is in *Ssu-pu ts'ung-k'an*, *ts'e* 533. In this book *Tao Ching* and *Te Ching*, and the subdivisions, are the same as modern editions but quite different from the silk version. Ho Shang Kung is said to have flourished under Han Wen-ti (179-157 B.C.), H. A. Giles, *Chinese Biographical Dictionary*, p. 265. From the variation in the two copies of *Lao Tzu*, and because Ho Shang Kung's lifetime cannot be documented, Giles' statement is probably incorrect. There is, however, a Hoshang Chang-jen 河上丈人, A Taoist of the 5th century B. C., whose seventh or sixth generation disciple, Hsiao Ho 蕭何 (d. 193 B.C.) was an adviser of Han Kao-tsu, *Shih-chi*, ch. 80: 8. Ho-shang Chang-jen and Ho-shang Kung 河上公 may be translated Riverside Gentleman and Sir Riverside respectively. Therefore I suspect that the two might be the same person, a Taoist hermit. This hermit, who lived near the end of the Warring States, could have been a contributor or editor of the *Lao Tzu*.

The contents of the *Tao Ching*'s 37 sections deal mainly with inscrutable nature and advocate that people return to nature; the contents of the *Te Ching*'s 44 sections largely concern human affairs and the knack of dealing with human problems in a complicated and rapidly changing society. The state of primeval origin is vacuous and tranquil. Vacuity and tranquility and characteristics of the Tao, which has created the myriad phenomena. All creatures under heaven are the products of Being. Being itself is the product of non-being.[106] Man should follow the natural course of Tao as a standard of human behavior. Nothing in the world is softer and weaker than water. But, for attacking the hard and strong, there is nothing like it because nothing can take its place. That the weak overcomes the strong and the soft overcomes the hard; this is something known by all, but practiced by none (sec. 78).[107]

Lao Tzu advances a philosophy of meekness and nonaggression as the surest path to survival. It emphasizes distinction between glory and disgrace, emptiness and actuality. "Because he does not contend, no one in the empire will contend against him" (sec. 66), for "the wise man's way is to do his work without contending" (sec. 81). "Those who know do not talk; the talkers do not know" (sec. 56). "Let us keep the simplicity of life, embrace unpretentious ways, reduce selfishness and restrain desires" (sec. 19). "The five colors darken the eye, the five sounds deafen the ear, the five flavors weary the taste" (sec. 12). Lao Tzu advocated small states with few people who would be isolated and have little communication with the rest of the world (sec. 80).

This glimpse of Lao Tzu's philosophy may lead us to think that he was a conservative, retiring pacifist. He was against the death penalty and against too much government. Nevertheless, paradoxically Lao Tzu was strong in military tactics.

What is to be shrunken
Is first stretched out;

---

106. *Lao Tzu*, sect. XL: "天下萬物生於有，有生於無." Here we adopt Arthur Waley's translation (*The Way and its Power* [New York: Grove Press, 1958], 192). Whether the term *Wu-sheng lao mu* 無生老母 (Eternal Venerable Mother) is derived from Lao Tzu's ideas will be discussed on a later occasion, when we deal with the White Lotus Society.

107. *Lao Tzu/Tao Te Ching*, trans. by John C. H. Wu (New York: St. John's University Press, 1961), p. 111.

What is to be weakened
Is first made strong;
What will be thrown over
Is first raised;
What will be withdrawn
Is first bestowed.

This indeed is
Subtle Light;
The gentle way
Will overcome
The hard and strong...... (sec. 36)

A good soldier is not violent;
An able fighter does not lose his temper;
A great conqueror does not fight (on small issues);
A skillful user of men acts as though he were their inferior.

You may call this pacific virtue
Or say that it is mastery of men. (sec. 68)

Military strategists have a maxim: "I dare not to be the aggressor, I would rather take the defensive. I dare not to advance one inch, but rather retreat one foot...... There is no disaster greater than underrating the enemy...... When opposing enemies meet in battle, victory belongs to the grieving side" (sec. 69).[108]

How could Lao Tzu have been versed in military strategy? Dubs thought that Lao Tzu probably belonged to a clan of hereditary generals.[109] In

---

108. In the above translations I have used the original text and checked and borrowed eclectically from: R. B. Blakney, *The Way of Life, Lao Tzu* (New York: Mental Books, 1955); Wing-tsit Chan, *The Way of Lao Tzu* (New York: Bobbs-Merrill, 1963); Chen Ku-ying, *Lao Tzu, Text, Notes, and Comments* (San Francisco: Chinese Materials Center, 1977); Lin Yutang, *The Wisdom of China and India* (New York: Randon House, 1942); Arthur Waley, *The Way and its Power* (New York: Grove Press, 1958); and John C. H. Wu, *Lao Tzu/Tao Te Ching*.

109. H. Dubs, "Taoism," in H. F. MacNair, ed., *China*, 267. Dub's statement is not documented. We may add that Lao Tzu may have been influenced by the Mohists who worked hard for defensive warfare.

ancient times government posts were largely hereditary. The socio-political background provided Lao Tzu with a vantage point for observing prolonged warfare, in which he discerned a pattern: "After a great war, years of dearth invariably follow" (sec. 30). This refers not only to direct war destruction but also to the casualties of drafted peasants and farm animals, to the negligence of irrigation systems, and shortage of agricultural laborers. Therefore Lao Tzu's maxim seems to have been learned from the *Book of Changes*, on which more discussion will be given below.

Chuang Tzu and Robber Chih

Chuang Tzu (ca. 365-290 B.C.) was a native of Mencheng, Anhwei, and once served as an official in a lacquer garden but soon retired, from lack of interest in public service. The key word for Chuang Tzu's philosophy is freedom, as *jen* (kindness) is for Confucius, *Tao* (the Way) for Lao Tzu, and *chien-ai* (mutual love) for Mo Tzu. To Chuang Tzu, every creature in the world has its own nature and enjoys its life. The gigantic *P'eng* bird, which rises up 3,000 *li* and flies 9,000 *li* with wings spreading like clouds over the sky feels wonderful. Yet a small cicada is also happy singing all day long in autumn, as if laughing at the big bird. "The duck's legs are short, but to stretch them out would worry him; the crane's legs are long, but to cut them down would make him sad."[110] Chuang Tzu did not like the plight of man who is born free and yet everywhere is in chains. He might also have said, "give me liberty or death." While Lao Tzu could tolerate the existence of government provided that it was the least government, "doing nothing, yet there is nothing that is not done," Chuang Tzu believed in a kind of non-action club as the indispensable condition for liberty. He rejected all conventional values but lived a completely aimless life, caring not a whit whether he was rich or poor, alive or dead. He was exuberant and imaginative. Full of wit, wisdom, and humor, his writings, fables, and anecdotes are light and delightful reading yet provocative, though sometimes verbose and repetitious. His style sparkles and glistens, flowing spontaneously in perfect expression of himself.

---

110. *Chuang Tzu*, ch. 1: 1 and ch. 8: 54 (Peking: Chung-hua shu-chü, *Chu-tzu chi-ch'eng* 諸子集成 ed.); Burton Watson's trans. of *Chuang Tzu*, 100; and Ts'ai Ming-t'ien 蔡明田, *Chuang Tzu ti cheng-chih ssu-hsiang* 莊子的政治思想 (Chuang Tzu's Political Ideas) (Taiwan: Commercial Press, 1970), 128-36.

In *Chuang Tzu* there is a chapter (29) devoted to an imaginary interview between Confucius and Robber Chih, a Robin Hood or Sung Chiang of ancient China. Robber Chih, with a band of nine thousand followers, rampaged back and forth across the empire, assaulting and terrorizing the feudal lords, tunneling into houses, wrenching doors, herding off men's horses and cattle, seizing their wives and daughters. He repeatedly murdered the innocent, ate human flesh, and gave full license to his violent passions.

It is said, so Chuang Tzu writes, that Confucius visited Robber Chih to persuade him to change his conduct. To Chih, who was enjoying a supper of minced human livers, he introduced himself as K'ung Ch'iu of the Lu state.

Upon hearing this, Robber Chih flew into a great rage. "This must be the crafty hypocrite K'ung Ch'iu from the state of Lu! You eat without ever plowing, clothe yourself without ever weaving. You invent any kind of 'right' or 'wrong' that suits you, capriciously setting up ideals of 'filial piety' and 'brotherliness' to curry favor with feudal lords. Your crimes are huge and your offenses grave!"

With bitter sarcasm, Confucius was made by Chuang Tzu to say, "Your only title is 'Robber Chih.' This is disgraceful. I should like to go as your commissioner to (the states of) Wu, Yüeh, Ch'i, Lu and Chin, Ch'u in the whole empire. I will arrange that a great walled city shall be built for you with hundreds of thousands of inhabitants to honor you. You shall be raised to the dignity of a feudal prince, and under your sway the whole world shall begin anew. You will lay down your arms, disband your followers, and cease from war. You will thus behave like a Sage or Hero." Robber Chih protested, "It is commonly said that those who are prone to praise men before their faces are quick to speak ill of them behind their backs. You talk about this great walled city to lead me on as a fool. I have heard that the Yellow Emperor fought with Chih Yu in the field of Cho-lu until the blood flowed for a hundred *li*. Yao and Shun set up a host of officials...... and from this time on the strong oppressed the weak, the many abused the few. All are no more than a pack of rebels and wrongdoers...... There is no worse robber than you! I don't know why, if the world calls me Robber Chih, it doesn't call you Robber Ch'iu!" Confuicus bowed twice and scurried away.[111]

After this humiliating interview Robber Chih attacked Confucianism in another place. An apprentice asked Robber Chih, "Does the thief (盗 tao) also have tao (道 principles)?"

Chih replied, "How could he get ahead without principles? To make a shrewd guess to locate the booty in a house is sageness; to go in first is bravery; to come out last is righteousness or brotherliness[112]; to predict the success is wisdom; and to divide the spoil equally is justice or benevolence. If these five principles are not fully observed, there is not yet a case in the world of a thief becoming a great thief."

Chuang Tzu knew that sageness (sheng 聖), bravery (yung 勇), righteousness (I 義), wisdom, and benevolence had been key words of Confucianism, but through Robber Chih's mouth different definitions of the terms were given as a counter doctrine. Robber Chih went further to attack the sage (sheng-jen), who had devised many defensive measures against thieves, who in turn had discovered their own countermeasures. Thus Chih said, "Until the Sage is dead, great robbers will never cease to appear." He proceeded to vilify the injustice of the legal system: "One man steals a hook, he may be executed; another steals a state, he becomes a feudal lord.[113] Therefore a Chinese Communist scholar regarded Robber Chih as China's earliest peasant

111. Quotations are made from the whole story of Robber Chih (Tao Chih 盗跖) in *Chuang Tzu*, ch. 29, trans. into English by Arthur Waley, *Three Ways of Thought*, 20ff., and Burton Watson, *op. cit.*, 323-38. This chapter may not have been written by Chuang Tzu but by one of his followers in a later period before Ssu-ma Ch'ien. This conclusion is reached by the textual critic Chang Hsin-cheng, author of *Wei-shu t'ung k'ao* in a special essay, "Chuang Tzu, Tao-chih p'ien t'an-so 莊子盗跖篇探索" (An Investigation of the Chapter, Robber Chih, in *Chuang Tzu*), in *Kuang-ming jih-pao* 光明日報 Che-hsüeh 哲學 20 (Dec. 15, 1961) 4. Robber Chih's vilification of Confucius is actually a criticism of K'ung Tzu by the Chuang Tzu school through the mouth of Robber Chih. This is perhaps the earliest attack of K'ung Ch'iu, repeated subsequently on many occsions, such as during the Taiping Rebellion in the 1850s and the Great Cultural Revolution in the 1960s. See Tien K'ai 田凱, *Chung-kuo li-tai fan K'ung ho tsun K'ung ti tou-cheng* 中國歷代反孔和尊孔的斗爭 (Anti-Confucius and Pro-Confucius Struggles in Chinese History) (Hong Kong: San Lien shu-tien, 1974), 1-32. It is to be noted that the Robber Chih folklore is not only described in *Chuang Tzu* but also in *Meng Tzu*, *Hsün Tzu*, *Han Fei Tzu*, *Shang-chün shu* 商君書, *Yen-t'ieh lun* 鹽鐵論, *Huai-nan Tzu*, *Shih-chi*, and others.

112. *I* 義, righteousness or justice, is often used by robbers and secret societies in the sense of brotherliness, such as the famous "Sworn brotherhood in the peach garden 桃園三結義," or "I hsiung-ti 義兄弟," sworn brothers.

113. *Chuang Tzu*, ch. 10. The translation is largely my own, but I have compared with Herbert A. Giles, *Chuang Tzu* (London: 1889), 112-14; Lin Yutang, *The Wisdom of China and India*, 672-73; and Watson, 108-110.

revolutionary thinker.[114]

No wonder the followers of Mo Tzu and Chuang Tzu were "accused of being fomenters of disorder."[115] A Russian sinologist, Rubin, also writes, "Throughout China's history, Taoist teaching has often been adopted as the rallying point of revolutionary peasants."[116] There is some truth in Rubin's conclusion.

The Legalists' antitheses to Confucianism

Fa-chia, Legalists, or "Realists" (as Arthur Waley preferred to call them), or Statescraftsmen (as an alternative translation) believed in law, as opposed to Confucian *li* (ritual, etiquette, mores), in government by law rather than by men, and in rewards and punishments replacing benevolence (*jen*) and righteousness (*i*). The Legalists treated socio-political problems with penology, epistemology, law, and statecraft and did not wish rulers to imitate remote sages and legendary emperors such as Yao and Shun. Of the "Five Vermin" that destroy the state, the first was considered to be Confucian and Mohist scholars who praised the sage kings.[117]

Of several eminent Legalists we can only mention a few, leaving more space for the leading exponent. Shang Yang 商鞅 (d. 338 B.C.) served as chief minister of the Ch'in state and authored some of the *Shang-chun shu* (*Book of Lord Shang*). Lord Shang was one of the earliest Chinese reformers and was credited with initiating a reward and punishment system, and mandatory agricultural work and military service. He set up a system of mutual responsibility among the people. This preventive method proved quite useful in Chinese history against lawbreakers inhabiting or infiltrating a community. He also attempted to replace the old hereditary aristocracy by a new elite based on military achievement. Both the large family system and the "Well

114. Hung Chia-i 洪家義, "Chung-kuo tsui-tsao ti nung-min ko-ming ssu-hsiang chia—Chih 中國最早的農民革命思想家——跖" (Chih—China's Earliest Peasant Revolutionary Thinker), *Kuang-ming Jih-pao*, "Che-hsüeh," no. 308 (Sept. 22, 1961) 4.
115. Needham, II: 7.
116. Vitaly A. Rubin, *Individual and State* (see n. 90), 119.
117. The remaining four vermin consist of the clever talkers (sophists?), the soldiers of fortune recruiting adherents (knights-errant or wandering adventurers?), the merchants and craftsmen amassing wealth, and the selfish and avaricious officials surrounding the ruler. See *Han Fei Tzu*, ch. 49: 50. We use Wang Hsien-shen 王先愼, *Han Fei Tzu chi-shih* (see n. 82). Based on this edition, the *Han Fei Tzu yin-te* 韓非子引得 (A Concordance to *Han-fei Tzu*) was compiled by Wallace Johnson (San Francisco: Chinese Materials Center, 1975). This edition is the basis for the following citations.

field" (*ching-t'ien*) system were abolished. Law was especially emphasized by Lord Shang, who insisted that the law must be applied to all people, from crown prince to commoner. Thus he modernized the traditional Confucian practice that *li* does not reach down to the ordinary people; *hsing* (punishments) do not reach up to great officials.[118] After his two decades (359–338 B. C.) of service as chief minister, it is said that people would not pick up articles found lying in the road, and no robbers and bandits hid in the mountains. In spite of his meritorious service, no sooner had his patron Duke Hsiao of Ch'in died, than the successor accused him of planning a rebellion, slew him, and had his body torn to pieces.[119]

Shen Pu-hai 申不害 (d. 337 B. C.), a political philosopher and the first major theorist in the field of public administration, was chancellor of the Han state (present western Honan) for fifteen years. He cultivated *shu* 術 (technique or statecraft) and practiced *tao* (the proper Way of government), so that the state was well governed. The key term for Shen Pu-hai's philosophy is *hsing ming* 刑名 (form and name), which may mean actual performance (*hsing*) according to the official title (*ming*). A public servant should neither under nor over perform his duties. He should never transgress other functionaries' spheres of responsibility. If he does, he might create confusion in the government machinery and be subject to punishment. Thus the duties to be performed and his official title must be clearly understood by the candidate, who may be examined at the time of recruitment, and whose performance may be periodically checked as a basis for promotion and demotion. I believe *Hsing-ming* may be included under the *shu* category. *Hsing-ming* lets the ruler overtly live as a do-nothing (*wu-wei*) Taoist, while covertly controlling the life and death of all below him.[120]

---

118. "禮不下庶人，刑不上大夫," chapter "Chü-li" in *Li Chi* 禮記 (Record of Rites), ch. 1: 35a, Legge's translation of *The Chinese Classics*, v. 1: 90.

119. *Shih-chi*, ch. 68: 1-10; and Wang, *Han Fei Tzu chi-chieh*, ch. 49: 341-43.

120. *Shih-chi*, ch. 68: 5-12, Shang Chün's biography; Kao Heng 高亨, *Shang-chün-shu chu-shih* 商君書注釋 (Notes and Commentaries on the *Book of Lord Shang*) (Peking: Chung-hua shu-chü, 1974), 1-11; Ch'en Ch'i-t'ien 陳啓天, *Shang-chün-shu chiao-shih* 商君書校釋 (The *Book of Lord Shang* with Textual Criticism and Commentaries) (Taipei: Commercial Press, 1974); Ch'en Ch'i-t'ien, *Shang Yang p'ing-chuan* 評傳 (A Critical Biography of Shang Yang) (same publisher, 1977); Ch'i Ssu-ho 齊思和, "Shang Yang pien-fa k'ao 商鞅變法考" (On Shang Yang's Reform), *Chung-kuo shih t'an-yen* 中國史探研 (Peking: Chung-hua shu-chü, 1981), 128-43; *The Book of Lord Shang*, English trans. by J. J. L. Duyvendak (London: Arthur Probsthain, 1928), 1-40 *Passim*; Hsiao/Mote, I: 371; and H. G. Creel, "The Fa-chia 法家 'Legalists' or Administrators'" reprinted from *Bulletin of the Institute of History and Philology*, Academia Sinica, Extra vol. 4 (1961) 607-36. Note, *Hsing ming* 刑名 in modern times means criminal law or an expert on criminal law.

Another closely related form of Shen Pu-hai's administrative technique is also under the *shu* category. Shen specifies that the ruler must have discriminating methods along with correct and definite principles, in order to organize and supervise his ministers. Since Shen Pu-hai's work is no longer extant except for fragments quoted in old encyclopedias and other works, Han Fei-tzu's interpretation of Shen's *shu* is quoted as follows:

To bestow office according to capacity of the candidate, to demand actual performance in accordance with the title of the office held, to hold fast the handles of the power of life and death, to examine into the abilities of all his ministers; these are the things [techniques] that the ruler keeps in his own hand.[121]

Now a few words must be said about Shen Tao 愼到 (ca. 350–275 B. C.), a native of the state of Chao in Shansi. He advocated that knowledge be discarded, though a ruler must have power or authority (*shih* 勢). Thus Lord Shang stressed *fa* (law); Shen Pu-hai, *shu* (statecraft); Shen Tao, *shih* (power); and Han Fei absorbed the three into his political philosophy.

All these Legalists may have also been influenced by Mo Tzu's "economy in expenditure," and "agreement with the superior," as well as the Taoist contempt for conventional ethics and pedantic learning. These legalist ideas found fullest exposition in the *Han Fei Tzu*.

Han Fei Tzu, and Machiavellian intrigues

Regarded as the first Chinese political scientist, Han Fei (d. 233 B. C.), prince of the state of Han in present Honan, was also unique as a nobleman among ancient philosophers. The Legalists were the only pre-Ch'in school which dealt with socio-political problems from the ruler's point of view. Other philosophers spoke from that of the elite or from that of commoners. The Legalists were so called from their belief that severe laws and harsh punishments were the only means of bringing order and security for the administrators.

---

121. Wang, *Han Fei Tzu chi-chieh*, ch. 17: 7b; Liao, *Han Fei Tzu*, II: 212. In dealing with Shen Pu-hai, our main referneces are Herrlee G. Creel, *The Origins of Statecraft in China* (Chicago: University of Chicago Press, 1970), 4–6; and *Shen Pu-hai, a Chinese Political Philosopher of the Fourth Century B. C.* (same publisher, 1974), 21–44, 119–34; Wang Hsiao-po 王曉波, "Shen Pu-hai ti chung shu ssu-hsiang yen-chiu 申不害的重術思想研究" (A Study of Shen Pu-hai's ideas with emphasis on *shu*), *Tai-lu tsa-chih* 51.4 (Oct. 1975) 33–46; Arthur Waley, *Three Ways of Thought*, 181ff; Feng Yu-lan/Bodde, I: 318ff; Kung-ch'üan Hsiao Mote, I: 370ff.

Han Fei, Han Fei Tzu, or Master Han Fei had a lifelong interest in jurisprudence, names, law, and statecraft. In his writings he frequently mentioned Lord Shang, Shen Tao, and Shen Pu-hai, all of whom were affiliated with the informal academy near the Chi gate of Lin-tzu 臨淄, the capital of the Ch'i state in Shantung.[122]

Other sources of Han Fei's knowledge were the legends of the Yellow Emperor (Huang Ti), Lao Tzu, as well as Confucianism. Together with Li Ssu 李斯 (280?-208 B.C.) he studied under Hsün Tzu, an Aristotle of the Confucian school. Although he spoke with a stammer, he was a brilliant writer. The collection of 55 essays entitled *Han Fei Tzu* reveals his erudition and understanding of historical and current problems. Well-informed and with keen observation of men and institutions, he could analyze human feelings, as in Chapter 12, "The Difficulties in Persuasion." In Chapter 15 he enumerated forty-seven causes which could portend a kingdom's decline and fall. These pages alone demonstrate his deep thinking and prophetic insight. Nevertheless, as an envoy from Han to the state of Ch'in he was thrown into prison, where he committed suicide. His former schoolmate, Li Ssu, may have engineered Han's death because of jealousy of his influence on the king of Ch'in, who later became the First Emperor of China. It is said that the king was attracted by the *Han Fei Tzu*, the ideas of which helped in the construction of the Chinese Empire.[123]

---

122. As we have mentioned above, Chi-hsia was a center of many scholars coming from other parts of the empire. See Chin Shou-shen 金受申, *Chi-hsia p'ai chih yen-chiu* 稷下派之研究 (A study of the Chi-hsia School of Philosophers) (Shanghai: Commercial Press, 1933). See also Ono Seiichi 宇野精一, ed., *Chung-kuo ssu-hsiang chih yen-chiu* 中國思想之研究 (A Study of the History of Chinese Thought), trans. by Lin Mou-sung 林茂松 (Taipei: Yu-shih ch'u pan she, 1970), III: 90; and Fujikawa Masakazu 藤川正數, "Kampi no gakusetsu to sono toku-shoku 韓非の學說とその特色" (Han Fei's Theory and its Characteristics), *Kagawa daigaku gakugei-gakubu kenkyū hōkoku* 香川大學藝學部研究報告 (Bulletin of the School of Education and Liberal Arts, Kagawa University) 1.2 (1951) 1-17.

123. *Shih-chi*, ch. 63: 5-12; Derk Bodde, *China's First Unifier* (Leiden: E. J. Brill, 1938), 10-11; and Kuo Mo-jo 郭沫若, "Han Fei Tzu ti p'i-p'an 韓非子的批判" (Comments on Han Fei Tzu) in *Shih p'i-p'an shu* 十批判書 (Peking: Jen-min ch'u-pan she, 1954), 340-86. Sources on Han Fei Tzu may include Wang Hsien-shen, *Han Fei Tzu chi-shih* (see n. 117); Ch'en ch'i-t'ien 陳啓天, *Han Fei Tzu chiao-shih* 校釋 (with textual criticisms and annotations) (Taipei: *Chung-hua ts'ung-shu* ed., 1958), punctuated, and with an informative appendix; Burton Watson's trans. of the twelve chapters of *Han Fei Tzu* in the *Basic Writings of Mo Tzu, Hsün Tzu, and Han Fei Tzu*; W. K. Liao's, *The Complete Works of Han Fei Tzu*, 2 vols. Concerning authenticity of the 55 chapters, see Chang Hsin-cheng *Wei-shu t'ung-k'ao*. But there seems to be a tendency to accept more chapters as genuine or of equal value to those written by Han. That only 10-20% of *Han Fei Tzu* is authentic, is an underestimate; and that chapters 20-21 concerning Lao Tzu are unreliable, may need revision (see Hu Shih, *Chung-kuo ku-tai che-hsüeh-shih*, III: 82). Chang Su-chen 張素貞, *Han Fei Chieh Lao, Yü Lao yen-chiu* 韓非解老喻老研究 (Taipei: Chang-ho ch'u-pan she, 1976) accepts the two chapters as reliable. That the "Te-ching" precedes "Tao-ching" agrees with the coeval silk copy of *Lao Tzu* discovered at Ma-wang-tui, Changsha.

It is hard to sum up Han Fei Tzu's political philosophy briefly. He visualized a universal state under one sovereign, one regime, and one supreme law—a universal state which would put an end to the age of war and confusion. Han Fei advocated authoritarianism. "The state affairs may be scattered in the four quarters, but the key (to the administration) lies in the center" (ch. 8: 30). He believed in the necessity for the absolute and uncompromising obedience of all people to one centralized authority. The relation between the king and people in the new age was impersonal and purely political. The ancient ideal ruler was a moralist, the medieval, a philosopher; and the modern a strong man, who must have force or sovereignty in his hand. The highest aim of a state was power and wealth. To achieve this goal the state must regiment all people to become soldiers and peasants, who had no freedom to select a trade or pursue studies of anything other than the arts of war and agriculture. It was a government through force rather than suasion.[124]

Han Fei also campaigned for the supremacy of law. Law should be universally known and understood, set forth in documents, supplied to every government office and distributed among the people. The average man could not control himself without restraint by law. Officials and people should be supervised through vigilant watching by the ruler. His subjects were held strictly responsible for any delinquencies that occurred. Those who would like to study law could do so under a law official of the government, so as to avoid misinterpretation and misunderstanding of the rules.

It is to be noted that the good points which Han Fei inherited from Lord Shang are that the laws, being impersonal and impartial, must be applied to all, high and low, so that all would be equal before the law, and that the laws must change with the times.[125]

This is in line with Han Fei's conception of progressive history, which

---

124. Wang, *Han Fei Tzu chi-chieh*, ch. 19: 342-43; ch. 20: 362; ch. 47: 326-27. *Cf.* W. K. Liao; and James Russell Landers, *The Political Thoughts of Han Fei*, Indiana University Ph. D. thesis, 1972, a solid piece of research.

125. *Han Fei Tzu chi-chieh*, ch. 38: 290; ch. 43: 304-305; ch. 55. 366; Waley, *Three Ways*, 160-61; and Ch'en Ch'i-t'ien, *Han Fei Tzu chiao-shih*, appendix, 953-56. It goes without saying that Han Fei Tzu's firm belief in the supremacy of law was influenced by Lord Shang. His theory of sovereignty anticipated that of Jean Bodin. *Cf.* Ts'ao Ch'ien 曹謙, *Han Fei fa-chih lun* 韓非法治論 (Han Fei's Government by Law) (Shanghai: Chung-hua shu-chü, 1948), 54-88. See also Ellen Marie Chen, "The Dialectic of *Chih* (Reason) and *Tao* (Nature) in *Han Fei Tzu*," *Journal of Chinese Philosophy* 3 (1975) 1-21.

he likens to a stream continually flowing forward. He formed a theory of historical materialism. Circumstances change with time and will never be the same. The ways of dealing with circumstances and environment must change accordingly. The ancient and modern periods necessitated different measures.[126]

He also believed that human nature is evil. Man is born with certain likes and dislikes. He likes to be free and lazy, and dislikes toil. He likes to be safe, dislikes danger. Being selfish, he likes to receive and dislikes to give. Therefore, to counter human nature, the ruler must reward those who render him good service and punish those who act against him.

The ruler must eschew all impulses toward mercy and affection and be guided solely by self-interest. Charity is an evil because it robs the industrious and pampers prodigal sons toward mercy. "Children of a kindly mother often turn out badly," said Han Fei. "From this I know that only power and authority can prevent violence, but kindness and generosity are insufficient to put an end to disorder."[127]

After reading Machiavelli's *Prince* and the *Han Fei Tzu*, one may be struck with some similarities. To Machiavelli (1469-1527) human nature is essentially selfish and egoistic; this engenders the desire for security in the people, and the desire for power in the ruler. Machiavelli wrote almost wholly of the mechanics of the government and of the means by which a state may be made strong. The purpose of politics is to preserve and increase political power.[128]

A similar geo-political situation must account for the nearly identical thinking. Italy, in the 15th and 16th centuries, like China of the 3rd century B. C., was a disunited and unsteady society, and Machiavelli was convinced that in such circumstances no effective government was possible except

---

126. This summary is based on *Han Fei Tzu chi-chieh*, ch. 49: 339-42. *Cf.* B. Watson's trans.; Derk Bodde, *China's First Unifier*, 214-15; and Chao Chin-hai 趙金海, *Han Fei Tzu yen-chiu* 韓非子研究 (Taipei: Cheng-chung shu-chü, 1967), 51-54. It occurs to me that Wang Fu-chih must have been influenced by Han Fei Tzu; see S. Y. Teng, "Wang Fu-chih's View on History and Historical Writing," *Journal of Asian Studies* 28.1 (Nov. 1968) 111-23.

127. See *Han Fei Tzu chi-chieh*, ch. 46: 320; ch. 49: 342; and Watson, 125.

128. George H. Sabine, *A History of Political Philosophy*, 339-42; Machiavelli, *The Prince and other Works*, trans. by Allan H. Gilbert (New York: Hendricks House Inc., 1964), 104, 125 n. 7, 148; H. Butterfield, *The Statecraft of Machiavelli* (London: G. Bell and Sons, 1960), 56, "the prince must imitate the fox and the lion," 72; Wang, Tsan-yuan 王讚原, "Han Fei yü Ma-chi-wei-li pi-chiao yen-chiu 韓非與馬基維利比較研究" (A Comparative Study of Han Fei and Machiavelli), *Yu-shih hsüeh-chih* 幼獅學誌 10.4 (Dec. 1972) 1-91.

absolute monarchy.[129] Thus both Han Fei and Machiavelli taught the science and art of power politics.

As in Italy, where the prince had to protect himself with an aura of authority and majesty, in China the ruler had to defend himself against the aggression of the ruled. He should never give too much authority or enter into intimate relations with any minister, or ennoble anybody. "Make the powerful wane and the powerless wax." He should never trust anybody, even his own wife and children, friends and relatives, and never reveal his innermost thoughts and feelings to them. The ruler must not burden himself with any administrative details. He must "do nothing." He must rest in quiescence so that he may watch the business of the ministers. He must grasp the fundamental in order to supervise the execution of the details. He must appear passive and soft, but in reality he must be active and tough. He must always be mysterious and inscrutable, so that he may inspire awe and reverence in his ministers. He should exercise his sovereign powers "with the speed of lightning and with the dignity of thunder."[130]

Regarding the people, the ruler should prohibit all subversive and reactionary literature and suppress all divergent schools of thought. This, of course, includes the heterodoxies and "the knights who with their military prowess violate the prohibitions."[131] The absolute state permits no freedom of thought and expression. Most of the Legalist ideas, including the condemnation of intelligentsia, seem to have been accepted by Chinese rulers from the

---

129. An attempt was made to see whether Machiavelli had some indirect connection with China through Jesuits or other informants who offered data for Max Weber; Machiavelli may have been born too early to learn some ideas from China. In the *Prince* there are references to Asia, referring to Turkey in Asia Minor. For the time being we believe that the similar ideas seem to have been generated by similar geographic situations and sociopolitical circumstances. See Sabine, *op. cit.*, 343.

130. Lin Mou-sheng, *Men and Ideas; an Informal History of Chinese Political Thought* (New York: John Day, 1942), 117 *passim*. This book, though undocumented and unbalanced, is quite informative and readable, and, in addition, the author "reveals most interesting and significant parallels to western philosophical thinking" as pointed out by Pearl S. Buck in the introduction. *Cf. Han Fei Tzu chi-chieh*, ch. 17: 82; ch. 38: 290; Waley, 178-79; and Watson, 17-18.

131. Burton Watson, in a footnote to his partial translation of *Han Fei Tzu*, spells out the activities of the knights or cavaliers. They were "noted for their daring and strict code of honor, often acted as local 'bosses' in defiance of the government authorities, guaranteeing protection to people who sought their aid or hiring out their services in the conduct of private vendettas" (p. 105n). This is a succinct description of the knights (hsia 俠) in the third century B. C. Queerly enough this picture resembles the Shanghai gangsters in the 1930s. Cf. Jumes J. Y. Liu, *The Chinese Knight Errant*. (Chicago, 1966).

First Emperor of Ch'in to the last of Ch'ing, as well as by leaders in con-
temporary China. One may say that Han Fei Tzu's influence still exists.

Lawmakers of crime-ridden countries may like to read the unpalatable
reasoning of Chinese ancient Legalists: "If the law were strong, the country
would be strong, and punishment should be deterrent in the highest degree;
even the lightest crimes should be severely punished, for where small offen-
ces do not occur, great crimes will not follow."[132]

In addition the Legalists believed that generous rewards would encourage
what was beneficial to the strength and well-being of the state. They rejected
ethical values and model emperors of the past, and thus they represented the
exact antithesis of Confucian ideas.

D. Eclectic trend and dual functions of the I Ching

About the third century B. C. the so-called "hundred schools of thought"
were gradually thinned out due to lack of public recognition and lasting
intellectual value. Only a few schools continued to "blossom and contend" in
vigorous action, mutually influencing, criticizing, and borrowing freely from
each other. Many folkore traditions and academic ideas were slowly combined
and rationalized within a more dignified and rational framework. This
eclectic trend can be seen in the *Book of Changes* and in Tsou Yen's use of
the Five Elements.

The *Book of Changes* (*I*, *Chou I* or *I Ching*) is one of the world's oldest
books and also one of the most enigmatic. For more than two thousand
years it has been used in the East as a book of divination. Even the famous
psychologist, C. G. Jung was convinced of the *I Ching*'s extraordinary power
to foretell the future.[133] The *I Ching* is the earliest of the *Five Classics* even
though its divinatory ideas were incompatible with early Confucian thought.[134]
But this marriage of convenience for spreading political and Confucian

---

132. *Han Fei Tzu chi-chieh*, ch. 6: 21; ch. 30: 167; W. K. Liao, I, 36, 295; and Needham, II,
    206-207.
133. See Jung's Foreward to the *I Ching* or *Book of Changes*, the Richard Wilhelm translation
    rendered into English by Cary F. Baynes (Princeton: Princeton University Press, 1961).
    We trust that Jungs conviction must be correct.
134. The Five Classics are *I* 易, *Shih* 詩, *Shu* 書, *Li* 禮, and *Ch'un-ch'iu* 春秋, or the *Canons of
    Changes*, *Poetry*, *History* (or *Documents*), *Rites*, and *Spring and Autumn Annals*. As we have
    noted before, Confucius, Mencius, and Hsün Tzu repudiated belief in spirits, superstitions
    and divination.

influence took a long time to materialize. The book's complicated and mysterious nature has caused students tremendous trouble ever since its establishment. It merits a careful investigation.

Originally the *I* (easiness or simplicity) was an arbitrary amalgam of divinations and folk interpretations of omens. Because ancient people in many parts of the world were afraid of meteorological or natural phenomena, they imagined that there might be gods in charge of such things, and they desired to discover auspicious omens by occult means.[135] We are inclined to think that divination by stalks of plants (milfoil, yarrow, iris, etc.) might have preceded divination with characters on the carapaces of tortoises and animal shoulder blades which were heated by a sharp pointed instrument. The former method is so simple and so common that many children, especially of minority peoples in southwestern China, are still doing it for fortune telling or simply for fun.[136] The early diviners might use a finger to draw one or two short lines, such as-or--, on the ground, or take a sharp stone to make such lines on another stone. These undivided and divided (i. e., odd and even) lines might signify numbers 1 and 2, sun and shadow, or Yang and Yin. Stemming from this a series of binary terms, such as heaven and earth, thunder and lightning, fire and water, day and night, male and female, good luck and misfortune, were derived. Long practice created so many correlated ideas that the Chou dynasty adopted divination by plants as the main method to replace the oracle bones of the Yin dynasty. The Official Diviners (*Pu-kuan* 卜官) called the divided and undivided lines *Yao* 爻, which etymologically pictures a few short lines placed together irregularly. Three *yao* arranged horizontally made a trigram, and two trigrams placed vertically became a hexagram. Through permutations the eight basic trigrams, which symbolize heaven, earth, thunder, water, mountain, wind, fire, and lake, formed sixty-

---

135. Arthur Waley, "The Book of Changes," *Bulletin of the Museum of Far Eastern Antiquities* 5 (1933) 121-42, wherein he explains that peasant omens, derived from ancient Chinese farmers, were like those to be found wherever civilization is at the same stage of development. The omens involved inexplicable sensations, involuntary movements, unusual phenomena oberved in nature, animals, plants, meteorological and astronomical events. These were then overlaid with divinations.

136. Wang Ning-sheng 汪宁生, "Pa-kua ch'i-yüan 八卦起源" (The Beginning of the Eight Trigrams), *Kao-Ku* 考古 4 (1976) 242-45; and Ch'en Tao-sheng 陳道生, "Ch'ung-lun pa-kua ti ch'i-yüan 重論八卦的起源" (A Review of the Origins of the Eight Trigrams), *K'ung Meng hsüeh-pao* 孔孟學報 12 (Sept. 1955) 207-34.

four hexagrams. Both trigrams and hexagrams were known as *kua*.[137]

The composition of the *Book of Changes* consists of these hexagrams with terse descriptions of their proposed symbolic meaning. Perhaps the text is intentionally ambiguous in order to permit the individual diviner's own interpretation. But it is too difficult for a layman to understand. Therefore later on commentaries appeared. Each *kua* is followed by a short paragraph of explanation, which is called *t'uan chuan* (judgement or decision). Thereafter are given analyses and exposition of the symbols and lines (*yao*) called *hsiang-chuan*. Eventually a total of seven commentaries (three being further divided each into two parts) were produced; some of them were incorporated in the text, and others became appendices. They are collectively known as the Ten Wings.[138]

---

137. That *I* derives from Yin-Yang is supported but explained in a different way by Kao Huai-min 高懷民, *Liang Han I-hsüeh shih* 兩漢易學史 (A History of the *I* Studies in the two Han Periods) (Taiwan: Commercial Press, 1970), 64-67. Yu Yüeh 俞樾 (1821-1907) said," 古人之筮，必畫地以識爻 In ancient people's divination, they must draw signs on the ground to show the lines like yao 爻," *Erh-chan lu* 兒笘錄 (Elementary Divination Records), 8-9, in *Ch'un-tsai t'ang ts'ung-shu* 春在堂叢書. But this is not the only method. Both Arthur Waley and Joseph Needham have mentioned four different forms of divination in the *Book of Changes:* (1) What is called by anthropologists peasant interpretation, the use of natural phenomena as omens. (2) Divination by plant-stalks, short and long, which give the lines of the symbols. (3) Divination by marks on the heated carapace of the tortoise and animal bones. The vocabulary in the interpolated clauses in the *I Ching* is largely based on tortoise divination as we know it from the Oracle Records of the Yin Ruins in Honan. (4) Divination by tablets of some form (dice, dominoes), since the character *kua* originally meant a tablet. Waley, "The Book of Changes," 121-42, esp. 140; and Needham, II, 309n. Dice is a later invention, and are probably too recent to have been involved in the *I Ching*. Yen Ling-feng 嚴靈峯 has made a comparison of the vocabulary in the Oracle Records and in the *I Ching*. He was surprised that many important characters in Oracle scripts are not included in the *Changes*. He does not explain the reason. It may be surmised that because of its extremely terse style, the *I Ching* vocabulary consists of only 4157 characters, according to Cheng Yen-t'ung 鄭衍通, *Chou I t'an-yüan* 周易探原 (A Fundamental Approach to the *Chou I*) (Singapore: Nanyang University Press, 1972), 17.
138. A student of *I* is likely to get lost in a sea of analogous commentary glosses. For example, the so-called Ten Wings, commentaries and appendices, are actually seven, because three wings have two parts:
    1-2) *T'uan-chuan* 彖傳 (Commentary on the text; on decision or judgement) in two parts given under each *kua* in the text.
    3-4) *Hsiang-chuan* 象傳 (Line by line commentary called symbols) given under each *kua* in two parts.
    5-6) *Hsi-tz'u-chuan* 繫辭傳 (Appended judgements) or *Ta-chuan* 大傳 (Great treatise) in two parts in the appendix.
    7) *Shuo-kua-chuan* 說卦傳 (Explanations of the Trigrams).
    8) *Hsü-kua-chuan* 序卦傳 (Sequence of the Hexagrams).
    9) Tsa-kua-chuan 雜卦傳 (Miscellaneous notes).
    10) Wen-yen-chuan 文言傳 (Commentary on the words of the text, or glosses).

The text and commentaries were supposedly written during the Chou dynasty; hence *Chou I* is an alternative title of the *I Ching*. Some of the additional information was moral, some metaphysical, and some cosmological. Simultaneously the book is a divinatory and a philosophical treasury. It tries to explain the operation of the universe, the development of human society, and the harmony between cosmic forces and human beings.

Unfortunately the aphorisms with little solid organization are not easy to digest. Even though the text and appendices contain less than 30,000 characters, they are so difficult to understand that James Legge, after translating the whole book into English in 1854-55, acknowledged, "When the manuscript was completed, I knew very little about the scope and the method of the book!"[139]

Other translations of the book into English, German, Russian, Japanese, and modern Chinese, cannot help a reader to understand it either.[140] A popular English version is the Richard Wilhelm/Cary F. Baynes translation, written with the cooperation of his son Hellmut Wilhelm; it raised the *I Ching* to the status of world literature. Nevertheless Maspero said, "There are several translations of the *Yi Ching*, all bad."[141] For the Wilhelm/Baynes

---

This commentary is also incorporated in the text.

Many interpretative works on the *I* are largely based on the *Hsi-tz'u chuan* or *Ta-chuan* on which a Ph. D. thesis with a long introduction and a new translation was done by Gerald William Swanson, "The Great Treatise: Commentatory Tradition to the *Book of Change*," University of Washington, 1974, under the direction of Hellmut Wilhelm. There are many other articles on the Ten Wings, such as that by Chang Tai-nien 張岱年 in *Chung-kuo che-hsüeh*, No. 1 (1979) 121-43, in which he dated most of the commentaries produced in the late Warring States period (484-221 B.C.); and Liu Ta-chün's 劉大鈞 essay expressing his point of view about the "Chou I Ta chuan" in *Chung-kuo che-hsüeh-shih yen-chiu* (Tientsin) No. 2 (1982) 34-40, in which he reviewed the contents and tried to arrange the sequence in which the Ten Wings appeared.

139. Legge's preface to the *Yi King or Book of Changes* in the *Sacred Books of the East*, ed. by F. Max Muller (Oxford, 1982), vol. 16: xiv.

140. For the Russian translation by Ju. K. Scutskii, *Kitaiskaja klassiceskaja "Kniga Peremen"* (Moscow: Izadel'stvo vostocnoi literatury, 1960), see Paul Demiéville's review in *T'oung Pao* 50, 1-3 (1963) 266-78; and Iulian K. Shchutskii, *Researches on the I Ching*, trans. by William L. MacDonald *et al.*, with an introduction by Gerald W. Swanson (Princeton: Princeton University Press, 1979). The same press also published *The I Ching*, Wilhelm/Baynes. The *I Ching*, trans. and ed. by John Blofeld (Dutton Paperback, 1965) seems to be simple, clear and readable. Z. D. Sung's translation of *I Ching* (Shanghai: 1935) is largely the same as Legge's translation, but unlike Legge's it follows the order of, and furnishes, the Chinese text for the convenience of the reader. For translations into modern Chinese, see Kao Heng 高亨, *Chou I ku-ching ching-chu* 周易古經今注 (Taipei: Lo-t'ien, 1972); and Nan Huai-chin 南懷瑾, and Hsü Ch'in-t'ing 徐芹庭, *Chou I chin-chu chin-i* 周易今註今譯 (Taipei: Commercial Press, 1974).

141. Henri Maspero, *China in Antiquity*, trans. by F. A. Kierman (Amherst: University of Massachusetts Press, 1978), 447, n. 36.

edition, please read a candid review by Derk Bodde.[142] A good sinologist can enjoy making an interpretative English version of the *Lao Tzu*, but no such good luck with the *I Ching*, which is almost untranslatable. One wonders why?

Its inscrutability is due to the unusual length of time involved in the evolution of the book, and to its galaxy of alleged authors. Traditionally it is said that the sage king Fu Hsi (2953-2838 B. C.) first drew the eight trigrams, King Wen of the 12th century B. C. developed them into sixty-four hexagrams in a total of 384 lines (*yao*), and Confucius added commentaries and appendices to them. These three authors, Fu Hsi, King Wen, and Confucius, were respected as the Three Sages and endowed the book with invulnerable prestige. Later on the Duke of Chou was included, and was said to have composed the *yao* or line explanations. This authorship seems to have been arbitrarily assigned by scholars of the Western Han dynasty (206 B. C. - 9 A. D.).

The legendary King Fu Hsi lived nearly 5000 years ago! Supposedly, after some 1800 years, King Wen worked on the sixty-four hexagrams; another 600 years later Confucius contributed the Ten Wings. This supposed evolution of the text is inconceivable.

Because the *Chou I*, an occult handbook, was not burned in the great book proscription of 213 B. C., Confucians, Legalists, Taoists, and others collected the old and new studies on this book as appendices, and made it a Confucian classic in the second century B. C. Under the aegis of orthodoxy, its authority was rarely doubted by students until Ou-yang Hsiu (1007-72) courageously answered " Questions of a youth about the *I* " and doubted the authenticity of the appendixes supposedly penned by Confucius.[143] After a long time, another brave scholar, Ts'ui Shu 崔述 (1740-1816), vehemently argued against the supposed authorship of King Wen and others.[144] He was reinforced by K'ang Yu-wei (1858-1927), Ku Chieh-kang (1893-1980), Ch'ien

---

142. In the *Journal of American Oriental Society* 70 (1950) 326-29. The edition under review was published in New York by Pantheon Books, 1950.

143. *I tung-tzu wen* 易童子問, 3 *chüan* in *Ou-yang Wen-chung kung chi* 歐陽文忠公集, 1926 ed. Especially in the last *chüan* in which he questioned Confucius' role in a few appendices—a courageous start. See also Liu Tzu-chien 劉子健, *Ou-yang Hsiu ti chih-hsüeh yü ts'ung-cheng* 歐陽修的治學與從政 (Ou-yang Hsiu's Scholarship and Politics) (Hong Kong: Hsin-ya yen-chiu so, 1963), 28-30.

144. Ts'ui's statement is reproduced in Chang Hsin-cheng, *Wei-shu t'ung-k'ao*, 1: 32-34.

Mu, Li Ching-ch'ih, and others.

As a result the traditional view of authorship has been shattered. "Now no one would maintain that either King Wen or the Duke of Chou had anything to do with the book," observed Needham (II, 306), let alone the legendary king Fu Hsi, whose own existence is uncertain. Confucius' role in this classic was espoused by P'i Hsi-jui 皮錫瑞 (1850-1908) but completely denied by Chang T'ai-yen (1868-1936), Ch'ien Hsüan-t'ung (1887-1939), Ch'ien Mu, and Honda Seichi 本田成之.[145] However, Chang Hsin-cheng, after presenting the viewpoints of many other critics, argued for Confucius' part in the I Ching. We are also inclined to believe that Confucius, who is known as a lecturer rather than an author, might have done some editing or at least had some indirect connection with the I by mentioning its importance in one way or another, influencing his followers in the periods of the Warring States and Ch'in Han (5th-2nd cent. B. C.) to Confucianize the Chou I.

As for the date of compilation, there is undoubtedly some old material in the I Ching. The trigrams and hexagrams are said to have been compiled by Court Diviners in the 7th or 8th centuries B. C. and to have been repeatedly revised in the following ages. The silk version (ca. 206-195 B. C.) of the I discovered at Ma-wang-tui, Changsha, is quite different from the current editions. For example, the canon was not divided into two parts, and the order of the 64 hexagrams was arranged according to the Yin and Yang principles. There were only the I canon and the Great Treatise, which was not divided into two parts. The rest, called I-shuo 易說 (Commentaries on I), contained about 7000 characters.[146]

---

145. *Ibid.*, I, 35-71; and P'i Hsi-jui 皮錫瑞, *Ching-hsüeh t'ung-lun* 經學通論 (A General Review of Classics), *Kuo-hsüeh chi-pen ts'ung-shu* ed., 8-10. P'i admitted that he could not find evidence for the attribution of authorship to King Wen and the Duke of Chou, but he believed that the hexagram and *Yao* commentaries were written by Confucius.

146. Because the traditional authors like Fu Hsi, King Wen and Duke of Chou are in remote antiquity, a few scholars tried to establish new time frames during which the *kua* and *yao* commentaries were compiled. Toward this goal Yü Yung-liang 余永梁 advanced the idea that the *I* was composed by official diviners (Pu-kuan 卜官 or T'ai-pu 太卜) at the time of Chou Ch'eng-wang 周成王 (ca. 1115-1078 B.C.). Yü's article is reproduced in *Ku-shih Pien*, III: 143-69, see esp. 162-63. Ch'ü Wan-li 屈萬里 (1907-1979) with his excellent scholarship carefully tried to prove that the *kua-tz'u* and *yao-tz'u* were created by one person, not by many hands, and in one time during the reign of Wu-wang 武王 (ca. 1122 B.C.), father of Ch'eng Wang. Ch'ü did not investigate authorship of the text. See "Chou I kua-yao tz'u ch'eng yü Wu-wang shih k'ao 周易卦爻辭成於武王時考" in Ch'ü's Shu-yung lun-hsüeh chi 書傭論學集 (Taipei: Chung-hua shu-chü, 1969), 7-28. Ch'ü's thesis and guidance have been closely followed by Li Han-san 李漢三, *Chou I kua yao tz'u shih-i* 周易卦爻辭釋義 (Commentary on

The Ten Wings were produced in the period from the middle of the Warring States to the middle of Western Han (4th–2nd cent. B. C.). These commentaries and appendices based on different schools, were written at different times, and they convey opinions of various authors. A relatively recent study reaches a more drastic conclusion, that the "Ching" was compiled before 672 B. C., and that the "Chuan" commentaries were compiled at divergent occasions as follows: "Hsi-tz'u" (the great appendix) completed before the time of Emperor Kao of the Han dynasty (206–195 B. C.); "Wen-yen" (commentary on the words) before Emperor Ching (156–141 B. C.); "Tsa-kua" (miscellaneous notes) in the period of Emperor Hsüan (73–49 B. C.). Even though we may not fully agree with the author, this idea has reference value.[147]

Therefore, with so many hands decorating the *I Ching* in so many centuries, the book has become a varied and complex document.[148] One of the best ways to study it is perhaps to take off its wings one by one, study it layer by layer, then we may be able to glimpse the real profundity.[149] But

---

Trigrams and Hexagrams of the *Chou I*) (Taipei: *Chung-hua ts'ung-shu*, 1969). Since so much effort has been made to find a time of compilation so close to King Wen, it might be better to restore the traditional ascribed authorship. The thesis of Kao Huai-min's 高懷民, *Hsien Ch'in I hsüeh shih* 先秦易學史 (The Evolution of I Before the Ch'in Period) (Taiwan: Commercial Press, 1975), is exactly to defend Fu Hsi, King Wen, Duke of Chou, and Confucius. The author, a graduate of Taiwan Teachers University, writes in a scholarly, analytical and informative manner. The book seems to be persuasive, but the author anticipates different responses from varied readers. At any rate there is no consensus about the authors of the *I Ching*.

As for the date of compilation in the eighth century B. C., Li Ching-ch'ih 李鏡池 reconfirmed his conviction that "the *I Ching* from origin to compilation was approximately from the 12th to 8th centuries B. C." (see his essay in *Kuang-ming jih-pao*, July 21, 1961, *Che-hsüeh* No. 299); Cheng Yen-t'ung believes that *I*'s compilation was in the early Ch'un-ch'iu period, i.e. 8th ceutury (*Chou I t'an-yüan*, 18); also Needham, II, 307, and Scutskii, *Researches on the I Ching*, xxviii, 186 *passim*. See also *K'ao Ku* 考古 No. 136 (Jan. 1975) 50–51; and Ch'en Tao-sheng 陳道生, "San I ho 'po-shu' kua-hsü piao-wei kao 三易和帛書卦序表微稿" (A Preliminary Note on the *San I* and the Silk Version About the Order of Hexagrams and Other Small Points), *Che-hsüeh yü wen-hua* 哲學與文化 8.3 (Mar. 1981) 185–89.

147. Scutskii (see n. 140), 116; and Meng Chuan-ming, "A Study on the Dating of the Compilation of *Chou I*," *Journal of Chinese University of Hong Kong* 3.1 (Dec. 1975) 49, with text in Chinese and an English summary.

148. "It might have taken close to a thousand years of work to formulate our present texts of the *I-ching*," concludes Hellmut Wilhelm, "I-ching oracles in the *Tso-chuan* and *Kuo-yü*," *Journal of American Oriental Society* 79 (1959) 275–78.

149. Chao Nan-hung 趙南鴻, "I ti fen-hsi yen-chiu 易的分析研究" (An Analytical Study of the *I*), *Wen Hsing* 文星 magazine, 84 (1964) 2–7; and Ch'eng Shih-ch'üan 程石泉, "Chou I ch'eng kua chi ch'i Ch'un-ch'iu shih-fa 周易成卦及其春秋筮法" (Completion of Hexagrams of the *Book of Changes*, and Ways of Divination in the Ch'un-ch'iu Times [722–480 B. C.]), *K'ung Meng hsüeh-pao* 29 (Apr. 1975) 27–49.

the layers have been piled up for so many centuries that it is hard to separate all of them. The researcher may have to read a huge amount of writings on the *I Ching*, employ various methods of approach, and allow a generous budget of time.[150] Some day when the *Book of Changes* is really and thoroughly understood, we may find that "when all in the world recognizes beauty as beauty, it may be no longer beautiful" (*Lao Tzu*, 2).

The first mention of revolution in Chinese literature

Revolution is our main interest, particularly when it occurs for the first time in the *I Ching*, the most ancient Chinese classic. As an illustration we attempt a little translation of the 49th hexagram *Ko* as follows:

Ko ☰

(To start a) revolution on a *ssu* day,[151] then it will be lucky,

---

150. An incomplete collection by Yen Ling-feng 嚴靈峯, *I Ching chi-ch'eng* 易經集成 (Taipei: Ch'eng Wen, 1976) contains 362 titles, 195 vols. not including periodical articles and studies in foreign languages. As for different approaches to the *I Ching*, see Liu Pai-min 劉百閔, *I shih-li-hsüeh hsü-lun* 易事理學序論 (An Introduction to the "Eventology" of *I Ching*) (Hong Kong: Lung-men, 1965); Hellmut Wilhelm, *Heaven, Earth, and Man in the Book of Changes* (Seattle: University of Washington Press, 1977); Paul K. K. Tong, "A Cross-cultural Study of the *I-ching*," *Journal of Chinese Philosophy* 3 (1975) 73-84; Daniel S. Goldenberg, "The Algebra of the *I Ching* and Its Philosophical Implications," 2 (1975) 149-79; Martin Gardner, "The Combinational Basis of the "I-ching,'" *Scientific American* (Jan. 1974) 108-13; and Hsü Ch'in-t'ing 徐芹庭, "Liu-shih nien-lai chih I-hsüeh 六十年來之易學" (Studies of the *I* during the Last Sixty Years [1912-1972]) in Ch'eng Fa-jen 程發軔 ed., *Liu-shih nien-lai chih kuo-hsüeh* 六十年來之國學 (Taipei: Cheng-chung shu-chü, 1972), 1-209, a bibliography with comments.

151. My translation is different from those of James Legge, Richard Wilhelm, and John Blofeld, because I want to show a little of the divinatory nature of the *Book of Changes*. The characters, *chi* 己, meaning self; *I* 已, already; and *ssu* 巳, one of the twelve branches of Earth, are easily confused. The sentence 革, 巳日乃孚, is translated by Legge as "*Ko* is believed in only after it had been accomplished" (p. 167), using the "already" sense. Wilhelm gives, "Revolution, On your own day" (p. 189); he preferred the "self" sense. Blofeld's version is, "Revolution-not before the day of its completion" (p. 181); he modified the "already" meaning. But I translated it, "To start a revolution on a *ssu* day." This may imply that the action has neither started nor already been accomplished, nor has the date been completely decided by the leader himself; it is open for divine guidance. The proposed *ssu* day, like our Saturday, could be understood by the participants who, if they failed to get together, might try again on the next *ssu* day twelve days later. The basis for this interpretation are: (1) Wang Fu-chih's 王夫之 (1612-1692) succinct annotation, "Read *ssu* as in ch'en ssu 巳讀如辰巳之巳" (*Chou I nei-chuan* 周易內傳 [Commentary on the *Chou I Text*] I: 1 in *Ch'uan-shan ch'üan-chi* 船山全集 [Taipei: Hua-wen, 1965] III); (2) intrinsic evidence in Hexagram 18, *Ku*, "Hsien *chia* san-jih, hou chia san-jih 先甲三日, 後甲三日" (Three days before and three after the *chia* day) (Li Tao-p'ing 李道平, *Chou I chi-chieh tsuan-shu* 周易集解纂疏 [Collected Commentaries and Annotations on *Chou I*] preface dated 1842, in *Ts'ung-shu chi-ch'eng*, p. 135); and (3) "Ch'en-jih pu-k'u 辰日不哭" (On a *ch'en* day, one must not

supreme success. The gain must come from the right cause. Regret none.

The *T'uan* (commentary on the text) says: *Ko* (revolution) resembles water and fire which can extinguish each other, or two girls who live together but whose purposes conflict. Such is called revolution.

That revolution on a *ssu* day will be lucky means that the revolution will gain public confidence, and the lettered and enlightened people will be pleased; hence supreme success is justified. When a revolution is carried on properly, there will be no regret; as heaven and earth revolve, the four seasons form. The "Ko-ming" (revolution) of T'ang and Wu[152] was in accordance with heaven's will and in response to the people's desire.[153] Thus the (propitious) time for a revolution is of great importance! Symbol (*Hsiang yüeh*): Fire in a pool is the image of REVOLUTION. Thus the superior man sets the almanac in order and makes the time (for activities) clear.

The Lines: Nine at the beginning[154]: shows that (the revolutionary emblem) is made of yellow cowhide. It symbolizes a durable plan, and (the leader) should not take (hasty) action.

Six in the second divided line from the bottom: On a *ssu* day, revolt; the expedition will be lucky. No blame.

Nine in the third place: Your starting will meet misfortune, and persistence will fare even worse. (But) when the revolutionary deliberations have taken three rounds, then act, you will have confidence......

---

weep) (Yen Chih-t'ui 顏之推 [531-591], *Yen-shih chia-hsün* 顏氏家訓 [Family Instructions for the Yen clan] an annotated translation by Teng Ssu-yü [Leiden: E. J. Brill, 1968], p. 35): here *ch'en-jih* is following the old usage as *ssu-jih*, both of which belong to the twelve branches.

152. The leader T'ang 湯 and King Wu 武王 separately overthrew the Hsia and Shang dynasty in the eighteenth and twelfth century B. C. *Shih-chi*, ch. 3:1; and ch. 4:4-5.

153. A simple explanation of the numbering system, like *ch'u-chiu* 初九 and *liu-erh* 六三, is that traditionally a hexagram is drawn from the bottom to the top. The first undivided line symbolizes heaven, and its number begins with nine. The divided line signifies earth; its number begins with six. Thus if there are two or three undivided and divided lines, they are referred to in the text as nine-two (九二) and nine-three (九三), or six-two (六二) six-three (六三), etc., Wang Han-sheng 王寒生, *I Ching ch'ien-chü* 易經淺注 (A Simple Commentary on the *I Ching*) (Taipei: Hsin shih-ming, 1970), 2. *Cf.* Li Tao-p'ing, *Chou I chi-chieh tsuan-shu* (see n. 151), 1-4. Here, "Wrapped in the hide of a yellow cow," is Wilhelm/Baynes translation, but it has no subject, and the meaning is obscure. Therefore "revolutionary emblem" as the subject implied in the text, is our interpretation.

154. A *ssu* day symbolizes that the Yang element comes to an end in the tenday cycle, and is replaced by the Yin, according to *Shuo-wen chieh-tzu ku-lin*, 6576; Chang Ch'i-yün *et al.*, eds., *Chung-wen ta-tz'u-tien* (Taipei: 1962-68), Vol. 11: 188, entry 巳日.

Regret will vanish......A change of government will bring good fortune.[155]

Now a little interpretation of the translator may be in order. The preceding hexagram, no. 48, metaphysically signifies that a well needs cleaning from time to time when it becomes clogged with dirt. In this hexagram, no. 49, the Chinese character *ko* etymologically means "animal's hide" or "pelt" and is carried over to apply to the moltings in political life. Thus from the very beginning Chinese revolution has meant a superficial change of government; it has not intended a fundamental overhauling of the sociopolitical system. Even this kind of revolution should include prior proof of its necessity and firm correctness in its conduct. It should not be made too hastily and violently. When the good effects began to be evident, occasions for regret would be none. The sage revolutionary must take T'ang and Wu as his models of legitimacy and win the confidence of the people. In short, revolution in the *I Ching* has been Confucianized and is tantamount to Hsün Tzu's "*I-wei* 易位," a change of position. To my understanding, one of the fundamental principles of the *I* is that when the function of a person or system reaches the end of its effectiveness, a change is needed; through periodic alternation continuity is achieved. Thus as Heaven moves, the superior man should unceasingly make himself strong. The *I* is everchanging; it is also never-changing. This idea perhaps is the key to understanding the secret of China's longevity.

---

155. The above translation has been compared with the four previous academic renderings readily available, and they are different from one another. Legge and Wilhelm are based on the *Yü-tsuan Chou I che-chung* 御纂周易折中 (Eclectic Annotations on the *Chou I*), which separate the text and commentaries in two parts. This arrangement differs from the most common editions included in such standard and popular collections as *Shih-san ching chu-shu* 十三經注疏, *Ssu-pu ts'ung-k'an*, and *Ssu-pu pei-yao*, in which the text and commentaries are put together, and followed by the appendices. Z. T. Sung's *I Ching* furnished the original Chinese with Legge's translation, taken from the two parts for the convenience of checking. John Blofeld's *I Ching* (228 pp.) also follows the most common edition, making it simple and clear. He was trained in Cambridge University in Chinese and East Asian religions but has been serving in diplomatic assignments in Chungking, Thailand, and elsewhere. See Nathan Sivin's review of Blofeld's translation, *Harvard Journal of Asiatic Studies* or *HJAS* 26 (1966) 290-98. Wilhelm/Baynes, 740 pp., summarize the annotations in their own words, which are innumerably more than in the original text. Therefore Wilhelm may be regarded as the greatest contributor to the *Book of Changes*. A student, however, may occasionally like to know whether the ideas come from the Chinese commentators or from the translator or both. Therefore we indicate our interpretation of the Hexagram on revolution separately. Compare also Joseph S. Wu, "Philosophy and Revolution, Confucianism and Pragmatism," *Philosophy East and West* 23 (1973) 323-32.

Tsou Yen and the Yin-Yang school

The augural function of the *I* has been augmented by the Appendices based on the Yin-Yang school. This school and the *I* are both eclectic in nature.

The Yin-Yang and Wu-hsing concepts are usually mentioned together, but, in my investigation, their appearances in ancient China seem far apart.[156] As to when they began and which came first, there is no absolute certainty.[157] I believe that the Yin-Yang preceded the Five Elements because of its two *different origins. One was astronomical and folkloristic; the other one was* documentary and philosophical. The former has been mentioned before, but we add here the geographical influence of the Ch'i state, a center of early Chinese civilization. Ch'i was located east of the sacred Tai Mountain near the coast of modern Shantung province. The people, who were relatively rich, had learned many exotic tales from seafarers and retold them locally with exaggeration.[158] Thus Mencius said, "These are the sayings of uncultivated people in the east of Ch'i," and Chuang Tzu stated, *"The Ch'i Amusement* is [a collection] of records of strange occurrences."[159] These remarks were strengthened by Ssu-ma Ch'ien's *Historical Memoir*, which noted that tradition- ally the Ch'i people had worshipped eight gods: heaven, earth, sun, moon, Yin, Yang, war, and the four seasons.[160] Now there are still many temples on the Tai mountain preserving some of the old traditions. Elsewhere Ssu-ma T'an, father of the Grand Historian, placed the Yin-Yang school before Confucianism, Mohism, and others.[161] No doubt, as a hereditary imperial astrologer and historian, he would maintain that Yin-Yang appeared before Wu-hsing: metal, wood, water, fire, and earth which have been used daily to

---

156. *Wu-hsing* 五行 has had several different translations, such as five elements, activities, agents, powers, or virtues, but the first one, although imperfect, is well-established and easy to understand without further explanation.

157. Fu Ssu-nien 傅斯年 said: "The origin of the Five Elements and Yin-Yang are no longer traceable"; see his *Ch'üan-chi*, II: 112. Li Han-san 李漢三 also said, "The Five Elements theory is relatively earlier"; see his *Hsien-Ch'in liang Han...*, 1: 103.

158. Kuo Chan-po 郭湛波 *Chung-kuo chung-ku ssu-hsiang-shih* 中國中古思想史 (A History of Chinese Medieval Thought) (Hong Kong: Lung-men, 1978), 14-15.

159. *Mencius*, Bk. V-A, ch. 4, basically Legge's translation with modification of the romanization system; and *Chuang Tzu*, ch. 1: 1, "*Ch'i Hsieh* che, chih kuai che yeh 齊諧者，志怪者也." The translation is mine.

160. *Shih-chi*, ch. 28: 9-10.

161. *Ibid.*, ch. 130: 3b-4.

meet people's needs without any philosophical conception attached to them.

Documentarily and philosophically speaking, a long period of evolution in divination and explanation of mysterious phenomena by means of Yin-Yang and Wu-hsing was required. As Wing-tsit Chan well explained, "The two concepts of the Yin-Yang and the Five Agents go far back to antiquity and to quite independent origins...... Both may be regarded as early Chinese attempts in the direction of working out a metaphysics and a cosmology."[162] The earliest written record of the five elements is in the "Hung-fan (Grand Norm)," a chapter of the *Book of Historical Documents* (*Shu Ching*). Then in the "Great Treatise," an appedix to the *Book of Changes*, the principles of the Yin-Yang, the Five Elements and the Eight Trigrams are blended together.[163] The Grand Norm and the Great Treatise are generally believed to have been produced in the third century B. C., "not earlier than Tsou Yen."[164]

Tsou Yen (ca. 345-275 B. C.), a native of Ch'i and a member of the Ch'i-hsia academic association, was originally a Confucian, but later he seems to have become a proto-Taoist. A widely learned scholar of history, geography, astronomy, cosmogony, and calendrical sciences, and an eloquent speaker, he earned the sobriquet of T'an-t'ien Yen 談天衍, Bragger Yen of the Universe.[165] He may be lauded as a master of the Yin-Yang school, a predecessor of occultism, *fang-shih* (magicians), and Taoists who sought longevity or immortality from recipes. To Needham he was a naturalist philosopher. Like a Greek sophist, or a modern economic counselor, he was courted and well-

---

162. *A Source Book in Chinese Philosophy*, 244-45.

163. The chapter "Hung-fan 鴻範" of *Shu-ching* 書經 and the "Hsi-tz'u 繫辭" appended to the *I Ching* are believed to have been written in the middle or late Warring States period or the 4th and 3rd centuries B. C. See Tai Chün-jen 戴君仁, "Yin-Yang, Wu-hsing hsüeh-shuo chiu-yüan 陰陽五行學說究原" (An Investigation of the Origin of Yin-Yang add Wu-hsing), *Ta-lu tsa-chih* 37.8 (Oct. 1968) 233-40; and *Ku-shih pien*, V: 641-48 *passim*. In this volume several articles on this subject are reproduced. In the bronze inscriptions (*Chin-wen* 金文) Ch'en Meng-chia 陳夢家 located evidence describing the principles of the Five Elements; the time falls approximately between 425 and 376 B. C.; "Wu-hsing chih ch'i-yüan 五行之起源," *Yen-ching hsüeh-pao* 24 (1938) 29-47. The same title is discussed by Ch'i Ssu-ho 齊思和 in his *Chung-kuo-shih t'an-yen* 探研 (Researchers in Chinese History) (Peking: Chung-hua shu-chü, 1981), 193-200.

164. Needham, II: 142. "It is the 'Great Treatise' that imitated or copied from Master Tsou, not vice versa" according to Tu Kuo-hsiang 杜國庠, "Yin Yang Wu-hsing ssu-hsiang ho *I-chuan* ssu-hsiang" A comparative study of the "Yin-Yang Wu-hsing ideas ho I Chuan ssu-hsiang 陰陽五行思想和易傳思想" (The Ideas of Yin Yang, Wu-hsing and that of the *I* Appendices) in *Tu Kuo-hsiang wen-chi* (Peking: Jen-min ch'u-pan she, 1962), 244-56.

165. Ch'ien Mu, "Tsou Yen k'ao," in *Hsien Ch'in chu-tzu hsi-nien*, II: 401-406.

treated by feudal lords as their adviser, traveling from one state to another.
Instead of a business cycle theory, he vended his history cycle theory. known
as the Five Power Cycle (*Wu-te chung-shih*).[166] He philosophized and elabo-
rated this theory based upon a doctrine of the Five Elements. Each element
was equated with one of the five colors, the five virtues, the five planets,
and the five ancient rulers. Each element was supposed to overcome the
preceding and to preside over one period of history in endless succession.
When the power of the element ended, the dynasty fell. For example, the
element for the Hsia dynasty was wood; for the Shang, metal; for the Chou,
fire; etc. Consequently Chou overcame Shang; Shang overcame Hsia.[167]

Tsou Yen is reported to have been a systematic worker using observa-
tion, allegories, inductive method, and precedent cases to reach a conclusion.[168]
He also made a contribution to geography by figuring out that China is only
one of nine continents and occupies one part of eighty-one of the space on
earth.[169] Possibly he heard something indirectly from members of Alexander
the Great's expedition to Sogdiana in Turkestan in 329-28 B. C.,[170] and more
likely he got some information from seafarers along the Shantung coast as
he took an interest in geography.

Through his contacts with state rulers, he observed that they were
dissolute and profligate. Disappointed, he made examinations of the ups and
downs of the Yin-Yang principles with emphasis on the dominating cosmic
influences (*chu-yün* 主運). He wrote weird and fantastic theories in more than
100,000 words, most of which were not handed down. His disciples, called
fang-shih, literally "magical-technique scholars," or occultists, could not get
along very well with the feudal lords, or even among themselves, because

---

166. Tsou Yen's 騶 or 鄒衍 biography is in *Shih-chi*, ch. 74, between Mencius and Hsün Tzu,
    because he lived in the interval of the two Confucians. The treatise of the "Wu-te chung-
    shih shuo 五德終始説," or *Tsou Tzu chung-shih* 騶子始終 (Master Tsou's Book on Coming into
    Being or Passing Away), is listed in the Bibliographic section of the *Han-shu*, ch. 30: 21b,
    but not in subsequent dynastic histories, indicating its disappearance long ago.

167. The most extensive study of the political and historical cycle of the Five Powers was made
    by Ku Chieh-kang, "Wu-te chung-shih hsia ti cheng-chih ho li-shih 五德終始下的政治和歷史,"
    in *Ku-shih pien*, V: 404-597. This volume is a treasury of primary and secondary sources on
    the subject.

168. Wei T'ing-sheng 衞挺生, *Tsou Yen Tzu chin-k'ao* 騶衍子今考 (A Modern Study of Tsou Yen's
    Works) (Taipei: Hua Kang Press, 1974), 1-2, 93, 103-105; and Kuo Wei 郭爲, *Yin Yang
    ssu-hsiang chih shu-p'ing* 陰陽思想之述評 (A Critical Account of the Yin-Yang, Wu-hsing
    Ideas) (Kaohsiung, Taiwan: Hsing-kuo, 1979), 12-14.

169. *Shih-chi*, ch. 74: 2. Cf. Needham, II: 236.

170. John W. Snyder, *Alexander the Great* (New York: Twayne, 1966), 115, 140-43.

of self-interest.[171] Some of the lords, influenced by the *fang-shih*, began searching for the "islands of the immortals" and trying to concoct a drug which could prevent death; both attempts were of course unsuccessful.[172] Tsou Yen's reputation was like cherry blossoms, charming for a short time but soon fading away. His ignominious death in prison about 278 B. C. probably made further researchers in occult arts feel ashamed or unsafe to mention his name.[173] Indeed many *fang-shih* met disastrous deaths in the Ch'in dynasty. Yet, his cycle theory of history was promoted by Tung Chung-shu and Liu Hsiang of the Han dynasty.[174] Since then, the Yin-Yang Wu-hsing theory has become complicated and its influences extensive.

In short Tsou Yen was one of the greatest Chinese thinkers. He had the courage to put China not at the center of the world. we cannot agree with Dr. Needham that he "may be considered the real founder of all Chinese scientific thought." On the contrary, some Chinese scholars have blamed Tsou for detrimental effects on history and science over the last two thousand years.[175] There are some exaggerations in both viewpoints.

Occult practices

Occultism was given a philosophic foundation by Tsou Yen, whose doctrine

171. *Fang-shih* 方士, literally a magical technique scholar, has been variously translated as magician, necromancer, magician and adept, Taoist magician, and occultist; among these, magician seems to be most popular. But *fang-shih* and *ju-sheng* 儒生 were similar and not easy to distinguish, for both were students; only the *fang-shih* knew some magic techniques. In later ages some magicians may have been illiterate. Hence here occultist, as translated by Derk Bodde, is accurate.

172. *Shih-chi*, ch. 28: 10-11. *Cf.* Ssu-ma Ch'ien/B. Watson, II: 25.

173. Tsou Yen, a native of Ch'i, was attracted by excellent treatment to serve the king of Yen in Hopei. Soon the two states were at war. Suspicion, political intrigue, and slander caused Tsou Yen's new patron, King Hui of Yen 燕惠王, to put him in prison where he died. His followers, most of whom were *fang-shih* or magic technique scholars, did not get along well with the rulers who had not been benefitted from what thay advocated. Wang Meng-ou painstakingly pieced the primary and secondary sources together to clarify Tsou's life history in *Tsou Yen I-shuo k'ao* 鄒衍遺說考 (A collection of remnants about Tsou Yen) (Taiwan: Commercial Press, 1966), 16-34.

174. Liang Ch'i-ch'ao, "Yin Yang, Wu-hsing shuo chih lai-li 陰陽五行說之來歷" (Sources of the Yin-Yang Wu-hsing Theory), *Tung-fang tsa-chih* 20.10 (May 25, 1923) 62-71. It is reproduced in *Ku-shih pien*, V, and other collections.

175. Needham, II: 232. Liang Ch'i-ch'ao, 71; and Nieh Ch'ung-ch'i, "Erh-ch'ien nien lai mi-hsin chi-t'uan chih pien-luan 二千年來迷信集團之變亂" (Rebellions inspired by superstitions during the last two millenia), *Ta Chung* 大中 1.3 (Mar. 1946) 19-26. Nieh maintained that China has suffered from "the poisonous influence" of Tsou Yen and occultism for the last two thousand years.

quickly became popular and received much elaboration. After his death some of the prognosticator's arts were carried on quietly by his followers. Down to the Han dynasty, the Yin-Yang was reviewed first before the other five schools, such as Confucianism, Legalism and Mohism because of its importance and influence on people's lives, and because both Ssu-ma T'an and his son were Taoists who liked to discuss Yin-Yang principles.[176] In the Bibliographic section of the *History of the Former Han*, chapter 30, six classes of occult practices are listed.

The first is astrology. "Astrology," states the Bibliographic section, "serves to arrange in order the twenty-eight constellations, and note the progressions of the five planets and of the sun and moon, so as to record thereby the manifestations of fortune and misfortune."[177] Observation of celestial phenomena interested many people in the early civilizations of the world.

The second deals with almanacs. Solar and lunar influences led agricultural communities to see a connection between the heavens and events on earth. This interest in astronomy and astrology gradually produced an almanac, which gave not only climatological information for agriculture but also magical guidance for the activities of daily life.

The third is about the Five Elements, including the cycle of the five powers or virtues (*Wu-te chung-shih*). Included in this sub-section are thirty-one books, such as *Huang-ti chu tzu lun Yin-Yang* (Discussions of Yin-Yang by Huang-ti and Other Masters) and *Ssu-shih Wu-hsing ching* (A Classic of the Four Seasons and Five Elements). Most of such works are no longer extant.

The fourth is divination by milfoil plant and by tortoise shell and animal bones. In the Bibliographic section of the *History of the Former Han*, there are four books dealing with the divinatory functions of the *Chou I*, and many more books of the same nature have been made available by facsimile reproductions from the imperial manuscript collection, known as Rare Editions from the Imperial Library in Four Classifications.[178]

---

176. The other five were Confucianism, Mohism, Logicians (Ming-chia), Legalism, and Taoism. *Shih-chi*, ch. 130: 2b.
177. Translated by D. Bodde with a slight modification, *A Short History of Chinese Philosophy*, 129.
178. For example, Wang Hung 王宏 (fl. 1670s), *Chou I shih-shu* 周易筮述 (An Account of Divination by Stalks of Plants in the *Chou I*) in *Ssu-ku ch'üan-shu chen-pen* 四庫全書珍本 (Taipei: Commercial Press), ser. 3: 20-21. There are many popular books in Chines and English on the *I*'s fortune telling methods, but we have no room to list them. For a scholarly treatment, see the classical article by Jung Chao-tsu 容肇祖, "Chan-pu ti yüan-liu 占卜的源流" (On the Evolution of Divination), *Academia Sinica: Shih-yü so chi-k'an* 史語所集刊 1 (1928) 47-94.

The fifth group is miscellaneous divinations affiliated with the *I*, dealing with human affairs on earth:

(1) Geomancy or *Feng-shui* (lit. wind and water) deals with the selection of propitious locations for houses, tombs, and cities, from the configuration of such natural objects as rivers, hills, and trees, to ensure the prosperity of any family and community. This practice began in the fourth century B. C.[179] If such a location were not selected by a geomancer, evil effects might result. A magnetic compass, which was allegedly invented by the Duke of Chou, but actually by anonymous persons in the third century B. C., was an indispensable instrument for a geomancer, who must also be versed in the principles of Yin-Yang, Wu-hsing, and the Eight Trigrams in order to decide a site.[180] The *Feng-shui* custom has continued in China until recent times.

(2) Physiognomy and palmistry were both pretended arts of China and elsewhere in the ancient world. China's cheiromancy made another contribution the earliest discovery of fingerprints as a means of identification.

(3) Oneiromancy (*chan-meng* 占夢), fortune telling from dreams, was another traditional method of divination.

(4) Glyphomancy (*ch'ai-tzu* 拆字), predicting the future from dissecting and analyzing written characters was an additional trick.[181]

Finally, the sixth class is magic calculation (*shu-shu* 術數), based on previous astronomical records and on the "mutual producing and mutual overcoming" hypothesis of the Five Elements and the Yin and Yang principles. The literati (*ju*), like Tsou Yen originally, had to make expert astronomical observations and calculations that required the keeping of detailed and accurate records. From the office of the astronomer emerged that of the historian, like Ssu-ma T'an, father of the Grand Historian. "The literate men of the courts commanded historical data, knowledge of precedents," and served as advisers and technical experts on government.[182] Several names of such functionaries are given by Pan Ku in the same Bibliographic section.

---

179. Needham, II: 359, 364.
180. The magnetic compass was used as a niavgation guide in 1119. Near the end of the century the Arabs made wider use of the "sailor's friend"—an example of a scientific tool improved from a pseudo-science compass, Thomas F. Carter, *Tne Invention of Printing in China and Its Spread Westward*, rev. by L. C. Goodrich (New York: 1955), 125-26.
181. We are indebted to Needham, II: 363-64, for these technical terms.
182. F. W. Mote, *Intellectual Foundations*, 32.

Needham offers us a detailed analysis of the *shu-shu* technique.[183]

From this outline we can see that occultism or magic itself is based on superstition and obscurity. Whether it is closer to art or to science is debatable. Some of these practices may have had potential scientific value such as the magnetic compass, which was improved and developed into a mariner's compass in the twelfth century A. D. By and large the occult practices were not easily advanced to the status of science. Notwithstanding, they have had far-reaching influence in China, especially in the Han dynasty, on religious Taoism, folk-religion, and superstitions which often assisted law breakers and hesitant rebels to cast their lot with a rebellious group. A notable example was Chu Yuan-chang whose divinations helped him to decide to join the revolution and eventually overthrow the Yuan dynasty.[184] From this point of view, occultism, in all these forms, is heterodoxy.

E. The Ch'in Han Empire and Confucian orthodoxy

The demarcation between ancient and medieval history is 221 B. C., when China was united by the First Emperor, Ch'in Shih Huang-ti (259-210 B. C.), an energetic adventurer. He may also be called the first Chinese revolutionary, if revolution is defined as an attempt to make a radical change in political and economic systems.[185] In the area of culture he successfully unified the written language. He also endeavored to control people's thought, without much achievement. As an ancient proverb states, "Stopping the mouth of the people is more difficult than stopping a river." Advised by his chief counselor, Li Ssu, he started a literary inquisition in 213 B. C. by burning most of the divergent literature, which was a hindrance to his new policies; spared were useful works dealing with agriculture, medicine, and divination. Nevertheless critics persisted, and so the following year he reportedly put to death

---

183. Needham, II: 253ff. There is a good introductory remark in the *Ssu-ku chuan-shu tsung-mu* 四庫全書總目, 108: 1, part of which is adapted here. A great reservoir of such data on divination is of course in the *Ku-chih t'u-shu chi-ch'eng* 古今圖書集成, XVII: 541-64; XXI: 95-110.

184. Chu Yuan-chang's biography in L. C. Goodrich *et al.*, eds., *Dictionary of Ming Biography*, I: 383.

185. Ch'in Shih Huang-ti destroyed the feudal kingdoms, abolished the feudal system, and established a centralized empire which lasted until 1912. He standardized the currency, weights, measurements and law codes. He authorized private land ownership, reduced taxes, etc. He may be compared with many revolutionaries in the modern world. *Shih-chi*, ch. 6: 1ff.; and D. Bodde, *China's First Unifier*, 11-12, 23-24, 116-18.

460 literati and banished many others to the frontiers.[186] No doubt Ch'in Shih-huang and Li Ssu should be held responsible for the tragedy. But we can detect two schisms among some of the provocative victims.

1. *A Schism between Magicians*. They competed with each other to gain the emperor's favor for commissions to seek the "Isles of the Blest" and to discover the elixir of immortality. Some of them, under the leadership of Hsü Fu 徐市 or Hsü Fu (福), were natives of the Ch'i state; others, headed by Lu Sheng 盧生, were born in the Yen state. They promised a great deal, but achieved nothing. The two factions were joined by other scholars who, motivated by the desire to get a share of the great profit, were blind to their wisdom and conscience. In conference with the emperor or his chief adviser the participants were sycophantic; outside they slandered each other and criticized everything, basing their arguments on this book or that document.[187] Having learned many lessons, and with patience exhausted, the emperor ordered the burying of more than four hundred literati alive; if true, this is another revolutionary method of the First Emperor.

2. *A Schism between Confucians*. They were followers of Mencius and Hsün Tzu, who had had their differences, as did also Hsün Tzu's two disciples, Han Fei and Li Ssu. The latter engineered the death of the former in 233 B. C. Han Fei's legalism was esteemed by the First Emperor and his crown prince. At the same time Mencius' adherents also mingled with the popular school of Yin-Yang and Wu-hsing. Like their master they advocated following the pattern of the ancient kings: the old model was right; the current system wrong. Taking this opportunity Li Ssu got rid of his traditional academic rivals. The earliest authority on Mencius, Chao Ch'i (d. A. D. 201), said, "After Shih-huang burned the books and buried the scholars, Mencius' followers were wiped out."[188] Then Li Ssu's Legalism dominated the Ch'in dynasty without challenge.

---

186. The literati (*chu-sheng* 諸生) should include Confucians, fang-shih, and erudites (*po-shih* 博士), *Shih-chi*, ch. 6 "Shih-huang pen-chi," and ch. 28 "Feng-shan-shu."

187. *Shih-chi*, ch. 6; 15: 2; 24:2; 63: 6, 11b; 74: 1-7. "Tsou Yen's connection with Mencius,; ch. 83: 10; ch. 120: 1-3; and Hsia Tseng-yu, *Chung-kuo ku-tai shih*, 232-34.

188. Chao Ch'i 趙岐, "Meng Tzu t'i-tz'u 孟子題辭," at the beginning of Chiao Hsun 焦循, *Meng Tzu cheng-i* 正義 (Taipei: Shih-chieh shu-chü, 1956); Fan Wen-lan 范文瀾, "Ching-hsüeh-shih chiang-yen lu 經學史講演錄" (A Lecture on the History of Chinese Classics), *Li-shih-hsüeh* 歷史學 (quarterly) 1 (1979) 7-8. Fan authored a larger work, *Ch'ün-ching k'ai lun* 羣經概論 (A General Discussion of All Classics) (Peiping: P'u-she, 1933), and thus he was a well-qualified speaker on this subject.

Ch'in Shih-huang was labelled a tyrant and a public enemy. In his early career there were three unsuccessful attempts to assassinate him. The first occurred in 227 B. C. by Ching K'o, the second in 218 B. C. by an assassin sent by Chang Liang; and the third in 216 B. C. when Ch'in Shih-huang traveled incognito near the capital and encountered brigands at Lan-ch'ih, Shensi, where his life was endangered. The emperor was so affected by an anxiety neurosis for the rest of his life that he dared not travel openly, but only through a tunnel in the capital or incognito. On his last trip he died in 210 B. C.[189]

Thereafter the Legalist Li Ssu occupied a dominant position by playing politics with the eunuchs. Before long he was also mercilessly slaughtered in 208 B. C. Because of the irreplaceable loss of books and intelligentsia "a great break resulted between pre-Ch'in and post-Ch'in philosophy, and the vigor and richness of Chou thought was seldom if ever again matched in Chinese history," observed John Fairbank and Edwin Reischauer.[190]

The Ch'in dynasty lasted only fifteen years (221-206 B. C.), but the succeeding Han era survived more than four centuries. Since the founder of the new regime, Liu Pang, was of rustic origin, he was awarded the title of "successful plebian revolutionary" by later historians, even though he made little change in the Ch'in system of government. He even reemployed many Ch'in bureaucrats, such as Shu-sun T'ung (叔孫通), who was to restore ceremonies and music for the Han court, and Hsiao Ho 蕭何 (d. 193 B. C.), who was to arrange Statutes in Nine Sections for the Han code, based on the laws of Ch'in. The drastic Legalist measures against rebellious princes were also followed in the Han dynasty.[191] Thus the Ch'in-Han dynasties have been often taught and treated as a unit.

---

189. The Chinese names of the assassins are: 荆軻, and 張良. *Shih-chi*, ch. 6: 8b, 18b; Ssu-ma Kuang 司馬光, *Tzu-chih t'ung-chien* 7: 227, 240-41 (the punctuated edition, Peking). See also Arthur Cotterell, *The First Emperor of China* (New York: Holt, Rinehart, 1981), 144 *passim*; Sima Quian, *War-lords*, trans. by William Dolby and John Scott (Edinburgh: Southside, 1974), 142-55; and Bodde, 87, 119.

190. John K. Fairbank and Edwin O. Reischauer, *China, Tradition and Trans-formation* (Boston: Houghton, Mifflin, 1973), 57.

191. For biographies of Shu-sun T'ung 叔孫通 and Hsiao Ho 蕭何, see *Shih-chi*, ch. 99 and 53 respectively. See also A. F. P. Hulsewé, *Remnants of Han Law* (Leiden: E. J. B.ill, 1955) I, 333. For more examples of commoners and rebellious princes, see Chao I 趙翼, "Han-ch'u pu-i chiang-hsiang chih chü 漢初布衣將相之局" (The Condition of the Commoners Who Became Generals and Ministers in the Early Han), *Erh-shih-erh shih cha-chi* 廿二史劄記 (Notes on the Twenty-two Dynastic Histories), *Kuo-hsüeh chi-pen ts'ung-shu* ed., ch. 2: 31-32.

The Huang Lao Taoism

It means Taoism of Huang-ti and Lao Tzu. The Yellow Emperor was legendary; Lao Tzu was mythical. This Taoist syncretic school of political theory might be more prestigious than Confucianism. Indeed its emphasis on *noninterference and nonaction was timely at the beginning of Han.* Many members of the ruling clique were rustic or rascals.

Liu Pang had no respect for scholars. It was Li I-ch'i and Lu Chia, two of Kao-tsu's paladins, who influenced him to be more courteous to the intelligentsia.[192] It was perhaps Chang Liang, a Taoist hermit, and Ts'ao Ts'an (d. 190 B.C.) who made the early Han rulers at least outwardly Taoist, but *inwardly Legalistic. Chang Liang was Liu Pang's trusted confidant and* comrade in military activities. Ts'ao Ts'an was his chief chancellor, who was a bona-fide Huang Lao Taoist and conscientiously practiced the political philosophy of *laissez-faire.* He tried to avoid all trouble and believed that the emperor had only to sit quietly on the throne. An interesting story relates that he made a petitioner so intoxicated that he forgot to talk about his proposals. Indeed during his three years of service as chief chancellor under the first and second Han emperors he gave himself up to drinking every day.[193] However, he is one of the proponents of the Huang Lao Taoism.[194] This Taoism had existed in the Warring States period, but the term "Huang-Lao" was first used in Ssu-ma Ch'ien's *Historical Records* (*Shih-chi*). In the biography of Shen Pu-hai 申不害 (4th cent., B.C.) there is a statement that Shen Tzu's knowledge is based on "Huang-Lao."[195] Perhaps the Legalist and Lao Tzu shared the method (*shu*) of noncommitment or flexibility in dealing with human affairs. This is a cohesive force holding Taoism and Legalism together. As for the legendary Yellow Emperor (Huang-ti), he was merely created to strengthen the prestige and mysticism of Taoism.

---

192. *Shih-chi*, ch. 97; the biographies of Li I-chi 酈食其 and Lu Chia 陸賈 give a vivid description of Liu Pang's manner. It is translated by Watson, I: 269-80.
193. *Shih-chi*, ch. 54: 6b-8.
194. For the biographies of 曹參 and 張良 see *Shih-chi*, ch. 54 and 55 respecitvely. See also *Ch'ien Han-shu*, 69; Hok-lam Chan, "The Rise of Ming T'ai-tsu," *Journal of the American Oriental Society* 95.4 (1975) 694, n. 47; Chiang Hsi-ch'ang 蔣錫昌, "Huang Lao k'ao 黃老攷" in *Lao Tzu chiao-ku* 老子校詁 (Shanghai: Commercial Press, 1937?), 469-74; Chang Wei-hua 張維華, "Shih Huang Lao chih ch'en 釋黃老之稱" (Notes on the Title of Huang Lao), *Wen Shih Che* 145.4 (1981) 13-24; H. G. Creel, *What is Taoism* (Chicago: University of Chicago Press, 1970), 9-10 *passim*; and H. G. Creel, *Shen Pu-hai* (1974), 22, 163.
195. *Shih-chi*, ch. 63: 5b.

Huang Lao Taoism and its *laissez-faire* government met the needs of the time when, after many years of destructive civil war, people longed for a chance to recuperate. During the twenty-three years of Wen-ti (179–157 B. C.) not a single government building was constructed. Wen-ti abolished corporal punishment and promoted agriculture by working on his own farm as an example. Taxation was reduced every year, and the land-tax was completely abolished in 167 B. C.[196] Thus Han won the loyalty of the people.

Regarding the new economic policies and the Taoist influence, we often overlook the importance of the Empress Dowager T'ou 竇太后 who was Wen-ti's (r. 179–157B. C.) empress; she was empress dowager during the reign of Ching-ti, and grand empress dowager during Wu-ti's reign. She was powerful for 45 years and may be compared to Empress Dowager Tz'u-hsi in the Ch'ing dynasty.[197] Empress Dowager T'ou was a Taoist devotee who detested Confucianism. She required the study of *Lao Tzu* by all her children and grandchildren. She and her son were very frugal, and during her reign the empire became affluent. A Confucian scholar Chia I 賈誼 (d. 168 B. C.) began to criticize the Taoist nonaction policy without effect.[198] For more than seventy years after the beginning of Han the Huang-Lao Taoism maintained its supreme position. Not until the death of the Empress Dowager T'ou (in 135 B. C.) was Emperor Wu-ti (r. 141–87 B. C.) free to encourage the revitalization of Confucianism.

But two prerequisites had to be met: books and scholars. In 191 B. C. the former Ch'in law against private ownership of books was formally res-

---

196. *Han-shu*, ch. 4, "The Annals of Wen-ti." *Cf*. Hu Shih, "Establishment of Confucianism as a State Religion During the Han Dynasty," *Journal of the Royal Asiatic Society, North China Branch* 60 (1929) 25-26.

197. For Empress T'ou, see *Shih-chi*, ch. 49, and *Han-shu*, ch. 4:6, and ch. 6: 1. For Empress Dowager Tz'u-hsi, mother of T'ung-chih, empress dowager of Kuang-hsü, and grand empress dowager of Hsüan-t'ung, who wielded state power from 1862 to 1908, see Hummel, *Eminent Chinese*, II: 295-300.

198. Chia I 賈誼 criticized the non-action policy in his long essay, "Chih-an tse 治安策" (Plan for Peace), quoted *in toto* in his biography, in *Han-shu*, ch. 48: 9ff. See also Hu Shih, *Chung-kuo chung-ku ssu-hsiang hsiao-shih* 中國中古思想小史 (A Short History of Chinese Medieval Thought), facsimile reproduction of his *Ms* (Taipei: Academic Sinica, 1969), 32. For other Confucians, see Hu Shih, "Establishment of Confucianism," 1-41 (n. 196).

cinded. High officials and old scholars were encouraged to present books to the government. Response to this appeal was rather slow until some years later when Liu Te 劉德 (ca. 173-130 B. C.), Prince Hsien of Ho-chien 河間獻王, a bibliophile, treated scholars with courtesy; as a result many book owners donated works which had survived the proscription. He presented several classics and a copy of *Lao Tzu* to the throne.[199] About the same time Prince Huai-nan 淮南王 also offered books to the court to help make up for the book shortage.[200]

Then there arose a controversy over the old text versus the new text. Some books, which were said to have been hidden in the double walls of the Confucian temple in Shantung during the Ch'in proscription, were removed during the Han. These works were written in the old script used before Li Ssu's standardization of written Chinese, and hence they were called the old text. Some senior erudites, who had learned the classics by heart, were requested to dictate some parts of the classics to government scribes, who wrote them in the current written style. Books produced in this way written in the Han script were known as modern text. The old text school accused the modern one of incompleteness and errors. The modern text school attacked the old one for being spurious and unreliable. The accusations of the two schools have continued to modern times.[201]

As for the shortage of scholars, Han Kao-tsu as early as 196 B. C. had issued a decree calling for scholars to work in the capital. With the accession of Emperor Wen a small number of Confucian scholars began to be employed in government service. His empress, Empress Dowager Tou, as mentioned above, was an advocate of the teachings of the Yellow Emperor and of Lao Tzu and offered little prospect for advancement for the Confucian functionaries. But the emperor persisted in searching for men of high quality. In the imperial examination of 165 B. C. Ch'ao Ts'o took first place and then

---

199. Ho-chien Hsien-wang Liu Te's 河間獻王劉德 biography is in *Han-shu*, 53: 1-4, and Teng Ssu-yü, "Ho-chien hsien-wang sheng-tsu nien-tai k'ao chi ch'i yü Chung-kuo wen-hua chih kuan-hsi 河間獻王生卒年代考及其與中國文化之關係" (On the Dates of Prince Hsien of Ho-chien and His Contribution to Chinese Chlture) in Teng, *Lun-chu chi-yao*, 223-59.

200. See Huai-nan wang Liu An's 淮南王劉安 biography in *Han-shu*, ch. 44.

201. For this complicated controversy, see K'ang Yu-wei, *Hsin-hsüeh wei-ching k'ao* 新學偽經考 (Study of the Classics Forged in the Hsin [Wang Mang] Period) (1891); and Ch'iang Pai-chien 蔣伯潛, *Ching yü ching-hsüeh* 經與經學 (Classics and Classical Studies) (Taipei: Shih-chieh shu-chü, 1956), 167-240.

served as tutor to the heir apparent.[202] When Wu-ti was enthroned at the age of sixteen, there were a number of enlightened Confucian scholars at the court. The energetic emperor was attracted by their ideas and accordingly sent out summons for scholars of moral worth and literary ability (*Hsien-liang wen-hsüeh* 賢良文學) to serve the government. From this time on, several authorities on the *Book of Odes*, *Book of Changes*, and *Spring and Autumn Annals*, including Tung Chung-shu, emerged. After the death of Empress Dowager Tou, the marquis of Wu-an, T'ien Fen became chancellor. He rejected the doctrines of the Taoists and the Legalists, as well as of the "hundred" other philosophical schools, and invited several hundred Confucian scholars to take positions in the administration.[203] This was an important event. The Han dynasty had existed seventy-one years when the Huang-Lao Taoit influence subsided, and Confucianism came to the fore.

Tung Chung-shu and Confucian orthodoxy

Tung Chung-shu (ca. 179-ca. 104 B. C.), a native of modern Hopei, was regarded by Pan Ku as the foremost Confucian scholar of the Han dynasty. He is considered to have been an outstanding political thinker and a builder of Confucian orthodoxy.[204] He was, moreover, the pioneer of the "modern text school" of Confucianism, and he started the trend of using the theories of Yin-Yang and Wu-hsing to interpret the Confucian classics.[205] A specialist in the classic of the *Spring and Autumn Annals*, he was so devoted to his study that for three years he did not even take a look at his garden. He was a scholar of exemplary character, noted for his honesty, sincerity and integrity. His major was work the *Ch'un-ch'iu Fan-lu* or *Luxuriant Dew of the*

---

202. "This is the beginning of court examination in the Han dynasty," Teng Ssu-yü 鄧嗣禹, *Chung-kuo k'ao-shih chih-tu shih* 中國考試制度史 (A History of Chinese Examination System) (Nanking: Examination Yüan, 1936; republished, Taipei: Hsüeh-sheng shu-chü, 1966). See also Homer Dubs, "The Victory of Han Confucianism," *Journal of American Oriental Society* 58 (1938) 437; and Ch'i Chao-nan 齊召南, *Li-ta ti-wang nien-piao* 歷代帝王年表 (Annals [with important events] of Emperors of Subsequent Dynasties) (Taiwan: Commercial Press, 1968) 51, the 15th year of Wen-ti.

203. *Shih-chi*, 121, "Ju-lin chuan." *Cf.* Watson's translation, II 397-98.

204. *Ch'ien Han-shu*, ch. 56: 21; and Hsü Fu-kuan 徐復觀, *Liang Han ssu-hsiang-shih* 兩漢思想史 (History of Thought of the Two Han Dynasties) (Hong Kong: Chung-wen ta-hsüeh ch'u-pan she, 1975), II: 180-81. In this source the author devoted pages 180-302 to Tung Chung-shu.

205. Yao Shan-yu, "The Cosmological and Anthropological Philosophy of Tung Chung-shu," *Journal of North China Branch of Royal Asiatic Society* 73 (1948) 40-68.

Spring and Autumn Annals. The gist of this book seems to have been largely summarized in his three examination essays dealing with heaven, earth, and man, which are included in his biography, in the *Han-shu*. He often quoted the portents and anomalies from the *Luxuriant Dew* to support his later writing.

The main contribution of Tung Chung-shu to Chinese history was his campaign calling for the elevation of Confucianism and the suppression of other schools. The Confucian College was established, consisting of five faculties, each of which specialized in one classic and was headed by one Erudite (*Po-shih*, a professor). In 125 B. C. the chief chancellor, Kung-sun Hung suggested that each Erudite should have ten students selected from the whole empire. The student body soon grew from fifty to three thousand. The students apparently received government stipends, because there is no record of tuition and board payments. The Confucian classics were the principal textbooks, and constituted the subject on which the applicants for government service were examined. This arrangement helped to prolong the supremacy of orthodox Confucianism. Hundreds of scholars had entered government service as magistrates and ministers.[206] They could participate in state conferences and offer opinions for making policy decisions.

Tung Chung-shu is, however, not an ingenious creator but rather a blender. Like Tsou Yen, Tung also succeeded in making an amalgamation of Yin-Yang, Wu-hsing, and Confucianism. More political minded than Tsou Yen, Tung incorporated the Five Elements theories into Han political thinking. Many natural phenomena, such as eclipses, comets, droughts, earthquakes, and fires, were seen as warnings or reprimands sent down by heaven to the emperor. When the warnings were unheeded, heaven would cause the appearance of more anomalies to terrify the Son of Heaven into repentance.[207] Taking this opportunity his ministers would have reason to chide him or cause the dismissal of some unpopular officials as scapegoats. Therefore, the

---

206. Note that the Han dynasty did not establish a permanent regular examination system. The examinations were irregular and sometimes with oral and sometimes written questions, Teng Ssu-yü, *Chung-kuo k'ao-shih chih-tu shih*, 28-33, 357-58. See also Li Wei-hsiung 李威熊, "Han-ch'u hsüeh-shu ti hsin chü-mien 漢初學術的新局面" (The New Phase of Academic Conditions at the Beginning of the Han), *Chung-hua hsüeh-yüan* 中華學苑 22 (March 1979) 79-98.

207. Yao Shan-yu (see n. 205), 62 *passim;* and Tain Tzey-yueh, "Tung Chung-shu's System of Thought, Its Sources and Its Influences on Han Scholars," Ph.D. thesis in Oriental Languages, University of California, Los Angeles, 1974.

most urgent business of the emperor was to administer the state in accordance with "nature." But even if he did not pay much attention to the natural warning, the counselor would still be well-protected in offering him strong advice; and hence Tung enjoyed a natural death, escaping the sad ends of Lord Shang, Han Fei, and Li Ssu.

Though basically an orthodox Confucian leaning toward Hsün Tzu's faction, Tung Chung-shu's praying ⌐for rain (or cessation of rain) shows Taoist influence.[208] Popular beliefs and occult superstition flourished under the Confucian state.

Emperor Han Wu took part in these activities, just as Ch'in Shih-huang had done. He also led military expeditions against the Hsiung-nu, increased taxes and enforced strict punishments against the increasing sociopolitical crimes. He conducted sacrifices on Mount T'ai, and was involved in ceremonial controversies for the *Feng* and *Shan* sacrifices.[209]

Emperor Hsüan (73-49 B. C.) had a Confucian education and increased the number of Erudites. But he considered Confucian principles to be impractical for government, and so he checked their influence with Legalist principles.[210]

The ambitious Wang Mang, who tried to usurp the throne, searched for classical examples to justify his action. Later when he attempted to become a social reformer, he also needed classical models to follow. He ordered Liu Hsiang, a Taoist and alchemist, to promote the old text classics to replace the modern texts. About the same time the apocryphal and prophetic (*ch'an-wei*) interpretations of the Six Classics also appeared. Such matters near the commencement of the Christian era should better be dealt with separately.

Concluding remarks for this scrutiny of the evolution of Chinese thought during two thousand years should be very simple. All of us have been en-

---

208. *Ch'un-ch'iu fan-lu* 春秋繁露 (Taipei *Chung-kuo Tzu-hsüeh ming-chu chi-ch'eng* ed.), ch. 74-75: 371-78.

209. The *Feng* and *Shan* 封禪 sacrifices were performed by the emperor in honor of the high heaven at Mt. T'ai and the broad earth represented by a small hill called *Liang-fu* 梁父 at the foot of Mt. T'ai. In 110 B. C. Emperor Wu had summoned some fifty scholars to discuss the proper ceremonies and utencils for the sacrifices, but they could not reach an agreement. Then the emperor fixed the rites for these occasions by himself. See *Shih-chi*, ch. 8: 25; ch. 28: 32ff ("Feng-Shan Shu"); Watson's translation, II: 55ff; and H. H. Dubs, "The Victory of Han Confucianism," *Journal of the American Oriental Society* 58.3 (Sept. 1938), 443-49.

210. Hu Shih, *Chung-kuo chung-ku ssu-hsiang hsiao-shih*, 48-50.

chanted with "the hundred flowers blossom" and are aware that the Warring States period (5th-3rd centuries B. C.) was heavily endowed with many new ideas. To that era the Hegelian formula of thesis, antithesis, and synthesis can well be applied. Down to the third century B. C. there were only three major schools of thought, Confucianism, Taoism and Legalism, contending with each other, but also adopting from each other. Each school had its own schism, because each lacked intellectual coherence, and each could not generate permanent truth. There was no pure Confucianism, Taoism, or Legalism in the Ch'in-Han era. Nor was there any real synthesis, but rather a broad eclecticism. This may be one reason, *inter alia*, that China has not been very successful in developing distinct and well-defined sciences throughout history.

From the 140s B. C. onward Confucianism was the predominant philosophy of the government. There were four reasons for its supremacy. (1) The Confucian doctrine of a benevolent ruler and loyal subjects, and the reciprocal familylike relationship between ruler and ruled, suited the needs of an agricultural society. (2) Confucian classics were the primary textbooks of education. Constituting the first step in learning to read and write, they were the universal foundation of literati. (3) The Chinese examination system from 165 B. C. to 1905 A. D. was mainly based on Confucian literature. (4) Confucianism has served as a base for cultural unification and has functioned as a Chinese nationalism.

Demerit should not be overshadowed by merit. The triumphant Confucianism hampered the freedom of thinking that was characteristic in ancient China. Making Confucian classics the only legitimate discipline of scholarship was to some extent responsible for the sterility of socio-political speculation in medieval times.

出自第五十五本第三分（一九八四年）

杜詩用事後人誤爲史實例

楊　承　祖

一、引　言
二、舉　證
　　㈠王季友「賣屨」
　　㈡裴迪「爲蜀州制史」
　　㈢杜甫「寶藥都市」
　　㈣「李邕求識面，王翰願爲鄰」
三、釋　例
四、結　語

一、引　言

　　杜詩自來有「詩史」之稱，一則多寫時事，反映政治社會，能以小雅詩人之心，抒天下蒼生之怨，再者其中可以補史證史之處甚多，故而無論攻文治史，都極重要，千餘年來，實稱顯學。我近年作杜甫的傳記研究，發現一種誤解杜詩用事，遞演以爲史實的情形；如果我的舉證成立，除了可以釐淸幾處杜詩的解釋，補正幾處相關的史實之外，應可視爲文辭誤解與史料誤導交互影響的一種案例，或者有助於檢討文辭解析與考史之間相互依存的關係。

二、舉　證

（一）王季友「賣屨」

　　王季友是盛唐詩人，同時代的殷璠選河嶽英靈集，元結選篋中集，並收季友詩；這兩個選集都是別裁有法的。可惜其人唐史無傳，作品也留存甚少。他的傳記資料，與杜詩密切相關。

　　保存王季友傳記資料較多、處理也較愼重的，是宋代計有功的唐詩紀事（卷二六）；而改寫較生動、次比生平似較完整的，則數元代的辛文房。他在唐才子傳中說：

　　季友，河南人，暗誦書萬卷，論必引經。家貧賣屨，好事者多攜酒就之。其妻
　　柳氏，疾季友窮醜，遣去。來客酆城。洪州刺史李公，一見傾敬，卽引佐幕
　　府。工詩，性磊浪不羈，愛奇務險，遠出常性之外。白首短褐，崎嶇士林，傷
　　哉貧也！……有集，傳於世。（卷四）

唐詩紀事不書季友籍里，此謂「河南人」，不詳所出，應或有本。「工詩」以下，
則是根據殷璠爲季友詩所作叙論改寫而成。中段叙季友學行事歷，則涉及杜甫的可歎
詩：

　　天上浮雲似白衣，斯須改變如蒼狗；古往今來共一時，人生萬事無不有。近者
　　抉眼去其夫，河東女兒身姓柳。丈夫正色動引經，酆城客子王季友。羣書萬卷
　　常暗誦，孝經一通看在手。貧窮老瘦家賣屨（諸本作屐、作屨，張遠改作屧），
　　好事就之爲攜酒。豫章太守高帝孫，引爲賓客敬頗久。聞道三年未曾語，小心
　　恐懼閉其口；太守得之更不疑，人生反覆看已醜。明月無瑕豈容易？紫氣鬱鬱
　　猶衝斗。時危可仗眞豪俊，二人得置君側否？……王生早曾拜顏色，高山之外
　　皆培塿。……王也論道阻江湖，李也疑丞曠前後；死爲星辰終不滅，致君堯舜
　　爲肯朽！（仇注二一）

詩由慨歎季友之妻下堂求去，叙及其人之學行，至爲李勉所賞，引爲幕賓；末則期以
二人同爲朝廷重用而作結。「河東女兒」指季友妻，除王嗣奭杜臆一度另作別解外，
注者蓋無異辭①。柳氏求離，自然是季友窮老的緣故。而季友「貧窮老瘦家賣屨」，
正巧有一條宋人寫的資料可資比證。黃鶴注引豫章圖經說：

　　唐王季友，酆城人，家貧賣履，博極羣書。李勉引爲賓客，正色引經，勉甚敬
　　之。（廣勤堂本集千家注分類杜工部集卷二五）

唐才子傳與之畧同。如果用以注杜詩，可說再恰切不過。但是仔細考察，這條資料大
有問題。

----

① 　仇注引王嗣奭云：「詩題曰『可歎』，是歎其懷才不用，非歎其夫婦乖離。『河東女兒』不指季友之
　　妻；王特見此一事，而正色斥之。」又據民國五十一年（一九六二）上海圖書館藏杜臆稿影印本的新排
　　印本，則說：「河東女又尊爲王季友而及之。」（頁三九七）仇注所引杜臆與上海藏稿本文字頗多不同，
　　除仇氏採用時或加刪潤外，王氏撰述中也可能先後異辭。說詳顧廷龍影印本杜臆前言（新排印本附錄
　　一）。

　　第一，王季友的籍貫。唐才子傳說是河南人，此則謂是鄽城（屬洪州）人。而杜甫此詩既以鄽城爲背景，又說季友是「鄽城客子」，則其不爲當地人至爲顯明。豫章圖經極可能是因斷章取材而致誤，反不如唐才子傳可能於杜詩之外別有根據。至於季友後來落籍鄽城，雖云可考②，但其當初家貧力學、妻子求去，則均爲「家鄉之事」（仇注語）。是可見地志圖經之說，顯不足憑。

　　第二，如依豫章圖經，尤其是唐才子傳的記載，是李勉來守洪州之後，見季友賢，乃辟入幕府，敬爲賓客。但夷考之，其實不然。錢起有送王季友赴洪州幕下詩云：

　　　　列郡皆用武，南征所從誰？諸侯重才客，見子如瓊枝。撫劍感知己，出門方遠
　　　　辭，煙波帶幕府，海日生紅旗。問我何功德，負恩留玉墀。銷魂把別袂，愧爾
　　　　酬明時。（全唐詩二三六）

其中「南征從誰」、「出門遠辭」等語，已證季友赴洪州非還鄉里；而「負恩留玉墀」，更證錢起送行是在長安。又于邵送王司議季友赴洪州序云：

　　　　洪州之爲連率也舊矣，自幽薊外姦，加之以師旅，十年之間，爲亙防焉。……
　　　　故朝廷重於鎮定，咨爾宗枝（按謂李勉），勉移獨坐之權，實專方面之寄。…
　　　　…是以王司議得爲副車。……良辰歲首，羣公叙離。……邵、史官也，職在書
　　　　法，……予將書之。（全唐文四二七）

自天寶十四載（七五五）兵興下計十年，爲廣德二年（七六四），是季友隨李勉赴任之年亦復可考③；且以于邵方任史官，益證季友爲自京赴洪，並非李勉至洪州後，始識季友而引爲幕賓。

　　由上可知，豫章圖經和唐才子傳並無特別的資料來源，而細玩其文字，尤其是「正色引經」或「論必引經」，顯然是由杜詩「丈夫正色動引經」一句蛻化而出；再看

---

②　王讜豫章十代文獻略二九文苑王季友傳云：「考南唐時有『鄽城王子邵』者，爲季友四世孫，則季友爲鄽城人可徵也。明一統志載：『御史中丞王季友墓在鄽城縣樀山。』」按：季友墓及四世孫在鄽城，可證其落籍於此，未能卽言當其身時已爲鄽城人。

③　李勉爲洪州刺史，乃繼張鎬任，見隆興石幢題名，黃鶴注、仇注並引之。舊唐書本紀書鎬卒於廣德二年（七六四），實誤，當從獨孤及張公遺愛碑所記卒於元年（七六三）七月。（全唐文三九〇）是則李勉繼其任，當在秋冬以後。更考于邵送王季友赴洪州序有「良辰歲首」語，序復兼言李王之行，故知李勉拜洪州命在元年歲尾；自京師偕季友首途，則爲二年開春矣。

從「家貧賣履」到「刺史李公一見傾敬」，也與杜詩所叙若合符節。至此則不能不信其實出於杜，而非更有其他的資料來源。爲了澄清疑問，須對下面兩句杜詩的解釋詳加檢討：

　　　　貧窮老瘦家賣屐（一作屐或履），好事就之爲攜酒。

這兩句究竟是紀實，抑或只是用典，可能是問題的關鍵。

　　先看下句「好事就之爲攜酒」。宋趙次公注云：「『攜酒』暗使揚雄傳『好事者載酒肴從游學』。」（郭知達九家集注杜詩一三）是說杜甫用漢書文字變化入詩，卽以揚雄故事比喻季友篤學家貧而爲好學者所敬，未必眞是攜酒者常造其門。歷來注家多僅引漢書原文，正以知其爲用典，故未嘗坐實解之。但若止讀唐才子傳，便易產生實有其事的印象。民國五十四年（一九六五）上海中華書局新排本唐才子傳的標點，讀成「好事者多攜酒就之。其妻柳氏，疾季友窮醜，遣去來客。」考其致誤的原因之一，卽坐實了「好事者多攜酒就之」，以爲由是妻厭其夫，乃連帶而逐客；不悟唐才子傳是顛倒了杜甫可歎詩的辭句順序，遂致產生錯覺。設使此一標點本斷句的殘章他日僅存，料必也會視作王季友的眞實傳記資料而爲後人所採信。這正好是由於誤解文辭而可能誤演爲史實的未完成例證。

　　「好事就之爲攜酒」是「暗使漢書」，誤以爲實事的人很少；「貧窮老瘦家賣屐」是明用劉勤故事，卻頗多以爲是王季友的眞實生活。考謝承後漢書劉勤傳云：

　　　　江夏劉勤，字伯宗。家貧，作履（一作屐）供食。常作一量，屨（一作縷）斷，
　　　　勤置不賣。出行，妻賣以糴米。勤歸，適見炊熟，怪問何所得米。妻以實告。
　　　　勤責妻曰：「賣毀物，欺取其値也。」因棄不食。仕至司徒。（汪文臺輯七家後
　　　　漢書本謝承後漢書卷八——據太平御覽卷六九八）

謝承後漢書，唐世尙流傳，「劉勤賣屐」，當時蓋非僻典，故類書頗收其事。劉勤守道食貧，及其妻不能如夫之志，與王季友事正相類，杜甫用之入詩，可稱極其精切；所惜謝承後漢書未幾散佚，能知「貧窮賣屐」是隸事而非紀實的，已不如了解「好事攜酒」者之普徧了。注杜者引劉勤事，似以仇兆鰲詳注爲最早；而仇氏僅擧其事，不言出處，與其全注體例有別，可見蓋從類書轉引而來，未必確知出於謝承書。注文臺輯刻七家後漢書的佚文，已晚至光緒八年（一八八二）了。由於謝承後漢書之散逸，

「劉勔賣鷈」不甚爲人所知，豫章圖經和唐才子傳便逕書「賣鷈」爲季友實事，不知僅乃用典而已。

論及王季友嘗否「賣鷈」，更有一層推理，可資參證。據可歎詩，季友早先家境誠屬不裕；殷璠選編河嶽英靈集止於天寶十二載（七五三——見其序文），而說季友「白首短褐」，大約天寶末年，季友尙未祿仕，其窮窘蓋可知。然而是否眞曾「賣鷈」，則大可商。第一，唐代士人的風習和後漢不同，卽使眞窮，未必甘於「賣鷈」。第二，王季友在天寶間已享詩名，與當世文人多有往還，除上引于邵、錢起之外，岑參潼關使院懷王七季友詩更謂「王生今才子，時輩咸所仰」（全唐詩一九八）；以「時輩所仰」之才子，設如眞須「賣鷈」以與小民爭衣食，恐怕不僅將爲士流所不忍，也爲士流所不許。天寶繼開元盛世之餘，大致公私仍甚富饒，文人才士遊謁州郡，多獲貲贈，卽或不爾，也不易淪於「賣鷈」的地步。以上所推，雖非實證，要爲近理；故於「賣鷈」一語，寧信其爲用典，不取其爲季友實事。

總結而言，「貧窮老瘦家賣鷈，好事就之爲攜酒」，是杜甫用劉勔、揚雄兩前賢來比況王季友，隸事貼切而渾成，有高尚其人之意，與「時輩咸所仰」的贊辭正合。若照豫章圖經和唐才子傳來解釋杜詩，認識季友，則其人在李勉來鎮洪州之前，但爲鄮城一窮賤老醜交結酒徒的書生而已。此與事實，出入甚大。然而在了解這兩句爲用典之後，不僅能見出隸事之工，更能欣賞到全篇章法之奇了。

（二）裴迪「爲蜀州刺史」

由於王維的關係，裴迪在盛唐的詩名，可謂附驥而顯。他的傳記資料不多，唐詩紀事說他：

天寶後爲蜀州刺史。與杜甫友善。（卷一六）

所記顯白如此，自不易令人生疑。全唐詩小傳及其他學者所叙，都說裴迪天寶亂後曾爲蜀州刺史，大約皆由唐詩紀事而出。然而考之其他史料，非特全無佐證，反有不相符合的情形；倒是紀事說他「與杜甫友善」，透露了涉及杜詩的信息。

考杜甫酬寄裴迪詩共凡三首：

(1) 和裴迪登新津寺寄王侍郎（原注：「王時牧蜀。」）

何恨倚山木，吟詩秋葉黃；蟬聲集古寺，鳥影度寒塘。風物悲遊子，登臨憶侍

郎；老夫貪佛日，隨意宿僧房。（仇注卷九）

　　(2)　和裴廸登蜀州東亭送客逢早梅相憶見寄

東閣官梅動詩興，還如何遜在揚州；此時對雪遙相憶，送客逢春可自由！幸不折來傷歲暮，若爲看去亂鄉愁？江邊一樹垂垂發，朝夕催人自白頭。（同上）

　　(3)　暮登四安寺鐘樓寄裴十廸

暮倚高樓對雪峯，僧來不語自鳴鐘；孤城返照紅將斂，近市浮煙翠且重。多病獨愁常闃寂，故人相見未從容；知君苦思緣詩瘦，太向交遊萬事慵。（同上）四安寺在新津縣，新津縣屬蜀州（詳仇注），以上三詩，皆裴廸在蜀州時杜甫所作。裴廸在蜀州的資料，除此而外，別無可考④。計有功說裴廸「爲蜀州刺史」，極可能是根據上引杜詩，尤其是第(2)首「和裴廸登蜀州東亭……」的詩題，容易誤覺裴廸是刺史；或者誤將第(1)首題下的「原注」屬之裴廸，亦有可能。

　　裴廸未爲蜀州刺史，有幾點理由：

　　第一，裴廸在蜀資料所僅見的上引三詩，從稱謂上，看不出曾爲刺史的痕跡。杜甫贈答詩製題措辭，都謹於稱謂，絕不忽畧官銜，尤其刺史邦伯以上，更是書之惟恐有失。上引三詩之中，於裴廸或稱名，或稱「君」，或稱行第，或稱「遊子」，無一及於官銜；此已大致可定裴廸當時未官刺史。

　　第二，和裴廸登新津寺寄王侍郎云：「風物悲遊子，登臨憶侍郎。」這兩句承題甚緊，下文又有「老夫貪佛」之句對照，可知「風物悲遊子」確指裴廸而言。既稱「遊子」，必非分符守土代君治民的刺史無疑。

　　第三，「東閣官梅動詩興，還如何遜在揚州」，是以何遜比況裴廸。考梁書卷四九、及南史卷三三何遜傳，都不云嘗官刺史，僅書其累爲諸王記室。唐人每用何遜爲「掌書記」的典故⑤；杜甫在八哀詩中詠嚴武的一篇就曾明寫「記室得何遜」（仇注一六）。可見這一聯詩正指裴廸當時佐幕在蜀，絕非爲州刺史。

---

④　錢起有送裴頔侍御蜀詩。全唐詩注云：「頔一作廸。」（卷二三九）裴頔其人無可考；未知此詩果爲贈廸者否。

⑤　范攄雲溪友議下雜嘲戲條云：「樂營子女席上戲賓客，量情三木。嶺南掌書記張保胤，乃書榜子示諸妓云：『綠羅裙上標三棒，紅粉腮邊淚兩行。』叉手向前咨大使：遮囘不敢惱兒郎。』時謂張書記文彩縱橫，比之何遜。」（「嶺南」八字原在「示諸妓云」下，辭意壅礙難通；今據全唐詩八七○張保胤此詩題注校乙。）可見唐世書記記室之有文才者，每用何遜相擬。

第四，以上三點，既證杜甫居成都日，裴廸未官刺史；而其後官至刺史的可能亦微。一則掾吏不可能遽擢刺史；再者裴廸果眞擢任蜀州刺史，杜甫必當有詩致賀，亦猶岑參拜嘉州守，杜卽有詩寄之。（仇注一四）杜甫離蜀後的詩保存頗全，而今集中了無痕跡，亦見裴廸後爲蜀州刺史的可能極微。

第五，新唐書卷七一上宰相世系表「洗馬裴」有廸名，但未書官。雖說世系表未可全憑，而其所以不載官職，亦極可能是由於仕宦未顯；苟至刺史，或不失書。

綜上諸條，足證裴廸未爲蜀州刺史，唐詩紀事孤文晚出，非可信據。而推詳計氏之所以致誤，蓋由疏於解釋杜詩，忽畧了「何遜」代表「記室」的隸事之義。

（三）杜甫「賣藥都市」

杜甫在進三大禮賦表中說：

> 臣甫……頃者賣藥都市，寄食友朋。

仇注云：「天寶中，公旅食於京華。神仙傳：『韓康伯休賣藥洛陽市中（按後漢書七三逸民傳作「長安市中」），口不貳價。』」（卷二四）所解正確。杜甫自稱「賣藥」，表示他尙未食祿，還是「處士」；並非眞似韓康以賣藥爲隱逸的生資。「賣藥都市」在唐人是習用的常典，王勃秋晚入洛於畢公宅別道王宴序「山人賣藥，忽至神州」（全唐文一八二）卽其例。玄宗覽表，不會誤認杜甫眞在賣藥。早期注家，多略而不論，自然是知其爲文章隸事；但淸代以後，卻有了一種誤解，如不及早辨正，勢必信者日多。

民國四十一年（一九五二）初版的馮至杜甫傳，刊印以來，行銷甚暢。馮氏叙述杜甫「長安十年」的生活時，曾說：

> 他在長安一帶流浪，一天比一天窮困，爲了維持生活，他不能不低聲下氣，充作幾個貴族府邸中的「賓客」。……他除此以外，還找到一個副業，他在山野裏採擷或在階前培種一些藥物，隨時呈獻給他們換取一些「藥價」，表示從他們手裏領到的錢財不是白白得來的。這就是他後來所說的「賣藥都市，寄食友朋」。（頁四四）

這眞是一個忽略文章隸事，也不了解唐代文人實際生活與社會情形而望文生義的趣例。

馮氏在「悲劇的結局」章中，再度把「賣藥」算作杜甫的實際生活，說：

> 他在（大曆四年——七六九）夏末到了潭州，船成了他的家。他殘廢多病，有
> 時在漁市上擺設藥攤，出賣藥物來維持生活。一天，有一個名叫蘇渙的來拜訪
> 他，在茶酒間把他近來寫的詩在杜甫面前誦讀，杜甫聽了，覺得句句動人，小
> 小的船篷裏充溢着金石的聲音。（頁一七八）

馮氏這一段文字是根據杜甫蘇大侍御訪江浦賦八韻記異的題序⑥、和暮秋枉裴道州手
札率爾遣興寄遞呈蘇渙侍御詩雜寫而成。後詩中段敘兩人交往的情形說：

> 傾壺簫管動白髮，儛劍霜雪吹青春。宴筵曾語蘇季子，後來傑出雲孫比。茅齋
> 定王城郭門，藥物楚老漁商市；市北肩輿每聯袂，郭南抱甕亦隱几。（仇注二三
> ）宋以來注家，初未嘗言杜甫此際「賣藥漁市」，如趙次公便解「茅齋」四句乃敘在
> 潭州「與蘇相逐之歡」而已。（九家集注杜詩一五）降及清代，仇注方說：

> 盧（元昌）注：「蘇卜齋定王郭門，公賣藥漁商市上；蘇訪公於市北，則肩輿
> 頻至，公訪蘇於郭南，則隱几蕭然。」⑦此叙彼此往來之誼也。公昔進三大禮
> 賦，表中有「賣藥都市」句，知此處「藥物楚老」當屬自謂。

自此遂興杜甫「潭州賣藥」之說，不僅馮至寫之入傳，民國四十七年（一九五八）四川
省文史研究館編杜甫年譜，也繫入譜中，長此以往，勢必坐為事實。

但「藥物楚老漁商市」是否杜甫自謂，實待商榷。

第一、杜甫北人，客遊湖湘，為時非久，未欲定居，無由自稱「楚老」。杜詩中
別有「楚老長嗟憶炎瘴」之句（仇注二〇虎牙行），趙次公注「楚老」為「楚之老人」
（九家集注杜詩一三），仇注：「楚老謂羹人」，都不解作杜公自謂；然則「藥物楚
老漁商市」之「楚老」，當亦同例。此句但寫二人相逐同過之市廛，中有「楚老」雜
賣「藥物」於「漁商」之列而已。

第二、盧元昌解「市北肩輿每聯袂」為「蘇來訪我於市北，喜其肩輿之不斬」
（杜詩闡三三），所解已去「聯袂」之義有間；仇注則更改寫為「肩輿頻至」。其實
杜甫是用楚國先賢傳「諸阮居市北而富，每出，肩輿數十，連袂牽裾」之語入詩；

---

⑥　黃鶴注云：「原題乃詩之序，合題曰『蘇大侍御訪江浦賦八韻記異』。」仇注從之，取其便也。

⑦　此與盧元昌杜詩闡原文小異，「肩輿頻至」本作「肩輿之不斬」。

「連袂」即表同遊。仇注已加徵引，不應誤釋而改爲「肩輿頻至」；究其致誤之因，不外受了上三大禮賦表「賣藥都市」先被誤解的影響。此句七字皆出楚國先賢傳，其爲鎔鑄成辭，而非必實紀，乃顯而易見。又退而言之，卽令作寫實解，「市北肩輿每連袂」，也止能解爲蘇杜同遊，而非蘇每訪杜，「肩輿數十，連袂牽裾」，從者如雲。杜甫在蘇大侍御訪江浦賦八韻記異的題序中說：「蘇大侍御，靜者也。旅於江側，不交州府之客，人事都絕久矣；肩輿江浦，忽訪老夫舟楫。⑧」（仇注二三）既謂「靜者」、「不交州府」、「人事都絕」，則其來訪，從者必稀，殆無聯袂相攜而來者。然則所謂「肩輿每聯袂」，僅能就杜蘇同遊解之。蓋當時杜甫艤舟江干，近於漁商之市，蘇渙來訪，不便車馬，遂乘肩輿，二人同遊，亦須乘肩輿以經市塵，此卽「市北肩輿每聯袂」所寫的實景實情。果爾，則杜詩此句爲用事而兼紀實，可謂渾如天成了。但無論其爲用事或紀實，都不能解「藥物楚老」一句爲杜甫賣藥。

　　第三，杜甫當時仍是郎官的身份，實不容溷雜商販之中，在漁市賣藥。這是官常所繫，非可忽者。大歷初雖兵氛未靖，士夫轉徙，但社會並未解紐，官民仍有等差之分。杜甫旅泊湖湘期間，實與方伯長史，頗相周旋，每到一地，輒受款接。雖說「相逢半新故，取別隨薄厚」（仇注一二將適吳楚留別章使君留後兼幕府諸公），其中「羈旅知交態」（仇注二二久客）、「交態遭輕薄」（同上移居公安敬贈衛大郎鈞）的情形固屬難免，至於賣藥贍家，則勢所必無；假如眞像韓康、臺佟，「賣藥自給」，則反而不致「交態遭輕薄」了。自天寶兵亂以後，漂蕩各地無職司的官員，頗多仰賴州郡助濟，如舊唐書李揆傳云：「試秘書監，江淮養疾。既無俸祿，家復貧乏，孀孤百口，丐食取給，萍寄諸州，凡十五六年。其牧守稍薄，則又移居。故其遷徙者，蓋十餘州焉。」（卷一二六）杜甫自解華州掾職以後，除參嚴武幕府期間眞正奉職食祿，此外大約都靠州郡接濟，和李揆的情形，甚爲類似；他在潭、岳、衡等地，受牧伯令長款待，與過往大吏酬酢，都斑斑可考，然則杜甫毋須「賣藥」，實甚顯明。

　　總之，杜甫實未「賣藥都市」，自盧元昌、仇兆鰲以下錯解的原因，端在忽略了本非寫實，僅爲文章隸事而已。

　　此外，尚須稍論「藥價」的問題。馮至在杜甫傳中謂其以「賣藥」爲「副業」，

---

⑧　此從仇注依閻若璩校點，以「舟楫」屬上爲句。他家多於「忽訪老夫」讀斷。

而王公貴人有所贐贈，則充「藥價」。（已引見上文）考杜有魏十四侍御就敝盧相別詩云：

> 有客騎驄馬，江邊問草堂；遠尋留藥價，惜別到文場。入幕旌旗動，歸軒錦繡香；時應念衰疾，書疏及滄浪。（仇注一〇）

這似乎可以認作杜甫「賣藥有價」的證據。其實所謂「留藥價」者，仍是用韓康事以自比；通讀全詩，何嘗眞是「賣藥人」的口吻？了解「遠尋留藥價」不過是用典以表自己退隱「滄浪」的身份而已，就不至誤解杜甫眞正「賣藥」，甚且「有價」了。

（四）「李邕求識面，王翰願爲鄰。」

杜甫奉贈韋左丞丈二十二韻云：

> 紈袴不餓死，儒冠多誤身！丈人試靜聽，賤子請具陳。甫昔少年日，早充觀國賓；讀書破萬卷，下筆如有神。賦料揚雄敵，詩看子建親；李邕求識面，王翰願爲鄰。自謂頗挺出，立登要路津，致君堯舜上，再使風俗淳。此意竟蕭條，行歌非隱淪；騎驢三十（盧注作十三）載⑨，旅食京華春。朝扣富兒門，暮隨肥馬塵，殘杯與冷炙，到處潛悲辛。（仇注一）

其中「李邕求識面，王翰願爲鄰」，既出自杜甫親筆，向來都認爲當然眞有其事；但一加深究，卻未必屬實。

先看李邕「求識」杜甫的問題。

新唐書二〇一杜甫傳說：

> 甫少貧，不自振，客吳越齊楚間。李邕奇其材，先往見之。舉進士，不中第，困長安。……

以此證詩，可謂切當之極，如此詩史互證，密合無間，自是不易生疑；然而經取李邕杜甫相關的資料仔細推敲，卻發現大有疑問。

第一，根據舊唐書一九〇中、新唐書二〇二李邕傳等材料，及綜合諸家所訂杜甫的年譜，可以大致列出二人相關的行年表如下：

---

⑨　仇注依盧本作「十三」，後來學者多從之，其實非爲有確證也。今仍從諸本作「三十」。

〔紀年〕	〔李邕行事〕	〔杜甫行事〕
先天二年712	約三十五歲。	生。一歲。
開元三年715	由戶部郎中左遷括州司馬。	四歲。
？年	起爲陳州刺史。	
十三年725	玄宗東封，詔駕於汴州，獻辭賦稱旨，自謂將大用，爲張說所惡。旋以贓事貶欽川遵化尉。	十四歲。壯遊云：「往昔十四五，出遊翰墨場，斯文崔魏徒，以我似班揚。」（仇注一六）
十九年731	在嶺南。	遊吳越。
二十年732	在嶺南。	遊吳越。
二十一年733	在嶺南。	遊吳越。
二十二年734	在嶺南。從楊思勖討賊有功徙灃州司馬，約在本年或明年。⑩	遊吳越。本年或明年多歸里應鄉舉進士選。⑪
二十三年735	起爲括州刺史。	舉進士不第，事在本年或明年。下第後東遊齊趙。⑫
？年	轉淄州刺史。	遊齊趙。
？年	轉滑州刺史。	遊齊趙。
二十九年741	本年或明年上計京師。索負重名，而久斥外，既至，京洛阡陌聚觀，後生望風內謁，門巷塡隘。旋出爲	歸東都。據八哀詩述其與李邕交遊云：「伊昔臨淄亭，酒酣託末契；重叙東都別。」（仇注一六）是本年或明年

---

⑩　全唐文二六一李邕謝恩慰喻表於開元十三年（七二五）貶後云：「臣出入嶺南，自經一紀，自灃州司馬………兼此州牧。」據新唐書本傳，邕起括州刺史在開元二十三年（七三五），則其先徙灃州司馬，蓋在二十二三年。

⑪　杜甫應進士舉下第，諸家所撰年譜皆繫於開元二十三年（七三五），然而應舉與下第，要當分屬兩年。壯遊所謂「忤下考功第」（仇注一六）若指舉人訕侮考功郎李昂事，則下第在開元二十四年（七三五）；否則亦得稍早，故繫其返鄉應舉在二十二或三年（七三四、七三五）也。

⑫　同注⑪。

	汲郡太守。	，曾謁李邕於洛陽。
天寶元年742	（同上年條。）	在東都。
二年743	蓋在汲郡太守任。	在東都。
三載744	約本年前後轉北海太守。	五月，繼祖母盧氏卒；八月葬。本年，始會李白於東都。
四載745	爲北海太守。	秋，自王屋道途，將遠遊東蒙。經梁宋，與李白高適同遊，然後去之齊。⑬
五載746	夏，嘗至濟南，杜甫來會。本年，贓事發。	夏，遊至濟南，謁李邕，乃自東都別後再會。秋，至魯郡復訪李白。旋歸洛陽。⑭
六載747	正月，李林甫傅之以罪，詔使就殺於郡。年七十；或云七十餘。	正月，赴京應詔舉。李林甫弄權，同時無及第者。

勘覈上表，可就其中二人在開元末天寶初會見之前，是否可能相見，及李邕是否可能「先往見之」的問題，論析如下：

(1) 開元十三年（七二五），李邕爲陳州刺史。杜甫十四歲，尙未成年，雖說已隨崔尙、魏啓心輩出入文場，但自洛陽赴陳州謁李的可能甚微；而李邕「先往見之」更無可能，否則以崔魏之名遠下李邕，如有其事，必入篇詠。

(2) 是年李邕卽貶嶺南，「自經一紀」（全唐文二六一李邕謝恩慰諭表）；其間杜甫不容謁見。

(8) 開元二十二年或二十三年（七三四、七三五），李邕自澧州司馬起爲括州（原處州）刺史，其時杜甫則正返鄉應舉。卽使杜甫遊越曾至括州，在時間上未必能與李邕相遇；而且括州僻在浙東南境，行旅不便，杜甫遊踪未嘗到此，這由杜詩全無

---

⑬ 杜甫與李白高適同遊於梁宋之年，聞一多少陵先生年譜會箋繫於天寶三載（七四四）秋，學者多從其說。余更考之，以爲當在四載（七四五）秋，詳見拙撰杜甫交遊考李白條。（稿本，未刊。）以與本文論證無涉，不贅。

⑭ 聞譜繫於天寶四載（七四五），余考當在五載（七四六）；餘同注⑬。

痕跡蓋可證明。由此可見杜甫應鄉舉前，殆無可能得見李邕，更無論李邕「先往見之」了。新唐書杜甫傳竟書其事在「舉進士」之前，足見史料來源和處理，殊不可靠。

(4) 開元二十三或二十四年（七三五或七三六）以後，杜甫「放蕩齊趙間」（仇注一六壯遊）實頗有年，而其間李邕曾任淄滑兩州刺史，以時間地緣論，杜甫都可以晉謁。但考八哀詩中詠其與李交往，止說「伊昔臨淄亭，酒酣託末契；重叙東都別，朝陰改軒砌」（仇注一六），僅就「東都別」爲言，而不及於更早，實見當時之「別」即可能是最初之「會」。而最有力的論證則是，如在開元中李邕曾「奇其材，先往見之」，以其年輩之高，文名之盛，杜甫必然終身感念，於八哀詩中表而出之，而不僅止泛言「酒酣託末契」、「論文到崔蘇」而已；畢竟「酒酣」、「論文」，與「先往見之」，其間輕重，誠不能等量齊觀，杜甫以詩史之筆作八哀以爲詩傳，必不至捨重而取輕。由此可證開元末年之前，杜甫蓋未嘗得謁李邕，而李邕更不會「先往見之」。

以上根據二人行年表對覈，既證新唐書記李邕往見杜甫一事不僅時次不合，而就八哀詩來分析推斷，也可證明李邕未嘗「先往見之」。此一推論也可從通觀杜詩得到支持。蓋以杜甫性情之摯，杜詩保存之多，故凡恩厚相加者，多可見其有詩申謝或誌感，如韋濟作河南尹時，「頻有訪問」，杜便立卽獻詩，云「有客傳河尹，逢人問孔融」（仇注一奉寄河南韋尹丈人）以紀其實；果如李邕「愛其材，先往見之」，則當時必定有詩記之，後來也會在八哀詩之外，別有感念之作；今乃一無所見。再者，開元天寶間，杜甫致身無路，亟盼能得援手，不僅想於政界謀出身，在文場也渴冀獎掖。以李邕之名高當世，眞若「先往見之」，則不待終日而杜甫名滿都下可知矣；其後在蜀中作莫相疑行以「寄謝世上悠悠兒」時，也不止「憶獻三賦蓬萊宮，自怪一日聲烜赫」（仇注一四）而已了。故總結而言，李邕「先往見」杜甫，實極不可能，因爲無論從二人行年對勘、或杜詩此句以外的內證，所示皆正好相反。

第二，上面雖然證明李邕「先往見」杜甫爲極不可能，但杜甫乃自言「李邕求識面」，又當如何解釋呢？此則幸能於李邕方面獲得解答的線索。舊唐書一九〇中李邕傳記其在開元末天寶初：

上計京師。邕素負美名，頻被貶斥，……剝落在外。人間素有聲稱，後進不識，京洛阡陌聚觀，以爲古人，或將鬚眉有異；衣冠望風，尋訪門巷。

新唐書李邕傳亦載其事，云「後生望風內謁，門巷填隘」（卷二〇二），描寫更加生動。恰好這正是杜甫初見李邕之時。兩唐書記「後生望風內謁」李邕如此，而新唐書杜甫傳却記李邕「自往見」杜甫如彼，何以懸殊乃爾呢？至此遂悟，原來杜甫所謂「李邕求識面」，正是逆用近事作典以入詩，說人人「望風內謁」於李邕，而李邕反來「求識」我；此宋玉取譬東鄰之法，僅是一種夸張的修辭而已，何嘗謂眞有其事？當時人人爭謁李邕，一時傳爲佳話，杜甫取其事而逆用之，可能這在當日，無論識與不識，都知道是故作夸語，不會信以爲眞，也無須斥其「杜撰」的。但是撰唐書者，相去既遠，究之未深，誤解詩句的夸語以爲紀實，遂以入傳；一經入傳，則人人據史以解詩，不知杜甫當初，只是隸事而已。

辨析了「李邕求識面」的問題以後，再看「王翰願爲鄰」，情形也非常相似。宋趙次公注云：

> 以李邕而有識面之求，以王翰而有卜鄰之願，則公之名重於時可知矣。（王狀元集百家注杜詩二）

歷來學者，多信採此說；但考之王翰的傳記資料，則未能無疑。

第一，據舊唐書一九〇中、新唐書二〇二王翰傳[15]，及徐松登科記考五所考，王翰字子羽，并州晉陽人。景雲二年（七一一）已登進士第，較杜甫之生，尚早一年[16]。又復兩擢制科。張嘉貞、張說先後來鎮并州，均禮接之。張說重入主政，引爲秘書正字；再遷駕部員外郎。舊傳記他：

> 櫪多名馬，家有伎樂。澣（當作翰，下同。）發言立意，自比王侯；頤指儕類，人多嫉之。說既罷相，出澣爲汝州長史；改仙州別駕。至郡，日聚英豪，從禽擊鼓，恣爲歡賞。文士祖詠、杜華常在座。於是貶道州司馬，卒。有文集十卷。

新傳大致相同，唯無祖詠、杜華事。

考張說開元致政，在十四年（七二六）四月，見舊紀；王翰則多間或更後，尚有

---

⑮　新唐書本傳作「王翰」，舊唐書本傳作「王澣」；據兩傳所敍事蹟，知爲一人。杜詩、張說之集、國秀集、文苑英華、唐詩紀事、全唐詩，均作「王翰」。清武英殿本舊唐書考證云：「此與齊澣傳連屬，明是傳寫之訛；當從新傳。」其說是也。

⑯　傅璇琮王翰考以爲當從唐才子傳定王翰進士及第在景雲元年（七一〇）。

留京的行事可稽⑰，外放又必更遲。設使王翰出京在此年多季，杜甫方在「憶年十五心尚孩……一日上樹能千迴」（仇注一〇百憂集行）之時，如說王翰願與爲鄰，殆無此理。或者將謂杜曾自稱：「往者十四五，出入翰墨場，斯文崔魏徒，以我似班揚。」（仇注一六壯遊）但崔魏名遠出王翰下，記崔魏而不記王，正見當年不相識。卽使王翰出京較晚，杜甫稍長，但由其少作尠存，不難看出他當時的辭華，未必足令王翰傾倒。同時，王翰入就京職，分司洛陽的可能較小；而杜甫開元二十二、三年（七三五、七三六）應舉入京之前，未嘗到過長安。然則王翰奉京職期間，杜甫得以拜見的可能極微。

及王翰出爲汝州長史，改仙州別駕，再貶道州司馬而卒，所歷歲紀，莫得而詳。聞一多唐詩大系以王翰卒於西元七二六年，卽開元十四年張說罷政而王翰同時外放之年，對王翰汝仙諸州的履歷似乎全未留心。但王翰在汝仙時期的活動並非全無可考（詳下），然則聞氏的推斷，殊不可信。又民國六十九年（一九八〇）傅璇琮唐代詩人叢考的王翰考，則先坐實「王翰願爲鄰」，再定二人納交是在開元二十三年杜甫應舉入京之時，遂謂王翰之卒更在其後。但是「王翰願爲鄰」既成問題，傅氏之說亦復不能憑信。王翰也可能在開元十四年（七二六）後數年之間去世，而此時杜甫尚少，未必曾遊汝仙。開元十八年（七三〇）杜甫遊晉，十九年（七三一）以後遊吳越，其間亦無曾到汝仙的記錄；又卽使二十三、四年（七三五、七三六）杜甫應舉赴試時王翰尚存，而以外官能否入京與杜相遇，亦大可懷疑。總之，排比二人的行歷，似乎曾否晤面，都成問題。

第二，上條在推理所需的條件上，誠有未備，尚不足以斷定「王翰願爲鄰」確非事實；但是還有一層更深入的理據，則是此句之外，杜甫別未叙及王翰。以王翰之爲先輩，夙享大名，而有願與結鄰的譽美之辭，杜甫必定終身感念，永矢弗諼。觀其晚年多懷舊恩而輒入篇詠，乃竟不及王翰，殊不似其平生爲人。倘欲索解，則極可能本無其事，與「李邕求識面」一樣，只是夸辭「杜撰」而已。

---

⑰ 全唐文四三二張懷瓘文字論記王翰爲兵部員外郎時與吏部侍郎蘇晉等論作古賦事。嚴耕望唐僕尚丞郎表考定蘇晉任吏部侍郎爲開元十四年（七二六）冬，至十九年（七三一）夏出爲汝州刺史。據此，則知王翰出京必在此數年之間。

第三，既然懷疑「王翰願爲鄰」恐非事實，則不能無所考辨；證論的依據則是一條宋人師古的「舊注」：

> 唐王翰，文士也。杜華嘗與遊從。華母崔氏云：「吾聞孟母三徙，吾今欲卜居，使汝與王翰爲鄰。」蓋愛其才故也。甫以文章知名當世，士大夫皆想慕之，故以李邕王翰自比。（王狀元集百家注杜詩三）。

此注雖早出宋代，但頗爲後人所忽，甚至被錢謙益斥爲「僞造故事」，說：「蜀人師古尤可恨，『王翰卜鄰』，則造杜華母命華與翰卜鄰之事。」（錢箋畧例）朱鶴齡注與錢說同。錢朱爲淸代杜詩學巨擘，既加嚴斥，於是師古此注，遂不復爲學者所採；然而其所傳杜母故事，果否出於僞造，實大可商。

考舊唐書王翰傳云：

> 文士祖詠杜華常在座。

祖詠詩頗傳於世，其汝墳別業云：「失路農爲業，移家到汝墳。」（全唐詩一三一）此汝墳蓋接仙州境，是以又有汝墳秋同仙州王長史翰聞百舌鳥詩（同上）；足證祖詠常在王翰仙州之座，唐史所載確實有本。杜華其人則名不顯，可見的資料不多。新唐書七二上宰相世系表「濮陽宗」有「杜華」之名，案其世次，約當玄宗朝，或卽其人。又岑參有敬酬杜華淇上見贈兼呈熊曜詩（全唐詩一九八），中云：「杜侯實才子，……今已年四十」；「憶昨癸未歲，……得君江湖詩。」「癸未」爲天寶二年（七四三），杜華尙未「年四十」，據以上推，則開元十四年（七二六）迤後數年王翰出掾汝仙之時，杜華年方二十餘[18]，正合以晚生後進，與祖詠同遊王翰之門，是岑詩所酬之杜華，蓋卽王翰傳中之同一人；由此亦見舊唐書記事自有本原。惟至此又須深入討論者，卽杜華其人，並無顯名，而史官書入王翰傳，勢必二人之間特有非常可記之事，否則僅書一無名之人常在其座，實甚無謂；然則莫非杜母眞有爲子卜居願與王翰爲鄰之語，當時嘗傳爲美談，見於記載，史官得其事而省其文，遂僅云華「常在座」而已？果爾，則師古注杜詩時或者尙能得見杜母云云的資料，乃援以入注，如此，則指師古「僞造故事」之說，更須愼重討論。

---

[18]　引岑參詩推計杜華年歲，傅璇琮氏提出。

　　關於王翰的資料，今日所見誠然甚少；但他當時確爲文場之雄。新唐書六○藝文志錄「王瀚集十卷」，當卽是王翰的文集。元辛文房編唐才子傳，其王翰條尙云「有集今傳」，則宋代師古注杜詩時，亦可能得見王翰的文集 。一般文集，多半會有序跋等有關作者的傳記資料附載首尾，其中記錄杜母爲子卜鄰的佳話殊有可能，師氏自可援而作注。於此亦可假設，師古注杜詩時所見的材料，可能與舊唐書爲王翰立傳時所見者相同，並非師古「僞造故事」。

　　其實，唐才子傳於撮引舊唐書的王翰傳後，卽叙杜華母崔氏語，與師古之注如出一轍。辛氏書在師注之後，倘如先卽認定師注爲「僞造」，則必謂辛襲自師，亦不足信；然而師注不僞既甚可能，則亦不能否定辛氏書所傳屬實。尤有進者，唐才子傳所記王翰的資料，實自有來源，並非襲取師注而已。蓋辛氏於書王翰傳畢之後，復別繫一贊，云：

　　　　太史公恨古布衣之俠，湮沒無聞，以其義出存亡生死之間，而不伐其德，千金
　　　　駟馬，纔畜草芥。信哉不虛立也！觀王翰之氣，其若人之儔乎！（卷一）

由贊語，可知辛氏蓋必得誦尙頗完整的王翰集、及其他序跋傳狀等資料，愛其俠行，服其氣概，於是感而論之，繫於傳末。據此，誠可推知辛氏所見王翰的故事，絕非僅由師注而來，否則止就杜母片言，斷難引發如許議論；又辛氏既能自據來源爲王翰作傳，然則所書杜母事，與其以爲襲自師注，毋寧信其所得的資料蓋與師注來歷相同。如此，再往上推，也許舊唐書已經採取同源的資料，只是刪省較多；而師辛所保存的，則較爲完全。由於刪省太過，舊唐書載杜華事的動機遂晦；幸而得見師辛所存杜母崔氏語，唐史撰者載筆時的心理，轉而較可推測了。至此已可確信，師注實有所本，絕非如錢謙益所指的「僞造故事」。蓋師注眞若「僞造故事」，逕可捏造一王翰如何願與杜甫爲鄰之故事，何必迂曲轉折，更造杜華母崔氏語言，而其事又不與杜詩密切相合，是誠大遠情理，殊不可解。然則也惟其不可解、不合情，正可以知其非出「僞造」。所惜錢氏辨之未深，察之未詳，「僞造故事」的斷語一出，遂令師氏沈冤莫白，以至於今。現在既已斷知師注實有根據，確乎有人敬慕王翰，願與結鄰，亦猶京洛士夫之爭調李邕，當時同爲士林佳話；杜甫既能翻用李邕事自夸，則同樣翻用王翰事，誠可謂「勢所必至，理有固然」。

總之，「求識李邕」與「卜鄰王翰」既是當時文人豔談的佳話，杜甫翻用以爲夸語，只是一種修辭的技法。上有「賦料揚雄敵，詩看子建親」，下承「李邕求識面，王翰願爲鄰」，正用古今事兩兩相映。唐人視揚雄曹植爲文章山斗，杜甫竟敢取以自擬，當然是故作驚人之語；李邕王翰名高當世，都極傲狂⑲，杜甫乃更作狂語，用意自亦顯然。試看全詩的布置，前面夸夸自詡，後幅則蹭蹬失路，驟起驟落，大闔大開，尤其是發端的沈痛，中間之警策，正見其不守常格，務爲奇變；苟明乎此，則其不憚冒瀆前賢的用心，更可洞然而曉了。由是可知，當時無論韋濟、或其他文人，卽使認爲杜甫自詡太過，也不會誤信爲眞實，更不至懷疑他捏造故事，只能驚歎或訝視其鑄詞之奇放而已。及其年代日遠，本事就湮，後人弗察於此種變格的用典，又震於杜甫的大名，於是率皆以爲「『識面』、『卜鄰』，乃當時實事」（朱鶴齡注一）；且謂「公之名重於時可知矣。」（趙次公語，已引見上文。）杜甫當日困窮牢愁，故發狂語，不料後世竟誤以爲眞，誠非其始意所及者。

最後，尙須檢討師古注曾說：「甫以文章知名當世，士大夫皆想慕之，故以李邕王翰自比。」（已引見上文）正因其知有李王的本事在先，故而須說杜甫是「自比」，其實非常接近杜詩的原義了，可惜僅知爲正面的「自比」，不知是借事反用，眞所謂失之眉睫。而且旣已言「文章知名當世，士大夫皆想慕之」，便是贊同詩乃紀實，與李邕求識杜甫之「於史有徵」膠合無間矣，又如何能講成「比」呢？師氏對此旣無所闡解，遂不免要蒙受「作僞」之誣。平心而論，師注保存了珍貴的史料，但未能作正確的解釋，終以招尤致譏，可說是抱璞獲罪；不過獲罪的原因，並非知璞爲玉，而是視玉同石。

三、釋　例

對上舉諸例加以歸納，卽可發現一種案例——杜詩用典被誤衍爲史實。申言之，也可以視爲一般文辭解析錯誤可能誤爲史實的通例。此種案例的基本型式爲：

---

⑲　李邕文章著名，傲放不拘細行，詳見唐史，不贅；王翰則張說詎其文爲「瓊柘玉斝」（新唐書二〇一文藝傳王勃傳附），與張九齡等相提並論，其享譽可知。又封演封氏聞見記云：「開元初，………選人王翰頗攻篇什，而迹涉浮僞，乃竊定海內文士百有餘人，分作九等，高自標置，與張說李邕並居第一，自餘皆被排斥。陵晨於吏部東街張之，甚于長名；觀者萬計，莫不切齒。」卽此可見其狂傲放誕，世鮮其儔。杜甫假借李邕王翰以自夸，謂此更可無疑。

典故 ────經作者運用入──→ 文辭 ────被讀者誤解爲────→（假）史實

如就所用典故發生的時代，寫入文辭所涉的人物，造成錯誤的不同結果，又可區別爲
幾種次級的類型：

甲型：用古事喻己誤爲實事 ──例如用「韓康賣藥」喻己未仕或居閒，誤爲眞正
　　　　賣藥取價。

乙型：用古事喻人誤爲實事──例如用「劉勤賣鷹」喻人安貧，誤爲其人實事；
　　　　用「好事攜酒過揚雄」喻人好學，誤爲客人被妻遣去。又如以何遜比喻
　　　　裴廸爲記室，誤以裴爲刺史，則是雖知爲用典，而解義未切致誤的變型。

丙型：用近事喻己誤爲實事──例如翻用後進爭識李邕與杜華母願爲子卜鄰王翰
　　　　喻己有才能文，誤爲眞有其事。

以上三種類型，是就已舉的例證析出，其實尙或不止於此。

其次，此種案例，亦卽文辭用典誤衍爲假史實，其形成之過程約爲：

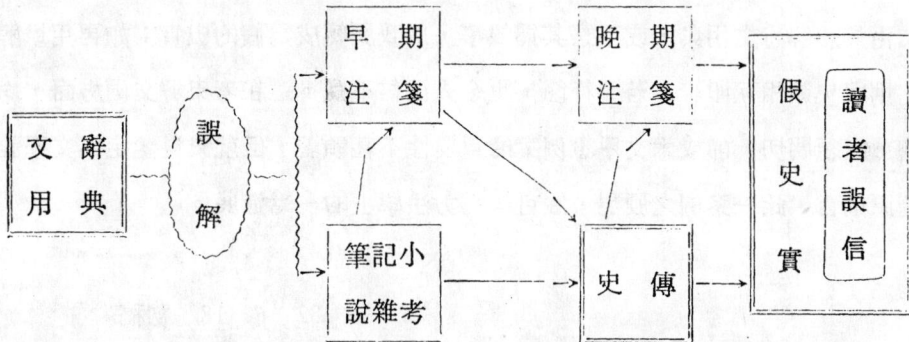

由上圖所示，不難看出由最初之「誤解」往下，皆已受其影響，又經過層層的蛻變掩
覆，極難剝見眞象；尤其如果進入了「史傳」，最易令人柜信，而不知其爲「假史
實」。

至於由用典誤衍爲假史實的原因，則可大致歸納爲幾點：

㈠　辭面淺近，忽略其爲用典──如「賣藥都市」卽其例。

㈡　隷事渾成，不察其爲用典──如「好事就之爲攜酒」卽其例。

㈢　書缺有間，未悉事本於古──如「貧窮老瘦家賣鷹」卽其例。

㈣　知爲用事，而辨釋未分明──如「還如何遜在揚州」卽其例。

㈤ 當時近事，後人不悟爲用典——如「李邕求識面，王翰願爲鄰」即其例。

㈥ 對當時制度及社會了解未深，未能據以辨察事義——如杜甫不能「賣藥」，王季友不能「賣屩」。

㈦ 對作者及相關者之傳記研討未深，未能據以辨察事義——如㈠、㈤之例所涉的考證。

㈧ 對文辭的形式藝術研討未深，未能據以辨察事義——如㈤之例所涉的討論。

以上論列此種案例的型式與成因，容或尙有未盡之處；若更綜結而言，則不外三點：

第一，對文辭解析、尤其對隸事用典肆力未深，致生誤解。

第二，對歷史探考、尤其對傳記研究肆力未深，致生誤解。

第三，文辭誤解與史料誤集交互影響蔽覆，終至形成假史實。

四、結　　語

由於誤解詩文用典，或不察其爲隸事，以致展轉成爲假的史實；如再用以解釋詩文，則與史籍相互印證，若合符節，更令人深信不疑。這在考史解文兩方面，均深有影響，應須關切。卽或本文舉證例案的重要性不甚顯著，但就史料鑒定與文學詮釋的理論原則言，此一案例之發現，宜可視爲方法學上的一點進展。

82　6　18　初稿

83　3　26　修訂

〔本論文獲「國家科學委員會」1983年度獎助，謹誌。〕

論司馬遷述愼到、申不害及韓非之學

王　叔　岷

壹、引　言

太史公自序稱其父談『太史公習道論於黃子。』裴駰集解引徐廣曰：『儒林傳曰：黃生好黃、老之術。』然則司馬談所習之道論，即黃、老之術也。司馬遷承其父之學，亦崇尚黃、老。後漢書班彪傳，載彪後傳略論，謂司馬遷『其論術學，則崇黃、老而薄五經。』漢書司馬遷傳贊亦謂遷『論大道，則先黃、老而後六經。』遷雖未必『薄五經』或『後六經，』然其崇尚黃、老，當無可疑。由其崇尚黃、老，進而探討道家與法家之關係，因有法家愼到、申不害及韓非諸子之學皆淵源於黃、老之特識。今本其所述，不憚辭費，廣爲論證如次。

貳、論司馬遷述愼到之學

史記中述及愼到者兩見，其一田完世家：

〔齊〕宣王喜文學游說之士，自如騶衍、淳于髡、田騈、接子、愼到、環淵之徒七十六人，皆賜列第爲上大夫，不治而議論。

其一孟子荀卿列傳：

自騶衍與齊之稷下先生，如淳于髡、愼到、環淵、接子、田騈、騶奭之徒，各著書，言治亂之事，以干世主。………愼到，趙人。田騈、接子齊人。環淵楚人。皆學黃、老道德之術，因發明序其指意。故愼到著十二論……

據司馬遷所述，愼到雖名『爲上大夫，』且『言治亂之事。』而終其身不干與政治，無政績可稱，不過齊稷下之一淸客而已。其所著十二論已不可考。羣書治要卷三十七節引其威德、因循、民雜、知忠、德立、君人、君臣七篇，遷謂其『學黃、老道德之

術，因發明序其指意。』已可徵驗。漢書藝文志道家，有黃帝君臣十篇，原注：『起六國時，與老子相似也。』愼到乃戰國中期賢人，（漢志法家愼子下，原注：先申、韓，申、韓稱之。）與老子相似之黃帝書，當較晚出，到不及見。黃、老並稱，乃漢初風尙，謂到『學黃、老道德之術，』不過以黃附老而已。司馬談論道家要指有云：

> 其術以因循爲用。

愼子有因循篇，卽發明因循之義。其文云：

> 天道因則大，化則細。因也者，因人之情也。化而使之爲我，則莫可得而用矣。是故先王不受祿者不臣，祿不厚者不與入難。人不得其所以自爲也，則上不取用焉。故用人之自爲，不用人之爲我，則莫不可得而用矣。此之謂因。

道家重在『因人之情，』雖用人，而使人『得其所以自爲。』法家矯人之情，意在『化而使之爲我。』此愼到爲法家而不同於法家處。

民雜篇：

> 大君因民之能爲資，盡苞而畜之，無能去取焉。是故不設一方以求於人，故所求者無不足也。

此亦因循之道，合乎司馬遷所謂發明序黃、老之指意者也。

又威德篇：

> 天有明，不憂人之闇也；地有財，不憂人之貧也；聖人有德，而不憂人之危也。天雖不憂人之闇也，闔戶牖必取已明焉，則天無事也；地雖不憂人之貧也，伐木刈草，必取已富焉，則地無事矣；聖人雖不憂人之危也，百姓準上而比於其下，必取已安焉，則聖人無事矣。故聖人處上，能無害人，不能使人無已害也，則百姓除其害矣。聖人之有天下也，受之也，非取之也。百姓之於聖人也，養之也，非使聖人養己也，則聖人無事矣。

案老子二章：『聖人處無爲之事。』六十三章：『事無事。』威德篇此節，由比喩以申論『聖人無事』之義甚詳，似發明序老子之指意也。

知忠篇：

> 父有良子，而舜放瞽叟。桀有忠臣，而過盈天下。然則孝子不生慈父之家（原誤義）。而忠臣不生聖君之下。

晉滕輔注：『六親不和，有孝慈也。國家昏亂，有貞臣也。』（唐趙蕤長短經反經篇自注、意林二引愼子注『貞臣』並作『忠臣』。）案老子十八章：『六親不合，有孝慈。國家昏亂，有忠臣。』即滕注所本。正見知忠篇云云，乃發明序老子之指意也。（商君書畫策篇：『所謂治主無忠臣，慈父無孝子。』似直本愼子。）

　　司馬遷僅謂愼到『學黃、老道德之術，』不言其與法家之關係。荀卿、韓非則專就愼到法家思想而言。荀子解蔽篇：

　　愼子蔽於法而不知賢。

非十二子篇：

　　尙法而無法，下脩而好作。上則取聽於上，下則取從於俗，終日言成文典。反紃察之，則倜然無所歸，不可以經國定分。然而其持之有故，其言之成理，足以欺愚惑眾，是愼到、田駢也。

『下脩而好作』句，王念孫雜志謂『「下脩」當爲「不循，」謂不循舊法也。』岷謂下乃不之誤，良是。脩非循之誤，『不脩而好作，』猶言『不作而好作，』與司馬遷所謂『不治而議論』之意相近。（張以仁弟云：『據荀子非十二子篇，非惠施、鄧析「不法先王。」則王念孫謂此文「『下脩』當爲『不循，』謂不循舊法也。」說亦可通。』惟與荀子重在法後王之旨不合耳。）荀子謂愼到『蔽於法，』又謂其『尙法而無法。』未免言之太過。治要所引愼子七篇中，固亦頗有論法之文可徵。威德篇。

　　法雖不善，猶愈於無法。夫投鉤分財，投策分馬，非鉤策爲均也。使得美者不知所以賜，得惡者不知所以怨，此所以塞怨望使不上也。明君……定罪分財必由法。

君人篇：

　　君人者，舍法而以身治，則誅賞奪與從君心出矣。然則受賞者雖當，望多無窮；受罰者雖當，望輕無已。君舍法而以心裁輕重，則是同功而殊罰也。……故曰：大君任法而弗躬爲，則事斷於法矣。法之所加，各以其分。蒙其賞罰，而無望於君也。

君臣篇：

　　爲人君者，不多聽，據法倚數，以觀得失。無法之言，不聽於耳；無法之勞，

不圖於功；無勞之親，不任於官。官不私親，法不遺愛，上下無事，唯法所在。

此皆愼到尙法之論，荀子謂其『尙法而無法，』或以爲愼到僅言及法之當尙，而未論及法之內容與？

韓非更就愼到法家思想進而難愼子之重勢。難勢篇引愼子曰：

飛龍乘雲，騰蛇遊霧。雲罷霧霽，而龍蛇與蚓螾同矣。則失其所乘也。賢人而詘於不肖者，則權輕位卑也。不肖而能服於賢者，則權重位尊也。堯爲匹夫，不能治三人。而桀爲天子，能亂天下。吾以此知勢位之足恃，而賢智之不足慕也。夫弩弱而矢高者，激於風也。身不肖而令行者，得助於眾也。堯敎於隸屬，而民不聽；至於南面而王天下，令則行，禁則止。由此觀之，賢智未足以服眾，而勢位足以缶（當作屈，或作御）賢者也。

韓非重賢，賢者之材美，故堯有勢而天下治。桀不肖，其材薄，雖有勢而天下亂。此其所以難愼子者。（後有詳說。）其所引愼子文，亦見於愼子威德篇：

騰虵遊霧，飛龍乘雲，雲罷霧霽，與蚯蚓同，則失其所乘也。故賢而屈於不肖者，權輕也。不肖而服於賢者，位尊也。堯爲匹夫，不能使其隣家；至南面而王，則令行禁止。由此觀之，賢不足以服不肖，而勢位足以屈賢矣。

較韓非所引爲略，句亦有異。

司馬遷專從黃、老述愼子之學。荀卿、韓非專從法家評愼子之術，漢書藝文志逐正式列愼子於法家。至唐楊倞注荀子，始合而言之，楊氏荀子解蔽篇注云：

愼子本黃、老，歸刑名。

所謂『本黃、老，』就司馬遷所述言之也。『歸刑名，』就荀子所評言之也。司馬遷述申不害、韓非之學，並兼黃、老與刑名言之。獨於愼到僅言其『學黃、老道德之術。』此與莊子論述愼到之道術頗相似。莊子天下篇：

彭蒙、田駢、愼到……齊萬物以爲首。曰：『天能覆之而不能載之，地能載之而不能覆之，大道能包之而不能辯之。知萬物皆有所可，有所不可。故曰選則不徧，敎則不至，道則無遺者矣。』是故愼到棄知去己，而緣不得已。泠汰於物以爲道理。曰：『知不知，將薄知而後（復）鄰傷之者也。』謑髁無任，而

笑天下之尙賢也。縱脫無行，而非天下之大聖〔也〕。椎拍輐斷，與物宛轉，
舍是與非，苟可以免。不師知慮，不知前後，魏然而已矣。推而後行，曳而後
往，若飄風之還，若磨石之隧，全而無非，動靜無過，未嘗有罪。是何故？夫
無知之物，無建己之患，無用知之累，動靜不離於理，是以終身無譽。故曰：
『至於若無知之物而已，無用賢聖，夫塊不失道。』

所謂『齊萬物』云云，與莊子齊物論之言相似。『棄知去己，而緣不得已。』及『推
而後行，曳而後往。』亦卽莊子刻意篇『感而後應，迫而後動，不得已而後起。去知
與故，循天之理。』之意。　『笑天下之尙賢，』與老子三章『不尙賢』之旨相似。
『動靜無過，』及『終身無譽，』莊子山木篇亦言『無譽無訾。』『塊不失道，』與
莊子知北遊篇『道在瓦甓』相似。惟莊子之意在『道無不在，』慎子則喩道如土塊死
寂之物。一空靈，一執著，此其似同而實異也。此節論述，僅『椎拍輐斷，與物宛轉』
二語與法家之旨相符，意卽『笞撻行刑（本成玄英疏），隨事而定。』郭象注：『法
家雖妙，猶有椎拍。』就法家而言，是也。惟『與物宛轉，』亦頗似道家言。然則
天下篇論述慎到之道術，幾全似道家言矣。司馬遷謂慎到『學黃、老道德之術，』亦
視慎到之學爲道家也。天下篇乃莊子學派之人所著；司馬遷崇尙黃、老，論述慎到，
並著眼於道家，固其宜矣。

參、論司馬遷述申不害之學

史記韓世家：

〔昭侯〕八年，申不害相韓，脩術行道，國內以治，諸侯不來侵伐。……二十
二年，申不害死。

老莊申韓列傳（原名老子韓非列傳）：

申不害者，京人也。故鄭之賤臣，學術以干韓昭侯。昭侯用爲相，內脩政敎，
外應諸侯，十五年，終申子之身，國治兵彊，無侵韓者。申子之學，本於黃、
老，而主刑名。著書二篇，號曰申子。……申子著書傳於後世，學者多有。

太史公曰：申子卑卑，施之於名實。

世家所謂『脩術，』列傳所謂『學術，』申子所脩所學，乃黃、老及刑名之術也。

司馬遷此所謂黃、老，亦以黃附老，蓋申子亦戰國中期賢人，亦如愼到不及見中期以後始出之黃帝書也。茲先論『申子之學，本於黃、老。』次論其『主刑名。』

一、本黃、老

羣書治要卷三十六引申子大體篇，已可證其學本於黃、老，如：

> 善爲主者，倚於愚，立於不盈，設於不敢，藏於無事，竄端匿疏，示天下無爲。……剛者折，危者覆，動者搖，靜者安。

『竄端匿疏』句，疏當作疎，疎卽跡字。（韓非子主道篇：『掩其跡，匿其端。』淮南子人間篇：『夫事之所以難知者，以其竄端匿迹。』並本申子。迹、跡正、俗字。）疏，俗書作疎，亦譌爲疎，疎誤爲疎，復易爲疏耳。申子之言，詞義皆與老子相似，如老子云：

> 古之善爲道者，非以明民，將以愚之（六十三章）
>
> 我愚人之心也哉！（二十章）
>
> 道沖而用之，又不盈。（四章）
>
> 夫唯不盈，能弊復成。（十五章）
>
> 不敢爲天下先。（六十七章）
>
> 勇於不敢則活。（七十三章）
>
> 取天下常以無事。（四十八章）
>
> 以無事取天下。（五十七章）
>
> 事無事。（六十三章）
>
> 聖人處無爲之事。（二章）
>
> 爲無爲則無不治。（三章）
>
> 柔之勝剛。（七十八章）
>
> 守靜篤。（十六章）
>
> 靜爲躁君。（二十六章）
>
> 清靜爲天下正。（四十五章）

此皆其驗也。司馬談論道家要指：『其術以因循爲用。』司馬遷老子傳贊亦云：『老子所貴道，虛無因應。』申子大體篇亦有重因之說：

鏡設精無爲，而美惡自備。衡設平無爲，而輕重自得。凡因之道，身與公無

事，無事而天下自極也。

精借爲淸，（韓非子飾邪篇精作淸。）身猶私也。因之道，卽無爲、無事之道，此與

老子之旨相符者也。

申子之言，尚有與莊子之詞義極相合者，大體篇亦可驗之，如：

君設其本，臣操其末。君治其要，臣行其詳。

案莊子天道篇：

本在於上，末在於下。要在於主，詳在於臣。

此與申子之言偶合？或受申子言之影響與？天道篇固學莊之徒所述者也。

二、主　刑　名

淮南子要略篇：

申子者，韓昭釐侯之佐。韓，晉別國也。地墽民險，而介於大國之間。晉國之

故禮未滅，韓國之新法重出。先君之令未收，後君之令又下。新故相反，前後

相繆，百官背亂，不知所用，故刑名之書生焉。

韓非子定法篇已有類此之文，惟未涉及『刑名之書。』淮南子未道及申子之學與黃、

老之關係。而謂申子著刑名之書，則與司馬遷謂『申子之學主刑名』相符。法家之刑

名有二義，一爲循名責實，簡言之卽名實，此申不害之刑名也。一爲信賞必罰，簡言

之卽賞罰，此商鞅之刑名也。韓非子定法篇：

申不害言術，而公孫鞅爲法。術者，因任而授官，循名而責實，操殺生之柄，

課羣臣之能者也。此人主之所執也。法者，憲令著於官府，刑罰必於民心，賞

存乎愼法，而罰加乎姦令者也。此臣之所師也。……此不可一無。

申子之術重名實，商鞅之法重賞罰，亦卽二子刑名之不同。史記韓非傳集解引新序

云：

申子之書，言人主當執術無刑（同形），因循以督責臣下，其責深刻，故號曰

術。商鞅所爲書，號曰法。皆曰刑名。

謂申子之術，商鞅之法，皆曰刑名。是也。漢書元帝紀師古注引劉向別錄云：

申子學號刑名。刑名者，以名責實，尊君卑臣，崇上抑下。

此釋申子刑名之義最爲切實。司馬遷謂申子『主刑名，』又贊其『施之於名實。』固已昭示申子之刑名卽名實矣。申子大體篇有貴正名之論：

> 名，自正也。事，自定也。是以有道者，自名而正之，隨事而定之也。鼓不與於五音，而爲五音主。有道者不爲五官之事，而爲治主。君知其道也，官人知其事也。十言十當，百言百當者，人臣之事，非君人之道也。昔者堯之治天下也以名，其名正則天下治。桀之治天下也亦以名，其名倚而天下亂。是以聖人貴名之正也。主處其大，臣處其細。以其名聽之，以其名視之，以其名命之。

『官人知其事也』句，義不可通。唐趙蕤長短經大體篇注引作『臣知其事也。』『官人』當作『人臣，』下文『人臣之事』可證。臣誤爲官，復倒在人字上耳。欲因名求實，名實相副，則不得不貴正名。此節所論，申子『以名責實，尊君卑臣，崇上抑下。』之義，已可概見。

　　前引韓非子定法篇，專從法家觀點以論申不害言術。韓非之師荀卿，則從法家觀點以論申子蔽於勢。解蔽篇云：

> 申子蔽於埶而不知知（智）。

楊倞注：

> 其說但貴得權埶以刑法馭下，而不知權埶恃才智然後治。亦與愼子意同。

韓非子難勢篇，難愼子之重勢，而忽略材美。荀卿則論申子蔽於勢，而不知才智。師生著眼點相同，而所評之人則異。據御覽六三八引申子曰：

> 堯之治也，蓋明法察令而已。聖君任法而不任智，任數而不任說。黃帝之治天下，置法而不變，使民安樂其法也。（管子任法篇有類此之文。）

申子既謂『聖君任法而不任智，』則荀子謂申子不知智，固有所本。惟據意林卷二引申子云：

> 百世有聖人，猶隨踵。千里有賢人，是比肩。

是申子甚重聖賢，重聖賢，則非不恃才智矣。惟法令既定，則不必恃才智耳。最可注意者，申子謂黃帝置法，『使民安樂其法。』與商鞅、韓非之立法殘刻，使民苦痛大不同。此乃申子立法之精神，所稱黃帝，不過託古而已。欲使民安樂其法，則法必須公正。藝文類聚卷五四引申子曰：

君必有明法正義，若懸權衡，以稱輕重。

『明法正義，』謂明白法令，公正意義也。北堂書鈔卷一四九引申子曰：

天道無私，是以恆正。天常正，是以清明。地道常靜，是以方正。

老子謂『天得一以淸，地得一以寧。』（三十九章。）申子以爲天之淸明，地之寧靜，是以保其正。乃其公正之法與老子之旨貫通處。御覽卷六二四引申子曰：

明君治國，而晦晦，而行行，而止止。故一言正而天下定，一言倚而天下靡。

卷三百九十引『一言正』上，尙有『三寸之機運而天下定，方寸之謀正而天下治。』十八字。『而晦晦，而行行，而止止』三句，而讀爲能，能、而古聲近通用。此謂『能隱晦則隱晦，能推行則推行，能停止則停止』也。不勉強，不強迫，惟言正、謀正而已，故民皆安樂其法也。

荀卿、韓非並專就法家觀點以論申不害，不如司馬遷謂『申子之學，本於黃、老而主刑名』之周備。『本黃、老，』易流於陰謀權變，甚至權詐。『主刑名，』易流於殘刻寡恩，甚至無恩。申子學兼二者，獨能不失於正，此其所以相韓十五年，國治兵彊，而未聞其不善終者與？申不害，可謂無害矣。意林卷二引劉向云：

申子學本黃、老，急刻無恩，非霸王之事。

司馬遷僅謂『終申子之身，國治兵彊，無侵韓者。』固非霸王之事。（韓非子定法篇已譏申子『託萬乘之勁韓，不至於霸王。』）惟遷所謂『申子之學，本於黃、老，而主刑名。』申子之刑名，乃循名責實，非劉氏所謂『急刻無恩。』商鞅之刑名，爲信賞必罰，乃『急刻無恩。』劉氏蓋誤以申子之刑名爲商鞅之刑名矣。申不害傳『主刑名。』瀧川資言考證引王鳴盛曰：『刑非刑罰之刑，與形同，古字通用。刑名猶言名實，故其論云：「申子卑卑，施之於名實。」商君列傳：「少好刑名之學。」義同。』王氏謂申子之刑名猶言名實，是也。謂商鞅之刑名義同，則又誤以商鞅之刑名爲申子之刑名矣。

淮南子泰族篇：

申子之三符。

許愼注：『申不害治韓，有三符驗之術。』三符爲何？許注猶如未注。論衡效力篇：

韓用申不害，行其三符，兵不侵境，蓋十五年。』

三符之術，或與黃、老、刑名並有關，今不可考矣。

肆、論司馬遷述韓非之學

史記韓非傳：

> 韓非者，韓之諸公子也。喜刑名法術之學，而其歸本於黃、老。非爲人口吃，不能道說，而善著書。與李斯俱事荀卿，斯自以爲不如非。非見韓之削弱，數以書諫韓王，韓王不能用。於是非疾治國不務脩明其法制，執勢以御其臣下，富國彊兵，而以求人任賢，……觀往者得失之變，故作孤憤、五蠹、內外儲、說林、說難十餘萬言。然非知說之難，爲說難書甚具，終死於秦，不能自脫。
>
> 太史公曰：韓子引繩墨，切事情，明是非。其極慘礉少恩，皆原於道德之意。

據此所述，韓非之學，及其爲人與遭遇，已可概見。（秦始皇本紀、六國年表、韓世家，亦略載非死於秦事。）據非『喜刑名法術之學，其歸本於黃、老，』及『與李斯俱事荀卿。』知非之學，法家而兼道、儒。又據非『喜刑名法術之學，』及『非疾治國不務脩明其法制，執勢以御臣下。』可知非兼重法、術、勢，卽兼愼到（重勢）、申不害（重術）、商鞅（重法）三家之長，玆分別論證之。先論證其本黃、老。

一、本黃、老

司馬遷謂愼到、申不害之學，並淵源於黃、老。實則僅與老有關，與黃無涉。前已有說。謂韓非之學，『其歸本於黃、老。』則黃與老並可徵，蓋其時黃帝書已流傳矣。遷又謂『其極慘礉少恩，皆原於道德之意。』亦兼黃、老言之也。司馬貞索隱云：

> 按劉氏云：『黃、老之法，不尙繁華，清簡無爲，君臣自正。韓非之論，詆駮浮淫，法制無私，而名實相稱。故曰「歸於黃、老。」』斯未爲得其本旨。今按韓子書有解老、喻老二篇，是大抵亦崇黃、老之學耳。

韓非子解老，重在解釋文義；喻老，重在史實印證。其他涉及老子之說亦甚多。劉伯莊闡釋韓非之論，歸於黃、老之義，雖語焉不詳，實未遠離本旨。卽驗以解老、喻老二篇，亦略相符。傅孟眞先生史記研究老子韓非列傳第三云：

> 如據今本韓子論，韓子乃歸於陰謀權術之黃、老耳。（傅孟眞先生集中編二。）

史記陳丞相世家：『陳平曰：我多陰謀，陰謀是道家之所禁。』陰謀權術，本非道家

之旨，然如老子三十六章：『將欲歙之，必固張之。將欲弱之，必固強之。將欲廢之，必固興之。將欲奪之，必固與之。……魚不可脫於淵，國之利器不可以示人。』極似陰謀權術之言。喻老篇已引證之矣。

解老、喻老僅涉及老，而不及黃。揚權篇則明引黃帝之言：

黃帝有言曰：上下一日百戰，下匿其私，用試其上。上操度量，以割其下。

韓非申其義云：

故度量之立，主之寶也；黨與之具，臣之寶也。臣之所不弒其君者，黨與不具也。故上失扶寸，下得尋常。君不可不慎。（末句據意林卷一所引補。）

可證韓非甚重視黃帝之言。惜今傳韓非子明引黃帝之言，僅此一見。其暗用黃帝書之文，或尚有之，惜無從印證。與韓非同時之呂不韋，其賓客所撰之呂氏春秋，則屢引黃帝之言。如去私篇：

黃帝言曰：聲禁重，色禁重，衣禁重，香禁重，味禁重，室禁重。

圜道篇：

黃帝曰：帝無常處也，有處者乃無處也。

應同篇：

黃帝曰：芒芒昧昧，從天之威，與元同氣。

遇合篇：

嫫母執乎黃帝，黃帝曰：屬女德而弗亡，與女正而弗衰，雖惡何傷？

審時篇：

黃帝曰：四時之不正也，正五穀而已矣。

序意篇：

文信侯曰：『嘗得學黃帝之所以誨顓頊矣。爰：有大圜在上，大矩在下，汝能法之，為民父母。』

爰與曰同，俞樾呂氏春秋平議有說。以此驗之，是韓非、呂不韋之時，黃帝書已普徧流傳，司馬遷謂韓非之學，『其歸本於黃、老，』本於老自明白可據，本於黃亦不虛矣。

尤可注意者，韓非之學非僅本於黃、老，其思想與莊子亦相通。如韓非子五蠹篇：

今有美堯、舜、禹、湯、武之道於當今之世者，必爲新聖笑矣。是以聖人不期循古，不法常可，論世之事，因爲之備。……夫古今異俗，新故異備。

案莊子天運篇：『禮義法度者，應時而變者也。今取蝯狙而衣以周公之服，彼必齕齧挽裂，盡去而後慊。觀古今之異，猶蝯狙之異乎周公也。』外物篇：『夫尊古而卑今，學者之流也。且以狶韋氏之流觀今之世，夫孰能不頗！』此莊、韓論古今之異相通者也。

韓非子揚權篇：

聖人之道，去智與巧。……因天之道，反形之理。

顯學篇：

舉士而求賢智，亂之端，未可與爲治也。

案莊子刻意篇：『去知與故，循天之理。』（故猶巧也。）庚桑楚篇：『舉賢則民相軋，任知則民相盜。』此莊、韓反巧故賢智之論相通者也。

韓非子主道篇：

虛靜以待令，……虛則知實之情，靜則知動者正。

案莊子天道篇：『夫虛靜恬淡，寂漠無爲者，天地之平，而道德之至。故帝王聖人休焉。休則虛，虛則實，實者備矣。虛則靜，靜則動，動則得矣。』此莊、韓論虛實、靜動之理相通者也。

又御覽四五九引韓子佚文：

天下有至貴，而非勢位也；有至富，而非金玉也；有至壽，而非千歲也。愿恕反性，則貴矣；適情知足，則富矣；明生死之分，則壽矣。

王先愼韓非子集解佚文中亦輯存此條。此條又見淮南子繆稱篇，惟『愿恕』作『原心。』案莊子天運篇：『至貴，國爵幷焉；至富，國財幷焉。』（釋文：幷，棄除也。）至樂篇：夫富者，苦身疾作，多積財而不得盡用，其爲形也亦外矣；夫貴者，夜以繼日，思慮善否，其爲形也亦疏矣；人之生也，與憂俱生，壽者惛惛，久憂不死，何之苦也！其爲形也亦遠矣。』此莊、韓輕貴、富、壽之論相通者也。以上爲岷六十六年（一九七七）一月所撰韓非子與莊子一文之舊說。既而思之，御覽所引此條，最符莊子之旨，與韓非思想實大相逕庭，韓非焉能體悟及此至貴、至富、至壽之

境界？因重檢御覽卷四五九，引韓子此條前，引淮南子；再前，引韓子。或所引此

條，本淮南子（繆稱篇）之文，因涉及再前一條，而誤爲韓子之文與？姑存疑焉。

淮南子之文往往最符合莊子之旨也。

　　韓非之學，雖本於黃、老；且亦頗受莊子之影響。然不過化道家之說以爲己用。

其不合於己意者，則棄絕之。故有所取於道家，又復反對道家，如韓非子忠孝篇：

　　恬淡，無用之敎也。恍惚，無法之言也。……言論忠信法術，不可以恍惚。恍

　　惚之言，恬淡之學，天下之惑術也。

此韓非反恬淡恍惚之說也。案老子十四章：『是謂無狀之狀，無物之象，是謂惚恍。』

三十一章：『恬淡爲上。』莊子刻意篇：『夫恬淡寂寞、虛無無爲，此天地之平，而

道德之質也。』至樂篇：『芒乎芴乎，而無從出乎！芴乎芒乎，而無有象乎！』（芒、

芴猶恍、惚。）是老、莊並重恬淡恍惚也。韓非之反對恬淡恍惚，卽反對老、莊矣。

韓非子八經篇：

　　慈仁聽則法制毀。

五蠹篇：

　　斬敵者受賞，而高慈惠之行，……治强不可得也。（管子法法篇亦有反惠之

　　說。）

顯學篇：

　　慈母有敗子。

此韓非反慈之說也。案老子六十七章：『我有三寶，持而保之。一曰慈，……慈故能

勇。……夫慈以戰則勝，以守則固。天將救之，以慈衛之。』是老子重慈之說也。

韓非之反慈，卽反對老子。商君書說民篇：『慈仁，過之母也。』是商鞅亦反慈矣。

韓非之反慈，或亦受商鞅之影響也。

韓非子五蠹篇：

　　微妙之言，上智之所難知也。今爲衆人法，而以上智之所難知，則民無從識之

　　矣。……今所治之政，民間之事，夫婦所明知者不用，而慕上智之論，則其於

　　治也反矣。故微妙之言，非所務也。

此韓非反微妙之言之說也。案老子十五章：『古之善爲士者，微妙玄通，深不可識。』

莊子秋水篇：『知不知論極妙之言，而自適一時之利者，是非垎井之蠡與？』是老、莊並重微妙之言也。韓非反微妙之言，即反對老、莊矣。商君書定分篇：『夫微妙意志之言，上知之所難知也。……故夫知者而後能知之，不可以爲法，民不盡知；賢者而後能知之，不可以爲法，民不盡賢。故聖人爲法，必使明白易知。』是商鞅亦反對微妙之言矣。韓非反微妙之言，或亦受商鞅之影響也。

又韓非子六反篇：

> 老聃有言曰：『知足不辱，知止不殆。』夫以殆、辱之故而不求於足之外者，老聃也。今以爲足民而可以治，是以民爲皆如老聃也。故桀貴在天子，而不足於尊；富有四海之內，而不足於寶。君人者雖足民，不能足使爲天子，而桀未必以天子爲足也。則雖足民，何可以爲治也？

此韓非明白反老子知足之說也。

二、事荀卿

荀卿之學，博於孟子，亦雜於孟子，蓋雜糅道、名、法三家之學於儒。韓愈原道云：『荀與揚也，擇焉而不精，語焉而不詳。』讀荀子：『荀與揚大醇而小疵。』其評揚雄是否允當，非妓所論。評荀『擇焉而不精，』正見其雜。惟評荀『大醇而小疵。』則非『擇焉而不精』矣。韓非師事荀卿，韓非子中稱及其師者兩見。難三篇：

> 燕子噲賢子之而非孫卿，故身死爲僇。

顯學篇：

> 自孔子之死也，有子張之儒，有子思之儒，有顏氏之儒，有孟氏之儒，有漆雕氏之儒，有仲良氏之儒，有孫氏之儒，有樂正氏之儒。……儒分爲八。

清顧廣圻識誤云：『孫，孫卿也。難三篇云：燕子噲賢子之而非孫卿。』韓非僅以孫卿爲儒家八派之一，似不甚尊崇其師。然其思想學說固深受其師之影響者也。荀子性惡篇：

> 人之性惡，其善者僞也。

又云：

> 古者聖人以人之性惡，以爲偏險而不正，悖亂而不治，故爲之立君上之勢以臨之，明禮義以化之，起法正以治之，重刑罰以禁之。

性惡說乃荀卿所首倡，古無是也。所稱『古者聖人以人之性惡，』乃託古耳。禮義爲
儒家所重，勢、法正、刑罰乃法家所重，荀子了解僅憑禮義不足以成化，必須配合
勢、法正、刑罰，乃可以爲治。其言論已傾向法家。

正名篇：

> 夫民易一以道，而不可與共故。故明君臨之以埶，……禁之以刑。今聖王歿，
> 天下亂，姦言起，君子無埶以臨之，無刑以禁之，故辯說也。

首句所謂道，驗以下文，已非純儒家之道，蓋兼儒、法之道而言。所稱勢與刑，純乎
法家之見矣。

又非相篇：

> 欲觀聖王之跡，則於其粲然者矣，後王是也。彼後王者，天下之君也。舍後王
> 而道上古，譬之是猶舍己之君而事人之君也。

此法後王之說。韓非子顯學篇：

> 欲審堯、舜之道於三千歲之前，意者其不可必乎？無參驗而必之者，愚也；弗
> 能必而據之者，誣也。故明據先王、必定堯、舜者，非愚則誣也。

此說蓋受其師法後王之影響。荀子之法後王，主性惡，啓示韓非思想，此人所習知。
實則荀卿之直接重視法正、權勢、刑罰，其影響於韓非者尤大。

又非十二子篇：

> 不法先王，不是禮義，而好治怪說，玩琦辭，辯而無用，多事而寡功，不可以
> 爲治綱紀。然而其持之有故，其言之成理，足以欺惑愚眾，是惠施、鄧析也。

荀子重禮義，法後王，此責惠施、鄧析，『不法先王，』殊不可解。或以爲『好治怪
說，玩琦辭，』尙不如法先王與？惟謂惠施、鄧析『治怪說，玩琦辭，』則大可注
意。淮南子詮言篇：『鄧施巧辯而亂法。』劉向鄧析子敍錄云：『其論無厚，言之異
同，與公孫龍同類。』莊子德充符篇謂惠施『天選子之形，子以堅白鳴。』堅白之
論，亦卽白馬非馬之類。天下篇稱惠施之學：『無厚，不可積也，其大千里。』是惠
施、鄧析之怪說琦辭，卽堅白、無厚之類。（今傳鄧析子無厚篇說辭淳正，乃後人僞
託。）韓非子問辯篇：

> 堅白、無厚之詞章，而憲令之法息。

蓋就惠施、鄧析等之怪說、琦辭而言，與荀子之意相符，或亦受其師之影響與？

孔子重仁。孟子重仁義，加一義字，針對其時重利而言。荀子重禮，有禮論。孔子用禮以表達仁，荀子重禮以啓示法。勸學篇：

禮者，法之大分。

謂禮爲法之大本也。此言禮、法之關係，最可注意。管子樞言篇亦云：『法出於禮。』荀子禮論篇：

無僞則性不能自美。

禮之作用，在矯正人之惡性，可以使性惡變爲性美。惟禮之作用不積極，有限度，禮記坊記：『禮者，因人之情而爲之節文以爲民坊者也。』管子心術上篇：『禮者，因人之情、緣義之禮而爲之節文者也。』史記叔孫通傳：『叔孫通曰：禮者，因時世人情爲之節文者也。』禮因人情而設，可以守，可以不守，因此韓非進而重法，法當絕對服從。禮因人情，重分別，別貴賤親疏賢愚善惡。法絕人情，重齊一，無貴賤親疏賢愚善惡。故法出於禮，而異於禮。

荀子性惡篇論『人之性惡』有數端：

今人之性生而有好利焉，順是故爭奪生而辭讓亡焉；生而有疾惡焉，順是故殘賊生而忠信亡焉；生而有耳目之欲有好聲色焉，順是故淫亂生而禮義文理亡焉。

韓非似特注意其師人性生而好利之說，因強調人之利己心，如二柄篇：

人臣之情非必能愛其君也，爲重利之故也。

既言『非必能，』是亦有能者矣。此言重利未概其全。備內篇：

醫，善吮人之傷，含人之血，非骨肉之親也，利所加也。

案漢文帝病癰，鄧通吮之，文帝使太子嗜癰而有難色，（詳史漢佞幸傳及王符潛夫論賢難篇。）然則骨肉之親亦難恃矣！外儲說左上篇：

人行事施予，以利之爲心，則越人易和；以害之爲心，則父子離且怨。

六反篇：

父母之於子也，產男則相賀，產女則殺之。此俱出父母之懷袿，然男子受賀，女子殺之者，慮其後便，計之長利也。

韓非以爲人與人之間，甚至父母子女間，皆以利爲重。其著眼旣在利，則凡不利無利者皆非所取。於是有反儒家重德厚、仁義之說。如顯學篇：

> 夫嚴家無悍虜，而慈母有敗子。吾以此知威勢之可以禁暴，而德厚之不足以止亂也。

此反德厚之說也。論衡非韓篇；『韓子豈不知任德之爲善哉？以爲世衰事變，民心靡薄，故作法術專意於刑也。』頗能道出韓子反德厚之故。韓非子亡徵篇：

> 見大利而不趨，聞禍端而不避，淺薄於爭守之事，而務以仁義自飾者，可亡也。

外儲說左上篇：

> 道先王仁義而不能正國者，此亦可以戲，而不可以爲治也。夫慕仁義而弱亂者，三晉也。不慕而治强者，秦也。

此反仁義之說也。案商君書畫策篇：『仁者能仁於人，而不能使人仁；義者能愛於人，而不能使人愛。是以知仁義之不足以治天下也。』是商鞅亦反對仁義矣。（商君書斬令篇亦反仁義。老、莊亦反仁義，而取義不同。）韓非之反仁義，或亦受商鞅之影響也。孟子道性善，荀子反其說而言性惡。惟孟子重仁義，荀子亦重仁義。荀子議兵篇：『李斯問孫卿子曰：「秦四世有勝，兵强海內，威行諸侯，非以仁義爲之也，以便從事而已。」孫卿子曰：「非女所知也。女所謂便者，不便之便也。吾所謂仁義者，大便之便也。彼仁義者，所以脩政者也。政脩則民親其上、樂其君而輕爲之死。」』此荀子重仁義之明證也。然則韓非承商鞅而反仁義，蓋亦反對其師矣。惟韓非反對儒家之說，有時似亦有分寸，如忠孝篇：

> 天下皆以孝悌忠順之道爲是也，而莫知察孝悌忠順之道而審行之，是以天下亂。

孝悌忠順爲儒家所重，如忠孝篇之說，韓非非不重孝悌忠順之道，乃重在審行孝悌忠順之道，此當留意者也。

三、喜刑名法術之學

戰國策趙策二：

> 蘇子（秦）曰：夫刑名之家，皆曰白馬非馬也。

家與人同義，既言『皆曰，』則持白馬非馬之辯者，當不乏人。韓非子外儲說左上篇：

> 兒說，宋之善辯者也。持白馬非馬也，服齊稷下之辯者。乘白馬而過關，則顧
> 白馬之賦。故籍之虛辭，則能勝一國；考實按形，不能謾於一人。

兒說亦持白馬非馬之辯，與惠施、公孫龍同類。此皆刑名之人，徒逞巧說琦辭，而亂
綱紀法制，爲韓非所不取。然非所謂『考實按形，』重在名實相副，亦是刑名之說。
司馬遷謂韓非『喜刑名法術之學。』刑名與法術連言，其學實兼慎到、申不害、商鞅
之長，又能去三家之短。兹扼要論證如次：

一、韓非與慎到。

　　司馬遷述慎到、韓非之學，並本於黃、老。慎到學本黃、老（以黃附老），無背
道家之說。韓非學本黃、老，而有反道家之論。慎到威德篇云：『聖人有德，而不憂
人之危也。』又云：『明君動事必由惠。』其重德惠，頗符儒家之旨。韓非師事荀卿
之儒，而有反德厚之論。二子之不同如此。莊子天下篇謂慎到『笑天下之尚賢。』荀
子解蔽篇謂『慎子蔽於法而不知賢。』韓非子忠孝篇：『廢常上賢則亂，舍法任智則
危，故曰：上法而不上賢。』（上與尚同。）是二子不尚賢之旨同，惟慎子知忠篇：
『治亂在乎賢使任職。』史記韓非傳稱非『疾治國不務求人任賢。』是二子重賢之旨
亦同。蓋治國固須賢，賢與法相比，二子尤重法耳。慎到於法家中最重勢，韓非則有
難勢篇，二子所見又異。然非雖難慎子之重勢，非非不重勢也。其難勢篇詳引慎到之
說，（已詳慎到之學章。）而難之云：

> 應慎子曰：『飛龍乘雲，騰蛇遊霧，』吾不以龍蛇爲不託於雲霧之勢也。雖
> 然，夫釋賢而專任勢，足以爲治乎？則吾未得見也。夫有雲霧之勢而能乘遊之
> 者，龍蛇之材美也。今雲盛而蚓弗能乘也，霧醲而螾不能遊也。夫有盛雲醲霧
> 之勢而不能乘遊者，蚓螾之材薄也。今桀、紂南面而王天下，以天子之威爲雲
> 霧，而天下不免乎大亂者，桀、紂之材薄也。且其人以堯之勢以治天下也，其
> 勢何以異桀之勢以亂天下者也？夫勢者，非能必使賢者用己，而不肖者不用己
> 也。賢者用之則天下治，不肖者用之則天下亂。……勢之於治亂本末有位也，
> 而語專言勢之足以治天下者，則其智之所至者淺矣。

韓非雖難慎到之重勢，然其所謂『賢者用之則天下治，不肖者用之則天下亂。』與慎

到所謂『堯爲匹夫，不能治三人。桀爲天子，能亂天下。』其旨亦無不合。蓋『堯爲匹夫，不能治三人。』堯是賢者，反言之，則是『賢者用勢則天下治。』『桀爲天子，能亂天下。』卽是『不肖者用勢則天下亂。』特慎到著眼在有勢與無勢，韓非著眼在賢與不肖耳。韓非之所以難慎到者，在到之『專言勢』『專任勢』也。如就賢之作用與勢之作用相較，韓非亦重勢而輕賢。韓非子功名篇：

> 夫有材而無勢，雖賢不能制不肖。故立尺材於高山之上，下臨千仞之谿，材非長也，位高也。桀爲天子，能制天下，非賢也，勢重也。堯爲匹夫，不能正三家，非不肖也，位卑也。

此說又與慎到之說相符，是韓非亦有所取於慎到之重勢矣。

五蠹篇：

> 魯哀公，下主也。南面君國，境內之民，莫敢不臣。民者固服於勢，勢誠易以服人。

人主篇：

> 萬乘之主，千乘之君，所以制天下而征諸侯者，以其威勢也。威勢者，人主之筋力也。今大臣得威，左右擅勢，是人主失力。人主失力而能有國者，千無一人。

藝文類聚卷五十二引韓子佚文：

> 勢者君之馬也。威者君之輪也。勢固則輿安，威定則策勁。

凡此皆可證韓非亦重勢，與慎到之旨無殊。特非重勢兼重賢，賢與勢當配合。此可以補慎到專重勢之短者也。

二、韓非與申不害。

司馬遷謂『申子之學，本於黃、老，而主刑名。』謂韓非『喜刑名法術之學，而其歸本於黃、老。』其學似同而實不同。申子之言說，無論詞句、意義皆深受老子之影響，但與黃帝書無關，且無反道家之意，與慎到相同。韓非有解老、喻老二篇，兼有明引黃帝之言，且更有反道家之論；申子之刑名，重在循名責實。韓非之刑名，兼重循名責實，與商鞅之信賞必罰。二子之不同如此。申子於法家特重術，淮南子泰族篇、論衡效力篇並謂申子行三符之術。所謂三符，已不可詳。新序亦稱『申子言人主

當執術無刑（形）。』（已詳前。）申子蓋『內脩政敎，外應諸侯。』皆重術。戰國策韓策三云：

> 韓與魏敵侔之國也。申不害與昭釐侯執珪而見梁君，非好卑而惡尊也，非慮過而議失也。申不害之計事曰：我執珪於魏，魏君必得志於韓，必外靡於天下矣。是魏弊矣。諸侯惡魏必事韓，是我免（俛）於一人之下，而信於萬人之上也。

孔叢子卷中論勢篇亦有此文。『非慮過而議失也』以下，作『與嚴敵爲鄰，而動有滅亡之變，獨勁不能支二難，故降心以相從，屈己以求存也。』執珪乃執附庸國之禮。敵侔之國，而執附庸國之禮，揆諸情勢，暫時屈己求存，此亦術也。蓋老子所謂『曲則全』之術也。韓非子定法篇稱申不害言術，術爲人主之所執，不可無；（已詳前申不害之學章。）更進而論申不害用術而不擅法之患，設爲問對以評之云：

> 問者曰：『徒術而無法，……其不可何哉？』對曰：『申不害，韓昭侯之佐也。韓者，晉之別國也。晉之故法未息，而韓之新法又生；先君之令未收，而後君之令又下。申不害不擅其法，不一其憲令，則姦多。故利在故法前令則道之。利在新法後令則道之。利在故新相反，前後相悖，則申不害雖十使昭侯用術，而姦臣猶有所譎其辭矣。故託萬乘之勁韓，七十年而不至於霸王者，雖用術於上，法不勤飾於官之患也。』

『七十年而不至於霸王』句，『七十』蓋本作『十五，』五古文作乂，與七形似，因誤爲七，又倒在十字上耳。史記申不害傳、論衡效力篇並作『十五年，』可證。韓非法與術並重，故五蠹篇云：『明主之道，一法而不求智，固術而不慕信，故法不敗而羣官無姦詐矣。』如申子徒知用術而不用法，則不能禁姦。然據御覽所引申子之言：『聖君任法而不任智。』與韓非所謂『一法而不求智』之意正合。是申子非不知用法矣。且申子之用法，使法不失其正，意在『使民安樂其法。』（並已詳前。）與韓非之『慘礉少恩，』大異其趣。韓非非僅評申子『徒術而無法。』即申子之言術，亦以爲未盡。定法篇又設爲問答云：

> 問者曰：『主用申子之術，可乎？』對曰：『申子未盡於術也。申子言「治不踰官，雖知弗言。」治不踰官，謂之守職也可，知而弗言，是謂過也。人主以

一國目視，故視莫明焉；以一國耳聽，故聽莫聰焉。今知而弗言，則人主尙安
假借矣？』

韓非蓋有所取於申子之重術，但惜申子未盡於術耳。惟申子所謂『治不踰官，雖知弗
言。』與論語憲問篇曾子謂『君子思不出其位。』之旨相近。與司馬談論法家要指：
『明分職，不得相踰越。』之意亦相符。實則爲人臣者，各守其分，各盡所言，然後
人主之視、聽乃得其正也。如踰職而言，反所以亂視、聽矣。韓非責申子之言，似未
當。

三、韓非與商鞅。

司馬遷謂『商鞅少好刑名之學，』又謂『其天資刻薄人。』謂韓非『喜刑名法術
之學，』又謂『其極慘礉少恩。』二子之學及爲人頗相似。惟遷謂非『其歸本於黃、
老。』於鞅則未言其與黃、老有關。考商鞅之言行，與道家亦頗有相似相符處，司馬
談論道家要指：『與時遷移，應物變化。』商鞅之不法往古，應時變法，（參看商君
書更法篇及史記商君傳。）於義亦略相符；商君書說民篇：『辯慧，亂之贊也。』與
老子『大辯若訥，』（四十五章。）及『智慧出，有大僞。』（十八章。）之旨亦近
似；而畫策篇：『治主無忠臣，慈父無孝子。』（蓋直本於愼子知忠篇，前已有說。）
與老子『六親不和，有孝慈。國家昏亂，有忠臣。』（十八章。）之意則最符。又商鞅
欺舊友魏公子卬樂飲罷兵，而襲虜之以破其軍，此與老子『將欲奪之，必固與之。』
（三十六章。）之術亦頗合。惟商鞅之言行，偶與道家相似或相符，而不甚顯著。其
反對道家之慈及微妙之言，（已詳前。）則昭然若揭。此司馬遷所以不言其學與黃、
老有關與？如韓非雖明白反對道家之恬淡恍惚、反慈、反微妙之言，更甚於商鞅，而
司馬遷謂其學『歸本於黃、老，』又謂其『原於道德之意，』蓋韓非有解老、喩老兩
篇，他篇亦多引證老子之說，又明引黃帝之言，不能不謂其學與黃、老有關也。

商鞅於法家中最重法，淮南子要略篇云：

秦國之俗，貪狼强力，寡義而趨利，可威以刑，而不可化以善；可勸以賞，而
不可厲以名。被險而帶河，四塞以爲固，地利形便，畜積殷富，孝公欲以虎狼
之勢而吞諸侯，故商鞅之法生焉。

秦孝公用商鞅，鞅應時變法，國富兵强，威服諸侯。韓非子定法篇稱公孫鞅爲法，法

為臣之所師，不可無。（已詳申不害之學章。）更進而論商鞅行法而無術之患。設為
問對以評之云：

　　問者曰：『徒法而無術，其不可何哉？』對曰：『公孫鞅之治秦也，設告相坐
　　而責其實，連什伍而同其罪，賞厚而信，刑重而必，是以其民用力勞而不休，
　　逐敵危而不卻，故其國富而兵強。然而無術以知姦，則以其富強也資人臣而已
　　矣。……商君雖十飾其法，人臣反用其資，故乘強秦之資，數十年而不至於帝
　　王者，法不勤飾於官，主無術於上之患也。』

韓非之意，蓋法與術當並重，商鞅徒知行法耳。然鞅之襲虜魏公子卬，固亦知用術者
也。特其用術少見而已。商鞅雖重法，韓非以為其法尚未盡，定法篇又設為問對云：

　　問者曰：『官（臣）行商君之法，可乎？』對曰：『〔商君未盡〕於法也。……
　　商君之法曰：「斬一首者爵一級，欲為官者為五十石之官。斬二首者爵二級，
　　欲為官者為百石之官。」官爵之遷與斬首之功相稱也。今有法曰：「斬首者令
　　為醫匠。」則屋不成而病不已。夫匠者，手巧也。而醫者，齊藥也。而以斬首
　　之功為之，則不當其能。今治官者，智能也。今斬首者，勇力之所加也。以勇
　　力之所加，而治智能之官，是以斬首之功為醫匠也。』

韓非評商鞅未盡於法，所舉例證似不當，蓋『以勇力之所加而治智能之官，』固不
當；而『以斬首之功為醫匠，』尤不倫不類矣。商鞅固未以斬首之功為醫匠也。

　　所可注意者，韓非論慎到、申不害、商鞅三子之學各有長短，而非之學受商鞅之
影響最深。商鞅反慈，韓非亦反慈；商鞅反微妙，韓非亦反微妙；商鞅反辯慧，韓非
亦謂『辯智非所以持國；』（五蠹篇。）商鞅反仁義，韓非亦反仁義。韓非頗採取商
鞅之說，於鞅復大加贊揚，如姦劫弒臣篇：

　　臣得陳其忠而不弊，下得守其職而不怨，此管仲之所以治齊，而商君之所以強
　　秦也。

此贊商鞅兼及管仲，韓非固亦有所取於管仲治齊之法也。（後有說。）然商鞅治秦，
固能使下守其職。若謂下不怨，則未必然矣。趙良謂鞅『殘傷民以駿刑，是積怨畜
禍。』（見商君傳。）可證也。

又同篇：

孝公行商君之法，……是以國治而兵強，地廣而主尊。此其所以然者，匿罪之
罰重，而告姦之所賞厚也。

末二句正商君傳所謂『告姦者與斬敵首同賞，匿姦者與降敵同罰』也。

內儲說上七術篇：

公孫鞅曰：行刑重其輕者，輕者不至，重者不來，是謂以刑去刑。（又見飭令
篇。）

所引鞅說，見商君書斬令篇及說民篇，文略異。韓非之所以贊揚商鞅者，在其嚴罰重
刑。韓非固亦主嚴刑重罰者也。姦劫弒臣篇：

夫嚴刑重罰者，民之所惡也，而國之所以治也；哀憐百姓，輕刑罰者，民之所
喜也，而國之所以危也。

司馬遷商君傳贊謂其『天資刻薄，』於韓非傳謂其『慘礉少恩。』商、韓為人實相
類，然則韓非甚贊商鞅，固其宜矣。後漢書馮衍傳載衍顯志賦有云：『燔商鞅之法術
兮，燒韓非之說論。』其於商、韓惡之深矣！

商鞅傳：『太子犯法，衞鞅曰：「法之不行，自上犯之。」將法太子，太子君嗣
也。不可施刑，刑其傅公子虔，黥其師公孫賈。』鞅之行法嚴重如此！然不過以為太
子當守法而已。韓非更進而言中主、明主皆當守法，尤大異於其他法家者也。其用人
篇云：

釋法術而任心治，堯不能正一國。……使中主守法術，……則萬不失矣。

案管子任法篇：『君臣上下貴賤從法，此之謂大治。』已道及君當從法矣。韓非子
有度篇：

明主使其羣臣，不遊意於法之外，不為惠於法之內，動無非法。

案管子明法篇：『先王之治國也，不淫意於法之外，不為惠於法之內也，動無非法
者。』蓋韓非所本。非甚贊管仲之治齊及商君之強秦，故往往取管、商之說，其刑名
法術之學，固集諸家之大成者也。孔叢子答問篇云：

陳人有武臣謂子鮒曰：『韓子立法，其所以異夫子之謂者，紛如也。予每探其
意而校其事，持久歷遠，遏姦勸善，韓氏未必非，孔子未必得也。吾今而後乃
知聖人無世不有，前聖後聖，法制固不一也。若韓非者，亦當世之聖人也。』

　　子鮒曰：『子信之爲然，是固未免凡俗也。』

武臣所謂『持久歷遠，遏姦勸善，』以論儒家之道則是；若以論法家之術則不然。蓋法家之術長於收效，難於持久歷遠。所以遏姦，而非所以勸善也。至於子鮒謂武臣之見『未免凡俗。』甚當。蓋法家學說之作用正在合乎凡俗，重在適用。韓非子五蠹篇云：『今有美堯、舜、禹、湯、武之道於當今之世者，必爲新聖笑矣。』亦正此意。武臣稱韓非爲『當世之聖人，』非所謂『必爲新聖笑，』蓋亦以新聖自居邪？

結　　論

　　一九七三年十一月至七四年年初，湖南長沙馬王堆漢墓中發現之帛書乙本老子，卷前有古佚書經法、十大經、稱、道原四種，篇名皆在本文之後，與今傳呂氏春秋同，疑是戰國晚期賢者所作。內容雜糅道、法之說，與老子、莊子、愼子、申子、管子、韓非子咸有關，（與名家、兵家之說及淮南子、史記亦皆有關。）經法首句爲『道生法，』十大經且記黃帝事。司馬遷述愼到、申不害及韓非之學皆淵源於黃、老，以古佚帛書驗之，亦有迹可尋。然黃帝書蓋出於愼到、申不害之後，黃、老並稱，始於漢初。遷於愼到之學，專謂『學黃、老道德之術，因發明序其指意。』於愼到之尙法重勢，則略而不論；其述申不害之學，則謂『本於黃、老，而主刑名。』與謂愼到專學黃、老之術不同。申不害主刑名，在明法重術，公正平實，不流於急刻無恩；遷述韓非之學，謂非『喜刑名法術之學，而其歸本於黃、老。』與述申不害之學相似，而實不同。蓋申不害之本黃、老，僅本於老，與黃無關，愼到亦然。韓非之本黃、老，皆有明文可據。遷於贊文中謂『韓子引繩墨，切事情，明是非，其極慘礉少恩，皆原於道德之意。』則其與申不害主刑名之公正平實尤大異矣。遷於自序中又謂『韓非揣事情，循埶理。』不言其短。蓋非學之極雖慘礉少恩，實集法家之大成，有不可抹摋者。此猶遷於商君傳贊文中謂鞅『天資刻薄，』而於自序中則言『鞅去衞適秦，能明其術，彊霸孝公，後世遵其法。』其功亦不可沒也。惜遷未道及商鞅之學與黃、老之關係耳。蓋雖有關係，而不太顯著與？遷謂愼到、申不害、韓非之學，皆本於黃、老，固其特識。然淮南子覽冥篇云：『申、韓、商鞅之爲治也，㧞拔其根，蕪棄其本，而不窮其所由生何以至此也。鑿五刑，爲刻削，乃背道德之本，而爭於錐刀

之末。斬艾百姓，殫盡太半，而忻忻然常自以爲治，是猶抱薪而救火，鑿竇而止水。』
此論法家之失極是。而所謂『背道德之本，』與遷『本於黃、老』之說似相反。實則
申不害之學本於黃、老，仍合乎道德之意，慎到之學亦然。韓非之『慘礉少恩，』雖
『原於道德之意，』實背道德之本。商鞅之『天資刻薄，』其言行雖有似黃、老處，
則更背道德之本矣。淮南與遷之說，正可相互發明者也。

一九八二年四月廿八日脫稿於南港史語所一一七之一室。

出自第五十四本第一分（一九八三年三月）

略論歷史上的「偶然」與「必然」

管 東 貴

一、引論
二、「偶然事件」例分析
三、「必然事理」例分析
四、結論

摘　要

　　本文以秦始皇的死與趙高的矯詔導致秦亡，以及多爾袞接到吳三桂的信後率清軍入關奪得明朝政權導致滿族融化於漢族之中等事例，說明「偶然事件」對歷史發展具有導向作用，進而闡明「歷史的發展具有開放性」。另外，再以春秋戰國以來封建制的崩潰與中央集權郡縣制的興起爲例，闡明歷史的演進尚有非單一的偶然事件所能打斷的「必然事理」的進程（例如秦始皇的死與秦亡沒有打斷中央集權郡縣制的演進）。然後，本文作者再從「歷史發展具有開放性」的觀點，以海洋尼格羅種的分佈來由以及生物演化過程中後天獲得性導致突變的現象等爲例，論述歷史上的「偶然」與「必然」之間有辯證的發展關係。那就是：持續的偶然事件會經由「理性的加工」，再透過「理」的互通性而一點一滴地累積成爲一個體系，並逐漸影響整個社會結構，進而轉化成爲歷史演變的「必然進程」。

　　本文的這一看法，可以使我們對「偶然事件」在歷史研究上的地位有新的認識，並可使歷史演變的「必然進程」從宿命論或目的論的神秘色彩的籠罩下解放出來，而讓我們能看到歷史演變的活潑而有生氣的面貌。

一、引　論

　　歷史知識眞能給我們「鑑往知來」的力量嗎？歷史都是如歷史學家所研究出來的情形那樣，按照「必然」的道理，依「必然」的步驟，有規律地發展的嗎？爲什麼近代有些著名學者如鮑博爾卻極力反對「歷史必然論」？註1

　　反過來看，歷史都是由雜亂的「偶然事件」堆積而成的嗎？歷史學家去研究那堆

註1　參看：Karl K. Popper 著 The poverty of Historicism, London, 1957；此書臺北虹橋書局有翻版；另有李豐斌中譯本歷史定論主義的窮困，臺北聯經出版公司出版，民國七十年。另參下引 E.H. Carr 的意見。

雜亂的「偶然事件」有什麼意義？爲什麼幾千年來歷史知識仍爲社會所必需？如果從人們的腦子裡抽去歷史知識，社會會成什麼樣子？爲什麼英國著名史學家卡爾反對「歷史偶然論」？註2

關於歷史上的「偶然」與「必然」的問題，不僅是史學家所關心，同時也是哲學家所關心，而一直爭論未決。其中有些人的爭論，往往是持一端否定另一端，而成爲極端論。作爲一個史學工作者，只要稍有實際研究歷史問題的經驗，對這樣的極端論是很難接受的；然而要有系統地說出一個所以然來，却又不是一件容易的事。

有些史學家認爲，史學工作者不必去捲入那樣的討論，因爲那畢竟不是實際歷史上的問題。我不贊成這種看法。相反地，我覺得對那些問題的討論，在現階段，史學家應負擔起比哲學家更重的責任來。這一方面是因爲那些問題關乎到歷史學這門學問的性質和存在意義；另方面也是因爲史學工作者有較豐富的實際研究歷史問題的經驗，各人從不同的實際研究經驗中提出自己的看法，在現階段對於澄清問題有比較根本的作用，因爲史學理論上的爭辯，仍應有健全的歷史事實爲基礎。而問題的澄清又能使我們對歷史有更眞切的認識。

從本體的觀點上看，歷史有三個「相」：一是歷史之混然一體的全部，換句話說就是人類過去的全部活動過程，這也就是歷史的本體，不過它只存在於人們的理念中，事實上我們根本無法獲知這個全部。二是由文獻、遺物及遺跡等所保存下來的部份，這是上述第一相的殘缺不全，或被扭曲，而錯綜雜陳的顯現部份。三是歷史學家依據上述屬於第二相的某些資料研究所得，而被認爲是第一相中的某個部份，這也就是歷史家筆下的歷史。所謂「偶然」與「必然」，是屬於第三相中的問題。

另外，從分析的觀點上看，歷史又可分爲「事」與「理」兩個層面。前者是現象的層面，後者是抽象的層面。「事」之單位化的具體表現就是「事件」，它可由人的感官直接認知；「理」則是「事件」與「事件」之間的動態關係，這種關係跟人的理性有關，所以它呈現出規律性，它由人的感官進入思辨而認知。然而究其實，「事」

註2　參見 Edward H. Carr 所著 What Is History, New York, 1961；此書有中譯本，王任光譯歷史論集，幼獅出版公司出版，民國五十七年。關於這方面的論述，本文下面有引錄一段。如另參看 International Encyclopedia of the Social Sciences（臺北虹橋書局有翻版）第十八冊所附卡爾小傳，則更能認識卡爾對歷史的看法。

與「理」乃歷史之一體的兩面，因為凡事皆有其所以然的理。史學工作的終極目標即是要由認識第一層面進到認識第二層面，使歷史成為能為人生服務的知識。

關於「偶然」與「必然」兩詞，我有這樣的看法。第一，所謂「偶然」與「必然」，祇是觀察歷史的人對歷史現象作分類時所採用的名稱。因此，它們是相對於觀察者的主觀意識而作的區別，並非歷史現象本身就有那樣的分別。所以這兩個名詞一經這樣採用（儘管已被普遍接受），就已含有人為劃分的主觀色彩。換句話說就是，站在「主位」的立場去觀察事情（即站在「我」的立場去看「事」），可以把所觀察的事情分為「偶然」與「必然」。但是，站在「客位」的立場去觀察事情（即把「我」化身於「事」，而站在事的立場去看事），則根本沒有「偶然」與「必然」的分別，因為「事情」就是那樣進行的。正因為這種緣故，所以有人認為，由全知全能的上帝看來，「偶然」是不存在的。雖然如此，但本文仍是採用史學界已普遍接受的「主位」看法。這是無可奈何的事。不過，我們卻不應忽視尚有客位的一面。第二，就兩詞的指涉與性質方面看，我認為「偶然」一詞只能用來指「事」，不能用來指「理」。「必然」則是指「理」，惟可推衍指體現此「理」的「事」，但不可拋開此「理」而單獨指「事」。雖然有時候我們也聽人說過「這是必然的事」，但這句話的意思實際上是指「這是體現已知為必然之理的事」。所以歷史上只有「偶然事件」，沒有「偶然事理」。被認為「偶然的事」，並非沒有道理（或原因的組成），只是它含有時，空的巧合因素（或機緣性因素），所以無法事先知道，亦無法指涉。譬如某人被大塊流星擊中頭顱而死，我們說這是「偶然事件」，這只是指他「死」的這件「事」而言。如果我們說「大塊流星擊中他的頭顱，他必然死」，這裡所說的「必然」，不是指他「死」這件「事」，而是指他所以死的「必然之理」。由於我們無法知道流星會在什麼時候掉下來，掉在什麼地方，而他那時候就會在那地方。所以我們不能說「他必然被流星擊中頭顱而死」（按，星象家之言不足論）。即使我們知道「大塊流星」、「掉落的時間」、「掉落的地點」、「那時候他在那地點」這四個因素的組合，而說「他必然被流星擊中頭顱而死」，但在這種情形下說這話，也是由「理」推衍到「事」而說的，因為人被重大的東西重重擊中頭顱會死，乃是生命現象的必然之理。然而到目前為止，我們還無法事先知道那些因素會那樣組合，所以那樣的事還是「偶然的」。

又譬如說「判他死刑是必然的」或「他必然被判死刑」，其中的「必然」也一定是以
「理」為基礎而推衍到判死刑這件「事」的。這「理」雖然沒有說出來，但在他被「
判死刑」之前必有公準。總之，「偶然」與「必然」兩詞用來描述歷史現象時，所指
涉的乃是兩個不同層面的對象，兩者並不對等。只有把「必然」看作「可預知」，把
「偶然」看作「不可預知」的情形下，就其「可預知」與「不可預知」的性質而言，
他們才是對等的。所以如果對史學上的「偶然論」與「必然論」有爭辯時，雙方應先
辨明「偶然」與「必然」兩詞所指的究竟是什麼。

　　英國著名史學家卡爾在所著歷史論集（參前註2）一書中，用了約有七分之一的
篇幅，從因果及實用的觀點來討論歷史上的「偶然」與「必然」的問題。基本上卡爾是
「必然論」者。他既不否認歷史上有「偶然事件」的存在，也不否認它能產生某種後
果；不過他認為「偶然事件」在歷史學家的系統性研究中沒有意義而被拋棄。他說：

　　歷史家和原因間的關係，一如他和事實間的關係，亦有雙重和交互的性質。原
　　因決定他對歷史過程的解釋，而他的解釋又決定他對原因的選擇和整理。原因
　　的力量輕重和先後次序，是他解釋事實的中心。就在這裡我可以獲得解決歷史
　　上偶然事件的線索。克麗佩脫拉鼻子的型狀，巴牙色托患痛風病，亞力山大王
　　被猴子咬而猝死，列寧之早死——這些都是修飾歷史過程的偶然事件。我們固
　　不必對他們棄於一邊，否認他們所產生的後果，但在另一面來說，因為它們是
　　偶然事件，它們不能成為歷史的合理的解釋，也不能進到歷史家之有意義原因
　　的系統。鮑博爾（Karl k. Popper）和柏林（Isaiah Berlin）兩位教授——
　　我又提到他們，因為他們是這論調（按，指偶然論）最著名也最受讀者歡迎的
　　代表——認為，歷史家打算在歷史過程裡找出意義並且由此獲得結論，等於打
　　算將「經驗的全部」變成一個規規矩矩的系統；但歷史上偶然事件的存在終於
　　使這種打算失敗。可是，除非他發狂，決沒有一個歷史家會作處理「經驗的全
　　部」的夢想；就是在他小小的研究範圍裡，他所能處理的也不過是極小的一部
　　份而已。歷史家的世界，一如科學家的世界，並不是世界的全真照片，而是一
　　個工作上的模型，使他多少能夠瞭解和控制客觀世界。從過去的經驗，或者從
　　他能力所及的過去的經驗的汪洋大海裡，歷史家所「過濾」出來的部份只不過

是他認為有助於合理的說明和解釋，從而得到一些結論以供將來行動的指南。

他又說：

> 因此歷史就是按照歷史意義來做選擇工作的一種過程。再借用巴爾森（Talcott
> Parsons）教授的一句話，歷史是一種「選擇系統」，不單選擇知識的，而且
> 是因果的，對實際的關係。換句話說，歷史家一面從事實的無窮海洋裡選擇
> 對自己目標有意義的事實，一面從許多因果關係裡再選擇有歷史意義的因果關
> 係，其他因果就必須被視為偶然而拋棄，並不是由於這些「因」與「果」間的
> 關係本身起了變化，而是由於這些因果關係對目前主題沒有任何意義。歷史家
> 不能接納這些因果，因為它們不適用於合乎理性的解釋，對過去和現在都不會
> 發生作用。註3

這是卡爾教授在這本書中討論「偶然」與「必然」問題的兩段最重要的文字。當然，
卡爾教授的看法是以他的實際研究歷史問題的經驗為基礎的。

司馬遷在報任少卿書（見文選）中曾提到他對史學的看法說：「究天人之際，通
古今之變，成一家之言」。雖然他把歷史之「變」的根本力量視為出自「天」，但毫
無疑問，基本上他相信由天的力量所促使的歷史的變有它的道理，這道理可由研究歷
史的人找出來，並用文字有系統地表達出來註4。這跟卡爾教授所說的「合乎理性的
解釋」完全一樣。二千餘年來，史學工作者大致都還抱持同樣的態度，認為歷史的發
展是有「道理」可尋的註5；歷史之有必然性，即是以這樣的「道理」為基礎的。而
這樣的「道理」又有「經世」的價值；所以史學以「求真」為第一原則。然而，凡是
對歷史問題稍有實際研究經驗的人也都不會否認歷史上確有「偶然」因素的存在。所
以卡爾教授的說法基本上也正是目前史學上比較普遍的意見。至於卡爾教授強調的因
果觀及實用觀是否就如他所說的那樣能解決歷史上「偶然」與「必然」的問題，則容
有見仁見智的餘地。因為所謂「意義」是多面相對的，從不同的角度可以看出不同的

註3　見前引王任光譯歷史論集，頁94─95及96─97。

註4　另請參看阮芝生試論司馬遷所說的「通古今之變」（載沈剛伯先生八秩榮慶論文集、臺北聯經出版公司，
　　　民國五十五年十二月）及試論司馬遷所說的「究天人之際」（載史學評論第六期，臺北，民國七十二年九
　　　月）。

註5　這「道理」可用因果的方式去說明，可用辨證的方式去說明，也可以用結構功能的方式去說明。

意義或有無意義來。所以關於「偶然」與「必然」在歷史發展上的關係，仍有值得討論的餘地。

極端論的最大缺點是彼此否定對方。如果只從「事」的觀點去看，則無「事」不含「偶然」的因素，於是歷史全是由雜亂無章的「偶然」堆積而成，無視人類的理性在歷史發展上的作用。如果只從「理」的觀點去看，則「理」皆有連貫的「必然性」，於是歷史全由「必然之理」連貫而成，而最終歸結於神秘的目的論或宿命論，視歷史爲不活潑、無生氣的東西。兩說之偏頗如此極端，所以採信的人較少。卡爾教授的說法在史學上雖然比較普遍，但他把「偶然」與「必然」作截然的劃分，而視兩者爲不相關的東西，恐怕也是只看到了表面的現象。而且承認「偶然」對歷史的影響而又把它拋諸史學之外，這樣的基本必然論仍然不能脫除目的論或宿命論的神秘色彩。

余英時先生在歷史與思想一書的自序中，也談到歷史必然論的問題。余先生也相信「決定論」在史學上有正面的功用。他說：

> 從這種地方作深刻的反省，我們反而可以看到決定論在史學上的正面功用。現代行爲科學的長足進展，使我們瞭解人的思想和行爲在某些層面上確然是被決定的。卽使與唯物論淵源極深的知識社會學也可以加深我們對思想的社會根源的認識。因此批評歷史決定論最力的柏林 (Isaiah Berlin) 也肯定社會科學的研究成果足以糾正我們以往在判斷他人的行爲時所犯的「無知」、「偏見」、「武斷」以及「狂想」等錯誤。

可見余先生基本上也認爲歷史上確有「必然」的存在。不過，他不相信那是死板板的「必然」。所以他另外又說：

> 我們目前所處的是一個決定論思想得勢的時代。在共產世界裡，唯物主義的決定論當然是思想的正統；在所謂自由世界裡，則有各式各樣的行爲主義的決定論在大行其道。在決定論瀰漫的思想空氣中，人們往往看不到思想在歷史進程中的能動性。正如柏林 (Isaiah Berlin) 在他的歷史必然論 (Historical In-evitability) 中所分析的，歷史已化身爲一種巨大而超個人的力量；這種力量有它自己的運行規律，不是人的主觀努力所能左右的。正是在這種思想籠罩之下，才產生了所謂「歷史潮流不可抗拒」的這種怪論…………而所謂「歷史潮

流不可抗拒」也是唯物主義決定論者故意把他們自己的思想和願望化身爲「歷史潮流」，以瓦解一切與他們持論不同者的奮鬥意志。有人說：「所謂不可抗拒者往往祇是沒有去抗拒而已」（"The irresistible is often only that which is not resisted"）。我們對於「歷史潮流不可抗拒」之說正應作如是觀。所以，追究到最後，祇有不去抗拒或抗拒而不得其道的「歷史潮流」才是所謂「不可抗拒」的「歷史潮流」註6。

余先生的「思想在歷史進程中的能動性」的觀念是連結「決定論在史學上的正面功用」和「所謂不可抗拒者往往祇是沒有去抗拒而已」這兩句話在思維連貫上的根本環節。

我在這篇文章中所持的視歷史爲一個活潑而有生氣的，不是死板板的發展過程的看法，即是得自余先生上面幾段話的啓示。另外，我再引伸爲「**歷史發展具有開放性**」的看法，而由這一看法去論述「偶然」與「必然」的問題。

二、「偶然事件」例分析

歷史上的「偶然事件」，依其發生情形之不同，可大略分爲兩類。一是單純的偶然事件，這是指由社會以外的自然因素，如天災、地變、疫癘等所引發的事。另一是複雜的偶然事件，這是指基於社會機緣或人的自由意志所造成的事。下面我們分別以秦始皇的死與多爾袞率滿人入關的事來做例子分析。

秦始皇十三歲卽位。卽位後二十六年翦滅諸侯，統一中國，時年三十八九歲。然後又一再往東方各地作政治視察，以求加強統一後的安定註7。三十七年（時年四十九或五十歲）十月，再度東巡，歸途至平津得病；未及返回咸陽而崩於沙丘平臺。他顯然是死於急病。這當然是一「偶然事件」。這一「偶然事件」並非沒有原因，得急病（或傳染病，或中風之類）就是他致死之「因」。但這「因」的組合，秦始皇事先並不知道。當然，人都有一死。但秦始皇的死對歷史的影響跟其他的人不一樣。當時秦始皇正是壯年。而且他有統一中國的領導能力和威嚴，居於幾近絕對權威的「皇帝」

註6　上面兩段引文，分見余英時歷史與思想自序，頁5及頁4、頁6，臺北聯經出版事業公司出版，民國65年。Isaiah Berlin 的 Historical Inevitability (1953) 臺北虹橋書店有翻版，1972。

註7　參看史記秦始皇本紀所錄泰山刻石辭，琅邪刻石辭（以上均二十八年刻立），之罘刻石辭（二十九年），碣石刻石辭（三十二年），會稽刻石辭（三十七年）。

之位且已多年；全國的發展很多事是按照他的想法去進行的。他心中決沒有恢復封建制的想法註8。但他一死，「按照他的想法去進行」的情形就自然會受到影響，而讓潛伏未衰的因素（如封建餘孽）得趁機發生作用。而尤其關係重大的是，由於秦始皇猝死途中，而遺詔又剛好落在趙高手中，趙高基於「個人的」利害關係，改變了遺詔的內容，使始皇屬意繼位的人被處死，非屬意繼位的人繼了位。遺詔落在趙高手中而遭改變，其中也有許多偶然的環節，不過那都是由始皇之猝死途中而引發。這些由始皇之猝死而引發的偶然事件的串連併合，漸漸形成另一種可用理性說明的發展趨勢。那就是由於趙高與二世之獲得權力非循正途，致權力運用弊病百出：誅宗室、誅重臣、民不堪命。秦之苛暴實自二世即位後始註9。結果使六國封建餘孽紛紛趁機興起，形成強大的反秦力量，終於推翻秦朝，打斷了秦朝政權的發展。而劉邦對反秦諸勢力加以利用，重新統一中國，建立漢朝。在政治制度上，使全國原已建立的統一的中央集權郡縣制改變爲郡縣與封建並行的雙軌制。這一連串的事情都成了合乎理性解釋的發展註10，而這一「新」的合乎理性解釋的發展却都以秦始皇的猝死途中爲其起因。秦始皇初併天下，原是想「後世以計數，二世三世至于萬世，傳之無窮」。結果是不到二十年就改朝換代了。如果秦始皇沒有死，他好端端地回到咸陽，跟往常一樣繼續執行他做皇帝的職務，直到享盡天年，會不會產生由趙高弄權到劉邦建國的這一跟始皇構想相背但也合乎理性解釋的發展？這的確是可疑的。由這樣的方式去想問題，則歷史的發展，在未成爲歷史以前，理性之路不是只有一條；「歷史」只是其中已成爲事實的一條。照這樣看，則歷史具有「開放」的特性。然則，由什麽因素來決定那一條理性之路將成爲歷史？這樣的問題也同樣值得歷史學家去注意。

秦始皇的猝死，跟所謂的「自由意志」沒有關係。然而歷史上有一類「偶然事件」被認爲跟「自由意志」有關註11。卽許多影響歷史的行爲被認爲是出於「自由意

註8　參看史記秦始皇本紀二十六年秦始皇裁奪廢封建事（下節有引錄）。
註9　參看史記秦始皇本紀二世元年：「於是二世乃遵用趙高……用法益深刻」。
註10　關於秦始皇去世後到漢朝建國這一段歷史的發展詳情，請參看拙著秦漢中央集權制的演進（待刊）。
註11　另有人認有，人是理性動物，與環境結爲一體，其行爲皆受理性與環境的約制，無「自由意志」可言；只有精神病患的行爲不受此約制。雖然人都不可能不受環境的影響，但同樣的環境對不同的人會有不同的影響，而對同樣事情的反應行爲也會因人而異。所以我認爲人是有自由意志的，自由意志的行爲有時也確能在某些方面影響歷史；但歷史的發展另有「超乎個人行爲範圍的成分」，這成分不是個人的行爲所能影響的。參下。

志」的選擇，而「自由意志」的選擇却有「偶然」的成分。前面我們說到，秦始皇猝死途中，遺詔剛好落在趙高手中，趙高得了遺詔，他可以矯詔，也可以不矯詔。矯與不矯，是由趙高的「自由意志」決定：他如果忠於職守，就不會矯詔；如果重視個人利害（不忠於職守），就會矯詔。關於這種基於「自由意志」的偶然事件，下面我們另舉吳三桂給多爾袞信，多爾袞率滿人入關的事爲例來討論。

　李自成攻陷北京後，執吳三桂家屬，並强迫吳三桂父吳襄寫信招降吳三桂。當時崇禎帝已殉國，吳三桂頗有降意。後聞愛姬陳沅被掠去，憤甚，而歸守山海關。李自成怒，攻山海關。吳三桂乃致書多爾袞，願迎清軍入關，共擊李自成。多爾袞利用這機會率清軍入關，擊破李自成，取北京，奪得中國政權 註12。滿清領導集團，爲欲鞏固在關內的政權，乃儘量鼓勵滿人移居北京及近畿之地，給予特別優待。而滿人也視入關居漢地如登天堂。於是滿族故居東北迅卽轉爲一片荒涼。然而，在滿清統治下，關內「罪犯」及饑民之流徙東北者迅速增加，與先前滿人之湧入關內恰成强烈的對照。尤其饑民之竄於東北，禁也無效。因而改變了東北的文化及社會面貌。入關的滿人，一方面因文化水平本來就遠在漢人之下，另方面又因滿清政府要利用他們來作爲鞏固統治的資本，以爲只要有了鞏固的政權，就可以保護滿族的生活。因此禁止滿人有擇業的自由，滿人只能坐吃錢糧，隨時聽候政府的徵用，或入官府，或入軍伍。於是，滿人始終無法建立其民族文化，甚至連語言也很快漢化，終至不能自拔地陷溺於漢族社會之中，同化於漢族 註13。再回過頭來看，如果多爾袞不率滿人入關，只在東北建國，跟漢人保持地域界限和社會界限，則他們儘管仍將接受漢人文化，但應可以保持自己的民族成一單獨的社會，就像越南、韓國、日本一樣。所以站在滿族的觀點去看，吳三桂及多爾袞的「自由意志」的行爲所引發的滿人入關後的合乎理性解釋的發展，對滿族的影響實在太大，它改變了整個滿族發展前途的方向。

　從以上簡短的敍述中，我們已可約略看出，滿人自入關到同化於漢族，這段歷史可作合乎理性的解釋，只要他們入關奪取明朝政權，「則以後的發展就會一個結套著

註12　參看李光濤多爾袞人關始末，中央研究院史語所集刊第二十五本，民國四十二年。
註13　關於滿族漢化的問題，請參看管東貴滿族入關前的文化發展對他們後來漢化的影響及滿族的入關與漢化，
　　　分別刊於中央研究院史語所集刊第四十本及第四十三本，民國五十七年及六十年。

一個結，愈久愈不易解開」註14。然而，在這合乎理性解釋的發展形成以前，我們不難找到幾件跟「自由意志」有關的「偶然事件」。例如：吳三桂要不要向李自成投降，決定不投降後要不要寫信給多爾袞；多爾袞接到吳三桂的信後要不要率滿軍入關奪取明朝政權等等。這在當時正反的選擇都有一面之理，就跟趙高的矯詔或不矯詔的選擇一樣。而尤其重要的是那些關鍵性的選擇都可以「因人而異」。「自由意志」的「偶然性」就在這種情形下清楚地表現了出來。

「行爲」是構成歷史的一種主要成分，而基於「自由意志」的行爲又是歷史上的行爲的主要部分。所以，從「自由意志」的觀點上去看，則歷史確是含有濃重的「偶然性」成分。大的「偶然事件」對歷史產生大的影響；小的「偶然事件」對歷史產生小的影響。然而，基於「自由意志」的行爲選擇儘管可因人而異而呈現其「偶然性」，但每一種選擇却也都是合乎理性的，惟只有被選的一種成爲歷史事實。這就又更清楚地讓我們看到歷史發展的「開放性」了。歷史的這一特性（開放性），容納了形形色色的偶然性成分，使歷史成爲活潑而有生氣的一個發展過程。

三、「必然事理」例分析

前面我們說到，史學家基本上都有幾分「歷史必然論」的傾向。歷史既然有那麼多的「偶然事件」，而「偶然事件」又被人認爲會打斷由歷史學家研究所得的「規規矩矩的系統」，那麼，那裡還有歷史學家所認爲的「必然」存在呢？在前引卡爾教授的文字中已提到鮑博爾和柏林兩位教授持這樣的看法。卡爾雖然不贊成這種看法，但他並沒有舉實例作進一步的說明；卡爾只是認爲「必然」和「偶然」在「歷史意義」上有「有」與「無」的差別，同時還認爲兩者彼此毫不相關。

歷史家的「必然論」傾向不是職業偏見，而是確有所見。歷史是一個「變」的過程，「偶然事件」固然可以使「某些」原屬合乎理性解釋的「變」（必然）成爲不可以用「理」去說的「變」（例如秦始皇的死），但歷史的發展尚有打不斷的、非個人行爲所能影響的成分存在：這就是一種「必然」的成分，也是一個「事理」的系統。

註14　見中央研究院史語所集刊第四十三本，前揭管東貴文，頁487—488。

它是由新發生的「事」促成現狀」變」，「變」形成「理勢」，再由許許多多的「事」體現此「理勢」而形成的一個「事理系統」。這樣的「事理系統」一旦由微至著地形成，就不會被「偶然事件」打斷，它只會由在自己體內逐漸形成的另一個「事理系統」所取代。下面我們拿由周代封建制的崩潰到秦漢中央集權制的形成為例來作說明。

周人利用封建制奠定了數百年政權的基礎。所以在它推行初期應是一種最恰當最有效的政治制度。但到西周晚期，這一制度逐漸有解體之虞；經東遷後，歷春秋至戰國，封建制的崩潰已成無可挽回的必然之勢。註15

周代封建制的崩潰，是長期發展的結果；而且這種發展也是堅定持續地由微至著。先是懿王時「王室遂衰」（史記周本紀）；過兩代厲王被逐；再過兩代幽王被殺而平王東遷。幽王時並不是全中國的力量不足以抵擋犬戎入侵，而是封建制已不足以發揮全國的總體力量，它的衰替已到了由微至著的地步。所以雖然在春秋時候大家都喊「尊王攘夷」，但仍無法把這一制度從崩解中止住或拉回來。到戰國時代，封建制已是名存實亡；不但沒有人再喊「尊王攘夷」，而且是紛紛自己稱王（按，楚之稱王早在春秋初年，其他各國皆在戰國中葉）。不過，正式宣佈封建制的結束，而以中央集權的郡縣制推行於新統一下的全中國的却是秦始皇。史記卷六秦始皇本紀二十六年：

丞相綰等言：「諸侯初破，燕、齊、荊地遠，不為置王，毋以填之。請立諸子，唯上幸許」。始皇下其議於羣臣，羣臣皆以為便。廷尉李斯議曰：「周文武所封子弟、同姓甚衆。然後屬疏遠，相攻擊如仇讎，諸侯更相誅伐，周天子弗能禁止。今海內賴陛下神靈一統，皆為郡縣，諸子、功臣以公賦稅重賞賜之，甚足，易制，天下無異意，則安寧之術也。置諸侯不便」。始皇曰：「天下共苦戰鬥不休，以有侯王。賴宗廟，天下初定，又復立國，是樹兵也，而求其寧息、豈不難哉！廷尉議是」。分天下以為三十六郡，郡置守、尉、監。

然而，秦統一後不過十來年，始皇於東巡狩途中得急病猝死。再過二、三年，秦政權就被推翻了。接着由項羽主持分封十八王，自為楚霸王，封建制乃全面恢復（包括秦本土）。幾年後又由劉邦建立漢朝，而封建與郡縣雙軌並行：大體上，秦故地又恢復

註15　詳細情形請參看拙著周代封建制的興衰（待刊）。

爲中央集權郡縣制，六國區域仍爲封建制。表面上看，似乎顯示中央集權的郡縣制由
微至著的持續發展因秦始皇之猝死而被打斷。但其實不然。劉邦在位期間，異姓諸侯
王除長沙王吳芮外，其餘悉遭翦除；雖代以宗室子弟，但並沒有給漢朝帶來安定，最
後竟釀成七國之亂（景帝三年，154 BC）。亂平後數年（中五年，145 BC）：「令諸
侯王不得復治國，天子爲置吏」註16。雖仍保留了諸侯王的名號，但實際上都只「衣
食租稅，不與政事」，又恢復了全國性的中央集權制。漢書卷十四異姓諸侯王表序：

> 諸侯原本以大，末流濫以致溢，小者淫荒越法，大者睽孤橫逆，以害身喪國。
> 故文帝採賈生之議分齊、趙，景帝用晁錯之計削吳、楚。武帝施主父之策下推
> 恩之令，使諸侯王得分戶邑以封子弟，不行黜陟，而藩國自析………景遭七國
> 之難，抑損諸侯，減黜其官。武有衡山、淮南之謀，作左官之律，設附益之
> 法，諸侯惟得衣食租稅，不與政事。

可見秦政權的覆亡雖給了封建制復活的機會，但這種地方分權性的制度在運作上已無
法發生政治安定作用，終又把它摧毀；王國內的郡縣守令長乃至丞尉等吏，可由中央
任免註17。所以從長遠的觀點去看，中央集權制由微至著再至定的發展，雖有波動，
但其堅定的持續性並未被打斷。自漢以後至辛亥革命前，二千餘年來，中國基本上都
是採行這種含有封建色彩的官僚體系中央集權制。

　由春秋戰國到秦漢，封建制趨向崩潰，中央集權郡縣制朝向興起，這種堅定持續
的歷史發展，其中一定有「必然之理」存在。而且事實上，李斯與秦始皇就已經從歷
史上看出了這一發展的「必然性」。李斯與秦始皇都根據周代實行封建制的歷史認爲
若再實行封建制，會再步上周代晚期列國互相攻擊，戰鬥不休，分崩離析的老路。漢
初恢復封建制到以七國之亂收場的這段歷史，可以看作像周代實行封建制歷史的「重
演」註18，應驗了李斯與秦始皇兩人的「預測」。李斯還提出了實行新制的原則：「

註16　見漢書卷十九上百官公卿表序（標點本頁741）。另後漢書志第二十八百官五（標點本頁3627）：「景帝
　　　懲之，遂令諸王不得治民，令內史主治民」。
註17　漢書卷四十四衡山王賜傳（標點本頁2153—2154）：「（衡山）王使人上書告內史，內史治，言王不直
　　　…有司請逮治衡山王，上不許，爲置吏二百石以上」。二百石官在當時只是縣衙中長吏之資淺者。漢書卷
　　　十九上百官公卿表（標點本頁742）：「縣令，長，皆秦官，掌治其民。萬戶以上爲令，秩千石至六百
　　　石。減萬戶爲長，秩五百石至三百石。皆有丞、尉，秩四百石至二百石，是爲長吏」。
註18　請參看拙著秦漢中央集權制的演進（待刊）。

皆爲郡縣，諸子、功臣以公賦稅重賞賜之，甚足，易制，天下無異意，則安寧之術
也」。漢高祖去世後的政治發展，他的子孫並沒有照著他舖的路 註19 去走，而是朝著
李斯的構想進行，即前引漢書所說的「諸侯惟得衣食租稅，不與政事」。這等於爲歷
史作了一次試驗；結果是重演了周代封建制的歷史（從事理觀點看）。李斯預測的準
確性，當是從歷史發展的「必然性」的基礎上去看，才看出來的。

　　以上所述都只是關於中央集權制已發展到「著」，而由「著」到「定型」階段的
一些情形。如果我們再回頭看看它由「微」到「著」的發展，則我們將可以更清楚更
深刻地看到中國歷史上的這一「必然性」的發展就像由胚胎到嬰兒誕生的「必然性」
發展一樣。中央集權制發展上的胚胎就是「縣」制，它是在封建制社會的母體中孕育
出來的。

　　中國的「縣」制早在春秋初就已在楚國武王時代（740-690 BC）及秦國武公時
代（697-678 BC）產生。不久，晉、齊、吳等國也相繼有了「縣」，而且「縣」的
數目也在迅速增加 註20。封建制下孕育出這樣一種行政制度而名之爲「縣」，已顯出
了這種新的行政制度的特色。「縣」字，說文：「繫也，从系持鳥」；說文解字詁林
引徐鉉等曰：「此本是縣挂之縣，借爲州縣之縣。今俗加心別作懸，義無所取」。爲
什麼這樣的行政單位稱爲「縣」呢？這正透露了封建制崩潰而在其腹中孕育著另一種
制度初顯其「微」的訊息。原來在封建制正常的時候，全國的土地除王畿外已依周天
子的命令分封給了諸侯。諸侯受封後，在封國內除保有國都及其附近的田地以供公室
之用外，其餘的土地都分封給了大夫。諸侯盡忠於周天子，大夫則盡忠於諸侯。周天
子不過問諸侯國內的事。諸侯國與國之間的封疆經界是依周天子的權威劃定的。諸侯
彼此之間不得互相侵犯，非有周天子的命令，諸侯不得越境用兵；而諸侯彼此之間也
得依重周天子的權威而有安全感。這就是基本的封建秩序。至西周中晚期，封建秩序

註19　指漢高祖翦除異姓諸侯王後，大封宗室子弟，蓄意恢復封建制，以懲戒亡秦孤立之敗。當時東方封建區
　　　域大於漢中央直轄的郡縣。參看嚴耕望先生中國地方行政制度史上編(一)，頁11—20。中央研究院史語所專
　　　刊之四十五，民國五十年。
註20　參看顧頡剛春秋時代的縣，史念海秦縣考，均載於禹貢半月刊七卷六、七期合刊。另請參看 H. G. Creel,
　　　The Beginning of Bureaucracy in China: The Origin of the Hsien, Journal of Asian Studies,
　　　Vol. XXⅢ, no. 2, 1964。

漸漸動搖（動搖的原因另論）。再經厲幽喪國，平王東遷，宗廟祖陵皆不保，周天子權威盡失。於是，諸侯中弱者無所保護，强者無所節制。於是，地被奪者有之，國被滅者也有之。楚之滅權、申、息、鄧等國；秦之併邽、冀諸戎，滅虢、杜等國，都是這一情勢下發生的事。諸侯直接控制的土地，原先只限於國都及其附近；周圍土地都已封給了大夫。現在國君依恃實力在國境外侵併了土地，於是乃派人代爲治理，這一行政單位就稱爲「縣」，即取其越大夫之地而「懸屬」於國君的意思。直到漢初，「縣」字（不加「心」旁）在行政上還有作「懸屬」解的用例 註21 。後來，這種由侵併而來而名爲「縣」的土地，有的國君拿來賞賜給大夫作爲采邑，但仍名爲縣（春秋時晉國有這樣的例子），這樣的「縣」乃納入封建系統 。 但在發展上 ， 直屬國君的「縣」愈來愈多。不但國境外侵併得來的土地名爲「縣」，國之內也漸漸出現直屬國君的「縣」。這種情形秦國最顯著。秦在商鞅變法時更把縣制推行到全國，塑造了中央集權的雛型。「縣」既直屬於國君，而「縣」之數量又在增加，因此朝著中央集權制的方向發展乃屬「必然」之勢。而其「必然之理」則是，在當時諸侯失去周天子權威的保護而生存競爭日趨急迫的環境下，諸侯各憑實力務求壯大自己，於是乃有强凌弱的侵併事件 ， 而侵併所得土地乃歸諸侯直接統轄 ， 這樣較能發揮壯大自己的行政效率。所以，秦始皇正式廢除封建制以前，中央集權制已在封建制社會的母體中孕育了數百年，而其胚胎即是「縣」。「縣」制的出現，從「事」的觀點去看，則處處都有「偶然」的因素；但從「理」的觀點去看，則它的出現是「必然」的，因爲它是體現這「必然之理」的「事」。（按，體現歷史上必然之理的「事」可以有所不同。換句話說也就是 ， 由什麼事來體現歷史的必然之理 ， 這也是開放性的）。由春秋初年的「縣」發展至秦統一後推行於全國的「縣」，這種一脈相承的關係，貫穿了封建制之趨向崩潰與中央集權制之趨向興起的整個交替過程。這種由「微」至「著」堅定持續的發展，我們當然可以說它是具有「必然之理」的歷史「必然進程」，而秦朝的覆亡也沒有把它打斷。所以我們不能因爲從「事」的觀點去看，縣制的出現有「偶然」的因素，而否認其中「必然」的部份。而且我們也已經看到，當這種體現「必然事理」的

註21　漢書卷四十八賈誼傳（藝文印書館王先謙補注本，頁1079下左）：「今淮南地遠者或數千里，越兩諸侯而『縣屬』於漢，其吏民絡役往來長安者……」。並請參看王先謙補注。

「必然進程」（縣制）一旦形成，它就不再受個人（項羽、劉邦）力量的影響，而會堅定、持續地發展下去，直到這「必然事理」完全實現。然後再孕育出另一種「必然事理」，而由另一個體現這新的「必然事理」的「必然進程」所取代。

現在我們還有些問題必須問的是，「必然」究竟是怎樣形成的？它跟「偶然」究竟有沒有關係？它們（「偶然」與「必然」）是判然兩不相關的嗎？對於「必然」之所以形成的解答，難道最後眞是只有乞靈於宿命論或目的論嗎？這些問題我們留在下面討論。

四、結　　論

「偶然」與「必然」一直是史學上有爭論的問題；而且一向視「偶然」與「必然」兩者了不相關。這樣去看歷史，則歷史學家所要追究的「必然之所以然」，終必歸結於宿命論或目的論，好像一切都早由上帝安排好了一樣。於是歷史學家就成了爲上帝宣道的人。我想，如果確有上帝存在，他所管的只是造物，不是物的運行。這就是爲什麼人要向自己的行爲負責的根本理由。因此，我們不妨換一個角度來看歷史。我們常常從歷史上看到，「偶然事件」往往會打斷正在進行的歷史，而將之導往不同的方向。這顯示歷史的發展是「開放」的，它不是一個封閉的事理系統。這一點很重要。只要我們能肯定這一點，則一方面理論上我們可以把歷史上的「必然」從宿命論或目的論的神秘色彩籠罩下解放出來，因爲每一個舊的「必然」的消失與新的「必然」的產生，都只是許許多多的可能中的一個而已。另方面我們也爲「偶然」與「必然」找到了轉化的餘地，因爲在許許多多的可能中究竟哪一個「可能」成爲事實，是由「偶然事件」來決定。因此，歷史的發展呈現出活潑有生氣的面貌。下面我就是從這樣的觀點來試作論述的。

秦是順著歷史發展朝中央集權郡縣制演進而形成的一個統一全國的政權。但是，秦始皇的死與趙高的矯詔，這一連串的「偶然事件」打斷了正在依秦始皇的構想發展中的秦朝的歷史，而轉入由劉邦建立漢朝，恢復封建制，而與中央集權郡縣制並行發展。秦始皇的死與趙高的矯詔雖然都是「偶然事件」，但自這些「偶然事件」以後到劉邦建立漢朝、恢復封建制，這一過程卻也是一個合乎理性解釋的發展。又，吳三桂

致書多爾袞引清軍入關奪取明朝政權，這也是一連串的「偶然事件」，它打斷了滿族獨立發展（像同時代的越南、朝鮮、日本那樣）的歷史，而轉入無法自拔的漢化旋渦之中。而滿族由入關到融化於漢族之中的這一過程，也是一個合乎理性解釋的發展，而且也是一種「必然」的發展。從這些例子上我們可以看出，「偶然事件」對歷史的發展有導向的作用，所以歷史之合乎理性解釋的發展是具有「開放性」的，它並不是只封閉在單一的、機械的「必然」之中。它的這一特性，讓形形色色的「偶然事件」都可以投入。而每一「偶然事件」的投入，又都會經由人的「理性的加工」，引導出另一條合乎理性解釋的發展之路來。這條路便成爲眞實的歷史，它取代了那原先正在發展，却被「偶然事件」打斷而沒有成爲事實的可能進程。

　　另外，由周代封建制的崩潰，到縣制的出現，再到中央集權郡縣制的產生，從這一持續、堅定、合乎理性解釋的發展上，我們可以看出，歷史中另有超乎個人行爲影響，而且也非單一的偶然事件所能打斷的「必然」成分。這我們在前面已有論述。現在我們就拿這個例子來討論歷史上「必然」之所以形成的問題。由這個例子看，我們要處理的問題是：封建制崩潰後何以「必然」演變成爲中央集權郡縣制？

　　不過，首先我們應該理解的是，由單一的偶然事件經「理性的加工」所導引出的一連串合乎理性解釋的發展，如秦始皇的死所導發的秦朝的覆亡以及吳三桂邀多爾袞率滿人入關所造成的滿族融化於漢族之中，從那狹小的範圍看，其中固然含有導引出的「必然」的成份，但若從整個中國大社會的歷史來看，那只是滔滔江河中納入的一點細流而已。所以，由封建制到中央集權郡縣制這種掀動整個中國社會結構的發展，就不是某種單一的偶然事件所能造成的。它是許許多多複雜因素的長期累積所致，其中有必然性的，也有偶然性的。

　　封建制的崩潰與中央集權郡縣制的興起，實際上是一事的兩面。它們的消長交替之成爲「必然」，據我的了解，有內在與外在兩方面的因素。內在的因素是世襲制。關於這一點，一千多年前的柳宗元已有論述 註22。而其外在因素則是由於封建制能發

註22　柳宗元對封建制度的批評卽著眼於此。他說：「周有天下，裂土田而瓜分之……威分於陪臣之邦，國珍於後封之秦，則周之敗端其在乎此矣……失在於制，不在於政，周事然也……夫天下之道，理安斯得人者也。使賢者居上，不肖者居下，而後可以理安，今夫封建者，繼世而理。繼世而理者，上果賢乎？下果不肖乎？則生人之理亂未可知也。將欲利其社稷，以一其人之視聽，則又有世大夫，世食祿邑，以盡其封略，聖人生於其時，亦無以立於天下，封建者爲之也。」（見柳柳州文抄卷八封建論）。李斯對封建制的批評說「後屬疏遠」，基本上也是對封建制中的世襲而發的，只是着眼點不同而已。

生良好的政治運作效果所依存的社會結構發生了變化。所以在漢代劉邦雖然恢復了封建制，但由於他無法恢復與封建制配合的整個社會結構（像周初時那樣），以致不能發生良好的政治運作，他的子孫不能不把它裁抑為「諸侯惟得衣食租稅，不與政事」，而回到中央集權的路上來 註23 。世襲制之所以為促使封建制崩潰的因素，柳宗元所論的只限於政府職位。然而事實上，當時的情形，不僅政府的職位是世襲，連社會地位（貴族與庶民階級）、職業（農之子恆為農、工之子恆為工之類）等都是世襲。整個社會就像被凍結了一樣。這在周人推行封建制之初固有其必要，但這樣的制度在本質上長期下來會使尸居者無所忌憚，而能者無所展其才，這樣不但會在社會內部累積緊張，也無法應付外來的衝擊（如天災、外族入侵等）。這樣自然會成為產生「變」的一種動力。而封建制崩潰後，世襲制的範圍減縮到只限於天子一人，其餘皆變為尚賢制，這可以看作是上述內在因素發生影響的一個有力證明。內在因素是有很重的「必然」成分的。如果我們只沿著歷史演變的內在因素去尋找其所以然的答案，最後一定會陷入宿命論或目的論的泥沼。而且世襲制之為促使封建制崩潰的內在因素，也只是促使封建制發生變化的一種力量而已，至於它會怎樣變，這就為外在因素所左右了。封建制運作的良好效果所依存的社會結構之所以為外在的因素，乃是由於它是封建制所存活而能發生良好效果的社會環境，就像臺灣三十餘年前實行三七五土地改革的新制度之能產生良好的效果須依靠當時整個經濟環境，而近年因經濟環境改變，當年的土地制度已成為經濟發展的累贅而不能不改的情形一樣。外在的因素，往往有許多「偶然」的環節，因為它往往是由外於封建制的「事」的發生而漸漸間接地影響到封建制所存活的社會結構的。例如新金屬的發現，因而又發明了更有效的工具；又如人口的膨脹以及姬姓宗親分封出去後逐漸地域化等等；而這些又對封建制直接賴以有效運作的宗法制度會產生重大的影響，再逐漸影響整個社會結構。這也就是我們前面曾說到的，是由歷史發展具有開放性所納入的形形色色的「偶然事件」所引起的點點滴滴的變化累積而成的。這些「偶然事件」發生後，會在當時社會環境的背景之下，經由人的「理性的加工」而形成為一個「事理系統」。由於「理性的加工」並非成於一人一時，而是陸續施加的，所以這樣的「事理系統」是社會的產物，也可以說是相對於社

註23　詳細情形請參看拙著周代封建制的興衰及秦漢中央集權制的演進（待刊）。

會環境的「集體理性」的表現。當那些跟內在因素或跟外在因素有關的「事」都經由「理性的加工」結爲一體時，就會成爲社會發展的規律，這在後來看來也就是歷史上的「必然」。中央集權郡縣制之成爲封建制崩潰過程中的「必然」發展，關鍵在於「縣」制的出現（在春秋初期，依顧頡剛先生說法）。在縣制產生以前，封建制之趨向崩潰雖也已有跡象，但究竟怎樣變，是否朝中央集權郡縣制的方向去變，則尚在未定之天。可是，當縣制一旦出現，則顯示朝中央集權郡縣制發展的「理勢」已經形成。而這一「理勢」乃是外於封建制的許許多多的「偶然事件」經過「理性的加工」後所形成的。縣制則是體現此「理」的「事」。這時候封建制之朝中央集權郡縣制的方向發展，已是到了「必然」的階段了。所以，歷史上「必然」的形成，含有「偶然」的因素，而且是由這些「偶然」的外在因素左右了內在因素的變化方向；沒有「這樣」的「偶然」因素，就不會形成「這樣」的「必然」，而會由「別樣」的「偶然」因素去形成「別樣」的「必然」。類似這樣的例子，在其他社會現象與一般自然現象中都可以找到。

　　例如海洋尼格羅種（Oceanic Negroid）的分佈，目前的情形決非在太平洋形成前，他們就住在一座座的高山上，待太平洋形成後，他們才成爲被海洋分隔的島民。可理解的是，他們是利用航海的工具憑機會划到或飄到一座座的島上去的，其中有不少的人葬身海洋，也有某些人憑機會划到或飄到某島而繁殖，而這些航海者的成功歷程皆充滿了「偶然」的因素。但是，如果從長遠的時間觀點上去看，只要他們子子孫孫不斷地保持航海的興趣或需要，則他們之分佈於目前各島，也有其「必然性」，因爲其中「必然」會有「偶然」的成功者。這就顯示，歷史上持續的（或高頻率的）「偶然」會在時間幅度中轉變成爲「必然」。因爲他們憑持續的航海興趣所形成的目前這種分佈的「必然之理」是靠持續的「偶然事件」來體現，而成爲「必然」的。這種情形跟生物演化過程中遺傳基因的發展與突變頗相類似。遺傳基因的突變，是在已有的體質基礎上，由後天（環境）獲得性的累積效果（如食物、陽光等等）所引起的，（按，生物的體質基礎對環境刺激的反應，即如同一個社會對各種各樣的偶然事件的理性加工），而後天性之「獲得」這種「事」卻有「偶然」的因素。這種「偶然」也是在時間幅度中轉變成爲「必然」的，而這種「必然」的轉變也是在生物演化的開放性

原則下產生的。所以同一種動物或植物，在不同的環境下會有不同的突變。而同一種動物或植物之所以會進入不同的環境，其中也充滿了偶然的因素。可是，當它因某種「偶然」的機遇（如獵食、被追逃生、植物被風吹、海飄、獸負之類等）進到某環境後，它接受該環境所予之刺激而產生突變的「必然之理」即已形成。所以，只要具有「共同特質」的後天獲得性持續地增加，則「必然」會引起突變；當遺傳基因的突變一旦形成，則其後代在成長過程、形態或生理等方面就「必然」有相似性。這樣的「必然」也都還會變，不過這要再有新的後天獲得性所導致的突變來改變或取代。這是生物演化的一般情形。而這兩個例子都顯示：「偶然」與「必然」之間有辯證之路可通。歷史上「必然」成分的生成與滅失，也應作如是觀。所以我認為，對歷史應從歷史的整體上去看才能看得比較真切；視「偶然」與「必然」兩者為各不相關，可能只看到它們表面的現象。

當歷史上的「必然」一經形成，它就成為歷史發展中的一股潮流（或一種規律），非某一項偶然事件所能打斷（如秦始皇的死與秦朝的覆亡沒有打斷中央集權郡縣制的發展），也非某個人的行為所能改變（如項羽、劉邦等人之恢復封建制也沒有改變中央集權郡縣制的發展）。所以以「縣」制為初始的中央集權制的演進，就像以「胚胎」為初始的胎兒的發育之成為「必然」一樣。歷史上的這種「必然」當然也是會變的，不過它的改變也應依生物遺傳基因的改變方式去理解。這也就是說，它只有被在新的環境下依同樣的方式形成的新的「必然」（事理系統）所改變或取代。而這新的「必然」在更新的環境下又會遇到形形色色的「偶然事件」，然而這些新的「偶然事件」因環境的不同，會在適合當時環境的「理性的加工」下累積成含有「內因」影響的新的「共同特質」，並使之納入歷史，匯成洪流。也即這些新的「共同特質」又會累積而形成或導向於更新的「必然」，以改變或取代它所自生的「必然」（事理系統）。如此遞變，生生不息，歷史乃充滿了活潑的生機，而不致像機械運轉般呆板，也不致像一堆垃圾般雜亂。

所以，歷史上的「偶然」與「必然」，是天生一對，缺一不可，猶電之有陰陽兩極，人之有情理兩性。「研究」歷史固然只能研究其中「必然」的部份，但「認識」歷史卻不能只限於這一半而丟了另一半；我們應突破那種實用主義的障蔽，去認識歷

史的全貌。

　　我們如何才能辨識「事」（如：楚之滅申、息，秦之滅杜）或「偶然事件」經由「理性的加工」（如：派人治理，直屬國君）後形成的新的「共同特質」（如：縣制）及其所反映的「事理系統」（如：中央集權制，也即由「事」所體現的「必然之理」）？這當然要有「見微知著」的歷史洞識力。大體上說，每個時代的人的「見微知著」的能力都在增加。所以過去發生而被認爲偶然的事，若在現在發生就不會再被視爲偶然了。但是每個時代的人却也都有「當局者迷」的缺陷。例如縣制這一「共同特質」所反映的「事理系統」有雙重的歷史意義 註24；然而這只是我們後來研究這段歷史的人看出來的，春秋時候的人只知道它對封建制有破壞性的作用，不知道它有朝向中央集權制發展的建設性作用，連孔子也沒有看出這一點，所以他以救世的態度極力鼓吹恢復封建秩序。

　　孔子是迷於什麼？是迷於傳統價值的偏見？是迷於社會結構太複雜，變遷牽連之途幽曲重重（其中難免有巧合），非人智所能盡識？難道史學眞的只是一門「後見之明」的學問嗎？何以李斯與秦始皇能作出那麼準確的預測？我們是不是能跳出自己所處的「迷局」？澄清這些問題，史學工作者有義不容辭的責任。

　　　　　　　　　　　　　　　一九八三年三月草成，十二月修訂，臺北，南港。

註24　有人懷疑歷史事件是否有所謂「歷史意義」，抑或只是史學家所賦予，或只存在於史學家的推想之中？這種懷疑的態度跟認爲史學是一門「後見之明」的學問的態度是相關聯的。我覺得這只是史學工作者對於所見的歷史現象命名的問題，不是歷史上有沒有的問題。所謂「意義」，可解釋爲「作用」。本文即作此解。

出自第五十四本第四分（一九八三年十二月）

論雅斯培樞軸時代的背景

許　倬　雲

雅斯培 Karl Jaspers (1883-1969) 是存在主義哲學家。他的學術工作，由心理分析轉入哲學，最后則專心的思考文化的演變及未來，希望由世界哲學，促進世界文化的呈現。他認爲人的存在不但是存在而已，而且是人對存在意義有抉擇與界定的自由。哲學不但在於認立個人能思考、能存在，而且哲學的關懷當集中於人的存在是文化實體的中心。雅斯培對歷史的討論，主要在歷史的起源與目的一書。[1]

雅斯培認爲在公元前 800 年至公元前 200 年間幾個古代文明都有人提出系統性的思考，爲人類何去何從以及是非善惡，賦予了普遍性的意義。這個時代，他稱之爲有了第一次突破的樞軸時代 (Axial age)。史學工作者對於雅斯培提出的問題，曾有個一次集體的討論。 1973 年，十多位史學家在維尼斯集會，討論歷史上第一次重要的超越。討論后果刊登於 Daedalus (Wisdom, Revelation and Doubt: Perspective on the First Millenniun B. C., Deadalus, Spring, 1975)。最近，社會學家艾森斯塔 (Samuel N. Eisensdat) 約集了古代史、思想史、哲學及宗教專家在德國（1983 年元月）與以色列（1983 年底及 1984 年首）集體討論樞軸時代的觀念。其實，在 1982年底，考古學及古代史的十餘位同人，集聚在美國新墨西哥州討論古代文化崩解及轉型的問題時，艾氏已提出雅斯培樞軸時代的觀念。該會會后，艾氏又召集了上述兩次討論會。數年來討論的幾個中心問題，基本上包括雅斯培沒有談到的具體問題，例如第一次突破的背景，第一次突破后「道統」(orthodoxy) 與「法統」(legitimacy) 的關係。正統的分化與轉變，以及知識分子在各階段擔任的角色。本文主題則集中在第一次突破前的條件。以中國古代文化發展的脈絡，檢證其它主要古代文化的發展軌跡。

---

1. 德文原書 Vom Ursprung und Zeil der Geschichte, 在 1949 年出版：本文所用則是英譯本 The Origin and Goal of History. New Haven: Yale University Press, 1953, 第三版 1965。

比較研究，並不是劃等號；因此，我們不必引喩失義，却須從大節目上着眼。

最近一百餘年來，西方史學總有尋找普遍性歷史規律的嘗試。上一個世紀有黑格爾的唯心史觀與馬克斯的唯物史觀，都着眼在歷史的辯證性發展。黑格爾把歷史的規律歸之於精神，馬克斯則歸之於經濟生活，但兩者均認爲歷史發展的每一個階段，都種下了自我毀朽的因，導致由下一階段取而代之的果。在第一次大戰戰後，史賓格勒的西方文明的衰落，又進一步將人類文化比擬爲有機體，以爲每一個文化都必然經歷生老病死的過程。[2] 第二次世界大戰后，湯恩比的歷史研究，在史氏命定論的有機演變過程上，加了若干人類的自由意志。他的挑戰與反應的理論，至少承認人類相當程度的塑造了自己的演變過程了。[3] 由黑格爾到湯恩比，歷史的必然性已經減低了不少。然而，即使在湯恩比筆下，人類的歷史似乎還是一個實體，存在於人類個別成員以外的實體。

歷史是什麼？歷史是我們對於過去的知識。知識是我們取捨整理對我們有意義的事件，以我們自己的認識加以貫串，用我們能夠理解的邏輯，組織爲一個對於過去的解釋。因此，歷史的解釋不能避免研究者自己視角的影響；歷史的資料也不能避免記述者自己視角的影響。我們遂不能不承認，歷史的「眞」只是由某一角度觀察的「眞」，然而這個「眞」，仍不妨在全體的「眞」之中，反映全體的一個片面。以上所述，還只是以今之視古，屬於歷史學的記述及解釋。若從歷史事件來說，對於今人，是古之爲古；對於古人則是今之爲今。當時當世，歷史的變化是許多個人抉擇的總和。歷史譬如巨輪，當時在世的無數個人，或推之，或挽之，或左之，或右之，攘攘攘攘，把巨輪推到一個位置，也給了巨輪一個速度。這些無數個別的行動者，我們以「古人」一詞來代表，在作其推挽左右的抉擇時，又都已在一定的定位，由其特定時空的過去決定的定位。對於這些古人，他們的抉擇是有其確切意義的。這個特定時空的條件，即是這些「古人」的歷史；而其所見所知的歷史即是決定其所作所爲的意義。因此，對於特定時空的「古人」，歷史有其特定的意義。因此，歷史不僅只是記

---

2. Oswald Spengler, Decline of the West. New York: Knopf, 1939.

3. Arnold Toynbee and Daisaku Ikeda, The Toynbee-Ikeda Dialogue: Man Himself Must Choose. New York, Haper and Raw, 1976.

述者──「今人」──所具視角的「眞」；歷史也是參與歷史的人──「古人」──所具視角的「眞」。

然則「古人」是否有意識的認知自己的歷史呢？雅斯培認爲只有在某些人類文化中，「古人」曾有意識的認知歷史的意義。他歸納了若干古代文明的演變，指出在公元前第六世紀前后，中國的孔子、印度的佛陀、波斯的瑣羅斯德、猶太的以賽亞，及希臘的畢達哥拉斯諸賢，幾乎同時現身。他稱這個時代爲歷史上的樞軸時代（Axial age）。在這幾個地區，中國、印度，及波斯至希臘間的中東，人類的文化進入了文明，由此分化衍生，遂有后世的各種個別文明。在第六世紀前后的第一次突破，是人類歷史的重要轉機，故名之爲歷史的樞軸。在此以前，各處人類都有史前時代，人羣不過渾渾噩噩的渡日，生老病死，全無意義。人之異於禽獸，只在於人掌握了用火的能力。因此雅斯培稱史前時代爲普羅米修士的時代。接着，在公元前五千年左右，有一些地區的人類發展了農業、文字，及國家，這是古代文化的時代。但是他認爲，有若干古代文化，例如埃及文化，始終沒有完成第一次的突破，而發展樞軸時代的文明。各個樞軸文明，在近世逐漸合流爲近代的科技文明。雅斯培稱科技文明爲第二次普羅米修士的時代。人類又掌握了更多更複雜的謀生手段，但是人類還沒有找到新的歷史意義。第二次的突破，還有待於人類再一次的努力。[4]

雅斯培曾討論到由史前時代轉變到古代文化間，究竟有些什麼徵象？他舉出文字的發明是古代文化的共同特徵。誠然，幾個古代文化都有了文字。但是，至少三個文化幾乎同時進入樞軸時代，却又有什麼條件呢？雅斯培認爲不能單用演化論說明，因爲幾個古代文化中，只有三處（中東、中國及印度），有樞軸時代的文化。他也不認爲同源傳佈論可以有力的解釋這個歷史現象，因爲上述三處的民族不同，文化淵源也迥異。他却引證韋波（Alfred Weber）的觀察，以爲當時有一羣能驅車乘馬的民族，由中亞分別進入上述幾個地區，用車造成了一番刺戟。雅斯培自己却不認爲這種單一原因的解釋足以說明如此複雜的文化轉變。[5] 然而，他仍舊歸結了五項大事，認爲是

---

4. Karl Jospers The Origin and Goal of History. New Haven: Yale University Press, 1965. 尤其 pp. 28-50, 126-140.
5. Karl Jasprs, 1965: 11-18.

若干人類文化進入樞軸時代的徵象：

(1) 有了權力集中及文官系統的國家組織，使大河流域有了灌溉工程。

(2) 有了文字，遂有了一羣知識分子，爲行政機構不可或缺的人員。

(3) 有了自羣意識，認爲自羣有共同的語言、共同的文化，及共同的神話背景。

(4) 古代文化的后期，有了領土廣袤的大帝國。

(5) 有了車馬，人類征戰與交通的距離擴大了。

至於樞軸時代本身的特點，雅斯培舉了三點重要的發展：

(1) 人不再是只爲了活着而生活，人有了意識與反省，這是人類精神上的一大進展。

(2) 人以理性的能力發展工藝與技術，擺脫環境的約束與限制，以求生存。

(3) 社會上有了信服的對象，或爲統治分子，或爲「聖賢」型的精神指導者，人因此有所景從，不致於沒有自覺及恐懼邪魔而不能找到目標。

這三項發展導致歷史的意識。幾個樞軸時代的文化，遂有了各自的特色及此后發展的方向。[6]

究竟什麼條件激發了第一次的突破？Eric Weil 認爲：人類歷史有多次突破，而每一次突破之前先要有一次崩壞。[7] Weil的觀念，頗似「窮則變，變則通」的想法。不過崩壞(breakdown)往往意味比困境更激劇的惡化，以致原有秩序全面的垮下來。細察幾個樞軸文化的歷史過程，以中國而說，殷周之際是一個大變局，以子姓諸族爲主體的商王國，文化雖高，却不能凝聚他族，終於在周人的挑戰下覆亡。周人以蕞爾小邦君臨中國，建立了一套嶄新的制度，不僅開八百年的周代，而且凝聚華夏諸族，鑄成中國文化的主體。這是一個大崩壞之后的新局面。[8] 平王東遷，王綱不振，禮壞樂崩，列國擾攘，春秋戰國時期，長達五百餘年，中國又經歷了脫胎換骨的過程，這是另一次崩解之后的新局面，舉凡社會、經濟、政治、觀念各方面都經歷極大的變化。[9] 這兩次崩壞之后的新秩序，哪一次可算是「第一次突破」？容在下文再討論。

---

6. Karl Jaspers, 1965: 44-46.

7. Eric Weil, "What is a Breakthrough in History?" Daedalus, Spring, 1975: pp. 25-27.

8. 許倬雲，西周史，臺北：聯經出版事業公司，1984: pp. 64-96.

9. Cho-yun Hsu, Ancient China in Transition, Stanford: Stanford University Press, 1965.

但以 Weil 的理論來說，中國的歷史頗可合轍。

以色列人的古猶太教，耶和華的信仰在摩西立下十誡始有神學系統。出埃及一事，是新秩序的建立，但以色列人在埃及時說不上有什麼舊日的秩序，更說不上舊秩序的崩壞了。逮及以色列人分裂爲南北兩王國，又先後爲新巴比侖王國及波斯帝國征服。以色列人分散四處，耶和華的一神觀念，由部族神轉化爲普世的唯一眞主。以色列人在顚沛流離中，爲了解決自己信仰的困境，却替全人類的宗教觀念開創了一個全新的境界，使后世的基督教與回教都有了繼長增高的基礎。[10] 以色列文化的大轉變，發生於宗社覆亡、人民離散之際，自然可以符合 Weil「窮則變，變則通」的假設。Weil 身爲猶太人，對此特別有所感受，其理論大致也是由以色列文化的歷史啓示而觸發。

但是若以 Weil 的理論觀察希臘文化及印度文化的轉變過程，則所謂崩解即在若有若無之際。印度河流域的哈拉本文化，文物燦然，與兩河流古代文化有相當的關係。其文化水平，較之中國的商代及尼羅河流域的古埃及文化，也不算十分遜色。這個古文化，今天只能在頹垣殘壁之間，由考古學家重建其大略的輪廓。哈拉本文化雖有文字，却至今不能通讀。在印度次大陸出現的樞軸文化，是亞利安人在恒河流域逐步發展的另一種文化。亞利安文化與哈拉本文化之間的承襲關係不甚明顯。迄於最近，印度史家一般認爲亞利安人將印度河域的古代文化摧殘殆盡，無所孑遺。近來雖然此說頗有修正，有人以爲印度河域古代文化的痕跡，仍保存在土著文化的底層，然而其痕跡若隱若現，至多在類似之間。亞利安人梵文文化，終究是一個新締的文化。是以如以 Weil 的理論來說，梵文文化雖是突破，前面的崩壞之局却未必與后面的突破有直接的關係。至於佛教文化的出現，可算是一大突破，但其時梵文文化並未有全面崩壞的情勢，則崩壞導致突破的說法，在印度的歷史來說，未必站得住。[11]

---

10. V. Nikiprowetzky, "Ethical Monotheism", Daedalus, Spring, 1975: pp. 69 以下，尤其 pp. 81-85; 關於古代猶太教的歷史，參看 Julius Guttmann, Philosophies of Judaism, tr. by R. J. Z. Silverman. New York, Schochen, 1973.

11. Romila Thapar, "Ethics, Religion, and Social Protest in First Millennium B. C. in North India," Daedalus, Spring, 1975: pp. 119 以下，尤其 pp. 120-124; 關於印度古代文化的歷史，參看 Romila Thapar, A History of India, Volume I. Baltimore: Penquin, 1966, pp. 15-49. pp. 381 以下，或 Bridget Allchin and Raymond Allchin, The Birth of Indian Civiliz-ation-India and Pakistan before 500 B. C. Baltimore: Penquin, 1968, pp. 365 以下。

　　希臘本身的歷史上，更沒有所謂崩解的時期了。希臘人由小亞細亞的城邦開始，承襲了地中海的邁西尼文化與亞洲大陸的兩河文化，終於發展爲光彩奪目的古代希臘文化。波斯帝國擴張時，希臘人深受威脅，憂患興邦，促成了伯里克里斯時代的燦然文物。這是突破，前此却未有過崩壞。[12]

　　Weil 的崩壞理論，能適用於中國及以色列的歷史，而不能適用於印度及希臘的古代歷史。因此，崩解理論的價值不高，我們必須另找其他的條件，以說明突破的出現。在本文前節已引雅斯培指出古代文化突破前的五點特徵。其中灌漑農業與國家之間的關係，當是與 Wittfogel 的水利工程理論類似的觀點。[13] 此說已普遍的爲學者所懷疑。Robert McC. Adams 以兩河的水利工程與王權的關係；Karl Butzer 以埃及的歷史；Wolfran Eberhard 以中國的水利發展爲經過，分別查驗此說，都發現王權與大規模水利系統的發展，並無 Wittfogel 所說的相關性。是以此說已可不再具論。[14]青銅武器的出現則與國家的形成頗有關係，有了青銅武器，武裝不再是普通平民人人可得，統治者卽掌握了凌駕平民的優勢。農業生產雖在新石器時代卽已有之；國家機構的出現，無疑可以將農業生產的成品，以稅賦的方式，集中爲極大的儲積。於是，統治階層得以掌握大量的蓄積資源，以維持軍隊及祝宗卜史與工藝人員。車馬的出現，一方面加強了軍隊的威力，另一方面也改進了運輸蓄積資源的能力，兩者對於國家權力的增長當然有其正面的作用。國家長期的延續，自然又滋長了我羣意識；同時我羣意識也反饋而強化了國家的存在。文字是新的資訊交流的工具，個人與個人之間，面對面的溝通，可以因有文字而超越時間與空間的限制。因此，文字的功能不僅在於爲統治機構添了文書檔案的工具，而且也爲人類經驗的累積及傳播開闢了一條新的渠道。在前引雅斯培所舉五點文化徵象之中，文字的出現當是最值得注目的一條。

12. J. B. Bury and Russel Meiggr, A History of Greece, 4th edition, New York: St. Martin, 1975; Emily Vermeule, Greece in the Bronze Age. Chicago: University of Chicago Press, 1964; A. M. Snodgrass, The Dark Age of Greece. Edingburgh: Edingburgh University Press, 1971; William Taylour, The Mycenaeans, New York: Praeger, 1964.
13. Karl A. Wittfogel, Oriental Despotism. New Haven: Yale University Press, 1957.
14. Robert McC. Adams, The Evolution of Urban Society: Early Mesopotamia and Prehistoric Mexico. Chicago: Aldine, 1966 pp. 66-69; Karl Butzer, Early Hydraulic Civilization in Egypt: A Study in Cultural Ecology, Chicogo, Univerity of Chicago Press, 1976. pp. 106-112; Wolfran Eberhard, Conquerors and Rulers. Leiden: E. J. Brill, 1965, pp. 53-60.

樞軸時代的三項發展，亦無不與文字有極大的關係。文字是一種抽象的符號系統，有了這一套符號系統，人方能作理性的思考，也方可彼此交換抽象的經驗。

經驗的累積與交通超越了時空限制，人與人之間的共鳴與刺戟方可衍生一層一層的新意義。雅斯培所說的精神生活當卽是人類尋求生活意義的心智活動。雅斯培所說，使別人信服的對象，不外以力量服人及以智慧服人兩項。前者是英雄，英雄引人注目，早在茹毛飲血時代卽為當然的現象。在人類使用文字以前，有一二秉賦特高的人可以其智力令人信服；一二長老，也可以其有用的個人經驗令人信服。但在有了文字以后，智慧可由累積前人經驗而獲得，也可由抽象思考而開展。智慧遂制度化而成為由文字作為媒介的禮法傳統。掌握文字工具的若干人，例如祝宗卜史，遂成為掌握智慧的一個特殊羣體。縱然這羣人與后世的知識分子逈然不同，為了行文方便，我們仍不妨以知識分子一詞稱之。這些知識分子，殆是樞軸文化的締造者。

古代的幾個主要文化——兩河、埃及、中國及印度河流域——都已有文字。然而雅斯培却不承認兩河與埃及有過樞軸文化。[15] 雅斯培的疑難，在於他未能認清兩河古代文化及埃及文化實是波斯文化、希臘文化及以色列文化的源頭。於是雅斯培以為中國文化是一個延續的單元，印度文化是另一個延續的單元，却將兩河及埃及的文化當作沒有后嗣的單元了。若以歷史的延續性言之，波斯祆教的善惡交爭可能早在巴比侖創世傳說 Enuma Elish 中已有其端倪。在巴比侖的創世傳說中，諸神與衆魔本是原水混沌老母的子孫。神魔在惡戰之后，創造了天地萬物及秩序，而衆魔則貶入地下深深的黑暗之中。大神 Marduk 本為衆神之一，因為諸神都贈給他一份法力，終於為諸神贏得了勝利，也使 Marduk 自己升格為至高之神。在稍晚的文獻中，諸神都是 Marduk 的化身，則 Marduk 的地位，離獨一無二的大神，也只差一階了。Enuma Elish 傳說中，有光明與黑暗的鬥爭，有善與惡的衝突，有秩序與混沌的對比，最后則光明與善得勝，建立秩序，萬物由此化生。[16] 事實上，兩河文學中，常見兩造對話的寓言，例如牧人與農夫、檉柳與棗木、鋤與斧；無疑的，兩河古老文化已有了兩元

15. Karl Jaspers, 或前引書：pp. 6-7.
16. Alexander Heidel, The Babylonian Genesis. 2nd edition. Chicago: University of Chicago Press, 1951: pp. 1-60.

論的觀念。[17] 凡此也是祆教中光明黑暗兩元對抗觀念的原始型態。[18] 誠然，祆教的發展有伊蘭——印度系統的淵源，然而兩河文化的影響，已由上述諸點可知，也是顯而易見的。Marduk 的成爲主神，以至發展爲復活的神，以色列先知以賽亞對巴比崙與波斯宗教的觀察及所承受的影響，對猶太教中耶和華演變爲普世上帝，有切割不斷的關係。舊約與巴比崙文獻間的關係更是糾纏不分。[19] 同時，雖然埃及史學對埃及阿克那頓奉行的一神信仰與其對猶太一神的關係仍在爭執不下，旣然摩西來自埃及，所謂阿馬拉革命 (Amarna Revolution) 的大事，摩西是可能知道的。[20] 因此，以色列文化，至少其猶太教的一神信仰，是在兩河文化及埃及文化的背景下，逐步發展。摩西時代的耶和華崇拜是否眞正的一神信仰，無礙於以色列人分別受古代兩大主要文化的影響與刺戟。

　　希臘之成爲希臘，自然須追溯到小亞細亞出現希臘城邦的時代。大約在公元前第九世紀，所謂希臘歷史的黑暗時代已近結束，希臘人接受了兩河文化的影響，包括字母、貿易方式，甚至城邦制度——而在兩河流域，從事商業的城邦及原始民主已存在兩千多年了。[21] 事實上，考古學家在近代已能夠解讀泥版上楔形文字的兩河古代文獻；希臘學者却早已翻譯了巴比崙的創世傳說。在希臘古籍中，至少有一件公元前第五世紀的譯文，一件公元前第三世紀的譯文，都記載了的主要內容。[22] 不僅希臘人對於古埃及文化的知識爲彰明顯著的事實，而希臘文化之接受兩河古代文化的影響，也是顯而可見了。

---

17. 關於兩河文學的兩元觀念，參看 J. B. Pritchard, Ancient Near Eastern Texts Relating to the Old Testament. 4th edition. Princeton: Princeton University Press. 1975, Vol. II: pp. 142-148.

18. 關於祆教的歷史，參看 R. C. Zaehnuer, The Dawn and Twilight of Zoroastrianism. New York: Putnam. 1961.

19. Morton Smith, "Isiah and the Persians", Journal of American Oriental Society. 83 (1963): 415-421; William A. Irwin, "The Hebrews," in H. and H. A. Frankfort, eds. The Intellectural Adventure of Ancient Man. Chicago: University of Chicago Press, 1948: pp. 236-237; Alexander Heidel, pp. 82-140.

20. William Irwin, 前引文：pp. 224-230; V. Nikiprowetzky, 前引文：pp. 74-79.

21. Thorkild Jacobsen, "Mesopotamia," in H. and H. A. Frankfort, 前引書：pp. 128-129, 149, 194-197. Samusl N. Kramer, The Sumerians. Chicago: University of Chicago Press, 1963: p. 289.

22. Alexander Heidel. The Babylon Genesis. pp. 75-81.

以色列文化與希臘文化都承接了地中海東岸共同的文化淵源。沿着地中海東岸的那一狹條通道，有不少地方性的文明出現，接受了南北兩大文化的影響，却又交給了希臘與以色列發揚光大。Cyrus Gordon 根據 Ugurit 的文獻，指出在傳說與習俗各方面，希臘、希伯來，與古代的兩河及埃及文化之間，種種交流傳佈的跡象。他的發現，正好塡補了承前啓後的交會點。[23]

波斯、希臘，與以色列文化在後世的發展都是兩河古代文（蘇末——巴比侖——亞述）及古代埃及文化的子嗣，這幾個文化之間又互相影響，却仍能各自發展其特色。雅斯培指出，這幾個文化在公元前第八世紀至公元前第二世紀都經歷了第一次突破的經驗。Weil 曾指出突破是隨着崩壞而發生的，但在希臘文化中却又未見崩壞的背景。若以更長的文化延續關係着眼，這幾個樞軸文化的轉機，可能種因於其祧繼的祖系，我們須在兩河與埃及的古代文化中找尋樞軸轉機的前因。中國文化發展的脈絡清楚，由新石器文化而三代（夏商周）而春秋、戰國時代一系相承，較之中東及地中海地區的衆流交錯，中國的古代文化發展軌跡，可作爲考察演變的良好個案。

雅斯培認爲中國文化的樞軸轉機在於春秋戰國百家爭鳴的時代。Benjamin Schuwartz 也爲雅斯培此說作更爲詳細的說明，指出道的觀念，是先秦諸家的根本主題[24]。天不生孔子，萬古如長夜。孔子到底是先秦諸子中最早而最重要的思想家。其它儒家及百家諸子，或推波助瀾，或辯異責難，基本上都是圍繞着孔子的思想在辯論。因此，以孔子來代表樞軸時代的中國思想方式，可謂事所當然。孔子自己聲稱他的事業只是「述而不作」；的確，孔子所關心的問題，如禮、如德、如天命，都已在詩書中有過相當的討論。孔子提的仁與道，則是他的貢獻。若說孔子以前中國古代思想最重要的一次變化，似乎當是殷周革命之際的天命觀念。傅孟眞先生首先討論性與命的演變。大致現在已是大家共同接受的說法：天命靡常是思想理性化的產物，商代宗神的帝轉變爲普世化的道德尊神；不可思議的怪力亂神，轉變爲「唯德是親」，「天聽自我民聽」，更將神意與民意之間劃上了等號。這一大轉變，等於猶太教耶和華信仰普

23. Cyrus H. Gordon The Common Background of Greek and Hebrew Civilizations. New York: Norton, 1965.

24. Benjamin I. Schwartz, "Transcendence in Ancient China," in Daedalus, Spring, 1975: pp. 57-68.

世化加上希臘文化的尊重人性，在古代世界並世各文化演變過程中，其重要性，無與倫比。[25]

　　商周之際，周人發展了天命觀念，大率是由於周人以蕞爾小邦取代大邑商，自己也覺得不可思議。這一番理性化的過程，可說是對於一個大問號的回答。更往前追溯，商代的思想形態，史闕有間，難以細考。董彥堂先生在商代祀典及卜辭書法發現商代的祭祀儀式有新舊兩派的更迭。卜辭中的先王先公及諸種神祇，原本相當衆多。新派的祭祀對象則削減了不少先公及雜神，由祀譜的排列，董彥堂先生發現新派的祭祀有整齊的系統，五種祭典週而復始。[26] 這一番新派的改革，也可看作理性化的工作。那些商代的卜史，在淨化簡化祀典時，顯然重視禮儀的價值，却把對咒術及神話的顧忌置之一邊了。商代祭統，新派及舊派交替出現，我們可以推論，多一次更迭，這些主管祭儀的卜史，會對於神祇及祖先的神秘性多一番疑問，也會促使他們對宇宙本質、人間秩序，以及天人之際的關係，多作一番思考。周室東遷前后，封建社會起了極大的變動。詩經十月之交一類的詩歌也對於社會秩序提出了疑問，甚至懷疑上天對人間是否眞正關懷，上天是否確實在維護人間的公道。[27]

　　有了問題，才會有思考；有了思考，才會有突破。因此，孔子在樞軸時代的突破，近而言之，是王綱解組、列國紛爭的大變局，促使他思考。遠而言之，商代卜史對於祀典的疑問及周初的天命觀念，都是樞軸時代思想能夠突破的先河。

　　然則，哪些人會提出疑問？在商代的貞人卜人，是當時的「知識分子」，他們掌握有關祭儀及占卜的知識，他們也負有記錄的責任。換句話說，因為他們有識字及寫字的能力，祝宗卜史成為對於「傳統」作持守、解釋、及創造為業，是為「傳統」承先啓后的知識分子。改朝換代，這批知識分子仍舊是知識分子。最近發現的史墻盤銘，記載史墻的祖先歸順周代的經過。在周王及列國的朝廷上，殷士膚敏，祼將於京，繼續了他們祖先的工作。[28] 國語楚語，觀射父追述祝宗卜史的世系，更遠溯到夏

25. 傅斯年「性命古訓辯證」，傅孟眞先生集。臺北，臺灣大學，1952. Vol. III; pp. 91-110; H. G. Creel, The Origins of Statecraft in China. Chicago: University of Chicago Press, 1970: pp. 81-100; 許倬雲，西周史，pp. 87-96.
26. 董作賓，殷歷譜。南港中央研究院重印本，1964, Vol. I: pp. 2-4
27. 許倬雲「周東遷始末」，中央研究院成立五十週年紀念論文集，南港，1978: pp. 493-514.
28. 許倬雲，西周史：pp. 99-102.

代，在神人分離的時代，他們是神人之間的媒介，也仍是傳統的持守人。[29] 當這些知識分子還在執行他們祖業時，他們必然一心一意護持傳統的神聖性。但是商代新舊兩派交替時，一定會有一部分知識分子失勢，甚至失業；在殷周之際，也可能有一部分貞人卜人失去祖業。周代的貴族，大多是受過六藝教育的新知識分子，在春秋戰國天翻地覆的劇變中，有不少貴族的子孫失去了貴族地位。孔子的家世即是由宋國卿大夫淪落為流亡魯國的士。古代的知識分子中失業的一些成員，仍舊保有知識分子的條件，他們仍舊知道禮儀及傳統，然而他已不必也不能只是持守原有的傳統。原有傳統已失去了神聖性，於是傳統的持守人，不能不追問傳統的意義何在，尋找對於傳統的新解釋，甚至提出一些新的宇宙觀、社會觀、及人生觀。對於過去視所當然的道理，這些人會提出疑問，也會進一步的思考。Schwartz 對英文 Transcendence（超越）一詞，解釋為「退后一步，往遠處瞭望」(A kind of standing back and looking beyond)，這是批判的與反省的工作，却也往往開拓了新的視野了。[30]

　　由中國古代史的個案，我們可以歸納幾個要點，當作樞軸時代突破的先決條件。首先，要有相當程度的國家組織（例如三代的國家），庶幾蓄積與集中的資源，足以維持社會分工后的若干專業羣。其次必須要有文字，庶幾有累積的經驗及知識，超越人際溝通的時空限制，也因此可以累積文化的傳統。前述國家組織與文字的兩大要件相配合，則有了一批專業的知識分子（例如祝宗卜史），他們的主要任務是持守傳統，也為此而發展了傳統的神聖性。單有這樣的專業知識分子若不具有迫使他們來反省功夫的機緣，突破與超越仍不能發生。因此，當時須有族與族之間，或文化與文化之間的競爭與對比（例如夷夏之爭、新舊之爭），甚至有興亡與起伏的劇變（如商周之際的劇變，或周東遷以后的長期變遷），導致這些知識分子失去了當令的地位。他們轉化為游離的知識分子，失去專業，可是也促成了他們對神聖傳統的疑問。由疑問而反省，而矍然提出新的見解（如孔子及先秦諸子），這才能突破與超越了習俗與神秘，把古代文化提昇到所謂樞軸時代的新境界。

　　以此為模式，其它幾個古代文化的突破也就不難解釋了。印度恒河流域的亞利安

---

29. 國語，四部備要本，18/1-2.

30. Benjamin Schwartz, "The Age of Transcendence" in Daedalus, Spring 1975: pp. 3.

人梵文文化，取代了印度河流域的古代文化，接下去又開啓了佛教及耆那教的樞軸時代文化。這是一個繼續存在的文化體系，應不難與中國古代史上所見的情形互相比較驗證。可惜印度文化的歷史資料極少，年代學尤其不清楚，因此中印的古代歷史，簡直不能相比。然而就其可知的部分說，在梵文文化的吠陀經，例如梨俱吠陀 (Rigv-eda)，種姓的分野已經形成。其中婆羅門是知識分子，掌握了梵文的知識——而梵文本身即是神聖的。婆羅門與利帝利戰士 (Kshatriya) 分別屬於兩個種姓，使印度的知識分子早就有其獨立於政治與社會之外的特性。在中國古代，同樣的分化却須在朝代覆滅或邦國喪亡時，方克見之。吠陀經的內容，主要是神秘主義的咒術，因此儀式極爲重要，甚至細節也不許有所錯失。婆羅門遂成爲專業的祭祀人員。大約公元前700-500 年間，有一些對此繁瑣作風不滿意的知識分子出現。這些禁慾苦行的林中人，注意到吠陀儀式的空洞，轉而討論人與自然的關係及轉世的意義。若干聖者的敎訓，集合而爲奧義書 (Upanisads)。這時印度文化發達，繁榮的城市星羅棋佈，社會上足可維持以思考爲專業的知識分子。尤可注意，這些聖者不少並非由保守的婆羅門種出身，其中頗有其它種姓的成員。[31] 這些聖者的身分，一方面由掌政的利帝利分化，一方面由保守的婆羅門種分化。他們超然的專業地位，使他們能反省神聖傳統的內容，也提出了新的問題。在這時期前后，印度列國紛爭，情勢與中國的春秋戰國相似。亡國的公子王孫，也淪爲平民。那些別立宗派的聖者中，有一位 Mahavira（公元前 540～468）也是亡國的王孫，即創立了耆那教；另一位佛陀（約公元前 563～483），原是小國的王子，創立了佛教。奧義書提出的問題，在他們手上，終於發展爲超越的宗教。

　　猶太敎、祆敎、及希臘文化均有相當成分承祧了兩河與埃及古代文化的成果，已在前節談過。因此，上述三個雅斯培認爲有過第一次突破的樞軸時代文化，其超越的先河，當也須在兩河及埃及文化中尋覓了。由另一個角度看，雅斯培認爲亞述文化與埃及文化沒有經歷過樞軸期的突破，當也可解釋爲時候未到，而須在繼嗣的那些文化

---

31. Jan Gonda, Changes and Continuity in Indian Religion. Hayal Mouton, 1965: pp. 273 以下及 377 以下；William T. de Bary (ed.) Souces of the Indian Tradition. New York: Clomubia University Press, 1965. Vol. 1: pp. 1-18.

中始經歷樞軸性的轉變。不過三個繼嗣文化的構成因子不同、環境不同，在超越與突破發生時，也就各其特色，從而決定了個別發展的方向。

　　兩河流域的歷史，相當複雜。新石器時代的后期，從事農業的村落開始在幼發拉底河及底格里斯河的河谷平原出現。蘇末文化發展了人類最早的文字，經過亞伽底亞(Akkadian) 文化、巴比侖文化、亞述文化、加爾底的新巴比侖文化一系列的演變，兩河河谷星羅棋佈的城邦演化爲國家，再進而發展爲大帝國。這三千多年內，兩河流域的政治中心先在下游諸城轉移。在亞述帝國時，則移向上游，而巴比侖城仍是文化中心。兩河河谷是四戰之地，進入河谷平原的外族，爲數衆多，包括由西方沙漠進來的閃族，和由北方高原、東方山地過來的卡賽人、伊蘭人等族屬。西北徼外，地中海的西端，有不少小國，介於兩河與尼羅河谷之間，有時服屬西河，有時獨立自主；在文化上，這些小國，例如米旦尼(Mitanni)、希泰(Hittites)，都受兩河文化的影響，其文字也都借楔形文字字母拼音。因此，兩河流域不僅有發達的國家組織，文化上還有多元的刺戟與激盪。朝代興亡、民族盛衰，更是數見不一見。

　　兩河的知識分子，原是各城神廟的祭司與僧侶。但是兩河由城邦時代，即有興旺的商業。爲了貿易需要，這些知識分子中已有不少以記帳寫信爲專業。換句話說，兩河的知識分子中有一部分早已分化爲世俗性的成員，不再受宗教性與神聖性的約束。另一方面，帝國首都以外各城邦的神廟，持有大量財富，也有地方性的專業，但是未必分享王權的政治位地。各城邦的神祇，雖然在多神信仰的系統下，納入家族及神祇會議的組織，到底仍保留各地地方神的獨立性。因此，即使神廟的祭司，也不是獨佔神聖性格的知識分子。[32] 這種多元性的知識分子，因爲並非人人都佔了當令的位置，也不必持守一定的傳統，遂可有較大的自由，從事對於現存秩序的反省。朝代興衰，亂多治少，也使知識分子搔首問蒼天，追問現世的各項價值。

　　因此，兩河古文化的創世傳說 Enuma Elish 以神話的形式，解釋世界由混沌而

---

32. 關於兩河古代知識分子的工作及專業，參看 Edward Chiera, They Wrote on Clay. Chicago: University of Chicago Press. 1938: pp. 67-89, 165-175; A. Leo Openheim," The Position of the Intellectuals in Mesopotamian Society," in Daedalus, Spring, 1975: pp. 37-44. 關於宗教的多神及易變性，參看 A. Leo Openheim: Ancient Mesopotamia. 3rd edition. Chicago: University of Chicago Press, 1968: pp. 182-183, 194-195.

產生秩序的過程，其中却把眾神與諸魔都歸之於同一根源的混沌原水。秩序只是由權威產生，以維持宇宙的存在、諸力的運作。[33] Marduk 從眾神中取得了法力，不僅成爲眾神之王，而且在亞述帝國的晚期，個別的神都當作 Marduk 的諸多功能中之一。例如月神 Sin 是 Marduk 在夜間管光，風雨之神 Adad 是 Marduk 的雨水，農業之神 Ninurta 是 Marduk 的鋤頭。雖然這些眾神並未由兩河的宗教與神話消失，而 Marduk 的名字已代表了「神性」與「神力」的觀念。[34] 這一現象是對於神性神力的歸納。雖然兩河的宗教從未發展爲一神信仰，神性的抽象化，却也是宗教發展爲理性化的一大步。

Gilgamesh 是半人半神的英雄，他與其天降的伙伴 Enkidu，憑仗勇力，殺魔取寶，完成了凡人不能勝任的任務。可是饒他英勇，却闖不過死亡的關口。Enkidu 病死了，Gilgamesh 不能拉他回來；於是 Gilgamesh 追尋不朽。他尋遍天涯海角，找到天降洪水刧餘的不死老人，却只聽到了降水大刧的故事；取得了青春樹的樹枝，却又在中途失去。最後，他接受了人必死亡的命運，讓自己留下的功業留在人間，讓記憶代替肉體的不朽不壞。[35]

Gilgamesh 詩歌是人類最古老的長詩。在兩河文獻中，有過無數泥版抄本，也有不同方言的版本，可說是兩河文學中的重要作品。可惜因爲太多次傳抄，我們只知其最早的母型約在公元前 2000 年即已出現，而到了波斯帝國時仍傳流不衰。[36] 長詩中包含了整篇洪水故事，后者與舊約中諾亞方舟的故事有明白的傳承關係。Gilgamesh 詩歌充分表露了人類對於死亡無可奈何的恐懼。結局時，Gilgamesh 倦游歸來，知道終不可逃避死亡，不如在有生之年樂享餘下的歲月，也滿足於盡心盡力在人間留下了他的功業：壯偉的 Uruk。在這首古老的詩歌裏，人類第一次面對命運與人類意願，反省生死的大問題。詩中沒有獎善罰惡及天堂地獄的觀念，人死了即不再能復生，任

33. Thorkild Jacobsen: "Mesopotamia," in H. and H. M. Frankfort: The Intellectual Adventure of Ancient Man, pp. 175-183.

34. Thorkild Jacobsen: The Treasure of Darkness. New Haven: Yale University Press, 1976: pp. 234-236.

35. Alexander Heidel, The Gilgamesh Epic and Old Testament Parallels. Chicago: University of Chicago Press, Phoenix edition, 1963.

36. 同上，pp. 14-15.

何人死後也只有淪入黑暗的黃泉。因此，兩河文化對生死問題的反省，還沒有發展到猶太教與祆教的水平。由於這個故事長久的在兩河傳流，其母題之出現，未能與任何特定的史事相關，大約只是知識分子對這永恒問題的反省。

　　兩河文獻中，早在蘇末時代，就有向神怨訴苦求的文字，在亞迦地亞時代也有「頌主篇」(Ludlul Bel Nemeqi) 及「巴比侖神義篇」(Babylonian Theodicy)，內容都不外訴說世界種種不平及人生的諸般不幸，其語氣與舊約中的約伯書 (Book of Job) 甚爲類似。[37] 不過，在兩河文獻中，受苦的個人只是籲求神力的援手，甚至自承罪辜，自怨自艾，反之，約伯書中，人在最後承認，人太渺小，不能預測或改變神的意志。兩河文化雖有個人特別事奉的神；以色列的猶太教却將個人的神擴大爲祖宗神及普世的神。[38] 是以，雖然兩河的文獻提出了爲何人類有疾病苦難的困擾，甚至也提出了善不得報、惡不得罰的疑問，終究只是對問題的反省，却還沒有給予超越的意義。

　　綜合兩河文化顯示的現象，那些知識分子已對於生死苦樂及神人之際的關係作了一番深入的思考。兩河文化的知識分子並不限於朝廷與神廟工作；他們從事多種多樣的工作，是以在他們舉首問天時，他們關懷的主體是一般性與生活性的生死苦樂，却未必把關心的範圍縮小到王權性質及國家興亡方面。也正因爲他們關注的問題不在廟堂，對反映他們思考的文獻，也就不必一定與歷史上的大事件（例如改朝換代、民族盛衰之類）發生時間上的同步現象了。

　　再以古代埃及文化的演變爲例，我們發現迥然不同的現象。埃及舊王國文化充滿了樂觀自足的氣氛。埃及人在尼羅河流域閉關自守，東西兩邊都有沙漠爲屏障，上游是湍急的河谷，河口外面是廣大的地中海，由兩河世界到尼羅河谷，只有沿着巴勒斯坦一條狹路，跨過紅海的地頸，始能進入河口冲積平原。尼羅河一年一度氾濫，可耕地雖只是狹窄的河谷平原，却肥沃可靠，足夠養活並不衆多的人口。於是埃及人以爲往古來今，這樣的世界永遠可以維持這樣的秩序，甚至死亡若不是現實世界的延伸，

---

37. James B. Pritchard, (ed.) The Ancient Near East. Princeton: Princeton University Press, 1975. Vol. II: pp. 136-141, 148-167.

38. Thorkild Jacobsen, The Treasures of Darkness; pp. 161-164.

也只是現世生命的凍結。埃及的神祇多不勝數，然而法老是神也是人，只要有法老擔任神人之間的聯繫，宇宙的秩序與世俗的秩序都可安定不變。[39]

　埃及的安定不能永遠不變。公元前 2200 年到 2050 年間，舊王國分裂，幾個地方勢力各別稱王，互不相下，內戰加上滲透的外族，埃及的社會發生極大的變動。這時代的文獻中出現了許多悲觀厭世的作品，對於現實的變亂惶惑不解。甚至有一篇寓言，以一個生人與他自己的靈魂討論自殺的后果。最后靈魂同意了人世無甚意義，不如早赴陰世。[40] 在這動亂的時代，埃及人曾認眞的思考生命的意義及社會的秩序。本文曾提到過 Weil 的崩壞理論，是一窮極之時不能不求解釋的困境，埃及的困境倒還當眞由窮極而變找到了一個新的觀念。在舊王國時代，埃及文獻中並無明顯的道德觀念及是非觀念。在這動亂的第一次中間期，道德的觀念出現了。Ma'at 一詞，原本相當於物性，而在這時期開始，Ma'at 引伸為眞理、公平與正義的意義，也引伸為是非之是及對錯之對。世上的貧富榮枯，都不如 Ma'at 重要。[41] 不過 Ma'at 也始終保持神聖秩序的神秘意義，與混沌相對的秩序。[42] 是以，埃及的 Ma'at 到底不是理性突破的產物。Weil 所謂崩解之后的突破，在埃及並未出現，當中王國再度統一埃及，埃及的自信又恢復了，而 Ma'at 也只是神聖秩序，不再與平常人的生活相關了。[43]

　埃及文化史上另一次嚴重的反省是 Akh-en-Aton （公元前 1369～1353） 時的 Aton 一神信仰運動。埃及的多神信仰，在王國統一後，不能不組成一個神祇系統，其中主神 Amon-Re 不僅已是兩個大神的合一，而且因為 Amon-Re 與法老是天上與人間相對應的主體。 Amon-Re 縱然不是獨一的尊神，也已是衆神之神了。[44] 在 Akn-en-Aton 手上，太陽神 Aton 成為崇拜的對象，以日輪為其形相，此外所有的神祇都不再在崇拜之列。Akh-en-Aton 不惜得罪各處神廟的祭司，甚至遷都到沙漠

39. Iohn A. Wilson, The Culture of Ancient Egypt, Phoenix edition. Chicago: University of Chicago Press, 1956: pp. 69-103; Henri Frankfort, Ancient Egyption Religion, New York. Harper and Row, 1961. pp. 30-46.

40. John Wilson, 同上，pp. 106-116.

41. John A. Wilson, 前引書：pp. 118-123.

42. Henri Frankfort Ancient Egyption Religion: pp. 53-55.

43. John A. Wilson, 前引書： pp. 143-144.

44. Henri Frankfort, Ancient Egyptian Religion: pp. 22-27.

裏的 Amarna。在埃及史上 Akh-en-Aton 的宗教革命僅是一幕短暫的插曲。在他生前，各處神職人員已聯合了其他反抗的力量，撟垮了新宗教的統治 。 Akh-en-Aton 死後，Aton 信仰連根拔掉，歷史甚至不記載這一段史實。

這次 Amarna 宗教革命是人類第一次提出了一神信仰 ， Akh-en-Aton 實際上已宣稱，其它的神都是假的，只有 Aton 是唯一眞神。[45] 不過，Aton 信仰只是由衆神合一的觀念更進一步 ， 正如 Amon-Re 是衆神的綜合體 (syncretism) 。 卽使 Akh-en-Aton 強調只有 Aton 是唯一的神，Aton 卻並未演化爲普世的神，而只是埃及的神。[46] 由此，Amarna 宗教革命的意義仍然只是埃及人反省的經驗，Aton 信仰的信徒到底未能以理性超越多神的神話與詩歌的經驗，也未能超越民族而發展民胞物與的境界。

埃及的知識分子，幾乎全是神廟及政府人員。兒童學書的目的只在可以擔任文書工作，不僅不必如農夫一樣的操勞，而且可以借文字而不朽。[47] 埃及的古代文獻，多爲宗敎性或官方性的作品。兩河文獻中常見的平民與商業文件，在埃及古文化遺物中極爲罕見。這一現象不僅可以由遺址性質來解釋——埃及出土的遺址不是墳墓卽是宮殿或神廟；也可以由文字使用的性質來解釋——埃及古文字是宗敎與政府的工具，不是一般人的工具 。 由此，我們也不難理解，兩河知識分子在反省與超越過去的經驗時，其關懷主題是生活的，例如生與死的問題。反之，埃及的反省與超越則是政治與宗敎的，例如 Ma'at 觀念，及 Amarna 宗教革命。

兩河文化與埃及文化是兩支泉源。接下去的祆敎、猶太敎及希臘文化，又各自在兩大泉源的基礎上發展其樞軸時代的文化 。 簡化的說 ， 祆敎接下了兩河流域的兩元論，可是超越了神話的神魔同源而發展爲善惡的鬥爭。猶太敎的一神信仰，超越了宗神族神及多神的綜合，而成爲普世的道德的神。猶太敎的先知，不是政治權力的一部分，因此耶和華與信徒的關係，也是直接的。兩河文化中的諸神，原是自然現象的象徵與代表的符號。Enuma Elish 的傳說，原是由混沌產生秩序的反省。希臘文化抛

---

45. John A. Wilson, The Culture of Ancient China: pp. 208-224.

46. 同上。pp. 224-228.

47. John A. Wilson, The Culture of Ancient Egypt: pp. 261-263.

去了神祇的代號，却由宇宙間的力量與秩序，發展爲 Heraclitus 的道 (Logos) 及畢達哥拉斯的數。[48]

中國在孔子以前反省的主題是天命靡常，印度在佛教以前反省的主題是人生無常。這兩個主題在兩河文化與埃及文化也都出現了。

由基督教世界的眼光看歷史，Alfred Braunthal 以爲人類永恒的追尋最初是求超越現實世界的救恩與解脫 (salvation)。在啓蒙時代人本思想抬頭時，人類才轉而追尋在現實世界建立完美的社會。[49] 這一番意見，在西方歷史的演變而言，誠爲不虛。我們却也不妨以解脫現世苦難與建立完美社會當作人類自古追尋的兩個目標，只是各文化在這兩個目標之間，各有偏重。中國文化代表追求於完美社會的一端，印度文化着重追求解脫的一端。在兩者之間，埃及文化接近中國模式，兩河文化接近印度模式，却不妨各別的夾雜了對另一項目標的關懷。

在古代知識分子面對有反省的需要時，他們已掌握了當時認爲神聖的知識。他們也將這些知識重予界定，賦予新的內容。他們在中國是祝宗卜史，在印度是婆羅門，在兩河與埃及是祭司。但在祝宗卜史轉化爲士，婆羅門轉化爲林中苦行的聖者，而祭司們轉化爲流動的文士時，這些擺脫了傳統約束的知識分子開始要反省所自出的傳統了。他們反省的經驗，猶如高懸天際的大問號，將不斷刺戟後世的知識分子，也參加追索答案的行列。在稍後的時代，有一些知識分子，更爲游離於現實權力之外，例如沒落的貴族、亡國的王孫、失去故國的先知，及新興城邦的公民，終於在個別的提出了更超越更普世的觀念。這就是雅斯培所說的第一次突破了。因此，突破並非一定要在崩壞之后。崩壞的過程會導致若干知識分子游離爲獨立而超然的思考者。不過，崩壞的過程並不是可以造成游離分子的唯一過程。經濟發展可以累積更多的資源，使社會有能力維持專業的知識分子；社會與政治制度的改變，也會使有些階層轉化爲新型的知識分子（如士與利帝利的轉化，如希臘公民的出現）。總之，人類思想的第一次突破是反省經驗累積的后果，也與專業而獨立的知識分子的出現，當有密切的關係。

---

48. H. and H. M. Frankfort, The Intellectual Advanture of Ancient Man: pp. 380-383.
49. Alfred Braunthal, Salvation and the Perfect Society. Amherst: The University of Massachusetts Press, 1979.

出自第五十五本第一分（一九八四年）

有關地獄十王圖與其東傳日本
的幾個問題

石　守　謙

一、引　　言　　　　　　　　六、金澤文庫所藏冥王圖的問題
二、地獄十王圖研究之回顧　　七、本地佛圖像型式的來源
三、中國十王信仰與十王經繪　八、日本十王圖風格上的特質
四、宋代十王供與十王圖軸　　九、小　　結
五、東傳日本的十王信仰與十王圖

一、引　　言

　　佛教由印度傳入中國，再由中國渡海到日本，其中所產生的變化，早已爲研究佛教史的學者注意。這個傳遞中所生的變化，也忠實而具體地在兩地的佛教藝術中清楚地反應出來。有些時候，在藝術上所反應出來的現象，如能與文獻考索互相配合，所得的了解可以更加清晰、深刻。對於地獄十王圖像的研究就是一個這樣的例子。由於地獄十王信仰並非源於印度本土，而爲中國依附佛典而創的產物，與民間實際的喪葬行事有密切的關係，係屬於民間佛教信仰的範疇，文獻上的資料不僅數量不多，而且也不成系統，因此又難窺全貌。當此信仰傳入日本之後，因爲對其在中國的源頭已經無完整的掌握，遂也導至對其在日本所產生的變化，及此變化所代表的意義無法估量。幸而，有關地獄十王的圖像資料至今還保留頗多。這批資料卽可有助於了解地獄十王信仰在中國形成時的情形，其在民間宗教生活裏的運作，乃至於後來東傳到日本後所起的反應，以及日本宗教生活中接受此信仰的方式。除此之外，經由比較中日兩地地獄十王圖像的同異，也可提供對中日藝術交流史中有關雙方授受情形的了解。這些問題當然牽涉非常地廣，絕非此文所能完全解決。此文之目的，主要還在經過對十王圖的研究，對這些問題提供一些片段的意見。

二、地獄十王圖研究之回顧

　　學術界對地獄十王信仰的興趣，主要還得歸功於敦煌資料的問世。在這個豐富的
敦煌資料中，就包括了爲數不少的早期佛經寫本，其中即有佛說閻羅王授記四衆預修
生七往生淨土經（以下簡稱閻羅王授記經）至少有二十件以上的寫本，年代大約都在
第十世紀之時。此經也即是地獄十王信仰在經典上的根據。雖然學者都知道這是一部
僞經，但因數量多，且與今日尚存習見之宗敎活動有關，遂引起許多學者的注意。連
平日對所謂「迷信」不太有興趣的胡適，在他晚年也針對這閻羅王授記經作了研究，
並且表明他的態度：

> 這部僞經雖然只是中國民間迷信與佛敎的地獄觀念結合後產生的一種混合的民
> 間迷信，但這樣粗淺的，顯然爲和尙們自己宣傳「作齋請佛延僧建福」的功德
> 的一本僞經，居然那樣風行，居然有那麼多的寫本，是值得我們想想的。[1]

　　這批閻羅王授記經不止數量多，其中還包括若干卷附帶了插圖，分別描繪了地獄
中十殿的審判。這批資料引起了日本學者的注意。一方面當然是因爲其時代早至第十
世紀，爲研究中國畫史不可多得的材料；更重要的是它們爲存在日本的許多地獄十王
圖軸的祖型。現存日本的這些圖軸多爲寺院的舊藏，年代較早的一批爲宋元時　中國
輸至日本者，後來日本寺院就請人按照這些中國的十王畫製作了許多，其中亦不乏品
質可觀者，全被視爲珍品。敦煌繪圖本閻羅王授記經的出現，使地獄十王信仰中的圖
繪傳統由十二、三世紀直接上溯至第十世紀，也使其由中國起源至東傳日本的過程有
了一個較完整的面貌。

　　日本學者對於此閻羅王授記經圖卷的研究，較早以松本榮一及　禿氏祐祥貢獻較
大。松本氏在其巨著敦煌畫の研究中，除研究了十王信仰的基本內容之外，也討論了
幾卷附有圖繪的寫本，比較其經文在各本間之同異，以及圖繪中各個圖像之意義。[2]
禿氏祐祥研究的基本取向也與松本榮一相差不遠，唯其生前對此研究並未完成，只發
表了「十王經と十王圖」一篇短文，[3] 後來才由其徒小川貫弌續成，發表了「十王生

---

1. 胡適，胡適手稿（臺北，1970），第八集，卷一，頁五四。
2. 松本榮一，敦煌畫の研究（東京，1937），頁四〇二至四一六。
3. 禿氏祐祥，「十王經と十王圖」，收在龍谷大學傳敎史學論叢（東京，1939），頁一〇四至一一二。

七經讚圖卷」一文。基於松本氏的研究之上，此文另外討論了此經發生的背景以及經讚與圖繪之間的關係。[4]

對於各成圖軸的地獄十王圖之研究也始自日本學者。除了對宋元時期製作的十王圖加以分析之外，這些研究也及於日本在鎌倉、南北朝及室町時代所繪的十王圖軸。其中一個頗為一致的觀點在於日本的十王圖雖大致仿自宋元者，但另外都添加了本地佛來說明地獄十王在佛教系譜上的位置。但是這些較早期的研究，大部分是對某個收藏中特定的十王圖的短篇說明，涵蓋面較小。比較有系統的將中國宋元十王畫作比較研究的首數鈴木敬。鈴木氏於其明代繪畫史研究・浙派一書中，因研究明代浙派山水起源之便，全面檢討了宋末至元時由浙江寧波輸入日本的十王圖。他不僅分析了這些畫中山水、人物畫法的風格，時代先後以及各組十王圖之間的從屬關係，也以其中山水風格為準，分析日本十王圖中所謂「和風化」的表現。[5] 鈴木氏且於東洋文化研究所編輯中國繪畫總合圖錄時，搜集了所有散在日本各地寺院、公私收藏中，外人不易得見的十王圖像資料，提供學界對十王圖研究一個豐富的資料中心。

基於鈴木敬的成績以及東洋文化研究所的資料，研究者也開始對散在歐美的少數但十分重要的十王圖有較深入的了解。近來對此題目用力最深者為德國的雷德侯（Lothar Ledderose）。近年來他連續發表了兩篇論文，分別歸納了一羣宋末寧波所出的十王圖，並且分析了畫家匠房在製作此種畫時使用的活板作法，以及畫中各圖像的來源及其內容意義。[6] 有了雷德侯的這兩篇論文，再加上較早諸日本學者的研究，對於由十世紀的經文圖卷到宋元之時所製的十王圖軸，不論是其信仰背景、圖像意義、風格特徵以及實際製作方式，總算有了一個較完整的了解。

對於十王圖由中國東傳日本後產生的變化，一直到鈴木敬的考察，在看法上沒有太大的改變，都以為在圖像上的添加本地佛以及風格上形象的「和風化」是主要的現象。最近，對於圖像上的變化卻有不同的理論出現。西上實在京都博物館的六道繪

4. 禿氏祐祥、小川貫弌，「十王生七經讚圖卷の構造」，西域文化研究第五（京都，1962），頁二五七至二九六。

5. 鈴木敬，明代繪畫史研究・浙派（東京，1968），頁一〇五至一二一。

6. Lothar Ledderose, "Kings of Hell", 中央研究院國際漢學會議論文集・藝術史組（臺北，1981），頁一九一至一九六。及 "A King of Hell", 鈴木敬先生還曆紀念中國繪畫史論集（東京，1981），頁三三至四二。

目錄裏的一篇短文中，就提出了一個翻案的看法；他以金澤文庫所藏的五幅冥王圖否定了向來認爲本地佛爲日本所添的說法，認爲那個現象實際上已發生在宋末寧波所製的十王圖軸。[7] 他的理論使得十王圖由中國傳到日本之後的發展變得頗難把握。如果他的理論成立的話，所謂十王圖的「和風化」，就根本沒有圖像學上的根據，而其在技法風格上的意義則不可免地需要更加以強調。

　　由上述簡略的回顧看來，地獄十王圖繪由中國的起源到東傳日本的一段發展史中，對其信仰內容、圖像安排及風格特點等要點，都已有初步的論辯與交待。但也有若干問題還未及照顧的。其中牽涉最廣的是圖像與信仰脈絡的相關性。地獄十王信仰在中國之成立環境與其在日本被接受的環境顯然有所不同，因而兩地人對此信仰反應之態度及行爲也有差異，這種差異如何在地獄十王圖像資料中顯示出來？爲解答這個大問題，必須將有關的諸小問題的了解先作個處理。首先是地獄十王信仰在中國成立時所具有的中國特質。對此信仰的形成，前人多已指明係揉合了佛教與中國原來的民間信仰而來，但由於文獻經典所足根據的只有閻羅王授記經及少數零星的資料，對此揉合的詳情仍有未明之處。閻羅王授記經中所附之圖繪既是具體的形象，可望由對這些圖繪的了解，補足對此信仰成立上的一些不明細節，從而更進一步掌握此信仰的性質。再者，十王經繪與現存宋元的十王圖軸之間的差別也相當大，那兩者之間的差異又代表什麼意義，這是否關係到兩者不同的使用方式，或者更摻雜了信仰內容產生變化的情形？這幾個問題不僅關乎中國地獄十王信仰的整體了解，而且也是探討十王信仰傳入日本後發展情形不可缺的比較資料。對於其在日本之發展，本地佛的添加是一個關鍵性的問題。在此問題上既已有正反不同的看法，而爭議的根源起自金澤文庫所藏的冥王圖軸，對此資料的重新檢討也就成爲討論十王信仰及其圖繪的「和風化」的必要步驟。但是，不論十王與本地佛的配置是否起自中國，基本上並不能否定其在日本十王信仰中佔著極大的勢力，最後還衍成所謂十三佛的信仰。此種情勢確爲中國所未見，而當與其時十王信仰傳入日本時所引起的反應有關。這個日本式的反應雖在文獻資料上隱而未顯，但在其所製之十王圖像上則信而有徵。對此徵象的展示，亦是研究十王圖的目標之一。

---

　　7. 西上實，「十王圖の展開」，六道繪（京都，1982），頁六二至六四。

三、中國十王信仰與十王經繪

　　地獄十王信仰的內容主要在於人死後所要面臨的審判問題上。所有人在世間所爲的善惡，不論是否已經得過賞罰，都要在冥府再經一次嚴格而且絕對公正的判決。善者至高可以得到往生淨土的獎賞，或者，至少免受痛苦；惡者則要受到最殘酷的刑罰，而且得備受無數次的折磨，無窮盡的痛苦。此信仰的基本要點，以對象來說，是廣被全民，無人可以倖免；以賞罰來說，是罰重於賞，著重在以酷刑來止惡勸善。

　　人在死後所得歷經的這個審判，就在冥府分作十個殿來實施。亡靈每七日得經過一個殿，經過七七四十九天之第七殿後，至百日、週年、三年則到八、九、十殿。各殿主者皆以「王」稱呼，其名如下：

一七日：秦廣王	二七日：楚江王（或作初江王）
三七日：宋帝王	四七日：五官王
五七日：閻羅王	六七日：變成王（或作卞城王）
七七日：泰山王	百　日：平等王
週　年：都市王	三　年：五道轉輪王

在每一個殿裏，除了主者的冥王之外，還有書記判官以及鬼卒等司審核及刑罰的工作。既然每一個人死後都必須經過這個審判，便希望經過在世間的功德，安然度過十王的審判。於是有爲自身死後預作功德的，便是「預修」，有爲已死的人而作的功德，爲死者作補償的，希望死者能更多一層保障地通過十王的審判，免受痛苦的，便是「逆修」或叫「追薦」。

　　整個十王信仰的形式雖屬佛教，而且以佛經形式的閻羅王授記經來支持與傳播，但其內容卻具有原來中國民間信仰，甚至還可能雜有其他外來信仰的若干因素。以十王的構成來說，只有閻羅王是比較確切地出自印度佛教掌理死後世界的琰摩天（Yamaraja）。七七日的泰山王則是中國古代民間信仰裏的泰山府君。至於其他諸冥王，來源就不甚清楚。志磐的佛祖統紀中雖云：「十王名字，藏典傳記可考者六，閻羅、五官、平等、泰山、初江、秦廣。」，[8] 但他所謂的藏典傳記並非全爲原始的

---

8. 志磐，佛祖統紀，卷三三，大正新修大藏經（東京，1928），卷四九，頁三二二。

佛教經典。五官王所出的灌頂經、淨度三昧經、提謂經都屬疑僞經類。平等王在慧琳
的一切經音義中乃是閻魔的意譯，在不空所譯的百千頌大集經地藏菩薩請問法身讚中
則是地藏的變身，雖出自佛教系統，但非獨立的佛或菩薩。至於平等王在目蓮變文及
持誦金剛經靈驗功德記、太平廣記中所引玄怪錄、華嚴感應傳等處的出現，則又已都
在中國的社會環境脈絡裏，無法讓人確定其佛教來源。松本榮一又指出平等王一名甚
至在摩尼教的文獻中出現，於摩尼教下部讚、摩尼教殘經都有之，故以爲在十王的構
成內或許也雜有摩尼教的因素。[9] 楚江及秦廣二王名字的源流更難稽考，雖見之於洪
邁的夷堅志，但已是十王信仰流行多年之後的事了。[10] 五道轉輪王則可能是由經說
中五道冥官、轉輪聖王等名字複合而成。至於宋帝王、都市王、變成王等則根本無法
可考。這些冥王名字的來源，不論是如胡適所言「顯然是由無知識的和尚揑造出來
的」，[11] 或是如 Arthur Waley 及酒井忠夫猜測爲出於外國語的音譯，[12] 或有採自
中國民間信仰已有的神祇，要去詳究其根源，文獻已不足徵；但其之雜有不同的宗敎
因素，而非純出於印度佛教，此一點則幾乎可以斷言。雖然如此，在地獄十王的成立
上，與其發展最有關係的問題仍在於中國民衆如何來接納這些不同來源的因子，而揉
合成一特殊的十王信仰？

　　在中國成立的這個地獄世界，最大的特色倒不在它的審判、恐怖，而在於其十殿
的組成與各殿中的官僚階層組織。對於地獄的階層組織，唐臨的冥報記有清楚的記
載：

> 天帝總統六道，是謂天曹，閻羅王者如人〔間〕天子，太山府君〔如〕尚書
> 令，錄五道神如諸尚書，……每〔斷〕人間事，道上章請福，天曹受之，下閻
> 羅王云，某月日得某甲訴云云，宜盡理勿令枉濫，閻羅敬受而奉行之，如人之

---

9. 松本榮一，前引書，頁四一二至四一五。

10. 參考酒井忠夫，「十王信仰に關する諸問題及び閻羅王授記經」，齋藤先生古稀祝賀紀念論文集（東京，1937），頁六一八至六二四。

11. 胡適，上引書，第八集，卷一，頁四〇。

12. 酒井忠夫，上引文，頁六二四。Arthur Waley, *A Catalogue of Paintings Recovered from Tun-Huang by Sir Aurel Stein,* (London, 1931)，頁 XXX。由於十王名字仍有別種寫法，如變成作卡城，楚江作初江，可能與漢字字義無關，故此音譯說也有成立之可能。

奉詔也。[13]

敦煌出的一件歸願文中提及還魂記內道明和尙入冥的經歷則更加生動：

> ……須臾之間卽至衙府，使者先入奏閻羅王，臣奉敕令取襄州開元寺僧道明，其僧見到，謹取進旨，王卽喚入，再三詢問，據此儀表不合，追來審勘寺額法名，莫令追擾善人，妨脩善道業，有一主者將伏奏閻羅王，臣當司所追是龍興寺僧道明，其寺額不同，伏請放還生路。[14]

唐臨明以閻羅王爲地下之天子，將地府與人間的中央政府類同起來。還魂記中則把閻王殿視同衙府，在其中的對話及行事都以人間的衙府爲藍本。所比附者雖有規模大小之分，但在基本上將中國官僚的階層組織來了解地府的情形是一致的。這在閻羅王授記經中，佛在召集地府諸神時按照閻羅天子、太山府君、司命、司錄、地獄官典的順序排列，也見到相同的模式。唐臨年代係在七世紀中葉；道明雖不可考，但還魂記中旣云道明於大曆十三年（778 年）入冥，此道明故事當在八世紀末九世紀時已經流行。閻羅王授記經的年代也不清楚，據現存朝鮮刻本、日本刻本及敦煌所出各本都說是蜀地的成都府大聖慈寺沙門藏川所述。大聖慈寺建於至德元年（756年），此經之成立當在此年之後。而且，相州義楚成於顯德元年（954 年）的釋氏六帖中已經引用閻羅王授記經的部份經文，可見在十世紀時此經已經頗爲流行。[15] 敦煌所出抄本亦有早至 926 年者。由這些資料，閻羅王授記經的出現應在九世紀到十世紀之間。而上述之冥報記及還魂記等類的民間傳說，當爲此經成立時取材的來源。在此取材之時，對地獄世界中階層組織的了解，也由傳說故事中保留到經文的實際內容之中。

　　雖然這個非宗教的，官僚階層組織的因素，在經文本身只是經由諸王及其部屬名字排列的情形呈示出來，但此特質在十王經繪中就顯得非常清楚。以現存大阪久保惣收藏的經繪來看，十王中除了五道轉輪王著盔甲戰裝外，都著俗世王者衣冠。大英博物館藏之「十王經繪」（S.3961）中秦廣、五官、變成、平等諸冥王之冠則近似於傳閻立本所作「歷代帝王圖」中的陳文帝所著的菱角巾（圖1、2），而其餘（除五道

---

13. 唐臨，冥報記，卷中，大正新修大藏經，卷五一，頁七九三。關於此書之可靠性，參閱胡適，上引書，第八集，卷一，頁二一五至二一九。

14. 矢吹慶輝，鳴沙餘韻（東京，1930），圖版八四，V.

15. 塚本善隆，「引路菩薩信仰に就いて」東方學報京都第一册（1931，3月），頁一七一。

圖　　1

圖　　2

轉輪王外）皆近於陳後主或隋煬帝所著者。[16] 此皆是清楚地以世俗的君王形象來了解
地獄的冥王。尤有興味者爲第五殿之閻羅王。此王雖有清楚的佛敎來源，爲十二天中
的琰摩天，且有圖像規矩可循（圖3），但在經繪上卻完全是以中國君王的形象出
現。五道轉輪王之作武人形象，或與原來五道將軍的稱號有關，但也與唐朝時習見的

圖　3

---

16. 有關閻立本「帝王圖」之說明，見 *Asiatic Art in the Museum of Fine Arts, Boston* (Boston, 1982)，
頁一一六。

軍官形象相近。[17] 除冥王的形象外，殿中的佈置也有世俗化的現象。各殿冥王之前所置之長方桌是冥王與亡靈的一個界限，提供了殿中基本的上下之分。這個方桌的配置也爲原來佛畫傳統中所未見，倒是與世俗之官僚畫有關。現存上海博物館，傳爲五代衞賢所作的「閘口盤車」，卽有官吏坐於桌前處理糧務的描繪（圖４），極近十王經繪中諸殿冥王的審判場面。尤其案桌旁配上處理文書的小吏，非常接近大英博物館本中冥王與其判官羣的配置（圖５）。這些都明示了當時民衆確以當時中國之官僚階層組織的形式投射到地獄十王上，而將地下世界與人間世界作一類比，同樣有官僚組織的等級制度及行事方式，而不太關心冥王在根源上的區分。這是中國早期信仰中對地下世界認識方式的遺存，其產生的時代甚至要早於泰山府君出現的年代。[18]

　　十王信仰的另一特點在於十殿數字的確立。此十殿的數目與原來佛教所謂的八大地獄或十八層地獄等觀念不符，顯然十殿與地獄的層數無關。地府十殿的概念如何形成便是十王信仰之在中國成立相當根本的問題。在此信仰中，亡靈每七日過一殿，至七七四十九日至第七殿，這個「累七齋」的根據，在佛教系統中亦有理可循。據道誠的釋氏要覽云：

> 人亡每至七日必營齋追薦，謂之累七，又云齋七，瑜伽論云，人死中有身（冥間化起一相似身傳識，謂之中有），若未得生緣，極七日住（中陰經云中有極壽七日），若有生緣卽不定，若極七日必死而復生，如是展轉生死，乃至七七日住，自此已後，決定得生，又此中有七日死已，或於此類，由餘業可轉中有種子，便於餘類中有生，今尋經旨，極善惡無中有，旣受中有身，卽中下品善惡業也。故論云：餘業可轉也，如世七日七日齋福，是中有身死生之際，以善追助，令中有種子，不轉生惡趣故，由是此日之福，不可闕怠也。[19]

但這也只解釋了十殿前部份的七個冥王，後面百日、週年及三年的三個冥王則無交代。學者多以爲用三年爲段落設一殿是因爲儒家原有守三年之喪的作法。[20] 至於百日與週年則似無緣由，或許係取平常以百及週年爲單位有關。但基本上說，據佛家對累

---

17. 唐代武人形象見新中國的考古收獲（北京，1962），圖版一〇八。

18. 余英時，「中國古代死後世界觀的演變」，聯合月刊，第二十六期（1983，9 月），頁八七至八八。

19. 道誠，釋氏要覽，卷下，大正新修大藏經，卷五四，頁三〇五。

20. Arthur Waley，前引書，頁 XXVI～XXX。

圖十

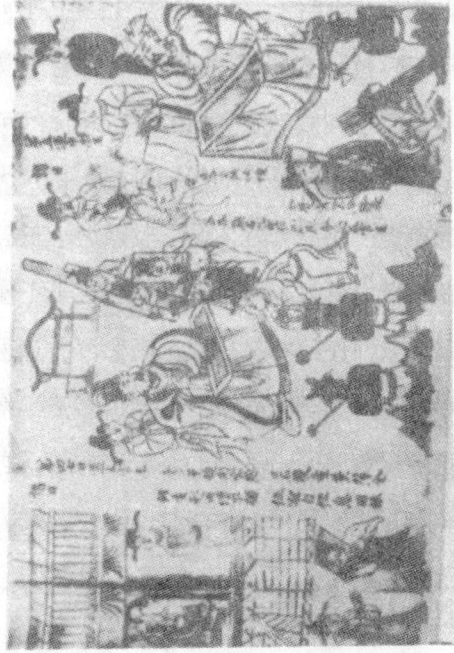

圖 5

七齋的解釋，中有已在七七四十九日之後得生，實在不必要在七七之後再加三個齋來追薦。由此看來，十王信仰中之所以有十殿已非單純的揉合儒佛可解。其背後當有另一個較爲中國民衆所習慣的概念爲背景才是。明初的王達在此提供了其之所以爲「十」的一個解釋。其蠡海集中卽云：

> 佛老有地府十王之說，蓋卽十干之義，其五稱閻羅最尊，位配戊土，居中故也，其有七七之名者，蓋取十干循流至七則剋制，且如甲子第一至第七日遇庚剋制，又如庚子第一至第七日遇丙剋制，更以十二支論之，一日子至七日遇午爲沖，一日丑至七日遇未爲沖，倣此以至，易卦以七日來復，則初爻至六爻畢，七日又至於初爻，此亦義也。[21]

此條實可區分爲三事：一爲以十干來說明十王的數目；二以五行中位居中央之土其數爲五的觀念來說明第五冥王閻羅最尊的地位；三以五行相剋之理論來談累七齋以七七爲數的作法。但如欲以十干說同時加入後兩者的說明，卽有不合之處。以五之數居中爲土而獨尊閻羅來說，五行中之土旣配十干之戊己，但在十王中卻不并尊配己之變成王。對累七齋之解釋亦只及十王之七，對後三王之百日、一年、三年也無說明。可見十干之說只是說明十王之所以爲十之道理，並不包含解釋閻羅最尊與累七齋的能力。但以十干爲數，不考慮五行因素，卽會因其本爲單純的序數，並不特別強調某數，而使地府十冥王具有不分高低的平行地位的可能。[22]

這個十殿各自平等平行的可能，在五代及宋初所製的地藏十王圖中可以得到一個初步的印證。正如大阪久保惣收藏之十王經扉頁上的說法圖（圖６），就是將十王分列地藏菩薩之兩側，一邊五人。各冥王不僅大小一致，姿態上也無分別；對地位最尊的閻羅並未作任何特殊交待，顯然沒有意思表達其與其他冥王地位之差別。敦煌唐代壁畫中不乏說法圖，其中有畫世俗君王率衆聽法，其君王形象皆頗爲突出，由此亦可見十王經扉頁上十王平列的現象確有不同之意圖。十王地位平行的看法又在經繪中的各殿審判景中表現得更加清楚。巴黎國民圖書館本、大英博物館本及久保惣本都將各

---

21. 王達，蠡海集（文淵閣四庫全書本，臺北，1978），頁六〇至六一。

22. 五行配數之說散見於呂氏春秋「十二紀」，禮記「月令」等。以十干爲單純序數作法的早期例子如商人以十干紀日。見董作賓，「論商人以十干爲日名」，大陸雜誌，二卷三期（1951，2月），頁六至一〇。

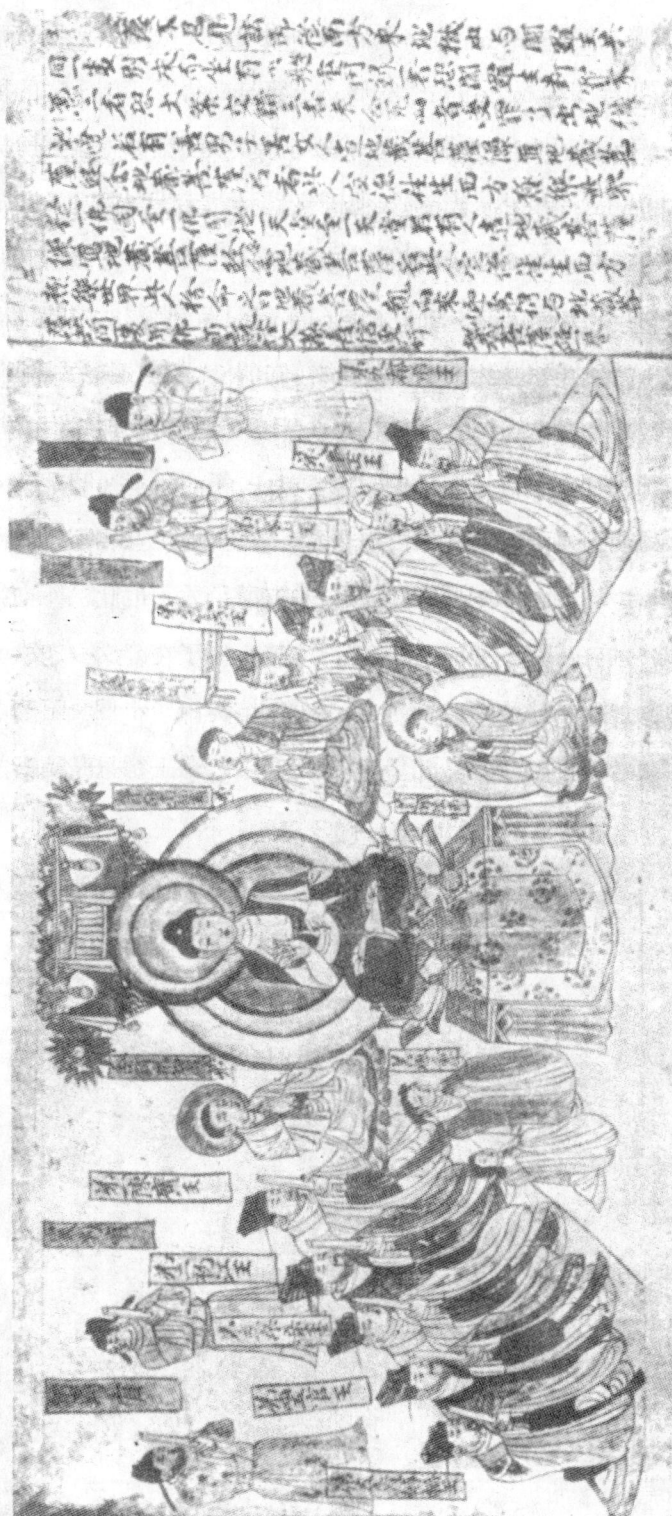

殿以讚文相隔，各成獨立單位，而於地位似應最尊的閻羅王殿並未作比較龐大或特別
的處理。巴黎本只在閻羅王的冠上作成冕的形式，算是交待了「天子」的稱號。久保
惣本則又無此冕冠，只在旁邊加了地藏坐像，來交待佛教經典如十輪經所提及的閻羅
與地藏的變身關係，但在本像的描繪上卻與他王無異。大英博物館本的閻王殿最爲不
同，最突出閻羅王與地藏之間的關係。畫家很特別地將此殿的審判置於三間的屋內，
左邊坐一沙門形象的地藏菩薩，而此地藏形象又重新出現在中間屋內的桌後，與兩個
隨從一起，顯然卽地藏變身的閻羅王。大英博物館本的處理方式雖然將地藏與閻羅王
的關係作了進一步的強調，但在閻羅王形象本身，因與侍從擠縮在屋內桌後，反而更
不惹人注意，表示其根本也沒有突出閻羅王爲十王之首領的用意（圖7）。這些現象
都顯示出十王信仰在形成之時其內已經帶有一個十個冥王地位互相平行的性格。

　　表面上看十王分治與上及之單線階層組織似乎有所矛盾，但此二性格卻在十王信
仰的實施上並行不悖。這在閻羅王授記經中就很清楚。除了在經文一起頭就點出閻羅
天子以下至地獄官典這樣的階層系統外，中間又平行地提出了十個冥王的名字。經文
中所有佛、菩薩言語的對象都是閻羅天子，但在經讚中閻羅王卻只是諸王之一，並未

圖　　7

有超乎其他冥王的地位。如此結合便很清楚地有一般民間信仰中常見的「適用主義」的意味，卽隨著情況場合的不同而取用適當的概念、方式行使之。在將地府視爲一個整體，需要一個明確的代表人物時，就使用單線的階層組織方式來了解，而以閻羅天子爲代表；而在需要強調功德修持之持續性的必要時，則使用十王分治的概念，使十王的地位互相平行，警惕信徒修齋之不可懈怠。十王信仰的主要內容既在於亡靈在十殿中的審判，十王分治系統的了解比較起以閻羅天子爲首的單線階層系統就要來得重要。但是傳統階層組織的概念也並不因此而減少他的影響作用；由經繪中的圖繪各殿可見，其景象仍然與還魂記所說的衙府非常接近。

　　十王經繪另外也顯示一個與印度佛教地獄信仰相當不同的現象，比較地側重十王的審判，而減輕了對地獄刑罰苦狀的強調。由以上提及的三本經繪看來，各殿的描寫多在審判的進行上，對於亡靈罪業的刑罰只佔著一個次要的地位。例如巴黎國民圖書館本所繪的各殿，只作少數幾個加了桎梏的罪靈，甚至沒有受刑的描繪。此與中亞克孜爾所出七世紀時的地獄圖壁畫（圖8）相比之下，幾乎失去了原來佛教在講地獄時的那種恐怖。八世紀時唐代畫聖吳道子的地獄變相，據唐朝名畫錄的報導，也是如克孜爾壁畫所見的，充滿了烈火以及各式酷刑的一些悽慘畫面，長安街市上的屠夫就因這種可怕的地獄描繪而紛紛畏罪改業。[23] 克孜爾所見及文獻上的吳道子地獄圖，應都是直接來自印度佛教的，對於經說裏的地獄作圖相上的說明的一些「地獄變相」。

圖　8

23. 朱景玄，唐朝名畫錄（美術叢書本，上海，1928），頁一六。

但十王經繪裏所見的各殿，卻不多作地獄恐怖相的描寫，而重在各冥王在其桌前後的
審訊情形。此差異點似乎指出十王經繪所示的十王信仰較重於鼓勵信徒之預修或逆修
功德，以求能順利通過各殿的審判，而不似地獄變相所示者，重在以地獄的恐怖來嚇
阻世人為惡。

　　關於十王信仰與原來佛教地獄觀在著重點上的區別，也可以在久保惣本的經繪中
得到更進一步的說明。此卷圖像共計十五幅，除了十殿外，前三幅係說法、六菩薩及
冥使圖，是配合著讚文前的經文而來的。 最後兩幅一是赦免生天，接著是供養者畫
像。據卷末所記，此供養人為六十六歲的董文員。董文員戴幞頭，著深色衣，不僅出
現在卷末，而且在十殿中也多次出現：於第一殿、第二殿執笏立於王前，於第三殿持
佛幡立於王側，第四殿捧經立於王前（或係王側作禮拜狀者），第五殿立於地藏側，
第六、七、八殿各捧經立於王前或王側 ，第九殿立於王前作禮拜狀 ，唯不見於第十
殿。[24] 董文員形象的重複出現，明顯地指出此經繪乃是作為供養人本身預修功德的一
部分。與董文員一同出現在十殿各殿的還有一位女子，而且其形象相當一致地手捧作
為功德的佛經。此女既非供養者，可能是董文員逆修追薦的對象，或許是他的親人。
這樣子以預修為主而結合逆修的作法，正合於閻羅王授記經裏所說：

　　　　若是生在之日作此齋者，名為預修生七齋，七分功德盡皆得之，若亡沒已後，

　　　　男女六親眷屬為作齋者，七分功德亡人唯得一分，六分生人將去，自種自得，

　　　　非關他人與之。[25]

這種大部分為亡後福利設想的功德行為，自然就不強調表現地獄之苦，而在於顯示人
因此功德得以順利通過十王的審判。因此各殿之畫圖會以各王的審判為主，而採用了
俗世官僚世界的景象來模擬，也就不足為怪。

　　如此看來，這些現存最早期的十殿冥王的繪畫，根本上是預修（或追薦）活動不
可分割的一部分，在五代宋初時恐怕不作他用。因為它也是依經而來，可看作變相的
一種，但由此點看來，它與其他地獄變相的作用頗有不同。史籍所載吳道子的地獄變

---

24. 因第十殿為五道轉輪王，主司六道之取決，董文員之未現於此殿或許即如第十一段讚文所說，已因「十齋
　　具足，免十惡罪，放其生天」。

25. 此處係根據胡適所抄之經文。見胡適，上引書，頁七四至七五。

相壁畫，在當時應該是配合著地獄變文來使用的，是俗講時所採用諸種圖繪形式的一種。[26] 它與俗講關係的密切，也可由九世紀時長安俗講高手文漵法師之得全權處理其寺內吳道子壁畫一事得到印證。[27] 唐末五代時所留，敦煌所出之許多經卷背面及殘片上所見的「畫樣」，即爲應付此種變相壁畫製作的「位置小本」。[28] 而十王經繪中所示之圖則與此不同；因其明顯地與供養者的預修（追薦）活動不可分離，供養者的形象在經中重複出現，並且未對地獄作細節的描述，顯然不可當作俗講時對民衆講唱之用。在此點上，後來宋元時所製十王圖軸的使用方式，基本上是承襲了此十王經繪的性格。

四、宋代十王供與十王圖軸

十王供流行於宋代，據志磐云：「十王供，世傳道明和尚，神遊地府，見十王分治亡人，因傳名世間，人終多設此供。」[29] 這個在宋時流行頗廣的十王供，實際上是有關喪事諸儀式中的一環，而以冥府的十王爲禮拜的對象。其來源則是閻羅王授記經中所云的「身死已後，若待男女六親眷屬追救，命過十王，若闕一齋，乖在一王，并新死亡人留連受苦，不得出生，遲滯一刼」[30] 的逆修齋。此十王供雖專在喪後行之，與預修者有所不同，但如照經中所言「七分功德亡人唯得一分，六分生人將去」，十王供雖是追救，也有預修的功能。

現存文獻中雖無宋代十王供儀式內容的描述，但在道藏中還有性質接近者，可據以了解十王供的作法。十王信仰最初雖以佛教的面目出現，但其中很清楚地有一些屬於原來中國民衆信仰的概念。故而道教也極容易將十王的冥府系統納入其體系之中，而產生類似佛教形式十王供的儀式。不過，道教在此還是先經過了一道比附十王爲道

26. 參照那波利貞，「中晚唐五代の佛教寺院の俗講の座に於ける變文の演出方式に就きて」，甲南大學文學部論集，第 2 號 (1955)，頁一至七四。向達，「唐代俗講考」，唐代長安與西域文明 (北京，1957)，頁二九四至三三六。饒宗頤，「從『睒變』論變文與圖繪之關係」，池田末利博士古稀記念‧東洋學論集（廣島，1980)，頁六二七至六四〇。

27. 段成式，寺塔記上，收在酉陽雜俎續集 (增補津逮秘書本，京都，1980)，卷五，頁一‧二。

28. 饒宗頤，前引文，頁六四〇。

29. 同注 8.

30. 胡適，前引書，頁七三至七四。

教神祇的手續。宋末元初道士林靈眞（1239-1302）在靈寶領教濟度金書中的「十王醮儀」就將十王變成北陰酆都玄天大帝座下的眞君：

> 泰素妙廣眞君秦廣大王，陰德定休眞君初江大王，洞明普靜眞君宋帝大王，
> 玄德五靈眞君五官大王，最勝耀靈眞君閻羅大王，寶肅昭成眞君變成大王，
> 神變萬靈眞君泰山大王，無上證度眞君平等大王，飛魔演慶眞君都市大王，
> 五代威靈眞君轉輪大王。

除了敍述十王的道教眞君名號之外，此文還詳述了十王醮儀的作法。據其所載，在拜謝十王時，行儀的道士要引導信徒一殿殿地上香設拜。如其在第一殿的禱文卽爲：

> 焚香供養第一殿秦廣大王太素妙廣眞君，恭惟聖慈，位鎭幽都，凡下愚生人，
> 運應滅度，身經太陰，必詣司存，詮量無隱，今有弟子某遵預修之玉訣，憑受
> 度之金科，肅按經儀聿修齋事，皈命地府第一殿秦廣大王太素妙廣眞君，伏願
> 削落罪籍，註紀生編，皆徘徊名不登於地府，他年超邁神逕，上於南宮，永免
> 拘留，常逢部衞，輒伸善頌，仰贊神功……。[31]

自第一殿以下，各殿禱文的前半完全與此相同，只在「伏願」以下文字不同，但意義也大致相近。可見這個醮的作法是將十王分開，而以一個儀式重複十次。目的在祈求供養者身後「必詣司存」時，得以免除各殿的痛苦刑罰，其預修的用意非常清楚。志磐所說的十王供雖重在追薦，其儀式可能與十王醮相差不遠。

　　「十王醮儀」中將十王封成北陰酆都玄天大帝以下的眞君，彼此間不分高低，也與志磐說十王供的「十王分治亡人」相合，都繼續了前節閻羅王授記經中已有的現象。但與早期比起來，十王信仰到宋之後的發展，似乎在此「分治」的概念上有更趨流行的情形。這與宋代後期出現大量的十王圖軸應有直接的關係。這些十王圖軸都爲十軸一組，各軸大小一致，各現一冥王，而冥王的形象也相彷彿，各王之間常缺少圖像學上的區分，如果失去了榜題，在辨識上有時不免發生錯亂。現存美國普林斯頓大學美術館的一組南宋末十王圖，就因失去了榜題，辨識上極爲不易。[32] 此現象明顯

---

31. 林靈眞，靈寶領教濟度金書（道藏，上海，1924），卷一七二，頁六至一二。
32. 普大組與其他有榜題的各套內容都不一致。雷德侯近來才爲普大組找到同一祖本的大德寺組，如此才得據大德寺羣所見之榜題來復原普大組各殿的安排。見 Ledderose, "A King of Hell."

反應出當十王地位平等化的程度愈高，各殿被混淆的機會也愈大。明時袾宏曾經抱怨過當時水陸勝會修齋儀中所用的一些上下堂神佛畫像「隨畫師所繪，奉爲定規，頗不得當」。[33] 因爲十王也出現在水陸法會之中，[34] 袾宏所抱怨的這種沒有定規，不符圖像矩度的情形，可能也存在於南宋時十王圖的製作，這在現存的十王圖軸中正可印證。

這個演變的趨勢可能不只是時間的作用，也牽涉到地域的間隔。蘇軾在1093年所撰之「水陸法像讚」中曾云：

> 昔在梁武皇帝始作水陸道場，以十六名盡三千界，用狹而施博，事約而理詳，後生莫知，隨世增廣，若使一二而悉數，雖至千萬而靡周，惟我蜀人頗存古法，觀其像設猶有典型⋯⋯軾敬發願心，具嚴繪事⋯⋯請法雲寺法涌禪師善本，善擇其徒，修營此會。[35]

水陸道場雖起自梁武帝的江淮地區，但至宋時江淮地區在實施上已相當混亂。比較起來，蜀地因佛教活動自唐末五代以來的興盛，保留了許多古老的典型作法。宗賾（?-1096）的「水陸緣起」也承認「本朝東川楊鍔祖述舊規，製儀文三卷，行於蜀中，最爲近古，然江淮所用幷京洛所行，皆後人踵事增華，以崇其法。」[36] 宋時的蜀地似乎已是佛教正宗儀軌的提供處。預修十王生七經的述者藏川，就說是成都府大聖慈寺的和尚；釋門正統中說的十王圖形起於果老仙人的故事也是起源於蜀地；[37] 可見十王信仰不論是其經文或圖像上也是與蜀地有關。此蜀地來源可能就指示了其信仰之流布係以蜀地爲中心，而是在唐後期及五代那種佛教鼎盛的環境中產生的。蜀地與河西本有交通，敦煌所出之十王經繪或許卽是當時根據僧侶攜去者製成，多少反映了蜀地初期十王圖像的面貌，如是則五代宋初的那些十王經繪中的十殿形象與宋末元初十王圖軸者之間的差異，就不只是十世紀與十三世紀的差別而已，還可能是蜀地與江淮之間地

---

33. 志磐撰，袾宏重訂，法界聖凡水陸勝會修齋儀軌，卷六，大日本續藏經（上海，1925），冊六四　四，頁三〇二。

34. 參見牧田諦亮，「水陸會小考」，中國近世佛教史研究（京都，1957），頁一八五至一九一。

35. 蘇軾，東坡後集（四部備要本，上海，無出版年代），卷一九，頁四上。

36. 宗賾，「水陸緣起」，石芝宗曉編，施食通覽，大日本續藏經，冊五〇三，頁二二二。

37. 李昉，太平廣記（筆記小說大觀本，臺北，1973），卷三一，頁五下至六上。許老翁條。由此知張果老及有關傳說皆與蜀地頗有淵源。

理上距離所造成的差異。

　　由儀規整頓者的立場來看，這個因時間與地理因素所造成的圖像上的差異，是一種混亂化的結果；但由十王信仰發展的歷史角度觀之，則是此信仰中某些因子經過強化或蛻變的表現。地府各殿辨識難度的增加，一方面固可說是原本典型崩壞的結果，也可說是與此信仰中冥王間地位平等之一因素被強化有直接的關係。在敦煌的十王經繪中的各殿，原來就缺乏一貫的嚴格的圖像界定，但至少在二、四、五、十等殿上還是有固定的從屬因子，足資識別：在初江王殿前必有奈河，五官王殿上必有業秤，閻羅王殿上必有業鏡，且多與地藏菩薩並存，五道轉輪王則都作武人形，且旁必加六道之描寫。這種對各個冥王特殊性的交待不僅程度相當低，而且只照顧了十分之四，根本殘缺不全。但與此比較起來，宋末元初的十王圖像更加不重視冥王間的區別。現存諸十王圖軸中年代最早者當數明州金處士家所製的一組；因為明州於1195年改稱慶元府，故可推知此組製作之年代係在1195之前。[38] 由此金處士本的十王來看，那些早期足資識別的材料幾乎完全消失，只剩業鏡一項勉強可以依以辨識第五殿的閻羅王（圖9）。冥殿各自獨特性既已減至最低，各王形象也無明顯的圖像依據來作區分，此組又失去了榜題，此十軸各自的定名，除了第五殿外，遂變得頗無頭緒。唯一的希望則在於是否能找到另一組有題的相近圖軸來作比對。與金處士組十王圖軸近似者還有岡山寶福寺藏的一組。寶福寺組雖有榜題，但其組中有業鏡的一殿卻標為初江王，[39] 顯然也有錯淆的情形，能否據以定金處士所製組的各殿實在大有問題。這種忽視各冥王間獨特性的現象正是其地位平等化被加強的結果。這個結果也使得「十王分治」概念在強調亡後審判的漫長的意旨更加突顯。

　　金處士十王圖軸與十世紀十王經繪中的十殿，在對各殿審判、刑罰的描寫上也有區別。大致說來，十王經繪中的各殿都以審判為主，不突出描寫判後之刑罰。但在金處士本的畫軸在此就大為不同。現存的九幅畫中，畫面的下半部二分之一都是對冥府酷刑的描寫，舉凡刀山、火鑊、鐵籠等，在畫面中都佔了相當大的比例。這些地獄中

---

38. 此組十王圖現僅存九幅，五幅在美國紐約 The Metropolitan Museun of Art，另四幅在波士頓的 Museum of Fine Arts. 波士斯的四幅發表在 Kojiro Tomita, *Portfolio of Chinese Paintings in the Museum* (Boston, 1933)，圖版一〇六至一〇九。

39. 重要文化財（東京，1973），第八册，頁一一二。

圖　　9

的刑罰原本不見於閻羅王授記經中，很可能是由地獄變相那個傳統而來的。將地獄
變相的傳統與十王圖結合起來的目的當爲了要強調罪靈在冥府受苦的面相，這也就使
得原來在十王經繪中所見的亡後審判成爲淒厲駭人的刑場。這可能也可算是宗賾所說
「踵事增華，以崇其法」的現象。

更切合字義的「踵事增華」的現象在殿景的描寫上也表現出來。原來十王經繪中
的各殿皆無背景的交待，只有在冥王前置一方案，摹倣俗世衙府的形式來進行審判。
在金處士本的十王圖軸中，冥王的長方案仍然存在，但在冥王之後立了一個頗爲富麗
的屏風，屏風內有畫，或作山水或作花鳥。冥王的座椅也由不予顯示的小椅子變成雕
飾精美，鋪上布靠的寶座。在屏風之後還有一列雕欄，欄外尚有花卉植物。類似的佈
置在南宋的宮庭花園畫中也頗爲常見。[40] 畫家如此安排，一方面有意地將各殿比爲俗
世的宮殿，更加強冥王屬於帝王等級的地位，另一方面也使整殿有更逼眞的效果，而
經過畫中上半部冥殿內的豪華，殿外花園所隱有的安詳，與下半部淒厲的刑場對照，
確實更有效地加強審判後刑罰的恐怖。由此看來，「踵事增華」並非單純的對畫面加
以豐富的裝飾而已，而更含有進一步加強十王信仰中所現官僚階層性格，及補充判後
刑罰在十王信仰中比重的用意。

對於刑罰部份的加強，可能與宋時十王圖軸在儀式中擔任的角色有關。原來十王
經繪因爲主要是作爲預修之用的供養，故並不強調刑罰的場面，因爲究竟從事預修者
並不希望，而且在理論上也不用遭到那種情況。宋時十王供，正如志磐所記，主要是
爲追薦而設的。因爲恐怕追薦的亡靈在冥府十殿中受各種苦，故在人間設十王供以追
救之，使得往生淨土。如此，不僅行追薦儀式者本身不需要在圖中出現，而且亡靈在
冥府的歷程愈表現得痛苦，也愈加強調了追薦行爲的必要性。當然十王供該也含有預
修的功能，正如十王醮之儀文所說者，但以主從輕重來說，十王供還是以逆修爲主預
修爲副，與十王醮有所差異。醮的基本功能在祈福，頗似於佛教所謂的水陸道場，雖
也及於拯救亡靈，但最大的目的是爲現世的對象服務，以預修爲主逆修爲副。像金處
士本的十王圖，由其內容看，卽相當符合十王供這種追薦的要求。

---

40. 如現藏波士頓美術館的傳蘇漢臣「妝靚仕女」。圖見秋山光和、鈴木敬編，中國美術（東京，1973），第
一册，圖版四四。

十王供與十王醮雖然在著重點上稍有不同，但在儀式的形式上應該大同小異，都由主持者領著修者一殿殿地上香設拜。此儀式在「十王醮儀」中已言之；在十王供者，雖苦無文獻可徵，但由近時調查報導，可知亦有誦經領亡靈一殿殿通過十殿的傳統。[41] 這種儀式既有清楚的上香程序，也就該設置了各殿獨立專用的香案等配備。在這種情況之下，在圖畫的選置上，如敦煌所出 983 年的單軸地藏十王圖軸也就不能適合這個程序的需要。這也是十王圖軸之所以分成十個單獨畫面的根本原因之一。這個因儀式程序而來的要求，回過頭來又與罪罰之無盡重複、冥王間之平等分治等內容因素相配合，在形式與內容上提供了如金處士本十王圖軸成立的架構。

上述冥府十殿的圖像由十王經繪到十二世紀末金處士本十王軸的幾個變化，在時間上究竟完成於什麼時候，由於五代宋初至宋末之間圖繪資料的空白，沒有辦法十分地肯定。不過，由圖像形式上的演變可以推測這個變化的完成，不會離金處士的時代太遠。芝加哥 Juncunc 收藏中「道子墨寶」冊，收了相當多的稿本，其中就有十四頁冥王圖，分別出自兩人手筆。前十頁為一套，同人所作，品質較高。其冥王背後的屏風多為馬遠夏圭風格的山水，屏風的形式則較金處士所作者複雜，為中寬邊窄的三片式，頗近於故宮所藏南宋劉松年「羅漢圖」中所見的屏風。畫中判官畫風也近於 Freer 所藏南宋梵隆所作的羅漢。[42] 故此十幅稿本實際製作的年代當亦在十二世紀，與金處士時代相近。雖然時代相近，但 Juncunc 稿本似代表一個與金處士所製流行本不同的型式。此不同處卽在於這稿本雖對冥王處所已作宮殿式的描寫，但都著重於呈示殿中審判的過程，對刑罰的描寫只出現在其中之兩幅，一幅為罪靈變成獸身，另一則受鬼卒的鞭笞（圖10），而且二者都只佔畫面的一小角。對此差異可以有兩種解釋，一為 Juncunc 稿本代表一種較金處士者為早的本子，而與五代宋初的十王經繪有較近的關係。另一可能的解釋則是 Juncunc 稿本乃用來製作預修所用的圖像，而與上述之十王醮有直接的關係；此點因為整個「道子墨寶」其他各幅全為道教圖像，其可信度也相當大。[43] 姑不論此二說何者為是，此稿本在形式上確是屬於十王經繪與

---

41. C.K. Yang, *Religion in Chinese Society* (Berkeley, 1961)，頁三二至三三。
42. 劉松年者見故宮博物院，劉松年畫羅漢，（臺北，1980），頁六，梵隆者見川上涇、戶田禎祐編，水墨美術大系第四卷梁楷、因陀羅，（東京，1975），圖版五四至五七。
43. 此册其他部分包括道教的仙杖圖以及搜山圖，前者頗類似王季遷所藏傳為武宗元的「朝元仙杖」，後者為以灌口二郎神道教信仰發展而出的搜山圖樣。

圖　10

金處士十王圖軸的中介類型，而金處士的十王圖軸當是基於此類型而衍生成的。

　　金處士本不止是現存十王圖軸中可知年代最早者，也代表了宋時十王軸成立後的典型。年代較晚的一批有陸信忠款的，以及其他未具款的十王圖軸，基本上都承續了金處士本所示的作法。上及岡山寶福寺組就幾乎完全追隨了金處士的作法。後者雖不一定爲前者的祖本，但至少可說兩者同出一源。[44] 另外，以香川法然寺組的陸信忠十王像爲例的其他較晚作品，對地獄冥王殿的描寫也都追隨此作法，不過在刑罰與審判上稍作增減，把金處士本所見已不重要的審判景更加縮減，而使苦刑景更加突出，冥王所佔畫面上之比例也更加顯著。這些細節上的變化，似乎更加肯定了，加強了上述十王圖軸在十王供追薦儀式上的功能。

44. 參見戶田禎祐對金處士十王圖的解說。見中國美術，第一冊，頁二三七。戶田以爲寶福寺本爲日本所製，但重要文化財的編者則以爲是元代的作品。見重要文化財，第八冊，頁一一二。

五、東傳日本的十王信仰與十王圖

上述所及法然寺組十王像上還保留了原來畫家的長款：「慶元府車橋石板巷陸信忠筆」。慶元府亦卽金處士款中所提的明州，爲今之寧波，此地在宋時1195年改明州爲慶元府，而在入元後之1277年改爲慶元路，在宋元時期爲中國對外海上貿易的據點，尤其是中日交通之主要港口。包括法然寺組在內的許多十王圖就自此時起由寧波輸入到日本，而在日本受到相當的注目與歡迎。職業畫家的陸信忠在中國史籍上沒沒無聞，在日本則出現在最負盛名的君臺觀左右帳記（1470年能阿彌所編）中。這些由中國傳去的十王圖在日本十四世紀後一直受到許多畫家的重視，不只仿其方式作了許多十王圖，重要畫家如狩野探幽（1602-1674）者亦曾加以臨摹。[45]

十王圖的傳入日本根本上還是屬於淨土教活動的一環。日本平安時代早期所盛行的天臺、眞言宗的密教，有相當濃厚的貴族氣氛，而在平安時代後期以至鎌倉時代所興起的淨土教信仰則以一般民眾爲主體，宣揚阿彌陀佛的淨土，一方面加強了宗教的畏怖觀，另一方面則同時發展與之對應的救贖觀。在這個淨土信仰裏，產生了對現世極端的嫌惡，而爲了恐怕亡後不得往生淨土，則極端的渴求阿彌陀的救濟，遂促使各種消滅己身罪障活動的產生。在宋時許多入華的高僧就是帶著此種救贖的心態去參拜諸如五臺山的聖地。[46] 而十王信仰也就在如此環境中，一方面配合著宗教的畏怖觀，另一方面適應著救贖的渴求，由日僧傳回到日本。

熙寧五年（1072年）九月二十一日，入宋僧成尋在泗州普照王寺見到一組十王的塑像。[47] 這是文獻上日人接觸十王信仰的最早紀錄之一。此信仰與其經典由中國東傳日本的時間大約也在此時。於此傳遞的過程中，成尋應當佔著相當重要的地位。在熙寧五年五月十三日，成尋曾訪景福院，並令其弟子心賢抄取古經，其中包括了地藏十王經。[48] 雖然今日已無法確知心賢所抄取者是否卽今日所見出自敦煌的閻羅王授記

---

45. 狩野探幽仿陸信忠之十王圖見 John M. Rosenfield & Elizabeth ten Grotenhuis, *Journey of the Three Jewels* (New York, 1979)，頁一六一至一六三。
46. 森克己，日宋文化交流の諸問題（東京，1950），頁一〇一至一二五。
47. 成尋，參天臺五臺山記，卷三，大日本佛教全書，第七十二冊，頁二五二。
48. 同上，頁二三二。原文作「八陽地藏十王經」，應是八陽與地藏十王兩經，見小野玄妙，「唐末五代趙宋時代の佛教畫(3)」，國華，第五一六期（1393，11月），頁二九七。

經，但由經名看來，極可能是此經衆多異本中的一種。心賢與其伙伴於熙寧七年（1074）返回日本，並攜回許多成尋所交付的圖稿與佛經，[49] 其中可能也包括了這個地藏十王經。至於附有圖繪者，很可能也在差不多時候傳到日本。現存高野山聖寺院的一本十王經繪，可能卽成於平安末期的十二世紀初期，大致上是根據敦煌所出那類經繪而來的。[50]

當十王經典配合著十王信仰被引入到日本的淨土敎社會時，日人開始逐漸地形成自己對十王信仰的理解脈絡，而且，基於中國的經文，創造了另一個經典，名爲地藏菩薩發心因緣經（以下簡稱地藏十王經）。此經亦歸於藏川名下，但經文內容與閻羅王授記經相差頗多，不僅多出了地藏發心因緣的描述，而且在文中使用了「別都頓宜壽」、「阿和薩加」、「死天山」、「奈河津」、「預彌國」等擬和語的言辭。[51] 然而，最大的差別還在於十王名下各附上了本地佛的名字。這個添加本地佛的作法可以說是提供了對十王信仰的一個新的理解脈絡；此新脈絡尤其適合於一個信仰傳統去包容來自異傳統甚或陌生的信仰內容，而可以視爲調適過程中自然的產物。

原來印度佛敎本身就容攝了許多印度敎的神祇於內，在佛敎傳入中國之後，這種容攝調適的現象更爲清楚，不僅使用了許多道家或儒家的觀念來翻譯或解說新入的佛敎思想，在理論上更有「本迹」之說，將原來中國的神祇容攝於內，成爲佛或菩薩的許多變身，此中最顯著的例子卽觀音的三十三種變身。[52] 如果說地獄十王在中國的出現類似於佛敎在印度容攝印度敎神祇的過程，而其東傳日本後各王之配添本地佛的作法，基本上則類似於佛敎在中國將民間神祇納入佛與菩薩變身範圍的作法。

由於地獄十王旣非原始佛敎經典所記，而且在形象上也不類任何佛敎佛或菩薩，日本的這種「本地垂迹」解釋，就以佛與菩薩作爲十王各自的「本地」，而將十王解釋成這些佛或菩薩的變身。根據地藏十王經中所說，十王的本地佛分別爲：

---

49. 木宮泰彥，日華文化交流史（東京，1955），頁三一〇至三一一。

50. 小野玄妙，佛敎の美術と歷史（東京，1937），頁六四三至六五一。

51. 同上，頁六五〇。

52. 參見 Alicia Matsunaga, *The Buddhist Philosophy of Assimilation: The Historical Development of the Honji-Suijaku Theory* (Tokyo, 1969)，頁九七至一三八。

秦廣王——不動明王　　　　　變成王——彌勒菩薩

初江王——釋迦如來　　　　　泰山王——藥師如來

宋帝王——文殊菩薩　　　　　平等王——觀音菩薩

五官王——普賢菩薩　　　　　都市王——阿閦如來

閻羅王——地藏菩薩　　　　　五道轉輪王——阿彌陀如來

　　如上所言，中國佛教中亦有類似「本地垂迹」的「本迹」理論，而且這理論還可追溯到印度佛教中。上所及「十王醮儀」中各個冥府大王也都冠上了一個道教神祇的名號。如果「十王醮儀」確是屬於道教的一種儀式，那麼可以說冥府十王在道教的系統裏是被當作十位真君的變身。但是在中國的佛教系統裏，似乎看不到有這種解釋的需要。在十世紀的十王經繪中還見到第五殿閻羅王尚與地藏菩薩同時出現，多少保留了佛經上常稱的地藏與閻羅的關係。但到了十二世紀末以後的十王圖軸，如金處士所製者，連這一點痕跡都消失了。這或許是因為冥府十王之成立本來就是中國民眾揉合了許多固有的觀念，而在佛教的基礎上創造出來的一個系統，雖對信仰本身有宣揚的必要，卻不需對十王在認識上強加什麼解釋。日本接受十王信仰的情形則大有不同。如上所述，此信仰是由入宋僧作為淨土運動的一部分而傳入的，雖有十王經典的配合，但十王的形象顯然類似中國的官吏，而與日本民眾所習見的佛、菩薩、天王或羅漢等大為不同。這個在佛教系統中辨認十王而確認其在佛教神册上的地位，既在認知上與日本民眾會有鴻溝，以佛教中變身的觀念來搭起這個橋樑似乎是唯一可行的辦法。而為了要達成這個目標，變身的「本地」當然必須是原為人所熟知的佛與菩薩。因此，十王的十個本地佛，如不動明王、釋迦如來等等都是日本奈良、平安時代以來所習知並且有廣大的羣眾基礎的。一二五四年日蓮也在其十王讚嘆鈔中稱十王之本地為「久成之如來，深位之薩埵」，[53] 顯示出在此「本地垂迹」理論中的本地佛所具有的歷史性與廣被性的兩個性質。對某個佛菩薩信仰的歷史性來說，因為一信仰之流傳久暫，大致可以確定，沒有彈性可言；但對其廣被來說，因為一個信仰之流行在各個時代或有盛衰，因此可以成為一個變數，來影響到本地佛的選定。現存教王護國寺的一卷地藏十王經中，本地佛的名單上即無阿閦如來，而多了勢至菩薩。由其書風來

---

53. 望月信亨，佛教大辭典，頁二二一七。

看，此本經文抄寫的年代當在鎌倉末或南北朝時代的十四世紀，這個些微的差異，或許卽牽涉到此抄本與地藏十王經成立時間上的差別，與在彼時阿閦如來和勢至菩薩信仰各自的盛衰情形。[54]

學者對地藏十王經實際上出現的時間尚無定論，望月信亨以爲係在平安時代，小野玄妙認爲是十一世紀初，速水侑則以爲是在十三世紀；[55] 對本地佛與十王的配置名單在十四世紀以前的增減因此在評估上頗有困難。但由十四世紀以後的十王圖像來看，以勢至菩薩代替阿閦如來的現象似乎已成定局。此外，十王與其本地佛配置的順序也有不一致的情形。約成於鎌倉時代末期（十三世紀末）的福岡誓願寺本十王圖上的次序就與地藏十王經者大不相同，[56] 而成於室町初期的二尊院本，次序則與地藏十王經所列者完全一致。因爲福岡誓願寺本上十王之本地佛配置內容基本上與地藏十王經同，而只在順序上有所差異，這樣看來，或許續藏經本的地藏十王經成立的年代還不會離誓願寺圖的製作年代——十三世紀末——太遠。或在十四世紀初，十王與本地佛的配置與順序也逐漸穩定下來。

以十四世紀初作爲日本新面貌十王信仰的確立時間，也可以由日僧自中國請來的十王圖軸上得到一個類似的推論。上所及之金處士所製本以及陸信忠所製多本，在畫面上都沒有本地佛的配置，而它們製作的年代是在十二世紀末到十三世紀第三季之間。它們所留下來的題款，金處士者作「大宋明州車橋西金處士家畫」，陸信忠者多作「慶元府車橋石板巷陸信忠筆」，其中除畫家姓氏之外，都包括了住址；金處士者還特別加上了「大宋」字樣。此與一般職業畫工的款記不同，如山西永濟縣永樂宮中元泰定二年（1325 年）的題記「河南府洛京勾山馬君祥長男馬七侍詔」，[57] 只及郡望、家世而不及住址或者國名。由此看來，這批出自寧波畫工的圖畫可能是專爲輸出國外之用，特將住址標明於畫上可能卽爲方便將來外國買主訂購之用。這些畫家聚集

---

54. 另外一個可能的解釋爲此差異係地藏十王經異本所造成。阿閦如來係出現在通行的續藏經本上，而近來發現金剛三昧院本此經卻作勢至菩薩。見西上實，前引文，頁六四。但是這裏仍有各本成立先後的問題；金剛三昧院本也有可能是後出本而係根據當時流行的配置作了更動。

55. 望月信亨，前引書，頁二二一七。小野玄妙，前引書，頁六五〇。速水侑，地藏信仰（東京，1975），頁六六。

56. 福岡誓願寺本的次序爲：釋迦、不動、藥師、阿閦、地藏、彌勒、〈不明〉、普賢、文殊、大日。

57. 見永樂宮壁畫（北京，1964），圖版一四〇。

之車橋地段，在南宋時的寧波是商業相當鼎盛的區域，車橋北巷口屬於開慶四明續志載樓店務地第一等的上則，車橋南也屬第一等的中則。[58] 而車橋之位置係在外郭東門的靈橋門西。[59] 據寶慶四明志所記，靈橋門可東望佛教名山太白，而與來安門相近。此來安門則在市舶務之左，舊稱市舶務門。寶慶四明志對此市舶務有詳細的記載：

> 于子城東南，其左倚羅城，……東西各有門，東門與來安門通，出來安門爲城外往來之通衢，衢之南北各設小門，隔衢對來安門，又立小門，門之外瀕江……賈舶至，檢覈於此，歷三門以入務，而閉衢之南北小門，容頓寬敞，防閑愼密，司存之吏亦免於戾矣。務之前門與靈橋門近……。[60]

車橋既在靈橋門附近，而靈橋門又與市舶務相鄰，日僧入宋或歸國所乘商舶都必得由市舶務出入，畫家薈集在車橋一帶確實有利於作繪畫的出口生意。另外，靈橋門所東望的太白山亦因天童寺而聞名，屬南宋禪宗之勝地。日本禪宗之祖榮西於1178年第二次入宋後便在此待了四年，歸國後還由日本供應天童千佛閣的建材。因此天童的禪名也爲日人所熟知，此地亦成入宋日僧必到之處。[61] 而車橋就離日僧這個朝聖路線的起點不遠。如此看來，當日僧在寧波向金處士或陸信忠等人訂購十王圖時，應該很輕易地可以親自與畫家接觸。如果在金處士、陸信忠時，日僧已有清楚的十王與本地佛配置的認識，必定會要求畫家在十王上附加本地佛的圖像才是。否則以一種說明不全的圖像是無法對其淨土信仰的羣眾產生理想的表達效力的。如果此推論可以成立的話，日本十王信仰中十王與本地佛的配置的確立，或者說是十王信仰日本化的確立，可能不會早過十三世紀的末期。

六、金澤文庫所藏冥王圖的問題

最近發表的金澤文庫所藏五張冥王圖，卻爲以上的推論提出一個難題。金澤文庫所藏者是原來十幅一組中殘存的後五幅，分別是變成王、泰山王、平等王、都市王與

---

58. 梅應發等，開慶四明續志（宋元地方志叢書，臺北，1980），卷七，頁四。

59. 羅濬等，寶慶四明志（宋元地方志叢書），卷四，頁一一。

60. 同上，卷三，頁六。

61. 木宮泰彥，前引書，頁三五八至三五九。

圖 11-1

圖 11-2

圖 11-3

圖 11-4

圖 11-5

五道轉輪王。此五幅不僅有陸信忠的款「陸信忠筆」，而且各自配上了本地佛，按次
序分別爲：藥師如來、觀音菩薩、勢至菩薩、普賢菩薩以及文殊菩薩（圖11）。因爲
相信這五幅爲中國陸信忠所製，因此金澤文庫便以爲十王與本地佛配置所根據的地藏
十王經原出於中國。[62] 西上實則持論較平，只以爲十王與本地佛的配置非由日本始，
而在金澤文庫所見的，與地藏十王經所記本地佛不同的配置，正顯示其爲地藏十王經
確立之前的一個過渡階段。對西上實來說，地藏十王經雖非中國原創，但係爲日本依
中國十王本地佛觀念而撰作的。如此說來，地獄十王信仰以及圖像的產生以及較後的
變化都產生於中國，日本只是承繼了變化後的情況而已。[63]

　　但是，此一新說的根本資料——金澤文庫的五張冥王圖，極可能不是眞正的陸信
忠的作品，也不是與陸信忠有關的中國畫家的作品。這幾幅冥王圖的山水屛風都具有
南宋馬夏派山水渲染的風格，山之尖脊都作留白，頗近於現存廣島淨土寺、香川法然

---

62. 金澤文庫圖錄・繪畫篇（東京，1980），頁一三五。
63. 六道繪，頁六二至六四。

寺及滋賀永源寺所藏諸組十王圖軸上的山水屏風。在冥王與其僚屬及所施刑罰的配置
上也與此諸組一致。淨土寺、法然寺與永源寺諸組上又有款「慶元府車橋石板巷陸信
忠筆」，看來金澤文庫殘存的五幅不僅是屬於永源寺這一羣無誤，而且毫無疑問的該
與陸信忠有關。[64] 但是，問題在於這一羣中，只有金澤組有本地佛出現在各王題記與
絹緣之間，其他各組則無此現象，而在題記與絹緣之間的空隙都相當小，顯然未曾有
意地留下空間來安置本地佛的形象。[65] 細究起來，金澤組在人物畫風上又與同羣諸組
陸信忠所作者有所不同。首先是在其變成大王一幅中向判官呈物的亡靈上，其左肩關
節處作一明顯的平滑弧線（圖12），與陸信忠所作人物之頗重肌骨結構不類。此人像
不見於永源寺與淨土寺兩組中的第六幅，大約是在畫此二組時漏而未列；在法然寺組
上倒有此像，但比較起來，法然寺者雖亦見類似的肩弧線，但筆淡墨輕，基本上未脫
肌體結構的實情，完全不像金澤文庫者的刻板。再者，金澤文庫組中五道轉輪王一

圖　12

---

64. 淨土寺、法然寺及永源寺之十王圖，發表可見鈴木敬編，中國繪畫總合圖錄（東京，1983），第四卷，頁
　　三六至三七，八〇至八一，一〇七至一〇八。
65. 這些十王圖都沒有被割截的現象，此由陸信忠款都出現在同边的絹緣可證。

圖　　13

幅，桌右作供養狀的仕女衣紋也相當簡略而帶抽象的筆趣（圖13）。這種對衣紋粗重
的描寫，應該就是出於永源寺組中類似的作法（圖14）。但是永源寺者雖對衣紋作簡
單的陰影處理，但根本上還符合肢體與衣紋之間的合理關係，而且在墨色上也有漸濃
漸淡的效果，頗合乎南宋末時處理衣紋的原則。[66] 比較起來，金澤文庫組中仕女衣紋
不僅位置與其下之手肘無法配合，反與衣身之裝飾花紋有相混之虞，而且也沒有陰影
漸濃漸淡的規矩，反而顯示單一筆鋒的運動，強調筆的頓按，犧牲了線條及渲染表象
的功能，而突出了筆墨的抽象趣味。

　　金澤文庫本中所見這種對衣紋的抽象處理方式，倒近於陸仲淵名下的十王圖。現
在森村義行收藏中殘存的三幅冥王圖，皆有陸仲淵款，分別為五道轉輪王、閻羅王及
泰山王。由此三者看，此陸仲淵組係源出於永源寺羣的陸信忠十王圖，在冥王與僚屬
及亡靈的配置上都採取類似的方式。陸仲淵本的五道轉輪王一幅中，也見到一男一女

---

66. 南宋的例子可見林庭珪、周季常的「五百羅漢圖」，現分藏京都大德寺及美京 Freer Gallery。參閱 Wen
　　Fong, *The Lohans and a Bridge to Heaven* (Washington, 1958)，頁一至二四。

圖　14

的亡靈使用了粗重的衣紋線；但其表現的功能仍與金澤文庫本不同，而大致上符合了
傳達衣服下肢體形狀的要求（圖15）。陸仲淵名字畫史未載，或爲日本君臺觀左右帳
記中所記的陸仲澗，如果係爲此人，則年代上當比陸信忠稍晚。[67] 這或可解釋其在五
道轉輪王軸上之較形式化的衣紋線描係爲陸信忠之後的變化。此軸所見山水屏風中也
有留白的作法，較之永源寺羣的山水屏風中的留白，亦見刻板；而且全幅也擴大了審
判景以下的刑罰場面，較諸陸信忠者，刑罰的基本形式仍在，唯加入了許多變化。這

---

67. 關於陸仲澗之十王圖，見章彡子，「陸仲淵筆十王圖」，國華，第三七一期（1921，4月），頁三五六至
　　三五九。

圖　15

些在在都顯示出陸仲淵本是基於永源寺羣陸信忠十王圖的進一步的衍化。它的時間大
約在十三世紀末或十四世紀初之時，而不會早到宋末。陸仲淵本筆描的表現意義既不
同於金澤文庫本者，而基本上在保留了宋末的結構之外再作了衍化，似乎清楚地代表
了由宋末陸信忠到金澤文庫十王圖之間的過渡，使三者呈示一種單線的發展關係：永
源寺羣的陸信忠十王顯然時代最早，陸仲淵者出自永源寺羣；而金澤本的十王圖，因
與陸仲淵者有近似之處，而線條的抽象性又過之，當爲出自陸仲淵時代的十王圖，而
非直接來自宋末永源寺羣的陸信忠。

　　金澤文庫之十王圖既比永源寺羣陸信忠與森村所藏的陸仲淵本都晚，自然不是陸
信忠所作。卽使如許多學者持論，因具陸信忠署款的許多作品在風格與品質上都不一
致，遂以爲應將陸信忠當成一個畫家集團或工房來處理，[68] 金澤文庫本所示諸特質既
已非此時的結構表現，故也不可能是陸信忠等人那一時代所爲。它實際製作的時代大

---

68. Ledderose, "Kings of Hell," 頁一九五至一九六。

約在陸仲淵本後不久的十四世紀初；而其既有陸信忠款，又與永源寺羣圖像相合，極
可能係直接出自十四世紀初陸信忠所傳系統的十王圖的摹本。在此摹本上所顯示出的
筆描又顯示出頗強的抽象化性格，與中國陸仲淵者及其他十四世紀職業畫家，如顏輝
等人的筆描都不相同，或許卽可斷爲當時日本畫家所作的摹本。

　　此日本所摹之可能性在將之與其他日本畫作比較後，更爲肯定。金澤本變成王桌
前亡靈左肩弧線之抽象形式，在日本平安時代末期似乎已成定型，而爲多數畫家所習
用。成於十二世紀後半的「地獄草紙」（圖16，奈良國立博物館本），其鐵鎧所一景
中鬼卒的左肩頭卽見相同的封閉弧線，表現了同質的平面抽象處理方式。[69] 鎌倉時代
十三世紀中的「能惠法師繪卷」中，能惠至閻魔廳一段可見有類似的手法。[70] 對衣服
陰影處理與物體結構不盡相合的現象，也是風格平面抽象化的一個面相。金澤本那
種粗重衣紋線所表現出來對筆趣的興趣，也見之於另組現存京都壬生寺的日本十王圖
上。壬生寺本十王圖因爲桌布圖案中具有流行於日本的鳳凰紋樣，且在中國式的衣冠

圖　　16

69. 關於「地獄草紙」此本，見秋山光和，繪卷物（東京，1975），頁一九〇至一九一。
70. 見六道繪，圖版一三。

圖　17

上任意作了誇張的變形，被認爲是日本南北朝時代（1336-1392）所作。由圖像內容來看，這組壬生寺的十王圖很明顯的是依據金處士十王圖那一羣而來的。在這樣一組出自中國祖本的日本所繪十王圖上，如壬生寺組中的變成王像，[71] 卽見到陰影機械地出現在軀幹與手之四周邊緣，且在最外緣部位任意地形成雙線的型式，在在都與衣下的肢體無關，而具有明顯的抽象意味。在此變成王右手端之粗重曲線尤其缺少實質的表象意味，與金澤文庫組十王圖的粗重衣紋線的性格十分接近。（圖17）。壬生寺者爲十四世紀時依金處士組所代表的十王圖羣所作的摹本，金澤文庫藏之所謂陸信忠筆

---

71. 稱此王爲變成王係據岡山寶福寺本而來。其實寶福寺者的定名本身卽有問題，如本當爲閻羅王者在此定爲初江王。大都會及波士頓所藏又無定名，以至今發表的資料對此羣中各王的定名還無法完全解決。此處用寶福寺本而稱之爲變成王只爲討論之方便。

十王圖的性質亦與此相去不遠。

　　如果上說可以成立，金澤文庫的五幅冥王圖可以說是現存日本所製早期配上本地佛的例子。而其本地佛之配置順序又與地藏十王經者不同，顯示出其配置尚屬確立前的初期現象，與福岡誓願寺的情形頗為類似，兩者的時代亦應相近才是。如此說來，金澤文庫的冥王圖乃是在大約十四世紀初時，臨摹了接近陸仲淵組的一組陸信忠所傳系統的十王圖，有意地加大了各王名籤與畫幅邊緣間的空間，而在此空間中加入了當時正開始流行的十王本地佛的形象，以符合當時的需要。

七、本地佛圖像型式的來源

　　在金澤文庫與福岡誓願寺早期日人所製的十王圖中，各冥王的本地佛都以靜態的坐姿，出現在冥王的側上方或正上方。此與室町時代所成的二尊院本十王圖相當不同。二尊院者各冥王的本地佛都坐於雲中，有動態的「來迎」形式（圖18）。後者顯然是受了鐮倉時代流行的「來迎圖」的影響，如京都知恩院的「阿彌陀二十五菩薩來迎圖」或京都禪林寺的「山越阿彌陀圖」等是其中最優美的例子。[72] 由此看來，靜坐姿本地佛與動態「來迎」狀本地佛兩種型式並非必有時代上的先後，兩種型式可能同時出現在十三世紀末或十四世紀初的早期日本十王圖中。但以圖像上的意義來說，靜坐姿的本地佛像較接近原來所謂「本地」的意思，是提供佛或菩薩本身與變身的關係的圖像說明；而作來迎狀的本地佛則是在此本身與變身關係上，再加上一層拯救亡靈，往生淨土的意思，已是衍生出來的作法。這兩種本地佛圖像的型式亦見之於神道的垂迹圖像上，如東京靜嘉堂的「春日曼荼羅」（圖19）及滋賀園城寺的「新羅明神」（圖20）。前者本地佛亦在雲端，但作上升之狀，無二尊院者所示的來迎之勢，這種型式或為來迎狀本地佛之所本。「新羅明神」的本地佛則似金澤文庫者，只作單純的坐姿來說明此神與菩薩的關係。此新羅明神亦為外來神祇，具有道教色彩，與地獄十王之為來自異土之非佛教形象性質相近，而其本地佛亦為純粹佛教中的菩薩。兩者在圖像上都是經由結合兩個外形不類的形象而造成一種「本─迹」的關係。

---

72. 圖版見高田修・柳澤孝，佛畫（東京，1974），圖版四二至四四。

圖　18

圖　19　　　　　　　　　　　圖　20

　　這種以結合的圖像形式來表示本迹關係的作法，在中國佛教繪畫中早已有之，不
過並不存在於十王圖像中，而只在須要指明圖像中本地與變身之關係時才加以使用。
現存巴黎吉梅美術館一幅 729 年的羅漢佛幡可能是現存最早的例子（圖21）。此羅漢
形象因底下尙有一人形，或許意爲地藏菩薩的變身。[73] 而在此像之上方卽有一坐姿小
佛，此卽佛教圖像上稱之爲「化佛」者。化佛與此羅漢像同在一幅，基本上卽說明了

---

73. 松本榮一，「敦煌出開元年代畫に就て」，國華，第五一一期（1933，6 月），頁一五三至一五七。其他
　　學者並未完全接受此說。Paul Pellilot, *Bannieres et Peintures de Touen Houang* (Paris, 1974)，頁四
　　〇一至四〇二，則以此像爲迦葉。鈴木敬則只稱之爲和尙相。見中國美術，第一册，頁二四五。

圖　21

圖　22

此作羅漢相者與佛之間的本迹關係。這種圖像表現方式也見之於吐魯番所出的菩薩佛
幡（八世紀，現存波士頓美術館）。[74] 一直到第十世紀，這種佛幡還頗爲流行，吉梅
美術館的菩薩佛幡，在菩薩本像之上的三角形頂中也有化佛的出現（圖22）。雖然化
佛的形象小有差異，但都爲坐佛，在服飾上也頗一致。兩個不同形的菩薩可以說是這
個坐佛不同的變身。由此看來，化佛出現的形式乃是爲了說明某個本迹關係，而其使
用的範圍則局限在正宗佛教系統內，連接佛與菩薩，佛與羅漢等等的關係，與通常用
在非正宗佛教的本地佛或本地垂迹的作法比較起來，確有界域上的不同。如果說本地
佛的作法是信仰對現狀的調適運作，那麼化佛的作法則是在信仰本身系統內強化各因
子之間的相關性。

　　雖然化佛與本地佛有如此的差別，但是二者在其系統界域內都具有一種說明連繫
的功能。或許卽是因爲這個共通功能，後來在使用此兩種作法時就有互通的現象。在
中國，化佛在相當早的時候便被轉化來處理非正宗的佛教圖像。京都藤井有鄰館藏「
南詔圖傳」長卷提供一個最早的時間。根據卷末的跋文，此卷爲根據西元 889 年手卷
而作的摹本，卷中描寫了南詔國 （649-932） 的三個傳說，其中的第一段卽爲梵僧故
事，此傳說中的梵僧卽觀音的變身。附圖23所示卽以圖像聯結的方式來解說一個非屬

圖　23

74. Kojiro Tomita，前引書，頁六。

正宗的佛像。此段中梵僧坐於大石之上，其左爲一白象，右則爲一白馬；此梵僧實爲
觀音，馬與象則爲觀音之脇侍。爲了要表達這個變化關係，畫家卽採用了化佛的方
式，將此三像的原來面目置於其上，以雲托之，來說明在此故事中複雜的本身變身細
節。在兩脇侍旁還各有文字，稱此相形式爲「化雲」，此「化雲」二字顯然出自化佛
的概念。

　　另一個轉化型化佛的作法，可見之於吉梅美術館藏，出自敦煌的行僧像佛幡。此
幡作一背負經篋的行僧，旁現一虎。其幡左上角亦出雲，雲上坐佛。根據秋山光和的
研究，此主題當爲寶勝如來，而依畫風來看，佛幡製作年代當在九世紀後半。[75] 畫
中行僧只作一般僧人的模樣，與「南詔圖傳」中的梵僧或馬牛都在表面上與佛菩薩無
關。但是經過化佛的配置，畫家在畫面上便把表面上無關的佛與僧人轉化成本身與變
身的關係。這種化佛應用的例子在十世紀之後相當地多，而且多出現在絹本或紙本的
畫上，因爲便於攜帶，因此也使得化佛作法得到廣被的散播。旣然南至大理，西至敦
煌都有這種例子，其在中國中原、江南地區的流行應當也頗爲普遍。

　　日本自十二世紀恢復與中國的相互交通之後，中國佛教圖像上的化佛或轉化型化
佛的作法也傳到了日本。在成於1139年的圖典十卷抄中，就記有一幅得自於宋僧可惠
之手的烏樞沙摩明王像（圖24）。烏樞沙摩明王乃天臺宗五大明王之一，在此係以穢
積金剛的形象出現。在金剛像頭頂就有一化佛坐於蓮座之上，並以圓光包罩全身。[76]
西元 1200 年左右，覺禪在其著名的圖典覺禪抄中也記錄了一件當時存於日本的「唐
本」白衣觀音像（圖25）。[77] 白衣觀音爲觀音菩薩的變身，爲三十三變身之一。覺禪
所錄的這個中國白衣觀音像上卽「從頂上出五色雲，雲上有佛」；除雲彩外，其化佛
的作法近似吉梅美術館菩薩的化佛。以上二例，證明了自十二、三世紀之時，中國此
種化佛作法確實已經傳到了日本，而且爲日本圖像界所熟知、遵循。[78] 十三、四世紀

---

75. 秋山光和，「敦煌畫『虎をつれた行脚僧』をめぐる考察——ペリオ將來絹繪二遺例の紹介を中心に
　　——」，美術研究，第二三八期（1965，1月），頁一六三至一七六。

76. 十卷抄，卷八，收在大日本佛教全書，第五十二册，頁三一一至三一二。

77. 覺禪，覺禪抄，卷四十七，在大日本佛教全書，第五十四册，頁一六〇。此書成立之時間約在1176～1213
　　之間，見濱田隆，圖像（東京，1969），頁一〇四至一〇七。

78. 佐和隆研以此兩畫都在平安時代輸入日本，見氏著「平安朝時代に輸入された佛教繪畫」，佛教藝術，第
　　六期（1950，6月），頁三六至三七。但由覺禪抄時代的推定，似可把鎌倉時代初期包括進來。

圖　24　　　　　　　　　　　　　　　　圖　25

之後，這類圖像進入日本的數量應該更多，原跡存在今日的就有歧阜永保寺的「千手
觀音像」以及高野山西南院的「太元師明王」前者屬覺禪抄中白衣觀音的作法，後者
則近似於十卷抄之烏樞沙摩明王上所見者。這些例子都屬於基本型的化佛作式。

　　現存東京前田育德會的「馬郎婦觀音」（圖26）在對此觀音的解說上，則是用「
轉化型化佛」的作法。馬郎婦觀音的傳說見於佛祖歷代通載，記述唐憲宗時代馬氏婦
人以誦讀法華經普門品、金剛經為條件下嫁漁商的故事。此婦人卽為觀音的化現，屬
觀音三十三變身之一。由於本事為中國之傳說，觀音卽以中國民間婦女的形象為之，
而在頭上用小型觀音本相來聯接故事中觀音與馬郎婦之間本身與變身的關係。這是典
型的「轉化型化佛」的作法。此圖原歸為北宋李公麟名下，但其畫風顯屬南宋至元的

圖　26

人物畫風格。而且，由對其箱蓋上標籤的考察，此畫由中國傳入日本的時間大致不會晚於十四世紀。[79]

　　這些中國佛教繪畫中使用「化佛」或「轉化型化佛」圖像形式的例子，既然至遲自十二世紀初期後便進入了日本，而爲日僧及佛畫師匠所熟知，當他們面對製造十王圖或神道曼荼羅的需要時，就可以引之來解說其像「本地垂迹」的意義。在十王圖的製作上說，日本的環境與中國者頗爲不同，日僧接受十王信仰時，確實將之視爲佛教之一部分，而爲其時淨土教運動中重要的一環。故而在引進十王圖時，卽產生對那些著中國式服裝的冥王提供在佛教中佛菩薩系譜裏一個地位的解釋需要。其本地佛的添加，卽取自中國佛教繪畫中行之有年的「化佛」，尤其是「轉化型化佛」模式，使冥王與正宗佛教中的佛、菩薩取得緊密的聯繫。這個圖像學上的解決方案，顯然也爲日本佛教容攝神道神祇的過程所需，故而也產生與十王圖添加本地佛作法相同的方式，在神道神祇之上加了小型坐相的本地佛，於圖像上完成「垂迹」理論的運作。

八、日本十王圖風格上的特質

　　除了本地佛的添加之外，日本所製十王圖也在風格上顯示出其自身的特質，而與其中國祖本頗爲不同。卽使在直接摹仿來自中國寧波的十王圖時，日本所製者仍然不會有完全相同的面目。這個結果實則不足爲奇。畫家無論如何用心，終究無法擺脫傳統的制約。這個傳統的制約，主要表現在風格中對結構掌握的不同認識與處理上。由於兩國繪畫傳統的差別，當圖像由一文化環境傳到另一文化環境時，不僅會因環境之需要，在圖像安排上必須作某些調整，在風格上因兩地傳統的不同，其結構概念通常也無法移植。十王圖在中日的傳遞過程中所產生風格上的差異，根本不是摹仿失眞的問題，而是兩地畫家對筆墨結構不同了解所造成的。

　　雖然日本所輸入的寧波十王圖，在年代上有相當長的一段時間，由金處士的十二世紀末所作到某些十四世紀的十王圖爲止，中間大約隔了二個世紀之久。但是不論金處士或陸信忠所作，基本上每一組在風格上都有相似之處，而與日本所製者不同。除

79.「傳李嵩眠筆馬郞婦觀音圖」，國華，第二三三期（1909，10月），頁一○六至一○八。

上及之金澤文庫所藏組、福岡誓願寺所藏組等大約成於十三世紀末期到十四世紀初期
之外，日本其他自製的十王圖大約都是十四世紀或較後的作品，而它們的風格在筆墨
結構上所表現的特質都頗爲一致。以中國金處士的閻羅王與日本二尊院同幅來比較，
二者在臉部的表情上就有不同的表現。二尊院者的表現較簡潔，而依賴強而有力線條
的作用。此畫家（原傳爲藤原行光 1352-89），顯然無意於忠實地表現對象的肌骨，

圖　27

而更在強調閻羅王發怒的神情，此亦可解釋畫家不汲汲於表達臉部的立體效果。金處士者則與此相反，使用了相當仔細而含蓄的線條，又以渲染的陰影企圖造成臉部之立體與其中之肌理結構。相同的情形在比較法然寺陸信忠組的宋帝王與二尊院同冥王的臉部亦可看到。當陸信忠以其筆描與暈染來模仿人物臉部的肌骨以及光影表現，二尊院組的畫家則以較簡單而自由的線條來擔任傳達人物臉部表情的工作。

就是在處理具有猙獰性格的鬼卒時，中日兩者的重點亦有所不同。由比較西柏林的陸信忠泰山王座前執梏的鬼卒與二尊院組宋帝王前同一鬼卒很能看出兩者不同的興趣與處理方法（圖 27、28）。陸信忠者特別強調描寫左右肩不同的隆起，以顯示出左手前推，右手後拉的姿態，這又配合著對上半身右大左小，右腳前伸，左腳後蹬的描繪，使右臂與身體成一角度，而更加強右臂往右後方猛拉的勁道。整個鬼卒的力感並不完全依賴線條對肌肉凹凸的描寫，而實含孕在全身結構的運動上。二尊院的鬼卒則不然。其形象大致上呈一斜側的對稱大字形，只在右臂及右腳作了彎曲，而此彎曲在整個結構上並不造成張力。其左右肩亦呈對稱，而與軀幹處同一平面，也未具有陸信

圖　28

忠鬼卒雙臂雙肩所孕的力量。二會院鬼卒的強力與猙獰倒是大部分依於線條的起伏，扭曲與急速的按收來傳達。其對衣紋、肌肉的描寫線條皆無陸信忠者的平滑，也不注意細膩的暈染陰影，而在忽粗忽細，忽起忽落的運動中表示鬼卒的恐怖，以及行刑時的淒厲威猛。換言之，在二會院的鬼卒，姿勢的結構較不重要；其具有強烈表現能力的筆描也不是用來傳模一個單純的健美身軀，而在於創造鬼卒所散發出來的恐怖猙獰力量。

在這種純粹的線條處理中，經常會引出故意誇張的效果。在二會院組秦廣王座前的鬼卒就有此種現象（圖29）。在奈河橋兩岸的兩個鬼卒姿態各異，但具有相同的線條處理方式，不僅經由線條表現力感，而且企圖經由線條的誇張效果，傳達另一份淒厲恐怖的氣氛。左邊樹下的鬼卒身上所有的線條極盡扭曲之能事，而且造成極為怪異的軀肢形象，尤其以下垂的雙乳為然。這種誇張的扭曲也出現在作投人狀的鬼卒上，不僅在胸部出現了鋸尺狀的輪廓，而且全身無處不產生急速的虯結；其姿態之結構雖未孕有強大的力量，但此怪異的細部誇張卻更增其猙獰。如與上述陸信忠的鬼卒作一

圖　29

比較，二尊院秦廣王的鬼卒在形象上都已超出自然人體物理結構的限制，而其線條誇張的處理也因此而取得象外的恐怖效果。

　　由此可以看出中日兩地對於筆描功能的認識確有相當程度的差異。地獄十王這個主題雖係爲純粹的中國產物，而當日本畫家在以輸入的中國十王圖爲基礎製作自己的十王圖時，不但在圖像上有所添加，而且在風格技法上也未亦步亦趨地隨著中國的模型。圖像的添加係爲符合其信仰環境之需要，在風格上所滋生的差異也是因爲其本身固有風格傳統的影響。在十四世紀日本所製十王圖上所見到那種對筆描抽象表現能力的重視，卽在日本傳統的「大和繪」中亦可見到。[80] 類似二尊院鬼卒的線描風格，其

圖　30

80. 筆者以爲當時日本許多製作十王圖的畫家都對大和繪的傳統風格非常熟悉，二尊院組舊傳的作者藤原行光就是當時大和繪的名家。

圖　31

實也在如「吉備大臣入唐繪卷」（圖30，現藏波士頓美術館）以及「華嚴緣起・義湘繪卷」（圖31，現藏京都高山寺）的鬼像中出現。這樣說來，在風格的表現上，日本畫家在處理這個來自中國的地獄十王題材時，其傳統在創作上所起的作用實在遠過於外來的影響。這個現象可能可以反映自鎌倉時代以降日本整個藝術界對所謂中國影響的處理途徑。

九、小　結

　　由十王圖所見中日兩地之差異，不僅在於圖像的安排，而且涉及筆法風格的不同。這些差異脫不開環境的作用。日本十王圖中添加了本地佛，與當時的垂迹思想很有關係，也是為了讓當時奉持淨土信仰的大量民眾能更心無疑慮地接受這些形象，進之使淨土信仰的運作暢行無礙。當時的藝術環境也使畫家使用其傳統的線條處理來呈現十王殿中的情景。在中國宋元以及當時日本所製之十王圖既然在追薦的功能上雙方

都有一致的認識，他們所要求的恐怖淒厲效果當然並無不同。那麼，在此相同要求之下所產生不同的風格，實是方法途徑上的不同選擇。日本製作十王圖的畫家，不論是出於有意識的或是下意識地，係以其繪畫傳統中那種誇張的、強力的抽象表現性的線條爲達到其效果的不二法門。這樣子看來，任何一種藝術的移植，不論是在圖像上也好，風格上也好，確沒有純粹而完整的可能。

以十王圖像的整體發展來看，日本鎌倉時代及其後的情形，可以看成是繼中國在十世紀及十二、三世紀之後的第三波發展。在中國境內發生的第一期，是十王圖像的開創期，圖像主以經卷的插繪形式，或作爲地藏的脇侍形式出現，其功能主在預修，故而側重在冥王及審判景的描寫。對於冥王的安排與處理，也配合傳統的概念與環境，不僅出以十的整數，而且各王之間的地位也有平行化的趨勢，在描繪上並且借用了世俗一般所見的官廳形式。十王平行化的趨勢在第二期的十二、三世紀中的十王圖軸上更爲確定，甚至爲此而犧牲了各冥王在圖像學上的獨特性，加強了死後刑罰的無盡感。這與十王圖軸在十王供中以追薦爲主的功能也能配合。因爲圖像以追薦爲主，刑罰部分的描寫也被增加，以求突出追薦的需要與效果。十王地位的平行，卽使亡靈在地獄各殿中的苦痛沒有輕重之分，也令之沒有喘息的機會，全爲極致的恐怖，而十干之數更加強了這種無盡期的感覺。當然，相對地這也強調了十王圖軸在追薦上，甚至預修上的效果。

由十王圖所見這種「分治亡人」的情形，確與另一個流行的地獄階層系統的認識不相一致。在那個地獄世界裏，閻羅王是天子的身分，經常被呼爲「閻羅天子」，而在其下形成一個與俗世皇朝相類似的政府組織。事實上，這兩種關於地獄冥府組織的不同認識並不妨礙兩者在中國民間信仰中的共存。民間信仰具有最大的彈性，隨著時機、要求的不同，兩個冥府概念可以有各自的適用範圍。當此地獄世界需以單獨形象爲表徵來突出其結構的系統性時，以閻羅天子爲首的階層組織觀便擔負此任務。而當地獄信仰需以突出審判及刑罰之無終止的期限與恐怖爲重心時，十王所代表的分治觀便是最有力的工具；在此情況，階層組織觀便下移至各冥王下，去建構一個規模較小的衙府形式。這種因事而定的彈性，使得信仰在實行上能在每一個場合發揮最大的功效，民眾信徒也能在各種不同狀況下求取最大的護佑。在此前提之下，理論中一致性

的要求在民間信仰之中便淪爲次要的地位。這個中國民間信仰的特質也可以反過來輔
助說明爲何十王信仰在換了一個環境，到了日本之後，會興起在中國所無的本地佛解
釋的現象。

出自第五十六本第三分（一九八五年）

景教三威蒙度讚研究

吳　其　昱

　　此卷藏於巴黎圖書館，編號爲 Pelliot chinois 3847，由六紙黏接而成。計高二十六公分，長一〇五公分，共有字四十六行。各紙長度不等，自右至左，第一紙九公分，第二紙三十七公分，第三紙二十公分，第四紙五‧八公分，第五紙二七公分，第六紙六‧二公分，共長一〇五公分。楮紙，色如桑皮紙，厚度中等，有水紋，又加烏絲欄，不甚明顯，並留有摺痕。卷首背面題三威蒙度讚。

　　三威蒙度讚共有字二十四行，首末行爲讚文題名，首題作景教三威蒙度讚，末題作「大秦景教三威蒙度讚一卷」。讚中有朱點六。後三紙有字十八行。首行題㝡經二字，以下第一、三段各冠以敬禮二字。首段三身，二段列法王名二十二，三段錄經名三十五，末四行筆劃較細，疑出另一人之手，記有經部總數，入唐年代及僧人，及後來景淨所譯經三十部。其原文如下：

　　　　「謹案諸經目錄，大秦本敎經都五百卅部，並是貝葉梵音。唐太宗皇帝貞觀九年（635），西域太（大）德僧阿羅本（rhabbouni「老師」，見希臘文約翰福音二十章十六節等處）屆于中夏，並奏上本音。房玄齡，魏徵宣譯奏言。後召本敎大德僧景淨譯得已上卅部卷。餘大數具在貝皮夾，猶未翻譯。」

　　卷末有朱文篆書殘印，高五‧二公分，存右三字，似是「大秦寺」。

　　此讚影印本有一九一七年上虞羅氏鳴沙石室佚書續編本，P.Y. Saeki(佐伯好郎)，The Nestorian Documents and Relics in China〔一九五一年東京。佐伯氏一九一六年卽有 The Nestorian Monument in China，在倫敦出版，錄讚文（頁二七二）並英譯（頁六六至六七）〕，及 A. C. Moule, Christians in China before the Year 1550（一九三○倫敦）等書。刊本最早者有宣統己酉（1909）敦煌石室遺書本。常見者有大正藏伍肆册，頁一二八八，及中國教會習用之普天頌讚（見附錄，一九七七香港等書）。他如龔天民，唐朝基督敎之研究（一九六○香港）亦附影本及刊本。

一八九二年 A. J. Maclean 及 W. H. Browne 出版 The Catholicos of the East and his People 於倫敦，譯有敍利亞文天使頌，卽 Gloria in excelsis Deo 榮歸上帝頌（頁二三○至二三一）。英譯對鑒定三威蒙度讚與敍利亞文天使頌之關係極有助益。

景敎三威蒙度讚與大秦景敎流行中國碑（七八一年）爲中國早期基督敎史最珍貴之文獻，所用術語多受佛道敎之影響。前者之譯人與後者之撰人同爲景淨。景淨傳記資料有三：

一、大秦景敎流行中國碑，此碑研究者甚多。最近出版者有伯希和書。P. Pelliot & J. Dauvillier, Recherches sur les Chrétiens d'Asie centrale et d'Extrême-Orient（中亞遠東基督敎徒研究）, II, 1: La Stèle de Si-ngan-fou（大秦景敎流行中國碑），一九八四巴黎。碑文第二行「大秦寺僧景淨述」其下敍利亞文作：

'dm qšyš' wkwr'pysqwp' wp'pšy dṣynst'n

'dm, Adam 爲景淨敍利亞文名。qšyš'，指僧或長老，w-kwr'pysqwp' 相當於希臘文之 χωρεπίσκοπος，原意爲鄉村主敎，或諸州主敎，職權小於主敎，且限於鄉村或諸州。在京洛地區，則爲郊區主敎，參閱伯希和書頁七二。人數原限一人，但大唐廣土衆民，故增至數人。w爲前置連接詞，如英文 and, w-p'pšy 似原非敍利亞文。Pelliot 釋爲 fapši「法師」之對音（T'oung Pao (1911)，頁664起。又(1914)，頁 626）。就上下文觀之，僅用法師二字似亦未安。或以爲源自希臘文 πάπ(π)ας，參閱 G. W. H. Lampe, A Patristic Greek Lexicon, Oxford 1961，頁1006。但-šy 亦難解釋，二說各有困難，仍待深考。d-ṣynst'n 震旦，秦土卽大唐國。以上敍利亞文銜暫譯如下：

「大唐法師諸州主敎僧景淨」或

「大唐敎務總監督諸州主敎僧景淨」。

二、大唐貞元續開元釋教錄上，及貞元新定釋教目錄拾柒，（大正藏伍伍册，頁七五六上及八九二上）謂貞元初罽賓國僧般若與大秦寺波斯僧景淨依胡本共譯大乘理趣六波羅蜜經七卷，[1] 引般若三藏續翻譯經圖記：

> 「（般若）乃與大秦寺波斯僧景淨依胡本六波羅蜜經譯成七卷，時爲般若不閑胡語，復未解唐言，景淨不識梵文，復未明釋教，……景淨應傳彌尸訶教，沙門釋子弘闡佛經……」

景淨爲波斯僧，疑是伊蘭族，胡本似是于闐文，屬東伊蘭方言，波斯僧通解較易。

三、法藏敦煌寫本 P.3847 景教三威蒙度讚題記，引見上文，

三威蒙度讚當是 P.3847 經目中之三威讚經。至於讚文題名，方豪蒙席釋爲「三威，即今稱『聖三』，言三位一體也。蒙度者，仰望救贖也」。（中西交通史，第二册，頁二一七，一九五三臺北）甚確。一九〇八年以來伯希和法譯即作 Éloge de la Sainte Trinité…… (BEFEO VIII 頁 519)。日本佐伯好郎以「威蒙度」爲敍文「浸禮」imuda，殆誤（支那基督教の研究 I，頁 347，東京一九四三）。案此讚果用「蒙」「度」二字，非對音也。

讚中對音如阿羅訶，'lh'，彌施訶 mšyh'，景教碑亦同，與敍利亞文合，且景教碑亦用敍利亞文，此讚當從敍利亞文譯爲漢文，下文三威蒙度讚敍漢對照本可證。

此讚原爲希臘文，題作 ἡ Δοξολογία Μεγάλη，Greater Doxology，作者佚名，至遲成於耶元四世紀，初引見於 Constitutiones Apostolicae, VII 47, 見 Patrologiae Cursus Completus, series Graeca (J.-P. Migne 編，一八五七至一八六八，巴黎）第一册，1055—1058，又見 ANΘOΛOΓION，第三册，頁四七（一九三〇羅馬）。二本大同小異。

敍利亞文本 tšbwht' dml'k' （天使頌）譯自希臘文，見巴黎圖書館藏敍利亞文寫本 185 號（一六九二抄本），頁四七至四九，又見 Breviarium iuxta ritum Syrorum

---

1. 此經于闐文本有：E. Leumann, Zur nordarischen Sprache und Literatur, S. 84—99, Strassburg 1912, 又同人，Die nordarischen Abschnitte der Adhyardhaśatikā Prajñāp⁻ramitā, Text und Übersetzung mit Glossar, 大正大學學報，第 6、7 輯，Part 2，歐文部，頁47—87，Tokyo 1930.

orientalium id est Chaldaeorum，一八八六又一九三八羅馬，頁七三，同書又有一九六一年南印度 Trichur （Kerala）印本，頁一〇八，及 H. Husmann, Die Melodien des chaldäischen Breviers Commune，一九六七羅馬，頁八〇至八二，一三六至一三八。敘利亞文本有 A. J. Maclean 英譯已見上文。又見附錄。

拉丁文本題作 Gloria in excelsis Deo（榮歸上帝頌），又作 Hymnus angelicus（天使頌），見 The Antiphonary of Bangor（約六九〇），有 F. E. Warren 本，一八九三至一八九五倫敦刊本。又見拉丁文寫本，如 Graduale Romanum，巴黎圖書館藏 Latin 2291 號（九世紀寫本葉十六上）1118 號（十世紀寫本），9436 號（十一世紀寫本），中世寫本計有三百四十一號，樂調亦有五十六種。

Gloria in excelsis Deo 與 Te Deum （Thee God）爲基督教教會中較古較流行之讚頌。前者自四世紀以來流傳至今，例如 Missel communautaire （一九七八巴黎，頁一二〇二，一四五四至一四五五）即有之。據 Th. Klauser, A Short History of the Western Liturgy （原著德文 Kleine abendhändische Liturgie-geschichte，一九六五，英譯本一九六九）頁六三（及附錄三，頁一七〇錄讚文），謂七〇〇年頃羅馬主教舉行彌撒 missa 時，亦用此讚。十八世紀意大利音樂家 Antonio Vivaldi （一六七八至一七四一）爲此讚所譜樂曲爲教堂音樂中最美樂曲之一。西方學者研究此讚者甚多，參閱 New Catholic Encyclopedia, New York, 1967, 第六册，頁五一〇起。

此讚漢本共四十四句，每句七言（第二十三句八言），每八句換韻，惟三十三至三十六句四句即換韻。或由於韻律、修辭等關係，漢譯本句數頗有增加，較今敘利亞文本多出十句。讚文多引新約，首四句引自新約路加福音第二章第十四節。敘文五、六行引提摩太前書第六章第十六節，九、十行引約翰福音第一章第二十九節等。

此抄本中有若干問題，如誤字等，應先分別討論，然後再將敘漢文本附英文字譯（據 Maclean 英譯）分行對照如後（參閱附錄）。

一、漢文十五行　聖子端任父右座　「任」應作「在」。

敘利亞文十至十一行：　　　ytb mn ymyn' d'-b-why

Husmann 敘文本　　　　　　iāteb men iaminā dabuhi

| Maclean 英譯 | sittest at the right hand of the Father |

希臘文本   ὁ καθήμενος ἐν δεξιᾷ τοῦ Πατρός

拉丁文本   sedes ad dexteram patris

敍文 mn此處意爲「在」"at", d'bwhy 意爲「父之」of the father, 可見「任」爲「在」字之誤。

二、漢文十六行   大師願彼乞衆請   「乞」應作「允」。

敍文十一行   qbl b 'wt-n

Husmann 敍文本   qabel bā 'utan

Maclean 英譯   Receive our request

希臘文本   Πρόσδεξαι τὴν δέησιν ἡμῶν

拉丁文本   Suscipe deprecationem nostram

敍文 qbl 相當於希伯來文 qabbala(=aram.)，阿拉伯文作 qabila，依次見L. Koehler et W. Baumgartner, Lexicon in Veteris Testamenti Libros, Leiden 1958, 頁 819 (此書第三版，HALAT, 1983 年印行，第三册，頁 993)，及 H. Wehr, A Dictionary of Modern Written Arabic, Wiesbaden, 1961，頁 739。

「乞」字與上下文不合，據敍利亞文應作「允」。

三、漢文二十二行   大聖謙及淨風性   「謙」應作「兼」，

敍文十四行   w-l-k w-l-rwh' d-qwdš'

Husmann 敍文本   olāk oalruhā dqudšā

拉丁文本   cum Sancto Spiritu

據 Maclean 英譯改字譯 and to thee and to Ghost Holy

此處w相當於 and ，l相當於 to ，k相當於 thee, rwh' dqwdš'，即 P3847 後部三身之一之證身，音譯作「盧訶寧俱沙」。其中「寧」字聲母相當於 d-，即以「泥」母字對「定」母字，八世紀密宗不空學派對音亦如此，遍尋句中無「謙」字，但有「兼」字w，故知「謙」爲「兼」之誤。

四、漢文十七行   降梲使免火江漂   「火江」似應作「大江」

此句不見於敍文，爲漢譯者新加。但另一敦煌景教寫本宣元至本經十九行有「永

免大江漂迷」。「火江」與「降椷」不甚合，疑「火」爲「大」之誤。

五、漢文十六行　其座復超無鼐高

此句不見於敍文，亦是漢譯者新加。「鼐」字稀見，龍龕手鑑（部首）平聲卷壹斤部第二十三（四部叢刊本四十七葉上）有「鼐」字，爲「鼎」之俗字，注曰「正音頂，三足兩耳，亦鎗屬」。意似指最高。

六、漢文十九行　大師慧力助諸羸

敍文十二行　　　　　　w-'nt-w šbwq' d-ḥth--yn

Husmann 敍文本　　　oantu šāboqā daḥtāhain

Maclean 英譯　　　　And thou art forgiver of our sins

羸字不見於龍龕手鑑（壹六十五葉上有羸部）集韻等頗收俗字之字書，不知其讀音，但其意義可確定爲罪惡，即敍文十二行 d-ḥth-y-n, daḥtāhain，或假設爲「羸」字（龍龕手鑑壹葉六五上羸部「羸」字下註「日瘦也，極瘦也，劣也，疲也」）或「劣」字，義雖近似，仍待再考。

七、漢文十一行　衆善根本復無極「極」即「極」字

此句不見於敍文，爲漢譯者所加，「極」與「德」（德韻）、「力」（職韻）「國」（德韻）、「億」（職韻）押韻（職德通押）。龍龕手鑑，貳，二十一葉上，火部第四有「亟」字，音義與廣韻伍職韻「亟」字同，故「極」與「極」同。

以上誤字部分自一九〇九年以來，相沿至今，未聞有人辨正，此殆因三威蒙度讚僅存一本，無他本可資校勘也。

讚中問題討論旣畢，以下卽以三威蒙度讚敍利亞文漢文對照本作比較研究，以明二本之同異。

敍利亞文原文，據 Breviarium iuxta ritum Syrorum orientalium，一九六一Trichur，見圖二。所標 Rukkākā（塞音擦化 p, b, t, d, k, g>f, v, θ, ð, x, ɣ）及複數，今不贅。又句逗號✤改用／，並據以分行。第一行爲敍利亞文羅馬字本，不加注元音。第二行爲敍利亞文羅馬字本，加注元音，主要據 H. Husmann, Die Melodien des chaldä-ischen Breviers Commune，一九六七羅馬，頁八〇至八二，並參考一三六至一三八頁。第三行英文字譯據 A. J. Maclean 英譯，見 The

Catholicos of the East and his People，一八九二倫敦，頁二三〇至二三一。第四行漢文寫本，較敍利亞文本稍長。至於希臘文，拉丁文本，較敍利亞本文稍短，分別收入附錄。

tšbwḥt' dml'k'
Hymn　angelic

1.

tšbwḥt' l'lh' bmrwm'/(tny: g zbnyn) w 'l

tešboḥtā lālāhā bamrāome, o 'al

Glory to God in the highest, (repeat 3 times) and on.

深敬歎（阿羅訶）無上諸天，（重複三次）

2.

'r '' šlm'/wsbr' ṭb' lbnynš'/ sgdynn lk/

ar 'ā šlāmā. osabrā ṭābā labnaināšā.　sāgdinan lāk.

earth peace, and hope good to mankind. We worship thee,

大地重念普安和，蒙依止人元眞性。一切善衆至誠禮，

3.

mšbḥynn lk / mrmrmynn lk / 'yty' dmn mtwm / kyn'

mešabḥinan lāk. mramᵉrminan lāk. itiā dmen mtom. kiānā

we glorify thee, we exalt thee. Eternity who art from ever.　Nature

一切慧性稱讚歌，一切含眞盡歸仰。正眞常

4.

gnyz' dl' mtdrk / 'b' wbr' wrwḥ' dqwdš' / mlk'

gnizā d lā metdrek. abā oabrā oruḥā dqudšā. malkā

hidden incomprehensible. Father, and Son and Spirit Holy. King

難尋無及，慈父明子淨風王，於

5.

dmlk' / wmr' dmrwt' / d 'mr bnwhr' g'y' /ḥw d'nš

dmalke. omārā dmārāoātā. d 'āmar bᵉnuhrā ga'iā. hāo d'nāš

of kings, and Lord of lords, who dwellest in light glorious, whom any

諸帝中爲師帝，於諸世尊爲法皇。常居妙明無畔界，

6.

　　mn bnynš' l' ḥzyhy / w'pl' mṣ' lmḥzyh/qdyš'

　　men bnaināšā lā ḥzāihi. oāplā mṣe lmehzieh. qadišā

　　man has not seen, and can not see. Holy

　　自始無人嘗得見，復以色見不可相。惟

7.

　　blḥwdwhy / ḥyltn' blḥwdwhy / l' mywt' blḥwdwhy /

　　balhodāohi. ḥailtānā balhodāohi. lā māiotā balhodāohi.

　　alone, mighty alone, immortal alone.

　　獨純凝清淨德，惟獨神威無等力，惟獨不轉儼然存。

8.

　　mwdynn lk / byd mṣ 'y' dṭbtn / yšw' mšyh' /

　　māodeinan lāk. biad meṣ 'āiā dṭābātan. Išo ' mᵉšihā.

We confess thee, through the mediator of our blessings, Jesus Christ,

　　我今一切念慈恩，<u>彌施訶</u>，

9.

　　prwqh d'lm' / wbrḥ dmrym' / 'mrh d'lh' ḥy' /

　　pāroqeh d'ālmā. oabreh damraimā. emreh dalāhā haiā.

Saviour of the world, and Son of the Highest, Lamb of God living

　　廣度苦界救無億，普尊大聖子，常活命王慈喜羔。

10.

　　šql ḥtyth d'lm' / 'trḥm 'lyn / ytb mn ymyn'

　　šāqel hᵉtiteh d'ālmā. etraḥam 'elain. iāteb men iaminā

Takest away sins of the world. Have mercy upon us, who sittest at

the right hand

　　願捨羣生積重罪，善護眞性得無絲，聖子端在

11.

d'bwhy / qbl b'wtn / d'ntw 'lhn / w'ntw mrn /

dabuhi. qabel bā 'utan. dantu alāhan. oantu māran

of the Father. Receive our request. for thou art our God, and thou art our Lord,

父右座。大師願彼允眾請，大師是我等慈父，大師是我等聖主，

12.

w'ntw mlkn / w'ntw prwqn / w'ntw šbwq' dḥthyn /

oantu malkan. oantu pāroqan. oantu šāboqā daḥtāhain.

and thou art our King, and thou art our Saviour, and thou art forgiver of our sins.

大師是我等法王，大師能爲普救度，大師慧力助諸羸。

13.

'yn' dkl 'nš lwtk tlyn / yš w'mšyh' /

'aine dkul nāš loātāk taliān. Išo 'mešihā.

Eyes of all men on thee hang. Jesus Christ.

諸目瞻仰不蹔移。大聖普尊彌施訶，

14.

šwbḥ' l'lh' 'bwk / wlk wlrwh' dqwdš'

šubḥā lalāhā abuk. olāk oalruhā dqudšā

Glory to God thy Father, and to thee, and to Spirit Holy

我歎慈父海藏慈，大聖兼及淨風性，

15.

l 'lmyn 'myn.

l 'ālmin āmin.

forever. Amen.

清凝法耳不思議。

此讚爲古代希臘文基督敎文獻首次間接譯爲漢文而又現存者，實爲中國與希臘猶太文化接觸所生結果之一。

八世紀中至九世紀中阿拉伯人，藉景敎徒之助，譯希臘哲學科學文獻爲阿文。[2]後來十字軍興，尤其十二三世紀時，歐人又據阿人所傳，譯爲歐文，補其闕佚。其影響深遠，爲當時思議所不及。惜當時唐朝政府，未倩景敎學問僧譯希臘古典爲漢文。僅倩景淨助譯胡本六波羅密經，未能展其所長，

唐會要肆玖，大秦寺條，載貞觀十二年（六三八）制詔，與大秦景敎流行中國碑有關部分極近似：

> 「道無常名，聖無常體，隨方設敎，密濟羣生。大秦國大德阿羅本遠將經像，來獻上京。詳其敎旨，玄妙無爲，觀其元宗，生成立要。詞無繁說，理有忘筌。濟物利人，宜行天下。」

其中「觀其元宗，生成立要」似指基督敎上帝創造世界說。

三威蒙度讚題記謂「謹案諸經目錄，大秦本敎經都五百卅部，並是貝葉梵音」。其漢譯經名，似亦非盡出新舊約，或有早期敎父著作。其中部分敎父受有希臘哲學影響，與聶斯脫派關係深切之安提阿城 Antioch 原爲西亞希臘文化中心之一。Nestorius 本人旣精通希臘文自不免受希臘哲學影響。唐太宗問道禁闥，阿羅本之講說，必引經據典，博引受有希臘哲學影響之著作。太宗制詔，言亦玄遠，「詳其敎旨，玄妙無爲」頗富哲學意味。

總之，一、本文考釋敍利亞文原本天使頌，並與漢文三威蒙度讚作比較研究，求其異同，補證前人所提漢文三威蒙度讚譯自敍利亞文之說。二、三威蒙度讚漢文僅有一本，其中誤抄之處，無他本可資校勘。今比較敍文原本，得辨正漢本之疑誤。三、更用希臘拉丁文比較研究，可使漢本疑義能得其確詁；從而利用此漢本，爲希臘文新

---

2. 參閱一、De Lacy O'Leary, How Greek Science passed to the Arabs, London 1949. 二、M. Steinschneider, Die arabischen Übersetzungen aus griechischen, Leipzig & Berlin, 1889-1996. 三、同人 Die europäischen Übersetzungen aus dem arabischen bis Mitte des 17. Jahrhunderts, 1904—1905. 四、Abd. Badawi, La Transmission de la philosophie grecque au monde arabe, Paris 1968. 五、F. Sezgin Geschichte des arabischen Schrifttums, Vol. 3—7, Leiden 1970—1979.

約路加福音第二章第十四節（三威蒙度讚前四句）等處添一時代較早之校註。[3] 四、此讚爲希臘文第一次間接譯爲漢文，可證明大唐帝國與西域基督教世界之文化關係，尤其與東羅馬希臘文化世界之關係。

三威蒙度讚敍利亞文字彙

（每行次序如下：敍文不加注元音，加注元音（據 Husmann），

英譯，漢譯及敍文天使頌行數）’B D‘…

，

’b’, abā, father　父　4

’bw-k, abuk, thy father　汝父　14

’lh-n, alāhan, our God　我等之上帝　11

’mr-h, emreh, lamb　羔羊　9

’myn, āmin, amen　其如是　15

’nš, nāš, man, anyone　人　13

’t-rhm, etraham, have mercy　加慈　10

’r‘’ ar‘ā, earth　地　2

’yty’ itiā, eternity　眞常　3

　　　B

b ‘wt-n, bā ‘utan, request　所請　11

b-l-hwd-why, balhodāohi, alone　唯獨　7

b-m-rwm’, bamrāome, in the highest　天上　1

b-nwhr’, benuhrā, light　妙明　5

bny-nš’, bnaināšā, men　人（bny, son子）　6

byd, biad, through　經過　8

---

3. 參閱 B. M. Metzger, A Textual Commentary on the Greek New Testament, London & New York, 1975，頁一三三，關於 εὐδοκία 與異文 εὐδοκίας 之問題。又 Nigel Turner, Christian Words，頁 130起，愛丁堡 1980。又 G. Kittel & G. Friedrich, Theological Dictionary of the New Testament, Vol. 2, 頁 738起，Grand Rapids, 1964。德文原本 TWNT, vol. 2, 頁736—748, Stuttgart 1935.

D

d-'b-why, dabuhi, of the father　父之　11

d-'lh', dalāhā, of God　上帝之　9

d- 'lm', d'ālmā, of the world　世界之　9,10

d-'nš, d'nāš, whom anyman　任何人……之　5

d-'nt-w, dantu, for (conj.) thou　因汝　11

d- 'mr, d'āmar, who dwells, dwelling　居……者　5

d-ḥth-yn, daḥtāhain, of our sins　我等之罪惡　12

d-kl, dkul, of all　全……之　13

d-l', dlā, that... not　不……之　4

d-mlk', dmalke, of kings　諸王之　5

d-mn, dmen, that...from　自……之　3

d-mrw-t', dmārāoātā, of lords　衆主之　5

d-qwdš', dqudšā, of holiness, holy　聖　4, 14

d-ṭb-t-n, dṭābātan, of our blessings　恩賜　8

d-m-rym', damraimā, of the highest　最尊者之　9

'l-yn, 'elain, upon us　於吾等　10

'yn', 'aine, eyes　目　13

G

g'y', ga'iā, glorious　赫赫　5

gnyz', gnizā, hidden　隱藏　4

H

hw, hāo, he, that　彼　5

Ḥ

ḥtyt-h, ḥetiteh, sins　罪惡　10

ḥy', ḥaiā, living　常活　9

ḥyl-t-n'-, ḥailtānā, might　威力　7

ḥz-yḥy, ḥzāiḥi, seen　見　6

K

kyn', keiānā, nature　性　3

L

l', lā, no, not　無，不　6,7

l-'lh', lalāhā, lālāhā, to God　於上帝　1,14

l-bny-nš', labnaināšā, to mankind　於世人　2

l- 'lm-yn, l 'ālmin, forever　永久　15

l-m-ḥz-y-h, lmeḥzieh, not see　不見　6

lwt-k, loātāk, to thee (lwt, unto, towards)　向汝　13

M

mlk', malkā, king　王　4

mlk-n, malkan, our king　我等之王　12

mn, men, out of, at　從，在　6, 10

m-rm-rm-y-nn, mramerminan, we exalt　我等讚揚　3

mr-n, māran, our lord　我等之主　11

m-šbḥ-y-nn, mešabḥinan, we glorify　我等頌揚　3

mšyḥ', mešiḥā, Christ　基督　8, 13

mṣ', mṣe, can　能　6

mṣ'-y', meṣ 'āiā, mediator　中介者　8

m-t-drk, metdrek, fathomable　可測的　4

mtwm, mtom, ever　終久　3

m-wdy-nn, māodeinan, we confess　我等讚頌，信仰，自認，懺悔　8

mywt', māiotā, mortal　會死的　7

P

prw-q-h, pāroqeh, saviour　救度者　9

prw-q-n, pāroqan, our saviour　我等之救度者　12

Q

qbl, qabel, receive　接受，應允　11

qdyš', qodišā, holy　聖　6

S

sgd-y-nn, sāgdinan, we worship　我等膜拜　2

Š

šbwq', šāboqā, forgiver　赦宥者　12

šlm', šlāmā, peace　安和　2

šql, šāqel, takest away　捨　10

šwbḥ', šubḥā, glory　讚頌　14

T

tl-yn, taliān, hang　懸　13

t-šbwḥ-t', tešboḥtā, glory　讚頌　1

Ṭ

ṭb', ṭābā, good　好　2

W

w-'l, o 'al, and on　又在……上　1

w-'nt-w, oantu, and thou art　汝又爲　11, 12

w-'p-l', oāplā, nor　又不……　6

w-br', oabrā, and son　與兒子　4

w-br-h, oabreh, and son　與兒子　9

w-l-k, olāk, and to thee　又於汝　14

w-l-rwḥ', oalruḥā, and to spirit　又於（淨）風　14

w-mr', omārā, and Lord　及主　5

w-rwḥ', oruḥā, and spirit　……及（淨）風　4

w-sbr', osabrā, and hope　又……希望　2

Y

ymyn', iaminā, right (hand) 右側 10

yšw', Išo', Jesus 耶穌 8, 13

ytb, iāteb, sitting 坐 10

參考書舉要（限本文未引之專書）

K. Aland et al., The Greek New Testament, 3rd. ed. New York, London etc. 1975.

L. Abramowski, Untersuchungen zum Liber Heraclidis des Nestorius, Lonvain 1963.

A. Baumstark, Geschichte der syrischen Literatur, Bonn 1922.

D. Bosse, Untersuchung einstimmiger mittelalterlicher Melodien zum "Gloria in excelsis", Regensburg 1954.

J. Froger, Les Chants de la Messe aux VIIIe-IXe siècles, Tournai 1950.

J.A. Jungmann, Missarum sollemnia, Paris 1952.

Nestorius, Le Livre d'Héraclide de Damas, P. Bedjan 編敍利亞文譯本，Paris & Leipzig 1910，法文譯本 F. Nau, Paris 1910, 英譯本 G. R. Driver & L. Hodgson, Nestorius, The Bazaar of Heracleides, Oxford 1925 又參閱F. Loofs, Nestoriana, Halle 1905.

The New Testament in Syriac (Peshitta), London 1955.

L.I. Scipioni, Nestorio e il concilio di Efeso, Milano 1974.

E. Tisserant, L'Eglise nestorienne, Recueil Cardinal E. Tisserant, I, Louvain 1955 頁139起，初見於 Dictionnaire de Théologie catholique, vol. XI, 1, Paris 1931.

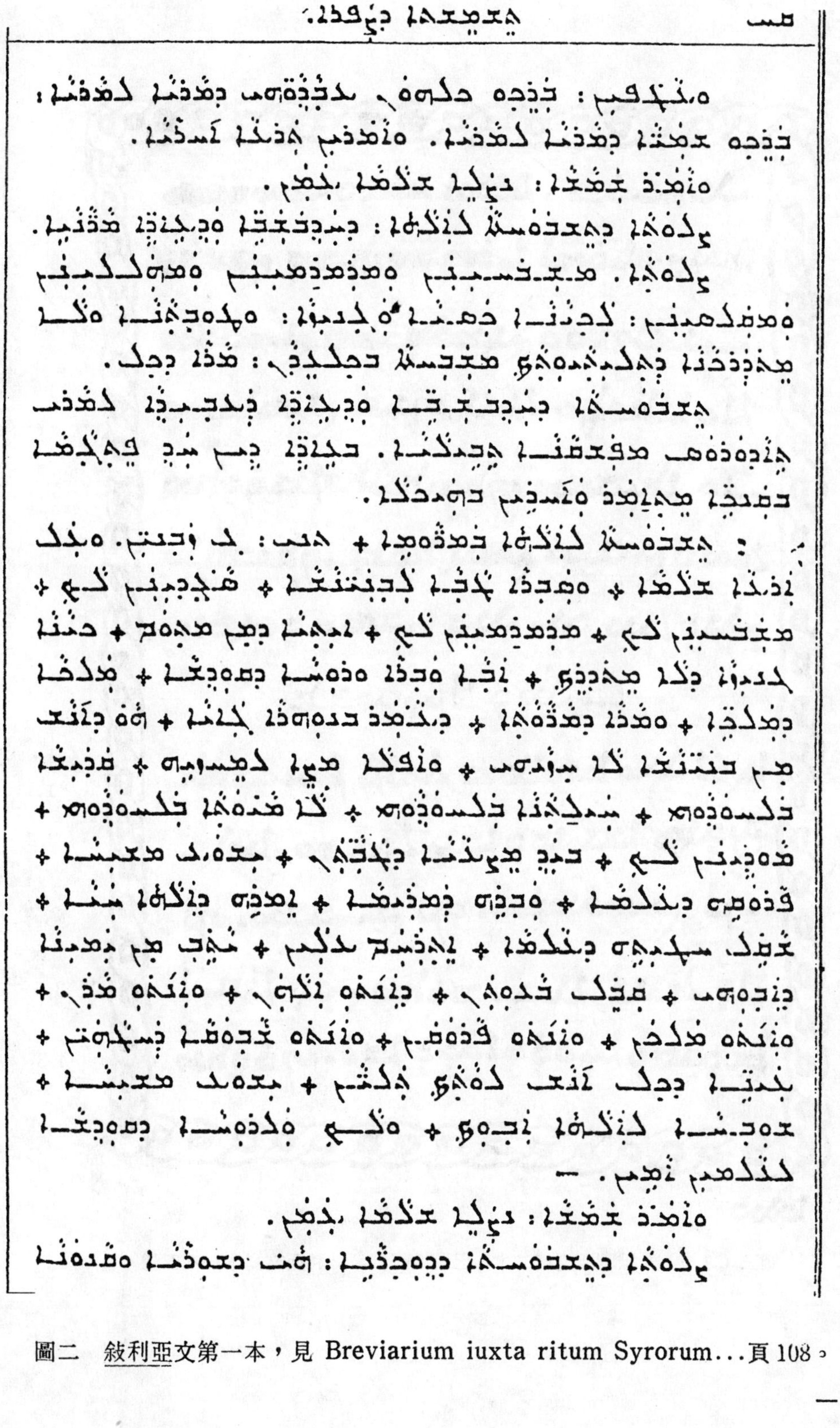

؛	1
+	2
	3
	4
	5
	6
+	7
+	8
+	9
	10
+	11
+	12
+	13
	14
—	15

圖二　敍利亞文第一本，見 Breviarium iuxta ritum Syrorum...頁108。

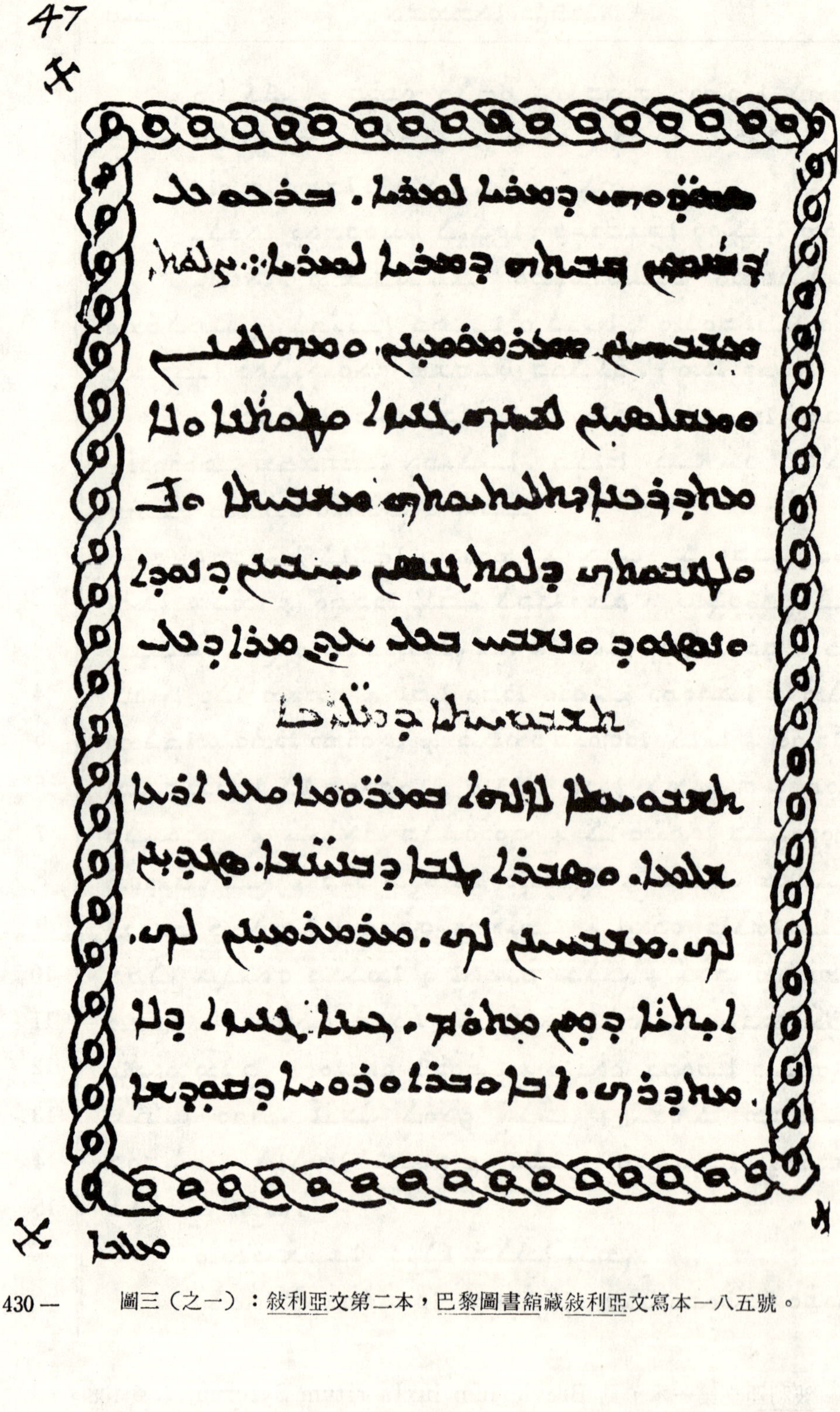

47

印本
（行，字）

1,1

2,2

2,7

3,5

4,3

圖三（之一）：敘利亞文第二本，巴黎圖書館藏敘利亞文寫本一八五號。

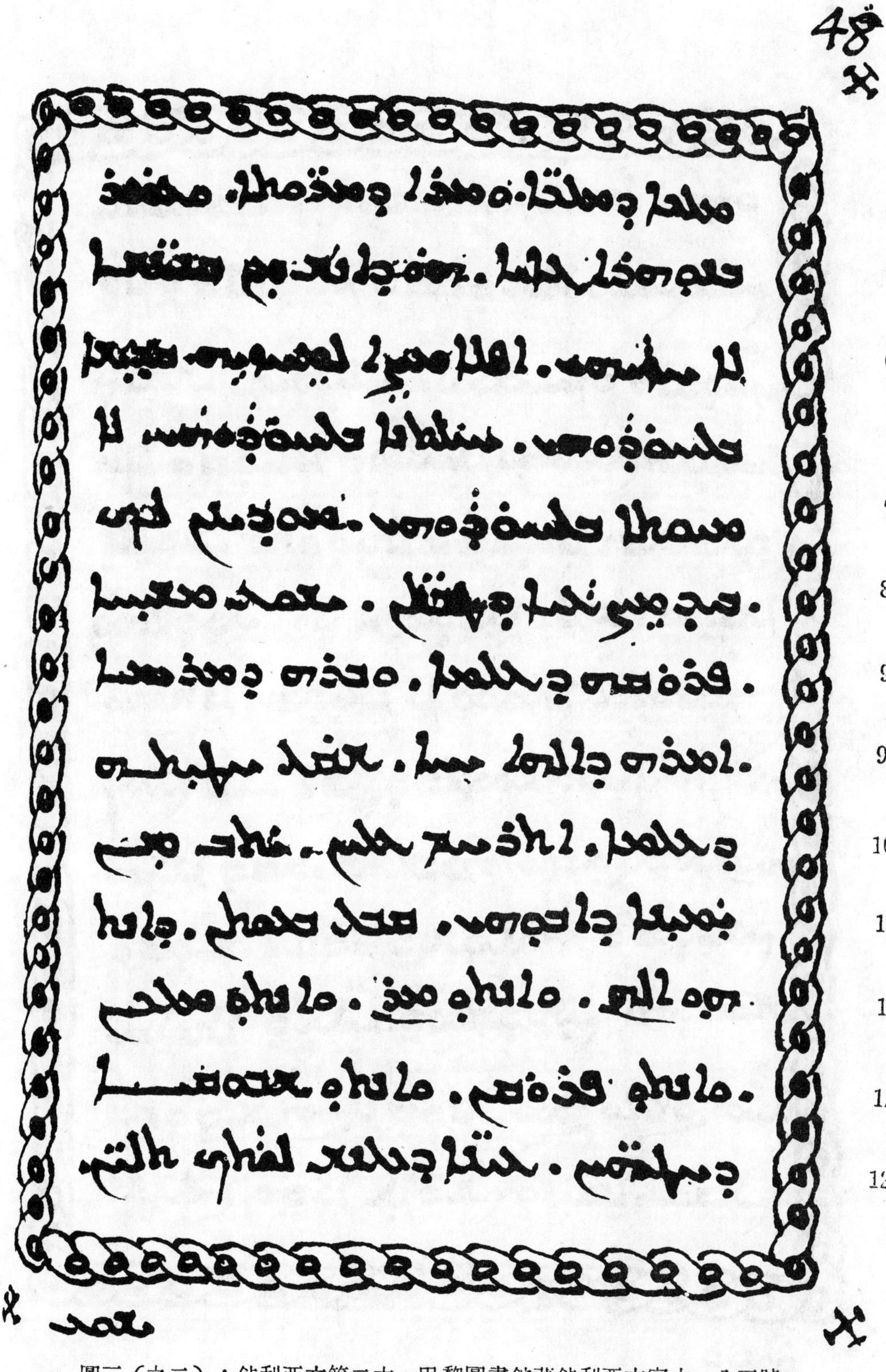

48

	4,8
	5,5
	6,3
	7,1
	7,5
	8,3
	9,1
	9,5
	10,3
	10,8
	11,4
	12,3
	12,7

49

13.6

14.

Patrologiae Cursus Completus, Series Graeca, vol.1, ed. Migne

S. CLEMENTIS I ROM. PONT. OPERA DUBIA.

CONSTITUTIONES APOSTOLICÆ. — LIB. VIII.

CAPUT XLVII.
Oratio matutina.

B

‹ Gloria in excelsis Deo, et in terra pax, in hominibus bona voluntas [84]. › Laudamus te, hymnis celebramus te, benedicimus te, glorificamus te, adoramus te, per magnum pontificem, te verum Deum, ingenitum unum, solum inaccessum; propter magnam gloriam tuam : Domine rex cœlestis, Deus Pater omnipotens; Domine Deus, Pater Christi, Agni immaculati, qui tollit peccatum mundi : suscipe depreca-

1058

A tionem nostram : qui sedes super cherubinos. Quoniam tu solus sanctus; tu solus Dominus Jesus, Christus Dei universæ naturæ creatæ, regis nostri, per illum tibi gloria, honor, et adoratio.

[84] Luc. II, 14.

ΚΕΦΑΛΑΙΟΝ ΜΖʹ (63).
Προσευχὴ ἑωθινή.

‹ Δόξα ἐν ὑψίστοις Θεῷ, καὶ ἐπὶ γῆς εἰρήνη, ἐν ἀνθρώποις εὐδοκία. › Αἰνοῦμέν σε, ὑμνοῦμέν σε, εὐλογοῦμέν σε, δοξολογοῦμέν (64) σε, προσκυνοῦμέν σε, διὰ τοῦ μεγάλου ἀρχιερέως· σὲ τὸν ὄντα Θεὸν, ἀγέννητον ἕνα, ἀπρόσιτον μόνον· διὰ τὴν μεγάλην σου δόξαν· Κύριε βασιλεῦ ἐπουράνιε, Θεὲ Πάτερ παντόκρατορ· Κύριε ὁ Θεὸς ὁ Πατὴρ τοῦ Χριστοῦ, τοῦ ἀμώμου ἀμνοῦ (65), ὃς αἴρει τὴν ἁμαρτίαν τοῦ κόσμου·

1057

πρόσδεξαι τὴν δέησιν ἡμῶν· ὁ καθήμενος ἐπὶ τῶν χερουβίμ. Ὅτι σὺ μόνος ἅγιος· σὺ μόνος Κύριος Ἰησοῦς, Χριστὸς τοῦ Θεοῦ (66) πάσης γενητῆς φύσεως, τοῦ βασιλέως ἡμῶν· δι᾽ οὗ σοι δόξα, τιμή, καὶ σέβας.

VARIORUM NOTÆ

(63) Huic capiti de oratione matutina, doxologia magna, et hymno angelico, unice splendorem afferent verba tractatus De virginitate in Athanasio, p. 1057: Πρὸς ὄρθρον δὲ τὸν ψαλμὸν τοῦτον λέγετε· Ὁ Θεὸς, ὁ Θεός μου, πρὸς σὲ ὀρθρίζω· ἐδίψησέ σε ἡ ψυχή μου· διάψαυμα [l. διὰ ψαῦμα] δέ· Εὐλογεῖτε πάντα τὰ ἔργα Κυρίου τὸν Κύριον· Δόξα ἐν ὑψίστοις Θεῷ, καὶ ἐπὶ γῆς εἰρήνη, ἐν ἀνθρώποις εὐδοκία· ὑμνοῦμέν σε, εὐλογοῦμέν σε, προσκυνοῦμέν σε· καὶ τὰ ἑξῆς. Quæ sic verto : Matutino autem tempore hunc psalmum dicite : ‹ Deus, Deus meus, ad te de luce vigilo; sitivit te anima mea (Psal. LXII) ; diluculo autem : ‹ Benedicite omnia opera Domini Domino (Dan. III, 57). Gloria in excelsis Deo, et in terra pax, in hominibus bona voluntas (Luc. II, 14); laudamus te, benedicimus te, adoramus te, et reliqua. Libri Rituales videantur. Item sedulus, solidusque scriptor Jacobus Usserius de Symbolis, etc. ID.

(64) Δοξολογοῦμεν. In cod. Vindob. εὐχαριστοῦμεν, quod idem ferme est, cum doxologia atque eucharistia, seu gratiarum actio sejungi nequeant. CLER.

(65) Κύριε, etc. Hæc verba ad orthodoxorum formulam sunt reficta in cod. Vindobon. hoc modo : Κύριε Υἱὲ μονογενῆ, Ἰησοῦ Χριστὲ, καὶ ἅγιον Πνεῦμα· Κύριε ὁ Θεὸς, ὁ ἀμνὸς τοῦ Θεοῦ, ὁ Υἱὸς τοῦ Πατέρος, ὁ αἴρων τὰς ἁμαρτίας τοῦ κόσμου, πρόσδεξαι τὴν δέησιν ἡμῶν, ὁ καθήμενος ἐν δεξιᾷ τοῦ Πατέρος, ἐλέ-

ησον ἡμᾶς, ὅτι σὺ εἶ μόνος ἅγιος, σὺ εἶ μόνος Χριστὸς, Ἰησοῦς Χριστὸ;, εἰς δόξαν τοῦ Θεοῦ Πατέρος. Ἀμήν. CLER. C

(66) Σὺ μόνος Κύριος Ἰησοῦς Χριστὸς τοῦ Θεοῦ, etc. Tota orationis series postularet Ἰησοῦ Χριστοῦ. Non ausim tamen quidquam mutare : præsertim ob illud cap. 13. lib. VIII : Εἷς ἅγιος, εἷς Κύριος, εἷς Ἰησοῦς. Χριστός Cot.

圖五：希臘文第二本，Migne 編希臘教父全集第一册，略有省併。

圖六　九世紀寫本希臘、拉丁文對照本，巴黎圖書館藏拉丁文寫本 2291 號第十六葉

敍利亞文天使頌 Maclean 英譯本

見 A. J. Maclean and W. H. Browne, The Catholicos of
the East and his People, London 1892. 頁 230-231

(1) Glory to God in the highest* And on

(2) earth peace* And a good hope to mankind.*

We worship thee.*

(3) we glorify thee.* We exalt thee.*

Being who art from eternity.*

(4) Hidden nature that cannot be fathomed.*

Father, Son, and Holy Ghost.* King

(5) of kings.* And Lord of lords.*

Who dwellest in the glorious light.* Whom no man

(6) hath seen.* And cannot see.* Who

(7) alone art Holy.* And alone Mighty.* And alone Immortal.*

(8) We confess thee* Through the mediator of our blessings.* Jesus

Christ.*

(9) The Saviour of the world.* And the Son of the Highest.*

O Lamb of the living God.*

(10) Who takest away the sins of the world.*

Have mercy upon us.*

Who sittest at the right hand

(11) of the Father.* Receive our request.*

For thou art our God.* And thou art our Lord.*

(12) And thou art our King.*

And thou art our Saviour.*

And thou art the forgiver of our sins.*

(13) The eyes of all men hang on thee.* Jesus Christ.*

(14) Glory to God thy Father.* And to thee, and to the Holy Ghost,

(15) for ever. Amen.

〔後記〕前承巴黎 Monseigneur Francis Alichoran 賜贈天使頌敍文本，開
示門逕，又承 Enzo Lucchesi 先生賜示敍文羅馬字本，導夫先路，
附此敬致謝意。　　作者。

荷澤神會傳研究

吳　其　昱

　　〈荷澤神會傳研究〉分爲二部分，第一部分爲〈神會塔銘考釋〉，第二部分爲〈神會年譜稿〉。

　　一九八三年十二月，在洛陽龍門西山唐寶應寺遺址，發現神會墓，墓中頗有珍貴文物，其中有神會塔銘，明載神會世壽，僧臘，入寂年月日，及寺院。得知神會生於武后光宅元年 (684) 卒於蕭宗乾元元年 (758) 一掃久滯之疑霧。

　　塔銘文字不盡可識，今試加解讀，略有補苴。銘中所述僧俗門人，多前所未知，除法璘無考外，今一一試爲考證。得悉神會與叔平安史之亂之功臣朔方諸將之關係。

　　以往學者考據神會生卒年，多據《宋高僧傳》及《景德傳燈錄》。《宋高僧傳》誤乾元爲上元，又誤世壽七十五爲九十三。《景德傳燈錄》亦誤乾元爲上元。惟宗密《圓覺經大疏鈔》精確不誤。然近世據諸家均棄宗密正確之說，而取誤說。

　　神會生卒年旣已確定，則其生平大事卽可按年排列，因成〈神會年譜稿〉。其資料有互相矛盾者，則加考異，以評擇之。

　　塔銘亦提神會禪學要旨。據宗密說，神會傳承慧能之法，功在弘揚，別無他教，今敦煌本《壇經》原爲法海集錄慧能寂後，復經南方門人改換，「添糅鄙譚，削除聖意」，則神會禪學記錄保存不少慧能學說眞義，可補今本《壇經》之缺失。

　　神會門人甚多，且多禪宗史上重要人物，如摩訶衍傳中國禪於吐蕃。神會學說亦有部分譯爲蕃文。神會再傳弟子唯忠，則由弟子傳荷澤禪於南詔。

　　自一九二六年胡適先生在英法圖書館發現有關神會寫本以後，卽於一九三○年印佈《神會和尙遺集》於上海。卷首有〈荷澤大師神會傳〉。一九五八，一九六○又先後在《史語所集刊》發表〈新校定的敦煌寫本神會和尙遺著兩種〉，及〈神會和尙語錄的第三個敦煌寫本〉。在前一文中有〈附記神會和尙的生卒年的新考正〉，以爲神會卒於寶應元年（七六二）五月十三日，年九十三。此二文均收入一九六八年臺北版《神會和尙遺集》。一九三二，一九三五日本鈴木貞太郎（大拙）先生有《神會錄》（東京）及《少室逸書》（京都）影印本解說之印佈，一九三九年宇井伯壽教授發表《禪宗史研究》於東京。法國 Jacques Gernet 教授有 'Biographie du Maître de Dhyāna Chen-houei du Ho-tsö (668-760)'（〈荷澤神會禪師傳〉），發表於一九五一年巴黎 *Journal Asiatique*（《亞洲學報》）。日本山崎宏氏亦有〈荷澤禪師考〉，

見《東洋史學論集》，第二，一九五四年，東京。一九六一年法國 P. Demiéville 先生發表 'Deux documents de Touen-houang sur le Dhyāna chinois'（〈禪宗敦煌寫本二卷研究〉），《塚本博士頌壽記念，佛教史學論集》，京都。一九六九年鈴木哲雄氏有〈荷澤神會論〉，見《佛教史學》，拾肆卷四號，京都。一九七一年印順和尚發表《中國禪宗史》於臺北。

由於神會卒年古籍所載不一致，宗密所說原極精確，但近代學者多不信之。今塔銘既出，神會生卒年已確定。本文先考釋塔銘，然後將神會生平大事按年排列，並注出處，以便初學省覽，且待方家補正。

一、神會塔銘考釋

一九八三年十二月，荷澤大師神會墓，發現於洛陽龍門西山北側之唐代寶應寺遺址。墓中出土珍貴文物甚多。其中有神會塔銘，計有字十七行，行二十至二十二字不等，正書，刻於石條中間部分。此石寬一百二十公分，高五十七公分，厚七十公分。中間刻字部分寬四十八公分。石上原有刻文，經磨平再用，雕刻粗糙。（溫玉成氏〈記新出土的荷澤大師神會塔銘〉，《世界宗教研究》一九八四第二期，北京）。塔約毀於元末（溫玉成氏〈龍門十寺考辨〉，《中州今古》一九八三第二期）。

溫氏所錄塔銘多用簡字，今改用通行字體，以便印刷。分段亦據溫氏。（　）內文字為本文作者所擬。

「大唐東都荷澤寺歿故第七祖國師大德於龍門寶應寺龍岡腹建身塔銘並序。

　　　　　　　　　　　　　　　　　　門人比丘慧空撰

粵自佛法東流，傳乎達摩，達摩傳可，可傳璨，璨傳道信。信傳弘忍，忍傳慧能，能傳神會。□（宗）承七葉，永播千秋。說般若之眞乘，直指見性，談如來之法印，唯了佛心。

有皇唐兵部侍郎宋公諱鼎，延請洛城，廣開法眼。樹碑立影，道俗歸心。宇宙蒼生，無不迴向。遂行邁江表之際，方有羯胡亂常。般若護侍（持），傳燈有屬，享年七十有五，僧臘五十四夏，於乾元元年（七五八）五月十三日荊府開元寺，奄然坐化。其時也，異香滿室，□（白）鶴翔空。

有廟堂李公，嗣號王**旉**（爵），迎聖顏於龍門。別有挺（溫氏原注檀）主功臣高輔成趙令珍，奏寺度僧，果乎先愿。

和尚昔經行宴息，曾記此山。冥與理通，眾望亦足，其勢也，北臨天闕，南枕伊川。東望嵩山，遙窺指掌。西臨華嶽，隱龍岡之在中。擇日吉祥，建乎身塔，可大可久，萬古千秋。唯佛與佛，正法東流。宗承七葉，刻石長休。

永泰元年（七六五）歲次乙巳十一月戊子（午）十五日壬申入塔。

門人比丘法璘書」

塔銘明言神會生卒年月日，及入寂寺院。即神會生於武后光宅元年（六八四），受具足戒於長安四年（七○四），卒於肅宗乾元元年（七五八）五月十三日荊州開元寺。

神會生卒年在塔銘發現前，一般學者考據，習用下列三書，但卒年不一。

一、宗密（七八○——八四一）《圓覺經大疏鈔》，叁下，《續藏經》第壹輯第拾肆套第三冊：乾元元年（七五八）五月十三日卒年七十五。

二、《宋高僧傳》（九八八成），捌：上元元年（七六○）建午月十三日，年九十三。《大正藏》伍拾冊，又范祥雍點校本，一九八七，北京。

三、《景德傳燈錄》（一○○四），伍：上元元年（七六○）五月十三日卒，年七十五，《大正藏》伍壹冊。

後來又有《祖堂集》（九五二），戰後始有印本流行，一九七四，臺北，卷叁：上元元年（七六○）五月十三日。

宗密之說精確無誤。他書均誤乾元爲上元。《宋僧傳》又誤世壽七十五爲九十三。

王維（七○一至七六一）〈六祖能禪師碑銘〉，《四部叢刊》影明本，《唐文粹》陸叁，清趙殿成箋注《王右丞集》貳伍，又《全唐文》叁貳柒，一九八七，臺北：「弟子曰神會，遇師於晚景，聞道於中年」。趙氏引武陵顧元緯本作長年。中（長）字實誤。印順和尚解中年爲沖年之誤，較合史實，見《中國禪宗史》，第七章，頁二八四，一九七一，臺北。

神會塔銘額題第七祖國師大德，時爲永泰元年（七六五）。三十一年後，至貞元十二年（七九六）德宗始「敕皇太子集諸禪師楷定禪門宗旨，遂立神會禪師爲第七祖。內神龍寺敕置碑記見在。又御製七祖讚文見行於世。」宗密《圓覺經大疏鈔》，

叁下，又《問答雜徵義》劉澄序，《神會遺集》頁四二六：「居七數爲今教」。

塔銘爲門人慧空撰，門人法璘書。法璘，《宋僧傳》無傳，亦不見《景德傳燈錄》。慧空見《宋僧傳》玖：陝州迴鑾寺慧空（六九六——七七三）傳：

> 「姓崔，江陵人也。……父任陝服靈寶縣。……乃投迴鑾寺恒超下授受經業。……因入嵩少，遇寂師禪學，豁如開悟，乃迴三峯。……代宗皇帝聞其有道，下詔俾居京師廣福寺。朝廷公卿罔不傾信，後終於寺，春秋七十八，大曆八年癸丑（七七三）九月四日……遷塔焉。」

李邕大照塔銘（七四二）謂惠（慧）空爲普寂大弟子（《全唐文》貳陸貳）

慧空又爲京師千福寺楚金（六九八至七五九）弟子。（《宋僧傳》貳肆，《金石粹編》捌玖，〈多寶塔碑〉）

宗密《禪門師資承襲圖》《續藏經》第貳編第拾伍套第伍冊，神會門下有河陽空，《景德傳燈錄》拾叁作河陽懷空，《宋僧傳》貳拾，貳玖各有懷空，後者河陽人疑非是，或是慧空。

慧空於普寂卒時年四十四，再投神會門下。溫玉成氏已言之，甚是。禪籍尚有同名慧空者七人，均在八世紀後。

塔銘又舉神會禪學要旨：「說般若之眞乘，直指見性，談如來之法印，唯了佛心。」可爲今人了解神會禪學之助。

神會學說記錄，本世紀在敦煌寫本中頗有發現。計有下列五種幾全收於《神會和尙遺集》，一九六八，臺北（以下省稱《遺集》）。

一、《南陽和尙問答雜徵義》劉澄集（寫本號碼：P爲法藏，S爲英藏，北爲北京藏）。P3047(I)，石井本（《敦煌出土神會錄》一九三二東京影印，又鈴木貞太郎，公田連太郎，銘印本，一九三四，東京），S6557《遺集》卷壹，又頁四二六起，起字下省）J. Gernet, Entretiens du Maître de Dhyāna Chen-houei du Ho-tsö, Hanoi, 1949.

二、《菩提達摩南宗定是非論》，獨孤沛撰並序：P3047 (II)，3488，2045 (I)，《遺集》卷貳至叁，又頁二六〇，二七一，J. Gernet法譯 'Complément aux Entretiens du Maître de Dhyāna Chen-houei', *BEFEO* 44(1947-1950), Hanoi, 1951.

三、《南陽和尚頓教解脫禪門直了性壇語》，P2045(II)，S2492, 6977，北寒81，（鈴木貞太郎，《少室逸書》一九三五京都影印，P. Demiéville 先生上舉文），《遺集》頁二二五，W. Liebenthal, The Sermon of Shen-hui, *Asia Major*, n. s. III-ii, 1952.

四、《頓悟無生般若頌》：S296，矢吹慶輝教授《鳴沙餘韻》圖版七八，S468，《景德傳燈錄》叁拾〈顯宗記〉，《遺集》卷肆，又頁三九六。

五、《五更轉》S267g, 4634, 6083, 6103, 6923, P2045, 2270，北鹹18，露6《遺集》頁四五六。W. Liebenthal 英譯見上。

宗密《禪門師資承襲圖》謂「荷澤宗者全是曹谿之法，無別教旨。爲對洪州傍出故復標其宗號。……然能和尚滅度後，北宗漸教大行，因成頓門弘傳之障，曹谿傳授碑文已被磨換，故二十年中宗教沉隱，天寶初荷澤入洛大播斯門方顯，秀門下師承是傍法門是漸。旣二宗雙行，時人欲揀其異，故標南北之名，自此而始。」故神會之貢獻不在新義之豎立，而在慧能禪學之繼承與在京洛之弘傳。今本壇經已遭竄改，神會諸作可補救其缺失。

宋鼎兩唐書無傳，勞格岑仲勉二學者先後已有考證，容詳另文，此不贅。僅舉張九齡《曲江集》拾柒，〈宋使君寫眞圖贊並序〉，《四部叢刊》本：「初公舉茂才（進士），歷長安尉，三爲御史，再入尚書郎。……而竟以出守，俄復從邊。」天寶三載至八載或稍後爲兵部侍郎（嚴耕望氏《唐僕尚丞郎表》，頁二五九至二六〇，又九四五，一九五六年，臺北）。

「樹碑立影」：《宋僧傳》捌〈慧能傳〉「會於洛陽荷澤寺，崇樹能之眞堂，兵部侍郎宋鼎爲碑焉。」

「傳燈有屬」：據宗密《禪門師資承襲圖》，當指礠州智如。《宋高僧傳》貳玖有傳，名作法如（七二三——八一一）慈州人。報齡八十九，元和六年（八一一）遷塔。

「廟堂李公嗣號王峁」末字疑是爵字行書（赤井清美《書體字典》，一九七六，東京，頁一〇二一。）《南陽和尚問答雜徵義》有嗣道王問，揆其時代，當是嗣道王李鍊，爲高祖第十六子道王元慶之曾孫。其世系如下（《舊唐書》陸肆，《新唐書》

柒玖，百衲本）

```
元慶（六六四卒）──誘　坐贓削爵
               └──詢　壽州刺史──微　景雲元年（七一〇）
```

嗣王終宗正卿──鍊　開元二十五年（七三七）封。廣德中（七六三──七六四）

宗正卿──實　京兆尹

「梃主」：溫氏釋爲檀主。檀爲梵語 dānapati（施主）之 dāna，檀音較合。

功臣高輔成：朔方兵馬使，當是郭子儀（六九七至七八一）部下平安史之亂之功臣。代宗寶應二年（七六二）十月與僕固懷恩平史朝義，克服洛陽，蕩平幽冀，以功封太子少傅兼御史中丞，充河北副元帥都知兵馬使（《資治通鑑》貳貳貳，代宗寶應元年十月，一九五六，北京標點本，又見〈僕固懷恩傳〉，《舊唐書》壹貳壹，《新唐書》貳貳肆）兩唐書無傳。

趙令珍亦平安史之亂功臣，當是郭子儀部屬。大曆十年（七七五）三月時爲陝州兵馬使，爲亂軍所逐（《通鑑》貳貳伍）。

「永泰元年歲次乙巳十一月戊子十五日壬申」：戊子當作戊午朔，十五日壬申卽公元七六五年十二月三十一日也。

二、神會年譜稿

常用書簡稱表

《銘》　神會塔銘（七六五）門人比丘慧空撰，《世界宗教研究》一九八四年第二期，頁七八起，溫玉成〈記新出土的荷澤大師神會塔銘〉。

《記》　《歷代法寶記》（七七四稍後）P2125, 5516 等《大正藏》伍壹册二〇七五號，頁一八五。

《鈔》　宗密（七八〇至八四一）《圓覺經大疏鈔》，叁下，神會略傳《續藏經》，第壹輯，第拾肆套，第叁册，第二七七頁。

《圖》　宗密《中華傳心地禪門師資承襲圖》，《續藏經》第壹輯，第貳編，第拾伍套，第伍册。

《集》　南唐靜筠二禪師《祖堂集》（九五二），叁，一九七四，京都，臺北。

《傳》　贊寧《宋高僧傳》（九八八）捌，《大正藏》伍拾册，二〇六一號，又

　　　　一九八七，北京本。

《錄》　道原《景德傳燈錄》（一〇〇四）伍，《大正藏》伍壹册，二〇七六號。

684　武后光宅元年甲申　神會生

　　　神會生於襄州襄陽，姓高氏（《集》《傳》）。

689　永昌元年己丑　六歲

　　　約是年起，外師授五經，次尋莊老，後覽《後漢書》，知浮圖之說，由是留神

　　　釋教（《傳》）。

692　天授三年壬辰　九歲

　　　「昔年九歲，已發弘願，我若悟解，誓當顯說」（石井本《問答雜徵義》）

695　證聖元年乙未　十二歲

　　　約是年辭親投本府國昌寺顥元法師下出家（《傳》）。

697　萬歲通天二年丁酉　十四歲

　　　依荊州當陽山玉泉寺神秀（七〇六卒）（《鈔》）。

700　聖曆三年庚子　十七歲

　　　武后聞神秀名，召赴都。神會遂往嶺南參謁慧能，苦行供養（《鈔》）。

　　　考異（本文作者）：《圓覺經大疏鈔》〈慧能略傳〉，《禪門師資承襲圖》

　　　引祖傳，及《景德傳燈錄》均謂神會年十四謁慧能。按《圓覺經大疏鈔》〈

　　　神會略傳〉謂會先事北宗秀三年。秀奉敕追入都，遂往嶺南，又秀入都在聖

　　　曆三年，會已十七歲，非十四歲。

704　長安四年甲辰　二十一歲

　　　北遊。於西京受戒（《銘》：「僧臘五十四夏」，《錄》）。

708　中宗景龍二年戊申　二十五歲

　　　是年或下年卻歸曹溪（《錄》）。

713　玄宗先天二年癸丑　三十歲

八月三日慧能卒，年七十六（以記有年月之文獻爲主：《壇經》，《曹溪大師別傳》，均見《六祖壇經諸本集成》，一九七六，京都。及《慧能研究》，一九七八，東京駒澤大學。又王維《六祖能禪師碑銘》，已見前）神會居曹溪數載，後徧尋名跡（《傳》）。後二十年間「曹溪頓旨沉廢於荊吳，嵩嶽漸門熾盛於秦洛」（《鈔》《錄》）。

717-718　開元五年丁巳至六年戊午　三十四五歲

張說爲荊州長史或在此時與神會相遇問法？（《册府元龜》壹柒貳，岑仲勉《唐史餘瀋》頁八一至八三，一九六〇北京）。

719　開元七年己未　三十六歲

〈唐廣果寺能大師碑〉立於韶州武平一撰並正書（陳思《寶刻叢編》拾玖，韶州，光緒十四年吳興十萬卷樓）參閱《遺集》，頁二八九，〈曹溪大師別傳〉，頁420，廣果寺，頁419，磨換碑文（《鈔》《圖》《記》）。

720　開元八年庚申　三十七歲

敕配住南陽龍興寺（《傳》）。

730　開元十八年庚午　四十七歲

731　開元十九年辛未　四十八歲

732　開元二十年壬申　四十九歲

此三年中，每年正月十五日，在滑臺（滑州）大雲寺，與當寺僧崇遠法師論義，獨孤沛集爲《菩提達摩南宗定是非論》（《南宗定是非論》，《記》）。指神秀門下「師承是傍，法門是漸」（《圖》）「致普寂之庭盈而後虛」（《傳》）「便有難起，開法不得」（《鈔》）。「據碑文中所敍，荷澤親承付囑，詎敢因循，直入東都，面抗北祖。詰普寂也。龍鱗虎尾，殉命忘軀。俠客沙灘五臺之事，縣官白馬衞南（二縣屬滑州）盧鄭二令文（之？）事，三度幾死。商旅綵服，曾易服執秤負歸。百種艱難，具如祖傳」（《鈔》）。

「因淮上祈瑞感炭生芝草，士庶咸覩，邃建立無退屈心」（《鈔》）。

　按，此二段文字簡略，不知發生年月，姑繫於此。（祖傳未聞有傳本）

736　開元二十四年丙子　五十三歲

五月十五日義福（六五八生）卒，謚爲大智禪師（嚴挺之〈大智禪師碑銘並序〉，《全唐文》貳捌零，《金石粹編》捌壹，又杜昱〈大智禪師塔銘〉《金石續編》柒，《舊唐書》壹玖壹，《傳》玖。年月據嚴碑）。

739　開元二十七年己卯　五十六歲

八月二十四日普寂卒，年八十九（六五一生），謚爲大照禪師（李邕〈大照禪師塔銘〉，《全唐文》貳陸貳，《舊唐書》壹玖壹，《傳》玖）

南陽和尙《問答雜徵義》或集於開元年間。「又因南陽答王趙公（琚）三車義，名漸聞於名賢」（《鈔》）。

約是年前後於南陽郡見侍御史王維在臨湍驛中屈，神會和尙及同寺慧澄禪師語經數日（《遺集》頁一三七又王士源《孟浩然集序》《四部叢刊》本）

744　天寶三載甲申　六十二歲

春（閏二月）苗晉卿由安康太守轉魏郡太守道經南陽與神會相見問法。

745　天寶四載乙酉　六十二歲

兵部侍郎宋鼎請入東都，住荷澤寺（《銘》，《鈔》），「每月作壇場」（《記》）。於寺「崇樹慧能之眞堂，宋鼎爲碑焉。「會序宗脈從如來下西域諸祖外，震旦凡六祖，盡圖繢其形，太尉房琯作〈六葉圖序〉」（《傳》）。於是曹溪了義，大播於洛陽，荷澤頓門，派流於天下」（《鈔》）。約是年至十二載間在洛參學門人如下：1.法（智）如（七二三至八一一）《傳》貳玖，《錄》拾叁，目，下同。2.行覺（七〇八至七九九）《傳》貳玖，《錄》。3.進平（六九九至七七九）《傳》貳玖，《錄》。4.慧演（七一八至七九〇）《傳》貳玖。5.志滿（七一五至八〇五）《傳》拾，《錄》。6.靈坦（七〇九至八一六）《傳》拾，《錄》。又賈餗〈大悲禪師碑銘〉《唐文粹》陸肆，《全唐文》柒叁壹。7.廣敷（六九五至七八五）《傳》貳拾，《錄》。8.惟忠（七〇五至七八二）《傳》玖（遊嵩嶽見會師）9.乘廣（七一七至七九八）《劉夢得文集》拾〈袁州萍鄉縣楊岐山故廣禪師碑〉，《全唐文》陸壹零。10.李常河南尹（《錄》）。

748　天寶七載戊子　六十五歲

在鉅鹿郡（邢州）開元寺建〈能大師碑〉，兵部侍郎宋鼎撰（《寶刻叢編》陸

邢州）

749　天寶八載己丑　六十六歲

　　於洛陽荷澤寺亦定宗旨（《記》）。

750　天寶十一載壬辰　六十九歲

　　在邢州建〈曹溪能大師碑〉，宋鼎撰史惟則八分書（《金石錄》柒）。

753　天寶十二載癸巳　七十歲

　　多，「御史盧弈阿比於寂，誣奏會聚徒，疑萌不利，敕黜弋陽郡。玄宗召赴京，

　　時駕幸昭應湯池，得對，言理允愜，敕移往均部（武當郡）」（《傳》《鈔》

　　《集》）。

754　天寶十三載甲午　七十一歲

　　恩命量移襄州（襄陽郡）。七月敕移荊州（江陵郡）開元寺般若院（《傳》《

　　鈔》）。

755　天寶十四載己未　七十二歲

　　十一月安祿山反於范陽，十二月陷東京，盧奕爲賊所戮。會行邁江表（往荊州

　　開元寺）（《傳》）。（史事據《通鑑》《舊，新唐書》）

756　天寶十五載丙申　七十三歲

　　六月賊入潼關。七月玄宗奔蜀。賊陷長安。太子卽位靈武。「副元帥郭子儀（

　　六九七至七八一）率兵平殄，然於飛輓索然。用右僕射裴冕（七〇三至七六

　　九）權計，大府各置戒壇，度僧，僧稅緡謂之香水錢，聚是以助軍須。初洛都

　　先陷，會越在草莽，時盧奕爲賊所戮。羣議乃請會主其壇度，於時寺宇宮觀翰

　　爲灰燼，乃權創一院，悉資苫蓋，而中築方壇，所獲財帛，頓支軍費。代宗郭

　　子儀收復兩京，會之濟用顏有力焉」（《傳》）。

757　肅宗至德二載丁酉　七十四歲

　　正月祿山爲子慶緒所殺，九月廣平王假郭子儀收復西京。十月收復東京。「肅

　　宗皇帝詔入內供養，敕將作大匠併功齊力，爲造禪字于荷澤寺中」（《傳》）。

758　乾元元年戊戌　七十五歲

　　「司徒中書令汾陽王郭子儀，復東京之明年（七五八）抗表乞大師（達摩）謚，

代宗皇帝諡曰圓覺，名其塔曰空觀」（陳寬〈再建圓覺塔誌〉《唐文拾遺》叁壹）五月十三日中夜入寂於荊府開元寺（《銘》《鈔》）。

六月史思明反（據《通鑑》）。

759　乾元二年己亥

嗣道王李鍊「迎眞顔於龍門」（《銘》）。「遷厝於東京龍門置塔」（《鈔》）。三月史思明殺安慶緒於相州。九月陷洛陽。

761　上元元年辛丑

二月李光弼（七〇八至七六四）與史思明戰於邙山，敗績，河陽懷州皆陷。

三月史思明爲子朝義所殺。朝義卽僞位。

762　寶應元年壬寅

建巳月（四月）五日玄宗崩，年七十八。十八日肅宗亦崩，年五十二。二十日太子卽位。

多十月以雍王适爲天下兵馬元帥，討史朝義。僕固懷恩（七六五卒）副之，會戰於洛陽大破之。懷恩進克東京及河陽城。使其子右廂兵馬使瑒，及北庭朔方兵馬使高輔成，帥步騎萬人逐朝義至鄭州，再戰皆捷。汴州降。又追敗朝義於衞州。於是相州僞節度薛嵩，以相衞洺邢趙降於李抱玉高輔成尙文悊（《通鑑》，《舊唐書》壹貳壹，《新唐書》貳貳肆上，〈僕固懷恩傳〉）。

十一月郭子儀讓位於僕固懷恩，遂授懷恩爲河北副元帥，尙書左僕射，兼中書令，靈州大都督府長史，單于鎭北大都護，朔方節度使。諸軍圍史朝義於莫州。

763　代宗廣德元年癸卯

正月賊將田承嗣以莫州降。朝義奔幽州發兵，其范陽節度使李懷仙已請降。三月朝義欲奔奚契丹，懷仙遣兵追及，朝義自縊，因取其首以獻，河北悉平。因又加僕固懷恩太子少師，充朔方都知兵馬使，同節度副大使……。高輔成太子少傅，兼御史中丞，充河北副元帥，都知兵馬使……（《舊唐書》壹貳壹，《新唐書》貳貳肆上，《通鑑》貳貳貳，點校本頁七一三五）。

功臣高輔成，趙令珍奏請建寺度僧果乎先願（《銘》），寶應二年（七六三）

　　　敕於塔所置寶應寺（《鈔》）。

765　永泰元年乙巳

　　　十一月戊午朔十五日壬申（七六五年十二月三十一日）入塔。門人比丘慧空撰
　　　塔銘，門人比丘法璘書（《銘》）。

770　德宗大曆五年庚戌

　　　敕賜祖堂額號眞宗般若傳法之堂（《鈔》）。

772　大曆七年壬子

　　　敕賜塔額號般若大師之塔（《鈔》）。

773　大曆八年癸丑

　　　弟子慧空卒，年七十八（《傳》玖）。

796　貞元十二年丙子

　　　「敕皇太子集諸禪師，楷定禪門宗旨。遂立神會禪師爲第七祖。內神龍寺敕置
　　　碑記見在。又御製七祖讚文，見行於世」（《鈔》）。

　　　七八六至八四八吐蕃佔領敦煌期間，吐蕃譯《禪門直了性壇語》部分爲蕃文，
　　　見伯希和蕃文寫本一一六號，見一八三頁第三行至一八六頁第二行。影印本見
　　　Choix de Documents tibétains（《吐蕃文獻選》）第一輯，一九七八巴黎，
　　　圖版一一二至一一三。bsam brtan gyi mkhan po Shin ho'i bsam brtan
　　　gyi mdo（神會禪師禪語）又八一三號 8b4–9b1, 17b 4–5, 圖版二〇七至二
　　　〇八，二〇九。

結　　論

本文研究結論可簡括如下：

一、神會塔銘文字不盡可識。今試加解讀，略有補苴。

二、塔銘中僧俗門人多前所未知。除法璘外今一一試爲考證，得悉神會與敕平安
史之亂功臣朔方諸將之關係。

三、神會禪學，塔銘亦提要旨。今探宗密之說，以爲神會傳承慧能之法，功在弘
揚，別無他教。神會諸作可補今本《壇經》之不足。

四、塔銘旣出，神會生卒年可以確定。試將其生平大事，按年排列，作〈神會年
譜稿〉。其記事互相矛盾者，亦略加評擇。

附錄　李常小傳及《宋僧傳》神會弟子名錄

李常趙郡人[1]從遠[2]子，歷河南府陸渾縣令[3]，殿中侍御史[4]戶部員外[5]戶部郎中[6]，
約天寶五載（七四六）或稍前，出爲同安（舒州）別駕[7]天寶中河南少尹[8]，師事神會
於洛陽[9]。

《宋僧傳》神會弟子除上舉外尙有下列諸僧：無名（七二二至七九三）《傳》拾
柒，《錄》拾叁，目（下同），光寶（瑤）（七一七至八〇八），《傳》拾，《錄》，
福琳（七〇四至七八五）《傳》貳玖，《錄》，圓震（七〇五至七九〇）《傳》貳拾，
《錄》，道隱（七〇七至七七八）《傳》貳玖，《錄》，皓玉（七〇三至七八四）《
傳》貳玖，《錄》，神英《傳》貳壹，此外有大照見《大乘開心顯性頓悟眞宗論》
敦煌寫本 P2162《大正藏》捌伍冊，頁一二七八上。神會弟子中最重要者當是摩訶
衍（卒於七九四年後不久）。七八六年與同學法意入蕃傳授中國禪爲唐蕃佛教關係史上
一大事，敦煌漢蕃文寫本中頗有新資料，東西學者多人研究其事跡，此處不能詳，僅
舉 P. Demi éville 先生一書 Le Concile de Lhasa，一九五二，巴黎，耿昇君有漢

1　《新唐書》柒貳上，〈上宰相世系表〉，北京中華書局點校本，第八冊，頁二四七七。正史
　　用百衲本或北京中華書局點校本兩唐書，一九七五年，其他古籍不注版本者用《四部叢刊》，
　　一九六七年臺北縮印本，佛書一般用《大正藏》。

2　《舊唐書》壹捌伍，《新唐書》壹玖柒。

3　孫逖〈授李常殿中侍御史制〉，《文苑英華》叁玖伍，一九六六，北京，《全唐文》，一九
　　八七，臺北縮本，叁零捌。

4　蘇頲〈授姜昂右司員外郎等制〉，《文苑英華》叁玖壹，《全唐文》貳伍壹，勞格趙鉞〈唐
　　御史臺精舍題名考〉，叁，頁十七，光緒六年《月河精舍叢鈔》本。

5　勞格趙鉞《唐尚書省郎官石柱題名考》，拾貳，頁十八，光緒十二年《月河精舍叢鈔》本。

6　同上，拾壹，頁十九。

7　獨孤及〈舒州山谷寺覺寂塔隨故鏡智禪師碑銘〉，《毗陵集》玖，《唐文粹》陸叁〈三祖鏡
　　智禪師碑〉，《全唐文》叁玖零。

8　同上。

9　《錄》。

譯本《吐蕃僧諍記》，一九八四，蘭州。

　　神會再傳弟子唯忠亦號南印（《圖》），其禪法傳入南詔，參閱李霖燦《南詔大理國新資料的綜合研究》，一九六七，臺北。宗密《圓覺經略疏鈔》肆，《續藏》拾伍套第二冊，又《宋僧傳》拾壹〈南印傳〉。及 H. B. Chapin, A Long Roll of Buddhist Images, *Artibus Asiae*, 33, Ascona, 1972。

論「高遠」
——中國畫史辭彙論析之一

莊　申

　　「距離」可以表現深度，是構成畫面之立體空間的一個因素。從文獻上看，直到唐代爲止，中國的藝術史家並未使用距離這個名詞。譬如在朱景玄的《唐朝名畫錄》中，有時是用遠近、有時是用「遠」與「近」的對比，來代表距離的。張彥遠的《歷代名畫記》又衹用一個遠字。遠與近本來是一種相對的觀念。沒有近就沒有遠。一個遠字也可說是「遠近」或者「遠」「近」共同使用的簡化。不過在大致成書於唐德宗貞元十六年 (801) 之前的《封氏聞見錄》裏也使用遠近這個名詞。封演旣不是藝術史家，他的著作又比朱、張二家的藝術斷代史與通史早了五十年左右，可見把遠近二字合用以代表深度，並不是九世紀中期的藝術史家之創舉。

　　在辭彙上，唐代藝術史家的創舉是在當作名詞使用的遠字之前，另加由一個單字形成的形容詞（譬如張彥遠就使用過「平遠」）。由形容與名詞組合而成的複詞，到了北宋時代，突然形成藝術史家描寫畫面深度的流行辭彙。譬如郭熙在《林泉高致》裏就連續使用了「高遠」、「平遠」、與「深遠」等三個複詞。

　　「高遠」這個名詞，也許首見於漢代的文獻。此後，一直到晉代，這個代詞一直是當做「境界」的意思來使用的。不過從三國時代開始，一直到唐代，「高遠」又曾被當時的文人用來當作描寫人之個性、氣質、見識、與聲名的形容詞。這些東西雖然目不可見，却也具有相當的實質。這種用法，到了北宋時代，似乎漸漸的固定下來。北宋的藝術史家，雖然把高遠這個複詞當作對於畫面的一種深度的描寫之形容詞，可是這種深度，在遠近之外還有高度，是有實質的。易言之，藝術史家對高遠一詞的用法，與一般文人對於這個複詞的使用法，是一致的。

　　可是到了南宋，高遠一詞，又重新用來象徵理想的境界，這樣的用法，似乎缺乏實質。與高遠一詞在北宋時代的使用法是不同的。不但如此，就在繪畫方面，這兩個字的使用，也已不存在了。

一、唐代畫史中的「高遠」

　　在繪畫史上，中國繪畫的題材相當多[1]。可是無論題材如何繁多，或者如何改變，

1　關於中國繪畫的題材，大概遠在第九世紀的晚唐時代，當時的藝術史家已經試圖加以記載。譬如朱景玄在他的《唐朝名畫錄》的目錄裏，在每一位畫家的姓名之下，簡單的注明各家所專長的題材。把他的紀錄加以整理，唐代畫家所曾使用過的繪畫題材，不下五十種。朱景玄的紀錄雖然詳細，可是沒有分類。想要根據他的紀錄，而知道唐代繪畫題材的分類，還要做許多工作。

在每一幅作品的畫面上，一定要有對於距離的表現。就數學而言，距離只是一種觀念，眞正的距離並不存在。但就繪畫而言，距離卻是構成畫面之立體空間的一個重要因素。在每一幅成功的作品之中，距離是永遠存在的。任何繪畫的畫面上，如果缺少對於距離的表現，就不能表現立體空間的存在，而只能表現平面的空間。沒有立體空間的作品，固然不是成功的作品，甚至如果對於距離的表現不夠完美，這樣的畫，也是難以視爲佳作的。

　　中國最早的畫史，應該是唐代的兩部書：一部是朱景玄的《唐朝名畫錄》[2]，另一部是張彥遠的《歷代名畫記》[3]。前者是我國最早的繪畫斷代史，後者是我國最早的繪畫通史。這兩部書的性質雖然不一樣，不過完成的時間，卻幾乎可以視爲同時。據歐陽修的紀錄，朱景玄是一位活動於唐武宗之會昌時代（841-846）的文人[4]。他雖

(續)北宋時代的劉道醇是《聖朝名畫評》與《五代名畫補遺》兩書的作者。前者雖有作者的自序，可是序文並未提到此書的著成時代。後書沒有作者的序，却附有陳洵在宋仁宗嘉祐四年（1058）所寫的序。根據陳序，此書的「門品上下，一如《聖朝名畫評》之例類，」可見《聖朝名畫評》的著成時代，應在嘉祐四年之前。在《聖朝名畫評》的目錄裏，劉道醇把中國的繪畫，按照題材，而分爲人物、山水林木、畜獸、花木翎毛、鬼神、與屋木等六類。這六類，或者是中國繪畫題材的最早的分類。

到北宋末年，宋徽宗的藏畫目錄──《宣和畫譜》，在宣和二年（1120）編輯成書。根據此書序文在附錄裏，把中國繪畫的題材，分爲道釋、人物、宮室、番族、龍魚、山水、畜獸、花鳥、墨竹、與蔬果等十類。《宣和畫譜》的著成時代，比《聖朝名畫評》的成書時代，晚了五十年，可是對中國繪畫題材的分類，却比《聖朝名畫評》精細。從此以後，歷代各家對於中國繪畫的題材的紀錄或分類，大致都不超出這十類。不過關於中國繪畫的題材與題材的分類，還有不少值得討論的地方。作者準備另寫一文，詳加討論。

2　在文獻上，《唐朝名畫錄》的異名甚多，譬如在宋代，陳振孫雖在《直齋書錄解題》卷一四把此書記爲《唐朝畫斷》，但歐陽脩（1007-1072）在《新唐書》卷四九「藝文志」三、以及鄭樵（1104-1160）在《通志》卷六九「藝文志」，却都把此書記爲《唐畫斷》。到了元代，馬端臨在《文獻通考》卷二二九「經籍考」五六，又把此書記爲《畫斷》。除了這三種異名，《宋史》卷二〇七「藝文志」六，不但把此書的書名記爲《唐賢名異》，更把此書的作者記爲宋景眞。這一點，也許又是根據《通志》把朱景玄記爲宋景玄的錯誤而產生的新錯誤。

3　在文獻上，此書也有《名畫獵精》的異名，分見宋人晁公武《郡齋讀書志》卷一五、鄭樵《通志》卷六九「藝文略」七、以及元人馬端臨「文獻通考」卷二二九「經籍考」五六。在異名之外，關於此書的篇幅，過去的紀錄，似乎也不盡相同。譬如晁公武與陳振孫雖然同爲南宋人，不過由晁公武所著錄的《名畫獵精》的卷數是卷六，然而由陳振孫所著錄的《歷代名畫記》却有十卷。

4　見《新唐書》（一九七五年，北京，中華書局所出版的標點本）卷四十九，《藝文志》三，頁一五六〇。

在這部書裏，提到唐代各地佛寺裏的壁畫，可是他對在會昌時代所發生的滅佛運動，
卻一字不提。所以《唐朝名畫錄》的完成，如果不是在比會昌時代略早的八三〇年
代，也許就該在會昌之前一年的唐文宗開成五年（840）左右[5]。至於《歷代名畫記》，
據張彥遠自己的紀錄，是在唐宣宗大元年（847）寫成的[6]。假使《唐朝名畫錄》的完
成，是在八四〇年左右，這兩部著作的完成時代，相差不過七年而已。

　　以《唐朝名畫錄》與《歷代名畫記》為例，早期的中國藝術史學家，直到九世紀
中期的晚唐時代，都沒使用過「距離」這個名詞。這個事實並不能說明中國早期的藝
術史學家，直到晚唐時代，還未曾從中國繪畫之中，特別是從中國山水繪畫之中，發
現距離是一個構成畫面之立體空間的重要因素。從文獻方面觀察，唐代的藝術史學
家，似乎是用別的辭彙來表示畫距離的。

　　距離的形成，是由於前與後、或者近與遠的對比。在一般情形之下，前後與遠近
的關係，固然可以代表距離的存在，而且「前後」與「遠近」也成為距離的代名詞。
譬如在《唐朝名畫錄》之中，朱景玄曾對范長壽作這樣的描寫：

　　　「范長壽，國初有武騎尉。喜畫風俗、田家、景候、人物之狀。人間多有。今
　　　屏風是其製也。凡畫山水、樹石、牛馬、畜產，屈曲遠近、放牧閑野，皆得其

<hr />

5　蘇伯教授（Alexander C. Soper）在他的《唐朝名畫錄》的英文全譯本（見 Archives of
　the Chinese Art Society of America, IV, pp. 5-25, 一九五〇年，在紐約出版）之前，
　附有譯者序。他在這篇序文中指出，《唐朝名畫錄》所提到的最晚的年代，是在「程修己
　傳」中所說的太和時代（825-835）。除此以外，他又指出，此書雖然列舉了唐代之全國各地
　佛寺裏的壁畫，可是對於發生於唐武宗會昌時代（841-846）的滅佛運動，却完全沒有提到。
　所以蘇伯認為此書的著成時代應在會昌時代之前，也卽應在唐文宗開成五年（840）左右。

6　《歷代名畫記》的卷一，共收「敘畫之源流」、「敘畫之興廢」、「論畫六法」、與「論畫
　山水樹石」等四篇（本來在明代王世貞所刻的《王氏畫苑》本、毛晉所刻的《津逮秘書》
　本、與清代張海鵬所刻的《學津討原》本《歷代名畫記》卷一，都另收有一篇「敘自古畫人
　姓名」。不過，清人紀昀在《四庫全書總目提要》卷一一二子部二二，「藝術類」一以及周
　中孚在《鄭堂讀書記》卷四八子部八上「藝術類」一，都認為這一篇，事實上，應該是此書
　卷四至卷十的畫家傳記目錄。一九五九年，上海人民美術出版社刊印了由黃苗子、啟功等人
　負責標點的《歷代名畫記》。他們就把「敘自古畫人姓名」由卷一裏抽出來，排印到卷四的
　最前面。這個編輯方式是對的。張彥遠寫在「敘畫之興廢」這一篇的最後一句是：「時大中
　元年，歲在丁卯」。這一篇，按照余紹宋的看法，就是《歷代名畫紀》的自序。詳見《書畫
　書錄解題》（民國二十一年，北平，國立北平圖書館出版），卷一，頁四。

妙，各盡其微。張僧繇之次也。」[7]

在這段引文中，屈曲、遠近是兩個特別値得注意的名詞。所謂屈曲，是蜿蜒彎轉的意思。蘇泊敎授（Alexander C. Soper）在此書的英譯本之中，是把屈曲這兩個字，譯爲 wind forward 的[8]。在形態上，道路與河流，最能表現屈曲的現象。至於遠近，旣然是對兩個或兩個以上的層次表現，當然也就是對於距離的表現。所以 Alexander Soper 把遠近二字譯爲 distance[9]。在「范長壽傳」之中，朱景玄是用遠近這兩個字，代替距離這個名詞，來表示范長壽畫蹟中之立體空間的。可是他對「遠近」的使用，並不普遍；在《唐朝名畫錄》之中，「遠近」的使用，僅此一例而已。除此以外，在「張藻傳」裏，朱景玄利用他對於張藻作品的描寫，又使用了另一種表現距離之存在的方法。下面是《唐朝名畫錄》裏的「張藻傳」的全文：

> 「張藻員外，衣冠、文學，時之名流。畫松石、山水，當代擅價，惟松樹特出古今。能用筆法：嘗以手握雙管，一時齊下；一爲生枝、一爲枯枝，氣傲煙霞，藝凌風雨。槎枒之形、鱗皴之狀，隨意縱橫，應手間出。生枝則潤含春澤，枯枝則慘同秋色。其山水之狀，則高低秀麗，咫尺重深。石尖如落，泉噴如吼。其近也，若逼人而寒，其遠也，若極天之盡。所畫圖障，人間至多。今寶應寺西院山水松石之壁，亦有題記，精巧之迹，可居神品也。」[10]

在這段引文之中，朱景玄雖然沒把遠近二字合用，成爲如同在「范長壽傳」文中所使用過的那種複詞（compound），不過他旣對張藻的山水畫裏的近景與遠景分別加以描述，可見朱景玄對遠與近的差別是能分辨的。這就是說，不但在張藻的山水畫的畫面裏，可以分出近景與遠景的不同，就是在朱景玄的描述之中，也有距離這個觀念的存在。根據「范長壽傳」與「張藻傳」裏的引文，朱景玄對於山水畫畫面中的距離，曾經採用兩種不同的描述方式：第一種是把遠近二字聯合起來，當作一個複詞來使用，第二種是把這兩個字分開來，再作個別的使用。

前面說過，張彦遠的《歷代名畫記》，在完成的時代上，與朱景玄的《唐朝名畫

7　見《王氏畫苑》本，卷六，頁一二。
8　見註 5 所引 Archives of the Chinese Art Society of America, Ⅳ, p. 17.
9　見同上 p. 17.
10　見《王氏畫苑》本，卷六，頁七。

錄》，相差最多不過七年。可是，讀過《歷代名畫記》，似乎可以看出，張彥遠對於
山水畫畫面上的距離描述方式，如與朱景玄的描述方式相比，似是較不科學的。首
先，張彥遠在對畫中距離加以描述的時候，從未使用過由朱景玄所使用的「遠近」這
個複詞。其次，他甚至也不曾像朱景玄那樣把遠、近二字分開來，然後再用這兩個
字，去分別描述畫面上的距離。比較能夠與朱景玄的第二種描述方式相近的一個例
子，見於他對唐代詩人畫家王維的作品的描述。張彥遠的原文是這樣的：

> 「王維，字摩詰，太原人。官至尚書右丞……工畫山水，體涉古今。人家所
> 蓄，多是右丞指揮工人布色。原野簇成，遠樹過於朴拙，復務細巧，翻更失
> 眞。……」[11]

在這段引文裏，他所說的「遠樹」值得注意。距離之中的近和遠，本來應該說是
一種相對的觀念。所謂相對，是要有近才有遠。如果畫面上只有一個絕對的空間，那
就不會有近，也不曾有遠。張彥遠既然在對王維的的山水畫的描寫之中，指出畫面中
有「遠樹」，那就可以想見，在同一幅作品的畫面上，應該是還有近樹的。因爲假使
沒有近樹的對比，就顯不出遠樹的位置何在。所以儘管張彥遠只提到遠樹，而沒提到
近樹，事實上，據張彥遠的觀察，在王維的山水畫裏，近樹必然是與遠樹同時存在
的。可是近樹必然與遠樹有所不同。近景的樹木與遠景的樹木，在層次上，既不相
同，所以遠景必不同於近景。這樣說，在王維的畫面裏，表現立體空間的地面距離，
是由近與遠的對比而完成的。可是張彥遠對於畫面上的距離的描述，只用一個遠字。
這樣的描述，不經分析，可能是不容易了解的。

把朱景玄與張彥遠的描述文字加以對照，不難看出來，在八四〇年代的晚唐時
代，中國藝術史學家對於距離這個觀念的表示，在描述方法上，並不統一；譬如他們
有時使用「遠近」這個複詞來表示距離、有時用「遠」、「近」來表示距離、有時又
只用「遠」字來表示距離的存在。可是在辭彙上，他們所使用的字眼卻可說相當統一
的。朱景玄用的是「遠近」和「遠」、「近」、張彥遠用的是「遠」。他們在遠與近
這兩個字之外，既沒有使用過別的字，也沒有別的的辭彙。

11　見《王氏畫苑》本，卷四，頁二十五。

在另一方面，如果把文獻觀察的範圍擴大，還可以發現，至少在唐代，遠近這兩個字的使用人，似乎並不只限於藝術史學家。譬如在封演的《聞見記》裏，就有一段文字，標題是「視物遠近」[12]。這段文字，現在雖然亡佚不存了，標題還是存在的。從「視物遠近」這個小標題，可以明確知道封演雖然不是一位藝術史學家，卻和朱景玄、以及張彥遠一樣，也使用過「遠近」這個複詞。封演的世系，雖不直接見於唐代史料[13]，不過據清代乾隆時期的徐松的介紹，封演是唐玄宗天寶十五年（755）中舉的進士，以後，他在代宗大曆時代（766-779）擔任過縣令，最後，他還在德宗時代（780-804）時代昇任爲御史[14]。由於這些事實，也許可以推斷封演的《聞見錄》，是在德宗貞元六年（790）以後完成的[15]。即使以貞元十六年（801）作爲此書的著成時代而論，封演的時代，至少也比朱景玄和張彥遠的時代，要早五十年左右。這就是說，如果以封演的《聞見錄》爲例，也許可說，把遠近二字聯合使用而成爲一個複詞，並不是九世紀中期的藝術史學家之創舉。至少，在八世紀的末期，這兩個字是曾經被當時的文人當作複詞而使用過的。假使這個推論可以成立，用「遠近」這個複詞來描述地面的距離，是由九世紀以前的文學家開始使用的。第九世紀的藝術史學家用這個複詞作爲描述畫面裏的距離的辭彙，也許又是從九世紀以前的，非藝術論著裏面借用的辭彙。根據這個結論再來分析，朱景玄把遠、近兩字拆開來單獨使用，以及張彥遠僅僅使用一個遠字，或者可以視爲是對「遠近」這個複詞的變象的使用。

除了把遠、近二字加以分用或合用作爲對於距離的表現的兩種方式以外，唐代藝

---

12 見《封氏聞見記》（據上海，商務印書館影印明《雅雨堂叢書》本，民國二十五年出版）卷七，頁一。

13 封演之名，不見於《唐書》及《新唐書》。紀昀在《四庫全書總目提要》卷一二〇（子部三〇，「雜家類」四）曾經提出「演里貫未詳。考封氏自西晉、北魏以來，世爲渤海蓨人。然《唐書》宰相世表中無演名，疑其疎屬」之說。但近人余嘉錫在《四庫提要辨證》（據一九七四年，香港，中華書局排印本），卷十五、子部六的〈封氏聞見錄〉條下（頁九〇〇～九〇五）卻據《元和姓纂》卷一與《新唐書》卷六十一〈宰相世系表〉，考出唐代初年的宰相封德彝是封演的叔高祖。所以封演的世系並非絕對無考。

14 這些資料的來源，是盧見曾（1690-1768）在清高宗乾隆二十一年（丙子，1756）所寫的「封氏聞見記序」。除此以外，紀昀（1724-1805）在清高宗乾隆四十七年（1782）成書的《四庫全書總目提要》卷一二〇，和上註所提到的《四庫提要辨證》卷十五，都對封演的生平，有所考證。

15 據岑仲勉：「跋封氏聞見記」，刊於中央研究院《歷史語言研究所集刊》第九本（民國三十六年，上海，商務印書館出版），頁二三二～二三三，《封氏聞見記》或者成書於貞元六年，但據余嘉錫《四庫提要辨證》，頁九〇三，封氏此書，「當作於貞元十六年十月之前。」

術史學家對於畫面裏的距離描述，還有一個新辭彙。這個辭彙，是把遠字當作名詞，然後再在遠字前面，另加一個形容詞而形成的。當遠字與其形容詞相結合（譬如平遠），就形成一個新的複詞。在唐代的藝術史之中，這種新類型的複詞，首見於張彥遠的《歷代名畫記》。他在此書的「朱審傳」中，曾說：

　　　「朱審，吳興人。工畫山水。深沉璇壯、險黑磊落、湍瀨激人、平遠極目。建中年頗知名。」[16]

　　根據「平遠」這個複詞，可知朱審畫面裏的距離，也就是近景與遠景的對照，是用一片平坦的空地來表現的。地表既然平坦無阻，當然能把視線的終點，推到大地的最遠方。這種用平坦的地面來表示距離的遼遠，在繪畫上，是稱爲平遠的。張彥遠既說朱審是唐德宗建中時代（780-783）的畫家，似乎大致可以把他視爲八世紀中期至後期的畫家。在八世紀中後期以前，是否已經有人畫過平遠山水，現在因爲沒有可以相信的，唐與唐代以前的畫蹟來作實例，也許只能說朱審是第一位創造了平遠式山水畫的重要畫家。而張彥遠既然用「平遠」二字來描述朱審之山水畫在距離表現方面的特徵，似乎也可說，他是第一個創造了像「平遠」這一類新複詞的藝術史學家。從這個角度上來看，張彥遠似乎比朱景玄更富於創造性。朱景玄所用的「遠近」，是在八世紀以前，已由當時的文人使用過的一個普通的複詞，而張彥遠所使用的「平遠」，卻不但是一個極富於描述性（descriptive）的藝術辭彙，這個辭彙還是由他創造出來的。

二、宋代畫史中的「高遠」

　　大概由於像「平遠」這一類的新複詞，比像「遠近」那一類的舊複詞，在描述畫面上的距離的時候，更有描寫的功能，到宋代，這種新複詞的使用，不但日漸普及起來，與「平遠」的性質相同的許多新複詞，也逐漸創造出來。用更清楚的話來說，在宋代，當藝術史家或藝術評論家想要形容畫面上的空間距離的時候，他們一定要明確的說出來這是一幅平遠山水、還是一幅高遠山水。而不再只用「遠近」、或者「遠」、「近」去加以形容了。從這個角度來看，在宋代，當時的藝術史學家或藝術評論家所使用的辭彙，在類型上，幾乎無不是由張彥遠所創造的那種新辭彙。朱景玄所使用的舊辭

16　見《王氏畫苑》本，卷四，頁二十八。

彙，因為不容易表現距離在空間裏的平與高的特徵，到了宋代，似乎已經沒人再使用了。也就是受到淘汰了。

　　上面這一段文字說，在宋代，當時的藝術史學家與藝術評論家，創造了不少與平遠的性質相同的新複詞。現在就來看看他們究竟創造了那些新複詞。《林泉高致集》裏有這標一段文字：

　　　　「山有三遠：自山下而仰山巔，謂之高遠、自前山而窺山後，謂之深遠、自近
　　　　山而望遠山，謂之平遠。」[17]

　　《林泉高致集》的作者究竟是誰，不容易判定。因為這本書的內容雖然是郭熙對繪畫的思想與意見的紀錄，紀錄卻是由郭思完成的。郭熙是父親，郭思是兒子。在年代上，郭熙的主要活動時代，也許大約是從英宗治平末年（1067）到宋神宗元豐末年（1085）的這二十年[18]。到哲宗元符三年（1100），郭熙可能已經不在世了[19]。根據這些時間方面的資料，《林泉高致集》或者是郭熙停止作畫但尚在世時，由他口述而由郭思筆錄的一部書。如果事實真正如此，「高遠」與「深遠」這兩個新複詞，也許是由郭熙在十一世紀的八〇甚至九〇年代所提出的。至於他所說的「三遠」裏的「平遠」，既可能是對張彥遠在《歷代名畫記》裏所創造的「平遠」這個名詞的沿襲，也可能是他自己的創造。在《林泉高致集》裏，郭熙引用了不少的唐詩[20]，看來他不像是只知道作畫而不肯讀書的人。郭熙既讀唐詩，他對唐代的藝術史家的著作，譬如張彥遠的

17　見《王氏畫苑補益》本，卷一，頁二〇。
18　這是鈴木敬教授的意見，詳見《中國繪畫史》，上冊（此據魏美月的中文譯本，民國七十六
　　年，臺北，故宮博物院出版），頁一八六。
19　這也是鈴木敬的意見，詳見上揭中譯本，頁一八〇～一八一。
20　在《林泉高致集》的「畫意」篇裏，郭思這樣寫着：
　　「前人言，詩是無形畫，畫是有形詩。……因記先子嘗所誦道古人清篇秀句，有發於佳
　　思而可畫者，並思亦嘗旁搜廣引先子謂為可用者，咸錄之於下：
　　『女几山頭春雪消，路旁仙杏發柔條。心期欲去知何日，惆望同車下野橋。』羊士
　　諤望女几山『獨訪山家歇還涉，茅屋斜連隔松葉。主人聞語未開門，繞籬野菜飛黃
　　蝶。』長孫左輔訪山『南遊兄弟幾時還，知在三湘五嶺間，獨立衡門秋水闊，寒鴉
　　飛去日沈山。』竇鞏『釣罷孤舟繫葦梢，酒開新甕鮓開包。自從江浙為漁父，二十
　　餘年手不扠。』無名氏『舍南舍北皆春水，但見羣鷗日日來。』老杜『渡水寒驢雙
　　耳直，避風瘦僕一肩高。』盧雪詩『行到水窮處，坐看雲起時。』王摩詰『六月秋
　　葵來石路，午陰多處聽潺湲。』王介甫『數聲離岸櫓，幾點別州山。』魏野『遠水
　　兼天淨，孤城隱霧深。』老杜『犬眠花影地，牛牧兩聲陂。』李後材『密竹滴殘雨，
　　高峯留夕陽。』夏侯叔『天遙來雁少，江闊去帆孤。』姚合『雪意未成雲著地，
　　秋聲不斷雁連天。』錢惟演『春潮帶雨晚來急，野渡無人舟自橫。』韋應物『相看
　　臨道水，獨自坐孤舟。』鄭谷。

《歷代名畫記》，恐怕也不會一無所知。因此，郭熙知道張彥遠在他的著作中創造了
「平遠」這個新辭彙，也許是可以肯定的。這樣說，由郭熙所提出的「高遠」與「深
遠」，如果說是對於張彥遠所首創的「平遠」的摹倣，也許也是可以肯定的。這樣的
觀察意味著，由張彥遠在八四〇年代所創造的新辭彙，不但在一〇八〇至一〇九〇年
代之間，仍然被採用，而且在一〇八〇與一〇九〇之間，郭熙又按照八四〇年代所創
造的新辭彙的類型，再加摹倣，而創造了兩個更新的辭彙；一個是「深遠」，另一個是
「高遠」。郭熙對張彥遠的辭彙的摹倣，說明唐代所創造的新辭彙在宋代的普及化。

　　到十二世紀，唐代藝術史家所使用的辭彙，非但不因郭熙之去世而停止，而且似
乎還有更進一步的發展。在這個關鍵上，韓拙的《山水純全集》是值得注意的。在此
書中，韓拙有一大段話，是以「論山」作爲標題的。在「論山」之中，他說：

　　　　「郭氏曰山有三遠：自山下而仰山上，背後有淡山者，謂之『高遠』。自山前
　　　　而窺山後者，謂之『深遠』。自近山至遠山，謂之『平遠』。愚又論三遠者，
　　　　有近岸廣水、曠闊遙山者，謂之『闊遠』。有煙霧暝溟，野水隔而髣髴不見
　　　　者，謂之『迷遠』。景物至絕，而微茫縹渺者，謂之『幽遠』。」[21]

　　韓拙在「論山」之中所說的「郭氏」，如指郭熙，是無可疑的。因爲他所說的
高遠、深遠、與平遠，正是由郭熙首先提出來的。儘管在文字上，韓拙對於三遠的解
釋，與郭熙自己對三遠的解釋，並不是完全一樣的。不過最值得注意的是韓拙在介紹
了郭熙所說的高遠、深遠、與平遠等三遠之後，又提出「闊遠」、「迷遠」、與「幽
遠」等三種名目，成爲山水繪畫的三種佈局。韓拙所提出的三遠，一方面是對郭熙的
分類的補充，一方面也爲中國山水繪畫的佈局，找出三個新的類型。

　　在視覺上，闊遠、迷遠、與幽遠，並不能像高遠、深遠、與平遠那樣的容易分
辨[22]。所以用由韓拙所提出的新三遠作爲標準，而來區分中國山水畫之構圖類型的意
義，似乎並不很大。不過韓拙既有意用闊遠、迷遠、與幽遠來補充高遠、深遠、與平
遠在山水畫構圖類型方面之不足，而且把由他所提出的三種佈局方式，都用「遠」（也

21　此據宣統二年（庚戌，1910年）孫毓據明鈔本手錄之排印本，見黃賓虹、鄧實編〈美術叢
　　書〉（民國十七年，上海，神州國光社再版本），第四集，第七輯，《山水純全集》，卷
　　一，頁一九八～一九九。但在《王氏畫苑補益》本，卷二，頁一一二～一一三，這段對平遠的解
　　釋文字，卻是「自近山邊，低坦之山，謂之平遠。」今從《美術叢書》本。
22　大體上，闊遠、迷遠、與幽遠，似乎都屬於深遠。

就是都用對於距離的表現）作爲區分的標準，這就說明他的類型，在定名方面，是按著郭熙的傳統而建立起來的。這也就等於說，韓拙所提出的三遠，就名詞的來源而論，旣由與郭熙所提出的三遠的來源一樣，也是對於唐代辭彙（譬如「平遠」）的摹倣。

韓拙的《山水純全集》，附有他在宋徽宗宣和三年（1121）所寫的序。根據這篇序文，可知《山水純全集》的寫成時間是十二世紀的初期。郭熙的《林泉高致集》，大致寫於一〇九〇到一〇九〇之間。韓拙的《山水純全集》則寫於一一二一年，兩書的完成，在時間上，相差大約三十到四十年。如果郭熙用高遠、深遠、與平遠作爲區分中國山水畫構圖類型之標準，以代表唐代新創的辭彙在宋代的第一次發展，似乎韓拙用濶遠、迷遠、與幽遠作爲區分中國山水畫構圖類型的第二種標準，也可以代表唐代新創之藝術辭彙在宋代的第二次發展。當張彥遠在晚唐的八四〇年代首創「平遠」這個名詞的時候，他恐怕沒想到在一〇八〇到一〇九〇年之間，郭熙更因爲摹倣「平遠」而創造了「高遠」與「深遠」。此外，張彥遠恐怕更沒想到，在一一二一年，韓拙又會根據郭熙的傳統，再創造了「濶遠」、「迷遠」與「幽遠」等三個名詞。

從藝術史的觀點來看，由郭熙所提出的三遠，與韓拙所提出的三遠，雖然是中國山水畫在構圖方面的六個不同的類型，不過如果能從別的觀點來看，又可以發現這六個名詞，幾乎無不都是文學家經常使用的辭彙。現在就以「高遠」這個辭彙的使用爲例，而把這個看法，細加闡述。至於「平遠」、「深遠」、「濶遠」、「迷遠」與「幽遠」等其他五個辭彙在文學與藝術方面的使用情形，似乎可以另作專題研究，暫時不在這裏討論了。

三、漢晉文學中當做名詞使用的「高遠」

在文獻上，「高遠」這個名詞，也許首見於漢代初期的，也卽西元前三世紀的文學作品。譬如《淮南子》在「脩務篇」裏，曾經說過下面所引的這一段話：

「世俗人之多尊古而賤今，故爲道者，必託之於神農、黃帝而後能入說。亂世闇主，高遠其從來？」[23]

23　見《淮南子》（據民國二十五年，上海，中華書局所出版之聚珍版「四部備要」本），卷一九，「脩務訓」，頁一一（後頁）。

　　引文的最後一句，也許可以理解爲「在動亂的時局之中，與在沒有主見的君主的統治之下，怎麼會有理想的境地？」在時代方面，《淮南子》是漢代初期或西元前二世紀中期的著作。[24] 大概從此以後，《淮南子》裏對「高遠」一詞的使用方式，就逐漸成爲後代的詩人與評論家所常用的辭彙。比較早的例子，見於謝宣遠的《於安城答靈運》詩。此詩甚長，不必全引。與本文有關的，是下面這四句：

　　「跬行安步武，鍛翮數周仞，豈不識高遠，遠方往有各。」[25]

　　謝靈運（385-433）是東晉末年有名的詩人。謝宣遠旣與謝靈運以詩互相贈答，當然也是東晉末年的詩人。事實上，謝宣遠的《於安城答靈運》詩的著成年代，是可知的；至少根據李善爲這首詩所寫的注[26]，此詩是在晉安帝義熙十一年（415）寫成的。在此詩中，「豈不識高遠」大致代表「我怎麼不知道什麼是理想中的境界」的意思。這個用法與劉安在《淮南子》裏所說的「高遠其從來」，大體是一致的。

　　比謝宣遠的時代稍晚，而仍然活動於東晉末年的文人之一是劉義慶（403-444）。他是有名的《世說新語》的作者。在這部書裏，劉義慶記載過謝靈運與孔淳之的一段對話。對話的原文如下：

　　「謝靈運好戴曲柄笠。孔隱士謂之曰：『卿欲希心高遠，何不能遺曲蓋之貌？』謝答曰：『將不畏影者，未能忘懷。』」[27]

　　這段對話是與《莊子》有關的。據《莊子》，有一個人旣怕他自己的影子，也怕印在地面上的腳印。他一看見自己的影子，就趕快走。儘管他愈走愈快，地面上的腳印，卻因爲他的疾走而愈來愈多。這個人就因爲這樣一直快步不停的走下去，終於累

24　傳《淮南子》共二十一篇。這二十一篇，在漢代，是稱爲《淮南內篇》的。據胡適《淮南王書》（民五十一年，臺北，商務印書館影印胡氏手稿本），頁五，這個內篇的完成，約在紀元前一四〇年。

25　見呂延濟等《六臣注文選》（據《四部叢刊》之縮印宋刊本，民國十八年，上海，商務印書館，第二次印本），卷二五，「贈答」三，頁四七。

26　李善在謝宣遠這首詩的詩題下面，加了這樣的注文：「謝靈運贈宣遠序曰：『從兄宣遠，義熙十一年正月，作守安城。其年夏，贈以此詩。到其年冬，有答。』（見前注所揭《六臣注文選》，卷二五，頁四七六。

27　見《世說新語》，（據楊勇《世說新語校箋》本，一九六九年，香港，大象書局出版），「言語」第二，第一〇八條，頁一二五。

死了。莊子在這個故事的後面，附加了幾句話，表示他自己的看法。這幾句話是這樣的：「謹脩而身愼，守其眞，還以物與人，則無所累矣。」[28]

謝靈運在答語中所說的「畏影」，不但正指由莊子所紀錄的那個畏影人的故事，而且他在答語中所表現的態度，似乎也正是莊子所表現的「還以物與人」的態度。如果這樣的理解無誤，《世說新語》裏的那段對話，也許是可以用語體文改寫成這個樣子的：

「謝靈運喜歡戴曲柄笠。有一天，孔淳之對他說：『在你的心裏，你希望能夠進入一個理想的境界。可是你怎麼連一頂曲柄笠也捨不得丟下來呢？』謝靈運聽了，就回答孔淳之說：『我不是一個怕影子的人（其實這句話的眞正意思是：我是一個對與我不相干的人和事一槪不予理會的人）。所以戴不戴一頂曲柄笠的這種事，根本不值得我去忘掉它。』」

假使以上的語體文的翻譯，對劉義慶的原文沒有誤解，可以看出劉義慶似乎也是把「高遠」二字，當作理想的境界來使用的。這就是說，謝宣遠在他的詩裏所說的「高遠」，與劉義慶在他的散文裏所說的「高遠」，在用法上，都當作一個代名詞來使用。在文義上，他們都把「高遠」這兩個字，作爲理想的境界的代表。以謝宣遠的詩句與劉義慶的散文爲例而言，在東晉的末年與六朝的初年，「高遠」二字的用法與劉安在《淮南子》裏所說的「高遠其從來」，是一致的。根據這個觀察，可以得到謝宣遠與劉義慶把「高遠」作爲理想境界的象徵，可說是漢代的用法之延續的結論。

四、魏晉唐代文學中當做形容詞使用的「高遠」

另一方面，大槪就從六朝時代，「高遠」二字的使用，無論是在用法上，還是在文義上，都已經發生了很大的變化。這裏可以舉出四個例子，來證實這個看法。第一個例子見於陳壽 (233-297) 的《三國志》。在《魏志》卷十一的《邴原傳》裏，陳壽引用了《邴原別傳》，傳文中有這機的幾句話：

「時鄭玄博聞洽學，注解典籍，故儒雅之士集焉。原亦自高遠清白，頤志淡

---

28 見《莊子》（據聚珍倣宋版《四部備要》本，民國二十五年，上海，中華書局出版），卷一〇，頁五（後頁）。

泊，口無擇言，身無擇行，故英偉之士向焉。」[29]

在《邴原別傳》裏，「高遠」與「清白」都是形容詞。被這個形容詞所形容的，既可說是邴原的個性，也可說是邴原的氣質。這種用法，到了唐代，還沒改變。要說明這一點，可以參考第二個例子。這個例子，見於盛唐時代的杜甫（712-770）的詩。在一首詩題是「移居公安，敬贈衞大郎鈞」的詩裏，杜甫寫過這樣的詩句：

> 「衞侯不易得，余病汝知之，雅量涵高遠，清襟照等夷。」[30]

不過要解釋杜甫詩中「高遠」二字的涵義，似乎又要先看另一段由劉義慶紀錄在《世說新語》裏的對話：

> 「支道林問孫興公：『君何如許掾？』孫曰：『高情遠致，弟子早已服膺，一吟一詠，許將北面。』」[31]

在孫綽對支遁（314-366）的答語之中，「高」是「情」的形容詞、「遠」是「致」的形容詞。劉義慶是把「高」與「遠」作爲兩個獨立的形容詞而分別使用的。[32] 在杜

---

29 見《三國志》之《魏志》（據「百衲」本，民國二十九年，上海，商務印書館據涵芬樓所藏南宋紹興時代刊本影印），卷一一，頁二○～二一。

30 見楊倫箋注《杜詩鏡銓》（據民國七○年，臺北，華正書局影印標點本），卷一九，頁九四三。

31 見注 26 所揭《世說新語》，「品藻」第九，第五十四條，頁四○○。

32 關於劉義慶把「高」、「遠」二字當作兩個獨立的形容詞來使用的例子，在其《世說新語》之中，至少有「高名」、「高才」、「高情」、「高操」等四種不同的用法。關於「高名」，他在「識鑒」第七的第二十七條，記述王胡之在看到車胤之後，對胤父說「此兒當致高名。」關於「高才」，他在「品藻」第九的第九條，記述王衍對於閭丘沖、滿奮、和郁隆等三人的評語時說：

「此三人亦是高才。」

他在「棲逸」第十八的第二條，在記述孫登對嵇康的評語時說：

「君才則高矣，保身之道不足。」

關於「高情」，劉義慶在「品藻」第九的第六十一條，先說孫綽與許詢「皆一時名流」，接着又記載了當時人對孫、許兩人的看法是：

「或重許高情，則鄙孫穢行、或愛孫才藻，而無取於許。」

關於「高操」，他在「賞譽」第八的第一三一條，記述謝安與劉惔對王胡之處事的態度的看法。謝安認爲王胡之「故欲太驕」，劉惔却認爲王胡之是：

「亦名之高操者。」

如果把劉義慶在《世說新語》裏所引用的文獻再加觀察，似乎又可看出晉代的與晉代以前的作家，也常把「高」、「遠」當作兩個獨立的形容詞。這裏可以舉出五個例子來證實這個看法：

甫的詩句裏，「高遠」二字卻是聯合使用的。杜甫詩中的「雅量」，雖然不是劉義慶
所說的「高情遠致」，不過杜甫把聯合起來的「高遠」，當作一個形容詞來使用，與
劉義慶把「高」與「遠」當作兩個形容詞來使用，在用法上，是相同的。所謂「雅
量」，基本上指心性之寬洪厚和。[33]寬洪與厚和固然是修養，也可以說是氣質。杜甫
用「高遠」來形容「雅量」，相當於用「高遠」來形容一種氣質。這種用法，與《邴
原別傳》中用「高遠」來形容氣質的用法，是一致的。前面說過，六朝時代的謝宣遠
與劉義慶把「高遠」作爲理想境界的代名詞，是漢代的用法的延續，盛唐時代的杜甫
把「高遠」用爲形容詞來形容人的氣質，似乎又是六朝時代的用法的延續。

　　證實這個看法的第三個例子，是於蘇鶚的《杜陽雜編》。蘇鶚之名，不見於唐代

(續)　　第一個例子是《海內先賢傳》內所說的「高情遠致」，其詳已見本文正文。
　　　　　第二個例子是嵇康在《高士傳》裏的「井丹傳」內所說的「博學高論」（據《世說新
語》「品藻」第九第八〇條所引而轉引）。
　　　　　第三個例子是鄧粲在《晉紀》在批評謝鯤時所說的「勝情遠概」（據《世說新語》「品
藻」第九第十七條所引而轉引）。
　　　　　第四個例子是晉明帝在《晉文章志》中在批評王羲之時所說的「高爽有風骨」（據《世
說新語》「賞譽」第八第八〇條所引而轉引）。
　　　　　第五個例子是《高座別傳》對胡僧帛尸黎密的描寫：
　　　　　　「和尙天姿高朗，風韻遒邁。」
在上述五例之中，《海內先賢傳》是魏明帝時代(227–239)的無名氏的著作。嵇康(223–262)
的《高士傳》的著成時代，雖不可知，大體上，也許可以視爲三世紀中期的著作。晉明帝在
位僅三年 (323–325)，也許他的《文章志》就是在這三年之內寫成的。這樣說，《文章志》大
概是第四世紀初年的著作。鄧粲的《晉紀》的著成時代不詳。《晉書》卷八二「鄧粲傳」說
他與劉驎之「同志友善」。據同書卷九四「劉驎之傳」，車騎將軍桓沖 (328–384) 曾經禮聘
劉驎之擔任他的長史，不過驎之却而未就。再據《晉書》卷九「孝武帝紀」，桓沖是在太元
元年 (376) 被任命爲車騎將軍的。此後，一直到他下世 (384)，桓沖的官職都沒有改變。根
據桓沖擔任車騎將軍的時間，可以看出劉驎之應該是第四世紀中後期的隱士。鄧粲既與劉驎
之是好朋友，在時間上，大致也應該是第四世紀後期的人。他的《晉紀》，也許就是在這段
時間之內完成的。《高座別傳》的時代不詳，可以暫時不提。由第三世紀初期的魏明宗時代
開始，經過第三世紀中期的嵇康的時代，第四世紀初期的晉明帝的時代，第四世紀後期的鄧
粲的時代，最後再到劉義慶所處的第五世紀的中期（他死於劉宋文帝元嘉二十一年，444）
前後歷時兩百餘年。在這段時間之內，把「高」與「遠」作爲兩個獨立的形容詞，是一種流
行的用法。
33　見廖蔚卿：「論魏晉名士的雅量」，載《臺大中文學報》（民國七十七年，臺北，臺灣大學
　　中國文學系印行），第二期，頁三七～六七。

的正史。[34] 而此書的編成時代也不詳。不過書中內容的時間，旣然始於唐代宗廣德元年，止於唐懿宗咸通十四年（763-873），[35] 所以如果根據此書內容在時間方面的下限，而把蘇鶚的活動時代，定在晚唐，或者更明確一點的，把蘇鶚的活動時代，定在九世紀的下半期，也許大致是無可置疑的。在此書中，蘇鶚曾說：

> 「宣宗皇帝，英明儉德，器識高遠。」[36]

引文裏的「器識」，也許可以視爲一個複合詞。這就是說，「器識」也許是可以分別理解爲「器度」和「見識」的。這種理解，是可以從文獻上得到證明的。譬如在《海內先賢傳》裏，就有這麼一段紀錄：

> 「許劭，字子將，虔弟也。山峙淵停，行應規表。召陵謝子微高才遠識，見劭十歲時，歎曰：『此乃希世之偉人也！』」[37]

此書作者的姓名，雖然早已失傳，不過這部書卻是在魏明帝時代（227-239）寫成的。[38] 可在遠在三國時代，或者第三世紀的上半期，已經把才和識加以對立，同時用高來形容才華，用遠來形容見識。蘇鶚所說的「器識」，雖然並不完全是《海內先賢

34　《唐書》與《新唐書》皆未於蘇鶚立傳。紀昀（1724-1805）雖在《四庫全書總目提要》卷一一八，子部二八的「雜家類」二，指出蘇鶚在晚唐僖宗的光啓時代（885-887）「登進士第」，卻跟着說，他的「仕履無考。」

35　這個時間的上下限，也是由紀昀在《四庫全書總目提要》裏提出來的。

36　此據《津逮秘書》本（民國十一年，上海，博古齋影印明代毛晉所刊輯本），第一六集，第一五六冊，《杜陽雜編》，卷下，頁三（後頁）。

37　此據劉義慶《世說新語》，「賞譽」第八，第三條注文所引。

38　魏徵等人在唐高宗顯慶元年（656）奉敕編成《隋書》（此據一九七五年，北京，中華書局所出版的標點本）。此書在卷三三，「經籍志」二，頁九七四，著錄《海內先賢傳》四卷。五代後晉出帝開運二年（945）。劉昫奉勅編修《唐書》（此據一九七三年，北京，中華書局所出版的標點本）。其書於卷四十六，「經籍志」上，頁二〇〇〇，亦著錄《海內先賢傳》四卷。北宋中葉，歐陽脩於仁宗嘉祐五年（1060）修成《新唐書》二二五卷。其書於卷四八（此據一九七五年，北京，中華書局所出版的標點本），「藝文志」，頁一四七九，也著錄了《海內先賢傳》。可是在篇幅上，歐陽脩的紀錄是五卷而非四卷。如果《海內先賢傳》在七世紀中期，也即在魏徵等人編修《隋書》的時候的篇幅是四卷，到十一世紀中期，也即在歐陽脩編修《新唐書》的時候，這本書的篇幅會從四卷增加到五卷，應該是不可能的事。也許歐陽脩所紀錄的五卷，應該是四卷的誤寫吧。除了此書的篇幅，歐陽脩的紀錄，與魏徵和劉昫的紀錄有異之外，關於此書作者的姓名，《隋書》、《唐書》、與《新唐書》都沒有任何記載。不過這三部史書卻都說《海內先賢傳》的作者，是魏明帝時代的人。

傳》內所說的「才識」，特別是器度並不等於是才華，可是《杜陽雜編》裏所說的
「器識高遠」卻不妨視爲「器高識遠」。那麼，《杜陽雜編》裏的「識遠」，與《海
內先賢傳》裏的「遠識」應該是一樣的。遠識是一種能力。高器卻不是能力而是一種
氣質。在用「高」來形容「器」（也就是形容氣質）的同時，又用「遠」來形容「識」
（也就是形容能力），與劉義慶用高來形容情，又用遠來形容致，在用法上，也是一
樣的。這樣說，蘇鶚的《杜陽雜編》用「高」與「遠」來形容「器」與「識」，雖然
比杜甫在他的詩句裏，用「高遠」來形容「雅量」，稍爲複雜，但是大體上，蘇鶚還
是把高遠這兩個字，當作形容詞來使用的。經過這個分析，可以看出來晚唐的蘇鶚與
盛唐的杜甫，對高遠二字的用法，是一致的。這種一致性，證實唐代文人對於高遠二
字的使用，採取六朝時代的使用方式。漢代文人對於高遠二字的使用方式，雖在六朝
時代，仍在延續，可是並未延續到唐代。這一點，也是值得注意的。

　　由以上所舉的三個例子，雖然可以看出盛唐時代的杜甫，與晚唐時代的蘇鶚，對
於把「高遠」這個辭彙當作形容詞來使用的用法，大體上，是對三國時代的《邴原別
傳》裏的用法的承繼，可是這三個例子，從宗教的立場來看，都使用在一般人物的身
上。到了唐代，這個辭彙才又從非宗教文學作品方面，轉用於宗教文學方面。譬如在
道宣的《續高僧傳》裏，就可發現「高遠」這個名詞，在道宣的筆下，是經常使用
的。《續高僧傳》卷三，於《譯經篇》之「唐京師紀國寺沙門釋慧淨傳」中，曾有下
語：

　　　「釋慧淨，俗姓房氏，常山眞定人也。……貞觀十三年（639），集諸官臣及三
　　　教學士於弘文殿，延淨開闡《法華》。道士蔡晃，講論好獨秀，玄宗下令，遣
　　　與抗論。……蔡晃等既是道門鋒領，屢逢屈挫，心聲俱廢。皇儲矚淨之之神銳
　　　難加也，乃請爲普光寺任；下令曰：

　　　　　『紀國寺上座慧淨法師，名稱高遠，行業著聞。綱紀伽藍，必有弘益，請
　　　　　知寺任。』

　　　淨以弘宣爲務，樂於寂止，雖蒙榮告，情所未安，乃委固辭，不蒙允許。」[39]

39　據《新修大正大藏經》本（民國四十六年，臺北，中華佛教文化館發行之影印本），卷三，
　　頁四四四。

同書卷六《義解篇》二於「魏西河石壁谷玄中寺釋曇鸞傳」有下語：

「鸞神宇高遠，機變無方，言晤不思，動與事會。調心練氣，對病識緣，名滿魏都。」[40]

同書卷十三《義解篇》九於「唐京師定水寺釋僧鳳傳」有下語：

「鳳以族胄菁華，風望高遠，置情恢廓，立履標峻。」[41]

在「慧淨傳」中，道宣用「高遠」來形容慧淨的名稱。所謂名稱，大概是指慧淨的聲名。這個用法，比較特別。因爲道宣在「曇鸞傳」裏，用高遠來形容的神宇，以及他在「僧鳳傳」中，用高遠來形容的風望，都等於是用高遠來形容人的氣質。這種用法，與在三國時代寫成的《邴原別傳》裏，用高遠來形容邴原的氣質的用法是相同的。可是用高遠來形容名稱，也就是用高遠來形容一種比較抽象的，或者是沒有具體之實質的東西，在唐代以前，恐怕還難找到類似的例子。從時間上看，道宣卒於唐高宗麟德二年（665）之後二年（667），也即唐高宗乾封二年。[42] 杜甫的「移居公安敬贈衛大郎鈞」詩，雖然難以確定究竟是在那年寫成的，不過，大致可定在大曆三年（768）。[43] 至於蘇鶚的《杜陽雜編》，如前述，更可能是寫於九世紀的下半期。把這三人的活動時代加以比較，可以看出，道宣的卒年，比杜甫的卒年，剛好早了一百年，又比蘇鶚的時代，大致早了兩百五十年。根據這個事實，似乎可以看出來，在唐代，最早使用高遠這個名詞的，是道宣，其次，是杜甫，最後才是蘇鶚。這就等於說，在唐代，最早使用高遠這個名詞的，是佛僧，其次，是詩人，最後，才是散文作家。

五、宋代文學中當做形容詞使用的「高遠」

以上所說的情形，到了宋代，似乎慢慢的固定下來。這裏可以舉出五個例子來證

---

40 見同上書，頁四七〇。

41 見同上書，頁五二六。

42 見陳垣《中國佛教史籍概論》（一九六二年‧北京，中華書局出版），頁二八。

43 楊倫收在《杜詩鏡銓》卷十九裏的詩，全是杜甫在大曆時代的作品。他雖把「移居公安敬贈衛大郎鈞」詩編入卷十九，卻並沒有註明此詩究竟寫成於大曆時代的那一年。吳見思《杜詩論文》（此書「凡例」之末，有清康熙七十一年壬子，即 1672 年的年歀）卷五十一，專收杜甫寫於大曆三年的作品。這首「移居公安敬贈衛大郎鈞」，就編在《杜詩論文》的卷五十一。

實這個看法。第一個例子，見於呂本中的《紫薇詩話》。在這部書裏，他說：

　　「高秀實、茂華，人物高遠，有出塵之姿。」[44]

第二個例子，見於張性甫的《可書》。在這部罕見流傳的書裏，張性甫說：

　　「僧懷深，禪學高遠。住智海六年，日有退志。建炎（1127-1130）初，得旨歸

　　山。」[45]

第三個例子，見於朱熹（1130-1200）的著作。他在《晦庵題跋》中說：

　　「務觀別紙，筆札精妙，意寄高遠。」[46]

第四個例子，也見於朱熹的著作。在《晦庵題跋》之中，他又說：

　　「蔡公平生所以教其子者，不干利祿，而開之以聖賢之學。則其志識之高遠，

　　固已非世人所及也。」[47]

第五個例子，見於真德秀（1178-1235）的著作。他在《西山題跋》中說：

　　「然升高自下，涉遠自邇，未有不由下學而可驟致者。若徒馳志高遠，而無真

　　積力踐之功，則亦憑虛億度而已。」[48]

　　在第一個例子之中，「高遠」是一個一般性的形容詞，「人物」是主詞。由「高
遠」二字所形容的「人物」，既可以包括高秀實這個人的個性，也可以包括這個人的
氣質，甚至連他的志向，也可以說是包括在「高遠」這兩個字的涵義之內的。「高
遠」二字雖然始用於漢，不過直到唐代爲止，如果把「高遠」當作形容詞來使用，一
定要把它用來形容某一種專門的事物，而不會用這個辭彙來形容許多事物。呂本中所

44　《津逮秘書》本《紫薇詩話》，見此叢書之第五集，第六十八冊，第一頁（後頁）。在北宋
　　時代，呂祖謙（1137-1181）與其孫呂本中，都曾有東萊先生的稱呼。不過呂祖謙的聲名較
　　大。這部《紫薇詩話》因爲以前的書名是《東萊呂紫薇雜說》，所以曾被認爲呂祖謙的著作。
　　到清代的乾隆中期，紀昀才在《四庫全書總目提要》的卷一二一，子部三一，「雜纂篇」
　　五，指出此書真正的作者，應該是呂本中，而不是呂祖謙。

45　據《十萬卷樓叢書》的初編本（有清德宗光緒三年，1877，陸心源的序）《可書》，頁三
　　（前頁）。

46　見《津逮秘書》本，第十三集，第一六四冊，《晦庵題跋》，卷一，「跋周元翁帖」條，頁
　　一二（後頁）一～三（後頁）。

47　見同上書，卷二，「跋蔡神與絕筆」條，頁六（前頁）～頁八（前頁）。

48　見《津逮秘書》本，第六集，第七〇冊，《西山題跋》，卷二，「書穎齋記」條，頁一九
　　（後頁）～二〇（前頁）。

說的「人物高遠」，旣然把用「高遠」來形容的對象，加以一般化 (generalization)，
不能不算是從宋代開始的一種新用法。

在第二個例子之中，「高遠」是用來形容「禪學」的，也就是把這兩個字當作一
種學問的形容詞。由道宣在初唐時代寫成的《續高僧傳》裏，雖然不乏關於「高遠」
一詞的使用，卻從來沒把「高遠」當作學問的形容詞。張性甫用「高詞」來形容「禪
學」，在用法上，正與呂本中把「高遠」的內涵加以一般化的情形相同，也是前所未
有的。

在第三個例子之中，朱熹所說的務觀，就是與他同時而年齡比他稍大的詩人陸游
(1125-1210)。在《晦庵題跋》裏，朱熹是用「精妙」來形容陸游之「筆札」的。筆
札旣指用手書寫的信件，所以筆札就是書法的代名詞。朱熹所說的「意寄高遠」，是
和上一句的「筆札精妙」相對而言的。意思是說，陸游的書法的風格雖然好，可是他
在信札之中所表現的情意，都是更高也更遠的。這個「高遠」，似乎不是形容詞而是
名詞。前面已經指出，在從漢到六朝的那一階段，如果把「高遠」當作名詞來使用，
這兩個字的涵義是理想的境界。在宋代，朱熹也是把「高遠」當作名詞來使用的。所
以他所說的「意寄高遠」，恐怕也未嘗沒有「把胸中的情意，寄托到一個理想的境界
裏去」的意思。如果這樣的理解無誤，朱熹在《晦庵題跋》裏，對高遠二字的使用，
無論就「意寄高遠」而言，還是就「志識高遠」而言，都與漢代的《淮南子》裏的
「高遠其從來」、與晉代的謝宣遠在他的詩裏的「豈不識高遠」的用法，是相同的。
也就是說，朱熹把「高遠」二字當作名詞來使用的用法，應該說是古典的。

至於在第四個例子之中，所謂「馳志高遠」，大概就是「像騎著馬一樣，把自己
的志願很快的帶到理想的境界裏去」的意思。在這句話裏，「高遠」似乎應該仍以理
想境界的象徵來解釋，比較妥當。因此，眞德秀對「高遠」二字的用法，與朱熹對這
兩個字的用法，也是一致的。

在分析過上舉的四位宋人對於「高遠」一詞的用法之後，下面還要簡略的察看一
下這四位宋人所處的時代。首先看呂本中。在文獻上，呂本中雖然卒於南宋高宗紹興
八年(1138)，[49] 但他主要的活動，恐怕除了在南宋高宗時代的那十二年(1127-1138)，

49　見《宋史》(據一九七七年，北京，中華書局所出版的標點本)，卷三七六，頁一～六三七。

似乎也還要把北宋末期的，宋哲宗時代的十五年（1086-1100），特別是要把宋徽宗（1101-1125）與宋欽宗（1126）時代的那二十六年，也計算在內。至於張性甫，儘管他的生卒，不爲人知，但從他那部《可書》的內容來看，因爲所記各事，在時間上，都不遲於宋高宗紹興九年（己未，1139），所以他的活動時代，應該與呂本中是大致同時的。換言之，呂本中與張性甫，都應該是活動於南北宋之間的文人。在呂本中與張性甫以外，在學術上，朱熹的活動時代是南宋中期，眞德秀的活動時代是南宋末期，都是爲人熟知的事，這裏不必細考了。

上面旣已分析過呂、張、朱、眞四位宋人對於「高遠」一詞的用法，現在又大略的了解他們四人的活動時代，這就可以看出來，在時間上，在南北宋之交的十二世紀的上半期，以呂本中把「高遠」作爲對於一般人物的一般性格之形容詞、與張性甫把「高遠」作爲對於一種學問的形容詞來使用爲例，他們對這兩個字的用法，是前所未有的。這就等於說，在十二世紀的上半期，宋人對於「高遠」二字的使用，是有創意的。可是到了南宋的中期與後期，也卽在十三世紀的前半期，以朱熹與眞德秀都把「高遠」當作理想的境界的象徵來使用爲例，似乎又可以看出來，北宋時代的富於創新意味的用法，已經成爲過去。因爲朱熹與眞德秀對「高遠」的用法，是與唐代以前的用法相同的，所以在用法上，他們對於這兩個字的使用，是沒有創意的。根據這個簡單的比較，無論是從時代上，還是從用法上看，南北宋人對「高遠」的使用，具有明顯的差別。

六、小　　結

指出這個差別之後，可以把郭熙的畫論中的「高遠」抽出來，重新再加討論。郭熙旣然認爲畫家所說的「高遠」，在布局上，屬於「自山下而仰山巔」的構圖類型，可見在畫面上，高遠式的山水畫，應該是有一座高山的。郭熙在宋神宗熙寧五年（壬子，1072）所完成的「早春圖」，就是一幅高遠山水畫。在此圖中的高山，如果需要從山下的漁人的所在地來觀看，是需要仰望的。[50] 此外，在范寬的「谿山行旅圖」

50　見中央博物圖書聯合管理處編：《故宮名畫三百種》（民國五十九年，東京，大塚巧藝社出版），第二册，圖版二〇。

裏，成爲遠景的大山，氣勢磅礡。假如從山下驛隊的位置去看大山，也是需要仰望的。[51] 根據這些實例，這些山，不但在畫面上，處於遠方，也處於最高點。所以北宋時代畫家所說的「高遠」，是具有實質的山。

　　如果能對北宋時代的文學作品加以觀察，可以看出來，當時所說的「高遠」，也具有實質。譬如呂本中所說的「人物高遠」，是用高遠來代表人物之個性、氣質、與志向的。個性、氣質、與志向，都是具有某種實質的人的特徵。張性甫是用「高遠」來形容學問的。學問雖然沒有個性，也沒有氣質與志向，不過學問的實質，即使是看不見的，至少是感覺得到的。這樣說，北宋時代所使用的「高遠」，無論是用爲藝術辭彙、還是用爲文學辭彙，都是某種實質的形容詞。

　　這種用法，到了南宋，突然改變了。以朱熹所說的「寄意高遠」與眞德秀所說的「馳志高遠」爲例，他們所說的「高遠」，旣是理想之境界的象徵，所以缺乏實質。總之，根據「高遠」這個辭彙的使用，看出來南北宋時代的用法，是頗有區別的：北宋時代的「高遠」，不但用來形容具有實質的人性的特徵，也可轉用到具有實質的繪畫藝術上去，成爲一種山水畫的類型。到了南宋時代，不但並不用「高遠」來形容人的特質，就在繪畫方面，這兩個字的使用，似乎也已停止了。

51　見《故宮名畫三百種》，第二册，圖版一五，又見 Laurence Sickman and Alexander Soper: "The Art and Architecture of China" (1960, Baltimore), pl. 87.

出自第五十九本第四分(一九八八年)

道教中外丹與內丹的發展

勞　榦

　　道教的創立，雖然要算到東漢以後，但道教的根源，卻要遠溯到更早的時期。大致說來，可分做兩方面。第一，符籙及祭祀方面，這是從古代民間信仰和薩滿活動，推演而成的；第二，丹鼎方面，這是從醫藥長生術，以及對於朱沙及其他有色礦物質的迷信轉換而成的。符籙和丹鼎是相輔相成的，並非屬於兩個不同的派別；丹鼎中的外丹和內丹，也是相輔相成的，也不是屬於兩個不同的派別。只是著書和實行的人，各有所偏重，而各時代也有所偏重。

　　「外丹」是源於對於丹沙（或朱沙）的重視，可能追溯到很早，在新石器時代已有痕跡，到商周以後更廣泛的使用著。這也許丹的紅色代表了生氣，也就神秘的普徧用在藥劑之內。所謂「鍊丹」的丹也就是指朱沙。所謂丹鼎一項，當然也是以服食爲主，運氣爲輔。漢代著名的丹藥書「周易參同契」就是本來是「外丹」的書，後來才用內丹來解釋（也就是用靜坐運氣等方法，來比附「鉛」和「汞」。）

　　從漢代以來，經過北魏，經過唐，許多皇帝服丹藥中毒而死，宋代就轉而傾向到內丹（運氣），以及祭祀，來求長生登仙。但是鍊丹一事，並未停止。直到明清兩代小說中仍偶然涉及金石仙丹的事，但已經不如唐代以前那樣的被人眞的相信了。

　　中國古代科技的發展，毫無問題的牽涉到中國古代方士的活動以及後來道教的推動。方士是道教來源之一，但道教的成立，還有社會上、政治上種種因素，決不是簡單的以古代方士爲唯一的根源。但方士的信念及方法是道教中一個主流，也就對於此處應當作爲研究範圍的一個重點。其中一個中心問題，就是有關於「丹」這個觀念的問題，以及從丹的進展，再演變而成內丹及外丹的問題。

　　對於「丹」的基本認識，是需要從字源學來推定的。依照丹字字形的結構，中間一點是代表朱沙，而四周包圍的部分是代表包圍朱沙的礦石。這個丹字是一個非常古老的字，因爲從丹字衍變而下去的字是靑字（靑字上面是「生」字，這是從丹字加上去的聲符或義符），靑是指孔雀石，也就是石靑。靑字從「丹」，爲的是石靑具有和朱沙類似的用處，朱沙是紅色染料，石靑是藍色染料。所以古人還認爲是同類的。其次從靑字衍化而出的，又還有許多常用的字。其中如從人旁的倩，從水旁的淸，從心

旁的情，從米旁的精，這些都是極爲常用的字，用靑字來注音，而靑字又從丹字出來，足徵在丹字造字的時期是非常早的。

在中國，從新石器時代的墓葬，經過了殷墟時期，再轉到春秋戰國，從考古的發現，證明了朱沙被採用的普遍情形，至於石靑，雖然也和朱沙同樣的屬於礦物，但石靑的應用，就遠不如朱沙被應用的廣泛。這當然由於色彩上的關係，朱沙這種朱紅色彩，被古人特別欣賞，但也不能完全說是對於色彩嗜好的問題，當然也有對朱紅設想上的神秘成分。

神農本草經是現有中國藥書的最早一部。這個書的書名雖然不見於漢書藝文志，但是有許多書的書名和現有的書名並不一致。因爲古代的書的標名，往往是並不確定的。尤其是許多書只有篇名而無書名，在編目時就不免多所歧異。或者是拿編名作爲書名，或者是隨時加上一個新名，這就不免同是一部書就被記上不同的書名。在漢書藝文志中是有「神農食禁」這部書的，而神農本草就是記的是「食禁」，所以不能因爲書的標名，就斷定書的時代。

因爲秦始皇焚書，對於醫藥的書是在所不禁的。戰國時代的醫藥典籍，完整的保有到西漢時代是不成問題的。神農本草經是現在所知的一部最古的藥書，應當是戰國時期遺留下來的。其中最成問題的，是其中包括了一些西漢時代的地名，所以很像一部西漢時期的作品。不過這種情形並不希奇，譬如山海經就是一部戰國的書，到西漢時尙有增添，就加上了漢代地名。神農本草經也是一樣，尤其是戰國的藥書必然的保存到漢代，漢代的醫藥不是前無所承，突然而起的，那麼漢代常用藥書，絕大部分沿用戰國時的舊籍，也是自所當然的。所以神農本草經這部書可以代表戰國晚期思想應當是沒有問題的。

這部「神農本草經」有兩件可以特殊注意的現象，第一，是認爲許多藥物都可以「輕身延年」，第二是這部藥書，在性質上是以草藥爲主，但特別被提出來的，卻不是一般草藥，而是屬於非草藥而屬於礦石的「丹沙」。對於這兩項，還應當有相當的解釋。

在神農本草經所列的草藥中，有不少是注明「輕身」和「延年」的，例如：

　　昌蒲　久服輕身，不忘不迷，或延年。

菊華　久服利血氣，輕身，耐老延年。

人參　久服輕身延年。

地黃　久服輕身不老。

尤　　久服輕身延年。

石斛　久服厚腸胃，輕身延年。

柏實　久服……輕身延年。

胡麻　久服輕身不老。[1]（據叢書集成本 11-53）

這是幾個例子，其他藥名下標注的還有不少。「輕身延年」是成仙的基本條件。對於「輕身」這個問題，是由於漢代人對於仙人的設想，認爲是很清瘦的，這才可以飛昇。在漢鏡中的仙人像也都是十分瘦削，而且具有羽翼的。漢書五十七司馬相如傳下：

相如以爲列仙之儒，居山澤間，形容甚臞，此非帝王之仙意也。（藝文本頁 1205）

葛洪抱朴子黃白篇：

語云，無有肥仙人，富道士也。（四部叢刊縮印本，第 87 頁）

至少在漢晉時代的人想到的仙人是清瘦的，輕身就是清瘦的情況。

至於第二項有關朱沙的情形，這亦分爲兩點來說。第一，這部藥典的名稱爲「本草」，但並不十分切合。這部書雖然草藥的數量占最大多數，但也有一些礦石藥材列在前面。所以用「本草」這一個書名是不夠概括的。從另一方面說，用神農食忌這個書名，雖然可以概括，但「食忌」的範圍是指「服食」來說。「服食」和「導引」本是仙術中的兩大支，但服食就社會應用去看，實不如醫藥更爲重要。所以有人寧可把書名改爲本草，而礦物藥品也就算附入草藥之中。自從神農本草這樣的命名，後來中國人的藥典著作也就不論藥品的內容是否以草藥爲限，都一直題名爲本草了。第二，此書雖列入若干礦物藥品，但還是以丹沙領頭，也就證明了丹沙在礦物藥品中是高居首位的，甚至在全部藥物之中，也是高居首位的，這種重視丹沙的特殊性，也是

1　胡麻卽芝麻，是外來的植物，時代當在漢武帝以後。此外，書中尙有葡萄，更顯然在漢武帝以後，這些後來引進的植物，自屬於後來增入的，非戰國以來原來所應有。

不容忽略的。

　　取得仙藥的途徑，只有兩條路可走，一條路是「求」，另外一條路是「鍊」。求取仙藥，求到的便可成仙，但向什麼地方去求呢？雖然海外仙山，是一般人仰望中的地方，卻只有人去求的，卻無人因求而得到。那就除去誘惑相信的帝王，使他出資來幫助求仙而外，就只有自行製鍊一條路了。但是即使自行製鍊，也需要很大的人力和物力，這也就是從來的方士們必然依靠權貴，因爲方士們多數還是自己相信仙術的。爲的是他們自己沒有這個財力，他們也想借着權貴的財力，來完成自己的目的。卻依然沒有一個成功的，那就最後也只依賴種種作僞，來把一些尷尬的局面拖下去。演變至此，可以說這是中國社會和政治上的悲劇，而這個悲劇的起源，卻可以推到古代特別重視丹沙的傳統，丹沙是高貴的，是神秘的，是藥物中之王，在服食方術中占有領導的地位。[2]

　　在這種情況之下，仙藥的構成是以丹沙爲主，所以仙藥也可以叫做仙丹，因而後來丹字轉換爲仙藥的意義，而丹沙在一般應用上，只叫做朱沙，不再使用丹字。

　　葛洪抱朴子黃白篇說：

　　　仙經曰……朱砂爲金，服之昇仙者，上士也；茹芝導引，咽氣長生者，中士也；

　　　殞食草木，千歲以還者，下士也。（四部叢刊縮印本，抱朴子，第 87 頁）。

這裏所引的「仙經」未曾說明其時代，不過加以估量，總在葛洪以前，應當屬於漢魏時期的著作。這一段顯示着，第一等的成就是從丹砂製鍊黃金，服食以後，可以飛越塵世，上達仙府。第二等的成就，是服食仙芝，再加導引，雖不一定能白日飛昇，仍可長生不死。第三等的成就，是服食尋常草藥，調劑得宜，仍可延長壽命，以至千歲。在這裏顯示着成就的不同，是由於服食材料的不同。其中仍以調服丹砂製劑爲最高，所以雖還有別的方法，可是一般修習仙術的人們，還是覺着丹砂是仙丹的最高原料。

　　據晉書七十二葛洪傳：

　　　究覽典籍，尤爲神仙導引之法，從祖玄，吳時學道得仙，號爲葛仙公，以其鍊

2　丹沙除服食以外，也用在鍊金銀的「黃白之術」，而「黃白之術」又是和神仙修鍊有關，
　　別的草藥不會用到，所以也更加增丹沙的神秘性。

丹秘術，授弟子鄭隱，洪就隱學，悉得其法，……以年老欲鍊丹以祈遐壽，聞
交阯出丹，求爲句漏令……至廣州，刺史鄧嶽留不聽去，洪乃止羅浮山鍊丹。
（開明二十五史本 1271-1272 頁）。

後來葛洪以高年病卒，他的鍊丹術未嘗發生什麼作用。

現存仙術最早的文獻是漢代魏伯陽的「周易參同契」。由五代時彭曉加以注釋。
這部書收入道藏及四庫全書，而圖書集成中卻也收了進去。書中全是口訣式的辭句，
不易明瞭，而彭曉注卻說的很清晰，分明以丹砂爲主藥去推進，而領導服食和導引的
進行。彭曉是後蜀道士，他當然是相信丹術的人。不過他在書中最後所做的完結辭卻
也說：

> 草木非同類，金石皆棄捐。……清靜得眞修，愍愍蘄自然，上聖寶金經，積功
> 善結緣，烝鍊元元始，太上命精延。刀利高嵯峨[3]，育帝攝上元，泥丸耀神輝，
> 赫赤覆八鸞。（圖書集成神異典 294，中華本 513 册七頁）

就彭曉所致力的來說，無疑的屬於鍊丹術這一個範圍，可是就他的結論來說，又顯然
的有放棄鍊丹術而歸於積功度世這個趨向。這和當年的葛洪，聚精會神的主張以全力
鍊取丹藥（見晉書本傳及抱朴子），完全走的是不同的路。

這一個趨勢，到了朱熹注的周易參同契，就完全否定了鍊丹這一個目的，把此書
全部認爲只在導引方法。這當然是極端的看法，翻案的文字，不足爲據的。但他卻從
彭曉注的啟示出來的，朱熹注的底本出於彭曉本，在四庫全書總目提要中已有說明。

自從寒食散流行於兩晉南朝士大夫間，對於健康迄無寸效，以至北魏時期道武帝
和太武帝都由於服食丹藥致死，因爲還是區域性的，宣傳未廣。到了唐代，唐太宗之
死，就可能與丹藥有關，而憲宗、穆宗、武宗時代沒有隔的太久，而大唐天子相繼以
金石製劑致死。這當然使天下人士觸目驚心，一般修鍊的人當然受到警告，而使鍊丹
藥的仙術，轉了方向。彭曉五代時人，正當要轉向的時期，其所注釋的周易參同契，
在最後結論時不像葛洪的那樣肯定和積極，自有他的時代背景的。

宋代以後偏重於內丹。內丹是屬於導引方面而不屬於製鍊方面的，不過用丹來比
擬導引，卻是來源很早。隸釋三，邊韶老子銘說：

---

3 此處的「刀利」指佛教的切利天。表明道教深深的受到佛教的影響。

出於丹盧，上下黃庭。（四部叢刊三編第二册 3 頁）

這裏的黃庭當然就是「黃庭經」[4] 所說的黃庭，指兩眉間一直伸到頭部的中心。也就
是後來所謂「上丹田」。這一處材料相當的早，到了東漢時期。也就意識到古代的人
重視丹沙，把丹沙看成萬靈聖藥，不僅求到的仙藥亦被叫做丹，即使導引運氣的關鍵
部分，也被叫做藏丹的倉庫或盧舍。這只是一個引申的意義，並非說導引仙術的實行
者，可以從自身生出仙藥來。但是這種字義也會隨時代而變動的。

到了晉代，抱朴子地眞篇說：

> 仙經曰，守一當明，思一至饑，一與之糧；思一至渴，一與之漿。一有姓字服
> 色，男長九分，女長六分。或在臍下二寸四分，下丹田中，或在心下絳宮金
> 闕，中丹田也；或在人兩眉間，卻行一寸爲明堂，二寸爲洞房，三寸爲上丹田
> 也。（四部叢刊本，內藏第十八，107 頁）

這種所謂「三丹田」在黃庭內景經中也提到：

> 琴心三疊稱胎仙（注，琴，和也。三疊，三丹田，謂與諸宮重疊也。胎仙即胎
> 靈大神，亦曰胎眞，居明堂中，所謂三老君，爲黃庭之主。）（四部叢刊本，
> 雲笈七籤，第65 頁）

> 廻紫抱黃入丹田，注「丹田，上丹田，在兩眉間卻入三寸之宮，即上元眞一所
> 在也，紫黃者三元靈氣也」。（同上，66 頁）

> 中池內神服赤珠（注，膽爲中池。）……横津三寸神所居（注，內指本也，臍
> 在胞上，故曰橫津。臍下三寸爲丹田，仙人赤子所居也。）（同上，68 頁）

> 泥丸百節皆有神……腦神精根字泥丸（注，丹田之宮，黃庭之舍，洞房之主，
> 陰陽之根，泥丸腦之象也）。……泥丸九眞皆有房，方圓一寸處此中。（同
> 上，69 頁）

> 脾部之宮屬戊巳，中有明童黃裳裏（注，明童謂魂停，黃裳土之色。）……坐
> 在金臺城九重，方圓一寸命門中（注，即黃庭之中，丹田所在也。）

將「丹田」分爲三處這是黃庭內景經和抱朴子一致的認定，而黃庭內景經的重要處是

4　這一點王明先生的「黃庭經考」就早指出來，參看中央研究院歷史語言研究所集刊，第二十
　　本上，這篇是討論黃庭經的一篇重要文獻。

將三個丹田的輕重指出來，認上丹田卽泥丸居丹田中的領導地位。「泥丸」是表示「關鍵」的意思，後漢書十三隗囂傳，囂將王元說囂「元請以一丸泥東封函谷關」（藝文集解本 198 頁）就是說函谷關以西，可以「傳檄而定」。因爲「一丸泥」是指封泥。在漢代，不論公私信件在封信緘時，均在木牘的上面用繩封固，再用封泥膠上，蓋上印章。封泥所蓋的印章，就成爲主要證據。所以泥丸所代表的是關鍵性的部位。因而道家就用泥丸宮來指全身的領導地位或關鍵地位。再追溯這部道經名爲「黃庭」，黃庭，泥丸，和上丹田本來就是一回事，所以在「三丹田」之中，上丹田實居於領導地位，這是不容疑惑的。在雲笈七籤卷四十二至四十三，存思，存大洞眞經三十九眞法（四部叢刊縮印本第二九○至三○九頁）講到道家存思運氣的方法，其中存思的重點是泥丸亦卽上丹田，而不是一般所說臍下的下丹田，這是正宗道家的修鍊方法，因爲採用上丹田是純淨的，不涉及「性」的方面，而專致力於「思」的方面。

但其他另外兩個丹田區還是被重視的，尤其是下丹田格外被人重視，甚至超越了上丹田的領導地位，以致被人認爲下丹田是唯一的丹田。要說起來，道家把下丹田作爲「導引」的據點，是在他們看法中是必要的，卻不是一定在某一點上才能有效。其實在左右兩半身間正中這一條線上，任何一點都可以算作中心據點的。卽如下丹田的位置，在各家的說法中，在臍下二寸、三寸，或三寸半，就言人人殊，就表示其位置並不能絕對肯定。這當然和下丹田根本就找不到中心點的事實有關。

辭海在丹田條下說：

道家謂人身臍下三寸曰丹田，是男子精囊及女子子宮所在，可爲修內丹之地。這個解釋是不錯的，本來道家方術不諱言「性」。魏書釋老志：

太上老君謂謙之（寇謙之）曰……授汝天師之位，賜汝雲中音誦新科之誡二十卷……汝宣吾新科，清整教條，除去三張僞法及男女合氣之術，大道清虛豈有斯事，專以禮教爲首，而加之以服食閉鍊。（魏書 114 開明本第 2197 頁第三欄）

但是「性」的涉想根深蒂固，不是幾個有心人所能完全清除掉。尤其道教有時還要依賴達官貴戚來支持，而達官貴戚的生活又往往是糜爛的，結果上丹田的重要性反而被下丹田的重要性所掩蓋了。當然後來以下丹田爲主去做導引的，很多的與「性」的要求，毫無關係，但追溯其來源，卻是顯然的不容否定的。

　　寇謙之是道教進展史中的一個偉大的改革家，他的改革確有一個劃時代的影響。他的改革至少可分爲兩項，卽除去「三張僞法」，和另外一項，除去男女合氣之術。三張僞法現在不甚清楚，大致是三張是政治性的道教團體，其中組織往往含着「秘密社會」性的，寇謙之是要純化道教，作爲一個純宗教性的團體，同時三張之法可能和符籙有關，而寇謙之所留下服食閉鍊，就只限於「丹鼎派」所做的工作，而這一項又可分爲兩項，卽「服食」和「閉鍊」。閉鍊是屬於清修和導引部分，而服食則屬於採用兩種藥材，第一是屬於草藥部分，第二屬於製鍊金石部分。因此寇謙之改革道教並未排除「鉛汞之術」。只是「鉛汞」和「導引」並行不悖，這和後世的道教，還是有不小的差別。因爲寇謙之改革後的道教只是道教中的一支。還有別的支派一直存在下去。其中尤其顯著的，是龍虎山的張天師派，就屬於三張道教的一支，並不屬於寇謙之這一派的道教。

　　關於鍊丹和運氣在修鍊的人看來，其中是有高下等次的分別的，抱朴子黃白篇：

　　　仙經曰……朱砂爲金，服之昇仙者上士也；茹芝導引，咽氣長生者，中士也；

　　　殞食草木，千歲以還者，下士也。（四部叢刊本 87 頁）

所以在葛洪時代，認爲白晝飛昇這件事，是服金石丹藥，屬於第一等；導引兼服靈芝，屬於第二等；至於用草木延年，是不能飛昇的，就屬於第三等了。所以葛洪本人，也是希望製鍊丹砂，一直後來就死在嶺南。

　　當然，製鍊金丹也是條件很多，十分費事的。並非使幾種礦石分解化合就算了事。所以製鍊金丹雖然注定失敗，但每次失敗都可以有別的解釋，還是可以再重作下去的。這種鍊丹時的「儀節」就這樣被重視下去，葛洪抱朴子黃白篇：

　　　黃白術亦如合神丹，皆須齋絜百日以上，又當得閑解方書，意合者乃得爲之。

　　　非穢濁之人及不聰明人希涉術數者所辨作也。其中或有須口訣者，皆宜師授，

　　　又且宜入深山之中，清潔之地，不可令凡俗愚人知之。而劉向止宮中作之，使

　　　宮人供給其事，必非齋戒者，又不能斷絕人事，使不往來也，如此安可得成

　　　哉？（四部叢刊本 86 頁）。

這是指劉向作黃金不成的事，但也指明鍊丹也要環境上的條件和各種有師承的「口訣」。其實製鍊丹藥只是純粹一種化學程序，根本沒有任何神秘性。但在方士迷信的

設想中，要有許多神秘及魔術的程序，這才可得鍊出眞正的金丹。唐人小說《杜子春傳》描述方士製鍊金丹由杜子春守爐而終於失敗的經過，其中屢起高潮。這當然根據唐人方士鍊丹的背景，而加以小說式的處理。杜子春這一個假設人物的失敗，也就代表唐代鍊丹術的失敗。

　　唐代中晚期是丹術由盛而衰的關鍵時代，唐朝李氏本來是佛教世家，太宗以後也只是對於道教加以羈縻，從大臣貴胄一直到一般社會中，還是以佛教爲主。尤其在武后時代，武后以尼姑還俗，後來仍信佛教，一至到唐玄宗時才把道教抬出來，並尊奉老子爲玄元皇帝。這當然對於道教具有推廣的作用，而服食製鍊也當然會增加了其流行性。在這個期間，一代名臣李泌也是一個著名的仙術愛好者，雖然其中也許因爲環境上的應付，拿仙術做政治煙幕，但他自己迷信神仙，卻不必完全排除的。

　　從「古詩十九首」中的「服食求神仙，多爲藥所誤」可證漢魏時期，仙藥的弊害已經顯示出來。只是還有不少人想試一試，在魏晉以後寒食散一度在世家貴胄中流行，但也只能限於有資力，有空暇的世家貴胄，等到時代變了，這種沒有實際效用的風氣，也停止了。在北朝，北魏的兩個著名君主，魏道武帝和魏太武帝，都是因爲服食仙藥，發狂致死。究竟還是地方性的，並且這種風氣在北朝也沒有伸延下去。唐代是一個大一統的時期，到了晚唐，受到了社會上仙術流行的影響，其中三個皇帝，唐憲宗、唐穆宗和唐武宗，前後都因服丹藥中毒致死。

　　其中尤其是唐武宗之死（西元八四六年），是震撼全國的一件大事，也是中國宗教史上的一件大事。其中的影響，可能的是 (1) 佛教的重振，(2) 道教的轉變。

　　佛教的重振一事差不多是必然的，唐武宗雖然以他自己的看法，壓抑佛教，但佛教的勢力在羣眾基礎上業已根深蒂固，到了宣宗開始就一切恢復起來[5]。只有道教卻暗中走到另外一個方向，就是製鍊礦物的「仙術」，經過唐代三個皇帝的死亡，卽使迷信最深的道教徒，也從此不敢輕於嘗試。所謂道教中的「丹鼎派」，實際上已經脫離了這個「丹鼎」的中心，而成爲眞正的「導引派」。在丹鼎方面，當然不能廢棄，

5　唐宣宗就是傾向於佛教的，武宗時代毀掉的廟宇，到宣宗時重新恢復，中國境內現存最古的佛寺（五臺山佛光寺）就是宣宗時代的建築，至於敦煌塑像和壁畫，因爲武宗時敦煌尙陷於吐番手中，未被破壞。但就中國大部分來說，武宗時，勢力較小的景教、摩尼教，卻被武宗的政策壓制掉。

還要保持一個可望而不可即的形式，但在實質方面，卻有一些非常重要的轉變。在方藥方面，已經不再拘於鉛汞等方藥的配製，而是除鉛汞以外還用其他製鍊時比較固定而無毒的礦物，例如雲母，就是其中重要的藥劑（見雲笈七籤卷七十四 530 頁靈飛散方及活雲母法，及卷七十五 531 頁神仙鍊服雲母秘訣序，532 頁鍊雲母法，533 頁至539 頁眾仙服雲母法。）主要的是以雲母爲主，再加上其他草藥，實際上雲母是不變的，如其對身體有效，就是草藥的效用，但對於服食的人，心理上的作用還是非常的大。

最後，現在接觸到主題，內丹和外丹。這裏從雲笈七籤中可以看出前後的變化。雲笈七籤卷六十五，金丹訣：

夫陽丹可以上昇，陰丹可以駐壽，陽丹者，還丹也；陰丹者，還精之術也。（四部叢刊本 452 頁）

王屋眞人口授陰丹秘訣二十五篇（同上）

雲笈七籤卷七十三，陰丹愼守訣：

道者氣也，氣者身之主，主者精也，精者命之根，故受根重氣然後知幾乎迷矣，黃庭經曰，方寸之中謹蓋藏，三神還精老後壯。（四部叢刊本第 520 頁）

這些在本文中認爲是「陰丹」部分，但在雲笈七籤七十二和七十三兩卷的總題卻題上了「內丹」二字。所以陰丹即是內丹而陽丹即是外丹。這也說明了內丹二字是後起的。從雲笈七籤把內丹才正式題上一點來看。內丹的命名，似乎不能比唐末或五代更早。這也證明了從開元天寶以後直到唐室的末了，製鍊金石由盛而衰的結果。到了宋代宋眞宗及宋徽宗都是道教的信徒，但對於製鍊金石，卻未發生唐代幾個帝王服食發狂的症狀。這也證明了方士們鑒於前朝方士的失敗而對於製鍊金石更加小心。我們看了周易參同契彭曉的前言，再參對朱熹注周易參同契，把鉛汞一律解釋爲體內運氣的方術。就知道這個趨勢的轉變[6]，後來方士的實行，偏重內丹的方向，也就格外清楚了。

6　宮下三郎：紅鉛——「明代的長生不老藥」（據「中國科技史探索」561-563 頁譯文），
　　明代的方士已經走入歧途，拿婦人月信當鉛，李時珍本草綱目曾有駁議。但是還用「鉛」
　　這個名稱，可見還受到古代製鍊金石以鉛汞爲主的影響。）

附　記

　　道教中丹沙的使用，出於中國古老的傳統。中國傳統上重視丹沙的原因，是由於丹沙的紅色代表生氣，就這一個基本出發點，來尋求生命的延長和繼續。所以丹沙一方面在藥劑中廣泛使用著，另外一方面在長生的希望上，儘量去採用丹沙。這在我那篇《中國丹沙之應用及其推衍》（史語集刊第五本第二分），曾經指明兩點：㈠中國古代的鍊丹術是從鍊製丹沙的方法爲中心而漸次推廣的；㈡古代對於丹沙的重視，是由丹沙鮮紅的色彩，而這種色彩代表一種生存的希望。

　　從丹沙的重視，再就色彩方面推廣，就形成了對於其他無機原料的重視，第一步的推廣，是青色（藍色）的染料孔雀石（曾青），然後再推到黃色的雄黃，黑色的磁石，以及白色的鉛粉。就中對於鉛粉的認識並不早。但鉛粉對於鍊丹人的重要性卻有後來居上之勢。後來鍊丹術中常以鉛汞並稱，甚至於以鉛汞來配龍虎。爲什麼這樣？在我的《丹沙應用》那篇論文中，也對鉛的色彩變化加以申述，並且徵引了《周易參同契》一段（《周易參同契》的時代應在東漢晚期）。

　　　　故鉛外黑，內懷金華。……望之類白，造之則朱，鍊爲表術，白裏貞居。
這是表示鉛白和鉛丹可以互相變化的。這一點後來的葛洪抱朴子也說到過。而且更顯示注意的焦點是從色彩的觀察出發的。但是爲什麼突然的鉛的重要性被提示出來？這就不能不討論鉛粉在中國開始使用的時期。中國西漢以前文獻上不曾提到鉛粉（只有《計然》書中提到，應認爲西漢以後竄入）。鉛粉不是中國發明的，鉛粉應當是起源於羅馬，到張騫通西域後才間接傳到中國的，此篇中來不及詳爲討論。但古代中國鍊丹術只是以汞爲主，而不提到鉛，鉛汞並稱是後來的事，這是不會有太大的問題的。

The Inner and Outer Elixir of
The Chinese Alchemists

Kao Lao

The development of the early science and the early techniques in China was closely related to the witchcraft and the alchemy. On the other hand alchemy should be rendered as the heart of the Taoist religion, since the main exceptance of them was to accomplish the first step of immortal at heaven by the way of taken elixir to get longevity. For the purpose to find elixir many kinds of herb drugs and minerals were used.

Cinnabar was treated as a profund material with magic power in longevity for the human being. In the Chinese language "dan" means cinnabar or elixir.

Based on the etmology for Chinese characters, the formation of "dan" (cinnabar) was "a dot around with lines" showing a piece of cinnabar hidden in rock. Due to the dignified color of cinnabar, ancient Chinese chose it as a symbol of vitality or magnificence through thousand of years. The use of cinnabar could be traced back to the time of the new stone ages. To the time of the Yin-Shang dynasty we can find more decoration from the relics in Anyang to use cinnabar as red pigment. By this tradition cinnabar was always widely used in the later ages.

Under Chinese ancient folklore, five colors represented five directions, i. e. east, blue; west, white; red, south; black, north and yellow, center. Those five colors also related five elements and five seasons (four seasons plus the end months of the seasons). The special features of red color were, south, summer, hot and vigour. Those characters should attribute to cinnabar since cinnabar is the more stable matrial in red color.

Shenlung Bentsao Jing 神農本草經 the oldest book of herb drugs, which was written in the period of the Warring States and increased in the early Han dynasty ranked cinnabar as the first one of all the drugs, (since this book mixed with herbs and minerals taken a name of a book of herb drugs). The meaning was that cinnabar was considered as a heading drug for longevity. Inside of this book, most of the drugs, mentioned as: "it offers the user slim weight and longivity" because the immortal could fly freely and the slim weight was the requirment in the first step of flying.

Cinnabar is expensive but it is still a crude material. To refine many kinds of materials into so called "dan" or elixir, was required for amount of money to collect a great deal of expensive material, a great deal of man power and a great deal of working time. It is impossible for any alchemist to afford. The only way to start and maintain the laboratory was how to seek the patronage from feudal lord. Of course, the imperial court was the most ideal one for that purpose. However, there should be an inevitable tragedy for them with never a fruitful end for longevity emerged from the alchemists' stoves.

For the Chinese ancient alchemists (most of them were Taoists), the side excercise of physical training included psychological controling of nerve and breath, as an auxiliary method towards the destination of longevity.

Ge Hung a famous taoist scholar in the Gin dynasty, mentioned on his book Bao-Pu-Zi 抱朴子 (a typical book on the philosophy of alchemy) said:

> Based on the Classics of Immortal craft, the highest rank of immortal could fly freely after taken refined mineral, the second rank one could manage the power inside the body easily by the way of volition controling and by taken magic fungas, and the third rank one is succeeded from taken herb drugs. —Bao-Pu-Zi, chapter of "yellow and white."

It is also in Chinese legend that the first rank of immortal is called tien-xian (the immortal living in heaven) or qin-xian (the golden immortal) whose settlement were on the heaven and could return to earth with magic power, the second ranked immortal is called di-xian (the immortal on earth) could not ascend to heaven but living on earth only with or without magic power and one in **the third** rank would not be qualified as immortal but to prolong the life into a great extent.

In the Chinese legend "Sheng" 神 and "Xian" 仙 are in different catagories. Sheng means a spirit with super power and always serves on the management of various supernatural organizations both in heaven and earth. Some of them were naturally appeared beings and some of them were late heroes. Xian were coming in other way who were converted from human being by the way of taken magic drug and with physical and psychological trainings.

The typical success of the immortals was ascending to heaven as Prince Liu An 劉安 said by *Shen-Xian Chuan* 神仙傳 or Tang Gung Fang 唐公房 Said by *the Tablet of Immortal Tang Gung-fang* 仙人唐公房碑，in which those immortals with their house and pets went for heaven. Of course, those legends are Toist legends. Any one could not find a little bit of truth from them.

The next step of expectation was that the immortals, not by the way lifting the whole house went into heaven but the way of turning the bodies into a new mould to fly into heaven freely. This consideration is very common to the religions east and west, although since nobody had really succeed to lift up. Every leading prophet in any religion died in the same condition as the common people, with no exception.

To solve this dilemma, a lie is required to decorate the death of the leading prophets from a common death into a significant death. At least a testmony should be given to show some miracle after the natural death of martyr. It is said the caseasket was so light like there was nothing in it. This aspect was called Shi-jie 尸解 (release from corpse) or Yu-hua 羽化 (to chang into flying matter). These terms are commonly used in the Taoist priest funcral. Due to this arrangement, no more serious influence comes to the Taoist people for lacking of real person ascending to paradise.

Jhou-yi Tsan-tung-chi 周易參同契 is the most old classics for the alchemistic studies written in the Han Dynasty showing the main track to go on the way of immortal by use of minerals to make huan-dan 還丹 or returned elixir. Huan means to return and dan means cinnabar. That is to forge cinnabar in different type and in consequence it returns into cinnabar. This forged cinnabar would contain wonderful power to make common person into immortal. However it is a very requirement to cause to go to the way of immortal uneasy.

Since this book is very hard to read, a commentary written by Peng Shiao, 彭曉 a taoist priest at the time of the Five-dynasties, appeared. It is a typical commentary with excellent explanations for the making process of the immortalcraft on minerals. But in his preface, he mentioned that the better way for the students who is intending to go toward the immortality is not to take herb or mineral drugs, but following the natural channel to renew and enrich his own spirit and to keep good character in the peaceful atmospher. It shows at his time there was a tremendous influence to shake his mind.

This tendency showed that the direction of immortalcraft had been changed from the mineral drugs first, into physical exercise with internal organs first. More Taoist books related to immortality written in the Sung dynasty than that written in Tang. A view of those books, we find that all of them emphasized the importance of the exercise in internal parts. To the end of the Southern Sung a great philosopher Jhu Shi 朱熹 wrote his commentary for the *Jhou-yi Can-tung-Qi,* with a revolutionary idea to point all of the main points in that book to be internal exercises instead of the traditional explanation by the terms of alchemy. Certainly, it should be a misinterpret based on the popular understanding of this time.

Meditation with and internal exercise in the immortalcraft had existed for a long time. It might be traced to the dao-yin, 導引 physical training from the early Han dynasty and its later development turned auxiliary part of the immortalcraft. To the Eastern Han dynasty, an inscription *Lao-Zi Ming* 老子銘 by a famous scholar Bieu Shao 邊韶, said:

　　Coming to and fro from dan-lu 丹廬 the settlement of elixer

　　Climbing up and down to huang-ting 黃庭 the "yellow yard".

Here the "huang ting" or "yellow yard" in Chinese was considered as the main center of the human body. All power of the body should concentrate there. The situation of it was assumed in the center of brain. It is the earliest material, comparing with *Huang-ting Jing* 黃庭經 written in the Qin dynasty (and considered as early material for the Taoist Immortal craft), the point huang-ting is most important above any part of human body. Based of it we can understand more means from this inscription to show real the meditation with internal exercise had been begun at the Eastern Han age. But it was just an initial stage of the direction of the physical training. The later development was not during more success from the physical training but during more failure from the mineral drug using. In consequence to apply mineral drug become a highest target impossibly to reach.

In the inscription of Lao-Zi, "dan-lu" was used for the center of the power of human body. But at the later times, it was called dan-tien 丹田 the field of the elixir. Then, one center separated to three centers, i. e, upper dan-tien, middle dan-tien and lower dan-tien. The upper dan-tien indicates the center of brain; the middle dan-tien indicates the heart and the lower dan-tien indicates about two inches under novel. Finnally the lower one becomes the popular one in the recent dynasties.

Dan-lu or Dan-tien were calling in abstract meaning. The power moved through there did not called dan in the early stage. To call human internal power as yin-tan 陰丹 and the mineral drug as yang dan 陽丹 is appeared in the *Song of dragon and tiger* 龍虎歌 *in Yun-Ji Chi-chian* 雲笈七籤

part 73. This part of that collection is considered not early than the later part of the Tang Dynasty (750-900). To the Sung dynasty the collection of *Yun-ji chichian* mentioned in the list of this song changed yin-dan as nei-dan 內丹 or inner elixir. This change showed that in the beginning of Sung the idea of the dan or elixir developed into a new tendency.

The latter part of the Tang dynasty was a peak of the Taoist religion which infiltrated deeply to the imperial family. Most emperors used mineral drugs expected to ascend into the heaven by superstition. Three emperors Xian-Zung, Mo-zung and Wu-Zung were died by taken mineral drugs. Those cases shock all of the society and changed the direction for seeking longevity.

出自第五十九本第四分(一九八八年)

酒與古埃及宗教

蒲 慕 州

本文討論酒和祭酒儀式在古埃及宗教中的意義。第一段闡明酒在埃及社會中的重要性，以及埃及人對飲酒所持的態度。第二段討論酒在埃及神話和宗教中所具有的象徵性意義，認為酒是宇宙間創生力量的象徵，是安撫神明，拯救人類的飲料。第三段討論獻酒儀式在這種神話和宗教背景之下所具有的意義。一方面，獻酒象徵獻上宇宙創生之源泉，象徵恢復宇宙秩序的力量，另一方面，藉著神明的祝福，法老也希望能夠得到一些特殊的精神和實質的益處。

一、酒在古埃及社會中之重要性

人類開始飲用含酒精的飲料至少起源於史前時代。在各種含酒精的飲料中，用葡萄釀成的葡萄酒（wine，以下簡稱酒）一直是普遍受歡迎的飲料。不過我們並不能確定是那一個民族最先開始飲用葡萄酒。[1] 就古代埃及來說，從考古發掘得到的史前時代與早期王朝時代（約 3000-2700 B.C.）的酒瓶來判斷，酒可以說是與埃及文明同樣地古老。[2] 在早期王朝時代的墓葬中，不論是國王、貴族或平民，都有酒作為隨葬品，可見此時酒已經是埃及人生活中重要的飲料。[3] 由瓶蓋上的封印以及墓銘可以判

1　現存的野生葡萄分布於從土耳其斯坦到高加索山脈南麓的山區，一直延伸到小亞細亞北部和黑海西岸地區。有不少學者因而認為此區可能為葡萄酒的發源地。參見 O. Schrader & A. Nehring ed., *Reallexikon der Indo-Germanischen Altertumskunde*, Vol. II, Berlin, (1929), p. 642; L. Keimer, *Die Gartenpflanzen im alten Aegypten*, Hamburg, (1924), p. 62; W. Helck, *Das Bier bei dem alten Aegypten*, Wiesbaden, (1971), p. 16.

2　有關古埃及史前時代之容酒器，可參見 W. M. F. Petrie, *The Labyrinth, Gerzeh, and Mazghuneh*, London, (1912), p. 43 b; 53 r, s, t. 早期王朝時代之酒瓶可見 W. Emery, *Archaic Egypt*, Baltimore, (1961), p. 208, type 1-2; J. Vandier, *Manuel d'Archéologie Égyptienne*, Paris, (1952), Vol. I, p. 776; fig. 509.

3　有關國王和貴族墓葬大中的大量酒瓶，參見 W. Emery, op. cit., pp. 134 ff.; idem, *Great Tombs of the First Dynasty*, Cairo, (1949-58), Vol. I, pp. 148 ff.; Vol. II, pp. 68 ff.; Vol. III, pp. 15 ff., pl. 109; idem., *A Funerary Repast in an Egyptian Tomb of the Archaic Period*, Leiden, (1962), p. 7. 至於平民墓中的酒瓶，數量較少，參見 Emery, *Archaic Egypt*, pls. 22, 23; fig. 81; idem., *Great Tombs*, Vol. II, pls. XVLII-LI.

斷，此時的葡萄園有的屬於王室，[4] 有的屬於私人。[5]

從第四王朝時代（C. 2650-2500 B. C.）開始，貴族墓中常有以葡萄園中採集和釀造葡萄酒的活動爲主題的壁畫，顯示不論是生前或死後，擁有自己的葡萄園是埃及人理想生活的一部分。這種壁畫主題一直延續到新王國時代。[6] 新王國後期，墓室壁畫的主題有了轉變，有關葬禮的情景開始占較大的份量，而以日常生活爲主的畫面退居次位。[7] 葡萄園和釀酒的情景也不再是墓主人有興趣的題材。但這種轉變乃是由宗教藝術上的變化，並不意味酒在埃及社會中失去了重要性。

然而葡萄酒的生產過程複雜，成本高，[8] 通常只有上層社會的人們才有能力飲用。除了王室和貴族之外，廟宇也是酒的主要消耗者。王室通常供給各個神廟大量的酒以供祭祀之用（祭司們當然是祭典完畢後的享用者），並且賜贈葡萄園給神廟。[9]至於一

---

4 H. Kees, *Ancient Egypt*, Chicago, (1961), p. 82; P. Kaplony, *Die Inschriften der Aegyptischen Frühzeit*, Wiesbaden, (1963), Vol. I, pp. 123 ff.

5 第三王朝時代的貴族 Methen 即擁有自己的葡萄園，見 K. Sethe, *Urkunden des Aegyptischen Altertums*, Leipzig, (1933), Vol. I, pp. 1-7. 討論見 H. Goedicke, *Mitteilungen des Deutchen Archaeologischen Institute für Aegyptische Altertumskunde in Kairo*, Vol. 21, (1966), pp. 1 ff.

6 舊王朝時代有關葡萄園的壁畫資料，見 P. Montet, *Les Scenes de la Vie Privée dans les Tombaux Égyptiens de l'Ancien Empire*, Strasbourgh, (1925), pp. 257-273; 中王朝時代的資料見 P. E. Newberry, *Beni Hasan*, London, (1893), Vol. I, pl. XXIX, Vol. II, pls. VIX, XLVI; L. Klebs, *Die Reliefs und Malereien des Mittleren Reiches*, Heidelberg, (1922), pp. 80-81. 新王朝時代的資料見 Klebs, *Die Reliefs und Malereien des Neuen Reiches*, Heidelberg (1934), pp. 51 ff.; 新王朝時代的資料主要集中於第十八王朝，此處不及備載，參見 B. Poter & R. L. B. Moss, *Topographical Bibliography of Ancient Egyptian Hieroglyphic Tests, Reliefs and Paintings*, Oxford, (1927-), Vol. I, (2nd ed.), Theben tombs nos. 11, 18, 22, 24, 39, 49, 52, 53, 56, 66, 77, 79, 81, 82, 86, 88, 90, 92, 100, 127, 155, 165, 188, 200, 256, 276, 342.

7 參見 W. Wolf, *Die Kunst Aegyptens*, Stuttgart, (1957), pp. 578ff.

8 關於葡萄酒的釀造，見 A. Lucas, *Ancient Egyptian Minerals and Industries* (3rd ed.), London, (1962), pp. 16ff.; L. H. Lesko, *King Tut's Wine Cellar*, Berkeley, (1977), pp. 15-21.

9 如 Papyrus Harris I 中記載法老納米西斯三世 (Ramesses III, c. 1182-1151 B.C.) 賜給各大神廟的葡萄園爲數有 513 座之多。見 W. Erichsen, *Papyrus Harris I*, Bruxelles, (1937), pp. 7, 27, 32a, 51a, 62a, 67.

般人民，通常只能從釀造簡單，原料便宜的麥釀啤酒（beer）中尋找酒精的刺激。[10]

　　除了作爲日常飲料之外，酒也是重要的配藥劑，主要是因爲其中所含的酒精成分可以溶解其他藥物，並且有殺菌作用。[11]

　　除飲用和藥用之外，酒還是重要的祭品。在葬禮中，酒不但是隨葬品，也是死者家屬向死者獻祭時使用的祭品中的重要項目。而在神廟祭典中，獻酒是每日例行祭典的一部分。[12]本文的目的就在討論酒在埃及宗教中的意義，但在此之前，應先對埃及人對於飲酒的態度有所了解。

　　中王國時代著名的文學作品《西努赫的故事》中有一段話，談到西努赫流浪到巴勒斯坦地區的遭遇，而飲酒乃是他在當地過著安逸生活的象徵：「其地的酒比水還多，……我每日進餐時都有酒喝。」[13]巴勒斯坦地區自古產酒，至少在舊王國時代就已經輸入埃及社會，[14]所以西努赫可能只是描述當地的生活實況，尤其他在那兒成爲酋長的女婿，生活自然安適。但若酒在埃及人生活中不算是特別的飲料，作者也不會用來作爲理想生活的象徵。

　　最能表現埃及人對酒的喜愛的材料，是新王國時代的一些墓室壁畫。在許多墓室中，都有墓主享用美酒的情景，如納赫特墓中，墓主的女兒獻酒給她的父母，銘文寫道：「祝你們健康！喝下這美酒！用神明的賜予來歡慶！」[15]在其他墓中也有類似的例子：「喝下（這酒）！在你的永恆之屋中歡慶！」[16]「獻給你的卡（ka 靈魂）！喝

10　有關古埃及啤酒的釀造和飲用，見 W. Helck, *Das Bier*, passim. 新王朝時代的啤酒價格大約爲葡萄酒的五分之一到十分之一，見 J. J. Janssen, *Commodity Prices from the Ramesside Period*, Leiden, (1975), pp. 350 ff.

11　見 H. Grapow, *Grundriss der Medizine der alten Aegypten*, Berlin, (1954–), IV, pt. 1, p. 49; R. Germer, *Untersuchungen über Arzeimittelpflanzen in Alten Aegypten*, Hamburg, (1979), pp. 85–89.

12　有關葬禮和神廟祭典中的獻酒活動，見 M. C. Poo, "Weinopfer", in *Lexikon der Aegyptology*, Vol. 6, Wiesbaden, (1986), pp. 1186–1190.

13　見蒲慕州，〈最古老的小說──西努赫的故事〉《中外文學》，9 卷 11 期，(1981)，頁 58–68。

14　S. Schott, *Das Shöne Fest Vom Wüstentale*, Wiesbaden, (1953), p. 889.

15　M. Lichtheim, *Journal of Near Eastern Studies* 4, (1945), p. 182.

16　Ibid.

吧！快樂地陶醉，歡度節日！」[17]

　　這種態度一直持續到新王朝之後。第二十二王朝時代（C. 945-730 B.C.）一個名叫那不勒特魯的，在墓中留下了一段自述：「我一生歡樂，無憂無病，我以酒和沒藥過著舒適的日子。」[18] 甚至到了托勒密王朝時代（323-30 B.C.），一個名叫溫諾佛的埃及人在他的自傳中說：「我愛好食酒，歡度節日，……歌者和少女圍繞……，大家都沉醉在綠霍魯斯之眼（一種酒）中。」[19]

　　但若說埃及人對飲酒一無節制，也不盡然。在新王國時代的作品《安利的格言》中，作者警告讀者不要沉緬於酒中，他描述醉酒的人說：「當你說話時，口出胡言，若你跌倒在地，沒有人會伸手扶你。」[20] 同時代另一文獻中，一個老師訓誡他的學生：「若你知道酒是有害的東西，你就應該避開薜得（shedeh，一種酒），你就不會掛念著啤酒罐，你就會忘掉酖訥餌克（tenerek，一種含酒精的飲料？）」[21] 在另兩件格言作品中，又有下面的句子：「不要喝醉，免得你發瘋。」[22]「吃太多麵包，使人生病；喝太多酒，爛醉在地。」[23]

　　不過這些格言或訓誡作品主要的目的是在強調一種中庸而有節制的生活與行為準則，[24] 因而這些作者的意思並不在反對飲酒，而在反對無節制的酗酒。一個作者就明白的指出：「醇酒、美女、美食為人心所悅。人若能夠利用他們而不喧嚷，就不會被路人咒罵。」[25] 這種有節制的行為不但是格言作品的主題，也出現在一些墓銘中：

17　Lichtheim, op. cit., p. 183.

18　H. Kees, *Zeitschrift für Aegyptische Sprache und Altertumskunde* 74 (1938), pp. 73-78; M. Lichtheim, *Ancient Egyptian Literature*, Berkeley, (1980), Vol. III, p. 21.

19　E. Otto, *Die Biographischen Inschriften der Aegyptischen Spätzeit*, Leiden, (1954), p. 194-196; Lichtheim, op. cit., p. 55-56.

20　Lichtheim, op. cit., Vol. II, p. 137. 文中作者指的酒是啤酒，但其對醉酒的後果的描述則不論何種酒都是一樣的。

21　R. A. Caminos, *Late Egyptian Miscellanies*, London, (1955), p. 182.

22　Lichtheim, op. cit., Vol. III, p. 168.

23　Lichtheim, op. cit., Vol. III, p. 190.

24　有關埃及格言的討論，見 H. Brunner, *Handbuch der Orientalistik* I, ii, *Aegyptologie: Literatur*, Leiden, (1952), pp. 90ff.; W. von Bissing, *Altaegyptische Lebensweisheit*, Zürich (1955).

25　Lichtheim, op. cit., Vol. III, p. 199.

「愼勿酒醉，終生不改。」[26]

總之，埃及人對飲酒持平衡的態度，享用但不濫用。

二、酒與神話和宗教之關係

祭典的舉行，是人與神明交通的活動，每一項祭品和儀式則隱藏著一些特殊的意義。若能將這些隱藏的意義找出，無疑可以對宗教思想與其宗教儀式之間的互動關係有更清楚的了解。在充滿象徵意義的古埃及宗教中，許多原本平常的事物也蒙上了一層神密的外衣。以祭典來說，許多祭品原本只是作爲給神明的食物，就如同給墓中死者的祭品一樣，是準備讓死者在來世享用的。然而在宗教的長期發展中，神話、傳說與祭儀混合，食物不再只是食物，而成爲具有神密力量的東西。不過以往學者對埃及祭典的研究若不是以成套的儀式爲主，如 M. Alliot 對艾德符 (Edfu) 神廟祭典的研究，[27] 就是對一些比較特殊的個別祭儀的討論，[28] 對於最平常的食物祭品則較少注意。本文以酒這種最常見的祭品爲討論的對象，正可以作爲一個例子，顯示埃及宗教實際上是如何的滲入當時人的日常生活和思維之中。

西方人對古埃及宗教的好奇始於希臘時代。史家希羅多德 (Herodotus) 在他的《歷史》(Historia) 一書中就對埃及宗教有一番描述。不過他的報導只在陳明埃及宗教的奇異之處，如各種具動形像的神明等等，對埃及宗教思想並沒有深入的了解。到了希臘化時代，埃及和近東地區的宗教與希羅文明有較多的交流，埃及宗教神密的外衣稍稍爲西方人所揭開。作家普魯塔克 (Plutarch) 寫了《艾西斯與奧塞利斯》(De Iside et Osiride)，將流傳在當時有關埃及信仰中陰間之主奧塞利斯的神話作了一番綜合整理。在這篇作品中，普魯塔克提到埃及人有關酒的傳說：

埃及人相信酒是從前和神族抗爭者所流的血。當他們倒在地上，與土混合，就長出了葡萄藤。這是爲什麼酒醉會使人失去理性而發狂的原因，因爲人喝了之

26　D. Lorton, *Journal of American Research Center in Egypt*, 7 (1968), p. 45.

27　M. Alliot, *Le Cult d'Horus à Edfou*, 2Vols., Cairo, (1949-54).

28　如 Ph. Derchain, *La Sacrifice de l'Orxy*, Bruxelles, (1961) 〔獻鈴羊〕; C. Husson, *L'Offrande du Miroir dans les Temples Égyptiens de l'Epoque Graco-Romain*, Lyon, (1977) 〔獻鏡子〕; D. Kurth, *Den Himmel Stuetzen*, Bruxelles, (1975) 〔撐天〕。

後就充滿了他們的祖先的血液。[29]

不過普魯塔克的說法可能僅僅反映出希臘人自身的酒神戴奧尼索（Dionysos）狂歡節的傳統。[30] 因爲，葡萄藤從神族的敵人的遺體中長出的傳說在希臘神話中有徵，[31] 在埃及宗教中則無驗。

然而奧塞利斯的神話本身確實與酒有相當的關係。在現存最早的古埃及宗教文獻《金字塔文》（Pyramid Texts）中，奧塞利斯被稱爲（酒之主宰）：「奧塞利斯來了，他是奧利翁（Orion），瓦格（Wag）慶典中酒之主宰。」「氾濫季中酒之主宰。」[32] 爲何奧塞利斯被稱爲酒之主宰？這稱呼與奧利翁（星座），瓦格慶典，以及氾濫季有何關係？

原來瓦格慶典是於每年氾濫季的第一個月舉行的節慶，其目的可能就在慶祝洪水的來臨，因爲每年定期的氾濫是埃及自古以來農業發展的支柱，是一元復始，萬物萌生的象徵。[33] 奧利翁星座在金字塔文中常被認同爲奧塞利斯，[34] 其與神話故事的關聯並不十分清楚，但可能與另一星座索提斯（Sothis）一樣，同爲每年洪水來臨的預兆。[35] 所以奧塞利斯被稱爲（酒之主宰）與洪水氾濫有密切的關係。《金字塔文》中有一段向奧塞利斯祝禱的文字如下：

29　Plutarch, *De Iside et Osiride* 6, 英譯文見 F. C. Babbitt, *Plutarch's Moralia* (Leob Classical Library) V. (1936), p. 17.

30　關於戴奧尼索的神話與酒的關係，見 C. Kerenyi, *Dionysos*, Princeton, (1976), pp. 273f.；W. Otto, *Dionysus, Myth and Cult*, Bloomington, (1963), pp. 143ff.；M. P. Nilsson, *Greek Folk Religion*, New York, (1961), p. 35.

31　見 W. Otto, op. cit., p. 148；J. G. Griffiths, *Plutarch's de Iside et Osiride*, Cardiff, U. of Wales P., (1970), p. 276.

32　K. Sethe, *Die Altaegyptischen Pyramidentexte*, Leipzig, (1908–1922), §820a, §1524a.

33　見 S. Schott, *Altaegyptische Festdaten*, Wiesbaden, (1950), pp. 39 ff.；H. Kees, *Totenglauben und Jenseitsvorstellungen der alten Aegypter*, Berlin, (1956), p. 355.

34　Griffiths, op. cit., pp. 155fg.；H. Bonnet, *Reallexikon der Aegyptischen Religionsgeschichte*, Berlin, (1952), pp. 566f.

35　Bonnet, op. cit., pp. 734. Sothis 星座每年固定在氾濫季開始之前出現於地平線上，是洪水來臨的先兆。又見 H. Frankfort, *Kingship and the Gods*, Chicago, (1978), pp. 195–197.

　　是你所愛的女兒索提斯以她的名—新生—爲你造了鮮嫩的植物。[36]

索提斯在此又被認爲是奧塞利斯的女兒，顯然他是每年萬物新生的主宰。葡萄藤的結實和新酒的釀成，在此意義之下，也受到奧塞利斯的宰制。所謂「氾濫季中酒之主宰」應在這種情況之下來了解。[37] 實際上，奧塞利斯在埃及神話和宗教中的角色不僅是酒之主宰，更是一切生命的主宰，而他後來也被認同爲尼羅河本身，因爲尼羅河水是埃及全地生命的來源。[38]

　　中王國時代的一文獻將氾濫與新酒之釀成之間的關係作了更明白的說明：「當氾濫季來臨，它的酒比水還多。」[39] 葡萄藤是奧塞利斯復活和新生命週期開始的象徵，在新王國時代墓室壁畫中是常用的主題，並且與奧塞利斯和復活的概念相關。[40] 希臘作者狄奧多魯斯（Diodorus Siculus）甚至提到，在埃及神話中，奧塞利斯是酒的發明者。[41] 不過現存埃及文獻中尚無此說法。狄奧多魯斯很可能是將有關戴奧尼索的希臘神話與埃及神話混爲一談，因爲他和許多希臘化時代的人一樣，把奧塞利斯和戴奧尼索認同爲一個神明。[42]

36　Sethe, *Pyramidentexte*, § 965a-966a.

37　有關奧利斯與氾濫季來臨之討論，見 J. G. Griffiths, *The Origins of Osiris*, Leiden, (1980), pp. 155ff.; A. de Buck, "On the menaing of the name Hapy" *Orientalia Neerlandica* (1948), pp. 1ff.

38　Griffiths, loc. cit.; H. Frankfort, *Kingship and the Gods*, pp. 190-195. 奧塞利斯的神話在古埃及流傳久遠，其基本主題是國王奧塞利斯被弟弟塞特謀殺後，被分屍投入尼羅河中，但又爲妻子艾西斯尋獲並且縫合而復活，成爲陰間的主宰。他的兒子霍魯斯則從塞特手中奪回王位。奧塞利斯復活的主題成爲植物在冬日的枯死之後又在春天復活的象徵，奧塞利斯成爲生命的主宰，霍魯斯的勝利則象徵了正義克服邪惡。不過埃及本身的文獻並沒有關於這段神話的完整紀錄，只有片斷的提示，一直要到了普魯塔克的作品中才第一次綜理爲一個完整的故事。

39　de Buck, op. cit., No. 15.

40　討論見 Desroches-Noblecourt, "Isis Sothis—Le chien, la vinge—et la tradition Millenaire" *Memoires ... de l'Institut Français d'Archéologie Orientale du Caire* 104 (1980), p. 22. 壁畫資料見 *Bulletin de l'Institut Français d'Archéologie Orientale* 79 (1979), pl. LXIV; A. Weigall, *Ancient Egyptian Works of Art*, New York, (1924), p. 243; Desroches-Noblecourt, op. cit., p. 24, fig. 22.

41　*Diodours Siculus* Book I, 15: 8, tr. by C. H. Oldfather (1938) (Leob Classical Library).

42　參見 F. Cumont, *Oriental Religions in Roman Paganism*, New York, (1956), pp. 77f.

　　酒不但與氾濫季來臨有關，又由於它的顏色是紅的，遂和血發生關係。在《金字塔文》中，榨酒器之神 Shesmu 爲一兇悍的保護神，主要原因是由於他的工作是榨取血紅色的葡萄汁，在埃及人的想像中遂成了滿手鮮血的殺手。[43] 在托勒密時代的祭酒文中，斟酒和獻酒的活動象徵爲霍魯斯（Horus）神之眼注滿其失去的血液。[44] 這意義可能是來自有關霍魯斯與塞特之爭（The conflict of Horus and Seth）的神話。在此神話中，奧塞利斯被弟弟塞特謀殺之後，他的兒子霍魯斯替父報仇，在與塞特的戰鬥中失去一隻眼睛。霍魯斯之眼在埃及神話中遂成爲正義與邪惡相爭的關鍵，此眼的重獲以及得到血液的滋潤，象徵正義的勝利，也象徵宇宙秩序的重建。[45]

　　在另一段神話中，太陽神雷（Re）有一次對人類的不順服發怒，遂派遣他的女兒哈托（Hathor）去將人類毀滅。哈托又名塞赫美（Sekhmet），具有獅子的形象，兇悍無比。當她開始執行任務後，雷又改變了主意，決定拯救剩下的人類。於是他就在晚上的時候下令將染成紅色的啤酒傾倒在地上。第二天早晨，哈托見到血紅色的飲料浸滿大地，非常高興，遂飲了個大醉，忘掉了她原來的任務。[46] 在此之後，雷就命令在每年的節慶時必須向哈托獻酒，這故事也就成爲哈托慶典和獻酒儀式起源的一種解釋。[47]

43　見 Sethe, *Pyramidentexte*, § 403.　同樣的說法見於中王朝時代的 《棺木文》： A. de Buck, *The Egyptian Coffin Texts*, Chicago, (1935–61), Vol I, 123, Vol. VI, 8, 32, 179, 349. 以及新王朝時代的《死者之書》： T. G. Allen, The Book of the Dead, Chicago, (1974), p. 30, spell 17b.

44　「……爲霍魯斯之眼注滿它的血液，爲天神之靈斟上美酒。」Sethe, *Urkunden des Aegyptischen Altertums* Vol. VIII, No. 15, 9.

45　有關這一段神話，參見 J. G. Griffiths, *The Conflict of Horus and Seth*, Liverpool, (1960), pp. 28f.； H. te Veide, *Seth, the God of Confusion*, Leiden, (1967), pp. 46ff.； S. Morenz, *Aegyptische Religion*, Stuttgart, (1960), pp. 83ff.； H. Kees, *Der Goetterglaube in Alten Aegypten*, Leipzig, (1956), pp. 241ff.； J. Vandier, *La Religion Égyptienne*, Paris, (1948), pp. 37ff.； J. Assmann, *Aegypten: Theologie und Frömmigkeit einer frühen Hochkulture*, Stuttgart, (1984), pp. 170–176.

46　G. Roeder, *Urkunden zur Religion des Alten Aegypten*, Jena, (1923), pp. 142ff.； Lichtheim, *Ancient Egyptian Literature*, Vol. II, pp. 198–199.

47　持此說的學者有 C. Bleeker, *Hathor and Thoth*, Leiden, (1973), p. 91； S-E. Hoenes, *Untersuchungen zu Wesen und Kult der Gottin Sachmet*, Bonn, (1976), p. 206.

　　這種用酒來安撫獅子女神哈托兇悍的個性的主題在其他的神話中也時有發現。例如在托勒密時代神廟銘文中流傳著下面的故事：太陽神雷想念他的女兒哈托（又名特芙努 Tefnut），下令將她由努比亞的沙漠中找回來。由於哈托乃是一頭兇猛的獅子，野性未馴，在回到埃及之後，必須經常給她音樂，舞蹈和美酒的陶養與滋潤，才能使她的野性消除。[48] 與此有關的，是在丹德拉（Dendera）神廟中所舉行的「哈托之醉」祭典。這個祭典是在前面提到的瓦格慶典後一天舉行，[49] 在此祭典中，哈托的神像從丹德拉被迎到艾德符（Edfu）神廟去，象徵她由努比亞回到埃及。艾德符神廟保存的一段銘文說：「女神（哈托）航行之慶，……當她由努比亞回來時，她的父親雷替她造了洪水，於是它被帶給埃及，隨之而來的是春天的各種奇蹟，為了要使她忘掉努比亞。」[50] 在這裏我們可以看到，哈托的回到埃及和氾濫季的來臨有密切的關係，她的稱號也說明這一點：「洪水的策動者」。[51]

　　我們可以對洪水、哈托的稱號「酩酊之主」（Mistress of Drunkenness）[52]、以及「哈托之醉」祭典之間的關係作以下的解釋。首先，從自然現來看，由於尼羅河氾濫時上游阿特巴拉河（Atbara）冲下大量含氧化鐵的紅色泥沙，使得河水在到達埃及時呈暗紅色，[53] 這顏色是否令人聯想到酒？尤其是因為洪水來臨之後就有酒祭和酒的豐收。這不只是現代人的猜想。至少在托勒密時代，埃及就流傳著一個故事，說尼羅

48　有關此神話的研究，見 H. Junker, *Der Auszug der Hathor-Tefnut aus Nubia* (Abhand-lungen der Philosophisch-historischen Klasse, Prussische Akademie der Wis-senschaften), Berlin, (1911), p. 1ff.; F. Daumas, "Les objects sacres de la desse Hathor à Dendera" *Revue d'Égyptologie*, tome 22 (1970), pp. 63–78.

49　Bleeker, op. cit., p. 91; Schott, op. cit., p. 962.

50　Alliot, *Le Cult d'Horus à Edfou*, Cairo, (1948), p. 216, 227; P. Germond, *Sekhmet et la Protection du Monde*, (Aegyptiaca Helvetica 9), Zürich, (1981), pp. 226f. 兩者譯文稍有不同。

51　E. Chassinat, *Le Temple de Dendera*, Cairo, (1929–), Vol. IV, 32.8.

52　哈托此一稱號常見於托勒密時代的銘文中，如 E. Chassinat & De Rochemonteix, *Le Temple d'Edfou*, Cairo, (1892–), Vol. V, 380.

53　這一事實早在希臘時代就已經有一些作家記載，資料見 D. Bonneau, *Le Cure de Nil—Divinitè Égyptienne à travers mille ans d'histoire*, Paris, (1964), pp. 65ff. 討論見 Desroches-Noblecourt, *Le Petit Temple d'Abu Simbel*, Cairo, (1968), pp. 115f.

河的水曾經在一夕之間變成了酒。[54] 哈托所帶來的，可說是大量的酒……一方面，高
漲的河水呈酒的顏色，另一方面，洪水會帶來足夠的養分讓葡萄園有一個豐收。「酩
酊之主」的意義很可能指的是，哈托為酒的賜予者。這也是為何「哈托之醉」祭典要
在氾濫季開始時慶祝的原因。此外，紅色的河水不得不令人聯想到前面提到的哈托毀
滅人類的神話。這神話中太陽神雷將大地充滿紅色啤酒的意象是否受到尼羅河谷在氾
濫季充滿紅色河水的景象的啟示而產生的？我們不能否定這個可能性的存在。最後，
由努比亞沙漠回到埃及的哈托─特芙努在音樂、舞蹈、和美酒的薰陶之下變得馴服。
但這並不表示她已經完全失去了野性，因而人們必須不斷地向她貢獻這文明的象徵。
哈托這種雙重的性格也與洪水有相似之處：來時兇猛無比，歇時又有益於人。[55] 有學
者更進一步指出，由努比亞回到埃及的獅子女神實際上就是洪水的隱喻，是一種自然
現象轉譯為神話的結果。[56]

　　由以上的討論我們可以大致了解，由於酒是紅色的關係，[57] 使它在埃及神話和宗
教傳統中，發展出一些與血有關的意義。它又與尼羅河的定期氾濫也有一定程度的關
聯，因為新酒的釀成為洪水的賜予，它是萬物復生的象徵；而這也與血有相關的意
義，因為血正是生命的要素。有了這個基本的了解，我們可以進一步來討論獻酒儀式
在埃及宗教中的意義。

三、獻酒儀式之宗教意義

　　在埃及神廟的壁畫中，各類獻祭活動占有最主要的地位，獻酒的祭儀則是最常見
的活動之一。這些刻畫在牆壁上的祭儀通常包括文字和圖象兩部分。在圖象中，通常
表現主祭的國王向受祭的神明進呈祭品；在文字部分，則包括國王獻祭時的祭文，以
及神明的答辭。在這種圖象和文字的安排之下，一項祭儀一方面表現出國王對神明的

54　Bonneau, op cit., p. 291; 304-305.

55　有關的討論見 Desroches-Noblecourt, op. cit., p. 116; Germond, op. cit., pp. 226-
　　233.

56　Germond, loc. cit..

57　在古埃及，葡萄酒的顏色通常是紅的，討論見 Lucas, op. cit., p. 164.; Lesko, op. cit.,
　　p. 20.

虔誠，另一方面則藉神明之口道出國王希望由神明那兒得到的好處。以下我們就分別
從這兩方面來討論獻酒儀式的意義。

1. 祭文中的神話關聯

在祭酒文中，我們可以發現不少和上面討論過的神話有關的句子，例如：

> 願忿怒從你的心中被逐走。[58]

> 願你的忿怒消逝。[59]

> 願你心歡欣，願忿怒從你的臉上消除。[60]

這裏所說的「忿怒」很可能就指的是與哈托有關的神話，因為，如前面所述，不論是
那去毀滅人類的哈托——塞赫美，或是那由努比亞回到埃及的哈托——特芙努，她們
都是充滿了野性和狂怒，只有用酒才能使她們的野性消除。在另一段祭文中，有下面
的句子：

> 願你因酒而尊貴，願你因酒而重獲青春——它是霍魯斯之眼，消除了你的惡
> 性。願你飲下裴魯旬（Pelusium，地名）之酒，願你飲下伊美（Imet，地名）
> 之酒，埃及臣服於你，願你心歡欣，願你接受這尊榮，願你在遂行所欲之後暢
> 飲。[61]

這段文字中的「惡性」（埃及文 dw）[62] 一詞若不放在哈托毀滅人類的神話，或者那以
飲敵人的血，吃敵人的肉的努比亞的猛獅塞赫美的故事中來了解，就很難找到恰當的
解釋。

不過上面的說法仍有必須進一步闡明之處。在上面所引的四段材料中，只有第一
條是出自獻酒給哈托的祭文，其它分別出自獻酒給霍魯斯、艾西斯、霍魯斯的祭文。
那麼如何能說這些祭文反映出的是與哈托有關的神話？據筆者的觀察，表現在埃及神
廟壁上的祭儀中，一項祭品到底是獻給那一個神明，與該祭品本身所可能具有的意

58　Chassinat, *Le Temple de Dendera*, Vol. V, p. 71.

59　Chassinat, *Le Temple d'Edfou*, Vol. VI, p. 252.

60　Chassinat, *Le Temple de Dendera*, Vol. II, p. 88.

61　Chassinat, *Le Temple d'Edfou*, Vol. III, p. 176.

62　見 A. Erman-H. Grapow ed., *Wörterbuch der Aegyptischen Sprache, Leipzig*, (1926-
　　63), Vol. V, pp. 545-549.

義並不一定有關係。當一項祭品在宗教儀式長期的發展中獲得某些神話或神學上的意義，而此意義又與某些特定的神明有關，埃及人並不因而限定此祭品的接受者。至少，在獻酒儀式中，同樣的祭文可以適用於不同的神明，不同的典禮。[63] 所以受祭神明的不同並不一定會影響祭文的神話意義。

在另一段祭文中，哈托是受祭的神明：

> 我獻給你酩酊之醉，啊！金色的（哈托）！酩酊之主。我以霍魯斯之眼來安撫你的靈（ka）。[64]

哈托與酒的特別關係則見於下面這段祭文：

> 願殿下暢飲，願你的面容歡愉，願你心滿意足。所有的神明都靠沉香而活，她（哈托）則靠酩酊度日。[65]

在祭酒文中，有一常見的句子：「願你藉酒而強壯。」[66] 埃及文中「強壯」一詞為 sekhmet，正是哈托的另一名字「塞赫美 Sekhmet」的同源字。因此，若由哈托——塞赫美的神話傳說的角度來看，這 sekhmet 一詞的使用很可能是所謂的文字遊戲（Play on Words），埃及人對此類的同音字的玩弄相當愛好。不過，這「強壯」一詞所代表的意義可能不僅是指體魄上的強壯或飲酒之後的興奮的狀況，更可能指的是酒所象徵的復生的力量。有一段祭酒文如此說：

> 你所喜愛的酒已獻給你神聖的靈，……伊美的霍魯斯之眼，與巴哈利亞的美酒使你的心獲新生，願你藉它而強壯，願你飲下，它是純淨的。[67]

相似的觀念如：

> 願你因酒而尊貴，願你藉酒——霍魯斯之眼——而獲新生。[68]

此處埃及文「新生」一詞為 "srnp"，通常指的是植物每年春天發新芽的情景。將此

63　Mu-chou Poo, "Weinopfer".

64　Chassinat, *Le Temple d'Edfon*, Vol. V, p. 388.

65　Chassinat, op. cit., Vol. V, p. 45.

66　Chassinat, op. cit., Vol. V, p. 150; Vol. VII, p. 75, 141.

67　Chassinat, op. cit., Vol. IV, p. 101. 巴哈利亞 (Bahria) 為埃及西方沙漠中之綠洲，產酒著名。

68　Chassinat, op. cit., Vol. III, p. 176.

詞用在祭酒文中，可能就在暗示酒與尼羅河氾濫季的關係。在另外一些祭酒文中，對定期來臨的洪水與酒的關係有更進一步的提示：

所有你喜愛的葡萄園都欣欣向榮，洪水在其中歡慶，雷之子——法老——替你將霍魯斯之眼斟滿純酒。[69]

「將霍魯斯之眼斟滿純酒」這句話的意義顯然在暗示酒就是血，將霍魯斯之眼斟滿血，也就是將霍魯斯之眼復歸霍魯斯，在神話學的意義下，這就是霍魯斯的勝利和宇宙秩序的重建。這解釋有更進一步的證據，見下面兩段祭酒文：

接受這綠霍魯斯之眼，願你的心藉你所創造的而得安撫，我替你將那受傷的眼（Wd3t）斟滿從其中流出的東西。[70]

雷之嫡傳（法老），使葡萄園在他（霍魯斯）所喜愛的地方茂盛地生長，使他的洪水在其中歡欣，將霍魯斯之眼充滿它的血，為天空之主的靈斟上美酒。[71]

上引第一段顯示，獻酒的儀式可以象徵法老參與霍魯斯與塞特的鬥爭，並且幫助霍魯斯得到勝利。第二段則明白的點出，洪水——血——酒三者之間的等同關係。

酒既是血的象徵，是洪水的象徵，下面的這段祭文也就不難了解：

接受這酒——綠霍魯斯之眼，願你的靈被你所創造的充滿（原文為「氾濫」）。[72]

象徵洪水的酒充滿了神明的靈，而這洪水乃是神明所創造的（奧塞利斯與哈托的神話），它既充滿神明的靈，也就是賦予生命的鮮血。這是一個典型的近東神話與儀式之關係的例子：儀式舉行的意義在於藉著重演神話的過程來將一個社會的過去和傳統與現實結合起來，以保證社會的繼續生存——每一次霍魯斯和塞特鬥爭的神話被重演，而霍魯斯得到最後勝利時，宇宙秩序就得以恢復，整個埃及社會也就象徵性地得以重生。在現實的政治秩序中，霍魯斯之勝利其實也就是法老登基，王位得以繼承的

69 S. Sauneron, *Le Lemple d'Esna*, 8 Vols., Cairo, (1963-). 見 text No. 485。類似的例子見 No. 479, No. 483, 另外的例子參見 Mu-chou Poo, *The Offering of Wine in Ancient Egypt*, Baltimore, (1984), (Dissertation, The Johns Hopkins University), chapter III.

70 Chassinat, *Le Temple d'Edfou*, Vol. I, p. 448.

71 Sethe, *Urkunden*, Vol. VIII, No. 159.

72 Chassinat, *Le Temple d'Edfou*, Vol. I, p. 258.

意思，因爲法老是霍魯斯的化身。[73]

最後，我們注意到「綠霍魯斯之眼」一詞。這是祭酒文中常用的一種酒的代稱。「霍魯斯之眼」一詞早在金字塔文中已經出現，指的是一般的祭品，並不專指酒。[74] 它的最原始的意義可能只在藉著將祭品與霍魯斯之眼等同起來而賦予祭品一種復生的力量。但「綠霍魯斯之眼」一詞在托勒密時代的祭酒文中則專指酒而言，其象徵意義可分兩方面來說。首先，「霍魯斯之眼」本身所具有的神話意義，已如上述。若從文字的角度來分析「霍魯斯之眼 irt Hr」一詞，可以發現埃及文中的「眼」（irt）與「做」（irt）二字爲同音字，均用象形符號 ⌒ 代表。因此，「irt Hr」可以讀做「霍魯斯之眼」，也可以讀做「霍魯斯之做爲」──也許指的的霍魯斯在替父親奧塞利斯復仇的過程中的做爲。持後面這一意見的學者雖是少數，[75] 但若考慮埃及文字和神話豐富而複雜糾結的象徵意義以及其可多面性解釋的特質，[76] 這些意見也應受到重視。在埃及人的世界中，這兩種意義也許可以並存。其次，「綠色」一詞具有的象徵性意義也很明顯，它是萬物新生的象徵，將「綠色」與「霍魯斯之眼」或「霍魯斯之做爲」加在一起而做爲酒的名稱，不論是解釋爲「具有新生力量的霍魯斯之眼」或「具有新生力量的霍魯斯之做爲」，酒與祭酒活動的神話與宗教意義都益形豐富。

總結以上的討論，我們可以說，酒在埃及宗教儀式中的基本意義是，它象徵宇宙中創造與新生的力量，這力量表現在酒與血和洪水之間的神話關係上，血與洪水是宇宙創生力在不同方面的表現。

2. 神明的祝福

在宗教祭典中，人之所以向神明獻祭，除了表示敬畏與虔誠之心外，也在求神明

73　有關近東神話與儀式之關係的討論，見 H. Frankfort et al., *Before Philosophy*, Baltimore, (1951), pp. 32-36; Frankfort, *Kingship and the Gods*, pp. 313ff. 有關霍魯斯之勝利在神話學上的意義，見同注 45。

74　Bonnet, op. cit., pp. 314ff.

75　W. Helck, *Zeitschrift für Aegyptische Sprache und Altertumskunde*, Vol. 80 (1955), p. 144.

76　關於埃及宗教與神話中對同一現象有多種解釋可能的特性，也就是說埃及人對於自然現象可以有不同的神話與宗教上的解釋，但他們並不意識到其邏輯上可能產生的衝突，可參見 H. Frankfort, *Ancient Egyptian Religion*, New York, (1948), pp. 3-8.

的保護與祝福。古埃及的宗教祭典亦不例外。由現存在廟堂壁上的銘文來看，經由神明之口說出的祝福不外是賜予法老健康、長壽、王位、財富等等。在托勒密時代之前，這類祝福幾乎是千篇一律，與法老所獻的祭品並沒有直接的關係。[77] 這種情況到了托勒密時代之後稍有不同。神明的答詞雖基本上仍相當的公式化，但也有一些比較能配合獻祭的內容。就祭酒儀式而言，此時代中神明的答詞大致可分為三大類：(1) 王權的賦予，(2) 物質的賜予，(2) 精神的享受。[78] 在此分類之下，又可再分為一般性的與特殊性的兩類。一般性的祝詞可以適用於獻酒之外的祭儀，我們在此不討論。在特殊性的祝詞中，我們發現一些字句，能夠使我們更加了解酒祭的意義。

在祭酒文中，法老所獻上的酒來自許多不同的地區，其中包括「伊美 Imet」，「裴魯旬 Pelusium」，「腓尼基 Phoenicia，埃及文 T3. wy-fnḥw」，「神地 God's land，埃及文 T3-nṯr」等等。[79] 這些地方有的從來就是埃及的領土，如伊美和裴魯旬，位於尼羅河三角洲，在舊王國時代就是著名的產酒區。另一些地方，如腓尼基和神地（相當今日黎巴嫩沿岸一帶），則非如此。埃及在新王國之前與敘利亞——巴勒斯坦地區只有商業往來，在新王國時代，埃及雖名義上將此區納入其勢力範圍，在其往來中酒並不占任何重要性。[80] 但在托勒密時代的銘文中，神明常常有賜這些地區給法老的答詞，法老也自稱「腓尼基之主」。[81] 此外，埃及西方沙漠中的綠洲如巴哈利亞 (Bahria)、卡爾給 (Khargeh) 和法拉夫拉 (Farafra) 也常出現在托勒密時代的銘文中，一方面是酒的產地，一方面是神明賜給法老的領地。[82] 在此之前，這些綠洲雖也產酒，在政治上也屬於埃及，但是它們與埃及的關係並不密切。一直要

77　討論見 Poo, *The Offering of Wine in Anceint Egypt*, pp. 59-60.

78　參見 K. Götte, "Eine Individualcharacteristik Ptolemaischer Herrscher anhand der Epitheta-Sequenzen beim Weinopfer" *Revue d'Égyptologie*, tome 37 (1986), pp. 63-80. Götte 之分類標準與筆者稍有不同，她的三類答詞為 (1) 政治權力，(2) 經濟利益，(3) 精神上的權威。見 Poo, op. cit., pp. 161 ff.

79　有關祭酒文中所提到的產酒地，見 Poo, op. cit., pp. 13-23.

80　W. Helck, *Materialien zur Wirtschaftsgeschichte des Neuen Reiches*, Leiden, (1960-69), p. 530.

81　參見 Götte, op. cit., pp. 74-75.

82　見 Poo, op. cit., pp. 177-181.

到第二十六王朝（660-525 B.C.）之後，兩方的關係才逐漸接近，[83] 但它們的名字從未出現在祭酒文中。如此看來，托勒密時代的祭酒文有一些新的政治因素，是前此所無的。

考察托勒密時代的政治史，我們發現，托勒密王朝的法老們一開始就相當注意綠洲的開發，[84] 因此，祭酒文中提到這些綠洲，很可能反映出托勒密君主在這方面的政治成就。類似的解釋也可以用來說明那些敍、巴地區地名之所以出現在托勒密時代祭酒銘文中的原因。自第二十王朝之後（約自 1000 B.C. 起），埃及在敍、巴地區的宗主權完全喪失。一直要到托勒密一世和二世的時候，也就是西元前四世紀末至三世紀初時，才又將此區納入埃及掌握之中。[85] 銘文中提到這些地方可能就是反映當時的政治情勢。此外，托勒密諸君王的國內經濟政策也可能與祭酒文和神明答詞中之所以提到這些產酒區有關。自托勒密一世開始，埃及政府就極力提倡種植葡萄，其目的一方面在供應大量增加的飲酒人口——希臘人，另一方面也在設法為希臘傭兵創造他們所熟悉的工作機會。[86] 總之，我們推測，祭酒文中之所以屢次提及這些地名，應和當時托勒密王朝的政經情況有密切關係。

神明所賜給法老的祝福也有屬於精神方面的，其中與酒有直接關係的，是神明常常賜結法老「酩酊之醉」：

　　我賜給你酩酊之醉，和無限的歡愉。[87]

在宗教的層面上，酒醉與極度興奮的忘我境界（religious ecstacy）常常有密切的關係。人藉著酒醉的經驗常可以幻覺與神明有所往來，同時也可以藉酒醉而打破一些禁

---

83 這一點可由此時開始有埃及神廟在綠洲中建立之事實看出。見 A. Fakhry, *Bahria Oasis*, Vol. I, Cairo, (1942), p. 21. 至於二十六王朝之前埃及和綠洲之間的來往，見 L. L. Giddy, *Egyptian Oases*, Wiltshire, (1987), pp. 51ff.

84 A. Fakhry, *The Oases of Egypt*, Vol. II, Cairo, (1973), p. 65.

85 F. E. Peters, *The Harvest of Hellenism*, New York, (1970), p. 154; A. K. Bowman, *Egypt after the Pharaohs*, (1986), pp. 27-29.

86 Bowman, op. cit., p. 101; H. I. Bell, *Egypt: from Alexander the Great to the Arab Conquest*, Oxford, (1948), p. 47.

87 Chassinat, *Le Temple d'Edfou*, Vol. I, p. 359. 其它的例子見 Poo, op. cit., pp. 192ff.

忌。[88] 藉著獻酒的儀式，法老不但可以向神明表示他的虔誠，也可因神明所賜予的精神上的狂喜而與神明產生更親切的關係。

四、結　語

　　在上面的討論中，我們試著解釋酒在埃及宗教中的意義。在神話和宗教思想中，酒與尼羅河的洪水和血有某些關聯，其關鍵在於兩者均為創造和新生力量的象徵。酒又是一可以安撫女神哈托——塞赫美的飲料。至於獻酒儀式，其意義除了基本上為法老誠意的表現外，又由於酒所具有的這些神話與宗教上的關聯，使得獻酒的活動帶有重演神話故事的性質。獻酒不僅是獻上一種飲料，而且是獻上創生的力量，使得宇宙秩序得以維持或恢復（如霍魯斯與塞特之鬥爭），或者是獻上一種解救人類災難的神奇力量，使人類不致滅亡（如哈托——塞赫美的神話）。而在托勒密時代，獻酒不但具有上面這些神話與宗教意義，更反映出了當時政治和經濟上的特殊情況。這樣的一種分析，可以讓現代人了解，古埃及的神話和宗教觀念是經由什麼樣的方式表現出來的。沒有任何祭酒文直接敘述上面所討論到的神話，但是經由一些片斷的提示，我們可以知道，獻祭活動的背後有一個充滿豐密意義的神話和宗教傳統在支撐著，獻酒儀式所揭露的只不過是這傳統的一小部分而已。

88　見 C. Bleeker, *Hathor and Thoth*, p. 51；idem., "Rausch und Begeisterung" in *The Sacred Bridge*, Leiden, (1963), pp. 159–179.

易數與傳統科學的關係

何　丙　郁

　　本文旨在闡述易數與中國傳統科學之關係，分別就易數與曆數、數學、天文學、鍊丹術之關係加以討論。在數學方面，作者舉秦九韶對大衍數的討論，見易數之影響，在天文學方面，則舉葛洪用易卦解釋張衡渾天說以及易數在天文、地理學表示方位之例。本文最主要的討論，是在解釋魏伯陽《參同契》中如何以易數發揮其鍊丹理論，並指出自魏伯陽以下，鍊丹理論的文字轉爲簡明的體裁，但到了九世紀中又有回到隱晦的風格，並多應用易數的趨向。

壹、引　言

　　今天由臺灣大學和中央研究院歷史語言研究院邀我演講，來紀念傅故孟眞先生九秩晉四冥誕，表面上看來，講題和演講者都好像與傅先生的生平風馬牛不相及。我覺得首先我必須作一點解釋。回憶 1942 年，劍橋大學著名生物化學家李約瑟博士，被英國政府派遣往戰時陪都重慶，任中英科學合作館主任職。當時李氏有意在戰爭結束後寫一部有關中國科學史的書。他訪問當時在李莊的歷史語言研究所時博得傅先生的鼓勵和大力支持。後來傅先生和李約瑟常通訊，並且幫助他找資料（見圖１）。李約瑟最初的一位助手，也是在李莊任助理員的王鈴。李約瑟是中央研究院的一位通訊研究員，他的《中國科學與文明》鉅著，在國際學壇上享譽爲二十世紀的最偉大漢學著述。這也有賴於傅先生早年對中國科技史的關懷。本人沾受李約瑟博士所託，爲他的承繼人，最近又和歷史語言研究所拉上一點關係，希望諸位先進多多包涵，讓我開始講今天這個題目〈易數與傳統科學的關係〉。

貳、釋　題

　　易數是數的一種[1]。數可分爲數學，數字學，術數，三個分類。數學和數字學對傳

1　見何丙郁，〈從科技史觀點談傳統思想中的『數』〉，第二屆中國科技史研討會，民 78.
　　3. 25。

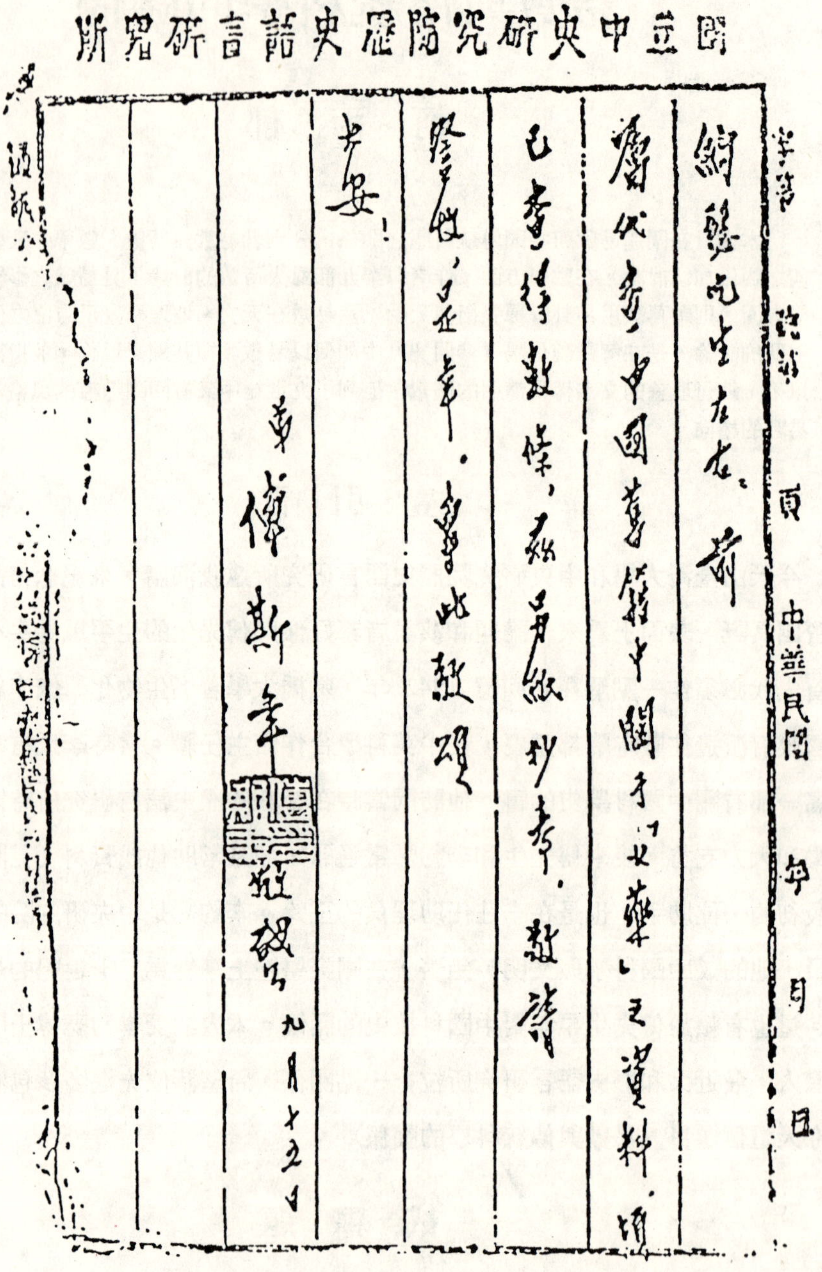

圖　一　（民國33年9月15日）

統科技有直接關係。術數旨在推算過去未來吉凶以及趨吉避凶各種方法，雖然有些方法所採用的理論都是傳統科技所用的一套，但是與傳統科技本身沒有直接關係。易數是基於《易經》。《易·繫辭上》提到河圖，洛書說[2]：

> 「河出圖，洛出書，聖人則之。」

中國的數字學來自河圖和洛書。《易·繫辭上》又說[3]：

> 「天一地二，天三地四，天五地六，天七地八，天九地十。天數五，地數五，五位相得而各有合。天數二十有五，地數三十，凡天地之數，五十有五，此所以成變化而行鬼神也。」

這個章句就是闡釋河圖，也顯示易數和數字學的關係（見圖2）。易數有兩個用途，一個大用途是術數，另外一個較小的用途是數字學。本文的範圍只限於易數在數字學的應用，而應用在中國的傳統科學上。現代科學也超越本文的範疇。

叄、曆數、數學

　　曆數和數學都可以公認為科學。易數也和它們拉上了一點關係。以前制曆是一個很重要而且很困難的工作。制曆者都是從所測的日，月，五星運行週期，追算出上古的一個「日，月，五星如聯珠」的時期作為起點。這就是所謂「上元」。在郭守敬以前，最精密的曆要推唐代僧一行（俗名張遂）（683～727年）的大衍曆。可是，一行的計算方法沒有傳流下來，直至宋末期秦九韶（1201～1261年）纔闡釋他的推算上元方法。他所著《數書九章》第一卷，大衍類就開宗明義談到「蓍卦發微」說[4]：

> 「問、易曰、大衍之數五十、其用四十有九、分而為二以象兩，掛一以象三，揲之以四以象四時，三變而成爻，十有八變而成卦。欲知所衍之術及其數各幾何。」

接著下來又有「古曆會積」一條題目。「蓍卦發微」是來自《易·繫辭上》第九章，不僅指出大衍曆的名稱是來自《易經》，而且和相接的題目說明了一行是使用一次同

2　《周易》〔《四部叢刊本》〕，卷7，頁10上。

3　同上，頁8下。

4　《數書九章》〔《叢書集成·初編》〕，頁1-10。

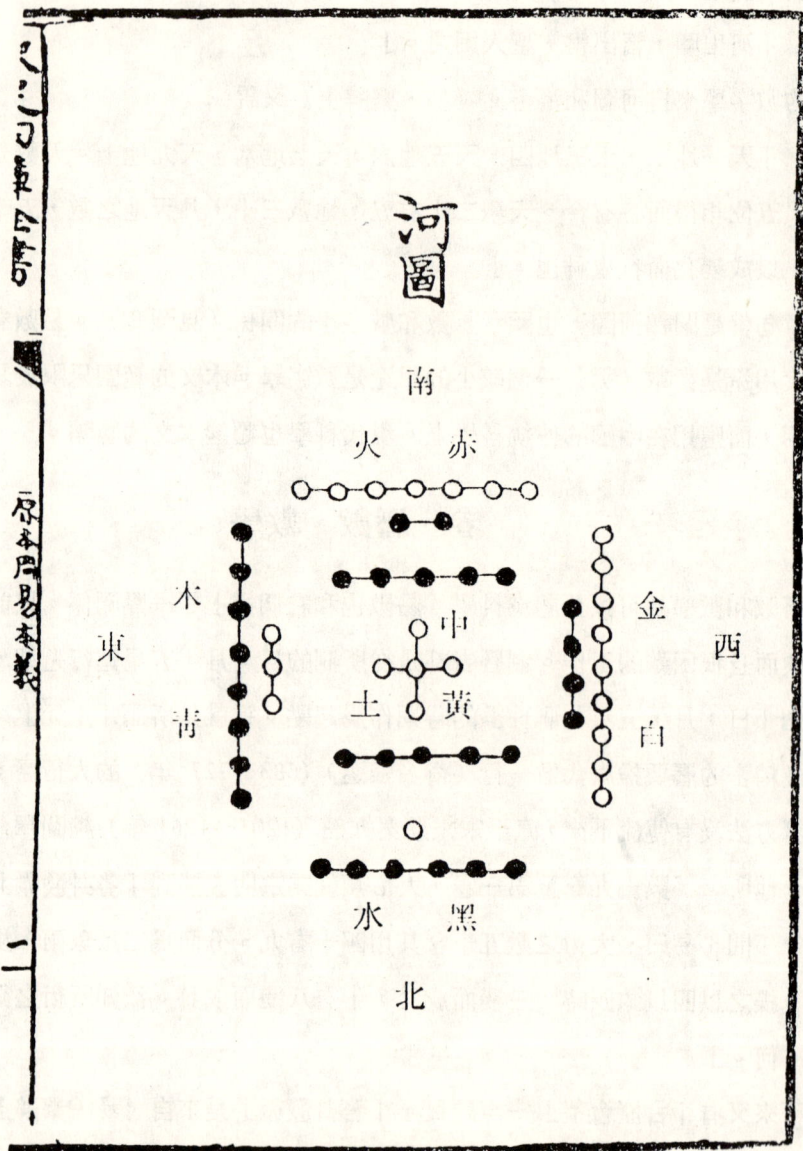

河圖

南

火　赤

中

木　　　　　　　　金　西
青　　　　　土　黃　　白

東

水　黑

北

圖　二

餘式組（又稱不定分析法）來尋求一個「上元積年」。這個方法最初在《孫子算經》出現，古稱「求一術」，後來又稱為「大衍術」和「大衍求一術」，可見《易經》和數術的一點關係。由於《孫子算經》所載的問題頗有猜謎的趣味，所以在民間流傳頗廣。到了宋、元兩代，更有「鬼谷算」，「隔牆算」，「翦管術」，「韓信點兵」，「秦王暗點兵」等名稱。

談到數學我忍不住要講一件有趣的故事，雖然這個故事與傳統數學沒有多大關係。這是和數學的二進制有關的。在十七世紀末和十八世紀初，微積分的發明者萊布尼茨 Gottfried Wilhelm Leibniz（1646～1716 年）曾經一度創出二進記數法，但是以為只是一個小玩意便不再理它。後來他從一位在中國傳教的耶穌會士白晉 Joachim Bouvet（1656～1730 年）得悉先天序的六十四卦。如果以八卦的「坤」為首，先把「坤」重疊，然後把其他七卦依次疊在「坤」卦之上；再將其他七卦逐一依照以上的方法重疊，先天序的六十四卦便衍生出來了。（圖3）

假如我們以數字「0」代替陰爻，以「1」代替陽爻，再把各數依照時針的運行轉 90 度，六十四卦便如圖4。這恰是 0～63 的二進記數法。萊布尼茨指出六十四卦和二進記數法的類似，並把宗教的意義和神秘的意義附在二進位算術上說：

> 「所有組合都是從一和零產生出來的，好像說萬物的主宰從無中創造萬物。同
> 時，世界上僅有萬物主宰與無這兩個基本原理。」

萊布尼茨藉此證明上帝的存在，並說這位萬物主宰早已啟發伏羲作出一套先天序的卦以暗示他的存在，希望能夠說服康熙皇帝信仰耶教。我們都知道萊布尼茨並沒有達到他的願望使康熙信仰耶教，而且先天圖序雖傳是伏羲所作，但最早的先天圖僅能追溯到邵雍（1011～1077 年）的《皇極經世書》。此書約在宋仁宗嘉祐六年（公元 1060 年）撰成。邵雍是現存文獻可考的先天圖創造人。自從馬王堆的卦列序被發現以後，連相傳由周文王所作的後天圖序也發生疑問了。馬王堆出土的六十四卦排列的次序是按照先陽後陰的原則分開，即乾、艮、坎、震、坤、兌、離、巽為序，作為上卦；各上卦分別配乾、坤、艮、兌、坎、離、震、巽各下卦[5]。這個排列次序跟我們一直以

5　〈馬王堆二、三號漢墓發掘的主要收獲〉，《考古》，1975年第 1 期，1975年 1 月，頁50。

坤	剝	比	觀	豫	晉	萃	否
2	23	8	20	16	35	45	12

謙	艮	蹇	漸	小過	旅	咸	遯
15	52	39	53	62	56	31	33

師	蒙	坎	渙	解	未濟	困	訟
7	4	29	59	40	64	47	6

升	蠱	井	巽	恆	鼎	大過	姤
46	18	48	57	32	50	28	44

復	頤	屯	益	震	噬嗑	隨	无妄
24	27	3	42	51	21	17	25

明夷	賁	既濟	家人	豐	離	革	同人
36	22	63	37	55	30	49	13

臨	損	節	中孚	歸妹	睽	兌	履
19	41	60	61	54	38	58	10

泰	大畜	需	小畜	大壯	大有	夬	乾
11	26	5	9	34	14	43	1

圖　三　（數字指後天次序）

```
000000  000001  000010  000011  000100  000101  000110  000111
001000  001001  001010  001011  001100  001101  001110  001111
010000  010001  010010  010011  010100  010101  010110  010111
011000  011001  011010  011011  011100  011101  011110  011111
100000  100001  100010  100011  100100  100101  100110  100111
101000  101001  101010  101011  101100  101101  101110  101111
110000  110001  110010  110011  110100  110101  110110  110111
111000  111001  111010  111011  111100  111101  111110  111111
```

圖　四

來所熟悉的迥然不同。萊布尼茨當時的苦心沒有若何收穫，他哪會料到二進記數法近
來成爲最適合現代電腦所採用的高速電子反回路線的系統呢？萊布尼茨被公認爲計算
機用二進制的先驅者。無論如何，他的二進制在某種程度上和易數有關。

肆、天文學

　　易數在天文學上應用甚廣。試舉一個易數在宇宙論上應用的一個例子。漢、晉時
期，宇宙論有蓋天、渾天、宣夜三個學派；其中以渾天學說最受當時的學者支持。張
衡（公元78～139年）在他的《渾儀注》說[6]：

> 「天如鷄子，地如鷄中黃，孤居於天內，天大而地小。天表裏有水，天地各乘
> 氣而立，載水而行。周天三百六十五度四分度之一，又中分之，則半覆地上，
> 半繞地下，故二十八宿半見半隱，天轉如車轂之運也。」

這就是說，天的裏面和外面都是水，而天不停旋轉，出入水中。反對渾天學派的人說
這是一件不可能的事情，尤其是太陽是附著天而旋轉，這樣一來太陽就要出沒水中。
葛洪（283～363年）便使用易數替渾天說辯護。《晉書・天文志上》載[7]

> 「若天果如渾者，則天之出入行於水中，爲的然矣。故黃帝書曰：『天在地
> 外，水在天外。』水浮天而載地者也。又《易》曰：『時乘六龍。』夫陽爻稱
> 龍，龍者居水之物，以喻天。天，陽物也，又出入水中，與龍相似，故以龍比
> 也。聖人仰觀俯察，審其如此，故「晉」卦「坤」下「離」上，以證日出於地

6　《晉書》楊家駱新校本，卷1，頁281。
7　同上。頁282。

也。又「明夷」之卦「離」下「坤」上，以證日入於地也。「需」卦「乾」下
「坎」上，此亦天入水中之象也。天爲金，金水相生之物也。天出入水中，當
有何損，而謂爲不可乎？」

葛洪首先引用《易經》的一句「時乘六龍」以龍喩天，因爲龍能夠出入水中，就"證
實"天也能出入水中。他再進一步指出「晉」卦的下卦是「坤」，上卦是「離」；
「坤」可以代表地，「離」可以代表太陽；所以「晉」卦就"證實"太陽可以從浮載
地之水而出於地。「明夷」卦的下卦是「離」，上卦是「坤」，那就是太陽從浮載地
之水而入地的「證據」了。

上文提到「天爲金」，這是一個常遇到的卦和陰陽、五行的關係。其他常遇到的
關係如下：

卦	陰陽	五行	方位（後天）	九宮
☰乾	陽	金	西北	六
☷坤	陰	土	西南	二
☳震	陽	木	東	三
☵坎	陽	水	北	一
☶艮	陽	木	東北	八
☴巽	陰	木	東南	四
☲離	陰	火	南	九
☱兌	陰	水、金	西	七

易數也就是依照上述的關係用在天文、地理學上以表示方位，例如在一些天文記錄和
羅盤等。

伍、鍊丹術

世人公認鍊金術爲早期化學。西歐的鍊金術是以將普通的金屬 base metal 製鍊
成高貴之黃金 noble metal 爲主要目的。從亞拉伯國家，西歐的鍊金術士聽說有一
種使人長生不老藥 elixir of life 能使大量的普通金屬立刻變爲黃金。他們便努力求
尋製做這種奇妙的藥，可是他們的主要動機還是致富的夢想。「東方是東方，西方是

西方」East is east, west is west，長生不老藥思想的發源地是中國，雖然後來在西漢期間已經有人企圖鍊金，可是主要動機是希望能夠長生不老。鍊丹術士認爲能使人長生不老的仙丹當然能夠使頑鐵等金屬變爲歷久不變的黃金。所以鍊金術和鍊丹術是二途同歸，同是早期化學，但是由於動機略有不同，稱中國的早期化學爲鍊丹術比較恰當。

　　現存世界上最早的鍊丹（亦卽鍊金）理論書是東漢末期魏伯陽所著的《參同契》，又稱《周易參同契》。這部書約在公元 142 年著成。書中講述陰陽五行，易數和鍊丹的關係。《參同契》不僅是世界上現存最早和對中國鍊丹術具有最大影響力的一部鍊丹理論書，而且是一部描述易數與傳統科學關係的典型著作。

　　《參同契》所用的詞句極爲隱晦，而且充斥著隱喻和隱名，使到它的意思模稜兩可，往往可以用多種解釋來說明。這正是作者魏伯陽的意旨。他說[8]：

　　　　「惟斯之妙術兮，審諦不誑語。傳於億代後兮，昭然而可考。煥若星經漢兮，昺如水宗海。思之務令熟兮，反復視上下。千周燦彬彬兮，萬徧將可覩。神明或告人兮，魂靈忽自悟。探端索其緒兮，必得其門戶。天道無適莫兮，常傳與賢者。」

這就是說，要領悟《參同契》的奧妙，必須把這部書唸千萬次，上下反復細思，而且非賢者能夠了解這部書的機會也是更少了。因此，後來註釋這部書者大不乏人，連朱熹也註了一部《周易參同契考異》。這些註釋都有一個共同的特點，都是批評前人誤解《參同契》的本意。這些註釋可以分爲外丹和內丹兩大類。每一大類的註釋也不一致。例如，兌卦，有一部屬於外丹註釋是鉛，一部內丹註釋是肺臟；坎卦，一部外丹註釋說是鉛礦，一部內丹註釋說是指腎臟；離卦，一部外丹註釋說是指丹砂，但內丹註釋說是心臟；震卦，一部外丹註釋說是指水銀，但內丹註釋說是肝臟。從外丹的解釋，魏伯陽在《參同契》所採用的主要鍊丹原料大概是水銀，硫磺和鉛。

　　《參同契》的〈火候〉篇把易數的運用發揮淋漓盡至。在敍述一日中的火候說[9]：

　　　　「朔旦爲復，陽氣始通，出入無疾，立表微剛。黃鍾建子，兆乃滋彰，播施柔

8　《參同契考異》〔《四部備要本》〕，頁 23 下至 24 上。
9　《參同契考異》〔《四部備要本》〕，頁 16 下至 17 上。

暖，黎烝得常。臨爐施條，開路正光，光耀寢進，日以益長，丑之大呂，結正低昂。仰以成泰，剛柔並隆，陰陽交接，小往大來，輻湊於寅，運而趨時。漸歷大壯，俠列卯門，榆莢墜落，還歸本根，刑德相負，晝夜始分。夬陰以退，陽升而前，洗濯羽翮，振索宿塵。乾健盛明，廣被四鄰，陽終於巳，中而相干。姤始紀緒，履霜最先，井底寒泉，午爲蕤賓，賓服於陰，陰爲主人。遯去世位，收斂其精，懷德俟時，棲遲昧冥。否閉不通，萌者不生，陰伸陽詘，沒陽姓名。觀其權量，察仲秋情，任蓄微稚，老枯復榮，薺麥牙蘗，因冒以生。剝爛支體，消滅其形，化炁旣竭，亡失至神，道窮則反，歸乎坤元，恒順地理，承天布宣，元遠幽眇，隔閡相連，應度育種，陰陽之原，寥廓恍惚，莫知其端，先迷失軌，後爲主君，無平不陂，道之自然，變易更盛，消息相因，終坤始復，如循連環，帝王承御，千秋常存。」

這段書的每一個字和每一句都不難解釋，可是整段書是教人怎麼樣鍊丹呢？這眞是有如這段書所說「寥廓恍惚，莫知其端」了，越看越難懂。讓我用另外一個方法，把整段書看作一個謎，來猜一猜。首先，我們可以從這段書找出十二個卦，卽「復」䷗；「臨」䷒；「泰」䷊；「大壯」䷡；「夬」䷪；「乾」䷀；「姤」䷫；「遯」䷠；「否」䷋；「觀」䷓；「剝」䷖；「坤」䷁。每一卦所附有章句都或明或暗，藏著一個時辰。「復」的時辰是「子」；「臨」的是「丑」；「泰」的是「寅」；「大壯」的是「卯」；「夬」的是「辰」，暗藏在「振」字旁；「乾」的是「巳」；「姤」的是「午」；「遯」的是「未」，暗藏在「昧」字旁；「否」的是「申」，暗藏在「伸」字旁；「觀」的是「酉」，暗藏在「仲秋」兩字，《淮南子》有「仲秋招搖指酉」句；「剝」的是「戌」字，從「滅」字「剝爛支體，消滅其形」後所形成；「坤」是的「亥」，暗藏在「閡」字中。「復」卦只有一個陽爻在下，此後每經一個時辰便加一陽爻，直到巳時的「乾」卦爲止。此後逐減一陽爻，直到「坤」卦沒有一個陽爻爲止。我們就可以解釋這段書說，在子時開火，起初火是必須溫和，然後每一時辰須要加火，越加越使火猛烈，到巳時火最猛烈。此後要每時辰逐漸減火，直到亥時丹爐下便沒有火了。到子時一切步驟再如前，「終坤始復，如循連環」。

　　以上是一日之間的火候。另外有一種是一月之間的火候。這也可以採用類似的方

法解釋。《參同契》的有關一段書說[10]：

> 「晦朔之間，合符行中，渾沌鴻濛，牝牡相從，滋液潤澤，施化流通。天地神
> 靈，不可度量，利用安身，隱形而藏。始乎東北。箕斗之鄉，施而右轉，樞輪
> 吐萌，潛潭見象，發散精光。畢昴之上，震出為徵，陽炁造端，初九潛龍，陽
> 以三立，陰以八通，故三日震動，八日兌行。九二見龍，和平有明，三五德
> 就，乾體乃成。九三夕惕，虧折神符，盛衰漸革，終還其初。巽繼其統，固際
> 操持，九四或躍，進退道危。艮主進止，不得踰時，二十三日，典守弦期。九
> 五飛龍，天位加喜。六五坤承，結括終始，蘊養眾子，世為類母。陽數已訖，
> 訖則復起。推情合性，轉而相與，上九亢龍，戰德於野，用九翩翩，為道規
> 矩，循據璇璣。昇降上下，周流六爻，難得察睹，故無常位，為易宗祖。」

文中「初九」，「九二」，「九三」，「九四」，「九五」是指卦中的六爻。由於文
末的「周流六爻，難得察睹，故無常位，為易宗祖。」句，我們可以試用八卦中的
各有三爻的卦，卽：「震」☳；「兌」☱；「乾」☰；「巽」☴；「艮」☶；「坤」
☷；也就是從一陽爻的「震」逐一加一陽爻，從「巽」逐一減一陽爻代之以陰爻。
「震」之上有「三日」；「兌」之上有「八日」；「乾」之上有三五（卽十五）二字
代表日數。可惜「巽」之上下沒有日數，只可以用「夕惕，虧折」猜得「乾」的用事
僅一夕，卽「巽」的用事是在十六日開始；「艮」的日數是「二十三日」；「坤」的
日數是六五（卽三十日）。這就是說，在一個月中的初三日開始動火；初八日加火；
十五日加猛火；因為要配合月亮的盈虧，在月的十六日就要開始減低火的熱度，維持
至二十三日再減；至三十日便將火熄滅，讓丹釜冷卻。這是第一轉，如必須再轉，則
等待下月的初三日，從頭做起。朱熹的註說「坤」的日數六五是廿六之誤。這樣一
來，冷卻日期就該從廿六日開始了。

《參同契》亦採用許多隱語，例如，「太陽流珠」指「水銀」；「金公」指「鉛」，
「鉛」的別名，等。使讀者更難捉摸。可是到了東晉時期，形勢就有了轉變。葛洪的
《抱朴子內篇》與《參同契》的風格迥然不同，文體明晰，避免使用晦澀的易數和隱
語來隱藏它的秘術。雖然他曾經引用易數來辯證宇宙論中的渾天說，葛洪並沒有使用

---

10 同上，頁16上。

易數來解釋他的鍊丹術。這是鍊丹術黃金時代的開始。在這個黃金時代中，出現了幾位傑出鍊丹術士。葛洪以後有蘇元明，陶弘景，孫思邈，孟詵等。蘇元明一作蘇元朗，他的生平事蹟不詳。他可能與葛洪同時，但也可能比他較晚。他曾用青霞子的別號寫過一些鍊丹術和醫學的著作。可惜這個別號後人也曾採用過，故難稽考。他寫過一部《太清石壁記》。我們所見到的是南北朝鍊丹術家楚澤先生的編訂本。蘇元明不僅使用明晰的文體，而且在這部書中解釋當時鍊丹術士所用的隱名。陶弘景（456～536 年）是他的時代中的最偉大醫學者和鍊丹家。《南史·隱逸下》載有他替梁武帝蕭衍（464～549 年）鍊丹的事說[11]：

> 「帝給黃金，朱砂，曾青，雄黃等。後合飛丹，色如霜雪，服之體輕。及帝服飛丹有驗，益敬重之。」

可惜，據《南史·陶弘景傳》所載[12]，他的著作「共秘密不傳」，「唯弟子得之」。孫思邈（581？～682 年），後世稱「藥王」，是與葛洪，陶弘景並駕齊驅的大鍊丹術家。他的《太清丹經要訣》列出十八種秘方，用簡明的語句來描述鍊丹過程，極力避免用隱名或意義晦澀不清的句字，與蘇元明在《太清石壁記》的風格是一致。他只有一次採用易數中的「離」卦和「兌」卦作爲別名。依據《參同契》註者的解釋，「離」應該指丹砂，「兌」應是鉛，但是席文 Nathan Sivin 認爲《太清丹經要訣》的「離」是丹砂，而「兌」很可能是鉛粉。孟詵（621～718 年）是孫思邈的門徒，也是唐代一位傑出的鍊丹術家和醫學家。他著有《食療本草》，但沒有留下任何鍊丹學著作。

在這個鍊丹術的黃金時代中，鍊丹術士放膽試用多種礦物，作爲鍊丹原料。不少丹方含有水銀，鉛，砷等有毒物質。許多皇帝熱中於長生不老藥，而其中因服食丹藥中毒身亡者大不乏人。晉哀帝（362～365 年在位）爲了防止衰老，便餌服金丹，結果在二十五歲便中毒而死。也許他的願望已經達到了，只是他不明白金丹能使他不再衰老的眞正意義罷了。唐代有幾位皇帝也是金丹毒的犧牲者，例如憲宗（805～820 年在位），穆宗（820～824 年在位），武宗（840～846 年在位），宣宗（846～859 年在位）等。不少士大夫也因誤服丹藥也告身亡。我們也可料到，當時的鍊丹

11　《南史·隱逸下》，卷 76，頁 11 上。

12　《南史·陶弘景傳》卷 76，頁 12 下。

術界必定喪失了許多優秀的鍊丹術士，因爲最優秀的術士們往往對自己的作品最具信心，也是丹毒的最可能的犧牲者。因此，自唐中葉以來，鍊丹術逐漸趨向下游，鍊丹術士對丹毒咸有戒心。 公元 855 年出現了一部針對丹毒的《玄解錄》（又稱《元解錄》，《賢解錄》，《鴈門公玄解錄》）。有些鍊丹術士把興趣回轉到《參同契》，鍊丹術著作風格變囘隱晦，易數也更多應用。許多著作就有兩種不同的解釋，到底原文是爲外丹家或內丹家而作呢？試舉北宋張伯端所著《悟眞篇》的一句[13]：

> 「'離'居日位翻爲女 ，'坎'配蟾宮卻是男。不會個中顚倒意，休將管見事高談。」

雖然張伯端所講的大概是內丹，但所用的卻是外丹通用的名詞。「離」可能指丹砂，「坎」可能指鉛礦；也許這兩卦是指硫磺和水銀。張伯端就這樣運用易數使他的《悟眞篇》難以惧解了。

陸、結語

以上所說的是易數與傳統科學的關係。早年傅孟眞先生所關懷的是李約瑟博士所研究中的傳統科學。易數本來和術數，例如奇門遁甲等，有更密切的關聯，但是不屬於本文範疇內，而且尙有待研究。最後，我還要提及王叔岷先生去年在這裏引伸論證傅先生生前研究《史記·莊子傳》所說的一句話。王先生說「讀古書要多存疑。讀古書往往講得通，甚至於講得好是一回事，是不是又是一回事。旣要講得通，講得好，又要是，才是我們研讀古書的正確態度。」[14] 這也是研究易數和研究傳統科學的正確態度啊！

13　《紫陽眞人悟眞篇註疏》（《道藏本》），卷4，頁6。

14　王叔岷，〈論今本莊子乃魏晉間人觀念所定〉，《臺大中文學報》，第二期，民77年11月，頁 1-8。

結構探討法在歷史研究上的時間幅度問題

管 東 貴

社會人類學（及社會學）上的結構探討法（或功能探討法）基本上只注意形成系統性運作的各個項目之間在同一時間平面上的互動及回饋關係，對於「變」的問題只是從同一時間平面上功能互動關係的變遷去作解釋，而不考慮導致這種變遷的歷史性因素；也卽傳統的結構探討法只用「現在」去解釋「現在」。這跟史學探討法之以「過去」來解釋「現在」大異其趣。

近年來，不少社會人類學家非常重視人類學跟史學的關係。他們希望能汲取史學的優點，以彌補傳統人類學上結構探討法之忽視歷史因素（或時間因素）的缺失；同時也希望史學家能汲取結構探討法的優點，以彌補傳統的歷史研究未能顧及社會現象之結構的運作對歷史形成所發生的作用。但如何融合兩者之長，則到現在還是問題。

本文作者認爲，歷史乃是由活生生的社會現象依時間順序向前運動所留下來的痕跡，它的活生生的面貌具有立體狀縱橫一體的兩個幅度。結構探討法（也卽並時探討法——synchronic method）所看到的是它的運作的「動」的活性，這是它的橫切面；而史學探討法（也卽歷時探討法——diachronic method）所看到的是它的綿延消長的「變」的活性，這是它的縱剖面。本文主旨卽欲結合結構探討法及歷史探討法爲一個理論體系；讓我們運用這樣的體系能看到歷史之活生生的縱橫一體的立體整體性運動及其變遷。

本文先論述「變」係緣「動」而生，然後論述「動」、「變」、「時」三者本爲一體的關係，由此建立「歷時回饋」的理論，進而建立並時探討法與歷時探討法合爲一體的方法論體系，並擬出具有時間幅度的結構範式（structural model）。最後本文以兩個歷史研究的實例來闡明這項理論。

一、緒　論

最近幾十年來，在社會狀況與學術視野都急速變遷的情形下，人文及社會科學中人類學與史學所受的衝擊特別顯著。這兩門原屬關係密切的學問，都面臨到轉化的命運。由於近二三十年來，越來越多的學者認爲這兩門學問相互之間有截長補短的特色，所以下面我們卽以這兩門學問的遭遇及所受的批評爲討論的起點。

在這幾十年中，人類學的發展有一種奇特的現象，就是旣興亦衰。興的一面是，人類學表現在觀念與方法上的學術特性，孕育出了幾十種人類學，如政治人類學、經

濟人類學、教育人類學、心理人類學、醫學人類學、哲學人類學、歷史人類學等等，呈現一片欣欣向榮的景象。衰的一面是，人類學原是殖民主義時代的產物，它的原始研究對象是所謂的初民社會 (Primitive society) 或初民文化。經兩次世界大戰後，交通發展迅速，原先的初民社會都將漸漸登入文明之境，所以人類學的研究對象將因此消失。一門學問失去了研究對象，它還能存在嗎？因此，有人從它衰的一面去看，認為人類學的命運要不是變為社會學中的一支，就是變為史學中的一個特殊部門[1]。人類學之變為社會學中的一支，意思是說在保持人類學原有學術特性的情形下，把研究對象由初民社會（無文字）轉向文明社會。由於人類學跟社會學有很多相似之處，所以這種轉變並不會有多大困難。人類學之變為史學中的一個特殊部門，主要是由於前輩人類學家留下來的豐富的田野調查報告最後都將成為珍貴的史料；晚輩人類學家利用這樣的「史料」從事研究，應當是很適合的。同時，在維持人類學原有學術特性的情形下，也可以把研究領域延伸到傳統史學的範圍之內。歷史人類學就學就是建立在這樣的基礎上的。

人類學的學術特性有二：一是泛文化比較研究 (Cross-culture comparison)，一是整體觀 (Holistic view)。這也是人類學中特有的一種一體兩面的研究方式，而其最後追求的則是通體一貫的理論或通則。同時這也是人類學在漸漸失去研究對象的情形下而仍能向各個學門擴散繁衍的生機所在。

二十幾年前，英國一羣對史學頗有認識的人類學家，基於對人類學前途的關懷，但又受當時人類學中結構功能論派漠視歷史、排斥史學探討法的影響，乃聯合起來以實際的研究行動來嘗試走走他們認為可行的「史學之路」。各人的研究論文完成後，趁 1966 年英國人類學家協會在愛丁堡大學舉辦年會之便，特別舉行了一次學術討論會，報告論文，交換心得。會中並邀請了一些著名的史學家參加討論。兩年 (1968)後他們的論文由 I. M. Lewis 教授彙編成書出版；Lewis 曾綜合各人的研究心得及會中意見，撰寫了一篇對人類學與史學的互補性有重要闡述的 "Introduction" 置於篇首[2]。他們的共同看法是：這兩門學問能有所互補。關於史學對人類學的增益，

---

1 參看 I. M. Lewis 撰，管東貴譯〈史學與社會人類學簡論〉，頁87上，刊於《食貨月刊》復刊 5 卷 2 期，民國64年 5 月，臺北。

Lewis 說：「史學對人類學的重大價值，在於它憑著獨有的特性（按，指史學探討法中的時間幅度），以及由它所揭露的事實資料，使人類學不可能再繼續維持對於制度的那種舊看法：認爲制度只有在保持它原有特殊結構的情形下才能繼續存在。………我相信，接受這種修正過的關於『功能』的觀念（按，指兼顧歷史因素的）是非常重要的，因爲它改進了探討制度之發生作用的方法，而這種改進了的探討法，由於它的根是生長在一種可以觀察得到的實際行爲的田地裏（歷史），所以能夠補充 Levi-Strauss 的新結構論的不足，這種新結構論幾乎完全揚棄了功能的觀念，而吊詭地陷入了一種新的『無時間性』（timelessness）的泥沼之中」[3]。引文中所說的「那種舊看法」，是指當時人類學中居主導地位的結構功能論。這種理論基本上把社會體系（Social system）給予封閉與固定（closure and fixity），認爲不如此則無法對它進行研究。同時這種理論還認爲，在一結構體系中，部分對整體之最根本的功能，在於它（部分）能使已建立的體系長久維持原樣。這種缺乏歷史變遷意識的結構功能觀，也是「無時間性」的。他們一刀兩斷把「現在」從歷史的流脈中切了下來，認爲「現在」跟「過去」無關。於是歷史就成了一層一層的「現在」堆積起來的東西，層與層之間沒有關連。這跟我們所看到所體驗到的世界顯然不符。所以有人把這種排斥歷史的結構功能論稱爲「人類學現在謬論」（the fallacy of the ethnographic present）[4]。總之，社會人類學界不但有愈來愈多的聲音要求結構功能派人類學家須顧到時間幅度，而且英國著名人類學前輩 E. E. Evans-Pritchard 教授更認爲：「（人類學界）過去曾一度放棄對歷時律（diachronic laws）的尋求，轉而去尋求並時律（synchronic laws）；但嚴格說來，歷時律的建立是檢驗並時律的效果的先決條件，這一點我想孔德（Comte）早已看出來了」[5]。

---

2 History and Social Anthropology, ed. by I. M. Lewis, 1968, London 上註拙譯卽譯自這本書的 'Introduction'。

3 見前註 1〈史學與社會人類學簡論〉，頁93下。

4 見 M. G. Smith, History and Social Anthropology, in Journal of the Royal Anthropological Institute 92, p. 77, 1962.

5 E. E. Evans-Prichard, Anthropology and History, in Essays in Social Anthropology, p. 47, by Faber and Faber Limitted, (paper covered edition), London, 1962. 按，該文原係 1961 年作者在英國 Manchester 大學的演講稿，同年以單行本刊出，1962 年收入上述論文集。

　　不過，對結構功能論的這種批評，並不能把結構功能論推翻，只是指出了它的缺點而已。所以，後來類似的批評雖不斷出現，但卻使結構功能論愈來愈完備：「目前對結構功能論持反對態度的人，基本上是批評它未顧到所研究的體系的時間幅度（或歷史幅度）。這樣的批評的確中肯，值得重視。然而從邏輯觀點看，這並不能就把結構功能論給推翻，因為本質上功能（Functionality）並不一定要跟穩定的均衡相一體，也不必從結構的及功能的觀點排除掉正常有的體系變遷（regular systemic change）。以歷史取向的社會科學／哲學————馬克司主義————大體上也是對結構與功能的研究。結構與功能的概念並非生來就含有矛盾性或排他性。一種大理論（meta-theory————general systems theory），在討論關於變項（variables）的問題時〔包括結構、諸變項在體系形成中的運動（功能）以及它們對此體系的回饋效果（具有時間幅度的功能）〕，也允許（有點像馬克司主義那樣）把結構、功能與時間性的變遷（temperal change）融合在一起」[6]。這是對結構功能論的一種開放的新看法，它把結構功能論提昇到一個新的境界。

　　根據以上的論述，我們可以看出，史學對人類學有兩方面的意義：一是，史學可以作為人類學發展的一個新天地；二是，史學研究上以時間先後順序為依據的歷時探討法（diachronic method, 按卽史學探討法）可以彌補人類學中結構探討法之不顧時間幅度的缺失，而使人類學家能看到社會現象之類於生命延續的面貌。

　　史學本身的情形又如何呢？史學是一門古老的學問。它之所以能一直保留到現在，主要是由於它能從歷史上發現各式各樣的「因果例」及「發展趨勢」，可供人借鑑，並作為行為取捨的參考。然而，近幾十年來，傳統史學卻遭到許多批評乃至漠視。關於這種情形，我在不久前發表的一篇文章中已約略提到一些[7]。現在我再作一些比較深入的說明。

　　對史學最普遍的一種批評是，史學不講究理論（指整體性的方法論體系），它

6　見 Encyclopaedia of Anthropology (ed. by David E. Hunter and Phillip Whitten, Harper and Row Publishers Inc., New York, 1976) 中的 ‘Structural-functionalism’ 條（波士頓大學 Anthony Leeds 教授撰）的最後一段。

7　見管東貴〈我對歷史與史學的看法〉，頁10，刊於《歷史月刊》2期，民國77年3月，臺北聯經出版公司。

的工作重點是觀察資料，並據以說明個別事件之所以然的因果關係[8]。這樣的研究方式，結果是把所研究的事一件一件從活生生的環境中孤立了起來，每一件事各有其所以然的理由，一百件事就有一百個理由，這些理由各不相關。於是歷史就成了一條條的各不相關的線狀體，而無法讓人看到它在實際環境中的活生生的面貌。

另外，同樣值得注意的是，人類學中結構功能論的興起，也跟對史學探討法的不滿有關。人類學跟史學原有密切的關係。早期人類學中進化論派跟傳播論派的研究，基本上卽是採用以時間先後順序爲依據的歷史探討法。後來有些人類學家對人類學中這兩個支派的研究方式，提出了嚴厲的批評，認爲這兩派人的研究都只有一些點點滴滴的事實爲根據，在這些點點滴滴的事實之間的空隙要靠「臆測的歷史」(conjectural history) 去填補。這樣的知識，論據旣不完整，又如何能幫助我們去認識「現在」呢？所以他們認爲「對『現在』只有依據它本身當時的結構才能瞭解，一個整體之各部分的有機互依性乃是構成該整體的重要因素，它的每個部分都各盡本身的功能以維持其整體的整合性 (integraty of the whole)」[9]。這就是人類學上所謂的用「現在」來解釋「現在」。由此可以明瞭，人類學中結構功能論的興起乃是針對著進化論派及傳播論派之採用歷史探討法（也卽用「過去」來解釋「現在」）的一種反動。結構功能論興起後之能成爲人類學發展史中的一股潮流，必然有它的道理在。他們對歷史探討法的批評雖然是針對進化論與傳播論而發的，但也同樣是對史學的批評。所以，結構功能論之能成爲一股潮流，卽顯示了史學確有缺失。史學的主要缺失究竟在哪裏？Evans-Pritchard 教授認爲，史學之有許多困頓，並非史學本身有甚麼問題，而是由於它沒有把人類學上的結構探討法充分地運用到歷史研究上去的緣故。他說：「只有瞭解現在 (the present) 的歷史學家才能瞭解過去 (the past)」[10]。所謂瞭解「現在」，指的就是結構功能的運作。這是十分中肯的批評。

另外，還有兩個支節性的問題須要澄清：一是「臆測史」的問題，一是「選項孤

8　見前註1〈史學與社會人類學簡論〉，頁83下-84上。

9　同上，頁85。

10　見前註5，p. 61。按，Evans-Pritchard 所說的「現在」卽指同一時間平面上結構功能的互動關係。

立」的問題。

先說關於「臆測史」的問題。史學研究上的資料取用，跟人類學或社會學（下同）研究上的情形很不一樣。人類學家所需的資料可以親自直接從田野調查中獲得。史學家卻沒有這樣的方便。他無法「親臨其境」。所以史學家只能取用留傳下來的有限的文獻與文物。這是歷時探討法在工作上的一種特性。由於人類學家沒有資料上的問題，所以他們只須從「事實」去看「事理」。但史學家有時卻須先從「事實」去看「事理」，然後根據這些已知的「事實」與「事理」，運用反覆交互驗證的方法，再去尋找所要知道而未留下直接記載的「情狀」。這種據已知推未知的研究方式，非獨史學上用到，人文社會科學中的其他許多學科乃至自然科學中也會用到[11]。所以，「臆測史」的問題理論上說應不存在（參下）。

關於「選項孤立」的問題。如果說傳統史學的探討法會把所探討的事項從活生生的功能互動的環境中孤立起來，則人類學上沒有時間深度的結構功能探討法也同樣會把所探討的事項從活生生的變遷脈絡中孤立或割裂開來。「選項」（選定研究的事項）在活生生的環境中的「活性」本來就有縱橫兩個幅度：史學家著眼的是「選項」在不同時間上的綿延消長，由此去發現它的變的活性；結構功能派人類學家（或社會學家，下同）著眼的是它跟其他「項」之間的互動關係，由互動關係的連鎖展開去發現它的運作體系的動的活性。這樣當然不必去考慮它的時間幅度，因為他們觀察的只是動不是變。所以這兩種探討方式（從時間的觀點說即是歷時探討法與並時探討法）屬性各異。從歷史整體的觀點看，前者（史學）所看到的是這個整體的縱剖面，後者所看到的是它的橫切面。兩者各有所偏，但卻是一體的兩個相。真正要認識它活生生的面貌，則兩者缺一不可；而史學跟結構功能派人類學之間的互補性也由此清楚地體現。所以 Evans-Pritchard 教授既說：「歷時律的建立是檢驗並時律的效果的先決條件」，又說：「只有瞭解現在的歷史學家才能瞭解過去」（見前註5及註10處）。另外，英國著名史學家 E. H. Carr 教授也說：「史學變得愈接近社會學，而社會學也變得愈

11　自然科學中自然史的研究（如對恐龍生活史的研究），跟社會文化史的研究情形很相類似；又如登陸月球前對月球狀況的正確判斷，也屬此類。僅時、空轉移不同而已。

接近史學，則對兩者都有好處」[12]。從這些話上可以看出，他們對社會及其歷史的立體整體性關連都已有了認識。

歷史之有結構的徵性，法國年鑑學派也已看出。他們在研究上所強調的「長時期歷史」，所要瞭解的主要即是歷史的結構徵性[13]。但他們所持的卻是法國結構人類學創建人 Levi-Strauss 的無時性結構觀[14]。持這種結構觀的人去看歷史時，認爲歷史上無時性的結構是持續地隱藏於人們心靈與社會深處而支配歷史的根本力量。正由於它是持續不變地隱藏於人們心靈與社會深處，所以要從長時期變遷的歷史中才能看出這種不變的成分來。本文並不反對這種看法。但歷史並非盡在於此，而本文旨趣也不在此。相反地，本文旨趣在認識歷史爲甚麼一直在變，是不是也可以從結構的觀點來認識這種變。Levi-Strauss 教授在《結構人類學》一書中論到他對史學的看法時，認爲人類學與史學是奔跑在同一條路上而旨趣不同的兩門學問。他又以羅馬神話中的兩面神 Janus 作比喩，認爲 Janus 的兩張不同的方向面孔可以看到同一條路的兩端。他的意思是，在追求認識人類社會的共同道路上 Janus 的兩張不同方向的臉：一張代表結構人類學，它注視「不變」的一方；另一張代表歷史學，它注視「變遷」的一方（參下註 20、21、22 處）。年鑑學派重視「不變」的一方，所以採用 Levi-Strauss 的無時性結構觀。本文重視「變遷」的一方，所以採用新功能派人類學家的結構功能觀，並使之融合時間幅度，以便於觀察結構性歷史的變遷之所以然。所以本文的著眼點即跟年鑑學派的不相同。關於結構跟時間的關係的問題，本文有不同看法。

如何從縱橫兩個切面去解剖歷史、去認識它的活生生的面貌？這是最近幾十年來人文社會科學界普遍關切的問題，也是史學家無法不接受的挑戰。社會科學家在結構功能方面的研究已做出了良好的貢獻；如何在傳統史學及現代社會科學的基礎上把這片史學新天地開拓出來，史學家應該承擔一份責任。然而，史學工作者面臨的問題是：如何把歷時探討法跟並時探討法結合爲一個方法論體系？有沒有歷史實例可用來闡

---

12 見 E.H. Carr, What Is History, p. 84 Vintage Books (A Division of Random House), New York, 1961.

13 參看 Fernand Braudel, On History, p. 31, 74-76, 93, translated by Sarah Mathews, 1980, University of Chicago。按原文第一版於 1969 年在法國巴黎出版。

14 同上，On History, p. 71-72, 74-76, 208-209.

明這一體系？本文主旨卽是想對這些問題提供一點意見。

二、歷史結構範式解析————理想與實際

歷史現象就是已經過去了的社會現象。這是從結構功能的觀點去看歷史的一個最基本的看法，它可以讓我們把歷史學跟社會人類學在這個「共同對象」的基礎上結合起來。爲了說明上的方便，下面我們先用一個圖來表示歷史的形成。

圖一、歷史形成示意圖 [15]

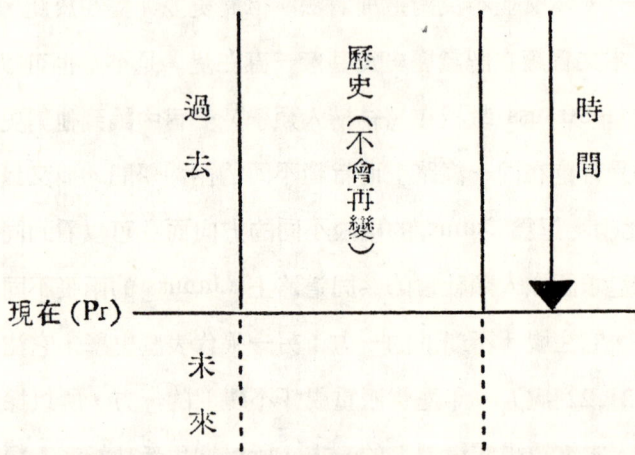

由這個示意圖上，我們可以理解到，歷史是由「現在」（活生生的社會現象）向前運動所留下來的痕跡；同時它也是已經過去了的社會現象的一個變遷（或發展）過程，它不會再變了。史學研究的主要工作卽是要認識這個已經過去了而不會再變的變遷過程及其所以然的道理。研究歷史的人去解剖歷史，就像研究醫學的人去解剖屍體；解剖屍體並非只爲認識殭屍，而是爲了要藉解剖殭屍來認識它活生生時的「活性」。歷史學家之解剖歷史，意義也是一樣。

從社會學的觀點看，「現在」（從縱切的觀點看是 Pr 線；從橫切的觀點看則是 Pr 面，卽橫切面）固然是指活生生的社會現象，然而若從史學的觀點看，則它是代表歷史的一個「橫切面」：它是研究歷史的人選定所要研究的問題的時間指標。但這

15　我在〈我對歷史與史學的看法〉（見前註 7）一文中已用到這個圖，並有詳細說明，請參看。現在在這裏只作一些跟本文有關的說明。

個「橫切面」就理論的觀點看，它（「現在」）是「過去」跟「未來」之間的一個交接面；「面」是沒有厚度的，所以它雖是時間的指標，卻沒有時間的深度。而社會現象之一切活生生的面貌卻又是「活」在這個沒有時間深度而又從不停息地運動的「橫切面」上。這也就是說，史學家所要研究的歷史變遷過程中的「變」是在這個沒有時間深度，但卻實實在在的「橫切面」上發生的。因爲過去了的事是不會再變的，而「未來」卻是「虛」的。所以它的「變」，一定是肇端於這沒有時間深度的橫切面——「現在」上面（下面會有討論）。認識它的這種「寓有於無」的特性，對史學家以及對社會學家都是由認識活生生的社會進到認識活生生的歷史的一個非常重要的理論認知上的起點，因爲一切事情的「變」及其「延續」的活性都寄託在這個既實在又虛無的「面」的動態上。歷史之有縱橫一體的整體性關係，其基礎即在此。所以這個「面」眞可以說它是「玄之又玄，衆妙之門」。Evans-Pritchard 教授所說的「只有瞭解現在的歷史學家才能瞭解過去」（見前註10處），道理應是一樣的。

社會是由一羣有相互連帶關係的人組成的。其中，人與人（個人或團體）之間及事與事（個人的或團體的）之間的互動，形成了一幅龐大而又複雜的「互動關係網」。上面所說的「橫切面」所切出的主要就是這個「互動關係網」。它雖然龐大而複雜，但卻有系統性。就像複雜的人體是由好些大系統（如消化系統、循環系統、呼吸系統之類）和小系統以及系統中的系統所組成；而系統與系統之間又有其一定的互動關係，因而整個人體也成爲一個完整的大系統。理論上說，這個「互動關係網」是牽一髮動全身的。這就是社會之所以具有整體性的基本原因，也是社會結構的基礎[16]。在這個「互動關係網」上的任何一「點」（單位化的「事」，如一項行爲、一個組織、一種制度等等），它的存在與運動（也就是它的「活性」），固然是取決它在這一互動關係網上的功能；但它的解體以及它跟其他「點」的組合與分離等「變遷」（卽後續運動）卻受限於這一「互動關係網」之所以形成的歷史背景，這就是所謂的「傳統」

---

16 參看 A. R. Radcliffe-Brown, Structure and Function in Primitive Society (Cohen and West LTD, London, 1952)，第十章 'On Social Structure', p. 190; ；另參 Alfred Schmidt 原著，Jeffrey Herf 英譯 History and Sturcture (MIT Press, Cambridge, paperback printing, 1983; 按原著於 1971 年在 Munich 出版)，p. 67 引 Antonio Gramsci 對結構的看法。

[17]。再從整體的觀點看，則橫切面上的互動關係網的變遷，也是受限於這一互動關係網之所以形成的歷史背景。所以歷史的縱橫之間具有立體整體性的關係。這也就是歷史依結構性運動的方式向前演變的根本原因。對這種立體整體性的社會現象，社會人類學家著眼於橫切面上的「互動關係」，而傳統的史學研究卻是著眼於它的「形成過程」。根據我們在上章「緒論」中的論說，現在我們要認識的是：橫切面上的「互動關係」跟它的「形成過程」的立體整體性運動，也就是歷史的結構性運動（含變遷）。

　　現在，我們必須對「結構」一詞作一簡單的說明。「結構」是最近半個世紀來，人文社會科學中廣爲採用的一個觀念；但作爲一個術語，其含義在各學科中卻不盡相同，這在一般著名的專科辭典上卽可看到[18]。另外，我們再舉幾位不同學科的人的說法看。法國結構人類學創建人 Claude Levi-Strauss 在《結構人類學》一書中，討論到「結構」是甚麼時，他說：「『社會結構』（Social Structure）這名詞跟實際經驗並沒有關係；但卻是由實際經驗所建立的『範式』（Models）。說到這裏，我們必須對兩個密切相關而易於混淆的『概念』（Concepts）予以澄清，那就是所謂的『社會結構』與『社會關係』（Social relations）。我們可以這樣說，社會關係包含的是原料（raw materials），而社會結構卽是由這些原料加工而得的範式，但千萬別把社會結構降格爲一個社會之社會關係的集合體（ensemble）………然而，甚麼樣的範式才能稱得上是『結構』呢？這並不是一個人類學上的問題，而是屬於一般科學的方法論上的問題。準此，則我們可以說，具備下面幾項條件的範式卽是結構：一、結構呈現

17　婚喪禮俗是這種情形在日常生活中最常見的例子。

18　「結構」（Structure）是指一種整體運作的系統。但甚麼是「結構」，則各學科間乃至同學科中之不同學者間頗有紛歧。請參看：Dictionary of the History of Ideas (Philip P. Wiener 主編，1973 年紐約 Charlers Scribner's Sons 公司出版) 中的 Structuralism 條 (Peter Caws 撰); International Encyclopedia of the Social Sciences (David L. Sill[s] 主編，紐約 Crowell Collier and MacMillan 公司 1968 年版) 中的 Functional Analysi[s] 條 (Marion J. Levy Jr. 和 Francesca M. Cancian 合撰)；及前揭 Encyclopaedia of Anthropology 中的 Structural-functionalism （波士頓大學 Anthony Leeds 教授撰）及 Structuralism （俄亥俄州立大學 Henry Schwatz 教授撰）兩條。另請參看 J.M. Broekman （比利時哲學家）著，李幼燕譯《結構主義》第一章第二節〈「結構」的概念〉，臺北谷風出版社，民國76年 8 月。

出系統的特徵。它由好些要素 (elements) 組成，其中任何一個要素的變化都會影響其他所有各要素相應發生變化。二、對任何一種設定的範式，都應該有可能排列出一系列的變體 (a series of transformations)，而成爲同一類型的一組範式。三、根據一個範式的上述特性，可以預測出：當它的一個或幾個要素受到改變時，這範式將會出現怎樣的反應。四、定範式時應做到使所有被觀察的事都可以立即被理解」[19]。

其次我們看瑞士結構主義實驗心理學家 Jean Piaget 的看法。他認爲：「『結構』的認知 (notion) 包含三個關鍵性觀念 (ideas)：整體 (Wholeness)，轉換 (tansformation)，和自調 (Self-regulation)」[20]。其實，這也就是說，「結構」皆具有這樣三種特性。

最後我們再看兩位社會學家的看法。 Lewis A. Coser 和 Bernard Rosenberg 兩位在所編《社會學理論》一書第十五章〈結構與功能〉頭一段簡介性文字中，認爲「結構」與「功能」兩辭，應分別作說明，才能較確切地闡明「結構功能」探討法 (Structural-functional approach) 的含義：「依據他們（按，指結構功能論派社會學家）一般的用法，『結構』是指相對地穩定而有定型關係的一組社會單位 (Social units)；至於『功能』，他們認爲是指那些能使一個設定的結構或其組成部份發生適應或調適作用的社會活動。換言之，『結構』是指具有相對地持久性的『模式』(patterns) 的系統，而『功能』則是指這一結構內部的運動過程」[21]。

由上面引到的這些說法，我們已可約略看出，對「結構」之所指尚無一明確的定說。直到現在，情形依然如此。不過我們卻也不難從上面的那些說法中理解到：「結構」應是屬於原理層次，而比較穩定地整體運作的一個系統。本文即是在這樣的理解

---

19 見 Structural Anthropology, pp. 279-280, Claire Jacobson 及 Brooke Grundfest Schoepf 合譯， Basic Books Inc.， New York, London, 1963.。本文引用，據此英譯本。

20 見所著 Structuralism, p. 5,，該書原由法國大學出版社在巴黎於年 1968 出版，英譯本（譯者 Chaniah Maschler）於 1971 年由倫敦 Routlege and Kegan Paul 公司出版。其中第一章第一節即專門討論定義問題，二、三、四節討論關於「整體」、「轉換」和「自調」的問題，因文字太長，不細引。另請參看：倪連生〈關於皮亞杰的結構主義〉，刊於《結構的時代——結構主義論析》，臺北，谷風出版社，民國77年 3 月三版。

21 見 Lewis A Coser 和 Bernard Rosenberg 合編 Sociological Theory—A Book of Readings (1964年，第二版) 一書的第十五章 Structure and Function，頁615。

下展開討論的。 Levi-Strauss 所說的「原料」與由原料加工而得的「範式」，兩者間應是由「現象」層次到抽象的「原理」層次的一個序列空間。加工的深淺卽可決定所定「範式」在這個序列空間中的地位。照這樣看，則 L. A. Coser 和 B. Rosenbersg 兩位社會學家所說的「社會單位」應是指由原料加工而成的屬於運作原理層次的「單位」（也可稱爲項目或變項，Levi-Strauss 稱之爲要素）。也許正由於由「原料」到「範式」之間是一個序列空間，在這序列空間中容有不同程度的加工，而接近愈高的原理層次的「範式」其持久性也愈高，所以對「結構」會有不同的看法。至於由哪些社會單位形成結構上的「一組」？（按，指功能運作系統或範式）這要靠研究的人循互動關係的線索，用論證的方式去發現。

研究社會現象的人常常會覺得，社會太複雜，而且變動不止，對這樣的東西進行研究時，除了用靜態的範式（Static Models）外，無法用其他的方式去表達。然而，我們現在要面對的卻是一個比目見的社會現象更龐大更複雜的立體整體性的社會現象——歷史的結構性運動。我們該如何入手？認識社會，若僅止於認識社會單位的功能在平面狀態下（無時性）的運作，那只能看到它機械式的「動」。歷史學家卻還要進一步從這機械式的「動」中看出它的另一活性「變」來。根據我們對圖一所示歷史形成過程的認識，歷史是「現在」向前運動所留下來的痕跡，它的「活性」完全在「現在」這一橫切面上。然而，在「現在」這一橫切面上只能有橫向的「動」，所以「變」必是緣「動」而生。橫向的「動」乃是「組合」（參下註 29 按語）。「組合」必致「變」，所以「動」與「變」是一體的。「變」則體現出「時間」，因爲「變」必須由先後對比的差異才能顯出來；因此，「變」與「時間」也是一體的。所以，從史學的觀點上看，「動」、「變」、「時」三者根本是一體的。依據歷史形成的這一特性，我們就不難有所入手之處了。我認爲這可以按照點、線、面、體的順序，由無時性運作轉入有時性運作，而有時性運作所體現的就是「變」：由點到線是互動關係；由線到面卽進入無時性的結構運作（卽 Pr 橫切面上所可顯示的）；由面到體，卽由無時性轉入有時性的結構運作。在這裏我們須要採用一個新的術語——歷時回饋。結構的並時運作經由歷時回饋而成結構的歷時運作，也卽所要探討的問題在歷史演變上的結構性運動。關於這種情形，我們可以拿鐘錶的運作情形爲比喻來作說明。

　　我們知道，古時候有「日晷」、「沙漏」或「水漏」之類的計時器，大約自十五世紀開始才出現鐘，至近代才又出現錶。現在我們以鐘錶為例。時鐘是指錶發明以前，體積旣重又大，不能隨身攜帶的計時器。錶則是指繼時鐘之後發明的一種輕便而可以隨時隨身攜帶的一種計時器；先有以發條為動力（仿自時鐘）的錶，晚近則又有電子錶及石英錶。鐘與錶不僅外觀大不相同，機件、使用效能及精確度也均大大不同。但從機械原理的觀點上看，由時鐘到石英錶或電子錶，其形態雖有很大的變化，但它的屬於原理層次的機械性結構則完全沒有改變，它們都是由四個部份所形成：動力裝置（發條或電力）、傳動裝置、節律裝置（例如擺）和指時裝置。動力裝置提供動力，經傳動裝置，再經節律裝置，然後由指時裝置顯示出準確的時間。由鐘到錶「結構」未變的這種情形，表明了「結構」的相對穩定性。而由「日晷」或「沙漏」或「水漏」到鐘錶，則是一大革命，因為原理不同。

　　不過，單就鐘錶結構的四個部份來說，雖然它已完備，但它還只是一堆金屬，它還沒有如社會之有類似生命現象的「活」性。因為當它的發條鬆了或電池耗盡的時候，它作為一個鐘或錶的功能就沒有了。它的「活」性在哪裏？在它跟「人」的關係的功能上。鐘錶的指時是指給「人」用；它的動力是靠「人」給的。所以，要使它有「活」性，在它的機械部份之外，還要加上「人」這一項。這樣，它才有結構上的生

圖二、人與鐘錶結構功能運作關係示意圖

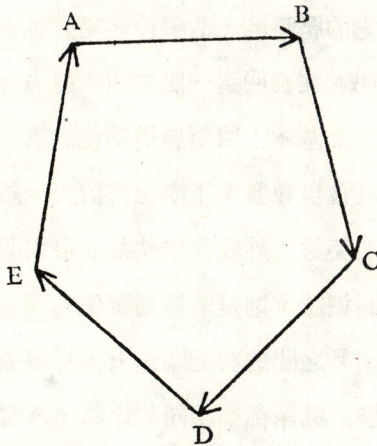

生不息的「活」性。這時候，人跟機械性的鐘錶在具有活性的結構上結爲一體；而且
純從結構運作的觀點看，人跟鐘錶機械的四個部份中的任何一個的地位是一樣的，都
是維持這一結構具有活性運作的一環。如果我們用「Ａ」代表人，「Ｂ」代表動力裝
置，「Ｃ」代表傳動裝置，「Ｄ」代表節律裝置，「Ｅ」代表指時裝置，則這一完整
的具有活性的結構體的運作情形如圖二。

　　「Ａ」的功能在維持「Ｂ」的動力；「Ｂ」的功能在提供動力；「Ｃ」的功能在
把動力傳給「Ｄ」；「Ｄ」的功能在把所受動力作規律性的釋放；「Ｅ」的功能在把
「Ｄ」規律性地釋放的動力顯示出來，成爲所謂的時間，使Ａ採取行動（作息及補充
Ｂ的動力等。在作息方面，如果Ａ是在潛艇上作長期潛航的人，則Ｅ跟Ａ的關係特別
淸楚。在補充動力方面，如果Ａ是用發條錶的人，每晚十二時睡覺，則睡前要加發
條。如用的是自動錶或使用電池的錶，則Ａ對Ｂ補充動力的方式不同而已，功能關係
是一樣的）。上面所說的功能，是一種依存關係，也是一種促動關係。這一結構，
自Ａ有了錶用，就開始形成。它的運作之所以成爲循環形，乃是由於「回饋」所致
（按，「回饋」是結構運作的一項特色，這一觀念爲傳統史學所無）；這也是它自成
體系而生生不息的原因所在。

　　圖二所示結構的運作情形，從圖一上看，即 Pr 橫切面上所能看到的情形。然
而，這種情形只顯示了Ａ、Ｂ、Ｃ、Ｄ、Ｅ之間的「促動」關係（也即前面所說的並
時橫向的「活」性）；至於它的「變」的情形（也即它的歷時縱向的「活」性）則無
法從圖二上看出來。如何把它的歷時的「活」性（變）也表現出來（也即從無時性轉
爲有時性）？這還要再作說明。在說明這一點之前，另有一點須先作說明，即：對於
「結構」的穩定性的問題，本文基本上跟新結構功能論者的看法相同——結構都是相
當穩定的，即使體現結構的社會現象發生了變化或消失，結構未必發生變化。例如由
時鐘到傳統手錶，再到電子石英錶，外表及機件都有很大的改變，但結構並沒有變。
但由日晷到水漏或沙漏，再到鐘錶，則是結構的變化。

　　在圖二Ａ、Ｂ、Ｃ、Ｄ、Ｅ之間的功能關係上，每個項目的地位固然一樣，但每
個項目的屬性及其跟四週環境的關係卻不相同。比如，Ａ會鬧情緒，他也可能因喝醉
酒無法加發條；如果有人代他加發條，則原有的結構運作尚可繼續維持（鐘換零件也

屬此情形）；如果沒有人代他加發條，就會導致停擺，這是一種「變」（由動到不動）。不過，這是不正常現象，不宜作爲討論的事項。在圖二中，若爲發條式的鐘錶，則在正常情形下其最足以表現「變」的一項是節律裝置中的擺軸；若爲電池式鐘錶，則是動力裝置——電池。今以「擺」爲例來說明。「擺」在剛出廠時最能提供準確的節律，使顯時準確。但它每擺動一次，就磨損一點。擺動一次磨損的程度，對顯時的準確性，憑人的感官無法看出來。但它從最新最準確，到磨損得不能再擺動，只是一個過程，像生命之由初生到死亡。換句話說，它每擺動一次就產生了「n 分之一」的「變」，同時也喪失了它 n 分之一的準確性。這是體現這一結構的實體在正常情形下各個項目盡其功能的自然現象。其實每個項目都如此，只是沒有像「擺」表現得那樣明顯而已。這種正常運作就是趨向不能運作的「變」的發展現象，也符合從辨證

圖三、結構運作歷時回饋示意圖

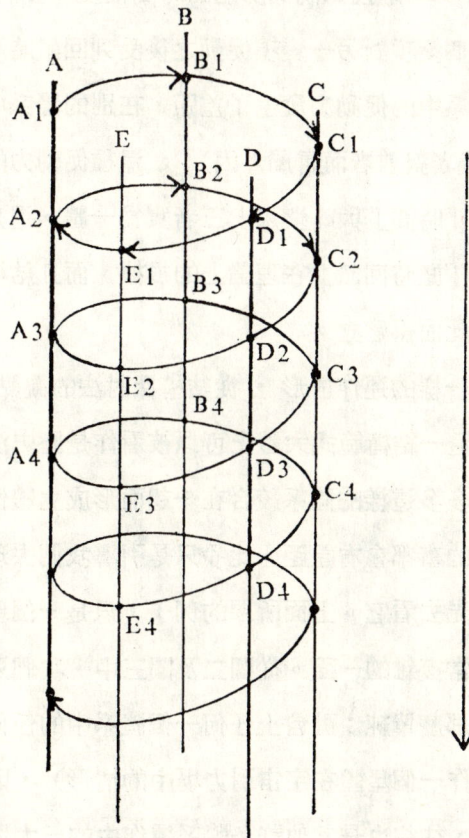

的觀點（內在矛盾及質量之變）上看所看到的發展。所以它應是正確地表現出了這一結構運作本身的自然狀態。認識了它的這種情形，我們就可以把它從無時性轉入有時性，而表現出它的歷時的「活」性來。仍依圖二的結構用圖三表示。

由 A1 至 A2 表示一次作息或上發條的運作週期所需的時間，由 A2 到 A3 表示下一次作息或上發條的運作週期所需的時間。由 D1 到 D2，由 D2 到 D3，也是這一運作週期所需的時間；而這也是它在這一運作週期中的磨損程度及喪失準確性的程度。從圖三上我們還可以看到，回饋是有時差的。這一情形，我稱之爲「歷時回饋」。這種時差，在機械式的運作中（如圖三之 B、C、D、E 之間）不容易看出來。其實它並非只體現於運作一周之後，每一變項對另一變項的促動，都會有時差。因爲社會上凡須由「人」去推動的事，每一步都要時間：價值考量須時，空間傳遞須時，社會適應須時等等。這也就是前引 Anthony Leeds 教授所說的 「具有時間幅度的功能」（見前註 6 處）。但 Leeds 教授只說到功能的時間幅度，沒有進一步找出它跟「變」的關係來。事實上，每個變項對另一變項促動之後受到回饋時，促動力已有差別。而且它不僅在這一運作體系中的促動力發生了差距，在別的體系中也可能受影響而發生差別（前者屬內因，後者對前者而言屬外因）。這種促動力的差別就是「變」的原因。這表明「互動」、「時間」與「變遷」三者實爲一體。這是很重要的一點認識。在這裏我們不但找到了「歷時回饋」在理論上的根據，而且結構探討法運用在歷史研究上的理論體系也是由此而得建立。

圖三那種像螺旋體一樣的運作情形，從結構探討法的觀點看，就是結構範式（structural model）。這一結構範式大體上可以被看作是歷史演變的基本模型。換句話說，歷史就是由許許多多這樣的體系絞合在一起而形成立體性整體的。

任何比喻，跟所比的事都會有差距。比喻只是引導我們去理解真實事情的工具，我們不能用太死板的眼光去看它。上面所舉的例子，只是一個理想型態；實際的社會現象及歷史現象還有非常複雜的一面。從圖二及圖三中，我們只看到 A 跟 B、E 有關係。但社會現象決不是那麼單純；社會上任何一個體系中的任何一個單位都跟四面八方有關聯（可把它想像作一個星體在宇宙引力場中的情形），因爲我們所研究的結構體系中的某個「單位」，往往也是其他許多體系運作中的一大環或一小環。所以，社

會上任何一個「單位」的變動，都會對四面八方相關的部份發生影響。反過來看，任何一個社會體系中的任何一個單位的變化，都不只是在這一個體系中運作的結果；它在這一體系中若是「消」，在另一體系中卻可能是「長」。所以它的變是它在所有各個體系運作中的變的總和。而現實社會與歷史就是由於有這樣的關聯而絞合在一起。正因為社會與歷史有這樣的複雜性，所以只有從認識它單純性的體系入手，才能進入到認識它複雜性的整體。

三、結構探討法的歷史解析例

在本文「緒論」中，我們曾經說到，早期人類學中的進化論派及傳播論派在研究方法上採用的就是歷史探討法（歷時探討法）。後來由於有人認為這種探討法有嚴重的缺點，因而發展出了結構功能探討法（並時探討法）。單就事理上看，當時的社會人類學家就可以融合這兩種探討法，對社會現象及其歷史作縱橫一體的研究。他們沒有朝這樣的方向發展，可能有兩方面的原因：一是他們對歷史探討法採取排斥的態度，只看到它的缺點，沒有看到它的優點；二是他們對歷史缺乏深入的實際研究經驗，以致阻斷了他們朝融合方向去發展的意念。1958 年，Levi-Strauss 教授發表《結構人類學》一書。他在第一章〈緒論：史學與人類學〉（Introduction: History and Anthropology）中雖沒有表示排斥史學，但卻自始至終反覆論述並強調史學與人類學的差別；他認為這是兩門志趣（oriention）不同的學問。他說：「這也許是並不正確的看法：奔馳在瞭解人的路途上（奔馳的方式是從研究自覺的東西到認識其不自覺的各個方面），史學家與人類學家是各自朝著相反的方向（opposite directions）奔跑。然而他們卻是在同一條路上。但是儘管他們在同一條路上，他們卻各有不同的前景……歷史學家是從明顯處（the explicit）到隱晦處（the implicit），人類學家是從特殊處（the particular）到普同處（the universal）……絲毫沒有更換過各自為求瞭解人的原有基本路向（譯按，意卽彼此的學術領域分明，從未混淆）。他們是在同一條路上作同樣的旅程；只是志趣不同而已。……他們真是像有兩張不同方向的面孔的門神 Janus，這兩門學問的這種一體兩面性，使得他能把整條路都置於視野之內」[22]。在這一章的最後一段他又說：「到目前為止，已由古代傳統及目前的需求證明，分工

---

22 同前 Structural Anthropology, p. 24；另參 pp. 1-2, 16, 17, 18.

（譯按，指史學與人類學對認識人的學術研究分工）已對分辨在理論方面和事實方面都混淆了的差別，作出了貢獻；同時也由此使人類學從史學中劃分出來（界線不盡妥當），作出了貢獻。如果人類學跟史學一旦合起來（collaborate）研究當代社會，那將明顯地成爲：一門學問沒有另外一門學問的幫助將一無所成」[23]。從 Levi-Strauss 教授的這兩段話中已可看出，他雖然不像先前功能派人類學家那樣排斥史學，但他強調這兩門學問的差別並力求在這兩門學問之間劃清界線，則表示他仍沒有注意到這兩門學問對認識社會的立體整體性的互補關係（按，Levi-Strauss 以 Janus 比喻這兩門學問，並不表示他認爲這兩門學問有互補關係。他只是表示歷史學研究過去，人類學研究現在；至於過去跟現在有沒有關係，他沒有說。在他看來，研究過去並非爲解釋現在，只是從另一方面去認識人：過去的人與現在的人，有相同的心靈結構）。所以他對史學跟人類學的相融性也持否定的看法。總之，他沒有站在認識社會客體的超學門立場去看事情，他只是站在結構人類學的觀點去看史學。三年後（1961年）Evans-Pritchard 教授以〈人類學與史學〉爲題，在曼徹斯特大學發表演講（見前註 5），對 Levi-Strauss 的看法不表贊同（見下引）。不過，他也批評人類學家之持一面倒的史學傾向。他說：「Maitland 曾說過，人類學必須在成爲史學與一無所有之間作一選擇。依據我在前面的論述，我贊同他的意見；不過只有在這樣的條件下我才贊同他的意見，就是他的這句話也可以倒過來說——史學在必須成爲人類學與一無所有之間作一選擇。我想 Maitland 也可能會接受我的意見。可笑的是，他在同一篇論文〈實體政治〉（The Body Politic）中，談到孔德（Comte）所論社會現象的互依性時，他說：『在我看來，瞭解孔德所論內容的人不是社會學家，而是史學家』。因此，我贊同 Levi-Strauss 教授的意見，如果他沒有在史學跟社會人類學之間這樣一刀兩斷地裁然劃分界線的話，他（在《結構人類學》第一章中）總結地認爲，這是兩門不能融合（indissociable）的學問」[24]。Evans-Pritchard 教授這篇演講的主要論旨卽在闡明：過去跟現在的關係，這兩門學問的同異長短及其相通相輔之處，它們之間不能劃分涇渭分明的界線。他同時認爲，歷史學家可以成爲人類學家，人類學

23　同上，p. 25.
24　見前註 5, Anthropology and History, pp. 64-65.

家也可以成爲歷史學家。[25] 不過，他這話的意思只是說，人類學家有史學修養會有好處，史學家有人類學修養也會有好處[26]。至於如何融合這兩門學問的特點來對社會及其歷史作立體整體性的認識，他認爲還有困難。他說：「雖然人類學家和歷史學家研究的可能是相同的事實 (same facts)，但他們對事實的運用及所求目的卻不相同；人類學家研究一個社會的過去只是想發現他所探討的現在 (the present) 在過去一段很長的時間裏是否爲一種經常有的事徵 (constant feature) 而藉以肯定他所設想的某種相關 (some correlation) 是建立在互相依存的事實上，並藉以確知某種社會運動是否一再發生等等；他並不是想藉那些前事及其來源來解釋現在。這是一個複雜的問題。Ferdinand de Saussure （譯按，瑞士結構語言學先驅）在討論並時語言跟歷時語言 (Synchronic language and diachronic language) 之間的差別（大致是關於文法與音韻學之間的問題）時就曾遭遇到這樣的難題。我想，Sychronic 與 diachronic 兩詞就是從他開始介紹到英國人類學中來的。我還要特別再說明白的一點是，我相信功能論派用現在來解釋現在的方式跟史學上用過去來解釋現在的方式必定會有某種結合的方式出現，不過直到現在我們還沒有看到令人滿意的這種結合」[27]。五年後 (1966 年)，英國的一羣人類學家在愛丁堡大學開會討論社會人類學跟史學的關係時，雖然他們提出了幾篇研究歷史問題的論文，但他們的研究仍然只是從社會人類學的觀點與方法去處理歷史上個別的問題而已；他們雖已有社會現象及其歷史縱橫一體的立體觀，但在方法上仍然沒有建立歷時與並時縱橫一體的體系。[28] 爲什麼？這可能仍然是由於他們對歷史缺乏深入的實際研究經驗，而又無法突破人類學上傳統的結構均衡與穩定以及並時回饋等觀念上的局限所致。幾年後，美國 Anthony Leeds 教授對於功能的時間幅度的問題提出了簡單而有創發性的看法。他說：「一種大理論 (metatheory———general system theory) 在討論關於變項的問題時〔包括結構、諸變項在體系形成中的運動（功能）以及它們對此體系的回饋效果（具有時間幅度的功

25　同上，pp. 57-58.

26　同上，p. 61.

27　同上，pp. 61-62.

28　參前註 2 History and Social Anthropology.

能）〕，也允許把結構、功能與時間性變遷融合在一起」（見前註6處）。Leeds教授的這句話雖然只是一種簡單的看法，但對並時的互動與歷時的變遷結合的問題，比Evans-Pritchard教授的看法又更推進了一步。他認爲結構功能的運作是在具有時間幅度的情形下進行的。他的這種看法突破了傳統的結構功能論之以並時運作爲限的格局。另外，社會學家Seymour Martin Lipset教授，從辨證的觀點，也對於均衡、穩定與變遷的性質與關係提出了新的看法。他認爲：功能的運作雖然通常是均衡的，但社會的內在矛盾往往使這種均衡變動不居，因而是一種動態的均衡（moving equilibrium）；均衡的變遷往往有累積性，社會結構卽因是而變[29]。這些意見對結構探討法之融入時間都有積極的推進作用。本文在上面一章關於歷史結構範式的理論體系卽是以上面好幾位人類學家及社會學家的看法爲基礎而建立的。

然而，進一步的問題是，依本文的理論體系所獲得的結構範式能否落實？這就要靠研究實例來支持了。這項工作可能也只有專門研究歷史的人才比較容易做到。

近十幾年來，我已發表的一些歷史研究的論文可以用來作這方面的說明。這些論文包括兩項研究：一是漢初經略北疆的國力結構問題[30]，二是滿族入主中國後無法避

29　見 Serymour Martin Lipset, Social Structure and Social Change, 第一章 Functionalist Analysis of Social Change, 該文刊於 Approaches to the Study of Social Structure, ed. by Peter M. Blau, The Free Press, N.Y., 1975. 按，Lipset 教授從辨證的觀點所看到的情形，跟本文從圖一 Pr 線（「現在」）上所看到的「變」係緣「動」而生的情形，據初步的理解，應是一體的。因爲 Pr 線上的「動」只是橫向的「動」，這種「動」就是「組合」，也卽「要素」與「要素」或「單位」與「單位」的「組合」。「組合」必引起正、反各方面的反應作用；有正面及反面的作用卽是矛盾。

30　主要包括七篇論文，以發表先後爲序：(1)〈漢代的屯田與開邊〉，刊於中央研究院《歷史語言研究所集刊》（以下簡稱：中研院《史語所集刊》）第五十四本第一分，民國62年　(2)〈漢初經略北疆的國力結構〉，刊於中央研究院《總統 蔣公逝世周年紀念論文集》，民國65年。(3)〈漢代屯田的組織與功能〉，刊於中研院《史語所集刊》第四十八本第四分，民國68年。(4)〈漢初經濟發展的歷史背景〉，刊於《屈萬里先生七秩榮慶論文集》，臺北聯經出版事業公司出版，民國68年。(5)〈戰國至漢初的人口變遷〉，刊於中研院《史語所集刊》第五十本第四分，民國68年。(6)〈漢武帝經略北疆的戰略部署——兼論中國北疆問題的特性〉，刊於《勞貞一先生八秩榮慶論文集》，臺北商務印書館，民國75年。(7)〈封建制與漢初宗藩問題〉，刊於中央研究院《第二屆國際漢學會議論文集：歷史與考古組》，民國78年。

免漢化的問題[31]。下面的說明，基本上都是以這些論文爲根據；超出這些論文範圍以外的或有特別需要的根據，會註明。

　　研究歷史的人由於受史料的限制，他往往只能從點點滴滴的記載上去看問題的全貌。這雖然是一項缺陷，但他可以利用歷史上的「消長大勢」來作有效的彌補。而且歷史上某些社會「單位」或事項，其一致性的「消長大勢」正是認識功能運作發生系統性變化的有力根據。下面我們先看第一個例子。

　　從人力與資源的觀點看，漢的整體國力應遠在匈奴之上，因爲匈奴以遊牧爲生業，人口不過數十萬，充其量僅及漢朝的十分之一[32]。然而，高祖七年卻遭平城之難，後來又採和親的辦法以緩和跟匈奴的敵對關係。這些都顯示出漢初的國力不足以解決當時的北疆問題。事實上，漢初的經濟狀況確是壞到了極點，《史記·平準書》

31　主要包括六篇論文，以發表先後爲序：(1)〈滿族入關前的文化發展對他們後來漢化的影響〉，刊於中研院《史語所集刊》第四十本上冊，民國57年。(2)〈入關前滿族兵數與人口問題的探討〉，刊於中研院《史語所集刊》第四十一本第二分，民國58年。(3)〈關於滿族漢化問題的意見的的討論〉，刊於臺北《大陸雜誌》40卷期3，民國59年。(4)〈滿族的入關與漢化〉，刊於中研院《史語所集刊》第四十三本第三分，民國60年。(5)〈清初遼東招墾授官例的效果及其被廢原因的探討〉，刊於中研院《史語所集刊》第四十四本第二分，民國61年。(6)〈滿族漢化問題新解〉，刊於《中華文化的過去、現在和未來》──慶祝中華書局成立八十週年論文集，印刷中。

32　文帝四年左右，匈奴單于冒頓「夷滅月氏………定樓蘭、烏孫、呼揭及其旁二十六國」（見《史記·匈奴列傳》）。這大概是匈奴國力最強大的時候。冒頓於文帝六年左右去世。卽使匈奴一直保持這樣強大的國力，但就總體國力相比，匈奴仍遠在漢之下。因爲人口與文化是總體國力的根本要素。而這兩方面，匈奴都始終在漢之下。漢初匈奴的人口尚有大致線索可尋。《漢書》卷四十八〈賈誼傳〉，（標點本）2241頁：「匈奴之眾，不過漢一大郡」。又，賈誼《新書·匈奴篇》認爲「（匈奴）戶口三十萬耳，未及漢千石大縣也」；同書〈卑勢篇〉又云「臣竊料匈奴之眾，不過漢一千石大縣」（據四部備要本）。《史記》卷110〈匈奴列傳〉，（標點本）頁2899云「匈奴人眾，不能當漢之一郡」。郡與縣雖不同，惟皆表明匈奴人口遠在漢朝之下。漢初一郡或千石大縣究竟有多少人口，無記載。高祖七年平城之役時，匈奴動員四十萬騎（《史記》及《漢書》均有記載）。但這數字很可能有誇大，因爲高祖率三十萬大軍，結果失敗，敗在匈奴兵多，對漢朝的開國之君比較體面。而且匈奴以遊牧爲生業，對農業民族的戰爭也是他們獲取生活物資的一種手段；尤其面對的是漢朝的皇帝，凡有戰鬥力的人都可能被召集參加。依據前面引到的資料，再加上平城之役匈奴的兵力等情形來推測，匈奴當時的人口充其量不過八、九十萬。而漢朝當時的人口「可得而數」的約有九百萬，至文帝時應已超過一千五百萬（見前揭管東貴〈戰國至漢初的人口變遷〉）。

記載說：「漢興，接秦之弊，丈夫從軍旅，老弱轉糧饟，作業劇而財匱，自天子不能
具鈞駟，而將相或乘牛車，齊民無藏蓋」。內政方面也隱伏著高度的危機，致劉邦跟
異姓諸侯王之間由於信心危機而導致一連串的軍事衝突。高祖去世前，異姓諸侯王的
問題雖然解決，但不久宗藩問題又日趨嚴重。總之，漢朝統一建國之初，政治與經濟
都極端困頓，以致無力面對北疆嚴重的外患威脅。漢跟匈奴和親，原是想以岳婿關係
來改變北疆情勢。但這一如意算盤落空了。匈奴仍常來侵擾擄掠，呂后時甚至以侮辱
式的書信向呂后求婚。呂后雖然盛怒，但因實力不夠，只好忍耐。文帝即位後，對北
疆問題很積極。即位後第三年匈奴入寇，他一方面命宰相率軍禦寇，一方面也親自北
上督軍。但由於一場內亂，他只好回到長安。亂平後，對北疆問題，他仍很積極，不
僅接受了晁錯的建議，移民邊疆，實行軍民一體的屯田制，大大加強了邊疆的防衛
力，他甚至還親自參加國防軍事訓練的一些活動。但內政上的後顧之憂（吳王濞的問
題），使他對北疆問題仍無法取得主動與優勢。景帝即位不久，長期累積的宗藩問
題，因朝廷要採取強硬的對付措施，而導致了威脅朝廷安全的七國之亂。在這場變亂
中，雙方都出動了數十萬軍隊。當時，全國的生產力已有相當的發展，例如七國中為
首的吳國因資源開發，工商發達，非常富庶。這些現象反映了國家在經濟與軍事兩方
面的總體力量都已跟武帝時同樣強大（匈奴冒頓單于已於二十年前去世）。然而，對
國事積極的景帝何以不能解決北疆的外患威脅？據分析，有兩方面的原因。一是七國
之亂前，內政上有嚴重的後顧之憂，強大的國力都給自相抵消了。二是七國之亂後，
景帝的注意力集中在強化朝廷權威的政治措施上，對北疆問題只採取消極的守勢。從
結構的觀點看，這時候漢之所以仍未能解決北疆問題，乃是國力結構運作不良使然。
武帝即位後，國力結構運作上的這些缺點都得到了彌補，他對北疆問題以積極與主動
的態度，採取了直撲單于庭跟匈奴作主力決戰的戰略，在人事上善用將領，並活用屯
田法，使後勤支援力大大加強。結果是遠逐匈奴，使「漠南無王庭（匈奴庭）」，開
疆拓土，締造了中國歷史上光輝燦爛的一頁。漢朝的北疆問題須經歷數十年，待各項
要件同時具備後才能由劣勢轉為優勢，以致解除北疆的外患威脅，其中有整體性的原
因在。這種情形若從國力結構及其運作的觀點上看，則對這段歷史的整體性發展可以
有較確切的認識。

　　漢初之解除北疆威脅，國力結構的選項及其互動的理論建構，我在〈漢初經略北疆的國力結構〉一文中已有論述，現從略，待下面圖四之後再略爲補充。我的選項是：元首、政治力量、經濟力量、軍事力量及屯田（屯田是文帝時爲加強國防力量而新增加的一項）。由於屯田是後來增加的一項，所以漢初經略北疆，國力結構的發展可以大致分爲兩個階段，如下圖：

圖四、漢初經略北疆的國力結構及其運作示意圖[33]

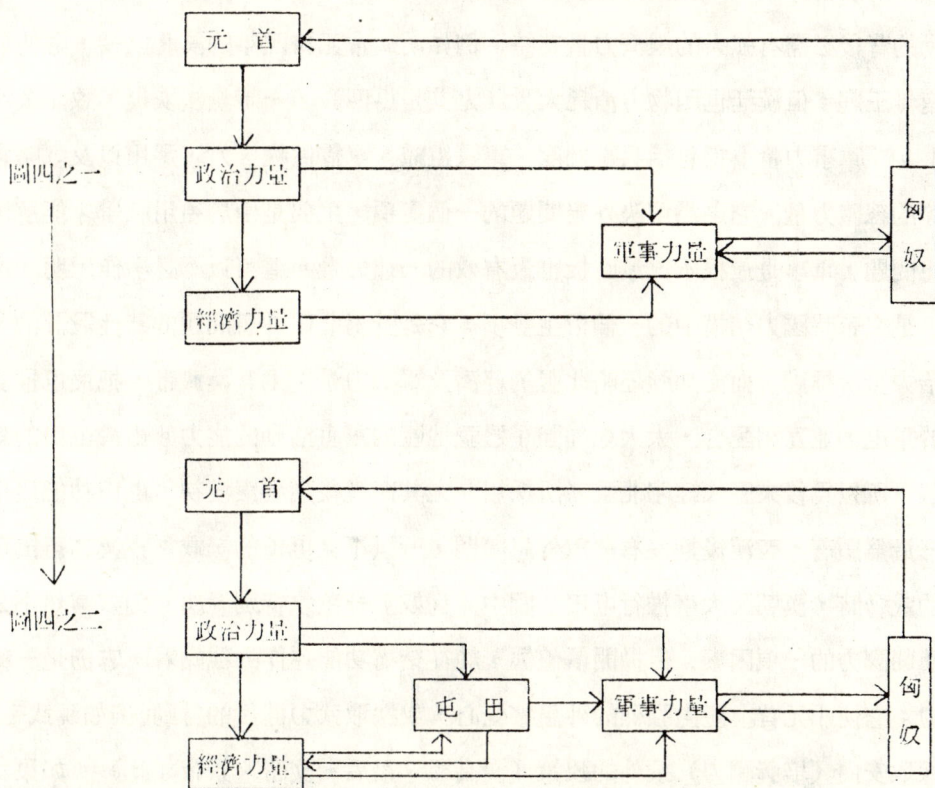

「元首」之爲一變項，可由景帝時政治、經濟等問題都已大致解決，國力已強，惟因專事內政不務外略，致不能扭轉北疆情勢的情形中看出。「元首」這一變項主觀成份很重，因爲他對外患的感受與反應，都會受到他主觀因素的影響。「政治力量」之爲

33　這個結構圖是由前揭〈漢初經略北疆的國力結構〉一文的圖IV（頁1133）簡化（原圖分五階段）並略作修訂而成。

一變項，主要是由於國力要靠它來搏聚才能發揮效用。這種情形在國力（包括人力與物力）成長不足時不易表現出來，當國力已經成長而須有效發揮時，它之作爲一個變項的特性就會明顯地表現出來。 例如文帝時，國力已有相當的累積 ，同時他也有解決北疆外患問題的強烈意願，但在（文帝）三年匈奴入寇，他派宰相率大軍禦寇，並親自北上督軍時，濟北王卻趁機反叛。濟北王的問題解決後，不久又有淮南王長的反叛事件。淮南王長的問題解決後，吳王濞的問題又發生。總之，內部的不安給文帝造成強大的政治連累。「經濟力量」之爲解決外患威脅的變項，應是公認的，因爲軍事活動的背後必需有強大的經濟力量支持，例如漢武帝元狩四年的漠北之役，雖使匈奴漠南無王庭，但漢廷也因物力消耗太大（尤其是馬匹），一時無法恢復，致「久不擊胡」。「軍事力量」指包括兵役制度、軍隊組織、軍需供輸、人才選用以及戰略戰術等等的總體力量。它之爲解決外患問題的一個變項，主要是由於須用戰爭才能解決的外患問題，軍事是最根本、最直接也最有效的一種力量。這可以不必多作說明。「屯田」是文帝時國力結構中的一個衍生變項，它是針對北疆外患問題的特性設計的，由政治力量所推動，而能加強經略北疆的經濟及軍事力量；尤其漢武帝，把民屯推廣而及於軍屯，並互相配合，大大地加強了邊疆地區的軍事活動的能力。由於屯田的效果顯著，所以爲後來歷代經略北疆者所採用。尤其西漢後期到東漢初，屯田功能變化的情形最爲顯著。西漢後期沒有嚴重外患問題，所以不見屯田的記載；東漢初再出現匈奴的威脅時，漢朝又大事推行屯田。圖中「匈奴」一項須特別說明。匈奴當然不是構成漢朝國力的一項因素。但拋開價值觀，純從結構功能運作的觀點看，它仍是一種促動力；它使「元首」產生強烈的外患警覺心，或採取武力撻伐的行動（例如漢武帝），或採取安內（培養國力）攘外的政策（漢高祖、呂后、文帝、景帝如此）。如果我們把「匈奴」這一特定對象換爲一個代表「外患」的變項，則歷代面對北疆強大外患時的國力結構的運作大致都如圖四，東漢初期的情形尤爲明顯。所以這一變項又有促使國力結構中各變項因外患而作系統性運作的「隱性功能」顯露出來的作用。現在我們要把圖四的結構作立體性的說明。用另一個圖來表示：

圖五、漢初經略北疆國力成長示意圖[34]

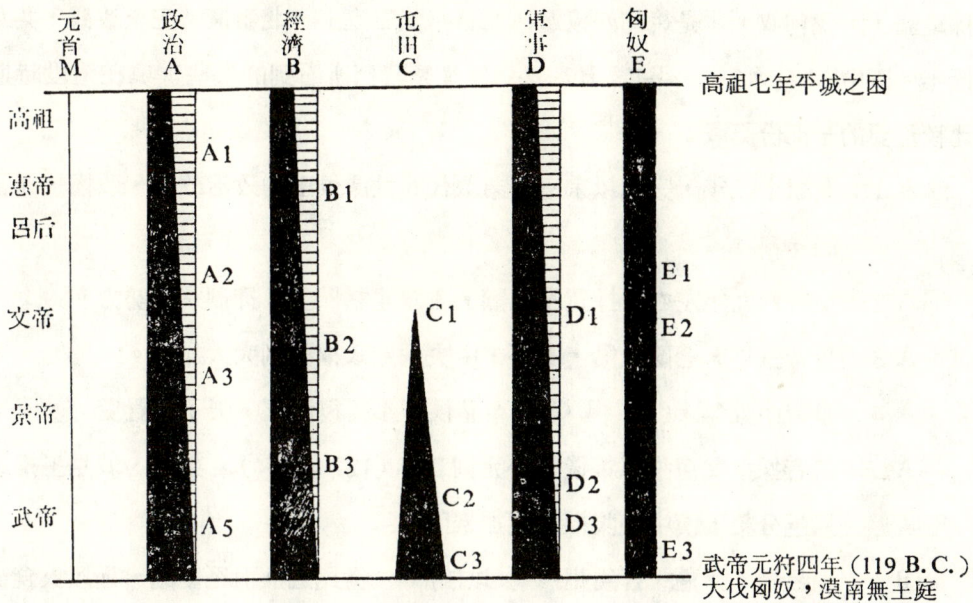

元首 M	政治 A	經濟 B	屯田 C	軍事 D	匈奴 E	
						── 高祖七年平城之困
高祖	A1					
惠帝		B1				
呂后	A2				E1	
文帝	A3	B2	C1	D1	E2	
景帝		B3				
武帝	A5		C2	D2	E3	── 武帝元狩四年（119 B.C.） 大伐匈奴，漠南無王庭
			C3	D3		

圖中M代表「元首」，同時也是時間指標。A至D，全黑部份由細到粗表示增強，半黑部份由粗到細表示負面因素消減，故其固有之力量（全黑部份）得以增長（不計其起伏，只指其總趨勢）。A之由細到粗，表示朝廷跟封建諸侯王之間的衝突（政治上自相抵消力量的問題），漸漸解決，到景帝時七國之亂平定後，中央集權逐漸鞏固，再到武帝時，作左官之律，設附益之法，行推恩之令，中央權力已達於頂點。B之由細到粗，表示漢初經濟秩序尚未恢復以及政治、社會尚未安定，故全國強大的經濟潛力無法發展而顯得薄弱。往後，隨政治、社會的日漸安定及經濟秩序的日漸恢復，而經濟力量也漸由漢初「齊民無藏蓋」的極窮困局面進到武帝初年「太倉之粟陳陳相因……眾庶街巷有馬」的富庶境地。C是文帝時接受晁錯的建議而建立的，也是到武帝時發揮出了極高的運用效果。D之由細到粗，表示固有的軍事潛力由漢高祖時的受平城之困，到文、景、武時在政治、經濟及屯田等的強勢基礎上，加上武帝（透過政治力量）之選用衛青、霍去病等軍事人才的得當，使軍事力量的增強也達於頂點。至於匈奴E的部份，不分粗細，但比A、B、C、D皆細，表示不計匈奴力量的消長，他們的國力總和遠比漢朝中國國力得到充份發揮時小。漢初北疆的外患，由高祖七年平

---

34 由前揭〈漢初經略北疆的國力結構〉，頁1134，圖V修訂而成。

城之困（200 B.C.）開始暴露；至武帝元狩四年（119 B.C.），衛青、霍去病聯軍十餘萬騎，大伐匈奴，「是後匈奴遠遁，而幕南無王庭」，北疆情勢完全改觀，共八十餘年。圖中 A1、A2……B1、B2…… 等等是我們所看到的這些選項在這段時期中比較重要的一部份記載：

A 1：高祖十二年，完成以宗室子弟取代異姓諸侯王的政治改造，政權較前鞏固。

A 2：文帝八九年左右，採賈誼建議，「眾建諸侯」，抑制宗藩勢力。

A 3：景帝三年，七國之亂，亂平，中央朝廷政權控制大大加強。

A 4：景帝中五年，（145 B.C.）令諸侯王不得復治國，天子為置吏。

A 5：武帝採主父偃推恩策後，於元朔二年（127 B.C.），梁王、城陽王推恩以邑分弟，漢中央集權制更加鞏固。

B 1：惠呂間，「蕭、曹為相，填以無為，從民之欲而不擾亂，是以衣食滋殖」[35]。

B 2：「逮文、景四五世間，流民既歸，戶口亦息。列侯大者至三四萬戶，小國自倍，富厚如之」[36]。

B 3：「至今上（按，指武帝）即位數歲，漢興七十餘年之間，國家無事，非遇水旱之災，民則人給家足，都鄙廩庾皆滿，而府庫餘貨財。京師之錢累鉅萬，貫朽而不可校，太倉之粟陳陳相因，充溢露積於外，至腐敗不可食，眾庶街巷有馬，阡陌之間成羣」[37]。

C 1：文帝十一年左右，晁錯針對漢朝邊防缺點建議屯田，文帝採納，「募民徙塞下」。

C 2：武帝元朔二年，奪得河南地（今河套北部）後，置朔方、五原郡，旋募民徙朔方十萬口。

C 3：元狩三年，東部大旱，徙民西北邊地數十萬口。

35　《漢書》卷23〈刑法志〉。

36　《漢書》卷16〈高惠高后文功臣表〉。

37　《史記》卷30〈平準書〉。

D 1 ：文帝十四年，匈奴入寇，漢以車千乘，騎十萬，軍長安備胡，另大發車
騎擊胡。

D 2 ：武帝元光二年（133 B.C.），設伏馬邑，誘擊匈奴單于，不果。此為漢
首次主動謀擊匈奴。

D 3 ：武帝元朔二年，漢伐匈奴，取河南地。此為漢首度大敗匈奴。自此以
後，漢連年主動出擊，大伐匈奴，屢勝。

E 1 ：文帝六年（174 B.C.）左右，匈奴單于冒頓去世。

E 2 ：同 D1。

E 3 ：武帝元狩二年（121 B.C.），「秋，匈奴昆邪王殺休屠王，並將其眾合
四萬餘人來降，置五屬國以處之，以其地為武威、酒泉郡」[38]。

以上是我們從歷史記載上所看到的有關各變項的點點滴滴的事實。中間雖有很多
空隙，但從其總趨勢上看，這些空隙並無礙於我們對各變項消長大勢的認識。漢朝的
總體力量，無論是人力、物力（按，中國較缺戰馬，惟文帝十四年，已能出動「騎十
萬」保衛長安，另大發車騎擊胡），都遠在匈奴之上，而總體力量之所以不能在武帝
以前發揮，各變項由弱到強之所以趨勢一致，並須經歷數十年，卽是由於國力的由弱
到強及有效發揮，有其整體結構上的關聯，而國力結構的運作又須經「歷時回饋」的
緣故。所以，對漢初之經略北疆的成功，從國力結構的觀點去看，可以看到整體國力
系統性運作的關係。

另外一個例子是，滿族入主中國後手握一切大權何以仍無法避免漢化的問題。滿
族是由女眞族中的一個小部落於明末在努爾哈赤的領導下逐漸統一鄰近各部落而形成
的。他們原無文字，努爾哈赤令造文字。他們原先過畜牧漁獵的生活；在努爾哈赤等
人的領導下，因擁有大批漢族男女農工替他們在東北地區從事生產，其統治階層逐漸
漸轉變為過農業社會的生活方式。他們的文字，由於歷史不長，用途範圍不廣，致「
載道」貧乏，所以曾以翻譯漢人小說、典籍之類的書來充實他們的精神生活。因此，
無論物質生活或精神生活他們都是處在一種向漢化發展的趨勢中。他們的這種情形是
一種「無根」的文化，是寄生在漢人文化上的文化，因為他們的民族分子並沒有掌握

---

38 《漢書》卷 6〈武帝紀〉；另請參看〈匈奴傳〉、〈霍去病傳〉。

到農業文化的生命力，他們是透過漢族跟東北天然環境的生態關係而寄生於漢族農業文化之上的。他們透過文字所過的精神生活，基本形態也跟物質生活的寄生狀態相似。這是滿族入關前文化發展的大概情形。

滿族之能取得中國的政權，有兩點重要的因素：一是漢族的力量因明末的內亂給自相抵消了；二是時機（吳三桂的招引）。

滿族入關取得中國政權後，他們的最高領導階層當然明瞭滿族的這種處境：他們是在漢族社會內，不但文化比漢族低，人口也遠比漢族少（當時漢族約有一億六千萬人口，滿族約爲百萬）。他們在這樣的處境下能鞏固政權，必然有一套辦法。總其要約有兩端：一是團結滿人，保持實力；二是利用漢人。在利用漢人一點上，他們相當成功。但「團結滿人，保持實力」這一點，做的結果卻非始料所及。他們貪取關內的政權，卻因此不自覺地陷溺於一個趨向自毀的結構旋渦；從入關取得政權開始，他們就自陷於這一旋渦。

滿族入關取得政權後，曾利用種種優惠辦法鼓勵族人入關。而關外的滿人也以抱著享福的心態想盡辦法入關。所以他們的老家——東北，很快就荒涼了。

滿族的領導分子，爲避免滿人漢化，並使之成爲鞏固統治的根本依靠，所以採取了許多相應的措施。其中最重要的一些是：保持原有的軍民一體的八旗制度，拔擢優秀分子投入軍政行列，並使他們佈置在全國政治、軍事、交通等樞紐之區；實行圈地政策，使京師五百里以內之地盡爲滿人所有，役使漢人爲之耕種；所有滿人均由政府錢糧供養，隨時聽候徵用；禁止滿漢通婚；禁止滿人自由遷徙，並不得自由擇業。但結果卻是既不能保住政權，又不能免於漢化。

滿人入關之後，手握一切大權，何以入關不久就出問題，想盡辦法去挽救也無效，終於連民族也消融於漢族之中？關於這一點，我在〈滿族漢化問題新解〉一文的「結論」中有這樣一段論述：

從結構的觀點看，滿族政權之無法維持，及其漢化之無法遏止，乃是由於在他們的生存問題上，事關全局的結構運作陷入了解體性漩渦的緣故。

從滿族入關建立清朝，到政權解體而同化於漢族，在這兩百多年的歷史發展過程中，他們在好些方面都呈現出朝著衰退與不利的方向去發展。首先我們看到的是，滿

人入關取得政權後不久，他們就發生了生計問題，雖然想盡辦法，仍然無可挽救。接著我們又看到滿人創業時在沙場上的那種勇敢精神，入關後不久卽漸衰退，而流於文弱，視披甲爲畏途，其武功漸須倚重綠營。另外，我們還看到，滿人逐漸不能說滿語，代之以漢語，這一趨勢也無法阻止。這些一致性的現象很像一個人罹患了不治之症時所顯現的「症候羣」。滿人入關後所呈現的這些平行（都朝衰退惡化的方向）發展的現象乃是歷史發展共同相關的整體性的變遷；這種整體性的變遷也就是歷史結構自主性運作的體現：他們不願漢化，卻又不能避免漢化。

　　滿人的興起及其入關奪取中國政權，滿洲「民族」是一個元始動因。努兒哈赤以七大恨告天，鼓動民族情緒；多爾袞接到吳三桂的信後緊急向東北徵召十歲以上七十歲以下的人從軍入關奪取政權，都表現出了「民族」是元始動因的這一特性。入關後，他們把民族轉化成爲一個「武力」集團，而以此「武力」來保護「政權」，又以「政權」來保護「民族」。因此，乃形成「民族」、「武力」、「政權」三者互相依存並整體運作的一個結構體系（參看圖六）。這是滿族在關內的生機所在。這種情形可由滿人「上則服官，下則按甲」看出。在這結構體系中，「民族」這一變項不僅仍是一個元始動因，而且也是一個強勢變項。所謂強勢變項，卽其朝漢化方向的變遷之勢（入關前已如此）不可遏的意思。但是，這樣的一個強勢變項對滿族的生存而言卻是朝著萎縮的方向去變。這可由他們的生計、語言、變祖法用儒道等問題之不可挽救的情形上看出來。而這些又都是屬於文化的範疇。文化乃是一個民族所表現出來的生存能力的總和，所以它之朝著不可遏的萎縮的方向去變，也就是這個民族在朝著不可遏的萎縮的方向去變。當「民族」所發生的力量萎縮 n 分之一時，「武力」也隨之萎縮 n 分之一，而「政權」又隨「武力」萎縮 n 分之一（從其總趨勢上看，不計起伏）。餘類推（參看圖七）。終至結構體系由萎縮而解體，其民族乃融化於漢族之中。這一結構體系由萎縮而解體的過程，其始自「民族」這個變項而延及「武力」又延及「政權」的順序，尚有痕跡可尋，卽：滿人的民族及文化認同，早在順治時就已出現問題。然後是康熙初年，八旗滿洲的武力出現問題；這時候，滿淸政權找到了一個功能替代品——綠營，所以仍能維持正常的運作。這時候，「民族」對「武力」的促動作用，靠的不是民族及文化的認同，而是滿人的利用技巧。但是，當這個替代品一

圖六、滿族入關後的生機結構示意圖

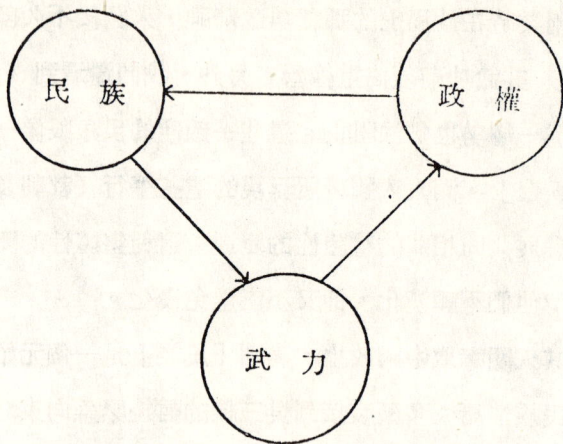

圖七、滿族漢化歷史結構運作示意圖

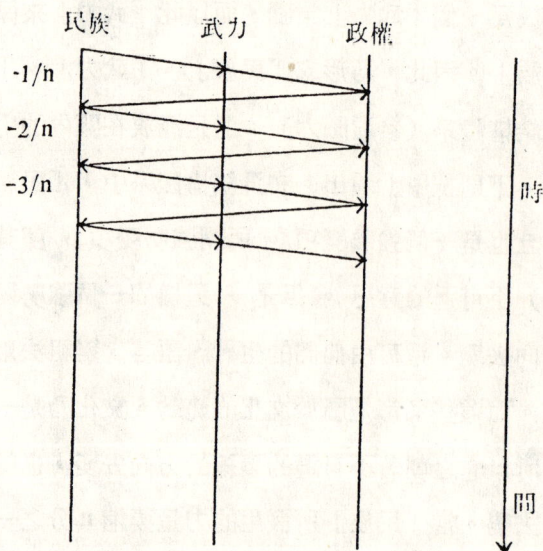

出問題（袁世凱倒戈），「政權」卽隨之瓦解。「政權」一旦瓦解，其「民族」（膠
著在漢人社會中，且無退路）卽融入漢族之中。

　　以上是用結構探討法去解析的兩個歷史例子。歷史以結構的方式演變是混然一體
地存在的，但要靠研究的人去發現。上章關於結構範式的理論是一種工具，它可以幫
助我們去解剖歷史，發現歷史的結構性運動與變遷。

四、結　　論

　　歷史是由活生生的社會現象向前發展所留下來的痕跡。活生生的社會有其整體性和系統性。因此，它的變動綿延所留下來的痕跡（歷史）也有其整體性和系統性。由於歷史有這樣的屬性，所以一個活生生的「社會單位」在歷史的脈絡中，它的活性有縱橫兩個幅度：功能互動關係是它的橫向的「動」的活性；綿延消長是它的縱向的「變」的活性。社會人類學家（及社會學家，下同）運用結構探討法能夠認識它的「動」的活性，以及它跟其他「社會單位」之間相對地穩定的互動關係所形成的運作體系（卽個體與整體之間的有機性關係──結構）。這是社會人類學的獨到之處。歷史學家依歷史探討法能把它（社會單位）在不同時間上的不同狀況找出來，從而能看出它綿延消長的「變」的活性來。這是史學的獨到之處。動與變在歷史上是一體的兩面。所以社會人類學上的結構探討法能彌補傳統史學研究中缺乏互動回饋觀的偏頗，使歷史學家能看到歷史的結構性運作及其變遷之所以然。反過來看，史學探討法也同樣能彌補社會人類學中結構探討法之缺乏間時幅度上的認知偏頗，而使社會人類學家能看到活生生的社會及其結構性運作的變遷趨勢。

　　歷史學家對歷史之立體整體性的結構運作及其變遷的探討，依歷史形成過程中「變」緣「動」而生的道理，在方法上可循點、線、面、體的順序入手，把結構由無時性轉爲有時性：由一點（社會單位，或選定的變項）到另一點之間的線，表現的是互動關係；由線到面，表現的是由兩個以上的「點」的回饋系統所形成的無時性的結構運作；由面到體，表現的則是由無時性轉入有時性的結構運作，不過這須把無時性的回饋經由每個「點」的具有時間幅度的功能運作轉爲有時性的回饋（歷時回饋）才能由「面」轉爲「體」。由「面」到「體」是結構探討法運用到歷史研究上來的一項特色。其中的關鍵卽在於認識結構運作中的「互動」、「變遷」與「時間」三者實爲一體；而「歷時回饋」卽緣是而成。「動」、「變」、「時」之所以爲一體，乃因在Pr面上「動」卽是「組合」（卽圖一 Pr 面上「點」與「點」的組合，這種組合極其活躍而不稍息， Pr 面的活性也卽在此）；「組合」則肇生「變」；而「變」則含有「時間」，因爲沒有「時間」就不可能有「變」，沒有「變」也無從體現「時間」。

　　結構探討法運用到歷史研究上來時，對社會人類學上傳統的關於結構運作中「均衡」與「穩定」的特性，看法稍有不同。社會人類學上傳統的關於結構的看法認爲：

在結構體系中，部分（或單位）對整體之最根本的功能在於它（部分）能使已建立的體系維持原樣；功能運作根本上是均衡的，一旦失衡，社會的調適機制又會使它維持均衡，所以結構是穩定的。這種看法，不但排斥了「時間」，而且也忽視了「現在」跟「過去」的關係。換句話說，社會人類學上傳統的結構探討法只是用「現在」去解釋「現在」；對於「變」的問題也只是從同一時間平面上功能互動關係的變遷去作解釋，而不考慮導致這種變遷的歷史性因素。這跟史學家所看到的歷史現象中「過去」跟「現在」一系而以「變」為顯著特色，並且用「過去」來解釋「現在」，以闡明「變」的情形大不相同。最近二十餘年來，社會人類學家中已陸續有人感到他們的傳統看法有修正的必要。

　　社會關係恆在變動之中，所謂「均衡」，只應理解作「相對均衡」。而實際上，功能運作一直都在不均衡的震盪與調適之中[39]；只是在一定幅度中震盪時，在正常情形下尚可藉調適機制維持運作的均衡。但是結構體系中的各個部分在長期震盪過程中其功能運作會出現消長的趨勢，當某個或某些部分的消長趨勢累積到超出了調適機制所能調適的均衡幅度時，功能運作就不能不發生「變」了。社會上任何結構體系中的任何一個「單位」（部分），都不只是在那一個結構體系中跟別的「單位」發生關係；它跟四面八方的結構體系都會有關係。它在各個結構體系中所承受的以及所發出的促動力（功能）都因在不同結構體系中的不同處境而變動不息。因此它所承受的以及所發出的促動力會有「消」或「長」的變化。而它這種消或長的變化也不是只取決於它在某一個結構體系中的關係，而是它在所有各個結構體系中的「變的總和」；

39　參看社會學家 Tom Bottomore 的 Structure and History 一文。文中有一個重要的論點是他根據法國社會學家 Georges Gurvitch 的意見所表達的對社會結構的看法，他說：「根據他（Georges Gurvitch）的意見，社會結構是一個恆動的過程，一個永不止息的破壞與重建的運動（a permanent process, a perpetual movement of destructuration and restructuration）」。這表明，從社會學的觀點所看到的社會結構是一個永不止息的運動過程的情形跟從史學上所看到的歷史的結構性運動的情形，基本上是一致的。另請參看葉啟政〈結構、意識與權力：對「社會結構」概念的檢討〉一文，其中有一段對 Bottomore 的論述作了很好的闡釋。Bottomore 的論文載於 Approaches to the Study of Social Structure, ed. by Peter M. Blau, The Free Press, N.Y., 1975; 引文見 p. 160。葉文載於《社會學理論與方法研討會論文集》，瞿海源、蕭新煌主編，中央研究院民族學研究所出版，民國71年；葉文對 Bottomore 文的闡釋見頁 23-25。

每個結構體系中的每個單位都是如此，而且這種「變的總和」總是呈現出消或長的趨勢。它的這種變化，在某一個結構體系中可能還在功能運作的均衡幅度之內，但在另一個結構體系中卻可能已超出了均衡的幅度。因此，每個單位的消或長的一致性，反映的乃是社會結構及其歷史發展的整體性變遷趨勢，也即歷史的結構性運動。在前面第三章所舉的兩個歷史解析例所呈現的消長一致的趨勢即如此（成正相關者消長一致，成負相關者消長相反）。所以，認識社會單位一致性的消或長的變遷，對認識歷史的結構性運動非常重要。然而，導致一個單位由「變的總和」所體現的消或長的因素不但非常複雜，複雜到無法盡知；而且也因其變動不息而難以捕捉（這也就是結構功能論者認為要把社會體系給予封閉與固定才能對它進行研究的根本原因）。這種情形可以借用余英時先生文章裏的一句話來形容：「為學如扶醉人，扶得東來西又倒」[40]。所以要想認識它的「變的總和」的發展趨勢，只有從它已經發生的消或長的事實上（即歷史發展上）才能看出來。這就像醫生須有至少兩次不同時間的愛克司光片病歷紀錄才能判斷患胃潰瘍的病人「現在」的胃潰瘍是「消」或「長」（也即用「過去」來解釋「現在」）的情形一樣。由於均衡在一定幅度內變動時仍可維持該結構體系的正常運作，所以有的結構調適機制作用強而消長累積慢時，乃呈現出穩定性。大體上說，具有較廣泛的功能的社會單位，變也較慢；「結構」的原理層次越深，它的穩定性也越高。但是，當某結構體系中的某個單位的功能消長變化超出了它在該結構體系中維持均衡的幅度時，就必須另覓功能替代品以為補救（這也就是社會文化中的效率取代現象，同時也是調適機制的作用），否則結構就會解體。這種情形我們在第三章滿族漢化的例子中可以看出。當滿族入關後不久，民族文化認同發生問題時，八旗的「武力」即跟著衰落。這時候滿清政權透過權力運作，以綠營（漢軍）來作為「替代品」。由於利用綠營成功，所以尚能維持原結構的運作。但由於滿漢的民族對立一直存在，所以當「替代品」的功能發生根本變化而又無從再發揮調適機制的作用時（漢軍領袖袁世凱倒戈），結構就解體了。另覓功能替代品是一種變，體現結構的

40　余英時〈中國史學的現階段：反省與展望〉，該文撰於1979年2月，原為臺北《史學評論》代發刊辭，後收入《史學與傳統》，臺北，時報文化出版事業有限公司，時報書系 336，民國71年1月。

要素的更換也是一種變。但結構並不一定變。就像由時鐘到傳統手錶，再到電子、石
英錶的變化情形一樣，形體、機件都有了很大的變化，但結構並沒有變。然而，從整
個計時器發展的歷史看，由日晷到水漏（或沙漏），以及由水漏（或沙漏）到鐘錶的
變，則不但形體、機件變了，結構也變了，因為彼此依據的動力原理已不相同。本文
所持的這種看法，跟 Levi-Strauss 的結構觀不同，而跟新結構功能觀基本上相一致。
同時也因此本文認為 Levi-Strauss 以兩面神 Janus 作比喻，來說明史學與人類學
的不能相融，並不恰當；本文基本上採用的是英、美人類學家（如 Evans-Pritchard,
I. M. Lewis, Anthony Leeds 等人）的看法，認為史學與人類學有互補性與相容
性，而且可以融合為一個理論體系，以顯示社會及其歷史的立體整體性運動與變化。

後　　記

　　十餘年前，我就已有撰寫現在這篇文章的念頭。但當時由於思慮不够成熟，對整
個體系尚只有模糊的輪廓，而且又一直為手邊的工作所迫而無法動筆。不過，它卻一
直在我心裏醞釀著。十幾年來，我也一直在注意對這問題有關的意見，但始終沒有看
到深入的有系統的論著。近年來，我慢慢理解到「變」是緣「動」而生以及「動」、
「變」、「時」三者本為一體時，才決定動筆。現在總算把文章寫出來了。頗有頓釋
重負之感。當然，文中必仍有疏漏乃至錯誤，祈方家指正。不過，視本文為一項拋磚
引玉的工作則仍有其義意。希望我們的史學界本著充實史學「財富」的情懷，重視這
股學術潮流，並投入這片史學新天地的建設工作。

　　　　　　　　一九八八年十月完成初稿，一九八九年四月及一九九〇年
　　　　　十二月修訂。

出自第六十本第三分（一九八九年）

理學、考據學與政治:以《大學》
改本的發展爲例證

黃 進 興

　　拙文有兩項構想:(一)企圖以實例來檢查「理學」與「考據學」的關係。近年來,學界對清初考據學興起的討論,極爲熱烈;尤以余英時教授的「內在理路」說最爲盛行。本文試以北宋至清初 ,《大學》改本的發展爲例證 ,以抽絲剝繭的方式追溯「理學」與「考據學」的淵源,居中並嘗試剖析不同理學背景與考證學的關係。(二)拙文亦試圖呈現在力求「政教合一」的文化裏,「理學」與「考據學」終因《大學》懸爲科考定本之故,難以擺脫政治的意涵和瓜葛。

　　在儒家經典中,《大學》一書對宋明理學的發展至爲關鍵,亦獨多爭議。是故,從剖析宋明理學家對《大學》一書的觀點,最能彰顯他們基本的哲學歧見。

　　北宋以降,《大學》改本綿延不絕,而改本之產生正是理學與考據學相互配合的結果。換言之,各形各色的改本正是理學與考據學做不同結合的產物。而整個改本史的發展,適足以反映理學與考據學「由分而合」至「由合而分」的兩大過程。

　　理學原爲參究道德性命之源,考據本爲文獻覈實之作,二者皆因《大學》懸爲科考定本,捲入政治鬪爭的風暴。拙文試圖藉著對《大學》改本的檢討,釐清理學、考據學與政治三者錯綜複雜的關係。並從中勾勒出一個原是單純的學術論爭,終因爭奪經典的詮釋權,釀成政治上的衝突。

　　《大學》原爲《小戴禮記》的一篇,據說北宋司馬光 (1019-1086)始將之獨立刊行 [1]。但衡諸天聖八年(1030) 宋仁宗業以《大學》賜新第王拱辰等 [2],《大學》單行

　　拙文承余英時教授、黃彰健先生評閱;在史語所講論會,又承張以仁、毛漢光、朱鴻林諸位先生評論,提出許多寶貴的意見,於此一併致謝。

1　朱彝尊:《經義考》(京都,中文出版社,1978),卷一五六,頁 1 上。然毛西河謂《大學》,在漢、唐已單行,與《孟子》、《論語》、《中庸》、《孝經》並稱爲「小經」。見毛西河:《大學證文》(臺灣商務印書館,文淵閣四庫全書),卷一,頁 5 下~6 上。全祖望駁毛氏「僞造典故以欺人」。見全氏:《鮚埼亭集》(臺北,華世出版社,1977),《外編》,卷十二,頁826。故毛說不足採信。

2　王應麟:《玉海》(臺灣商務印書館,文淵閣四庫全書),卷五十五,頁46下;「天聖賜進士中庸大學」條謂:「五年四月辛卯,賜新第王堯臣以下〈中庸〉。八年四月丙戌賜王拱以下〈大學〉,後登第者必賜〈儒行〉及〈中庸〉、〈大學〉以爲常。」

別出恐早於司馬光之所爲。

　　宋明儒學之振興，韓愈(768-824)、李翶(770?-846?)實開其先河。而〈大學〉一文首見重於韓、李之文 [3]，成爲日後理學發展的典據。韓愈在其影響深遠的〈原道〉一文，卽援引〈大學〉，倚之弘揚儒家「淑世有爲」的義理。[4]

　　李翶在其〈復性書〉，亦藉〈大學〉的「格物」說來判分儒、釋之別。[5] 在北宋中期，司馬光亦較早於理學家，就「格物」新解來剖析德性陷落之源 [6]。由此視之，〈大學〉一文能從儒家諸多典籍中脫穎而出，成爲宋明理學發展的泉源，並不意外。

　　自韓愈而下，〈大學〉固然漸受重視；但直迄二程與朱熹反覆闡發之後，《大學》一書的地位才屹立不搖。例如，韓愈雖援引《禮記・大學》，但止稱之爲「傳」而已。程顥(1032-1085)則直言；

　　　　《大學》乃孔氏遺書，須從此學則不差。[7]

程頤(1033-1107)亦主張「修身當學《大學》之序」[8]，又說：

　　　　入德之門，無如《大學》。今之學者，賴有此一篇書存，其他莫如《論》、《孟》[9]。

朱熹更綜述上述二程的概念，於《大學章句》開宗明義地說：

　　　　子程子曰「《大學》，孔氏之遺書，而初學入德之門也。」於今可見古人爲學次第者，獨賴此篇之存，而《論》，《孟》次之。學者必由是而學焉，則庶乎

3　眞德秀：《大學衍義》（臺灣商務印書館，文淵閣四庫全書），〈序〉，頁1下。
4　韓愈在〈原道〉引〈大學〉說：
　　　傳曰：「古之欲明明德於天下者，先治其國；欲治其國者，先齊其家；欲齊其家者，先修其身；欲修其身者，先正其心；欲正其心者，先誠其意。」然則古之所謂正心而誠意者，將以有爲也。
　　見韓愈：《韓昌黎文集校注》（臺北世界書局，1960），卷一，頁9-10。
5　李翶：《李文公集》，卷二，頁6上。〈復性書中〉謂：「〈大學〉曰：『致知在格物』……敢問：『致知在格物何謂也？』曰：『物者，萬物也。格者，來也，至也。物至之時，其心昭昭然明辨焉，而不應於物者，是致知也，是知之至也。知至故意誠，意誠故心正，心正故身修，身修而家齊，家齊而國理，國理而天下平。此所以能參天地者也。』」
6　司馬光：《司馬溫公文集》（叢書集成初編），卷十三，頁298—299。司馬光寫道：「《大學》曰：『致知在格物』。格，猶扞也，禦也。能扞禦外物，然後能知至道矣。鄭氏以格爲來，或者猶未盡古人之意乎？」
7　程顥，程頤：《二程集》（臺北，里仁書局，1982），卷二上，頁18。
8　同上，卷二十四，頁311。
9　同上，卷二十二，頁277。

其不差矣[10]。

朱熹認爲就「教人之法」，《大學》「外有以極其規模之大，而內有以盡其節目之詳」[11]，所以《大學》適可作爲儒者「爲學綱目」[12]。他之主張「學問須以《大學》爲先」卽是由此理解而產生的[13]。

《大學》在朱熹心目中的重要性可由朱熹的言行獲知：朱熹曾自謂，平生精力盡在此書[14]。他生前屢屢改訂《大學》，亟求文義融貫。臨卒前三日，猶改《大學》〈誠意章〉[15]。此事爲後世所稱述，可見朱熹對《大學》一書的關注非比尋常。

《大學》旣經二程著意表彰，又逢朱熹大肆弘揚，列於《四書》之首，其地位之崇高可想而知。然而二程於闡發《大學》義理之餘，感於《大學》文義失序，疑簡編散脫，因此各有訂本，理正篇次[16]；從此啟動改訂《大學》的風氣。其實就宋代學風而言，二程之所爲並非唐突，誠如清末皮錫瑞所言「宋人不信注疏，馴至疑經；疑經不已，遂至改經、刪經、移易經文，以就己說[17]。」此實當時流風所致。

二程旣立下改訂《大學》的先例，後儒則更無顧忌，繼起仿效，紛陳己說。可以推測的，在二程與朱熹之間，定然有不少改本於今散佚[18]；然而在諸改本之中，《今本大學》（朱子改本）因朱熹分經別傳，章句井然，理據似較圓熟，時人多予遵從，因而影響最爲深遠。惟值得一提的，近日發現的《林之奇改本》，似可充爲二程迄朱熹改本發展之線索[19]。原來二程雖疑《古本大學》錯簡，卻未提出「分經釐傳」的概念，而在朱子改本中，則「經」、「傳」兩分，枝葉分明。朱熹在《大學章句》斷之

10　朱熹：《四書章句集注》（臺北，中華書局，1983），頁3。

11　朱熹：《晦庵先生朱文公文集》（臺北，中華書局，1970），卷七十六，頁20下。

12　黎靖德編：《朱子語類》（北京，中華書局，1986），卷十四，頁252。朱熹謂：「《大學》是爲學綱目。先通《大學》，立定綱領，其他經皆雜說在裏許。」

13　同上，卷十四，頁249。

14　同上，卷十四，頁258。

15　王懋竑：《朱子年譜》（臺北，商務印書館，1982），卷四下，頁226。

16　程顥、程頤「訂本」各見《二程集》，卷五，頁1126-1129和頁1129-1132。

17　皮錫瑞：《經學歷史》（臺北，鳴宇出版社，1980），頁270。

18　例如《陸九淵集》卽載有「公（陸九皐）壯年以呂氏次序《大學》章句猶有未安，於是自爲次序。今遠方學者傳錄浸廣，吾家猶亡其藁。」見陸九淵：《陸九淵集》（臺北，里仁書局，1981）卷二十八，頁333。

19　葉國奇：〈介紹宋儒林之奇的大學改本〉，《幼獅學誌》，第十八卷，第四期（1985），頁1-11。

曰：

  （右）經一章，蓋孔子之言，而曾子述之。其傳十章，則曾子之意而門人記之

  也。舊本頗有錯簡，今因程子所定，而更考經文，別爲序次（如左）[20]。

朱熹明定「明明德」、「親民」、「止於至善」爲《大學》「三綱領」；惟從程頤改

「親民」爲「新民」[21]。又確立「格物」、「致知」、「誠意」、「正心」、「修

身」、「齊家」、「治國」、「平天下」爲「八條目」[22]。於是朱子改本「經傳兩分

、綱目對舉」的形式便有了確切的依據。昔日學者咸謂上述改變爲「超然獨見」[23]，

今因有《林之奇改本》可供參較，則朱子之「新義」確有「舊跡」可循[24]。然最引起

後人爭議的，仍是改本中，朱熹所添加的〈格致補傳〉。事實上，早於朱熹，即有人

懷疑〈格致〉一節有闕文，例如林之奇（1112-1176）即曾指出：

  《大學》之書，前綱而後目，如誠意、正心、修身、齊家、治國、平天下，既

  提其綱於前矣，其下文各有解釋，以至明明德、新民、止於至善，亦皆有解。

  惟致知在格物，物格而後知至，未嘗解出，此甚可疑[25]。

鑑於此，林之奇所作的僅是將「知止而後有定，定而後能靜，靜而後能安，安而後能

慮，慮而後能得」移爲「致知格物之序」[26]。相反地，朱熹在《大學章句》中卻是將

自己的文字作爲〈格致補傳〉，此舉雖大大違逆注疏常規，在哲理上卻極具創意。朱

熹寫道：

  所謂致知在格物者，言欲致吾之知，在即物而窮其理也。蓋人心之靈莫不有

---

20 朱熹：《四書章句集注》，頁4。又參見《晦庵先生朱文公文集》，〈記大學後〉，卷八十
  一，頁8下—9上。

21 朱熹：《四書章句集注》，頁3。

22 同上，頁4。

23 明劉斯原即說：「《大學定本》始於程子而成於朱子者也。分經釐傳，正誤補缺，可謂超然
  獨見。」劉斯原：《大學古今本通考》（中國子學名著集成），卷一，頁5上。日人大槻信
  良亦謂「朱子新義」。大槻信良：《朱子四書集注典據考》（臺北，學生書局，1976），頁
  589。

24 例如：林之奇謂「綱」，朱熹則謂「經」；林之奇謂「目」，朱熹則謂「傳」。林之奇：《
  拙齋文集》（臺灣商務印書館，文淵閣四庫全書），卷二，頁2下。

25 同上，卷二，頁2下。

26 同上，卷一，頁20下-21下與卷二，頁2下。惟他處林之奇卻謂：「《大學》不解致知、格
  物，惟論意誠、心正、齊家、治國、平天下，只是一理；此便是致知、格物，蓋合內外之
  道，無二理也。」同書，卷二，頁9上。

知，而天下之物莫不有理，惟於理有未窮，故其知有不盡也。是以《大學》始教，必使學者卽凡天下之物，莫不因其已知之理而益窮之，以求至乎其極。至於用力之久，而一旦豁然貫通焉，則眾物之表裏精粗無不到，而吾心之全體大用無不明矣。此謂物格，此謂知之至也[27]。

在〈格致補傳〉中，朱熹很明顯繼承了二程「格物窮理」的思想[28]，而且倚之爲己身哲學的核心。在《大學或問》中，他更闡釋「格物」、「致知」在儒學系統的重要性。朱熹說：

故致知之道，在乎卽事觀理以格乎物。格者，極至之謂，如「格于文祖」之「格」，言窮之而至其極也。此《大學》之條目，聖賢相傳所以教人爲學之次第，至爲纖悉。然漢魏以來，諸儒之論未聞有及之者；至唐韓子乃能援以爲說而見於〈原道〉之篇，則庶幾其有聞矣。然其言極於正心誠意，而無曰致知格物云者，則是不探其端，而驟語其次。亦未免於擇焉不精，語焉不詳之病矣[29]。

由上述引言可知朱熹雖然推崇韓愈的〈原道〉，然以〈原道〉僅止於稱引「正心誠意」，而不及「格物致知」，深以爲憾。朱熹主張在「爲學次第」，「格物」、「格知」有其優先性，「誠意」、「正心」絕不可躐等。他認爲「人入德處，全在致知、格物」[30]。而二者正是源頭上的工夫。他曾界定「格物」、「致知」爲「知之始」「誠意」爲「行之始」[31]。值得注意的，在朱熹的概念裏，「知」是先於「行」的[32]。所以毫無疑義「格致」工夫必得在「誠意」工夫之前。朱熹相信惟有透過「格物」、「致知」的步驟，方能獲得「眞知」，亦方能辨識「天理」與「人欲」之別。所以他這樣說：

27　朱熹《四書章句集注》，頁 6-7。朱熹明言「閒嘗竊取程子之意以補之」，然大槻信良卻謂「朱子新義」，不知是否卽指「補傳」之舉，否則難以成說。朱熹詳細的闡釋見朱熹：《大學或問》（中文出版社，和刻影印近世漢籍叢刊），頁 16-下24下。比較大槻信良：《朱子四書集註典據考》，頁596。

28　《二程集》，卷二上，頁21；卷十五，頁157；又見朱熹：《大學或問》，頁16下-19上。

29　朱熹：《大學或問》，頁 7 下。

30　朱熹：《朱子語類》，卷十五，頁304。

31　同上，卷十五，頁305。

32　同上，卷九，頁148。

知苟未至，雖欲誠意，固不得其門而入矣。惟其胸中了然，知得路逕如此，知
善之當好，惡之當惡，然後自然意不得不誠，心不得不正[33]。

由此可推知，「物格則理明，理明則誠一而心自正」恰是朱熹思想的特色[34]。 他之主
張「格致」先於「誠正」，基本上是順著程頤的思路發展下來。程頤就曾說：「未致
知，便欲誠意，是躐等也[35]。」但朱熹進一步將「格致」的重要性與「聖賢心法」相
比擬。於孝宗即位的〈壬午應詔封事〉一文內，他即推尊「格物」爲「精一」之
旨[36]。而且以他之見，佛、老異端之學所以陷於「懸空窮理」， 其故即緣無格物工
夫[37]。

總之，朱熹所改訂的《今本大學》（即《大學章句》）實與其義理系統相互配合
的。他的考訂固然「持之有故，言之成理」，基本上仍以考據爲義理作服務的。有趣
的是，朱熹的論敵——陸九淵(1139-1192) 雖然對朱子改本頗致微詞，並未提出可替
代的「訂本」[38]。而眞正開始修正《朱子改本》反是南宋末年的朱門學者。

原來《大學》之改訂始自二程疑有錯簡，迄朱熹爲之分經別傳，更訂文序。但在
朱熹講求「經傳對稱」的架構裏，卻獨佚「格致傳」，是故朱熹不得不有「格致補
傳」之作。如前所述，此舉雖使《大學》首尾該貫，文義整然，但卻違逆訓詁傳統，
徒招後儒非議；況且《朱子改本》， 又衍生其它始料未及的問題，譬如：《大學章
句》中既然增了原來所無的〈本末傳〉，卻又欠缺〈始終傳〉， 眞所謂治絲益棼

33　同上，卷十五，頁302。
34　同上，卷十八，頁392。
35　程顥，程頤：《二程集》，卷十八，頁187，另見朱熹：《大學或問》，頁16上-19上。
36　朱熹：《晦庵先生朱文公文集》，卷十一，頁3下。
37　黎靖德編：《朱子語類》，卷十五，頁302；卷十四，頁257。由此可以理解，何以朱熹認爲
　　「窮理」二字不若格物切要。他說：「格物，不說窮理，卻言格物。蓋言理，則無可捉摸，
　　物有時而離；言物，則理自在，自是離不得。」同上，卷十五，頁289。所以朱熹解釋道：
　　「《大學》不說窮理，只說個格物，便是要人就事物上理會，如此方見得實體。」同上，卷
　　十五，頁288。
38　《朱子語類》即載有：「陸先生（陸象山），不取伊川格物之說。」見是書，卷十八；頁
　　393。而朱熹基本上卻是發揮伊川格物之說的。此外，陸象山在《語錄》裏的言語不時與朱
　　熹的《大學章句》針鋒相對。見《陸九淵集》卷三十四，頁395-396。陸氏抨擊「天理」、
　　「人欲」觀念之不當；而此二觀念卻見諸朱熹《大學章句》首註之中。陸氏又說：「『所謂
　　誠其意者，無自欺也』一段，總是修身、齊家、治國、平天下之要，故反覆言之……。」顯
　　然與《朱子改本》相左。見《陸九淵集》，卷三十四，頁418。諸如此類，《語錄》不一而
　　足。

了[39]。

　　鑑於此，某些南宋朱門學者固然服膺朱熹學說，對《朱子改本》卻有所保留。他們認爲〈格致傳〉乃雜於經傳之中並未亡佚，因此「補傳」實爲多餘之舉。這些學者修訂的方式通常是「移物有本末一節，繼以知止能得，又繼以聽訟吾猶人一節而結之曰：此謂知本，此謂知之至也。」以此釋「格物致知」之義[40]。王柏甚至譽此一發現爲「洞照千古之錯簡」[41]。這類改本雖微有差異，基本上仍維持「三綱八目，以傳承經」的形式，因此只能算是對《朱子改本》的修正。個中學者以董槐(?-1262)、車若水(1210-1275)、王柏(1197-1274)最具代表性[42]。而王柏的〈大學沿革論〉、〈大學沿革後論〉闡釋修訂原由極爲詳悉，足以作爲此一發展方向的指標[43]。

　　細究之，王柏所恃以改訂的理由主要是以「文體」、「文氣」的字句斟酌爲據，倘有涉及「文義」則總取證朱子之學說，因此一時並不造成義理層面的衝突[44]。縱使王氏如此刻意調停廻護，並不能免除其他朱門學者的抨擊。爲此，王柏感歎道：

　　　一日聞《大學》〈格致章〉不亡，不特車玉峰有是言也，自董矩堂以來，已有
　　　是言矣。考亭後學一時尊師道之嚴，不察是否，一切禁止之[45]。

王柏將朱門學者反對的理由以「尊師道之嚴」一語含糊帶過，但從稍後吳澄(1249-1333)的評論卻可略知梗概。吳澄譏評道：

　　　經一章渾然如玉……今乃拆破經之第二節、第三節以補致知格物之傳，豈不識

39　朱彝尊：《經義考》，卷一五六，頁四上。

40　同上，卷一五六，頁 3 下-4 上。

41　王柏：《魯齋集》（臺灣商務印書館，叢書集成初編），卷七，頁 139-140。原文爲「蒙賜諭《大學》〈致知章〉不亡，尤見洞照千古，錯簡糾紛不能逃焉。」

42　董槐的《改本》見黃震：《黃氏日鈔》，卷二十八，頁26上—26下，頁43下—50上。王柏的《改本》見毛奇齡：《大學證文》（臺灣商務印書館，文淵閣四庫全書），卷四，頁19下—20上。但王柏《改本》似卽爲車若水的《改本》，見王柏：《魯齋集》卷二，頁16。董槐、王柏、車若水三者與「大學改本」的相互關係可參閱程元敏：《王柏之生平與學術》（臺北，1975），上冊，頁469-473。

43　王柏：《魯齋集》，卷二，頁 15-18，頁 18-21。朱彝尊則誤認〈大學沿革論〉爲車若水之作，見朱彝尊：《經義考》，卷一百五十七，頁 3 上。朱氏謂：「車若水，〈大學沿革論〉一卷，未見。」

44　王柏：《魯齋集》，卷二，頁17-18，頁19-20。卷二，頁10，王柏卽云：「……以朱子之語，參互較之，則固以爲〈格致傳〉矣。然勇於補而不勇於移，何也？以誠意一章觀之，至易簀前數日，改猶未了，假以歲月，烏知其不遂移也邪？」

45　同上，卷二，頁18。

經傳文體之不同乎？而此兩節欲強解作致知格物之義亦且不通，徒見有一物
字，有一知字而欲以爲格物致知之傳，無乃不識文義之甚乎？且經文中除了此
兩節，豈復成文？如一玉盤打破而去其一角，但存其二角，豈得爲渾全之器
哉[46]？

「玉盤無缺而反毀之」正是吳澄持以反對「退經補傳」的理由。南宋以來，歷代皆有
學者抨擊此種補法，明代的金賁亨(1483-1564)卽以「割衣補裳」相譏[47]；但無可否
認地，歷代亦不乏支持的學者[48]，誠如王柏所預言「此言旣出，流傳漸廣，終不可
泯」[49]。

　　然而眞正撼動朱子《大學章句》地位的並非來自上述的「格致」改本，反竟是舊存
的《大學古本》。明代中葉，王守仁(1472-1529)因對朱學不滿，逐漸開展出自己的哲
理系統，並且賦予《大學章句》嶄新的義理解釋，令後者能與《大學章句》相頡頏[50]。

　　朱熹生前遭「僞學」之禁；身後，學禁漸弛。南宋末年，朱學盛行，朱註《大
學》、《論語》、《孟子》、《中庸》併立於學官[51]。元仁宗皇慶二年(1313)；朱
註《四書》正式懸爲功令科目，遂廣爲士子所誦習[52]。明永樂十五年(1417)，頒《四
書大全》，去取一以朱說爲準則而諸家之說盡廢[53]。朱子積平生之力所爲註釋，原本

46　吳澄：《吳文正公集》（臺北，新文豐出版公司，元人文集珍本叢刊），卷三，頁3上-4
　　上。吳澄於此批評的是《王巽卿改本》，《巽卿改本》亦源自董槐，除了「聽訟」一節以
　　外，〈格致傳〉移文與王柏所述是一致的，故可視爲對上述《改本》的評斷。吳澄謂：「徒
　　見有一物字，有一知字而欲以爲格物致知之傳，無乃不識文義之甚乎？」則與王柏所謂「古
　　人不區區於字義，只說大意，而字義在其中，況此旣有知字、物字，自然爲格致之一傳。」
　　針鋒相對。

47　劉斯原：《大學古今本通考》，卷九，頁6上-6下。

48　朱彝尊：《經義考》，卷一五六，頁3下-4下；卷一五七，頁3上-3下；卷一五八，頁5下
　　-6下。

49　王柏：《魯齋集》，卷二，頁18。

50　王守仁對「朱學」的回應，請參閱拙著："Wang Yang-ming's Response to Chu Hsi's
　　Learning: a Developmental View", conference paper presented for the Fifth Interna-
　　tional Congress of Chinese Philolophy, San Diego, in 1987。

51　《宋史》（臺北鼎文書局，標校讀本），卷一八八，頁12767-12769。「朱學」確立的政治
　　因素可參見劉子健：〈宋末所謂道統的成立〉，收入是氏《兩宋史研究彙編》（臺北，1987
　　），頁277-282。

52　《元史》（臺北鼎文書局，標校讀本），卷八十一，頁2018。

53　《明實錄》（中央研究歷史語言研究所校印，1964），《明太宗實錄》，卷一五八，頁2
　　上；卷一六八，頁2下-4上。另見黃虞稷：《千頃堂書目》（臺灣商務印書館，文淵閣四庫
　　　　　（註文轉下頁）

爲昌明聖學，至是淪爲弋取功名富貴之資。紀昀(1724-1805)就說道：

> 至明永樂中，《大全》出而捷徑開，八比盛而俗學熾。科舉之文，名爲發揮經
> 義，實則發揮註意，不問經義何如也。且所謂註意者，又不甚究其理而惟揣測
> 其虛字、語氣，以備臨文之摹臨，併不問注意何如也。蓋自高頭講章一行，非
> 惟孔、曾、思、孟之本旨亡，併朱子之《四書》亦亡矣[54]！

以此視之，顧炎武(1613-1682)謂「自八股文行而古學棄，《大全》出而經說亡」蓋
爲的當之論[55]。

　　然而《大全》定本的頒行，又意外造成一個「鳩佔鵲巢」的奇特景觀：原來《五
經大全》中的《禮記大全》緣朱註已有《章句》故，特刪〈大學〉與〈中庸〉兩篇，
致使一般士子誤以朱子《改本》爲定本或古本[56]。吳蕭公在《孔門大學述》的〈自
序〉卽道出此一現象：

> 自朱子《章句》行而鄭注、孔疏並廢，《戴記》中遂削原文，所幸存者舊《十
> 三經》鄭注耳，號稱《古本》。廢置弗道，偶或信從，不以爲好異，輒曰：「
> 反古。」……于是《大學》永爲朱子之書，而孔門之《大學》茂矣[57]！

清初毛奇齡(1623-1716)亦言：

> 明嘉靖間，王文成公刻《古本大學》；當時文士在官者，自中及外，稱明代極
> 盛之際，尙相顧眙睜，竝不信復有此本，可爲浩嘆[58]！

甚至到了清初，指控陽明「敘《古本大學》則倒置經文」的學者竟還大有人在[59]。這

　　　　　　　　　　　（註文接上頁）

　　　全書），卷三，頁27上。除了《四書大全》，另頒有《五經大全》、《性理大全》。顧炎武
　　　謂《五經大全》，除了《春秋大全》、《詩經大全》外，「其三經後人皆不見舊書」，恐值
　　　商榷。按察明人藏書目錄，例如晁瑮《晁氏寶文堂書目》、徐𤊹《徐氏紅雨樓書目》、葉盛
　　　《菉竹堂書目》，甚或焦竑《國史經籍志》皆有著錄；清人朱彝尊《經義考》和《四庫全書
　　　總目》亦有著錄，惟後者評價與顧氏微有出入。顧氏之見，見是氏：《原抄本顧亭林日知
　　　錄》（臺北文史哲出版社，1979），卷二十，頁525。

54　紀昀：《四庫全書總目提要》（臺灣商務印書館），卷三六，頁39上-39下。
55　顧炎武：《原抄本顧亭林日知錄》，卷二十，頁526。
56　胡廣等：《禮記大全》（臺灣商務印書館，文淵閣四庫全書），卷二十五，頁25上，〈中
　　　庸〉第三十一，只印「朱子章句」，卷二十九，頁19下，〈大學〉第四十二，只印「朱子章
　　　句」。
57　轉引自朱彝尊：《經義考》，卷一六一，頁8上-8下。
58　毛西河：《大學證文》，卷一，頁7上。
59　張夏：《雒閩源流錄》（康熙二十一年），卷十五，頁9下。

便說明了卽使身爲陽明高弟的徐愛(1488-1518)，初聽王氏「格物」新解，以《舊本》爲正，何以「始聞而駭，旣而疑，已而殫精竭思」了[60]。

事實上，王守仁早年治學亦是從「朱學」入手。王氏始謁朱門學者婁諒（1422-1491），語宋儒格物之學，謂聖人可學而至。王氏大概深信不疑，日後方有「格竹子」之舉[61]。而後王守仁歷經許多困挫，逐漸開展出有別於朱熹的哲理，而其下手處，卽恢復《古本大學》，立「格物」新解。是故，朱、王二氏對《大學》領會之分歧，最能顯示他們之間的哲學歧見。

王氏在〈大學古本序〉開宗明義卽言：「大學之要，誠意而已矣。」[62] 誠意之功，方是格物。他認爲「誠意」之說自是聖門教人用功第一義，但近世學者乃作第二義看，故得稍與提掇[63]。他倡言《大學》當以「誠意」爲主，雖與朱熹頗有出入[64]，卻和唐孔穎達(574-648)爲〈大學〉篇目所作的疏解：「（〈大學〉）本明德所由，先從誠意爲始。」[65] 若合符節。王氏所以如此看重「誠意」，其故卽在他認爲「君子」與「小人」之分，只在於「誠意」與否，所以《大學》特倡「誠意」以示修身之要[66]。語及《大學》何以必得「去分章而復舊本」，他解釋道：

（是故）不務於誠意，而徒以格物者，謂之支；不事於格物，而徒以誠意者，謂之虛；不本於致知，而徒以格物、誠意者，謂之妄。支與虛與妄，其於至善也遠矣。合之以敬而益綴，補之以傳而益離，吾懼學之日遠於至善也[67]。

「合之以敬而益綴」明是譏刺朱熹視《大學》爲爲學綱目，而以「敬」字收斂身心，不免有疊床架構之嫌；「補之以傳而益離」則是針對朱熹「格物補傳」之舉而發。由此可知，陽明復《舊本》眞正的用意是不滿朱學的支離破碎。

60 陳榮捷：《王陽明傳習錄詳註集評》（臺北學生書局，1983），頁25。原文爲：「先生（陽明）於大學格物諸說，悉以舊本爲正，蓋先儒所謂誤本者也。愛始聞而駭，旣而疑，已而殫精竭思。」
61 王守仁：《王陽明全集》（臺北河洛圖書出版社，1978），《年譜》，頁611。
62 同上，卷七，頁58。
63 陳榮捷：《王陽明傳習錄詳註集評》，頁164。
64 譬如朱熹卽曾說：「此一書（《大學》），要緊只在『格物』兩字，認得這裏看，則許多說自是閑了。」《朱子語類》，卷十四，頁255。
65 《禮記註疏》，（臺灣商務印書館，文淵閣四庫全書），頁22上。
66 王守仁：《大學古本傍釋》（百陵學山），頁1下-2上。
67 王守仁：《王陽明全集》，卷七，頁58。

不止於此，王氏援孟子「格君心之非」爲例，解「格物」之「格」爲「正」，意謂「去其心之不正，以全其本體之正。」又解「格物」之「物」爲「事」，而此「事」卻是從心上說[68]。據此他方能下此一斷語：「惟以誠意爲主，而用格物之工，故不須添一敬字。」[69] 其實王氏與朱熹根本的差異，可從他們對《大學》最終的目標——「止至善」理解的分歧而略知梗概：於朱熹而言，「至善」意謂「事理當然之極」[70]；而王氏獨謂之「心之本體」。王氏相信：惟知「至善」之在於吾心，而不假於外求，則志有定向，而無支離決裂，錯雜紛紜之患[71]。至於王氏釋「致知」存乎心悟，則與朱氏之解南轅北轍，更格格不入了[72]。

王氏的同時人，程朱大儒羅欽順(1465-1547)與白沙高弟湛若水(1466-1569)皆不約而同的指出，王氏的「格物」新說並不符合《大學》文義[73]。但重要的是，王氏不僅挾恢復《古本大學》之名，而且發展出己身的哲理系統來與朱學抗衡，因此其義理上的是非斷非文字考訂所能範圍。評陽明「四句教」最力的顧憲成(1550-1612)最能道出此中眞義，他說：

　　朱子之格物，陽明之致知俱可別立宗；若論《大學》本指，尚未盡合，要之亦

　　正不必其盡合也[74]。

稍後，劉宗周(1578-1645)亦確切地指出：王氏之「釋誠意而格致在其中」凡在「遷就其知行合一之說而已」[75]。他說道：

　　陽明之良知，本以救晚近之支離，姑借《大學》以明之，未必盡《大學》之旨

68　陳榮捷：《王陽明傳習錄詳註集評》，頁37-39。
69　王守仁：《大學古本傍釋》，頁2上。
70　朱熹：《四書章句集註》，頁3。
71　王守仁：《大學古本傍釋》，頁1上。
72　王守仁：《王陽明全集》，卷七，頁58。
73　設若撇開義理的爭執，單就《大學》文句解讀而言，倘依王氏「格物」解，則不免與「正心」、「誠意」之旨重覆；若依王氏「致知」解（吾心之良知卽所謂天理也。致吾心良知之天理於事事物物，則事事物物皆得其理矣。致吾心之良知者，致知也；事事物物各得其理者，格物也。）則「格物」反在「致知」。羅欽順的批評見〈與王陽明書〉二函。羅欽順：《困知記》（臺北，中國子學名著集成），〈附錄〉，頁1上—8下。湛若水之評大致相同，但值得注意的，湛若水雖同是支持《古本大學》的，意見卻與王氏相左。參見黃宗羲：《明儒學案》（北京，中華書局，1986），頁886-888；湛若水：《湛文簡公甘泉集》（廣東文獻初集），頁17下，22上—23上。
74　顧憲成：《小心齋劄記》（臺北，廣文書局，1975），卷十四，頁8上。
75　劉宗周：《劉子全書》（臺灣華文書局，中華文史叢書第七輯），卷三十八，頁2下。

也。而後人專以言《大學》，使《大學》之旨晦[76]。

要知道劉氏本爲晚明王學後勁，其言論顯得益爲持允。

正因王守仁懂得借重《古本大學》，並濟之己身創發之哲理，終能撼動朱學的地位。清初朱學學者張烈（1622-1685）卽憤憤不平地說：陽明懼人攻己，遂援《古本大學》以爲據，行「挾天子令諸侯之智」，「其心術險譎而技窮可知」。[77] 張氏的憤慨之詞當然是發出宗派意識，但以此可以反證，王氏雙管齊下的策略果然奏效。其實，王氏新學之取得主導優勢，可從兩方面窺知：一爲政治上的認可，另一則爲學術上的流行。

王氏生前功業彪炳，但其學術因與當時代表官學的朱學牴牾，時受政敵詆誣[78]。反觀萬曆十二年（1584），朝廷議決王氏從祀孔廟時，有江門學者唐伯元（萬曆二年進士）上疏謂「守仁言良知新學，惑世誣民」，不宜從祀。竟遭言官劾其「詆毀先儒」左遷貶官[79]。時風易勢，不言而喻。王氏新學既能鼓動海內，而《大學章句》本爲朱學重要的一環，經其質疑，則不免搖動而致異說叢起；於是恢復古本《大學》的呼聲此起彼落，蔚成風潮。《明史·儒林傳》謂：「嘉（靖）、隆（慶）而後，篤信程、朱，不遷異說者，無復幾人矣。」[80]實有見於此。

循理說，王氏所推尊的《禮記》中的《大學古本》，淵源已久，學者應無異議才對；事實則不然。明中葉一位著名的藏書家——王文祿（1503-1586），雖然對王學深表同情，卻不得不說：「十三經註疏已亂于唐，況補傳、分章又創于宋」，可知「（《大學古本》）經文『未之有也』下接『此謂知本』二句，文氣太急，必有缺文。」[81]又謂：「陽明老先生深憫支離，急欲復古，姑取《註疏》（按《禮記》注疏本）中《大學》耳。使獲覩石經而表章之，則尤大有功于孔門。」[82] 職是之故，王文祿轉而支持（僞）《石經大學》，以爲據此可祛王學「致知」、「誠意」兩歧之

76　同上，卷六，頁14上。
77　張烈：《王學質疑》（福州正誼書院），《附錄》，頁12上。
78　王守仁：《王陽明全集》，《年譜》，頁652-653。
79　黃宗羲《明儒學案》，卷四十二，頁1005；又《明史》卷二八二，頁7256。
80　《明史》，卷二八二，頁7222。
81　王守仁：《大學古本問》（百陵學山），王文祿之〈跋〉，頁9下。
82　同上，頁9下。

疑[83]。陽明嫡傳——王艮(1483-1541)亦依己身獨創的「淮南格物」，以自理《大學》改本[84]。明末王學殿軍——劉宗周認爲：「大學」之教不明，只爲「意」字解錯，非干「格致」之辨。陽明錯認「意」爲「心之所發」（如同朱熹），致「意」成善念、惡念耳。如此一來，「正心」工夫反在「誠意」之前，不符《大學》本文[85]。故他以「意」爲「心之所存」，力持「愼獨乃格物第一義」[86]。於《大學》改本，別有所是[87]。劉氏身爲王門健將尚且如此，遑論他人了。

總之，自從陽明提出「格物」新解，呼籲恢復《大學古本》以來，朱熹的《大學章句》卽受到極大的挑戰，而《大學古本》卻又無法圓滿解決內部文句的疑難；因此在陽明之後，各種《大學》改本便如雨後春筍般的湧現。其義理上的爭執，不外乎對《大學》本旨看法的分歧，尤其是對「格物」一詞的疏解更是眾說紛紜，劉宗周謂「格物之說，古今聚訟有七十二家」[88]殆非虛詞。

就《大學》訂本而言，除了尊信《戴記‧大學》不分經傳的學者之外，諸儒大略依下列三種方式考訂《大學》：

（一）主張《大學》語義自足，文字無庸調動，而只需分章者。例如早在南宋

83　王文祿：《大學石經古本傍釋》（百陵學山），〈序引〉及〈申釋〉。王文祿謂：「陽明公見《戴記‧大學》經文後接誠意，故以誠意爲要，又以格物爲功，致知爲則，寧免兩岐之疑邪？」依王文祿之見，「蓋（陽明）未見正和《石經大學》甚明也。」

84　王艮：《王心齋文集》（中文出版社，和刻本），卷三，頁1下-5上。王艮謂：「格物之物，卽物有本末之物，其本亂而末治者否矣。其所厚者薄，而其所薄者厚，未之有也。此格物也。故卽繼之曰此謂『此謂知本，此謂知之至也。』不用增一字解釋，本義自足。」王艮又解「止至善」爲「安身」。其「淮南格物」深受劉宗周賞識，至譽「後儒格物之說當以淮南爲正」。見《劉子全書》，卷十二，頁13下。其《大學》改法亦影響及劉宗周的改本，見《劉子全書》卷三十八，頁3下。「淮南格物」之解可上溯至南宋黎立武，見黎氏著《大學本旨》（臺灣商務南書館，文淵閣四庫全書），頁5上-6下。又見朱彝尊：《經義考》，卷一五七，頁2下-3上。惟毛西河謂本之黎氏之《大學發微》則不確；參較毛西河：《大學證文》，卷一，頁9上-10下。

85　劉宗周：《劉子全書》，卷十一，頁14上-16下；卷二五，1上—1下。陽明之見，參閱《傳習錄》，頁368-369。劉氏之評，另見氏著《陽明傳信錄》，卷三，頁34上-35上；收入《劉子全書及遺編》（京都，中文出版社），下冊。

86　劉宗周：《劉子全書》，卷十一，頁6下；卷三八，頁18下。

87　黃宗羲在〈子劉子行狀〉謂：「先生（劉氏）于新建之學凡三變：始而疑，中而信，終而辨難不遺餘力，而新建之旨復顯。」黃宗羲：《黃宗羲全集》（浙江古籍出版社，1985），第一冊，頁254。劉氏於《大學》改本，最初從高攀龍，後受《石經大學》影響，自有訂本。見《劉子全書》，卷三十六與卷三十七；另卷四十，《年譜》，頁6上，40下。

88　劉宗周：《劉子全書》，卷三十八，頁15上。

即有錢時[89]，明代則有湛若水[90]，許孚遠(1535-1604)[91]、管窺等[92]，清初則有毛奇齡[93]、李光地(1642-1718)[94]、謝某禛等[95]。其章節之釐訂並不盡相同。

（二）主張《大學》有錯簡，文字甚或章節必得更動者。例如：最早的有大程子，在明代則有李材(1519-1595)[96]、葛寅亮（萬曆29年進士）[97]、崔銑(1478-1541)[98]、劉宗周等；即使專就「格致傳」錯簡而言，南宋以降，固有董槐諸儒，有明一代更不乏其人[99]。

（三）主張《大學》既有錯簡，且有衍文或闕文者。朱子《改本》之後，有蔡清(1453-1508)[100]、季本(1485-1563)[101]等，而王道（1476-1532）刪文獨多[102]；朱子《改本》之後，以明豐坊（嘉靖二年進士）的偽《石經大學》最為著名[103]。

《石經大學》的出現在《大學》改本史上是極引人注意的現象。其實《石經大

89　錢時：《融堂四書管見》（臺灣商務印書館，文淵閣四庫全書），卷十二。
90　湛甘泉：《湛文簡公甘泉集》（廣東文獻初集），〈古本大學講章〉，卷五，頁22上-23上。由此文可知湛氏之《大學》必有章節之分。據王守仁之《傳習錄》，湛氏似受王氏影響才改信《大學古本》。見《傳習錄》，頁282。湛氏為了替《大學古本》護法，竟然抬出明太祖的「祖訓」，可見當時《朱子改本》之勢力。湛甘泉：《格物通》（臺灣商務印書館，文淵閣四庫全書），〈序〉，頁2上。
91　許孚遠：《大學述》（中國子學名著集成），頁1上-23下。
92　管窺：《大學古本》收入劉斯原《大學古今本通考》，卷六，頁4下-5上。
93　毛西河在〈大學問〉謂：「《大學》不分經傳，不分篇章，而但有節次。」見氏著：《西河全集》，〈大學問〉，頁4下。然而在《大學證文》中卻謂：「《大學》一書自為首尾，並無節次。」見《大學證文》，卷一，頁8下。按〈大學問〉成於《大學證文》之後，姑取後說。
94　李光地：《榕村全書》（道光九年刊），〈大學古本說〉，頁1上-17上。又見是氏著《大學舊本私記》，收入《大學彙函》，章節相同，疏解微有差異。頁503-528。
95　謝某禛：《醫匿古本註》，收入謝濟世：《大學校議》（朱絲欄鈔本），中央研究院歷史語言研究所，傅斯年圖書館收藏。
96　李見羅：《大學古義》，收入劉斯原：《大學古今本通考》，卷十，頁1上-9下。又見謝濟世：《大學校議》。
97　葛氏改本收入毛奇齡：《大學證文》，卷四，頁22上-22下。
98　崔氏改本見胡渭：《大學翼真》，卷三，頁11下-14上。
99　參見王文祿：《大學石經古本傍釋》，〈序引〉，頁1下-2上；朱彝尊：《經義考》，卷一五八。
100　蔡清：《四書蒙引》（臺灣商務印書館，文淵閣四庫全書），卷一，頁59上-61下。
101　季氏改本見毛奇齡：《大學證文》，卷四，頁20下-21上。
102　王道改本收入劉斯原：《大學古今本通考》，卷八，頁1上-1下。
103　豐坊的《石經大學》見王文祿：《大學石經古本傍釋》。又見鄭曉：《古言》（鹽邑志林）卷下，頁1上-1下。

學》造僞之跡顯而易見[104]，然而當時的名公碩儒，例如鄭曉（1499-1566）[105]、管志道（1537-1608）[106]、顧憲成、顧允成（1554-1607）昆仲等皆推崇備至，深信不疑[107]。《石經大學》之風靡一時，可從朱彝尊所著錄的《大學》版本見得梗概；在《經義考》裏邊，弘治、正德以後，號稱「古本」者甚多，大率皆僞《石經本》，而非《戴記》原本[108]。要之，陽明以來，學者「（恢）復古（本）」心切，眾人咸信「心誠求之，雖不中，亦不遠」。例如：高攀龍竟致祈求已逝的李材，在夢中指正崔氏的《大學》改本。這種渴望尋求《大學》定本的心態已迴乎常情之上。於是在這種集體的預期心理之下，加上豐坊言之鑿鑿的「傳授源流」，便提供了《石經本》流行的最佳溫床。是故，清儒純以「學識淺陋」譏諷明人「貽笑儒林」[109]，並不足以解釋此中眞情。清初陸隴其（1630-1692）卽言：

> 淡泉（鄭曉）、涇陽（顧憲成）何可當也？其學問之淵深，雖時與朱子相左，亦
> 豈俗學可及。未可以其信《石經》之誤，而盡沒其學。謂其反不如今人也[110]。

這番話發自一位朱門衛道者口中，尤顯其公允。以劉宗周爲例：劉氏原本深受《石經大學》影響，他於晚年得知《石經本》實屬贗作，仍不禁說道：「（《石經大學》）雖或出於後人也何病，況其足爲古文羽翼乎？」[111]其不忍割捨之情溢於言表。

簡而言之，《大學》改本一般染有鮮明的義理色彩。卽使以南宋錢時的《改本》爲例，錢氏分《大學》舊文爲六章；於註解中，屢與「先儒」錯簡之見相左。《四庫提要》說：「（錢）時之學出於楊簡，簡之學出於陸九淵，門戶迥殊，故不用程朱之本。」[112]陽明之後，這種義理動機尤其顯著。劉宗周在答覆門生張履祥（1611-1674）

104　豐氏爲人詼諧，謂《石經大學》刻於魏政和年間。按，「魏」者，僞也，而「魏」更無「政和」年號，可見純爲「子虛烏有」之事。當時已有人質疑，例如，陳筆山，見劉斯原：《大學古今本通考》，卷三，頁6下-7上；又朱彝尊：《經義考》，卷一六〇，頁1上-1下。豐氏小傳，參見黃宗羲：《南雷文定》（臺北文海出版社，明清史料彙編），三集，卷二，頁6下-8下。

105　鄭曉：《古言》，卷下，頁1上-3上。

106　朱彝尊：《經義考》，卷一六〇，頁4下-6上。

107　同上，卷一六〇，頁6上-7上。

108　例如：周從龍的《大學遵古編》、吳炯的《大學古本解》等。又參見謝濟世《大學校議》。

109　毛西河：《大學證文》，卷二；又全祖望：《鮚埼亭集》，《外編》，卷十七，頁884。高氏之語見《高子未刻稿》（中央研究院傅斯年圖書館微卷，原藏國立北平圖書館），頁72下。〈告李見羅先生文〉：「先生有靈，質之（崔本）先聖于我夢寐。」

110　陸隴其：《三魚堂文集》（臺灣商務印書館，文淵閣四庫全書），卷一，頁24上-24下。

111　劉宗周：《劉子全書》，卷三六，頁1下。

112　紀昀：《四庫全書總目提要》，卷三十三，頁下14。

質疑《石經本》時，說道：

> 《石經》授受未明，似不當過於主張，闕疑之見良是。但愚意《大學》之教，
> 總歸知本，知本歸之知止。已經景逸諸公拈出，卻不知誠意一關，正是所止之
> 地。靜定安慮總向此中討消息。初經僕看出，因讀《石經》，不覺躍然。顏
> 謂：斷非蔡中郎所能勘定，況豐南禺先生乎？學者得其意可也[113]。

劉氏後來在爲自己所是的《改本》辯護時，更毫無掩飾地表達己身的哲理立場，他批
評道：

> 惟於「意」字不明，故幷於「獨」字不明，遂使格致誠正俱無著落，修齊治平
> 遞失原委。諸儒補之以傳而反離，綴之以敬而益贅，主之良知之說而近鑿，合
> 之以止修而近支；總之無得於慎獨之說故也[114]。

上述引文諸儒「補之以傳而反離，綴之以敬而益贅」指的顯然是朱熹；「主之良知之
說而近鑿」評的卽是陽明；「合之以止修而近支」則涉李材的學說與改本。最後所述
及的「慎獨之說」則爲劉氏自創的哲理了。

　　縱就《石經本》而言，《石經大學》誠屬僞作，然而豐坊並未忘記藉機抒發一下
自個兒的義理見解。譬如，他在《大學》引《詩》曰：「穆穆文王，於緝熙敬止。」
時，下旁注卽言：「指出『敬』字乃聖學之要。有曰：『合之以敬而益綴』豈其然
乎？」[115]豐氏於此顯然意有所指。（參前引王守仁〈大學古本序〉）

　　因此欲瞭解《大學》改本的發展，考證必脫離不了義理層面的糾結，而後者更有
其主導性。而這項牽聯有愈演愈烈的趨勢，終於延伸爲政教宰制權之爭。嘉靖二十八
年（1549），程朱學者林希元（正德十二年進士），素不喜良知新說，上《大學經傳
定本》，曰：

> 如果是書可全，臣言不謬，乞勅禮部改正頒行兩京國子監及天下司府州縣，
> 使學官以是造士科舉，以是命題[116]。

而林氏所謂的《定本》其實就是南宋以來，程朱學者董槐等的「格物錯簡」改本（詳

113　張履祥：《張楊園先生全集》（江蘇書局，1871年），卷二，頁5上。
114　劉宗周：《劉子全書》，卷二五，頁1下。
115　王文祿：《大學石經古本傍釋》，頁7上。
116　林希元：《林次崖先生文集》（乾隆十七年，陳鴻亭重訂），卷四，頁42下-43上。

前述）；所以林希元的舉動僅可視爲對陽明恢復《大學古本》不得已的反擊。又江門學者唐伯元（1540-1598），亦惡新學橫流，謂《古本》錯簡顯然，貽誤先儒，因而進《石經大學》。唐氏受湛若水《聖學格物通》啟發，遂援引明太祖論《大學》語[117]，爲《石經大學》張本，至謂以高皇之言證之《石經》益確[118]。而他眞正所掛心卻仍是門派的消長，這從他所上《石經疏》可以充分地顯現出來，他說：

> 《朱註》之失未遠也，如其不爲新學所奪也，臣固可以無論也；新學之行未甚也，如其不爲朝廷所與也，臣亦可以無憂也。今者守仁祀矣，赤幟立矣，人心士習從此分矣[119]。

唐伯元的《石經疏》事實上已透露陽明所倡《大學古本》，從者漸衆。萬曆二十年（1592），四川僉事張世則（萬曆二年進士）[120]，上疏，自謂讀《大學古本》而有悟，知朱學務博，不能誠意，壞宋一代之風俗。遂進所著《大學古本初義》，欲施行天下，一改《章句》之舊[121]。迄清初，程朱學派再興，卻仍有陸王學者謝濟世（1689-1756）進《（古本）大學注》，暗諷明太祖與朱熹，兼同鄉同姓之誼，難免有所偏袒。清主則儘可不必「拘泥周程張朱」[122]。

這些圖取《朱本》而代之者，其遭遇分別是：林希元削籍落官[123]；唐伯元立遭貶斥[124]；張世則之奏，旋因高攀龍（1562-1626）抗疏不得行[125]；謝濟世得旨嚴飭，所註經書「悉行焚燬」[126]。其實，早在永樂二年（1404），即有鄱陽人朱季友，上所著書，

117　唐伯元：《醉經樓集》（中央研究院，史語所傅斯年圖書館收藏，朱絲欄鈔本），《奏疏附刻》，頁20下-21上。湛若水之語見《格物通》（臺灣商務印書館，文淵閣四庫全書），〈序〉，頁2上。湛氏謂：「伏覩我太祖高皇帝諭侍臣曰：『《大學》一書其要在修身。』」而《大學古本》以修身釋格至……則聖祖蓋深契夫《古本大學》之要矣乎?!」按湛氏推衍《古本大學》，實治道之要，著《格物通》，備帝王之教；湛氏特意抬出太祖，頗有與南宋眞德秀之《大學衍義》和有明丘濬《大學衍義補》相抗衡的意味。眞、丘二氏皆朱門學者，主《大學章句》。有關《大學衍義》和《大學衍義補》的問題，請參閱我的同事，朱鴻林兄的〈理論型的經世之學〉，《食貨月刊》，十五卷，三、四期（1985年9月），頁16-27。

118　唐伯元：《醉經樓集》，〈石經疏〉，頁22上-22下。

119　同上，頁23上。

120　蕭彥：《掖垣人鑑》（臺北文海出版社社，1970），頁875。

121　高攀龍：《高子遺書》（臺灣商務印書館，文淵閣四庫全書），卷七，頁1上—1下。

122　謝濟世：《梅莊雜著》（道光五年新鐫），〈進學庸註疏奏〉，卷一，頁12下-13上。

123　蔡獻臣：〈林次崖先生傳〉收入《林次崖先生文集》，頁2下。

124　黃宗羲：《明儒學案》，卷四二，頁1005。

125　高攀龍：《高子遺書》，卷七，頁1上。

126　文獻館編：《清代文字獄檔》（臺灣華文書局），第一輯，頁1上-2上。

專毀濂洛關閩；結果所著文字悉毀，且杖之一百[127]。 張世則等對朱季友案諒非不知情，其再接再厲獻書，除了顯現「任道之勇」，蓋亦時風有以趣之。

另方面，朝廷處置「異端」的立場，則始終相當一致；所以他們的下場並不難預料。高攀龍的〈崇正學闢異說疏〉是「得旨允行」的，因此其立論足以作爲朝廷觀點的表率。高氏說：

> 自昔儒者說經不能無異同，而是非不容有乖謬。是非乖謬，則萬事謬矣。以程朱大賢，謂其學曰：「不能誠意。」謂其教曰：「誤人之甚。」是耶？非耶？議之於私家，猶爲一人之偏頗，而於聖賢無損；鳴之於大廷，則遂足以亂天下之觀聽，而於世教有害。臣有不容已於言者矣[128]。

此處「臣有不容已於言者矣」的「臣」改爲「朝廷」，就成了官方正統的立場了。此外，值得一提的，除了作爲科舉定本之外，《大學》自南宋以來，已成爲帝王經筵教育的一環[129]，因此其與政教之關連既深且鉅，可毋庸多言。是故倘有人持與官方相異的看法，則難免心存疑懼，吳肅公在清初說道：「（《古本大學》）偶或信從，不以爲好異，輒曰：『反古』。功令繩之，栽且及身。」[130]這種切身的壓迫感，是篤信程朱，不遷異說的人無法感受得到的。

有了以上政教紛爭的背景，就可以領略明中葉，湛若水「官」、「私」兩分教學法的底蘊。湛若水在一篇攸關書院規訓的文章中，建議道：

> 諸生讀書，須讀文公《章句》應試；至於切己用功，須讀《古本大學》。《古本》好處全在以修身[131]。

這種「官」、「私」兩分的教學法，出現在一位以成己成人之德的理學家口中，委實令人訝異。但衡諸「政教合一」的官方意識形態，爲了緩衝官私直接的衝突，湛氏的教學法仍不失爲「倡道」的權宜之計。是故，就在「習舉業者有成規，講道學者無屬

127　參見《明實錄》（中央研究院史語所校），《明太宗實錄》，卷三三，頁4；陳建：《學蔀通辯》（京都中文出版社，1977），卷下，頁1下-2上。
128　高攀龍：《高子遺書》，卷七，頁1下-2上。
129　《古今圖書集成》，卷二九三，頁755。
130　轉引自朱彝尊：《經義考》，卷一六一，頁8下。
131　湛若水：《湛文簡公甘泉集》，卷五，頁17下。

禁」的口號之下[132]，《大學》改本得以在私家著述之中蓬勃發展著。

明中以來，受王學激盪，《大學》改本特多，然終無法取代《大學章句》作爲科考定本的地位。雖說如此，諸多改本的出現實已透露朱學難以獨擅思想的訊息。在應舉中，至有以陽明心學作答而獲取者[133]。顧炎武卽言：

> 正德末，異說者起，以利誘後生，使從其學，毀儒先，詆傳註，殆不啻弁髦矣[134]。

迄崇禎之末，竟有宜興蔣星煒以豐坊塑造的傳經源流——「虞松改經議」出題試士[135]。可見各種怪論奇說不只深入人心，而且源遠流長。毋怪明人王世貞(1526-1650)說道：「今世之學者偶有所窺，則欲盡廢先儒之說，而出其上。」[136]王氏自有《大學》改本，他的話拿來形容當時《大學》改本「百家爭鳴」的熱況最爲允當。但「百家爭鳴」的結果經常造成「眾說紛紜，莫衷一是」的困局，劉宗周在晚年所發的一番感觸可以反映上述的推論，劉氏說：

> 《大學》之爲疑案也久矣。《古本》、《石本》，皆疑案也，《程本》、《朱本》、《高本》，皆疑案也，而其爲格致之完與缺，疏格致之紛然異同種種，皆疑案也。嗚呼！斯道何繇而明乎？宗周讀書至晚年，終不能釋然於《大學》也[137]。

與劉氏大約同時的傅山(1607-1684)亦深有同感，他說：「可惜一本好《大學》拆得亂騰騰地。」[138]由此視之，高攀龍之感歎：

> 《大學》未經表章，反覺潔淨，今日人人自爲《大學》，執此病彼，氣象局促耳[139]。

高氏的感歎確爲由衷之言。

132　謝濟世：《梅莊雜著》，卷一，頁12下。
133　顧炎武：《原抄本顧亭林日知錄》，卷二十，頁530-532，539；陳建：《學蔀通辨》（叢書集成初編），卷三，頁25；呂留良：《呂用晦文集》（國粹叢書，1908）卷5，頁176。
134　顧炎武：《原抄本顧亭林日知錄》，卷二十，頁531。又參較王夫之：《薑齋詩話箋注》（北京人民出版社，1981），頁214-215。
135　毛西河：《大學證文》，卷二，頁6下。
136　王世貞：《弇州山人四部稿》（臺北偉文圖書出版公司，1976），卷一一四，頁26上。
137　劉宗周：《劉子全書》，卷三十六，頁1下。
138　傅山：《霜紅龕集》（國初山右四家文鈔），卷二十五，頁2下。
139　高攀龍：《高子遺書》，卷十，頁46下-47上。

若說高氏於《大學》紛爭的反應僅止於「揚湯止沸」，那麼陳確（1604-1677）一

了百了的方式則是「釜底抽薪」了。陳氏本爲劉宗周弟子，他倡言「《大學》廢則聖

道自明」，堅信《大學》斷非孔、曾之書，「知止之教」必爲禪學無疑[140]。陳氏有此

激烈的看法，自然和他理解《大學》與宋明理學的發展密切相關。他說：

> （故）程子之言主敬也，陽明之言致良知也，山陰先生之言慎獨也，一也，皆
>
> 聖人之道也，無勿合也；而以之說《大學》則斷斷不可合。欲合之而不可合，
>
> 則不得不各變其說。各變其說，而於《大學》之解愈不可合[141]。

是故，陳確對陽明「知行合一」之教雖然拳拳服膺，惟略有餘憾。他說：

> 每恨以陽明子之賢聖，知行合一之說，決可與孟子道性善同功無疑者，奈何不
>
> 直辨《大學》之非聖經，而徒與朱子爭格致之解！朱子之解格致，本未嘗錯。
>
> 錯在《大學》，不在朱子。夫不務清其源，而惟欲清其流，流安可得清耶[142]！

原來《大學》固明言先後，而陽明卻謂知行無先後，如此一來，朱子反得憑《大

學》之勢以凌駕陽明。爲此，陳確耿耿於懷[143]。是故，陳氏爲了出學人於重圍之內，

只得宣稱「《大學》廢則聖道自明，《大學》行則聖道不明」。他堅信惟有以《大

學還《戴記》，並刪性理之文言，方能達成「琢磨程、朱，光復孔、孟」的最終目

的[144]。

細度之，陳確敢言「《大學》非聖經」實基於他所謂「迹」、「理」之說。在「

迹」方面，他認爲從未有文獻證據可確認《大學》爲孔、曾之書。在「理」方面，《

大學》駁雜近禪，失義理之純正。由此，可以獲悉他所謂「迹」指的顯是文獻考據，

「理」則爲概念判準。陳確曾說《大學》「以迹則顯然非聖經，以理則純乎背聖經」

[145]。表面上，似乎「迹」（考證）、「理」（哲學）雙重考量使得他可以大膽斷言「

《大學》非聖經」。事實則不然。陳氏在〈答吳仲木書〉中透露道：

> 弟所訾於《大學》者，正以其絕無義理故也[146]。

140　陳確：《陳確集》（臺北漢京文化公司，1984），《別集》，卷十四，頁557-558。
141　同上，《別集》，卷十四，頁556。
142　同上，《別集》，卷十五，頁569。
143　同上，《別集》，卷十四，頁555。
144　同上，《別集》，卷十四，頁559。
145　同上，《別集》，卷十四，頁562。
146　同上，《別集》，卷十五，頁570。

於另封〈答張考夫書〉中，他把此一意向，表達得更爲清楚，他道：

　　雖然，苟迹非而理是，雖弟亦是之矣。今弟之所爭者理也，非迹也[147]。

而陳確所代表的正是「重理輕迹」的極致，意卽「考據理學化」；此意謂著在核定文獻眞僞的過程中，「考據」僅爲形式，「義理」方爲裁決的最後依據。這種態度與淸考據學者所標榜的「故訓明則義理明」顯迥異其趣[148]。

　　淸中葉，考據學代言者之一——錢大昕(1728-1804) 就曾把理學與考據學在解經過程中所涉及的優先順序，定位得十分淸楚。他說：「有文字而後有詁訓，有詁訓而後有義理。訓詁者，義理之所由出，非別有義理出乎訓詁之外者也。」[149]拿錢氏的話與陳確兩相比照，則立知陳確所代表的進路，對爾後考據學的發展，充其量只是條「死胡同。」

　　無可諱言的，「考據理學化」在其時僅是較爲極端的例子，並非主流。另方面。陳氏治學的特徵亦非絕無僅有；例如王世貞前卽主張《大學》「前亦非聖經，後亦非賢傳」，語及《大學》一書作者，則臆斷爲子思，其憑據僅止於「它門人必不能也」罷了[150]。因此，陳確的思路旣非主流，亦非孤例。可是陳氏對《大學》所下的幾點論斷，仍忠實反映了淸初《大學》研究的主要趨勢。

　　首先，陳氏質疑《大學》爲孔、曾之作。陳氏在〈大學辨〉以「理」斷《大學》和孔、曾思想不契，故諒非後者之作。而後，陳氏又有〈辨迹補〉之舉，企圖從「迹」來補充己說。雖然陳氏對「考據」的使用僅止於「形式」點綴，但已表示他難以忽略「考據」在證成己說的重要性。尤其他的具體論點：《大學》非孔、曾之作在其時已頗有同調。例如，維護朱學不遺餘力的閻若璩(1636-1704)和胡渭(1634-1714)亦緣文獻不足徵，只得存疑《大學》一書的作者。所不同的是，閻氏和胡氏的立論是基

147　同上，《別集》，卷十六，頁588。

148　這句話節取自淸考據學代表人物——戴震(1723-1777) 的〈題惠定宇先生授經圖〉。戴氏原謂：「夫所謂理義，苟可以舍經而空憑胸臆，將人人鑿空得之，奚有於經學之云乎哉！惟空憑胸臆之卒無當於賢人聖人之理義，然後求之古經。求之古經而遺文垂絕，今古縣隔也，然後求之故訓。故訓明則古經明，古經明則賢人聖人之理義明，而我心之所同然者，乃因之而明。」見《戴震集》(臺北里仁書局，1980)，《上編》，卷十一，頁 214。至於戴震與淸代考證學風的關係則請參閱余英時敎授：《論戴震與章學誠》(臺北華世出版社，1977)，第六章。

149　錢大昕：《潛研堂文集》，卷二十四，頁13上-13下。

150　王世貞：《讀書後》(臺灣商務印書館，文淵閣四庫全書)，卷四，頁20上-20下。

於文獻證據的考慮[151]。視之往後的演變，閻、胡二氏的取徑顯擁有較廣泛地回響。尤其到了汪中(1744-1794)、崔述(1740-1816)、兪正燮 (1775-1840)的時代，他們對《大學》作者的觀點雖與陳確相近，但論證方式則迥然不同[152]。此別無它故，只因陳確仍受理學餘波盪漾的感染，而汪、兪等卻身處考據當令的境地。其論點之相似，頂多只能謂爲「貌合」罷了。

　　其次，陳氏主《大學古本》，並力持返歸《戴記》。於前半主張，漸爲多數學者所接受，並超越程朱、陸王兩派的藩籬。例如：清初朱學代表李光地、陸王健將李紱(1673-1750) 均無二致。無而這並非表示他們義理立場已匯歸爲一，相反地，他們的哲理歧見仍舊涇渭分明。李光地在《大學古本說》的〈舊序〉中，對陸王之徒假借《古本》助長聲勢，卽頗爲介意，他說：

　　　　閒考鄭氏《註本》，尋逐經意，竊疑舊貫之仍，文從理得。況知本、誠身二義
　　　　尤爲作《大學》者樞要所存，似不應使溷於眾目中，而致爲陸王之徒者得以攘
　　　　抉扼擎，自託於據經註傳，以售其私也[153]。

李氏固然對朱子《今本》心有未安，而另主《古本》，但對程朱哲理卻百般維護，毫無回轉的餘地，他說：

　　　　（《大學》）不區經傳，通貫讀之，則《舊本》完成，無所謂缺亂者。若大義
　　　　一惟程朱是據[154]。

「若大義一惟程朱是據」則是李氏明確表白他的義理立場了。

　　陸王學派在清初雖說隱微，但作爲陸王信徒的李紱卻毫不妥協。李紱終其一身抨擊朱熹不遺餘力[155]。李光地轉向《古本》更不會逃過他的耳目[156]。他譏評朱熹道：

　　　　如謂《大學》出於《戴記》，非孔子之書，不足崇信則已；如謂《大學》實爲

151　胡渭：《大學翼眞》卷三，頁1上-4下。
152　參見汪中：《述學》（成都志古堂），卷四，頁18下 -20上。兪正燮：《癸巳存稿》（臺灣
　　　商務印書館，人人文庫），卷二，頁56。崔述：《崔東壁遺書》（上海古籍出版社，1983）
　　　頁373-374。
153　李光地：《榕村全書》，〈大學古本說舊序〉，頁1上-1下。
154　同上，〈大學古本序〉，頁1下。
155　全祖望，《鮚埼亭集》，卷十八，頁219。
156　謝濟世：《大學校議》。該書經李紱補編，並參有李紱的按語 。在《李文貞公光地古本》
　　　後，李紱有此一結語：「吾師一生確守朱學，其持異議者獨此編耳。讀者且玩味之。」按李
　　　光地爲李紱的座師。

孔氏之書，卽當信而好之，不可更改[157]。

李紱指責朱熹於《大學》所作所爲，實爲「變古」，而非「復古」[158]。他以《大學古本》爲依據，來闡發自己的「格物解」，並證成己說[159]。是故，降至清初，卽使程朱、陸王之徒於《大學》定本的看法雖逐趨一致，但義理上仍是「各尊所聞」的局面。因此謂清初考據學帶有濃厚的義理動機，蓋爲確切之論[160]。

陳確的後半主張：將《大學》返諸《戴記》。直迄乾、嘉考據學風行，方才塵埃落定，形成共識。其背後之根由則爲學術觀點的轉化，清人考據首重「復古」，力詆「改經」非是，兪正燮直斥道：

> 《戴記》有〈中庸〉、〈大學〉二篇，元、明人不錄其文，乃爲之辭曰：「程朱已拔出之。」其不遜如此[161]。

前此吳肅公已云：

> 夫釋經可也，改經不可也。儒者各鳴所見，縱剌謬于聖人，指而駁之，經文固自若也。改之，則經非其經矣。漢儒之釋經也，不敢增損，卽錯簡仍之[162]。

吳氏陳述了漢學規矩之後，接著把箭頭指向朱熹本人，他指陳道：

> （朱子）於《大學》乃身自蹈之。分經、分傳爲曾子、爲門人，析之、釋之；爲錯簡、爲衍、爲闕，移之、補之。使經文果有錯簡，若衍、若闕而不可通，當聽之無可如何。況本自明備，而斷以己意，仍不免其衍且闕，何以改爲哉？所以然者，解經而不得其解故也。不得其解，因蹈改經之失，竊以己意而支離不免焉。噫！盍亦反諸孔門之舊乎[163]？

柴紹炳更規誠曰：「程朱改《大學》、《孝經》，此等事姑聽先儒自爲之，勿可效也。」[164] 在清儒心目中，程、朱爲《大學》改本啓動者，故首當其衝成爲批判的對

157　李紱：《穆堂初稿》（道光十一年），卷十九，頁34上。
158　同上，卷十九，頁34上。
159　同上，卷十八，頁10上-15上。
160　參較余英時教授：《歷史與思想》（聯經出版事業有限公司，1977），頁87-156。余氏論點的正確涵意應就清初「考據學」的義理層面來理解，而非所有的「考據問題」皆與「理學」攸關。
161　兪正燮：《癸巳存稿》，頁56。
162　轉引自朱彝尊：《經義考》，卷一六一，頁八下。
163　同上，卷一六一，頁八下。
164　上，卷一五六，頁1下。

象，實可預料。這透露了學術風氣的轉變，也說明何以步入有清一代，《大學》改本不祇盛況難再，而且漸次凋零了。

簡而言之，試以《大學》改本的發展史來看：從一開端，理學與考據學卽密切配合，至朱子集其大成，而有《章句》之作。南宋末年，雖有若干朱學門人持有異見，但並未構成義理上的衝突。降至陽明重提《古本》，並另創哲理，始打破朱學獨尊的局面，促成《大學》改本「百家爭鳴」的特況。而明正德之後，《大學》改本獨多，卽是明證[165]。

析言之，《大學》改本之不同實源自互異的哲理見解，尤以「格物」一詞最爲歧出。蓋「格物」在上古文獻僅一見於《大學》之中，語意饒富而含混（fruitful ambiguity），難免臆測多端[166]。又經陽明發動，愈發不可收拾。顧憲成卽指證說：

> 世之說《大學》多矣！其旨亦無以相遠，而獨格物一義幾成訟府。何也？始於傳之不明也。於是人各就其見窺之，此以此之說爲格物，彼以彼之說爲格物，而《大學》之格物，轉就湮晦不可得而尋矣[167]。

由於《大學》改本相互競出，積以時日，自然產生一類學術考訂之作，專門論述各種改本，並參較得失。在有明一代著名的卽有：劉斯原《大學古今本通考》、顧憲成《大學通考》、吳秋圃《大學通考》等；清代考據學盛行，此類作品更爲繁複而精審，舉其例則有：毛西河《大學證文》、胡渭《大學翼眞》、謝濟世《大學校議》、邊廷英《大學改本考》等等。

此一單純的學術論爭，因《大學》自元代懸爲科考定本，終演變成政治上的鬪爭。朝廷受「治教合一」觀點的影響，不得不壓迫異說；另方面，卻又默許私家論述的流佈，造成「官」、「私」兩分，各行其是的情況。這顯示統治階層的實際施政遠比抽象的意識形態來得複雜；意卽私人對經典闡釋（文化解釋權），容或有異，但只

---
165 拙文草成，得見李紀祥先生碩士論文，該文對《大學》改本搜羅頗稱完備，值得參考。文中亦指出明正德、嘉靖、萬曆年間爲改本史的高潮，可資互證。見李紀祥：《兩宋以來大學改本之研究》，東海大學歷史研究所，碩士論文，1982年，頁179。陳錦忠學長代爲借閱，一併致謝。
166 胡渭卽說：「按格物二字僅見於《大學》，而傳中絕不道及，他書亦未之見。秦漢以來，訓詁又缺，遂令千年聚訟，至今未定。」胡渭：《大學翼眞》，卷四，頁31上。
167 轉引自朱彝尊：《經義考》，卷一六〇，頁6上。

要不妨礙有效的統治或避免向官方立場公然挑戰，朝廷均可包容。

在《大學》改本出現之前，理學與考據學原本涇渭分明，各自發展。程頤卽明確地說：

> 古之學者一，今之學者三，異端不與焉。一曰文章之學，二曰訓詁之學，三曰儒者之學。欲趨道，舍儒者之學不可[168]。

程氏謂「古之學者一，今之學者三」顯見其時學術已有分化。他特意凸顯「儒者之學」，意在標榜新出爐的「理學」。程氏又說：

> 今之學者有三弊：一溺於文章，二牽於訓詁，三惑於異端。苟無此三者，則將何歸？必趨於道矣[169]。

「必趨於道」當然只有「儒者之學」（理學）一途。程氏以「文章」、「訓詁」和「異端」並舉，可見在他心目中，「訓詁之學」和「理學」並非志同道合。可是此一對立，卻因《大學》改本的緣故，竟成互相提携的局面。朱熹的《大學章句》可以說是二者「由分而合」的里程碑[170]。無庸諱言的，考據學在此一階段只是服務理學的性質。南宋以下，理學大放光彩，考據學因而隱而不彰。直至陽明恢復《大學古本》，激發《大學》定本的討論，考據學的重要始日形顯著，其應用範圍亦與時俱增[171]。明中葉以下，理學與考據學進入相互激盪的階段，而且有愈演愈烈的趨勢。其中雖出現諸如陳確「考據理學化」的現象，究屬少數逆流，無可抵擋學術總歸向。

陸王學派素來標榜「讀書爲第二義」。清初，李紱卻以博聞彊記，飽讀羣書著稱。一方面，他譏斥「考證是末流」；[172]另方面，又難捨此一利器，以攻擊他的程朱論敵。要解開此一矛盾，就必得明瞭李紱已瀕臨「考據掛帥」的時代。卽使骨子裏輕蔑「考證」的陸王，李紱亦不得不披上「考據的外衣」，以說服他的讀者[173]。

黃宗羲(1610-1695)曾謂：「有明文章事功，皆不及前代，獨於理學，前代之所

168　程顥，程頤：《二程集》，卷十八，頁187。

169　同上，卷十八，頁187。

170　朱子《改本》之前，誠然有二程《改本》，但除本文外，二程並無說明《改本》原由。二程之後，以朱子《改本》影響最深遠，故謂此。

171　考據學在宋迄明的發展參見：皮錫瑞：《經學歷史》，第八、第九章；又劉師培：《漢宋學術異同論》，收入《劉申叔先生遺書》（1936年）。

172　李紱：《朱子晚年全論》（序於1732年，芝加哥大學所製微卷），卷六，頁187上-188上。

173　拙作〈李紱與清初考據學的興起〉將有較詳細的論述。

不及也，牛毛繭絲，無不辨析，眞能發先儒之未發。」[174]如眾所周知，黃氏的《明儒學案》、《宋元學案》一般公認爲對理學成就的總結。他的見解可信度極高。從上述的讚語，可以得知，有明一代已將北宋以來的理學發揮殆盡。換言之，從知識內部的空間而言，餘義無多。加上，清初以來，陸王淪爲明亡口實（間或包括程朱），眞達萬夫所指，百口莫辯的境地[175]。居間雖有程朱再興，朝廷尊崇有加，然乏新意。是故，在裏外不是之下，理學之式微終是註定的事實。

清代考據學的興起，學術典範的交替，「通經服古」成爲首義。稍前述及朱學大儒李光地改信《大學古本》的事實，不僅沒有逃過陸王論敵的耳目，亦難躲考據家的注意。所不同的是，後者援此指證「尊經崇古」乃必然趨勢。錢大昕卽說：

> 蓋〈大學〉一篇無可補，亦無可移。先儒之說與經文有不安者，信先儒不如信經之愈也。餘姚王氏、安溪李氏皆尊古本者也。安溪篤信朱學，非餘姚之比，而於此篇亦不能強同。尊經崇古之心，所由高人一等矣[176]。

是故，陽明學派縱有推尊《古本》之舉，考據學家仍需和他們劃分界限。劉醇驥就說：「姚江之徒所以必復《古本》者，實欲引託始知本，不言格物之義，以陰助良知，非盡爲尊經也。[177]」劉氏的評語中，除了重覆程朱學者慣常攻訐陽明的說詞之外[178]，已點出新時代的意向──「尊經」的重要性。

其實，理學家並非全然不「尊經」，但精神則截然有別。程頤素主張「由經窮理」[179]，但只要稍稍探究一下解讀步驟，則不難看出二者之區別。程頤說：

> 古之學者，先由經以識義理。蓋始學時，盡是傳授。後之學者，卻先須識義理，方始看得經[180]。

174　黃宗羲：《明儒學案》，〈發凡〉，頁17。
175　例如：顧炎武：《日知錄》，卷二〇，頁539；王夫之：《船山遺書全集》（中華文化叢書，1972），《張子正蒙注》，卷九，頁12上；顏元：《顏元集》，〈年譜〉，卷上，頁726。可爲代表。、
176　錢大昕：《潛研堂文集》，卷十七，頁15下-16上。
177　紀昀：《四庫全書總目提要》，卷三十七，頁57上。
178　例如，張履祥就曾說：「復《古本》是姚江一種私意大指，只是排黜程朱，以伸己說耳。」然而張氏仍主《今本大學》，他接著說：「今試虛心熟玩《大學》之書，謂『文無闕』，終不可也；謂『簡無錯』，終不可也；謂『經傳辭氣無異』，終不可也；則知《章句》之爲功不小矣。」參見張履祥：《張楊園先生全集》，卷二，頁5下。
179　程顥，程頤：《二程集》，卷十五，頁158。
180　同上，卷十五，頁164。

程氏雖然承認「古之學者」以經識理。但「今之學者」，卻緣儒道失而復得（緣理學之故）。故須先識義理，方始讀得經。程氏更謂：

> 解義理，若一向靠書册，何由得居之安，資之深？不惟自失，兼亦誤人[181]。

這樣「讀經」的方法若與清代考據學家相較，其差異甚爲顯著。以清中葉考據學者王鳴盛(1722-1797) 爲例。王氏論及「讀經」之法，則再三告誡「治經斷不可駁經」，他說：

> 治經豈特不敢駁經而已，經文艱奧難通，若於古傳注，憑己意擇取融貫，猶未免於僭越，但當墨守漢人家法，定從一師而不敢佗徒[182]。

所以王氏主張：經以明道，而求道者不必空執義理以求。但當正文字、辨音讀、釋訓詁、通傳注，則義理自見，而道在其中[183]。

這類「復古」論調瀰漫其時學界，致使各種《大學》改本頓失其義，無所傍依。改本於是大爲減少。而此一階段象徵了理學與考據學「由合而分」的崩解過程。樸學大師惠士奇(1671-1741) 曾手書「六經尊服（虔）、鄭（玄）、百行法程朱」作爲楹帖[184]；以「六經」與「百行」、「服鄭」與「程朱」對比，正是預示了此一趨勢的先兆。自此，考據學尋求獨足自立的園地。段玉裁(1735-1815) 敢言：「考覈者，學問之全體；學者所以學爲人也　。」則可目爲考據學已從方法、技術的層面，提昇至哲

181　同上，卷十五，頁165。

182　王鳴盛：《十七史商榷》（藝文印書館，百部叢書集成），〈序〉，頁2上。

183　同上，〈序〉，頁1下。這種觀點可遠溯清代考據學的開山始祖——顧炎武。顧氏曾云：「讀九經自考文始，考文自知音始。」見顧炎武：《顧亭林詩集》（漢京文化公司，1984），卷四，頁73。

184　惠氏楹帖見江藩：《國朝漢學師承記》，《附錄》《國朝宋學淵源記》，頁 154。按惠氏於《大學》版本及解釋上，皆不從程朱，而自有說詞。其主張大列如下：（一）《大學》改本大致從朱子，惟不分經傳並不取「補傳」，以示存疑。（二）不改「親民」爲「新民」，意謂尊經。（三）「格物」解不取「朱註」，而取「物有本末」，之義。「格物」猶「絜矩」。「本末」解亦不以「朱註」（君爲本，民爲末）爲然。故惠氏何以稱得上「百行法程朱」呢？可見「六經」（考證訓詁）與「百行」（言行事爲）實各有所指，不能混而爲一。惠氏對《大學》的看法見惠士奇：《禮說》（嘉慶三年刊），《附錄》，《大學說》。

185　段玉裁：《段玉裁遺書》（大化書局，1977），《經韵樓集》，卷八，頁12上。段氏老師——戴震曾言：「有義理之學，有文章之學，有考核之學。義理者，文章、考核之源也，熟乎義理，而後能考核，能文章。」段氏在〈戴東原集序〉引述了這段話，隨即補充說：「玉裁竊以謂義理、文章，未有不由考核而得者。」他推許戴氏眞正之所得「蓋由考核以通乎性與天道，旣通乎性與天道矣；而考核益精，文章益盛，用則施政利民，舍則垂世立教而無弊。」見《戴震集》，《附錄》，頁 452。按戴氏對「義理」、「考核」、「文章」三者關係的看（註文轉下頁）

理的意境，恰足與宋明理學相互抗衡。段氏老師——戴震（1723-1777)不亦曾明言：
「然舍夫道問學，則惡可命之尊德性乎？」[186]戴氏的「道問學」所指的正是「經解」
的學問。這些在在顯示考證作爲學問之典範已趨於圓熟自信。至於錢大昕所謂「訓詁
之外，別有義理，非吾儒之學也。」則是揭開未來漢學、宋學兩相對壘的序幕了[187]。

（註文接上頁）

法前後有所改變。段氏《戴東原先生年譜》中載有：先生初謂：「天下有義理之源，有考核
之源，有文章之源，吾於三者皆庶得其源。」後數年，又曰：「義理即考核、文章二者之源
也。義理又何源哉？吾前言過矣。」見《戴震集》，《附錄》，頁 486。於此點，就正文引
語段氏似與其師略有歧見。余英時教授另有別解，值得參考。請參閱余著：《論戴震與章學
誠》，頁112-117。

186　戴震：《戴震集》，《文集》，卷九，頁184。
187　節取自錢大昕：《潛研堂文集》，卷二十四，頁11下。此語在方東樹的《漢學商兌》特別受
　　　到矚目，成爲批駁的對象。方東樹：《漢學商兌》（臺灣商務印書館，人人文庫），頁79。
　　　按方氏在漢、宋之爭，代表宋學立場。

出自第六十本第四分（一九八九年）

中國藝術史與中國史學的幾種關係

莊　申

本文討論的第一種關係是正統觀的使用。正統是一個具有政治意識的觀念。中國藝術史學對於正統觀的使用，是從宋代開始的。黃休復與郭若虛在1006與1074年編寫《益州名畫錄》與《圖畫見聞志》，都沒有正統觀。劉道醇在1059年編《聖朝名畫評》，對正統觀才略加用。可是到宋徽宗在1120年御敕《宣和書使譜》與《宣和畫譜》（以下簡稱二譜），對正統觀的使用才普遍而貫澈。這個現象可從兩個角度來解釋：

甲、在學術思潮方面，正統觀是在北宋中期由歐陽修在 1040 年寫成〈正統論〉而建立的。這個政治意識，經過多人的辯論，大致獲得肯定。1080年，司馬光更採取實際行動，把正統觀貫穿到《資治通鑑》這部史學鉅著裏。1006比1080早了74年。《益州名畫錄》裏沒有正統觀，可說因爲當時還沒有這種政治意識。1059在 1040 之後 20 年。在《聖朝名畫評》裏略有正統的表現，也許是北宋學術思潮對當時的藝術史學的影響之始。1120年在1080之後40年。宣和二譜強烈使用正統觀，可視爲北宋史學思潮對北宋藝術史學更有力的影響的結果。

乙、在修史立場方面，宣和二譜出於官撰。必需代表官方的政治立場，所以這兩譜對正統觀念的表現，貫澈始終。《益州名畫錄》、《圖畫見聞志》、與《聖朝名畫評》卻都是私撰的藝術史籍。這三位作者的著作旣不代表官方立場，所以這三部書對於政治性的正統觀或者不使用，或者時有時無。這個解釋說明在北宋時代，只有官修的藝術史籍，才有正統觀念。

本文討論的第二個問題是中國藝術史常在畫家的傳記裏保存後世難見的史料。譬如張彥遠在《歷代名畫記》的顧愷之、宗炳、與王微的傳記裏，分別保存了這三位畫家的五篇論藝文字。這三位畫家的傳記雖又見於《晉書》、《宋書》、與《南史》，不過這三部史書裏的三位畫家傳記裏，都沒提到這五篇文字。在清人所編的《全晉文》與《全宋文》也與此五文無關。此外，《益州名畫錄》在黃筌傳記中所保存的〈壁畫奇異記〉，是五代人歐陽炯的一篇文章。《宋史》之歐陽炯傳未附此文。明人編《全蜀藝文志》、清人編《全唐文》，雖然號稱爲全，也都未能搜到〈壁畫奇異記〉。中國藝術史具有保存史料的功能，固然是中國藝術史的特徵，其實這種寫作方式，與一般史書在傳記裏保存史料的史學傳統是密切有關的。

本文討論的第三種關係是中國藝術史家對書畫家傳記的安排。藝術史家一向是一方面把天子的傳記置於其他人物的傳記之前，一方面又按照書畫家活動年代之先後，作爲安排他們的傳記之順序的標準。這兩種安排方式，都是中國史學家經常使用的。不過以馮金伯大約在1739年編成的《國朝畫識》爲例，中國藝術史家除了根據時間爲標準，又增加了以《詩韻》之韻目爲標準來處理傳記之順序的新方式。這就看出來，如以藝術家傳記之順序爲例，中國藝術史學家從十八世紀的中期開始，已經不需要完全遵照傳統的史學標準，而能以新的方式來編寫中國藝術史籍了。

藝術史的範圍很廣。在西方，從十八世紀以來，藝術史的主要範圍，大致不外繪

畫、雕刻、與建築等三大門類[1]。陶器、瓷器、與青銅器，如果不算爲考古學的一部分，就算是工藝品。這就是說，器物的研究（包括傢俱在內），在西方，並不屬於藝術史的範圍。至於在中國，過去既沒有藝術史這個名詞，也沒有這方面的研究。大體上，中國的藝術史，可說是在二十世紀初期才建立起來的一個嶄新的學術範圍[2]。然而從內容上看，中國與西方的藝術史，並不完全一樣。

在中國，在二十世紀以前，建築是營造（或者是工程）的一部分，到了二十世紀，建築又被視爲科學的一部分。所以儘管在西方，建築是藝術史研究的主要範圍之一，可是在中國，建築卻難於包括在藝術史的範圍之內。在器物研究方面，以青銅器的研究爲例，銘文的研究，往往是文字學家的事，而鑄造的時代、與器型的變化，又往往是考古學家的事。完全用藝術的眼光來研究青銅器的著作，是非常罕見的。再看陶瓷器的研究，一般學者所注意的，如果不是窯址的所在、釉料的來源、就是使用的年代，或者是器形的變化。在這些情形之下，眞正能從藝術的觀點來討論中國古代器物的著作，直到現在，可說是連一本也沒有的。至於在雕刻方面，在本世紀的這八十年之中，雖然已有些零星的研究，可是直到目前爲止，也同樣的沒有一本可用的中國雕刻史。

與在器物和在雕刻方面的研究情形相比，歷代的學者，對於中國的書法與繪畫，不但從南北朝時代開始，已有相當豐富的著作，而且這些著作的形成，往往是從個人風格與主題的討論來著手的。討論風格的異同與主題的建立，當然不能說不是根據純藝術的觀點來展開的研究。這就說明，在二十世紀以前所完成的與藝術有關的學術研究之中，只有在書法與繪畫方面，才有一些可以稱爲藝術史的著作。根據這個簡略的回顧，中國藝術史的內容，雖然大致是器物、雕刻、書法、與繪畫等四大類，卻不能不承認與書法與繪畫有關的研究才是研究的主流。本文所說的中國藝術史，在範圍上，就指在二十世紀以前所寫成的，與書法有關的，特別是與繪畫有關的各種書籍。

---

1 這裏只舉兩個最普通的例子。第一個例子是瑞士著名的藝術史學家沃爾夫林 (Heihrich Wolffin, 1864-1945) 最受歡迎的著作，《藝術史的原則》 (Principles of Art History，原書用德文寫成，英譯本在1932年出版）。在這本書中，沃爾夫所討論的藝術，是繪畫、雕刻、與建築。第二個例子是意大利的藝術史學家文杜里 Leouello Venturi, 885-1961)的名著《藝術批評史》 (History of Art Criticism，原書用意大利文寫成，由 Charles Marriot 譯爲英文，英文譯本在 1964 年 E. P. Dutton 在紐約出版）。在這本書中，文杜里所討論的藝術，也是繪畫、雕刻、與建築。

2 民國九年，葉浩吾先生在北京大學講授中國美術史。該校出版了他的《中國美術史》，共六册。這門課程在北京大學的開設，爲中國的學術研究，開創了一個新的範圍。

這是首先需與加以說明的。

從史學史的立場來觀察，中國藝術史裏的書史與畫史，與中國史學的發展具有相當密切的關係。不過這些關係大多數是隱而不顯的。所以在二十世紀寫成的中國藝術史裏，對這些特徵，常常是連一句介紹的話也沒有的。本文的寫作，就想透過對於這些關係的介紹，而說明在二十世紀之前，傳統的書史和畫史，是怎麼編寫的。

一、中國藝術史與正統觀

正統是一個具有政治意識的史學觀念。歷代對於正統的解釋，雖然相當繁多[3]，大體上，所謂正統，也許就是在思想上，得到天道，在空間上，得到全國領土的一個政權的延續。根據對正統的這個解釋，割據一方的小國家，是不能稱爲正統的。中國的史書常常是由史家們根據正統的觀念而編寫的。這方面的例子非常多，沒有必要在此一一細舉。

正統觀念的發展，根據中國歷史的發展而言，往往產於混亂之後的安定生活之中。所謂混亂，指兩個或多個政權，在同一時間之內的對立，而所謂安定，是指在混亂的局面過去之後的統一。統一既從混亂而產生，這個現象常常使得敏感的史學家在觀念上有點困擾。爲了解決困擾，就促成思想上的正統觀念的出現。這個看法雖然是對中國史學上正統觀念出現的時間的解釋，不過這個看法，對中國藝術史上的正統觀的出現，似乎也可以做同樣的解釋。

到北宋時代爲止，中國歷史上共有四次大混亂的時期：第一次是東周與戰國七雄的對立、第二次是魏、蜀、吳的對立、第三次是南朝與北朝的對立、第四次是唐宋之間的五代與十國的對立。在中國的藝術史方面，最早的藝術斷代史，是由晚唐朱景玄所編寫的《唐朝名畫錄》。所以發生在唐代以前的各種藝術活動，完全是由》歷代名畫記》，也就是中國的第一部藝術通史加以記載的。《歷代名畫記》的作者是晚唐的張彥遠。這部書是在唐宣宗大中元年（847)編寫完成的。可是在張彥遠的《歷代名畫記》裏，並沒有正統觀念的使用。這個現象也許是可以解釋的：首先，在時間上，八

---

3 詳見饒宗頤：《中國史學上之正統論》，一九七七年，香港，龍門書店出版。

世紀的四〇年代，與戰國、楚、漢和東晉的時代，相去都已很遠。發生在上述各時代之內的史事，既與張彥遠沒有直接的關係，所以他並不需要表示正統觀。其次，五代與十國的對立是張彥遠編成《歷代名畫記》六十年以後的事。在時間上，張彥遠的時代太早，所以他不可能使用正統的觀念來記載五代十國的事。在唐代寫成的藝術史裏既然沒有正統觀，所以想要知道中國藝術史是否曾經使用正統觀，就能不能不由唐代以後所編成的藝術史書裏去考察。

（一） 由《益州名畫錄》看藝術史與正統觀念的關係

《益州名畫錄》是在北宋初年，由黃休復編寫成的一部地方藝術史。這部書雖然很難說是在那一年編成的，不過此書在目錄之前，附有李畋的一篇序。序文的最後一句是「景德三年五月二十日序。」景德是北宋的第三位國君宋眞宗的年號。景德三年，相當於西元一〇〇六年。此年上距北宋之立國，不過四十五年。這就等於說，黃休復編成《益州名畫錄》的時候，與五代十國的混亂局面，相距還不到五十年。在地理上，此書書名所說的益州，就是四川成都。而成都正是在五代十國時代之中，前蜀與後蜀二國建國與定都的所在地。知道了此書成書的時間與全書的內容，不妨注意黃休復在《益州名畫錄》中，對於前後二蜀與其國君，有什麼記載，或者說，使用什麼稱呼。

在結構方面，《益州名畫錄》雖不分卷，但全書是分成逸、神、妙、能等四格的。在〈妙格〉的中品部分，黃休復爲黃筌寫有一篇傳記。傳文略云：

「黃筌者，成都人也。幼有畫性，展負奇才。刁處士入蜀，授而教之。……又學孫位畫龍水、樹石、墨竹。學李昇畫山水。……後唐莊宗同光年，孟令公知祥到府，厚禮見重。建元之後，授翰林待詔。……至少主廣政甲辰歲，淮南通聘，信幣中有生鶴數隻，蜀主命筌寫鶴於偏殿之壁。……蜀主歎賞，遂目爲六鶴殿焉。……廣政癸丑歲，新構八卦殿，又命筌於四壁畫四時花竹、兔雉、鳥雀。其年多，五方使於此殿前呈雄武軍進白鷹。誤認殿上畫雉爲生，掣臂數回。蜀主歎異見之。遂命翰林學士歐陽炯撰〈壁畫奇異記〉以旌之。……」[4]

---

4 見《王氏畫苑》本，卷九，頁一四—一五。

同書〈妙格〉中品部分有〈房從眞傳〉。傳文略云：

「房從眞者，成都人也。攻畫甲馬、人物、鬼神、冠絕當時。……王蜀先主於浣花龍與寺修聖夫人堂……淸從眞畫甲馬、旌旗、從官、鬼神。……」[5]

同書〈妙格〉中品部分有〈張南本傳〉。傳文略云：

「張南本，不知何許人也。中和年，寓止蜀城，攻畫佛像、人物、龍王、神鬼。……僖宗駕回之後，府王陳太師於寶曆寺置水陸院，傳南本畫天神、地祇、三官、五帝、雷公、電母、岳瀆神仙……一百二十餘幀。……至孟蜀時，被人模塌，竊換眞本，鬻與荊湖人去，今所存僞本耳。」[6]

上引〈房從眞傳〉內所說的「王蜀」，就是五代十國時期內的小國前蜀 (907-925)，而同傳傳文所說的「先主」，指前蜀的開國國君王建 (907-918)。上引〈張南本傳〉內所說的孟蜀，指五代十國時期內的另一個小國後蜀 (934-965)。上引〈黃筌傳〉內所說的孟令公，指後蜀國的開國國君孟知祥。傳文所說的「建元」，指後蜀的明德元年 (934)，也就是後蜀的第一年。同傳傳文所說的「少主」與「蜀主」指後蜀的第二位國君孟昶。他的在位，從明德二年 (935)，到廣政二十九年 (965)，共三十年。根據這三位畫家的傳記，可以看出來，黃休復把前蜀稱爲王蜀，與把後蜀稱爲孟蜀，並沒有不承認前蜀與後蜀這兩個國家的意思。同樣的，他把前蜀的國君王衍稱爲「先主」，與把後蜀的國君孟昶稱爲「少主」，不但沒有輕視的意思，而且在語氣上，他對這兩位國君還是相當尊重的。以上舉三傳爲例，當黃休復在一〇〇六年編寫《益州名畫錄》的時候，他似乎沒有政治上的正統觀念。

（二）由《聖朝名畫評》看藝術史與正統觀念的關係

《聖朝名畫評》是在北宋中期，由劉道醇編寫的一部繪畫斷代史。這部書並沒有成書年月的記載。不過劉道醇的另一部著作是《五代名畫補遺》。此書在目錄之前，有陳洵直爲這部書所寫的序。序文的最後一句是「時嘉祐四年十二月初九日，潁州陳洵直序。」嘉祐就是宋仁宗的年號，嘉祐四年相當於西元一〇五九年。根據陳洵直的

5　見同上，卷九，頁一〇。
6　見同上，卷九，頁九。

序文的年代，也許劉道醇的《聖朝名畫評》，應該是在編成《五代名畫補遺》之後所編輯的另一部藝術史。所以《聖朝名畫評》的編寫，似乎至少應該定在一〇五九年之後。

此書共三卷。卷下面的子目是門，門下面的子目是品。在卷一〈人物門〉的〈妙品〉部分，劉道醇爲王齊翰寫了傳記。傳文略云：

「王齊翰，建唐人。……自爲童時，已能畫地成人，有挺立之勢。日見加益，仕僞唐李煜爲待詔。……」[7]

同卷同品有〈蒲師訓傳〉。傳文略云：

「蒲師訓，蜀中人，……幼師房從眞學畫。纔十年，經從眞自以爲不及。仕孟蜀爲待詔。」[8]

同卷同品又有〈黃筌傳〉。傳文略云：

「黃筌，亦蜀中人……年十七，從其師同仕王衍。……及孟知祥僭立，進筌三品服。子昶承襲，……遷待詔，寫僞后袁氏眞，張於別殿，嬪妃屬回……」[9]

同卷同品又有〈周文矩傳〉。傳文略云：

「周文矩，……仕李煜爲待詔，能畫冕服、車器、人物、女子。僞昇元命圖南莊，最爲精備。……」[10]

同卷同品又有〈厲昭慶傳〉。傳文略云：

「厲昭慶，……仕僞唐爲待詔。……」[11]

同卷同品又有〈趙元長傳〉。傳文略云：

「趙元長，……歷仕僞蜀孟昶爲靈臺官。亦善丹青，凡星宿緯象，皆命畫之。……」[12]

在上引的〈王齊翰傳〉與〈厲昭慶傳〉之中，劉道醇是把南唐稱爲「僞唐」的。此

7　見《王氏畫苑》本，卷五，頁五一六。又見于安瀾標點本《畫品叢書》（一九八二年，上海，人民美術出版社出版），頁一二〇。

8　見《王氏畫苑》本，卷五，頁七、《畫品叢書》，頁一二一。

9　見《王氏畫苑》本，卷五，頁七一八、《畫品叢書》，頁一二一。

10　見《王氏畫苑》本，卷五，頁九、《畫品叢書》，頁一二二。

11　見《王氏畫苑》本，卷五，頁一〇、《畫品叢書》，頁一二三。

12　見《王氏畫苑》本，卷五，頁一二、《畫品叢書》，頁一二五。

外，在上引的〈周文矩傳〉之中，他雖沒有使用「僞唐」這個政治性的名詞，不過，
他在昇元之上，也卽在南唐開國者李昇(937-942)所用的年號之上，是加了一個「僞」
字的。還有，在上引的〈趙元長傳〉之中，劉道醇雖然又把後蜀稱爲「僞蜀」，可是
在〈蒲師訓傳〉之中，對於後蜀，他只稱爲孟蜀。這個稱呼，與黃休復在《益州名畫
錄》裏所用的稱呼是一樣的。根據這個例子，可以看出來劉道醇在編寫《聖朝名畫
評》的時候，雖然使用過正統觀，不過他對後蜀旣然時稱「僞蜀」，又時稱「孟蜀」，
稱呼是不統一的。他所用的名詞旣不統一，說明他的正統觀，並不強烈。

（三）由《圖畫見聞志》看中國藝術史與正統觀念的關係

大概在宋神宗熙寧七年(1074)左右，郭若虛編寫了有名的《圖畫見聞志》。此書
共分六卷。在卷二部分，他也寫有〈黃筌傳〉。傳文略云：

> 「黃筌，字要叔，成都人。十七歲事王蜀後主爲待詔。至孟蜀，加檢校少府
> 監。……善畫花竹、翎毛、兼工佛道、人物、山川、龍水。……孟蜀後主廣政
> 甲辰歲 (944)，淮南通聘，副以六鶴，蜀主遂命筌寫六鶴於便坐之壁。……」
> [13]

同書同卷也有〈蒲師訓傳〉。傳文略云：

> 「蒲師訓，蜀人，事孟蜀爲翰林待詔。……畫蜀中祠廟、鬼神、兵仗，……皆
> 盡其美。」[14]

同書卷二又有〈衛賢傳〉。傳文略云：

> 「衛賢，京兆人。事江南李後主爲內供奉。工畫人物、樓臺。……」[15]

根據以上所引三傳的傳文，郭若虛旣不把前蜀、後蜀、和南唐稱爲「僞蜀」和「僞
唐」，也不把前後蜀的後主和南唐的後主稱爲「僞主」。如果說，黃休復的《益州名
畫錄》，可以根據李畋的序文而視爲不會晚於一〇〇四年的畫史著作，似乎郭若虛的
《圖畫見聞志》，也可以根據他自己的序文，而視爲不會晚於一〇七四年的繪畫斷代

13　見《學津討原》本，卷二，頁一四、又見黃苗子等人標點本《圖書見聞志》，卷二，頁四
　　七。
14　見《學津討原》本，卷二，頁一六、又見標點本《圖畫見聞志》，卷二，頁五〇。

史。那麼，在時間上，《圖畫見聞志》的成書年代，比《益州名畫錄》的成書年代，正好晚了七十年。可是在這部宋代的藝術史籍裏，宋代中期的郭若虛既不曾把後蜀與南唐稱爲僞蜀或僞唐，也不把這兩個國家的國君稱爲「僞主」。那就可以看出來，這位藝術史家和黃休復一樣，也不曾在他的著作裏，使用具有政治意識的正統觀。

（四）由《宣和畫譜》與《宣和書譜》看中國藝術史與正統觀念的關係

　　宋徽宗 (1101-1125) 是北宋時代倒數第二位國君。在政治上，他並不是一位成功的皇帝，可是在另一方面，他不但是一位能書又能畫的藝術家，又是一位重要的收藏家。《宣和畫譜》就是爲他的御藏蹟而編寫的目錄。儘管此書的編者是誰，迄今尚無定論，不過此書既在序言之末，附有「宣和庚子歲夏至日，宣和殿御製」這麼一句話，可見編成此書的時候，應該就是宣和時代(1119-1125)的庚子年（二年，1120）。如果事實如此，《宣和畫譜》編成的那一年，經非已常接近北宋的末期；因爲到宣和七年(1125)，宋徽宗就傳位給宋欽宗，而欽宗在位，不過一年，北宋就被金人滅亡了。

　　《宣和畫譜》卷三列有〈貫休傳〉。傳文略云：

　　「僧貫休，姓姜，字德隱。婺州蘭溪人。初以詩得名，流布士大夫間。後入兩川，頗爲僞蜀王衍待遇。……雖曰能畫，而畫亦不多。間爲本教像，唯羅漢最著。僞蜀主取其本，納之宮中，設香燈崇奉者喻月。……太平興國初 (976)，太宗詔求古畫，僞蜀方歸朝，乃獲羅漢。……今御府所藏三十。」[16]

　　同書卷十七有〈黃居寀傳〉，傳文略云：

　　「黃居寀，字伯鸞，蜀人也。……初事西蜀僞主孟昶，爲翰林待詔。遂圖畫牆壁、屏幛，不可勝紀。既隨僞主歸闕下，藝祖知其名，尋賜眞命。太宗尤加眷遇。……今御府所藏三百三十有二。……」[17]

　　同書同卷又列有〈顧德謙傳〉，傳文略云：

15　見《學津討原》本，卷二，頁一八、又見標點本《圖畫見聞志》，卷二，頁五三。
16　見《學津討原》本，卷三，頁一〇。
17　見《學津討原》本，卷七，頁二。

「顧德謙，建康人也。善畫人物，多喜寫道像。此外，雜工動植，論者謂『王維不能過』。雖疑其與之太甚，然在江南時，僞唐氏李氏亦云：『前有愷之，後有德謙。』今御府所藏二十有一。……」[19]

同書卷七又列有〈周文矩傳〉，傳文略云：

「周文矩，金陵句容人也。事僞主李煜爲翰林待詔。善畫；行筆瘦硬戰掣，有煜書法。工道釋、人物、車服、樓觀、山林、泉石。不墮吳、曹之習，而成一家之學。……今御府所藏七十有六。」[20]

同書同卷又有〈李景道傳〉，傳文略云：

「李景道，僞主昇之親屬，景道其一焉。……景道喜丹靑而無貴公子氣，蓋亦餘膏賸馥所沾丐而然。……今御府所藏一。……」[1]

同書卷四又有〈顧閎中傳〉，傳文略云：

「顧閎中，江南人也。事僞主李氏爲待詔。善畫，獨見於人物。是時，中書舍人韓熙載，以貴游世胄，多好聲伎，專爲夜飲；雖賓客揉雜，歡呼狂逸，不復拘制，……聲傳中外，頗聞其荒縱。乃命閎中夜至其第竊窺之，目識心記，圖繪以上之，故世有『韓熙夜載宴圖』。……今御府所藏五。……」[22]

同書又同卷列有〈王齊翰傳〉，傳文云：

「王齊翰，金陵人。事江南僞主李煜爲翰林待詔。畫道釋人物，多思致，好作山林邱壑，隱巖幽卜，無一點朝市風埃氣。……今御府所藏一百十有九。……」[18]

除了《宣和畫譜》，宋徽宗在位時，又曾命令別人爲他所收藏的古今法書，編成與《宣和畫譜》性質相近的《宣和書譜》。可是此書的編者，也與《宣和畫譜》的編者一樣，不知道究竟是誰。此書卷五於〈正書〉部份列有〈李璟傳〉。傳文略云：

「南唐僞主李璟，字伯玉，先主昇之長子，違命侯之父也。…工正書，觀其字

18　見同上，卷四，頁三一四。
19　見同上，卷四，頁六一七。
20　見同上，卷七，頁一。
21　見同上，卷七，頁三。
22　見同上，卷七，頁四。

乃積學所致，非偶合規矩。…今御府所藏正書一。…」[23]

同書於卷十二〈行書〉部份列有〈李煜傳〉。傳文略云：

「江南僞主李煜，字重光，早慧，…書畫。…尤喜作行書，落筆瘦硬，而風神溢出。…今御府所藏行書二十有四。…」[24]

上引〈貫休傳〉內所說的「僞蜀」，指五代十國時期內的前蜀 (907-925)，而傳文所說的王衍，指前蜀的第二位皇帝。他的在位，從乾德元年(919)到咸康元年(925)，一共七年。上引〈黃居寀傳〉內所說的西蜀，指五代十國時期的後蜀 (934-965)。由傳文所提到的孟昶，正是後蜀的第二位皇帝。他的在位，從明德二年 (935)到廣政二十八年 (965)，共二十年。另一方面，上引〈顧德謙傳〉內所說的「僞唐」，指五代十國時期，建都於建康（南京）的另一小國南唐 (936-975)。上引〈李景道傳〉內所說的僞主昇，指南唐的開國皇帝李昇 (937-942)。同樣的，由上引〈王齊翰傳〉、〈周文矩傳〉、〈李璟傳〉與〈李煜傳〉所提到的僞主李煜，則指南唐的第三位皇帝，也就是中國文學史上有名的詞人，李煜。他的在位，從建隆二年(961)到開寶六年(973)一共十三年。不過他在投降於宋而被封爲違命侯之後，還活了兩年(974-975)。

從北宋初年的政治局勢上看，位於四川的後蜀，是由於孟昶在乾德三年 (965)向宋太祖投降而亡國的。相同的情形又發生於南唐。位於江蘇的南唐，是由於李煜在開寶元年 (973)向宋太祖投降而亡國的。這兩國既然投降於宋，所以在宋代的皇帝的心目中，這兩國的歷史，應該不是正統，所以是不應該被承認的。《宣和書譜》與《宣和畫譜》既然是爲宋徽宗的御藏所編的書畫目錄，所以編寫這兩部畫目的人，儘管現在還不知道他們是誰，可是他們在提到後蜀與南唐的時候，是免不了要站在宋徽宗的立場去稱這兩國爲「僞蜀」與「僞唐」的。根據同樣的理由，這兩部御藏目錄的編者，在提到孟昶、李昇和李煜的時候，要在這幾個姓名的前面，冠以「僞主」二字，恐怕也是由於要使用這種正統觀所形成的稱呼，才能符合宋徽宗的身份。

比較重值得注意的例子是見於上引〈貫休傳〉裏的「僞蜀王衍」。往時間上看，前蜀是在咸康元年 (925 ，也後就唐莊宗同光三年) 被後唐所滅的。而北宋是在宋太

23　見《學津討原》本，卷五，頁七、又見顧逸點校本《宣和書譜》（一九八四年，上海書畫社出版），卷五，頁四二。

24　見《學津討原》本，卷十二，頁一。又見顧逸點校本，頁八九一一一〇。

祖建隆元年（960)才建立的。後唐滅前蜀，遠在北宋建國三十五年以前。儘管北宋的皇帝可以由於北宋的統一天下，而不承認後蜀，甚至把後蜀稱爲「僞蜀」，又把後蜀的皇帝孟昶也稱爲「僞主」，可是他們卻沒有理由去把與北宋毫無關係的前蜀也稱爲僞蜀。看來在《宣和畫譜》之中，把前蜀稱爲僞蜀，是一種錯誤。這種錯誤的產生，可能是由於這部御藏畫目的編者，只知道投降於北宋的五代十國的小國的歷史，都是非正統的。後蜀既可稱僞蜀，順便把前蜀也列爲非正統的國家，同時也把前蜀稱爲蜀僞。如果這個推測可信，把前蜀稱爲僞蜀，是由於《宣和畫譜》的編者，對於當時的近代史的常識不足而產生的一種錯誤。

（五）宋代藝術史使用正統觀的原因

　　根據前面列舉的四種藝術史籍，黃休復在一〇〇六年編成《益州名畫錄》的時候，沒有正統觀，一〇七四年，郭若虛編成《圖畫見聞志》，仍然沒有正統觀。只有在一〇五九年左右，當劉道醇編寫《聖朝名畫評》的時候，是略有正統觀的。可是到一一二〇年，宋徽宗的代筆人爲他編成《宣和畫譜》與《宣和書譜》，正統觀的使用就在顯得非常普遍了。這些現象，也許是需要解釋的。

　　從史學思想的立場上觀察，歷史上的正統觀念，在宋代，是由北宋中期的史學家歐陽修 (1007-1072)首先提出的。[25] 他在宋仁宗康定元年 (1040)，寫了一篇文題是〈正統論〉的長文 [26]。在此文中，他對正統二字，提出一種解釋。關於「正」，他的解釋是：「正者，所以正天下之不正也。」關於「統」，他的解釋是：「統者，所以合天下之不一也。」他對這兩個字的解釋是十分值得注意的。因爲在他寫成這篇文章後不久，與歐陽修同時的章望之，又對〈正統論〉的論點提出不同的看法而寫成〈明統論〉[27]。這篇文章的要點是在歐陽修所提出的正統之外，又提出了可以與它相對的霸統的觀念。不過這個說法並沒有得到支持。譬如著名的文人蘇軾 (1036-1101)不但在宋仁

25　見陳芳明：〈宋代正統論的形成背景及其內容〉，見《食貨》復刊第一卷，第八期（民國六十年，十一月，臺北出版），頁一六～二八。

26　見歐陽修《歐陽文忠公集》（據《四部叢刊》初編本），卷一六，頁一四三一～一四八。

27　《宋史》卷四四三有〈章望之傳〉。可是他的〈明統論〉，現已不存，不過蘇軾在〈正統辨論〉裏，爲了與章望之辨論，故曾顏引其文。

宗至和二年(1055)在〈後正統論〉中寫了一篇〈正統總論〉和兩篇〈正統辨論〉[28]，而且他對章望之的霸統觀是力表反對的。影響所及，與蘇軾很有關係的陳師道(1052-1102)，也寫了一篇與歐陽修的文章同名的〈正統論〉[29]。雖然他對正的解釋，是把天地人這三個因素合而爲一，看來與歐陽修的解釋不同，可是他把「統」的解釋爲：「一天下而吾之」，似乎還是可以與歐陽修的解釋互爲呼應的。除此以外，司馬光(1019-1086)在神宗元豐二年（1080)成編有名的《資治通鑑》二九四卷。在此書中，他也使用了正統觀[30]。由以上所舉的這幾個實例，可以看出來在北宋中期，當時的史學家和文學家，不但先在十一世紀的期，對於正統與霸統這個問題曾有熱烈的討論，而且到了十一世紀的末期，當時的史家，又在編寫史書的時候，採取實際的行動，而把他們對於正統的看法，編到史書裏去。由這兩方面來看，那就證明北宋的文史學者對於正統的觀念是非常重視的。

　　從時間上看，黃休復在一〇〇四年編寫《益州名畫錄》，遠在歐陽修於一〇四〇年撰寫〈正統論〉的三十六年之前。在那時，史學上正統觀念既然還未興起，所以黃休復是既不會把後蜀稱爲「僞蜀」，也不會把後蜀的國君，稱爲「僞主」的。

　　同樣的，在一〇五九年，當劉道醇寫成《聖朝名畫評》的時候，在時間上，已在歐陽修寫成〈正統論〉的二十年之後。也許在這時候，由歐陽修、蘇軾等人所強調的正統思想，已經在思想界發生了一些影響，所以劉道醇在《聖朝名畫評》裏對於「僞蜀」、「僞唐」這兩個名詞的使用，以及在李昇的年號之上，增加一個僞字，大概都可視爲受到正統思想的影響所形成的正統觀。

　　如與劉道醇的《聖朝名畫評》相比，郭若虛的《圖畫見聞志》的編成時代，又晚了十五年。可是在《圖畫見聞志》之中，郭若虛並沒有任何正統觀。這個現象是比較難於解釋的。現在只能假設他沒有注意這種政治觀念，所以他對南唐是不稱爲「僞唐」的，同時他對於李煜，也沒有使用「僞主」的稱呼。可是到了一一二〇年，當宋徽宗的代筆人撰寫《宣和書譜》與《宣和畫譜》之際，在時間上，其時既在歐陽修寫

28　見蘇軾《經進東坡文集事略》（民國四十九年，臺北，世界書局翻印排印本），頁一四七～
　　一五四。
29　見陳師道《陳后山文集》（據《四部叢刊》初編本），卷一三，頁一一二。
30　見前引陳芳明文。

成〈正統論〉的八十年以後，與蘇軾寫成〈後正統論〉的六十五年之後，也在司馬光編成《資治通鑑》的四十年之後。在這時候，無論是在史學的理論上，還是在文學的實用方面，正統觀都已成爲北宋學術界裏一個重要的新思潮。《宣和書譜》與《宣和畫譜》這兩部書的編者，要把後蜀與南唐都稱爲僞，以及把這兩個小國的國君都稱爲僞主，固然一方面是由於這部書既然是宋徽宗的御藏目錄，所以是不得不根據徽宋宗的立場而使用正統觀念，而把南唐稱爲「僞唐」，再把李璟、李煜稱爲「僞主」的。但在另一方面來看，他們在這兩部御藏畫目裏使用正統觀，與北宋時代尊重正統的學術思潮，正是符合的。總之，無論以上的解釋，是否果是《宣和書譜》和《宣和畫譜》使用正統觀的原因，這兩部書使用了強烈的正統觀的事實卻是無可爭辯的。

　　中國的史籍，從戰國以來，一直到北宋時代，都是官修與私撰並存的。如果《宣和書譜》與《宣和畫譜》，應該視爲北宋時代的官修的藝術史籍，黃休復的《益州名畫錄》、劉道醇的《聖朝名畫評》、與郭若虛的《圖畫見聞志》，似乎也應該視爲時北宋代私撰的藝術史籍。根據以上所引各例，既然把後蜀與南唐稱爲僞蜀與僞唐，以及把這兩國的國君稱爲僞主的例子，主要是見於《宣和書譜》與《宣和畫譜》、略見於《聖朝名畫評》、而不見《益州名畫錄》和《圖畫見聞志》，那就無異於說明，在北宋時代，只有官修的藝術史籍，才有正統觀念，私撰的藝術史籍，是沒有這個觀念的。如果能從這個結論上再向前推進一步，也許可以說，私撰的藝術史籍，並沒有政治意識的參與。只有官撰的藝術史籍，才是帶有政治意識的。這個現象，一方面說明官修與私撰的藝術史籍之立場不同，一方面也說明運用政治性的正統觀來編寫官修藝術史的編輯方式，既不見於西方的藝術史，所以應該視爲中國藝術史的一個特徵。

二、中國藝術史與史料的保存

　　正如同中國的史書，在歷史人物的傳記部份，保存了許多文獻 [31]，中國的藝術史

31　關於中國史書具有保存文獻史料的功能，這裏可以舉出兩個實例作爲說明：
　　第一個實例是秦始皇的「刻文」。據《史記》卷六〈秦始皇記〉，秦始皇在從二十八年到三十七年之間(219-210BC)，不但曾經六次到中國東方的海邊去巡查，而且還在山東的嶧山、泰山、瑯邪、之罘、東觀、碣石、與浙江的會稽等七個地方，都在山石上刻下他歌頌秦德的文字。在這六種刻石之中，由於嶧山刻石早已毀壞，現在可以看到的只是宋人根據南唐的書

書，也在畫家的傳記部分，保存了許多珍貴的文獻。從張彥遠的《歷代名畫記》裏，就可以看出中國藝術史具有保存史料的特徵。這部的編成於唐宣宗大中元年(847) 是中國的第一部藝術通史。

（一）　《歷代名畫記》對於藝術史料的保存

一、對於顧愷之的畫論的保存

要知道《歷代名畫記》怎麼保存了古代藝術的史料，首先應該知道顧愷之這個人。顧愷之 (344-405)，是東晉時代的名人。他除工於書畫，還有著作。據《晉書》的記載 [32]，他的著作是《顧愷之集》與《啟蒙記》。《顧愷之集》本有二十卷，不過到了唐代初年的貞觀十年 （636），全書已經只剩下三卷 [33]。到現在，連三卷的本子也看不見了。在清代中期，雖然在由嚴可均所編成的《全晉文》裏 [34]，搜到了顧愷之的

法家徐鉉(916-991)的摹本而重刻的再摹本之拓本（參閱容庚：〈秦始皇刻石考〉，見一九三五年，北平，燕京大學所出版《燕京學報》第十七期，頁一二五～一七一）。泰山刻石與會稽刻石，雖經《史記》的〈秦始皇紀〉加以記載，但也有宋代的《絳帖》的拓本和李處巽與申屠駉的重摹本。對於這兩種刻石，是可以利用《史記》與後代的摹本來互相對勘的。可是秦始皇在琅邪臺、之罘、與東觀的三種刻石，因為沒有後代的摹本，現在只有根據附在〈秦始皇紀〉裏的文字紀錄，才能知道這三篇刻石的內容。假如司馬遷在編寫〈秦始皇紀〉的時候，並沒有把這三篇刻石的全文附在秦始皇的傳記裏，那麼，這三篇刻文的內容，現在當然是無法可知的。可是司馬遷既把這三篇刻石的全文附在〈秦始皇紀〉裏，他的《史記》就發揮了保存史料的功能。

第二個實例，與賈誼的兩篇文學作品有關。在西漢時代，賈誼(201-169BC)是一位文學家。司馬遷在《史記》卷八十四、班固在《漢書》卷四十八，都曾為他立傳。根據班固在《漢書》卷三十〈藝文志〉的「詩賦略」裏的記載，賈誼一共作了七篇賦。現在可知的，可說只有〈鵩鳥賦〉與〈弔屈原賦〉等兩篇賦的全文。由於司馬遷和班固曾經把它們附在《史記》的〈屈原賈生列傳〉、和《漢書》的〈賈誼傳〉裏，所以這兩篇賦文才能夠一直保存到現在。賈誼的第三篇作品是〈旱雲賦〉，第四篇作品是〈虡賦〉。前一篇雖然見於佚名氏所編的《古文苑》卷三，可是這篇賦究竟是否確為賈誼所作，現在還有爭論，後一篇雖然沒有真偽之爭，不過全文已經殘缺不全（在編成於唐代初年的類書裏，譬如《藝文類聚》曾經引用過此賦的賦文七句、《初學記》又引用過此賦的賦文六句，還有在編成於宋代初年的類書裏，譬如在《太平御覽》裏，也引用此賦的賦文兩句）。即使把〈旱雲賦〉算做沒有問題的賈誼的作品，再把殘存的〈虡賦〉也當過作賈誼的一篇完整的作品來看待，現知的賈誼的賦的總數，不過只有〈鵩鳥賦〉、〈弔屈原賦〉、〈旱雲賦〉和〈虡賦〉等四篇。這個數目，不過只比班固所說的賈誼的賦的總數的一半稍多而已。假使司馬遷與班固，能夠各在《史記》的〈屈原賈生列傳〉與《漢書》的〈賈誼傳〉之中，把已經失傳的賈誼的三篇賦，也附在賈誼的傳記裏，這三篇賦的賦文，一定也能與〈鵩鳥賦〉和〈虡賦〉一樣，一直保存到現在，而不會失傳。

32　見標點本《晉書》（一九七四年，北京，中華書局出版），卷九十二，頁二四〇。
33　見標點本《隋書》（一九七三年，北京，中華書局出版），卷三十五，《經籍志》四，頁一〇七〇。
34　見嚴可均《全晉文》卷一三五，頁二一五。

十六篇詩文（七篇賦，兩篇序，兩篇贊，此外，還有表、牋、傳、祭文各一篇，以及詩一首），不過顧愷之是否寫過討論繪畫藝術的文章，如果以《全晉文》爲根據，是完全沒有答案的。至於《啟蒙記》，雖然在貞觀時代，共有三卷[35]，後來也散佚不存了。清代的馬國翰，在他的《玉函山房輯佚書》之中，曾爲失傳的《啟矇記》，重新輯到了一部份的佚文[36]。不過從馬國翰所找到的零碎佚文的性質來觀察，此書是顧愷之對於各地的風物的描述[37]。因此，根據這本書，顧愷之是否寫過論藝文字，仍然是毫無端倪的。

　　在這個情況之下，張彥遠的《歷代名畫記》，就顯得十分重要。因爲張彥遠不但在此書內爲顧愷之寫了他的傳記[38]，又把顧愷之所寫的〈畫雲臺山記〉、〈魏晉勝流畫贊〉與〈論畫〉等三篇畫論，都附在〈顧愷之傳〉的傳文裏。〈畫雲臺山記〉不但是記述中國繪畫與道家思想關係的最早文獻，而且還是對於中國山水繪畫裏的高遠型構圖方式的最早的討論[39]。他在〈魏晉勝流畫贊〉裏所說的「遷想妙得」，用現代的術語來說，也許就是「生活體驗」與「藝術構思」[40]。這四個字也許就是他對藝術創作的，從感性認識轉移到理性認識，再從理性認識回到感性認識的這個過程的，總結式的說明[41]。至於顧愷之的第三篇論畫文字，題目既是〈論畫〉，事實上，這一篇的內容，或者可以稱爲他從事繪畫工作的經驗談[42]。可以說，他這三篇論畫文字，是各有主題的。根據這三篇文字，顧愷之不但是一位文學家、一位畫家，也是一位藝術理論家。如果張彥遠不把〈畫雲臺山記〉、〈魏晉勝流畫贊〉、與〈論畫〉這三篇論文，收在《歷代名畫記》裏，那就不但不能證明顧愷之在第四世紀的畫壇上，是一位既能創作又能探討畫理的藝術家，甚至使我們對於唐代以前的藝術理論，也不能瞭解

35　見《隋書》，卷三二，《經籍志》一，頁九四二。

36　見馬國翰《玉函山房輯佚書》，第四十九冊。

37　見莊申〈顧長康著述考〉，載本所《集刊》，第五十八本，第二分。

38　見《學津討原》本，《歷代名畫記》，卷五，頁四～一一。又見黃苗子等人標點本《歷代名畫記》，卷五，頁一一二～一二一。

39　見馬采〈顧愷之《畫雲臺山記》的空間結構在中國畫學思想史上的意義〉一文，載於同人所著《顧愷之研究》（一九五八年，上海，人民美術出版社出版），頁三九～五五。

40　溫肇桐、羅子合寫的《顧愷之論》第三節，「顧愷之藝術理論」，載於兪劍華、羅子、溫肇桐合編：《顧愷之研究資料》（一九六二年，北京，人民美術出版社出版），頁一一。

41　這個論點，大致根據溫、羅二家在上揭書第十一頁的討論。

42　見兪、羅溫、三家合編《顧愷之研究資料》，頁五六。

得那麼深刻。張彥遠在〈顧愷之傳〉之中保存了上述三篇論畫文字，只是說明《歷代畫記》具有保存古代藝術史料之特徵的一個例子而已。

二、對於宗炳的畫論的保存

《歷代名畫記》的保存藝術史料的特徵，在張彥遠爲宗炳所寫的傳記裏，也可以看得出來。宗炳(375-443)是六朝時代劉宋時期的名士。《宋書》和《南史》，都曾爲他立傳[43]。此外，張彥遠的《歷代名畫記》，也爲他寫了傳記[44]。根據這三篇傳記，宗炳不但能畫，而且還是一位出色的藝術理論家。譬如由嚴可均收在《全宋文》裏的〈畫山水序〉[45]，就是由宗炳所寫的，一篇討論山水畫之功能與構圖類型的藝術理論[46]。《宋書》與《南史》雖然都沒把宗炳的〈畫山水序〉，收入〈宗炳傳〉，可是在另一方面，張彥遠卻在《歷代名畫記》裏，把這篇畫論，收在〈宗炳傳〉傳文之中。宗炳的這篇畫論，就是由於張彥遠的收錄而得到保存的。所以由嚴可均搜集到的〈畫山水序〉的來源，並不是《宋書》與《南史》，而是《歷代名畫記》。如果張彥遠在編寫《歷代名畫記》的時候，也像《宋書》的編者沈約，或《南史》的編者李延壽那樣的，不把〈畫山水序〉這篇畫論，附在他爲宗炳所寫的〈宗炳傳〉裏，恐怕宗炳的〈畫山水序〉，現在只有收在《太平御覽》裏的幾條零星的引文[47]。張彥遠既然收錄了「畫山水序」的全文，可以看出來，他編寫《歷代名畫記》的時候，對於史料的搜集，是相當注意的。所以《歷代名畫記》才能保存這篇南北朝時代的藝術史料。

三、對於王微的畫論的保存

由張彥遠所保存的唐代以前之藝術史料的第三種，是王微的〈敍畫〉。王微(415-443)，是劉宋時代的一位文人。可惜早卒，死時只有二十九歲。《南史》雖把他的略

43　宗炳的傳記見《宋書》卷九十三、頁二二七八～二二七九，《南史》卷七十五，頁一八〇六～六一。

44　張彥遠爲宗炳所寫的傳記，見《歷代名畫記》卷六，頁二～四，又見黃苗子標點本，頁一二九～一三二。

45　見嚴可均編《全宋文》，卷二〇，頁八～九。

46　關於宗炳的〈畫山水序〉，下列的三篇論文，都值得參考：第一篇是陳傳席的〈宗炳《畫山水序》研究〉，見《朵雲》，第六輯（一九八四年，上海，上海書畫出版社出版），頁二七～三五。第二篇是李福順的〈宗炳《畫山水序》注釋〉，見《朵雲》第六集，頁二一～二六。第三篇是周文康的〈只緣身隱深山中——宗炳《畫山水序》疑難試解之一〉，見《朵雲》，第十二輯（一九八七，上海，）頁一〇〇～一〇五。

47　見《太平御覽》，卷七五〇。

傳附在〈王弘傳〉的後面[48]，不過《宋書》仍然爲他立傳[49]。張彥遠在《歷代名畫記》裏，也爲王微寫了一篇傳記[50]。根據這三篇傳記，王微是一位多才多藝的人，因爲他除了善於寫文章，還懂音律、醫方、和陰陽術數。此外，他還是一位書畫家。

　　《宋書》的〈王微傳〉，收錄了王微寫給他親友的幾封書信。後來這些史料，就成了嚴可均在《全宋文》中，收於王微名下的〈與江湛書〉、〈與從弟王僧綽書〉、〈報何偃書〉、與〈告弟僧謙靈〉的資料來源[51]。嚴可均又根據編於唐初的《初學記》，在《全宋文》裏收錄了王微的〈茯苓讚〉、〈禹餘糧讚〉、〈桃飴讚〉、和〈黃蓮讚〉等四篇短文[52]。不過在長度上這些文章的每一篇，都不超通三十二字。也許可以說從長度上看，這四篇短文並不是王微的代表作；至少它們並不能代表王微的思想。張彥遠在《歷代名畫記》的〈王微傳〉裏，收錄了王微的〈敍畫〉。這篇文章，不但在字數上，長達二百六十五字，而且在這篇文字之中，他表示畫家創作山水畫，不但應該熟悉自然景物，而且還必須把自己對於自然與物的感知，和自己的感情一齊表現出來[53]。也就是說，畫家不但要對他描繪的主題有所瞭解，而且還要利用自己的感情，把這個主題重新組織，重新創造。只有經過這個程序，畫家才可借用對於主題的處理，把繪畫加以理想化[54]。根據這個簡單的分析，王微的〈敍畫〉是非常強調個人主觀的一種繪畫理論。他的理論是否正確，那是另一個問題，這裏不必討論。如果張彥遠沒能把王微的〈敍畫〉，收錄在他爲王微所寫的傳記裏，這篇與中國繪畫有關的唯心主義的理論，恐怕不會保存到現在。

　　　　四、張璪的畫論的遺佚

　　張彥遠在《歷代名畫記》裏，又曾爲中唐時代的畫家張璪，寫過一篇傳記[55]。在〈張璪傳〉中，張彥遠指出，張璪除了能畫樹石、山水，還「自撰〈繪境〉一篇，言

48　《南史》卷二〇有〈王弘傳〉。〈王微傳〉是附在〈王弘傳〉後面的。
49　見《宋書》卷六十二。
50　見《學津討原》本《歷代名畫記》卷六，頁四一五。又見黃苗子標點本《歷代名畫記》卷六，頁一三二～一三四。
51　見《全宋文》卷十九，頁二～七。
52　見《全宋文》卷十九，頁二～八。
53　見郭因《中國繪畫美學史》（一九八一年，北京，人民美術出版社出版），頁三三。
54　這個論點，大體根據郭因《中國繪畫美學史》，頁三三。
55　見《學津討原》本《歷代名畫記》卷一〇，頁五一六。又見黃苗子標點本《歷代名畫記》卷一〇，頁一九八～一九九。

畫之要訣。詞多不載。」雖然在明代，這篇論藝文字似乎是存在的[56]，可是在目前現存的唐代繪畫史料之中，已經見不到張璪的《繪境》了。如果張彥遠能在他編寫《歷代名畫記》的時候，把他認爲文辭過長的《繪境》也附在〈張璪傳〉裏，張璪的《繪境》，或者也能與附在《顧愷之傳》、〈宗炳傳〉和〈王微傳〉裏的那五篇藝術史料一樣，一直保存到現在。根據張彥遠沒把張璪的《繪境》附在〈張璪傳〉裏，所以使得《繪境》失傳的這個反面證據，就更能看出來中國藝術史方面的史料，如果能够收錄在一部藝術史書裏，往往是可以得到保存的。如果未能收錄在藝術史裏，就會失掉得到保存的機會。以《歷代名畫記》爲例，傳統的中國藝術史，對於史料的保存，是具有積極作用的。

（二）《益州名畫錄》對於藝術史料的保存

如前述，根據李畋在宋眞宗景德二年(1005)爲《益州名畫錄》所寫的序，《益州名畫錄》的完成時代，大概應當不會晚於一〇〇五年。這部篇幅共有三卷的書，可能是中國傳統藝術史裏的第一部地方藝術史。

在五代，由王建在後梁開平元年所建，再由王衍維持到後唐莊宗同光三年的前蜀(907-925)，以及由孟知祥在後唐末帝清泰元所建，再由孟昶維持到北宋太祖乾德四年的後蜀 (937-966)，都是以四川作爲國土的地方性小國。 前後蜀的國祚雖然都很短，可是在繪畫史上，這兩個小國家是各有若干貢獻的。譬如在前蜀時代，由於黃巢在唐代末期的叛亂，不但逼使唐僖宗在中和元年 (881)，[57]，像唐玄宗在天寶十四年(755)一樣的，再度避亂入蜀[58]，而且也使得當時的許多畫家，都因爲僖、昭二帝入蜀，而由關中地區紛紛進入四川。這樣，唐代京畿的畫風，才能在四川逐漸展開。到了後蜀時代，由於孟知祥運用政府的力量而設畫院，就很快的把四川的繪畫高手網羅到這個畫院裏去。 由於人才的集中與畫院的制度化， 後蜀的繪畫， 在中國的藝術史

56　明初的畫家王紱在《書畫傳習錄》卷四，認爲張○的《繪境》，是「大含細入，非粗工所能領略。」余紹宋根據這一點，而認爲「似其書至明初猶存」，詳見《書畫書錄解題》（一九三二年，北平，國立北平圖書館出版），卷十，頁一八。

57　見標點本《舊唐書》（一九七五年，北京，中華書局出版），卷十九，頁七一〇，又見標點本《新唐書》（一九七五年，北京，中華書局出版），卷五，頁二七〇。

58　見《舊唐書》卷九，頁二三四，《新唐書》卷五，頁一五三。

上，具有相當重要的地位。在後蜀的畫院之中，黃筌是最重要的一位。

本文第一節在討論藝術史裏的正統觀的時候，曾經列舉了由《益州名畫錄》所記載的，黃筌在八卦殿作壁畫的故事。故事大要說，在後蜀廣政十六年（癸丑，953），孟昶在成都修築了一座八卦殿。黃筌受命在此殿四壁圖繪四時花竹、兔雉、鳥雀。後來有人在此殿向孟昶進呈一隻白鷹。白鷹看見由黃筌畫在殿壁上的一隻野雉，以爲是眞的，於是好幾次張開雙翅，想去抓雉。孟昶看見這個情形，對黃筌在殿壁上所畫的動物之生動如眞，讚歎不已。跟著，他又命令翰林學士歐陽烱，爲白鷹抓雉這件事，寫了一篇〈壁畫奇異記〉來讚美黃筌的畫藝，黃休復在《益州名畫錄》的〈黃筌傳〉裏收錄了〈壁畫奇異記〉的全文[59]。

孟昶在廣政二十八年（965）向宋太祖投降，歐陽烱也跟著一齊投降，然後繼續在北宋的中央政府擔任官職，所以《宋史》裏收有〈歐陽烱傳〉的。[60] 可是《宋史》的編者，並未把歐陽烱的〈壁畫奇異記〉附在〈歐陽烱傳〉裏。趙崇祚的《花間集》和佚名宋人所編的《尊前集》，是兩部專門爲唐末與五代的詞人而編輯成書的詞選[61]。趙崇祚雖然把歐陽烱的十七首詞選入《花間集》，還有佚名宋人也把歐陽烱的三十一首詞選入《尊前集》，可惜這些作品都與歐陽烱的「壁畫奇異記」無關。

在編寫於北宋時代的各種藝術史書之中，成書於一一二〇年的《宣和畫譜》，雖然在〈黃筌傳〉裏提到白鷹想抓畫裏的野雉的事[62]，對於歐陽烱寫〈壁畫奇異記〉的事，是隻字不提的。劉道醇在編成時代也許是在一〇五九年或者稍後的《聖朝名畫評》的〈黃筌傳〉裏[63]，以及郭若虛在成書於一〇七〇年的《圖畫見聞志》的〈黃筌傳〉裏[64]，雖然都提到了歐陽烱的這篇文章，可是他們都沒有收錄此文之全文。

明世宗嘉靖二十年（辛丑，1541），蜀人楊愼（1488-1559）爲他的家鄉的文士

59　見《王氏畫苑》本《益州名畫錄》〈妙格〉部份，頁一四～一七，〈黃筌傳〉。

60　〈歐陽蜀傳〉見標點本《宋史》（據一九七六年，北京，中華書局出版），卷四七九〈西蜀世家〉在〈孟昶傳〉裏的附傳。

61　《花間集》的編者是趙崇祚，但有陽歐烱在後蜀廣政三年（940）所寫的序。所以此書實際的編成時間，應在五代。《尊前集》是宋代初年編成書的，但是編者不詳。此集所錄歐陽烱詞，見《彊村叢書》之影印本（民四十六年，藝文印書館，臺北），頁二六～三二。

62　見《王氏畫苑》本《益州名畫錄》〈妙格〉部份，頁一五。

63　見《王氏畫苑》本《聖朝名畫評》卷三，頁三一。

64　見《學津討原》本《圖畫見聞志》卷二，頁一四。

們，編了一部篇幅共有六十三卷的《全蜀藝文志》 [65]。其書由卷三十三到四十二，一共收錄了從漢唐以來，文題稱爲記的文章二百二十篇。其中與藝術有關係的，是收在卷四十一與卷四十二裏的十四篇。譬如在此書卷四十二，楊愼收錄了唐人李德裕(782-849) 的《前益州五長史眞記》。所謂眞，就是畫像 [66]。這篇文章所記述的，既然是五位地方長官的畫像，所以文章的內容應該與唐代的人物畫有關。可是在這十四篇文題稱之爲記的文章裏面，並沒有歐陽烱的「壁畫奇異記」。

清仁宗嘉慶十九年(1814)，董浩等許多人，編成一部篇幅共有一千卷的大書，書名是《全唐文》。他們所搜集的文章，在時代上，除了包括唐代，還包括五代十國那個紛亂的時代。文章的總數是一萬八千四百八十八篇，文章的作者的總數是三千零四十二人。從兪樾(821-1906)在爲此書所寫的序文裏所說的「有唐一代，文苑之美，畢萃於茲，讀唐文者，歎觀止矣」那幾句話來看，淸末的學者對這部《全唐文》的編輯是相當讚許的。此書卷九八一，在歐陽烱的名下，只收錄了歐陽烱的一篇文章，可是這篇文章，就是他爲前面已經提過的《花間集》所寫的序文 [67]。至於那篇與黃筌的畫蹟有關的〈壁畫奇異記〉，在《全唐文》裏，仍然是沒有踪迹的。

根據以上的查考，既然在《宋史》的〈歐陽烱傳〉裏、在三種成書於北宋時代的藝術史書裏（卽《聖朝名畫評》、《圖畫見聞志》、《宣和畫譜》）之「黃筌傳」）、以及在成書於明代中期的《全蜀藝文志》裏、和在成書於淸代中期的《全唐文》裏，都沒有收錄歐陽烱的〈壁畫奇異記〉，那就看出來，儘管《全蜀藝文志》與《全唐文》的書名以「全」號稱，事實上，以歐陽烱的〈壁畫奇異記〉之未被收錄爲例，這兩部書的內容，既有遺漏，還是不夠全的。因此，在這個情形之下，由黃休復收在《益州名畫錄》的〈黃筌傳〉裏的〈壁畫奇異記〉，就成爲可以找到這篇文章的唯一資料。要說明中國藝術史的具有保存史料的功能，《益州名畫錄》對〈壁畫奇異記〉的保存，應該也是一項非常重要的證據。

65　此書有楊愼在明世宗嘉靖二〇年（辛丑，1541）年的原序。現據本所藏淸仁宗嘉慶二十二年（丁丑，1817），樂山張汝杰的重刻本。

66　元人王繹於所著《寫像秘訣》後，附有《寫眞古訣》。訣文云：「寫眞之法，先觀八格，次看三庭。」訣文又於八格，三庭各有解釋，今但錄王繹對於三庭之解釋，以明寫眞卽畫像：「髮際至劍堂爲上庭，印堂至鼻準爲中庭，鼻庭下一筆，至地角爲下庭。」

67　見《全唐文》（一九八三年，北京，中華書局出版），卷九三〇五～九三〇六。

三、中國藝術史對畫家傳記順序的安排

除了在正統觀念的使用、以及在藝術史料的保存這兩方面，可以看出在中國藝術史與中國史學之間具有若干關係，以中國藝術史家對畫家傳記的順序的安排爲例，也可以看出在中國藝術史與中國史學之間，似乎存有另一種關係。現在本文就根據寫成於唐、清之間的幾種比較重要的中國藝術史，而對這種關係，先做一個初步的考察。

（一）由《歷代名畫記》看唐代藝術史家對畫家小傳順序的安排

《歷代名畫記》是中國最早的一部藝術通史，已如前述。由此書所紀錄的畫家，在人數上，共三百七十多位，在時間上，他們的時代，上自傳說時代，下至唐武宗會昌元年（841），歷時遠逾千年。各代畫家的時代的先後與被此書所記載的卷數的關係是這樣的：卷四：軒轅時代、周、戰國、前漢、後漢、魏、吳、蜀；卷五：晉、劉宋；卷七：南齊、梁；卷八：陳、北魏、北齊、北周、隋；卷九：唐（上）；卷一〇：唐（下）。根據這個關係，可知張彥遠對於各代畫家傳記的寫作，是以朝代的先後，也卽時間的先後，作爲準則而處理的。他雖把唐代的畫家的傳記，分別收在《歷代名畫記》的卷九與卷一〇，不過，就畫家的活動時期而言，收在卷九裏的畫家的時代，大體上，都早於收在卷一〇裏的畫家的時代。這就是說，在《歷代名畫記》之中，張彥遠對於傳記的處理的方式，大致上，是先介紹朝代較早的畫家，再介紹朝代比較晚的畫家。對於同一朝代的畫家，他又根據畫家的活動時間的先後，而先介紹活動時間較早的畫家，然後再介紹活動時間較晚的畫家。

可是在《歷代名畫記》之中，張彥遠對於某一些畫家的傳記的順序的排列，似乎又有不同的方式。這裏可以舉出幾個例子：

首先，張彥遠在此書卷四的魏國部分，爲曹髦、楊修、桓範、和徐邈等四位畫家寫了他們的傳記。根據正史裏面的記載，除了桓範的生卒年月是沒有紀錄的，其他三位畫家的生卒年月，都是有史可憑的。譬如曹髦（240-260）卒於魏甘露五年（260）；卒

年是二十歲 [68]。楊修（173~219）卒於後漢獻帝建安二十二年（219），卒年約四十五歲 [69]。徐邈(172-250)卒於魏廢帝嘉平元年（或蜀後主延熙二十二年，250），卒年七十八歲 [70]。 張彥遠對於這三位畫家的傳記的排列，如果是以他們的時代先後爲準，應該以徐邈居首，楊修居次，再以曹髦殿後。然而在《歷代名畫記》之中，張彥遠不但並沒有採用這種方法來處理這三位畫家的傳記的順序的先後，他反而把年紀最輕的曹髦的傳記，排列在比他大了六十歲的徐邈、和比他大了二歲的十楊修的傳記之前。可見他對曹、楊、桓、徐這四位魏國畫家的傳記的順序，是並不按照以時間爲準的原則來處理的。

　　同樣的情形，又見於《歷代名畫記》的卷五。在此書此卷，他爲晉代的司馬紹、荀勗、張墨、衛協、王廙、王羲之、王獻之、康昕、 顧愷之、 史道碩、 謝惟、夏侯瞻、嵇康、溫嶠、謝巖、曹龍、丁遠、楊惠、江思遠、王濛、戴逵、戴敎、和戴顒等二十二位畫家，分別寫有詳略不等的傳記。在這二十二人之中，雖有許多位畫家的生卒年代是不可知的，但下述七位畫家的生卒年代，是可知的。現在先把這生卒年代，彙列如下表：

68　據《三國志》於《魏志》卷四〈三少帝紀〉（見標點本，頁一四三），曹髦卒於魏甘露四年五月己丑，年二十。

69　楊修爲楊震（卒於漢安帝延光三年，124）之玄孫。 其略傳附於《後漢書》卷五十四〈楊震傳〉之後。但不言楊修之卒年（見標點本，頁一七八九）。然據《後漢書》所引《續漢書》則記修爲曹操所殺時，年四十五歲。（見標點本，一七九○），但並不言卒於何年。然據〈楊震傳〉所附〈楊彪傳〉，楊彪由建安十一年起，託有腳病而不復行，前後十年。以後其子楊修才被曹操所殺。所以楊修之逝，至少應在建安二十一年或該年之後。如果楊修卒於建安二十一年 (218)，年四十五，他的生年，應在漢靈帝建寧四年 (171)。姜亮夫所編《歷代名人年里碑傳總表》（以下簡稱《碑傳總表》）頁二六。則作生漢靈帝熹平二年，卒於漢獻帝建安二十四年(173-219)。不知何據。

70　據《三國志》的《魏志》卷二七〈徐邈傳〉（見標點本，頁七四○），他卒於魏廢帝嘉平元年(249)，年七十八歲。以此推之，他的生年，應在漢靈帝建寧四年(171)。姜亮夫《碑傳總表》頁二六作 172-250。此外，再據《晉書》卷九十一，東晉時代又有一個與三國時代的徐邈同名的人，也叫徐邈，他卒於晉安帝隆安元年，年五十四歲（見標點本，頁二三五八）。以此推之，這位徐邈，應該生於晉康帝建元元年 (343)。張彥遠既在《歷代名畫記》裏，把曹髦與徐邈都列在魏國，所以東晉時代的徐邈，應該不是張彥遠所說的那位同名的畫家。

姓　名	生　　　　　年	卒　　　　　　年	年　　　齡
嵇　康	魏文帝黃初四年(223)	魏元帝景元三年(262)	四十歲 [71]
王　廙	晉武帝咸寧元年(276)	晉元帝永昌元年(32))	四十七歲 [72]
司馬紹	晉惠帝元康九年(299)	晉明帝太寧三年(325)	二十七歲 [73]

[71] 關於嵇康的卒年，現知共有兩說。第一說見於在唐初貞觀二十年（646）修成的《晉書》。據此書卷四十九的〈嵇康傳〉（見標點本，頁一三七四），他卒時年四十歲。錢保塘在《歷代名人生卒錄》裏（民國二十五年，海寧，錢氏清風室刊本），就採取這種說法（見卷一，頁二七九）。可是《晉書》在〈嵇康傳〉裏，對於這位名人的生卒年代，並沒有確切的紀錄。一直到清代中期，錢大昕(1728-1804)才在他的《疑年錄》裏（據同治二年，即1 863年，福山王氏天壤閣重校刊本），根據宋代司馬光(1019-1086) 在《資治通鑑》裏的資料，而把嵇康的生年與卒年，分別定在魏文帝黃初四年與魏高貴鄉公景元三年（223-262）。　錢大昕的說法，得到現代學者的認同；譬如梁廷燦在《歷代名人生卒年表》（民國二十二年，上海，商務印書館出版）裏（見頁一五），以及姜亮夫在《歷代名人年里碑總表》（民國二十六年，上海，商務印書館出版）裏，（見頁四三）對於嵇康的生卒年代，都採用了錢大昕的說法。

　　第二說見於由張懷瓘在盛唐玄宗開元十五年(727)編成的《書斷》的卷中。按懷瓘此書，在晚唐時代，收入由張彥遠所編的《法書要錄》卷八。據《書斷》，嵇康卒時，年四十四歲。《書斷》的成書年代，雖比《晉書》的成書年代，晚了八十年，不過張懷瓘的根據，不是唐以前的，至少是唐代的資料。也就是嵇康卒年四十四歲的說法，在理論上，應當是有一種比《資治通鑑》成書更早的資料，可以作為證據的。可惜張懷瓘沒把這資料的來源紀錄下來。所以嵇康的卒年，是否確為四十四歲，在未能找到證據之前，對於張懷瓘的說法，似乎還不能遽然相從。

　　最近姚漢榮與姚益心兩教授合撰「嵇康之死考辨」一文，見《中州學刊》第三期（一九八八年，河南，鄭州，中州學刊社出版，頁八六～八九），雖然對嵇康之死的背景，有很詳細的討論，可是此文不但對於嵇康死時年四十四歲之說，一字不提，就是對於嵇康的確切的生卒年代，也同樣的一字不提。讀後頗感失望。

[72] 《晉書》卷七十六雖然有王廙在擔任平南將軍，領護南蠻校尉，與荆州刺史之後「尋卒」的紀錄（見標點本，頁二〇〇四），卻並未提他卒何年，以及他卒時的年齡。所以錢大昕編《疑年錄》、吳修編《疑年續錄》，對於王廙這個人，都只能避而不提。其實王廙的生卒年代，就唐代的文獻而言，還是可以查索的。譬如活動於唐玄宗之開元時代的張懷瓘，就曾在他寫於開元十五年（丁卯，727）的《書斷》卷中〈妙品〉部份的「王廙傳」裏，明確的記著王廙卒於永昌元年，年四十七歲（見張彥遠《法書要錄》卷八）。永昌是晉元帝的年號，永昌元年合西元322年。據此上推，王廙的生年，應在晉武帝咸寧二年(276)。陸心源(1834-1894)編《三續疑年錄》，以及姜亮夫編《歷代名人年里碑傳總表》（見頁四一），對於王廙的生卒年，都從此說。

[73] 據《晉書》卷六「明帝紀」，司馬紹死於太寧三年(325)閏八月，年二十七歲（見標點本，頁一六五）。據此上推，他的生年，應在東惠帝元康九年(299)。姜亮夫《歷代名人年里碑傳總表》頁五〇九，對於司馬紹的生卒年代的推斷，與此相同。

王　濛	晉懷帝永嘉三年(309)	晉穆帝永和三年(347)	三十九歲 [74]
王羲之	晉元帝太興四年(321)	晉武帝太元四年(379)	五十九歲 [75]
王獻之	晉康帝建元二年(344)	晉孝武帝太元十三年(388)	四十五歲 [76]

[74] 《晉書》卷九十三只說王濛卒於三十九歲（見標點本，頁二四九），而未言其卒於何年。錢大昕《疑年錄》、吳修《疑年續錄》對於王濛的年壽，也都避而不提。其實王濛的年壽，並非不可知。首先，劉義慶(403-444)在《世說新語》卷十七的〈傷逝篇〉於「王長史病篤」一條之下，就曾引《王濛別傳》而說：「濛以永和初卒，年三十九。」錢保塘編《歷代名人生卒錄》（民國二十五年，海寧錢氏海風室刊印），對於王濛的年齡，就採用這種說法（見卷一，頁三七）。張懷瓘在《書斷》卷下〈能品〉部份〈王濛傳〉裏，卻明確指出王濛卒於穆帝永和三年（347），卒姜亮夫在《歷代名人年里碑傳總表》（頁四四），也認為卒年三十九。據此推，王濛的生年，應當是晉懷帝永嘉三年(312)。陸心源《三續疑年錄》，對於王濛的年齡，就採用張懷瓘的說法。

[75] 《晉書》卷八○在〈王羲之傳〉中，只說羲之卒時年五十九歲，而他未說卒於何年。因此，後人對於王羲之的生卒年代，就有幾種不同的推論，第一種說法，是在盛唐時代，由張懷瓘提出來的。他在寫成於開元十五年的《書斷》卷中〈神品〉部份的〈王羲之傳〉裏，首先提出王羲之卒於昇平五年，卒年五十九歲的說法。昇平是東晉穆宗的年號，昇平五年合西元161年。由此上推，王羲之的生年，應在晉惠帝太安二年(303)。到南宋時代，桑世昌在他編成於寧宗嘉定元年（戊辰，208）的《蘭亭考》卷八，接受了張懷瓘的說法。

　　第二個說法是在清代中後期，由錢大昕提出來的。他在《疑年錄》裏面（見卷一，頁三），一方面指王羲之卒於昇平五年的說法是錯誤的（不過他並未列舉證據），一方面又提出王羲之的生卒年代，應該分別是東晉元帝大興四年（辛巳，321），與東晉孝武太元四年（巳卯，379）的新說法。這個說法，後來得到許多學者的認同。譬如梁廷燦在《歷代名人生卒表》（見頁二○）、錢保塘在《歷代名生人卒錄》（見卷一，頁三四），以及姜亮夫在《歷代名人年里碑傳總表》（見頁四五），對於王羲之的生卒年代，都採用了錢大昕的說法。

　　第三個說法，是在清代末期，由魯一同提出來的。他在《右軍年譜》（據民國三十三年，重慶，文信書局出版《書學》第三期之排印本），又把王羲之的生卒年分別定在東晉永嘉元年(307)與東晉哀帝光寧元年(365)。八幡關太郎編「王羲之年譜」（見《支那藝苑考》一九三四年，東京，古今書院出版），所定王羲之的生卒年代，與魯譜相同。近年鍾明善著《中國書法史》（一九八二年，石家莊，河北，美術出版社出版），對於王羲之的生卒年代，也採用魯一同的說法（見頁四七）。

　　除了以上三說，現知吳濤源亦編有《右軍年譜》一種。今以未見原著，不知吳譜所定王羲之的生卒年代爲何。誌此待考。

[76] 王獻之的傳記，在《晉書》裏，是附在其父王○之的傳記之後的（見標點本，頁一二○四～二一○六）。可是該傳旣未提到獻之的卒年，對於他卒時的年齡，也沒有紀錄。不過在南北朝時代，梁代的劉孝標，曾在劉義慶的《世說新語》之「傷逝篇」裏第十六條（王子猷、子敬俱病篤）裏的註文裏，記載王獻之卒於晉孝武帝太元十三年（388），卒年四十五歲。由此年上推，王獻之的生年應在晉康帝建元二年(344)。錢大昕編《疑年錄》（見卷一，頁四）、梁廷燦編《歷代名人生卒年表》（見頁二○）、錢保塘編《歷代名人生卒錄》（見卷一，頁三四）、以及姜亮夫編《歷代名人年里碑傳總表》，都採用了劉孝標的說法。

顧愷之	晉康帝建元二年(344)	晉安帝義熙元年(405)	六十歲 [77]

王獻之(344-388) 卒於東晉孝武帝太元十三年（388），卒年四十五歲。如果這八位畫家的傳記，需要依照畫家活動時代的先後來排列，他們的傳記的順序先後，應該分別是嵇康、荀勗、王廙、司馬紹、王濛、王羲之、王獻之、與顧愷之。可是張彥遠既把司馬紹的傳記，排在比他大了七十多歲的嵇康、以及比他大了四十多歲的王廙的傳記之前，這就說明張彥遠對司馬紹的傳記的順序的安排，正和他對曹髦的傳記的安排一樣，也並不是按照以畫家的活動時代之先後的那個原則來處理的。

在《歷代名畫記》之中，與曹髦和司馬紹的傳記作同樣的特例來處理的第三個例子，見於此書卷七的梁代部分。在這部分，張彥遠對蕭繹、蕭大連、蕭賁、陸杲、陶弘景、張僧繇、袁昂、焦寶願、嵇寶鈞、聶松、解倩、陸整、江僧寶、僧威公、僧吉底俱、僧摩羅菩提、僧迦佛陀等二十位梁代畫家，各作一篇詳略不等的傳記 [78]。在這

77　關於顧愷之《晉書》卷九十二在〈顧愷之傳〉裏只說他「年六十二，卒於官」（見標點本，頁二四〇），而未說他卒於何年。清代的錢大昕與吳修，在編《疑年錄》與《疑年續錄》的時候，對於顧愷之這位名人，都避而不錄。陸心源編《三續疑年錄》（見卷一，頁三七），雖然都標明顧愷之卒年六十二歲，可是他們既未提出顧愷之的生卒年代，所以在這三部著作裏顧愷之的生卒時間，與《晉書》裏一樣，仍舊是一個空白。

　　　但在另一方面，也有不少二十世紀的學者，曾對顧愷之的生卒年代，作過不同的推測。綜合他們的說法，現代學者對於顧愷之的生卒年代，曾有五種不同的意見：

　　　一、生於晉成帝咸康七年（辛丑，341），卒於晉安帝元光元年（壬寅，402），說見姜亮夫《歷代人物年里碑傳總表》，頁五五。

　　　二、生於晉康帝建元元年（癸卯，343），卒年不詳。說見堂谷憲勇《支那美術史論》（一九四四年，京都，桑名文星堂出版），頁七〇。

　　　三、生於晉康帝建元二年（甲辰，344），卒於晉安帝義熙元年（乙巳，405）。說見馬采《顧愷之研究》（一九五八年，上海，人民美術出版社出版），頁九（顧愷之年表）。

　　　四、生於晉穆帝永和元年（乙巳，345），卒於晉安帝義熙二年（丙午，406）。說見潘天壽《顧愷之》（一九五八年，上海，人民美術出版社出版）。

　　　五、生於晉穆帝永和二年（丙午，346）卒於晉安帝義熙三年（丁未，407）。說見郭味蕖《宋元明清畫家年表》（一九五八年，上海，人民美術出版社出版），頁一所附《晉唐五代重要書畫家年代表》。

78　據伯希和的意見，由張彥遠在《歷代名畫記》中所紀錄的僧吉底俱、僧摩羅菩提、與僧迦佛陀等三位外畫籍僧的姓名，都不正確。他指出在南朝之陳代，由姚最所編的《續畫品》裏，這三位畫僧的姓名，是吉底俱、摩羅菩提、與釋迦佛陀。但是卽使是吉底俱與摩羅菩提，這兩位畫家的姓名，仍然不正確。因為如果要把他們的中文姓名，用他們在印度所使用的文字來還原，吉底應該只是第一位畫家的名，他的姓應該是佛陀。而吉底俱之名的最後一個字（俱字），卻應該與摩羅菩提相連，而成為俱摩羅菩提。至於迦佛陀，也應該是釋迦佛陀之誤。

（註文轉第736頁）

二十位畫家之中，至少有五位畫家的生卒年代，是可知的，或者是大略可知的。現在再把這五位畫家的生卒年代，彙列如下：

姓　　名	生　　　　　　　　　年	卒　　　　　　　　　年	生卒年齡
陶弘景	宋文帝元嘉二十九年 （壬辰，452）	梁武帝大同二年 （丙辰，536）	八十五歲 [79]
袁　昂	宋孝武大明四年 （庚子，460）	梁武帝大同六年 （戊午，540）	八十歲 [80]
張僧繇	齊明帝建武二年 （乙亥，495）	梁武帝太清三年 己巳，549）	五十六歲 [81]

（註文接第735頁）

伯希和在指出這些錯誤之後，又把佛陀吉底、俱摩菩提、和釋迦佛陀等三人的姓名別分，還原爲 Buldha Kinti, Kumarabodhi 與 Sakayabuddha Buddha。詳見 Paul Pelliot: "Notes sur guelques artistes des Six Dynasites et des T'ang", in *T'oung Pao*, Serie II, Vol. XXIL (1923, Leide), pp. 215-291。馮承鈞對此文曾作中文譯本，文稱「六朝同唐代的幾位畫家」，部份譯文分見《學術界》，第二卷，第四期（民國三十三年，上海，學術界社出版），頁三一～三八，及第五期，頁五一～六一。

[79]　《梁書》卷五十一的〈陶弘景傳〉（見標點本，頁一三五），與《南史》卷七十六的〈陶弘景傳〉（見標點本，頁一八九九），都說他卒於大同二年，年八十五歲。根據這項紀錄而向上推算，陶弘景的生年應在宋文帝元嘉二十九年。

[80]　《梁書》卷三十一在〈袁昂傳〉中明確紀錄袁昂卒於大同元年，卒年八十歲（見標點本，頁五五）。根據這項紀錄來推算，袁昂的生年應在宋孝武帝大明四年（460）。錢保塘《歷代名人生卒錄》（見卷二，頁十九）、與姜亮夫《歷代名人年里碑傳總表》，頁七一，都只列袁昂的卒年，而對他的生年，未作推算。朱鑄禹編《唐前畫家人名辭典》（一九六一年，北京，人民美術出版社出版），旣無袁昂之名，可見這部辭典的內容是不够充實的。

[81]　張僧繇的生卒年代，在與中國繪畫史有關的文獻裏，是未經記載的。張彥遠在《歷代名畫紀》卷七，在爲張僧繇所寫的傳記中，曾有「天監中爲武陵王國侍郎、直秘閣、知畫事，歷右將軍，吳興太守」的紀錄。天監時代，共十八年(502-519)。
除此以外，張彥遠又在張僧繇的傳記中，提過這樣的三件事：
「武帝崇飾佛寺，多命僧繇畫之。時諸王在外，武帝思之，遣僧繇乘傳寫貌。對之如面也。」
「初，吳曹不興圖青谿龍。僧繇見而鄙之。乃廣其像於武帝龍泉亭。其畫草留在秘閣。時未之重。至太清中，震龍泉亭，遂失其壁，方知神妙。」
「又畫天竺二胡僧像。因侯景亂，散圻爲二。」
關於第一件事，正史是有所記載的。譬如《南史》卷五十三在〈梁武帝諸子武陵王紀王圓王傳〉中曾說：「紀最爲武帝所愛。……太清初，帝思之，使善畫者張僧繇至蜀圖其狀。」所謂初年，常指每一個時期的前五年。太清時期旣然只有三年，所以這個時期的初年，似乎應指太清元年。如果《梁書》所說的太清初就是太清元年，張僧繇爲武陵王畫像的事，與他所畫胡的僧像在侯景之亂的時期分散爲二的另一件事，在時間上，似乎相差不遠。因爲侯景之亂的時間，是從太清二年八月開始，到太清三年就被平定的（見《梁書》卷五六、《南史》

（註文轉第737頁）

蕭　繹	梁武帝天監七年 （戊子，508）	梁元帝承聖三年 （甲戌，554）	四十七歲 [82]
蕭大連	梁武帝普通七年 （丙午，526）	梁簡文帝大寶二年 （辛未，551）	二十五歲 [83]

假如這五位畫家的傳記，應該按照他們活動時間的先後來排列，這五篇傳記的前三篇，應該分別是陶弘景、袁昂、與張僧繇的，最後的兩篇才該是蕭繹與蕭大連的。然而在《歷代名畫記》卷七，張彥遠旣把蕭繹的傳記放在梁代二十位畫家之首，也卽把這位畫家的傳記，放在比他大了四十四歲的陶弘景的傳記、和比他大了四十歲的袁昂的傳記之前，那又可以明顯的看出來，他對蕭繹的傳記的處理，和他把曹髦的傳記放在魏國所有的畫家的傳記之前、以及和他把司馬紹的傳記，放在晉代所有的畫家傳記之前一樣，又是當作一個特例來處理的。因爲是特例，所以張彥遠並不按照畫家的

（註文接第736頁）

卷八〇〈侯景傳〉）。旣然發生第一與第三件事的時間，在年代上，與發生第二件事的時間，似乎也是吻合的。因爲張僧繇在龍泉亭裏的壁畫亡失的時間是「太清中」。旣然太清只有三年，所以太清中應該指太清二年。這一年，就是由於侯景發生叛亂了，所以張僧繇的「天竺胡僧圖」才被分裂成兩個半幅的那一年。

根據對以上三事之紀錄的分析，張彥遠對張僧繇的生平事迹之記述，在時間上，不超過「太清中」。卽使〈胡僧圖〉因爲侯景之亂而分裂爲二的時間，是指侯景之亂已被叛平的時間而言，這件事與張僧繇的生卒有關的時間，也只能由太清二年延長到太清三年而已。所以太清三年(549)，大體上，可以視爲張僧繇的生平的時間下限。

前面指出，張僧繇曾在天監時代擔任吳興太守。天監時代，共十八年（502-519）。張僧繇是在天監時代的那一年擔任吳興太守的，雖不可知，卻不妨把他擔任此職的時間，定在天監十八年(519)。由天監十八年到太清三年(549)，前後三十一年。如果張僧繇在天監十八年擔任將軍與太守的時候的年齡是二十五歲，他的生年，應在齊明帝建武二年（495）。到太清三年，他至少已有五十六歲。如果他在天監十八年的年齡，大於二十五歲，在太清三年，他的年齡，當然應該比五十六歲還大。

關於張僧繇的年齡，限於資料，只能作這樣的推測。不過在此關鍵上，還有兩種文獻，都可附帶提述。第一種文獻是朱鑄禹的《唐前畫家人名辭典》。此書對張僧繇的生平，雖有很詳細的介紹，可是對於這位畫家的生卒年代，卻沒有任何的推測。第二種文獻是阮榮春的「梁代擎花比丘圖與張僧繇畫風」，刊於《考古與文物》第四期（一九八八年，西安，考古與文物編輯部出版），頁七一一，在此文中，阮榮春對於張僧繇的生卒年代，也沒有推測，不過卻認爲「張僧繇主要活動於梁天監中至太清初」，這個論點，與本註對張僧繇的生平的介紹是一致的。

82　據《梁書》卷五〈元帝紀〉，蕭繹卒於承三年十一月丙辰，卒年四十七歲（見標點本，頁一三五）。據此推算，其生年應在梁武帝天監七年(508)。

83　據《梁書》卷四十四〈太宗十一王蘭郡王大連傳〉，大連卒於梁簡文帝大寶二年（551），年二十五（見標點本，頁六一六）。《南史》卷五十四〈梁簡文帝諸子傳〉（見標點本，頁一三四一），所記亦同。據此推算，蕭大連的生年，應在梁武帝普通七年(526)。

時代的先後這個原則，來處理他們的傳記在順序上的先後。

　　發現了這三個特例之後，應該繼續考察的，是這位晚唐的藝術史家，何以要在他的中國藝術通史裏，在處理畫家傳記之先後的時候，安排了這樣的三個特例？對於這個問題，也許是應該從這三位畫家的身分方面，去尋求答案的。

　　首先看曹髦，根據張彥遠，他是一位畫家。但在另一方面，根據陳壽的紀錄，曹髦的祖父是魏國的開國國君魏文帝曹丕，他的父親是魏國的貴族定海王曹霖。至於他自己，就是在魏齊王曹芳正始五年（224）先被封爲高貴鄉公，然後又在同一年，繼卽皇帝之位的魏少帝[84]。根據這些資料，曹髦是位一國君。同樣的，根據姚思廉和房玄齡的記載，司馬紹就是在位只有三年（323-325）的晉明帝[85]，而蕭繹也就是在位只有三年（552-554）的梁元帝[86]。

　　前面指出，張彥遠的的《歷代名畫記》是在唐宣宗大中元年（847）編成的。在他編成這部藝術通史之前，中國的歷史學家，已經寫成許多史書。其中最重要的，大概是下面所列的十四部：

1. 《史記》，漢司馬遷編寫。

2. 《漢書》，後漢班固編寫，編成於後漢章帝建初時代(76-83)以後。

3. 《三國志》，晉陳壽撰，約撰成於西晉武帝太康時代(280-289)。

4. 《後漢書》，劉宋范蔚宗撰。

5. 《宋書》，梁沈約撰，約撰成於齊永明二年(488)。

6. 《南齊書》，梁蕭子顯撰，約撰成於梁武帝大同三年(537)之前。

7. 《魏書》，北齊魏收撰，約撰成於北齊文宣帝天保五年(554)。

8. 《陳書》，唐令狐德棻撰，約撰成於唐高祖武德十年(627)。

9. 《隋書》，唐姚思廉撰，約撰成於唐高祖武德十年(627)。

10. 《梁書》，唐姚思廉撰，約撰成於唐太宗貞觀三年(629)。

11. 《北齊書》，唐李百藥撰，約撰成於唐太宗貞觀十年(636)。

12. 《晉書》，唐房玄齡撰，約撰成於唐太宗貞觀十八年(644)。

84　見《三國志》的《魏志》卷四〈三少帝紀〉。
85　見《晉書》卷六〈明帝紀〉。
86　見《梁書》卷五〈元帝紀〉。

13.《隋書》，唐魏徵等撰，約撰成於唐高宗顯慶元年(656)。

14.《南史》，唐李延壽撰，約撰成於唐高宗顯慶元年(656)。

15.《北史》，唐李延壽撰，約撰成於唐高宗顯慶四年(659)。

在這十五部史書之中的傳記，大致是分為〈紀〉、與〈傳〉兩部分的，只有在《史記》裏的傳記，在〈紀〉與〈傳〉之外，還有一個〈世家〉部分，是個例外。就《史記》的內容而論，〈紀〉是史家為天子所寫的，〈世家〉是史家為諸侯所寫的，〈傳〉是史家為其他特殊人物所寫的傳記。從社會地位來看，天子的身分最高，諸侯的身分居次、其他人物的身分最低。可是自從班固取消了〈世家〉，這樣，從《漢書》到《南史》與《北史》，在這十三部史書之中，關於歷史人物的傳記，就都只有〈紀〉與〈傳〉的對照[87]，也就是只有君與臣、或者君與民的對照。臣傳的數目，當然是比君紀的數目，要多得多的。根據這種對照，君的地位與身分，就顯得更加突出了。不但如此，司馬遷既在《史記》中，把〈紀〉放在〈傳〉的前面，從班固到李延壽的這十三位史學家，也無不在他們的著作裏，把〈紀〉放在〈傳〉的前面。這就等於說，在從漢武帝到唐高宗的這段時間之內，先〈紀〉而後〈傳〉的寫作方式，早已成為史家編寫史書的一種傳統。

從時間上看，如果《史記》是在漢武帝太初四年（前93）編成的[88]，此書編成的

---

87 唯一的例外是《晉書》從卷一○一到一三○，共有〈載記〉三十卷。不過由於收在〈載記〉裏的，都是十六國的國主的傳記，可以說是例外。

88 關於《史記》的著成時代，共有五種不同的說法。今據所知，並參考據吳汝煜在〈關於史記的著述目的、斷限及其他〉一文（見《史記論稿》，一九八六年，鎮江，江蘇教育出版社出版），把這五種說法，彙列如下：

麟止說：司馬遷在〈封禪書〉裏提到武帝在元狩元年 (122 BC) 獲一角獸的事。所以《史記》之成書應在此年。

太初說：司馬遷的自序說：「余述歷黃帝以來至太初年年訖。」不過關於太初的時代，學者之間，又有不同的看法：

　　a. 梁玉繩認為太初指太初四年 (101 BC)，詳見 《史記志疑》。

　　b. 朱東潤認為太初指太初時代的前一年，也即元封六年 (105 BC)，詳〈史記終於太初考〉，見《史記考索》（一九六二，香港，太平書局出版），頁一一八。

天漢說：《漢書》的〈司馬遷傳〉說他「接其後事，訖於天漢。」天漢共四年 (100-97 BC)。所以《史記》的著成時代，不應早於西元前九十七年。

太始說：李宗侗《中國史學史》（民國四十二年，臺北，中華文化出版事業委員會出版）。頁二六，把《史記》的著成時代，定在漢武帝太始三年(93 BC)。

武帝末年說：《史記》在〈建元以來侯者年表〉之後，有褚先生曰：「太史公記事，盡於孝武之事。」武帝最後一年，是後元二 (87 BC) 年。所以《史記》的著成時代，應該不會早於西元前八十七年。

時間，比《歷代名畫記》編成的時間（847），早了九百四十年。甚至就以李延壽的史
學著作來比較，他在顯慶四年（659）寫成《北史》的時間，也比張彥遠寫成《歷代名
畫記》的時間，早了一百九十年。

　　根據這些了解，可以看出來，張彥遠要在《歷代名畫記》卷四，把曹髦傳置於魏
國的其他三位畫家的傳記之前，與在同書的卷五，要把司馬紹的傳記，置於晉代的其
他二十一位畫家的傳記之前，以及在同書卷七，要把蕭繹的傳記，置於梁代的十九位
畫家的傳記之前，而不採用以畫家的活動時間之先後，作爲安排各代畫家的傳記之順
序的準則，是由於張彥遠在編寫《歷代名畫記》的時候，與歷代史學家在編寫通史與
斷代史之際，把天子的本紀，安排在其他人物的傳記之前的那個史學傳統，具有密切
的關係。這個傳統，從司馬遷到李延壽，歷時超過七百年，對張彥遠而言，他不能說
是不知道的。所以儘管他在《歷代名畫記》之中，沒把曹髦的、司馬紹的、與蕭繹的
三篇傳記，像史學家爲國君作傳記那樣的稱之爲〈紀〉，也沒有像史學家爲諸侯作傳
記那樣的把蕭大連的傳記，稱之爲〈世家〉，不過他既把這三位皇帝畫家的傳記，置
於貴族畫家的傳記之前，再把貴族畫家的傳記，置於與他們所處的同一時代的畫家傳
記之前，這就看出來，張彥遠對《歷代名畫記》裏的人物的傳記，在順序上的安排，
與從司馬遷以來的，在對歷史人物的傳記之處理的手法上，要先列〈本紀〉、次列〈
世家〉、再列〈列傳〉的那個史學傳統，是隱然相符的。

（二）由《圖畫見聞志》看北宋藝術史家對畫家傳記順序的安排

　　看過張彥遠在《歷代名畫記》中對於畫家、傳的順序的安排，接著也許可以編成
於宋神宗熙寧七年(1074)的《圖畫見聞志》作爲代表，而繼續察看北宋時代的藝術史
家，對於畫家傳記的順序，又是怎麼安排的。

　　《圖畫見聞志》的篇幅雖有六卷，但與畫家傳記有關的部分，只是二、三、四等
三卷。爲了便於下面的觀察，現在先把這三卷內容的綱目，分列如下

　　卷第二（見附圖一）

　　紀藝　上

　　　唐末　　　　　　　　　二十七人

　　　五代　　　　　　　九十一人

　卷第三（見圖二）

　　仁宗皇帝

　紀藝　中

　　　王公大夫　　　　　一十三人

　　　高尚　　　　　　　　二人

　　　人物　　　　　　　五十三人

　　　傳寫　　　　　　　　七人

　卷第四（見圖三）

　紀藝　下

　　　山水　　　　　　　九十八人

　　　花鳥　　　　　　　三十九人

　　　雜畫　　　　　　　三十五人

　　根據這個綱目，郭若虛對於一般畫家傳記的順序的安排，是有比較複雜的。首先，這些傳記大致是按照畫家活動時代之先後的準則而排列。所以在卷二，唐末畫家的傳記，在順序上，是排在五代的畫家傳記之前的。而在卷三，他對北宋時代的畫家傳記的安排，在順序上，旣把活動於宋太祖時代(960-975) 的畫家的傳記，排在活記於宋太宗時代(976-997) 的畫家傳記之前，同時也把活動於宋太宗時代的畫家的傳記，排在活動於宋仁宗時代(1023-1063)的，與活動於宋神宗時代(1068-1085)的畫家傳記之前。還有，在卷四，他對山水與花鳥畫家傳記的順序的安排，也大致以畫家活動時代的先後爲準。在《歷代名畫記》裏，張彥遠早已根據畫家活動時代的先後，作爲安排他們的傳記之順序的標準。郭若虛在《圖畫見聞志》裏，用時間的先後，作爲畫家傳記的順序的先後，如果不是把張彥遠已使用過的標準重新使用，至少，可說是對在唐代末期所建立的藝術史學傳統的承繼。

　　在上列的綱目之中，在《圖畫見聞志》的卷三與卷四，除了時代的先後，郭若虛又按照畫家的專長，而把他們的傳記，分別列入人物、山水、花鳥、與雜畫等四大門類裏去。這個標準，是張彥遠所不曾使用過的。這樣說，在十一世紀的下半期，當郭

若虛在他的中國繪畫通史裏，爲許多畫家編寫小傳的時候，他對這些傳記的順序的先後的安排，是有雙重標準的。在時間上，他採用時代的先後，在空間上，他採用畫家的專長。如果他對時間的處理的標準是傳統的，他對空間的處理標準，應該說是創新的。郭若虛對從唐末、經過五代、再到北宋中期爲止的，那兩百七十餘位畫家的傳記的順序，就是根據他的雙重標準而逐一排列起來的。

如從另一個角度來看，郭若虛的雙重標準，似乎只是爲了便於處理一般畫家的傳記之順序而建立的。這就是說，他的雙重標準，對於皇帝畫家的傳記而言，是不合用的。爲什麼要這麼說？在上引的綱目中，此書卷三有一篇宋仁宗的傳記。這篇傳記的位置，非常特別。一般而言，每一本書的正文，甚至於每一本書的每一卷的正文，在位置上，一定都放在書名或標題之後。可是在《圖畫見聞志》的卷三，宋仁宗的傳記卻排在〈紀藝中〉這個篇名之前，也就是排在這一卷的標題之前。既然郭若虛用〈紀藝中〉這個標題，去把宋仁宗的傳記與北宋的其他畫家的傳記，分成不相連的兩部分，可以想見，在郭若虛爲北宋的畫家寫傳記的時候，他是不想把這些畫家的傳記與宋仁宗的傳記相提並述的。要想知道郭若虛何以要對宋仁宗的傳記，要作這麼特別的安排，不妨先來看看他爲宋仁宗所寫的小傳，是怎麼寫的。下面所引的，就是他在《圖畫見聞志》的卷三，爲這位皇帝畫家所寫的小傳之全文：

> 「仁宗皇帝，天資穎悟，聖藝神奇，遇興援毫，超逾庶品。伏聞齊國獻穆大長
> 公主喪明之始，上親畫龍樹菩薩，命待詔傳模，鏤板印施。聖心仁存，又非愚
> 臣所能稱頌。若虛舊有家藏御畫御馬一匹，其毛赭白，玉銜勒上。有宸翰題
> 云：慶曆四年七月十四日御畫，兼有押字印寶。後因伯父內藏借觀，不日赴杭
> 鈐之任，既久假而不歸，居無何，伯父終於任所，此寶遂歸伯母表兄張淄少
> 列。今不復可見，爲終身之痛。^{兼曾見張文懿家有小猿一軸}，_{仍聞禁中有天王菩薩像。}
> 太上游心，難可與臣下並列，故脔之卷首。[89]」

在此傳中，郭若虛一開始就說：「仁宗皇帝，天資穎悟，聖藝神奇，遇興援毫，超逾庶品。」其實這五句，在文義上，性質接近奉承，似乎並不是郭若虛的眞心話。

89　見《學津討原》本《圖畫見聞志，》卷三，頁一一三、又見黃苗子標點本的《圖畫見聞志》
　　卷三，頁五十八。

因爲根據宋人的二十幾種筆記[90]，除了有一種認爲宋仁宗的個性是富於仁心的[91]，從來沒有人說他是「天資穎悟」的。因此郭若虛在描寫宋仁宗的個性時所說的那幾句話的眞確性，就似乎值得懷疑。倒是他在宋仁宗的小傳裏所說的「太上游心，難可與臣下並列，故尊之卷首，」可說對於他爲什麼要在《圖畫見聞志》卷三，不把宋仁宗的傳記與宋代其他的畫家的傳記並列，提出了一個眞正的解釋。根據這一句話，可以明顯的看出來，郭若虛把宋仁宗這位天子畫家的傳記放在卷三的標題之前，是由於他認爲宋仁宗是一位天子。天子的身分既與眾人不同，所以他要把皇帝畫家的傳記與一般畫家傳記分開，而單獨放在一個特別的地方。

　　根據郭若虛的自序，他的《圖畫見聞志》是接著張彥遠的《歷代名畫記》而寫的一部中國繪畫通史。如果張彥遠的《歷代名畫記》是中國繪畫史裏的第一部通史，郭若虛的《圖畫見聞志》就應該是中國繪畫史裏的第二部通史。因爲由《歷代名畫記》所涵蓋的時間，是至唐武宗會昌元年（841）爲止的。但是《圖畫見聞志》所涵蓋的時間，卻正好以會昌元年爲起點，然後再以北宋神宗熙寧七年(1074)作爲終點。既然會昌元年是《歷代名畫記》與《圖畫見聞志》裏的時間的啣接點，郭若虛對於張彥遠的《歷代名畫記》，應該是不會陌生的。因此，郭若虛對於張彥遠在《歷代名畫記》裏，把曹髦（魏少帝）、司馬紹（晉明帝）、和蕭繹（梁元帝）這三位皇帝畫家的傳記，安排在魏、晉、梁等三個朝代的畫家的傳記之前的寫作方式，也應該是不會陌生的。他在《圖畫見聞志》裏，把宋仁宗的傳記，放在此書卷三的標題之前，固然是張彥遠所未曾採用的方式，可是卻不能說他把宋仁宗的傳記，排在北宋各類畫家的傳記之前的寫作方式，與張彥遠的《歷代名畫記》是完全無關的。

90　丁傳靖的《宋人軼事彙編》（民國二十四年，上海，商務印書館排初版，民國五十五年，臺灣，商務印書館重印），在宋仁宗部份，共引用了《邵氏聞見前錄》、《邵氏聞見後錄》、《貴耳集》、《養痾漫筆》、《孔氏談苑》、《歸田錄》、《東軒筆錄》、《後山叢錄》、《清波雜志》、《曲洧舊聞》、《能改齋漫錄》、《燕魏公語錄》、《玉壺清話》、《庶齋老學叢談》、《春明退朝錄》、《侍講雜記》、《涑水紀聞》、《畫墁錄》、《孫公談錄》、《默記》、《師友談錄》、《鐵圍山叢談》、《揮塵錄》、《澠水燕談錄》、《庚溪詩話》與《青箱雜記》等二十七種宋人的筆記。

91　見邵伯溫《邵氏聞見錄》。除此以外，在以上所舉的二十六種宋人筆記裏，從沒有人提過宋仁宗是富於仁心的。只有《宋史》卷九在〈仁宗紀〉裏認爲仁宗「天性仁孝寬裕，喜慍不形於色」，與邵伯溫的仁宗「有仁心」的所說，性質約略相近。

　　根據這個推論，如果張彥遠在《歷代名畫記》中，把天子畫家的傳記排在一般畫家的傳記之前，是由於受到唐代的，或者唐代以前的史學傳統的影響，郭若虛在《圖畫見聞志》中，把皇帝畫家的傳記排在一般畫家的傳記之前，又可能是由於受到張彥遠的影響。從這個角度上看，郭若虛的《圖畫見聞志》在編寫的時候，與中國的史學傳統，還是有關係的；雖然這種關係是間接的，或者也不應該說是透過張彥遠的《歷代名畫記》而得到的。

（三）由《畫繼》、《圖繪寶鑑》、《無聲詩史》、與《明畫錄》看南宋、元、明、與清初等四代藝術史家對畫家小傳順序的安排

　　在郭若虛寫成《圖畫見聞志》以後，後代的中國藝術史家在處理連串的畫家傳記之順序的時候，就可以有兩種不同的選擇。根據第一種選擇，藝術史家可以把皇帝的傳記和與，他處於同一朝代的一般畫家的傳記，安排在同一個系列之中。在這樣的安排之下，皇帝畫家的與一般畫家的傳記，在整個系統之中，是依次相連的。易言之，在皇帝畫家與一般畫家的傳記之間，並不需要用一個標題來把他們加以分隔。假使藝術史家要對他所寫的傳記系列用這樣的方式來處理，他所選擇的，是由張彥遠在《歷代名畫記》裏建立的系統。另一方面，根據第二個選擇，藝術史家可以在同一個傳記系列之中，把皇帝的與一般畫家的傳記，分成兩個各不相連的單元。假如藝術史家要對他所寫的傳記系列用這個方式來處理，他們選擇的，就不是張彥遠的，而是郭若虛在《圖畫見聞志》裏所建立的系統了。此後，在從由南宋開始，直到清代初年為止，也即在從十二世紀下半期到十七世紀下半期的這五百多年之內，張彥遠與郭若虛的系統，是常被使用的。由以下所舉的四個實例，也許可以說明這一點。

　　一、鄧椿的《畫繼》

　　第一個實例是《畫繼》。這部書是鄧椿在南宋孝宗乾道三年(1167)編寫完成的。他不但把宋徽宗的小傳收入卷一 [92]，而且還把卷一冠以「聖藝」的標題。對於宋代的

92　見《學津討原》本《畫繼》，卷一，頁一一五、又見于安瀾所編《畫史叢書》（一九五年，民國六十三年，臺北，文史哲出版社有影印本）內標點本《畫繼》，卷一，頁一一四。

其他畫家，鄧椿是把他們的小傳，一方面分到從卷二到卷七的那六卷裏面去 [93]，一方面又把這些小傳，按照畫家活動時代的先後而加以排列的。皇帝畫家的小傳，既與一般畫家的小傳，並不收在同一卷，可見由鄧椿在《畫繼》中所使用的，傳記順序的排列法，屬於郭若虛的系統。

　　　二、夏文彥的《圖繪寶鑑》

　　第二個實例是《圖繪寶鑑》。這部繪畫通史是夏文彥在元末的順帝至正二十五年（乙巳，1365）編成的。由此書所收錄的畫家的小傳，大致見於從卷二到卷五的那四卷。不過卷二與卷三的內容，大致是根據唐代的，特別是北宋的幾種藝術史書而改寫的。譬如在此書卷一，魏少帝曹髦的姓名，仍然排在楊修、桓範、與徐邈等三人之前 [94]。可是這四人的順序，是從張彥遠的《歷代名畫記》裏抄過去的。所以把年輕的曹髦排在比他大了六十歲的徐邈之前，是由張彥遠所排列的順序，而不是夏文彥自己的順序。這個順序，前面已有討論，這裏不需重複。

　　在《圖繪繪鑑》裏，值得注意的地方是卷四與卷五。因為只有這兩卷，才是夏文彥編寫的。在內容方面，收在卷四裏的小傳，是南宋(1127-1278)與金國(1115-1234)的畫家的小傳 [95]。收在卷五裏的，是元朝 (1249-1367) 與高麗等外國畫家的小傳 [96]。不過此書卷五並沒有與皇帝畫家有關的紀錄。但在卷四，南宋與金國卻都有皇帝畫家的小傳。因此現在需要特別加以注意的，應該只是《圖繪寶鑑》的卷四而已。

　　在卷四的南宋部分，夏文彥一共收錄了兩百多位畫家的小傳。在這一系列之中的第一位畫家，就是南宋的第一位國君，宋高宗(1127-1162) [97]。接在宋高宗的小傳之後的，是夏文彥為南宋的幾位貴族畫家所寫的小傳 [98]。此後的篇幅，從吳琚到顏直之，

93　見《學津討原》本《畫繼》卷二，頁一一五，卷三，頁一一一四，卷四，頁一一一一，卷五，頁一一一一，卷六，頁一一一二，卷七，頁一一四，又見于安瀾標點本《畫繼》，頁五一五八。

94　見《津逮秘書》本《圖繪寶鑑》卷一，頁八，又見于安瀾《畫史叢書》內標點本《圖繪寶鑑》頁六。

95　南宋與金代畫家的小傳，分見《津逮秘書》本《圖繪寶鑑》卷四，頁一一三八，以及頁三九～四三，又見于安瀾標點本《圖繪寶鑑》，頁九一～二一，以及一二～一二四。

96　夏文瀾對日本、高昌、高麗、西夏、與西蕃（應是西藏）等五國畫家與畫（的紀錄，各見《津逮秘書》本、及于安瀾標點本《圖繪寶鑑》卷五，頁二一，及一四一～一四二。

97　宋高宗的小傳，分見《津逮秘書》本、及于安瀾標點本《圖繪寶鑑》卷四，頁一，及頁九一。

98　南宋貴族畫家的傳記，分見《津逮秘書》本、及于安瀾標點本《圖繪寶鑑》卷四，頁一一三，及頁九～九二。

就完全是一般畫家的小傳了 [99]。如果貴族畫家也可以當作一般畫家來看待，宋高宗的小傳與南宋的一般畫家的小傳，是依次相連的。

同樣的順序系統，又見於《圖繪寶鑑》卷四的金國部份。對於金國的畫家，夏文彥也是先列金顯宗（1146-1185）的小傳[100]，次列兩位貴族畫家的小傳[101]，最後才把從王庭筠（1151-1203）到隱秀君的數十位一般畫家的小傳，逐一排列[102]。根據這個介紹，可見無論是對南宋的，還是對金國的畫家，夏文彥都先把皇帝畫家的小傳，排在畫家小傳系列的最前端，然後他再按照畫家活動的時代之先後，作為排列他們的小傳之先後的標準，而無例外。顯而易見，由夏文彥所選擇的，是晚唐的張彥遠的系統，而不是北宋的郭若虛的系統。

三、姜紹書的《無聲詩史》

第三個實例的《無聲詩史》。這部繪畫斷代史是由姜紹書在清代初年編寫的[103]。在此書中，姜紹書把明宣宗(1399-1435)、明憲宗(1448-1487) 與明孝宗(1470-1508)等三位皇帝畫家的小傳，與許多明代初年的一般畫家的傳記，一同列入卷一[104]，然後他再把從明初直到明代末年為止的許多一般畫家，大致按照畫家活動時代之先後，而把他們分別列入由卷二到卷七的那六卷之中[105]。上述三位明代皇帝畫家的小傳，既與明代的一般畫家的小傳列在同一卷，與張彥遠在《歷代名畫記》之中，把魏少帝曹髦的小傳，與楊修、桓範、和徐邈等三位一般畫家的小傳同列一卷的處理方式，是一樣的。以姜紹書的《無聲詩史》為例，張彥遠處理傳記順序的系統，對清初的藝術史家

99　吳琚與顏道之的小傳，分見《津逮秘書》本卷四，頁三、頁三八、《圖繪寶鑑》，以及于安瀾標點本《圖繪寶鑑》三八，頁九二、頁一二一。

100　金顯宗小傳見《津逮秘書》本卷四，頁一，以及安瀾標點本《圖繪寶鑑》卷四，頁一二一。

101　海陵王與完顏疇的小傳，《圖繪寶鑑》，《津逮秘書》本及于安瀾標點本《圖繪寶鑑》卷四，頁一，頁一二一。

102　王庭筠與隱秀君的小傳，分見《津逮秘書》本卷四，頁三九～頁四三，于安瀾標點本，頁一二一～一二四。

103　此書卷七曾為陳洪綬(1599-1652)、方以智 (1611-1671)、楊文聰 (1597-1654)、葛微奇(?-1645)、與馮起震(1553-?) 等人寫了小傳。以陳洪綬與方以智為例，他們都是死於清初之順治時代的明代遺民畫家。余紹宋就因為姜紹書能為他們寫小傳，而認為姜紹書的時代，與陳、葛、楊等畫家的時代，應該是「相距甚近」的（見前引《書畫書錄解題》，卷一，頁一四）。如果事實的確如此，《無聲詩史》或者應該是在清代之順治時代編寫的。

104　宣宗、憲宗、與孝宗等三位皇帝畫家的小傳，見于安瀾《畫史叢書》內標點本《無聲詩史》，卷一，頁一。

105　姜紹書在明孝宗的小傳之後，先為兩位明代的貴族畫家作小傳，然後才為一般畫家作小傳。

還是有影響的。

　　　　四、徐沁的《明畫錄》

　　徐沁的《明畫錄》和姜紹書的《無聲詩史》一樣，雖也是一部專門介紹明代繪畫的斷代史，可是編成的時候，大概已經到了清代中期的乾隆時代 (1736-1799)[106]。在這部書裏，徐沁先把明宣宗、明憲宗那幾位皇帝畫家的小傳，編成全書的第一卷[107]。然後，他才把明代的一百多位畫家的小傳，一面按照他們的專長，而分列到道釋、人物、宮室、山水、畜獸、龍魚、與花鳥等等項目之下，一面又大致按照畫家活動的時代先後，來處理這些小傳的順序[108]。皇帝畫家的小傳既與一般畫家的小傳，並不列在同一卷裏，可見徐沁在處理明代畫家傳記系列之際，所選擇的傳記順序的安排法，是郭若虛的系統，而不是張彥遠的系統。

　　在以上所舉的這四部藝術史書之中，南宋初年的鄧椿、與清代初年的徐沁，選擇了郭若虛的系統，元代末年的夏文彥、與清代初年的姜紹書，選擇了張彥遠的系統。根據這四位藝術史家的選擇，不但可以看出張彥遠與郭若虛的系統，在從南宋到清初的這五百多年之間的藝術史書之中的使用，時顯時晦，同時也可看出這兩個系統，直到清代初年，就當時的藝術史的編寫而言，仍然是並存的。

（四）由《國朝畫識》、《宋元以來畫人姓氏錄》、《歷代畫史彙傳》與《皇清書史》看中國藝術史家對書畫家小傳的新安排

　　大體上，到了清代中期，中國藝術史家對於畫家傳記的順序的安排，開始產生重大的變化。要說明這種變化，似乎可以用《國朝畫識》、《歷代畫史彙傳》、《墨林今話》、與《國朝畫識增編》等四部藝術史書對於畫家傳記的安排為例，而見其端倪。

106　關於徐沁，今人余紹宋旣說「行履不詳」（《書畫書錄解題》卷一，頁一四），所以他對《明畫錄》的編成時代，是一不字提的。可是清人周中孚(1768-1831) 卻認為徐沁大約是「乾隆間人」（見《鄭堂讀書記》，卷四十八，頁五十八）。如果這個說法可信，《明畫錄》的編成時代也應該在乾隆時期。

107　徐沁為明宣宗、明憲宗、明孝宗、和明武宗所寫的小傳，見于安瀾《畫史叢書》內標點本《明畫錄》卷一，頁一。

108　在《明畫錄》中，道釋、人物與宮室等三門的畫家小傳，見於卷一。山水畫家的小傳，見於卷二至卷五。畜獸、龍魚畫家的小傳也見於卷五。花鳥（附草蟲）畫家的小傳。見於卷六。墨竹與蔬菓畫家的小傳，見於卷七。

一、馮金伯的《國朝畫識》

《國朝畫識》共十七卷。作者是馮金伯。關於此書的寫成年代，馮金伯雖然沒有明確的記載，不過此書在目錄之前共有愼郡王在乾隆四年(1739)、王昶（1725-1807）在乾隆五十九年（甲寅，1794）、與錢大昕(1718-1786)在嘉慶二年（丁巳，1797）所寫的序。此書的寫成年代，似乎也許可以根據第一篇序的寫作時間，而推定不會遲於乾隆四年[109]。

在中國藝術史中，以畫家的活動時間的先後，作爲畫家傳記的順序的先後的這個標準，是由唐代的張彥遠創立的。如果以張彥遠寫成《歷代名畫記》的那一年（847）作爲這個標準的使用的起點，到馮金伯在嘉慶二年(1797)寫成《國朝畫識》，這個標準的使用，已經超過九百年。因爲在《國朝畫識》之中，那數目超過一千位的清代畫家的小傳，也大致是按照這個標準而排列的。

值得注意的是，在《國朝畫識》之中，馮金伯旣把畫家的小傳，用時間的先後來處理，卻也爲這一千多位的清代畫家，編了一個篇幅長達十六頁的「國朝畫識姓氏韻目」（以下簡稱「姓氏韻目」）[110]。在這個韻目裏，馮金伯先把同姓的畫家集中在一起，然後再在每一位畫家的的姓名之下，用小字注明每一篇傳記見於此書的那一卷與那一頁（見附圖四）。這個「姓氏韻目」的功用，與在近代學術研究方面，經常予人以無限便利的引得（Index），似乎是頗爲相似的。

《國朝畫識》裏的「姓氏韻目」，是按照下以所列各姓的順序來排列的：

　　一東、二冠、三江、四支、五徵、六魚、七虞、八齊、九佳、十灰、十一眞、

　　十二文、十三元、十四寒、十五刪、

109　由愼郡王與錢大昕在乾隆四年與嘉慶二年所寫的序，在時間上，前後相差五十八年。可是無論是從馮金伯的自序裏，還是從《國朝畫識》的本身，都並不能看出來何以這兩篇序文的寫作，會在時間上，相差將近一個甲子。馮金伯的另一部著作，是《墨香居畫識》。在這部書的自序裏，馮金伯說：「嘗博采志乘，披尋羣集，輯爲《國朝畫識》十有七卷，又編編二卷。……然恐固陋寡聞，搜羅未徧，庋閣有年，未敢傳梓。」根據這幾句話，愼郡王的序，也許是馮金伯開始編纂《國朝畫識》的時候，就先爲這部書預寫的，而錢大昕的序，也許是馮金伯已經編成《國朝畫識》，或者當《國朝畫識》快要付印的時候才寫的。所以這兩篇序文，才會在時間上，相差五十八年。

110　在由中華書局所出版的聚珍倣宋版《國朝畫識》之中（按此書雖無出版時地，但該局在戰後所印書籍的不再用聚珍倣宋版。此書旣用聚珍倣宋版，應是戰前出版），「姓氏韻目」的位置，處於卷一的目錄與卷一的正文之間。

一先、二蕭、三、肴、四豪、五歌、 六痲、七陽、 八庚、 九青、十蒸、十一尤、十二侵、十三覃、十四鹽、

一董、三講、四紙、六語、七塵、十哂、十一軫、十二吻、十四旱、十六銑、十七篠、十八巧、十九皓、二十哿、二十一馬、二十美、 二十三界、 二十五馬、二十六寢、二十九豏

一送、二宋、四寘、五未、七遇、八霽、九泰、十卦、十一隊、十二震、十三問、十四願、十五翰、十八嘯、二十一箇、二十二禡、二十四敬、二十五徑、二十六宥、一屋、三覺、四質、五物、六月、七曷、八黠、九屑、十藥、十一陌。十二錫、十三職、十六葉、十七洽

　　馮金伯是清代中期的藝術史家。他在《國朝畫識》中既然用韻來編畫家的姓氏韻目，所以在這個關鍵上，不妨注意一下清代的《詩韻》。在《詩韻》中，由一東到十五刪是上平聲、由一先到十五咸是下平聲、由一董到二十九豏是上聲、由一送到三十陷是去聲、由一屋到十七洽是入聲。在《國朝畫識》中，由東到十一五刪、由一先到十四鹽、由一董到二十豏、由一送到二十六宥、和由一屋到十七洽的姓韻的次序，正好與《詩韻》對四聲各韻之順序的安排一致。根據這個比較，可知馮金伯在《國朝畫識》裏所附的「姓氏韻目」，是按照《詩韻》裏的聲韻的順序來排列的。由「姓氏韻目」的編製，可以清楚的看出來，在《國朝畫識》之中，馮金伯對於清代畫家小傳的順序的處理，是有兩種方式的。第一種方式是以畫家活動時代的先後，作為小傳之順序的先後。這種方式，雖是主要的方式，卻也是傳統的方式。第二種方式是把畫家各姓，按照《詩韻》裏的韻之先後，作為小傳之順序的先後。這種方式，是新創的，所以如與傳統的方式來比較，顯然是次要的。如果次要的方式是主要的方式的一種輔助方式，那就無異說，到了清代中期，聲韻學已經發展為史學的輔助學門。因為按照活動的先後來處理，就是以時間的先後來處理，處理這種順序的觀念，是歷史性的。可是以詩韻的先後來處理，就是以聲韻的原則來處理，那就無異於以語言的觀念來處理歷史。歷史既然不是語言，所以用歷史的與用語言的系統來處理畫家的傳記，就使得畫家傳記在順序上的安排，成為完全不同的兩種類型。編寫一部以傳記為主體的中國繪畫斷代史，居然可以不以時間，也就是不以歷史為準，從中國藝術史的編寫歷史來看

馮金伯的編寫法，不僅非常特別，更是向所未有的創舉。馮金伯不但是第一個把中國
藝術史與毫不相干的聲韻學，建立起一種密切關係的藝術史家，他的影響，也是相當
大的。要知道他的影響何在，應該繼續察看下述的《宋元以來畫史姓氏錄》。

　　二、魯駿的《宋元以來畫人姓氏錄》

　　此書共三十六卷。根據陸堃的跋[111]，這部書是在清仁宗道光元年(1821)刻印的。
再據魯駿的自序，此書的編輯，前後四十餘年[112]。由道光元年向上倒推四十年，是清
高宗乾隆四十七年(1782)。所以這部書大概是在1782稍前開始編輯的，到道光元年，
編輯完成，同時「促付剞劂」[13]。此書的書名雖是《宋元以來畫人姓氏錄》，可是魯
駿既對由此書所紀錄的每一位專家，都寫有一篇簡短的小傳，所以這部書仍然可以當
作用傳記體寫成的一部畫史來看待。

　　從內容上看，《畫人姓氏錄》似乎可以分為三大部份：第一部份是把許多皇帝畫
家的小傳集中在一齊的卷首。第二部份是從卷一到卷三十三卷的三十多卷，這部份完
全是一般畫家的小傳。第三部份是從卷三十四到三十六的那三卷。這部份是女姓與佛僧
畫家的小傳。儘管第一部份與第三部份都與《詩韻》無關，可是那篇幅長達三十三卷的
一般畫家的小傳，在順序上，卻完全是按照《詩韻》的韻母順序來排列的（見附圖五）。

　　儘管這部書的編輯，在時間上，超過四十年，可是據魯駿的自序，那搜集資料的
工作，是在他年紀只有十三歲的時候，就已經開始著手的。再據湯金釗為此書所寫的
序，魯駿之逝，大概發生於道光四年（甲申，1824）與道光五年（乙酉，1825）之
間。假如魯駿卒於 1825 ，年四十五歲，他的生年，似乎應在清高宗乾隆四十五年
(1780)。他十三歲的那一年，應該是乾隆五十六年(1791)。魯駿在此年開始搜集與畫
家傳記有關的文獻的時候，是不是按照《詩韻》的韻目來排列他已得的資料，雖然不
得而知，卻不是不可能的。因為馮金伯的《國朝畫識》是在乾隆四年(1739)編成的，
如果魯駿是在乾隆五十六年，開始搜集畫家傳記資料的，那時候，《國朝畫識》已經
編成了五十多年。如果魯駿對《宋元以來畫人姓氏錄》的編輯比乾隆五十六年更晚，

111　跋文附於《宋元以來畫人姓氏錄》卷三十六之後。
112　魯駿的自序，排在王宗炎、湯金釗二序之後，與《宋元以來畫人姓氏錄》的校閱者名次之
　　　前。
113　這句話引自魯駿的自序。

《國朝畫識》已經問世時間，當然也就相對的，要比五十年還要長。在這個情況之下，魯駿在《宋元以來畫人姓氏錄》之中，以詩韻的系統來處理畫家的小傳，與由馮金伯開始建立的，以詩韻韻母的先後作爲畫家傳記順序之先後的那個新的畫史傳統，應該是極有關係的。

三、彭蘊燦的《歷代畫史彙傳》

《歷代畫史彙傳》共七十卷。編者是彭蘊燦。編成此書的年代不詳。不過彭蘊燦在此書內曾經搜集了多位道光時時期（1821-1850)的畫家小傳[114]。其中時代最晚的，似乎是生於乾隆三十年（乙酉，1765）而卒於道光十二年（壬辰，1832）的江蘇籍畫家顧蒓[115]。據顧蒓的這篇小傳，《歷代畫史彙傳》的編成時代，雖然還不能因此而完全確定，不過，此書的編成時間不得早於道光十二年，卻是可以想見的。在此書中，彭蘊燦引用了一千兩百多種資料，而爲從軒轅氏時代開始，一直到清代初年爲止的七千五百多位畫家，各作一篇小傳。小傳與卷數的關係是這樣的：卷首是〈國朝聖製〉，他爲清代的皇帝畫家（和一切貴族畫家）所寫的小傳，都編在這裏。卷一是〈古帝王門〉，這門是爲清代以前的許多皇帝畫家所寫的小傳。從卷三到卷六十一，是〈畫史門〉。這門才是全書的主體。數目超過七千人的歷代畫家的傳記，就分佈在這五十八卷之中。卷六十一以後各卷的內容，比較不重要，譬如卷六十二是〈偏闕門〉。這一門是爲許多不知時代的，或知時代而不知姓名的畫家所寫的小傳。此後各卷，分別是

114　在《歷代畫史彙傳》之中，屬於道光時期的畫家，根據粗略的統計，共有下列十八人：
　　1.卒於道光元年（辛巳，1821）或中舉於該年的，共有三人：A. 翁廣平（見卷二，頁五）、B. 吳燮堂（見卷七，頁八）、C.李應占（見卷四十三，頁九）。
　　2.卒於道光二年（壬午，1822）的，共有二人：朱文珮（見卷九，頁五）、陳鴻壽（見卷一四，頁六）。
　　3.卒於道光三年（癸未，1823）的，共有二人：余集（見卷六，頁一）、王承寵（見卷二九，頁九）。
　　4.卒於道光四年（甲申，1824)的，共有二人：涂炳（見六，頁三）、張家駿（見卷二六，頁）。
　　5.卒於道光五年（乙酉，1825）的，共有三人：陳○（見卷一四，頁六）、王瑞芝（見卷二九，頁八）、宋鎔（見卷五一，頁四）。
　　6.卒於道光八年（戊子，1828）的，共有二人：朱一桼（見卷九，頁五）、韓俊（見卷一七，頁四）。
　　7.卒於道光九年（己丑，1829）的，只有一人：潘師生（見卷一七，頁二）。
　　8.卒於道光十年（庚寅，1830）的，只有一人：潘奕雋（見卷一七，頁二）。
　　9.卒於道光十一年（辛卯，1831）的，只有一人：紀大復（見卷四四，頁一）
115　顧蒓的小傳見《歷代畫史彙傳》卷五二，頁八。

爲外國畫家、佛僧畫家、和女性畫家所寫的傳記。

　　在這個綱目裏，皇帝畫家的傳記在順序上的安排是值得注意的。卷首的〈國朝聖製〉與卷一的〈古帝班門〉，雖然是把皇帝畫家的傳記加以集中的兩個特別部份，可是在順序上，彭蘊燦把清代皇帝畫家的傳記，排在古代皇帝畫家的傳記之前。這個安排可能一方面由於古代的皇帝畫家都已是古人，而另一方面似乎也未嘗不是他向當代的皇帝表示敬意的表現。假如這個推論無誤，彭蘊燦把清代皇帝畫家的幾篇傳記置之卷首，同時又把卷首置於卷一之前，似乎與郭若虛在《圖畫見聞志《的卷三，把宋仁宗的傳記置於該卷的標題之前，以表示他對宋仁宗的尊敬的作法，是一樣的。所不同的，只是郭若虛何以要把宋仁宗的傳記放在第三卷的標題之前，曾經提出「太上游心，難可與臣並列，故尊之卷首」的話作爲解釋，而彭蘊燦雖有篇幅較大的卷首，對於何以要把卷首置於卷一之前，卻是沒有解釋的。這樣看，彭燦蘊把清帝傳置於古帝傳之前，恐怕不但與郭若虛的立場相當接近，而且他所用的「卷首」這個名詞，似乎也還是從郭若虛的《圖畫見聞志》裏借過來的。從《歷代畫史彙傳》的卷首與卷一的安排，可以看出彭蘊燦與清代以前的中國藝術史的傳統，具有相當密切的關係。

　　可是在《歷代畫史彙傳》的綱目以外，彭蘊燦的這部中國藝術通史，也還另有值得注意的地方。譬如對於收在從卷三到卷六十一的那五十多卷裏的七千多位畫家的傳記，彭蘊燦是按照《詩韻》裏的聲韻目的順序而安排的。所以在這部《歷代畫史彙傳》之中，他不但把韻目上，屬於一東與二冠的姓，排在屬於十四寒與十五刪的姓的前面，而且屬於上平聲的姓，既排在下平聲之前，同樣的，屬於去聲的姓，也排在屬於入聲的姓的前面。前面提過，用《詩韻》的聲韻系統來組合畫家的傳記，是由馮金伯在乾隆四年(1739)編寫《國朝畫識》時，最先使用的。彭蘊燦的《歷代畫史彙傳》的編成年代，大致應該不會早於道光十二年(1832)。如與編成而且刻版於道光元年(1821)的，魯駿的《宋元以來畫人姓氏錄》相比，彭蘊燦的《歷代畫史彙傳》，應該是在魯駿的《宋元以來畫人姓氏錄》編成了十一年之後，才編輯完成問世的。

　　在地理上，魯駿是山東人，彭蘊燦是江蘇人。兩人既然互不相識，而且他們工作的地點也彼此相隔萬里。可是魯、彭二人卻不約而同的都以《詩韻》的韻目來處理畫家傳記的序。由這件事，可以看出來，馮金伯的《國朝畫識》，到魯、彭二人的時

代，問世已經超過百年。魯駿與彭蘊燦既都按照由馮金伯所使用的，以韻目的順序來處理畫家傳記的順序的方式，來處理他們著作之中的畫家傳記的順序，這就顯示了，在馮金伯的《國朝畫識》問世百年之後，由他首創的，以聲韻學的功能來輔助歷史的編寫的那種寫作方式，已經產生很大的影響。

從這個角度上來作結論，彭蘊燦再度把清代天子畫家的傳記編入卷首，是由於受到從北宋中期以來開始建立的藝術史學的傳統影響，而他用《詩韻》的系統來處理歷代畫家傳記的順序，卻是由於受到一個在乾隆初期才建立的藝術史學的新影響。郭若虛的藝術史學傳統，從他寫成《圖畫見聞志》的那一年（1074）開始計算，到馮金伯寫成《國朝畫識》的那年（1739）爲止，已經超過六百年。由於郭若虛的傳統，在時間的幅度上，已有六百年以上的歷史，　如果郭若虛對於彭蘊燦是有影響的，　這種影響的形成，是不足爲奇的。可是在彭蘊燦著手編寫《歷代畫史彙傳》的時候，他居然要採用馮金伯在十幾年前剛剛使用過的方式，而以《詩韻》的韻目來組合歷代畫家的傳記，那就看出來在彭蘊燦的心目中，長達六百多年的郭若虛的系統，統與建立只有十幾年的馮金伯的系統，在比重上，恐怕是不分上下的。

4.李放的《皇清書史》

此書共三十五卷。是李放在民國十三年（甲子，1924）編輯成書的。在綱目上，此書也可分爲三大部份。第一部份是卷首。第二部份包括由卷一到卷三十二的那三十多卷，是此書之主體。第三部份是全書的最後三卷；卷三十三是工匠、吏役、僮僕、游民等等不重要的書法家的小傳。卷三十四是附錄。卷三十五是引用書目與序和例。李放爲清代的皇帝畫法家與清代的滿洲貴族書法家所寫的小傳，都集中在卷首。在這一部份，小傳的順序是按照時代的先後來安排的。可是集中在此書之第二部份的幾百位清代書法家的小傳，在順序上，卻並不以他們的活動時代爲準，而是以《詩韻》的韻目先後爲準而加以排列的（見附圖六）。既然到了民國初年，李放對清代畫法家的小傳的排列，仍以《詩韻》的順序爲例，可見馮金伯的影響力，是相當強的。

四、結　　論

在二十世紀，藝術史的研究範圍，雖然不能不包括思想的背景以及社會的變遷，

主要的對象卻是風格與主題。這種研究既然偏重視覺上實質的資料，所以現代藝術史與史學的關係，特別是與歷史寫作的方式，如果不是完全沒有關係，至少，關係並不很多。可是在二十世紀以前，甚至在二十世紀的初期，中國的藝術史，似乎仍然是利用文獻紀錄編成的歷史，而不是根據對風格與主題的研究所編寫的歷史。這樣，中國藝術史家編寫藝術史，就無異於中國史學家編寫史書。這二者之異，只是大體上，前者所根據的，是與藝術有關的資料，而後者所根據的，是與政治有關的資料而已。

中國的史書，在體裁上，不外編年、紀事、與傳記等三大類。可是用傳記體寫成的史書，在數量上，多於用其他二體寫成的史書。在過去，中國的藝術發展，既沒有足夠的重大事蹟，可使藝術史家用編年或紀事的體裁來編寫中國藝術史，同時，又可能由於傳記體史書的比較流行，似乎直到二十世紀初年為止，幾乎所有的藝術史，無不是用傳記的體裁來編寫的。在傳記體的史書之中，史家既可在人物的傳記裏，表示他對政治的看法而使用正統觀，也可以在重要人物的傳記裏，利用引用傳主著作之全文的方式，把歷史人物的某些著述加以保存。至於歷史人物的傳記，在順序上，大致是按照他們活動時代的先後而排列的。中國藝術史家既然也用傳記體來編寫藝術史，所以史家對於正統觀念的使用、對於史料的保存、以及對於傳記的順序的排列，也就成為中國藝術史必須面對的三個問題。

先看第一個問題，也就是正統觀的問題。北宋時代的中國藝術家，也許由於受到當時的正統思想的影響，他們對於正統的觀念，是有些表現的。可是從南宋開始，這種觀念就不再見於中國藝術史。這是由於在政治上，南宋是北宋的延續。對南宋的藝術史家而言，他們在編寫北宋的藝術史的時候，並沒有使用正統觀的必要。此後，元雖滅宋，卻並沒有否認宋的存在。同樣的，明滅元，以及清滅明，也並沒有否認元與明的存在。至於與清代有關的藝術史，有一部分是在清代已經編寫完成的，又有一部份是在民國時代由清代的遺老來編成的。所以在由清人與清代之遺老為清代的藝術所編寫的藝術史裏，也沒有使用正統觀念的必要。使用了正統觀的北宋藝術史，既代表早期的藝術史的類型，也顯示在早期的中國藝術史與中國史學之間，是有一種密切關係的。

對於第二個問題，也就是保存史料的問題，大致說來，似乎也只限於北宋或北宋

以前的幾種著作。這個現象的形成，也許要從兩個不同的角度來觀察，才能取得答案的。首先，從書籍的形成與演變方面來看，唐代的書，是手寫的卷子本。木槧版刻書，是在北宋初年才有所發展的。到了南宋，當畢昇發明了活字版，書籍的印刷流通就更廣也更快了。所以中國的藝術史家在寫於北宋的藝術史書裏，雖然還按照古代史家在歷史人物的傳記裏引用當事人的著作的史學傳統，而在畫家的傳記裏引用他們的論畫文字，從而保存一些藝術史料，可是到南宋，由於印刷術的發達，藝術家的論畫文字可以單獨印刷，藝術史家也就不再在畫家的傳記裏，引用這些論藝文字了。

其次，在寫成於唐與北宋之間的史書裏，史家是不常在傳記裏引用當事人之著述的。這個現象，無論是從修於唐代的《北齊書》[116]、《南史》[117]、《梁書》[118]、《陳書》[119]、《晉書》[120]、和《隋書》裏[121]，都可以看得到，就是在修於五代的《舊唐書》裏[122]，甚至於在修於北宋中期的《新唐書》裏[123]，也可以看得很清楚。不過北宋的藝術史家，似乎對這個現象，並未十分注意。所以黃休復在編寫《益州名畫錄》的時候，仍然是把歐陽炯讚美黃筌之畫藝的〈壁畫奇異記〉，附在〈黃筌傳〉裏的。看來黃休復的寫作，與建立在唐代以前的，在傳記裏附加有關人物之著述的那個舊的史學傳統是有關係的。到了南宋，唐與北宋的史學傳統，開始發生影響。南宋的藝術史學家，譬如鄧椿，就不再在《畫繼》的傳記部份，收錄任何畫家的論藝之作。到了元代，夏文彥編寫《圖繪寶鑑》，也不在畫家的記傳裏收錄他們的論藝文字。以鄧椿與夏文彥為例，他們的寫作方式，似乎與唐與北宋時代的，不常在傳記裏附加有關人物之著述的那個新的史學傳統，都有關係。

---

116 在唐代以前，史家常在文人的傳記裏，引用他們的文學作品。在李百藥所編寫的《北齊書》裏，文人的傳記，分見於〈儒林傳〉和〈文苑傳〉。前者收集了十六位學者的傳記，後者收集了十四位作家的傳記。可是在〈儒林傳〉中，李百藥只在〈刁柔傳〉裏，引用了他的一篇奏議。同樣的，在〈文苑傳〉裏，他也只在〈顏之推傳〉中引用這位作家的〈觀我生賦〉。在百分比上，保存了文獻資料的傳記，與沒保存資料的傳記的比例，〈儒林傳〉是6.25%，〈文苑傳〉是7.54%。

117 在《南史》中，〈儒林傳〉共有二十九篇傳記、〈文學傳〉共有五十二篇傳記。在〈儒林傳〉中，《南史》的編者李延壽，只在〈文阿傳〉引用了他的〈謁廟禮儀〉的全文。在〈文學傳〉中，他除在〈卞彬傳〉裏節引了他的〈蚤蝨賦〉與〈蝦蟆賦〉的幾句賦文，此外，又曾在〈丘靈鞠傳〉中節引了他的〈殷貴妃挽詩〉。即使把所引的〈蚤蝨賦〉與〈蝦蟆賦〉，視為此賦的全文，在〈文學傳〉中引用了傳主之文章的傳記，也不過僅有三篇左右。所以在百分比上，在《南史》的〈儒林傳〉中保存了資料的與沒有保存資料的傳記的比例，是（註文轉第756頁）

（註文接第755頁）

1: 29＝3. 45％，而在〈文學傳〉中，保存傳主之著作的與未保存傳主之著作的傳記，在百分
比上的比例，也不過是3: 25＝5. 8％而已。

118　在姚思廉的《梁書》之中，〈儒林傳〉共收十七篇傳記、〈文學傳〉共收三十一篇傳記。在
〈儒林傳〉中，姚思廉只在〈范縝傳〉中，引錄了傳主有名的〈神滅論〉。在〈文學傳〉
中，他只在〈鍾嶸傳〉、〈列峻傳〉、〈謝幾卿傳〉、和〈伏挺傳〉中，分別引錄了這四位
文學家的〈詩評序〉、〈辨命論〉、〈答湘東王書〉、與〈致徐勉書〉。此外，他還在〈王
籍傳〉中，節錄了這位詩人的〈若邪溪詩〉。如果節錄也當作全錄來看待，似乎可以說，在
〈文學傳〉的傳記之中，只有四篇是引用了傳主之文字的。在百分比上，在〈儒林傳〉中，
保存傳主之著作的與沒保存傳主之著作的傳記的比例是1: 17＝5. 9％，在〈文學傳〉中，這
個比例是4: 3＝13％。

119　在《陳書》中，〈儒林傳〉共有十五篇傳記，〈文學傳〉共有十七篇傳記。在〈儒林傳〉
中，姚思廉只有〈沈文阿傳〉與〈沈不傳〉，分別引用從而保存了他們的〈謁廟儀禮文〉與
〈請立國學文〉。其他各傳，都未保存傳主的論述。在〈文學傳〉中，只有在〈何之元傳〉
中，保存了他的〈梁典序〉。在百分比上，保存與未保存傳主之著作的傳記的比例，〈儒林
傳〉是2: 15，也就是13％、〈文學傳〉是1: 17，也就是5. 9％。

120　《晉書》的〈儒林傳〉與〈文苑傳〉分別收集了十八篇與十九篇傳記。在〈儒林傳〉中，《
晉書》的作者房玄齡只在〈徐邈傳〉、〈范弘之傳〉中引用了者前〈上范寧書〉、與後者
的〈議謝石諡名文〉、〈與王道隆〉、和〈與王珣書〉。在〈文苑傳〉的傳記中，他引用的
文章比較多。但在數目上，也只限於收在〈成公綏傳〉、〈趙至傳〉、〈王沈傳〉、〈庾闡
傳〉、〈曹毗傳〉、〈李充傳〉、〈袁宏傳〉、和〈伏滔傳〉等八篇傳記裏的〈王地賦〉、
〈致稽蕃書〉、〈釋時論〉、〈弔賈誼文〉、〈對儒〉、〈學箴〉、〈三國名臣頌〉、和〈
正淮論〉等八篇作品而已。〈儒林傳〉與〈文苑傳〉傳記之保存與未保存傳主之著作的百分
比，在比例上，分別是2: 18＝與8: 19，也就是11％與42％。

121　《隋書》的〈儒林傳〉和〈文學傳〉分別收集了十四篇與十九篇傳記。在〈儒林傳〉中，除
了在〈何妥傳〉裏引用他的〈定鍾律表〉、在〈劉炫傳〉裏引用他的〈自贊〉、和在〈王孝
籍傳〉裏引用他的〈上牛弘書〉的全文，以及在〈何妥傳〉裏，引用他的〈上高祖書〉以
外，其他各傳，皆未能保存傳主之著述。至於在〈文學傳〉中，只有在〈王貞傳〉、〈虞綽
傳〉、與〈潘徽傳〉，分別引用他們的〈啟謝齊王書〉、〈異鳥銘〉、與〈韻纂序〉。此外，
又在〈孫萬壽傳〉裏，引用了他的〈贈京邑友人五言詩〉的全詩。引用的詩，既是詩的全
文，這首詩可與引用一篇文章的全文的同一個例子來看待。因此，在〈儒林傳〉與〈文學傳〉
中，保存與未保存傳主之著作的傳記的百分比，應該分別是3: 14與4: 19，也就是21％與21％。

122　《舊唐書》的〈文苑傳〉共分上、中、下三篇。三篇各收傳記三十五、四十一、與二十六
篇。在〈文苑傳〉的上篇部份，編者劉昫只在謝偃、張蘊古、與楊烱等三人的傳記裏，引用了
他們的〈惟皇誠德賦〉、〈大寶箴〉、和〈立晷服文〉等三篇作品。在同傳的中篇部分，劉
昫只在〈陳子昂傳〉、〈賈曾傳〉、與〈賈至傳〉中引用他們的〈東都安置文〉、〈詩生羔
文〉、〈禁女樂啟〉、與〈議經文〉等四篇作品。在同傳的下篇部分，劉昫引用的資料雖然
比較多，但也僅在唐次、劉蕡、和司空圖的傳記裏，引用了他們的〈《元和辨謗略》序〉、
〈賢良策〉、和〈休休亭記〉等三篇文章，以及在〈王維傳〉裏，引用他的〈凝碧詩〉而
已。假如這首五言絕句可以當作一篇文章來看待，在〈文苑傳〉的下篇，劉昫共在四篇傳記
裏，引用了四位傳主的四種著述。把〈文苑傳〉的上、中、下篇相加，傳記的總數是一〇二
篇，而引用了傳主之作品的傳記的總數是十篇。在百分比上，引用未引用史料的傳記的比例
是10: 102＝9. 8％。

123　《新唐書》的〈文苑傳〉，分屬卷二〇一、二〇二、與二〇三。卷二〇一共收傳記三〇篇，
卷二〇二亦收三〇篇。卷二〇三則收二十九篇。除了卷二〇一的各傳都未引用傳主之詩文，
在卷二〇二、與二〇三，引用傳主之詩文的傳記，各為二篇與一篇。在百分比上，引用與未
引用傳主之詩文的傳記的比例是2: 30與1: 29，即6. 7％與3. 4％。

　　總之，南宋時代的與南宋以後的藝術史，不再具有保存史料的功能，固然可能是由於印刷術的發達，使得畫家的論藝之作，可以獨立刊印，不過從歷史寫作的傳統上看，這種功能的消失，又可能是由於受到唐與北宋時代的歷史寫作的方式的影響。如果真象的確如此，可以說，在中國，只要當歷史寫作的傳統有所改變，藝術史的寫作方式，也會跟著改變。二者之間的關係，實在是非常密切的。

　　最後再看這三個問題裏的的最後一個，也就是傳記順序的安排問題。

　　中國史家對歷史人物的傳記的安排，一向是一方面把天子的本紀置於其他人物的傳記之前，一方面又按照人物的活動的時代先後，作為安排他們的傳記之順序的標準。這個寫作方式對中國藝術史家是極有影響的。可以說，從西漢中期開始，直到民國初年，在這段長達千年以上的時間裏，中國藝術史家對於傳記的順序的安排，一向也以時代的先後作為標準。可是從清代中期的乾隆時間開始（即十八世紀中期開始），中國藝術史家除了根據時間為標準來安排傳記的順序，又增加了以《詩韻》的韻目為標準來處理傳記之順序的新方式。此從後以，直到民國初年，用韻目的先後來安排藝術家的傳記的先後，就突然形成藝術史家樂於採用的一面新標準。利用聲韻學上的便利來編寫中國藝術史，是中國藝術史在編輯體例上的一個大變動這。由這個大變動，可以看出從十八世紀中期以來，中國的藝術史家在編寫中國藝術史的時候，已經不需要完全遵照史學的傳統。他們可以利用別的學科的知識，來輔助藝術史書的編寫。從這個角度上看，清代的藝術史家不但已經不再墨守成規，而且對中國藝術的史學傳統而言，還是有所突破的。

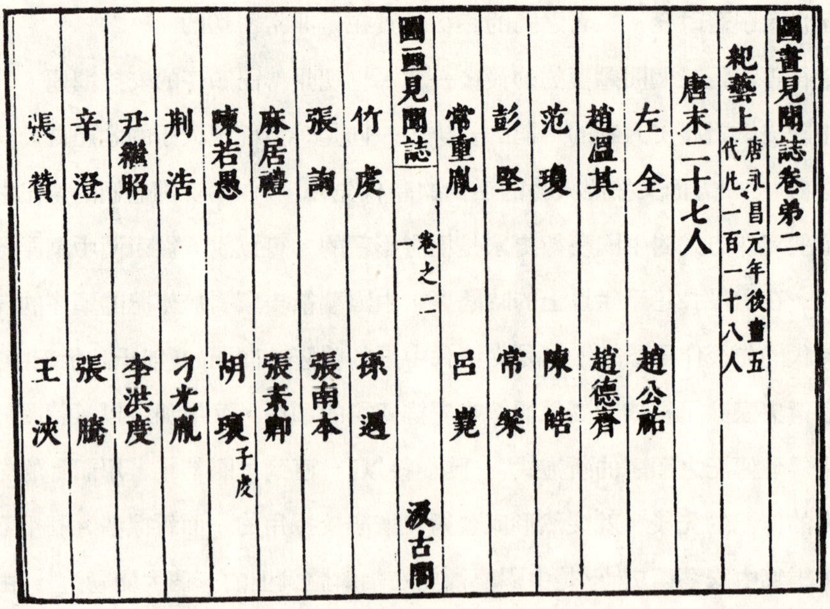
圖畫見聞誌卷第二
紀藝上 唐會昌元年後畫五代凡一百一十八人
唐末二十七人
左全　趙公祐
趙溫其　趙德齊
范瓊　陳皓
彭堅　常粲
常重胤　呂嶤
圖畫見聞誌　卷之二　一　汲古閣
竹虔　孫遇
張詢　張南本
麻居禮　張素卿
陳若愚　胡瓌 子虔
荆浩　刁光胤
尹繼昭　李洪度
辛澄　張騰
張贊　王浹

圖一　宋郭若虛《圖畫見聞誌》卷二對一般畫家姓名之排列順序

因爲沒有身份特殊之畫家，故對畫家姓名之排列，以各家活動時間之先後爲順序。

例一：活動於唐敬宗寶曆時代（825—826）之左全，排名爲唐末二十七人之首。

例二：活動於唐僖宗廣明時代（880）之孫遇，排名居中。

例三：活動於唐昭宗天復時代（901—904）之刁光胤，在排名的順序上，又次於孫遇。

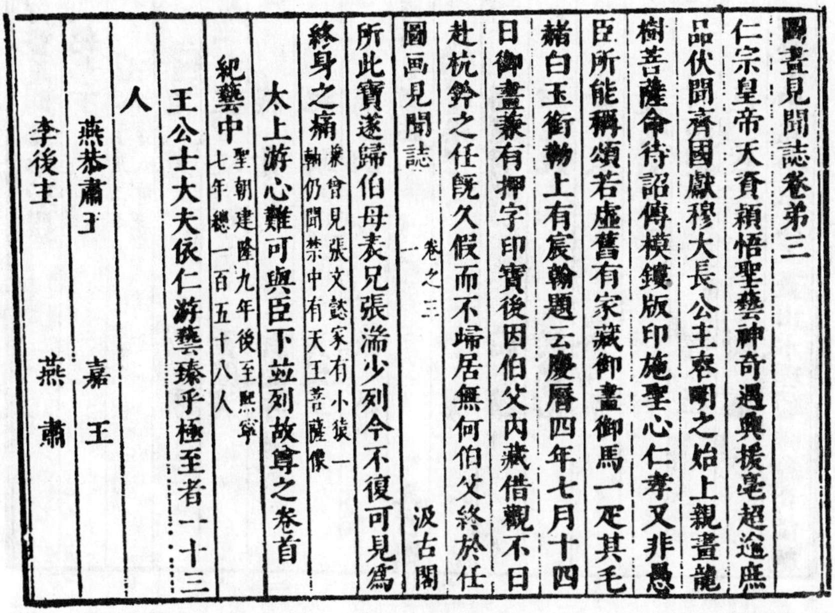

圖畫見聞誌卷第三
仁宗皇帝天資穎悟聖藝神奇遇興援毫超逾庶
品伏聞齊國獻穆大長公主疼明之始上親畫龍
樹菩薩命待詔傳模鏤版印施聖心仁孝又非愚
臣所能稱頌若虛舊有家藏御畫御馬一疋其毛
緒白玉銜勒上有宸翰題云慶曆四年七月十四
日御畫兼有押字印寶後因伯父內藏借觀不日
赴杭鈐之任既久假而不歸居無何伯父終於任
圖画見聞誌　一卷之三　汲古閣
所此寶遂歸伯母表兄張湍少列今不復可見爲
終身之痛兼曾見張文懿家有小猿一軸仍聞禁中有天王菩薩像
太上游心難可與臣下茲列故尊之卷首
紀藝中聖朝建隆九年後至熙寧七年總一百五十八人
王公士大夫依仁游藝臻乎極至者一十三
人
燕恭肅王　嘉王
李後主　燕肅

圖二　宋郭若虛《圖畫見聞誌》卷三對具有特殊身份之畫家與一般畫家姓名之排列順序

把具有特殊身份之畫家的姓名，排在一般畫家的姓 名之前。對於特殊畫家，又把具有天子身份的畫家，排在貴族畫家之前。

例一：把宋仁宗排在此卷之副標題（紀藝中）之前。
例二：把燕恭肅王與嘉王，列在宋仁宗之後。
例三：把投降於宋的李後主，列在嘉王之後。
例四：最後才是可以代表一般畫家的燕肅。

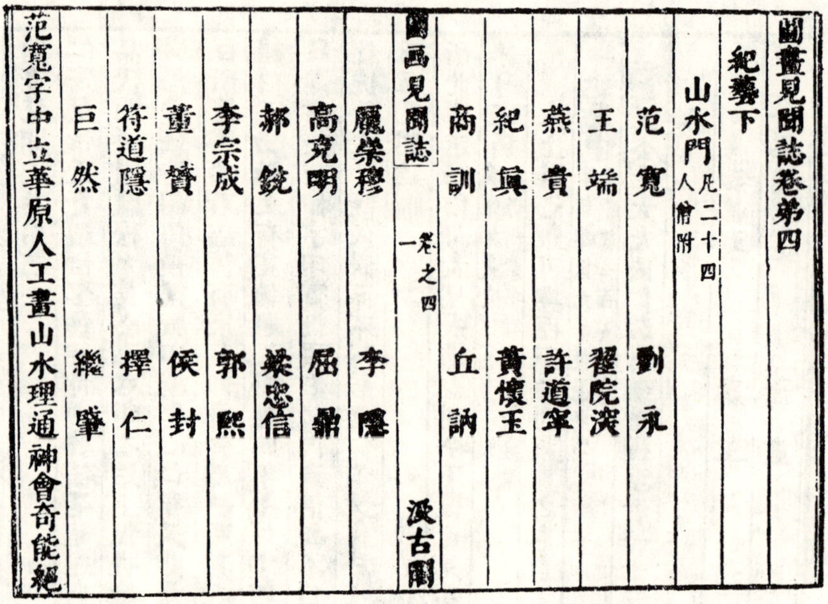

圖畫見聞誌卷第四

紀藝下

山水門 凡二十四人 僧附

范寬　劉永

王端　翟院深

燕貴　許道寧

紀眞　黃懷玉

商訓　丘訥

圖畫見聞誌　卷之四　一　汲古閣

麗崇穆　李隱

高克明　屈鼎

郝銳　梁忠信

李宗成　郭熙

董贇　侯封

符道隱　擇仁

巨然　繼肇

范寬字中立華原人工畫山水理通神會奇能絕

圖三　宋郭若虛《圖畫見聞誌》卷四對「山水門」畫家姓名之排列

此卷雖未紀錄具有天子與貴族身份之特殊畫家，卻對具有宗教身份的僧、道畫家有所紀錄。所以在卷四，他先恢復卷一所使用過的，以各家活動時間之先後爲順序的方式，而對一般畫家的姓名加以排列。然後再按宗教畫家活動時間之先後爲順序，而對僧、道畫家的姓名，加以排列。

例一：活動於宋眞宗大中祥符（1008—1016）初年之燕貴，在排名上，早於活動於大中祥符末年之李隱。

例二：燕貴與李隱，在排名的順序上，早於活動於宋神宗熙寧（1068—1077）初年之郭熙。

例三：在排名的順序上，郭熙之名，又排在活動於宋太祖開寶時代（968—967）的畫僧巨然之前。

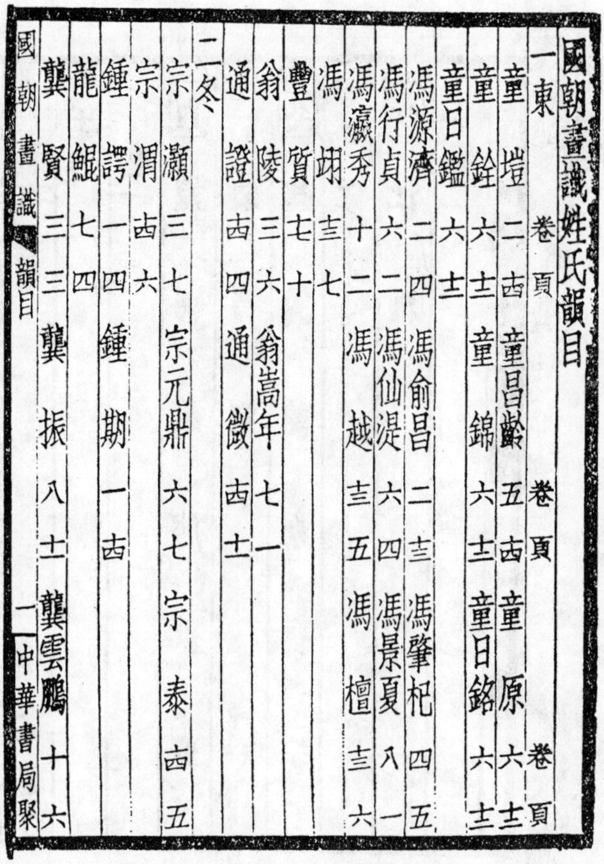

國朝畫識姓氏韻目

一東 卷 頁 卷 頁 卷 頁

童塏 二 十四 童昌齡 五 十四 童原 六 十一

童銓 六 十一 童錦 六 十一 童日銘 六 十一

童日鑑 六 十一

馮源濟 二 四 馮俞昌 二 十三 馮肇杞 四 五

馮行貞 六 二 馮仙湜 六 四 馮景夏 八 一

馮瀛秀 十 二 馮越 十三 五 馮檀 十三 六

馮翊 十三 七

豐質 七 十

翁陵 三 六 翁嵩年 七 一

通證 十四 四 通徵 十四 十一

二冬

宗灝 三 七 宗元鼎 六 七 宗泰 十四 五

宗渭 十四 六

鍾諤 一 四 鍾期 一 十四

龍鯤 七 四

龔賢 三 三 龔振 八 十一 龔雲鵬 十 六

國朝畫識 韻目 一 中華書局聚

圖四　清馮金伯《國朝畫識》對畫家姓名之排列

以各姓在《詩韻》韻目中的先後順序爲準。

例一：一東在前

例二：二冬在後

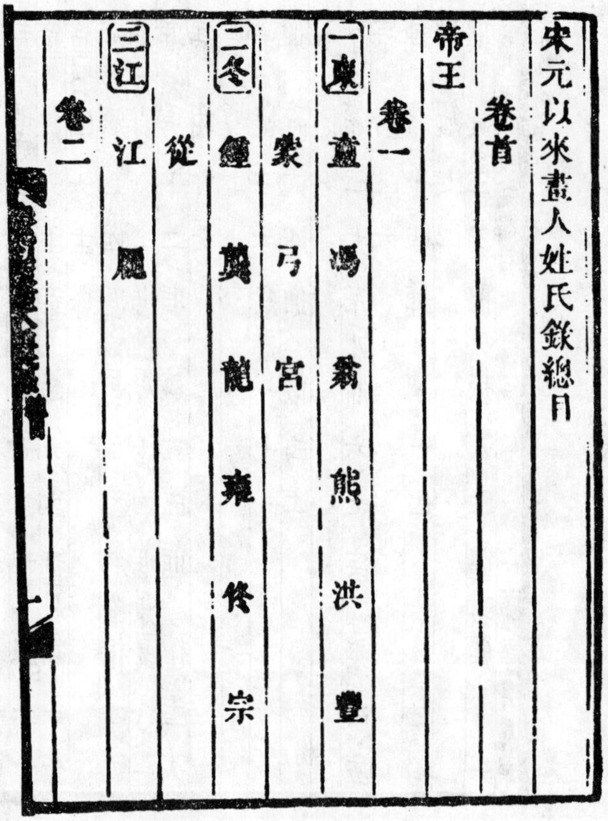

宋元以來畫人姓氏錄總目
卷首
帝王
卷一
一東 董 馮 翁 熊 洪 豐
蒙 弓 宮
二冬 鍾 龔 龍 雍 佟 宗
從
三江 江 龎
卷二

圖五　魯駿《宋元以來畫人姓氏錄》總目對畫家姓名之排列

雖然也以各姓在《詩韻》之韻目中的順序爲準，不過又把具有天子身份的特殊畫家，排在一般畫家之前。

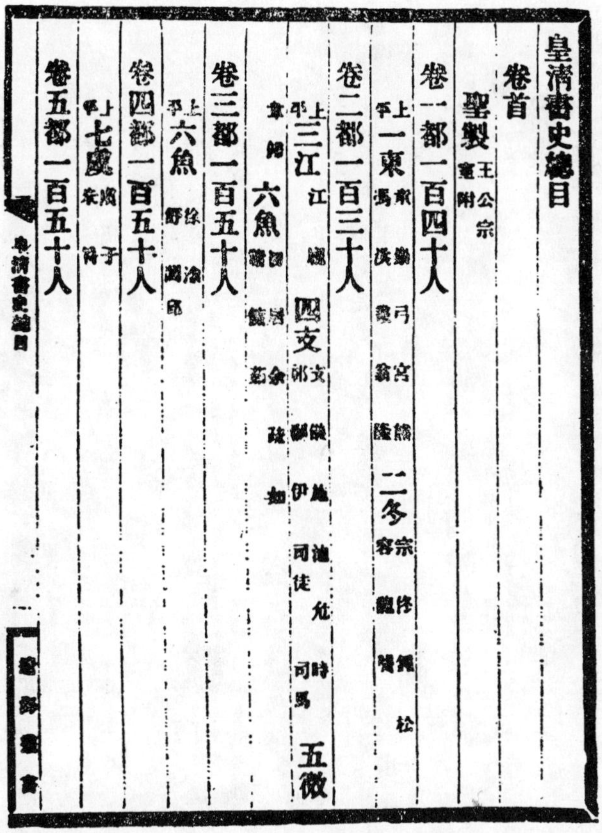

圖六　近代李放《皇清書史》總目對清代書法家姓名之排列

　　所排列的方式，與魯駿的系統相同。先列天子（聖製），
再列一般書法家。但對天子與一般書法家的姓名的排列，也以
各姓在《詩韻》韻目中的先後順序爲準。

道統與治統之間：
從明嘉靖九年（1530）孔廟改制談起

黃 進 興

　　拙文試圖檢討皇權與孔廟的關係。在傳統社會之中，孔廟作爲一種祭祀制度，恰好位於道統與治統之間。換言之，孔廟剛好是傳統社會裏文化力量與政治力量的匯聚之處。爲了突顯此一互動現象，拙文首先追溯孔廟歷史爲背景，以說明統治者對孔廟的各種態度；再以明嘉靖九年（1530）孔廟改制爲分析焦點，來剖析明代專制之君——世宗，其而包括開國之君——太祖，如何透過政教系統的解釋，來操縱孔廟祭祀禮儀，以達到壓制士人集團的實質目的。

一、引　言

　　明儒呂坤（1536～1618）曾說：「天地間，惟理與勢最尊。」[1]在呂氏的用詞裏，「天地間」顯然具有超越時空的涵義；但就歷史角度來省視，他實際上是以「天地間」來泛稱自身所處的中國社會而已。在這樣的社會裏，「理」與「勢」最爲尊貴、最爲關鍵。

　　依呂坤的解釋：「理」意謂著「聖人之權」，而「勢」則指的是「帝王之權」。[2]以現代語言來闡釋，便是支配傳統中國社會兩股最重要的力量（至少意識上如此），意即：文化與政治的宰制權。它們倚之運作的機制便是：儒生與統治者兩大集團，加上彼此編織而成的官僚網絡。

　　呂坤對傳統社會力的理解，其實是儒者之間的共識。清初大儒王夫之（1619～1692）亦云：「天下所極重而不可竊者二：天子之位也，是謂治統；聖人之教也，是謂道統。」[3]王氏言及的「天子之位」與「聖人之教」當然是「帝王之權」與「聖人

1　呂坤：《呻吟語》（台北，漢京文化事業公司，1981），卷一之四，頁12上。
2　仝上，卷一之四，頁12上。
3　王夫之：《讀通鑑論》（台北，漢京文化事業公司，1984），卷十三，頁408。

之權」運作的根源。但王氏進一步延申對二者傳承合法性（legitimacy）的關切，這就成了「道統」與「治統」的問題了。

　　在傳統社會中，「道統」與「治統」不祇在概念上，而且在實踐上經常處於若即若離的緊張狀態（tension）。「若離」：「道統」與「治統」分屬「文化」與「政治」兩個範疇。自三代以後，以道自許之士常以教育庶民、批判統治權威爲己任。[4]這種強烈的使命感使得統治者即使亟想扮演「治教合一」的角色，亦無法取代儒家聖賢在傳統社會的象徵意義，更何況其所發揮的實際作用。這在而後的祭祀制度，尤其是孔廟祀典，表現得尤爲清楚。

　　在禮儀制度上，孔廟是「道統」的形式化。宋末元初的熊鉌（1247～1312）即明言：「尊道有祠，爲道統設也。」[5]而歷代帝王廟的祭祀，則是統治者爲了政權傳承自我肯定的儀式。明初，宋訥（1311～1390）奉太祖之命，撰寫歷代帝王廟碑文。從中記載道：

> 欽惟聖天子受天明命，肇修人紀，以建民極，續皇帝王之正統，衍億萬年之洪基。稽古定制，作廟京邑，以祀歷代帝王，重一統也。[6]

可見明太祖修建歷代帝王廟之舉，實以廟祀爲得統之徵，以理治天下。此外，孔廟與帝王廟所供奉人物毫無雷同之處，其區別顯而易見。陳建（1497～1567）於辯護朱熹（1130～1200）爲儒學振衰起弊的功臣時，即間接道出二者之分別。陳氏說：

> 有帝王之統，有聖賢之統。如漢祖、唐宗、宋祖開基立業，削平群雄，混一四海，以上繼唐、虞、夏、殷、周之傳，此帝王之統也。孟子、朱子距異端，息邪說，闢雜學，正人心，以上承周公、孔子、顏、曾、子思之傳，此聖賢之統也。[7]

要言之，代表「聖賢之統」的孔廟人物首重「立言」，其次「立德」；代表「帝王之統」的「帝王廟」則以「立功」爲取捨，其文化意義涇渭分明。

4　有關先秦以孔孟爲代表「士」的自覺，請參閱余英時教授：《中國知識階層史論》（台北，聯經出版事業公司，1980），第一章；另外氏著《史學與傳統》（台北，時報文化出版公司，1986），頁30～70。宋、明儒將此一批判精神發揚光大，並賦予「道統」的歷史意義，則請參閱拙著，Chin-shing Huang, Philosophy, Philology and Politics in Late Imperial China：Li Fu and the Lu-Wang School, unpublished manuscript, chapter 3。
5　熊鉌：《熊勿軒文集》（上海，商務印書館，1936），卷四，頁48。
6　宋訥：《西隱文稿》（台北，文海出版社，1970），卷七，，頁11上。
7　陳建：《學蔀通辯》（京都中文出版社，1977），《終編》，卷下，頁9下。

　　然而「道統」與「治統」何以又有「若即」的關係呢？其故端在孔子所傳之學正是「二帝、三王之學」。而二帝、三王恰爲「治統」的根源。清中葉，崔述（1740～1816）於闡釋繼《唐虞三代考信錄》之後，又有《洙泗考信錄》之作時，便將個中原委說明的極爲簡要。他說：

> 二帝、三王、孔子之事，一也；但聖人所處之時勢不同，則聖人所以治天下亦異。是故，二帝以德治天下，三王以禮治天下，孔子以學治天下。[8]

崔氏又說：「孔子之道，即二帝、三王之道。」[9]崔述的陳述實代表儒家的政治信念。是故，「治統」的意理根據終俟「道統」的支持與疏解。呂坤便說：

> 帝王無聖人之理，則其權有時而屈。然則理也者，又勢之所恃以爲存亡者也。[10]

呂坤的言論不能視之爲儒生一廂情願的片面之詞。譬如，深受理學薰陶的清聖祖，便倡言「萬世道統之傳，即萬世治統之所繫」。[11]而王夫之從歷史的觀察，亦得到同樣的觀點。王氏云：

> 儒者之統，與帝王之統並行於天下，而互爲興替。其合也，天下以道而治，道以天子而明；及其衰，而帝王之統絕……。[12]

是故，呂坤對人君政權合法性確有所見。而王氏所謂「道以天子而明」，則又點出「道統」與「治統」若即的另一面了。

　　如前所述，孔廟實爲「道統」的制度化，但是其制度化的啓動者卻是由上而下，來自朝廷。孔廟發展史十足印證此一論點。按魯哀公十七年（公元前478年），孔子廟始立於故宅，然歷千餘載孔子之祀尚未出於闕里。漢儒謂立學釋奠，「先聖」、「先師」仍無定指；地方始設孔廟，史缺明載，惟遲至北魏孝文帝太和十三年（489）正式立孔廟於京師，[13]而南朝梁武帝亦在天監四年（505）立孔廟，[14]此可能爲相應之舉。

　　縱使如此，降至南北朝，孔廟祀典禮儀恐仍未確定。例如：在南齊永明三年（

8　崔述：《崔東壁遺書》（上海古籍出版社，1983），頁261。
9　仝上，頁261。
10　呂坤：《呻吟語》，卷一之四，頁12上。
11　清聖祖：《聖祖仁皇帝御製文初集》（台灣商務印書館，文淵閣四庫全書），卷十九，頁3下。
12　王夫之：《讀通鑑論》，卷十五，頁497。
13　魏收：《魏書》（台北鼎文書局，1980），卷七下，頁165。
14　姚思廉：《梁書》（台北鼎文書局，1980），卷二，頁42。

485），有司爲了釋奠「先聖」「先師」，該用何禮、何樂及有關禮器，即感到相當困惑。尚書王儉坦承「金石俎豆，皆無明文」，至謂「方之七廟則輕，比之五禮則重」。[15]但釋奠設軒懸之樂、六佾之舞卻始定於此番論辯。[16]

　　唐初，周公、孔子先後互爲「先聖」，顯示孔子地位並非穩固。另方面，從孔廟發展史視之，唐初卻是十分關鍵。在這段期間，孔廟禮儀方稱完備，其從祀制度亦同告確立。舉其要：太宗貞觀二年（628），停祭周公，升孔子爲「先聖」，以顏回配。[17]此舉肯定了孔子爲萬世師的地位，其間雖逢永徽改制的倒行逆施，但孔子定爲「先聖」已爲大勢所趨，無可挽回。果然，在高宗顯慶二年（657），改（永徽）令從（貞觀）詔，孔子復爲「先聖」，至是永爲定制。[18]

　　太宗貞觀四年（630），詔州縣學皆立孔子廟，[19]此爲地方遍立孔廟之始。[20]貞觀二十一年（647），詔左邱明等二十二人配享尼父廟堂，[21]此爲後世以先儒配享之始。[22]玄宗開元八年（720），詔顏子等十哲，宜爲坐像，悉令從祀，曾參大孝，德冠同列，特爲塑像，坐於十哲之次，因圖畫孔門七十弟子及二十二賢於廟壁。[23]開元二十年（732），《開元禮》成，孔廟定爲「中祀」。[24]開元二十七年（739），詔孔子既稱「先聖」，可諡曰「文宣王」，其後嗣可封「文宣公」，弟子則另冊封公侯。[25]此

15　蕭子顯：《南齊書》（台北鼎文書局，1980），卷九，頁143－144。
16　丘濬誤以南宋文帝元嘉二十二年（445）爲「釋奠用六佾、軒懸之樂」之始。按眞正實施應是南齊武帝永明三年（485）。《南齊書‧禮志》載王儉之議：「元嘉立學，裴松之議應舞六佾，以郊樂未具，故權奏登歌。今金石已備，宜設軒懸之樂，六佾之舞，牲牢器用，悉依上公。」《南齊書》，卷九，頁144。丘濬之說，見於是氏：《大學衍義補》（台灣商務印書館，文淵閣四庫全書），卷六五，頁七下。
17　歐陽修：《新唐書》（台北　文書局，1980），卷十五，頁373～374；又馬端臨：《文獻通考》（北京中華書局，1986），卷四三，頁406－407。
18　丘濬謂「至是始定以孔子爲先聖、顏子爲先師」。《大學衍義補》，卷六五，頁9上。其說近似而誤，見秦蕙田：《五禮通考》（台灣商務印書館，文淵閣四庫全書），卷一一七，頁27下－28下。有關唐高宗顯慶二年，改令從詔之故，或可參閱高明士：〈唐代的釋奠禮制及其在教育上的意義〉，《大陸雜誌》，六十一卷，五期（1980年11月），頁218－236。文末附黃彰健先生論評，亦爲一說，足資思考。
19　《新唐書》，卷十五，頁373。
20　秦蕙田：《五禮通考》，卷一一七，頁28下。
21　劉昫：《舊唐書》（台北　文書局，1980），卷二四，頁917。《新唐書》，卷六五，頁374
22　丘濬：《大學衍義補》，卷六五，頁10上。
23　劉昫：《舊唐書》卷二四，頁919－920。
24　蕭嵩：《大唐開元禮》（台灣商務印書館，文淵閣四庫全書），卷一，頁1上－1下。《開元禮》成於開元二十年據孔繼汾：《闕里文獻考》（1762），卷十四，頁10下。
25　劉昫：《舊唐書》，卷二四，頁920。

爲孔子封王，弟子封公侯之始。[26]

　　自此以降，孔廟禮儀代有增榮，有宋一代尤爲著稱。宋朝重文輕武，儒教倍受重視，孔子位望因是日隆。宋眞宗大中祥符元年（1008），幸曲阜，降輿乘車，至文宣王墓設奠再拜。詔追謚「玄聖文宣王」。[27]五年（1012），以國諱，改謚「至聖文宣王」。[28]眞宗初欲追謚爲「帝」，或言孔子周之陪臣，周止稱王，不當加帝號而止。[29]

　　宋仁宗至和二年（1055），封孔子後爲「衍聖公」，世代傳襲。[30]神宗元豐七年（1084），以孟子配食文宣王。[31]前此，熙寧七年（1074），判國子監常秩等請追尊孔子以帝號，下兩制禮官詳定，以爲非是而止。[32]徽宗崇寧三年（1103），詔辟雍文宣王殿以「大成」爲名；並增文宣王冕十有二旒。[33]此爲宣聖用天子冕旒之始。[34]南宋高宗紹興十年（1140），復釋奠文宣王爲「大祀」，其禮如社稷；州縣爲「中祀」。[35]寧宗慶元元年（1195），雖仍定文宣王爲「中祀」；[36]但大致而言，迄元代爲止，孔廟間逢戰亂，容有停祀或破壞，祭祀禮儀卻是日增月益，尊崇有加。即使在異族王朝亦少有例外，譬如大定十四年（1174），金世宗加宣聖像冠十二旒、服十二章。[37]元武宗即位（1307），加封「至聖文宣王」爲「大成至聖文宣王」；[38]至大二年（1309），又定制孔廟春秋二丁釋奠，牲用太牢。[39]

　　然而孔廟此一日趨崢嶸之勢，卻受扼於明代世宗皇帝（1507～1567）。嘉請九年（1530），孔廟改制，祭祀禮儀大爲降殺，其變動、牽聯之廣不下唐初，其意義則迥然有別。

26　丘濬：《大學衍義補》，卷六五，頁14下。
27　托托：《宋史》（台北鼎文書局，1980），卷一〇五，頁2548。
28　仝上，卷八，頁152。
29　丘濬：《大學衍義補》，卷六六，頁1下。
30　托托：《宋史》，卷十二，頁237。
31　仝上，卷一〇五，頁2549。
32　仝上，卷一〇五，頁2548。
33　仝上，卷一〇五，頁2549－2550。惟宋末孔傳所記孔子始服王者之冕爲大觀元年（1107）。見孔傳：《東家雜記》（台灣商務印書館，文淵閣四庫全書），卷上，頁28下。又金孔元措《孔氏祖庭廣記》則作崇寧四年（1106），且誤記始服王者之「服」。蓋孔子之服僅九章，蓋「公服」，非「王服」也。因此金大定年間方有加「十二章」之舉。孔元措之見，見是氏：《孔氏祖庭廣記》（上海商務印書館，1936），卷三，頁28。
34　孔傳：《東家雜記》，卷上，頁28下。
35　孔繼汾：《闕里文獻考》，卷十四，頁15上。
36　仝上，卷十四，頁15下。
37　金·不著撰人：《大金集禮》（台灣商務印書館，文淵閣四庫全書），卷三六，頁2上－2下。
38　宋濂等：《元史》（台北鼎文書局，1980），卷二二，頁484。
39　仝上，卷二三，頁510。

在傳統中國，孔廟適位於文化力量與政治勢力的匯聚之處。孔廟誠然爲「道統」的制度化，但其制度化卻需得到統治者的支持與認可。如此一來，就使得孔廟介於「道統」與「治統」之間了。因而從透視此一制度的變遷，最易於把握二者之互動。嘉靖九年，孔廟改制實爲唐初以來孔廟發展的逆轉。從此一個案的剖析，可以顯現專制君主如何操縱文化系統的解釋，以壓制「道統」所象徵的制衡力量，並打擊文人集團的士氣。至此，明代專制政治在意理上方大功告成。

二、嘉靖九年孔廟改制

明正德十六年（1521），武宗崩殂，無嗣。慈壽皇太后與大學士楊廷和定策，以遺詔遣官迎興獻王長子——厚熜入嗣皇位，是爲世宗。

世宗即位不久，爲了追崇本生父，與在朝群臣意見相左，遂釀成「大禮議」。世宗堅持只「繼統」（繼承皇位），而不「繼嗣」（爲人後嗣）；廷臣則力爭「繼嗣」，方能「繼統」。雙方相持不下。起初，禮臣議考孝宗，改稱興獻王皇叔父，援宋司馬光（1019～1086）、程頤（1033～1107）議濮王禮之例，[40] 世宗不允。適逢進士張璁（1475～1539）上疏，辯群臣非是。世宗方扼廷議，得璁疏大喜過望，至謂：「此論出，吾父子獲全矣。」[41] 亟下廷臣議，閣臣楊廷和與禮官毛澄（弘治六年進士）等抗疏力爭；世宗不聽，執意如初。然其時漸有從者，如方獻夫（弘治十八年進士）即附合道：

> 陛下之繼二宗（孝宗、武宗），當繼統而不繼嗣。……繼統者，天下之公，三王之道也。繼嗣者，一人之私，後世之事也。[42]

嘉靖三年（1524），世宗更定章聖皇太后尊號，去本生之稱。廷臣伏闕固爭，遂下員外郎馬理等一百三十四人於錦衣衛獄，當場杖死者十有六人；朝臣大爲摧抑。[43] 至此，「大禮議」紛爭暫告段落。

40　濮王禮議見《宋史》，卷十三，頁253－259。司馬光之疏，見《司馬溫公文集》（上海商務印書館，1936），卷六，頁134-135；程頤之意見，見《二程集》（台北里仁書局，1982），卷五，頁515－518。
41　張廷玉：《明史》（台北鼎文書局，1980），卷一九六，頁5174。
42　仝上，卷一九六，頁5187。
43　仝上，卷一七，頁219。

《明史》對毛澄等「以道侍君」執拗不屈的精神固然大書特書，但在參核大禮諸臣列傳之後，文末附有一段論贊，卻足資省思。它說：

> 「大禮」之議，楊廷和爲之倡，舉朝翕然同聲，大抵本宋司馬光、程頤濮園議。……而世宗奉詔嗣位，承武宗後，事勢各殊。諸臣徒見先賢大儒成說可據，求無罪天下後世，而未暇爲世宗熟計審處，準酌情理，以求至當。爭之愈力，失之愈深，惜夫。[44]

清儒毛奇齡（1623~1716）對「大禮議」之禍，以正、反雙方皆疏於「古禮」，學識簡陋有以致之。[45]毛氏旁徵博引，熟悉古今源流，誠然獨有所見。但「大禮議」所衍生的問題卻非純以「學問」可以明斷。它所蘊涵的實是對「君權」及其合法性的考驗。

是故，世宗在「大禮議」的功過得失，誠難以一言判定。從「大禮議」的演變視之，世宗雖以外藩入繼大統，然在踐祚之後，自始至終，即掌握全局，不爲群臣所撼動。此正可顯現明代君權之獨斷。而在「大禮議」之後，世宗隨即修訂各項禮儀，來粉飾其作爲。例如：嘉靖四年（1525），《大禮集議》完成，頒示天下。嘉靖七年（1528），《明倫大典》修成，昭告天下，隨定議禮諸臣罪名，追削楊廷和等籍。[46]這充分表示世宗非但懂得以「勢」來遂行其是，而且亦不忘藉「理」（禮）來辯護其言行。《明史》對世宗的這番作爲，有很深刻的觀察。它這樣說：

> 帝（世宗）自排廷議定「大禮」，遂以制作禮樂自任。……乃議皇后親蠶，議勾龍、棄配社稷，議分祭天地，議罷太宗配祀，議朝日、夕月別建東、西二郊，議祀高禖，議文廟設主更從祀諸儒，議祧德祖正太祖南向，議祈穀，議大禘，議帝社帝稷。[47]

由上述可以確知，世宗對諸多禮儀更定的興趣，並非天生使然，而是「大禮議」有以啟之。

嘉靖九年爲世宗更定禮儀極爲頻繁的一年。是年，世宗創制皇后親蠶北郊禮、更改社稷壇配位禮、更建四郊、重立天地分祀禮。[48]冬十一月，遂及文廟祀典。可見孔

44　仝上，卷一九一，頁5078。
45　毛奇齡：《西河全集》（龍威秘書），〈辨定嘉靖大禮議〉，二卷。
46　《明史》，卷一七，頁220－222。
47　仝上，卷一九六，頁5178
48　《明實錄》（中央研究院歷史語言研究所校印），《世宗實錄》，卷一〇九~一二〇。

廟改制實爲世宗一連串禮制更革的要項，其意義尤爲不凡。若說世宗在其它禮儀逞其
所好，反映只是君權威望之重，則孔廟改制無異是人主對「制度化」道統的挑釁，並
刻意予以貶抑。

　　論者嘗謂嘉靖文廟改制緣張璁之議，[49] 衡諸史實則不然。先是，嘉靖九年十月，
世宗因纂《祀儀成典》，指示大學士張璁凡「雲雨風雷等及先聖先師祀典俱當以序纂
入」。[50] 張璁遂上奏道：

> 雲雷等祀及社稷配位俱蒙聖明更正，但先聖先師祀典尚有當更正者。叔梁紇乃
> 孔子之父，顏路、曾皙、孔鯉乃顏（回）、曾（參）、子思（孔伋）之父，三
> 子配享廟庭，紇及諸父從祀兩廡，原聖賢之心豈安于是？所當亟正。臣請于大
> 成殿後，另立一堂祀叔梁紇而以顏路、曾皙、孔鯉配之。[51]

按文廟從祀乃遵循既定的等級制。顏回、曾參、孔伋享食「配位」，實遠踰諸父從祀
「兩廡」；[52] 遑論孔子之於叔梁紇了。張璁因是有以疵之。

　　由上述，可以獲知孔廟改制實首啟自世宗，而張璁深曉以「大禮議」模式，緣父
子一倫，人情之常來肯定世宗更革的意圖，雖至爲切要，但主動之權則全操之世宗本
人。至於謂「子雖齊聖，不先父食」，則明白挪用「大禮議」的辯詞。[53] 而世宗遂以
爲然。

　　張璁奏上，世宗隨即裁決道：

> 朕惟孔子享於堂而使親附食於兩廡，神靈誠有大不悅者，豈爲安乎？夫尊親如
> 是，其尊天又可知也。所有十二籩豆，牲用熟，此逼擬大祀。理決無疑者，當
> 更正以尊天也。[54]

世宗因諭張璁「加體孔子之心而詳之」。[55] 張璁究竟有無「加體孔子之心」方爲世宗

49　例如：龐鍾璐：《文廟祀典考》（中國禮樂學會，1977）卷四，頁11下～13下。
50　張璁：《諭對錄》（萬曆三十五年），卷二二，頁1下。又張璁：《羅山奏疏》（萬曆五年）
　　，卷六，頁1上。
51　《明實錄》，《世宗實錄》，卷一一九，頁3–4上。張璁原疏繁冗，姑取《實錄》摘要。
52　孔廟從祀制完備的等級，除孔子爲至聖之外，依序爲「四配」、「十哲」，此二等級得配享正
　　堂，再其次爲「先賢」、「先儒」則只能從祀兩廡。
53　「子雖齊聖，不先父食」原出《春秋左氏傳》（見洪亮吉：《春秋左傳詁》（北京，中華書局
　　，1987），卷九，頁354）爲方獻夫引爲譬喻「君臣」之詞，爲「大禮」辯，爲世宗所喜。毛
　　西河：《西河全集》，〈辨定嘉靖大禮〉，卷二，頁14上－15上。
54　張璁：《諭對錄》，卷二二，頁15下。
55　仝上，卷二二，頁17上。

詳之，史乏記載，亦無從揣測。然而從他回奏之詞分析，謂「璁緣帝意」以改制文廟卻是言而有據的。張璁在奏對中說道：

> 孔子祀典自唐宋以來，溷亂至今，未有能正之者。今宜稱先聖先師，而不稱王。祀宜稱廟，而不稱殿。祀宜用木主，其塑像宜毀撤。籩豆用十，樂用六佾。叔梁紇宜別廟以祀，以三氏配。公侯伯之號宜削，只稱先賢、先儒。其從祀申黨、公伯寮、秦冉、顏何、荀況、戴聖、劉向、賈逵、馬融、何休、王肅、杜預、吳澄宜罷祀，林放、蘧瑗、盧植、鄭玄、服虔、范寧宜各祀于鄉，后蒼、王通、歐陽修、胡瑗、蔡元定宜增入。[56]

於此，張璁所奏之詞有略加疏解的必要，以便確切瞭解其意旨。

(一)謚號：「孔子不稱王」。張璁自謂承明初吳沈之緒餘。吳氏在〈孔子封王辯〉力言：孔子，人臣也；生非王爵，死而封王則爲僭禮。因謂「夫子有王者之道則可，謂夫子有王者之號則不可」。[57]張璁又援丘濬之說，謂後世尊崇孔子，始乎漢平帝之世。是時政出王莽姦僞之徒，假崇儒之名，以收譽望。[58]張璁故議後世惟稱「『先師孔子』，以見聖人所以爲萬世尊崇者，在道不在爵位名稱。」

(二)毀塑像，用木主，去章服，祭器減殺。洪武年間，太祖曾一度用木主，不設塑像，但止行於南京太學。張璁遂援爲通例。又本丘濬之論，謂「塑像之設，中國無之，至佛教入中國始有之。」[59]其實明興以來，自宋濂始，間間續續皆有去像立主之議，惜未落實。[60]於是至張璁甫成定案。而像既去，章服亦無所加。又明初，定「文舞六佾、籩豆十」；成化十二年（1476），從祭酒周洪謨（1419～1491）之請，詔「舞增八佾，籩豆加十二」，蓋以天子之禮。[61]至是遂予降殺。

(三)更定從祀制：削爵稱、進退諸儒。孔子既不得封王，從祀弟子更無從封爵。張璁進退諸儒蓋本之程敏政（1445～1499）。[62]其故端在以「傳道之師」取

56　《明實錄》，《世宗實錄》，卷一一九，頁4上。原疏見《諭對錄》，卷二二，頁1下－15上。
57　張璁：《諭對錄》，卷二二，頁3上。
58　丘濬：《大學衍義補》，卷六五，頁6下－7上。
59　仝上，卷六五，頁11上－14上。
60　沈德符：《萬曆野獲編》（北京，中華書局，1980），卷十四，頁361。
61　《明史》，卷五十，頁1297－1298。
62　程敏政：《篁墩文集》（台灣商務書館，文淵閣四庫全書），卷十，頁4上－10下。

代「傳經之師」，蓋緣時代學風之變。[63]又蔡元定（1135～1198）從祀，蓋取桂華、桂萼（？～1531）兄弟之議。[64]歐陽修從祀，則因「大禮」之故。[65]吳澄（1249～1333）罷祀，受累「宋臣仕元」；前此，謝鐸已先非之。[66]

㈣「大成殿」改稱「孔子廟」，內增設「啟聖祠」。孔子既不得封王，則祭祀之所宜稱「廟」，不宜稱「殿」。「啟聖祠」之設立孕育已久：南宋洪邁（1123～1202）、[67]元熊鉌，[68]曾先後指正孔廟從祀有「子尊父卑」悖乎人倫之嫌。迄有明程敏政尤大加撻伐，[69]至是張璁議立「啟聖祠」，以明人倫之大，蓋寓暗合「大禮議」之深意。

張璁所上孔廟改制，固希逢世宗旨意；世人直目爲孔門之恥。[70]當時即有人記載道：「一時縉紳爲耳目之濡染既久，紛紛執議，幾干聚訟。」[71]此處「耳目之濡染既久」指的當是士紳長久習於舊制，而不以新制爲是。御史黎貫便指陳道：

> （孔子）天下止稱曰「先師」，而不曰「王」。……非惟八佾、十二籩豆爲僭，而六佾、十籩豆亦爲僭矣。不惟象當毀，而複屋重簷亦當毀矣。[72]

「啟聖祠」之設立，自始即有人頗致微詞，尤其孔子既去王稱，而叔梁紇竟仍繫「公爵」，殊爲不稱。[73]世宗議定，令下毀像設主，郡縣多不忍遽毀，藏之複壁。[74]闕里

63　拙作〈孔廟從祀制及其思想史的意義〉將有較詳細的剖析。
64　桂萼：《桂文襄公奏議》（乾隆二十七年），卷八，頁17上-20下。
65　歐陽修：《歐陽修全集》（台北，世界書局，1961）。頁977－995。歐陽修與司馬光等意見相反。歐陽修入祀孔廟因濮議之故，見顧炎武：《原抄本顧亭林日知錄》（台北，文史哲出版社，1979），卷十八，頁432。前此，當時人徐學謨早已言之：「（世宗）欲舉（歐陽修）而從祀孔子廟庭，蓋爲濮議之有當于聖心也。」見是氏：《世廟識餘錄》（台北國風出版社，1965），卷四，頁5上。張璁《諭對錄》中，世宗言及歐陽修，有人以「大禮」爲請，可見徐、顧之言確非無據。《諭對錄》，卷二二，頁26上。
66　此論原先發自謝鐸，後爲張璁所用。見《明史》，卷一六三，頁4432；卷五十，頁1298－1300。
67　洪邁：《容齋筆隨》（上海古籍出版社，1978），《容齋四筆》，卷一，頁615。
68　熊鉌：《熊勿軒集》，卷四，頁52。
69　程敏政：《篁墩文集》，卷十，頁10下－12上。
70　沈德符：《萬歷野獲編》，《補遺》，卷二，頁854；焦竑：《玉堂叢語》（北京，中華書局，1981），卷三，頁93。
71　徐學謨：《世廟識餘錄》（台北國風出版社，1965），卷六，頁19下。
72　黎貫：〈論孔子祀典疏〉，收入《廣東文徵》（香港珠海學院，1973），卷六，頁209。
73　徐學謨：《世廟識餘錄》，卷六，頁19下－20上。徐氏即批評張璁：「蓋亦逢迎議禮之餘緒耳。」博學如瞿九思，於萬歷年間整理孔廟典故，對「啟聖祠」亦百思不得其解。瞿氏曰：「啟聖公獨不議神主者，以世宗于四配惟稱其「聖」，于十配兩宜稱「先賢」，皆不係以爵。獨啟聖公係以「公爵」。或聖心已疑此典太隆。故不致議。非遺也。」瞿九思：《孔廟禮樂考》（萬歷年間刊），卷十，頁47下。
74　顧炎武：《原抄本顧亭林日知錄》，卷十八，頁429。又邵長蘅：《青門簏藁》（常州先哲遺書），卷十，頁10上。邵氏（1637－1713）於清初呼籲復孔聖像。

更是保存完好如初。[75]蓋毀像實違人情之常，有司只好依違其間。

　　當時編修徐階（1503～1583）上疏世宗，除了反對去王毀像，便率直批評道：

　　　陛下自即位以來，動以太祖高皇帝爲法。太祖之在御，嘗釐瀆諸神之號，而獨
　　　於孔子仍其王封，蓋有不輕變之心焉。抑亦神嶽瀆而人孔子，其義固有辯也。[76]

要之，世宗、張璁改革孔廟慣援「祖宗成法」以爲張本，徐階於此蓋「以子之矛，攻
子之盾」。他又說：

　　　天下王祀孔子，承襲已久。經生學士習於見聞，野父編氓侈於尊戴。一旦奉不
　　　王之詔，衆人愚昧，不能通知聖意所存，將互相驚疑。妄加臆度，以爲陛下不
　　　務抑其他，而輕奪爵於孔子，人心易惑難曉。[77]

徐階一方面引太祖爲重，另方面以「人心易惑難曉」來慫動世宗，必得慮及人情反應
。結果只徒然激怒世宗。徐階坐是外貶，除了天下翕然稱賢，[78]絲毫改變不了世宗的
決心。

　　張璁爲了答辯群臣疑難，於是又逐條批駁，寫了〈先師孔子祀典或問〉。其中有
兩點值得特別留意的：國初，宋濂（1310～1381）曾上〈孔子廟堂議〉，大意謂「
不以古之禮祀孔子，是褻祀也。褻祀不敬，不敬則無福。」[79]細繹宋濂全文，意在諷
勸太祖尊孔。然張璁卻引爲孔廟改制張本。[80]

　　其次，〈或問〉中另有一條，或曰：「孔子祀典之正，將行天下也，然則闕里也
如之何？」[81]這透露了孔廟改制的反對者似乎退而求其次，惟求確保闕里孔廟不受影
響。這種雙軌制在明代確曾發生過，但情境迥異。正統三年（1438），裴侃有見於孔
廟從祀「子尊父卑」的現象，因進言：「天下文廟惟論傳道，以列位次。闕里家廟，
宜正父子，以敍彝倫。」[82]遂設「啟聖王殿」，顏、曾、孔、孟四子之父俱配。[83]惟
止行於闕里而已。反觀張璁非但不妥協，且引子思言，但謂：「今天下車同軌，書同

75　俞正燮：《癸巳存稿》（台灣商務印書館，1971），卷九，頁256。
76　徐階：《世經堂集》（康熙二十年），卷六，頁41上－41下。
77　仝上，卷六，頁41下。
78　沈德符：《萬曆野獲編》，卷十四，頁361-362。
79　宋濂之文，見李之藻：《頖宮禮樂疏》（台灣商務印書館，文淵閣四庫全集），卷一，頁42下
　　。
80　張璁：《羅山奏疏》，卷六，頁29上。
81　仝上，卷六，頁30上。
82　《明史》，卷五十，頁1297。
83　叔梁紇，元至順元年（1330）已追封「啟聖王」。《元史》，卷七六，頁1892－1893。

中研院歷史語言研究所集刊論文類編（思想與文化編）

文，行同倫，言天下大一統也。奚疑於闕里乎哉 ？」[84] 據此闕里孔廟亦不得例外。張氏身爲宰輔，當可代表朝廷力求治教齊一的立場。張璁疏上，發禮部集議。議下，大多本張璁之言，[85] 世宗命悉如議行。於是成一代之典。

三、世宗孔廟改制與祖宗成法（明代政教傳統）

世宗初即位，因「大禮」與朝臣相持不下。「大禮」爭執趨烈時，修撰楊慎慷慨激昂地說：「國家養士百五十年，仗節死義，正在今日。 」遂與群臣兩百餘人跪伏在左順門，希冀世宗收回成命。[86] 不意世宗大怒，先後杖死者十八，並謫戍多人。嘉靖四年（1525），余珊（正德三年進士）應詔陳事，因是有言：

今議禮諸臣，一言未合，輒以悖逆加之。謫配死徙，朝宁爲空。[87]

衡諸孔廟改制諸臣之遇相去亦無遠。世宗自銳意禮制，名曰「好古 」，實輒斷以己意，常與廷臣意見相左。世宗嗜以整肅朝士，樹立主威。張璁改制孔廟疏上，世宗命禮部會翰林諸臣議，徐階疏陳不可，立遭貶抑。世宗乃御製〈正孔子祀典說〉與〈正孔子祀典申記〉兩篇，俱令下禮部集議以聞。隨後，身爲世宗寵臣的夏言（1482～1548）於上疏，讚美世宗「以聖人之心，推聖人之心，辨析詳明，考究精當 」之後，竟言：

數日以來，群議沸騰。以臣愚忠乞陛下……其孔子祀典，暫假時日，少緩訂議。[88]

可見其時反對聲浪必然浩大。御史黎貫甚謂世宗如執意改制孔廟，必不免「取譏當時，貽笑後世 」[89] 前此，張璁似已預知如此。他在拜讀世宗鴻文之後，奏對道：

習俗之難變，愚夫之難曉也，其所自爲說者亦曰「尊孔子 」也。蓋諭於利，而實未嘗諭於義也。仰惟皇上仁義中正，斷之以心，所謂唯聖人能知聖人者也。[90]

張璁：《羅山奏疏》，卷六，頁30下。
85 又以行人薛侃議，進陸九淵從祀。《明史》，卷五十，頁1300。
86 《明史》：卷一九一，頁5068。
87 仝上，卷二〇八，頁5499。
88 《明實錄》，《世宗實錄》，卷一一九，頁6上。
89 黎貫：〈論孔子祀典疏〉，《廣東文徵》，卷六，頁209。
90 張璁：《羅山奏疏》，卷六，頁24下－25上。

又世宗一度欲與其他朝臣諮商，或卜告皇祖以明吉凶。[91]張璁皆以今人黨同伐異，茲事惟賴皇上「見決」奉告。[92]此無形助長世宗專斷的焰勢。張氏奉勸世宗將孔廟改制「斷之以心」，實不啻把「禮樂制作」（文化宰制權）雙手拱奉專制君主了。

其實，世宗上述兩篇御筆，最適以明瞭他改制孔廟的理念。早在同年正月，世宗固執己見，創立皇后親蠶禮。他罔顧群臣駁然反對，悍然宣稱：

夫禮樂制度自天子出，此淳古之道也。故孔子作此言，以告萬世。[93]

按孔子原語作「天下有道，則禮樂征伐自天子出。」[94]世宗斷章取義，省略「天下有道」，但言「禮樂制度自天子出」，援孔子之名爲的只不過是壓制儒臣罷了。反諷的是，世宗改制孔廟正是此一意念的延伸。所不同的是，此番禮樂更革的對象竟是孔夫子自身。

世宗在〈正孔子祀典說〉開宗明義即說：

朕惟孔子之道，王者之道也；德，王者之德也；功，王者之功也；事，王者之事也；特其位也，非王者之位焉。[95]

於此，世宗所要點出的正是孔子「有德無位」，故不應享王者之禮。他數落唐玄宗迄元武宗予孔子「封王」之非。世宗指出孔子對當時諸侯有僭王者，皆以《春秋》筆削而心誅之。孔子生既如此，其死乃不體聖人之心，漫加封號，雖曰尊崇，其實「賊害聖人之甚」。[96]故「封王」實不符孔子平生居身行事。

世宗在另篇文章大加闡述「王」字之義。他解釋道：孔子王號之「王」非周制「王天下之王」（天王），而是後世「封王者之王」（諸侯王）。歷代君主封諡孔子僅止於王號，而不以皇帝加之，即是「不欲與之齊」。因此孔子王稱，猶拜封臣下，何由尊崇之意。[97]世宗藉此駁斥徐階封王之論，連帶亦否認了前代儒臣，如周洪謨，[98]

91　張璁：《諭對錄》，卷二二，頁26下。

92　仝上，卷二二，頁26下－27上。

93　《明實錄》，《世宗實錄》，卷一〇九，頁4上。

94　朱熹：《四書章句集注》（北京，中華書局，1983），《論語集注》，卷八，頁171。

95　明世宗的〈正孔子祀典說〉與〈正孔子祀典申記〉在《嘉靖祀典考》收錄有未修飾的全文。《明實錄》、《古今圖書集成》或其他有關孔廟記錄，間有收錄，但顯經修飾或節錄，故只引前書。明・佚名：《嘉靖祀典考》（中央研究院傅斯年圖書館收藏，朱絲欄手抄本），卷五，〈正孔子祀典說〉，無頁數。

96　仝上，卷五，〈正孔子祀典說〉。

97　仝上，卷五，〈正孔子祀典申記〉，無頁數。

98　孔貞叢：《闕里志》（萬曆年間刊），卷十一，頁17上－18上。

特意將孔子王稱提昇爲周制天王之舉。是故,孔子若存王號,卻享天子之禮,猶不免僭越之譏。[99]

世宗素來極爲注重祭祀禮儀的尊卑次序。他在反對以太祖、太宗配位社稷時（嘉靖九年正月）即明白曉示道：

> 朕每以祭太社、太稷,奉我太祖、太宗配,竊有疑焉。夫天地至尊,次則宗廟,又次則社稷,此次序尊殺之理也。[100]

所以世宗只允有「尊祖配天」之儀,而絕無「奉祖配社」之理。[101] 在世宗心目中,以「社稷」之重皆無法與「宗廟」比擬,孔廟禮儀可想而知了。

沈德符（1578～1642）對世宗孔廟改制的底蘊辨析入微,他就曾說：

> 孔廟易像爲主,易王爲師,尚爲有說。至改八佾爲六、籩豆盡減,蓋上（世宗）素不樂師道與君並尊。[102]

沈氏的論斷可以用其時的事例來佐證。當朝庭爭辯孔廟改制,黎貫率十三道御史合疏力爭,意謂世宗即位以來,舉行敬天尊親之禮,可謂盛極,何獨致疑孔子王稱。此一批評恰恰刺中世宗內心的隱痛,世宗大怒,遂將貫等「悉下法司按治」。[103] 觀此,沈氏謂「上素不樂師道與君並重」實一語道破世宗的心結。

在感情因素裏,「大禮議」所留給世宗的積怨,仍暗地底作祟。在孔廟改制決策上,這個情結渲洩無遺。語及孔廟從祀存有「子尊父卑」的現象,世宗不禁遷怒倡導「濮議」的儒臣。他說道：

> 安有子坐堂上,而父食於下乎？此所謂名不正者焉,皆由綱領一紊,而百目因之以隳。傳至有宋而程頤以親接道統之傳,遂主英宗不可父濮王之禮。誠所謂是可忍也,孰不可忍也。[104]

世宗措詞「是可忍,孰不可忍」,顯見其氣憤之至。

99　世宗之見,後世多不以爲然。朱彝尊則委婉解成「太學,則天子主之。以天子之學,行天子之禮。奏天子之樂,享以十二籩,舞以八佾。」朱彝尊：《曝書亭集》（台北,世界書局,1964）,卷六十,頁697。

100　《明實錄》,《世宗實錄》,卷一〇九,頁11上。

101　仝上,卷一〇九,頁11下。

102　沈德符：《萬曆野獲編》,卷十四,頁360。

103　《明史》,卷二〇八,頁5502。又《明實錄》,《世宗實錄》,卷一一九,頁8下。世宗曰：「祀典改正,實出朕尊師重道之意。黎貫乃妄引追崇之典,猶存詆毀大禮之情,糾衆署名,肆意奏擾,黜職爲民。」世宗後因都御史汪鋐之言,此次上疏只嚴辦黎貫一人。

104　《嘉靖祀典考》,卷五,〈正孔子祀典說〉。

世宗一再聲言，他無意以「位」凌「先師」。又說今若不正孔廟禮制，將不免來日「子不父其父，臣不君其君，內離外叛，何可勝言。」[105]所以他爲己辯護道：

> 朕不得不辨，亦不得不爲輔臣璁辨。璁也，爲名分也，爲義理也，非諛君也、非滅師也。若朕所正者亦若是。[106]

令人訝異的是，世宗毫不諱言指責明憲宗用禮官之議，「增樂舞用八佾，籩豆用十二，牲用熟而上擬乎事天之禮」是「略無（顧）忌」。[107]類此直接批評「皇祖考」不是的人君，在歷史上實不多見。

對於各項禮制改革，世宗常自命爲明太祖的繼承者。孔廟改制誠不例外。太祖初定天下之時，命天下崇祀孔子，去塑像，止令設主（按只行於南京太學），樂舞用六，籩豆以十。世宗認爲尊崇已極，無以復加。然而太祖何以仍存孔子封號，世宗自解道：「（此）豈無望於後人哉？」[108]言下之意，他是以去此一封號的「後人」自居了。

嚴格地說，世宗對太祖所訂下的禮制並非墨守成規。事實上，他對太祖晚年制訂的禮儀更訂甚多。這一點世宗本人，頗爲自覺。他在嘉靖九年三月，分郊會議即明白表達他的立場。世宗說道：

> 太祖天造草昧，規模宏遠，訏猷懿範可守可則者多矣。乃若禮樂，亦有不能不待於後者。至於振起而擴克之，雖我聖祖之心，豈無所望於後世之聖子神孫者乎？此正今日之事也。豈有泥於祖宗已然之迹，遂一成而不可變邪？[109]

嘉靖十二年（1533），蒲州諸生秦鏜伏闕上書，謂世宗所舉分郊禮、孔廟損革，「皆非聖祖之意，請復其初。」[110]秦生雖懂得訴諸祖宗成法，以約束我行我素的世宗；但卻忽略了世宗對自我形象的定位。秦生除了坐律論死，並改變不了既成的事實。原來依世宗之見，《中庸》所謂「非天子不議禮、不制度、不考文」中的「天子」非祇限於「創業之君」的太祖，並且涵蓋「守成之主」的他了。[111]所以世宗在〈正孔子祀典申記〉中說，孔廟禮制「不可不因時制宜，至於事關綱常者，又不可不急於正之

105　仝上，卷五，〈正孔子祀典說〉。
106　仝上，卷五，〈正孔子祀典說〉。
107　仝上，卷五，〈正孔子祀典說〉。
108　仝上，卷五，〈正孔子祀典說〉。
109　仝上，卷一，〈分郊會議第一疏〉，無頁數。
110　《明史》，卷一九七，頁5223。
111　《嘉靖祀典考》，卷一，〈分郊會議第一疏〉。

。」[112]

　　細究之，世宗對太祖所訂的禮制，雖非一成不變，但在精神上卻是一脈相傳的。這只要稍加探討太祖對孔廟與其他祭祀禮儀的態度，則不難發現二者確有「神似」之處。

　　洪武元年（1368）二月，太祖循開國之君慣例，以太牢祀先師孔子于國學，並遣使詣曲阜致祭。爲此，他說道：

　　　　仲尼之道，廣大悠久與天地相並，故後世有天下者，莫不致敬盡禮，脩其祀事。朕今爲天下主，期在明教化，以行先聖之道。[113]

太祖的措詞充分顯示：他深悉，對創業之君而言，「祭孔」作爲強化「繼統」的象徵意義實不可或缺。

　　然而於次年，太祖的態度卻急轉直下，他突然下令孔廟春秋釋奠止行於曲阜，天下不必通祀。[114]太祖所持的理由是：

　　　　自漢以下，以神（孔子）通祀海內。朕代前王統率庶民。目書檢點，忽覩神之訓言：「非其鬼而祭之，謟也。」、「敬鬼神而遠之」、「祭之以禮」，此非聖賢明言，他何能道。故不敢通祀，暴殄天物，以累神之聖德。[115]

洪武初年，時值開國之際，百廢待舉。太祖屢詔儒臣大修禮事。[116]同年即詔天下普祀城隍，而孔子反不得通祀，殊不可解。尚書錢唐、侍郎程徐皆疏言力爭。程氏云：

　　　　古今祀典，獨社稷、三皇、與孔子通祀。天下民非社稷、三皇則無以生，非孔子之道則無以立。……孔子以道設教，天下祀之，非祀其人，祀其教也，祀其道也。今使天下之人，讀其書，由其教，行其道，而不得舉其祀，非所以維人心扶世教也。[117]

112　仝上，卷五，〈正孔子祀典申記〉。
113　《明實錄》，《太祖實錄》，卷三十，頁5下－6上。
114　《明史》之〈太祖本紀〉或〈禮志〉皆不載洪武二年，孔廟停天下通祀。《明實錄》亦然。蓋後世史臣爲太祖隱諱。此一資料惟見於《明史》，〈錢唐傳〉，見《明史》，卷一三九，頁3981。秦蕙田更誤引王圻《續通考》，誤置洪武二年夏四月丙戌爲詔天下通祀之日，其實應爲洪武十五年夏四月丙戌。見《明實錄》，《太祖實錄》，卷一四四，頁2上。請參較秦蕙田：《五禮通考》，卷一二〇，頁1下－2上；與王圻：《續文獻通考》（萬曆三十一年），卷五七，頁7下－8上。
115　徐一夔：《大明集禮》（台灣商務印書館，文淵閣四庫全書），卷十六，頁20上。《大明集禮》成於洪武三年九月，故載有洪武二年〈致祭曲阜孔子御製祝文〉。
116　《明實錄》，《太祖實錄》，卷三十，頁1上－4下；卷三八，頁1上－10上。
117　《明史》，卷一三九，頁3981－3982。

太祖皆不聽。洪武四年（1371），宋濂上〈孔子廟堂議〉，語及先聖固宜天下通祀，竟遭遠謫。[118]

從上述可知，太祖一方面深曉「祭孔」對創業之君的重要性；另方面卻爲了區區祭物，詔天下停祀孔子。此中必有深故。原來在洪武元年三月，太祖大將徐達攻下濟寧，啟聖公（元封）孔克堅，稱疾，僅遣子希學入京，覲見太祖。太祖爲此頗爲不悅，致親筆諭孔克堅道：

> 吾聞爾有風疾在身，未知實否？然爾孔氏非常人也，彼祖宗垂教于世，經數十代，每每賓職王家，非胡君運去，獨爲今日之之異也。吾率中土之士，奉天逐胡，以安中夏。雖曰庶民，古人由民而稱帝者，漢之高宗也。爾若無疾稱疾，以慢吾國不可也。[119]

可見太祖深悉孔子一系對他政權合法化舉足輕重。孔克堅之遲遲不成行，可能視北方戰事未定，猶豫難決。

而後，孔克堅來朝，太祖一反慣例，竟不授官。太祖接見孔氏於謹身殿，但曰：「爾年雖未耄而病嬰之。今不煩爾官。」[120]太祖又向群臣解釋道：「朕不授孔克堅以官者，以其先聖之後，特優禮之，故養之以祿而不任之事也。」[121]同月，卻以克堅子希學襲封衍聖公。太祖不悅之情昭然若揭。

洪武五年（1372），太祖因覽《孟子》，至「君之視臣如土芥，則臣視君如寇讎」，謂非臣子所宜言，乃罷孟子配享。且詔有諫者劾大不敬。錢唐抗疏入諫曰：「臣爲孟軻死，死有餘榮。」[122]史書載「帝鑒其誠懇，不之罪」[123]其實錢唐所體現的殉道行爲，代表了政治權威與文化信仰正面的衝突，而其代價正是一個專制統治者所難以

---

118 《明實錄》，《太祖實錄》，卷六七，頁7上。又鄧球：《皇明詠化類編》（隆慶刊本），卷七二，頁12下。宋濂之文載諸李之藻：《頖宮禮樂疏》，卷一，頁42上－44下。俞正燮、邵長蘅等謂宋濂謫官，以其請毀像之故，按諸史實非確。宋訥在〈大明勅建太學碑〉即明白記載：「（太學之祀），夫子而下，像不土繪，祀以神主，數百年夷習乃革。」可見明太祖並不以去像爲忤。

　　宋訥：《西隱文藁》，卷七，頁388。俞正燮之見，見是氏：《癸巳存稿》，卷九，頁256。邵長蘅之見，見是氏：《青門簏藁》，卷十，頁9下。
119 《孔府檔案選編》（北京，中華書局，1982），《上冊》，頁17。
120 仝上，《上冊》，頁17。與葉盛：《水東日記》（北京，中華書局，1980），卷十九，頁188。二者記錄較爲口語化，應是原始資料。《明實錄》，《太祖實錄》，卷三一，頁8下。
121 《明實錄》，《太祖實錄》，卷三一，頁8下。
122 《明史》，卷一三九，頁3982。
123 仝上，卷一三九，頁3982。

負擔的。洪武六年（1373），太祖旋復孟子配享。[124]惟遲至洪武十五年（1382），
方詔天下通祀孔子。〈上諭〉中但曰：

> 孔子明帝王之道，以教後世，使君君臣臣父父子子，綱常以正，彝倫攸序，其
> 功參于天地。[125]

「君君、臣臣、父父、子子」誠屬孔門之教，但於此時此境，太祖特爲強調，頗耐人
尋味。按胡惟庸案發生於洪武十三年（1380），株連甚廣，綿延多時。[126]不知太祖是
否有鑑於近年朝廷政爭，動盪欠安，圖藉孔子之教因勢開導。萬曆年間，瞿九思於解
釋天下通祀孔子，非爲褻祀，有段措詞，值得再三推敲。他說：

> 我高皇帝念四方郡國恐有不率者，意欲藉大聖人之靈坐而鎮之，則又不得不假借
> 孔子爲重。……通觀厥成，是天下通祀孔子，正所以倚賴聖人，不得爲褻。[127]

瞿氏號爲醇儒，爲孔門辯駁，無足爲奇。但此段話容有弦外之音，史乏明言，誠未可
知。

洪武三年（1370），太祖詔革諸神封號，惟孔子仍封爵。按自唐世，山川之神，
崇名美稱，歷代有加，稱「帝」、稱「王」，比比皆是。太祖謂此舉爲「庶幾神人之
際，名正言順，於禮爲當」[128]。

洪武四年（1371），太祖令郡縣不得通祀三皇。原是元貞元年（1295），元成
宗初命立三皇廟於府州縣，春秋通祀，而以藥師主之。[129]太祖認爲非禮，命天下郡縣
毋得褻祀。[130]不意竟造成祭禮獨缺三皇，於是在洪武六年（1373），創建「歷代帝王
廟」於京師，致祭三皇、五帝、漢唐宋元創業之君。[131]洪武二十一年（1388），以歷
代名臣三十七人從祀「歷代帝王廟」。[132]體制仿孔廟，祭禮則過之。每歲春秋，由皇
上親臨致祭，蓋欲突顯「治統」之尊榮，頗有與孔廟抗衡之意味。[133]

124　王圻：《續文獻通考》，卷五七，頁11下。又孫承澤：《春明夢餘錄》（香港，1965），卷
　　　二一，頁36下。
125　《明實錄》，《太祖實錄》，卷一四四，頁2上。
126　胡惟庸案見《明史》，卷三〇八，頁7906。
127　瞿九思：《孔廟禮樂考》（萬曆年間刊），卷一，頁20上。
128　《明實錄》，《太祖實錄》，卷五三，頁1下－2上。
129　《元史》，卷七六，頁1902，
130　《明實錄》，《太祖實錄》，卷六二，3下－4上。
131　仝上，卷八四，頁2下－3下。
132　仝上，卷一八八，頁5下－6上。
133　李東陽：《大明會典》（台北，新文豐出版公司，1976），卷九一，頁1上－11上。

　　洪武二十年（1387），太祖廢武成王廟。武成王廟原名太公廟，祀齊太公望，唐開元十九年（731）始置。上元元年（760），尊太公爲武成王，祭典與文宣比，仿孔廟，以古名將爲十哲配享。[134]後世又增七十二賢從祀。初意文宣、武成兩相對峙。初唐以降，儒學因科考取士之故，榮登官學。文人意識抬頭，國家漸有重文輕武的傾向。唐貞元四年（788），兵部侍郎李紓建言，文宣、武成二廟祭禮應有等差。他說：

> 文宣垂訓，百代宗師，五常三綱非其訓不明，有國有家非其制不立，故孟軻稱自生人以來一人而已。由是正素王之法，加先聖之名，樂用宮懸，獻差太尉，尊師崇道，雅合正經。其太公述作，止於《六韜》，勳業形於一代，豈可擬其盛德，均其殊禮哉？[135]

李紓的上奏正是此一意向的表徵。是故，武成廟祭禮雖隆重，終不得與文廟比擬。[136]

　　反之，明太祖之廢祀武成王廟，並非獨厚文廟，而是別有用心。清儒秦蕙田（1702～1764）誤解明太祖廢武廟，是因「太公之功焉得與孔子並」，至譽太祖之舉「可破千年黷祀之典」，[137]可說完全不懂其中真情。太祖明白說道：

> 太公，周之臣封諸侯，若以王祀之，則與周天子並矣。加之非號，必不享也。[138]

是故太祖去太公王號，罷其舊廟，令只宜從祀帝王廟。

　　觀此，世宗之去孔子王號，與太祖之去太公王號如出一轍。其用意至爲明顯：即人臣之祭不得享帝王之禮，若是，則爲僭越。洪武二十一年，太祖在殿試制策中表達了他對禮制的觀點。他說：

> 事神之道，志人之心，莫不同焉。雖然始古至今，凡所祀事，必因所以乃祀焉。然聖賢之制，禮有等殺。自天子至於臣民，祭祀之名，分限之定，其來遠矣。[139]

前此，洪武三年詔革諸神封號，洪武二十年除武將之神——太公望王封皆是太祖此一

134　《新唐書》，卷十五，頁377。
135　杜佑：《通典》（台北，新興書局，1963），卷五三，頁307。
136　中國文廟、武廟之差遇演變可參考陶希聖：〈武廟之政治社會的演變〉，《食貨月刊》，復刊第二卷，第五期，一九七二年，八月，頁1-19。
137　秦蕙田：《五禮通考》，卷一二〇，頁18上。
138　《明實錄》，《太祖實錄》，卷一八三，頁3上。
139　仝上，卷一八九，頁1上。

理念的反映。太祖既然如此嚴守祭禮名分，國初吳沈又從下力辯「孔子稱王爲非」[140]，而太祖仍始終不敢輕率廢孔子王封，其故可能鑑於洪武二年，停孔廟通祀業已引起儒臣莫大反彈。爲了避免進一步刺激作爲官僚骨幹的士人集團，以免人心分崩離析，難以收拾；太祖因是不得不有所顧慮。

　　世宗距明初立國百餘年，專制政治已成氣候，君權鞏固，無他顧忌。世宗至推舉太祖遠踰孔子，他稱讚太祖道：

　　　　後世之爲君而居王者之位者，其德於孔子，或二肖三之、十百肖之，未有能與之齊也。至我太祖高皇帝，雖道用孔子之道，而聖仁神聖武功文德直與堯舜並，恐有非孔子所可疑（擬）也。[141]

由是世宗認爲「王者之名不宜僞稱，王者之德不宜僞爲。」[142]

　　洪武初年，吳沈謂：「二帝三王盡君師之責者也，若夫子則不得爲君，而爲師。」[143]此一主張淪到世宗手裏，則變本加厲。世宗在駁斥黎貫時，說到：

　　　　君父有兼師之道，師決不可僭君父之名。孔子本臣於周，與太公望無異。所傳之道，本羲農之傳，但賴大明之耳。[144]

嘉靖九年十二月，世宗決意創設「聖師」之祭，奉皇師伏羲氏、神農氏、軒轅氏，帝師陶唐氏、有虞氏，王師夏禹王、商湯王、周文王、武王，九聖南向。左先聖周公，右先師孔子配位。[145]

　　先是，洪武四年，宋濂建議欲如元初熊鉌之說，以伏羲爲道統之宗，神農、黃帝、堯、舜、禹、湯、文、武以次而列；以皋陶、伊尹、太公望、周公、稷、契、夷、益、傅說、箕子與享，而爲天子公卿所宜師式。以此秩祀天子之學，則道統益尊。[146]

140　吳沈的〈孔子封王辯〉收入孔貞叢：《闕里志》，卷十一，頁63上－63下。吳沈於洪武十二年，以儒士舉。頗受太祖重用。〈孔子封王辯〉有可能因洪武三年詔革諸神封號，獨存孔子封爵而發。吳沈事跡見傅維鱗：《明書》（台北，華正書局，1974），卷一十七，頁6下－7下；又過庭訓：《本朝分省人物考》（台北，成文出版社，1971），卷五二，頁23上－25上。

141　《嘉靖祀典考》，卷五，〈正孔子祀典說〉。

142　仝上，卷五，〈正孔子祀典說〉。

143　孔貞叢：《闕里志》，卷十一，頁63上。

144　《明實錄》，《世宗實錄》卷一一九，頁8上。

145　仝上，卷一二〇，頁6下。李東陽：《大明會典》，卷九一，頁16上-18下。此爲清康熙建「傳心殿」所本，但意義迥然不同。
　　請參閱拙著：〈清初政權意識形態之探究：政治化的道統觀〉，《歷史語言研究所集刊》（1987），58本，第一分，頁105-132。

146　熊鉌：《熊勿軒集》，卷四，頁55。宋濂：〈孔子廟堂議〉收入《頖宮禮樂疏》，卷一，頁44上－44下。

太祖不從。熊、宋二氏原欲推尊孔子，故議上自天子，下自庶人，天下一體另行通祀孔子，其不以孔子配享歷代聖王，蓋寓意深焉。[147] 至是，世宗取其式行之，然不以皋陶等配享，代之則爲「先聖」周公，「先師」孔子。一如世宗所言「（孔子）所傳之道，本羲農之傳，但賴大明之耳。」

依世宗「聖師」之祭，孔子不啻又貶回唐初以「先師」配享的地位。雖說此番配位對象並非「先聖」周公，其涵義則無兩樣。明末費經虞（1599～1671）爲孔子由「先聖」貶回「先師」，頗是叫屈。他說道：

> 「聖」與「師」之稱異。《周禮》師之類甚衆，即後世授徒皆名曰「師」，不敢曰「聖」，是「聖」尊而「師」次矣。今無故而降聖人爲「師」……不知其本何經傳？[148]

費氏對孔子稱「先師」皆有如是感發，更何況淪爲「配享」了。對儒者而言，世宗此舉無異是重歷千年夢魘了。難怪連一向支持孔廟改制甚力的張璁，都以「三皇之世混沌洪濛，事多神怪」來搪塞世宗，[149] 希望藉此打消世宗「聖師」之祭的念頭。但因世宗持論甚堅，此一祀典竟獲實施。至此，孔子以「道統」之尊，亦不得不在國家祭典上屈服於「治統」之元。

四、道統與治統之間

長遠以來，在儒家的認識之中，「三代」代表「治教合一」、「君師不分」的理想治世。自周室衰，禮崩樂壞，孔子思承先王之教，以學用世，開啟「治教分途」之世。從此，人君與士人分工而治。《禮記‧中庸》足以反映如此的狀況，它說道：

> 雖有其位，苟無其德，不敢作禮樂焉；雖有其德，苟無其位，亦不敢作禮樂焉。[150]

在「德」、「位」難以兩全的情境，人君與儒生只得互相提攜，以治理天下。

147　熊氏既議立「天子之學」，且附言：「若孔子實兼祖述憲章之任，集衆聖大成，其爲天下萬世通祀，則首天子，下達大鄉學。春秋釋奠，天子必躬親蔵事。」熊鈇：《熊勿軒集》，卷四，頁55。
148　費密：《弘道書》（怡蘭堂刻，1919），卷中，頁7上。費氏另對世宗改稱孔子「至聖先師」，不倫不類，頗致微詞。同書，卷中，頁6下。
149　張璁：《諭對錄》，卷二三，頁9上－9下。
150　朱熹：《四書章句集註》，頁36。

　　清康熙二十三年（1684），身爲異族統治者的聖祖親詣闕里，允爲孔廟大事。在
〈幸闕里賦〉序中，高士奇所陳述的觀點，恰足作爲歷來人君與儒者的共識。他寫道

> 隆古之世，作君作師，理同事壹。三代以還君師之統分矣。夫祖述堯舜，憲章
> 文武，聖人之學本師帝王。貴貴賢賢，彼此迭尚。君師之理，何嘗不同條共貫
> 哉？[151]

正由於儒者一向標榜「孔子之道即二帝、三王之道」，[152] 人君亦只得尊孔子爲「萬世
帝王師」。有明皇帝誠難例外。[153]

　　孔子以下，士人以道自任。清梁廷枏說得好：道本空虛無形之物，寄於聖賢之身
，則有形，有形故曰「統」。[154] 唐代韓愈以來，「道統」概念漸次成熟。[155] 此一概念
更加強士人的意理基礎，以權衡人君理治的合法性。而唐初以來，孔教作爲官學，日
趨顯要。人主籌組孔廟，建立從祀制，致孔廟遍設天下州縣。此不啻將「道統」制度
化、政治化。元熊鉌謂：「尊道有祠，爲道統設也。」蓋因是而發。[156]

　　然而就在「道統」意識日益顯著之際，君權亦日趨專擅。宋朝分化相權與強幹弱
枝之策，使得治權匯歸中央君主之手。[157] 但宋人重文輕武，士氣高昂，君權尚不至侵
凌象徵「道統」的孔廟，反道尊崇有加。惟至有明一代，專制政治發展至極點，太祖
身爲開國之君，總攬軍、政大權。其擅權之專可從日後評斷廢相之舉得知。太祖云：

> （秦）設相之後，臣張君之威福，亂自秦起。宰相權重，指鹿爲馬。自秦以下
> ，人人君天下者皆不鑑秦設相之患，相繼而命之，往往病及於君國。[158]

151　孔繼汾：《闕里文獻考》，卷四十，頁16下。
152　崔述：《崔東壁遺書》，《洙泗考信錄》，頁262。
153　瞿九思：《孔廟禮樂考》，卷一。例如，明太祖、成祖等皆明稱孔子爲「帝王師」。
154　梁廷枏：〈正統道統論〉，收入《廣東文徵》，卷三一，頁88。
155　「道統」一詞，始見於李元綱〈聖門事業圖〉。錢大昕：《十駕齋養新錄》（台北，世界書
　　　局，1977），卷十八，頁426。但其概念則可溯及韓愈〈原道〉一文。見韓愈：《韓昌黎文集
　　　》（台北世界書局，1960），卷一，頁7－11。北宋石介，南宋胡宏皆早於朱熹，較先闡發此
　　　一概念，可見其時已漸形成儒者的集體意識。請參較石介：《徂徠石先生文集》（北京中華書
　　　局，1984），卷七，頁79；胡宏：《胡宏集》（北京中華書局，1987），頁31。「道統」作
　　　爲哲學用詞則見於朱熹：《朱子大全》（台灣中華書局，四部備要），卷七六，頁22上。
156　熊鉌：《熊勿軒集》，卷四，頁48。
157　宋代以降，「君權」高漲，參見錢穆：《國史大綱》（台灣商務印書館，1956），《下冊》
　　　，第三六、三七章；又見是氏：《中國歷代政治得失》（台北，1974），頁65－67；又見其
　　　〈論宋代相權〉，《中國文化研究彙刊》（1942），頁145－150。
158　朱元璋：《明太祖文集》（台灣商務印書館，文淵閣四庫全書），卷十，頁5上。

太祖既對宰相分權預存戒心，對內侍管束更是嚴謹。嘗鑄鐵牌，文曰：「內臣不得干預政事，犯者斬。」[159]有明一代，雖號稱宦官爲虐多端，但終難得逞。王世貞（1526～1590）爲此解釋道：

> 高皇帝收天下之權，以歸一人，即狼戾如（王）振、（劉）瑾者，一嚬而憂，再嚬而危，片紙中夜下而晨就縛，左右無不鳥散獸竄，是以能爲亂而不能爲變也。[160]

太祖又時發輕儒之論。謂今之儒者「窮經皓首，理性茫然，至於行文流水，架空妄論，自以善者」。[161]因此於獨擅治權之際，太祖不容另存足與治權抗衡的道統象徵。於是，作爲士人精神堡壘的孔廟，遂首當其衝，遭受貶抑。繼太祖之後，明世宗壓制孔廟儀制，在人君之中，尤屬罕見。充分暴露了「趙孟能貴之，趙孟能賤之」——予取予捨的心態。

嘉靖孔廟改制，不止打擊了文人士氣，並且深植人心。嘗見明末善書序文，規勸世人奉行功過格，即以貴如孔聖尚且難保「王封」爲例，以示禍福難倚；芸芸衆生但只有爲善是行。

總之，孔廟日趨崢嶸之勢，至此受扼於明代君主。明亡之前，散文家張岱（1597～1679）曾謁孔廟，其中有段頗具啟發性的觀察，他注意到：

> 廟中凡明朝封號，俱置不用，總以見其大也。[162]

可見孔門對於明朝封號深感屈辱。萬歷年間，王世貞言及孔廟改制，具奏云：

> 縉紳色沮而不敢吐者，六十年矣。乞以時改正。[163]

其沈痛之情可代表士人內心實感。萬歷四十四年（1616），巡按山東御史畢懋康發覺孔、孟二廟體制互有出入，因具疏云：

> 嘉靖時，……孔門弟子及諸從祀者並罷封爵；乃孟子廟主尚稱鄒國亞聖公，樂正子以下稱侯伯。夫孔子已易王者之號，而孟子猶號鄒公……非所以一王制而妥神靈。請倣孔廟近例，改其稱號，則舛謬正而祀典益光矣。[164]

159　《明史》，卷七四，頁1826。
160　王世貞：《弇山堂別集》（北京中華書局，1985），卷九十，頁1720。
161　朱元璋：《明太祖文集》，卷十，頁6上。
162　張岱：《陶菴夢憶》（上海古籍出版社，1982），頁10。
163　轉引自費密：《弘道書》，卷中，頁3上。
164　孔繼汾：《闕里文獻考》，卷十四，頁33下－34上。

疏入，雖得報聞，竟不果行。此間接透露神宗並不以世宗改制孔廟爲是。然終有明一代，孔廟竟不獲改正。反諷的是，孔廟之能恢復往昔榮耀，則直待滿洲王朝夷狄之君。此豈不令人沈思再三？

要言之，熟悉漢文化的異族之君，多深諳孔子之道與治權的切要，因此對孔廟禮敬有加。例如金人初下中原，焚掠殆盡，曲阜孔廟亦淪爲煙塵。但底定北方之後，即諳「馬上得之，不可馬上治之」之理。熙宗新即位，詔立孔子廟於上京；世宗加聖像冕十二旒，服十二章；章宗明定郡邑文宣王廟隳廢者復之，又章宗改臣庶名孔子諱者，曲阜孔廟前立下馬牌，祭版署御名。[165] 西夏仁宗特尊孔子爲「文宣帝」，唯止行於西夏。[166] 即使漢化未深的蒙古王朝，迄元末，孔廟奏樂竟至二十，直是匪夷所思。[167] 有清人君，浸淫中原文化已久，康、雍、朝三朝對孔廟禮儀更是迭有增榮。康熙二十三年（1684），聖祖臨幸闕里，親詣孔廟，行三跪九拜之禮，孔門大書特書，倍感榮幸。（168）雍正元年（1723），追封孔子五代王爵；[169] 此不啻與嘉靖九年削奪孔子王封，形成強烈的對比。有趣的是，雍正持論與嘉靖全然相反，他認爲「三代以上之王號，即後世之帝稱，非諸侯王之謂」。[170] 所以他雖未直接復孔子王封，卻行之乃祖，未嘗不寓深意。

又乾隆蒞臨闕里，次數之多爲歷代人君之冠。清光緒三十二年（1906），孔廟升格爲「大祀」，與天地、宗廟同，至此無以復加。[171] 究其實，異族人君崇奉孔教，正由於他們明白「帝王之政，非孔子之教，不能善俗」，而「政不能善俗，必危其國。」上述引語見諸元代曹元用所撰〈遣官祭闕里廟碑〉之內，[172] 適透露了人君尊崇孔廟的眞意。

165　仝上，卷十四，頁17上～17下。孔貞叢：《闕里志》，卷六，頁2上。莊季裕：《雞肋篇》，卷中，頁44上。

166　俞正燮：《癸巳存稿》，（台灣商務印書館，1971），卷九，頁254。

167　瞿九思：《孔廟禮樂考》，卷四，頁20下－21上。瞿氏認爲「六奏誠煩簡適中」，「至勝國（元朝）乃至二十奏，無乃太多乎？」。

168　孔尚任：《出山異數紀》（昭代叢書乙集），卷十八，頁4下。又官方記載孔毓圻、金居敬等撰：《幸魯盛典》（台灣商務印書館，文淵閣四庫全書），卷三，頁5上－5下。

169　龐鍾璐：《文廟祀典考》，卷一，頁7上－8上。雍正有旨封木金父公爲「肇聖王」，祈父公爲「裕聖王」，防叔公爲「詒聖王」，伯夏公爲「昌聖王」，叔梁公爲「啟聖王」。更名「啟聖祠」爲「崇聖祠」。

170　雍正：《硃批諭旨》（台北，文源書局，1965），頁4120。

171　趙爾巽：《清史稿》（台北　文書局，1981），卷八四，頁2537。

172　孔貞叢：《闕里誌》，卷十，頁40下。

　　在傳統中國社會之中，「國之大事，在祀與戎。」[173]而「祀」在日常生活尤屬爲要。孔廟自唐下，遍設諸州縣，深入民間；雖說其爲官方所奉行的宗教，卻是百姓得以崇祀。張璁即說：「孔子雖三尺童子皆得以祀之、尊之，以師故也。」[174]相反的，治統之祀卻爲人君所獨擅，百姓不得參預。張璁亦云：「有人於此列堯舜禹湯文武之像而祀之，其罹刑禁也，必矣。」[175]是故，孔教之普及化正是統治者與儒生相互爲用的結果。作爲孔教舉行禮儀的制度，孔廟屢屢遭受政、教兩股力量互動的波及，難免與時具遷。其更動或不穩定根源，恰是一方面，它爲「道統」的有形化身；另方面，卻受制於代表「治統」的人君。其在歷史上的興衰起伏，正是它介於「道統」與「治統」之間，有以致之。

173　洪亮吉：《春秋左傳詁》，卷十一，頁467。
174　張璁：《諭對錄》，卷六，頁28下。
175　仝上，卷六，頁28下。

皇帝的聖人化及其意義試論

蕭　璠

「聖誕」、「聖心」、「聖體」等詞並非晚近才出現的關於西洋宗教的譯語，而是中土舊有的語詞，與皇帝被稱作聖人有十分緊密的關係。唐代以降皇帝又稱聖人是學者所熟知的，但在唐代之前，皇帝是否已有了聖人這一別稱？稱皇帝爲聖或聖人究竟有什麼意義？本文試以「皇帝」這一頭銜制定之初的秦漢時代爲主要範圍來提出解答。

始皇統一海内，制定「皇帝」這一名號，已爲群臣稱爲「大聖」、「秦聖」，其後漢代各帝生前、死後多爲臣下稱頌爲聖或聖人。秦漢兩代涉及皇帝而使用「聖」字的語詞已有聖體等三十多個。足以說明在秦漢時代皇帝已經聖化，聖人已成了皇帝的一個別稱。

聖最初意指聽覺感官機能的敏銳，漸演變成心智的靈敏或聰明智慧之意。其後聖的意函又有博聞多識、知微遠見，甚或近乎具備鬼神一樣的智能了。聖的另一重要意涵是指德智兼備，且臻於極至之境，純道全美，行無缺失，足以成己成物，使天地萬物莫不得其所。

春秋戰國以來，各家學術均以聖人爲最有資格擔任天下的最高統治者，均將聖人置於其理想的政治社會次序或宇宙次序的樞紐位置上。這種理想就對現實世界的皇帝構成了重大的壓力，戰國秦漢間盛行的五德終始論裡的聖人受命之說，對君主極具吸引力，戰國各君主、秦始皇、乃至漢高主、漢宣帝、哀帝、王莽、光武帝等帝王們均極力向天下宣布自身即新受天命的聖人。繼體守文之君也企圖向天下明示，其政治已臻聖人治下的太平之世，受到了天祐。他們需要臣下來歌功頌德、尊崇其威勢。皇帝稱聖即在這種背景下出現的。即秦漢的皇帝們通過臣下的稱頌來聖化自己，也就是他們相當有技巧地攫取了聖人這一稱呼所承載的豐厚的政治資源，提高了皇帝的威勢。

一、引　言

從辛亥革命推翻帝制以來，特別是從強烈反傳統的五四運動以來，由於伴隨著政治、社會、經濟、文化的急劇變化而來的有意地與傳統的決裂，以及無意地、自然地和傳統的疏離，漢語中的一些故有語詞的原意，至少在此時此地，已鮮爲人知，或者普遍地以爲只是指涉外來的西洋宗教的用語；或以爲本非中土舊

有而係晚近才構鑄出來的譯語。例如聖誕、聖經、聖心、聖體等等都是。「聖誕」一語在一九四三年商務印書館出版由汪怡等編纂的《國語辭典》中解釋爲：「稱佛、菩薩、孔子、耶穌等人之誕生日。」同頁「聖誕節」一詞則釋作：「每年十二月二十五日爲耶穌之誕生日，稱爲聖誕節。」[1]其後，這部辭典由袁家驊先生主持改編爲《漢語詞典》，於一九五九年由商務出版，但對這兩詞的解說卻未作絲毫更動。[2]一九七二年問世的林語堂先生編纂的《當代漢英詞典》譯「聖誕」爲「Christmas；birthday of sages（Buddha，Confucius）」，「聖誕節」爲：「Christmas festival」。[3]同年台北的遠東圖書公司出版了由梁實秋先生主編的《最新實用漢英辭典》，在其一九七七年的修訂二版中，這兩個詞都譯成「Christmas」。[4]十分明顯，這幾部辭書都沒有提到聖誕或聖誕節即古代中國皇帝的生日這一意義。雖然我們不宜責備於一人，但不可否認上述的幾位辭書的主持編撰者都是相當具有代表性的人物。那麼即使是專門研習中國古典文學或古代史的今日大學畢業生不知道這些語詞的舊有意涵也就可以理解了。

其實，上述這些語詞都是跟傳統中國的政治、學術思想以及宗教有關的固有用語。大致上，這類帶有「聖」字的詞主要使用在三個方面：一是與皇帝（或皇太后）有關的事物；另一則是和孔子、孔子後裔以及儒家道術、經典相關的事物；再則是涉及鬼神的事物。例如皇帝、皇太后的生日稱爲「聖誕」或「誕聖」、「聖誕節」或「誕聖節」、「聖誕日」。宋趙彥衛《雲麓漫鈔》卷三說：《誕聖節始於唐明皇，號曰千秋節，又改爲天長節；肅宗地平、天成；代宗天興；文宗慶成；武宗慶陽；宣宗壽昌………梁祖大明………唐莊宗萬壽………晉高祖天和………漢高祖聖壽………周太祖永壽；世宗天清；恭帝天壽。遂成故事。」《宋會要輯稿》中《禮》五七之十四有《誕聖節》一目，又《禮》五七之二四：「天寧節（徽宗生日）乃聖誕之辰。」[5]《金史・禮志九》亦有「元日、聖誕上壽儀」一章。《元史・世祖本紀》載高麗、占城等國八次遣使來賀「聖誕節」。世祖至元十六年（1279

1　頁3168。

2　頁915。

3　頁450。香港，香港中文大學詞典部。

4　頁876。

5　頁1599，1604。北京，中華書局用北平圖書館影本複製重印，1957年。

年）「以每歲聖誕節及元辰日禮儀費用皆斂之民，詔天下罷之。」《成宗紀》記成宗六次受諸王及百官賀「聖誕節」。明清時代遇皇帝「聖節」，臣下賀詞均稱「聖誕之辰」或「聖誕」。[6]《清朝通典》也有稱皇太后聖節爲「聖誕日」的。[7]鬼神的生日也一樣，例如宋吳自牧《夢粱錄》卷一：「八日祠山聖誕：初八日錢塘門外霍山路有神曰祠山正祐聖烈昭德昌福宗仁眞君，慶十一日誕聖之辰。」

「聖經」指儒家五經等經典，西漢王鳳說：「五經，聖人所制，萬事靡不畢載。」（《漢書‧宣元六王傳》）王充在《論衡‧書解》中說：「聖人作其經，賢者造其傳。」又說：「世儒說聖人之經，解賢者之傳。」《文中子‧天地》：「范寧……徵聖經而詰衆傳。」

「聖心」常指天子之心，如北宋「天聖中天下水旱、蝗起，河決滑州」，謝絳上疏批評仁宗，說他「聖心優柔，重在改作，號令所發，未聞有以當天心者。」（《宋史‧謝絳傳》）又指聖人之心，如《潛夫論‧讚學》：「聖人以其心來造經典，後人以經典往合聖心也。」

「聖體」則是天子的身體，如宋王闢之《澠水燕談錄》卷二《君臣》：「慶曆中，仁宗服藥，久不視朝，一日聖體康復，思見執政，坐便殿，促召二府。」

所以如此，是由於歷來孔子、六藝等經典的著者、皇帝以及鬼神等都稱爲聖或聖人的緣故。[8]唐代以降，皇帝又稱聖人是學者所熟悉的事，但以聖或聖人稱皇帝是否從唐代才開始？以及稱皇帝爲聖人究竟有什麼意義？這都是可以討論的問題。本文企圖以「皇帝」這一頭銜制定之初的秦漢時代爲主要範圍來進行考察，並嘗試提出一些初步的意見。

6　見《明史‧禮志二‧令節拜天》、《禮志三‧祭告》、《禮志六‧奉先殿》、《禮志七‧大朝儀》、《大宴儀》。吳榮光《吾學錄初編》卷一，《典制門‧朝賀》；《清朝通典》卷四六，《吉六‧奉先殿》，卷五一，《嘉一》，康熙五十年聖節諸王貝勒文武大臣等賀詞。

7　卷五一，《嘉一》，頁2344下。

8　民間宗教稱鬼神爲「聖」極爲常見。如《水經‧漸江水注》：錢唐「縣南江側有明聖湖（父老傳信，湖有金牛，古見之，神化不測。湖取名焉）。」即名金牛爲「明聖」。又云會稽之山，「山下有禹廟，廟有聖姑像。」《宋會要輯稿‧禮二〇之三》：「涇原路經略司言：平夏城三聖廟，土人言有三蜥蜴見，故謂之三聖。」今日台灣猶稱媽祖爲「聖母」，其生日爲「聖誕」。

二、皇帝的聖化

　　陝西扶風莊白村出土的西周恭王時彝器史墻盤的銘文已經使用了「聖」字來形容君主：「憲（憲）聖成王」。[9]在周秦之際的文獻裡稱堯、舜、禹、湯、文、武等爲聖或聖人、聖王更是司空見慣的事。這還都是對早已去世的君主的稱述。據太史公，戰國時范睢曾當面稱秦昭王「賢聖」（《史記・范睢傳》），則是君主在世時即由臣下以「聖」這字眼來恭維的例子。

　　秦政統一海內，創立了「皇帝」這一名號，其群臣也經常用「聖」字來恭維他。前213年，博士僕射周青臣進頌說：「他時秦地不過千里，賴陛下神靈明聖，平定海內，放逐蠻夷，日月所照，莫不賓服。以諸侯爲郡縣，人人自安樂，無戰爭之患，傳之萬世，自上古不及陛下威德。」太史公記載秦政當時的反應是：「始皇悅」。（《史記・秦始皇本紀》）周青臣的頌辭是在朝廷裡提出來的，散布的範圍小，其影響也就比較有限。更爲人所知的則是有意地刻在距離都城咸陽十分遙遠的東方沿海地帶的刻石頌辭。前219年始皇「上鄒嶧山，立石，與魯諸儒生議，刻石頌秦德……刻所立石」，辭中有「皇帝躬聖，既平天下，不懈於治……遠近畢理，咸承聖志」等句。同年的瑯邪台石刻則說：「皇帝作始，端平法度，萬物之紀……聖智仁義，顯白道理……群臣相與頌皇帝功德，刻于金石，以爲表經。」次年，又鐫石之罘：「大聖始作，建定法度，顯箸綱紀……宇縣之中，承順聖意。群臣頌功，請刻于石，表垂于常式。」其東觀刻石云：「聖法初興，清理疆內，外誅暴彊……後嗣循業，長承聖治。群臣嘉德，祇誦聖烈，請刻之罘。」前210年所立會稽刻石則說：「秦聖臨國，始定刑名，顯陳舊章……聖德廣密，六合之中，被澤無疆……從臣誦烈，請刻此石，光垂休銘。」（《史記・秦始皇本紀》）這些字句雖然並非出自始皇所命或授意，但都是秦臣共同議定，奏請刻辭於石，即經始皇批准之後才加以鐫刻的。這表示秦始皇接受，至少也是默許了這些頌辭對他的稱呼：身爲「大聖」、「秦聖」，其志意爲「聖志」、「聖意」，法度爲「聖法」，功

9　唐蘭，《略論西周微史家族窖藏銅器群的重要意義－陝西扶風新出墻盤銘文解釋》，
　　見《文物》1978年3期，頁21至23。

業爲「聖烈」，德行爲「聖德」，治理爲「聖治」。然則，皇帝這一頭銜創立伊始，其創造者隨即取得了聖人這個重要的稱號。但由各頌辭來看，這稱號是針對具有統一天下之功的秦政個人而非對皇帝這一職位而發的。

漢人批評秦政，說「始皇無道，自同前聖」（《論衡·感類》），說他「自賢聖」。（《漢書·五行志》下之上）但漢代皇帝在這點上，與始皇並没有什麼不同。史籍中並不乏漢代臣民在疏奏、辭賦、書札以及言談、議論中使中「聖」字來稱頌皇帝的記載。他們以「聖」來恭維的對象，有時是各朝先帝。如伍被稱高祖爲「聖人」。（《史記·淮南衡山列傳》）而太史公謂高祖爲「大聖」。（《史記·秦楚之際月表》）活躍於景、武之際的韓安國也稱高祖爲「聖人」，高祖、文帝爲「二聖」。（《漢書·韓安國傳》）魏相建議宣帝重視陰陽，上奏說：「天子之義，必純取法天地，而觀於先聖」。他爲宣帝舉出來的兩位「先聖」就是高祖和文帝。（《漢書·魏相傳》）賈誼曾對文帝說高祖「以明聖威武即天子位」。（《漢書·賈誼傳》）西漢晚世，平當、朱博也都說高皇帝以「聖德受命」。（《漢書·平當傳》、《朱博傳》）魏相極重視漢代故事，至張「方今務在奉行故事而已」，上書給宣帝說：「伏觀先帝聖德仁厚之恩，勤勞天下，重意黎庶……昧死奏故事詔書凡二十三事」（《魏相傳》），則係汎稱先前六朝皇帝的「聖德」。

昭帝初，燕王旦上書稱武帝「躬聖道」。（《漢書·武五子傳》）在前81年的鹽鐵大辯論中，桑弘羊及賢良都稱武帝爲「聖主」。（《鹽鐵論·地廣》、《結和》、《國疾》）丞相史則說他「躬行仁聖之道以臨海內」。（《論誹》）成帝朝博士平當也稱武帝「聖德」。（《漢書·禮樂志》）前11年揚雄上《長楊賦》，以「聖文」、「聖武」名文、武二帝。（《漢書·揚雄傳》）東漢初杜篤《論都賦》也稱武帝爲「聖武」。（《後漢書·文苑·杜篤傳》）

李尋對哀帝問，亦謂「先帝（成帝）大聖」。（《漢書·李尋傳》）

班固撰《兩都賦》，呼光武爲「聖皇」，其《典引篇》又謂高祖、光武爲「高、光二聖」（《後漢書·班彪傳》附子《班固傳》）班固又謂明帝：「先帝聖德遠覽。」（同上）王充呼明帝爲「聖國」。（《論衡·別通》）和帝時張奮及樂恢均言章帝「聖德」。（《後漢書·張純傳》附子《張奮傳》，《樂恢傳》）順帝即位之初，尚書令劉光等奏言：「孝安皇帝聖德明茂」。（《後漢書·順帝紀》）

　　至於臣下用「聖」字來稱頌當世皇帝的例子也不少。如袁盎對申徒嘉說文帝是「聖主」。（《漢書·袁盎傳》）武帝時，淮南王劉安上書稱其「聖德」。（《漢書·嚴助傳》）司馬相如難蜀父老檄則呼武帝爲「上聖」。（《史記·司馬相如傳》）徐偃上書名之爲「天然之聖」。（《史記·平津侯主父偃列傳》）終軍則謂武帝「懷明聖」。（《漢書·終軍傳》）東方朔答客難亦以武帝爲「聖帝」。（《漢書·東方朔傳》）趙王彭祖上書則稱「聖朝」。（《漢書·江充傳》）前117年丞相莊青翟、御史大夫張湯與群臣議奏請立皇子爲王，說武帝「躬親仁義，體行聖德。」（《史記·三王世家》）次年得鼎汾水上，有司皆曰鼎「遭聖則興」，建議「鼎宜見於祖禰，藏於帝廷，以合明應。制曰：可」。而公孫卿則對武帝稱其所受申公鼎書云：「漢之聖者在高祖之孫且曾孫也。寶鼎出而與神通，封禪……」（《史記·封禪書》）武帝欲行封禪，而諸儒議論紛紜不一，於是徵詢兒寬對司馬相如臨終所留勸其封泰山之書的意見，兒寬回答：封禪之事宜「唯聖主所由，制定其當，非群臣之所能列」，並舉《孟子》裡孔子爲聖之時者，集大成，金聲而玉振之來比喻，武帝「然之，乃自制義，采儒術以文焉。」（《漢書·兒寬傳》）又《漢書·律曆志》記載元封七年（前104年）兒寬等議稱武帝「躬聖發憤，昭配天地，臣愚以爲三統之制，後聖復前聖者，二代在前也。今二代之統絕而不序矣。唯陛下發聖德……爲萬世則。」

　　在鹽鐵論戰中，桑弘羊以及文學都稱當時的昭帝爲「聖主」（《憂邊》、《相刺》、《西域》），文學並謂昭帝「宣聖德」、「修聖緒」。（《復古》、《論功》）王吉諫昌邑王，也說昭帝「仁聖」，勸王應順「承聖意」。（《漢書·王吉傳》）

　　宣帝時，疏廣、楊惲、龔遂分別在言談或書信中都說他是「聖主」。（《漢書·疏廣傳》、《楊惲傳》、《循吏·龔遂傳》）豫章太守廖也上書說他「聖仁」（《武五子傳》）王吉亦謂宣帝「躬聖質」。（《王吉傳》）蕭望之則稱其「以聖德居位」。（《漢書·蕭望之傳》）前52年匈奴單于款塞請朝明年，於是群臣咸稱：「陛下聖德充塞天地，光被四表。」（同上）

　　至於元帝，在群臣的疏奏、言辭中也見稱述如下。谷永、翼奉：「明聖」（《漢書·陳湯傳》、《翼奉傳》），弘恭、石顯：「聖朝」（《蕭望之傳》），貢

禹：「聖人」（《貢禹傳》），王駿：「聖主」（《漢書·宣元六王傳》）。匡衡則說他：「陛下躬聖德，開太平之路」，「聖德天覆」，「聖德純備」。（《漢書·匡衡傳》）

成帝雖自「爲太子時」即「以好色聞」（《杜周傳》附孫《杜欽傳》），但杜欽、平當、王章、張匡等仍都稱他爲「聖主」。（《杜欽傳》、《禮樂志》、《王商傳》、《元后傳》）而朱雲亦呼成帝「聖朝」。（《漢書·朱雲傳》）杜欽上對亦云：「陛下聖明」，而匡衡上疏言其「聖德純茂」，谷永對問也說：「陛下秉至聖之純德」。（《杜欽傳》、《匡衡傳》、《谷永傳》）

劉歆在讓太常博士書中稱哀帝爲「聖上」（《漢書·楚元王傳》），師丹、王莽、杜鄴與解光則謂哀帝「聖朝」（《漢書·師丹傳》、《杜鄴傳》、《外戚傳下》），朱博等奏言：「陛下聖仁」。（《師丹傳》）李尋亦稱其「聖德」。（《李尋傳》）耿育上疏云：「陛下有賢聖通明之德」，「陛下聖德盛茂」。（《外戚傳下》）孔光對問也說：「陛下聖德聰明」。（《漢書·孔光傳》）

王莽篡漢，言聖者更多，「衆人咸稱朝聖」。（《後漢書·范升傳》）

第五倫每讀詔書，常歎息稱光武曰：「聖主也！」（《後漢書·第五倫傳》）桓譚、戴憑則謂光武「聖朝」。（《後漢書·桓譚傳》、《儒林·戴憑傳》）耿純則呼之爲「聖帝」。（《後漢書·耿純傳》）申徒剛說隗囂亦云：「本朝躬聖德」。（《後漢書·申徒剛傳》）

明帝時，鍾離意稱之爲「聖朝」。（《後漢書·王望傳》）班固《典引篇》謂章帝「聖上」。（《文選》卷四十八）第五倫則稱章帝「明聖」。（《第五倫傳》）王充亦以章帝爲「聖主」、「聖人」。（《論衡·明雩》、《對作》、《齊世》、《驗符》）

魯恭上疏謂和帝：「陛下躬大聖之德」（《後漢書·魯恭傳》），清河王慶及何敞均呼爲「聖朝」（《後漢書·章帝八王傳》、《郅惲傳》附子《郅壽傳》），梁嫕亦上書稱「聖明」。（《後漢書·梁統傳》）安帝時，陳忠呼爲「聖朝」（《後漢書·陳寵傳》附子《陳忠傳》），有司亦上言稱「明聖」。（《章帝八王傳》）張綱亦以「仁聖」稱順帝。（《後漢書·張綱傳》）郎顗則稱其「聖德中興」。（《後漢書·郎顗傳》）

桓帝見稱「聖朝」於史弼、陳蕃、襄楷、周景、邊讓等諸臣。（《後漢書·史
弼傳》、《陳蕃傳》、《襄楷傳》、《楊震傳》附子《楊秉傳》）陳龜謂桓帝「聖
明」（《後漢書·陳龜傳》），蔡邕則名爲「聖上」。（《後漢書·蔡邕傳》）

盧植、陳球均呼靈帝爲「聖主」。（《後漢書·盧植傳》、《陳球傳》）李
燮、蔡邕則謂靈帝「聖朝」。（《後漢書·李固傳》附子《李燮傳》、《蔡邕
傳》）謝弼、陳球，及靈帝內倖亦稱其「聖明」。（《後漢書·謝弼傳》、《陳球
傳》、《陸康傳》）陸康言其「聖德承天」。（《陸康傳》）

荀悅、孔融均謂獻帝「聖上」。（《後漢書·荀悅》、《孔融傳》）袁紹亦呼
爲「聖朝」。（《後漢書·袁紹傳》）

鄒嶧山刻石及漢群臣稱各朝皇帝「躬聖德」、「躬聖」、「躬聖質」、「躬聖
道」、「躬大聖之德」的意義，据顏師古注《漢書·律曆志》云：「躬聖者，言身
有聖德也」。又注《刑法志》說：「躬，謂身親有之」。臣民對皇帝的這些稱述，
未見有記載言爲皇帝所拒絕。至少在武帝時有幾次在「制曰可」之類的情況下，
皇帝認可或接受了臣下的稱聖之辭。這些都足以表明漢代皇帝的心態與秦始皇的
相去並不遙遠。只不過，如下文所述，由於客觀的因素已有所變化，他們已不需
要通過群臣頌烈，請刻金石那樣的方式來加以宣揚罷了。

此外，同樣爲漢代諸帝所接受的其他因涉及皇帝而使用「聖」字的語詞也相
當地多。如皇帝的身體稱爲「聖體」（《漢書·王莽傳下》、《後漢書·劉陶
傳》）或「聖躬」（《漢書·丙吉傳》、《師丹傳》、《後漢書·蔡邕傳》），子嗣
爲「聖嗣」（《漢書·哀帝記》），所統理之大業爲「聖緒」（《史記·三王世
家》），心爲「聖心」，精神爲「聖神」，志意爲「聖意」，思慮爲「聖思」、「聖
慮」，所見爲「聖見」，聽聞爲「聖聽」，詢問爲「聖問」（《漢書·劉輔傳》、《
後漢書·郎顗傳》、《漢書·外戚傳》下、《後漢書·張衡傳》、《伏湛傳》、《
賈逵傳》、《漢書·儒林傳》、《谷永傳》），旨意爲「聖指」或「聖旨」（《漢
書·陳湯傳》、《後漢書·和帝紀》），「聖旨」後來又演變爲詔令的同意詞，
如《蔡邕傳》：「邕上封事曰：臣伏讀聖旨……」。威勢爲「聖威」（《論衡·率
性》），政治爲「聖政」（《漢書·敘傳》上，教化爲「聖化」，恩典爲「聖恩」
或「聖澤」，本性爲「聖性」，慈愛爲「聖慈」，策畫爲「聖策」（《漢書·匡衡

傳》、《王莽傳》中、《後漢書・袁安傳》,《馬援傳》附子《馬廖傳》、《孔融傳》、《元后傳》),所踐履之阼爲「聖阼」(《後漢書・竇武傳》),所統治的時代則是「聖世」或「聖時」。(《陳湯傳》、《後漢書・循吏・孟嘗傳》)

至於發自漢代皇帝或皇太后的詔書使用「聖」字時,與上述臣民的用法並沒有什麼不同,如稱所承先帝大業爲「聖緒」(《武帝紀》元朔元年冬十月詔、《元帝紀》初元元年四月詔、《元后傳》成帝報王鳳書、《郊祀志》永始三年十月皇太后詔、《天文志》建平三年十一月壬子太皇太后詔)、「聖業」(《夏侯勝傳》宣帝本始二年夏五月詔、《宣帝紀》地節元年六月詔、《郊祀志下》建平三年冬十一月壬子太皇太后詔、《後漢書・明帝紀》中元二年夏四月丙辰詔、永平二年冬十月壬子詔),先帝旨意爲「聖旨」(《和帝紀》)。又稱先帝「聖德」或「明聖」,如和帝即位,竇太后詔稱章帝「明聖」(同上);安帝即位,鄧太后詔稱「先帝(和帝)聖德淑茂」;順帝永建元年春二月詔稱「先帝(安帝)聖德」。(《順帝紀》)稱先帝恩澤爲「聖恩」。(《明帝紀》中元二年夏四月丙辰詔)其中所用字眼與臣下所用語詞實無任何區別。漢代皇帝雖有親筆作詔者,但畢竟這種情形爲數甚少,大多數的詔令均出自臣下之手,因而遣詞用字自然與群臣所常言者並無二致。這表示用「聖」字來稱述有關皇帝的事物,在漢代正式的詔令文件或朝廷中的議論以及私人的書札、辭賦、言談中是沒有差別的,是十分普遍的現象。

在這些帶有「聖」字的語詞中,特別值得注意的是「聖緒」、「聖業」、「聖阼」以及「聖躬」、「聖體」等。皇帝即位之初下詔說自己奉承聖業或聖緒,這大業雖是承自剛才去世的先帝,但無疑地絕不是只屬於這一先帝而與其前的各朝先帝無關。換言之,它實際是自皇朝肇建以來一脈相傳,屬於皇帝這一職位,而非曾占居這一職位的某一特殊人物所專有的。因此把這大業稱爲「聖緒」或「聖業」是把皇帝這一職位聖化,而非將身爲皇帝的某一特定人物聖化。「聖阼」也一樣,竇武上疏靈帝說:「陛下初從藩國,爰登聖阼,天下豫逸,謂當中興⋯⋯」顯然「聖阼」就是帝阼,而非因劉志(桓帝)所曾踐履,始稱聖阼。至於「聖躬」、「聖體」二詞,《說文解字》:「躬,身也。從呂從身。躳,俗從弓身。」躬、體即身體。聖心、聖思等還可解釋成爲了恭維皇帝而稱其用心或思慮富有智

慧、合於至德；但軀體則不可以稱德言智，因此唯一可能的解釋是：「聖」在這裡並不是性質形容詞，而是一個物主形容詞，表示的是「體」（或「躬」）的所有者，聖體即聖人的身體。這些足以證明在漢代，「聖人」其實就是皇帝的一個別稱或同意詞。

另外，文獻中還有一些記載也提供了理清這一問題的線索。前44年「年歲不登」，貢禹上奏元帝說：「方今天下飢饉，可亡大損減以救之，稱天意乎？天生聖人，蓋爲萬民，非獨使自娛樂而已也……獨可以聖心參諸天地，揆之往古，不可與臣下議也……」（《貢禹傳》）奏中雖用「聖人」來指元帝，但從長久以來爲民而置君的政治思想來看[10]，這裡的「聖人」無疑就是皇帝或天子的別稱。前40年元帝下詔：「議罷郡國廟」，丞相韋玄成等七十人都說：「臣聞祭，非自外至者也，繇中出，生於心也。故惟聖人爲能饗帝、孝子爲能饗親……」（《韋賢傳》附子《韋玄成傳》）對照「惟……孝子爲能饗親」來考察，則「聖人」在此處也只能解釋爲皇帝才妥當。前32年，成帝應丞相匡衡等人的請求，下詔令群臣議定南北郊地點所當在之處。右將軍王商等五十人認爲「天地以王者爲主，故聖王制祭天地之禮必於國郊。長安，聖主之居，皇天所觀視也……」長安爲漢帝國都城所在，而居然以爲係「聖主之居」，那麼從高祖到成帝的所有九朝皇帝都當是「聖主」，而且以後繼都長安的皇帝也都該是「聖主」。所以如此，當也因爲那時已把皇帝稱作聖或聖人了。

復次，成帝鴻嘉中（前20年到前17年），翟方進奏言：「丞相進見聖主，御坐爲起，在輿爲下」。（《漢書・翟方進傳》）又，前2年永信少府猛等十人議稱：「聖王之於大臣，在輿爲下，御坐則起……」（《漢書・王嘉傳》）按《漢舊儀》云：「皇帝見丞相，起，謁者贊稱曰：'皇帝爲丞相起！'起立乃坐。皇帝在道，丞相迎謁，謁者贊稱曰：'皇帝爲丞相下輿！'立乃升車。」（《翟方進傳》注引）翟方進等人引述當時的禮儀而將皇帝稱爲「聖主」、「聖王」，也是當時稱皇帝爲聖人的例證。

10　如《墨子・尚同中》：「古者上帝鬼神之建國設都立正長也，非高其爵，厚其祿，富貴游佚而錯之也，將以爲萬民興利除害、富貧衆寡、安危治亂也。」《漢書・文帝紀》：二年十一月「詔曰：朕聞之，天生民，爲之置君以養治之……」

　　前6年，朱博反對將御史大夫改爲「大司空，與丞相同位」，奏言：「故事：
選郡國守相高第者爲中二千石，選中二千石爲御史大夫，任職者爲丞相。位次有
序，所以尊聖德，重國相也。」（《朱博傳》）舊有的制度通過層層的考核、篩
選，找出條件最優的人選來擔任百官的首長——丞相，這顧慮到了「尊聖德、重國
相」的要求。顯然朱博在這裡也是把皇帝稱作聖人，才可能這麼說的。李尋對哀
帝使問，勸哀帝「宜少抑外親，選練左右，舉有德行道術通明之士充備天官，然
後可以輔聖德，保帝位，承大宗。」（《李尋傳》）參照「保帝位，承大宗」來
看，「聖德」就是帝德，這也是泛稱皇帝爲聖人、其德爲聖德的例子。

　　東漢順帝陽嘉元年（132年）胡廣等反對尚書令左雄所提的更改察舉制的辦法
說：「漢承周秦，兼覽殷夏，祖德師經，參雜霸軌。聖主賢臣，世以致理，貢舉之
制莫或回革。今以一臣之言，剗戾舊章，便利未明，衆心不猒。」（《後漢書‧胡
廣傳》）次年李固對策說：「漢興以來，三百餘年，賢聖相繼，十有八主……
…」（《後漢書‧李固傳》）那麼，只要是皇帝就是「聖主」或「賢聖」之君了。[11]
同年郎顗對尚書，條便宜事說：「陵園至重，聖神攸馮。」（《後漢書‧郎顗
傳》）泛稱皇帝的靈魂爲「聖神」，這同樣是把皇帝普遍地聖人化了。又，張衡《
西京賦》說：「方今聖上，同天號於帝皇，掩四海而爲家。」[12]也是把皇帝普遍地
稱爲「聖上」。

　　蔡邕於117年上封事給靈帝說：「國之大事，實先祀典，天子聖躬所當恭
事。」（《蔡邕傳》）孔融上疏獻帝說：「萬乘至重，天子至尊，身爲聖躬…
…」（《孔融傳》）對皇帝的身體使用這種概括性的提法來表達，也足以確定在漢
代用聖人這一別名來泛稱皇帝的事實。

　　依上文陳述，受漢代群臣以「聖」相稱的君主，幾乎包括了所有的漢代皇帝
在內（夭殤者除外），連桓、靈也不例外，而當時的漢廷大臣對桓、靈這兩個「君

11　「賢聖」一語有時意與「聖」相同，如《韓詩外傳》卷七：「夫舜亦賢聖矣」。舜在文獻
　　中幾乎沒有例　地都被稱爲聖，此處「賢聖」當即是「聖」。又《漢書‧五行志下之
　　上》：「始皇初并六國……銷天下兵器，作金人十二……遂自賢聖。」「賢聖」據上文所
　　論，實際上就是「聖」，當是一個偏義複詞。
12　《文選》卷二。

不君」的皇帝是瞭解得很清楚的。[13]這一點也說明了在漢代，人們已經不加選擇地、普遍地使用「聖」或「聖人」來作皇帝的另一稱號了。王充的話也給了我們十分重要的啟示。王充痛斥當時人們的「尊古卑今」的態度，他極力宣揚「大漢之德」（《齊世》），在《宣漢》篇中又說「使漢有弘文之人，經傳漢事，則《尚書》、《春秋》也。儒者宗之，學者習之，將襲之爲七。今上（指章帝）上王（孫人和曰：「王」字即「上」字之誤而衍）至高祖皆爲聖帝矣。」[14]又，兩漢人常稱漢皇朝爲「聖漢」（例如《揚雄傳》、《王莽傳》上、《陳寵傳》、《典引》篇），這點也當與皇帝的聖化有關。設想皇帝不是聖人，則必然與「聖漢」之名不相稱，皇帝的尊嚴威勢也相應地會受到重大的貶損；在這種情況下，使用「聖漢」一語，就不再是恭維，反倒變成譏諷了。稱皇朝爲「聖漢」，就得同時把皇帝聖化，以避免這一困窘的出現。

　　皇太后的身分是相當特殊的，有時也臨朝稱制，成爲實際上的皇帝。因此在皇太后或太皇太后或與其相當的前朝皇帝的未亡人所在的場合裡，也有與皇帝同樣的情形發生。例如平帝時，王莽上書元后：「伏念聖德純茂，承天當古，制禮以治民，作樂以移風……臣……德薄位尊，力少任大，夙夜悼栗，常恐污辱聖朝。今天下治平，風俗齊同，百蠻率服，皆陛下聖德所自躬親……臣莽實無奇策異謀，奉承太后聖詔，宣之于下，不能得什一……」（《漢書·王莽傳》上）天鳳元年（14年）群臣上書王莽說：「皇帝至孝，往年文母聖體不豫，躬親供養，衣冠稀解。」（《王莽傳》中）聖德、聖朝、聖體之稱均與皇帝所受相同。東漢馬廖上書於馬太后說：「今陛下躬服厚繒，斥去華飾，素簡所安，發自聖性。」（《馬援傳》附子《馬廖傳》）也稱皇太后本性爲「聖性」。118年，劉毅以鄧太后多德政，上書安帝說：「伏惟皇太后膺大聖之姿；體乾坤德，齊縱虞妃，比跡任姒……宜令史官著《長樂宮注》、《聖德頌》以敷宣景耀……」。（《皇后紀》上）「大聖」也是用來稱述皇帝的語詞。

　　總結地來說，最遲在漢代已經普遍地，大量地使用了「聖」字來稱述皇帝以

13　例如《後漢書·楊震傳》附曾孫《楊奇傳》：「奇，靈帝時爲侍中，帝嘗從容問奇曰：'朕何如桓帝？'對曰：'陛下之於桓帝，亦猶虞舜比德唐堯。'帝不悅……」

14　據劉盼遂《論衡集解》，頁390。北京，古籍出版社，1957年。

及與其有關的各種事物。皇帝已有了「聖」、「大聖」、「聖上」、「聖朝」、「聖主」、「聖皇」、「聖人」等稱呼，足以表明在當時皇帝已經聖人化了。

　　這一傳統一直爲後代所沿用，而用「聖人」作爲皇帝的別稱，到唐代開始出現了更高的使用頻率。例如唐高宗在位的後二十多年，由武后輔政，與高宗並稱「二聖」。(《舊唐書・則天皇后紀》)又如玄宗嘗謂李林甫嚴挺之堪用，林甫乃召其弟損之，謂之曰：「聖人視賢兄極深，要須作一計，入城對見，當有大用。(《舊唐書・嚴挺之傳》)又，《李泌傳》說肅宗時，李泌「入議國事，出陪輿輦，衆指曰：'著黃者聖人，著白者山人'。」在八世紀中葉以還，「幽州俗謂〔安〕祿山、〔史〕思明爲二聖」。(《舊唐書・張嘉貞傳》附孫《張弘靖傳》)辛替否上疏睿宗說：「陛下，聖人也，無所不知；陛下，明君也，無所不見。」(《舊唐書・辛替否傳》)當是順著當時常用「聖人」稱皇帝的習慣來立說的。唐代使用「聖人」稱皇帝的頻率所以變得更高，或當與唐、宋時代才出現的(秦漢時期還沒有)那種天子身前或死後群臣所上尊號或諡號裡普遍使用「聖」字的禮制有關吧。[15]

　　從形式上來看，包括秦始皇在內，秦漢皇帝稱聖，幾乎全都是來自臣下的稱頌，後代唐宋皇帝帶有「聖」字的尊號幾乎也都是由群臣所奉上。較爲特殊的是漢哀帝和王莽。哀帝因「待詔夏賀良等言赤精子之讖，漢家曆運中衰，當再受命，宜改元易號」而於建平二年(前五年)下詔：「以建平二年爲太初元將元年，號曰'陳聖劉太平皇帝'……」李斐曰：「陳，道也。言得神道聖者劉也。」如淳曰：「陳，舜後。王莽，陳之後。謬語以明莽當篡立而不知。」韋昭曰：「敷陳聖劉之德也。」師古曰：「如、韋二說是也。」(《哀帝紀》)胡三省評顏注說：「韋說不詭於正，如說則流於巫。顏以爲二說皆是，將安從乎？」[16]我們認爲韋說較爲近是。「陳聖劉太平」是個動賓詞組；「陳」依照韋說，是「敷陳」之意，是個動詞；而所敷陳的是「聖劉太平」，意即「有聖德的劉氏的太平」，是受動詞

15　例如唐太宗死後的「尊號」先後是：「文武聖皇帝」、「文武大聖大廣孝皇帝」(《舊唐書・太宗紀下》)；武則天稱帝至臨終前曾有過許多不同的「尊號」，最初是「聖神皇帝」，後來陸續地加尊號或刪除號中若干字眼，最後的尊號是「則天大聖皇帝」。(《舊唐書・則天皇后紀》)

16　《資治通鑑》卷34，《漢紀》26，胡注。

「陳」所支配的賓語；同時整個動賓詞組用做定語來形容「皇帝」，即哀帝是敷陳此一太平的皇帝。漢人以爲聖人因其德而受命，而「能致太平者，聖人也」。（《論衡・宣漢》）哀帝接受了夏賀良的說法，認爲其自身就是「陳聖劉太平皇帝」。不過，他這稱號不是直接地自命爲聖人，而聖化的是包括他自己在內的劉氏，同時其用意也不在於把聖人定爲皇帝的一個別號。這一稱號在當年六月宣布，才到八月，哀帝就下詔廢除了。至於王莽，則通過在言行舉止上模仿或扮演周公來向天下顯示自己是個聖人；另一方面，他確也曾經宣布自己是個「聖主」，天鳳六年（19年）他「下書曰：《紫閣圖》曰：'太一、黃帝皆僊上天，張樂崑崙虔山之上。後世聖主得瑞者，當張樂秦終南山之上'。予之不敏，奉行未明，今乃諭矣。」[17]然而他採用的這種方式，同樣既不是爲皇帝制定另一個名號，其自名爲聖也是迂迴間接的。

　　何以稱聖不經由皇帝主動自發地來建立名號，就樣秦政下詔議帝號，創制了「皇帝」這個新頭銜那樣，而卻要通過臣下不斷地稱述或歌頌，再由皇帝認可來產生皇帝的這個並不十分正式的新稱號呢？還有，秦漢的皇帝們爲什麼想要擁有聖或聖人這個名號呢？要探討這些問題，就必須對「聖」的意義有所認識。

三、聖的意涵

　　就目前所掌握得到的材料來看，「聖」字已出現在殷墟甲骨文以及周代金文之中。李孝定先生說：「按《說文》：'聖，通也，從耳呈聲'。契文從夂；象人上著大耳，從口，會意。聖之初誼，爲聽覺官能之敏銳，故引申訓通，賢聖之義，又其引申也。」[18]近年長沙馬王堆三號漢墓出土的古佚書對於聖字本義的理解也頗有幫助：「嘆（聰）也者，聖之藏于耳者也。」[19]像這樣由感覺器官機能的敏銳

17　按地皇元年七月王莽下書云：「伏念《紫閣圖》文，太一、黃帝皆得瑞以僊，後世襃主當登終南山。」（《漢書・王莽傳下》）作「襃主」，而非「聖主」。

18　見李孝定，《甲骨文字集釋》第十二，頁3519。台北，中央研究院歷史語言研究所，1965年。

19　見《馬王堆漢墓帛書（壹）》，《老子甲本卷後古佚書釋文》，葉八。北京，文物出版社，1974年。

轉變成心智能力的敏銳，在古代漢語裡，我們還可以找到其他的類似的例子。如聰、明二字也有過十分相近的語意演變過程。《孟子·離婁上》：「離婁之明，公輸子之巧，不以規矩，不能成方圓；師曠之聰，不以六律，不能正五音。」《荀子·勸學》：「目不能兩視而明，耳不能兩聽而聰。」這都是就視覺及聽覺感官對具體事物的几何形狀或聲音的高低具有準確或高效率的分辨或判斷力而言的。但《荀子·王霸》：「羿、逄門者，善服射者也；王良、造父者，善服馭者也；聰明君子者，善服人者也……故人主欲得善射，射遠中微，則莫若羿、逄門矣；欲得善馭，及速致遠，則莫若王良、造父矣；欲得調壹天下，制秦楚，則莫若聰明君子矣。」《莊子·天地》：「齧缺之爲人也，聰明睿知，給數以敏。」以及先秦諸子常說的「明主」，其中的「聰」、「明」顯然就不再是指耳目之官的機敏效能，而說的是心智的靈敏了。

聖字意謂心智的靈敏，開始於何時，已不可考。但在西周時期已不乏這樣使用聖字的例子了。《尚書·多方》：「惟聖罔念作狂，惟狂克念作聖。」念與不念，一念之差，造成了狂、聖之別。念指的是思維，而「聖」字與「狂」對言，其意當指聰慧。[20]《詩經·大雅·桑柔》：「維此聖人，瞻言百里；維彼愚人，覆狂以喜。」聖人遠見，且與愚人對言，亦指智者。這跟《大雅·抑》中的「哲人」與「愚人」相對類似，益可證明聖人在此即智者之意。[21]《小雅·巧言》：「秩秩大猷，聖人莫（謨）之。」能夠謀畫鴻圖的，當然也得是有智慧的人。《小宛》：「人之齊聖，飲酒溫克；彼昏不知，壹醉日富」。「齊聖」與「昏不知」相對，智與不智已十分明顯；更透過兩者酒後行徑的懸殊來襯托出聖智與不智者的差距。[22]《史墻盤銘》：「宧聖成王。」學者亦以爲係稱頌成王明智之意。[23]西周金文中以聖稱他人或自己先人之例也不少，如師訇段、禹鼎、師虎鼎等器銘均言及「聖且（祖）考」一語，師望鼎銘稱望之皇考「克盟（明）氒（厥）心，慼

20　「聖」與「狂」對用，指聰慧明智，後世亦不乏其例。如《史記·淮陰侯列傳》：「狂夫之言，聖人擇焉。」《越絕書·計倪內經》：「惠（慧）種生聖，癡種生狂。」

21　顧頡剛先生已先如此說，見所著《「聖」、「賢」觀念和字義的演變》，頁82，刊於《中國哲學》第一輯。三聯書店，1979年8月。

22　高亨先生謂：「富當讀爲愊，憤怒也。此句言喝酒一醉之後，則整天對人發怒。」見所撰《詩經今注》，頁292。上海，上海古籍出版社，1980年。

23　同注9。

（哲）乘德」，因稱望爲「聖人之後」，則這些「聖」字當亦訓智。[24]

自周室東遷以來，聖字的意義發展得更爲複雜多樣，其演變的源流線索也難以一一探究。而文獻的數量相當可觀，既不可能，也没有必要把所有的相關資料逐條列舉出來以進行檢討，這裡只將東周秦漢之際聖字意義演變的若干明顯趨勢揭舉出來，以便展開上述問題的討論。

聖的基本意指是聰明智慧，這一意蘊始終是當時人們所熟悉並常用的。如山東莒南大店春秋莒國墓出土的《簡平鍾銘》即將「聖智」連用。[25]《曾伯棄簠銘》也稱「曾伯棄哲聖元武。」[26]《墨子・七患》：「子墨子曰：國有七患……君自以爲聖智，而不問事；自以爲安彊，而無守備，四鄰謀之不知戒。五患也。」《荀子・非十二子》：「高上尊貴不以驕人，聰明聖智不以窮人。」《商君書・畫策》：「凡人主德行非出人也，知非出人也，勇力非過人也。然民雖有聖知（智），弗敢我謀；勇力，弗敢我殺……」《左傳》文公六年：「古之王者知命之不長，是以並建聖哲，樹之風聲，分之采物……衆隸賴之，而後即命。」《史記・蔡澤傳》：「夫人生百體堅彊，手足便利，耳目聰明心聖智，宣非士之願與？」這些聖字與智（知）或哲相結合成雙音詞來使用，其意均爲聰明智慧。《莊子・胠篋》：「世俗之所謂知者，有不爲大盜積者乎？所謂聖者，有不爲大盜守者乎？」《老子》十九章：「絕聖棄智，民利百倍。」《商君書・更法》：「聖人不易民而教，智者不變法而治。」聖與知（智）相對，兩者意義也相同或相接近。聰明的人或智者在當時也常稱作「聖人」。如孔子稱「臧武仲之知」爲「成人」所當具備之智慧（《論語・憲問》），而御叔即稱臧武仲爲「聖人」。[27]又《韓詩外傳》卷一：「桀殺關龍逢，紂殺王子比干而亡天下；吳殺子胥，所殺泄治而滅其

24　師訇殷、師望鼎銘文見郭沫若，《兩周金文辭大系圖錄考釋》（北京，科學出版社，1957年），《考釋》葉139，80。禹鼎銘見《陝西省博物館陝西省文物管理委員會藏青銅器圖釋》，頁24，79。北京，文物出版社，1960年。師訇鼎銘見吳鎮烽、雒忠如《陝西省扶風縣強家村出土的西周銅器》，《文物》1975年8期，頁57、61。郭沫若先生釋師望鼎銘聖人爲「聞人」，但由上下文意來看，不甚相稱，聖人在此當指智者而言。

25　山東省博物館等《莒南大店春秋時期莒國殉人墓》，見《考古學報》，1978年3期，頁332至334。

26　見郭沫若，前引書，《考釋》，葉186。

27　《左傳》襄公二十二年：「臧武仲如晉。雨，過御叔。御叔在其邑，將飲酒，曰：'焉用聖人？我將飲酒，而己雨行，何以聖爲？'」

國。故亡國殘家非無聖智也，不用也。」《說苑・臣術》：秦穆公坐與百里奚語，「公大悅。異日與公孫支論政，公孫支大不寧，曰：'君耳目聰明，思慮審察，君其得聖人乎'？公曰：'然，吾悅夫奚之言，彼類聖人也'。」漢新之際，任延「年十二爲諸生，學於長安，明《詩》、《易》、《春秋》，顯名大學，學中號爲'任聖童'。」（《後漢書・循吏任延傳》）這些也都是聖、智同意的例子。漢人對新婚者的祝願之辭說：「女貞男聖，子孫充實。」[28]「聖」也當是明智的意思。

基於這一認識，我們也可以理解爲什麼當時把各種事物（不論是具體的，還是抽象的）的創造者稱作「聖人」。例如《韓子・五蠹》：「上古之世，人民少而禽獸衆，人民不勝禽獸蟲蛇。有聖人作，構木爲巢以避群害，而民悅之，使王天下，號之曰'有巢氏'。民食果蓏蚌蛤，腥臊惡臭而傷害腹胃，民多疾病。有聖人作，鑽燧取火，以化腥臊，而民悅之，使王天下，號之曰'燧人氏'。」群書所記聖人制作各類事物的例子甚夥，不必一一舉出。《禮記・樂記》謂：「作者之謂聖，述者之謂明。明聖者，述作之謂也。」創作所憑藉的就是聰明智慧，因此將創造者稱作聖人。

但「聖」、「智」二字在意義上有時也有所區別。在長沙馬王堆三號漢墓所出帛書《老子》甲本卷後古佚書中，聖與智的重要區別是這兩者分別源於聽覺和視覺兩個不同的感覺器官。[29]這種區分當是一家一言，並不普遍。

「聖」、「智」之分大致上有幾點。首先，「聖」特別指具有極其廣博的知識才能。即《管子・宙合》篇所說：，「聖人博聞多見。」。太宰問於子貢曰：「夫子聖者與？何其多能也？」（《論語・子罕》）顯然這個太宰認爲聖人就是極多能的人。《呂氏春秋・盡數》篇說聖人能「辨萬物之利」，那麼聖人幾乎是無所不知的。因此後人甚至誇稱：「一螘之行，一蚊之飛，聖人皆知之。」[30]聖人尤其能知

28　1973年江西南昌市一座東漢中期墓出土一件五銖錢紋鏡，鏡銘：「二姓合好，□如□□，女貞男聖，子孫充實……」。見江西省博物館，《江西南昌東漢東吳墓》，《考古》1978年3期，頁161至163。

29　《老子甲本卷後古佚書釋文》，葉四：「見而知之，知也。聞而知之，聖也。」見《馬王堆漢墓帛書（壹）》。又可參考龐朴，《帛書五行篇研究》，頁39至40，47至48。齊魯書社，1980年。

30　夏侯玄，《夏侯子》，見《全三國文》卷二十一。

道一般人所不知的罕見事物，如《管子・小問》：「桓公北伐孤竹，未至卑耳之谿
十里，闖然止，瞠然視，援弓將射，引而未敢發也，謂左右曰：‘見是前人乎？’
左右對曰：‘不見也。’公曰：‘事其不濟乎？寡人大惑，今者寡人見人長尺而人
物具焉，冠，右袪衣，走馬前疾。事其不濟乎！寡人大惑，豈有人若此者乎？’管
仲對曰：‘臣聞登山之神有俞兒者，長尺而人物具焉。霸王之君興，而登山之神
見。且走馬前疾，道（導）也；袪衣，示前有水也；右袪衣，示從右方涉也。’至
卑耳之谿，有贊水者曰：‘從左方涉，其深及冠；從右方涉，其深至漆。若右涉，
其大濟。’桓公立拜管仲於馬前曰：‘仲父之聖至若此！寡人之抵罪也久矣。’管
仲曰：‘夷吾聞之，聖人先知無形。今已有形而後知之，臣非聖也，善承教
也’。」孔子也被視爲這種人物：「吳伐越，墮會稽，得骨節專車。吳使使問仲
尼：‘骨何者最大？’仲尼曰：‘禹致群神於會稽山，防風氏後至，禹殺而戮之，
其節專車，此爲大矣！’吳客曰：‘誰爲神？’仲尼曰：‘山川之神足以綱紀天
下，其守爲神，社稷爲公侯，皆屬於王者。’客曰：‘防風何守？’仲尼曰：‘汪
罔氏之君守封、禺之山，爲釐姓。在虞、夏、商爲汪罔，在周爲長翟，今謂之大
人。’客曰：‘人長幾何？’仲尼曰：‘僬僥氏三尺，短之至也。長者不過十，數
之極也。」於是吳客曰：‘善哉！聖人！’」（《史記・孔子世家》）甚至於有些
人還相信「聖人上知千歲，下知千歲。」（《呂氏春秋・長見》）又《論衡・實
知》：「儒者論聖人，以爲前知千歲，後知萬世，有獨見之明，獨聽之聰。」因
此，要成聖人，博學是必需的，即《說苑・建本》篇所謂：「人才雖高，不務學
問，不能致聖」，「學積成聖」。《淮南子・主術》：「文王智而好問故聖」，也
是這意思。「爲圃者」說子貢「博學以擬聖」（《莊子・天地》）也可以說明這
點。

　　另一方面，聖人能夠由極細微不顯的事跡來推明事實或預見未來。即《淮南
子・謬稱》所謂：「唯聖人知其微」，「福禍之始萌微，故民嫚之，唯聖人見其始
而知其終。」又《氾論》：「唯聖人能見微以知明。」据說顏回便是這樣的聖
人：「孔子晨立堂上，聞哭者聲音甚悲。孔子援琴而鼓之，其音同也。孔子出，而
弟子有叱者，問：‘誰也？’曰：‘回也。’孔子曰：‘回何爲而叱？’回曰：‘
今者有哭者，其音甚悲，非獨哭死，又哭生離者。’孔子曰：‘何以知之？’回

曰：‘似完山之鳥。’孔子曰：‘何如？’回曰：‘完山之鳥生四子，羽翼已成，乃離四海，哀鳴送之，爲是往而不復返也。孔子使人問哭者，哭者曰：‘父死家貧，賣子以葬之，將與其別也。’孔子曰：‘善哉！聖人也！’」（《說苑·辨物》）又，《管子·小問》：「桓公與管仲闔門而謀伐莒，未發也，而已聞於國矣。桓公怒，謂管仲曰：‘寡人與仲父闔門而謀伐莒，未發也，而已聞於國，其故何也？’管仲曰：‘國必有聖人！’桓公曰：‘然。夫日之役者有執席食以祝上者，必彼是邪？’於是乃令之復役，毋復相代，少焉東郭郵至，桓公令儐者延而上，與之分級而上，問焉，曰：‘子言伐莒者乎？’東郭郵曰：‘然，臣也。’桓公曰：‘寡人不言伐莒，而子言伐莒，其故何也？’東郭郵對曰：‘臣聞之，君子善謀而小人善意，臣意之也。’桓公曰：‘子奚以意之？’東郭郵曰：‘夫欣然喜樂者，鐘鼓之色也；夫淵然清靜者，縗絰之色也；謬然豐滿而手足拇動者，兵甲之色也。日者臣視二君之在台上也，口開而不闔，是言莒也；舉手而指，勢當莒也；且臣觀小國諸侯之不服者唯莒於是。臣故曰伐莒。’桓公曰：‘善哉！以微射明，此之謂乎！子其坐，寡人與子同之。’」淳于髡也是這樣的人物，《史記·孟子荀卿列傳》：‘客有見髡於梁惠王，惠王屏左右，獨坐而再見之，終無言也。惠王怪之，以讓客曰：‘子之稱淳于先生，管晏不及，及見寡人，寡人未有得也。豈寡人不足爲言邪？何故哉？’客以謂髡，髡曰：‘固也，吾前見王，王志在驅逐；後復見王，王志在音聲，吾是以默然。’客具以報王，王大駭，曰：‘嗟乎！淳于先生誠聖人也！前淳于先生之來，人有獻善馬者，寡人未及視，會先生至。後先生之來，人有獻謳者，未及試，亦會先生來。寡人雖屏人，然私心在彼，有之。’」

復次，聖與智的一項顯著差異在於聖是一種具備精確預知能力的智。聖人能先知的看法，在戰國秦漢時期相當普遍。《管子·小稱》載齊桓公不用管仲臨終之言而任易牙、豎刁等人，遂致自身飢渴而死，死前歎說：「嗟茲乎！聖人之言長乎哉！」即感歎管仲的先見之聖。《史記·扁鵲倉公列傳》：「使聖人預知微，能使良臣得蚤從事！則疾可已，身可活也。」「預知微」須是聖人才辦得到。鄭玄注《周禮·地官·大司徒》說：「聖，通而先識。」上引《呂氏春秋·長見》篇說聖人能夠「下知千世」，而王充說漢儒甚至相信聖人能「後知萬世」。他費了極大

的心力來駁斥世儒的這種迷執，揭出了十六條論證來證明「聖人不能先知」。（《論衡·實知》）

這種「見微知明」的聖，有時近乎毫無憑据的猜測，即上述東郭郵所說的「善意」，或稱之爲「妄意」：「跖之徒問於跖曰：‘盜亦有道乎？’跖曰：‘何適而無有道邪？夫妄意室中之藏，聖也……’」（《莊子·胠篋》）有時這種臆測甚至於是幾乎不需憑藉任何事前的徵兆的，即上引管仲所說的「聖人先知無形」，又《史記·淮南衡山列傳》所謂「聽者聽於無聲，明者見於未形，故聖人萬舉萬全。」那麼這種聖人之智已經和超人的預知能力沒什麼差別了。

儘管上引《管子·小問》篇的作者和王充都說聖人的預測無論多麼令人感到難以想像都是建立在可以觀察到的跡象之上的，但聖人的淵博知識才能與洞察纖微、遠見先識常使人們感到震驚，甚至於認爲他們和鬼神並沒有什麼差別。即《呂氏春秋·觀表》篇所謂：「聖人之所以過人以先知，先知必審徵表。無徵表而欲先知，堯舜與衆人同等。徵雖易，表雖難，聖人則不可以飄矣。衆人則無道至焉，無道至則以爲神，以爲幸。」又楊雄《法言·先知》篇也說：「先知，其幾於神乎！」聖人先知，那麼聖人和神也就十分相近了。《墨子·耕柱》：「巫馬子謂子墨子曰：‘鬼神孰與聖人明智？’……」提出這樣一個問題，足以反映至少有一些人對於判斷鬼神與聖人在智能上的高下感到十分困惑，或者認爲這兩者在智能上最爲相近。這樣，再進一步認爲聖人即是神當也是可以理解的。《論衡·龍虛》：「世或謂聖人神而先知」。「聖」、「神」兩字也常連用爲雙音詞，如《論衡·問孔》篇：「夫古人之才，今人之才也；今謂之真傑，古以爲聖神。」又《書虛》篇：「傳書言孔子當泗水而葬，泗水爲之卻流……孔子……生時無祐，死反有報乎？孔子之死，五帝三王之死也。五帝三王無祐，孔子之死獨有天報。是孔子之魂聖，五帝之魂不能神也」。聖、神對言，意亦相同。這樣，「聖」就跟「神」同樣地成了具有超自然智能的存在了。例如《論衡·感虛》：「傳書言燕太子丹朝於秦，不得去。從秦王求歸，秦王執留之，與之誓曰：‘使日再中，天雨粟；令烏白頭，馬生角，廚門木象生肉足，乃得歸。’當此之時，天地祐之，日爲再中，天雨粟，烏白頭，馬生角，廚門木象生肉足。秦王以爲聖，乃歸之。」又《實知》篇云：「儒者論聖人，以爲前知千歲，後知萬世。有獨見之明，獨聽之聰。事

來則名，不學自知，不問自曉。故稱聖則神矣。」王充對此世儒之論進行了批判，分析了聖人的遠見與鬼神的先知實際上並不相同，他力圖證實「聖不能神」。《史記・五帝本紀》：「明鬼神而敬事之」，張守節《正義》說：「聖人之精氣謂之神，賢人之精氣謂之鬼。」當是這種聖即是神之說的餘緒。

　　由上所述，已可以明白「聖」、「智」二者的不同是有高下之分的。《文子》有言：「智而好問者聖。」[31]足見智與聖之間是有相當的距離的，智不經學問就成不了聖。《呂氏春秋・尊師》篇也說智者不尊師學問則無由至聖：「今……智不至於聖，而欲無（勿）尊師，奚由至哉？」又《長見》篇說：「知所以相過，以其長見與短見也」。聖既是先識遠見之明，那麼一般的智自然就難跟聖相提並論了。《大戴禮記・四代》：「子曰：‘聖，知（智）之華也’。」聖既是智的精華，當然也就遠超過了一般的智。《孟子・萬章》：「孔子之謂集大成，集大成也者，金聲而玉振之也。金聲也者，始條理也；玉振之也者，終條理也。始條理者，智之事也；終條理者，聖之事也。智，譬則巧也；聖，譬則力也。由射於百步之外也，其至，爾力也；其中，非爾力也。」那麼聖的境界比智要高得多，聖是終極的，完善的境界，而智只是達成聖的初步階段。《漢書・古今人表》將「聖人」列為九等人中的「上上」級，將「智人」排在九等中第三位的「上下」級，則是把聖、智兩者的差距做了更明確而具體的排定。

　　東周以來，「聖」字之諸義當中也有與智慧不甚相關者。《詩經・邶風・凱風》：「母氏聖善，我無令人。」傳：「聖，叡也。」箋云：「叡作聖。令，善也。母乃有叡知之善德。」馬瑞辰《毛詩傳箋通釋》說：「瑞辰按：善本眾善之名，此詩以連聖言，則聖、善二字平列而同義，與‘母氏劬勞’、‘母氏勞苦’句法正同。《爾雅・釋言》：‘獻，聖也。’《莊子・大宗師》篇釋文引向秀曰：‘獻，善也。’《諡法解》：‘稱善賦簡曰聖’，是聖、善義近之證。箋謂‘有叡知之善德’失之。」[32]馬氏之說十分有道理，「令人」與「聖善」相對，也可以發明「聖」有「善」意。又按《逸周書・諡法》：「溫柔聖善曰懿。」「聖」與「溫柔」

31　《文子・道自然》篇，見《群書治要》（《四部叢刊》初編；上海，商務印書館），卷35，頁460。

32　見《皇清經解續編》，卷四百十九，葉十四。

及「善」連用，又曰「懿」，也是「聖」、「善」義近之證。《諡法》篇又說：「敬賓厚禮曰聖」。又《禮記・鄉飲酒義》：「仁義接，賓主有事，俎豆有數曰聖。」則「聖」又有禮敬之義。

但聖字的意義演變還有更重要的方向，即意謂德智兼備，且臻於極至之境的聖的出現。如《孟子・公孫丑》：「昔者子貢問於孔子曰：'夫子聖矣乎？'孔子曰：'聖則吾不能。我學不厭而教不倦也。'子貢曰：'學不厭，智也；教不倦，仁也。仁且智，夫子既聖矣'。」又《盡心》篇：「可欲之謂善，有諸己之謂信，充實之謂美，充實而光輝之謂大，大而化之之謂聖。」《荀子・儒效》：「井井兮其有理也，嚴嚴兮其能敬已也，分分兮其有終始也，猒猒兮其能長久也，樂樂兮其執道不殆也，炤炤兮其用知之明也，脩脩兮其用統類之行也，綏綏兮其有文章也，熙熙兮其樂人之臧也，隱隱兮其恐人之不當也。如是，則可謂聖人矣。」又《淮南子・詮言》：'仁、義、智、勇，聖人之所備有也。」聖人不止是德智兼備，而且還是至德至智的。如《孟子・離婁》：「孟子曰：'規矩，方圓之至也；聖人，人倫之至也'。」《荀子・儒效》：「涂之人百姓，積善而全盡謂之聖人。彼求之而後得，爲之而後成，積之而後高，盡之而後聖。」又《解蔽》篇也說：「故學也者，固學止之也。惡乎止乎？曰：止諸至足。曷謂至足？曰：聖也。聖也者，盡倫者也。」又《正論》篇：「聖人，備道全美者也。」

由於聖是「全盡」、「全美」的，固此漢代人常用「純」或「淵」字來形容聖。《春秋繁露・執贄》：「賜（鸎）有似於聖人者，純仁淵粹而有知之貴也……其淵粹無擇與聖人一也。」王充也說：「聖人純道，操行少非。」（《論衡・福虛》）又：「聖人，純道者。」（《禍虛》）又說：「世稱聖人純而賢者駁。」（《明雩》）王符也說：「聖人純，賢者駁。」（《潛夫論・實貢》）爲「聖人之次」的賢人（《論衡・譴告》）因不夠純粹，而稱爲「駁」。《三國志・魏書・徐邈傳》：「平日醉客謂酒清者爲聖人，濁者爲聖人。」飲者言酒之清濁也据聖賢之純駁爲喻。無論如何，聖人的純粹至盡使他成了理想社會中地位最崇高的人物，《古今人表》將人分爲九等而以聖人居首就是一例。

其次，由此而衍生出來的就是「聖人純完，行無缺失」的說法（《論衡・感類》），與此相反的，就是非聖人則必然有過失，如《論衡・問孔》：「〔季〕康

子非聖人也，操行猶有所失。」這種說法在漢代十分流行。伍被說：「聖人萬舉萬全」。漢元帝報于定國云：「能毋過者，其唯聖人。」（《漢書·于定國傳》）班昭《女誡·和叔妹第七》：「自非聖人，鮮能無過。」張衡、黄香也說：「自非聖人，不能無過。」（《後漢書·張衡傳》、《孝明八王傳》注）

再則是，至德至智的成就意謂著聖人有最充分的條件來對人群或社會做出最大的貢獻。《論語·雍也》）篇裡有一章對話可以説明這點：「子貢曰：‘如有博施於民而能濟衆，何如？可謂仁乎？’子曰：‘何事於仁，必也聖乎！堯舜其猶病諸。夫仁者，己欲立而立人，己欲達而達人。能近取譬，可謂仁之方也已’。」所謂的「内聖外王」就是聖人成己成物的最高境界，荀子所說：「聖也者，盡倫者也；王也者，盡制者也。兩者盡，足以爲天下極矣」（《荀子·解蔽》），當即指此而言。當然儒家的聖人根本就是以天下爲己任的，墨家也認爲聖人對天下有不可推卸的責任，即《墨子·兼愛上》所謂：「聖人，以治天下爲事者也。」

在戰國秦漢之際的文獻裡，聖人的成就並不僅止於内聖外王或人世的大治，而是還可以達到超越人世間的更高的境界。如《吕氏春秋·大樂》：「能以一治天下者，寒暑適，風雨時，爲聖人。」《禮記·中庸》：「唯天下至聖，爲能聰明睿智，足以有臨也；寬裕温柔，足以有容也；發強剛毅，足以有執也；齊莊中正，足以有敬也；文理密察；足以有別也。溥博淵泉，而時出之，溥博如天，淵泉如淵。見而民莫不敬，言而民莫不信，行而民莫不說。是以聲名洋溢手中國，施及蠻陌，舟車所至，人力所通，天之所覆，地之所載，日月所照，霜露所隊，凡有血氣者，莫不尊親，故曰配天。」又《白虎通》說：「聖人者何？聖者，通也，道也，聲也。道無所不通，明無所不照，聞聲知情，與天地合德、日月合明、四時合序、鬼神合吉凶。」太史公說：「三光者，陰陽之精，氣本在地，而聖人統理之。」（《史記·天官書》）《大戴禮記·誥志》：「聖人有國，則日月不食，星辰不隕，勃海不運，河不滿溢，川澤不竭，山不崩解，陵不施谷，川浴不處，深淵不涸。於時龍至不閉，鳳降忘翼，蟄獸忘攫，爪鳥忘距，蜂蠆不螫嬰兒，蝱虻不食夭駒，雒出服，河出圖。」又《韓詩外傳》卷七記孔子弟子各言其願，「顏淵曰：‘願得十國而相之，主以道制，臣以德化，君臣同心，外内相應，列國諸侯莫不從義嚮風。壯者趨而進，老者扶而至。教行乎百姓，德施乎四蠻。莫不釋兵，輻

轃乎四門。天下咸獲永寧，蝖飛蠕動，各樂其性……'孔子曰：'聖士哉！'……
…」又卷五記周成王時越裳氏「重九譯而至，獻白雉於周公」。「周公曰：吾何以
見賜也？譯曰：吾受命，國之黃髮曰：'久矣，天之不迅風疾雨也，海不波溢也，
三年於茲矣。意者中國殆有聖人，盍往朝之？'於是來也。」這些記載表明聖人之
治使宇宙萬物莫不各得其所。

四、聖化皇帝的意義

　　由上所述，毫無疑問，聖人最有資格來出任天下的最高統治者。確實這是春
秋戰國以來極為盛行的尚賢思想的重要組成部分。如《荀子·正論》說：「天下
者，至重也，非至彊莫之能任；至大也，非至辨莫之能分；至眾也，非至明莫之能
盡。故非聖人莫之能王。」又《大戴禮記·誥志》：「天作仁，地作富，人作治，
樂治不倦，財富時節，是故聖人嗣則治。」又說：「古之治天下者必聖人」因此像
孔子這樣的聖人就該做天子，《墨子·公孟》：「公孟子謂子墨子曰：'昔者聖王
之列也，上聖立為天子，其次立為卿大夫。今孔子博於詩書，察於禮樂，祥於萬
物。若使孔子當聖王，則豈不以孔子為天子哉！'」荀子的弟子也以為荀子為「聖
人」，其「德若堯禹」，因此他「宜為帝王」。（《荀子·堯問》）周秦諸子各派
各家的思想雖然不同，其聖人所顯現的氣象也不一樣，如道家的聖人是虛靜恬
淡，無為不作，達情遂命的。如《老子》第三章：「聖人之治……為無為，則無不
為。」又，五十七章：「聖人云：我無為而民自化，我好靜而民自正，我無事而民
自富，我無欲而民自樸。」墨家的聖人「惡疾病，不惡危難」，「不得為子之
事」，「死亡（忘）親」（《墨子·大取》）；韓非的聖人治國要講求「不恃人之
為吾善也，而用其不得為非也」（《韓子·顯學》）。但在以聖人為其理想的政治
社會次序中的樞紐人物或最高統治者這一點上，各家並無歧異。漢儒常稱孔子
為「素王」，仍舊是君主該由聖人來做的理想的一種反映。《漢書·佞幸董賢
傳》：「董賢，字聖卿。」這樣取名、字，也足以透露當時人們對這種聖君賢相的
理想的嚮往。《漢書·五行志下之上》：「孔子曰：'居上不寬，吾何以觀之
哉！'言上不寬大包容臣下，則不能居聖位。」把君主的職位稱作「聖位」，更是

極力主張這一理想的強烈表示。然則這種理想對現實世界的皇帝而言，既是一種刺激，也是一種強大的壓力。即皇帝如非聖人，則其任爲皇帝的資格就成了問題；或因其非聖人而不符人們的期望，也可能對其政權的穩固或是否受到支持產生相當的影響；或者，更直接地說，就是：不是聖人，怎麼可以占坐在「聖位」上呢？這當是秦漢皇帝對聖人這一名號深感興趣的重要原因之一。

其次，諸子百家雖多以聖人爲其理想中的天下最高統治者，但在怎樣實現這一理想上，並沒有發展出什麼特別具體而有效的制度來展開行動。即各家亦未設計出聖人由臣僚或在野之身而登大位、執掌政權的制度化途徑。宣騰一時的禪讓距離富於可行性的制度化的軌道還有十分遙遠的路程。但經由陰陽五行學派加工改造後的聖人受命說則提供了一條深具吸引力的道路。雖然它最初看來並不是爲了非君主之身的聖人而設的。《史記》稱騶衍「深觀陰陽消息」，作「終始大聖之篇十餘萬言」。「騶子重於齊，適梁，梁惠王郊迎，執賓主之禮。適趙，平原君側行撤席。如燕，昭王擁彗先驅，請列弟子之座而受業，築碣石宮，身親往師之。作《主運》。其游諸侯見尊禮如此。」（《孟子荀卿列傳》）司馬貞《索隱》：「按：劉向《別錄》云，鄒子書有《主運篇》。」在騶衍的五德相勝的朝代更替系統中，由黃帝而夏殷周的相克次序是木克土、金克木、火克金，而其後繼周者，當是一個以水克火的水德王朝。與水相配合的方位是北方。鄒衍到北地燕國，備受禮遇而作《主運》，由此可以推測，鄒衍的這一說法或許就是爲燕而提倡的，目的在於暗示天下，將繼周而起統有海內的是燕國。這種聖人受命之說，不只是在群雄相競的戰國時代對各國君主深具吸引力，即使是在秦漢時期統一天下的政權成立之後也有其重大的作用。漢人相信在皇帝有過時，天即降災異示警，如仍舊不改，則災變荐臻。如始終不改，則將授命新聖以取而代之。如谷永對成帝說：「王者躬行道德……符瑞並降，以昭保右。失道妄行……上天震怒，災異婁降……終不改寤，惡洽變備，不復譴告，更命有德。《詩》云：'乃眷西顧，此惟予宅。'夫去惡奪弱，遷命賢聖，天地之常經，百王之所同也。」（《漢書·谷永傳》）

反之，政治上軌道，沒有重大天災或敗亡的徵兆。即使出現了聖人，對有既有的政權也不會產生威脅：「傳曰：天下無害菑，雖有聖人，無所施其才；上下和

同，雖有賢人，無所立功。」（《史記・滑稽列傳》褚先生補）即新聖是在特殊的
情況之下才有可能奪取天下的。如《淮南子・詮言》篇說：「雖有聖賢之寶，不遇
暴亂之世，可以全身而未可以霸王也。湯武之王也，遇桀紂之暴也……湯武遭桀
紂之暴而王也。」即舊政權的腐敗，爲新聖的代興製造了必要的條件。一如路溫
舒所說的「禍亂之作，將以開聖人也。」（《漢書・路溫舒傳》）

　　同時漢代學者強調，新聖的受命或代掌天下政權，絕不因當時已有皇帝而受
到限制。如《漢書・睢弘傳》說：「先師董仲舒有言：雖有繼體守文之君，不害聖
人之受命。」又《春秋大傳》：「雖有繼體守文之君，不害聖人受命而王。」（《
三國志・魏書・文帝紀》裴注引）京房《易傳》也說：「聖人受命人君虜。」（《
漢書・五行志中之上》）又《宋書・符瑞志》引《易傳》云：「聖人受命，厥應鳳
皇下，天子虜」；「黃龍見，天災將至，天子絀，聖人出。」

　　那麼，依照這種政治理論，新得天下的皇帝設法讓天下人知道他就是新受命
的聖人是十分有必要的。然則在政權交替的節骨眼上，聖人這稱號對新即位的皇
帝就具有十分重大的意義了。

　　《史記・封禪書》：「自齊威、宣之時，騶子之徒論著終始五德之運，及秦帝
而齊人奏之，故始皇采用之。」「秦始皇既并天下而帝，或曰：‘黃帝得土德，黃
龍地螾見。夏得木德，青龍止於郊，草木暢茂。殷得金德，銀自山溢。周得火德，
有赤烏之符。今秦變周，水德之時。昔秦文公出獵，獲黑龍，此其水德之瑞。’於
是秦更命河曰‘德水’，以冬十月爲年首，色上黑，度以六爲名，音上大呂，事統
上法。」秦政在天下統一之初立刻就採行了這個由齊人所創始，在山東地區廣受
注目的五德終始說，其用意即在於向天下，特別是山東地區的六國遺民公開宣
布，依照鄒衍的終始五德之運的預言而爲人們所期待的這一不可抗拒的、命定的
宇宙次序運轉之下所達到的新階段的天下主宰——即新獲天命的聖人就是秦始
皇。到統一天下的第三年（前219年），始皇又封泰山，禪梁父，向天地報告了他
未負所授之命。我們認爲之罘刻石稱始皇爲「大聖」也不是隨隨便便的稱呼，而
用的是鄒衍「終始大聖之篇」裡的「大聖」。這些做爲表明秦始皇企圖透過受命
改制的措施來消解六國遺民拒抗秦人統治的心理，來使他們接受他這個新聖人。

　　秦始皇及其群臣都明白，要使山東人民死心塌地地服從，並不是一件容易的

事。高漸離謀殺始皇的年月，史書失載，估計當在天下統一之後不久，在這事件之後，始皇「終身不復近諸侯之人」。(《史記·刺客列傳》)這透露了直到死時，秦始皇對山東地區的諸國遺民始終都懷著疑懼的戒意。在統一天下這年，丞相王綰等建議施行局部的封建制，即在最晚爲秦所征服，也是距政治中心咸陽最遙遠的燕、齊、楚三處分封皇子爲王來鎭壓當地人民。無疑地，這是針對當時山東地區的客觀情勢而發的。其後興建馳道，「東窮燕、齊，南極吳、楚，江湖之上，瀕海之觀畢至。」(《漢書·賈山傳》)顯然也主要是出於對山東地區，包括東方沿海地帶在內的政治、軍事的考慮。這樣，衡量咸陽與山東之間的緊張氣氛，我們可以判斷太史公所說的：「秦始皇帝常曰：東南有天子氣。於是因東游以厭之。」(《史記·高祖本紀》)當非全屬空穴來風之說。始皇多次巡行天下，其中有四次途經東方沿海地帶，並由隨行群臣在上述各地刻石頌德決不是偶然的即興之作。值得注意的是這些頌辭說在統治之下，「貴賤分明，男女禮順」，「男樂其時，女修其業，事各有序」，「尊卑貴賤，不踰次行」。「大治濯俗。天下承風，蒙被休經。皆遵度軌，和安敦勉，莫不順令」。「黔首改化，遠邇同度，臨古絕尤」。「日月所照，舟輿所載，皆終其命，莫不得意」。「六合之內，皇帝之土……人迹所至，無不臣者。功蓋五帝，澤及牛馬。莫不受德，各安其宇」。(《秦始皇本紀》)這與前述的處在宇宙樞紐位置上的聖人的治理幾乎完全一樣。[33]十分清楚，刻石頌德是有意配合多次在東土的巡行，來向山東人民進行宣揚，始皇既是受命的大聖，也是致天下於至治的大聖，以圖製造有利於鞏固秦人在東方的統治的氣氛。

總之，這一切說明了秦始皇對「聖人」所代表的意義有相當深刻的認識，他

---

33 按《史記·秦始皇本紀》：「二十七年作信宮渭南，已，更命信宮爲極廟，象天極。」又：「三十五年……始皇以爲咸陽人多，先王之宮廷小，‘吾聞周文王都豐，武王都鎬，豐鎬之間，帝王之都也。’乃營作朝宮渭南上林苑中。先作前殿阿房……爲復道，自阿房渡渭，屬之咸陽，以象天極閣道絕漢抵營室也。」又《天官書》：「中宮，天極星，其一明者，太一常居也；旁三星三公，或曰子屬。後句四星，末大星正妃，餘三星後宮之屬也。環之匡衛十二星，藩臣。皆曰‘紫宮’……紫宮……後六星絕漢抵營室，曰‘閣道’。」《索隱》：「案《元命包》曰：‘紫之言此也，宮之言中也；言天神運動，陰陽開閉，皆在此中也’。」這幾段文字足以表明秦始皇是十分有意地把自己放在宇宙的樞紐位置上的。

也十分有技巧地、就地取材地攫取、運用了這分有價值的政治資源。

漢高祖定天下，翦除異姓封王，而代以劉氏子弟，「地犬牙相制，此所謂盤石之宗也，天下服其彊。」（《史記·孝文本紀》）像始皇時那種秦人與山東六國遺民之間的緊張情勢大致上在當時已不存在，不必要像始皇那樣刻意地來宣揚聖人受命。但稍後的漢人無不以爲他是受命的聖人，如太史公說他：「此乃傳之所謂大聖乎？豈非天哉！豈非天哉！非大聖孰能當此受命而帝者乎？」（《秦楚之際月表》）即使像文帝、宣帝那樣以諸侯或帝胤入繼大統，漢人也把他們視爲得到天命的聖人。路溫舒的話可以說明這種看法：「齊有無知之禍，而桓公以興；晉有驪姬之難，而文公用伯。近世趙王不終，諸呂作亂，而孝文爲大宗。繇是觀之，禍亂之作，將以開聖人也。故桓、文扶微興壞……天下歸仁焉。文帝永思至德……省刑罰，通關梁……天下太平。夫繼變化之後，必有異舊之恩，此賢聖所以昭天命也。往者昭帝即世而無嗣，大臣憂戚，焦心合謀，皆以昌邑尊親，援而立之。然天不授命，淫亂其心，遂以自亡。深察禍變之故，乃皇天之所以開至聖也。故大將軍……黜亡義，立有德，輔天而行……」（《路溫舒傳》）紀元前七十八年，眭弘據泰山「大石自立」等異象，引上述董仲舒「雖有繼體守文之君，不害聖人受命」之言，要求昭帝讓位於新聖，結果坐「大逆不道」等罪處死。「後五年，孝宣帝興於民間，即位，徵孟（弘字）子爲郎。」（《眭弘傳》）顯然宣帝是藉此行動來表示眭弘的話並不全錯，他就是那個起自民間的新聖。

漢哀帝以漢再受命而改元易號，曰「陳聖劉太平皇帝」，已見於前。王莽爲篡奪漢室皇位曾不餘遺力地把自己塑造成聖人周公的模樣，即眞之後，「衆人咸稱朝聖」。王莽當是最熱切於運用聖人的形象來追求權勢的皇帝。

光武立足河北之後，諸將勸即帝位，馬武說：「'天下無主，如有聖人承敝而起，雖仲尼爲相，孫子爲將，猶恐無能有益。反水不收，後悔無及……宜且還薊即尊位，乃議征伐……'光武……乃引軍還至薊。」數月之後，他就即皇帝位，其告天祝文說：「皇天上帝，后上神祇，眷顧降命，屬秀黎元……群下僉曰：'皇天大命，不可稽留'。敢不敬承。」（《後漢書·光武紀》）那麼，他實際上是以受命聖人自居的。但《光武紀》稱建武七年（紀元31年）元三月「癸亥晦，日有食之，避正殿，寢兵，不聽事五日。詔曰：'吾德薄致災，謫見日月，戰慄恐懼，夫

何言哉！今方念慮，庶消厥咎……百僚各上封事，無有所諱。其上書者，不得言聖。」[34] 又，明帝也說：「先帝詔書禁人上事言聖，而閒者章奏頗多浮詞。自今有過稱虛譽，尚書皆宜抑而不省，示不爲諂子蚩也。」（《明帝紀》）明帝下此詔書，當是由於廬江郡來獻王雒山所出寶鼎，於是有人上書，言辭充滿了「浮詞虛譽」，或許就是稱頌聖德、敦勸封禪之類的話語（參考上文漢武帝時得鼎，群臣皆曰鼎「遭聖則興」及公孫卿所上申公鼎書稱聖及封禪等事），明帝因而引述光武的詔令來加以排斥。那麼，光武帝這一詔書可能也有類似的背景，值得注意的是當時天下尚未統一，隗囂、公孫述等勢力都還在與光武相抗，於是藉日食的機會來禁人言聖。但這並不妨礙他是受天命的聖人。他極力宣揚圖讖，中元元年（56年），他封泰山，禪梁父，並「宣布圖讖於天下」，就是通過實際的行動來向全天下宣示，他就是受天命、致太平的大聖。光武、明帝的這兩道詔令（明帝的詔令只是叫尚書「抑而不省」而已，還不是禁止，也沒有論及處罰。從這看來，光武雖「禁人上事言聖」，估計也不便予言聖者懲罰；同時這還只是禁止「上事言聖」，非上事而言聖則根本未加禁止）可能只在下達之初起過一點作用，以後就完全失效了。[35]

---

34 按范書，這詔書是因三月癸亥的日食而發下的。這次的日食，據現代的天文學者推算是正確可靠的。（見朱文鑫，《歷代日食考》，頁33。上海，商務印書館，1934年。）而《東觀漢記》：「七年春正月詔群臣奏事無得言聖人。」下詔在正月，不知是否有誤；或者光武曾於正、三月兩下詔令，禁人言聖，亦未可知。

35 其實，在明帝的自我心目之中，他也嘗不自視爲聖的。《後漢書·祭遵傳》附從弟《祭彤傳》就透露了明帝心底的自我形象。祭彤爲明帝太僕，「從東巡狩，過魯，坐孔子講堂，顧指子路室謂左右曰：'此太僕之室。太僕，吾之禦侮也'。」注引《尚書大傳》：「孔子曰：吾有四友焉。自吾得回也，門人加親，是非胥附邪？自吾得賜也，遠方之士日至，是非奔走邪？自吾得師也，前有光，後有輝，是非先後邪？自吾得由也，惡言不至門，是非禦侮邪？」按胥附等四友出自《詩·大雅·綿》篇末歌頌周文王的一章。漢儒以孔子爲素王，因而有顏回等爲四友之說。《論衡·問孔》：「顏淵死，子曰：'噫！天喪予！'此言人將起，天與之輔；人將廢，天奪其佑。孔子有四友，欲因而起，顏淵早夭，故曰天喪予。」那麼，當時漢人認爲孔子是有意起而取得聖人之寶位以統治天下的。明帝自坐孔子講堂，而且祭彤爲禦侮，坐處子路之室。從這足以覘見其以聖自居的意向。又《三國志·蜀書·劉焉傳》：「焉覩靈帝政治衰缺，王室多故，乃建議言：'刺史、太守貨賂爲官，割剝百姓，以致離叛。可選清名重臣，以爲牧伯，鎮安方夏。'焉內求交阯牧，欲避世難。議未即行，侍中廣漢董扶私謂焉曰：'京師將亂，益州分野有天子氣。'焉聞扶言，意更在益州……焉謀得施，出爲監軍使者，領益州牧……焉意漸盛，造

　　事實上，不只是新得天下的皇帝有必要讓臣民曉得他就是受命的大聖；依上所述，「遷命賢聖」是「天地之常經」，即使是「繼體守文」的皇帝也不時因人們預期將有新聖代起而感受到面臨著不容忽視的威脅。災異是上天初步的警告，連續接踵而來的災變則是更命新聖前的嚴重譴責，每遇有災異，或連連發生災變，臣民就可以援引這一政治理論來對皇帝進行攻擊。自武帝以來，兩漢的皇帝都無法對此掉以輕心。一方面，他們展開迫害的行動來對付唱導這種說法的儒者，如將董仲舒下獄，把眭弘處死，以圖收取箝制臣民口舌之效；或者搞法家有功歸君、有過歸臣的那一套，把災變的責任推卸到宰相或三公身上，以減輕自身所承受的壓力；在另一方面，他們則攫取了這一政治理論中對他們有利的部分，即所謂「王者躬行道德……符瑞並降，以昭保右」，來大事播宣種種的祥瑞，以爲自己塗抹聖德的光彩，採用符瑞來建立或更改年號，如武帝年號元狩、元鼎分別是因「獲白麟」、「得寶鼎」而列爲年紀的；昭帝年號元鳳是因「三年中，鳳皇比下東海海西樂鄉，於是以冠元焉。」[36]漢人相信，「祥瑞之降，以應有德」（《明帝紀》）又《論衡·指瑞》篇說：「儒者說：鳳皇、騏驎爲聖王來……非聖人之德，不能致鳳皇、騏驎。」那麼以符瑞爲年號或因祥瑞之出現而大赦的用意當在於暗示天下，皇帝是聖人，皇帝因有聖德而致天右。

　　聖人如上所述，既是至德至智、「全美」「純完」、萬舉萬全、沒有過誤的，那麼聖人自然該是人們的教導者，即孟子所謂：「聖人，百世之師也。」（《盡心下》）而聖人所創造的法則、所設計的制度、所執行的措施等等也都爲當時以及

作乘輿車具千餘乘。荆州牧劉表表上焉有似子夏在西河疑聖人之論。」按《禮記·檀弓上》：「子夏喪其子而喪其明，曾子弔之曰：'吾聞之也，朋友喪明則哭之。'曾子哭，子夏亦哭，曰：'天乎！予之無罪也！'曾子怒，曰：'商！女何無罪也？吾與女事夫子於洙泗之間，退而老於西河之上，使西河之民疑女於夫子，爾罪一也……'」俞樾《群經平議》卷十九謂：「謹按：'疑'乃'擬'之假字。《漢書·食貨志》：'遠方之能疑者'，《何武王嘉師丹傳·贊》：'疑於親戚'，師古注並曰：'疑讀曰擬'是也。'疑女於夫子'者，擬女於夫子也。」（《皇清經解續編》，卷千三百八十，葉十二）然則劉表之意乃以擬孔子爲有意於天下神器。這也是漢人認爲孔子有意起而據天子之位以治理天下的一個例證。

36　《漢書》卷六《武帝紀》、卷七《昭帝紀》顏注引應劭語。《後漢書·光武帝紀》：「孝宣帝每有嘉瑞，輒以改元，神爵、五鳳、甘露、黃龍，列爲年記，蓋以感致神祇，表彰德信。」

後世樹立了典範，既是理想之所托、價值之所在，也是衡量現實政權所做所爲的是非對錯的尺度。聖人統治下的這個聖世也就是所謂的「太平，治之至也」。（《莊子・天道》）

先秦諸學派中頗有些思想家把這樣的聖人及其統治下的太平聖世置入實際的歷史脈絡裡，認爲是確實存在過、發生過的事實。例如，墨家常說，那發生在三代之初，《墨子・明鬼下》：「子墨子曰……自中人以上皆曰若昔者三代聖王足以爲法矣」。[37] 而墨家的一些基本主張都來自這些古代的聖人。《墨子・尚賢上》：「古者聖王之爲政，列德而尚賢。」《尚同中》：「古者聖人之所以濟事成功，名垂於後世者，無他異故焉，曰唯能以尚同爲政者也。」《兼愛中》：「兼相愛，交相利……古者聖人行之。」《節用中》：「古者聖王制爲節用之法」，「古者聖王制爲節葬之法」。這樣，「古」或「三代」以及聖人或先王就成了當時各家用來消極地批制時政、積極地宣揚本派理想的主要依据。戰國末到漢代，特別是在漢代的士人，除了托古或托三代，高舉聖人的大纛之外，也常使用「太平」這一利器來評擊當世。

在春秋戰國之際，知識階層興起，處士橫議，列國君主雖不得不禮賢下士，但道、勢之間也出現了緊張的關係。站在君主的立場上，爲人主的利益代言的法家就指出人主所當剷除的對象就有「先爲人而後自爲，類名號言，汎愛天下，謂之聖」的一種人；法家又聲稱，人主也應對「聖智成群，造言作辭，以非法令於上」的情勢嚴加禁止。（《韓子・詭使》）法家還提醒人君對自己的左右近臣需要特別提高警覺，以防止他們「稱道往古，使良事沮」。（《說疑》）

秦一海內之後，道勢之間的緊張也達到了最高點。在秦始皇所採取的焚書等對道鎮壓的行動中，所以要特別對「以古非今」加以「族」的重刑，並不是偶然的，其用意就在於通過這嚴厲的手段來摧毀那跟現實政權對立的「古」。但在另一方面，秦始皇在群臣的刻石頌辭裡，給人的印象是十分類似《中庸》裡所說的「配天」的聖人，上文已提到頌辭說他的治績也和「太平」無異（王充在《感類》篇裡斥責說他「治亂自謂太平」），而始皇也表示他「悉召文學方術士甚衆，

---

37 漢儒也說：「太平之世，唐虞之時」（《論衡・寒溫》），明白地表示唐、虞時代就是曾經存在過的太平聖世。

欲以興太平」。（《秦始皇本紀》）由此，我們可以清楚地看出來，秦始皇一方面
對道進行嚴厲的打擊、剷除；在另一方面，又大加利用，給自己披上了道的外
衣，宣揚自己就是道的化身——聖人，所搞的就是太平聖世。

　　漢代儒生、官吏除了常以聖人或三代聖王的所做所爲來批評皇帝或要求皇帝
遵行之外，也期望皇帝興太平或以興太平爲名來要求皇帝中止某些不當措施，這
類的事極爲常見，難以悉數列舉。例如在鹽鐵辯論中，諸文學賢良就在「論太平
之原」（《鹽鐵論・雜論》）。《漢書》記載西漢末群臣上奏說在王莽輔政之
下，「聖瑞畢溱，太平已洽。」（《王莽傳》上）唯有聖人才能致太平，而漢儒多
認爲漢代從來沒有出現過太平，就是因爲直到他們的那個時代，漢朝始終沒有聖
帝的緣故。《論衡・宣漢》：「儒者稱五帝三王致天下太平，漢興已來，未有太
平。彼謂五帝三王致太平，漢未有太平者，見五帝三王聖人也。聖人之德，能致
太平；謂漢不太平者，漢無聖帝也。」王充用了相當多的篇幅來駁斥世儒之說，
並論證漢世遠超過了古代，而且漢有聖帝，幾乎個個皇帝都是聖人，在漢朝聖帝
治下，天下已臻於太平。（《宣漢》、《恢國》、《驗符》、《須頌》）其間的是
非對錯，這裡不擬討論。但無論如何，由聖人以及與其不可分割的太平所代表的
道，對秦漢皇帝構成了嚴峻的挑戰。沿著秦始皇的行動路線，一方面設法鎮壓，
一方面進行宣傳，把皇帝聖化，使道勢合一，當是較爲可行的決擇。這也是漢代
的皇帝們覬覦聖人這名號的一個原因。

　　另外，在這裡必須要稍加說明的是：皇帝是否爲聖人是一回事；皇帝因被宣
稱爲聖人，從而使許多人相信皇帝就是聖人又是另外一回事。王充說漢儒認爲在
他們所知道的漢代皇帝當中沒有聖人。牽涉的是前者。至於後者，則雖然群臣、
儒士在嘴上、在筆下都稱皇帝爲聖人，但在其心底深處也未必都認爲皇帝是聖
人，而所以這麼做的原因是爲了尊君或政治宣傳上的需要，或其他的目的；同時
在恭維皇帝的時候，他們也沒有必要去考慮皇帝是否具備了可以被稱爲聖人的條
件。當然，「自反而縮，雖千萬人吾往矣」的道德勇氣是不多見的，而「世之毀
譽，莫能得實，審形者少，隨聲者多，或至以無爲有」（《風俗通義・正失》）因
此在群臣、文人、儒士普遍稱呼皇帝爲聖的情況之下，是很容易形成一個強而有
力的慣例，讓後來的人都跟著他們走，這樣就出現了稱皇帝爲聖人、以「聖」字

來稱呼各種與皇帝有關的事物的傳統。這也就是本文所指的皇帝的聖人化，跟驗證做皇帝的人是否眞實具有聖人的材質與成就無關。

學者多認爲，秦漢以來皇帝實際所施行的基本上是法家思想，即使漢武帝罷黜百家，獨尊孔子，也還是陽儒陰法。法家認爲臣下始終都在窺伺著君主，捕捉住人主犯過或露出弱點的機會來圖謀自己的利益，而人主也因過誤而見輕於臣下，削損了君主的威勢。韓非要君主「函掩其跡，匿其端」，使「下不能原」，即使臣下根本無從發現人主的過誤。要做到「有功則君有其賢，有過則臣任其罪」（《主道》），這樣，君主就永不錯誤了。秦漢時代頗不乏意識到這一問題的皇帝，如漢高祖說：「李斯相秦皇帝，有善歸主，有惡自與」，而蕭何卻反其道而行之，因此將他下獄繫治。（《史記·蕭相國世家》）對這一問題的警覺心常表現在皇帝的拒諫飾非的行徑上。史書所載皇帝排斥臣下直言切諫的例子並非罕見。如汲黯「好直諫，數犯主上顏色」，因而「以數直諫，不得久居位。」（《史記·汲黯傳》）而公孫弘「每朝會議，開陳其端，令人主自擇，不肯面折庭爭」，「弘奏事，有不可，不庭辯之。嘗與主爵都尉汲黯請閒，汲黯先發之，弘推其後，所言皆聽」。「嘗與公卿約議，至上前，皆倍其約以順上旨」而大爲武帝所說。（《平津侯傳》）石建受武帝，「親尊禮之」，也是由於他「事有可言，屛人恣言，極切；至廷見，如不能言者。」（《史記·萬石君傳》光武帝時，韓歆「好直言，無隱諱，帝每不能容」。後終因言事「甚剛切」而免歸田里，「帝猶不釋，復遣使宣詔責之」，結果「歆及子嬰竟自殺。」（《後漢書·侯霸傳》）班固《典引》篇序提到永平十七年（紀元74年）明帝詔說：「司馬遷著書，成一家言，揚名後世。至以身陷刑之故，反微文刺譏，貶損當世，非誼士也。司馬相如涊行無節，但有浮華之詞，不周於用。至於疾病而遺忠，主上求取其書，竟得頌述功德，言封禪事，忠臣效也。至是賢遷遠矣。」（《文選》卷四十八）對司馬遷譏評當世嚴加斥責，而對司馬相如歌功頌德優爲褒獎。從這可以清楚地看出來明帝是怎麼樣的一個皇帝。明帝政令「苛切」（《章帝紀》），「唯鍾離意獨敢諫事，數封還詔書」，而鍾離意亦因其諫而「不得久留，出爲魯相。」（《後漢書·鍾離意傳》）即使是被漢室尊爲太宗的漢文帝也因馮唐當衆言其短而大怒，「起入禁中，良久，召唐讓曰：‘公柰何衆辱我，獨無閒處乎’？」（《史記·馮唐傳》）無疑地，請閒言事

意謂著君臣之間有一共識，即臣下是絕對不可以將所言之事宣泄出來的。這當是
爲了使皇帝不見短於大臣，不示過舉於天下，以免損害到他的尊嚴威勢。

不只是精明幹練的皇帝如此，即使不是什麼特別有才幹的皇帝，在臣下的開
導下，也會立刻對這一問題有所覺悟。在秦代有趙高說二世：「陛下富於春秋，
未必盡通諸事，今坐朝廷，譴舉有不當者，則見短於大臣，非所以示神明於天下
也。且陛下深拱禁中，與臣及侍中習法者待事，事來有以揆之。如此則大臣不敢
奏疑事，天下稱聖主矣。」（《史記‧李斯傳》）二世接受了這一看法，並逐步爲
趙高所制。在漢代，惠帝作複道以便於朝見太后，叔孫通「奏事，因請閒曰：‘陛
下何自築複道高寢？衣冠月出游高廟，高廟，漢太祖，柰何令後世子孫乘宗廟道
上行哉？’孝惠大懼，曰：‘急壞之。’叔孫生曰：‘人主無過舉。今已作，百姓
皆知之；今壞此，則示有過舉’……」並建議了掩飾此舉的補救方法。（《史記‧
叔孫通傳》）值得注意的是趙高的建議把臣下無從窺見皇帝的過失和臣民稱皇帝
爲聖聯繫了起來。上文已提到聖人在當時是被視爲永無過誤的。這也是聖人這一
稱呼所以對皇帝們深具魅力的另一項重要原因。

至於以聖人來稱皇帝，何以要取徑於臣下的稱頌、宣揚，而不由皇帝下詔制
定爲正式的名號（蔡邕《獨斷》：「漢天子‘正號’曰皇帝」）這一問題，我們推
測這是由於從來沒有聖人自稱自己是聖人的。孔子是春秋晚世以來普遍被人們稱
頌爲聖人的，但他卻說：「若聖與仁，則吾豈敢？」又說：「聖人，吾不得而見，
得見君子者斯可矣。」（《論語‧述而》）聖人正如申不害所說：「百世有聖人猶
隨踵，千里有賢人是比肩」[38]；或桓譚所謂：「聖人乃千載一出，賢人君子所想思
而不可得見者也。」（《全後漢文》卷十三）是極其罕見的。同時聖人不但是千百
年難得一見的，即使是有機會見到了也未必能夠知道所見的就是聖人，正如王充
所論的那樣：「桓君山謂楊子雲曰：‘如後世復有聖人，徒知其才能之勝己，多不
能知其聖與非聖人也。’子雲曰：‘誠然。’夫聖人難知，知能之美若桓、楊者，
尚復不能知；世儒懷庸庸之知，齎無異之議，見聖不能知，可保必也。」（《論
衡‧講瑞》）因此身稱爲聖，勢必普遍地起人們的疑慮、審察、嘲笑或輕視。若由
他人來稱己爲聖，則不至於產生同樣的後果。上引趙高說二世，「聖主」是要由

38　馬總《意林》（《四部叢刊初編》本）卷二引。

天下人來稱頌的，當然就不是由皇帝自己來制定的了。孔子爲聖，是其弟子和時人首先這麼說的；《莊子‧天下》篇說墨者「以巨子爲聖人」，鉅子爲聖人也是墨者叫出來的。鼂錯對文帝說：「以陛下之時徙民實邊，使遠方無屯戍之事，塞下之民父子相保，亡係虜之患，利施後世，名稱聖明，其與秦之行怨民相去遠矣。」（《漢書‧鼂錯傳》）同樣，聖人的名聲是建立在廣大群衆的口碑之上的。賈誼上疏勸文帝「衆建諸侯而少其力」，認爲這樣做，雖「臥赤子天下之上而安，植遺腹，朝委裘，而天下不亂。當時大治，後世稱聖。」（《漢書‧賈誼傳》）則不但是由他人來頌聖，而且還是在皇帝身後才這麼做的。至於司馬遷說：「漢興以來，至明天子，獲符瑞，封禪，改正朔，易服色，受命於穆清，澤流罔極，海外殊俗，重譯款塞，請來獻見者，不可勝道。臣子百官力誦聖德，猶不能宣盡其意……主上明聖，而德不布聞，有司之過也。」（《太史公自序》）然則百官於皇帝在世時來稱頌其「聖德」還是不可逃避的責任。而法家正是主張要由臣下來尊君的，韓子曾說過這樣的話：「大臣有行則尊君」。（《韓子‧八經‧主威》）漢宣帝所做的一件事很清楚地宣洩了他心裡對臣下尊君所持的態度。宣帝徵龔遂爲勃海太守，勃海大治，因召問狀，龔遂採用屬下王生的建議回答說：「皆聖主之德，非小臣之力也。」宣帝因用遂爲水衡都尉，而拔王生爲水衡丞。（《漢書‧循吏‧龔遂傳》）法家要求臣下自動地來進行尊君卑臣，「以其主爲高天泰山，而以其身爲壑谷鬴洧之卑」，使「主有明名廣譽於國。」（《韓子‧說疑》）上文提過戰國秦漢之際的聖人是配天的，其功德是至高無上的。因臣下尊君而導致皇帝聖化這一結果，當是法家思想在秦漢時代起過重大作用的一個例證。

五、結　語

既然聖人在戰國秦漢之際已經成爲人們政治生活裡所普遍崇拜、嚮往的對象，人們也一直以聖人的所做所爲來批評皇帝不該這樣那樣，要求皇帝如此這般，一直拿興太平的大帽子來壓制皇帝。要應付這些評擊是十分吃力的，而斧底抽薪之計就是讓皇帝變成聖人。在秦漢皇帝的暗示之下，由臣民不斷地以聖人以及帶有「聖」字的整套用語來稱述皇帝而把皇帝聖化了，也提高了皇帝的威勢。

皇帝的聖化是秦漢君主在面向著對自己有威脅而又潛在地對自己有利用價值的文化因素崛起、壯大的情勢之下，所發展出來的、把跟自己對立的因素轉化爲可供自己運用的政治資源，來爲提升自己的威勢服務的積極的步驟。關於這點，蔡邕《獨斷》傳遞給我們的訊息是相當有意義的：「漢天子正號曰皇帝……臣民稱之曰陛下。」「天子，正號之別名。」即天下的最高統治者雖然有了「皇帝」這一「正號」，即正式的頭銜，但並沒有同時把其他舊有的王號如「天子」、「陛下」等廢除掉。這意謂著某些長久以來的政治傳統因素仍然具有強大的生命力，能夠在以「皇帝」來標誌的新時代裡繼續發揮重大的作用，而這些舊名號正承載著這筆豐厚的傳統政治資產，保留、使用這些舊名號就是爲了要這舊有的政治資財繼續爲新時代的主宰者服務。而「聖人」這重大的因素正出現在這承繼並利用歷史遺留下來的舊資產，開闢、創造政治新資源的時刻，當是難以逃脫出統治者的眼光的。《商君書・弱民》篇：「今離婁見秋毫之末，不能明目易人（簡書曰：范本「明目」上有「以」字）；烏獲舉千鈞之重，不能以多力易人；聖人在體性也，不能以相易也。今當世之用事者，皆欲爲上聖，舉法之謂也。背法而治（《錯法》篇：「夫聖人之存體性，不可以易人；然而功可得者，法之謂也。」據彼校此，此當作：「然而功可得者，法之謂也。今當世之用事者皆欲爲上聖，舉背法而治」。有脫，有倒耳。），此任重道遠而無馬牛，濟大川而無舟楫也。」[39]可見在天下統一的前夕，列國君主雖不能修身成聖，但對聖人的治績卻也心嚮往之，對聖人這名稱也已流露出垂涎之意。秦政吞并列國，以其前所未有的統一天下等諸項事功（之罘東觀刻石稱之爲「聖治」）來求取聖人之名，當是繼踵戰國列國君主之後，企慕「上聖」的進一步發展的結果。然則秦始皇時「秦聖」、「大聖」諸名既有取於陰陽五行學派的天命說，同時也有其實際的歷史背景。皇帝這一君號的創立是爲了顯揚其超越往古的劃時代的統一海內的功業，尊崇其威勢，而基於其事功也由群臣尊之爲聖人。這樣，歷史上頭一個皇帝也同時成了聖人，與此相隨而來的是大量使用帶「聖」字的語詞來恭維皇帝，皇帝聖化的過程也就於焉開始了。當然在事實上，「聖君少而庸君多」（《法言・先知》）是人們的普遍認識，因此即使臣民普遍地用「聖」字來稱呼皇帝以及與其有關的各項事物，皇帝

39　引文及校均據蔣禮鴻，《商君書錐指》，頁126。北京，中華書局，1986年

仍然不便主動要求把「聖人」制定爲正式的名號；即使皇帝以聖人自居，也不便直接地明言自身即是聖人，而通常都以迂迴問接的手段來暗示，或由羣臣以上事進奏的方式來把它表達出來。但無論如何，這爲後代的君主樹立了榜樣。類似的情況也發生在佛教盛行以後，佛廣泛地吸引著羣衆的心靈，把千千萬萬人們的生活、利益跟佛教信仰活動聯繫了起來。於是佛教也不可避免地引起了皇帝的關注，或加以限制、禁止、打擊或毀滅；或加以利用，將它扭轉爲替自己服務的政治工具。就像先前的皇帝要以聖自居那樣，這時的皇帝要以佛自居了，如北周武帝就曾說：「帝王即是如來。」[40]這樣就有了製造佛教版的讖緯來將自己佛化，或由臣民宣稱皇帝爲佛來把皇帝佛化等事。[41]雖然人們未必眞信皇帝就是聖人或佛，但有誰會對此公然地加以揭穿或批評呢？王充所說「功名之下，常有非實之加」（《論衡·書虛》），對極力追求權勢或搞法家那套尊君的皇帝而言是十分適當的。

　　　　　　　　　　　　　　　　（本文於一九九〇年十二月六日通過刊登）

40　唐釋道宣《廣弘明集》（《四部叢刊》初編），卷十，《敘任道林辨周武帝除佛法詔》，
　　122下。

41　如歐陽修《歸田錄》（北京，中華書局，1981年）卷一所記載的一個例子：「太祖皇帝
　　初幸相國寺，至佛像前燒香，問當拜與不拜，僧錄贊寧奏曰：‘不拜。’問其何故，對
　　曰：‘見（現）在佛不拜過去佛。’贊寧者，頗知書，有口辯，其語雖類俳優，然適會上
　　意，故微笑而頷之，遂以爲定制。至今行幸焚香，皆不拜也。」

明儒湛若水撰帝學用書《聖學格物通》的政治背景與內容特色

朱 鴻 林

《聖學格物通》一百卷，是湛若水根據明世宗詔令文臣直解經史以進御覽之旨精心撰著的帝學用書，也是本精神和體例上都沿襲了宋眞德秀《大學衍義》和明丘濬《大學衍義補》傳統的儒家子書，但卻沒有產生過類似或近於眞丘二書的影響。本文列舉此書歷來不受重視的事實，探究作者著書的動機，論證作者的政治背景決定了此書的內容而此書的內容又是它沒有產生影響的原因的關係。

明世宗由少年藩王入繼帝位，朝臣均以中興維新之政期之，紛以法祖講學之事爲請，但在即位後四年內，卻與包括內閣輔臣在內的絕大部份朝臣發生「大禮議」爭執。此時任官翰林、以經筵講讀爲職的湛若水，一直是首輔楊廷和的支持者，曾多次繼楊氏陳請之後上疏諫籲世宗正心修已，尊重舊臣，言辭或至「疑駭無當」。世宗最後以廷杖、充軍、削籍等科嚴懲積極與事的異議朝臣，湛若水也由翰林官調外爲南京國子監祭酒。《格物通》即在祭酒任中纂就進呈，是湛若水對明世宗盡忠補過的表示，同時也寓有勸誘之意。

是書的最大特色，是籍對經史和明朝祖訓的闡釋，宣揚了湛氏個人「隨處體認天理」的心學學說，強調帝王之學須以治心爲主，治平之術當以法祖爲先。書中除了嚴斥歷代干政宦官之外，又有衆多有關政情的籲請以起世宗注意，但卻沒有提出解決實際問題的具體構思。這是作者識度有限和心存避忌的結果，卻造成此書用途上的局限，減少了它的學術及應用價值。

一、湛若水與《格物通》的問題

嘉靖七年（1528）六月初一日，陞任南京吏部右侍郎僅十日的原南京國子監祭酒湛若水（1466-1560），從南京上表進呈所撰《聖學格物通》一書。此書正文一百卷，前有〈纂要錄〉一卷，約共五十餘萬字，費時三年而成，是湛若水在南京

國子監祭酒四年任內完成的個人鉅著[1]。

　　按照傳統的書籍分類，《聖學格物通》是本自立一家之言的子書[2]。書題中的「聖」字，在本書的用法上，是聖帝明王的省稱。以故「聖學」一詞雖可泛指聖人之學，在這裡卻是特指帝王之學。依照當時的通識，帝王之學的極則，在於明明德以治平天下，而此學的大經大法，則具載於《大學》一書中所揭示的聖賢大訓。聖學認知階段的內容，主要便是對《大學》書中各個命題予以討論講究；聖學實踐階段的主旨，理論上便是這些講論結果的付諸行事。《聖學格物通》的構思組織，也由《大學》的「八條目」架構開展成立：以誠意、正心、修身、齊家、治國、平天下六目各立一格，每格內分列若干與格題命意有關的子目，每子目下輯繫若干採自成書的個別條文，每條文後附以湛若水本人的按語。其理論特點，在於視《大學》六目所涵所屬的一切，無非致知格物之事，而致知又實即格物，故不獨不爲致知格物二目立格，反而併致知於格物，以格物爲從事聖學的一切法，因而有「格物通」的名義。其所謂「通」，又有「總括」、「疏解」、「貫穿」、「感悟」四個獨立而又可相連貫的意義。故作者得以強調謂讀是書者，可使一切「意、心、身、家、國、天下之理，皆備於我矣」[3]。因事得理，「隨事體認」，一格物而收「知行並進」之功，正是湛若水本書的「立言」大旨。

　　概括地說，《格物通》性質上是本輔助經筵講讀不足的帝學用書；體例略倣南宋眞德秀（1178-1235）的《大學衍義》[4]；內容被認爲大致與明代丘濬（1421-1495）的《大學衍義補》相近[5]；著作誘因是爲響應嘉靖四年七月初四日一道呼籲「文臣撮經書史鑑有關帝王德政之要者直解進覽」的聖旨[6]；著作的公開目的是

1　此書今存刊本有如下四種：明嘉靖十年至十一年間福建刻本，嘉靖十二年揚州刻本，清同治五年資政堂刻本，《四庫全書》抄本。各本書前均有進書表與序文，其他不同之處，下文將予分別敘述。本文爲便讀者查按，所用本書以台灣商務印書館影印文淵閣《四庫全書》本爲據，疑似之處，均用其他三本予以校對。

2　紀昀、永瑢等《四庫全書總目提要》（上海：商務印書館〔《萬有文庫》本〕，1931）卷91（第18冊）頁1-2，〈子部總敘〉。

3　《格物通》・〈序〉。

4　《四庫全書總目提要》卷93（第18冊）頁61《格物通》提要。按：提要言是書體例略倣《大學衍義》一處，義未明確，詳細下節將有討論。

5　同註4。按：《四庫全書》提要言本書「大致與丘濬《大學衍義補》相近」，語欠分明；其詳細之處，將於下節討論。

6　《格物通》・〈序〉。進書〈表〉中亦有相同之言，並及該聖旨所命撰進他書之名。

在「不詭於《衍義》與《補》而容或少有發明而一助焉」的纂述原則下[7]，爲年輕的明世宗（1507-1567，在位1521-1567）提供有助於帝王修身治國的經史言論、明代祖宗訓令、和作者因闡釋這些言論訓令而發揮的個人見解。

是書的用處，曾爲清代乾隆朝中的儒臣所肯定。《四庫全書》的編纂官，認爲它與《大學衍義補》可以「相輔而行，均於治道有裨」，在子部儒家書中把它加以著錄。《四庫全書》著錄明代同類性質和體例的著作，這兩種之外，只有夏良勝（1480-1538）的《中庸衍義》[8]，《格物通》無疑是本具有成就的著作。作爲與王守仁（1472-1529）同志而齊名的湛若水的作品，是書受到《四庫》館臣的重視，似乎是個理所當然之事。

湛若水別字元明，學者稱甘泉先生，籍貫廣東增城，是十六世紀中國著名而有影響力的思想家和教育家[9]。二十九歲時，往江門從學於陳獻章（1428-1500），體會出「隨處體認天理」的爲學方法。獻章對他極端器重，晚年甚至指定他爲自己的學術繼承人。經過獻章的肯定，「隨處體認天理」漸而成爲若水的定形學術宗旨。這一宗旨在明人思想之中，佔有重要的席位；若水的學術活動，也對明代思想的發展，產生了有份量的作用。湛若水在學術思想史上的成就，一方面是發展了陳獻章由自然歸於自得的江門心學，一方面是和王守仁合力恢復了宋儒陸九淵傳下的唯心思想，並且確定了它在明代思想中的地位。若水所論學術，對守仁個人思想的形成，也有一定的影響[10]。湛王二人的思想和活動，既暴露了中期明代官方程朱學說的弱勢，也反映了時人力求思想自立創新的決心和努力。力求自得而不盲從官定理學，本來是十五世紀下半期已經開始的思想趨勢[11]，

7　《格物通》·進書〈表〉。

8　《四庫全書總目提要》卷93（第18冊）頁60-61。按：夏良勝南城人，正德戊辰進士，嘉靖間以大禮議事謫遼海；此書撰於戍中，並無進呈紀錄。

9　湛若水事迹，張廷玉《明史》及黄宗羲《明儒學案》等書均有傳記。近代L. Carrington Goodrich and Chaoying Fang, eds., *Dictionary of Ming Biography, 1368-1644*（New York: Columbia University Press, 1976）, pp. 36-42, 亦有Chao-ying Fang 撰傳及Julia Ching補按。

10　湛若水對王守仁思想形成的影響，可參看Wing-tsit Chan, " Chan Jo-hui's Influence on Wang Yang-ming ", *Philosophy East and West 23*（1973）, *pp. 9-30*.

11　Hung-lam Chu, " Intellectual Trends in the Fifteenth Century ", *Ming Studies* 27（Spring 1989）pp. 1-33.

到了他們的時代，更成了潮流匯合，汪洋壯闊的局面。湛王的共同成就，使明代思想界出現了定形的心學思想。儘管陽明學說的歷史成就高於甘泉學說，在歷史當時的湛學，其曾發揮影響，普受注意，是無可置疑的事實。

湛若水心學思想的體系，主要表現在他的世界觀和修養方法兩個方面。晚近的研究指出[12]：在世界觀方面，他由接近張載「太虛即氣」的一元論觀點，開始了「宇宙一氣」的自然觀，經過具有朱熹理氣觀色彩的「理氣一體」與「道、心、事合一」的邏輯發展過程，從而由認識論和本體論的不同角度得出「萬事萬物莫非心」的心學觀點。這種世界觀，被認爲是「仍然保持著鮮明的主觀唯心主義色彩」。在修養方法方面，湛若水強調「立志」、「煎銷習心」、和「隨處體認天理」三點。「這三點是互相聯繫的，都是爲了認識『天理』，從而完成儒家的道德修養」。他這「天理」所涵蓋的範圍極廣，但究其極則，實際上就是人的「本心」；正如他自己所說，「天理者，即吾心本體之自然者也」[13]。「隨處體認天理」，便是在一切動靜、知行等對立而連續的狀態中，使原具天理的本心呈露無遺。這個修養方法，湛若水自稱之爲「中和湯」，認爲它既能治病，又能防病[14]。

如上湛若水的思想體系和要點，以至他和王守仁間著名的「格物」之辨，散見於他所遺下的衆多著述之中，而《聖學格物通》正是其中最重要的一部。從羅洪先（1504-1564）所撰湛氏墓表和洪垣（卒約1590）所撰湛氏墓志銘中所存錄的書目看來[15]，湛若水的著作約有三十種。近人把它們分爲三類[16]：「一是論述自己心學思想與時事出處之作」；這類作品現存的約有十種，大體上反映了湛氏「心學思想的基本方面和主要觀點」，是近代研究湛若水生平和思想的主要材料。第二類是「厘訂儒學經典之作」，約共十種，現存完整的則只有《春秋正傳》一種，反映了湛氏的經學學問和立場。由於明代經學在經學史上並不佔有顯要地位，近

12　此段引文，除別具注者之外，均出侯外廬、邱漢生等《宋明理學史》下卷（北京：人民出版社，1987）頁173-184。

13　《格物通》27・1上。按：湛若水類是之言，《格物通》書中所見，尚甚多處。

14　黃宗羲《明儒學案》（北京：中華書局〔沈芝盈點校本〕，1985）37・899-900。

15　《湛甘泉先生文集》（同治五年資政堂刊本）32・1上－8上，羅洪先撰〈墓表〉；32・8上～18上，洪垣撰〈墓誌銘〉。

16　此處起至段末引文，均出《宋明理學史》下卷，頁171-172。三種分類的細節，亦於該處可見。

代的相關研究也還有待拓展，湛氏這一類的著作，迄今還沒有深入的論著，可以提供對它們的了解和評價。第三類便是「發揮儒家修身、治國理論之作」的《聖學格物通》一種，是部藉一連串「儒家傳統的論題，來發揮自己的心學觀點」之作，在湛氏著作當中，具有特殊的重要地位。

《格物通》事實上不只是湛若水諸多著作中篇幅最鉅大的一部，它也是內容最周延、立場最明顯、議論最密集、用心極精和期待最切的一部。可以說，舉凡湛若水的思想要項、學術大旨、以及主要的政教見解和主張，都在書中呈現無遺。若水自稱「竭精畢神，刳心戮力」[17]以編纂此書，自信是書能使「聖人之學無餘蘊矣」，故有「君得之以成其仁，臣得之以成其敬，學士得之以成其德，家國天下之民得之以會極而歸極」[18]的用處和貢獻。由這些迹近誇張之言，可見他雖以此書直陳於明世宗個人，他實際上是認爲也希望此書應爲一切以完成治平理想爲職志的不同階層內不同職位的人物所共知共學。湛若水既有以講學覺世爲志的儒者抱負，又有替國家培養賢才爲職的國子祭酒責任，他對此書作了這樣程度的重視，自然也是合乎情理之事。

隨處講學，亦即隨處傳授發揮「隨處體認天理」學說的活動，是湛若水的終身職志。若水年四十成進士，即以翰林院庶吉士身份和當時任官兵部主事、比他年輕六歲的王守仁在京師共同講學，開始了爲後人所稱述「以興學養賢爲己任」[19]的事業。正德二年始授編修，嘉靖十九年以參贊機務的南京兵部尚書致仕，時年七十五，越二十年始卒於家。在長逾半個世紀以高級學官文臣和講學大師爲主的生涯中，「貴而有位」[20]的湛若水南北往來，衆建書院，廣納生徒，不以居官有所間斷，也不因居鄉而有所減損。一生所建書院，據其晚輩羅洪先所記，前後多達三十三所，「咸有精舍瞻田，以館穀來學」。其總成績是先後「相從士三千九百餘人」[21]，在明代中葉的講學運動中，一時有和王守仁平分天下之勢[22]。

17　《格物通》·〈表〉。

18　同注17。

19　屈大均《廣東新語》（香港：中華書局，1974）9·295。

20　同注19。

21　羅洪先撰〈墓表〉。洪垣撰〈墓誌銘〉亦說「出其門者四千人」。以上分見《湛甘泉先生文集》32·5下及32·15上。《廣東新語》（9·295）作「二千九百有餘」，殆誤。書院名數，則〈墓表〉與《廣東新語》所載均同。

22　《廣東新語》（10·308）謂當時有「廣宗」、「浙宗」之分。《明儒學案》（37·876）亦說「當時學於湛者，或卒業於王，學於王者，或卒業於湛」。

　　湛若水之所以能養士，是因他富且貴而有位；之所以肯養士，則與他以此舉便利傳播自己的思想和主張的意圖有關。我們知道，他在南京任官期間，單在新泉書院刻行的自己著作，便達十種之多[23]。《格物通》成於嘉靖七年，若水長達十二年的侍郎尚書級職顯宦階段，也是從這年開始。在貴而有位、富而能施的條件下，在書院衆多、門徒繁盛的情況下，如果說《格物通》之爲《四庫全書》所重視而加以著錄，是此書影響重大，流傳廣遠的客觀反映，至少在情理上並不至於鑿空乖戾。

　　但《四庫》館臣對此書的重視，事實上並不稱量地反映出它在明清二代的實際遭遇。湛若水謙稱此書「不詭於《衍義》與《補》，而容或少有發明而一助焉」，但它的重要性和它所曾發揮的影響力，和《大學衍義》及《大學衍義補》比較起來，實在微不足道。《大學衍義》從元代泰定朝首次被定爲經筵用書時開始[24]，經過明太祖的留意表彰而成爲明代經筵的經典，與五經、《資治通鑑》諸書，等量齊觀[25]。到了嘉靖朝中，更具有無與倫比的崇高地位。明世宗刻意講讀時，設有專講《大學衍義》的經常日期和特任講官。此制定於嘉靖六年五月[26]，次月又因專講之故，命爲之重新寫刻，由司禮監刊印[27]；這些都是《格物通》成書前一年的事情。《大學衍義補》名義上是補充《大學衍義》之作，內容則與之不同，性質和目的也略有差別，但在歷史上所產生過的影響，卻也和《大學衍義》不相上下，至少二書是經常被相提並論或同時重刻翻印的。《大學衍義補》於成化二十三年（1487）明孝宗即位不久後進呈，即時有詔嘉獎，稱書「考據精詳，論述賅博，有補政治」[28]，命錄副本，以公費發福建書坊刊行，頒賜天下學校，作者丘濬

23　黃佐《南雍志》（民國二十年江蘇省立國學圖書館影印明刊原本）18・40下（〈經籍考〉下篇）。

24　宋濂等《元史》（北京：中華書局，1976）29・644（〈本紀・泰定帝一〉）。

25　參看鄭欽仁主編《立國的宏規》（台北：聯經出版事業公司〔《中國文化新論・制度篇》〕，1982）頁448-452，朱鴻撰〈君儲聖王，以道正格──歷代的君主教育〉篇中所言。

26　《明世宗實錄》（台北：中央研究院歷史語言研究所，1965）76・5上～6上（1695-97），嘉靖六年五月乙酉條。

27　上揭書，77・4下～5上（1716-17），嘉靖六年六月癸丑條。

28　《明孝宗實錄》（台北：中央研究院歷史語言研究所，1965）7・10下－11上（134-135），成化二十三年十一月丙辰條。所引詔書褒獎之言，丘濬《瓊臺詩文會稿重編》（明天啟間刊本）7・3下，〈進大學衍義補奏〉文末亦有附錄。

即陞尚書，充《明憲宗實錄》副總裁。丘濬其後被任命爲內閣大學士，著作《衍義補》的成就和貢獻，正是其中的主要原因[29]。從其後不斷出現的此書衆多不同刻本和節本，以及因反應此書而寫的著作的情況看來，《大學衍義補》對明代學術和思想的影響，實際上是《大學衍義》所不能比擬的[30]。沿著《大學衍義》和《大學衍義補》這一傳統著書的湛若水，自然也希望《聖學格物通》能得到類似二書的遭逢，在帝王的稱許下，由官方爲之刊行，至少可以普及學校，對尚無官任的知識分子階層產生影響。但即使只就此點而言，湛若水也未能如願以償。若水所上的正本，於嘉靖七年七月十九日由通政使司投進，本月二十一日奉聖旨：「這所編集，足見用心，朕已留覽，該衙門知道」[31]。這個簡單的批荅，除了讓有關衙門紀錄進書之事，和暗示了世宗對作者「用心」的嘉許外，並沒有爲此書帶來任何作者期待中的後續事情。

　　從《格物通》刊印的歷史看來，本書幾乎可說是迹近隱淪。是書的明代刻本，可以肯定的只有二個。一個是嘉靖十年夏至十一年秋之間的福建刻本，校刊者爲湛若水的同年進士福建右布政使吳昂[32]；另一個是嘉靖十二年間的揚州刻

29　參看Hung-lam Chu, ﹀Ch'iu Chün and the *Ta-hsueh Yen-i Pu*：Statecraft Thought in Fifteenth-Century China﹀（ Ph.D Dissertation, Princeton University, 1984. Reproduced by University Microfilms International, Ann Arbor ）.

30　有關《大學衍義補》在明清二代的名種版本、節本及其所引起的反應和影響的研究，見Hung-lam Chu, ﹀Ch'iu Chün's *Ta-hsueh Yen-i Pu* and its Influence in the Sixteenth and Seventeenth Centuries﹀, *Ming Studies* 22（ Fall 1986 ）, pp.1-32。

31　《格物通》‧〈謝恩進書疏〉。按：此疏只見收於嘉靖揚州刻本及同治資政堂刻本。進書紀錄，亦見《明世宗實錄》90‧13上（ 2073 ），嘉靖七年七月庚寅條。

32　吳昂傳記，見焦竑《國朝獻徵錄》（ 台北：臺灣學生書局〔影印明萬曆刊本〕，1965 ）90‧27上～30下，戚元佐撰〈吳方伯昂傳〉。吳昂由福建布政使司右參政升右布政使事，見《明世宗實錄》127‧5下（ 3026 ），嘉靖十年閏六月辛卯條。其以福建右布政使致仕事，見同書141‧4下（ 3292 ），嘉靖十一年八月壬辰條。按：《實錄》明書吳昂以右布政使致仕，但於其陞任處，則書由左參政陞左布政使，然中間既無吳氏貶職紀錄，同書141‧5下（ 3294 ）嘉靖十一年八月戊戌條，又書「陞福建布政使司右參政王學夔爲本司右布政使」，可見吳只嘗任右參政右布政使，《實錄》書「左」，蓋書手誤抄所致。此既明白，而福建本每卷卷末多刻「福建布政司右布政吳昂校刊」一行，可見書當刻於嘉靖十至十一年間吳氏任官福建之時。是刻每半頁十行，行二十字，黑口；書前只有自序及進書表。

本，校刊者是湛若水的門人周相、高簡等[33]。由於二刻傳本甚少，而前刻存本又多殘闕，所以連王重民也在沒有足夠參考資料的情況下，無法判斷二刻的正確出現次序[34]。這二刻在明代印行有限的情形，也反映在重要明人書目中對它闕錄或誤錄的現象上。《續文獻通考》[35]、《晁氏寶文堂書目》[36]、《世善堂藏書目錄》[37]、《趙定宇書目》[38]等的沒有著錄此書；嘉靖《廣東通志》的誤作五十卷[39]，《徐氏紅雨樓書目》的誤作「正學格物論一百卷」（並且不著作者姓名）[40]，《千頃堂書目》的誤作「大學格物通（小注「嘉靖四年進呈」）[41]，都是明顯的例子。至於《明史‧藝文志》的闕如，則或許只是偶然失錄所致[42]。

　　此書的清代刻本，現存的只有同治丙寅（五年，1866）的資政堂葺刻本[43]。由資政堂刻本和《四庫全書》抄本二本多處闕文完全相同的現象看，可以知道後於《四庫全書》的資政堂本是個翻刻本，而它所據刻的本子，和《四庫全書》所據抄的本子，則是同屬一刻。資政堂本每卷卷末多有「福建布政司右布政使吳昂校刊」一行，和福建原刻本相同，可見它所翻刻的原本是以福建本爲根據的。但資政堂本的版式行款與福建本不同，而行格分佈和抬頭字樣等處，則仍然呈現了明代刻本的體式，文字也不避清諱，可見它和《四庫全書》所據的，是同一個殘闕

33　此本每半頁十一行，行十九字，白口。書前依次有湛氏〈聖學格物通大序〉、呂柟〈刻格物通序〉、湛氏〈進聖學格物通表〉、湛氏〈謝恩進書疏〉及高簡〈刻格物通跋〉五篇，書末有周相〈刻格物通後序〉一首。

34　王重民《中國善本書提要》（上海：上海古籍出版社，1983）頁229-230。

35　王圻《續文獻通考》（台北：文海出版社〔影印明萬曆間刊本〕，1979）卷178〈經籍考‧儒家〉及卷183〈經籍考‧類書〉部中，均未見錄。

36　明晁瑮著，有1957年上海古典文學出版社排印本。

37　明陳第著，有1957年上海古典文學出版社排印本。

38　明趙用賢著，有1957年上海古典文學出版社影印本。

39　明黃佐《廣東通志》（香港：大東圖書公司〔影印明嘉靖刊本〕，1977）42‧38下〈藝文志上〉。

40　明徐𤊹《徐氏紅雨樓書目》（上海：古典文學出版社，1957）頁299。

41　清黃虞稷《千頃堂書目》（《適園叢書第二集》本）2‧14上。

42　《明史‧藝文志》主要根據爲《千頃堂書目》，《千頃堂書目》以是書與《大學衍義補》同著錄於〈經部‧三禮類〉書中，《衍義補》見於《明史‧藝文志》而此書不見，殆史臣偶然闕失所致。

43　是刻每半頁九行，行十八字，黑口。書前依次有湛氏〈謝恩進書疏〉、〈表〉、〈大序〉三文，但無明揚州本所載呂柟、高簡、周相等序跋。

的明刻印本。《四庫全書總目提要》注明著錄的是「廣東巡撫採進本」[44]，由此推測，此書在明代應當還有一個以福建本爲據的廣東刻本，只是此刻昔傳極少，今更不存而已。總之，正如屈萬里所說：「《四庫全書》雖收入此書，而傳本頗稀」[45]。這個刻印流布的簡史，客觀地反映了《格物通》一書長期不受重視的事實。

　　和《大學衍義補》在明代曾誘發多種反應之作的情形比較起來，《聖學格物通》更顯得毫無影響可言。明清二代有關於它的評論，事實上還有待於發現。即使重要的廣東人文總集，如《嶺南文獻》[46]、《廣東文徵》[47]等鉅編，也没見收任何論及它的篇章。方志偶爾出現的有關文字，則又錯誤足以貽笑。如嘉靖《廣東通志》的湛若水本傳，竟言此書「惟編輯事實，不爲論斷，俟聖心自悟也」[48]。此傳注明係據《增城續志》修成，《增城續志》固然描述錯誤，但此誤居然又爲《廣東通志》的編者，湛若水的晚輩和一度翰林同官、博學多聞的黄佐和他的及門高弟所沿抄不改。這種情形，顯示了此書讀者的有限和疏忽，也反映了此書當時未爲人所重視的情況。

　　《格物通》之備受忽視，延續至今，仍爲事實。儘管此書在在呈現了湛若水與心學思想有關的各種見解和主張，儘管用現代的眼光來看，它不單是本可供研究帝學的著作，也是本研究湛若水個人思想言論的重要著作，但眞正討論或利用過它的近代研究論著，迄今還未經見。本書以輔助帝王之學爲旨趣，但研究湛若水教育方針和活動的專著，卻不曾引之爲據[49]。本書以格物理念的闡釋貫徹始終，等「格物」於「隨處體認天理」，但以研究湛若水與王守仁「格物」之辨爲中心的論文，也不曾對書中衆多的有關論旨，稍加引用，以加強分析[50]。甚至研究

44　《四庫全書總目提要》卷93（第18冊）頁61，該書書題下注文。

45　屈萬里《普林斯頓大學葛思德東方圖書館中文善本書志》（台北：藝文印書館，1975；台北：聯經出版事業公司，1984）頁228。

46　二十卷補遺六卷，明張邦翼編，有萬曆刊本。

47　八十一卷，民國吳道鎔纂輯，張學華整理。1946年始有鋼板書寫油印本，凡印九部；1978年香港珠海書院出版六冊本傳抄校勘本，由羅香林、王韶生負責校理，爲今之善本。

48　嘉靖《廣東通志》62‧32上。

49　如志賀一朗《湛甘泉の教育》（東京：風間書房，1987）一書。

50　如Ann-ping Chin Woo, "Chan Kan-ch'uan and the Continuing Neo-Confucian Discourse on Mind and Principle" (Ph.D Dissertation, Columbia University, 1984. Reproduced by University Microfilms International, Ann Arbor) 一文。

湛若水整體思想學說的專書，也對此書視若無覩。[51]《格物通》的遭遇，彷彿已到了山窮水盡的境地。

這種令人訝異而近乎不可理解的現象，本身便構成了如下一個具有歷史研究意義的課題：何以一本狀類重要的著作，竟然在延續的漫長歲月之中，實際上得不到應有或可以有的重視？

一本著作的成敗顯隱，固然不是某個單一原因所能決定的，但和它的具體內容，必然有關，而它的內容，又與它的著作動機和作者的個人及時代背景，必然有關。湛若水撰作《聖學格物通》的用心，其實並不單純。從本書的序和隨書上呈的進書表這二篇字句凝鍊而雅馴、辭氣溫和而婉轉的廟堂文學作品中，我們不難看出湛若水有如下的三個著書動機。第一，他認爲朱熹的改本《大學》和格物理論不足爲據，出於朱學的眞德秀的《大學衍義》和丘濬的《大學衍義補》的構思和議論，不是帝王之學的最高典範，不及他自己「隨處體認天理」之說的精密，因而他有必要自作一書，以達己意，作爲完整的帝學用書。第二，他對王守仁的致良知及知行合一學說，有所不滿，因而寄望深寓自己學術宗旨的著作，能因朝廷的接納，得以推廣，發揮作用，從而影響當時的學術思想。第三，他認爲年輕由外藩入位而在大禮議事件中表現專斷的世宗皇帝，決有必要接受他那有助於帝王修身治國的學說，因之在實處閒散之地的境況下，希望能藉著作表示效忠，獲得召用，至少也希望能因此減輕世宗對他著實存在的不滿。這三個動機，實際上關涉了當時的學術、思想和政治三種背景，同時也決定了《格物通》本書的強調與特色。

但這三個動機的輕重，並不等同。前二者之能否成爲現實，始終有待取決於最後者之能否實現。因此了解湛若水與明世宗的關係，亦即了解《聖學格物通》著作的政治背景，對於了解與此書有關的其他問題，具有格外重要的意義。在沒有成說可依的情形下，本文擬對此書的政治背景部份和與此相關的內容特色，加以論析，冀能從而不言而喻地顯示出此書「失敗」的一些原因。

51　如志賀一朗《湛甘泉の研究》（東京：風間書房，1980）一書。

二、《格物通》的政治背景

　　湛若水年四十成進士，時當弘治十八年，二年後爲正德二年，正式授官編修。正德十年丁母憂回鄉，服闋疏請養病，築室講學於西樵山大科峰下。嘉靖元年五月，始以「病痊」回朝，復職編修[52]，成爲以經筵史局爲職責的同級翰林官中年齡最大、資歷最深、和在儒林學界中最具名望的一員。是時明世宗年方十六，即位才逾一年。回顧正德朝十六年間年青好勇的武宗皇帝的一切作爲和所帶來的政治及社會後果，面對同樣年輕而又由全無宮廷政治背景和經驗的外藩入位的世宗皇帝，五十七歲的湛若水和當時其他年長資深的高級朝臣一樣，深深感覺到有對他予以正當培育和忠實勸導的絕對必要，以免朝政重蹈正德時的覆轍。

　　明世宗繼統即位，無疑曾爲當時政局帶來一番新的氣象，爲中外官員帶來一番新的希望。正德十六年間的明皇朝，由武宗個人在豹房所過的荒唐生活，到他多次微服出遊和擁兵征戰的不羈冒險；由劉瑾專權的宦官虐政，到錢寧、江彬等的佞倖亂政；由河北山東的劉六、劉七民變，到江西的寧藩叛變；實際上已走入了一個中衰的時期[53]。如果其前沒有十八年長爲歷史稱道的「弘治君臣」[54]融洽之治，明朝的政權，或許已經覆滅無遺。因此，到了明代史臣所稱的「制禮作樂，開四十五年中興之業」[55]的明世宗由十五歲（實際不足十四歲）的興王嫡長子入繼大位時，朝臣皆以「中興」望之，皆以「新政」期之責之。「嘉靖」這一年號，取典於《尚書・無逸》篇中「嘉靖殷邦」一語；用這二字建號紀元，是當時高級朝臣政治期望的由衷表達。它象徵著一個能夠「儷美《詩》《書》所稱帝王熙明之治」[56]的和平安定時代，是個形未象而聲可聞的政治口號。

　　「興道致治」以「嘉靖」明朝的最高政治原則，以楊廷和爲首的內閣把它明

52　《明世宗實錄》14・4下（478），嘉靖元年五月己未條。

53　對於正德朝中這一連串事情的最近敘述，可參看懷效鋒《四朝政治風雲》（成都：四川人民出版社，1988）頁8-62。

54　「弘治君臣」稱美於史，谷應泰《明史紀事本末》即以此四字立專卷加以述論。

55　《明世宗實錄》1・1下。

56　上揭書，2・20上（97），正德十六年五月丙寅廷試策中語。

白開示在世宗即位詔書的前言部份，是「必當革故鼎新，事皆率由乎舊章，亦以敬承乎先志」[57]。這展示了一套特殊而固有的政治邏輯，強調爲政之道，並非以新易舊，而是以舊維新，革故鼎新是目標，由守舊以達革新才是方法。繹言之，政治體制照舊不變，行政措施當予更改。

　　如何使年輕的世宗皇帝能因有所知解而樂於接受和開展這個大原則，朝臣們認爲可行之法有二。其一是以祖宗的成憲，包括不具法律效果的道德訓條，來規範世宗的行爲，要他效法祖宗。其二是以經筵日講的教育活動來把儒家修身治國的大道理和印證這些道理的歷史成敗事迹灌輸給世宗，要他勤於講學。世宗即位後五天，吏部尚書王瓊及九卿等官會疏，請「勵精初政，率由舊章，取《祖訓》（明太祖所定的《皇明祖訓》）一書，日夕觀覽，守以爲法。……舉經筵日講之儀，以緝熙聖學」[58]。自此之後，至嘉靖三年七月大禮議大血案發生之前，大小臣工所上這類籲請讀《祖訓》、舉經筵以遵祖制明聖學的奏疏，單是《明世宗實錄》中所記載的，已不少於三十道。其中大學士楊廷和及戶部尚書孫交這二名朝廷大老所上的，特別強調《祖訓》一書[59]。南京工部右侍郎吳廷舉及給事中劉最所上的，特別強調《大學衍義》一書[60]。御史董雲漢所上及楊廷和再上的，則請並讀《祖訓》和《大學衍義》二書[61]。這類奏疏的出現，以大禮議爭論開始後的頭二年內爲數最多，可見法祖與講學，已成了當時朝臣們企圖制約世宗意志的共識方法。

　　在一片法祖講學的要求聲中，作爲皇帝學術顧問而無實際言責的翰林官員，也有多人直接上疏，加入籲請之列。照明代翰林的傳統和習慣看，這種行動事前多是內閣所知悉和許可的。在這個絕大多數朝臣共同和世宗皇帝力爭大禮是非從

57　上揭書，1‧5下（10），正德十六年四月癸卯條。明傅鳳翔編纂《皇明詔令》（台北：成文出版社〔影印嘉靖刊本〕，1967），〈即位詔〉，19‧2上（1595）。

58　上揭書，1‧22下（44），正德十六年四月丁未條。黃彰健先生謂王瓊所稱《祖訓》，當指《皇明祖訓》一書。

59　上揭書。楊廷和疏見3‧1上～下（115-116），正德十六年六月辛巳朔日條；孫交疏見9‧7上～下（333-334），正德十六年十二月壬辰條。

60　上揭書。吳廷舉疏見18‧5上（553），嘉靖元年九月丙寅條；劉最疏見20‧13下～14上（598-599），嘉靖元年十一月庚午條。

61　上揭書。董雲漢疏見4‧8上（169），正德十六年七月甲寅條；楊廷和疏見9‧5上～7上（329-333），正德十六年十二月辛卯條。

違的年代裏，翰林官的這些表現，自然也是楊廷和領導下的内閣所允許和樂聞的。

　　會試爲楊廷和所取而置諸高第的湛若水[62]，正是這些進言的翰林官中表現最積極的一位。湛若水在「久以險艱，退廢山澤」[63]的七年家居之後，在大禮議方興未艾及楊廷和、孫交等力請勿輟經筵的時候回朝復任。他自言世宗「以人言起臣草野之中，置諸講勸之列」[64]，這個言足動帝的推薦人，自然是舍楊廷和莫屬。楊廷和請開經筵時，要求「慎選儒臣中學術純正者，取經史諸書，分直進講，遇有疑義，隨賜質問」[65]。這種負有隨時解答疑問和乘機進言勸誘的儒臣，必然是他所能信任的人。楊廷和之起湛若水於家居，固然是出於借重之意；湛若水與他誼在師生，令他能夠安心信任，也是重要的原因。事實證明，湛若水不獨敢言肯言，而且所言多隨楊廷和等的遭遇而發。這雖然並不便意味了湛若水是楊廷和的「私人」，但若水的「投入」，無疑使他對世宗的看法更趨深刻，對世宗的期待更形誠切。

　　湛若水關注世宗「帝學」的言論，見於他回朝後所上的幾個奏疏。把這些奏疏配合當時的政情加以分析，湛若水著作《格物通》的政治背景和動機，便更清晰可見。嘉靖元年「五月二十二日經筵甫畢，遽傳旨并日講暫免；又免午奏」[66]。世宗在議禮維艱，意願屢遭廷臣阻格之餘，表現了不滿的態度，和採取了疏遠的行動。經筵、日講、午奏三事全免，大臣和講官面對進言的機會因而消失，直接探測世宗意向和回轉世宗心志的可能性，因之也不存在。六月初二日大學士楊廷和等提出無可奈何的折衷方法，疏請「伏望宮中無事，不廢讀書，以涵養此心。其《大學》《尚書》，容臣等接續前日所講讀者，量進起止。仍乞選委司禮監官一二員，請於每書讀十數遍，務令字義通曉，遇有疑惑，特御文華殿，召見臣等，俯賜訪問。講讀之暇，時臨古人法帖」[67]。疏上的同時或不久之後，湛若水也上了一

62　張廷玉等《明史》（北京：中華書局，1974）283‧7266，〈儒林二〉湛若水本傳。
63　湛若水《湛甘泉先生文集》19‧1上，〈初入朝豫戒遊逸疏〉。
64　同上註。
65　《明世宗實錄》3‧1上~下（115-116），正德十六年六月辛巳條。
66　上揭書，15‧1上（489），嘉靖元年六月丁丑條。
67　上揭書，15‧1上~下（489-490），嘉靖元年六月丁丑條。

道〈初入朝豫戒遊逸疏〉[68]，作爲對楊廷和奏疏的後續支援。若水此疏前半所言，屬於世宗耳熟能詳的老生常談，但尾後部份，卻有如下的具體要語：

> 臣願聖明以深居靜思爲本，以溫習尋求爲業，以敬親事天爲職分，以勤政親賢爲急務。隨處操存體認天理，俾此心無異於經筵日講之時，稍萌逸欲，即爲禁止。舊德老臣如大學士楊廷和等，新起宿望如戶部尚書孫交、刑部尚書林俊等，及九卿大臣之賢，時賜召問，以興成王畏相之心。尤擇內臣之老成忠厚者，俾給侍左右，以責其旦夕承弼之益。外則有輔相之賢，內則有侍從之正，出則有正學之程，入則有遊息之規，謹十寒之戒，遵克念之訓，存儆戒之心，勵無逸之教。

此疏除了乘機揭櫫湛若水個人自得的「隨處體認天理」的學術宗旨和修養方法，以及公開提示了宦官對皇帝德學修養的實存影響之外，重心實在於籲請世宗尊重和信任楊廷和等和他在議禮事件中意見相左的大臣們。疏中提到的「敬親」之事，並非一般泛套之言。此「親」實指武宗的生母慈壽皇太后，亦即世宗及其生母（後來的章聖皇太后）所亟欲擺脫影響、減貶勢位的舊派主力人物。世宗之能被召入繼帝位，是慈壽后和以楊廷和爲主的閣臣們的決議所致，而楊廷和則是落實決議的眞正關鍵性人物[69]。呼籲世宗尊敬慈壽后，等如呼籲他尊重楊廷和，措詞雖有顯隱之別，目的其實並無二致。疏中「成王畏相」一語，也爲楊廷和而吐出，「九卿大臣之賢」，只是陪襯之言。成王所畏之相，是爲周公；湛若水等楊廷和於周公，無非要世宗心常尊畏廷和如成王之尊畏周公。這等如說，一切複雜重大的朝政國策，應當全交沒受顧命之責而實具佐命之功的元臣楊廷和來決定和處理。湛若水是當時芸芸翰林官中，唯一上疏對此次皇帝罷學罷朝作正面建白之人。此時他的官職尚只編修，雖在本年四月初四日日講中有講過《尚書·大禹謨》一章的事情[70]，可能留給了世宗一定的印象，由他來上這樣的一疏，畢竟顯得有點出位。如果此事不是出於楊廷和的暗示，湛若水至少也顯得有點以老實

68　上揭書，15·1下（490），嘉靖元年六月丁丑條。此疏全文，見《湛甘泉先生文集》19·1上～2下。

69　此事大概情況，近著可參《四朝政治風雲》頁116-126。

70　此事《明世宗實錄》未載。講章見《湛甘泉先生文集》20·1上～3上，題下有小注：「嘉靖一年四月初四日進講」。

老。《明世宗實錄》只用了極其簡單的文字記載了此疏所籲請的重點[71]，但從湛
氏文集所載的完整疏文看，六月初十日世宗還是對此疏作了批答。聖旨說：「這
本所言豫戒遊逸，召問大臣，并擇內臣中老成忠厚的給侍左右，朕已知道」。世
宗至少沒有排斥湛若水的折衷之見，湛若水至少也沒有開罪了內臣。

　　但世宗對於召問大臣的請求，實際上卻仍置之不聞不理。以故湛若水針對了
世宗對其前疏的批答，在是年七月初八日又進了一道〈再論聖學疏〉[72]。此疏以
奏「推經傳、明聖學以體羣情」爲事，實則仍以召問大臣爲專請。疏文的中心，是
如下的一段設譬：

> 臣謂聖學之大，莫過於求仁。仁者以人物爲一體，……故夫人君者，猶身
> 之有心也。三公論道，燮理陰陽，猶身之元氣也。九卿百執事，猶身之股
> 肱耳目也。科道言官，猶身之喉舌也。天下兆姓，猶身之百體髮膚也。董
> 仲舒曰：正心以正朝廷，正朝廷以正百官，正百官以正萬民。其諸一體之
> 義乎？今夫人之於身也，兼所愛也，兼所養也，至於公卿庶官萬民相待一
> 體者，而有弗愛弗養焉，是之謂自解其體。夫哀莫大於解體也，蓋未之思
> 耳矣。故夫人君者，務在以身體乎羣物，慎所以愛養之者。……臣惟〔前
> 疏〕戒遊逸一節，想蒙皇上躬蹈，其召問大臣、選擇老成等事，未見施
> 行，臣是以復進一體之說。伏乞聖明全體物之仁，玩取身之義，兼愛養之
> 道，慮解體之患，懲扁鵲之走，立大公以普天下，宮中府中，視爲一體，
> 疾病痾癢，無不相關，使天下後世頌爲至仁之君，與神堯準。臣豈勝願望
> 之至。

此疏所設之譬，比擬嚴重。君臣治道的關係，傳統的比喻是元首股肱，湛若水卻
以心喻君。君之病猶如心之病，心之病可使元氣消失，以至全身解體，其嚴重之
時，扁鵲且因無能而不敢爲之治療。在湛若水看來，世宗之不親信楊廷和而但堅
持己見，使得內外遠隔，情疏恩斷，已顯示了他有心病解體之勢，是明朝政治的
莫大危機。而世宗之所以致病，則在於他未嘗知學，即有所講，亦非眞正的聖
學。此疏內容及上批時日，《實錄》均未予登載，但由文集資料，尚知有「初十日

71　《明世宗實錄》15・1下（490），只用了三十一字撮舉疏中大旨。
72　《湛甘泉先生文集》19・3上～5上。

奉聖旨：知道了」之事。

　　世宗對此疏作了批答，至少又表示了他仍然珍視儒臣講官的勸忠之言。但湛若水卻仍不因世宗「知道了」而滿足休止。不久他又因進講的機會，上了一道〈元年八月初二日進講後疏〉[73]，以「申明講章要旨，以勸聖學」。疏中追述該日所進講者，乃《大學》「是故君子先愼乎德」一章；重申講章所言，「其詞雖多，不過止在體認天理四字」，實是「至爲簡易易行」之事。由於「體認天理即所謂愼德也，《大學》一書之指，全在於此」，故當時「臣講至此，抑揚其詞，以致懇切之意」。之所以必爲抑揚詞吐，一則由於如下所言的信念所致，一則用以表達如下的期待：

> 臣又惟經筵至重，自宋以還，人多誚爲故事，臣獨以爲神而明之，存乎其人。夫言以宣意，意以致誠，誠以感格。故臣於進講之前，七日齋戒，蓋致誠以上達於宸衷也。伏望皇上於深宮大庭，靜居動處，隨處存心體認天理，常若有見，私欲不萌。此即格致誠正之功，所謂君正莫不正，帝王事業，盡在是矣。

在湛若水看來，感應之道，絕對存在。自己的誠意，應當可以感動世宗的決心，使他把「不正」之念改正。所謂「不正」，自然又是指未親近接納大臣如楊廷和等的事情了。值得注意的是，此疏一方面顯示了湛若水重以「隨處體認天理」之旨，直陳於帝，作爲解釋問題發生之故及解決問題之道的原則；另方面又可見他對經筵的認眞態度，相信只要具有誠意，經筵所講，必能對帝王的身心修養發生影響。這次進講的講章，文集中並沒留存；進講的紀錄，不見於《實錄》；文集所載的這封奏疏，也沒附存任何聖旨批答的文字。大概世宗認爲此疏只是循例陳言，又無重要足使有司知道的內容，所以不予公開理會。湛若水似乎一時也爲這冷漠而降低了熱心，但他對講學以輔治的看法和信心，並不因此有所改變，機會出現時，他照舊上疏進言。

　　此疏之後，大禮議的熱度又告升級。世宗和楊廷和等大臣各更趨於極端，局面益形緊張。嘉靖二年一月份內，大學士楊廷和和蔣冕，以及吏部尚書喬宇、禮部尚書毛澄、戶部尚書孫交、刑部尚書林俊等均以不安於位，紛疏求去，並且託

73　上揭書，19・5上～下。

疾不上朝班。科道要求世宗妥協和諭令大臣復出辦事之請，也屢形於奏疏[74]。二月中楊廷和的得力支持者毛澄以疾去位[75]。三月中在給事中章僑奏疏的籲求下，世宗接納了復御經筵日講之請[76]，但對同疏所請召問大臣一節，仍然無動於衷。次月雖因災異下詔修省[77]，但大臣不安求去的狀況，仍舊沒變[78]。

　　另一方面，此時「春秋方盛，聖體未充」[79]的世宗也出了健康問題。「數月之內，兩見違和」[80]，因而內宮又出現了朝臣們所不願聞的齋醮事情。從二年三月中禮部左侍郎賈詠等請止齋醮的疏奏開始[81]，以下四月及閏四月兩個月內，同樣請求並且指出致病原因和治病之道的疏章，屢有所見。其中大理寺卿鄭岳疏請「遵聖祖寡欲勤政之訓，宮寢限制，進御有時，清心省事，自然有益」[82]。給事中張嵩請「崇護周慎，親幸有節」[83]。翰林院編修張潮上言，也引宋臣魏了翁「古之人君，自朝至昃，兢兢業業，居內之日常少，居外之時常多，所以養壽命之源，保身以保民也」之語[84]。可見世宗之不豫，實因縱慾無度所致。世宗為了「保身」，容許「太監崔文等於欽安殿修設醮供，請聖駕拜奏青詞」[85]。崔文等又「皆先年（正德朝）亂政之徒，芟鋤未盡，妄引番漢僧道，試嘗上心，……假此〔齋醮之事〕為衣食之計」[86]。於是各級朝臣，紛起攻之，並各提出代替齋醮的治療方法。鄭岳

74　《明世宗實錄》卷22。諸大臣求去或不出等事，見下列各頁日條：1上（631）癸卯，3上～下（635-636）辛亥，4上（637）壬子，5上（639）乙卯，5下～6上（640-641）丁巳，6下（642）辛酉，7上～下（643-644）甲子，9上（647）己巳。科道請諭大臣復出供職等疏，見7上～下（644-645）乙丑，8下（646）戊辰，9上～下（647-648）己巳。

75　上揭書，23‧14上（677），嘉靖二年二月辛丑條。

76　上揭書，24‧9上～下（695-696），嘉靖二年三月癸亥條。

77　上揭書，25‧1上～2上（703-705），嘉靖二年四月壬申朔日條。

78　上揭書，27‧4下（758），嘉靖二年五月癸未條，吏科給事中曹懷所條六事中言及。

79　上揭書，25‧9上（719），嘉靖二年四月庚寅條，大理寺卿鄭岳之言。

80　上揭書，25‧11下（724），嘉靖二年四月癸巳條，給事中張嵩之言。

81　上揭書，24‧9上（695），嘉靖二年三月癸亥條。

82　同注79。

83　同注80。

84　上揭書，26‧5上～下（739-740），嘉靖二年閏四月辛亥條。按：此條「魏了翁」誤書「魏子翁」，從黃彰健《明世宗實錄校勘記》（台北：中央研究院歷史語言研究所，1968）26‧3下（166）改正。

85　同注80。

86　上揭書，26‧2上～下（733-734），嘉靖二年閏四月乙巳條。

請「退朝之後，即御文華，裁決章奏，日暮進宮」[87]。張嵩請「火其書，斥其人，惟日臨講讀，親近儒臣」[88]。內閣楊廷和等請以「行香拜籙之勞，……移之以御講筵」[89]。九卿喬宇等疏，亦同此意[90]。綜合起來，便如張潮所請的，「依古帝王朝修夕訪之義，講筵臨御，無閒寒暑，燕寢興居，必以其節，則聖體自豫，聖治日隆」[91]。但這些修身立政的原則大法所想揭示的，其實並非「聖躬」康泰本身之事，而是聖躬不豫此一事實所反映的道理。這道理正如張潮的翰林同官修撰唐皋疏中所說的：「自古及今，上下同心則治，不同則亂」。唐皋疏又特別提及刑部尚書林俊之以言求去，爲「上下乖離，何以爲治」的危機實事[92]。

　　與內閣關係最密切的翰林院官，對這種由世宗親近內臣左道而疏遠大臣儒官所造成的「上下乖離」情狀，尤爲敏感。翰林官員既以經筵講讀爲職事，以啓沃帝德爲責任，在人際關係上又和內閣大學士們有師生之誼，所以在這種內閣威信面臨絕對威脅的情況下，格外樂於出位建言。張潮、唐皋之外，據《實錄》所載，二年五月湛若水和門人修撰呂柟（1479-1542）也各上疏言事。呂柟疏謂「輟講之後，深宮燕居，易生雜念。請以諸臣進過講章，時時省覽思繹，維持此心」。世宗「報聞」。湛若水疏則謂「陛下初政漸不克終，左右近習爭以聲色異教蠱惑上心，大臣不得守法，爭自引去，可爲寒心。今宜親賢遠奸，窮理講學，以濬太平之業」。世宗命「下所司知之」[93]。此疏之所以不「報聞」而必「下所司知之」，原因在於若水所言，與政事直接有關。此點在只撮錄大意的《實錄》文中，不易看出，但從載於文集的奏疏全文看，則甚顯而易見。此疏題爲〈乞上下一心同濟聖治〉[94]，疏中亦以孫交、林俊等之求去爲言，大體上是張潮和唐皋等行動的後續。其實若水老調重彈，一方面是向世宗表態勸忠，一方面又是對楊廷和等表示支

87　同注79。

88　同注80。

89　同注86。

90　上揭書，26·2下～3上（734-735），嘉靖二年閏四月乙巳條。

91　同注84。

92　上揭書，26·9下～10上（748-749），嘉靖二年閏四月丁卯條。

93　上揭書，27·3下（756），嘉靖二年五月庚寅條。

94　《湛甘泉先生文集》19·5下～7下。

持。疏中指責世宗不納忠言，惑於近倖，蓋由「未知利害之相關，是以不能痛切
而猛省也」。因設如下譬喻，以見一心同濟之必要：

> 臣得以近事明之。陛下龍飛水國，習知舟事，請以舟喻。……夫天下一大
> 舟也，治亂安危，未有津畔，猶濟大海也。本在人主之一心，猶夫舟之柁
> 也。公卿賢士輔導之臣，運籌指方，猶夫舟之有長年三老也。百僚宣力，
> 猶夫篙師榜人，爲之左右也。內臣外戚，猶夫附舟之人也。天下民庶，實
> 爲邦本，猶夫君之寶貨在載也。故附舟之人與寶貨之利害，在舟之安危。
> ……夫人孰不欲安，而終不免於自溺者，蓋有恃寵壞法，以敗人國家，如
> 同舟之人，鑿舟而破之，自以爲安，而鮮不先溺。有如先朝之跡而不知鑒
> 也，可謂智乎？故欲濟中興之善治者，莫若正君心；欲正君心，莫若親輔
> 導知學之臣；欲不間輔導知學之臣，莫若左右僕從勿用匪人而已。故一正
> 君心，而萬化具理。

如上所見，此疏論旨雖多，詞情嚴警，但主旨則仍舊貫，即凡疏中所言情況之存
在，其原因皆在世宗之心未正一點。特別值得注意之處，則是若水以宦官佞倖亂
政的正德「先朝」來類比現狀，聳動其詞，認爲現狀有如「鑿舟以自溺」般的危
殆。疏文的結束，強調「臣非糾劾之官，然在以學術開導人主，誠有所見，不敢不
陳」。湛若水認爲講學當與時政有關，講官當以所見警醒誘導人主的主張，至此
不變，且更付諸行動。

　　但主要政情的發展，並沒有出現儒臣們所期望的結果。二年七月份內，刑部
尚書林俊致仕[95]；十月份內，戶部尚書孫交和兵部尚書彭澤也相繼致仕[96]。楊廷和
內閣的力量，也更形削弱。十二月中又因兩浙織造事件，使「上下乖離」的情形，
惡化至於極端。其時浙江鎮守太監梁瑤謀管兩浙織造，禮科給事中章僑疏言其
非，請預爲戒，並停止兩浙織造。疏上，內織染局太監刁永因求遣官織造江南。
工部及科道均論其不可。楊廷和等亦以地方水旱災傷，疏請勉從眾議，並言「所
有敕書，決不敢撰寫」。世宗諭以「無具擾執拗」，於是九卿六科十三道官又極諫

95　《明世宗實錄》29‧5上～下（789-790），嘉靖二年七月庚寅條。
96　上揭書，32‧4下（840），嘉靖二年十月辛亥條；32‧5下～6上（842-843），二年十
　　月己未條。

不可。楊廷和等又復上疏，且言不肯奉旨之故。疏中道出當時內閣處境的困難，也顯示了楊廷和等舊臣所堅持的原則和立場。

> 臣等所爲惓惓，非敢瀆擾陛下，……亦非敢固執己見，違拗不通，所執者，祖宗之法。望陛下遵而行之，以保宗社，勿與天下公議大相違拗，以取譏後世也。今臣等言之不聽，九卿言之不聽，六科十三道言之不聽，獨二三邪佞之言，聽之不疑。陛下獨能與二三邪佞之臣共治祖宗天下哉？……且特降前旨，雖出御批，不知撰寫進呈，果出左右何人之手？我祖宗朝，諸所批答，俱由內閣擬進，惟正德年間，權奸亂政，始有擅自改擬，營求御批，以濟其私者。新政以來，不曾明正其罪，遂令此輩小人，敢於今日復蹈覆轍。陛下何忍墮其奸計，壞祖宗之法度哉！祖宗天下，至正德間，幾傾覆矣，賴陛下再造，轉危爲安，中外軍民，始獲甦醒。然國勢民力，比之成化、弘治年間，百不及一二，今日豈堪更自敗壞耶？興言及此，可爲流涕。臣等實不敢撰寫敕書，以重誤國殃民之罪。[97]

這個以祖宗法制爲據而力爭的訴求，寓有絕不妥協讓步的意志，是世宗即位以來所遇最強硬的抵抗力量，也是大臣們最富激動情感的言辭。它反映了大臣們對世宗自己專斷而漠視他們的憤慨，也顯示了他們寧爲玉碎的決心。世宗對此疏雖有「忠誠愛君」的嘉許，並命他們勉爲其難的寫敕，但看來楊廷和始終没有遵命。《實錄》三年一月甲午日條有「先是，傳旨蔣冕等撰寫，至是以久不進稿，命司禮監促之。冕等具疏引罪，宥之」的記錄[98]，可以爲證。楊廷和的強硬態度和行爲，使得他和世宗之間面臨徹底決裂的地步。世宗之不信任不倚重內閣，也没有因此番抗爭而有所改變。事實上，在世宗和楊廷和的對抗中，這次已是楊廷和的最後全力反撲。一月丙戌日，「南京刑部主事桂萼上正大禮疏，……上命文武群臣集前後章奏詳議尊稱合行典禮以聞」，[99]大禮議的鬥爭，又進入了一個新而更形激烈的階段，而楊廷和的處境，也更趨於不利。二月初二日給事中鄧繼曾再以擬旨不由內閣爲非制作疏言，世宗怒而「下繼曾詔獄，尋謫金壇縣縣丞」[100]，表

97　上揭書，34・4上～6下（867-872），嘉靖二年十二月庚戌條。
98　上揭書，35・6上（891）。
99　上揭書，35・2下～3下（884-886）。
100　上揭書，36・1上（895），嘉靖三年二月丁酉條。

明了他再不以楊廷和內閣爲重的決定。

　　局勢的發展，註定了楊廷和的失敗。湛若水對此也沒有掉以輕心。他在去年十二月以滿考由編修陞侍讀[101]，二月初五日又上了一道〈乞謹天戒急親賢疏〉[102]，針對局勢發言。此疏對了解湛若水的政治立場、見解和判斷力，具有重要性，錄其要言如下：

　　臣觀於正德之間，天下瀕危者屢矣。當斯之時，科道囚，老臣棄，其不親賢之至如此。以今視昔，可不爲寒心哉！臣非言事之官，故不敢及以事，臣職在以經術勸聖學，故不敢不恭其職，然而聖學修而百事舉矣。臣嘗讀《易》，至〈屯〉〈否〉二卦，不能不感慨焉。夫屯者，陰陽始交而難生，君臣欲有爲而未遂，此則陛下登極下詔時然也。否者陰陽隔而不通，內外離而不孚，陛下聰明獨照，自視今日，於此卦何如哉？夫屯而不濟，必至於否，否而不濟，則事勢之將來，有不可言者。一二年間，天地變震，山川崩湧，人饑相食，報無虛月，莫非徵召所致。夫聖人不以屯否之時而緩親賢之訓，明醫不以深痼之疾而廢元氣之劑，……今之元氣之劑，即急親賢是已。或以爲不急之務，此概非知言者。臣嘗以爲一舉而五事皆得者，在此耳。所謂五事者，成君德一也，定臣志二也，審用人三也，正風俗四也，消變致祥五也。故五事舉而王道乃備。惟我祖宗列聖知其然，故有君臣同遊之訓，文華入直之規。《詩》曰：不愆不忘，率由舊章。在陛下今日，尤爲當務之急也。……陛下誠能修舉盛典，以大臣之賢爲之統領，求在館在朝在野之賢，明先王之學者，俾侍直於文華殿，每日朝罷，如期御殿，霽色解嚴，與群賢日相講磨聖學。其學以德性爲本，而達於事業；其功在於學問思辨篤行，以開發聰明而成德行；其要在於體認天理，格物以至於知至意誠心正身修，而致家國天下之治。……否則君臣離隔，上下不交，君孤立於上，臣遺遠於下，君德日衰，臣志日弛，用非其人，風俗薄惡，雖欲長治久安，以享大業，胡可得乎？

101　上揭書，34・1上（861），嘉靖二年十二月己亥條。
102　《湛甘泉先生文集》19・7下～10上。上揭書，36・1下～2上（896-897），嘉靖三年二月庚子條。按：《明世宗實錄》所載此疏，節約殊甚，不及《文集》所載者甚遠。

在上述朝政發展背景的對照之下，不難看出湛若水此疏是不折不扣的「陰切時事」之言。他不能明言，是因職份之限所致，但既以正德間「科道囚，老臣棄」的事實比於現狀，可見此疏亦是以楊廷和等不奉旨寫敕與鄧繼曾言事下獄之事爲緣起。疏中所強調呼籲的「急親賢」，自然又是指急親楊廷和等內閣大臣之事。在湛若水看來，正如他在前述〈乞上下一心同濟聖治〉疏中所暗示的一樣，世宗之暌離大臣，不御經筵，信任近倖，視內閣如無視等等，已是近乎正德朝中之事了。湛若水在此疏中引〈屯〉〈否〉二卦爲說，立言與用意均極嚴重，曾經引起萬曆中徐學謨的責難，認爲所言誇張不當；明末清初的史家談遷也有同感，錄徐氏之言於所著《國榷》之中。徐氏說：

> 上登極之初，何謂之始交而難生？登極財三年，何遽名爲否？非惟憂治危明之過，且于經義殊不相蒙。主上沖年，尤不宜進此疑駭無當之論，以啟其疏遠儒臣之端。其後若水雖至大僚，終不柄用，累以偏學目之，未必非此疏爲先入也。[103]

其實徐學謨此論，未必全確，且又有知其然而不知其所以然的弱點。徐氏從萬曆朝反觀已成過去的嘉靖朝，自然可說嘉靖一朝並未至於塞否的程度。但在湛若水親經正德紊亂之局，而面對大禮議的實際展現的體會中，暌諸時情，其言也自有因有見。徐氏指此疏所陳，有違經義，「疑駭無當」，則誠有見。湛若水立言涉於過重，不獨見於此疏，但作爲對楊廷和等的最後挽救努力，也就不得不重乎其言了。徐氏推測湛若水終因此疏而不得重用，也是頗具見解之論。世宗不難看出若水所言，乃爲支持大禮議中舊派大臣而發。事實上，嘉靖六年二月中，世宗便曾面對大學士楊一清感嘆過，說在大禮議事件中，「湛若水爲尚書方獻夫之友，則友而疏矣。吁，信勢利奪人之速，可垂世戒」[104]。世宗這般的在意，說明了湛若水立言的用意，並沒有瞞過了他的心眼。世宗對於議禮違意諸臣，情重者絕不再用，情輕者也不予重用。歷史證明，湛若水並沒有例外的遭遇。

上述一疏其實也是湛若水在翰林院任內的最後一疏，此後因事而上的，措詞

103　談遷《國榷》（北京：古籍出版社，1958）53·3294。徐氏原文，見所著《世廟識餘錄》（台北：國風出版社〔影印明萬曆間刊本〕，1965）2·6下~7上。

104　《明世宗實錄》73·6上~下（1653-1654），嘉靖六年二月甲戌條。

也沒有類似的「疑駭無當」。此疏上後六天，即二月十一日丙午，楊廷和便在「以議禮不合，又諫織造忤旨」的結果下，被允致仕；「時言官交章請留，不聽」[105]。楊廷和一去，大禮議的局勢更形急轉直下。張璁、桂萼同時被召入京，朝臣以言大禮有關之事而被責罰的，亦驟增多。和湛若水一樣處境的翰林官，也不例外。三年二月份內，修撰舒芬「以出位妄言，奪俸三月，下獄拷訊」[106]。四月份內，編修鄒守益以「出位瀆慢，詔錦衣衛逮下鎮撫司拷訊」[107]。五月份內，修撰呂柟也以「巧拾妄言，事涉忤慢，下鎮撫司拷訊」[108]。這三人都是當時翰林院的名流，舒芬和呂柟出身狀元，鄒守益出身探花，均以一甲登第，也都是湛若水的晚輩好友。翰林院和內閣一樣，一時都成了世宗打擊的對象。五月初一日，繼楊廷和爲首輔的蔣冕，也被允許致仕而去[109]。數日之後，張璁和桂萼也應召至京[110]，另一波的翰林風浪，又因之而急起。

　　張璁、桂萼入京之後，又同上疏申言世宗當改稱孝宗爲皇伯考，孝宗后（即武宗母）爲皇伯母，而逕稱本生父母爲皇考及聖母，不再用「本生」二字冠於母后之前。二人疏本留中[111]，但消息涉漏，於是六月戊戌日科官三十餘人，道官四十四人各連章攻張、桂。數日後，張、桂二人再同上疏駁擊言路[112]。爲了提高二人的位望，六月丙午日「上命主事桂萼、張璁爲翰林學士，方獻夫爲侍讀學士。於是翰林院學士豐熙，修撰楊維聰、舒芬，編修王思皆不欲與萼等列同，各疏乞歸。上皆不允」[113]。已而吏部尚書喬宇，刑部尚書趙鑑，及科官二十九人，道官四十五人，並疏言不可，世宗均怒予斥責[114]。接着「修撰楊愼、張衍慶等三十六人言，臣等與桂萼輩學術不同，議論亦異，……臣等不能與之同列，願賜罷歸。

105　上揭書，36・3上（899），嘉靖三年二月丙午條。
106　上揭書，36・10上（913），嘉靖三年二月乙丑條。
107　上揭書，38・17上～下（981-982），嘉靖三年四月辛酉條。
108　上揭書，39・1下～2上（986-987），嘉靖三年五月乙丑朔日條。
109　上揭書，39・1上～下（985-986），嘉靖三年五月乙丑朔日條。
110　上揭書，39・8上（999），嘉靖三年五月戊子條。
111　上揭書，39・8上～9下（999-1002），嘉靖三年五月戊子條。
112　上揭書，40・1下～2上（1006-1007），嘉靖三年六月戊戌條；40・3下～4上（1010-1011），六月壬寅條。
113　上揭書，40・4下（1012）。
114　上揭書，40・9下（1022），嘉靖三年六月辛亥條。

……〔上責〕楊愼不能安分，率衆求去，張衍慶等同聲附和，輕肆殊甚，姑奪愼俸兩月，衍慶等一月」[115]。到了此時，包括楊廷和的兒子楊愼在內的翰林儒臣和張璁等議禮新貴的對立，決然更無轉環的餘地。

在吏部尚書喬宇乞休去位之後[116]，七月丁丑日世宗也確定了張、桂的主張必需貫徹執行[117]。同日部院寺司科道等衙門中級以上官員及內閣大學士們共同作了最後的疏諫，世宗仍舊執意不變[118]。次日中元節，終於發生了明代最大規模的一次哭闕事件。《明世宗實錄》作了如下的簡明記述：

> 群臣以前疏不下，朝罷則相率詣左順門跪伏，或高呼太祖高皇帝，或呼孝宗皇帝，聲徹于內。……〔上傳諭令散去，〕群臣仍伏不起。及午，上命錄諸臣姓名，執爲首者學士豐熙……凡八人，下詔獄。於是修撰楊愼，檢討王元正乃撼門大哭，一時群臣皆哭，聲震闕庭。上大怒，命逮五品以下員外郎馬理等一百三十四人，悉下詔獄拷訊，四品以上及司務等官，姑令待罪。[119]

這次空前的哭闕撼門事件，造成了空前的政治刑獄和血案。事件發生後五日，「錦衣衛以在繫官上請，并待罪者凡二百二十餘人。上責之曰：〔侍郎〕何孟春輩擅入朝禁，聚朋哭喊，假以忠愛爲由，實爲黨私，欺朕沖年，任意妄爲。乃令拷豐〔熙〕等八人，充戍；其餘四品以上，姑于午門前宣諭停俸；五品以下，各杖之」。死者凡十六人[120]。再隔八日，又以楊愼輩七人「倡率叫哭，欺慢君上，震驚闕廷，大肆悖逆，〔命〕其各杖於廷」。於是又死一人，三人（楊愼在內）充戍，三人削籍爲民[121]。次月（八月）南京國子監祭酒崔銑亦以言及大禮稱謂，被令致仕[122]。其缺同月命由湛若水陞補[123]。此次湛若水沒被處罰，顯然他並未積極

115　上揭書，40・9下（1022），嘉靖三年六月乙卯條。
116　上揭書，41・2下（1038），嘉靖三年七月己巳條。
117　上揭書，41・4下～5上（1042-1043），嘉靖三年七月丁丑條。時禮部右侍郎朱希周等言大禮稱號不當去「本生」二字，世宗不從，命照行新上尊號寶冊之禮。
118　上揭書，41・7下～8上（1048-1049）。
119　上揭書，41・8上～下（1049-1050），嘉靖三年七月戊寅條。
120　上揭書，41・23下（1080），嘉靖三年七月癸未條。
121　上揭書，41・25下～26上（1084-1085），嘉靖三年七月辛卯條。
122　上揭書，42・8下～9上（1101-1103），嘉靖三年八月辛亥條。
123　上揭書，42・10下（1106），嘉靖三年八月庚申條。

參與哭闕撼門之舉，但他支持楊廷和等的一貫言論，使他不得不被名陞實降，遠離權位溫床的翰林禁地。

是年九月丙寅日，朝廷正式「始定大禮」[124]，公布孝宗帝后及世宗父母的官方稱謂，從而結束了前後歷時八年議禮之爭中最具關鍵性的一節。儘管整個大禮議事件要到嘉靖七年六月據以終判議禮諸臣功罪的御定《明倫大典》進呈後才告正式落幕[125]，「始定大禮」之後的政局，事實上已在議禮新貴陸續登用，漸居顯要，與舊臣貶逐，淪於閒散的大勢中趨於穩定。內閣雖仍有大體上同情楊廷和等的大學士費宏、賈詠和石珤，真正足以令世宗心感脅迫的閣部勢力，其實已不存在。偶爾因同情不同陣營而起的言路互訐[126]，對於時政也並無多大影響。有關禮儀之議，此後雖尚有數起，但朝臣們的抗爭，再已不具楊廷和在閣時代的強硬態勢。可是，穩操威柄、在予一人的世宗，卻也沒有因此而轉心從事於朝臣們所企望的經筵日講之事。

湛若水這位自稱「心在皇室，忠切勸學」[127]的前度經筵講官和現任國子祭酒，此時身雖處於南京，心實未忘日下。若水在朝時，不只「職在以經術勸聖學」，更有多次呼籲親大臣的出位疏請，表現積極，懇切過人。此時回顧大禮議數年中所發生的一切，即使欲藉講學啟沃年未弱冠而志存專制的世宗皇帝，卻也難免有心欲言而時不與之感，何況暗地裡還有懼怕世宗對他不予諒解，牽連懲處的難言隱憂。勸忠無門，補救乏術，不妨正是湛若水此時的心境寫照。這也解釋了何以他對嘉靖四年七月四日司禮監所傳「令文臣撮經書史鑑有關帝王德政之要者直解進覽」[128]一旨的歡欣反應。此旨是湛若水難逢而幸遇的契機，依旨行事，

124　上揭書，43·2上（1111）。
125　上揭書，89·1上～下（2005-2006），嘉靖七年六月辛丑朔日條；是日「《明倫大典》書成進呈，……加恩纂述效勞諸臣」。89·2下～4上（2008-2011），六月癸卯條；是日敕定議禮諸臣之罪。
126　上揭書，44·3上～下（1139-1140），嘉靖三年十月壬寅條；44·4上～下（1141-1142），十月甲辰條。
127　《格物通》卷首，〈進聖學格物通表〉。
128　同注127。按：此旨《明世宗實錄》此日實未見載，但此表乃進呈慎重文字，所言與此書自序、其後再呈之〈謝恩進書疏〉及嘉靖十二年揚州刻本呂柟序所言者，又均無異，《實錄》殆偶漏載。

不激不隨，進則可以盡忠，退則可以補過，因此也就成了他撰進《聖學格物通》的誘因。

看清楚如上所析述的這個時代政治和個人背景，我們才能了解爲何湛若水在進書表文中，特別寫上「是以罔避夫位遠言親之嫌」之句，和強調「所以不辭夫四載編摩之勞，必盡其一心夙夜之瘁，竭精畢神，刳心戮力，而欲效愚於聖德，庶有裨于涓埃」之意，也才能了解《格物通》一書何以有如下節所述的內容特色。

三、《格物通》的內容特色

《格物通》正文一百卷，正如上文所揭，係以《大學》八條目中的「誠意」、「正心」、「修身」、「齊家」、「治國」、「平天下」六目的原稱命題立格，每格則由若干名稱不同的子目組成。但其中「正心格」的子目名稱和格目名稱相同；「平天下格」範圍特廣，則先分爲三綱，綱下仍繫子目若干。這兩處例外，對於組織原則並無大礙。每子目包含採自經史子集四部書籍原文的正條若干，及湛若水對這些條文的按語。《四庫全書》對本書作了這樣的提要：「體例略倣《大學衍義》。……皆雜引諸儒之言，參以明之祖訓，而各以己意發明之，大致與丘濬《大學衍義補》相近」[129]。這個描述大體不誤，但細致卻不分明。由於多種明清史書均有湛氏「倣《大學衍義補》，作《格物通》」之言[130]，近人又有「體例略仿丘濬《大學衍義補》」的不一之說[131]，爲了認識此書的特點，我們有必要對《四庫》本書提要所說的，稍爲分析釐清。

所謂體例，指的是體裁和編例。《大學衍義》、《大學衍義補》、以至《格物

129　提要此文，亦見《四庫全書總目提要》卷93（第18冊）頁61。

130　如嘉靖《廣東通志》62·2上；過庭訓《本朝分省人物考》（明天啟刊本）111·10上；李贄《續藏書》（北京：中華書局，1962）22·427；尹守衡《明史竊》（台北：華世書局〔影印明崇禎刊本〕，1978）53·10下；查繼佐《罪惟錄》（杭州：浙江古籍出版社，1986）〈列傳〉101·1600；傅維鱗《明書》（《畿輔叢書》本）113·14下；《明史》283·7267。

131　《宋明理學史》下卷，頁172。

通》這類帝學用書的共同體裁，是「徵引經訓，參證史事，旁採先儒之論，……而各以己意發明之」[132]。但在編例上，《格物通》和其他二書卻不全同。《大學衍義》和《大學衍義補》的編例有二。第一例可以稱爲三疊式單位述論：每一單位以從某一經史子集部書中所引原文爲正條，其次接以儒先或史臣對該正條所載言論或事情的疏解或論贊，再次接以作者個人的發揮，以「臣按」二字起說。（按語內偶然也再引他說，但義在取暢敷陳，仍是作者的己論。）另一例可稱爲重疊式單位述論：形式和三疊式單位述論不同之處，是正條之後，直接接以作者的按語，中間沒有再引他說。《大學衍義》的正條、次條、按語條數分別爲776：94：601[133]，其編例以重疊式單位述論爲主。《大學衍義補》的相對條數爲3947：2581：2862[134]，其編例以三疊式單位述論爲主。《格物通》全書均用重疊式單位述論，（按語部份，例以「臣若水通曰」起說）比較起來，與《大學衍義補》不同太甚，與《大學衍義》還有類似之處，故此可說「體例略倣」後者。

　　至於說此書「大致與《大學衍義補》相近」，則只能指它內容所及的範圍和「參以明之祖訓」的取材兩點而言。《大學衍義》以「格物致知」、「誠意正心」、「修身」、「齊家」四大綱推衍《大學》之義，「皆陰切時事以立言，先去其有妨於治平者，以爲治平之基，故〔於〕《大學》八條目，僅舉其六」[135]。該書是眞德秀直上宋理宗的諫諍，以針砭理宗個人的身心弱點爲目的，作爲帝王經世之學的作品，講的只是理論性的正本澄源之道[136]。「然治平之道，其理雖具於修齊，其事則各有制置，……眞氏原本，實屬闕遺。〔丘〕濬博綜旁搜，以補所未備，兼資體用，〔故〕實足以羽翼而行」[137]。丘氏依照眞氏原書的標題法，在《衍義補》中把所補的「治國」「平天下」二目題作「治國平天下之要」，表示二者的直接因果關係和不必分別推衍的看法。《格物通》所總括疏解的，包括了「治

132　《四庫全書總目提要》卷92（第18冊）頁40，《大學衍義》提要。

133　此所據以統計分析的《大學衍義》，用商務印書館《四部叢刊三編》本。

134　此所據以統計分析的《大學衍義補》，用弘治元年（1488）刊黑口本。

135　同注132。

136　參看朱鴻林〈理論型的經世之學——眞德秀大學衍義之用意及其著作背景〉，《食貨月刊》復刊15‧3-4（1985年9月），頁16-27。

137　《四庫全書總目提要》卷93（第18冊）頁160，《大學衍義補》提要。

國」「平天下」在內的《大學》後六目，故此在範圍上與《衍義補》爲近。《大學衍義》雖陰切時事以立言，由於所言以理爲主，對祖宗之訓援引不多。《大學衍義補》以事爲主，尤以丘濬當時知聞的政事爲然，旨在分析情況，提供興革補救之方，故多援本朝典制爲言[138]。《格物通》也多引明朝祖宗之言爲訓，故在取材上也和《衍義補》有相近之處。這些取材與作者們著書的用心目的有關。明清史書中所見此書仿《衍義補》而作之言，當在二書內容範圍、特別取材以至著書寓意等處有所近似一點予以理會；至於近人「體例」略似之說，則不全正確。

　　《格物通》所立六格的子目名數和各子目內的正條條數，書前的〈纂要錄〉內有所記載。各格（綱）目所佔卷數，也可見於本書的目錄。但湛若水所作的按語條數，則需遍檢全書才能確知。茲據檢核所得，列表如下：

格	綱	目	書中卷數	正條條數	按語條數	每　格　總　數卷／目／正條／按語
誠　意		審幾	1-2	39	39	
		立志	3-4	40	40	
		謀慮	5-6	47	47	
		感應	7-8	54	54	
		儆戒	9-12	102	102	
		敬天	13-14	51	50	
		敬祖考	15	29	27	
		畏民	16-17	36	36	17／8／398／395
正　心		正心上	18	25	25	
		正心中	19	28	28	
		正心下	20	31	31	3／1／84／84
修　身		正威儀	21-22	47	47	
		愼言動	23-25	59	59	
		進德業	26-29	92	92	9／3／198／198
齊　家		謹妃匹	30-31	44	43	
		正嫡庶	32-33	39	39	
		事親長	34-35	53	52	
		養太子	36-37	29	29	
		嚴內外	38-39	46	41	
		恤孤幼	40	16	14	
		御臣妾	41-42	43	41	13／7／270／259
治　國		事君使臣	43-45	70	70	
		立教興化	46-48	58	58	
		事長慈幼	49	19	19	

138　參看Hung-lam Chu,﹁Ch'iu Chun（1421-1495）and the *Ta-hsueh Yen-i Pu*：Statecraft Thought in Fifteenth-Century China﹂, pp.57-109.

		使眾臨民	50	28	27	
		正朝廷	51-52	49	49	
		正百官	53-54	53	51	
		正萬民	55-56	52	52	14／7／329／326
平天下	公好惡	（公好惡）	57	21	20	<1><1><21><20>
	用人	學校（禮樂政教附）	58-62	105	105	
		舉措	63-66	98	96	
		謀功	67-68	47	47	
		任相	69-71	71	70	
		任將	72-74	61	60	
		六官	75	35	35	<18><6><417><413>
	理財	修虞衡（貢賦附）	76-77	44	41	
		抑浮末（禁淫巧奢侈附）	78-80	49	47	
		飭百工	81	15	15	
		屯田（授閒田水利附）	82-83	45	42	
		馬政	84	24	24	
		漕運	85	16	16	
		勸課	86	25	24	
		禁奪時	87	27	27	
		省國費（冗官冗食冗兵冗役之類）	88-91	105	99	
		慎賞賜	92-93	38	38	
		蠲租	94	29	26	
		薄斂	95-96	56	56	
		恤窮	97-98	34	33	
		賑濟	99-100	39	39	<25><14><546><527>
						44／21／984／960

總計：100／47／2263／2222

　　據上表得知：本書由六格三綱四十七目組成，共有正條2263條，按語2222條。至於字數，全書約共51萬字，其中屬於正條的約18.5萬字，屬於按語的約32.5萬字；此外〈纂要錄〉約有3200字。凡以平天下爲目的之帝王之學所涵蓋與所施爲，各目名稱，即其要項。

　　此表略加分析，可見此書有如下特色：

　　㈠就篇幅與範圍而言，「平天下格」最大最廣，凡21目44卷；「誠意格」次之，凡8目17卷；「正心格」最少最專，只有1目3卷。博約之間，寓有以心制事之理。「齊家格」7目13卷，與「治國格」的7目14卷，形同等量，能見家國等要之實。

　　㈡分「治國」、「平天下」爲二格、與《大學衍義補》之合二者爲一綱不同。

㈢「誠意格」諸目以「儆戒」爲尤重要，共有4卷102條。

㈣「修身格」三目，前二目倣自《大學衍義》（說詳下文），但實以「進德業」一目爲重，共有4卷92條。

㈤「治國格」以「事君使臣」3卷70條及「立教興化」3卷58條二目爲主。

㈥「平天下」以「公好惡」爲原則，以「用人」、「理財」爲大類，分攝天下之事，概念甚爲簡明。「用人」則首重「學校」（人才培養）之事，共5卷105條，「舉措」（人才登用）之事次之，共4卷98條。「理財」則以「省國費」爲主，共3卷105條，次以「抑浮末」之3卷49條，均屬消極節流之事。

㈦「進德學」、「立教興化」、「學校」、「舉措」四目共16卷353條，佔全書卷數16％、條數15.6％，均與文教政策有關，可見本書所強調於治平之道的，以屬於文教範圍內之事爲重。

上表所不能反映的本書特色，透過全書的分析，還有下列多端：

㈠本書正文前有〈纂要錄〉一卷，作爲「一書之綱領」，這是《大學衍義》和《大學衍義補》所沒有的。其撰作理由，正如此錄序文所言，是因「學莫貴於知約，知約然後可以盡博也。是故〔有如〕挈裘者，先挈其領則其裔可理；舉網者，先舉其綱則其目可張矣」。撰作目的，是希望讀者「先覽于此錄，則頃刻之間，可了一書之大指」。〈纂要錄〉的通例，是爲每格先列一和出現在正文每格之前文字相同的小序，次列該格內各條目名稱及條數，最後列該格所採經史子書書名、語錄文集所屬的諸儒姓名及所謂「國朝皇祖皇宗聖諭聖訓」，以表明該格之大旨、內容與取材的概況。〈纂要錄〉的最大特色，則在於它以一套公式化的句法應用在所有小序之中，以表達各格的共同大旨。茲舉「誠意格」小序之文爲例：

> 誠意何以言格物也？程頤曰：格者至也，物者理也，至其理乃格物也。至也者，知行並進之功也。於意焉而至之也，至其意之理也。是故審幾也，立志也，謀慮也，儆戒也，敬天也，敬祖考也，畏民也，皆意之事也。人主讀是編焉，感通吾意之理，念念而知於斯，存存而行於斯，以有諸己，則格物之功庶乎於誠意焉而盡之矣。

以下「正心格」至「平天下格」五篇小序，除了以「心」、「天下」等字詞代替上例的「意」字，及以各格獨有的子目代替此例的「審幾」等目之外，其他語句的措

詞和次序，均與此例所見者無大差異。這六個公式化的小序，充份表現了湛若水在此書所持的如下重要理念：包括帝學在内的學問，當以自約達博爲次序，當以知行並進爲功夫，當因事而至其理，當得理而執存不去。六格所包，無非事也，事既無所不在，理當隨處至之。所以這個〈纂要錄〉所言，不獨明示了湛若水以程頤所釋格致二字之義爲此書的理論根據，也突顯了他自己一貫的「隨處體認天理」的學術宗旨。這個做法，使本書的理論系統更形完整鮮明，反映了湛若水刻意藉此書立言售說的用心。

　　㈡「誠意格」以「審幾」、「立志」二目冠編，作爲誠意之始事，帝學的首要。所以這樣，是因「格物之道，審幾要矣，立志急焉」[139]。「審幾」之尤受重視，湛若水雖無明言，但丘濬《大學衍義補》實已爲之先例。眞德秀《大學衍義》中「誠意正心之要」一綱，只立「崇敬畏」、「戒逸欲」二目，丘濬以朱熹《大學章句》解「誠意」章有「審幾」一言[140]，認爲「天下之理二，善與惡而已矣。善者天理之本然，惡者人欲之邪穢。所謂崇敬畏者，存天理之謂也；戒逸欲者，遏人欲之謂也。然用功於事爲之著，不若審察於幾微之初尤易爲力焉」[141]，故在《大學衍義補》正文之前，以「謹理欲之初分、察事幾之萌動、防姦萌之漸長、炳治亂之幾先」四節，立「審幾微」一目以補《大學衍義》之不足。湛氏此處所爲，大旨雖與丘濬意同，但卻自具特色，在藉闡說強調自己的心學觀點。兩卷三十九條所言，處處以意解經，處處以自成理念釋原意念慮初萌狀態的「幾」字之義，爲全書發揮「隨處體認天理」之說尤其集中的部份。如其所言，「審幾」等如法祖，等如自省，等如存心，等如「恆知」，等如判別義利，等如愼獨，等如知敬行敬，等如節欲，等如愼動，等如能思，等如察言審言，等如正念種種[142]。總之，正如「通」《易‧繫辭》「夫易，聖人之所以極深而研幾也」數句所言：「深也者，理之未形，體也。幾也者，理之已動，用也。一體一用，變化無方，可以觀神矣」[143]，

139　《格物通》3‧6下～7下。

140　朱熹《大學章句》（中華書局《四部備要》本《四書集註》）頁6。

141　《大學衍義補》‧〈補前書誠意正心之要〉頁1上～下。

142　此述「審幾」各種意義，依次見《格物通》1‧5下～6下，1‧10上～下，1‧8下～9上，1‧10上，1‧11上～下，2‧9上～下，1‧13上～下，1‧15上～下，2‧1上～下，2‧6下～7上，2‧7上～下，2‧9下～10上，2‧11上～12上。

143　《格物通》1‧2上。

視「幾」爲心學不可或缺的部份。又如「通」《尚書·益稷》「禹曰：安汝止，惟幾惟康」一條所言：「止者，至極不遷之名，即吾心本體之中正，天理是也。安之云者，勿忘、順適乎自然，則心純乎天理，而止得其止；有忘與助焉，則人欲肆而天理微，不得其止矣。惟幾，所以致力於一念之微；惟康，所以致力於事爲之著；二者皆安止之功夫也」，把「審幾」視爲「隨處體認天理」之要，作爲「人君聖學之首務」[144]，亦即心學的原始工夫。《格物通》這個徹底強調用功於意念的心學方法論，是《大學衍義補》等書所不見的。

㈢此書所引兩宋儒者之言，共二十六家二百條[145]。其中被引最多的，依年代順序爲周敦頤20條，張載18條，程顥28條，程頤41條，楊時32條，張栻25條。朱熹則只有8條，陸九淵只有3條。和《大學衍義》及《衍義補》比較起來，《格物通》這個現象是極不尋常的。《大學衍義》各卷正條與按語之間所引的儒先之說，共有94條；朱熹佔了39條，程頤8條，楊時和張栻各一條，程顥和陸九淵未被引。《大學衍義補》單釋諸經部份正條的歷代各家成說，便有2155條；朱熹佔了462條，程顥1條，程頤124條，楊時12條，張栻39條，陸九淵未被引[146]。比對起來，《格物通》對陸九淵還稍注意，對朱熹則極不重視。湛若水之多引程顥，是因程顥是宋儒中獨爲他所推尊者之故；正德年間，他且曾著《遵道錄》一書，以表遵從明道之意[147]。他多引程頤，從他採用程頤對格物二字的解釋作爲此書立義之據一點，可以理解。同樣，張栻對格物致知觀念的理解，也是湛氏著書的理論依據；本書序文特引張栻「自誠正以至治平，固無非格致事也」之言爲說，湛氏之多引張說，正反映了他對張的信服。另一方面，湛若水之少引朱熹，當然寓有不必過重朱說之意。但更需指出的是，他雖引了陸九淵三次，但對陸說其實並不全表贊同[148]。睽諸當時朝廷則重朱學，王守仁學派則重陸學的情況，湛若水在書中

144　上揭書，1·5上－下。

145　《格物通》所引宋儒及其次數，除了此段中所提的八人外，還有司馬光、尹惇、劉安世、胡瑗、呂大臨、張九成、羅從彥、張浚、蔡沈、魏了翁各1次，呂希哲、胡安國、王栢各2次，邵雍、范祖禹、胡宏、眞德秀各4次，陳植3次。

146　有關《大學衍義補》的此項數字，係據Hung-lam Chu, "Ch'iu Chun and the *Ta-hsueh Yen-i Pu*：Statecraft Thought in Fifteenth-Century China", pp.420-427, Appendix B·1。

147　《四庫全書總目提要》卷96（第18冊）頁100。

148　《格物通》20·12上～13下；71·12上～下。

對朱陸二家的處理，可能是他對官方及王門二種立場均不表同意的結果[149]。楊時雖是朱熹的太老師，但也是二程的及門高弟，更是身肩洛學在北宋亡後傳道於南的程門僅存碩果，湛若水對他的重視，在遵崇程明道的思想網絡中，固是理應宜然，但同時也可能有尊師以貶弟的心理作用存乎其間。同樣，多引張栻，也可能暗示了在朱熹的時代裏並非只有他一人才算成家的意思。總之，這個援引異乎常情的特色，顯示了湛若水個人獨特的學術傾向和學術取舍情狀。

　㈣和上段所論有關的另一特點，是此書對於明代儒者的著作及言論一概不引，唯獨湛若水自己的著作及陳獻章之說，在通論中曾予引述。陳獻章之說出現一次；「愼言動」目中有《論語》「子貢問君子。子曰：先行其言而後從之」一條，若水通之曰：「臣聞之先師翰林檢討陳獻章曰：夫學自我得之，自我言之可也。其意與此暗合，惟聖明留神焉」[150]。他自薦的著作，是在南京國子監祭酒任中爲闡明明太祖之意以導諸生而作的《二業合一訓》一書。所謂二業，是指德業和舉業。「所謂合一者，令學者於讀書作文之時，主一而無適，如孔子所謂執事敬；程顥所謂作字甚敬，即此是學也」。其法若行，「則德行道藝兼之矣」[151]。若水又認爲此法果行，則鄉會二試仕子合一之學，三年可以有成[152]，因而「伏望聖明盛德大業，與日俱新，又以主張斯文爲任，則天下士子知所向風，而先王德行道藝之教，復見於今矣」，並強調果能這樣，則「萬世幸甚」[153]。這種遺落衆言，唯表彰師說及己著的情形，反映了湛若水對士人教育方法的重視和特見。

　㈤此書引用了大量明代洪武至天順朝的「皇祖皇宗聖制聖諭」。這類制諭之文，全書共有251條，佔全書正條總數約11％。各條所從出的文獻，注明書目的，包括《洪武禮制》、《禮儀定式》、《稽古定制》、《皇明祖訓》、《諸司職掌》、《大明令》、《大誥》、《教民榜》、《憲綱》、《國朝節行事例》、《問刑條例》各種，大多數是明初的朝章典制。沒有注明而可確知的，有《太祖御製文集》、《大明會典》、李賢《天順日錄》等書。但最大宗的，還是沒有注明出處的

149　湛氏對朱陸不滿之言，見《格物通》27・16上～17上。
150　上揭書，24・1上～下。
151　上揭書，61・19下。
152　上揭書，66・19下。
153　上揭書，61・8上。

洪武朝中太祖與朝臣的對話及因事而頒發的詔令制誥。它們可能取材於《太祖寶訓》和《皇明詔令》等書。湛若水所響應而撰《格物通》的嘉靖四年七月聖旨，只命直解經書、《通鑑》等有關帝王德政者以進，並沒有提及並解本朝祖宗的制作，若水此書大量採用太祖的言論和洪武一朝的事迹，顯示了他仍然堅從嘉靖初年朝臣們強調講讀《祖訓》的信念，認爲世宗的帝學，當以法祖爲重。更值得注意的是，他在通論這些引文時，每言祖宗某言某事爲得「聖學心法」，爲眞「帝王心學」，可見他的重點仍在發明心學，祖宗的言論行事，在他的闡釋之下，變成了印證他「隨處體認天理」之說的確論。

㈥「齊家格」內的「御臣妾」一目，所載的歷代至明英宗朝宦官亂政之事，毫無假借之言，可媲《大學衍義》所載，而非《大學衍義補》不直斥內臣所可及[154]，亦是本書一大特色。這或者是因若水親覯正德朝劉瑾之禍，懲前毖後，故特書之以警惕世宗。又或者是監於嘉靖二年春天內宮齋醮及其冬太監請准兩浙織造之事，故爲警醒之言。總之，他以嚴制宦官爲帝王齊家之要項，與他對時政的反省，存着了必然的關係。

㈦此書以一套容易辨認的表達法，對世宗作了大量不同程度的直接籲請。這些籲請都出現在湛若水的通論裏，措辭大體上是沿襲《大學衍義》和《衍義補》所運用過的，但形式變化和出現的比例次數較這二書均要多出。凡是湛若水個人所想強調的，都以這套表達法來加以陳請。它包括了以下七種形式：在發揮己見之後，接以「伏惟聖明（或用『伏望』）……萬世幸甚（或『社稷大幸』、『天下國家幸甚』、『天下後世幸甚』、『萬世社稷之福』等）」的語句，這種共有11條。或接以「伏惟聖明（或『仰惟皇上』、『臣願聖明』等）……天下幸甚」的語句，這種共有27條。或接以「伏惟聖明（或『伏願聖明』、『仰惟皇上』等）……幸甚」的語句；或逕結束以「惟聖明留心（或『留意』）焉，幸甚」的語句，這種共有19條。或直接結束以「臣不勝願望之至」、「臣端有顒望焉」、「端有望於今日」等語句，這種共有9條。或結束以「敢舉以爲今日聖明獻焉」、「臣敢獻以爲聖明……」語句，這種共有4條。或結束以「（伏）惟聖明留意（神）焉」、「惟

154　《大學衍義補》對宦官缺乏批判而遭受批評一事，可參看《四庫全書總目提要》（注
　　137）該書提要。

聖明念之（圖之）」等語句，這種共有47條。或在按語之內，尤其結尾部份，有「伏惟（願、望）聖明」、「仰惟聖明（皇上）」等語句，這種共有56條。以這表達法提出的籲請，全書共有173條，大部份與時事無關，絕大部份沒有提供具體處理或解決問題的方法，反映了此書以說理爲主的特色和以輔助經筵講讀爲主的性質。

以上這些特色，部份源於湛若水個人學術思想的特性，部份源於他對明世宗個人有關的期待和訴求。由於書是奉詔「直解」之作，湛若水不可能言詞支蔓，牽涉過廣，也不便於率爾直陳。由於直解的對象是經史之書，他也可以不針對政事著實著論。同時又由於他有自售學說的用心，處處唯心學之旨是尚，所以此書所呈現的，便大體只能是說理之言。這一切的特色，從上節所述的著書背景看來，是自然而且近於必然的。《四庫全書》提要說是書「多引前言，以爲講習之助」，是適當的評識。但正因它的主要用途，只在經筵講習一處，在明世宗對經筵讀物情有別鍾的歷史情況下[155]，在經筵制度已成明日黃花的現實情況下，在內容缺乏識度宏遠之策可任當時採摘或驚人可喜之論足供後代談資的情況下，此書之長期不受重視，也便成了無可避免的事實。

四、結　　語

本文如上的析述，說明了湛若水《聖學格物通》一書的撰作，是以歷時八年的大禮議事件中的頭四年亦即執爭劇烈的四年的政治實狀爲背景的。抱著儒者的政教理想、隨衆主張帝王治平之道要在法祖講學、而在大禮議中同情和支持楊廷和等舊派朝臣的湛若水，當他因緣際會地構思命筆旨在幫助明世宗增進修身爲政的學問和涵養的《格物通》時，他其實懷著了世宗可能對他的過去心存不滿而或施懲責的畏懼，因而此書便也成了他向世宗表示盡忠補過的實際行動的工具。但疑慮卻使他多所顧忌，不敢暢盡欲言。他所做到的，只是儘量在世宗詔旨所允許的「直解經史」的範圍內，用近似講章的文體和措辭敷說帝王治平天下的理道和提醒世宗對明朝時政應當注意或有所改革的情事。可是，他所處的職位以至他個

155　有關明世宗的講讀興趣及其與《格物通》「失敗」的可能關係，作者將別有文討論。

人的政治識度和從政經驗卻又使他没法也没有對治平明朝天下的實事要項提出具體的擬議，而始終只能一切重於說理，尤其盡力闡揚他自已那「隨處體認天理」的心學道理。過份的說理，使得此書流於空泛；過度的自售己說，又減少了它的客觀性和說服力。湛若水雖然不斷的強調心學，卻没有足以警動人心的理論精采，他詳於治平之理而略於治平之事的方法的展現，也没有使行政務實的人因此書的議論而蒙受實益。結果，此書既未能對它的特定讀者明世宗有所感動，也不曾對它預期的一般學古入官的文儒讀者起過顯著的影響。可以說，是此書的本身局限而非變遷了的時代環境，決定了它的長期不受重視。

《格物通》的內容特色，實際上還與本文所提及的湛若水的其他著書動機有關。例如他把格物涵括了致知，作爲從事「聖學」的一切法，這個與朱熹和王守仁所說均不相同的格物闡釋，表示了他對官方尊崇的朱子學說及因不滿官定程朱學術而興起的姚江新說，均有不滿。《格物通》書中的充份闡揚「隨處體認天理」之說，也是一種對王守仁「致良知」和「知行合一」學說的競爭性反應。同樣，此書繼已爲朝廷崇重的《大學衍義》和《大學衍義補》而作，而又持論別異其趣，自然又反映了湛若水不以朱學傳統的成就爲完整無瑕的看法。另一方面，明世宗之不重是書，除了因他對湛若水原不信任之外，可能也與他對湛氏用作立論基礎的格物觀念不以爲然有關。類似的當代學術因素和導致此書「失敗」的其他學術及非學術原因，都有詳細追究的價值。本文因著重處理了此書的政治亦即最基本的背景及因此背景而產生的本書內容特色，對上述的其他方面尚未加以討論，應當把這些方面更作研析，才能使這個學術與政治彼此牽涉和互相影響的史案更完整地重現出來。

（本文於一九九一年三月七日通過刊登）

出自第六十二本第三分（一九九三年四月）

明末清初的人譜與省過會

王 汎 森

　　本文旨在探討明末清初士人道德意識的呈現與轉化，而以人譜、省過會等修身冊籍及團體組織爲例來說明。由於明代中晚期思想界是以王陽明學爲主流，故本文所論亦以與王學直接或間接相關者爲主。

　　本文首先說明，即使在最樂觀的人性論下，仍可存在著極強的道德緊張，明代的王陽明學也不例外。本來，遷善改過便是陽明格物說的一個主要部份，到了明季，隨著社會風俗之敗壞，在部份王學信徒中，省過改過便成爲一個很熱烈的論題。

　　但由於陽明的「心即理」學說假設：在省過、改過的過程中，人們一己之心不但要作爲被控訴者，同時也是反省者與控訴者。在陽明看來，這對良知時刻呈露作主的上根之人來說，並不成問題。可是上根者畢竟太少，而中、下根器者太多。故當王學廣行，而又產生許多「非復名教所能羈絡」的信徒後，人們逐漸認爲：「心」同時作爲一個被控訴者和控訴者，殆如狂人自醫其狂；故有一部份人轉而主張：在省過改過時，應該有第三者扮演客觀的監督、控訴角色，因而有省過會之類組織產生。而此一現象亦同時象徵著在道德實踐中「心即理」學說所面臨的理論危機。

　　王陽明的「心即理」是明代中期以下最具勢力的思想，在此脈絡之下，對人性的樂觀達到前所未有的高峰，它一方面造成王學末流的侈蕩之風，但另一方面，在其他人身上亦可能因目睹當時風俗隳敗的惡況，而表現爲嚴格的道德修養。

　　因爲王陽明學認爲人天生是純善的，任何道德修養只是爲了恢復心的原始狀態，因此道德修養的過程主要便是如何去除過錯的過程，故「改過」這個源遠流長的傳統也就成了王學最重要的課題之一。加上當時佛教的提倡，傳統中原有的各種省過方式亦在晚明恢復其活力。但王學主張「心即理」，強調整個修養過程中都是「自」、「主人翁只是一個」，故使得其省過訟過方式相當獨特，在整個過程中控訴者與被控訴者都是同一個「心」。但是人心本是善惡交雜的，而且內心中的善與惡非但不是永遠分明的，有時候甚至還互相掩護欺瞞，所以，由善惡交雜的心去反省善惡交雜的人，常常是有如狂人自醫其狂，因而有不能認識潛習

錮蔽或是「認賊作子」的困境。爲了解決這個困境，逐漸發展出兩種辦法；第一是省過會之類的組織，藉助於會友的幫助來認識、糾舉自己的過錯。第二是不再只是從內在心性上的鍛鍊下手，因爲內在於人心的道德境界是無法看見的，而且只從心性上下手，其效果常是不能持久的，所以人們愈益相信只有從表現在外的行爲下手，由外而內才能奏效。故一方面有省過會這類會友互相彰善糾過的組織出現，另方面是作爲道德行爲外在規範的禮學日漸發達。這兩者也導致對聖經賢傳的重視，以便能以古代聖賢言行做爲道德修養中客觀共認的標準。本文便試圖追溯並舖陳這一發展的過程。由於王學內部「左」、「右」派思想上的歧異與爭執，討論者多，故本文從略。

一、「滿街都是聖人」與「不爲聖賢，即爲禽獸」

陽明說「人胸中各有個聖人，只自信不及，都自埋倒了」[1]，難怪他的弟子王畿、董澐會說出門所見，發現「滿街都是聖人」[2]。「滿街都是聖人」之說，應與陽明的「成色分兩說」合觀。陽明認爲人天生都是至善的，如果以黃金爲喻，聖人與凡人都是精金，其成色都是百分之百，僅在分兩多少上有所不同，聖人是萬鎰之金，而凡人則是百鎰之金或十鎰之金[3]。陽明對人成德的可能性如此樂觀，與朱子顯然有所不同。

朱子認爲從天命之性來說，人固然沒有偏全之分，但從稟受天命之性的具體人、物來說，卻有著偏、全之分。在《朱子語類》卷四中有一段話說：「人之性皆善，然而有生下來善底，有生下來惡底，此是氣稟不同。」[4]，又說：

> 「都是天所命。稟得精英之氣，便是爲聖爲賢，便是得理之全，得理之正，稟得清明者便英爽，稟得敦厚者便溫和，……稟得衰頹薄濁者，便爲愚、不肖、爲貧、爲賤、爲夭[5]。」

1　王陽明《傳習錄》（台北，正中書局，一九七五）頁七十七。
2　同前書，頁九十七。
3　同前書，頁廿六。
4　朱熹，《朱子語類》（北京，中華書局，一九八六）冊一，卷四，頁六十九。
5　同前書，頁七十七。

　　朱子並強調「人之爲學，都是要變化氣質，然極難變化」[6]。朱子主張一心可同時產生善與惡，王陽明卻主張：所謂惡，乃吾人情欲之過當者，若不過當，則情欲本身亦不是惡[7]。所以從對人成德的可能性這一點來看，王陽明是比朱子樂觀的。由於對成德的可能性極度樂觀，所以陽明刻意降低了聖人的標準，認爲愚夫愚婦也得以成道入聖[8]。同時，因爲他主張心安即理，認爲只要自信得過自己心中當下的良知，便是「自家底準則」[9]，如此「實實落落作去」，便是聖人了。這使得許多凡夫自負爲聖人，難怪王門後學中會出現了黃宗羲所描述的玄虛而蕩，「非復名教所能羈絡」的情形[10]。觀諸泰州學派幾位人物的言行，便可知黎洲所言並不過份。陶望齡（石簀）就說過：

　　　　「妄意以隨順眞心，任諸緣之並作爲行持[11]。」

他相信只要能隨順眞心便無不是之處了。難怪他會說「學求自知而已，儒皆津筏邊事」。他所標舉「自知」是順應自己的眞心，「任緣」正是不要任何名教的標準，故自然會以儒家爲津筏邊事了。又如李贄（卓吾，一五二七～一六〇二）說「出入於花街柳市之間，始能與衆同塵矣」[12]。羅汝芳（近溪，一五一五～一五八八）則借禪宗捧茶童子之說宣稱：童子只要把茶水捧好亦是聖人。羅氏爲了替一婦人救其丈夫，甚至不惜行賄官府[13]。他們一樣是相信人人皆可成聖的，但是他們認爲只要能隨順眞心去做，動機純潔，則手段上是不必拘於名教之樊籬的。

　　不過，性善論也是具有道德強制性的，我們也不能忽略了在人人皆是聖人這一個對人性極度樂觀的態度下，也可能導出極爲嚴格的道德要求。這大致可以分

6　同前書，頁六十九。

7　參見馮友蘭《中國哲學史》（香港，太平洋圖書公司，一九七〇），頁六九三。陽明的看法見《傳習錄》頁八十一。

8　《傳習錄》，頁九十七。陽明甚至認爲「蘇秦張儀之智，也是聖人之資……但用之於不善爾」，同前書，頁九十五～九十六。

9　同前書，頁八十九、七十七。

10　《明儒學案》泰州一，頁六十二，黃宗羲識語。過去學者多認爲「滿街皆是聖人」只與道德墮落相關聯，如梁啓超《清代學術概論》（台北，中華書局，一九七八），頁七。

11　《明儒學案》，泰州五，頁七十五。

12　《焚書》（北京，中華書局，一九六一）增補一，頁二五五。

13　參見嵇文甫《晚明思想史論》（重慶，商務印書館，一九四四）第三章及第五章，頁三四～四七，頁五八～六一。

成兩個方面來說：第一，陽明說人人胸中各有個聖人，固然可能使放蕩不拘的人自認爲聖人，但如果從另方面看，他等於也把「成聖」規定爲每個人責不可卸的義務。因爲每個人天生便是聖人，所以一旦無法成聖，便是自暴自棄。也就是人天生就有絕對力量來控制自己所有的行爲，故如果人在道德修養上軟弱無力或變化無常，那絕不是因爲任何天生的缺陷，而是自己努力不夠，完全無處可委過，因而在道德修養上的緊張情緒，也就非常強烈。第二，因爲對人原具的天性太過樂觀，故認爲善才是正常狀態，也就愈求純化意識，從而對現實生命中昏暗與陷溺的層面也愈爲敏感，甚至有通身都是罪過的感覺。因此，我們一方面在王門後學身上看到一些俗人自負爲聖人，同時也看到一些對人性近乎無知的樂觀，卻又對自身罪過極深刻自覺與自責的例子，他們常常掛在嘴上的口頭禪是「如其非人，即是禽獸」[14]。

　　本來孟子便說過「人之所以異於禽獸者幾希」（「離婁」下），而像「日墮於夷狄禽獸而不覺」[15]這類的話也是陽明所常說的，在陽明弟子身上，我們也不時可以看到這一類的話。例如王畿，他的兩篇「自訟」文字便顯得格外沈痛[16]。陽明的另一弟子羅洪先雖爲現成良知問題與王畿反覆爭論，但同有「吾輩一個性命千瘡百孔，醫治不暇」之語[17]。明季的劉宗周更是主張「萬性一性也，性一至善也」[18]，「人雖犯極大罪，其良心仍是不泯，依然與聖人一樣，若才提起此心，……滿盤已是聖人」[19]，但也正因他相信心本至善，故認爲人的行爲一旦稍有不善，即是自暴自棄的禽獸[20]。崇禎四年，劉宗周五十四歲，他在證人書院第

14　《陳確集》（北京，中華書局，一九七九），頁三九九。此處參考了張灝先生對幽暗意識深入的分析，見《幽暗意識與民主傳統》（台北，聯經，一九八九），頁廿一～廿七，六九～七三。

15　《傳習錄》，頁卅二。陽明又說「若違天理，與禽獸無異」，同前書，頁八十六。

16　王畿〈自訟長語示兒輩〉及〈自訟問答〉，《王龍溪全集》，卷十五，冊四，頁一六～二八。

17　羅洪先〈與何善山〉，《明儒學案》江右三，頁三十六。見引於張灝先生，前引書，頁七一～二。

18　劉宗周《人譜》，《劉子全書》（台北，華文書局，無出版時間），卷一，冊一，頁一六二。

19　同前書，頁一八〇。

20　同前書，頁一六三。

一次講會上說：「此學不講久矣，文成指出良知二字，直爲後人拔去自暴自棄病根，今日開口第一義，欲信我輩人人是個人。」他又畫龍點睛地說：「人便是聖人之人」（《年譜》崇禎四年條）[21]，所以「證人」二字是證人人可以成爲聖人，而《人譜》二字是求所以達到聖人之法，這個方法便是省過與改過。在《人譜》這部省過書中，劉氏對道德修養的嚴格規定到了空前的高度，他把道德實踐分成六關，從閒居慎獨，到克治靈魂深處的念頭，到容貌辭氣之間的當然之則，到盡五倫之道，到推天地間皆吾父子、兄弟、夫婦、君臣、朋友[22]。他說如未做到「凜閒居以體獨」、「卜動念以知幾」、「謹威儀以定命」、「敦大倫以凝道」、「備百行以考旋」這幾關，則「通身都是罪過」，但是即使通過這幾關，「通身仍是罪過」，必須時時刻刻無一息或停地從內心深處到推善行以及天地間，做到「遷善改過以作聖」才是究竟[23]。這種通身是罪過的感覺，使得他認爲人的道德修養的過程就是如何把「過」減到最少的程度，決無任何「功」可言。所以他主張以嚴格的省過改過作爲通往聖人的唯一途徑。劉宗周的弟子陳確亦相信人心渾然是善，即使是氣質亦不可謂非善，但同時也常常提到不爲聖人即爲妄人禽獸[24]，並說「要窮就窮，要死就死」[25]，在道德修養上非但不能有任何放鬆，而且處處流露出一種深刻的緊張。故似不宜因看到陳確主張氣質之無不善，便認爲他提出「接近自然人性論的命題」[26]。正因陳確主張氣情才無不善，故不能成聖的人不能藉口於氣情才上的先天缺陷，而純屬自暴自棄。關於這一點，此處擬再深入一層討論。

陳確澈底反對宋儒把人性分爲氣質之性與義理之性兩部份，在〈氣情才辨〉這篇相當重要的文章上，他說：

> 「一性也，推本言之曰天命，推廣而言謂之情、才，豈有二哉！由性之流露而言謂之情，由性之運用而言謂之才，由情之充周而言謂之氣，一而已

21　劉汋《劉宗周年譜》，在《劉子全書》冊六，頁三五七五。
22　如《人譜》中講「叢過」的部份，《劉子全書》冊一，頁一七七~一七九。
23　同前書，頁一七一。參考張灝，前引書，頁七十三。
24　《陳確集》，頁四二二、五八七。
25　同前書，頁四二一。
26　李澤厚《中國古代思想史論》（北京，人民出版社，一九八六），頁二六三。

矣。性之善不可見，分見於氣、情、才。情、才與氣，皆性之良能也，天命有善而無惡，故人性亦有善而無惡，人性有善而無惡，故氣、情、才亦有善而無惡。……是知氣無不善，而有不善者，由不能直養而周之也。曰「平旦之氣」，則雖梏亡之後，而其所爲善者，固未始不在也。……且孟子兢兢不敢言性有不善，並不敢言氣、情、才有不善，非有他意，直欲四路把截，使自暴自棄一輩無可藉口，所謂功不在禹下者。宋儒既不敢謂性有不善，奈何轉卸罪氣質，益分咎才、情。情、才、氣有不善，則性之有不善，不待言矣。……祇多開門徑，爲下愚得自便耳[27]。」

陳確的這段話不啻是說：假定我們指出某些道德生活上陷溺或軟弱的人是由於遺傳、或其他先天的決定性因素所引起，那麼這個道德上有缺陷的人便無須爲他的陷溺負責了。陳確說，孟子正好是要指出人天生全是善的，包括氣、情、才也都無不善，所以人們如果道德上有陷溺，決不是因爲某些先天的生理或心理緣故，而是因爲他的自暴自棄使他自己成爲一個道德上的懦夫，一切責任都應由其自身承擔。故提出性、氣、情、才無不善，等於是「四路把截」，把所有將後天的不善推給天性中的不善的路完全封住，使得自暴自棄之人完全無處躲閃。所以在陳確的解釋下，孟子的性善論是充滿道德修養之強制性的。陳確說宋儒紛紛言氣、才、情有不善，正好與孟子的「乃若其情，則可以爲善矣，若夫爲不善，非才之罪也」（《孟子》〈告子章句〉）徹底相違背[28]，而使得「自暴自棄」之輩有卸責之處。陳確認爲王陽明正是孟子性善論最忠實的繼承者[29]，至於那些紛紛言氣質之性爲惡者，是「助紂爲虐」，「正告子意中之言」，爲修養上自暴自棄之徒找到了好藉口。故他說：

「告子之說似中正，然大有便于愚不肖，孟子之說似偏執，然大不便乎愚不肖，此聖學異學之別也[30]。」

27　《陳確集》，頁四五一～四五二。

28　同前書，頁四七四。

29　同前書，頁四四二。

30　同前書，頁四五二。關於孟子「才」與「情」無不善的思想，請參黃彰健先生〈釋孟子公都子問性章的「才」字，與「情」字〉中的疏釋，收《經學理學文存》（台北，商務印書館，一九七六）頁二二七～二四○。

又說：

> 「孟子之意，以爲善人之性固善，雖惡人之性，亦無不善，不爲，非不能
> 也，謂己不能則自賊，謂人不能則賊人。……不責心而責性，不罪己而罪
> 天，天與性不任受也。……君子立言，務使賢者益于善，而不肖者咸悔其
> 惡，斯可耳，胡乃旁引曲證，以深錮不肖之路？若曰『皆天之所限，人何
> 與焉？』不亦寬甚矣哉！孟子道性善，正爲象、虎一輩言之，眞是大不得
> 已[31]。」

主張性有不善的人是不罪己而罪天，爲不肖之徒預留後路，故他說言性善或言性
有不善，實「關係世道人心不小」，說人性有不善，是使「彼下愚者流皆得分過
于天」[32]。道性善，則「使自暴自棄一輩更無處躲閃」[33]。

我們接著再看陳確的「人亦盡聖也」[34]這個前提，可以導致多麼深刻的道德
緊張。陳確鄭重地說：

> 「則人之未至于聖者，猶人之未完者耳。人之未完者，且不可謂之人，如
> 器焉，未完者必不可謂之器也[35]。」

他的意思是，凡不能成爲聖人者，皆不能算是「人」。這不由得使我們回想
起他的老師在解釋「人」時所說的——「人便是聖人之人」。把做爲「人」的起
碼條件定爲聖人，那麼自然會得出「人之爲聖人也，直不爲禽獸也」[36]及不爲聖
人即爲「人之未完者」、「不爲聖，直爲非人而已」[37]、「不爲聖人，即爲鄉
人，無中立之勢」[38]這類的結論來。如此嚴格的道德要求竟然是從「人亦盡聖
也」這樣樂觀的前提得出來的，那麼我們看到陳確思想中對道德修養的問題如此
緊張便不必感到意外了。陳確說：

31　《陳確集》，頁四五一。
32　同前書，頁四四六。
33　同前書，頁四四七。
34　同前書，頁一五一。
35　同前註。
36　同前註。
37　同前書，頁一五二。
38　同前書，頁五四三。

> 「學聖人而未至于聖人，即其去鄉人而未遠于鄉人，有至危之機。則夫吾
> 之仁未至于舜，至易知也，我之禮未至于舜，所共見也。仁未至舜，即不
> 可謂之仁，……禮未至舜，即不可謂之禮[39]。」

他在日常生活的每一個細節中都看到聖人的典型，且都認爲應該用聖人的標準來
衡量自己，道德要求如此之高，便極易有處處是錯，通身是過的感覺，難怪陳確
會積極發起省過會了（詳后）。早於陳確大約七十年的呂坤（新吾，一五三六～
一六一八），雖不是王門弟子，但他受到王學之影響卻是彰彰可見的。他在爲自
己所寫的墓誌銘〈大明嘉議大夫刑部左侍郎新吾呂君墓誌銘〉中說，他之所以要
作《呻吟語》一書，是因感於：

> 「一身罪過，都是我心承當，五官百體無罪。兩間無過，都是我身承當，
> 天地萬物無罪[40]。」

正因「一身之過都是我心承當」，「兩間無過，都是我身承當」，所以自己所有
的過罪完全無法躲閃推諉，既不得委過於天地萬物，也不得推託給五官百體等先
天或外來的因素。和陳確一樣，這樣的思想使得他自覺身心所應承擔的道德責任
特別沈重，對一己身心之罪亦特別敏感，因而對自己一生在修養方面的缺憾，有
痛苦一至於「呻吟」之感[41]。年輩稍晚於陳確的李顒（二曲，一六二七～一七〇
五），他致力於溶合朱、王，非常樂觀地在《觀感錄》序言中指出人人心中有個
仲尼，他說：

> 「先儒謂個個人心有仲尼，蓋以個個人心有良知也，良知之在人，不以聖
> 而增，不以凡而減，不以類而殊，無聖凡無貴賤一也，試徵之孩而知愛，
> 長而知敬，見孺子之入井而知惕，一切知是知非，知好知惡之良，凡與、
> 聖與、賤與、貴與，有一之弗同乎[42]？」

李顒相信不管聖凡貴賤都是天生的聖人，所以他的《觀感錄》中特別記載了

39　同前註。

40　侯外廬編《呂坤哲學選輯》（北京，中華書局，一九六三），頁八十四。

41　呂坤《呻吟語》（台北，河洛出版社，一九七五）〈序〉，頁一。

42　李顒〈觀感錄〉，在《二曲集》（台北，商務印書館，一九七三），卷二十三，頁一。

泰州學派的樵夫朱恕，陶匠韓樂吾，田夫夏叟成德的事跡，以證明他們並不因地位卑賤而絲毫影響成德的可能性。可是在主張「個個人心有仲尼」的同時，李顒也自責說：「顒本昏謬庸人，千破萬綻，擢髮難數」[43]，且自號爲「多慚夫」，這樣深刻的罪惡感與如此樂觀的成聖希望非但不相違背，而且正是密相聯結的。因爲「個個人心中有仲尼」，所以若不成仲尼，即是自棄，則對於自己的生命自會有「千破萬綻」之感。他在〈悔過自新說〉中說：「其所爲有不遠於禽獸者，此豈性之罪哉？然雖淪於小人禽獸之域，而其本性之與天地合德，日月合明者，固未始不廓然朗然而常在也」。連已經淪於小人禽獸之域者其本性也仍是「與天地合德」，這一方面是把回到聖人的機會許給每一個陷溺之人，另方面則是說明了，不能從小人禽獸的起步自我振拔便是自己「輕棄之」[44]。他說：

> 「君子小人，人類禽獸之分，只在一轉念間耳，苟向來所爲是禽獸，從今一旦改圖，即爲人矣[45]。」

一轉念間便可能由聖人墮爲禽獸，一轉念也可能由禽獸變爲聖賢，一切都決定於一念之間，若欲不墮爲禽獸，則連一念差錯也不行。故他對成德如此樂觀的同時，也對墮於禽獸的可能性無比悲觀，因而察覺到，如果要想成爲聖人，必須刻刻反省，時時改過。二曲在關中提倡「改過自新」之說，便主張「必至於無一念之不純於理，無一息之或間於私，而後爲聖人之悔過」[46]，其嚴格周密的程度幾乎與南方的劉宗周不相上下。他在〈悔過自新說〉的「小引」中強調，爲使每一念都純於天理，務必無時無刻地悔過，才能「或脫禽獸之歸」[47]。在他的思想中，悔過與成德正好是一線相連的。所以他說：「先儒爲言，滿街都是聖人，原謂滿街能悔過自新，安見滿街之不可爲聖人。又云箇箇人心爲仲尼，謂箇箇能悔過自新，安見箇箇之不可爲仲尼」[48]。

43　《二曲集》卷十三，頁八。

44　《二曲集》卷一，頁一。

45　同前書，卷一，頁二。

46　同前書，卷一，頁八。

47　《二曲集》卷一，〈小引〉，頁三。

48　《二曲集》〈悔過自新序〉，頁二。

二、大量「省過簿」的出現

　　前面已經談過，在「人人胸中皆爲一個聖人」的思想下，所帶來的影響是兩方面的：陽明既把成聖的可能性許給每一個人，所以可以發展出像李卓吾等所宣稱的「人都是見見成成的聖人，才學，便多了」[49]，也可以發展出前面所談及的「千瘡百孔」，「通身皆是罪過」的感覺。不過在這兩個側面中，嚴肅而緊張這一面的擴展，主要還與明季社會風氣的惡化[50]，以及因目睹王學末流狂禪的恣濫之風而生的警醒有關。如此嚴重的道德緊張加上如此樂觀的成聖思想，可以通過任何型式的省過方式來幫助成德，其中最有趣的現象是大量省過改過書的出現。譬如目鑑篇（如高攀龍）、日史（如楊應詔、劉宗周、陳瑚）、自反錄（如顧憲成）、自監錄、記過簿等都是[51]。藉著這些道德生活的日記，他們一方面可以更有系統地診斷自己的功過，另方面因他們對自己是否已經成聖毫無把握，故藉著計算功過，多少可以解除內心的緊張。

　　「改過」自然是中國思想中不斷出現的主題，不過，在王陽明的思想系統，道德修養上更傾向「改過」一路，因爲陽明一再強調人天生即是純金的聖人，所以任何修養工夫只是去蔽去過，使歸返心的原初狀態，而不是在心上添加些什麼。這是爲什麼陽明說：「吾輩用功，只求日減，不求日增」之故。陽明文字中遂不斷強調自訟。

　　但是，自訟式的省過方式起源是相當早遠的，而且決不限於儒家[52]。孔子要

49　此條轉引自容肇祖《明代思想史》（台北，開明書店，一九七八），頁二四二。這原是顧憲成《當下繹》引史際明語。本所所藏《顧端文公遺書》（明崇禎年間刊本）中只存《當下繹》之目而無文。

50　相關論述不少，如徐泓〈明代後期華北商品經濟的發展與社會風氣的變遷〉，收於《第二次中國近代經濟史會議論文集》（台北，中央研究院，一九八九），頁一〇七～一七六，及〈明代社會風氣的變遷〉，收於《第二屆國際漢學會議論文集》（台北，中央研究院，一九九〇），頁一三七～一五九。劉志琴〈晚明城市風尚初探〉，收於《中國文化研究集刊》，第一輯，頁一九〇～二〇八。

51　參見麥仲貴《明清儒學家著述生卒年表》（台北，學生書局，一九七七）一五八五年、一五九二年、一六一一年、一六三七年條。

52　Pei-yi Wu,（吳百益）"Self-examination and Confession of Sins in Traditional

人「內自訟」，宋代的楊簡也主張內訟，並自號其居爲「內訟齋」[53]，明初的吳
與弼也立「日錄」[54]，用以記錄自己生活上的成過。陳白沙門下便設有「日錄」
以記同門師友之過，也有「自罰帖」來報告自己的過錯。白沙文集中有一條記：
「讀一之自罰帖，所謂喜三代之餓羊猶存也，此舉雖過，然究其爲心，蓋亦可
憫，且自罰之辭甚實，其進固未可涯也。若夫久居師席，不能致門人於無過舉之
地，此則老夫之罪，請附此於日錄，算一過，諸君其誌之。」[55]而與陽明並世的
黃綰，顯然在還沒有受到陽明學說洗禮前，便已開始分天理、人慾兩項來計算自
己的功過[56]。這些零星的例子都足以說明省過書的來源是很久遠的，而且材料相
當之多，非此處所能俱引。但是晚明王學的省過風氣卻相當突出，除了是受當時
民間宗教提倡功過格之激盪外，與陽明學自身實有密切關聯。

改過在陽明思想中的地位[57]既有如前述，此處想談他的後學弟子們在這方面
的言論。像江右王門的鄒守益便說過「遷善改過，即致良知之條目」[58]。北方王
門第二代健將孟化鯉（叔龍，一五四五～一五九七）在〈三子記過簿序〉這一篇
文章中便強調「過亦聖人所不能無」[59]，便何況常人？他勉勵學子設置記過簿，
「吾有過，吾紀之，庶幾睹斯簿也，怵目惕心，赧顏汗背，將有言也，將有爲
也，監於覆轍，不致復犯乎，斯亦昔人分豆識念之遺意！」[60]「分豆識念」是《續
高僧傳》中所載禪僧記過之法。孟氏在〈初學每日用功法〉中便具體地規定學生
每夜省過的方式[61]，這套方法曾在關中地區廣泛流傳，張維新《餘清樓稿》便把

China, " *Harvard Journal of Asiatic Studies*, 39：1 (1979)，pp. 5-38。
53　《慈湖遺書》（文淵閣四庫全書本），卷二，〈內訟齋記〉，頁二。
54　容肇祖《明代思想史》，頁十八～廿二。
55　《陳獻章集》（北京，中華書局，一九八七），頁七八～九。
56　依照《明儒學案》，浙中三所記，黃綰在南京任官時始受學陽明，而他立冊計天理、人慾
　　是少年時事。
57　〈教條示龍場諸生〉的第三條即是「改過」，見《王陽明全書》卷一，冊一，頁一二四～
　　一二五。
58　《明儒學案》江右一，頁五十七。
59　孟化鯉《孟雲浦先生文集》（明萬曆年間刻本），卷四，頁十二。
60　同前引。
61　同前書，卷六，頁七十九～八十。

規定原原本本照抄下來[62]。而且設置這類省過書的人已不僅限於理學思想家了，有些輾轉受到他們影響的人也起而效法，明末在嘉定殉國的黃淳耀（蘊生，一六〇五～一六四五），年輕時爲督責自己，便著一書叫《自監錄》（四卷），「每日行爲，夜必書之，考念慮之純雜，語言之得失」[63]。他的《自監錄》是從崇禎四年（一六三一）三月十一日起[64]，也即是他廿六歲時。他談到自己之所以會立冊自監，是因受到明代理學家張邦奇（常甫，一四八四～一五四四）《觀頤錄》每夕記過之影響[65]。張氏雖非王陽明門人，但黃宗羲在《明儒學案》上說他「受陽明之益多矣」[66]。張邦奇自謂每日晨起「便焚香拜天，取易詩要語，……對天嘿誦數過」，以省察自己是否違失這些經典的教訓[67]。而黃淳耀的《自監錄》則是日記式的，或反省自己生活，或記前人在道德修養上的精警之語。值得注意的是，在寫《自監錄》的過程中，黃氏另輯了一部《吾師錄》（一六三二年始），取古人言行之可法者[68]，輯成卅二類作爲自己的借鏡，並告訴看此書的人說「初學入門，不得不如此，若到純熟地位，一徹盡徹，頭頭是道，此錄猶筌蹄耳，子等勿輕傳也」[69]。他可能一方面認爲在理想上，省過時只要照著自己當下那一點真誠惻怛的良知，便可自知何者爲是，何者爲過，不必藉助於任何外在的榜樣或道理格式。另一方面同時也察覺到，如果在初學入門時，便不以聖人爲榜樣而只靠自己的良知，則是不容易把握分寸的。

　　像年輩稍早於黃淳耀的瞿式耜（起田，一五九〇～一六五〇），是永曆年間守桂林的名臣，他於崇禎九年（一六三六）寫成《媿林漫錄》這部自我省過之書，分「在位」、「規家」、「處世」等十項，從日常生活的每一個面去反省自己。他自稱立冊自省是受到江右王門羅洪先的「一失人身，萬劫難復」之語的影

62　《餘清樓稿》（明萬曆刊本）卷四，頁五十一～五十三。

63　黃淳耀《自監錄》，收《黃陶菴先生全集》（清乾隆年間刊本）補遺，卷一，冊六，頁一。

64　同前引。

65　同前書，頁十。張邦奇生平及思想略見《明儒學案》卷五十二。

66　《明儒學案》諸儒六，頁卅。

67　黃淳耀《自監錄》，頁十。

68　黃淳耀《吾師錄》「小引」，收《黃陶菴先生文集》補遺，冊六，頁一。

69　同前書，頁十七。

響[70]。在《漫錄》中，瞿氏是圍繞著一個「愧」字在記錄自我反省的成果，他說：

> 「人生有身，下對天日，中副君親，下育子姓，閒居雜處，言笑宴宴，孰非天監人隨，福善禍淫之地，刻刻引媿，惟恐出則倫斁，冠裳居則流毒桑梓[71]。」

瞿式耜「刻刻引媿」的精神正與自稱「多慚夫」的李顒前後輝映。一稱「愧林」，一稱「多慚」，都充份體現了他們道德修養的緊張性及對自己一身過錯無比的敏感。瞿式耜因此寫成《媿林漫錄》，李顒則把省過當成「關中書院」全體學生日常生活的一部份[72]，並再向他們強調能改過者是人，不能改過是禽獸[73]。

　　同一時期的顏元雖反對整個宋明理學的傳統，但他早年實是王學信徒，在程朱與陸王之間，他仍是偏向陸王的，尤其篤信陽明成色分兩說。《顏氏學記》中記了一段他的話：

> 「性之相近，如眞金多寡，輕重不同，其爲金相若也[74]。」

這段話顯示相信每個人原本都是眞金聖人，並感到後天的種種習染是使人墮落的根源，因而對生活中的每一個細節在道德上的從違加以最嚴密的監視。他在五十五歲那年自訂「常儀功」，嚴格規定自己每日省過，「每日習恭，對越上帝，謹言語，肅威儀，時心自慊，則○，否，則●，以黑白多少別欺慊」[75]。在這「常儀功」中，規定之嚴格及奉行之謹，都足以令人驚詫。顏元的學生李塨也受其師影響，自訂了一份《訟過則例》[76]。但是以上所說諸例，不管是王門後學，或與他們間接相關者，畢竟不足以用來說全部王門，更不可用來說明當時全體士大夫

70　瞿式耜《媿林漫錄》（崇禎九年序，清刊本）「自序」，冊一，頁一。

71　同前引。

72　《二曲集》卷十三，頁八。

73　同前書，卷十三，頁九。

74　戴望《顏氏學記》（台北，商務印書館，一九七〇）卷一，頁四。顏元在《存性篇》中力斥其友張石卿的「傻人絕不能爲堯舜」之說，見《四存篇》（北京，古籍出版社，一九五七），頁五。

75　李塨《習齋先生年譜》卷下，己巳五十五歲條。收《顏李叢書》（台北，廣文書局，一九六五）冊一，頁三十。

76　「常儀功」收在《顏習齋言行錄》中。《言行錄》所記平日處世方法，極爲嚴格，見《顏李叢書》冊一，頁九〇。李塨「訟過則例」收於《顏李叢書》冊四。

傾向。事實上，王學內部放浪形骸者不在少數，而一般士大夫中，特別是顧炎武指爲「文人」者，更多不檢細行之輩。所以上述諸例，只可用來說明王門內部的一種轉向之趨勢，而不可概其餘。

在這許多提倡省過改過的理學家中，劉宗周的《人譜》特別值得重視。他對過去理學家省過的方式並不滿意，尤其反對當時許多士大夫也奉行的《功過格》。本來省過改過的精神是可以藉用各種方法來進行的，所以在明代民間或士大夫中早就流行著佛道家的《感應篇》、《功過格》之類的書，而且明代的一些理學家在省過工作上也毫不忌諱地借用它們[77]。東林學派的高攀龍就是一個好的例子。當有一位屬姓人士重刊《感應篇》時，他便曾寫過一篇〈合刻救劫感應篇序〉加以鼓吹，他說有人因《感應篇》近于佛氏因果之說而諱言之，其實「佛氏因果之說，即吾儒感應之理。吾人以天理如是，一循其自然之理，所以爲義，佛氏以因果如是，懍人以果報之說，所以爲利。其端之殊，在秒忽間耳」[78]。高氏的例子顯示：目睹風俗敗壞的儒士大夫，願意借取儒學以外的資源來增進道德修養，我們在前面也提到，孟化鯉也說他所提倡的改過之法與過去禪門的「分豆識念」記過法相似[79]，在明末南方的王學重鎮證人書院中也可以看到相似現象。證人書院由劉宗周與陶石梁共主講席。此院後來分裂，因爲「石梁之門人，皆學佛，後且流於因果」最後分會於白馬山，而黃宗羲、王業洵等四十餘人，則執贄於劉宗周門下，這兩派的分裂大抵代表當時王學的兩大支派[80]，一派堅守儒家陣

77　關於功過格在明代流行的情形，酒井忠夫的〈功過格の研究〉敍述甚詳。收於《中國善書の研究》（東京，國書社，一九六〇）頁三五六～四〇三。他認爲漢代考核朝廷官吏的「功過殿最」，以及漢代到六朝的太山信仰，葛洪的減算、紀算功過思想、以及道教戒律中的功過報應思想，都是功過格成立之思想源頭。又可參考 Cynthia Brokaw, "Yüan Huang (1533-1606) and the Ledgers of Merit and Demerit", *Harvard Journal of Asiatic Studies*, 47 : 1 (1987), pp. 137-191 及 Chün-fang Yü, *The Renewal of Buddhism in China*(New York : Columbia Univ. Press, 1981), ch. 5, esp. pp. 112-124.

78　高攀龍《高子遺書》（光緒二年重刊本）卷九上，冊七，頁四十三。

79　參見酒井忠夫〈功過格の研究〉，在《中國善書の研究》頁四〇一～四〇二。酒井指出這是出自《續高僧傳》，卷二〇，〈道綽傳〉的「勸人念彌勒佛名，或用麻豆等物而爲數量，每一稱名，便度一粒，如是率之，乃積數百萬斛者，並以事邀結，令攝廬靜綠，道俗嚮其緩導，望風而成習矣」。

80　《明儒學案》卷六十二〈蕺山學案〉頁卅六，黃宗羲識語。

營，一派親近禪佛之說。

陶石梁之兄陶石簣是名僧袾宏（一五三五～一六一五）的信徒，而袾宏正是在明季大力鼓吹《功過格》之人，他的省過書《自知錄》亦顯然沿承此風而寫。[81]所以，石梁門生秦宏祐會仿袁了凡《功過格》改編成《遷改格》即可能間接受到袾宏的影響。劉宗周對此極不滿意，他堅決主張在儒家的改過之學與佛道家的改過之學中間應劃清界線。吾人不覺感到好奇：他的《人譜》與《功過格》究竟有何不同？

三、劉宗周《人譜》的特色

首先要談《人譜》出現的思想背景。陽明「心即理」之說帶來了許多爭論，其中最重要的一點，便是心是不是可以永遠作一個毫無偏私的客觀標準？因爲人心是有感性之雜的，陽明良知說所謂的「即于人倫日用，隨知流行，而一現全現」，其一現全現者豈眞是良知之天理乎？難道沒有情識之雜嗎？如果有情識之雜，良知自己必定會察覺嗎？[82]如果混入情識而又不自知，不正是如劉宗周所說的：

「今天下爭言良知矣，及其弊也，猖狂者參之以情識，而一是皆良」[83]

劉宗周是深深了解到良知會有「猖狂者參之以情識」的危險，故特別重視以嚴格的自我反省來補偏救弊。由他一生爲闡發《人譜》一書所做的努力，即可證其重視之一斑[84]。牟宗三說自孔子提出改過這個觀念後，一直到劉宗周的《人譜》，始能完整地、徹底而透體地說之[85]，實非誇大之詞。劉宗周是相信人人是個聖賢

---

81 袾宏〈自知錄序〉，收《蓮池大師集》（台北，淨土宗善導寺，一九五五）頁八〇。袾宏後將功過格刪改重刊，題爲《自知錄》。

82 牟宗三《從陸象山到劉蕺山》（台北，學生書局，一九七九），頁四五二。

83 劉宗周〈證學雜解〉解廿五，收《劉子全書》卷六，冊一，頁四四一。

84 劉宗周除了《人譜》之外，選輯有《人譜類記》（台北，廣文書局，一九七一）。根據其子劉汋所撰《年譜》記載，劉氏死前一月還在改訂《人譜》。見《劉子全書》冊六，頁三六九九。

85 牟宗三《從陸象山到劉蕺山》，頁五三六。

的，《人譜》一書強調「人心自真而之妄，非有妄也，但自明而之暗耳」[86]，故一旦有了過錯，只是心的狀態有了變化，而不是本質變了，所以只要能改過，「卻妄還真」，由暗而明，便依然是個聖賢。

　　然而，我們不免感到奇怪，何以如此重視改過的劉宗周，竟會嚴厲批判功過格？劉宗周是從三個方面反對功過格的：第一，反對它的因果觀念。[87]第二，反對它只在事後改過，有「落後著」之弊。第三，認爲功過格除了記過之外，還記功，不但有功利之習，而且充份顯示出自滿的心理。對於王陽明以下的改過之學，他也有所批評，其批評重點也是「落後著」，認爲他們只是就念起念滅之處作檢點的功夫，一如水上作字，在道德修養上難有圓滿效果。因而「落後著」這個問題是他與別人最大的分歧點。此處想進一步討論，「落後著」何以成爲一個最核心的差異[88]。劉宗周是從兩個方面對這個問題進行批評與補救的。第一，他分析陽明良知四句教「無善無惡心之體，有善有惡意之動，知善知惡是良知，爲善去惡是格物」。陽明是把「惡」的來源放在有善有惡的「意」上，但陽明曾說「爾那一點良知，是爾自家底準則，爾意念著處，他是便知是，非便知非，更瞞他一些不得，爾只不要欺他，實實落落做去，善便存，惡便去」[89]。所以良知是自己過咎的檢察官。但是良知之所以能知是知非，其前提是自己的私慾不能欺他。問題是良知既然是全然知善知惡的，又爲何容許私慾欺他？如果說私慾會以詭辯的方式騙過良知，那麼這個會被矇騙的良知便不能說是全然知善知惡的。第二，劉氏指出，如果在人欲已重，或是已經形諸行動之後才去知過改過，實際上已經太遲了。他主張應該從更根源之處把惡念化除。而上述兩種觀點，使得劉宗周提出了他思想中最核心的一個觀念。即「意爲心之所存，非所發」[90]，也使得

86　《人譜》續篇〈改過說二〉，《劉子全書》冊一，頁一八五～一八六。
87　《人譜》〈自序〉，《劉子全書》冊一，頁一五九～一六○。袁了凡《功過格》（有福讀書堂叢刻續編本）列功過一如記賬，見頁二十二～二十三。
88　批評事上檢點爲「落後著」不是自劉宗周始，鄒守益便說過「其謂落在下乘者，只是就事上檢點」，《明儒學案》江右一，頁五十七。
89　《傳習錄》，頁七十七。
90　〈學言上〉，收《劉子全書》卷十，冊一，頁六一三。案：關於「意爲心之所存」問題，劉宗周弟子黃宗羲與惲仲升意見嚴重分裂。見《明儒學案》「序」，頁一。亦可參考陳榮捷「論明儒學案師說」，《幼獅月刊》四十八卷第一期，頁八。

《人譜》的改過之學著重「愼獨」與「治念」，而與流行的《功過格》、《紀過簿》之類不同。

　　此處再進一步討論第一點。照著王陽明的說法，良知是無所不知的，他在〈答歐陽崇一〉中說：

> 「良知之在人心，……不慮而知，恆易以知險，不學而能，恆簡以知阻，先天而不違。天且不違，而況人乎」[91]

也就是良知之在人心，天、人都不能違它。所以良知雖然不一定能知道每一件事的所有細節，但卻能知每一件事的是與非，當然也能分辨什麼是善，什麼是過。良知在分辨是非與過錯時，自然知道它自己在如此做，也就是說良知是知道自己知的，否則它怎麼會允許一些正當的需要清楚地在意識中表達出來，而又把不正當的私欲與習氣壓抑下去呢？所以依照陽明的學說，良知對自己心中的私欲與習心必然有所認知。可是爲什麼陽明還會說良知有時會被私欲、習心所「戕賊蔽塞，不得發光」[92]？良知既然知道自己的私欲與習心，又無法檢制它們，竟使它們順利通過良知的檢查，得以在意識中表達出來，則對於這一個奇怪的現象，可以用一個理由加以解釋——也就是理學家們常說的「私慾之詭辯」（借用熊十力語[93]）。劉宗周《人譜》中對此問題已有警發，他在「改過說二」中說：

> 「人無有過而不自知者，其爲本體之明，固未嘗息也，一面明，一面暗，究也明不勝暗，故眞不勝妄，則過始有不及改者矣，非惟不改，又從而文之，是暗中加暗，妄中加妄也。……蓋本心嘗明，而不能受暗於過，明處是心，暗處是過，明中有暗，暗中有明。明中之暗即是過，暗中之明即是改手勢[94]。」

「從而文之」及「改手勢」二語，充份說出私欲之詭辯的實況，也就是說私欲習心意識到它們自己如果保持著原來的樣子，必定會被良知所排斥，所以它們會自我「文之」，乘著良知不備時，借助於良知中出現的相關聯因素，把自己化妝成相類似的樣子。劉宗周所說的「暗中之明」即指私慾很技巧地改一個手勢，讓良

91　《王陽明全書》卷二，冊一，頁六一。
92　《傳習錄》，頁八十四。
93　熊十力《明心篇》（台北，學生書局，一九七六），頁八十四。
94　《人譜》續篇〈改過說二〉，在《劉子全書》卷一，頁一八六。

知被騙，而使得這些私欲與習心能夠通過良知的檢查。但是，「私慾之詭辯」仍未解決下面這個問題：良知既然知是知非，天、人都無法違它，無法欺它，那麼，私欲和習心在僞裝自己的時候，良知又怎會不知？良知既然是知，卻又容許它們如此做，那麼只能有兩種解釋，第一、良知實際上並不能完全知是知非，第二、良知偶而也會自欺。而不管是說良知不能完全知是知非，或良知偶而也會自欺，則都與陽明的良知說有矛盾。所以，標舉「毋自欺」其良知作爲知過改過途徑的人，只要再深一層思考，便可能發現只是做到「毋自欺」其良知，而他的良知卻不眞能知是知非，他也還不一定能成爲一個成德君子，更何況一個從事省過的人，到底應該用什麼標準判斷自己是否已經做到不自欺其良知呢？對於主張不必以孔子之是非爲是非、一切標準皆在自己心中的王門後學身上，這個問題便顯得更爲突出了。因爲至少就理論層面來說，良知有可能會是個不客觀的監督者，那麼自己怎能如實糾舉自己的過錯呢？

接著談第二點。王守仁認爲「心」含「意」、「知」兩部份，而有善有惡的「意」發動後，便有「知」來加以鑒別：

> 「凡應物起念處，皆謂之意，意則有是有非，能知得意之是與非者，則謂之良知，依得良知，則無有不是[95]。」

在劉宗周看來，良知如果總是在「意」既發之後才去鑒別是非善惡，則它永遠「落後著」，只能替惡「意」收拾善後，那麼，「知」只是被動的，「意」才是主動的，「知」只是在「意」發動之後才作檢查，並不能預先加以防範，故如果依照良知說，人便沒有主動定向的能力，那麼道德修養的工作便永遠只是皮面補綴。可是陽明又說「意之本體便是知」，被動的「知」反而是主動的「意」之本體，這個問題引起了劉宗周的疑慮[96]。所以他改說「意是心之所存」──意不再是心之所「發」，而是心之所「存」；「心」是方向盤，「意」是針。既然「意」是善的，那麼專事鑒別善惡的「知」的功能便不再是那麼重要，「意」凸出成爲主動的定向針。在《劉子全書》卷十二中有一篇〈學言〉（下）說：

---

95 《傳習錄》，頁二十九。

96 關於良知落後著的問題，參考勞思光先生的討論，見氏著《中國哲學史》三下（台北，三民書局，一九八一），頁五八一～五八六。此問題在黃宗羲《明儒學案》亦已言及，見《學案》卷六十二（蕺山學案）中梨洲案語。但是本文的解釋脈絡與他們不盡相同。

　　「『有善有惡意之動，知善知惡知之良』二語決不能相入，則知與意分明
　　是兩事矣。將意先動而知隨之邪？抑知先主而意繼之邪？如意先動而知隨
　　之，則知落後著，不得爲良。如知先主而意繼之，則離照之下，安得更留
　　鬼魅[97]？」

這是一個相當銳利的質疑：如果良知與意是一件，則主善的良知何以會容許惡的
「意」表現出來？也就是「離照之下，安得更有鬼魅？」良知既然對一切洞若觀
火（「離照」），全然知善知惡，又怎能容得惡「意」欺它？劉宗周爲了補救這
個罅隙，遂強調良知是善，意也是善的。可是曾經困擾王陽明的一個問題又出現
了：既然知、意皆善，那麼人心中的惡從何處來？這個問題劉氏也考慮過了。他
說，有不善的是「念」。「念」的性質與「意」、「知」不同，它不是心的一部
份，而只是「心之餘氣耳」[98]，「念有起滅，意無起滅」[99]。「念」隨著經驗而
有起滅、有善惡，但因它只是心的餘氣，而不是心的一部份，所以即使心中出現
惡念，也沒有理由說被私慾所矇蔽的良知是在自欺了。「念」是否只是心的「餘
氣」，非此處所能論，不過在劉宗周自己的理論體系中，這倒是可以自圓其說
的。

　　爲什麼我們在討論《人譜》時要一路追索劉宗周對「念」的看法呢？——由
於劉氏把罪惡的根源歸到「念」上，所以改過的重心自然是如何治「念」的問
題。他六十五歲時所寫的〈治念說〉中說：

　　「予嘗有無念之說，以示學者，或曰，念不可無也。何以故？凡人之欲爲
　　善而必果，欲爲不善而必不果，皆念也。此而可無乎？曰：爲善而取辨於
　　動念間，皆念也。此而可無乎？曰：爲善而取辨於動念之間，則已入於
　　僞，何善果爲？」[100]

勞思光先生解釋這段材料說：「蓋動念始求其善，具自覺心或自我實未眞正轉
化，……轉化既未達成，則所謂爲善亦只是浮面表現，故總是『僞』」，所以劉

　97　《劉子全書》卷十二，冊二，頁七〇三。
　98　〈學言中〉，收《劉子全書》卷十一，冊二，頁六五五。
　99　〈答董生心意十問〉，《劉子全書》，卷九，冊一，頁五四一。案董生指陝西董標。此十
　　　問爲反映宗周思想的重要文獻。
　100　同前書，頁五〇五。

氏是更澈底、更根本，希望從根源的主宰——「意根」處著手，使得「意」全善無惡，惡「念」絲毫不能出現，而不是像王陽明在念起念滅上用功[101]。這使得他《人譜》有了相當獨特的風貌。《人譜》的「證人要旨」中首先要人「凜閒居以體獨」，接著便是「卜動念以知幾」，要人「就動念時一加提醒，不使復流於過」[102]，因爲「一念未起之先，生死關頭最爲喫緊，於此合下清楚，則一直既立，群妄皆消」[103]。而要能在一念未起時澈底解決，則須先「慎獨」、「靜存」，在「意根」上建立善的主宰，才能培養大根大本。他說：「如樹木有根方有枝葉，栽培灌漑都在根上用，枝葉上如何著得一毫，如靜存不得力，才喜才怒時便會走作，此時如何用得工夫」[104]。《人譜》上說：「如一事有過，直勘到事前之心，果是如何，一念有過，直勘到念後之事，更當如何，……若只是皮面補綴，頭痛救頭，足痛救足，敗缺難掩，而彌縫日甚，仍謂之文過。」[105]不但追索事前之心，還要勘到念後之事，兩路攔截，才可能逼使內心不敢有一念之妄。連一個妄念都不能忍受了，更何況是一個錯誤的行爲。所以當劉氏把省過改過的工作逼到「念」上時，則其道德修養之謹慎與緊張可以知矣。在劉氏看來，動念始求其善，或只在一念上求其善都太過鬆懈了，若等人欲既成，再用天理去克它，在他看來自然會像移山之難。故他認爲朱子以天理制人欲是註定要失敗的。至於《功過格》記帳式的省過辦法，在他看來更是落後中的落後了，即使功再多，過再少，都還只是落在具體行爲後的省察，心中並未眞正轉化，對道德修養毫無助力可言。[106]《人譜》中將人日常生活之過錯分成六種，依等級可分成「微過」、「隱過」、「顯過」、「大過」、「叢過」、「成過」，所包括的條目極多，從任何妄念到「溢喜」、「牽怒」、「傷哀」、「多懼」、「溺愛」等，到「箕踞」、「交股」、「高聲」、「謔笑」、「搖首」、「側耳」、「當門」、「跛倚」……，其嚴格的程度到了空前的起步，幾乎包括了從內心到日常舉止的一

101　勞思光《中國哲學史》三下，頁五九一。

102　劉汋《劉宗周年譜》，在《劉子全書》冊六，頁三六六六。

103　《人譜》續篇二，《劉子全書》卷一，冊一，頁一六五。

104　〈證學雜解〉解二，《劉子全書》，卷六，冊一，頁四一六。

105　劉汋《劉宗周年譜》，在《劉子全書》冊六，頁三五四一。

106　《人譜》續篇〈改過說二〉，《劉子全書》，卷一，冊一，頁一八六。

切細節。如果依照《人譜》的規定，幾乎只有世俗所謂「木頭人」才足以符合其道德要求。而且他所列的幾百種過錯中，許多是針對明代中期以來社會風俗上的弊病而發，在現實上確有所指，亦足見晚明王學內部之轉向與現實風俗之急遽惡化有關。

四、陳確與省過會

但是不管劉宗周的省過方法規定得如何細密嚴格，「客觀標準」的問題仍再度出現。既然「改過」是道德修養的核心，那麼怎樣知道自己的過錯，又怎樣不自欺其過錯？

在劉宗周的訟過法中，控訴者是良知，而被控訴的是自己的宿疾和惡念，主告與被告都是自己的心，他寫過十首詩，每首詩的首字都以「自」開頭，藉以強調從警發自己的過咎開始，到或成德或墮落，都決定於自己，他說「主人翁只是一個，認識是他，下手亦是他，這一個只是在這腔子內，原無彼此」[107]。而他弟子張履祥的《楊園全書》中除了有〈自訟箴〉外[108]，更立了一百條以「自」開頭的箴言[109]，也是認爲從省察己過到能否成德都繫於自己。所以，不管《人譜》中條文如何嚴密，顯然仍沒有解決一個關鍵的問題：良知既然會自欺或是被私慾的詭辯所矇蔽，那麼人心中的良知怎會有能力分辨自己是否在最明澈的狀態執行知過改過的任務呢？陽明弟子王畿晚年在自訟時所遭遇的困難正好可以用來說明這個問題。他在〈自訟長語示兒輩〉中說：

> 「自今思之，果能徹骨徹髓，表裡昭明，如咸池之浴日，無復世情陰靄間雜障翳否乎？……任逆億爲覺照，則圓明受傷，甚至包藏禍心，欺天妄人之念，潛萌而間作，但畏惜名譽，偶未之發耳[110]」

107　見《劉子全書》續編卷一〈證人社語錄〉及《劉子全書》卷二十七，冊四，頁二二五三～二二五六。劉氏的這十首詩都與道德修養有關，題名分別爲「自是」、「自求」、「自判」、「自勘」、「自鏡」、「自晶」、「自病」、「自慰」、「自詫」、「自自」。

108　《張楊園先生全集》（同治十年江蘇書局刊本），卷二十四，冊七，頁二十七。此條見引於吳百益文。

109　同前書，卷廿，頁廿八～廿九。

110　《王龍溪全集》卷十五，冊五，頁十七。黃綰後來也對自己早年閉戶罰跪自擊，並記錄自

王畿在自訟的過程中發現，良知並不是永遠能準確地指出自己的罪咎。由最相信現成良知的王畿自訟時的告白，最可證知良知不一定能永遠客觀地扮演一個第二人稱的客觀控訴者的職責。

　　在宋明理學研究中最早提出在「改過」中「客觀控訴者」這角色的是吳百益先生。這也是理學內部長期面臨的共同問題。朱子嚴分「道心」、「人心」，要人讓道心作將，人心作卒從[111]，天理人欲之間應進行激烈的格鬥，一如劉邦、項羽相拒於滎陽、成皋之間，「彼進得一步，則此退一步，此進一步，則彼退一步」[112]，就很像吳先生所說西洋古懺悔文學中，良心與靈魂分裂爲二，由有神性的良心對有獸性的靈魂進行控訴，所不同的是，基督教的懺悔中有神在鑒臨[113]，而朱子正好反對這一點。《朱子語類》卷一中說：

> 「而今說有個人在那裡批判罪惡，固不可說，道全無主之者，又不可。這
> 裡要人見得。」[114]

他認爲天理與人欲對抗時應該要有一個公正的監視者，所以說「全無主之者」也不行，但又不同意天上有個人在那裡批判罪惡。不過因朱子把人心、道心嚴格分開，所以這個問題似乎比較容易解決。劉宗周雖也常說人心、道心，可是在他看來，道心是人心之所以爲心，所以二者還是同一個，決不是分裂的，因此進行自訟時，是自己的心控訴自己的心，那麼對劉氏而言，朱子所強調的那個「主之者」應該到何處去找呢？理學家是不相信有一個人格神在那裡計算功罪的，可是這個問題又非解決不可，陶石梁的門人秦宏祐仿行《功過格》，被劉宗周說是「篤信因果」，但也許在秦宏祐看來，因果報應的理論中畢竟還假設了一個客觀的監察者在那裡計算功罪以次賞罰，這個監察者雖然不能自見，可是人們寧可相信它是絕對公正的，而且冥冥中存在著。而較早的高攀龍也說佛氏「懼人以果報之說，因以爲利」——那是因爲果報之說使人相信冥冥之中有神在計算功

己的行爲於「天理」、「人欲」兩塊木牌上的方式感到不滿，認爲應該在知識上講論才能知道自己錯在那裡，故「必有以見當然之理而不容已處，方爲有益」。見邱漢生等《宋明理學史》（下）（北京，人民出版社，一九八七）頁三九八。

111　《語類》卷七十八，冊五，頁二〇一二。
112　《語類》卷十三，冊一，頁二二四～二二五。
113　同注五十二。
114　《語類》卷一，冊一，頁五。

過，故即使人們自欺其心，有過不省，仍然逃不過神的監視。高氏之所以說「吾儒感應之理」即是「佛」氏因果之說，主要還是想在省過時安排一個客觀的「主之者」。[115]劉宗周爲了解決這一難題，安排了一個非人格的天在鑒臨[116]。在《人譜》中有一篇〈訟過法〉，說明了省過的程序：

「一炷香，一盂水，置之淨几，布一蒲團座子於下。方會平旦以後，一躬就坐，交趺齊手，屏息正容。正儼威間，鑒臨有赫，呈我宿疚，炳如也。乃進而敕之曰：爾固儼然人耳，一朝跌足，乃獸乃禽，種種墮落，嗟何及矣！應曰：唯唯。復出十目十手，共指共視，皆作如是言。應曰：唯唯。於是，方寸兀兀，痛汗微星，赤光發頰，若身親三木者。已乃躍然而奮曰：是予之罪也夫！則又敕之曰：莫得姑且供應！又應曰：否否。頃之，一線清明之氣徐徐來，若向太虛然，此心便與太虛同體。乃知從前都是妄緣，妄則非眞。一眞，自若湛湛澄澄，迎之無來，隨之無去，卻是本來眞面目也。此時正好與之葆任；忽有一塵起，輒吹落。又葆任一回；忽有一塵起，輒吹落。如此數番，勿忘勿助，勿問效驗如何。一霍間，整身而起，閉閣終日。」

這個過程與《法華懺儀》有許多相似之處，其中「復出十目十手，共指共視，皆作如是言」顯然是從《大學》誠意章的「十目所視，十手所指，其嚴乎」脫胎而來，在這個自訟儀式中的「鑒臨有赫」四字，新本《人譜》中改作「祇祇栗栗，如對上帝」[117]，是指有一個「天」在監臨整個自訟的過程，使得自己不敢加意隱瞞己過。這一客觀控訴者的問題在劉宗周的學生陳確，及關中的李顒等人身上也碰到了。他們希望有另一種解決辦法。從孟化鯉及李顒等人的省過規程中可以發現：他們除了自訟外，還希望進一步在師友同處時，將自己的過失向大家坦白，由大家一起來糾察。

明季有不少心學家也許亦感到有必要讓朋友幫助自己省察過錯，故在心學盛行之後的許多會講、會約中，有些便規定集會時「自呈己過」。以王陽明的故鄉

115 《高子遺書》卷九，頁四十三～四十四。
116 《人譜》〈序〉，收《劉子全書》卷一，冊一，頁五一六。
117 《人譜》續篇〈訟過法〉，《劉子全書》卷一，冊一，頁一八一。

爲例，南中王門的查鐸（一五一六～一五八九）的〈水西會條〉及〈楚中會條〉
便有這類規定。譬如〈楚中會條〉中說：

> 「今須共立會朝，此會之外，更求同心者常常相會，善相勸，過相規，疑
> 義相質。」

這段話有很重的鄉約色彩。他另外又說：

> 「每月或二會，或一會，就作文之期，先二日會，至作文日會文，凡與會
> 者辰集，雍雍穆穆一堂之上，就有三代氣象，切不可徒說閑話，或各商量
> 近日功夫，或自呈己過，或論家庭難處之事，或論宗族鄉黨該處之事。」[118]

上述兩種會條還影響了不少浙江的講會，如〈稽山會約〉、〈赤山會約〉，
不過，並不是所有會約中都有「自呈己過」之類的規定，譬如「稽山會約」及
「赤山會約」中便不曾出現[119]。而且他們只要「自呈己過，或論家庭難處之
事」，並不像後來陳確等人的省過會那樣規定嚴密，執行有法。又如〈楚中會
條〉本是沿承〈水西會條〉的，而且又出自同一個作者，可是後者有「自呈己
過」之規定，而前者沒有，可能是依個人及地區之不同而有所別。

在《孟雲浦先生文集》的〈初學每日用功法〉中除了說每夜睡前必須「將此
日功夫，不論好歹，細細檢點，有過必痛自悔責，期無再犯」之外，更強調「如
師友相處，便舉出商量」[120]。李顒在訂定關中書院的「會約」時，除了說每晚初
更必須在燈下靜坐，自己「默檢此日念之邪正、言行之得失，一言一行之稍失，
即焚香長跪，痛自責罰」[121]外，還要求：

> 「聯五七同志，每月朔望兩會，相與考注問業，夾輔切劘，公置一簿，以
> 記逐月同人言行之得失，得則會日公獎，特舉酒三杯以示勸，失則規其改
> 圖，三規而不悛，聽其出會。」[122]

118　查鐸，〈水西會條〉頁二、四及〈楚中會條〉，頁一～五。收在《叢書集成初編》（上
　　海，商務，一九三七），第七三三冊。

119　同前書，蕭良榦〈稽山會約〉頁一～二。蕭雍〈赤山會約〉，頁一～十五。

120　《孟雲浦先生文集》卷六，頁七十九。

121　《二曲集》卷十三，頁十四。

122　同前引。

也就是說應該由五、七個人組成省過會，由他人幫助觀察自己的言行得失，使得省過工作也能外在化、客觀化，不只是一個孤零零地在其內心中自省自改。李顒形容友朋相聚時互相坦白過失又互相糾正的情形，就像病人不自諱疾，「肯將自己病源一一述出，令醫知其標本所在」[123]，而朋友也應「就症言症，庶獲見症商症，以盡忠言之益」[124]。這一類的例子在晚明頗不少見，譬如周汝登（一五四七～一六二九），他是晚明泰州學派的領袖人物，他一方面確信良知的本體妙用，同時是走向援儒入釋的代表，但並不就表示他沒有道德修養的努力。對心即理的信仰，亦可能使他更感受到除心以外之無客觀依據，故其舉會以互相規勸過失，亦不令人感到意外。（但並非所有同樣思想傾向的人皆有同樣的舉動）。周汝登在一五六七年，當他三十歲時，與他的七個學侶組織了一個省過團體，他們共同立下一本《八士會錄》來記載會友過錯。照〈重修八士會錄序〉上說，他們

123　同前書，卷十三，頁九。

124　《陳確集》，一〇六。省過會可能是自鄉約「彰善糾惡」的規定中得到的靈感。宋以來的鄉約中彰善糾惡的規條，與我們所見的理學家省過會有相當近似之處，它們之間應有相當密切的關係。明太祖建國以後，有施加紀律於全國之意，下令在各地建申明亭（可參《明會典》）。國子監中亦有繩愆廳，甚至於有所謂《彰善癉惡冊》，每年由各地彙送京師，在李晉華所編《明代敕纂書考》中，即收有《癉惡冊》。關於申明亭實施之情況，可以況鍾的故事為例。當況鍾初為太守時，為整飭地方豪紳，曾在申明亭上記下諸人過錯，公諸於群眾。鄉約中的彰善糾惡規定，及彰善簿、糾過簿等，在許多家譜中也被括入，作為宗族之內實行之依據（見葉顯恩《明清徽州農村社會與佃僕制》，安徽人民出版社，頁一六七～八）。在晚明，鄉約有明顯復興傾向，此亦與社會脫序及風俗隳壞有關。如呂坤《實政錄》的〈鄉甲約〉中非常刻意地將呂大臨鄉約中的糾過部份推衍擴充到極詳盡、極嚴格的條文。關於鄉約的研究，如楊開道的〈鄉約制度的研究〉（見《社會學界》，第五期，一九三一年六月），尤其是頁十六～廿七，王蘭蔭〈明代之鄉約〉（《師大月刊》，廿一期），頁一〇三～一二二。至於原始資料，如王陽明全書（台北，正中書局），頁二七九～二八三，黃佐《泰泉鄉禮》（文淵閣四庫全書本），卷三，頁廿～廿一等。至於家譜中的材料，如陳師復的《仰止堂規約》，及陳效的《重刊興化府志》（一五〇〇年版），卷卅一，頁廿一～廿二等。至於小說中之材料，如《儒林外史》（上海，新文化，無出版日期），頁二〇八～九等。明代傳入中國的耶穌會亦時有類似省過會般的省查良心（examination of conscience）組織，見Jonathan Spence, *The Memory Palace of Matteo Ricci* (New York: Penguin Book, 1984), p.77。但此類團體是否由利馬竇引入中國，已無法判斷。在清教徒中道德檢查日記極普遍，譬如富蘭克林自傳，見*The Autobiography of Benjamin Franklin* (New York: Washington Square Press, 1964), pp. 103-106。

每月一會，共持續了二十年。一五八九年時，他們原來的「會錄」已填滿了，所以重立一簿。根據周汝登的說法，他們希望這個會最少能再持續另外三十年，這樣，到時新簿也已記滿同會八人的功過及道德修養之進展。他們希望能前後保持五十年間的記錄，並相信當年紀老耄時，回過頭來看這五十年來在道德修養上的努力時能有無憾無悔之感。[125]可惜我們已經找不到資料證實這個「省過會」是否持續到一六一九年。不過從別的資料可以看出，周氏另外還與其他學侶組織了別的團體。這個團體要求其會員每天晚上記下自己一天之所行。由於大家心中都想著到了晚上得記下這一天的所作所爲，那麼，白天行事時也就格外小心了。[126]這些記錄，想必是要定期出示給會友以相互指正的。

　　從呂維騏（一五八七～一六四一）的文集中，我們亦可發現一些晚明省過團體與文社相混的事例。呂氏建立了一個「伊洛大社」，呂氏宣稱，他不敢期望所有社友成爲孔子，但是孔子的「心」及「理」事實上在每個人心中，只是因爲被私慾所縛，以致不得成聖，於是決定設立這個社，讓朋友之間互相商證、規勸、提醒。[127]這個社中的社友只有在會中口頭公開規勸過失，但未設立簿冊來保持記錄。[128]在「伊洛大社」之前，呂維騏已創另一「芝泉講會」。他在會中說，如果沒有會友規諫過失，人們在日常行爲上會有「認賊作子」的危險。所以除了在會中講究作詩作文外，他們另立兩冊，一爲「遷善簿」，一爲「改過簿」。不過呂維騏爲了維持會友的面子和和諧，規定會友在批判對方錯誤時要私下進行，只有當對方一再犯錯，不能遷改時，再公開將之記入「改過簿」，但並不直接記入「過簿」。記入前者，是期望他馬上改正而馬上可以擦拭，而登入後者，則成永久記錄。「芝泉講會」還規定，如能在犯錯之後馬上自動報告「約正」及其他會友，則其過錯並不馬上被記入「改過簿」。可是如有人連犯三次同樣的過錯，則不但要被記入過簿，而且在會後還得被公開斥責。

　　有資格進入這類團體是被視爲一種榮譽的。故規定只有官僚及讀書人可以參加，至於沽名釣譽之商人是被排除在外的，而且每個新會員加入之前還得先在

125　周汝登《東越證學錄》（台北，文海出版社，一九七〇），頁七五五～七五七。
126　同前書，頁五七〇～五七三。
127　呂維騏《呂明德先生文集》（康熙七年刊本），卷八，頁十一。
128　同前引。

「立志簿」上坦白自己加入此會的眞正動機[129]。但是有人與呂維騏爭論說，邵雍（一○一一～一○七七）與王艮都是平民出身的，所以爲何不容一般百姓加入呢？呂維騏仍然堅持說，如果有心向道的農夫、商人、市民想從事這樣的活動，他們可以加入本地的鄉約，因爲鄉約的規條與此會大致相似[130]。有些遠地之人想前來加入，呂維騏勸他們在當地另組，但可以模倣芝泉講會之規章[131]。

　　至於劉宗周本人，他曾組織「證人社」，主要是爲召集會講之用，他同時立有〈證人社約〉，嚴格規定會友互相察過舉過。社約立於一六四三年，已是劉氏生命將盡之前，是否有感於《人譜》的自勘己過的省過方式有所不足，已不得而知。其約條大致分爲十則，每則下又分數條，全部爲三十條，譬如第一則「戒不孝」，下有四條：

　　　　一、語言觸忤、行事自專者，上罰。

　　　　二、甘旨不供、陰厚妻子者，上罰。

　　　　三、制中嫁娶、宴樂納妾者，上罰。

　　　　四、虧體辱親、匿喪赴試者，出社。

所謂「上罰」，是杜門不准參加會講兩次，到了第三次准許赴會講時，必需負責供應會友們的湯餅飲食之類。「出社」即開除社籍之意。另外還有所謂「中罰」，譬如在「戒奢侈」一則下有兩條：

　　　　一、衣冠過麗、隨俗習非者，中罰。

　　　　二、飲食過侈、暴殄無紀者，中罰。

所謂「中罰」是不准其參與會講一次，等到可以正式與會時，必須捐贈古書一冊。如稍加分析這十則的則目——「戒不孝」、「戒不友」、「戒苟取」、「戒干進」、「戒貪色」、「戒妄言」、「戒任氣」、「戒過飲」、「戒奢侈」、「戒惰容」[132]——則可發現不少是與《人譜》中所列舉的各種過錯相重疊的，不同的是《人譜》中列了許許多多只有自己知道，而平時並不表現在外的過錯，故

129　前引書，卷廿一，頁七～八。

130　同前書，卷廿一，頁十。

131　同前書，卷廿一，頁十一。

132　劉宗周，〈證人社約〉，在叢書集成初編（上海，商務，一九三七），第七三三冊中，頁七～九。

《人譜》的省過是著重令人自我主動反省，包括內心所想及行爲表現，可說是內外兼有，而〈證人社約〉偏重在會友們看得見的外在行爲舉止上。劉宗周可能有意內外夾輔，既有自省的《人譜》，也有會友互相觀察日常行爲，記錄其過差的〈證人社約〉。

後來在宗周弟子陳確所指導下成立的省過會，便針對「內」「外」兩種方式作一綜合，會友之間不但互相觀察糾正看得見的行爲，而且每個人必須將心中所想的，以及別人看得見或看不得見的錯誤行爲一律自動坦白地寫在「日史」中，然後在集會時公諸他人，由「直會」來公開糾過定罰。陳確並不諱言這個省過會與劉宗周證人社之源承關係。此下擬對陳確之省過會作一較詳細析述。

陳確是澈底奉行知過改過之學的人，在這方面尤受到其師劉宗周《人譜》很大的影響。他說：

「吾輩功夫只須謹奉先生《人譜》，刻刻檢點，不輕自恕，方有長進，舍此，別無學問之可言矣。」[133]

除了劉宗周之外，董澐（蘿石），祝淵（開美）對他也有啟發。他說「千聖心法，皆盡此知過改過中」，世人常說「聖人無過」，其實是句妄語，孔子也決不敢說自己無過，而只敢說無大過，「聖人有苦自知，直從千競萬業中磨練得出聖人人品」，故「學聖人者，舍克己改過何由乎」[134]。他說人若自是、自知便不能勇於改過，不能勇於改過者，便入聖無門了[135]。他說舜就是能不自明、不自察，故無所不明，無所不察。[136]必須是不自明的人才能切實反己，切實反己才能常見己過。在〈顏子好學解〉一文中，他說「顏子之好學，反己而已矣，……反己，故常見己之過，彼故無時而勿省也，無事而勿省也。」[137]又說「舍遷與改，而又何知之致乎？」[138]陳確認爲人們常常內化了這個社會中約定俗成的「習」而不自知，以致渾身是過卻無任何不安之感。故他一生致力於批判流俗，常說人

133　陳確集，頁一〇六。
134　同前書，頁四三一～四三二。
135　同前書，頁四二三。
136　同前書，頁五四七。
137　同前書，頁五三六。
138　同前書，頁三四三。

如果肯流俗自安，則儘無錯處，儘可自安，「苟不僅安流俗而已，則日用動靜之間，處處是過，必有怵然不敢一息寧者」[139]。在〈坐箴〉一文中，他舉出了廿種日常周旋不捨的過錯，而自己卻安之若素，渾然不覺。像下棋看戲，在晚明是最普通的娛樂，可是陳確卻認爲是很大的過咎。[140]正因他主張人身處處是過，所以反覆批評「自是」之人，認爲「吾無不是」四字，是害人陷阱，其毒甚深。正因爲他深知人喜自是自安，在〈自盜招詞〉這篇文字中，他借窩藏在自己心中的「盜」的口氣說「有子之心，以爲我窩主，有子之肝膽腎腸，以爲我內黨，耳目手足，以爲我外黨」[141]，充份說明了一切過錯都是來自自欺自是。「過」既然有自己的五臟六腑作爲內黨，那麼一一警發便不是一件太容易的事。所以陳確也和他的許多前輩一樣面臨過一個難題：常人的良知並不是能永遠有效地監督自己，告訴自己哪些是應該省改的。在順治十六年（一六五九）的〈與祝鳳師書〉中，他說：

> 「知過改過，便是聖學，下愚不知過，知亦不改，中人不能盡知，亦不能盡改，上智則無過不知，無過不改，聖愚之分，在此而已。但吾輩學力未深，或宥于氣質，或牽于習俗，日用動靜，何處非過，何時無過，苟不細心體察，亦何由知之？古人所謂認賊作子者，往往而是。」[142]

只有上智之人才能「無過不知」，「中人不能盡知」，「下愚不知過」，可是上智之人畢竟不多，所以他說人們事實上常常「認賊作子」，非所安而安，身在過中，卻毫不自知。爲能免於「認賊作子」的危險，他用了種種辦法主動尋求他人的諫諍。順治十一年（一六五四）元旦，他與當時不少士人一樣在家中廳堂的客人座上貼了一紙告示：

> 「確夙以疏頑，猥積罪過，衰老知悔，欲慚懲改，又自以當局之迷，未若旁觀之鏡，所望仁人君子，閔其無知，以確過差面相傾告，其或下愚之性，終迷不悟，則至于再，至于三，至于徵色發聲而不舍予焉。」[143]

---

139 同前書，頁一〇九。
140 同前書，頁三五四。
141 同前書，頁二五五。
142 同前書，頁一二二。
143 同前書，頁三八〇。

他說自己雖然希望懲過改過，可是「自以爲當局之迷，未若旁觀之鏡」，所以昭
此告示，請求來訪的客人盡情指摘他的過失。同年，他又召集了一個「省過
會」，在會中遵照劉宗周《人譜》實行改過之學[144]。參與這個會的共有一、二十
人[145]，大半是陳確的子姪與學生。姪四人：陳枚（爰立）、陳錫世（潮生）、陳
楫世（彭濤）、陳煌世（槎世），學生二人：許全可（欲爾）、許瀚（大辛），
此外還有查嗣琪、查樂繼等[146]。這個會的辦法是「每日記個人言行過失之多少而
互次其賞罰」[147]，也就是由他人擔任罪過的控訴者。這個會似乎舉行過相當多
次，陳確曾寫過〈諸子省過錄序〉以記其盛，在這篇序文中，他談到開會的過程
中「……次第陳日史於前，直會廉日史所犯之多寡輕重而差其罰。日史無欺己之
言，司罰無阿衆之筆。」[148]日史應該毫不隱瞞地記載己過，而與會者應客觀地扮
演控訴者的角色及處罰的工作。這些規則都是爲了補救以心治心時易陷於自欺的
流弊。可是它的效果也不應過度誇張，因爲不管是公開自我坦白或向大家展示自
己的日記，如果自己仍有「欺己」之言，他人還是無法完全覺知。當時參與省過
會最力的許令瑜（許大辛之父），在給陳確的一封信上說除了開會互相糾過外，
還應提倡讀書，助人自識己過：

　　「《省過錄》極是聖賢路上事，《省過錄》敘乃字字指授墮境落塹處，令
　　人寒毛倒豎。師乎，師乎，凡人百病不能死人，一病乃至不起，此一病直
　　從父母生下時便眞帶來與他過活，日久不但不以爲病，反安樂之。安且樂
　　矣，亦何知其爲病而得治之乎？治之之法，莫過于讀書。讀書而後知道，
　　此從染習中來，此從先天雜氣中來，皆能歷歷自詳其故，久之義理深，筋
　　骨鍊，雙眼明，病根自然拔去。《省過錄》亦到處體認法，向上人自不可
　　少，而讀書更能使體認不錯。蓋未省過時之過，能自以爲過，既省過後之
　　過，將不自以爲過矣。各趁一種道理做去，而其實道理之誤與私慾之誤，
　　相去有不能以寸者，乾初各以一字道破。諸子欲其因病下藥，而吾更從治

144　同前書，頁六九。
145　同前書，頁六一五。
146　同前書，頁二二八。
147　同前書，頁三四三。
148　同前書，頁二二八。

病下藥時進之以方。」[149]

許令瑜所說的「安且樂矣，亦何知其爲病而得治之乎」，充分指出人在過錯的狀態下並不一定能眞知。所以他提倡應該要以讀書來助人知過。只有藉助於古聖先賢的道理，才能在塡「日史」時覺知自己心中那些是習染，那些是從先天雜氣而來。他強調讀書能使人「體認不錯」，並特別提到：「道理之誤」與「私慾之誤」一樣嚴重。所以如果道理不明，只是一味去私慾，即使作到毋自欺其良知，又何以知道自己是在過錯的狀態下呢？陳確在談忠信之道時說：「吾所謂不忠信，非全是虛僞。心不實固非忠信，心實而理不實亦非忠信……理不實即是心不實，即是虛僞也」[150]，這一段話的意思與許令瑜很相近，顯示出陳確已充份認識到如果沒有知識作爲輔助，則「理」不實，即使能不自欺其良知還是可能墮於無知而不自知，所以，只是談毋自欺還不夠，他說「讀書事大，今人一言一動，無有是處，只緣不曾讀書，……深心讀書，自覺自家不是。不讀書人，雖有過差，惘然不覺也」[151]。而且會中其他人如果不曾讀古聖賢經書，又如何能察覺別人的對錯並予適當的糾正呢？書中的道理在這裡被提出作爲省過時印證從違的依據，足見他們是相信知識與道德修養之間可以密切扶會的。而這樣的例子也可以幫助說明明末清初道問學風氣的興起與道德修養之間不但不相排斥，而且可能有密切關聯。

滿清入承大統後所頒的禁社令，顯然未能阻擋那一代知識份子結社以互相督促道德修養之熱情。在一六六二年，當顏元廿八歲時，便與好友郭靖共、王魁楚等十五人設立一會，其最重要目的便是會友相互規過遷善。此會自然也同時有文社的性質。不過，它可能持續了不久，兩年後顏元與王法乾又立下規約，天天記錄自己所行所爲，每十天見面一次，互讀日記、互相批判。根據記載，在見面的時候，他們通常疾言厲色地指斥對方道德上的過失。[152]

年輩與顏元大致相當的湯斌也有類似的組織。湯斌（一六二七～一六八七）繼承並修改馮從吾（一五五六～一六二七）〈學會約〉而訂了〈志學會約〉，其

149　同前書，頁七〇～七十一。

150　同前書，頁五五八。

151　同前書，頁三八〇。

152　郭藹春《顏習齋學譜》（上海，商務，一九五七），頁四～五。

中規定：

> 「一會以每月初一、十一、廿一中午爲期，不用束邀，一一揖就坐，世情
> 寒温語不必多，各言十日內言行之得失，務要直述無隱，善則同人獎之，
> 過則規正。……不許浮泛空談，褻狎戲謔，凡涉時政得失，官長賢否，及
> 親友宗門私事與所作過失，并詞訟請託等事，一概不許道及，違者註冊記
> 過。」

又說：

> 「會中崇眞尚樸，備饌多不過八器，圍坐，葷不許過素，若人少則四器亦
> 可，飯罷即止，甚勿盃盤狼籍，飲酒笑謔，以傷風雅，違者註冊記過。」[153]

這些規定大部份是從馮從吾那裡抄來的。可是因爲明代後期風俗日趨窳劣，所以
新約中有明顯的嚴格取向，如果將馮、湯的兩篇會約對比，便可發現一點明顯的
變化，那就是馮約上沒有「違者註冊記過」的規定，而湯約上增添了這一條。[154]

五、結論

　　總之，陽明提出的成色分兩說及「人人胸中有個聖人」，一方面把聖人的標
準降低，以致出現捧茶童子即是聖人之類的論調，但有些人卻因爲對成德的過度
樂觀而產生了不爲聖人即非人、不爲聖人即爲禽獸的觀點，故極度要求純化道德
意識。我們常可以發現他們一方面主張每個人都是一個潛在聖人，一方面卻愈加
敏感到覺得自己通身都是罪過，爲了系統地診斷自己道德生活的脈搏，遂流行了
許多省過之書。本來省過或自訟都是源遠流長之事，而且也不是儒家所獨有的，
但因儒家的改過之學到劉宗周時達到了前所未有的高度，因此《人譜》一書就更
值得重視了。在劉宗周看來，過去理學家的省過改過最多只是在念起念滅上作功
夫，功過格派更是完全落在事後檢點，所以心性未能實際轉化。劉宗周乃主張從
根源處著手，保持「意」的主動性，在「念」尚未動時下功夫，這使得他的《人
譜》比其他的遷改之書更加嚴格。王陽明要人不必理會外在的道理格式，故良知

153　湯斌，〈志學會約〉，在昭代叢書第六十三冊，頁一～二。
154　馮從吾，〈學會約〉，見《馮少墟集》，四庫全書本，頁一二三～一二四。

說下的改過之學顯然面臨了兩個難題：第一，良知有時會被私慾的詭辯所蒙蔽，所以它並不能永遠保持客觀的自我控訴者的責任。第二，省過者能根據什麼標準判斷自己的良知是否眞在克盡監察官的責任？——爲免於陷入有過不知的困境，周汝登、孟化鯉、李顒等主張人們應主動地互相指摘過錯，或是組成小團體幫忙他人省過，而劉宗周的弟子陳確等人則倡行省過會，規定由他人來檢查自己的過錯。

可是後來王夫之（一六一九～一六九二）認爲，不管是一個人孤制其心式的省過或是一群人互相糾過的方式仍都有一間不及之處。因爲宋明心性之學下「克己」的老路其效果終究不敵由外而內的行爲上的鍛鍊。故說「克已而不復禮，其害終身不瘳」。王夫之認爲克治人的非道德不應是只從內轉化開始，而是應實踐「禮」來對治，故他在《俟解》中說：

> 「先儒謂難克處克將去。難克處蔽錮已深，未易急令降伏，欲克者但強忍耳……，若將古人射御師田之禮，服而習之，以調養其志氣，得其比禮比樂，教忠教孝者有如是之美，而我馳驅腐犬之樂淡然無味矣，則於以克己不較易乎？」[155]

夫之認識到人蔽錮極深的習氣之不易克治，所以主張由外而內，以禮治非禮。王夫之思想中一方面有許多宋明心性之學的成份，可是又同時超越宋明理學內在心性論的舊徑而逐步外轉，主張以「禮」來代不可捉摸的「心」及「理」。清初以來禮學的發達以及後來凌廷堪（一七五五～一八〇九）等人所主張的「以禮代理」大抵是此脈絡下的產物。值得注意的是寫省心日記或傳觀日記互相批判的型式並沒有隨著考證學興起而消失，清代道咸年間唐鑑、倭仁等亦重新復興了傳觀日記互相批評的辦法。曾國藩在道光廿一年七月十四日的日記上說：

> 「近時河南倭艮峰（仁）前輩用功最篤，每日自朝至寢，一言一動，坐作飲食，皆有札記，或心有私欲不克，外有不及檢，皆記出。」

曾氏當時並未仿行，隔年，他向倭仁請教修身之道，倭仁向他提示了劉宗周《人譜》的辦法，並告訴他必須馬上寫《日課》。這一次他遵照倭仁的提示寫日記，

155　《俟解》，與《思問錄》合訂本，（北京，中華書局，無出版時間），頁一。

一方面將日記與吳廷棟、馮卓懷、陳源兗等傳觀，且送請倭仁批閱。[156]倭仁和其他人也這樣做，故目前所存倭仁日記上仍有當時傳閱者的批語。此外，在民國初年五四時期的某些社團中我們甚至也都可以看到省過會的影子[157]。

（本文於一九九二年五月七日通過刊登）

---

156 朱東安《曾國藩傳》（成都，四川人民出版社，一九八五），頁十九～廿。

157 如「武昌人社」規定「各人須將自己的過失，醜惡的心理，重行盡情披露，實行人格公開」，或是攜帶日記供社員傳閱，並上台坦白自己及社友的過失。見《五四的社團》（北京三聯書店，一九七九），冊一，頁一三八～一四六。不過，五四時期的省過方式與明末清初之省過會不必然有源承的關係。

文化與社會崩解的比較

許 倬 雲

　　文化是社會群體活動的表現，社會的構成愈複雜，其不穩定性也相對增加，解組也隨之發生。也就是說，大型群體掌握和分配資源，發展了文化體系，但一旦體系臃腫僵化，不足以處理其複雜社會的各種功能時，這一文化體系也就必然分解爲複雜程度稍低的次級單元，原有複雜社會所締造的文化也隨之而變質：一方面其內容可能轉爲貧乏；另方面，這些次級單元可能在競爭的過程中，重新分配掌握的資源，尋到新的突破，從而締造新的文化價值及其相應的符號與規範，以此適應新的條件。 故此，所謂文化的崩解與漸滅，其實就是社會的改組，改組的幅度越大，其原有文化的延續程度也就越小，這過程可用來解釋歷史發展的規律。

　　文化與社會在定義上經常混淆不清，本文對於社會的界定是一個時段內，一個地域內，人群聚合爲一個群體，而在群體之中，個別成員認同爲其一份子，休戚相關，利害相共。文化則是這一社會集體的發展了一套人際的關係，由此而確定公認的行爲規範，及對於這些規範的解釋。這一社會也集體的發展了一套符號，包括傳遞信息與意願的語言文字，解釋人與超越界及自然界關係的宗教信仰，發抒情感及感覺的媒介，即是藝術與音樂；生產與交換生活資源的方法，即是經濟與工技。因此，文化是社會群體活動的表現，而其確立的規範與生活方式，又經由世代的傳遞（教育）塑造了下一代的成員，使這一套規範與生活方式，一代又一代的繼承，每一代在上一代的基礎上增減其內容，修改其形式，但大致是延續的，每一代不必從頭開始，重複已經經歷的過程，締造整套的社會與文化。因此，人類社會與文化可以持久發展，繼長增高。

　　然而人類歷史上也曾有過不少文化不再延續發展，其中停止發展的階段，也

就是歷史上文化的崩解與漸滅。但是，人類子孫繁殖，任何人群在生物學的意義上，未必眞正滅絕，只是他們改變了生活的方式，改變了群體的認同，在另一個時空環境下，改組爲另一社會，而不再延續其原來繼承的整套規範與符號。於是，所謂文化的崩解與漸滅，其實是社會的改組，改組的幅度越大，其原有文化的延續程度也就越小。

社會的組成有不同的複雜度。一小群人，或以其親緣紐帶（如家庭），或以其功能合作（如獵群，採集群）結合爲一個社群。結合的目的單純，持續的時間短暫，也因此掌握的資源有限，資源的累積也不大，也就不能締造可觀的文化。這種單純的社群，我們稱之爲「原群」。有些社群經過合併，與增殖，逐步擴大，擴大到相當程度，因爲人數衆多，掌握的資源豐富，取精用宏，活動的能力增加，於是可以有內部的分工合作。功能分化既增加了處理特定工作的能力，也增加了社群內部的彼此依賴。這種社群是一複雜的社群，可稱之爲「複群」。高度複雜的社會，不僅有功能的分工，而且社會內部又可包含若干次級的單位，其中有的可能原是獨立的社會，而在聚合的過程中，併入更大更複雜的社會，成爲其互爲依賴的單位。在此高度複雜的社會，內部不免有衝突與緊張，對外也可能經由擴張以擷取資源，因應這些情勢，逐有強制性的公權力出現，以爲協調功能及分配資源的中心。這種公權力，即是國家。

高度複雜社會，掌握不少生活資源，也在生產與分配資源的過程中，發揮其解決各種困難的能力。於是複雜社會的複雜性，在於內部有不同性質的構成單元，單元之間及單元之內，也有不同的層級結構，以管理與動員其社會成員及資源。權力分佈的不平等與相應的資源分配不均勻。複雜社會往往由於上述的不平與不均，而有內部的緊張與異質化。因此，複雜社會也因其複雜性的增加，而有高度的不穩定性，不能像單純社會內部的親密關係。複雜社會的不穩定，解組就隨之而生。如果複雜社會分裂爲複雜程度稍低的次級社會，原有複雜社會所締造的文化，也就隨之而變質，一方面其內容可能轉爲貧乏，而另一可能的改變則是改弦更張，進行締造一個與新條件相應的新文化。不論哪一種情況出現，原有的文化遂衰落或終止，這就是人類歷史上文化的崩解或漸滅。

　　人類歷中上，曾有過不少崩壞的文化，其中有些個案常爲後人紀念悲嘆，也有些個案已爲人遺忘，只在考古的遺址重現時，始引起我們的注意。對於歷史上文化的盛衰興亡，自古以來屢見不同的解釋。

　　比較直觀的解釋，是以文化的興盛與衰亡，看作自然的週期。中國古代本有物極必復的理論，而以《易經》爲其最典型的代表，盛衰起伏，貞下啓元之觀念深入中國人的思想模式。戰國五德終始之說，影響秦漢政治，相生相勝的解釋，延續到東漢末年。這一套機械的週期論，終究不能構成歷史變化的分析工具。中國的王命之說，以天命與人的行爲互相呼應，還是比較合理的解釋，至少將統治階層的行爲與能力列爲國家興衰的條件，也從而解釋「世運」，連帶說明社會與文化的現況。

　　在近世理論中，最著名的當是斯賓格勒的興衰週期之說，將文化的發展比擬爲人生的生住死滅，由蘊育生命，而青年，而壯盛，而死亡，以爲文明都不能避免生機衰竭。他以歐洲歷史的演變過程爲例，說明週期的變化。他也以爲十九世紀的印度，中國，與伊斯蘭世界，雖然歷世久遠，也不過是枯樹的樹幹，生機早已衰竭。[1]

　　湯恩培的理論脫胎於斯賓格勒，但是在比擬週期之上，增加了「挑戰與反應」的解釋，以爲文明是否繼續存在及發展，繫於其對於文明的挑戰，能否有適當的調節。文明的挑戰者是當權者與內外弱勢份子的衝突，而文明在疆域上的擴張，也會導致社會的解體。湯恩培對於文明的茁生與持續成長，視爲這一文明精神力量的體現。整體說來，湯恩培的理論體系也與斯賓格勒的理論一樣，是對於歷史現象的敘述，而以不易捉摸的精神力量，當作文化發展的動力。[2]

　　斯賓格勒與湯恩培的解釋，其實也是相當直觀的，相反的則是近代考古學對於若干古代文明的實證研究。例如，古代埃及的歷史，曾有過三度起伏；舊王國、中王國、與新王國的衰亡，雖有外患的威脅，卻均與尼羅河的水利失調有密

1　Oswald Spengler, *The Decline of the West* (New York: Modern Library, 1962) pp.73-75。

2　Arnold Toynbee, *A Study of History* (Oxford: Oxford University Press, 1962) Ⅰ、Ⅲ、Ⅳ、Ⅴ、Ⅵ 諸卷。

切的關係。[3]

　　中美洲馬雅文化的死亡是中美洲考古學上重要的課題，目前大致已成定論的說法，則是生態環境的改變，以及人口的壓力，導致這一文明的夭折。馬雅文明發達的地區，天然資源相當有限，人口的增多導致游耕農業的過份擴張，以致土壤流失，不能保持生態平衡；生計不足的壓力又導致幾個政治中心的競爭；區間貿易的資源不足，更使競爭惡化，互相殘殺，一度輝煌的馬雅文明遂告死亡。[4]

　　兩河流域古代文化也是考古學的顯學。兩河古代文化的研究，爲時頗久，累積的資料豐富，是以學者對於其文化與社會的興衰，可以提出相當周詳的解釋。兩河沖積平原，城邦林立，逐漸又統一於幾個古代的帝國。兩河的肥沃土壤，較尼羅河流域有更豐富的資源；地理環境也比埃及複雜，不是單純的依靠每年的泛濫沖積。兩河對外交通方便，一方面有區間貿易之利，另一方面則也蒙受境外民族入侵之害。民族來去，朝代更迭，這個地區曾有過世界最早的城市文明，最古老的宗教，甚至在回教興起後，兩河流域也長期是世界幾個主要文明中心之一。然而，即使幾千年來盛衰如環，長程的發展終究是漸漸失去發展的能力。大致在公元第九世紀以後，兩河發展的趨勢是每下愈況。即使最近百年內，因其地理位置及石油資源，一度又有起色，但整個情勢已不能與古代、中古的盛況相比。

　　自從阿卡特與巴比倫的時代，兩河流域即逐漸發展了繁密的灌溉系統。由於這一片沖積平原上，缺乏林材及礦藏，兩河流域居民只能依仗農業的生產換取其

3　　Karl Butzer, *Early Hydraulic Civilization in Egypt*. (Chicago: University of Chicago Press, 1976) 及其 " Long-term Nile Flood Variation and Political Discontinuities in Pharonic Egypt " ，見於 J. D. Clark and S. A. Brandt (eds), *From Hunter to Farmers: The Causes and Consequence of Food Production in Africa*. (Berkeley: University of California Press, 1984) pp.102-112 。

4　　William T. Sanders and David Webster, " Unilinerlism, Multilinerlism, and the Evolution of Complex Societies. " 見於 Charles Redman 等 (eds), *Social Archaeology: Beyond Subsistence and Dating* (New York: Academic Press, 1978) pp.249-302. Robert Sharer 認爲馬雅文化的衰落與印度哈拉本文化的死亡，都與區間貿易衰落，物質不足有關，Robert Sharer, " Did the Maya Collapse? A New World Perspective on the Desmise of the Harappan Civilization " ，見於 Gregory Possehl (ed.), *Harappan Civilization: A Contemporary Perspective* (New Dehli: Oxford IBM Publishing Co., 1982) pp.367-383 。

他生活必需品。於是農業生產走向精耕,而區間貿易也是兩河流域經濟體系的重要部份。短期而論,兩河流域可以有高產量的農業,經由貿易以累積資源及財富,人民享受安定而繁榮的生活。但是累年耕種,表土地力用盡,也造成土壤鹽鹼化,農業生產力不免衰退,隨之而不再有繁榮與安定。強有力的國家,為了充實國力,即一方面擴大水利系統,增加耕地面積,另一方面集中國力,開拓疆土,征服鄰近民族,以掠奪其財富及資源。灌溉系統的龐大與複雜,不再是社區力量所能管理,對外的征伐也不斷增加中央的權力。中央權力的持續增長,終於使禍福成敗繫於中央的效率。一旦中央政權的統治能力不足,整個兩河即使不全盤皆輸,但也土地鹽鹼化,人口減少,貿易衰退,城市荒廢;如有外敵入侵或地方性的叛亂,兩河即不能維持正常的社會。衰退之後,須俟另一個強大的政權,重建灌溉系統,改進邊際土地的耕種效益,以武力開拓疆土,發展區域貿易,兩河的文化始得又有一次興盛。如此一起一伏,循環不止。兩河的繁榮及文化發展,全繫於政治權力的開展,用盡生態條件下的可能資源。政治權力為了維持其存在,又必須竭澤而漁,以重稅與苛役,收奪民間的人力物力,民間則只有更進一步用盡地力,以至又有一次崩解。最後,這一片土地上只剩下了微薄的地力。今天的伊拉克,處處可見古代溝渠的遺址及城市村鎮的廢墟,縱然石油的財富及交通樞紐的地理優勢,都已不能再造已衰竭的文明。[5]

　　本文以上討論諸例,是依照其複雜程度,由地區較小,內容較簡單的開始逐一討論。同時,也由於這些文化的資料大多取自考古發現,文獻不夠,研究的結論逐也不免趨於簡略。中國以外,古代文明中,古羅馬的崩解自然是人類歷史上極為重要的大事。自古以來,西方史學家頻頻討論古羅馬如何崩壞,此處不可能詳述,至多只是舉幾家主要觀點而已。

　　吉朋的《羅馬衰亡史》自是經典著作,他所舉導致羅馬衰亡的諸項因素,包

5　Robert McAdams, *Population and Technological Change* (Chicago: University of Chicago Press, 1981). 其序文更值得一讀,以欣賞其古今的對比。又 Jhorkild Jacobson and Robert McAdams, " Salt and Silt in Ancient Mesopatamian Agriculture. " *Science* 1958 (128) pp.1251-1258。

括作戰力量低落，羅馬軍團遠征，耽於外地的逸樂，外族傭兵逐漸取代羅馬人，成爲軍隊主要成份；他也歸咎羅馬統治階層無能，帝位更迭頻繁，以致領導中心十分不穩定，吉朋甚至以爲基督教的興起削弱了羅馬的內部團結。[6]

羅斯托夫扎夫則以爲第三世紀以後，羅馬的內部經歷嚴重的社會衝突，以農民爲主要成員的軍隊，對於城市貴族的特權十分不滿，軍人出身的皇帝取悅軍隊，導致沉重的財政負擔，同時軍人派系間的鬥爭，也削弱了國防力量，予外族以入侵的機會。因爲內亂頻仍，物價高漲，終於人口逃散，城鄉俱蒙其害，羅馬也就垮了。[7]

最近對羅馬衰亡的分析又有從生態方面的考察，羅馬的農業曾有高度發展，以供應盛世的消費；農業過度發展的結果，則是耗盡地力，同時因爲擴大耕地，過度砍伐森林，而造成耕地水土流失。盛極之後，土地的生產力跌落，農林人口逃散，竟致耕地抛荒廢耕。[8]

若從疾病對人口的影響言，羅馬軍團東征返國時帶來了東方的疫癘，也使地中海地區的人口大爲減少。[9]

羅馬帝國從極盛到衰敗歷時四百年，在其開拓的時期，滅馬其頓，取敘利亞，平服高盧地區，以至征服埃及，到奧古斯德稱帝時，羅馬已是地中海的主人，此後則是爲了維持這一大帝國，兵車屢駕，征戰不絕，消耗了羅馬人力資源，以致本土空虛，農田必須由外族奴工耕種。龐大的軍隊及行政機構，又使帝國的財務負擔，沉重無比。帝國初期因爲征服四方而暴得大利，但是日久之後，羅馬本身終於被這個龐大帝國拖垮。[10]

6　Edward Gibbon, *The Decline and Fall of The Roman Empire* (New York: Modern Library, 1776-88)。

7　M. Rostovtzeff, *The Social Economic History of Roman Empire* (Oxford: Oxford University Press, 1926) pp.15, 208, 391-465。

8　W. G. van Waateringe. " The Disasterous Effects of the Roman Occupation. " 收在 Roel Brandt and Jan Slafstra (eds.), *Roman and Native in Low Countries: Spheres of Internation*. (British Archaeological Reports International Series, No.184, 1983) pp.147-157。

9　William H. McNeill, *Plagues and Peoples* (Garden City : Doubleday, 1976)。

10　Joseph A. Tainter. *The Collapse of Complex Societies* (Cambridge: Cambridge University Press, 1988) pp.128-66。

中國古代的文化發展，至少也經歷過兩次嚴重的崩壞，第一次在西周末年，第二次在東漢三國。西周滅亡前夕，有統治階層的嚴重內爭，遂有厲王被放之事，貴族共同執政十四年之久，宣王對外戰爭的失利，有外族的入侵王畿。東方部族入援，而導致王畿人口擁擠，以致畿內財政負擔沉重；有貴族的窮困及與相應的社會變動。最後則經歷嚴重的天災，包括旱災與地震，以及一部份貴族聯合外族攻入首都，幽王被殺，平王東遷。這一連串的變動，內憂外患，天災人禍，接踵交臻。[11]

西周覆亡，王綱解組，於是西周建立的封建制度崩解爲東周列國，紛擾五百餘年，才完成澈底的改變，由封建化爲郡縣。本文開端即提出，複雜社會的不穩定性，其中各個次級單元在複雜社會崩解後，可能分裂而以競爭的方式，重新分配掌握的資源，從而締造新的文化價值及其相應的符號與規範。春秋戰國正是這一嬗變的過程。

中國古代第二次的變局是在東漢，光武中興，秦漢大帝國的原有格局並未有重大的修改；東漢仍是以皇權與文官制度在儒家理念下共治的普世帝國，編戶齊民精耕細作，城鄉之間由市場經濟聯繫全國爲大一統的秩序。東漢後半期政風逐漸衰敗，察舉制度漸轉變爲大族的壟斷，儒家思想正統化，知識份子貴族化。世家大族及地方豪強，富者田連阡陌，貧富差別之巨，已形成社會危機。東漢改變西漢的普遍服役制度，維持了相當不小的常備軍。然而東漢的邊防，卻必須依賴附塞的外族（如南匈奴）及邊郡自己建立的雇傭兵（如董卓的涼州兵）。西羌人口不過中國一個大郡，羌亂卻困乏中國，董卓率軍進京，東漢遂亡。東漢也經歷了長期的天氣變寒，西北外族入侵，中國人口南移；大規模的疫癘之災，毋寧也使人口減少；而北方的人口尤其劇減，東漢的北方曾經有過人口增殖，土地不足的時期，政府並曾不時假民公田，但東漢末期，北方村市爲墟，盛衰之間可能也與生態條件及地力衰退有關。

東漢的儒家雖爲正統之學，但一方面已有王充之置疑於孔孟，另一方面，今

11　許倬雲，《西周史》（台北，聯經出版公司，增訂本，1990）pp.287-315。

古文經學之爭也削弱了正統的學術權威。王弼、郭象之輩援道家入儒學，也正是儒家思想已露了破綻。黨錮之禍，表面上看來知識份子士氣高昂，但也因此實力大虧。更重要的則是佛教入華，已開始在民間生根；天師道及黃巾毋寧反映民間思想已有其自己的體系，足以無視於儒家的正統，而組織民間的社會。[12] 同時，皇權與正統儒家由分離而對抗，使政治與文化兩股力量互相沖消其統治與控制民間的實力。靈帝賣官以殖私財，則更爲千古奇談，反映統治者本身因角色混亂而自己削弱了政權的合法性。

靈帝時改部刺史爲州牧，已萌崩解分裂之機；漢分爲三國，中國的複雜社會又一次分解爲次級單元競爭的局面，中國的古代帝國及以儒家爲基礎的古代文化秩序，從此又須經歷五百年的嬗變，始得重整爲中古的社會與文化。

將漢末的鉅變與上文羅馬的衰亡相比，幾乎處處若合符節，兩者都經歷制度的衰敗，經濟的危機，正統思想的僵化與民間思想的挑戰。於是外族的入侵，雖在前代不足爲患，而在衰敗之際，小禍可以成大患。統治階層本身的腐化，使政權漸失其合法性。再加天災與人口的流失，終於使龐大的帝國爲其本身的負擔拉垮。大型群體因掌握資源，分配資源而發展了文化體系。一旦體系臃腫僵化不足以處理其複雜社會的各種功能時，這一文化體系也就必然分解爲次級單元；而在各個次級單元競爭的過程中，遂能逐漸在崩解之後，尋到新的突破，從而締造嶄新的文化體系。這一過程，遂是可以解釋的，而不再是直觀的借用生住死滅的現象當作歷史發展的規律。

本文原爲在所中的一篇講演稿，謹以本文紀念芮、高二師。

　　　　　　　　　　　　　（本文於一九九二年十一月十九日通過刊登）

12　Cho-yun Hsu, "Historical Conditions of the Emergence and Crystalization of the Confucian System" 見於 S. N. Eisenstadt (ed.), *The Origins and Diversities of Axial Age Civilizations* (New York: State Univetsity of New York Press, 1986) pp.306-324. 又 "The Internal Factors Associated with the Fall of the Han Dynasty" 見於 George Cawgill and Norman Yoffee (eds.) *The Collapse of Ancient Civilizations*. (Albuquerques: Univetsity of New Mexico Press, 1986) pp.176-195 。

出自第六十四本第一分（一九九三年十二月）

論「深遠」
—— 中國畫史辭彙論析之二

莊　申

　　「深遠」的用法，在漢代，似有兩種：史學家所使用的「深遠」，在涵義上，包括時間與事物等兩個層面，文學家所使用的「深遠」，卻只有時間的涵義。

　　到南北朝時代，「深遠」的涵義開始轉變爲距離。這個用法，經過唐代、五代而一直延續到南北兩宋。中國畫史上用「深遠」這個詞彙作爲畫面空間的一個類型，就是在北宋時代開始的。可是宋代以後，畫史裡似乎不再見有「深遠」的使用。

　　從唐代起，「深遠」還曾作爲聲音的形容詞。聲音所及的空間雖然大於目力所及的空間，不過在涵義上，聲音所及的空間，仍指距離。用「深遠」來形容聲音，不過只是用法新穎而已。

　　從五代起，深遠的使用方式，又成爲度量、學問、見識、與理趣的形容詞。學問、見識與理趣的性質都是抽象的。與用「深遠」來形容時間與空間的距離的使用方法，頗不相同。可見深遠的使用，在五代時期，又發生過一次變化。然而在類型上，用「深遠」來形容度量、學問、見識、與理趣這些事物，與漢代的史學家用「深遠」來形容事物的用法，比較接近。這個使用方式，又延續到明代。在明代，「深遠」的涵義既有復古的意味，可見這個詞彙在涵義上發生劇烈變化的時代，已成爲過去。從這個歷史發展上看，中國畫史在宋代，把「深遠」視爲形容畫面空間的某一類型的形容詞，也不過只是借用從南北朝時代所發展出來的「深遠」的涵義而已。它與宋以前的漢唐時代以及宋以後的元明時代對「深遠」的使用方式，都不一樣。

　　在宋代的畫論裡，除了「深遠」，還有「高遠」。不過高遠本不是一個藝術詞彙；它和「深遠」一樣，也是從宋代以前的文獻裡借用到畫史裡去的名詞（詳見拙著〈論「高遠」〉，載於本刊第五十九本第四分）。而且值得注意的是，在時間上，到宋代以後，畫史對「高遠」的使用，已經停止，這個情形，也與「深遠」在宋以後的使用已經停止的現象，完全一樣。根據與「高遠」有關的這個實例，「深遠」在宋以後的畫史裡不再使用，並不是一個孤立的現象。

活動於宋神宗熙寧與元豐時代（ 1067 — 1084 ）的郭熙，[1] 既是一位北宋畫院的畫家，[2] 也是一位畫論家。他在《林泉高致集》裡曾說：

> 「山有三遠；自山下而仰山巔，謂之高遠、自前山而窺山後，謂之深遠、自近山而望遠山，謂之平遠。」[3]

在中國山水繪畫的發展史上，這幾句話很重要。因爲這段文字不僅是一位畫家根據他對畫面之空間處理的實際經驗，而對山水畫之構圖類型所作的第一次分類，而且還對每一種構圖的類型，除了賦予一個名詞，又對每一個名稱，初次給予簡要的解釋。從另外一個角度觀察，在上引文中，「平遠」雖是由張彥遠在成書於唐宣宗大中元年（ 847 ）的《歷代名畫紀》裡，早經使用過的名詞，[4] 然而張彥遠卻并未使用過「高遠」與「深遠」。所以在藝術史的歷史上，「高遠」與「深遠」可能是由郭熙對張彥遠所創造的「平遠」的摹倣，而另行創造的新名詞。關於「高遠」的涵義與用法，我在前一篇論文裡，[5] 已經有所討論，現在按照對「高遠」的討論方式，而對「深遠」的涵義和用法，另行討論。

一、「深遠」在漢代文獻中的涵義

在文獻上，「深遠」這個名詞，也許首先見於漢代中期的，也即西元前二世紀中期的史學著作。譬如司馬遷（ 145 – 86 B.C. ）在其《史記》的〈趙世家〉裡曾說：

1　據郭若虛《圖畫見聞誌》（據《學津討原》叢書本），卷四，頁4（後頁），郭熙約在神宗熙寧元年（ 1068 ）授御書院藝學，並初敕畫小殿屏風。

2　郭熙在熙寧五年壬子（ 1072 ）作〈早春圖〉，現藏臺灣故宮博物院，元豐元年戊午（ 1078 ）作〈窠石平遠圖〉，現藏北京故宮博物院。

3　見郭熙《林泉高致》（據《王氏畫苑補益》本），頁20。

4　見張彥遠《歷代名畫記》（據《學津討原》叢書本），卷一〇，〈朱審傳〉，頁4（後頁）。

5　見莊申〈論「高遠」〉，見本所集刊第五十九本，第四分（ 1988 年，南港 ），頁1015 — 1035 。

「父母愛子則爲之計深遠。」[6]

稍後，劉向（ 77 — 6 B.C. ）編《戰國策》，[7] 又在〈趙策〉裡轉述了司馬遷的這句話。[8] 父母由於愛護子女，不但對他們生活的一切細節加以妥善的照顧，甚至連對他們將來可能會有的遭遇，也都預作安排。所以在「父母愛子則爲之計深遠」這句話裡，深遠有兩種涵義；第一種指對未來的預測，另一個指對事物的處理。

除了〈趙世家〉，司馬遷又在《史記》之〈老子韓非列傳〉的論贊裡，用到深遠這個名詞。其文云：

「太史公曰：老子所貴道，虛無，因應變化於無爲，故著書辭稱，微妙難識。莊子散道德，放論，要亦歸之自然。申子卑卑，施之於名實。韓子引繩墨，切事情，明是非，其極慘礉少恩。皆原於道德之意，而老子深遠矣。」[9]

這段論贊的大意是說：老子所重視的不但是道，而且也重視虛無。莊子排斥道德和說別人不敢說的話的意思，也不過是要重新回歸於自然而已。還有申不害，他不過想是利用自我勉勵的方式而在名實方面發展他的理想。至於韓非子，他的作風雖然深刻，卻顯得過於嚴謹，連一點人情味也沒有。儘管莊子、申不害、與韓非子的作法，都用道德作爲出發點，可是經過比較，老子的作風，就顯得比他們都更深遠。所以在文義上，「老子深遠矣」這句話，可能也具有兩種涵義；第一，深遠指對於未來的預先的安排，第二，深遠指對事物的周詳的處理。

6　見司馬遷《史記》（據一九五九年，北京，中華書局排印標點本），卷四十三，〈趙世家〉，頁1823。

7　《戰國策》雖傳爲漢人劉向所編，但此書的作者卻可能是活動於秦、漢之交的蒯通。關於這方面的討論，詳見羅根澤〈戰國策作於蒯通考〉，見顧頡剛編《古史辨》第四冊（一九三三年，北平，樸社原版，現據一九六三年，香港，太平書局重印本），頁229 – 232，又同人〈戰國策作於蒯通考補證〉，見同上引，頁696 – 698，以及金建德〈戰國策作者之推測〉，見《古史辨》，第六冊（一九三八年，上海，開明書局原版，現據一九六三年，香港，太平書局重版本），頁372 – 379。

8　見《戰國策》（據《四庫全書珍本》本），卷六，〈孝成王〉條，頁53。

9　見《史記》卷六十三，「老子韓非列傳」，頁2156。

根據這一瞭解，司馬遷在「老子韓非列傳」之論贊裡所使用的深遠的涵義，與他在「趙世家」裡所使用的深遠的涵義，似乎是一致的。

到東漢中期，班固（32—92）作《漢書》。他在此書的〈辛慶忌傳〉裡，又使用了深遠這個名詞。其文云：

> 「成帝初，……時數有災異，丞相司直何武上封事曰：「……光祿勳辛慶忌行義修正，柔毅敦厚，謀慮深遠。……慶忌宜在爪牙官以備不虞。」[10]

由何武對辛慶忌的評語看來，辛慶忌的性格，雖然在某一方面，溫和、惇篤、和忠厚，卻在另一方面，富於毅力。所以他的計謀與考慮，都是深遠的。所謂計謀與考慮，都針對將要發生的事情的預先安排而言。所以由班固所使用的深遠，在涵義上，似乎仍與司馬遷所使用的深遠的涵義一樣，既指對於未來的預先安排，也指對於事物的周詳的處理。

深遠一詞除在漢代的史學著作之中屢見不鮮，也見於漢代的文學作品。賦家枚乘（？—141 B.C.）在〈七發〉中，曾借用吳客與楚太子的對話，而指出楚太子的病況。其文云：

> 「今太子膚色靡曼，四支委隨、筋骨挺解、血脈淫濯、手足墮窳。越女侍前、齊姬奉後，往來游醼，縱恣於曲房隱間之中。此甘餐毒藥、戲猛獸之爪牙也。所從來者至深遠，淹滯永久而不廢。雖令扁鵲治內，巫咸治外，尚何及哉！」[11]

這段話的主旨是說楚太子因爲貪於女色，把身體弄壞了。貪慾的事，雖然等於是自尋死路，卻具有相當長久的歷史。如果一直貪戀女色，儘管有最好的醫生和巫師，楚太子的虛弱的身體，是誰也治不好的。在這段活裡，「深遠」的意思，既然只是時間的長久，而不兼具對於事物的處理，可見在枚乘的筆下，深遠的涵義只有一種。這與在司馬遷、和在班固的筆下的深遠，兼具時間與事物兩種

10　見《漢書》（據一九六二年，北京，中華書局排印標點本），卷六十九，〈趙充國辛慶忌傳〉，頁2997。

11　見李善注《文選》（據清嘉慶十四年胡克家重雕宋淳熙刊本），卷三十四，〈七發〉，頁2。

涵義的用法，是不同的。這個差異，也許正是史學家與文學家在用字方面的分別。總之，根據上引三例，深遠一詞在漢代的用法似有兩種；史學家所使用的深遠，在涵義上，包括時間與事物舉兩個層面，但是文學家所使用的深遠，卻只具有時間的涵義。

二、「深遠」在南北朝時代的涵義

生於東晉末年而活動於劉宋時代的劉義慶（ 403 ─ 444 ），雖是一位貴族，卻也是名著《世說新語》的作者。他在此書中卷〈賞譽〉篇記載了一個著名的比喻，其文云：

「裴令公見山巨源，如登山臨下，幽然深遠。」[12]

所謂裴令公，就是裴楷（約 240 ─ 299 ），[13] 而山巨源就是竹林七賢成員之一的山濤（ 205 ─ 283 ）。[14] 也許由於裴楷所作的比喻相當特別，所以在唐代初年，當房玄齡（ 578 ─ 648 ）等人編寫《晉書》，又把由劉義慶所記載的裴楷所作的比喻，轉引到〈裴楷傳〉裡。[15] 所謂幽，在《易經》的〈困卦〉的象裡，曾有「入於幽谷」之語。據三國時人王弼與晉人韓康伯的注，幽就是不明，[16] 而不明就是昏暗。此外，在《荀子》的〈正論〉篇裡，曾有「上幽險，則下漸詐矣」之語。據唐代楊倞的注，幽就是隱，[17] 而隱就是陰晦，也就是隱約不明。根據這兩個注，《易經》與《荀子》所說的幽，在文義上，大致是互通的。在瞭解了幽字的字義之後，裴楷所說的「登山臨下，幽然深遠」，如果要用現代的語

12　見《世說新語》（據楊勇校箋本，一九六九年，香港，大眾書局出版），中卷，〈賞譽第八〉，頁318。又見徐震堮校箋本（一九八七年，香港，中華書局出版），頁230。

13　見《晉書》（據一九七四年，北京，中華書局排印標點本），卷三十五，〈裴秀傳〉後所附〈裴楷傳〉，頁1047 ─ 1050。

14　見《晉書》卷四十三，〈山濤傳〉，頁1223 ─ 1228。

15　見《晉書》卷三十五，〈裴楷傳〉，頁1050。

16　見孔穎達《周易正義》（據《四部備要》本），卷五，〈困亨〉，頁7（後頁）。

17　見《荀子》（據《四部備要》本），卷十二，〈正論〉，頁1（後頁）。

體文來重說一遍，也可以譯成「爬到山上向下看，遠處隱隱約約，是看不很清楚的」。可是這個譯文只是裴楷之比喻裡的表面上的意思。實際上，裴楷的眞正的意思似乎是說，山濤的爲人，就好像遠山一樣，是遠離人世的。一九七六年，美國的馬莎教授（Richard B. Mather）於其《世說新語》的英譯本中，把這兩句話譯成" Climbing a mountain and looking down, far, far from the world "。[18]他所譯出的雖是裴楷的比喻的眞義，卻把「幽然」的存在，完全忽略了。總之，對於這個比喻的瞭解，即使可以按照馬莎教授的譯法而省去幽然二字，值得注意的卻是，劉義慶所使用的深遠，在字義上，旣指距離（也即空間），可見他對深遠一詞的用法，與漢代的文學家與史學家所使用的深遠，在涵義上，是大不相同的。這就顯示深遠一詞的涵義，由漢代轉變到南北朝，已有極明顯的差異。不過這個差異，只是深遠一詞在涵義上的變化的開始。更多的變化，要到唐、宋兩代，才相繼產生。

三、「深遠」在唐代與五代的涵義

卒於唐玄宗開元初期的張鷟，於其《朝野僉載》曾記隋朝韋袞與其奴桃符之間的一段故事如下：

「隋開皇中，京兆韋袞有奴曰桃符，每征討將行，有膽力。袞至左衛中郎，以桃符久從驅使，乃放從良。桃符家有黃犢，宰而獻之，因向袞乞姓。袞曰：『止從我姓爲韋氏。』符叩頭曰：『不敢與郎君同姓。』袞曰：『汝但從之，此有深意。』故至今爲黃犢子韋，即韋庶人其後也。不許異姓者，蓋慮年紀深遠，子孫或與韋氏通婚，此其意也。」[19]

18　見 Richard B. Mather: *A New Account of Tales of the World* (1976, University of Minnesota Press, Minneapolis), chapter VIII, p.212。

19　見《朝野僉載》（據趙守儼點校本，一九七九年，北京，中華書局出版），卷三，頁59。關於張鷟的生卒年的推測，見趙守儼〈張鷟和《朝野僉載》〉，見《文史》第八輯（一九八〇年，北京，中華書局出版），頁129－140。

　　在中國的古代，從周朝開始，同姓不婚。[20] 韋袞既賜其從良之奴姓韋，所以韋袞與此奴之後人，遂可因同姓而不會通婚。如果韋袞准許桃符以韋姓以外的其他各姓爲姓，恐怕時間隔得太久了，這兩家人的後人，是難免不會通婚的。這樣，韋袞的後人就可能會與一個曾經是韋家之家奴的後人發生血緣關係，血統就不再單純了。根據這樣的瞭解，在以上的引文裡，所謂「年紀深遠」，當然是針對時間的長久而言的。其實這個解釋，還可在唐代的其他文獻裡，得到旁證。首先，唐初詩人駱賓王在詩題是「夕次舊吳」的五言排律詩中說：

　　　　「地古煙塵久，年深館宇稀。」[21]

　　詩句裡的「年深」，指歷時長久而言，是無可疑的。駱賓王所說的年深，也就相當於張鷟所說的「年紀深遠」，所不同的只是張、駱二家用字之繁簡而已。其次，中唐時代的張讀在《宣室志》中說：

　　　　「長安興福寺有十光佛院，其院宇極壯麗，云是隋所制。貞觀中，寺僧以
　　　　其年紀綿遠，慮有摧圮，即經費計工，且欲新其土木。（下略）」[22]

　　根據駱賓王的詩句與張讀的筆記，可見「年紀深遠」既可簡化爲「年深」，也可改變爲「年紀綿遠」。不過無論是「年深」，是「年紀深遠」，還是「年紀綿遠」，涵義都一樣；都指對時間的延長，連綿不絕。這樣說，張鷟在使用深遠一詞的時候，這個名詞的涵義，不但與劉義慶在南北朝時代所使用的深遠的涵義不同，倒反與司馬遷、蒯通、和枚乘等人在漢代所使用的深遠的涵義相同。

　　可是在另一方面，由唐代無名氏在其《嘯旨》中所使用的深遠，卻又與張鷟所使用的深遠，在文義上，頗不相同。《嘯旨》共十五章，在此書第十四章的〈正章〉裡，無名氏說：

　　　　「正者，正也。深遠極大，非常聲所擬。」[23]

20　《禮記》（據《四部備要》聚珍倣宋本），卷一〈曲禮〉上，頁9（後頁），「取妻不同姓。」參考陳鵬《中國婚姻史稿》（一九九〇年，北京，中華書局出版），卷八，頁391－398，「同姓不婚」條。

21　見《駱丞集》（據《金華叢書》本），卷四，頁8（後頁）。

22　見張讀《宣室志》（據清嘉慶十一年併刻《唐代叢書》本），頁9。

23　見徐鉉《稽神錄》（亦據上引《唐代叢書》本），頁4（後頁）。

　　所謂正的意思，可能是純正。由於嘯聲純正，所以音調高昂而響亮。這樣，純正的嘯聲就能傳送到相當遠的地方。根據此一瞭解，《嘯旨》裡的深遠，仍然代表距離，也就是空間。不過劉義慶在南北朝時代所用的「幽然深遠」，指目力所及的空間，唐代無名氏所使用的「深遠極大」，卻指聲調可及的距離。由此看來，這位無名氏所使用的深遠，雖與劉義慶所使用的深遠，在涵義上，都指空間，可是他用聲調所及的距離取代目力所及距離，卻不能不說是一種新用法。

四、「深遠」在五代文獻中的涵義

　　出生於唐末但活動於五代的徐鉉（ 916 — 991 ），曾記信州熊氏兄弟發現過葉化爲人、蟻化爲馬的怪事。故事的內容雖然不必細述，介紹故事之始的前兩句卻可引錄如下：

　　　　「信州有版山、山川深遠，採版之所，因以名之。」[24]

　　所謂山川深遠，雖指自然景觀，實際的涵義卻是空間。徐鉉所使用的「山川深遠」，雖在文義上，與唐人所使用的「年紀深遠」或「嘯聲深遠」的涵義都不相同，但如與南北朝時劉義慶所使用的「幽然深遠」相互比較，涵義卻是相同的。看來張鷟所使用的深遠，指時間，無名唐人與徐鉉所使用的深遠，指距離，都與漢代文人所使用的深遠的涵義相同。這也似乎可以看出張鷟、徐鉉、與無名唐人所使用的深遠，在涵義上，幷無新義。

　　但在另一方面，在五代時，深遠一詞的涵義，幷非絕無新義。譬如劉昫在《舊唐書》裡說：

　　　　「太宗幼聰慧，玄鑒深遠，臨機果斷，不拘小節，時人莫能測也。」[25]

　　同書又說：

　　　　「獻文皇帝（宣宗）器識深遠，久歷艱難，備知人間疾苦。」[26]

24　見無名氏《嘯旨》（仍據上引《唐代叢書》本），頁9。
25　見《舊唐書》（據一九七五年，北京，中華書局排印標點本），卷二，〈太宗紀〉，頁210。
26　見《舊唐書》卷十八下，〈宣宗紀〉下，史臣贊。

又說：

> 「元膺學識深遠，處事得體，正色立朝，有台輔之望。」[27]

　　可知在五代，史學家對於深遠一詞的使用，是屢見不鮮的。但在上引的本紀與記傳之中，「玄鑒」的文義是奧妙的觀察，「器識」的文義是度量與見識，而「學識」的文義是學問與見識。在這三段引文之中，玄鑒含有對未來的認識之意，即使不能說是對於時間的形容，在涵義上，至少含有時間的因素。這樣，劉昫在《舊唐書》中對「玄鑒深遠」的使用，與班固在《漢書》中對「謀慮深遠」的使用，在涵義上，雖然并不完全相同，但在性質上，是接近的。然而「器識」與「學識」都不含有對於未來的認識。所以「器識深遠」和「學識深遠」的文義，在涵義上，與「玄鑒深遠」的涵義，是有區別的。根據這個瞭解，用深遠來形容器識與學識，是在用深遠來形容時間與空間之後，在涵義上的一個重要的轉變。

五、「深遠」在宋代文獻中的涵義

　　到了宋代，深遠的使用，除在一方面，繼續維持兼指時間或空間的舊有涵義，在另一方面，在涵義上，又繼續產生新的轉變。把這些不同的涵義加以綜合，在宋代的文獻之中，深遠一詞的涵義，似乎至少分屬四個不同的類型。第一個類型，是用深遠來代表時間。由黃休符寫成於北宋初年的《益州名畫錄》在卷上的〈范瓊傳〉裡說：

> 「范瓊者，不知何許人也。（唐文宗）開成（836—839）年與陳皓、彭堅同時同藝，寓居蜀城。……洎宣宗皇帝再興佛寺，三人於聖壽褻、聖興寺、淨衆寺、中興寺，自（宣宗）大中（847—859）至（僖宗）乾符（847—879），筆無暫釋，圖畫二百餘間牆壁。……此寺畫壁，自唐至今，年紀深遠，彩色故暗重，妝損者，十四五矣。……（下略）」[28]

27　見《舊唐書》卷一五四，〈呂元膺傳〉，頁4106。
28　見黃休符《益州名畫錄》（據《畫史叢書》本），卷上，〈范瓊傳〉，頁3 。

　　引文中的「年紀深遠」，是說由范瓊所畫的壁畫，從唐代末年到北宋初年，已經隔了很長的一段時間。所以黃休符在宋初所用的深遠，與張懷在盛唐初年所用的「深遠」，不但涵義相同，就連「年紀深遠」這一句話也全無二致。

　　第二個類型是用深遠來代表空間。在宋代的繪畫文獻裡，這個類型，至少見於下列兩種記載。首先，符嘉應在劉道醇的《聖朝名畫評》的序文裡說：[29]

> 「大抵觀釋教者，尚莊嚴慈覺、觀羅漢者，尚四像歸依、觀道流者，尚孤閒清古、觀人物者，尚精神體態、觀畜觀者，尚馴擾擴屬、觀花竹者，尚艷麗閑冶、觀禽鳥者，尚毛羽翔舉、觀山水者，尚平遠曠蕩、觀鬼神者，尚筋力變異、觀屋木者，尚壯麗深遠。」[30]

　　引文的最後一句的文義是，欣賞表現建築的界畫，是不但要能看出畫中建築的結構的雄壯與色彩的艷麗，還要能看出由建築的本身所形成的距離感。根據這個瞭解，符嘉應所說的壯麗深遠，在涵義上，既含有空間的因素，與劉義慶所說的「幽然深遠」、無名唐人所說的「極大深遠」、以及徐鉉所說的「山川深遠」，屬於同一類型。這種類型，也就是在繪畫理論上，由郭熙在《林泉高致》裡所說的，「自前山窺山後」的深遠。

　　其次，用深遠代表空間的用法，又見於成書於南宋孝宗乾道三年（1167）的《畫繼》。前面提到張彥遠的《歷代名畫記》，在內容的時間上，涵蓋從上古到

29　見《聖朝名畫評》（據《王氏畫苑》本），頁1。據南宋初期晁公武所撰《郡齊讀書誌》（據《宛委別藏》本），卷十五，頁2，「《五代名畫補遺》一卷，皇朝劉道成（按成當作醇）纂，符嘉應撰序。《聖朝名畫評》三卷，皇朝劉道成纂，符嘉應撰。按照晁公武的記載，《聖朝名畫評》的作者，似乎既是劉道醇，又是符嘉應。」不過這個情況並不合理，所以晁公武的記載的真實性是可疑的。五十年前，余紹宋編《書畫書錄解題》（一九三八年，北平，北平圖書館原版，現據一九六八年，台北，中華書局翻印本），就認為《聖朝名畫評》和《五代名畫補遺》雖然都由劉道醇編輯成書，兩書的序文卻都出自符嘉應之手。可是由於晁公武在介紹《聖朝名畫評》的時候，在「符嘉應撰序」之句，漏寫了「序」字，所以這部書的作者才產生了既是劉道醇、又是符嘉應的矛盾現象（詳見余書卷四，頁4（後頁）－5（後頁））。本文現即根據余紹宋的看法，而認定《聖朝名畫評》的作者是劉道醇，此書序文的作者是符嘉應。

30　見《聖朝名畫評》符嘉應序文，頁1－2。

唐武宗會昌元年 (841) 的一千多年。到北宋中期，郭若虛編《圖畫見聞誌》，在
內容的時間上，又涵蓋從會昌元年到宋神宗熙寧七年（ 1074 ）的三百三十三年。
到南宋初期，鄧椿編《畫繼》，在內容的時間上，又涵蓋從熙寧七到乾道三年的
九十四年。鄧椿把他所編的書稱爲《畫繼》，正是想使他的著作所涵蓋的時間，
可以在藝術史的歷史上，能夠上接唐末的張彥遠和北宋中期的郭若虛的藝術通
史。在《畫繼》卷六，鄧椿有這樣的一段紀錄：

> 「李遠，青州人。學（李）營丘。氣象深遠。崇（寧）、（大）觀間馳
> 名。」[31]

由於氣象是一個一般性的形容詞，所以由它所形容的對象也屬於整個的自然景
觀。這種景觀，悠弘遠大，類型與符嘉應所說的「壯麗深遠」相同，也就是對於
山川深遠的一種讚歎。

　　第三個類型，是用深遠來代表醫學理論。活動於南宋高宗紹興（ 1131 —
1162 ）與孝宗的隆興（ 1163 — 1164 ）、與乾道（ 1165 — 1173 ）初期的晁公
武，於其《郡齋讀書志》中，在介紹《難經》的時候說：

> 「右秦越人撰、吳呂廣注、唐楊元操演。越人、渤海人家於盧，授桑君秘
> 術，洞明醫道，世以其與黃帝時扁鵲相類，乃號之爲扁鵲采《黃帝內經》
> 說。凡八十一章。以其理趣深遠，非易了，故名《難經》。元操編次爲十
> 三類。」[32]

　　所謂《難經》，不但正是扁鵲的《脈書》，[33] 也就是托名於黃帝的《內
經》的一部份。在文獻上，《難經》雖在《漢書》的〈藝文志〉裡并沒有紀錄，
事實上，卻是漢末的張機在編寫《傷寒論》時，曾經參考過的一部醫學古書。[34]
一般而言，醫書裡的學理與醫學的旨趣都不是容易瞭解的。所以晁公武要用深遠
二字來形容醫理與醫旨的精奧。醫術是學術，個人的學術就是學問。扁鵲的醫

31　見《畫繼》（據《學津討原》本），卷六，頁7（後頁）。

32　見《郡齋讀書志》卷十五，頁2。

33　見余嘉錫《四庫提要辨正》（據一九六五年，臺北，藝文印書館翻印本），卷十二，
　　　　頁 632（後頁）— 635，〈難經本義〉條。

34　見同上。

術，也就是他的學問。從這個角度來看，晁公武所使用的「理趣深遠」，與劉昫
在《舊唐書》裡所使用的「學識深遠」，仍有若干類似。這樣說，晁公武所使用
的「理趣深遠」，雖然是從司馬遷首用深遠一詞以來，第一次把深遠這個名詞來
形容某種特定的學術，可是在性質上，「理趣深遠」似乎還不能說是深遠在涵義
上的重要轉變。

　　第四個類型，是用深遠來代表意韻。這個用法見於《畫繼》卷六，鄧椿的紀
錄是這樣的：

　　　　「田和，陝人。字李成；意韻深遠，筆墨精簡。熙（寧，1068 — 1077）、
　　　　元（豐，1078 — 1085）間，罕能及者。」[35]

在中國藝術批評的歷史上，氣韻是在南北朝時代的中期，由謝赫首先提出來
的一個繪畫原則。[36]　到北宋中期，當符嘉應在為劉道醇的《聖朝名畫評》作序
的時候，仍然認為氣韻是「識畫之訣」的一個要項。[37]　所以鄧椿所說的意韻的
韻，如果是指氣韻而言，是極有可能的。至於意韻的意，也許應該先參考《唐朝
名畫錄》與《山水純全集》。唐末的朱景玄，與《歷代名畫記》的作者張彥遠的
時代大致相同。朱景玄在其《唐朝名畫錄》裡說：

　　　　「王維，字摩詰，官至尚書右丞，家於藍田輞川。…其畫山水松石，蹤似吳
　　　　生，而風致標格特出。今京都千福寺西塔院有掩障一合，畫青楓樹一圖。又
　　　　嘗寫詩人襄陽『孟浩然上馬吟詩圖』，見傳於世。復畫『輞川圖』，山谷鬱
　　　　鬱盤盤，雲水飛動，意出塵外，怪生筆端。…」[38]

　　引文中的「意」的涵義，似乎可以用活動於北宋末年宋徽宗宣和時代
（1119 — 1125）的韓拙的畫論來理解。韓拙在《山水純全集》中說：

　　　　「凡未操筆，當凝視著思，預在目前，所以意在筆先，然後以格體推之，
　　　　可謂得之於心，應之於手也。」[39]

35　見《畫繼》（據《學津討原》本），卷六，頁 8。
36　見謝赫《古畫品錄》（據《畫品叢書》本），頁 6。
37　見《聖朝名畫評》符嘉應序文，頁 1。
38　見《唐朝名畫錄》（據《畫品叢書》本），頁 80。
39　見韓拙《山水純全集》（據《畫論叢刊》本），頁 43。

朱景玄所說的「意」，應該正是韓拙所說的「意在筆先」的意。[40] 而由這個意字所代表的，也就是畫前的構思。根據這個瞭解，鄧椿所《畫繼》裡所說的「意韻深遠」，應該分成兩個層面來理解，第一個層面是思，也就是畫前的構思，第二個層面是韻，也就是在作品完成以後，由筆墨與色彩所表現出來的畫面上的氣韻。如果這個瞭解無誤，「意韻深遠」的涵義就與以上各段所討論的各種深遠的涵義完全不一樣。因為無論用深遠來形容時間、空間、嘯音、還是用深遠來形容謀慮、器識、學識，這些被形容的對象，在性質上，如果沒有一個實體，至少還有一個實質的存在。可是畫前的構思與畫面的氣韻，卻既無實體，也無實質。易言之，在《畫繼》裡，由鄧椿用深遠來形容的，只是畫家在運筆之前的構思與作品完成之後的韻味，而構思與韻味都是某種抽象的意念。這樣看，郭熙在北宋中期，在解釋山水畫的某種構圖類型時，用「自山前窺山後」作為深遠的定義的時候，由於山前與山後都是實體，他所認定的深遠式的山水構圖，當然是既有實質又有實體的。可是在南宋初期，當鄧椿用深遠來形容畫家的構思與他畫面上的氣韻的時候，他對深遠的使用方式，已經與郭熙的使用方式，毫不相關了。從這個角度上看，深遠的涵義在宋代的轉變，才是最劇烈的。南宋的藝術史學家對於深遠的用法，竟完全不按照北宋的藝術史學家對同一詞彙的用法，這個現象，在中國藝術理論的發展史上，是相當特殊的。

六、「深遠」在元代文獻中的涵義

其實這個現象，在北宋的韓拙以後，還有後繼的發展。活動於元代末年的黃公望（ 1269 ─ 1354 ），既是一位著名的山水畫家（他生前最重要也最受爭議的作品─〈富春山居圖〉卷，目前就收藏在臺灣的故宮博物院），也是一位畫論

40　四十年前，美國的蘇泊教授（ Alexander C. Soper ）把朱景玄的《唐朝名畫錄》的全文譯為英文，並以 " The Famous Painters of the T'ang Dynasty " 為題，載於《美國中國藝術協會會檔》（ Archives of the Chinese Art Society of America ）的第四期，（ 1950，New York ），頁 5 ─ 25。在英譯本頁 5，蘇泊教授以 " his mind " 來翻譯「意出塵外」的意。這個譯法，似乎值得商榷。

家；由他所編寫的《寫山水訣》，雖然篇幅不大，卻也是相當重要的畫學著作。在《寫山水訣》裡，黃公望也討論了曾由郭熙加以討論的三遠。其言云：

> 「山論三遠，從下相連不斷，謂之平遠、從近隔開相對，謂之闊遠、從山外遠景，謂之高遠。」[41]

由這段引文，可以注意到黃公望在元末所說的三遠，與郭熙在北宋中期所說的三遠，有兩種異點：首先，郭熙所說的三遠，在「平遠」與「高遠」之外是有「深遠」的，可是黃公望所說的三遠，雖然保留了「平遠」與「高遠」，卻把「深遠」取消了。其次，黃公望對他所提出的三遠的解釋，與郭熙對三遠的解釋，是頗不同的。由第一種異點看來，黃公望認爲「平遠」與「高遠」雖是山水畫的兩種典型構圖，「深遠」卻並不重要，所以他把「深遠」由郭熙的三遠的清單裡剔除了。「深遠」既不再是山水畫的構圖類型，在黃公望的時代，所以這兩個字就只能當做形容某種抽象意念的形容詞來使用。譬如，與黃公望的略同時而稍晚的畫家張渥，[42] 曾經畫過一幅白描的陶淵明像。此畫除經張雨題以詩句，黃公望也曾題過一首詩與一段跋文。在他的跋文裡，他說：

> 「王生持叔厚白描淵明小像來求贊。時僕被酒，信筆寫四句。而句曲外史即刻而成，詞意深遠。…（下略）」[43]

所謂「詞」，其實就是張雨所題的詩。所以「詞意」應該視爲「詩意」。而所謂詩意，恐怕不僅指詩的大意，而且兼指全詩的意境。那麼，用深遠來形容詩的意境，也就等於用深遠來形容某種抽象的意念。看來黃公望用深遠來形容抽象的意念的使用方式，與他把深遠從郭熙的三遠的清單之中剔取的行動，是前後一致的。

---

41 見黃公望《寫山水訣》（據《畫論叢刊》本），頁55。

42 張渥之生卒時代不詳。但據郭味蕖《宋元明清書畫家年表》（一九五九年，北京，人民美術出版社原版，現據一九七三年，臺北，文史哲出版社影印本），頁96，他在元順帝至正二十四年（1364），還曾畫過〈渡海羅漢圖〉。所以張渥的活動時代，或應與黃公望的時代約略同時而稍晚。

43 黃公望與張雨題張渥〈淵明小像〉圖之文字紀錄，見卞永譽《式古堂畫考》（據一九五八年，臺北，正中書局影印吳興蔣氏密韻樓藏本），卷十五，頁233。

七、「深遠」在明代文獻中的涵義

到了明代，深遠一詞仍爲當時文人所使用。不過這個名詞在涵義上，似乎已經再沒有重要的變化。在明代中期，仕至南京刑部尙書的顧璘（ 1476 — 1545 ），不但是當時的重要官員，[44] 也是一位相當有名的詩人。他在爲儲瓘所寫的〈儲公行狀〉裡說：

> 「庚午（正德五年，1510 ）春，以疾乞休，詔賜乘傳還。…壬申（正德七年，1512 ）春，復起爲南京戶部左侍郞。時四方多故，京儲虛耗。公籌劃深遠，務善後圖。…（下略）」[45]

在引文中，「籌劃深遠」的涵義，是對未來的財務作精密的策劃。這個涵義，與司馬遷在《史記》的〈趙世家〉裡所說的「父母愛子則爲之計深遠」，和班固在《漢書》的〈辛慶忌傳〉裡所說的「謀慮深遠」，都相當接近。看來，到明代，深遠一詞在文義上的涵義，旣有復古的意味，這個詞彙在涵義上發生劇烈的變化的時代，已經過去了。

八、小　結

本文所討論的，雖然只是宋代畫史上的一個詞彙，可是所牽涉到的時代與文獻，卻相當複雜。爲了便於瞭解本文之主旨，現將深遠一詞之涵義在各代的變化，以圖解的方式，表示如下：

44　見《明史》（據一九七四年，北京，中華書局排印標點本），卷二八六，頁 7354 — 7356，〈顧璘傳〉。

45　見《息園存稿》（據《四庫全書珍本》本），卷六，頁 17（後頁）。

西漢　策劃深遠（爲之計深遠）

東漢　策劃深遠（謀慮深遠）

南北朝　　　　　　時間深遠（所從來者至深遠）

　　　　　　　　　　　　　　　空間深遠（幽然深遠）

唐代　　　　　　　時間深遠（年紀深遠）

　　　　　　　　　　　　　　　　　　聲音深遠（極大深遠）

五代

　　　筆劃深遠（玄鑒深遠）

　　　　　　　　　　　　　　　　　　器識深遠
　　　　　　　　　　　　　　　　　　學識深遠

北宋　　　　　　　時間深遠（年紀深遠）空間深遠（前山窺後山）

南宋　　　　　　　　　　　　空間深遠（壯麗深遠）
　　　　　　　　　　　　　　　　　　理趣深遠

　　　　　　　　　　　　　　空間深遠（氣象深遠）

　　　　　　　　　　　　　　　　　　意韻深遠

元代

　　　　　　　　　　　　　　　　　　詞意深遠

明代　策劃深遠

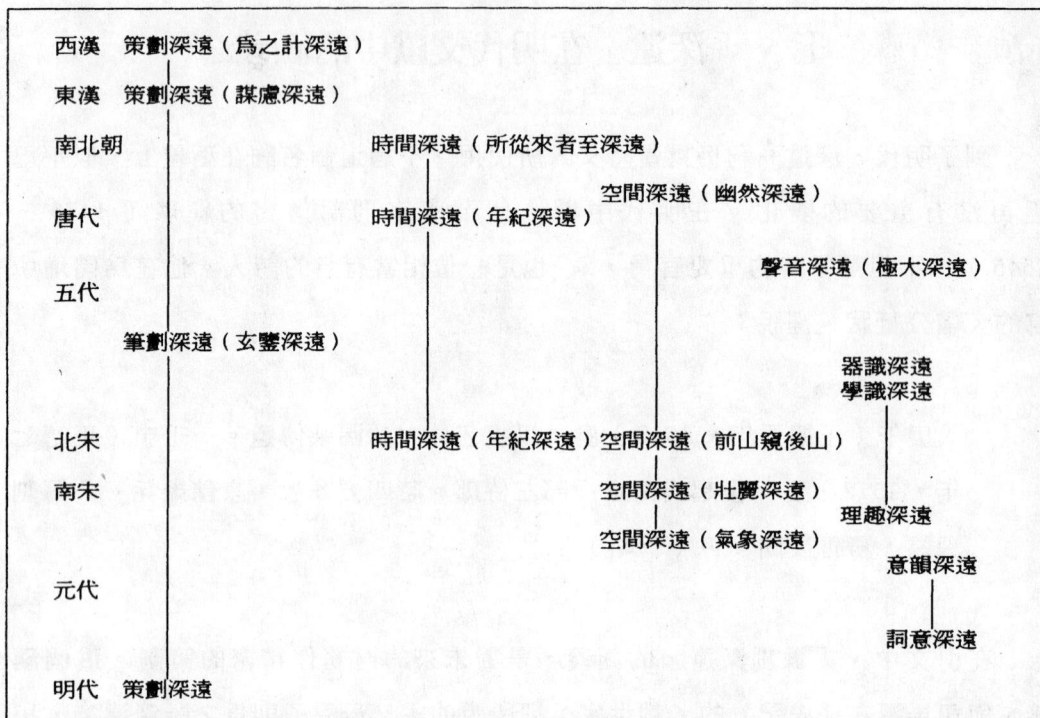

據此圖，在中國文獻中，關於「深遠」的使用，可以看出下列三種現象。現即以此三種現象，作爲本文之結論：

第一、「深遠」一詞的使用，在時間上，從西漢中期（西元前二世紀）到明代中期（十六世紀中期），前後歷時將近一千八百年。

第二、在漢代，深遠是謀慮的形容詞。漢代以後用深遠來形容的對象，陸續增加，所以旣有空間、有聲音、有器識、有學識、也有理趣、有意韻、以及詞意。可是到了明代，深遠所形容的對象，和在漢代一樣，仍是謀慮。

第三、在畫史上，用深遠來形容畫面的空間，似乎只限於南北兩宋。從元代起，當時的畫家已不再用深遠來形容具有實體的空間，而只用它來形容像「詞意」這樣的抽象意象。可見在畫史上，「深遠」的使用時間，如與這個辭彙在中國其他方面文獻裡的使用史來比較，應該說是相當短促的。北宋畫論家所說的「三遠」，除了本文所討論的「深遠」還有「高遠」與「平遠」（詳本文第一頁所引《林泉高致集》）。關於「高遠」，據本文姐妹篇〈論「高遠」〉的討

論，[46] 不但也是從宋代以前的文獻裡引用到畫史裡去的一個辭彙，而且值得注意的是，在畫史裡，這個辭彙的使用，在時間上，到宋代以後，似乎也已停止。這個情形正與「深遠」在畫史裡的使用，到宋代以後，大致已經停止的情形，是相當一致的。根據與「高遠」的使用有關的這個實例，「深遠」在宋以後的畫史裡不再使用，並不是一個孤立的現象。

謹以此文紀念芮逸夫、高去尋兩位前輩的遽然謝世。

（本文於一九九三年五月六日通過刊登）

46　見註5。

〈雨餘春樹〉與明代中期蘇州之送別圖

石 守 謙

　　文徵明的「雨餘春樹」除了描寫蘇州風光之清麗外，其形像與色調特具古意，實爲文氏對當地山水內在本質的認識；此外，由題跋可得知此作原爲贈與知友瀨石的送別圖。

　　送別圖至遲至南宋時已形成旣定之模式，直到明代仍多有此類畫作。但因其過於風行，原本頗能傳達臨別離愁的畫面已失去眞情的感染力，而淪爲職業畫師應付衆多送別場合的慣常手段；故明中期文人爲知友作送別圖時，往往修改原有模式或採用全新畫法，以描繪出兩人親近的情感，或對對方品格才性的深刻了解。

　　文徵明則更進一步，不直接由受畫者與自己的人際關係出發，而以二人共有的生活經驗作爲表現內容，顯示畫家肯定蘇州生活爲一獨立而值得表彰的價值。此一畫作，不但在送別圖傳統之變化中扮演重要角色，更可呼應十五世紀中期以來，蘇州文風鼎盛而使當地人形成強烈地方意識的文化史發展。

一、前　　言

渭城朝雨浥輕塵，客舍青青柳色新，

勸君更盡一杯酒，西出陽關無故人。

　　盛唐詩人王維在這首〈送元二使安西〉詩中，呈現著中國傳統社會中上層階級生活裡最富情感的一個片斷。自從春秋時伯牙爲鍾子期終生不再鼓琴之後，中國士人即以知友之得否爲人生意義的指標之一。知友相聚而得問學游藝，被視爲生活中至美的情境；反過來說，至友間的離別，也因爲此情境之不可再得，而令人更覺不捨。像王維〈送元二使安西〉的送別詩，便是以此深邃而含蓄的離情爲

對象，大量地出現在中國古代詩史之中。知友離別的情緒不但促生了「送別詩」，也帶動了「送別圖」的創作；他們二者共同成爲友朋離別情感的紀錄。而此訴諸文字與圖象的表達，又因是不捨情緒的結果，爲知友間深厚情誼的最有效之形式存在，也就變成這種場合裡最恰當，最有意義的贈別禮物。

正如送別詩一般，送別圖在畫史上出現的數量亦不在少。以表達的方式來看，送別詩因爲係以離別的情緒爲主體，大致上便多重在述說離情的傷感，或者發出渴盼重逢的期待。畫史上的送別圖也同樣地在經過一段時間後逐漸形成一個既定的模式。雖然現存的畫例不多，但至遲到了南宋時，一個明顯的送別圖的模式已經成型，而爲後代的畫家所依循。然而，有趣的是：這個行諸有年的送別圖格式到了明代中葉以後，卻逐漸從畫壇上消失，至少不再受到重要畫家的青睞。這個現象到底如何形成，爲何出現，都須要得到一個說明。文徵明所作的〈雨餘春樹〉（圖一），雖在畫題上未見與送別有關，實際上卻是出自那個轉變時的一幅送別圖。本文即嘗試由對〈雨餘春樹〉的探討入手，對中國畫史上送別圖的發展與變動作一些疏解。

〈雨餘春樹〉圖軸向來只被視爲一件難得的文徵明的早期作品而已，似乎只是大家瞭解文氏成熟風格成就的墊腳石罷了。然而，換由送別圖這個新的角度來檢視的話，〈雨餘春樹〉不僅在其流變中有了重要性，而且還關係到整個明代中期所謂吳派山水畫風發展方向的問題。明代中期以蘇州畫家爲主力而逐漸形成的優勢到底如何得來，大概不是單賴風格史的論析所能解決的問題。經由〈雨餘春樹〉與其他蘇州畫家所作送別圖的綜合比較，將時間不同、作者不同的作品，置於蘇州地區的文化發展脈絡中來加瞭解，本文試圖在送別圖的基點上來觀察吳派畫風在蘇州文化發展史上的意義，並評量文徵明在其中所扮演的角色。

二、文徵明的〈雨餘春樹〉

乍看之下，現藏臺北國立故宮博物院的〈雨餘春樹〉只是一幅充滿古意、清雅的山水圖，不容易讓人注意到原有的送別意思。畫家在長94.3公分，寬33.3公

分這個不算大的畫面上呈現了一個以淺綠淡黃色調爲主的風景。在前景處有水際的坡岸，疏落但翠綠的樹與樸素無華的小亭，規劃出一個可容文士徜徉的空間；中景是平靜無波，但爲若干坡陀切割的一角湖面，再往上則有與前景遙遙相對的遠山與村落，在類似的青翠之外，還有一層淡淡水氣所造成的朦朧。全幅予人的印象正如現今標題「雨餘春樹」所明舉的，係一個蘇州湖區小角雨後的清麗景緻。

　　〈雨餘春樹〉淡雅的黃、綠著色以及簡潔、樸拙的物象造型，雖有唐人青綠風格的韻味，但其基本的模型則爲元代錢選、趙孟頫的青綠山水。畫中岸邊的綠石與松樹，令人想起錢選青綠設色的〈羲之觀鵝〉（The Metropolitan Museum of Art）以及〈山居圖〉（北京故宮博物院）。錢選畫中也常見平直坡腳與岸線的鈎勒，這大約是元初作青綠山水的常格，因此也見於趙孟頫的〈江村漁樂〉團扇（The Cleveland Museum of Art）以及〈吳興清遠〉的青綠手卷（上海博物館），〈雨餘春樹〉中以細線鈎勒如刀切割的呈塊坡岸，明顯地有來自錢選、趙孟頫的影響。而以畫中青綠物象造型並不著意於刻板的平行分割一點來看，〈雨餘春樹〉與趙孟頫的關係則又較錢選爲密切。文徵明一生極喜趙孟頫，在書法上早年亦由趙氏風格入手，〈雨餘春樹〉在此可說提供了另一個他在繪畫上師法趙氏的例證。

　　錢選與趙孟頫的青綠山水作品，不論其是否尚隱含了什麼形象之外的情思，皆是以太湖流域的水景爲基礎，尤其是後者，更是以此地區景緻的「清麗」爲表現之一重點。由這一點來說，明代中期如沈周、文徵明諸畫家常取法的黃公望、吳鎮、倪瓚、王蒙等風格，便都不似此風格適合〈雨餘春樹〉的表現。據文徵明自己在畫上的題詩說：

　　　雨餘春樹綠陰成，最愛西山向晚明，

　　　應有人家在山足，隔溪遙見白煙生。

畫中首先想要呈現的是蘇州附近傍晚時分雨後的風景，這時候的樹、石與山，都因爲春雨的洗刷，在傍晚柔和的光線下，顯得特別的清爽而明麗。來自趙孟頫（或錢選）的青綠風格正最適於這種效果的營造。

可是，〈雨餘春樹〉又不僅僅是對某一狀況下，某一蘇州地區風景外形的描繪而已。畫中青綠山水的色調與形象還另流露著幽幽的「古意」，這方是文氏對此山水內在本質的認識。畫中的古意，寄託在青綠山水的形成之中，這本即是元初錢趙等人的作品中已有的，但在〈雨餘春樹〉之創作上，則又與畫家對吳地山水的感覺有關。文徵明在右上角詩後的題語說道：

> 余爲瀨石寫此圖，前日復來，使補一詩。時瀨石將北上，舟中讀之，得無尙有天平、靈巖之憶乎。

題語中的意思顯然是將畫中的山水當成欲引發瀨石天平、靈巖之憶用的。天平、靈巖兩山的提出，可能並不即意謂著畫中山爲彼等之寫照，而較可能是以之作爲吳地山水的代表意象而已；但此二山形象之足爲代表，實在也因爲在其優美的外表之下，還有深厚的文化傳統，足令人發思古之幽情。

天平與靈巖二山位於蘇州城與太湖之間，自古以來即爲游覽勝地；但對中國傳統社會中的文士來說，尤其是明代蘇州如文徵明的文士，這兩座山之所以迷人，尙非止於其外表而已。如天平山雖有因花崗岩而成的奇特外形，但大部分的魅力卻來自如范公先祠的古蹟。文徵明在一五〇八年曾與友人同遊天平，成詩四首并記遊圖一。[1] 四首前三首述抵天平前之遊覽，以景緻爲主，但至第四首則云：

> 松根小徑入天平，共舍籃輿入翠屏，
>
> 陟巘試窮千里目，勺泉聊憩半山亭，
>
> 石凌蒼靄相離立，樹匝晴烟不斷青，
>
> 落日英賢嘑不得，荒祠古木有儀刑。

詩中之「荒祠」即奉祀宋代名臣范仲淹先世三代的忠烈廟；文氏記天平，對其奇勝處如卓筆峰、五丈石、照湖鏡、白雲泉、華蓋松等，皆在詩中只輕輕帶過，卻

1　〈天平紀遊圖〉現存已知有四本，其中三本分藏上海博物館、巴黎 Mus'ee Guimet 及一美國私人收藏，另一本見於《中國名畫》第一八期刊印。關於此圖之討論可參見 Richard Edwards, *The Art of Wen Cheng-ming* (1470-1559) (Ann Arbor, Michigan: The University of Michigan Museum of Art, 1976), pp.60-63。

重在寫他于落日餘暉中，荒祠古木間，懷想數百年前賢者之心境，可見他對天平的印象確不在風景外在的形式。這種認識大約是當時吳中文士所共有的，[2] 例如沈周畫〈兩江名勝〉（上海博物館），其天平一景便是以范公先祠為主，而他還曾為范公先祠內的三棵老梓樹畫了〈三梓圖〉（The Indianapolis Museum of Art），此三梓傳為范仲淹親植，可能意在象徵三個先世，沈周作此圖，懷古之意不得謂不濃。[3]

　　對於吳地的另一名勝靈巖山，情形亦頗類似，甚至有過之而無不及。靈巖山景緻自是清秀，但古蹟則更多，而且是出自更古老的吳越時代，最能引發文士浪漫的感懷；其中的館娃宮、西施洞、吳王井、響屧廊等，都是吳故宮的遺蹟，唐宋以來吸引許多遊靈巖山的雅客為它們頌詩作賦，完全搶走了山水的風光。[4] 文徵明心中的靈巖亦是如此，他在〈姑蘇寫景山水冊〉的〈靈巖〉一景中便賦詩作：

> 靈巖之山青突兀，綺繡荒涼異今昔，
>
> 探香舊徑生蘼蕪，響屧空廊映斜日，
>
> 當時此地有樓台，寶沈香滅空烟埃，
>
> 只因山下胭脂井，曾照吳王西子來。[5]

真實的靈巖山水景緻之細節，在詩中的地位極不顯眼，反而是其中的古蹟以及歷代詩人之歌詠所形成的文化內涵，構成了文氏對靈巖認識的主體。〈雨餘春樹〉所畫山水的形象雖與天平、靈巖二山毫無關係，但畫中風格所呈露的古意，正與其對天平、靈巖這種文化內涵的體會互相呼應；拿天平、靈巖作吳地山水的代表，正是以文化性的古意為其自然景觀的內在實質。

2　關於此時蘇州文士對天平山的印象，可參見王鏊等，《姑蘇志》（台北，學生書局，1965），卷八，頁一七上～二一下，卷二七，頁一九下～二一上。

3　The Indianapolis Museum of Art 所藏之〈三梓圖〉約成於1481年，見 Yutaka Mino and James Robinson, *Beauty and Tranquility: The Eli Lilly Collection of Chinese Art* (Indianapolis: The Indianapolis Museum of Art,1983), pp.314-317。

4　參見王鏊，《姑蘇志》，卷八，頁二二下～二四下。

5　周道振輯校，《文徵明集》（上海古籍出版社，1987），頁八四一～八四二。

　　如果觀者再進一步追究〈雨餘春樹〉創作的過程，它的意旨又不僅在於描寫吳地山水的印象而已。此畫上題識之時間爲丁卯（一五〇七年）十一月七日，但圖繪部分則稍早於此，是畫贈予即將北上的瀨石之後，隔了不久又爲瀨石攜回求題。[6] 這個圖與文製作時間的差距可能不大，但卻有兩點值得注意。一爲其詩乃爲畫後一段時間內所作，顯然爲對畫作的應和；其前二句頗合畫意，但後二句「應有人家在山足，隔溪遙見白烟生」卻故意地與畫家清楚地交待遠岸村落人家作背道而馳的表現。這不僅證實文氏確有意識及詩、畫各自獨立而又能互和互動的能力，也爲歷來詩畫合一的表現，提供了一個值得注意的例子。另一值得探討者則爲本畫創作的原旨問題。既然畫作時間早於題識，畫時原意是否也是要供瀨石在北上舟中作「天平、靈巖之憶」呢？畫的當時文氏是否已經知道瀨石將要北上？由題識的語氣來看，這段時距可能相當有限，文氏很可能知道瀨石北上的計劃。縱使不然，到了文徵明爲此畫題詩識語時，便毫無問題的是將這幅山水作爲贈別之用，讓瀨石在北上舟中，甚至在北方生活裡，進行「天平、靈巖之憶」。這個贈別功能的認定，使得觀者得以將〈雨餘春樹〉由送別的觀點來作深一層的認識。

　　〈雨餘春樹〉既帶有送別的目的，文徵明在畫中所要提供予瀨石之影象爲何？答案恐怕不僅止於作一張如今日游覽所攝的當地風景照片而已。友朋之間所共同享有的某種感覺，正如送別詩傳統所示的，應是此畫所要提供瀨石回憶的真正內容。由這個角度來看，山水畫中原來僅屬綴飾性質的所謂點景人物，在〈雨餘春樹〉中則有了不同的意義。畫中前景石旁的兩個文士可能指的即爲瀨石及其友人（文徵明？），其游賞的對象則爲此古意盎然的清秀山水。這二人小組到遠景村落旁又再度出現，似乎正是詩題「應有人家在山足，隔溪遙見白烟生」的後續行動，讓二位文士經過一度步行（或舟行？），來到遠岸而見到「白烟」所自

6　文徵明在題識雖未明言此圖確實作於何年何月何日，但其文字中並沒有特別提及或暗示這中間曾經過一段相當長的時間，而文徵明在其他詩作或畫作上倒經常顯現他對時間流逝的注意，題舊畫時也時將中間的時距有所交待或提示，由此來加推測，〈雨餘春樹〉的畫與題的時差可能不大，應該是在題識的丁卯十一月七日前的一、兩個月之內。

出的山足人家。詩句中的懸疑與圖繪裡的「異時同圖」[7] 互相參和，在作品上形成一個饒有情致的山水游賞圖。對山水之游賞本即文士（尤其在江南）雅緻生活中不可或缺的一面，更是友朋過從裡最經常舉行的活動，可以說是整個文士社交生活的一個縮影。〈雨餘春樹〉所畫的實在是這種生活，以及在這種生活裡所滋生的感覺。

　　知友共遊於吳地古意盎然之山水，這種生活經驗就是文徵明在將〈雨餘春樹〉拿來贈別時所訴諸情感的依據。文士們既珍惜這種生活經驗，對其之回憶也就成為即將分離友朋心靈間的連繫。以這種聯繫為主題的送別行動，就表現上來看，比較不去強調知友別離時的悲淒面，反而顯得能在情緒上有所超越。〈雨餘春樹〉的畫家題識便無離情別恨的流露，而在畫面上甚至對此情緒的超越有所肯定，此中關鍵則在前景坐於橋上的文士之出現。坐於水際的文士形象雖常見於一般之山水圖或文會圖中，但在這裡則被賦予另一層的意義。它不但在位置上因有周圍樹石的環繞而呈現與其左兩位文士割離的獨立性，其姿態也因背向觀者，望向畫外，而顯得有遺世獨處的意思。這個形象在此點上很像傳李公麟所作〈歸去來辭圖卷〉末段寫「臨清流而賦詩」的陶淵明，都在表達一種超然物外的境界。[8] 文徵明在〈雨餘春樹〉中加入了這個形象，應是有意地以此「雙關」的手法營造一個超越離情別恨的送別情境。這種作法讓人立即想到李公麟所畫的〈陽關圖〉。〈陽關圖〉是針對王維〈送元二使安西〉而作的圖繪，但也有畫家自己獨到的解釋。據《宣和畫譜》所記：「公麟作陽關圖，以離別慘恨為人之常情，而設釣者於水濱，忘形塊坐，哀樂不關其意」，[9] 文徵明於他的送別圖中特畫文士獨坐水橋之上，可能即受李公麟

7　關於中國繪畫裡的「異時同圖」法的討論，見古原宏伸，〈傳李公麟筆「九歌圖」—中國繪畫の異時同圖法—〉，《鈴木敬先生還曆記念・中國繪畫史論集》（東京，吉川弘文館，1981），頁八七～一〇七。

8　此卷現藏 The Freer Gallery of Art, Washington D.C., 係現存最早的一卷因〈歸去來辭〉而作的圖繪。見 Thomas Lawton, *Chinese Figure Painting* (Washington D.C: The Smithsonian Institution, 1973), pp.38-41。此卷現在已知尚有兩個模本，一在 The Museum of Fine Art, Boston, 一在台北國立故宮博物院。

9　《宣和畫譜》（增補津逮秘書本，京都，中文出版社，1980），卷七，頁八上～八下。

〈陽關圖〉之啓發。[10]

<h1 style="text-align:center">三、送別圖的模式與流變</h1>

〈雨餘春樹〉雖在表面上爲一游賞山水圖，實際上卻是文徵明以吳地生活經驗供其友追憶的送別禮物。它的形式手法與表達的情感內容，皆與習知的送別圖有所差異。而他所造成的差別，在明代中期的畫壇發展之中，又代表著什麼意義？要嘗試解答這個問題必須考慮送別圖的整個傳統與當時明代諸家所作各種不同表現，同時由這縱與橫面來進行比較的瞭解才行。

送行詩雖然起源頗早，但送別圖的例子在畫史上卻找不到很早的證據。上文所及北宋李公麟所作的〈陽關圖〉可能是與送別有關的一個較早的資料。當然，〈陽關圖〉嚴格說來係一種因詩而作的「詩圖」，並非眞爲送別某人而作，但因亦牽涉對離情之處理，再加上李公麟本人在畫史上所建立的聲望，遂對後人作送別圖有一定程度的影響，值得在研究送別圖的早期發展時特別加以注意。

〈陽關圖〉的原有形象雖已無從查考，不過可以肯定的是它應爲不以水景爲主的北方景緻。〈陽關圖〉旣在畫王維〈送元二使安西〉之詩意，而王維此詩又在寫長安城西北臨皇驛之餞別情境，圖繪之景緻可大致推知與〈雨餘春樹〉有天淵之別。唐代臨皇濱臨渭水，近中渭橋置驛，正在長安至咸陽道上，爲都城西出主幹驛道之第一驛，西行人皆由此驛至咸陽，再分南北兩道至安西，因此唐人之餞別宴皆于此地舉行。[11] 此驛附近雖有渭水，故李公麟得以置釣者於水濱，但基本上此路線卻爲陸路，西行者要經中渭橋走大道至咸陽，故此送行之場景大致會以陸上景觀爲背景。

李公麟所作的〈陽關圖〉究竟是代表北宋送別圖的常態或只是其時的一個特

10　李公麟〈陽關圖〉現已不存，但在明時先屬吳中之陸容（全卿），後歸陳湖之陸氏。見張丑，《清河書畫舫》（文淵閣四庫全書本，台北，商務印書館，1983），卷八上，頁三五下。文徵明應有機會見過此畫。

11　參見嚴耕望，《唐代交通圖考》（台北，中央研究院歷史語言研究所，1985），冊一，頁五～七。

例，如今因爲資料欠缺，頗難論定。不過，到了南宋之時，送別圖的大概模式可以說是已經出現了。這個南宋時可見的模式與李公麟〈陽關圖〉最大的不同在於將陸路的送行改成水路的送行，其現存最早的範例爲藏於日本常盤山文庫的〈送海東上人歸國圖〉（圖二）。〈送海東上人歸國圖〉可能成於1191年，爲寧波文士請某位畫師繪贈即將歸國之日僧海東上人（可能即榮西）者。[12]　畫中的主景全在下段，左邊爲被送者及其乘船，右邊爲坡岸，岸上有友人拱手送行，另有小亭，似爲稍早一刻餞別宴舉行之所在。這些物象可以說是構成一幅送別圖的基本要素，而它們在畫面中的組成也大致上形成一種岸邊水景橫向相連的定格。此種模式之所以成立，大約與南方多水的地理環境有相當密切的關係。

由〈送海東上人歸國圖〉所見的送別圖模式，雖然多少與南方之地理環境有關，但以個案來說，卻不太執著于描繪送別所在地的實景。〈送海東上人歸國圖〉所指的送別，因爲當時日僧歸國必由寧波，其送別地毫無疑問地應在寧波之港口，但圖中卻無意對寧波港有任何交待。這種送別圖一旦脫離與實景的直接關係，其中的因子便可以被畫家自由地加以運用，來作任何地點所發生的送別場景，而成爲一種專門描繪送別的格套。〈送海東上人歸國圖〉看來並不是這種格套的創始，其出現或許指示了在南宋初期時這種送別圖的模式已經存在了相當的一段時間。

有著送別人物的岸角與即將遠行之舟船左右相對的模式，到了南宋後還是沿用不斷。十五世紀的院畫家王諤所作的〈送源永春還國詩畫卷〉（和田家藏）與〈送策彥周良還國詩圖卷〉（妙智院藏），兩者都屬此模式的運用，也都是如常盤山文庫者係畫贈即將歸國的日本友人，只是將南宋的立軸形式改爲橫卷而已。[13]　橫卷的形式由於能給予畫面左右間空間較自由的安排，而且也可以較有彈性地處理相伴

12　關於此圖之問題，已有多位日本學者討論過，較近者可見於鈴木敬，《明代繪畫史研究・浙派》（東京，木耳社，1968），頁一〇一～一〇六；Miyeko Murase, "Farewell Paintings of China: Chinese Gift to Japanese Visitors." *Artibus Asiae*, vol. XXXII(1970), pp.211-236。

13　對王諤此二手卷之討論，請見鈴木敬，前引書，頁一八九～一九一；Murase, *op.cit,* pp.228-230。

詩文的數量多寡，似乎比立軸更適於作送別圖之用，因此明代的畫家在製作送別圖
時，也多採用之。浙派畫家之首的戴進也用同一模式作送別橫卷，其〈金台別意〉
（圖三）即在橫長的構圖中，將送別的基本因子置於全幅的中段，在岸腳上畫了五
位著官服的人士正與欲離去的翰林以嘉（衛靖）拱手言別，而在岸邊則有待發的江
舟，桅繩隨風左飄，指向以嘉將要舟行的居於左邊的廣大江面。觀者雖由題中之
「金台」知此送別實在北京，但全幅之表現卻與南方畫家所作的別景基本上並無二
致，由此亦可知此送別圖模式確能超越南北地理之分，爲各地普遍採用之情形。

　　王諤、戴進、甚至製作〈送海東上人歸國圖卷〉的不知名畫家，都是屬一般
所稱的畫師（畫工）。但是，送別圖既定模式之使用，也未必即局限在畫師身
上，多位被歸屬於文人範圍的明代早、中期畫家也都使用過此模式。王紱在一四
〇四年作的〈爲密齋寫山水圖〉（大阪市立美術館，圖四），就是一個例子。畫
中王紱雖使用了與戴進、王諤不同的筆墨技法，但卻有著相似的岸腳上之拱手言
別、岸邊待發之舟楫，以及寬闊的水景；這些母題自右至左排列開來，也正是此
模式的標準作法。〈爲密齋寫山水圖〉的送別意旨，雖無如某某別意之類的標題
得以佐證，但在其友顧寅的題詩則云：

　　　　澄湖望不極，波光澹悠悠，

　　　　悵此林皐夕，迥同吳苑秋；

　　　　烟消見孤嶼，霞想滄結洲，

　　　　無由問沙鳥，還念舊盟不。

傷別之情，溢於言表，此畫用爲贈別送行，殆無疑義。

　　王紱畫業本係出自元末江南之文人風格，其對倪瓚、王蒙畫風的承續尤其對
後來之吳派山水發展具有重要的意義。吳派早期之重要畫家沈周的畫風亦以元末
風格爲主，但在送別圖這一方面，也如王紱一般，受到那個既定模式的影響。他
在一五〇〇年前後，分別製作了〈仿雲林送別〉、〈秋江送別〉（兩者皆藏 The
Art Museum, Princeton University，圖五，六）及〈京江送別〉（北京故宮博物
院）三個手卷。此三卷送別圖之筆法根源或有不同，但在送別主題的處理上卻大
同小異。〈秋江送別〉作於一四九九年，其中段即送別景，城郊坡腳之士人與岸

邊正待撐發的船上文士拱手爲別，左邊一片江水，只有草草的墨點交待遠岸的植物。〈仿雲林送別〉圖未紀年，但依其風格判斷亦約成於此時，[14] 也與〈秋江送別〉使用相同的模式，只不過將送行景前移至卷之 1/3 處，而行人在岸上與友揖別，但岸邊之舟仍在，左邊去程則更遠無所極。北京故宮博物院的〈京江送別〉，除了一些細節外，大致也差不多；雖然此次行舟已經離岸，但拱手爲別的送者與行者，以大片水域隔開的近遠兩岸等要件，依然存在。[15]

　　在沈周製作以上三卷送別圖之後不久，他的後輩小友唐寅也賴這個模式作了一卷〈金閶別意〉（圖七，臺北故宮博物院）。依其上唐寅題字的書風來，畫作的時間應在一五〇七年左右，與文徵明的〈雨餘春樹〉時間很近。[16] 〈金閶別意〉全幅之安排頗似沈周的〈秋江送別〉，只是將送別主景稍往後移，在全卷 2/3 處，而加大了右邊金閶門外郊區的描寫，如屋舍、廟宇、橋樑等細節也較豐富。岸腳之別景較諸以往的送別圖更爲活潑而盛大，不僅送行之官民人數較多，將行之舟亦有舟子正欲升帆。儘管〈金閶別意〉有如此別於〈秋江送別〉的氣氛，但送別圖模式中的諸要素仍然絲毫不減。

　　文徵明的〈雨餘春樹〉雖然與〈金閶別意〉時間相近，與沈周的〈秋江送別〉、〈仿雲林送別〉及〈京江送別〉相差也不過七、八年的時間，但卻未依上述之既定模式。這個差別實與畫家與受畫者間關係的親密程度不同有關。〈秋江送別〉與〈仿雲林送別〉皆無如〈雨餘春樹〉的畫家識語，未給予受贈者之資料。〈仿雲林送別〉卷後亦無明人題跋，〈秋江送別〉後雖有王穉登、張鳳翼跋，但也只在頌揚沈周之畫藝，絲毫未及贈別之情境。而以技法的水平來說，〈仿雲林送別〉就比同一風格的〈策杖圖〉（臺北，國立故宮博物院）草率，而〈秋江送別〉也較〈沈文合作山水卷〉（翁萬戈藏）爲粗簡。[17] 這些跡象都顯

14　Wen Fong ed., *Images of the Mind* (Princeton, New Jersey : The Art Museum, Princeton University, 1984), pp.148-149。

15　此〈京江送別〉圖卷發表於《藝苑掇英》，1979 年第一期，頁一八～二〇。

16　江兆申認爲此圖與〈函關雪霽〉因爲同時之作，都是唐寅四十歲以前不久的作品，見《吳派畫九十年展》（台北，國立故宮博物院，1975），頁三六二。

17　〈策杖圖〉見《吳派畫九十年展》，頁三一；〈沈文合作山水卷〉見《藝苑掇英》，第三四期（1987 年一月），頁一四～一五。

示沈周所作的這幾張使用既定模定的送別圖根本是一種應酬之作。唐寅的〈金閶別意〉亦是如此。畫中自識：「侍下唐寅詩畫奉餞鄭儲夛大人先生朝覲之別」，顯然是送給一位蘇州的地方官者。鄭儲夛不知當時確任何職，明清以來的蘇州方志書也不曾提過此人有何善政，但唐寅在卷尾的題詩卻說：

> 別意江南柳，相思渭北天，
> 一盃黃菊酒，五兩黑樓船；
> 故舊情悽切，窮民淚泗漣，
> 傾危望扶植，丹陛莫留連。

似乎故意渲染了官民之間不捨的離情，來迎合送別圖的社交功能。看來〈金閶別意〉正是唐寅自北京返家後開始賣畫維生的筆墨生計；他與鄭儲夛之間，也如沈周與〈秋江送別〉、〈仿雲林送別〉的受畫者之間一樣，缺乏真正的情感基礎。這種淡薄的情感關係，使得他倆在作這幾幅送別圖時變得有點近似畫師應付主顧之需求而已；而在此狀況之下，既定模式之套用，一方面既能滿足對方，另方面則又是畫家方便的權宜。

　　然而，在這一段時間裡也不是只有文徵明才為有交情的朋友送別，放棄送別圖之既定模式的畫家亦非僅文氏一人而已。由現存可靠的畫蹟為基礎來看，蘇州地區大約在十五世紀的後期始，就出現了一些新的嘗試。在這種嘗試之下而得的作品中，又可依其與原來老模式的關係大概分成兩類。第一類的嘗試可以視為對老模式的修改，有意地作一些改變以求取新的效果。沈周作於一四九七年〈京口送別〉（上海博物館）及作於一四九九年初的〈送別圖〉(Nelson Gallery-Atkins Museum, Kansas City) 便是此種例子。〈京口送別〉係因其至友吳寬赴京，沈周由蘇州送至京口而別。畫作二舟檥岸旁，一空其中，一兩人對坐如話別狀；既不作尋常所見揖拱作別姿態，也將典型的近遠岸的水域間隔加以淡化，又把原有舟船待發的意思轉成對舟中兩人殷殷話別的注意。在實際的那個由蘇州延續到京口的送別中，沈吳兩人所作的無非是清談玩古，將他們在蘇州所能分享的情趣作一

個儘可能的延續，直到終須一別時刻的到來。[18] 這樣子對知己情感的親密與不捨，在以舟中殷殷的話別爲新焦點的送別圖中，確實更能契妙的呈現。另卷在 Nelson Gallery 的〈送別圖〉也是送予一位較親近的朋友盧宗尹。盧氏爲當時頗有聲望的御醫，也是吳寬、陸完、沈周等蘇州名士的好友。爲盧氏送別自然也就不能只是套套俗格交差，因此沈周在圖卷上只保留了兩人揖拱之形象，省去了行舟，也沒有寬廣的水景，而得到一個完全不同的，不再是悲凄的氣氛，正應合他在題詩中最後八句對盧宗尹所說的：「茲當返醫垣，如鳥辭故林，秋高健翮擧，別酒喜再斟，丈夫愼所術，醫國振芳音」，自然流露出對知友遠大前程的鼓舞與愉悅。[19] 相似的情形也發生在畫師行徑較爲明顯的唐寅身上。他在一五〇八年作的〈垂虹別意〉(The Metropolitan Museum of Art) 即接近沈周的〈京口送別〉，而贈別的對象則是唐寅親手調敎的弟子。[20] 第二類的送別圖的新嘗試則與原有的舊模式完全無關。在諸多的新嘗試中，又因畫家在當時所考慮表達的重點不同，而作了不同的處理。其中有將江行景直接改爲陸行的，例如著錄上曾有沈周之〈臨別贈言〉畫予陳玉汝赴京返任的，便是作「山下一長堤，陳成齋揖別上馬」。[21] 唐寅在一五〇五年所作之〈南遊圖卷〉也作行者蘇州琴師楊季靜乘馬而行；這大概是因爲圖作之重點不在說分別之情，而是像文徵明贈詩中所說的「秣陵古名都，去去當有遇，鏗然振孤音，一洗箏琶耳」，爲其挾藝而遊，贈之

18　此圖可見於中國古代書畫鑑定組編，《中國古代書畫圖目・二》（北京，文物出版社，1987），p.192 沈吳二人曾在此行舟中同觀蘇軾之〈臨懷素千字文〉，事見吳升，《大觀錄》（台北，漢華文化事業股份有限公司，1970），卷五，頁一八。更值得注意的是吳寬本人的書風也是以蘇軾爲依歸的，沈吳兩人在舟中同賞此件蘇軾作品，其氣氛之佳，必有不能言傳的境界。

19　有關此〈送別圖〉的研究成果，參考黃君實與 Marc Wilson 之說明，Sherman Lee et al., *Eight Dynasties of Chinese Painting: The Collections of the Nelson Gallery Atkins Museum, Kansas City, and The Cleveland Museum of Art* (Cleveland: The Cleveland Museum of Art, 1980), pp.184-185。

20　Marc F. Wilson and Kwan S. Wong, *Friends of Wen Chengming: a View from the Crawford Collection* (New York : China Institute in America, 1975), pp.61-71。

21　陸時化，《吳越所見書畫錄》（光緒五年懷烟閣刊本），卷三，頁七〇下～七一下。

以壯行色，因此就沒有採用較常見的水景送別。[22] 沈周于一四七九年作的〈送吳文定公行卷〉也作吳寬馬行，但比較起來，就更見特殊之用意。此卷爲東京角川家藏，全卷極精，爲王世貞譽爲超過〈東莊圖册〉的「第一筆」。在卷中作馬行的吳寬出現在尾端，其前則爲一長段的繁複山水（圖八），幾乎不能讓觀者感到任何分離的氣氛。此時觀者只有賴畫家本身的題語才能推究此送別畫的眞意。沈周在其長題中有云：

> 爲君十日畫一山，爲君五日畫一水，
>
> 欲持靈秀擬君才，坐覺江山爲之鄙，
>
> 峙而不動衍且長，惟君之心差可比。[23]

明白地指出他以全卷衍長靈秀的山水來象徵吳寬的才性，而將此象徵之象作爲贈別的禮物，也即是將對知友的瞭解作爲分處兩地時最值得珍惜者。在沈周的一生中，吳寬無疑的是他相知最深的至友，而〈送吳文定公行卷〉正是對其友情的見證。

除了沈周之外，當時江南還有其他幾位畫家也以這種表現對行者人格的深入瞭解爲贈別之禮物。陶成在一四八六年作的〈雲中送別〉（圖九）也是以具有平野、塵沙、草樹的山水，以及畫中官服人物的寄情書畫，來突顯將赴雲中任事的戈勉學之高逸胸懷。畫中之戈勉學著官服坐石上，旣不作行狀，也無一般送別圖的揖拱姿態，可說完全地放棄了送別圖的旣定模式。沈周作的〈虎丘送客〉（天津市藝術博物館，一四八〇年）也在畫其友人徐仲山之人格；[24] 徐氏則也如〈雲中送別〉之戈勉學，著官服而坐，看來故著官服正是畫家爲了強調其受畫者

---

22 作馬行的送別圖比沈唐更早的有謝縉於1417年作的〈雲陽早行〉（上海博物館），但此圖由其諸友題詩來看，紀行之意味較濃，不似〈南遊圖〉的以言志送別。

23 此題未見發表，本文取自卞永譽，《式古堂書畫彙考》（台北，正中書局，1970），頁四〇〇～四〇一。另外有關此卷技法風格之討論，可見 Richard Edwards, *The Field of Stones* (Washington D.C.: Smithsonian Institution, 1962), pp.50-52. 中村茂夫，《沈周—人と藝術》（京都，文華堂書店，1982），頁一九二～一九六。

24 圖見 Edmund Capon and Mae Anna Pang, *Chinese Paintings of the Ming and* Qing *Dynasties* (Australia: International Cultural Corporation of Australia Limited, 1981), p.41。

之心靈得以超脫他們平日繁重之政務而作的有意安排。除此之外，文徵明在〈雨餘春樹〉後兩年所作的〈劍浦春雲〉（圖一〇，天津市藝術博物館，一五〇九年），也有類似的作法。據文徵明在畫上自題：「淮陽朱君擢守劍南，友人文璧作〈劍浦春雲圖〉以系千里之思」，知畫乃送其友朱應登由南京往福建南平任知府職而作。畫題的「春雲」出自《晉書》阮籍等傳贊，[25] 應是用來隱喻朱應登的人格精神的；因此畫中雖無朱應登的形象，遠山坳處所浮動的雲面其實正是朱應登的人格象徵。文徵明在捨棄了送別圖的舊有模式之後，〈劍浦春雲〉便不再見揖拱作別的文士，升帆待發的舟船，只留下江水彼岸的遠山與其間的一片春雲，代表在遠方之至友，也是文氏「千里之思」之所寄。

　　〈雨餘春樹〉也屬於不用既定模式的新型送別圖。由其創作前後的各種樣式的送別圖出現的狀況來看，很難說〈雨餘春樹〉具有絕對的獨創性。但是，如果細究它的內容，〈雨餘春樹〉在十五世紀末至十六世紀初的江南送別圖的新潮流中卻佔有相當獨特的重要性。當送別圖的舊模式逐漸失去動人的效果之後，嘗試新作法的畫家們修改或放棄了以往的形式規格來作送別圖，以求突出他們與受畫者間那一份特殊值得珍惜的友誼與情感。他們的這些工作，不論是經由強調對分離的不捨，對行者衷心的祝福，或重申、保證對他方知心的瞭解，都是由其對受畫者的純粹的人際情感出發，與此相較之下，〈雨餘春樹〉則是將人之關係淡化，轉而以某個共有的生活經驗為表現的主要內容。換句話說，其他的送別圖不免拘黏於「人」，〈雨餘春樹〉卻以「事」為其關懷。如果說一般的送別圖因以「人」為主而使畫家易於受到「人情」所苦，而造成如畫師的不自由處境，〈雨餘春樹〉得以「事」為主，實標示著畫家表白在自由度、個人私屬性上之提升。

25　房玄齡等，《晉書》（台北，鼎文書局，1979），卷四九，頁一三八六。全部讚文為：「老篇爰植，孔教提衡，各存其趣，道貴無名，相彼非禮，遵乎達生，秋水揚波，春雲歛映，旨酒厥德，憑虛其性，不蕲斯風，誰虧王政。」

四、一個文化史的解釋

〈雨餘春樹〉之以「事」爲送別，而具體地指向文氏與瀨石的共同生活經驗，其中的根據並非某次的出遊，也不是某個雅集，而爲悠遊於蘇州山水的整體感覺。這個蘇州生活之被認爲值得入畫，實在具有特別的意義。在十六世紀之前，有關蘇州的山水並非沒有在畫上出現過，但大多數是屬於紀遊、寫生之作，如王蒙的〈具區林屋〉（台北國立故宮博物院）就有對太湖區域具區山的描寫，不然就是藉之以言某種隱逸的理想，抒發來自其中的情懷，倪瓚的一河兩岸的孤寂山水就屬於此類；[26] 但是，他們都不在以蘇州生活爲一獨立而值得表彰的價值而來呈現它。文徵明作〈雨餘春樹〉之所以能將他與友人在蘇州的生活經驗作爲畫之主題，背後實在是含有對此價值之肯定；而蘇州生活之得以被文氏如此肯定，則又是蘇州文化自十五世紀後半以來發展的結果。

蘇州雖然自宋代以來一直是中國最富庶的地區之一，[27] 但其文化地位卻經歷過一段不甚相稱的起伏波動。蘇州地區在文化表現的第一個高峯出現在十四世紀中期的元朝末年。在那一個時期，因爲提供了一個遠較其他地區安定的環境，蘇州聚集了衆多包括學者、藝術家、詩人在內的文士，創造了個在不安定時代中所能想像到的最蓬勃的文化景觀。[28] 但是，這個蓬勃的局面到了明朝成立之後，在短短的二十年內，卻有急遽的萎縮。當時蘇州許多最具才華的文士，包括高啓、陳汝言、徐賁等人在內，皆在新君朱元璋的殘暴統治下，遭到橫死的悲慘結局。這個結果使得蘇州的文化發展突然陷入了低潮，甚至使得這個地區在接下來的四分之三個世紀裡的文風一蹶不振。蘇州府吳江縣的莫旦在一四八八年回顧

26　Wen Fong, *op.cit.*, pp.105-127。

27　參見 F.W.Mote, " A Millennium of Chinese Urban History : Form, Time, and Space Concepts in Soochow ", *Rice University Studies*, vol.59, no.4 (Fall, 1973), pp.35-65。

28　Chu-tsing Li, " The Development of Painting in Soochow During the Yuan Dynasty ", *Proceedings of the International Symposium on Chinese Painting* (Taipei: The National Palace Museum, 1970), pp.483-500。

這一段時期的情況時便說：

> 士風與時高下，吳江雖在德化之區，然僻居水鄉，富者溺於貨利，而無暇
> 於學問，貧者役于衣食，而無力於學問，有以生員舉者，輒相怨詈，如當
> 重役，闔門之內爲之墮淚。[29]

莫旦所描述的現象，在一般熟悉明代後期蘇州的經濟與文化狀況的研究者來說，
實在是匪夷所思。

　　不過，這個低潮並沒有持續太久，大約到了十五世紀中期之後，蘇州的文化
發展又重新新獲得了以往的活力。如此的變化，今日可以由當時科舉考試成功人
數的檢查作一個指標來加以瞭解。在中國傳統社會中的科舉，應考人之成功與否
雖然不免牽涉到一些個人的機運，但大致上可以說成功人數之多寡大約能夠反應
某地區在此上所投資的力量。由現存地方志的資料來看，今日雖已無法取得當時
入學人口數量的瞭解，但其中對各屆考取「鄉貢」與「進士」的名單，仍有詳細
的保存。若依王鏊的《姑蘇志》，並配合清代李銘皖的《蘇州府志》中所記者，
按考試年代與得以題名的人數來加以排列，可以得到如表一所示的兩條起伏曲
線。線中某些地方在短期內起伏甚大，可能是因爲定額數目在政策上有所改變所
造成的；另外，《姑蘇志》與《蘇州府志》所記人數也稍有出入，這有部分是因
爲蘇州府疆域有些微變動，有部分則係對所根據的題名者之籍貫資料的瞭解不同
所致。可是如果在檢視這些數字時，將重點置於整個趨勢的大體掌握，並專注於
嚐試探索明代蘇州人對當地科舉成功人數多寡的心理反應時，那些細緻的差別當
對全局不致有太大的影響。[30] 如果暫時不細考慮那些小的變動因素，表一所示
的兩條曲線顯示出到了十五世紀中之後，蘇州在科舉上成功的人數，不論是鄉貢
或是進士，都呈現多而穩定的現象。如果再將此二曲線加以整理，每三次考試作
一單位，來想像蘇州人在每十年中如何感覺這個科舉成功人數的數字對他們的意

29　莫旦，《弘治吳江縣志》（台北，學生書局，1987），卷六，頁二二一。
30　資料來源及其人之特定說明俱見王鏊等，《姑蘇志》（台北，學生書局，1965），
　　卷六，頁一下～六○下。李銘皖等，《蘇州府志》（台北，成文出版社，1970），
　　卷六○，頁一四上～二二上，卷六一，頁二六上～四○下。

義，則可得表二與表三：

表 1

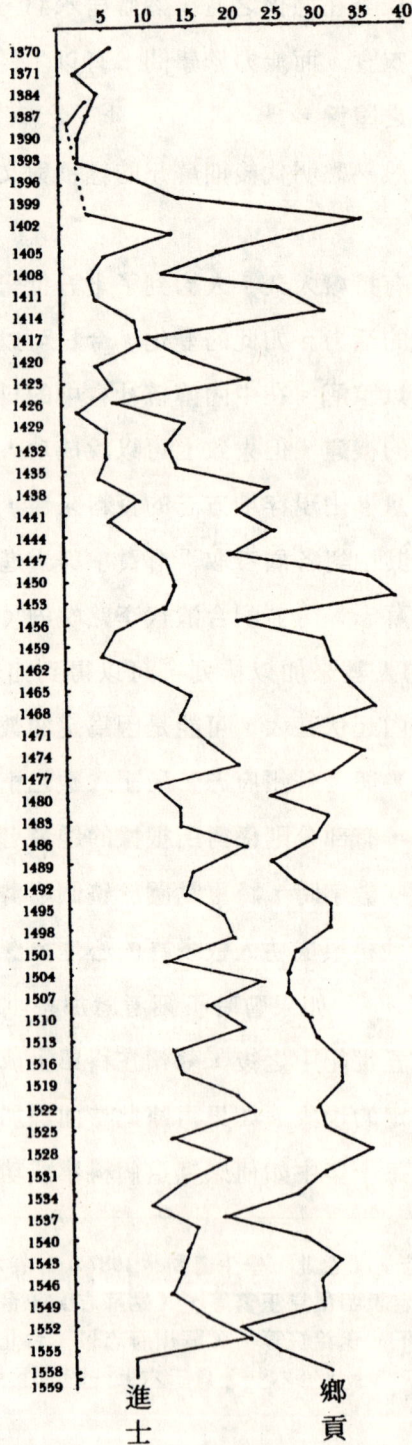

進
士

鄉
貢

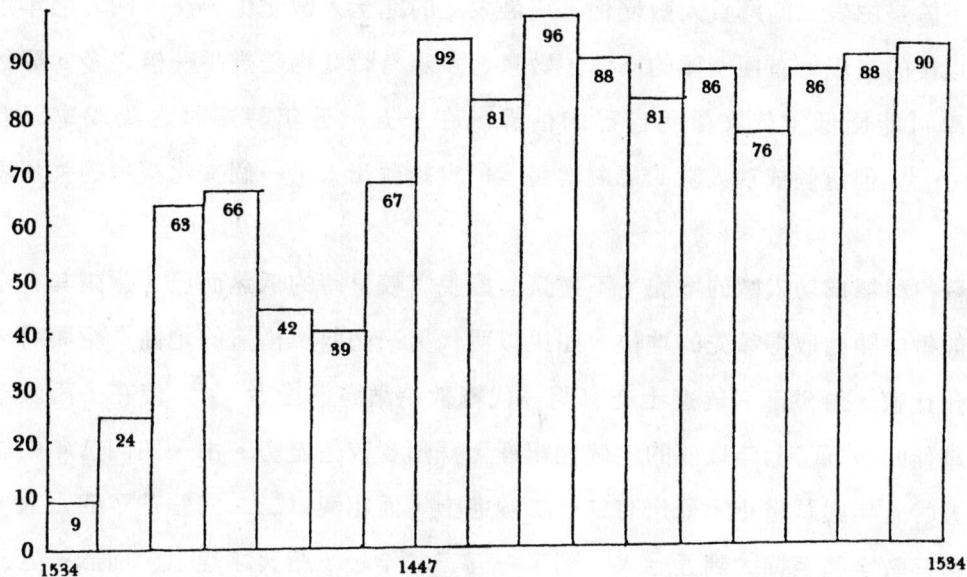

表2 鄉貢數目

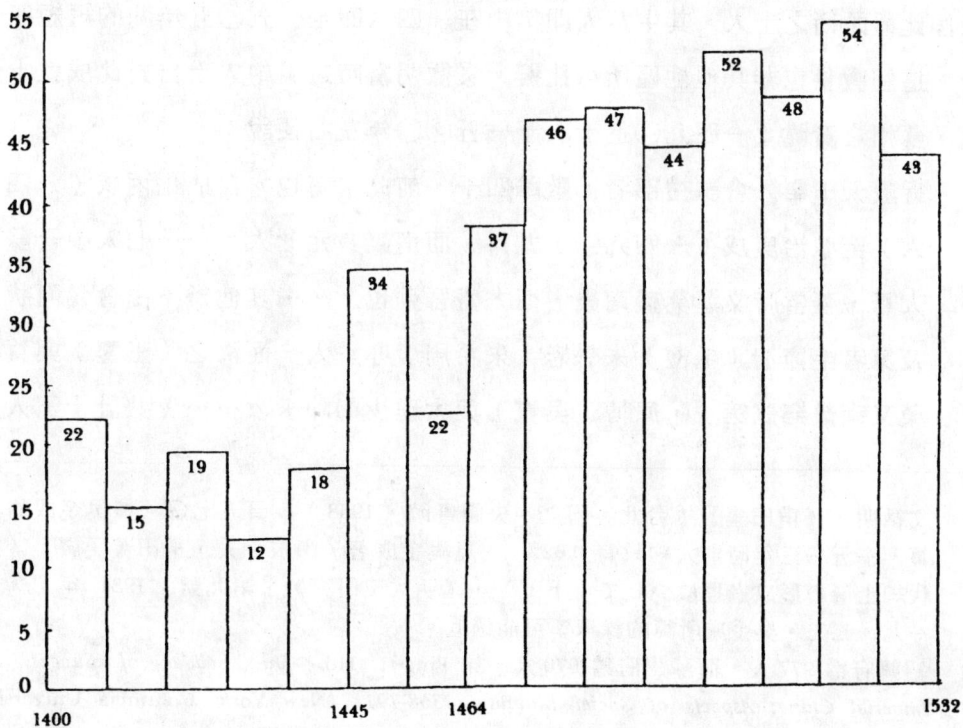

表3 進士數目

　　不論是由表二的鄉貢人數變化，或是表三的進士人數變化，在一四五〇年以前與以後的表現，有極明顯的不同，數量之多寡有時竟相差幾乎一倍之多。雖然錄取率可能極低（依文徵明自己的估算，在一五一五年時鄉試之錄取率只有2%），[31] 但這個成功人數的急劇增長，一定給蘇州人士一個文化復蘇的強烈感覺。

　　蘇州科舉成功人數的增加，不僅讓其擺脫了較早時的低迷而已，還讓其在全國的競爭中開始取得領先的地位。如果以明代另一個科舉極盛的地區－紹興府來與蘇州比較，雖然前者的進士在有明一代總數稍微勝過後者，[32] 但在〈雨餘春樹〉創作的一五〇七年以前的半個世紀裡，蘇州實較佔優勢。由一四四八年殿試至一五〇五年殿試為止，蘇州有二七二個進士，而紹興以二二六個差了四六人，後來這個數字甚至擴大到五七人；到了一五三二年起，紹興才趕上，而於一五三二至一五五九年中，比蘇州多生產了五四個進士。蘇州在十五世紀後半的科舉優勢不僅表現在進士人數上，而且也見於會元與狀元的人數。蘇州在有明一代擁有一三個此種頭銜之士人，其中八人即集中在一四六四至一五〇五年間的短短四十年中，這個數量也非其他地區所可比擬。文徵明當時之吳中人士自對此成就十分驕傲，蘇州之黃暐（一四九〇進士）于一五〇〇年左右便說：

　　近歲天下舉人會試禮部者，數踰四千，前此未有也。自成化丙戌（一四六六）至弘治庚戌（一四九〇）九科，而南畿會元七人，……七人中吾蘇四人焉，蓋當時文運莫盛南畿，而尤盛吾蘇也。……其他幾不由會元而狀元及第者毛憲清（毛澄）朱懋忠（朱希周）亦蘇人，而濟之（王鏊）與賀其榮又南畿鄉試第一，原博（吳寬）與大理少卿陳玉汝……（共計十三人）

31　文徵明，《甫田集》（台北，國立中央圖書館，1968），頁五七〇。據吳金成的計算，一五一三年時則大約只有 0.62%，見吳金成著，山根幸夫、稻田英子譯，〈明代紳士層の形成過程について（下）〉，《明代史研究》，第九號（1981 年），頁一九～二二。吳金成所算的錄取率可能過低。

32　紹興府為 977 人，而蘇州府為 970 人。見 Ping-ti Ho, *The Ladder of Success in Imperial China: Aspects of Social Mobility, 1368-1911* (New York: Columbia University Press, 1962), p.246.

　　或魁一經於鄉試，或刊其文春闈，其他由進士而洊登都台，授任方面，拜
　　官翰林，簪筆諫垣，列職郎曹，分將守令，與夫登名鄉貢者，殆未可以數
　　計。雖武弁之士，亦皆觀感奮發，取科第以臍膴仕，……雖以暐之不肖，
　　亦得廁名秋官之末，吁盛矣哉。[33]

黃暐在當時所表現的這種對蘇州文化成就的驕傲，在十五世紀中期以前是不易看
到的。

　　蘇州在這一段時間裡所表現出來的，以科舉爲指標的文化盛況，連帶也培養
出地區的自我意識。此種意識不僅要求地區成員向其認同，同時也向外表現出
來，爭取地區外人士之承認。要達成這雙重的使命，其實並不簡單，蘇州人除了
一方面宣傳他們現有的成績外，另方面還急須重建他們的歷史傳統。於是在這個
心理的驅策下，許多此地區的方志就在有識之士的努力之下，于十五世紀後期、
十六世紀初期時一一地完成。其中最重要的當數《姑蘇志》的纂修工作。姑蘇雖
在南宋時已有范成大等人所修之志，至洪武時又有盧熊所修之《蘇州府志》，但
盧熊之後過了一個世紀，對此階段「人物、文章、制度因革損益，尚皆缺焉，識
者病之」。[34]　爲了儘快塡補這個歷史的空白，早在景泰年間（1450-1456）沈周之
師杜瓊已開始修纂郡志；到了成化時，又由劉昌再度召集杜瓊及其後輩李應禎、
陳頎、陳璚等人合纂，至一四七四年時據說已達一百卷，但結果又因故而廢。至
弘治中，又由張習、都穆、吳寬重新開始，此次事吳寬出力尤多，至於「雖病在
告，未嘗釋手，淡墨細書，積滿箱案」，[35]　可惜又因政府無法配合，仍然功虧
一簣。幸好吳寬的稿子在其卒後仍然被保存了下來，最後終於由王鏊召集了祝允
明、文徵明、蔡羽等更下一輩的蘇州青年俊彥，在吳寬遺稿之基礎上，于一五○

33　黃暐，《蓬軒吳記》（筆記小說大觀本，台北，新興書局，1983），卷上，頁一上
　　～下。

34　王鏊，〈重修姑蘇志序〉；錢穀編，《吳都文粹續集》（文淵閣四庫全書本，台
　　北，商務印書館，1983），卷一，頁二六上～下。

35　同上，頁二六下。

六年完成了堪稱明代之志書中典範的《姑蘇志》六十卷。[36] 回顧《姑蘇志》的
這段歷程，蘇州投入了自杜瓊至文徵明三代精英的力量，前後費時半個世紀，這
種投注與奉獻的背後實在非有蘇州文化之自我意識的支撐不可。而文徵明作〈雨
餘春樹〉的時間正好是《姑蘇志》完成的次年。

　　地方志的修撰爲地方歷史留下完整的紀錄，也同時整理了該地的文化傳統。
蘇州地區在此時間的方志撰修工作亦確對其過去的文化成績之宣傳與發揚有相當
的貢獻。《姑蘇志》中雖無專章來搜羅歷史與文藝之文獻資料，但在各有關條目
之下都有篇幅用以保存。莫旦所修之《吳江志》（自序於一四八八年）更可看到
對此之用心。其志中〈集文〉計四卷，〈集詩〉計六卷，總計十卷，幾乎占全志
的二分之一。至於集錄之必要，莫旦在〈集文〉前就說明：

　　　　文章天地間不朽事也，而人而地亦因之而取重焉。故蘭亭越上一荒丘耳，
　　　　以右軍之記傳；赤壁武昌一小山耳，以東坡之賦顯；瑯琊滁州一僻壞耳，
　　　　以醉翁之文著。以是言之，則地以文而重也明矣。[37]

說「地以文爲重」亦即肯定了文化遺產爲該地區本身價值之得否成立的關鍵因
素，因此之故，對已散落之前輩作品的搜集保存又有迫切的需要。莫旦在〈集
詩〉中所說：「盛矣哉，（前人）吳江集詩之多也，惜乎時異勢殊，人亡敎弛，
兼以旦之孤陋寡聞，而所云諸集皆不復見，今細檢古今名集及邑人所藏卷册與夫
得諸傳誦，凡有關於吾邑者，依體製而編次之」，[38] 很清楚地表明了這個心
理。

　　與在方志中搜集前人詩文的工作比較起來，直接收集刊行前賢之詩文集，在
對蘇州文化傳統的重建與發揚的目標來說，就顯得更爲積極。許多宋元以來吳地
士人的著作都在十五世紀末、十六世紀初的這段時間　經由當地有心人士重加編

36　除王鏊之序外，另見劉昌，〈姑蘇郡邑志序〉；杜啓，《姑蘇志後序》，見於《吳都
　　　文粹續集》，卷一，頁二四上～二五下，二七下～二九上。而關於明代蘇州修志的全
　　　貌，見張國淦，〈中國地方志考〉，《禹貢半月刊》，第四卷第九期（1936 年一
　　　月），頁二二～二四。

37　莫旦，前引書，頁四七五。

38　同上，頁七〇一。

次而予刊行。這對元末明初的吳地士人之作品尤其重要，他們既是明中蘇州文化之前身，長久以來當地士子卻不易得其文集而讀之，在亟欲重建、宣揚蘇州文化傳統的此時吳中士人而言，其文集之整理刊行，自屬當務之急。曾經參預《蘇州府志》纂修計劃的張習可說是對此工作最爲積極，自一四八五年起至一四九六年止，陸續編刊了楊基的《眉菴集》、徐賁的《北郭集》、張羽的《靜居集》、高啓的《槎軒集》、陳基的《夷白齋稿》、鄭元祐的《僑吳集》。這些文集以往雖非不曾刊過，但至張習此時來搜集編次已經頗爲不易，如其在〈眉菴集後志〉便說：

> …先生盛年稿已散失，今流傳人間者十無二三，況皆抄本，又無序志，家異而人殊，後至天順間郡人鄭教授（鋼）嘗爲刊行，間多訛謬，矧諸奇作失載，識者病焉。習在髫齡即愛誦先生之詩，徧假抄錄，覬圖彌盈，及長而仕，偕以出入有年，猶每隨訪隨錄，卒莫至其全……。[39]

由此可見其用力之勤。而其投注之背後，則有表彰之使命感在內，他自言：「習爲鄉之晚生，敬慕前哲之言，自幼抵老，不忍泯泯，是固庸陋無文，不能表章乎幽潛，則區區素願詎不由之而少慰哉」，[40] 便將此前哲文集的編刊認定爲鄉晚生的他之責任。這種編刊鄉前賢著作的努力，雖說起於吳中士人之蘇州文化意識，但其結果自然也反過來增強了這個意識的發展。

　　文徵明〈雨餘春樹〉的創作年代，正是處於這麼一個蘇州文化意識開始高漲的氣氛裡。蘇州的山水在如此氣氛之中，除了本身的秀麗之外，又添加了許多蘇州士人所引以爲傲的，來自於深遠傳統的文化意涵；悠遊於其中的生活經驗遂也因此具有值得珍惜的高度價值，得以讓文徵明來取代對知友情感的歌頌或對友朋分離的感傷，而作爲送別的贈禮。

39　此文收於楊基，《楊孟載眉菴集》（台北，國立中央圖書館，1971），頁五四九～五五四。此段引文則見頁五五二。

40　同上，頁五五三～五五四。

五、結語：〈雨餘春樹〉的意義

自從〈雨餘春樹〉所作的十六世紀初之後，以往宋元以來已有既定模式的送別圖便不再爲蘇州重要的畫家所採用，而在蘇州畫家的影響下，也較少出現在其他地區畫家的作品中。送別圖的老模式原來是在突出描寫知友分別時刻那份不捨的別愁，情感的強度很高，但一旦被模式化後，反而變得不易顯出真情，再加上它又變成上層社會社交活動裡的一環，經常被用來虛飾或誇張送往應酬場面裡的不實感情，表現的可能更形僵化。自十五世紀後期起，當畫家要爲知友送別時，便寧可放棄這既有的模式，另謀新路，來表示他們別情之真誠。文徵明的〈雨餘春樹〉則在此基礎上，又將重點自人際感情上超脫，而以蘇州之獨特而有價值的生活經驗爲主，以爲贈別，作爲分處兩地至友的精神聯繫。〈雨餘春樹〉在此實際上意謂著舊有送別圖模式的完全解體，不僅在形式上沒有了舊模式的揖拱、行舟與前路江景，而且在表現內容上超越了與行者的直接情感關係，不但不談離別的愁緒、對行者的祝福，也不再向對方的人格、境界表示瞭解與讚美。由此來看，文徵明與舊模式的絕裂，就比沈周與唐寅兩人來得澈底。

〈雨餘春樹〉與送別圖模式的絕裂，卻又不在建立一個新模式。以文徵明自己後來一些贈予將行友人的作品來看，不僅在風格形式上多所變化，而且在表現內涵上也不見得緊守著「天平、靈巖之憶」。例如約成於一五一○年的〈餞別圖〉即以似趙雍〈漁隱圖〉之形式來送姻家名震方者北上；[41] 一五三一年的〈停雲館言別〉（Vannotti Collection）則藉「客話」形式送王寵赴南雍，以誌「蒼苔時有故人踪」那兩人別前的生活。舊模式的揚棄似乎保證了表達形式的絕對自由，使得他可以隨興使用自認適宜的方式來爲朋友送行，而不用顧慮到任何格式的束縛。蘇州後來受文徵明影響的吳派畫家也依然如此，不拘形式地創作贈

---

41 此圖見《金石書畫》，第一○期（1934年12月15日），現藏何處不詳。此畫無紀年，但在筆墨上接近台北故宮博物院所藏之〈松下聽泉〉，後者江兆申訂在一五一○年。見《吳派畫九十年展》，頁三○三。

別友人的禮物；文嘉的作品如〈停阮聽琴〉（南京博物館）、〈送王虬山水扇〉
（臺北國立故宮博物院）都似是文人生活的某些片斷，而不落入任何送別的窠
臼。

　　這個時候蘇州送別作品的能夠不拘風格，不但表示了畫家在此創作上自由度
的提高，也讓其表現具有較濃厚的私屬性，使畫意之瞭解成爲贈與受者二人間的
私事，不要求與其無關之外人的明白易懂，也不企圖將其對外作公開的宣示，最
多只是在少數的圈內同道間流傳、尋求共鳴而已。這大致上說，是吳派文人畫發
展的基本性格。以〈雨餘春樹〉在送別圖範圍內的突出表現來予衡量，文徵明對
吳派文人畫此一發展實居最關鍵的地位。這大約與文徵明本人個性之沈厚端謹有
關。據文氏的好友徐禎卿的描述，中年以前的文氏不但是「性專執，不同於俗，
不飾容儀，不近女妓，嘉淡薄儔，頗有小過，時見排抵，人有薄技，亦往往歎譽
焉」，也爲一個不計眼前困厄，堅持理想的「狷者」，[42] 這種個性自然不易附
合流俗，光爲應酬而以舊模式爲人贈別。明代吳派文人畫風雖奠基於沈周，但由
這一點來觀察，沈周在創作精神上仍還不免多少受到旁人之掣肘，有時確仍無法
擺脫類似畫師行徑而來的困擾。[43]

　　文化上的蘇州意識促成了〈雨餘春樹〉的創作，以蘇州生活爲根據的吳中繪
畫也接之成爲後來整個十六世紀文人繪畫的主流。以送別圖來看，〈雨餘春樹〉
及其後繼者以蘇州共同生活經驗之感覺來取代友朋遠別之離愁，以爲表現之主
題，實際上是有意識地降低了對人底激情的強調，這種處理態度正是回歸北宋李

42　徐禎卿，《新倩籍》（紀錄彙編本，台北，民智出版社，1965），卷一二二，頁二下
　　～三上。

43　有一則沈周爲蘇州知府曹鳳畫壁之故事可爲佐證。故事中言：「有曹太守者，籍諸畫史繪察
　　院壁，點者竄入先生姓名，曹不知爲何許人也，遣隸人趣之。或曰：此賤役也，盍謁貴游以
　　祈免乎？先生曰：義當往役，非辱也。具老人巾服往供事焉。」，出自張時徹，〈石田先生
　　傳〉，此處引自錢謙益輯，《石田先生事略》，（《石田先生集》，台北，國立中央圖書
　　館，1968）頁八下。關於這個故事，Richard Edwards 曾懷疑其眞實性，見 L. Carrington
　　Goodrich ed., *Dictionary of Ming Biography 1368-1644* (New York: Columbia University
　　Press, 1976), p.1174. 然筆者認爲此事數見於明人著作之中，其內容所及人事並無與史實相
　　抵觸者，應可接受。來日當另撰文證之。

公麟創作〈陽關圖〉時所追求的「哀樂不關其意」的境界；而此種古典精神亦正能與蘇州山水所蘊涵的古意產生呼應，兩者互相提攜，使蘇州文化的基調更加明顯。以這個角度來看〈雨餘春樹〉，它就不僅是為送別圖舊模式劃下了一個終點，而且是文化上的蘇州意識落實到文人繪畫創作上的一個重要起點。

（本文於民國八十一年十一月二十七日通過刊登）

圖一

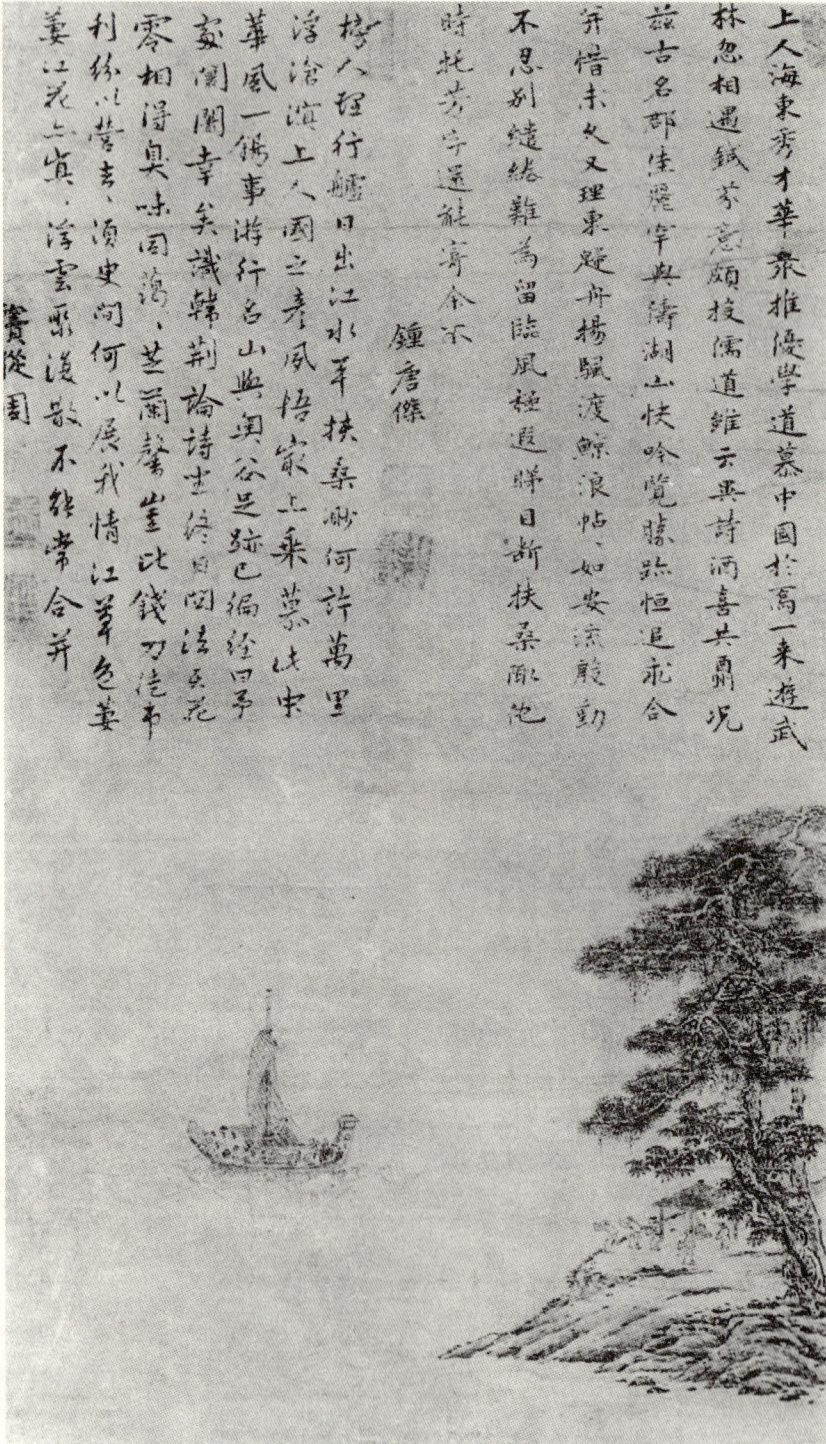

上人海東秀才華衆推優學道慕中國於焉一來遊武
林忽相遇鈙芥意頗投儒道維云與詩酒喜共觴況
藐古名部生羅宇與詩湖山快吟覽臙弸恒退乖合
并惜未久又理東題舟揚驪渡鯨浪帖如安流殷勤
不思別緒絡難為當臨風極退辟日斷扶桑酌也
時批芳宇運筵寄余不

　　　　　　鍾唐傑

梯八程行艫口出江水芊扶桑瓻何許萬里
浮淊澒上人國立牽風悟家上桑葉比中
華風一鍋事游行名山與輿公芝跪巳編經田野
妄閞開幸矣識韓荊論詩出修自岡法吳花
零相得臭味同鵠芷蘭蒼崖比錢刀氣帚
利絲以營吉須史剮何以展我情江芋色姜
姜江花上貨浮雲栗送散不羈常合并

　　　　　　　寶徒圉

圖二

圖六

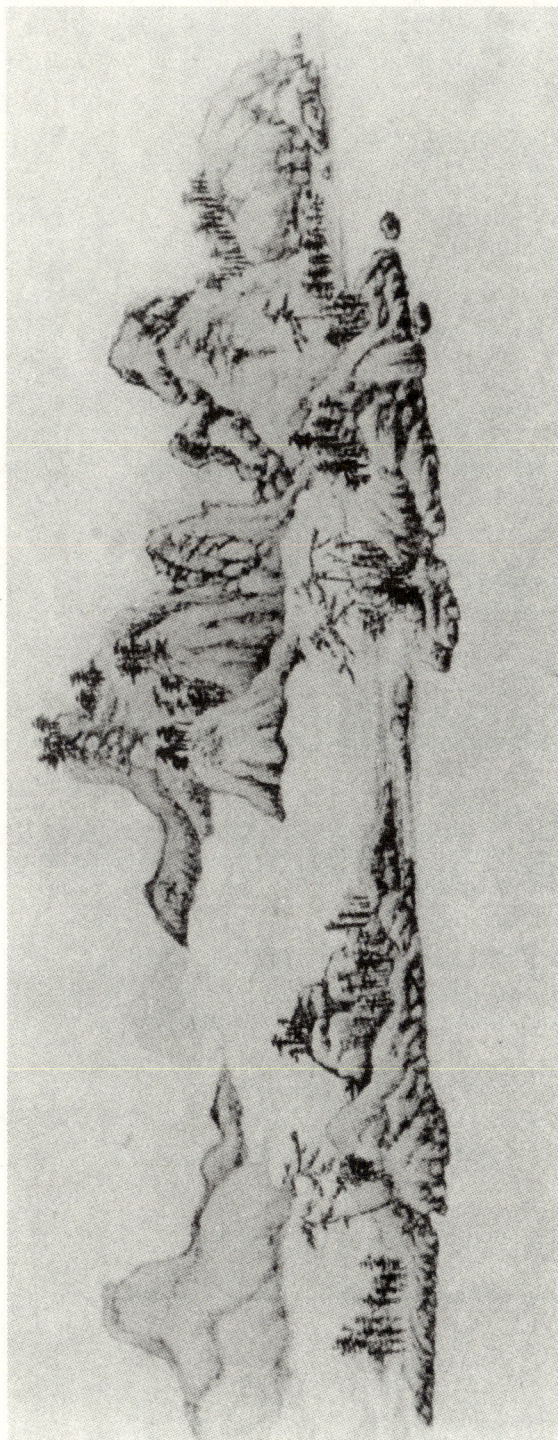

出自第六十四本第二分（一九九三年十二月）

殿堂中的美術：

臺灣早期現代美術與文化啓蒙

顏 娟 英

本文共分三章：第一章討論美術與現代文化發展的關係。發現美術在臺灣的傳統墾荒移民社會中，原來的地位並非重要，此與文化教育未普及於社會有密切的關係。民間政治文化的推動力量——文化協會運動被壓抑消失後，文學運動興起並擴大爲全島動員的文藝活動。一九三四年至三六年，美術也被吸收入文藝聯盟的活動中，因而較能擺脫官方美術的陰影，與民間文化活動結合。

第二章檢討島內美術教育。在正式初級和師範教育體系下，非常有限的美術課程，卻因爲配合官辦展覽會的宣導而發揮極大的影響。此外，薄弱的民間美術傳統面臨時代鉅變的考驗，產生了如何發奮圖強以沿續發展的問題。

第三章爲留學生的島外美術學習及創作生涯。臺灣現代美術啓蒙的先驅者，藉著日本的管道，接觸西方與日本的現代文明，反省臺灣文化體質，萌生迎頭趕上的強烈慾望。求知慾與理想是這一代先驅者的共通特色。留學生主要目標在向日本學習，但有些人在畢業後，因爲臺灣發展不易又轉往中國教書或往歐洲繼續深造，故分「客居東瀛」、「回歸祖國」、與「航向巴黎」三類加以討論。

一、前 言

現代美術與文藝、教育、以及政治同爲現代文明發展的一環，臺灣現代美術的萌芽也與其歷史上坎坷困難的現代化過程有著密切的關係。清末首任臺灣巡撫劉銘傳曾企圖推行新政 (1885-1890)，惜未成功，是故臺灣的現代化要遲至日本佔領之後 (1895)，甚而晚至殖民政府治理的後半期才逐漸推展開來。從一九二七

年起，在短短不到二十年之間，新美術（在此指繪畫）特別受總督府長官的注意
與鼓勵，迅速得到茁壯，在當時現代藝術中一枝獨秀。回顧此現代美術的萌芽
期，一方面對美術的喜好能普遍地深植於當時受過國民教育的新生代，倍覺訝異
敬佩；另一方面也對美術發展中，烙印著殖民地文化的特性與局限性而感觸良
深。然而此時期奠定了臺灣現代美術發展的基礎，其功績至今猶不可抹滅。故而
分析此發展過程的背景與原動力，不但可以揭開過去歷史的眞相，更可以發掘一
些值得目前從事文化、美術工作者再三深思的問題。

　　研究日據時期美術史，最困難也是最具有挑戰性的莫過於如何解釋此段現代
美術史萌芽期的意義。曾撰述此段美術史的前輩中，最重要的兩位是五〇年代的
王白淵和七〇年代的謝理法；筆者曾發表專文比較討論他們的研究背景、方法和
特色，[1] 不宜在此重覆。簡言之，他們的整理都是依時代爲序，以美術團體爲主
軸，畫家的小傳則附屬其下，故形成美術家脫離了社會文藝發展，孤立地存在的
假現象。四、五〇年代曾幾次出入臺北監獄的王白淵（其早年生平將於第三章第
二節交待）深受政治迫害之苦，故行筆難免帶有殖民地歷史的恥辱與陰影，強調
抗日。謝理法的綱要大致基於前人，尤以寫畫家傳記見長，文筆生動，加上畫家
本人口述秘聞，情節逼眞。可惜，他不但接受王氏二十年前的史觀，而且基於以
筆代劍，爲先人打抱不平的心理，字裡行間往往帶有個人情緒性的喜惡批判。這
樣的歷史情結雖然可以諒解，但也令這兩位前輩皆不能擺脫將這段「美術運動
史」依附於「抗日民族運動」之下的史觀。他們草創此段美術史的編寫理念，並
保存許多珍貴資料，我們回顧其寫作，自應感謝他們及早整理和保存資料。然
而，時代異遷，在此美術潮流資訊瞬息變化，社會價值觀與歷史觀也不斷整合調
整的時刻，更值得重新檢討這段美術史的歷史事實與意義。此刻，不但要拋棄
五〇年代「不光榮的」殖民經驗陰影，更要擺脫七〇年代鄉土傳奇性、政治性的

1　王白淵主要論文爲〈臺灣美術運動史〉《臺北文物》三卷四期（1955.3），頁16-64，
　　謝理法爲《日據時代臺灣美術運動史》（臺北：藝術家，1979），另請參見拙作〈日
　　據時代臺灣美術研究之回顧〉《民國以來國史研究的回顧與展望討論會論文集》
　　(1989. 8)國立臺灣大學，1992，頁1511-1517。

色彩；客觀而積極地分析其特色和形成原因，以此期望更開闊、更活潑發展的現在與未來。

　　在反覆閱讀，檢討此段時期的歷史文獻、文學作品時，發現當時知識份子最關心的問題之一即臺灣文化的啓蒙和提昇。這當然是在殖民政府壓抑本島文化教育建設下的反彈，也是許多留學生經過日本、中國大陸、歐美文化的衝擊後，在見賢思齊的心理下，企圖保存並建設家鄉或自我文化特色，也可以解釋爲民族主義的萌芽。因爲外來強勢文化的侵入，才刺激島上的人民去瞭解以臺灣爲全體，孤立無援必須自立自助的事實。另方面，即使在日本官方所舉辦的臺灣美術展覽會中，「臺灣的特色」、「南國色彩」也是經常被提出來的口號。如何表現臺灣的特色？是要從技法或題材上追求呢？還是從文化意識上來考慮呢？這樣的問題不僅貫穿整個日據時期美術史的發展，也回響於七〇年代的鄉土文化運動。

　　如何建設、提倡臺灣的現代文化？基於此共同的關心與努力，進而促成三〇年代文藝人士與美術界的合作。故而檢討此時期的美術發展，實在無法孤立美術團體於社會之外。雖然，在這段美術史上，官方負責推動的展覽會是最顯目的主導活動，但事實上，若沒有民間文化人士自發的努力，現代美術的精神也無法扎根。本文檢討當時美術文化發展的條件，陳述文化政治運動由二〇年代發展至三〇年代中葉，柳暗花明又一村，轉變爲活潑創作的文學運動，並且與美術活動配合成爲文藝聯盟運動。本文側重美術與文化教育，尤其是民間的美術傳承，以及留學生的發展，希望能闡明文化啓蒙的時代意義。限於篇幅，有關三〇年代畫家的創作，臺灣美術展覽會的活動以及相關畫家的風格變遷，將另撰專文討論。

二、文化背景的演變

二·1　早期的混沌

　　要明白指出臺灣在十九世紀末，受到日本佔領以前的文化狀況，並不是一件容易的事，而且也超出本文的範圍。然而又不得不稍加說明，以凸顯後來的變

化。在連橫所著《臺灣通史》列傳中，固然可以找出些擅長傳統書法和繪畫的文士與匠人，[2]但這些人大多社會地位低微，又往往散處各地，無法想像他們以藝會友，形成風尚或影響力。甚至可以說，清末臺灣的藝術活動非常尚古、保守，也不爲過吧！追究其根本原因，當然因爲臺灣地屬邊疆，一向不受清廷重視，遲遲未積極發展文教建設，故未改移民社會習氣，始終以經濟開發爲首要目標，藝術喜好不過是附庸風雅罷了。然而，雖然是附庸風雅，臺灣的「豪族」也確實表現出對傳統藝術文化的喜好，不惜邀請「海峽對岸」的文人或畫家來臺灣，寄寓家中，安心創作。一九三二年，在臺灣執東洋畫牛耳的日本人鄉原古統檢討臺灣傳統書畫的發展，曾說：

> 在這一段無法直接執筆從事創作的艱辛日子裡，人們愛好書畫的心依然顯見。當時來自對岸漳州、泉州的文人、畫家，無不受本地人士禮遇。（略）呂西村、謝琯樵、葉東谷……皆屬中國道光年間人士，並長期滯臺，受到林家入幕賓客的禮遇。呂西村爲書法家，金石文字的造詣頗深，各體書風尤擅於漢隸。謝琯樵本是武官，軍事戰略家……（略）書畫皆擅長。……（略）觀察謝氏殘留作品中所顯示的雄勁卓拔筆力，便不難想像作者是個豪放不羈的人物。此外，葉東谷是位文人，除了創作詩文也染筆文人畫。[3]

葉東谷（化成，1835 舉人）的畫蹟已不多見，無法瞭解其文人畫風。[4] 但是書家呂世宜（西村 1784-1876）與畫家謝穎蘇（琯樵 1811-1864）都是清末臺灣有名的流寓人士，來往於海峽兩岸，而在臺灣期間則長住淡水林家，受其招待，

2　連橫《臺灣通史》（1918 完成，1920 首次出版，臺灣文獻叢刊第一二八種，臺灣銀行，1962）書內僅有藝文志（著述）並無藝術項目。列傳中的藝術人物也多分散在流寓與文苑類，見該書頁 951-988。

3　鄉原藤一郎〈臺灣の書畫に就て〉《臺灣教育》374(1932)，頁 83-84。引自廖瑾瑗譯文，〈臺灣的書畫〉《藝術家》1992.9，頁 320-321。

4　葉化成，字東谷，原籍海澄，移居廈門，清道光十五年 (1835) 舉人。一說爲林本源家族之姻親，一說爲曾遊於周凱門下，後由凱介至板橋林家爲西席。（略）善書畫，尤長山水。筆法溫文秀潤，與琯樵風格，絕然不同，惟傳世甚少。《臺灣鄉土文物淺說》，臺北：臺灣史蹟源流研究會，無刊行年代，頁 173。

故不妨檢視他們的傳記以理解他們的活動與社會地位。據載：[5]

> 當是時，淡水林氏以豪富聞里閈，而國華與弟國芳皆壯年，銳意文事。見
> （呂）世宜書，慕之，具幣聘，且告之曰：「先生之志誠可嘉，先生之能亦
> 不可及，今吾家幸頗足，如欲求古之金石，敢不唯命是從。」世宜遂主林
> 氏。日益搜拾三代鼎彝，漢唐碑刻，手摹神會，悠然不倦。林氏建枋橋亭
> 園，楹聯楣額，多其書也。又求善工刻所臨篆隸，未竣而卒，歸葬於里。

淡水林家來自福建龍溪，二傳林平侯經商獲巨富，納粟捐爲同知。諸子中，林國
華與國芳最具才幹，共同經營林家成爲臺灣的豪族首富。呂世宜被重金禮聘至其
家中，將近二十年，協助林家搜集金石古董，儼然成爲臺灣金石學的中心。板橋
林家雖然始創於一八四七年，而花園則遲至一八八八年才開始建設，時呂氏已
故，可能是林家就其遺墨選取精品以題額書匾，裝點門面。[6]

再看名書畫家謝穎蘇傳。謝性傲而有奇才壯志，曾參加科考，未如願。除了
詩書畫三絕外，他還善擊技，講兵法。咸豐七年(1857)到臺南，先依宜秋山館吳
家，教授四君子畫法。爲臺南商界首富石氏書屏祝壽時，被前來賀禮的林國華所
賞識，重金禮聘至板橋。據魏清德回憶，一九四一年時，

> 漫遊臺南，見某家所藏之絹本金碧牡丹，狀至工緻，後在臺北，獲觀東籬
> 采菊圖，圖中人物，繪主人肖像，配以籬菊，逸氣襲人，山水多用折帶
> 皴，及疏林落木，工則工矣，幅幅如是，無甚變化。[7]

此東籬采菊圖中的主人肖像應該就是林國華或其弟林國芳，而此畫的用意也
不難想像，要表明主人高雅一如隱士詩人陶淵明。謝穎蘇的作品流行於廈門、臺
灣，潤格雖高，求畫者門限爲穿。他創作的範圍主要是自揚州八怪遺風演變而來

5　連橫，前引書，頁957。陳乃〈呂西村〉《臺北文物》4.1 (1955.5)，頁59-62。莊伯
　　和，〈臺灣金石學導師—呂世宜〉《明清時代臺灣書畫作品》（臺北：行政院文化建
　　設委員會，1984 ），頁441-443。

6　陳漢光〈林本源家小史〉《臺灣風物》15.3 (1965.8)，頁38-40。

7　魏清德〈謝琯樵其姊謝芸史附—流寓臺北市之書畫家〉《臺北文物》3.1 (1954.5)，
　　頁96-97。吳名世，〈詔安畫派之源流〉及謝崧〈一代藝人謝琯樵〉《臺北文物》4.3
　　(1955.11)，頁49-51及59-66。林柏亭〈三位傑出的畫家〉《明清時代臺灣書畫作
　　品》，頁436-440。

的蘭竹、花鳥畫；至於山水，誠如魏清德所言，拘謹少變化。要之，以謝穎蘇的傲氣，雖然在林家時間不長，但也得以其作品為主人服務，投其所好。

回顧明清時代，聞名於臺灣的美術作品，多挾古人以自重，盛行臨摹明代末葉以來的名家筆法，甚而更進一步在技法上講求怪拙奔放的野趣。內容則簡單，多為易受一般人歡迎的花鳥、四君子以及人物。

雅好藝術的人又如何欣賞呢？潘迺禎於一九四一年回憶士林地區傳統年中行事，提到讀書人在元宵時節，除了參加燈謎、詩會外，便邀請知己朋友至家中聚會。室內薰香，裝飾著花和燈，並結壇，壇上放置著風雅的文房四寶、骨董、與書畫。朋友們便悠閒地一面喝茶，一面鑑賞評論。[8] 類似的記載提及室外的美術展覽，見於一九二〇年正月的一則新聞報導，臺北稻江大龍峒三處設醮壇皆「飾以電盞，競陳列字畫古玩」，供一般民眾參觀，其中以位於辜氏別莊的北極壇最勝。後者陳列之傑作如日本狩野探幽所畫之「和合仙」，及呂世宜和謝穎蘇的八大幅作品。[9] 又如廣東出身的畫家任瑞堯（雪崖、眞漢；1907－1990）回憶幼時在臺北中元節醮壇，曾見展出板橋林家林熊祥收藏的珍貴古畫。[10] 借廟宇作為陳列書畫的場所，本是常見的事，這裡想強調的是無論在室內結壇或在戶外設醮壇以放置古董，都兼有附會風雅，裝點門面或光耀門楣的功利作用。林家重金聘請呂世宜與謝穎蘇，恐怕正因為林家從未出現過讀書人以科舉功名聞世，故延請書畫家至家中增添其所缺乏的文人風雅。

一九二〇年入選日本帝展因而成名的留日雕刻家，黃土水（1895-1930）對二〇年代初期的臺灣社會文化曾有過很深刻的批評（詳細見附錄），結尾處他說：今天在臺灣連一位日本畫畫家、一位洋畫家、或一位工藝美術家都沒有。

黃土水係「愛之深，責之切」，乃至於全面否定臺灣美術界，不過其中也不無道理。大抵說來，直到日據前期，雖然在彰化、臺南以及臺北等地配合書房教

8　潘迺禎〈士林歲時記〉《民俗臺灣》1.6 (1941.12)，頁9。

9　《臺灣日日新報》（以下簡稱《臺日報》），1920.1.24 漢文版。

10　任眞漢〈郭雪湖與我〉《郭雪湖七十作品展》臺北：臺北市立美術館，1989，頁9。

育及詩社酬唱的活動，出現幾位業餘書法家，但繪畫則無大家，仍依附於福建
「名師」而發展，並未發生太大的改變。

　　何以臺灣文化如此不振？二〇年代起，臺灣的文化先知們也曾提出種種批評
與檢討。此時此地的文化本質究竟如何？連橫檢討清代台灣的藝文活動，對於文
運之「寥落」，在感慨之餘也提出他的解釋：

　　　我先民非不能以文鳴也。我先民之拓斯土也，（略）蓽路藍縷（略），艱
　　　難締造之功，亦良苦矣。我先民非不能以文鳴，且不忍以文鳴也。（略）
　　　我先民固不忍以文鳴，且無暇以文鳴也。[11]

　　這樣的說法實非「意圖脫罪」，而是事實的分析。一九二〇年《臺灣日日新
報》〈促我臺人之覺醒〉一文批評「臺人之國民性」有三：即消極主義、享樂主
義與拜金主義；而「臺人最缺憾之處，莫甚於不肯求學。」[12] 此篇短文意在提
醒大衆，學習新知識的重要性，但也可以說明早期臺灣文化混沌現象的一面。黃
土水也曾痛責臺灣上流社會只重物質不重精神生活品質的現象：

　　　有位在臺灣社會地位高的千萬富翁長者，為自己的癖好，擁有賤妓而不惜一
　　　擲萬金，一宵之宴拋下百金千金，但是一聽說某知名畫家的油畫一幅值五百
　　　圓卻渾身發軟。這可以說是只知道物質的重要，卻不知道精神（的涵養）較
　　　之更重要的人所做的事。然而這類人高居臺灣社會的上層，引領一代的潮
　　　流。無怪乎島人矇昧於無明，沈迷於卑賤的物質萬能的夢中。（參見附錄）

　　五〇年代初期，連溫卿（1895-1957）在討論〈臺灣文化的特質〉文中謂，臺
灣文化之本質是商業資本的文化。他說，臺灣「自荷蘭時代以後，物質文化和精
神文化雖較落後，但社會文化卻大有進步」。此指墾荒社會無嚴格的封建階級制
度，因此內部階層流動而有活力。到清代時，此社會文化繼續發展，「內容是屬
於小市民主義的，而形式卻是封建主義的。」[13] 他所謂形式，簡言之，即指清

11　連橫，前引書，24〈藝文志〉，頁615-616。
12　南瀛買生〈詹炎錄·促我臺人之覺醒〉《臺日報》1920.8.14。
13　連溫卿〈臺灣文化的特質〉《臺北文物》3.2（1954.8），頁116-121。並參見同氏著
　　《臺灣政治運動史》臺北：稻鄉，1988，頁343-346。

朝對臺統治政策，旣封建又封閉。至於清代或甚至於日據時期社會文化的內容是
否可完全歸屬於小市民主義，非常值得懷疑，但他的意思指漢民族移民圈內，自
由結合，比較能齊頭競爭，爲賺錢而努力。更進一步說，相對於物質的富裕，政
治旣然封建，文化思潮也蔽塞，無法進步。較連溫卿的文章更早三〇多年，黃土
水也說，臺灣「儘管物質文明的進步與日月俱增，可悲的是精神文明卻未能同時
改善。」（參見附錄）可見早期臺灣文化工作的先驅們也已經深刻地反省此問
題。十年後，另有一段較具體、積極的檢討，頗值得我們參考：[14]

　　在臺灣到底確有固有文化嗎？而現在是有沒有存在？這些疑問，我們時常
　　可會發生疑問的。在三百年前，才由福建、廣東兩省移住到臺灣來的我們
　　大漢民族的一群，不消說，完全是中國南方文化創造者的子孫，中國文化
　　——書畫、文學等等的創造者，不能不承認皆是我們的祖宗所創造的。雖
　　然古來的書畫已經殘缺不全，甚至有的毫無影跡的。況且以漢詩所代表的
　　現代文學，亦衰墜不堪：變爲無病呻吟之類了。可是我們在政治上及經濟
　　上，可得十分完美的生活一事；雖是民生第一要件，然而我們更盼望著有
　　藝術的生活，來加添了滿足這種欲望。所以我們非把這衰墮不堪的臺灣文
　　藝，重新去新建設不可！

　　一九三三年三月，在東京的一群臺灣留學生爲提倡新文化及社會理想，成立
「臺灣藝術研究會」，並發行文藝雜誌《福爾摩沙》，以上所引便是其發刊宣言
的片斷（關於此會的成立背景，本章第四節將再作交待）。從這一段文字中，不
難理解他們也深刻地感覺到臺灣自古以來，雖然民生較前富庶，但傳統文化衰退
不振，新社會的文化價值則尙未興起，最令有識之士痛心。故希望提倡藝術普及
於大眾以滿足現代生活之需。

　　清代臺灣文化不興與政治封閉，以及資訊（包括教育）落伍有密切的關係。
臺灣的移民社會雖然在經濟開發上有相當成就，但基礎教育非常有限，造成文化
不普及。那麼，進入殖民地時代以後，又如何推展所謂現代文明呢？

14　施學習〈臺灣藝術研究會成立與福爾摩沙(Formosa)創刊〉《臺北文物》3.2（1954.
　　8），頁69。

二·2　新制殖民教育的問題

現代教育的成功與否決定臺灣接受現代文明的成效，更何況主持臺灣美術活動的官方代表即來自教育界，故理解此時期的教育制度誠爲掌握其文化背景的重要因素。日據時期，臺灣的新式教育在總督府的嚴格控制下，出現了延後普及國民初級教育，限制高等教育的現象。其次，總督府非常重視在臺日人學童從小學、中學或實業、到專科學校的教育，務使其各方面條件至少不亞於日本，以方便其回國繼續深造時不發生問題。但是基於民族差別的偏見，對臺童卻採取所謂漸進的同化政策，故全民義務教育遲遲未能推展，並且臺灣人的公學校教育水準遠在日人小學校之下。此種差別教育再配合畢業後差別任用政策，自然形成民族發展乃至於社會文化上的缺陷與陰影。故在現代化過程中佔有重要地位的臺灣教育，先期困難是未能及早推廣基礎教育，而後期知識份子所爭取的重心則是高等教育問題。

臺灣總督府首任學務部長伊澤修二 (1851-1917) 是一位教育的理想主義者，於治臺之初，主張立即推行普及日語，並培養台胞爲師資以應急。他曾擬定推廣初級學校與師範學校教育的長期政策，[15] 但未獲總督府支持，更因經費困難，各項教育政策推展不順，很快便辭職離去 (1897)。後繼的兒玉源太郎總督（1898.2-1906.4 在臺任職）與民政局長（長官）後藤新平（1898.3-1906.11 在臺任職）合作良好，才將教育納入其重要業績之中。

後藤新平爲受過德國訓練的醫官，在強勢政策的支持下，表現出極高的行政效率。不論在改善臺灣衛生環境、建立保甲制度、交通建設、提高生產工業化等方面皆貢獻良多。[16] 然而在教育方面，他主張因種族不同分採兩種制度。日人

15　E. Patricia Tsurumi, *Japanese Colonial Education in Taiwan, 1895-1945* (*Education* hereafter,) Harvard East Asian Series 88, Cambridge: Harvard University Press, 1977，pp.13-17；吳文星《日據時期臺灣師範教育之研究》國立臺灣師範大學歷史研究所專刊 8，臺北：國立臺灣師範大學，1983，頁 10-11。

16　北岡伸一《後藤新平》中公新書 881，東京，中央公論，1988，頁 3-62；又後藤氏資料見鶴見祐輔編纂《後藤新平》全四卷，東京：1937-38，1967 勁草書房復

學齡兒童教育自然力求普及、完整，與本國相同，但對殖民地的臺童教育則採取有節制的漸進方式，主要以中上層階級子弟爲對象，灌輸他們日本的皇民精神，並限制教育程度於初級與實用（包括師範及醫療）範圍。他認爲好比生物的進化有一定過程，要將「落後的」臺人敎化成堪與較優越的日人平起平坐，也得緩慢循序漸進，若想加緊提高臺民的教育水平無疑是緣木求魚，枉費功夫。[17] 事實上，擁有政權的少數日本人唯恐一旦大多數的臺灣人獲取高等教育後，反而造成統治上的困難，這才是他們根本的隱憂。

至一九〇六年，共設一八一所六年制公學校，臺灣學童就學率達五‧三一％。公學校的主要教育宗旨，爲學習日語以及道德教育和實業技能。[18] 日語當然是宣傳政令的工具，至於「道德教育是『日本化』臺灣人，以維持固有階級和特權並加強其統治的工具。」[19] 而訓練實業技能也可視爲配合經濟建設，提高國民生產能力，促進殖民地政府自給自足乃至於支援母國的財力。總之，殖民教育政策自始至終皆與其統治政策密切配合。至一九二〇年代初，公學校的數量和素質雖然逐漸提高，但初級以上的教育機會受到嚴格的限制，教育漸進的基本政策絲毫未改。

一九一八年，日本內閣改組，新的政黨內閣成立，進入大正民主期(1918-1932)。同時，臺灣也結束軍人擔任總督時代，由側重以武力平定臺灣各地民衆的反抗，進入文官總督時期(1919.10-1936.8)。首任文官總督田健治郎（1855-1930；1919.10至1923.9在職）便強調以同化臺人取代漸進教化次等民族的政策。他的施政方針，是推行「種種經營設施，使臺灣民衆成爲完全之民臣，效忠日本朝廷，加以教化善導，以涵養其對國家之義務觀念。」「提倡尊重教育、文治政策、民族的融合。」[20] 一九二二年公布的臺灣教育令具體修改公學校課

刻，黃昭堂著，黃英哲譯，《臺灣總督府》臺北：自由，1989，頁82-90。

17　Tsurumi, *Education*, ibid. p.81。

18　Tsurumi, *Education*, ibid. p.28。

19　歐用生〈日據時代臺灣公學校課程之研究〉《臺南師專學報》，12（1979.12），頁91。

20　井出季和太著，郭輝編譯，《日據之臺政》，臺灣省文獻委員會編行，臺灣叢書譯文

程，縮短公學校與日人小學教育內容的差距，並增設高等科（六年制小學畢業後再延長兩年教育）。但是，新政策中最能代表同化理想的日臺學童共校制實僅限於口號形式，受惠的臺童極爲有限。一九二〇年臺童平均就學率仍僅二五％，一九三〇年提高爲三三％。[21] 一九二二年同時象徵性地增設臺人中等學校，即臺北第二中學，臺南第二中學。如此，加上臺人集資籌設的臺中中學 (1915) 共有三所，可供當時已將近七百多所公學校畢業生升學。一九二八年臺南士紳黃欣爲「綏合臺灣入學難」，擬籌設另一所中學，卻爲總督府斷然拒絕。[22] 資料顯示，此時期由於臺人中學校數目的控制，臺籍學生投考中學的錄取率始終遠低於日籍學童。[23]

　　直到一九三九年二次大戰非常期間，爲了實踐其帝國主義的野心，加緊推行皇民化運動，總督府才決定實施臺民之義務教育。結果，至一九四四年戰爭末期，臺胞學童就學率達七一．一％（男生八〇．七％；女生六〇．七％）。[24] 相對的，日本學童的就學率卻很早便高達九九％以上。[25] 故普及國民教育雖被稱爲總督府在臺灣教育事業上的重要貢獻，但即使不論其內在本質是強調皇民化次等國民的道德教育，就相對於將近五十年來對臺灣的次等殖民化統治與經濟剝削的大環境而言，這點遲來而有限的基礎教育的代價也未免過高了。

本第三種（臺北：臺灣省文獻委員會，1956 ），頁688。顏娟英〈臺灣早期西洋美術的發展〉《慶祝臺大建校六十週年臺灣史研討會論文》，1988.12 發表，排版中。

21　汪知亭《臺灣教育史》，臺北：臺灣書店，1959，頁46。

22　《臺日報》1928.10.16。

23　二次大戰期間總督府增設多所（男子）中學，至1943-44年包括4 所私立學校，共有21校。但是以日籍學生爲主的4所學校（臺北一中、三中，臺中二中，臺南一中），錄取率分別在69.7% 至80.8% 之間。反觀同年，以臺籍男學生爲主的4所中學（臺北二中，臺中一中，彰化中學及臺中二中），錄取率低到21.9% 至26.5% 之間。參見昭和19年《臺灣年鑑》臺北：興南新聞社，1944；臺北：成文書局影印《臺灣年鑑》第40冊，1985，頁505-506。及王知亭，前引文，頁57。

24　臺灣省文獻委員會編《臺灣省通志稿》卷五〈教育志・設施篇〉（臺北：臺灣省文獻會，1955 ），頁54；Tsurumi, *Education*, ibid. , p.113。

25　統計數字顯示：1935年爲99.26% 至 1941年爲99.59% 見昭和18年版《臺灣年鑑》臺北：興南新聞社，1943，頁348。

二・3　留學生的文化政治運動

　　文化的扎根最需要從自我的反省出發，主動地爭取追求，故本節即側重新興知識份子的努力。一九一五年，第一所臺人中等學校的創立，便代表著臺人首次主動而有計劃地掀起現代化運動，突破總督府節制漸進的教育方式，推動新時代的政治、文化思潮。此學校的創立人，主要是臺灣中部的地主士紳，因不滿總督府的次等種族教育制度以及弱勢文化和政治地位，遂組織起來向日本政府溫和爭取，提高臺民生活。其領導人物如林獻堂，早已攜帶其稚幼的子女與族人子弟前往日本受較完整的教育。[26] 在日本期間他非常仰慕現代社會的民主、民族運動思潮，一九一一年曾邀請梁啓超與同情臺人立場的板垣退助 (1837-1919) 至臺參觀演說。一九一四年來台之板垣與林氏等人策劃之「臺灣同化會」有如曇花一現，未達成任何結果。[27] 但他們在實際體驗日本現代文明與學習民主抗爭的經驗中，瞭解了推動臺灣新文化啓蒙的重要性，希望能刺激臺胞的自由民主思想，提昇民族地位，並爭取總督府平等對待臺胞。

　　林獻堂爲首的中部士紳雖然集資籌備第一所臺人中等學校（後改州立臺中中學），成立後卻由官方接管，並且以後再也無法援例自行創辦學校。他們只好繼續大量地將子弟送往日本求學，[28] 故而至一九一八年以後，東京的臺灣留學生逐漸成爲一股追求文化政治運動的力量，初期即與林獻堂等人配合，首先成立啓發會，一九二〇年改爲新民會，並創辦《臺灣青年》雜誌。一九二一年在東京推

26　林獻堂先生紀念集編纂委員會《林獻堂先生紀念集》，卷一年譜，臺北：文海，
　　1974，頁 17-22。戴寶村〈士紳型政治運動領導者--林獻堂〉《臺灣近代名人誌》冊
　　四，頁 51-73。

27　《臺灣社會運動史—文化運動》原名《臺灣總督府警察沿革誌第二編》，王詩琅譯，
　　臺北：稻鄉出版社，1988，頁 21-40。

28　《臺灣總督府學事年報》第二十五、第二十八（臺北總督府文教局，1929 及 1930）
　　「本島人內地留學者」，1926 年臺中州 326 人，臺南州 184 人，臺北州 129 人（《年
　　報》第二十五，頁 50-51），1929 年臺中州 499 人，臺南州 371 人，臺北州 184 人
　　（《年報》第二十八，頁 46）。值得注意的是臺中州留學人口往往是臺北的一倍以
　　上，故而文化協會的核心人物也以臺中州人士爲主。

動臺灣議會設置請願活動，並團結島內人士於臺北成立臺灣文化協會，明白宣言其宗旨爲促進教育普及，文明進步之文化運動。[29]

同年，臺中人王敏川（1889-1942；1923早稻田大學畢業）便力陳「義務教育之必施」，認爲「吾臺人不欲齒於文明人之列則已，而思欲齒於文明人之列，則不可不盡力建議速施義務教育，而尤不可不力爭圖設完全之教育。」而且公學校中宣揚高尙之日本皇民精神，否定臺人原有傳統，更排斥臺語與放棄漢文教學，則不但降低文化水準，更讓學童在弱勢民族的心態下成長，造成偏頗的人格教育。故王敏川呼籲，若不改善教育內容，「則吾民無可立于生存競爭劇烈之世界，必至于自滅棄其天賦之才，而受人之所侮賤。」[30]

王敏川對殖民教育的反省不可謂不深刻，同時也不難看出他作爲新文化運動先驅的使命感。在此前一年，東京美術學校的臺灣留學生之一，黃土水以彫刻作品「蕃童」（吹笛）（圖版1）入選帝國美術展覽會，新聞轟動東京及臺灣全島。自此留學生美術主領臺灣現代藝術界的風騷，也可以說美術已然在留學生文化中嶄露頭角。最近愈來愈多有關黃土水的資料面世，可以發現他並不是只懂得雕刻藝術的人。事實上，做爲臺灣文化界的先驅，他的自我責任感以及對臺灣文化混沌的現況都曾有過深刻的批評及期許（將在第三章黃土水一節中再較詳細地交待）。按連溫卿的說法，黃土水曾一度參加一九一八年東京留學生的文化政治活動，[31] 但詳細情形並不清楚。此處繼續討論留學生的文化政治運動如何在島內發生作用及其面臨的困難。

一九二一至二七年的文化協會聯合島外留學生與島內青年學生，以文化啓蒙

29　〈臺灣文化協會〉《臺灣社會運動史—文化運動》前引書，頁249-504；吳三連、葉榮鍾等著〈臺灣文化協會〉《臺灣近代民族運動史》，臺北：自立晚報，1987，頁281-353。

30　〈臺灣教育問題管見〉，《臺灣社會運動先驅者王敏川選集》臺北：臺灣史研究會，1987，頁4。

31　「在臺灣同化會解散後，一九一八年急進同化主義者是在東京中華第一樓，聚集了約二十名台灣留學生徵求『對台灣當如何努力』的意見。出席者之中，有以彫刻聞名的黃土水，以及林呈祿…」見連溫卿《臺灣政治運動史》臺北：稻鄉出版社，1988，頁43。

爲號召，傳播民族自治自決的思想。[32] 或者，引用其核心人物之一，連溫卿的
檢討，文化協會乃是籠統的反日本帝國主義之團體，「以少數（土地）資產階級
的進步分子爲其代表，而以新興智識階級的進步分子爲其中心。」[33] 他們在各
地城鎮舉行的文化活動，熱鬧一如迎神賽會；渴望知識與反抗經濟剝削的農民勞
工們將這些演講的「辯士」捧成了抗日民族英雄。但是如何進一步回應民衆的熱
情並具體提昇生活條件？經濟與教育發展的權力關鍵依然由殖民政府嚴格控制，
現實的無力感很快地瓦解了民間文化啓蒙運動的理想與組織。一九二七年一月文
化協會改組，採取社會主義路線，但新文協的努力也無法持續，次年拱手讓給臺
共，後者在不到三年內便遭總督府取締而消失於臺灣的舞臺上。從此，任何帶有
絲毫泛政治色彩的活動均無法出現，代之而起的便是下節將討論的文學運動。

　　從文化演變的角度來分析，知識份子對現實的無力感除了因爲被排除在臺灣
政治和經濟發展的核心機構之外，也源於文化的斷層。此即島內新舊文化之間以
及留學生與本地生之間，因敎育和文化無法銜接，故未能迅速匯合成一股改革力
量。不但基礎敎育普及的速度緩慢，初級以上敎育機會更始終嚴格受限。另方
面，舊有的書房敎育旣不足以應付現代資訊，又屢遭打擊，而趨於凋零，遂使臺
灣在邁向早期現代化過程中，由於新舊文化之間青黃不接的現象，而步履蹣跚。
舊式讀書人無緣於新式學校，依舊沿習結社吟詩擊缽酬唱的方式，詠物聊以自
娛。他們旣無力吸收日文媒體傳播的西洋新潮，又拒絕接受白話文學運動。[34]
這批守舊人士反而受到官方的容忍與攏絡，自絕於新時代變化中的反省與進步。
　　留學生與本地新生代之間的隔閡乍看之下並不明顯，然而由於島內相對地缺

32　張炎憲〈臺灣文化協會的成立與分裂〉《中國海洋發展史論文集》臺北：中央研究院
　　三民主義研究所，1984，頁280-293。

33　連溫卿，前引書，頁60。

34　張我軍〈致臺灣青年的一封信〉《臺灣民報》第二卷第七號（1924.4.21）；〈糟糕的
　　臺灣文學界〉《臺灣民報》第二卷第廿四號（1924.11.21）皆見《景印中國期刊五十
　　種》臺北：東方文化，1974。又，一九三五年，進入第三年的《臺灣文藝》，發行量
　　僅1000冊，據張深切的說法，當時參加詩社之漢詩人千餘人中，不到20人購讀該新
　　文學雜誌。〈《臺灣文藝》的使命〉，《臺灣文藝》2.5(1935.5)，頁20。

少高級學校畢業生，而又無法適當任用留學生，發揮社會體制內的改革效用，故留學生歸來後雖然倍受同胞尊敬，卻曲高和寡，不過是社會上的高級遊民罷了。[35] 對臺籍學生而言，中學校已是僧多粥少，能考上臺灣唯一的大學—臺北帝國大學（一九二八年成立）更是鳳毛麟角。[36] 更何況現實環境並不提倡或鼓勵高等學歷。臺人即使獲得高等學歷，欲覓得公職仍然困難重重，故識實務之公學（高等科）畢業生多投考具有職業保障的實業學校、醫學校以及師範學校。[37]其中師範畢業生的數目又遠超過前兩者，故最具影響力。後者通過激烈的入學競爭，一般接受五年人文通識教育訓練後，任教公學校，待遇尚可，且傳統社會地位高。[38] 根據調查資料顯示，「臺籍師範生絕大多數出身中、上家庭，甚至不乏富豪之流。」[39] 正因如此，他們的地緣關係深厚，畢業後往往成爲社會的中堅分子。然而實際獻身鄉里公學校的師範畢業生，在服務一段時間後，卻因苦無進修與升遷機會，而充滿無奈感，很難成爲提昇社會文化的精英團體。[40] 部分有志之士或轉業，或至日本及大陸等地留學，繼續深造，造成嚴重的人材流失問題。許多留日學生在取得學位或一技之長後便留在當地就職，甚而轉往大陸，在國民政府或僞滿州國政府中謀得一官半職。留學大陸者更不願回來面對失業的痛苦。加上經濟發展不自由的情況下，歸臺者，除極少數人外，只有出身地主富紳家庭者能夠繼續經營家庭事業，或加入清苦的文化自由業行列。

　　一九二〇年代的文化政治活動可說是由地主士紳培養的留學生推動起來的，

35　矢内原忠雄著，周憲文譯，《日本帝國主義下之臺灣》，臺北：帕米爾書店，1987年再版，頁153。

36　一九四三年臺大學生總人數454人，其中臺籍僅69人，醫學部學生佔64人。參見〈教育志設施篇〉，前引文，頁160-162。

37　〈卒業生要何處去？入學難與就職難，臺灣青年的苦悶〉《臺灣民報》昭3（1928）3.25二版。

38　1922—1940年，臺灣中學入學數有9413人，平均錄取率15.9%；臺籍師範生（師範部普通科及三年制講習科）入學數共2493人，平均錄取率9.3%；事實上，1928—1938公學師範部普通科的錄取率均不及4%，參見吳文星，前引書，頁101。

39　吳文星《日據時期臺灣師範教育之研究》，前引書，頁103-108。

40　吳文星，前引書，頁176-182。

在文協失敗之後，前者先退隱，而代表地方農工團體的勢力興起，然而激烈的無產革命主張不久便遭到殖民政府完全壓制。三〇年代的民間文化活動遂改由文藝創作者主導。正值此溫和政治改革派宣布退出文協、臺灣的民間文化啓蒙運動受挫折時，臺灣全島美術展覽會在一九二六年由臺灣教育會的日籍委員提議後，次年秋天第一回順利舉行。總督府極力宣揚此展覽會爲文化提昇活動，官方報紙如《臺灣日日新報》持續宣傳數月，標榜爲「開發一般民眾的藝術趣味，提供畫家互相鑑賞機會」。總督並親自主持開幕典禮，正式於臺灣神社祭日公開，當天入場人數約一萬人，可謂盛況空前。[41] 相對地，原文協的機關報《臺灣新民報》卻態度冷淡。究竟此官方主持的文化美術活動中反映出來的臺灣美術發展，與民間知識份子所推動的文化運動發生何等關係？以下還必須先交待新文學與美術發展之間的相關問題。

二、4　新文學運動與美術

　　以往對此時期文學稍微有所涉覽的人，最深刻的印象往往是「抗日文學」，其次才是白話語文學運動。尤其具有反殖民統治思想的抗日文學曾經被民族主義者捧爲當代的重要文化遺產。因此前人在檢討同時期的美術活動時，也曾努力尋找反殖民的象徵，或被迫害的痕跡，卻沒有發現具體的線索可稱之爲「抗日美術」者。然而，筆者在研究過程中，最關心的並非「抗日美術」的有無，而是美術與文學發展若即若離的關係。美術和文藝原是現代文化的核心，兩者實有不可分離的關係，他們彼此之間思潮的激盪即引領一代之風騷。然而現實上在初期，卻由於兩者，指現代美術與文學藝術，分頭發展而分散團體運動的力量；對以展覽爲主要活動的美術而言，則缺乏文藝理論的指導以及美術批評的刺激。到一九三〇年代中期，文學與美術活動之間愈趨活絡。如何解釋二〇年代至此時的社會、文化變遷？文學運動與美術運動本質上有何共通點？尤其在解釋當時美術風

41　參見《臺日報》1927.9月、10月、11月，特別10.27（開幕日）前後的大量報導。

格如何建立時，更需要全面性地從文化的發展來觀察文藝與美術的關係。故雖然筆者對文學史的認識非常有限，仍得嘗試著從與本文相關的觀點來理解同時期新文學運動的意義。

　　自一九二〇年《臺灣青年》創刊，至《臺灣》（一九二二．四創刊）、《臺灣民報》發行（一九二三．四創刊，一九二七．八自東京遷移至臺北，週刊；一九三二．四改爲日刊）以來，以文協爲主的文化政治運動人士便在這些機關報上發表文章作爲向一般民眾宣傳的利器。他們首先介紹、並推廣白話文學作爲容易普及、方便吸收新知的文字工具，因而遭到的最大阻力係來自舊文學人士，即所謂新舊文學之爭。[42] 舊文學人士或因無緣吸收新知或因循舊習，極力維護其結社以擊鉢吟詩的傳統創作活動。本來無論新舊文學人士都是在野的臺灣人，而新文化的普及爲時勢所趨，舊詩人又無學校或科舉以傳其衣鉢，勝負立即可辨。殊不知總督府的文化政策卻是鼓勵擊鉢吟詩，甚至由總督出面邀請日臺詩人參加吟詠會（或稱揚文會），藉以拉攏傳統文人並炫耀日本人的漢文水準。[43] 代表官方立場的《臺灣日日新報》更長期開闢專欄，發表吟作。於是這場新舊文人之爭便不僅是語言或文學形式之爭，其中更混雜了民族及朝野的競爭，而且兩家報紙立場更是涇渭分明。一九二〇年代主要發表在《臺灣民報》上的新文學，以小說而言，其內容不外描寫殖民地統治生活的黑暗面以及舊封建傳統的腐敗。[44] 換句話說，早期文學從文化政治運動出發，肩負著強烈的民族主義及社會改革的理想。

　　在這樣的背景之下，便不難理解，由日本半官方團體於一九二七年舉辦「臺灣美術展覽會」（以下簡稱臺展）時，《臺灣日日新報》盡其所能，熱烈地宣傳、捧場，相對地，《臺灣民報》反應非常冷淡，並對其幼稚、未能反映臺灣社

42　廖漢臣〈新舊文學之爭〉（上下）《臺北文物》3.2(1954.4)，頁26-37；3.3，頁35-53。

43　廖漢臣〈揚文會〉《臺北文物》2.4 (1954.1)，頁77-82；郭千尺〈臺灣日人文學概觀〉《臺北文物》2.3 (1953.11)，頁2-17。

44　黃得時〈臺灣新文學運動概觀〉（二），《臺北文物》3.3 (1954.11)，頁26-29。

會生活環境、和內容貧乏感到失望。[45] 平心而論，如果當時臺灣美術表現幼稚
的話，同時期文學表現的藝術水準也不見得特別高明，故其批評的重點應該在社
會寫實性的有無，這才是現代文學與美術表現分岐之處；同時，更重要的，其背
後的推動力量，一則來自民間，一則來自官方，故而無法即時攜手合作。

　　但是，從另一角度而言，當時的美術與文學創作者都是臺灣新生代中的知識
份子，他們不但有共同的成長環境，也有相近的社會理想。他們都關心如何提高
臺灣文化，並且體認共同努力的目標是要把他們所吸收的新知識與文化觀念普及
於社會大眾，因此攜手合作只是時間和形式上的問題。以下先從時代大環境來分
析這兩方面路線的合作情形。

　　一九三〇年至三七年中日戰爭爆發以前，臺灣出現了許多重要的文學雜誌，
並配合戲劇界的蓬勃發展使得新文學運動的面貌更為豐富，其中最值得注目的是
各種文藝聯盟的活動。一九三一年，臺日作家三十九人，包括台人十位，成立
「臺灣文藝作家協會」。[46] 其創立宗旨中，強調文藝理論必須與文藝活動結
合，並指出組織臺灣文藝作家的目的在於：

> 以期對臺灣文藝的探究及其確立，這一點沒有排外主義，也沒有獨善主
> 義。我們願將文藝推到大眾的面前，供其批評，以達到預期的目的。提倡
> 臺灣文藝作家團結的理由，不外是在乎於此。

簡言之，即希望結合臺日青年作家去發展和建立臺灣文藝，並推廣文藝大眾化的
理想。此會發行機關雜誌《臺灣文學》中日文均刊，但僅兩年即告停頓。其成果
雖然有限，但首開臺灣文藝團體活動之風氣，不可謂不重要。

　　此作家協會成立的背景因素何在？其一，日本大正時期（一九一二至二
六），自由理想的人文本位主義風靡了一般的知識份子，尤其藝文界盛行個人主
義，並關懷下層農工大眾。自一九二〇至三四年間，各種文藝聯盟興起，尤其以
普羅大眾的代言人自居的左翼文藝聯盟，聲勢驚人。雖然後者的活動很快便遭到

45　《臺灣民報》1927.10.30 四版及十二版，鄭登山之批評。

46　王一剛〈臺灣文藝作家協會─臺、日文藝工作者首次的攜手〉《臺北文物》3.3
　　（1954.11），頁 23-25。

日本政府的嚴屬取締，但是文藝界已意識到除了涵養純藝術外，尚須走出象牙塔，照顧大衆的疾苦。此風氣逐漸影響及在臺的青年作家。其二，臺灣新生代的日文程度提高，創作的潛能蓄勢待發，能夠與在臺日人新文學作家配合發展。然而，文藝作家協會係以日人作家爲主，臺人爲副，而眞正能深刻反省其生活環境的在臺日人作家實在有限，此時臺日合作實際上困難重重，故此作家協會難以持續。

　　值得注意的是，一九三〇年代，溫和或激烈的政治活動一概受到取締，更多的留學生及有識之士紛紛投入文藝工作，在短暫的期間內大幅度地提高島內的文藝水準。臺灣的新生代文人迫切地感覺到有必要開展其發表園地，以影響社會風氣。一九三一年秋，在臺北與臺中的一些文人組成「南音社」，並於次年元旦創刊文藝雜誌《南音》半月刊。其組織之共識爲集合同人力量，推動臺灣的「文藝的啓蒙運動」。雖然南音雜誌後來被批評爲「風月花鳥的貴族文學」，但是重讀其發刊詞也不難了解其出發點具有相當的理想：[47]

　　　　我們（臺灣）的精神生活…（略）缺乏思想的訓練和文學的涵養…（略）
　　　　要想提高一點點臺灣的文化，向上我們的生活，除卻從事這方面（文藝）
　　　　的工作而外，實在是少有辦法的。所以本誌在做同人自己表現一些牢騷
　　　　外，還期待它能做個思想知識的交換機關，盡一點微力於文藝的啓蒙運
　　　　動。

　　當文學界凝聚其文藝啓蒙運動的共識時，美術創作者也得到合作的契機。一九三二年三月，由文學、哲學和美術留學生於東京成立臺灣藝術研究會，發行《福爾摩沙》。其成員包括東京美術學校的畢業生、日後的美術評論家及美術史家王白淵(1902-65)，以及多位重要的文學創作家，可稱之爲臺灣文藝作家的聯盟，特別具有啓發性。其發刊宣言首先檢討臺灣文化之陳陋（部份已見於本章第一節引文），又提到美術界的成就作爲現代文化的榜樣：[48]

47　《南音》創刊號 (1932.1.1)，頁 1，見《新文學雜誌叢刊》第二十九種，第一册，前
　　引書。

48　施學習，前引文，《臺北文物》3.2(1954.8)，頁 69-70 。

（臺灣）到了現在還沒有生產過著獨自的文化。這可說是一大恥辱。臺灣豈是已凋死了嗎？不，不！他們決非沒有才能，只可說是不夠勇氣。幸得到了近年來已有不少的新人不斷地在出現。他們已開始努力研究了對於繪畫和彫刻等類。這眞是我們一件值得可喜可慶的事。……

……以對這種文藝改進事業爲自許，……在消極方面，想去整理研究從來微弱的文藝作品，來吻合於大衆膾炙的歌謠傳說等鄉土藝術；在積極方面，由上述特種氣氛中所產出的我們全副精神，從心裡新湧出我們的思想及感情，決心來創造眞正臺灣人所需要的新文藝。我們極願意從新創造「臺灣人的文藝」。……

臺灣地理屬于祖國大陸和日本之中間的臺灣人，好似一個橋樑，有必要將雙方的文化互爲介紹，藉以貢獻繁榮東亞之文化。……所以我們必須從文藝來創造眞正的「華麗之島」（Formosa）。

此時，總督府所舉辦的臺展已經堂堂進入第五屆，成果頗受人注目；而且這些留學生在日本受到西洋文化的洗禮，眼見日本自明治以來，美術與文學同被知識份子視爲現代文明表徵，平行迅速發展，故較重視現代美術的表現，遂成爲文學與美術運動攜手合作的契機。在其宣言中，值得注意的是整理鄉土文學藝術的呼籲，以及吸收中日文化精華以創造臺灣本位文化的理想。如此，希望從廣義的文藝創作活動出發，關懷並領導大衆，達到建設社會文化理想的風氣，由留學生提出而再度傳到臺灣。次年，先有「臺灣文藝協會」成立於臺北；[49] 再隔年，即一九三四，在臺中又有規模最大的臺灣文藝界盛會，「臺灣文藝聯盟」出現，並合併「臺灣藝術研究會」爲其東京分部，發行中日文並刊的《臺灣文藝》。[50]

一九三四年十一月由臺灣西洋畫家組織成「臺陽美術協會」，次年春正式向全島公開徵選作品，舉行第一回展出。臺灣文藝聯盟與臺陽美術協會遂成爲臺灣文化工作上攜手合作的伙伴。文聯的會員列席畫展的開幕式，並且利用《臺灣文藝》爲之宣傳；同時在東京與臺北分別召開文藝座談會，邀請美術家與文學、戲

49　廖毓文〈臺灣文藝協會的回憶〉《臺北文物》3.2(1954.8)，頁71-77。

50　賴明弘〈臺灣文藝聯盟創立的斷片〉《臺北文物》3.3(1954. 11)，頁57-64。

劇、音樂創作家一起會談。[51] 可惜文聯僅維持兩年，共十五期即廢刊，藝術界也失去一個同心協力，爲建設文化而努力的機會。

文聯何以失敗？除了外在有總督府的壓抑之外，更嚴重的是內在力量無法統合，會員之間面臨在雛形的民族主義路線與社會主義路線之間取捨的困難，導致最後的分裂。這兩種意識形態原來共通的出發點爲：爭取大衆讀者與觀衆，以發揮文化運動改進社會的功能。其核心人物如張深切（1905-1965），在少年時曾留學日本多年再轉往中國，是相當堅定的中華民族主義分子，他主張：[52]

切不可模做日本文學的偏重描寫主義，倒是要參考中國的舊文學形式而配以蘇俄的新文學形式—描寫與情節併（均）衡致重一才行。……（臺灣）識字階級還少，況且咱們的文章仍未圓熟，不宜寫長篇的讀物，宜選擇有趣的題材寫短篇的讀物。據我鄙見，臺灣人似乎很喜歡三國演義、水滸傳、東周列國等富有波瀾曲折，或封神聊齋等神奇怪說，或屬於滑稽的書物，總而言之要有刺激性的東西就是。……替臺灣民衆訴苦，爲臺灣民衆吐露希望……

他所說反對日本潮流，以中國舊文學爲本，學習蘇俄新文學的想法，不但是三〇年代流行於上海文學的說法，而且更與同樣留學日本後再到中國去教書的畫家陳澄波的想法完全一致（後文第三章第二節將再討論）。其次，所謂重戲劇性情節，寫滑稽文章以吸引讀者的興趣，亦即娛樂大衆。取材上雖然要顧及社會的疾苦，但也反對細膩技巧的描寫，寧取簡明、刺激、娛樂性的手法。

文聯的另一名大將，楊逵（1905-1985）對文學的要求則較爲嚴肅。他提倡建立臺灣的殖民地文學，旣非逃避現實的純藝術創作也非降低格調的通俗文學，而是積極地從大衆（普羅）的立場出發，切實反映社會的眞相。他又認爲對臺灣而言，日本文學比中國文學更重要，而最後目標在具有世界觀的文學。[53] 事實

51　顏水龍參加東京座談會，內容見《臺灣文藝》2.4(1935.2)，頁24-30；楊三郎、陳澄波參加臺北座談會，內容見《臺灣文藝》3.3（1936.2），頁45-53。

52　張深切〈臺灣文藝的使命〉《臺灣文藝》2.5(1935.5)，頁19-21。

53　楊逵〈藝術は大衆の物である〉《臺灣文藝》2.2(1935.2)，頁8-12。

上，楊逵和呂赫若都在一九三四年以日文小說入選東京的《文學評論》，並獲獎，成為普羅文學的新秀。他們代表年輕一代的臺灣文學創作者，受過較完整的日文教育，希望透過日文創作，以及對無產階級的關懷，躋入世界的舞台。一九三五年八月，精力旺盛的楊逵退出文聯，另組《臺灣新文學》班底，聯合聲勢浩大的臺日作家，無論創作或評論表現俱頗為可觀。[54] 然而，遺憾的是此刊物內並未發現有關美術的文字。

美術界與文聯的短暫合作頗引人注目，其原因之一為普及文藝和美術修養已成為臺灣文化啓蒙運動的共識。其二為此股潮流配合在日本乃至於中國上海一帶自由理想主義的蓬勃發展，極有可能演成全球普羅思想大聯盟的趨勢，文藝界自發自動地團結起來為社會文化的理想而獻身。受新文化洗禮的文藝界對美術，尤其西洋藝術的理解日益增加自然有助於彼此的合作；同時企求表現臺灣特色的美術界也發現需要更深入民間瞭解傳統特色，獲得更多的支持與鼓勵。但是一九三〇年代，臺灣吸收日本的影響愈深，民族文化的抉擇愈加痛苦，這是美術與文學界都得面臨的問題。雖然如楊逵者，配合無產階級主義的世界潮流，希望以個人經驗的寫實手法替臺灣文化另闢新徑，但維持的時間仍然有限，而美術界的反應也很遲疑。一九三七年七月，中日戰爭正式爆發，軍方勢力抬頭，漢文版報章雜誌一律遭禁，意識形態鮮明的藝文活動更無法生存。此後的新生代藝術家中雖然不乏對美術與文學同時關心者，但已很少人深刻地探討藝術的社會功能，或藝術家的責任等問題（有關三〇年代後期藝評以及美術與文學之間切磋的詳細情形，則留待將來另文討論）。

三、美術的認知與傳授

三・1　民間美術傳統

在第一章第一節討論臺灣早期文化現象時，已經拿清末名流寓書畫家呂世

54　王錦江〈《臺灣新文學》雜誌始末〉《臺北文物》3.3（1954.11），頁70-71。

宜、謝琯樵爲例,說明藝術文化在臺灣的傳統地位。本章擬分析日據時期美術教育的具體內涵,首先得再次交待民間已有的美術傳承方式及其意義。當時,不僅文學運動有新舊之爭,美術發展上也出現新舊之間的競爭,只不過新美術一開始便由官方大力提倡,民間舊美術自然招架無力,呈現一面倒的情形。本節先檢討民間傳統美術的活動本質,再觀察其演變。

日據前半期,教育仍未普及,故新式美術也無法傳播。延續清朝文化表現的文人及民間職業書畫家,仍依附各地的書房、詩社,乃至於寺廟與裱褙店而存在。雖然創作形式上因循舊觀,卻也因爲沒有其它普遍爲大衆所接受的美術媒體,故能持續生存。習畫的管道大致爲入裱畫店作學徒,從店內的畫師學習,並臨摹舊畫;或自己臨摹畫帖、畫稿。事實上,在一九二七年第一回臺展以前,也有不少水墨畫家頗爲活躍。同時,臺灣社會日趨安定,吸引福建廈門、汕頭及廣東廣州一帶的書畫家,常到此開館授徒或載筆雲遊賣畫。[55] 又因爲教授研習與收藏的需要,詩社、或商紳文人也從大陸引進各種骨董書畫,往往藉全省各地在廟會、設醮壇時舉辦私人古今書畫展覽會。[56]

這些民間畫家究竟如何面對現代美術的衝擊?首先以詩人兼畫家的高雄九曲堂鄭坤五(1885-1959)爲例,瞭解其藝術觀。[57] 鄭坤五雖出生於福建,卻定居鳳山,同時熱衷詩社及書畫活動;他既曾參加日本的美術展覽活動,且於一九二五年在臺灣日日新報舉行南畫展,頗受矚目。[58] 有關他的藝術觀具體出現在一九三一年,他參加新舊文學論戰,站在舊文人立場替臺灣的舊詩辯護,發表了一段文字:

> 余謂實藝術演進過程,不論何時何地,在所必有……況君子爲名,小人爲
> 利……何如留其博取虛名餘地,使其享有高尚消閒法,可以減卻遊酒場、

55　《臺日報》1922.11.12 ; 1923.1.21 ; 1923.9.6 ; 1924.9.18 ; 1925.5.19 及 1927.9.28。

56　《臺日報》1920.1.24 ; 1921.10.11 ; 1921.12.24 ; 1924.11.3 及 1926.12.19。

57　黃冬富〈日據時期高雄地區的美術發展〉《炎黃藝術》30 (1992.2),頁10。

58　鄭氏並曾以「雞聲茅店月」入選第五回日本畫審查會,受東洋藝術院金牌賞,俱見《臺日報》(1925.7.4)報導。

打麻雀，杜絕小人閒居爲不善之惡習……[59]

我眼內之詩，只當是藝術品，在今日不過是我等不便嫖妓賭博之代用消遣
機關而已。……

況潮流澎湃，漢文失勢，漢詩現在已在壓惡（迫？）掛（排？）斥寰境
內，得托足於琴碁書畫娛樂品之列，已屬萬幸，又要利用到治國平天下，
夢想又太無程度。[60]

其文字內充滿了消極地明哲保身，甚至於委屈、苟且求生存的說辭。這不但表明
文人社會地位之低落，欲振乏力，也可見文人不自重，但視文學藝術爲君子行有
餘力時，聊以消遣娛樂人生，並藉此博取虛名之用，實在令人嘆息。由此可知新
舊知識份子之間的鴻溝，以及舊文人的極端保守態度。鄭氏正式受過中等教育，
謀生不成問題，一般從學徒出身的畫師，倘若依此維生，則在現實生活上有更多
的困難。

　　民間畫師，如蔡雪溪（原名信其 1884 生），曾入公學校，一九一四年赴福建
學過林紓、吳芾、上官周等清代以來當地的流行風格。[61] 他在臺北永樂町市場
前開設畫館兼裱畫，生活相當清苦。平時也臨摹《芥子園畫譜》等以自習，但自
視爲創作的山水、人物、花鳥畫則乏人問津，價格遠不如供人奉祀，千篇一律的
神像畫。他時或南下，應地方紳商所需，以及建醮廟會，揮毫賣畫。[62] 同時仍
有年輕的學生，如後來成名的郭雪湖與任瑞堯等上門請教，或留下來作學徒。[63]
當時臺灣社會所見之美術主流仍是傳統士紳階層所支持的字畫，書畫與詩社活動

59　鄭氏此文原發表於《風月報》一三七期(1931.9.5)，原刊物仍未尋得，引文轉自廖漢
　　臣，前引文，〈新舊文學之爭〉（下），頁42。

60　轉引如前註，頁45；原文發表於《風月報》一四○、一四一期合刊號。

61　據記者採訪稿（《臺日報》1927.9.21）；並參考任眞漢〈郭雪湖與我〉，前引文，頁
　　9；同作者，〈瑞堯時代的回憶〉《現代美術》29，頁92；同文《現代美術》30，
　　頁60。

62　《臺日報》(1922.7.20) 稱一九二二年，七月下旬，蔡雪溪繼去秋，再度抵嘉義應同好
　　之需。同報又謂，一九三二年底，蔡氏應新竹建醮之需，於城隍廟邊個展 (1932.12.
　　23)。

63　任眞漢（瑞堯）〈郭雪湖與我〉，前引文，頁10及〈瑞堯時代的回憶〉《現代美
　　術》30，前引文，頁60-61。

之間也維持密切關係。蔡氏與同好組成萃英吟社，其事務所即位於雪溪畫館，[64]
而他個人並曾入選該吟社徵詩。[65] 前文（第一章第四節）已提過吟社與日本總
督府以及官紳之間有著密切的關係，故而蔡氏自然在與日詩人交往中，接觸並吸
收了日本南畫的影響。[66] 無可諱言，蔡氏不以詩聞名，且在他的習畫過程中，
偏重技法而駁雜並陳。是故當郭雪湖於一九二〇年代末期一舉成名後，蔡氏又轉
向他的學生學習新的畫風。[67]

　　蔡氏因善於適應潮流，改變作風，後來也能勉強擠入臺展的行列，但如前述
鄭坤五則逐漸被新美術所淘汰。另外一個有名的例子爲臺北李學樵（1893生）。
一九二〇年代早期，他以畫「百蟹圖」聞名，且長於造勢宣傳，經常以其書畫
「獻呈」日本皇室並且參加義賣，捐獻臺灣、日本各地救災活動。臺灣總督也曾
指定他代表臺灣藝術家參加在日本及滿州國舉行的博覽會作品展出。[68] 然而在
台展之後，他的畫技也不再受人注目。[69]

　　毫無疑問，一九二七年臺展之後，民間原本相當脆弱的美術傳統遭受嚴重打
擊。但若認爲自此官方掌握了美術發展的命脈，也不全然妥當，畢竟後者從未正
視美術教育的重要性，或設立專門學校。故誠如本章後文所討論，應注意後期地
方上有志於書畫的青年，他們自動組成研習會，延請老師，切磋詩書畫創作以銜
接傳統文化與新時代精神。

64　《臺日報》1923.9.20 報導書畫家捐助救濟東京震災時所稱。又，同報也曾稱他爲
　　「聚英吟社友畫家」（1927.7.28）。

65　《臺日報》1923.12.7。

66　蔡氏曾從川田墨鳳；其他台灣畫家私淑日本畫家尚有：林玉山從伊坂旭江，呂汝濤從
　　籐島耕山，王坤泰（至日本）從田中賴峰。見林柏亭〈臺灣東洋畫的興起與臺、府
　　展〉《藝術學》3，頁93。

67　任瑞堯〈郭雪湖與我〉，前引文，頁10。

68　以上均摘自《臺日報》1923.4.30；1923.9.14；1924.8.26；1925.7.27及1925.8.21。

69　在臺展舉行前，李學樵及蔡雪溪皆以準備參展的畫家身份，接受記者訪問（《臺日
　　報》1927.9.18 & 9.21），但俱落選。

三‧2　官方美術教育的主要推動人

　　日據時期臺灣的專門教育始終未脫離實用的醫、農、工商範圍，缺乏美術專門學校或科系，故就整體島民文化運動而言，美術活動隨著基礎教育的發展而日漸普及似乎比美術創作層次的提昇更具意義。在師範及公學校教育體制內，摒除水墨畫，以西洋的鉛筆、水彩畫爲主，而且時間非常有限，頂多不過以培養實用及業餘愛好爲目標。但臺灣教育會爲達到立竿見影的效果，便同時推動各地方的各項美術展覽，使美育與展覽互爲體用，雙管齊下。在當時文化飢渴的社會上，果然造成轟動的現象。更進一步說，美術教育尚未完全建立之前，便向全民鼓吹美術展覽的重要性，遂使得本末倒置，爲了在展覽中獲取入圍及受賞而學習美術者比比皆是。對島內極少數的美術老師而言，指導展覽事宜，課外培養人才都成爲他們義不容辭之事。此節僅討論實際推動臺展的美術老師。

1．西畫老師：石川欽一郎與鹽月桃甫

　　一九〇二年，圖畫課首次出現在國語學校師範科課程中，主要爲了配合教學需要，簡單的寫生以應付插圖、圖解說明用。一九一二年公學校始設手工及圖畫課，也以實用目的爲主。[70] 再如前文所述，一九二〇年臺童就學率僅四分之一，若談現代美術教育之全民推廣實仍嫌過早。但在此前階段還是應該注意當時曾來過臺灣長達九年的畫家，石川欽一郎（1871-1945）。

　　石川氏先後兩次來臺，任教國語學校（後改爲師範學校），影響學生甚多，且參與臺展開辦事宜，故稱之爲臺灣現代美術史上最重要的日籍老師之一，絕不爲過。但此前階段他對美術界的影響仍屬潛伏期。石川氏學習英國自然田園風格水彩畫，並具有相當的文人修養。自一九〇〇年任陸軍參謀本部通譯官，參加八國聯軍之役（1900）與日俄戰爭（1904-1905）。一九〇七年十月至臺北，任職臺灣總督府陸軍翻譯官，並兼任臺北中學與國語學校美術老師，至一九一六年辭職返

70　《臺灣省通志稿》〈教育志設施篇〉，前引書，頁42及234-238。

回日本。[71] 此階段正值日本治臺初期，軍人主政，石川氏的陸軍通譯官工作還兼管文化政治宣傳。這時的兩幅據說是一百五十號以上的作品，「北白川宮臺灣臺中州下ニテ御戰鬥ノ圖」，[72] 即頌揚一八九五年，日軍大舉殲滅臺灣民兵，無往不利的戰勝場面，曾經長期陳列在臺北博物館，用以表揚日軍治臺功績。石川氏此時曾因隨軍出行或私服而遊，足跡遍及全島，深入山區，留下許多記錄臺灣自然風光的作品。同時他也持續參加東京的各類創作展覽和畫會活動，出版多種水彩畫冊。他並勸說其好友，水彩畫家三宅克己（1874-1954）於一九一四年二月初在臺北舉行個展，順便觀光寫生。這恐怕是臺灣首次空前的洋畫個展，結果轟動日人上層社會，包括佐久間總督等人均到場參觀，作品完全賣出。[73]

　　當時國語學校仍屬於試驗期，提供短期速成的師資訓練班，以日籍學生為主，臺籍學生為輔。[74] 二至三年的課程中，圖畫與習字合為一科，每週一至二小時，教學內容為楷、行、草書，並臨摹簡單的圖畫帖即簡化的花草畫及寫生。[75] 如此課程安排下，學生所接受的新式美術觀念恐怕非常有限。在校內，石川氏作為美術家的風範與閱歷，以及戶外寫生的創作方式俱贏得學生的喜愛。期間，他曾在臺北中學校舉行紫瀾會水彩畫展（1909），與第一回總督府中學校寫生班展覽會（1910）。[76] 由於他們的影響，美術課程已成為時髦的西方文明象徵；不過，他與國語學校臺籍學生團體之間似乎還未形成特別密切的關係。這時

71　立花義彰《日本の水彩畫12　石川欽一郎》，東京：第一法規，1989，頁38-42。並參考拙作對石川氏與鹽月氏的介紹，〈臺灣早期西洋美術的發展〉前引文。又按立花氏的說法，石川氏並未直接向英國大師學習，而是靠印刷品及通訊。

72　此作品的大小係根據許武勇的回憶〈鹽月桃甫與石川欽一郎〉《藝術家》1986.11，頁235；其正確的名稱則採用立花義彰的說法（同上註，圖6說明）。

73　《臺日報》1914.2.6。有關三宅克己在台活動情形，參見楊孟哲，〈胎動期的台灣美術運動〉《自立早報》1980.4.3～6，按該文略修改後，改稱〈日據時代台灣美術教育的演進〉發表於《國民教育》31.3/4(1980.12)，頁40-44，但變動極小。此外文內所稱石川氏於一九二一年成立黑壺會事等頗值懷疑。

74　吳文星，前引書，頁14-22。

75　《臺灣省通志稿》〈教育志設施篇〉，前引書，頁234-236。

76　中村義一〈石川欽一郎と鹽月桃甫〉《京都教育大學紀要》Ser.A, no.76（1990.3），頁180.

期的知名學生如倪蔣懷（1894-1943）與陳英聲（1918年師範畢）等，也要到在第
二階段（一九二四春至一九三二春）他回來後才積極加入美術工作。總之，石川
氏此時已與校方、總督府及日人上層社會建立融洽關係，無意中爲他日後回來推
動文化工作預先舖路。

　　一九二〇年黃土水雕刻作品「蕃童」（吹笛）入選帝展，允爲臺灣美術界劃
時代之大事，但黃氏就讀臺北國語學校時(1911-15)所接受美術課程的啓發可能
有限。平心而論，臺灣現代美術風氣需待一九二〇年以後始逐漸出現蓬勃的氣
息，而這與教育方式自由化的風氣，熱心的美術老師陸續來臺，以及總督府教育
會的重視美術態度都有關係。一九二一年春，資深美術教員，東京美術學校畢業
的鹽月善吉（又名桃甫，1886-1954，1921-45在臺）抵臺北任職臺北一中教諭，
一九二二年臺北高校成立，又兼職該校，成爲當時臺北最高學府美術教育負責
人。[77] 鹽月同時兼具創作學習的理想與推廣美術教育的熱誠，早期曾參與「赤
土社」業餘油畫團體的成立。[78] 雖然他所任教的對象不論在學校授課，或指導
黑壺社員，或在臺北博愛路（原京町二丁目）「小塚美術社」二樓免費教授油
畫，都以日籍學童和青年爲主，但他也經常引進日本名家與前衛畫家到臺北展
覽，並定期公開個展，對臺灣社會大衆的美術風氣起了一定的示範作用。[79]

　　一九二〇年代日本的自由人文思潮，使基礎美術教育發展空間更爲開闊，跟
著也使臺灣公小學校美術教育蒙受其福澤。早在一九一九年，以山本鼎(1882-
1946)等文藝人士爲中心，展開活潑並且影響深遠的藝術自由教育運動，[80] 反對

---

77 中村義一〈鹽月桃甫論——ある地方畫家運命〉《宮崎縣地方史研究紀要》一〇
　　1983，頁111-124。拙作，〈臺灣早期西洋美術的發展〉，前引文；並參考記者採訪
　　其鐵道飯店後面的畫室稿（《臺日報》1927.9.9）。

78 鹽月桃甫〈臺灣に於ける洋畫の發達〉《東方美術》（臺灣美術展望號）4(1939.
　　10)，頁12。

79 楊三郎自稱幼時受鹽月陳列於「小塚美術社」之油畫影響，立志作畫，見林惺嶽，
　　〈保守殿堂的守護神--記楊三郎的繪畫生涯〉《雄獅美術》1980.6頁31-32。

80 山本鼎，詩人兼畫家，一九〇六年畢業於東京美術學校，一九一二至一六留學歐洲，
　　歸國後提倡蒐集農民音樂與美術，以及兒童自由創作。爲日本創作版畫協會創立會員
　　（一九一八），設農民美術研究所（一九一九）。一九二四年曾受臺灣教育

臨摹或技法訓練，提倡以藝術教育及欣賞促進兒童自然成長。山本鼎較鹽月早六年自東京美術學校畢業，一九二四年首次受邀來台訪問之後，陸續再到臺灣寫生、個展。在當時的臺灣絕非陌生的名字。而其表弟村山槐多（1896-1919）更是聞名當時的早逝天才油畫家。一九二二年臺灣教育會改革公學校課程，使六年制公學校教學科目多與小學校相同，圖畫始單獨成爲一科。

　　一九二三年，爲了配合日本裕仁皇太子抵臺巡視，教育會事先舉辦美術教學講習班及觀摩展覽。結果，四月中旬，裕仁參觀教育展覽會時果然對公小學生之圖畫、書法及手工藝等作品印象深刻，接著開放民衆參觀時更造成轟動。[81]　在此風氣影響下，自該年起各州、郡教育會開始舉辦公小學校圖畫教學研究會及師生作品展覽會。[82]　至三〇年代，各地方州級公小學校師生美術展成爲例行年度盛事，美術教育的風氣自此始可謂往下扎根，影響既深且廣。

　　二〇年代初期，師範學校的臺灣學生因受文化協會活動影響，抵制校方的嚴格管理與民族岐視，發動學潮，校方雖處以強硬態度，必然也面臨改變學風的壓力。[83]　適逢一九二三年九月，東京地區發生大地震，石川欽一郎的家園受毀，繼母喪生。臺北師範學校校長志保田因此特別禮聘石川氏，於次年春重返臺北專任教諭，使臺灣教育會又增添了一位生力軍。時石川氏從歐洲旅遊回來不久，閱歷廣博且熟悉臺灣風土民情，以其一貫溫和瀟灑的風采，很快便贏得學生們的愛戴。[84]　這時他以全力教書，培養學生的美術興趣，課餘也領導學生至郊外寫

會邀請至臺，考察並推廣民間工藝美術。（《臺日報》 1924.5.2 & 5.21等）但他可能不止一次至臺，一九二六年參加春陽會作品即爲「台灣少女」。有關其與友人創辦「兒童自由畫協會」、「日本自由教育協會」以及《藝術自由教育》刊物，參考上野浩道，《藝術教育運動研究》東京：風間，1981。首先提醒筆者山本鼎對臺灣美術教育影響者係鄭獲義先生（ 1903生；1922臺北師範畢業），謹誌謝意。

81　《臺日報》 1923.4.20 ，21及25 。

82　1923年先有北部地區教育會舉行作品展覽，但各州每年固定舉辦公小學校美術展仍在1927年之後，參見拙稿，〈日據時期美術史大事年表〉諸年報紙資料。

83　文化協會創立之初，臺北師範學校學生有一三六名加入，最爲踴躍；一九二二年二月，發生第一次事件，見《臺灣社會運動史》，前引書，頁302-305 。

84　《石川欽一郎師生作品展》，臺北：臺北市立美術館，1986；謝理法，《日據時代臺灣美術運動史》，前引書，頁68-73 。

生，組織同好及學生組成臺灣水彩畫會（1927），洋畫研究所（1929），臺灣繪畫研究會等。校外也有許多的青年子弟如藍蔭鼎（1903-1979）及洪瑞麟（1912生）等受其指導。前者由於他的提拔推薦和個人努力，在一九二九年由羅東公學校轉任臺北第一、二高女囑託，誠爲空前絕後之事。[85] 在他的感召下，青年子弟們以美術創作爲社會文化團體的共同理想，對當時教育風氣影響最大。

　　論者曾就石川氏與鹽月氏對臺灣美術影響的正負面意義或大小比較有所爭辯，其中多涉及個人感情及師門淵源，反而無助於眞相的全面呈露。[86] 當石川欽一郎在臺的第二階段，他的確發揮極大的社會影響力，這包括經常在《臺灣日日新報》發表介紹臺灣風景特色的水彩畫作、[87] 畫評，並且在《臺灣教育》發表西洋美術史簡介及美學欣賞，[88] 同時他又常常風塵僕僕地參加各地的美術教育講習會與評審州級學校美術展。他的樸素而浪漫畫風，透過各級學校老師及他個人所出版的《課外習畫帖》（1932出版）[89] 可以說流行全島，成爲初學者範

85　藍氏轉任之事，見《臺日報》（1929.4.5）報導；並參見同報前報導（1927.9.27；1928.11.7 & 11.25）。由這些資料可知，一九一九年，藍氏「畢業羅東公學校以來，獨習繪畫，後任母校，擔當繪畫教員。教授時間外，更熱心寫生。」「石川畫伯，視其將來有望，力爲指導。」一九二八年夏，羅東郡「橫山郡守與陳街長等數十人，則爲發起（後援會）。使其進出支那（中國）、朝鮮及内地（日本）各方面寫生。」數十件作品中，「朝鮮練光亭」入選第二回臺展，並獲總督府以一百圓收藏，此外，臺灣教育會也收買了將近三百圓價值的作品。可見，藍氏在短時間内已與官方建立良好關係，故次年，「爾來府州教育方面當局，十分吟味此畫家將來。故此番受州當局拔擢，此任臺北第一第二高女囑託，以氏爲嚆矢，聞者榮之。」足見其成功的因素除了老師之外，個人的多方面努力更重要。

86　見謝理法，前引書，頁86-90 & 250-252及〈關於鹽月桃甫—再向許武勇先生提出幾點請教〉《藝術家》10（1976.3），頁128-131；許武勇，〈鹽月桃甫與自由主義思想〉《藝術家》8（1976.1），頁72-75；同氏，〈關於鹽月桃甫與自由主義思想〉《藝術家》11（1976.4），頁76-78，及〈鹽月桃甫與石川欽一郎〉《藝術家》（1986.11），頁222-238。

87　《臺日報》1927.10.18, 20, 22, 23, 23及25夕刊（一）刊出一系列石川氏以「臺灣の羅馬」爲題之畫作；同報1928.11.2, 3, 6, 7, 8也有一系列臺灣各地風景水彩畫，又1929.10.27起數日，及1931.9.6日起數日都有石川氏日本風景水彩畫發表。

88　有關石川欽一郎在《臺灣時報》上的著作頗多，請見參考書目。

89　《課外習畫帖》3冊，臺北：新高堂，1932，其序文謂係供臺灣公小學生及中等學校低年級生課外使用。

本。鹽月桃甫因爲不在師範學校系統任教，故其影響不像石川氏深入公小學校，而且他的油畫風格多變又較富強烈的個人自由性格，雖不像石川氏明顯的親和力，卻也另具有啓發性和領導力。特別在石川氏離台之後，他成爲台展、府展的西畫負責人，貢獻頗多。他自由不拘小節的爲人在中日戰爭期間，無形中保護了臺灣的畫家，免使其受到「戰爭畫」的過分污染與壓力，這也是值得一提的功勞。近年日本方面的學者如中村義一，關心日本近代美術史中，非主流的殖民地美術。他由鹽月氏的研究著手，進而注意到對這兩位日籍美術老師的評價所引起的困擾問題。[90] 從他的研究能理解到這兩位在日本美術史上的相同及相異性。他們都是遠離日本中央畫壇的非主流藝術家，以臺灣爲其生命的主要舞台；雖然石川氏一度旅遊歐洲，但他們都不曾正式留學習畫，而靠日本本地的教育以及自我的研究；同時，他們身處臺灣的正式立場都是日本官職，代表由中央畫壇來臺的指導者。不同的是，石川氏所代表的畫風，屬於明治三〇年代（1898-1907）盛行於日本一般社會及普通學校教育中的水彩畫，此受外光派影響的田園寫實風格頗能迎合大眾的趣味。至於鹽月氏的野獸派作風則近於與帝展抗衡的二科會（創立於一九一四）再加上個人獨立研究成果。[91] 故這兩人在實際年歲和畫風上均有相當差距（有關鹽月氏的畫風以及他的三〇年代展覽會的關係，以後將再另文進一步討論）。此外，在強調石川氏對臺灣學生的美術啓蒙貢獻的同時，也不可忽視他的學生中那些日後成名的畫家，除了藍蔭鼎外，都不滿足於水彩畫，都繼續赴日花數年時間學習研究油畫。

　　臺灣新美術的啓蒙活動要等到一九二七年全島美術展覽開辦後，才凝聚成一股力量，如春雷轟動，造成美術界的大覺醒。[92] 此由石川欽一郎、鹽月善吉以及東洋畫教師鄉原古統（ 1892-1965 ； 1917-1935 在臺）與木下靜涯（ 1889 年

90　中村義一，〈石川欽一郎と鹽月桃甫〉前引文，頁 177-193。

91　《鄉土畫家の回顧 (1) 鹽月桃甫展》宮崎縣綜合博物館，1973。

92　一九二五年王敏川指稱當時臺灣美術仍處「空虛」狀態，「同胞對於文學美術等的趣味，還缺熱心來涵養些兒。」依他的看法，臺灣因白話文學及新期刊的引進，文學革命已有進步，美術則仍待覺醒。（同氏，〈從事文化運動的覺悟〉《臺灣民報》第三卷第一號，1925.1.1，收入《王敏川選集》，前引書，頁 102。

生）擔任審查員，代表臺灣教育會籌辦的第一回展覽會，雖是官方文化啓蒙運動
的大成就，卻也完全改變了臺灣美術的傳統面貌。展覽會場所見，西洋畫的件數
以及朝氣蓬勃的氣息遠遠超過東洋畫，入選的七十六人中，有十六位臺籍青年是
石川在臺北師範栽培的學生，可謂成績斐然。相反地，東洋畫家的名單中僅包括
三位臺灣年輕人，以往習見的知名臺籍畫家完全落榜，一時驚愕與挫敗感兼而有
之。事實上，入選的日本畫家有多位爲年歲較高的官僚，作風保守，展出作品中
有武者繪，也有歷史人物、風俗繪等屬於傳統日本畫的範圍，卻將傳統中國水墨
畫完全摒除於門外，[93] 造成對民間傳統美術的莫大打擊。

2．東洋畫的老師

　　值得注意的是，西洋美術教育管道非常清楚。在島內，師範學校培養最多人
才，其中有能力及志向者則至日本留學，三〇年代出現繼續前往法國深造者。東
洋美術方面，卻除了臺北第三高女的鄉原古統執教至一九三五年以外，在島內並
沒有其它官方「基礎訓練班」。鄉原氏出生於長野縣松本市，一九一〇年畢業東
京美術學校三年制圖畫師範科，一九一七年至臺後，首先任教臺中一中，再轉任
臺北第三女高，其間並曾兼任北二中。他也是黑壺會、日本畫協會等早期在台日
本畫家團體的主要會員。[94] 另一位主要東洋畫家，木下靜涯（本名源重郎）亦
出生於長野，曾在京都隨竹內栖鳳習畫，一九一七年一月以前便定居淡水，生活
灑脫，一如隱士。他也是黑壺會、日本畫協會等會員，或謂設有家塾，但未聞其
成名學生。[95]

　　鄉原氏在第三高女的弟子中，有多位曾參加展覽活動，可惜卻因婚姻放棄畫

93　舜吉〈臺展前に美術を見る眼〉《臺日報》 1927.9.19（三）；自稱表現武士精神者
　　爲野口秋香，見〈得意武者に繪彩管を揮ふ〉《臺日報》 1927.10.1。有關其他知名
　　的東洋畫家報導請參考該年九月、十月同報資料。

94　參考張星建〈臺灣に於ける美術團體とその中堅作家〉（四）《臺灣文藝》 3.2
　　（1936.1），頁46；應注意此文年代時有錯誤。

95　木下靜涯的資料極缺，目前所見僅有一篇自敘短文，〈世外莊漫語〉《臺灣新民報》
　　1937.1.15。

業，[96] 只有陳進（1907生）自第一回入選後，持續努力成爲出色的畫家。陳進
來自新竹大地主家庭，父親爲香山庄庄長。一九二六年臺北第三高女畢業時，受
鄉原古統的鼓勵，前往東京女子美術學校東洋畫部高等師範科進修。對臺灣傳統
女性而言，她是新式教育制度下少有的文化貴族，對絕大多數窮困或不富有的民
間畫師而言，她的成就仰之彌高。[97]

三・3　　民間畫家的再興起

　　另外兩位幸運入選第一回臺展東洋畫的臺籍青年，林玉山（本名英貴，1907
生）與郭雪湖（本名金火，1908生）無疑也提供了新興官展的榜樣。他們也都是
受過日式教育的新生代，其中郭雪湖成長於臺北大稻埕新興商業區，小時在日新
公學校曾受過美術老師陳英聲（石川欽一郎學生）的指點。在學期間即因個人興
趣勤於臨摹名家水墨、彩墨作品。十六歲(1924)入蔡雪溪畫室，學裱褙及神像畫
僅數月便自立門戶，並於圖書館內勤勉自修，從印刷品臨摹中國及日本南畫與改
革派畫家作品。郭氏也曾受過鄉原古統的指點，但因後者從未像石川或鹽月氏在
課餘正式授課，故其努力勤學，自我要求以入選臺展爲努力的目標。然而他幾乎
從未授徒或開課，故雖然日後成爲臺北地區最重要的東洋畫家，他對其他畫家的
影響多屬於間接而非直接的。[98]

　　陳氏與郭氏兩位東洋畫家，一代表東京新式教育成果，一代表在臺北自學成
功，他們的經驗自然影響其作風，另待專文討論。相對的，林玉山的學習經驗代
表結合個人與地方上關心文化人士的共同努力成果，值得在此提出討論。林玉山
出身傳統的裱畫店，自小耳濡目染喜好藝事，家中原聘有民間畫師蔡禎祥等。當
他十一歲公學校畢業前，蔡氏離去，林玉山遂接下家業，畫神像以謀生。一方面

96　已知人名有陳進、蔡品、周紅綢、彭蓉妹、林阿琴、黃寶治、邱金蓮、陳雪君等，參
　　見林柏亭〈臺灣東洋畫的興起與臺、府展〉，前引文，頁95。

97　《陳進畫集》臺北：臺北市立美術館，1986。並參見石守謙《臺灣美術全集2—陳
　　進》，台北：藝術家，1992。

98　《郭雪湖七十年作品展》，前引書，頁16。

他因裱畫店生意時常臨摹福建傳來的名家書畫，且喜愛觀察自然變化與動植物生態，遂能獨創新畫境。同時，他更能隨時虛心求教，充分利用地方上的文化資源且藉著兩次短暫的留日習藝機會，終於成爲嘉南地區水墨畫的領導人物，戰後更在臺北首善之區繼續發揮其寫實而溫雅的作風。

嘉義市（街）雖然地方不大，但日治時期因爲阿里山觀光及林業開發、嘉南大圳及造紙、糖業等建設，工場林立，交通產業發達，成爲新興都市。當地中產階級崛起，文風特別興盛，醫生、辯護士（律師）等中產階級相當支持吟社及書畫活動。特別有名者，如悶紅老人賴惠川在其悶紅館爲地方青年講詩，並組玉峰吟社等鼓勵詩作之練習、發表。其堂兄賴雨若（壺仙）則自設花果園修養會，免費講解語文（中英文）經學、詩文、道德，二十年未曾受束脩。[99]

林玉山首先認識時任當地法院書記官兼文人畫家伊坂旭江，時往請教南畫三年。當同鄉前輩陳澄波暑假自東京美術學校返鄉時，他也隨之外出寫生，學習水彩、速寫。一九二六年赴東京川端畫學校先習洋畫科再轉習與自己的家學傳統關係較密切的日本畫科。次年，入選第一回臺展作品即暑假返臺寫生之作。[100]（圖版2）川端畫學校並非正式學校，沒有學歷的限制，故能吸收像林玉山這樣從傳統出發的畫師，自由地學習吸收日本文人畫，以及現代東洋、西洋畫寫實精神，畫藝突進。

林玉山在一九二六至二九年與一九三五至三六年兩次赴日。第二回留學，他選擇到京都的東丘社畫塾，隨堂本印象（1891-1975）習畫。[101] 早年他在嘉義地方上的日本收藏家處已見過堂本的畫，在從東京回來後，雖不斷地揣摩寫生技法與古畫的韻味，猶不能自由自在地表現出融合「利家」的技法與「雅趣」的抒情

---

99 林玉山〈藝道話滄桑〉《臺北文物》，第三卷第四期（1955.3），頁76-80。

100 參見一九二七年林玉山採訪稿，《臺日報》1927.9.26（五）。莊世和，〈臺灣美術史簡記—創造新畫風的林玉山〉《民眾日報》1984.7.5--7副刊，及筆者1988.12.15採訪錄音稿。最近的相關文章有陳瓊花〈談林玉山教授八十五年之藝術生涯〉及李欽賢〈林玉山的京都畫派因緣〉，皆收入《現代美術》34（1991.2），頁24-32 & 33-37。

101 堂本印象係西山翠嶂（1879-1958）的學生，一九二五年畢業於京都市立繪畫專門學校，一九三四年創辦東丘社畫塾，次年回母校任教，一九四四年成爲帝室技藝員。

意味，遂決定破斧沉舟，再走一趟日本。這一年內不斷研究，他終於能掌握用色的秘訣，並且利用當地的圖書館與博物館，大量地臨摹並吸收有關日本南畫及宋元名畫的知識。[102] 他的家庭並非富有，除了勤儉向學外，第一次留學期間暑假返臺賣畫，第二次留學則在成行前，組後援會開畫展籌旅費。是以林氏也本著回饋的心理，參與、指導嘉義地方性書畫組織，如「春萌畫會」(1928)、「鴉社書畫會」(1928)、「墨洋社習畫會」(1930)及「書畫自勵會」(1930)提拔後進，影響遍及臺南州一帶民間畫師及年青後輩有志者。相對地，如前文所述，林氏也受惠於嘉義地區的文風。他雖然所受正式學校教育不多，卻因加入花果園修養會、讀書會、詩社等，與師友耳濡目染，逐漸進入文人畫的境界，在現代東洋畫與傳統水墨畫之間建立了橋樑。[103]

　　總之，林玉山善於利用地方上民間文化資源，組織書畫同人會與讀書會，終於結合中日與新舊風格，以深厚的基礎建立其個人畫風。當傳統水墨畫及書法都面臨莫大的危機時，幸而後期嘉義一帶民間畫師紛紛崛起，揉和新舊中日作風，提供水墨畫的一線新希望。日後，民間裱畫店之畫家能再度參加官方展覽的競爭舞臺，並且表現相當突出，[104] 可以說受到林玉山直接與間接的影響。

小　　結

　　從以上的討論，不難瞭解日治時期的美術教育有始終不能突破的嚴重瓶頸。其根本原因仍在於教育整體發展緩慢，而中、高等人文教育的成長受抑制，更不

102　林玉山〈脫韁推賴寫生勤——四十年來作畫甘苦談〉《藝壇》60 (1973.3)，頁 13-14；謝理法〈林玉山的回憶〉《雄獅美術》100(1979.6)，頁 57-63；王耀庭《臺灣美術全集3—林玉山》臺北：藝術家，(1992)。

103　林玉山，前引文，頁 80；邱奕松〈鄉賢錄〉《嘉義文獻》一期（1986.3），頁123；賴子清〈諸羅文化三百餘年概說〉《嘉義文獻》三期（1987.9 修訂再版），頁131。及《臺灣省通志稿》〈學藝志·文學篇〉，前引書，頁46-47。

104　據林柏亭統計，在歷屆「臺展」66位臺籍畫家中，曾經營裱畫店者有14人，佔 1/5強，〈臺灣東洋畫的興起與臺府展〉前引文，頁96。

用說美術學校的設立。[105] 此背景在第一章已有所闡述。換言之，官方總督府的
提倡美術活動，美其名爲社會文化趣味，骨子裡不過是殖民政治的裝飾手段，並
非爲了培育美術人材。如此便刺激了有志於藝術創作者前往島外留學的風氣，像
林玉山那樣自動自發地前往東京勤儉向學，回來後確實也能在民間社會中發揮其
影響力，激發更多鄉人學習的信心與方向。其次，殖民地政府鄙視臺灣自清朝以
來的文化，在基礎教育中割捨漢文，在美術教育中自然也沒有水墨或書法的練
習，導致一時西洋畫的發展遠超過水墨畫。同時，由於西洋文化的強烈影響，也
使得臺灣的青年確實有追隨日本明治以來仰慕歐風的現象，而與原來中國的傳統
隔閡更大。雖然各地吟社仍延續文人騷客風雅，但執筆愈趨保守，完全與新社會
的文化背景脫節。其次，還沒有成立美術學校以養成風氣，便以大型展覽會向社
會大眾徵選作品，學習創作者無形中從展覽作品中尋找模倣對象，並以參加比賽
入選得獎爲榮；至於滿足與培養個人創作慾望，反而成了其次，這樣的參展心態
自然會影響作畫的風格。最後，由於島內的美術教育不能滿足學生的需求，迫使
美術留學生增加，以下即略分析此現象。

四、留學生美術學習熱潮

四・1　留學的時代背景

美術學習的機會在臺灣島內非常有限，那麼何以會形成競相前往日本留學的
風氣與動機？又何以不直接前往大陸或日本以外其他地方學習？今天的學界常常
會提出這類的問題，企圖從臺灣與中國大陸、日本的多角關係，乃至於亞洲的現
代化趨勢上的相互關係來理解五、六十年前臺灣美術萌芽的動向。也有人認爲臺
灣在清末以來的一點點文化基礎都是由民間流傳學習來的，文人也許得進書房或

105　有關此點還可以參考汪知亭的扼要說明，〈日據時代高等教育的缺點〉《臺灣教育
　　史料新編》臺北：商務，1978，頁160。

私塾，但從未聽說過需要進入美術學校。何以在新的時代必須進美術學校？回答這類問題也沒有想像中的容易。

　　首先，再次回顧島內教育的問題以及留學風氣的形式。本文在第一章討論現代教育的重要以及臺灣殖民教育的缺失，乃基於事實的觀察而來。二十世紀的臺灣在殖民政府的體制下，推動了改變社會體質的革命，由農業墾荒社會進入現代化的帝國資本主義下的附屬經濟社會，逐漸由農業走入工業化生產方式。社會改革乃至於產業改革的基礎之一，即普及全民基礎教育，此爲現代文明國家，日本，在十九世紀大力推動的國家投資。經過日本明治 (1868-1911) 維新以來，不斷地篩選、重組適合國情與國力的西方文明與資訊，再加上強調民族優越性的愛國、軍國主義，如今排山倒海地湧入臺灣的殖民社會。在這樣的情況下，臺灣地主士紳如林獻堂等早意識到傳統書房及公學校教育之不足，也只能送其幼小子弟前往日本留學，以期与日迎頭趕上日本的資訊。臺灣文化協會的幹部可以說便是由自動自發地到日本留學的人士所發起的。就此角度而言，留學美術只是此大潮流的一小部份現象。然而透過大型公募展覽會轟動全島的新聞，美術留學生一時也成了文化英雄，故而吸引有心之士抱著爲藝術而藝術的心理，渡海準備投考美術學校。

　　反觀中國大陸的現代化起步比日本晚，因此也有就近向日本借取西方經驗的現象。「在當時的中國人看來，日本旣是引入西方美術的最近之路，又是學習西方文化獲得成功的榜樣，這些（早期美術）留學生或游學考察之士，幾乎都是到日本學習西方美術的」。[106] 當然，學習西洋美術的途徑並非只有日本，一九一八年以後林風眠、徐悲鴻等也陸續前往法國，並在一九二五年以後返回中國大陸教授；然而，由於時局不安定，他們並不能很迅速地在北京建立起官方美術學校的傳統。反而在上海地區由於華洋雜處，小規模的私人美術學校與洋畫社團紛紛興起。

106　郎紹君，《論中國現代美術》江蘇美術，1988，頁3-9。他所例舉的「一大批」人
　　　名包括高劍父、高奇峰兄弟，李叔同，陳師曾等等。

　　東京美術學校早自十九世紀末葉已成立，由外籍老師負責教學，至一八九六年西洋畫科成立時，已改由第一代留學歐洲歸來的日本畫家接手。再配合全國官辦公募展覽會的浩大聲勢，確立美術與文學、音樂等俱為現代文明中重要表現的地位。美術不再是傳統畫派中的師徒相承，也不僅限於技巧的學習，而是建立在現代人文與科學教育之上，廣泛地向傳統的大師學習後，努力塑造出自我獨特個性的表現。美術學校成了此漫長學習過程中一個重要的階段。此外，參加小型或大型的同人研究、發展團體也被認為是不可或缺的磨練機會。由此而言，東京確能提供優良的學習環境。反觀中國，當時上海，不論在美術學校學制以及展覽活動等方面始終不如日本東京來得組織嚴密和整然有序。故而如李仲生者仍從上海轉往東京，可知其環境實無法吸引台灣的學生。另方面則可發現臺灣的東京美術學校畢業生轉往北京、上海謀職的現象，此將於第二節討論。

　　前往日本學習，一則語言上障礙不大，二則正式的美術學校訓練嚴格，畢業得正式文憑受社會肯定，並且學得日本的學院作風有助於參加臺展等活動的入選，也是光耀門楣之事。儘管如此，學習美術仍然得經過艱辛無比的過程。正式的美術專門學校只收中等學校畢業生，這在當時臺灣來說便是高級知識份子，早期考試雖不重學科，也有許多人一試再試，甚而永遠不得其門而入者。入學後的課程相當繁重，然而這些臺灣留學生頗不乏名列前茅者，與日本同學相比毫不遜色，究竟是何等力量支持著他們拼命學習？

　　黃土水代表早期美術留學生中的殉道人物，未滿三十六歲即過勞而死，追隨其後的陳植棋則才滿二十六歲便急病而死。他們都是滿懷抱負理想，願以美術創作提高臺灣的文化，也確實為藝術而獻出生命。如黃土水所明言，為藝術而「樂此不疲，將困苦其身，竭精勞神，亦不他顧」或「我們的征戰永無止境，我們的戰爭既長遠且艱苦，何以如此？因為我們故鄉還沒有能與我們共事的藝術之子。」（參見附錄）他們這樣為藝術而犧牲的精神影響後來的美術留學生，使他們也認同藝術的熱情和神聖地位。這或許也可以說明，為何在臺灣始終未設立美術學校，和美術學生出路狹窄的狀況下，仍然有許多人立志走上這條坎坷的道路。

　　其次，在臺展推動前，臺灣島內美術欣賞的教育十分有限，例如只有幾所中

等學校能在美術課中簡單介紹油畫，一般學生接觸機會很少，閱讀美術書籍的機會也頗受限制。儘管如此，島內的日本中上層階級所流傳和收藏的美術品，或少數業餘繪畫團體的活動，也會在無意中影響、激發臺灣青年對新美術的喜好。因此，有如少年楊三郎不顧家人反對，發願到日本學習者。也有被美術老師認爲有創作天份的學生，且家庭經濟情況允許，受鼓勵安排前往日本留學者。[107] 同時，早期總督府的公費留學培育人材計畫雖沒有將美術明文列入，但是早期留學東京美術學校者多爲師範畢業生持公費留學者，如黃土水，劉錦堂（後改名王悅之 1985-1937）與張秋海（1898-1988），[108] 連他們的學弟，王白淵也申請利用此公費至東京美術學校求學，可見總督府對美術學生是有些優待。同時，東京美術學校直到一九三〇年爲止，設有保障名額給殖民地來的學生，以選修生（實技選修，免考學科）或特別生的身份入學。故早期西洋畫的領導人物都曾留學，而且以東京美術學校爲主。[109] 需要在此簡略介紹東京美術學校的發展背景。

107　如楊三郎偶然受鹽月桃甫油畫的影響；黃土水則靠志保田校長鼎力支持至東京美術學校；另外家境較好的學生如陳進則受老師鄉原古統鼓勵，陳植棋受石川欽一郎與鹽月善吉鼓勵安排赴東京美術學校等等，詳細請參見以下各節。

108　一九二〇年，黃土水畢業東京美術學校，劉錦堂則於次年同校畢業張秋海進東京高等師範圖畫手工科就讀，一九二二年畢業亦入東京美術學校。

109　據一九八一年東京藝術大學同窗生名簿，臺灣留學生畢業名單爲：

姓　名	生卒年	在學年	專修科別
黃土水	1895-1930	1915-1920	雕刻科木雕部（選）
		1920-1922	研究科
劉錦堂	1895-1937	1916-1921	西洋畫科（選）
王白淵	1902-1965	1923-1926	圖畫師範科
張秋海	1898-1988	1922-1927	西洋畫科（選）
陳澄波	1895-1947	1924-1927	圖畫師範科
		1927-1929	研究科
廖繼春	1902-1976	1924-1927	圖畫師範科
顏水龍	1903 生	1922-1927	西洋畫科（選）
		1927-1929	研究科
陳植棋	1905-1931	1925-1930	西洋畫科（特）
陳承潘	不詳	1927-1930	圖畫師範科
	（1920 臺北師範畢）		
張舜卿	1906-?	1926-1931	西洋畫科（特）

　　戰前的東京美術學校（以下簡稱東美校），即今位於上野公園的東京藝術大學美術學部，創立於明治二十年（1887），直屬文部省（相當於教育文化部）；其前身為工部省所設（1876）的工部省美術學校。[110] 從明治初期起，西洋美術就被當做西洋文明的尖端表現，官方主動一面從各國聘請專家，一面派人出洋留學。在強國富民的基本信仰下，知識份子、政治家、實業家均關心美術，認為美術必須有助於天下的文明，並以一國之富利為計，致力美術創作便能報國，而醉心美術並留歐者多出身名門世族。[111] 東美校初成立時為國粹主義者所把持，以發展日本畫為重心。一八九六年才正式成立西洋畫科，主要負責人是由法國留學歸來的黑田清輝（1866-1924）和久米桂一郎（1866-1934），他們都是外光派畫家 Louis-Joseph-Raphel Collin（1850-1916）的學生。此外，黑田氏等人在任教的同年已先成立美術團體「白馬會」，接著推出外圍雜誌《美術評論》以介紹西方美學、畫論及美術史，並設私塾「白馬會繪畫研究所」以培養人材。[112] 此遂成為東美校的作風，以後繼任的老師也多有自己的私塾，有些學生考前便先到私塾準備，入學後還日夜追隨老師，形成嚴謹的畫風派別。

陳慧坤	1907生	1928-1931	圖畫師範科
何德來	1904-1986	1927-1932	西洋畫科（特）
郭柏川	1901-1974	1928-1933	西洋畫科（特）
李梅樹	1902-1983	1929-1934	油畫科（特）
李石樵	1908生	1931-1936	油畫科
吳天華	1911-1987	1936-1941	油畫科
范倬造	1913-1977	1936-1941	雕刻科木雕部
（范德煥）			
黃清埕	1912-1943	1936-1941	雕刻科塑造部
廖德政	1920生	1940-1946	油畫科

　　說明：西洋畫科（後改稱油畫科）及雕刻科皆五年制，圖畫師範科為三年制；（選）為選科生，（特）為外國人特別學生。

110　磯崎康彥，吉田千鶴子《東京美術學校の歷史》，東京：日本文教，1977，頁25-60。《東京藝術大學創立100週年記念展》〔油畫・工藝〕東京：東京藝大，1987。

111　隈元謙次郎《近代日本美術研究》東京：東京國立文化財研究所，1964，頁172-178。

112　中村義一《近代日本美術側面》東京：造形社，1976，頁9-11。

　　一九一八年黑田清輝進一步改革西洋畫科的課程,設立專任老師教室,讓
三、四年級學生能自由選擇適合自己畫風的老師,專心學習。當時負責教學的老
師如下:一、二年級爲長原孝太郎,小林万吾;三、四年級爲岡田三郎助、和田
英作與藤島武二,黑田氏本人則負責畢業班與研究生。三、四年級生的老師中以
藤島武二最受歡迎,但也有學生因爲程度不夠,而被退選的情形。此外,根據
一九二三年新條課程規定,西洋畫科學生五年內的每週必修課程時間表如下:[113]

學年　　科目	1	2	3	4	5
修身	1	1	1	不定時	不定時
西洋畫實習	18以上	18以上	18以上	18以上	18以上
解剖學	2	2			
遠近法	2				
美學及美術史	東洋美術史2 西洋美術史2	西洋繪畫史2	美學2		
英文或法文	2	2			
體操	2	2	1	1	

至於選修課程則包括考古學、風俗史、歷史、文學等課程。

　　爲方便討論,本章將留學生活動按其地點分爲日本、大陸與法國,然而事實
上,他們都是先以日本爲留學的出發點,先取得一定(例如東京美術學校,或文
化學院等)學位後,再前往大陸教書或工作,或前往法國二度進習。很清楚,留
學生以日本爲主要目標,本文僅舉出三人來討論,且以二〇年代至三〇年代初的
活動爲主。這三人在畢業後仍以日本爲主要創作地點:黃土水與何德來都死於日
本,陳植棋則病發日本,返回臺灣後不久即回天乏術。其中,黃氏與陳氏對早期
臺灣藝壇貢獻頗多,但皆早逝,故以二〇年代爲主要活動期。至於何德來在臺灣
的美術活動,限於三二年至三四年,且從未曾參加臺展活動,故實在以東京爲活

113　《東京美術學校の歷史》,前引書,頁201-218。

動地。許多由日本轉往大陸工作者就此長期居留，甚至與家鄉切斷了關係。有幸能赴法國者，其背景和後來的發展比較一致，他們代表臺灣美術水準和教育的提昇，預示了三○年代臺灣畫壇的多元化與專業化畫風轉變。

四・2　客居東瀛

1. 早期苦學典範─黃土水

　　黃土水 (1985-1930) 於一九二○年以「蕃童」（圖版 3）入選第二回帝展，在留學生中最早被捧爲文化英雄。其生命非常短促，僅三十六歲便去世，誠爲臺灣雕刻史上一大憾事。黃氏的出身與推動文化協會中許多中部地主子弟們相當不同，他思想早熟，且風格上探索臺灣特色及作品的個性問題，均極發人深省，值得以他爲例，檢討美術留學生奮鬥的過程及目標。[114] 他係艋舺木匠子弟，十一歲才入學，十二歲喪父，遂投靠其經營洋車修理舖的三兄。在公學校及國語學校均以苦讀獲學業優等賞。畢業後其木刻作品受校長及民政長官賞識，終以公費留學東京美術學校雕刻科木彫部 (1915-20)，隨高村光雲 (1852-1934) 學習，住在日本政府建給臺灣留學生的高砂寮宿舍。在學期間 (1918)，舅父及母親皆亡，更發奮研習，因表現堪爲臺灣留學生楷模，由民政長官下村宏頒發賞金百圓。一九二○年修完五年本科後入研究科，同年十月首次入選帝展，一舉成名，以下持續入選三回（圖版 4），[115] 一九二六年開始接受臺日政要如久邇宮邦彥親王夫婦、總

114　參考連曉青（廖漢臣）〈天才彫刻家黃土水〉《臺北文物》1.1（1952.12），頁 66-67。陳昭明〈天才雕塑家─黃土水〉；陳毓卿〈爲黃土水先生遺作展覽催生〉；編輯部〈巨匠黃土水其人其事〉，以上三篇俱見《百代美育》1.15（1974.11），頁 13-17，42-64。本社編輯部，〈黃土水彫刻專輯採訪過程〉《雄獅美術》98（1979.4），頁 48-76；謝理法，〈臺灣近代彫刻的先驅者─黃土水〉，同上書，頁 6-46。《黃土水─臺灣美術家》，臺北：雄獅，1980；黃春秀《黃土水雕塑展》，臺北：歷史博物館，1989。並謹謝陳昭明先生提供許多相關資料。

115　其入選帝展作品如下：
蕃童 1920；甘露水 1921；擺姿勢的女人 1922；（1923 停辦）；水牛白鷺（又名郊外 1924）另有「南國風情」（又名臺灣風景）入選聖德太子奉讚展（1927）。

督、以及民間士紳的約聘，製作人像及動物像。

　　表面看來，他短短的藝術生涯非常燦爛輝煌，其實白手起家的過程中隱含著許多辛酸和血淚。一九二〇年，出身臺中士紳家庭的張深切，亦即前述一九三四年臺灣文藝聯盟的發起人，曾短期與他同住高砂寮，描寫他苦鬥的情形極爲精采：[116]

> 記得他每天在高砂寮的空地一角落打石頭，手拿著鐵鑽和鐵鎚，孜孜矻矻地打大理石，除了吃飯，少見他休息。許多寮生看他不起，有的竟和他開玩笑問道：「喂，你打一下值幾分錢？有沒有一分錢？」他昂然答道：「那裡有一分錢，你說這得打幾百萬下子？」
>
> 有時候，人家問他話，他不答應，所以有許多人不喜歡他。
>
> 當時的留學生，對美術尤其雕刻不甚理解，以爲這是沒有出息的玩意兒。他的名字又叫土水，連體態也有點像「土水匠」，更叫人奚落。
>
> 有一天他領了畢業證書回來，憤然地對我說：「哼，只給我九十九分，用不著這證書！」
>
> ……留學生到東京讀書的唯一目的，是在爭取畢業文憑，而他竟視之如敝屣，棄之而不顧，其實力之大，信念之強，由此可以懸想。聽說他在國立（東京）美術學校創造了空前最高的成績，畢業前就入選過帝展幾次，以後是否有人打破了他的紀錄，我還未有所聞。

黃氏在學期間，買材料及請模特兒等費用昂貴，故傳說他常一面雕刻，一面煮地瓜雜糧餬口，因此弄壞身體，導致日後的急速病故。[117] 在二〇年代初期，臺灣文化界仍普遍漠視美術價值，出身貧苦的黃土水要出人頭地，需要天才和超人的毅力，也需要貴人提拔。幼時，家人對他疼愛，讓他能自由自在地在祖師廟附近遊玩，熟悉民間宗教及藝術的傳統，家庭環境中也不缺少木刻的工具與材料，故他在留學前已經有了彫刻神像的基礎。此外，在臺灣最能瞭解珍惜黃氏的成就與苦心的人，莫過於《臺灣日日新報》的藝文記者、也是著 名漢詩文作家魏清德，

116　張深切《里程碑》，臺北：臺灣聖工，1960，頁122-123。

117　連曉青，前引文，連氏眞實姓名爲廖漢臣，係黃土水妻弟。

他常常執筆介紹黃氏的成就，稱讚他為臺灣文化界的表率。[118] 在校內，他的老師高村氏和北村西望（1884-1987）均視他為天才學生，多所照顧。[119] 自從他陸續入選帝展，便受總督府重視，進而與日本皇室建立贊助關係。一九二三年裕仁皇太子來臺時，黃氏也趕回獻呈其作品，因獲賞識並接見。這時《臺灣日日新報》曾大幅報導並發表其談話，摘要如下：[120]

> 余雖僥倖入選（帝展）。屢蒙官民各方面。格外垂青。顧余所作之品。為未成品。蓋藝術一途談何容易。雖畢生努力為之。猶恐不及。……嘗怪世人有誤解為藝術無難。或妄計為藝術可以生財者。是決不然。……東京美術學校每年之畢業生。其衣食得賴以飽暖無虞者。級不過一二人而已。其餘則皆寂寂無聞。間多勞其心志而空乏其身。……（作品）縱或入選。購之者幾何人乎。人且疑其價值太高也。……夫貪逸樂而厭辛苦。余亦何異於常人哉。竊惟人生之生命有限。而藝術之生命無窮。物質之滿足。不能為安身立命之地。藝術上之滿足則可為安身立命之地。故余恆樂此不疲。將困苦其身。竭精勞神。亦不他顧。……忍常人之所不能忍。而行常人所不能行也。臺灣刺激甚少。故雖以父母之邦。當再上京繼續研究。一息尚存。此志不容稍暇。期無負各位眷顧。然余今日作品。終屬低級之未成品云云。

從這段難得的口述資料可知，自研究科畢業已經然成名的黃氏，仍一再強調其兢兢業業的艱苦經歷。美術學校留學生不僅在校訓練嚴格，畢業後更面臨無情的淘汰，以及尋找繼續發展空間的困難。在高砂寮時其他留學生無法理解他獻身創作的苦心，畢業後他的藝術在臺灣也沒有市場可言。他並無意靠其作品生財，但要

118　據陳昭明所提供信件拷貝，包括黃土水任子黃清雲（歸化改名幸田好正）信函謂，
　　　黃氏作品參加帝展前必請高村氏來工作室作最後的指點；以及北村氏一九六七年五
　　　月信函稱黃氏為「天才的」，並為黃氏書橫幅「勿自欺」（現藏臺北陳毓卿家）。

119　參見《臺日報》漢文版，1920.10.18 ； 1922.11.2 ； 1923.5.9 ； 1924.6.29 ，7.11 ；
　　　1926.4.23 ，12.12 ，12.15 ； 1927.11.12 ，11.23 等。

120　同文報導中力捧黃氏，亦強調其受皇室贊助，謂「疊次入選於帝展。為我臺灣藝術
　　　界。舉呱呱墜地英物之啼聲。奉以屢蒙宮內省恩命。著令恭製。於是聲名鵲起。」
　　　《臺日報》1923.5.9　漢文版。

一方面創作，一方面「衣食得賴以飽暖無虞」，就必須留在東京參加展覽，爭取
重要的贊助人。據載，一九二六年度他「彫刻方面之收入，不下一萬金，然而尙
云僅得支持」（《臺日報》1926.12.15）但恐怕創作環境的問題比贊助更嚴重，
在臺灣沒有師長的指導，沒有先進的藝術品可供參考，更沒有藝術團體可以切
磋，讓具有強烈學習心的黃氏感到不安。在這篇感言中，他反覆稱自己的作品未
完成，甚至於低級，正表示他自己藝術理想之高，故須「再上京繼續研究」。魏
清德也曾爲黃氏之發展而感嘆臺灣的人文環境貧乏。他說：[121]

> 臺灣藝術之不發達。一爲新開地文獻之不足徵。參考品殆無。一爲我先民移
> 住當時與瘴癘戰。與生蕃戰。斬棘披荆。從事開墾無暇及於藝術。

　　因人文不發達而缺乏刺激創作的研究環境以及作品的市場或觀衆，都是早期
留學生回臺後必需面臨的殘酷現實。黃氏因此必須留在日本，爭取參展獲得肯
定。但是在一九二五年，據說他因與帝展審查員有過節而落選。[122] 並且，在這
事之前，黃氏雖已漸有名，經濟上仍常發生困難。[123] 著名的龍山寺「釋迦出山
像」（圖版5）的雕刻因緣便能說明此事。原來黃氏爲謀生計，請魏氏代爲探尋
造胸像的訂主，未成，憂愁失望。魏氏以愛才美意，遂臨時提意爲他募款刻造佛
像獻納於龍山寺，一則永爲留念，一則紓解黃氏生活之困。黃氏接下委託後，認
眞研究各種佛像造型，並參閱文獻史料，「模型凡三易稿，刻木兩次」，歷經
三、四載始成。佛像於一九二六年十二月運回臺北，而一千四百元的各方寄附金
於一年後募齊寄到日本給黃氏。

　　在黃氏的採訪稿以及他在一九二二年多或二三年春所寫的一篇〈出生於臺
灣〉（譯稿見附錄），經常提到臺灣文化，對臺灣自然景物之讚美與藝術文化落

121　〈無腔笛〉《臺日報》1924.7.11。

122　陳昭明以爲：「黃土水懷疑朝倉（文夫）邀他入其門派他未答應，致遭朝倉杯葛」
　　　《黃土水雕塑展》，前引書，頁80。魏清德也以爲因拒絕入門爲弟子，「卒受其
　　　（某名雕刻家前輩）多方阻礙。」尺寸園（魏清德）〈龍山寺釋迦佛像和黃土水〉
　　　《臺北文物》8.4（1960.2），頁72。

123　有關此像捐款人名及金額，見《臺日報》1927.11.22 & 23（漢文版）。像於一九二
　　　六年十二月初由黃氏帶回，當時稱共費時四年（《臺日報》1926.12.12）；但據魏
　　　氏多年後回憶則謂三年（〈龍山寺釋迦佛像和黃土水〉前引文，頁72-74。）

後的感嘆時而與魏清德的說法相似，而且據其妻弟廖漢臣所述，黃土水與同在臺
北長大的連溫卿及臺中士紳楊肇嘉頗有來往，這些人物代表的政治理念也許不
同，但都具有強烈的臺灣意識。

　　黃氏言論最重要的主題還在臺灣藝術，或福爾摩沙藝術的創造。「余爲臺灣
人因思欲發表臺灣獨特之藝術」（《臺日報》1920.10.18）這也是〈出生於臺
灣〉這篇長文中的主題。臺灣一般的有錢人不懂得精神生活的重要，不肯支持藝
術的發展，這是他痛心疾首的。那麼什麼是臺灣的特色？他的長文以爲，臺灣自
然風景之美是最寶貴的資源，因此類似農夫的夕歸，牧童的吹笛、騎牛這類田園
牧歌式的題材都是繪畫和雕塑的創作對象。他對現有的寺廟藝術華麗庸俗的表現
最爲不滿，日後他選擇櫻木彫釋迦的模素質感可以視爲他個人的革新作風。最
後，他堅信創作的不朽性，這是他克服艱苦的生活，勇猛精進，爲藝術而獻身的
理想。

　　黃氏成功的重要因素之一便是如此戰戰兢兢的專業奉獻精神，同時他也善於
表現臺灣的風土特色，如早期描寫原住民的「蕃童」，到後期更細緻的田園抒情
作品，如最後的鉅作「水牛群像」。（圖版6）因爲他不甘心作小件容易脫手的
作品以謀生，要完成大幅傑作便需要像臺灣總督或日本官紳皇室才有可能贊助。
一九二六年起，他果眞開始爲日本官紳皇族造像，臺灣的名族聞風也請他塑像。
一九二七年，臺灣美術展覽會開幕時，並沒有包括雕刻，黃氏仍然趕回來以個展
的形式參加此盛會。但至終戰爲止，此官方展覽始終未將雕刻列入。一九三〇
年，黃氏因工作過勞，寂寞地病終異鄉。一旦瞭解他創作和謀生上的最大困難，
亦即無法脫離東京的藝術環境及市場而獨立生存，便能理解爲何他未參加臺灣留
學生的抗議日本活動。他既擇善固執地蹲在高砂寮敲打大理石，準備帝展作品，
便無法加入或認同上街遊行演說，甚而不願與其他美術學生結社，以免消耗時間
並引起官方的猜疑。據一般傳言，一九二五年，陳植棋及陳澄波等新一代東美校
留學生曾提議組織春光會美術團體，卻因他的反對而中止，[124] 也許是眞有其

124　此說源自張星建〈臺灣に於ける美術團體とその中堅作家〉（二），《臺灣文藝》
　　　2.10（1935.9），頁83。

事。但即使如此,黃土水在臺灣日治時期美術史上開天闢地的業績仍舊絕對不容忽視。

2. 開闢畫會團體的先鋒—陳植棋

陳植棋(1905-1931)也是一位被老師認爲「鬼才」的人物,並以無比的熱情參與推動臺灣現代美術的開幕,贏得熱烈掌聲,卻因急病在二十七歲去世,識者皆爲之扼腕。[125] 從認識啓蒙師石川欽一郎至去世爲止,他與美術結緣不過七年,但在臺灣參加兩個重要畫會的創立,並獲臺展特選三回,無鑑查兩回,在日本除入選帝展兩回外,並入選聖德太子美術奉贊展,以及各種在野美術團體展。就當時的畫壇而言,可謂交出一張光輝的成績單。以下先交待陳氏習畫過程,再討論開闢畫會團體的意義何在。

陳氏出身臺北汐止郡(今南港)地主家庭,父親爲保正和七星郡協議會員。他先入私塾再入公學校。就讀師範學校時,參加文化協會活動,並受蔣渭水影響,民族意識強烈。一九二四年底因學潮事件,遭學校退學,時爲四年級生。[126] 幸而,自同年春石川氏已回師範學校任教,惜其「鬼才」並知其家境良好,故與鹽月善吉同訪其家長,勸赴東京習畫。[127] 次年二月抵京,先入岡田三郎助(1838-1921)之本鄉洋畫研究所(陳澄波亦同時在此習畫),三月考入東美校西畫科。陳植棋爲家中獨子,經濟無後憂,民族意識及社會地緣關係皆強,且熱情豪爽,善結人緣,是領導型人物。

他想在藝壇闖盪天下,早就理解到日本中央畫壇與臺灣地方畫壇並重的原

125　石川氏,〈陳植棋君の藝術的生涯—遺作展を催すに就いて〉《臺日報》1931.9.11(四)。

126　此稱爲臺北師範學校第二次騷擾事,參見《臺灣社會運動史—文化運動》,前引書,頁305-306。

127　見石川氏,前引文,同註112。據其家屬回憶,當時石川氏與鹽月氏兩位西畫的指導者,聯袂至其南港家中,向陳氏之父母勸說。又見陳氏一九三一年遺作展(《臺日報》1931.9.8(七)夕)亦由石川、鹽月與岡田以老師身份會同其友倪蔣懷主辦,可見鹽月氏與陳氏有確實之淵源。

則。爲了發揮影響力，他需要組織留學生領導臺灣藝壇，開風氣之先河，但同
時，他也必須爭取東京中央畫壇的一定地位，此旣可作爲學習切磋的機會，另方
面也是在臺灣發展的後盾。更明白地說，正如同其先輩黃土水的情形，臺灣西洋
畫的發展旣無美術學校及研究評論團體，形成了附屬東京畫壇的狀況，故而陳氏
同時繼續在東京與臺北發展也是莫可奈何的事。石川氏介紹他認識岡田三郎助，
即爲踏入學院派東美校的捷徑。岡田在巴黎時的老師與前一輩的黑田清輝相同，
都是 Collin，可以歸入外光派畫風。自一九二六年起，陳氏開始參加各種帝展外
圍展覽，包括光風會，槐樹社，國畫會等，其實他還不過是美校一、二年級生，
的確可以說勇氣及表現均佳。[128]　當然，檢視這些畫會的相互關係，不難發現日

128　按其歷年參展記錄整理如下：

1925年	2月	光風會	「郊外風景」
	5月	槐樹社	「橋」
	7月	白日會	待查證
	8月	七星畫壇	未詳
1927年	4月	國畫會	未詳
	5月	槐樹社	「靜物」、「瀧の川風景」
	8月	七星畫壇	未詳
	10月	臺展	「海邊」（特選）「愛桃」
1928年	5月	槐樹社	「黃色の洋館」
	9月	七星畫壇	「港の午后」等十一件
	10月	帝展	「台灣風景」
	10月	臺展	「二人」、「三人」、「桌上靜物」（無鑑查）
1929年	1月	個展	約四十件
	5月	槐樹社	「基隆公園」
	8月	赤島社	「桐花」等
	10月	臺展	「芭蕉の火田」（特選）
1930年	4月	聖德太子奉贊展	「芭蕉」
	5月	槐樹社	「靜物」
	5月	赤島社	「風景」等三件
	10月	帝展	「淡水風景」
	10月	臺展	「眞人廟」（特選、無鑑查）等三件
1931年	9月	遺作展	約80件

本畫壇傳統重視的「人脈」組織，（圖版7）並理解何以陳氏加入的原因。例如光風會（1912創立），係繼白馬會解散後再起，與文展、帝展以及東美校關係均極深厚。三宅克己爲發起人之一，石川欽一郎也在第三回後成爲會員。然而，陳氏與槐樹社關係最密切，幾乎每年都參展。此會由較年輕的帝展同人發起（1924），代表印象派與後期印象派畫風，並強調表現自我個性。其發起人包括吉村芳松、大久保作次郎（1890-1973）等，一九二六年起並出版雜誌《美術新論》。[129] 其中吉村芳松的畫室是陳氏常去的地方，因爲吉村的指點，陳氏能夠自然而暢快地運用後印象派的手法，表現他堅定、勇敢的個性，不必刻意在學院派古典寫實訓練上耗費時日。

　　參加帶有研究觀察性質的美術團體活動，對於仍在美校學習的陳氏無疑是相當有意義的挑戰。從這樣的經驗中，他明白唯有團結同好形成研究與發表並重的組織，才能提高創作水準，造成社會文化風氣，以推動藝術理想。故如前文所述，一九二五年或一九二六年陳植棋、陳澄波有意號召東美校的臺灣留學生組織美術團體，可惜被他們的前輩黃土水所否決。[130] 同年夏回臺灣，才結合石川欽一郎的資深學生組成七星畫壇，三年後再度結合東美校臺灣留學生組成赤島社。同時，他也參與以石川氏爲主導，由倪蔣懷贊助設立的美術研究所（班），協助指導有志美術的少年，如後來成名的洪瑞麟、陳德旺等。因爲他的熱心培植後進，樹立畫壇風範，故深得人望（有關臺灣在野美術團體的興衰，將於另文討論）。

　　一九三一年陳氏遺作展雖然有八十二件作品之多，但目前所知大半消失，特別是他所擅長的風景畫已難得一見，無法窺知他畫風的全貌究竟如何。但在短短七年之間，他的題材表現非常豐富。

　　又據稱一九三一年去世後，李石樵曾將他的作品送往春台會入選，仍待進一步證實。

129　槐樹社於一九二四年三月創立，五月同人作品及公募作品展於東京及關西舉行，二六年十一月發行雜誌《美術新論》，創會會員爲吉村芳松，金澤重治，大久保作次郎，牧野虎雄，齋藤與里，高間惣七，金井文彥，熊岡美彥，油谷達。據查該社展覽目錄，陳植棋自第三回至第七回（1926-30）連續入選，陳澄波則自第四回起始入選。

130　張星建，前引文，《臺灣文藝》2.10(1935.9)，頁83。

　　從一九三〇年「淡水風景」的黑白照片中（圖版9），也可以看出他粗獷自在的筆觸中已能兼顧較細緻的表面肌理變化，於近乎平面的結構中，前後關係清楚，而且畫心的凝聚感相當有力。若相較他三年前在臺展所發表獲得特選的作品「海邊」（圖版8），變化之大令人不得不承認陳氏的發展潛力極強。只可惜他一生就在來回奔波於臺北、東京之間，希望將畫壇新風氣移植家鄉的奮鬥中，發病於東京，終致英年早逝。[131]

　　陳植棋與黃土水的早逝曾被當時嘆為臺灣藝術界無可挽回的損失。陳植棋在個性上與黃氏又不太相同，陳氏熱情慷慨，具有結合同道者互相提攜的魄力，他對臺灣人文自然環境的理解與熱愛也超出黃氏田園牧歌的範圍，描寫的題材如海景、街景、室內靜物、人物等等表現較多樣化而有前瞻性，對他同代的後輩學生而言，他的影響相當可觀。

3. 孤雲野鶴—何德來

　　何德來 (1904-1988) 年幼即赴日本求學，除中學四年在臺外，所有正式教育皆在日本完成。東美校畢業後，他曾攜妻返臺兩年，組織畫會；五〇年代也曾返臺舉行過一次畫展。但他已幾乎被臺灣畫壇完全忘記。然而，他那一輩的許多臺灣文化界人士被遺忘在日本的，想必不少，其中有些人還進一步歸化日籍，永遠從故鄉消失。這與時局環境以及個人的因緣際會都有密切關係，暫時似乎也沒有必要在此進一步評論。但以何德來為例，或許可以幫助了解其他戰後未返臺而留居日本的畫家。[132]

131　陳鶴子〈兄の畫生活を想ふ〉《臺灣文藝》2.7(1935.7)，頁127-129。李石樵〈酸苦辣〉《臺北文物》3.4(1955.3)，頁84-88。

132　例如，許長貴（生卒年不詳），臺南人，曾入選台展第十回 (1936)，留居日本，與何德來有來往，見何德來，《私の道》東京，作者發行，1974，頁212，形容許長貴至五十歲時仍單身，一意作畫，迄今未裝置電話或電視，家内和詳（五十歲まで獨り身繪を描き／今も電話テレビ置かず睦ましき家）。又如吳天華 (1911-87)，東美校畢業 (1941)，曾入選府展第二回 (1939) 亦留居日本。另有陳永森，其資料參見《臺灣出身的陳永森在日本畫壇之奮鬥史》，鄭獲義編，高雄，1987。

一九七四年，何德來爲紀念與其相依爲命的妻子去世周年忌，將一生的詩作（以和歌形式爲主）選輯出版爲《私の道》，並請旅居日本同鄉林宗毅作序，[133]故不難窺見其心路歷程。何氏出生苗栗，五歲時因家貧而被地主強迫收養，就讀漢學私塾，九歲爲了留學才剪辮子。在東京讀小學時義父去世，後回臺灣入臺中一中，畢業後，一九二二年再次赴日準備繼續深造。次年逢東京大地震，結識木邑氏一家人，住宿其家，日後終成其女婿。本來何德來的義父是以栽培秀才、進士的心情期望他的成長，然而他自小喜愛塗鴉，且屢遭生離別死，個性憂鬱，幸遇木邑家待其如親子，使他能安心學習美術。妻子自幼隨名家習琴，婚後且主持琴藝研究會，名爲新竹會，家庭和樂。

一九二七至三二年在東美校油畫科，隨和田英作(1874-1959)習畫。據說他在小學時曾感受到的民族岐視，重新困擾著他，因此在東美校雖然表現優越，也不願參加任何美術研究會或團體展。畢業後，即攜妻返回新竹，自三二年四月至三四年十一月爲止兩年多期間，對新竹美術風氣提高有相當貢獻。他結合當地日本及台籍美術老師、學生成立新竹美術研究會，和新竹水彩畫會，取代原來以日本人爲主的白陽社。一九三四年一月曾在新竹公會堂，舉行新竹美術研究會成立一周年紀念展覽會。可惜同年底便闔家離臺返日。據原白陽社會員後加入新會的谷喜一表示，何氏在人格與技巧方面均對新竹洋畫界啓發頗多，他開放自己住宅作爲會員畫室，晝夜自由出入，隨時指導，故吸引人數日增。而何氏畫風係「以西洋畫表現東洋趣味」，自成一家。李澤藩(1907-1989)也極爲婉惜他的離去，因爲他指導後輩盡心盡力，自己苦心研究的或果毫不保留地傳授給任何求教者。[134]

何氏離去或者因爲身體健康的關係，或因爲想繼續研究美術，或因妻子適應不良？目前已無法完全肯定。但以何氏純樸一如隱士的個性，若留居新竹是否能開創更大的局面，也是很難回答的問題。除了新竹美術研究會展覽之外，[135] 戰

133　何氏《私の道》，前引書。感謝呂雲麟先生借閱相關資料。並參考莊世和，〈臺籍畫家－何德來在東京〉《臺灣文藝》88(1984.5)，頁205-208；同氏，〈頌揚純粹美術的何德來〉《臺灣時報》1988.4.13副刊。

134　見何德來氏送別展（1934.11.11於新竹公會堂）目錄所載。

135　目前所知，新竹美術研究會曾於1933年2.10-12與8.26-27舉行兩次公開展。此外，

前他從未參加任何徵選或團體展，完全獨立獨行，與注重展覽紀錄的臺灣畫壇可謂格格不入。而且，除了仰仗家產外，他也很難覓得適當工作或以繪畫維持生活。總之，他的離去也許是不得已的抉擇吧！

何德來晚年生活多由其姪子何騰鯨醫師照顧，據說仍保存有大量未公開的作品（圖版10）。臺灣的美術館或可安排其回顧展，以便重新認識這一位經常在詩作中懷念故鄉及逝去的家人、卻飄泊異鄉的畫家。戰後他參加新構造社美術團體，並成為其營運（主持）委員之一，此團體可追溯至一九二六年創立的構造社，歷史悠久。最後，引述此團體標舉的理想，作為理解何氏的指針：[136]

新構造社目的在美術上的研究及發展作品，並標榜純粹在野精神，強調創作中的作者自我完成。其次，作者各人秉自由立場探求藝術，不拘任何主義，並尊重作者的人格。

四‧3　回歸祖國

上一節已提過，得總督府公費留學東美校的黃土水、劉錦堂、王白淵都沒有回臺任職。事實上，總督府方面既未期望也未安排他們回臺教書或工作。黃土水的專長是木彫，較難回臺工作，但師範日本畫科畢業的王白淵，雖然想回臺工作，也未如願，才在陰錯陽差的情況下，到靠近北海道的青森縣盛岡女子師範學校工作，[137] 以後陸續從東美校畢業的臺籍學生回臺想找工作也都只有碰壁的經驗。僅有廖繼春幸運地在長老教會所創長榮中學謀得一職，陳慧坤則在回臺三年

1934與新竹水彩畫會合辦何德來氏送別展，同上註。

136　譯自〈新構造社の歴史〉《56回新構造展、畫集陳列目錄》1984，東京。

137　謝春木（南光）為王白淵詩集《蕀の道》（盛岡，1931）作序，曾提及謝本人及王氏畢業均無法在臺謀職的痛苦：「畢業高師的我（謝），應該要當教員的，但是竟做了一個新聞記者。他（王）亦受著臺灣文教當局所忌，連一個藝術教員亦做不到，他們說沒有地位（職位）可給他。但是日本人的藝術教員，竟由內地聘請過來的。這是血所造成的人類社會的怪現象。……決心為臺胞教育的他，竟到岩手縣女子師範學堂，教日本女子去了，這不是多麼稀奇多麼奇怪的事情嗎？」以上係王氏譯文，見〈我的回憶錄〉（二）《政經報》1945.11.25。

後才開始在臺中商業學校兼任。其他私立美術學校畢業者機會更渺茫。自然有些人便延長在日本學習的年限，並尋求在東京的中央畫壇發展，除了上節標舉數人外，如本節將提到的張秋海、郭柏川等在畢業後都曾滯留東京。然而經濟能否自足、民族差別待遇的苦惱，以及中央畫壇競爭激烈等都是留居日本必須面臨的重大考驗。這時，中國大陸與日本之間來往頻仍。在東京的臺灣與大陸的留學生也常有機會相處，嚮往祖國的民族意識，開闢新天下的冒險犯難精神，都吸引他們陸續前往上海、北京。

二〇到三〇年代，大陸的主要城市紛紛成立私立美術學校，規模甚不整齊，卻能聘用許多老師。美術家在此任教旣可維持創作活動又可勉強餬口，並保持一定的社會地位。這樣的工作機會便吸引了在日本獲得美術學位卻苦無去處的臺灣留學生，已知在大戰結束前由日本到大陸的畫家有劉錦堂、陳澄波、王白淵、郭柏川、張秋海以及陳承潘等。有關這方面資料的發現，特別是劉錦堂、張秋海、范倬造等人，實在得歸功於謝理法的努力。[138] 這些美術家除范倬造外，都是臺北國語（師範）學校畢業生，[139] 而且包括范氏在內，都是東美校畢業生，稱得上是一流的人才。遺憾的是，不論他們在大陸停留時間的長短，似乎都未擠入當地畫壇的主流。

1. 劉錦堂

最早在大陸「發跡」的是劉錦堂（1895-1937）。[140] 一九二〇年他首次到上海、北京，認國民黨元老王法勤爲義父，改名王悅之，次年自東美校畢業後，便移居北京，先入北京大學勤習漢語，並開始任教美術。

138　參見謝氏《臺灣出土人物誌》臺北：臺灣文藝，1984。

139　據《王悅之畫集》（北京：人民美術，1985），劉（即王氏）於1914畢業於國語學校，但經查《北師四十年》（北師，1985）同學錄，未得其名，也許使用別名，仍待進一步查證。其餘人畢業年次分別爲陳澄波（1917），王白淵（1921），郭柏川（1921），張秋海（1919），陳承璠（1920）。至於畢業東美校年次，請參考前註99。

140　主要參考謝理法〈劉錦堂—臺灣最早的留日油畫家〉、〈三十年代成名於北平的臺灣畫家王悅之〉《臺灣出土人物誌》，前引書，頁57-116。

　　劉氏出身臺中米商之家，自小漢文基礎甚佳，且擅長古詩，一九一五年到東京美術學校。他與高一屆彫刻科的黃土水有否來往已無資料可查。回歸祖國可能憑著內心民族主義的熱誠。恰好當時北京畫壇已蓄勢待發，故能吸收他的專才。在短時間內，便參與創立北京最早的西洋畫團體，阿博洛畫會（Apollo；1922-25），一時聲名大噪。但是詳細觀察他在北京十六年間，事實上屢經波折，甚不安定。從他認義父、改姓名，可知他以破斧沉舟之心努力改造自己，適應新社會，並意欲擠入權力圈內，果眞在一九二五年左右受教育總長提拔爲部員。[141]但一九二七年北伐至北京，他又失去一切，改受邀請至杭州客座教書一年。二九年再回北京，次年任北平美術學院校長，雖然頭銜響亮，但不出數月，學校陷入一片爭權風潮，至於分裂，他備受人身攻擊，實權盡喪，最後在日軍陷京前病逝，享年四十二歲。隨其身故，他的作品也消失於畫壇。直到近年才被他的兒子重新整理發表。

　　他在北京這十六年間，由於行政事務繁多，作品產量不豐，更且久經遺忘流失，目前所見僅有複製於其畫集中的二十四幅。但不論從造型或題材方面，都可以看出他的畫風明顯地轉向中國化。在他早期（1921-23）作品中，東京美校的學院訓練，清楚可辨，但人物的剪裁落落大方，下筆頗見信心。「自畫像」（圖版11）中，穿袍子的半身胸像頂立畫幅，交待出堅毅的表情和理性的空間。在杭州一年（1928-29）中，他逐漸形成抒情典雅的面貌。如「燕子雙飛」和「芭蕉圖」（圖版12）中，西湖風光已被濃縮、簡化爲詩意象徵，人物造型古典閒適，從加重的輪廓線與平塗的色塊取得柔和流麗的視覺效果。他自己冷靜、孤寂的心境似乎也從「芭蕉圖」的高僧造型中做了某種程度的說明。晚期的「棄民圖」被視爲「最早的一幅抗日油畫」，在取用現實題材上有啓發作用。[142]但筆者以爲，描

141　有關劉氏如何結識教育總長，見《王悅之畫集》，頁2。又，一九二五年爲了選舉
　　　國民大會的臺灣代表，劉氏還捲入一場風暴，見《臺日報》（1925.11.5 ＆ 6）報導。
　　　劉氏除了教育部部員外，也兼任僑務局顧問，臺灣研究會會長，難免惹上政壇是
　　　非，引起某些臺胞對他不滿，見張深切，前引書，頁123。
142　謝理法《臺灣出土人物誌》，前引書，頁87-88。

寫畫家本身遭遇的「亡命日記圖」(圖版13),無論在現實性或畫面構成上都更具有震撼力。畫中蹲著洗米的女主角,以一貫柔和的曲線與溫暖的紅色系處理,站著略彎腰的男主角以頭斜頂向畫面,線條顯得剛硬。環繞他們四周簡陋的廚具和柴米油鹽醋的生活,在紛亂中透露著流離失所的心酸。

2.陳澄波

陳澄波(1895-1947)也是另一位由東美校畢業後,無法回臺工作或創作謀生,因而落腳於上海的留學生,但僅停留四年(1929-33)即因戰爭關係顧及家人安全而返臺。雖然以時間而言,他在東京較久(1924-1929),上海較短(1929-1933),但是以個人經驗而言,在東京是單身苦修的學生時代,到上海擔任美術教員、系主任,及全國美展審查員,正是他一展抱負,發揮其書生報國理想的時期,一家人也曾團聚生活,再加上大量接觸中國傳統水墨畫,畫風變化豐富,故反而更見意義。

陳氏出身嘉義,父親陳守愚爲前清秀才,受聘在外爲家塾老師,他從小由祖母帶養,家境貧寒,先入私塾讀漢文,十三歲才入公學校。[143] 因祖母疼愛,小時活潑調皮。國語學校畢業後,又任教七年,滿三十歲後(1924)才到東京就讀東美校圖畫師範科。陳氏並非天才型畫家,基礎也比較差,只能效法黃土水的苦修精神,白天上課,晚上到東美校教授岡田三郎助主持的私塾「本鄉洋畫研究所」進修,假日則到公園寫生。

陳澄波很可能在嘉義市期間,經常耳濡目染裱畫店以及廟宇內所能見到的一般傳統字畫,也曾在國語學校受過基本的寫生訓練(與石川欽一郎在校期間重疊一年),但到了東美校還得重頭學起。他廢寢忘食地每天在畫板、畫布上塗抹,重覆練習古典寫實主義的結實造型與幾何透視。然而學院派正規訓練有時也無法束縛住他個人強烈的生命慾與情感,如「嘉義街外」所見(圖版14)。陳澄波個性特點爲熱情而依戀鄉土,在校期間即經常返鄉寫生,或舉行個展,賺取生活費

143　參考拙作《臺灣美術全集1—陳澄波》臺北:藝術家,1992。

用。一九二六年首開記錄，以「嘉義街外」入選第七回帝展，次年再度入選，成
為家鄉的文化英雄，並獲臺展特選，更盼望能返鄉工作，任教中學一展鴻圖。結
果希望落空，只得繼續研究科課程，一方面考慮前往大陸發展。一九二八年夏首
次到上海、杭州，是否遇見了劉錦堂已不可知。但這時上海正在籌備第一回全國
美術展覽會，他遂決定次年春回到上海，接下展覽會的西畫審查員職務，並於私
立的新華和昌明藝術學校任教。一九三〇年他的家人包括妻子和二女一男在長期
分離後，終於到上海與他團聚。不過兩年後，卻因為上海「一二八事變」，政局
不穩，加上經濟困難，遂將家人先行送回家鄉。隨後次年也返台定居。

　　陳澄波在東京雖然埋首苦讀，但這時已不比九年前黃土水孤軍奮鬥的苦況，
他與廖繼春同船赴日，又由張秋海接待，可以說到一九二四、五年時，東美校的
臺灣留學生已足以構成一小集團，而且主要為師範學校的校友，其中陳澄波又最
年長（與黃土水同年），謙虛坦誠而且勤學的作風頗能贏得其他學生的尊敬。

　　陳澄波在上海四年期間，雖然保存下許多寫生油畫和室內人體素描作品，就
客觀而言，他並未打入畫壇核心，取得影響力。不過，他對中華民族以及水墨畫
傳統的傾慕仍是一廂情願的。一九三一至三二年在藝苑的寫生室，草草逸筆勾勒
而成的淡彩人體畫，是一生難得的輕鬆小品（圖版 15），與他在學生時代僵硬的
人體畫成了對比。他與許多水墨畫家密切來往，從他們創作過程中，揣摩動態筆
勢和溫潤清爽的視覺效果，這都有助於他改變以往拘謹枯澀的筆法；山水畫中簡
單的遠近蜿蜒，也取代了幾何式俯瞰的透視構圖，如（西湖）「早春」（圖版
18）。他誠懇地學習傳統水墨畫，並認定倪雲林（倪瓚 1301-1374）的線描與八
大山人（朱耷 1626-1705）的皺擦能幫助他打破學院訓練中呆板的構圖，取得動
態活潑感。換言之，他雖然沒有在上海畫壇留下明顯的痕跡，但他個人卻已決心
擺脫東美校外光派的傳統，從中國山水畫的靈感中尋找西洋寫生傳統的新路線
（有關他返台後畫風的具體轉變，將另外撰文討論）。

3. 王白淵

　　描述王白淵（1902-1965）的一生，最適當的說法莫過於套用他自己常說的

「未完成的」。[144] 雖然他也畢業於東美校圖畫師範科（一九二六），但目前所知，他唯一的美術作品是在大戰結束前，作於臺北牢獄的一幅裝飾性屏風漆畫。更簡單地說，王白淵在美術史上的重要性是在四〇年代末期到五〇年代所寫的評論及史料，亦即他是理論家而非創作者。此外，在文學史上，他是戰前臺灣第一位也可能是最後一位出版日文詩集論著者（《蕀の道》1931），也寫過短篇小說、政論等，是標準的「文化仙」。但是殖民地時代或五〇年代的臺灣都無法容忍一位具有理想的知識份子。他沒有發展的空間，最後只能慢慢退縮，寂寞以終。直到他死後十多年，才有謝理法重新發掘他的〈臺灣美術運動史〉，發揮了他的許多觀點，爲他那一代的畫家「吐出胸中一口氣」。[145] 他曲折的歷程中，從公學校教員到美術生，又「從美術到文學，從文學到政治，社會科學去」，最後成爲美術評論家，皆非個人所刻意追求，也可以說是不循常軌的荆棘之道。正因爲他存在的特殊性，在這段文化藝術史中很容易被忽視。而且，在他幾次人生轉捩點上往往因爲牢獄之災而切斷家庭、親友關係，故已無法完整地理清。一九四五年，臺灣光復，他以「迎接祖國」新生活，反省過往的心態寫下〈我的回憶錄〉，[146] 但全文未載完即中斷。不過，他的基本人生理念已清楚可讀。

　　王白淵出身彰化二水富農之家，一九二二年畢業於臺北師範，在家鄉服務了兩年，上進心切，才申請總督府公費，至東京就讀東美校。[147] 他的同鄉兼室友謝春木原已是民族主義及社會主義的信仰者，後來出任「臺灣民衆黨」中央常務委員，政務部主任。謝氏引導著他思索東京豐富文化的底層問題，他又是求知慾強的人，天天上圖書館，探索悲劇的意義，以及民族自主的途徑。這時他已面臨現實與理想兩難的困局，對現實臺灣的殖民社會不滿，致使藝術理想的追求上充

144　參見收於其《蕀の道》（前引書，頁30）的「未完成の畫像」詩，「將現實中無法
　　　完成的理想比喻爲心中永遠未完成的畫」。

145　謝氏〈民主主義的文化鬥士〉《出土人物誌》前引書，頁137-189。並參考最近謝
　　　氏所寫〈七十年代政治史觀的藝術檢驗〉上、中、下《自立早報》1992.1.18-20。

146　王白淵〈我的回憶錄〉（一）～（四）《政經報》1945.11.10; 11.25; 12.10; 1946.1.10，
　　　此回憶錄主要僅交待至東京美校爲止。

147　王昶雄〈王白淵點點滴滴〉《臺灣文藝》85(1983.11)，頁171-178；龍瑛宗〈張文
　　　環與王白淵〉《臺灣文藝》23(1981.5)，頁329-332。

滿了無力感。眞正的理想，還在以政治革命推翻殖民統治，但做爲一介書生，這無疑是悲劇性的理想。

如前所述，一九二六年畢業時王氏無法在臺覓得教職，意外地赴岩手縣盛岡市任教女子師範。一九二七年六月廿六日，當臺北正開始籌辦秋季的第一回臺展時，他在《臺灣民報》上發表一篇宣言式的短文，剖白他的中華民族主義立場，以及反抗帝國主義、推動思想運動（包括文學與道德）與政治運動（國民革命運動），以求民族再生的熱切期盼。從一九三一年初〈給印度人〉與〈站在揚子江邊〉，可見他已經訪問過上海，且對未來中國的遠景抱著無限憧憬。一九三二年起約一年間，他在東京參加留學生的文化政治運動，導致牢獄之災，失去職位，最後才接受移居上海的謝春木安排，離開日本到上海去。這段活動已詳細記錄於《臺灣總督府警察沿革誌》中，[148] 在此僅簡單交待。王氏於三二年春加入左翼台籍學生組織，Taiwanese Cultural Circle（臺灣文化會），希「藉文學形式，教育大衆的革命」。八月才發行一號時報，九月組織暴露，相關人士皆遭搜查，王白淵因此被解聘。次年春，同批人爲避免再引起注意，改組「台灣藝術研究會」，出版《福爾摩沙》（其發刊的片段文字，見本文第一章）。此刊在七月中出版第一期後，王氏即前往上海。

王氏在上海的活動大致以華聯通訊社的翻譯爲主。據一九三六年「上海美術專科學校職員錄」，王氏自三五年九月起在該校任教圖案。[149] 若至三七年八一三事變，上海淪陷爲止，則僅有二年。在他當年的同事黃葆芳回憶中，王白淵「對圖案學相當成就，著有圖案概論等書，且對雕刻家羅丹頗有研究。」在黃氏當年印象裏，王氏「外貌與日人無異，且具一口流利日語，與日本人幾乎難以分別。」「他生性沉默寡言，但授課卻十分認眞。所編講義，深入淺出，條理分明。……很受學生歡迎。他的素描根基相當穩固，想他當年學習時，一定下過苦功，故能在圖案的變化意匠方面，不但表現美觀，而且不失實物的特徵形

148　亦即王詩琅譯《臺灣社會運動史—文化運動》，前引書，頁94-107。

149　參見鶴田武良編集《民國期美術學校畢業同學錄·美術團體會員錄集成》和泉市久保惣記念美術館，久保惣記念文化財團東洋美術研究所紀要 2.3.4，1991，頁 101。

態。」[150] 因其翻譯工作涉及抗日,故在日軍入侵時被捕於法租界,押回臺北入獄,一九四三年六月才重返社會。自此至一九四七年初爲止,他所發表的美術評論、回憶錄、政論,乃至於文化美術史奠定下他一生最重要的文化事業。

在此之前,他所發表的作品,不論詩或小說均以浪漫情懷爲基調,並沒有直接反映現實;雖然他高亢的英雄式悲劇觀是來自對現實的失望,戰前長久流落他鄉總與臺灣社會有段心理與實際距離。十一年出獄之後他終於重燃熱情,擁抱他所失落的故鄉(有關他一九四○年代的著述將另文討論)。

4.郭柏川

郭柏川(1901-1974)臺南市打棕街人,祖父經營棕索工廠,甫出生父親即逝,由寡母撫養長大。[151] 就讀臺北國語學校期間(1917-1921),並未受教於石川欽一郎。一九二六年赴東京,原擬學習法律,隨即改入川端畫學校畫畫,兩年後考入東美校西洋畫科,主要隨岡田三郎助習畫。同年夏天,曾返鄉個展。[152] 他的個性耿直粗獷,淡泊名利,但因早年婚姻不和,且無家產支持學業,往往過著浪人般的潦倒生活。一九三三春,自東美校畢業後,留居東京三年多,繼續研究創作並靠開設麻將館維持生活。

他在東京十一年,前兩年準備考試,其餘九年爲美術學習創作期。把他有紀綠可循的美術活動整理後,[153] 發現他並不是藝壇上特別活躍的人,參加團體展

150　黃葆芳〈關於臺灣畫家王白淵〉《七十年代》1975.5,頁77。
151　黃才郎〈用油表現東方藝術氣質的開拓者—郭柏川〉《藝術家》1980.4,頁48-55。朱婉華,《柏川與我》,臺南:朱婉華,1980。
152　《臺日報》1928.9.3。
153　已知郭柏川在赴大陸前美術活動整理如下:

1927.10	「運河」	臺展第一回
1928.3		東美校西洋畫科入學
1928.9		個展於台南
1929.8		赤島社第一回展
1929.10	「關帝廟前の橫町」	臺展第三回
1930.2	「臺灣風景」	光風會
5	「雪景」	槐樹社

次數並不多。這也許是個人的選擇，也許是他樂天而不急著求表現也說不定。學生時代他曾參加赤島社展，但表現平平。[154] 臺展僅參加三回，可見他和故鄉的聯繫並不算特別頻繁。此外，在東京參加槐樹社一回，光風會四回。後者如前文所述，郭氏的老師岡田三郎助代表帝展的傳統風格，也長期參加此會活動。[155] 在僅知的三幅學生時期裸婦像中，[156] 其業師的影響相當明顯。

　　一九三六年冬天，他決定結束在東京閉門繪畫的生活，前往中國東北大連、哈爾濱一帶旅行寫生，以畫肖像維持了一年生活，最後落腳北平。這時古都已成為日軍的淪陷區。前輩劉錦堂（王悅之）已去世，北平藝壇頗為寂寞，西畫家極缺。[157] 郭氏卻發現了一些故舊新知，包括曾經轟動臺灣文壇的張我軍，遂決定安居於此，並接下專任國立北平藝術專科學校與兼任國立師範大學工藝科的教職。一九四〇年結婚，結束單身飄泊生活，促使他在家庭安定圓滿的情況下，積極力求在畫業有所突破。

　　在北平將近十一、二年的時間（1937-1948）是他個人風格的創造期。和劉錦堂、陳澄波一樣，他到北平後顯然也盡己所能地適應和吸收祖國文化。這方面，對他影響頗多的是同在國立北平藝專任教的黃賓虹（1864-1955）以及齊白石（1863-1957）。黃賓虹山水畫的平面構圖及似鬆亦緊的筆法應對郭氏有所啟發，而同時黃氏也極力推崇郭氏的風格「生動自然」。齊白石非常簡樸而活潑的畫面，也能

9		赤島社第二回展
10	「杭州風景」	臺展第四回
1931.2	「臺南の裏町」	光風會展
4		赤島社第三回展
1932.2	「雪景」	光風會展
1933.2	「靜物」	光風會展

154　鹽月善吉〈赤島社第一回展を觀る〉《臺南新報》1929.9.4～9.6，石川欽一郎，〈手法と色彩—赤島社展を觀て〉同報，1929.9.5。

155　參閱《現代日本の美術9 岡田三郎助，小絲源太郎》東京：集英社，1977。

156　《郭柏川畫集》臺北：葉氏基金會，1980，圖2～4。

157　據一九三四年教員錄，國畫教員知名者有齊白石、溥心畬等，一九三六年則黃賓虹、齊白石；一九四〇年有黃賓虹、蔣兆和等，西畫方面則無特別知名畫家，見鶴田武良編《民國期美術學校同學錄，美術團體會員錄集成》，前引書，頁157-160。

促發郭氏簡化寫生蔬菜魚類的靈感。（圖版 17）

　　直接引導郭氏，將內心不願受任何束縛的生活理念轉變成畫面上逸趣橫生的表現的是梅原龍三郎 (1888-1986)。他是日本大正至昭和時期最重要的畫家之一。[158] 一九三九年八月他們在北京見面時，梅原五十歲，正值風格成熟而多產的時期。梅原氏自稱在一九三九至四三年往返北京六次，一次往往長達五、六個月，[159] 每日上午外出描寫古都風景建築，下午請歌女或妓女至其飯店爲模特兒供其速寫，晚上則逛館子和聽戲。郭氏常擔任嚮導和翻譯工作或飯局的陪客，同時也有機會觀察梅原作畫。[160] 梅原氏在北平期間，創造力達於巔峰狀態，他大量吸收中國傳統造型（包括建築、器物、傢俱等），都市規劃以及人物服飾舉止等入其畫面，並大膽地淡釋鮮亮的油彩以塗抹於紙上，甚至加上墨色，從平面裝飾手法中，取得活潑曠達不拘的生命感。這些特色頗能啓發郭氏揉合中西畫風的想法，也自行研究出在宣紙上作油畫的技法。（圖版 18）

　　現實生活上，郭氏在日據北平教書，很難抒展其耿直爲人的理想，一九四〇年左右被日人排擠臺北平藝專，轉任規模較小的京華藝專[161] 生活上往往陷入拮据的困境。[162] 不過，困難的環境迫使他更加勤奮創作，組織畫會，定期展覽。[163] 他大量吸收中國册頁山水中以簡馭繁的構圖，落筆帶有書法自由揮灑的姿態，色彩清純強烈。如此擷取文人畫逸筆草草的精神入油彩畫的作法，奠定了他回台後（一九四七）獨樹一幟的畫風。

158　梅原出生於京都的悉皆屋（染繡布店），對日本傳統圖樣及色彩瞭解深刻。十五歲隨淺井忠習畫，二十歲渡法，直接師事後期印象派大師雷諾瓦。二科會 (1914) 及國畫創作協會 (1925) 會員。參見《梅原龍三郎遺作展》東京國立近代美術館，1988。

159　實際在北京時間如下：一九三九年八至九月；一九四〇年五至十月；一九四一年四至七月，九至十一月；一九四二年九月至四三年二月；一九四三年五月至十一月。參考《梅原龍三郎第三部一畫集北京》東京：求龍堂，1973，頁 214-216。

160　見 1939 年梅原氏日記，同上註，頁 157-190；郭氏爲模特兒翻譯事見頁 188。

161　有關他在國立北平藝專不得不辭職之事，參見黃才郎，前引文，頁 52；及張深切，《里程碑》，前引書，頁 543-544。

162　參考朱婉華，《柏川與我》。

163　據黃才郎，前引文，頁 51；並見劍鍔〈參觀郭柏川先生畫展後〉《中國文藝》2.6 (1940.8.1)，頁 33。

5. 張秋海等

張秋海及陳承潘等都是東美校畢業後，滯日多年，才到淪陷後的中國，然而他們的生平資料既不多，現存的作品也極少，且與臺灣畫壇的關係也非常有限，故只能簡單交待。

張秋海（1898-1988）曾受過長時間的學院派訓練，包括東京高等師範圖畫手工科，東美校油畫科及研究科，前後共十二年。[164] 他參加四次臺展（1927-1930），以及七星畫壇（1926-1928）與赤島社展（1929-1931），一次帝展（1930），也曾經爲林獻堂夫婦製作肖像（1931）。[165] 但是有一段時間他似乎並無意成爲專業畫家，逐漸消失於畫壇。一九三八年前往大陸從商，三九年起在北平師範大學任教素描和工藝至戰爭結束爲止。從謝理法所收集到張氏三幅五〇年代至六〇年代初的作品黑白照看來，寫實的技法相當紮實，其中兩幅人物（老人、木匠）刻畫人物肅穆的表情，尤其將工匠勞動者的形象神聖化，明顯受到社會寫實主義的影響。

陳承潘的資料更爲缺乏，目前所知仍不超過王白淵早年所述。[166] 他畢業於東美校圖畫師範科（1930），在學期間曾回士林家鄉，組織西畫青年舉行聯展，[167] 並且是七星畫壇與赤島社會員。但臺展僅參加首回。後任教沖繩縣立第三中學校校諭，擔任圖畫、習字、音樂、作業諸科。[168] 自此便以教書爲主，繪畫爲次。一九三七年上海淪陷後，便轉赴上海、北平等地日本學校任教，光復後回臺北曾開過一次個展，但以教育界服務爲主，與美術界逐漸脫節。

---

164 謝理法《出土人物誌》，前引書，頁 122-131。

165 《台灣新民報》1931.12.5。

166 王白淵〈台灣美術運動史〉，前引文，頁 20。

167 《臺日報》1929.3.24。

168 《臺日報》1932.1.15。

四·4　航向巴黎

　　留日畫家進一步前往巴黎研習的共有四位:陳清汾(1910-1987)、顏水龍
(1903生)、楊三郎(1907生)與劉啓祥(1910生)。他們之中除了顏氏家境
較清寒外,都來自優裕家庭,而且在十四、五歲左右便赴日求學。作為文化的先
驅,他們的確具有冒險犯難的精神,然而他們抵達歐洲時,巴黎的國際舞台盛況
已不復從前,愈到後來,巴黎和臺灣之間通訊、匯款更加困難,故停留時間均不
算太長。但四位都交出入選巴黎秋季沙龍作為成績,除了陳清汾外,他們也都帶
回臨摹名作的成果,以供島內同好參考,倍受島內青年的敬仰。[169]

　　除了陳清汾時間較短外,其餘三位都先長期在日本求學,習畫達七年至九年
不等,再轉往歐洲繼續學習,而陳氏則由其日本業師同船攜往巴黎安頓、照顧。
一次大戰後,巴黎已成為世界藝術之都,吸引許多外國藝者群聚於此,形成所謂
巴黎畫派,日本的青年畫家自然也希望能躋升此國際舞台。二○年代末期,許多
青年日本畫家留歐歸來,在東京掀起前衛畫派的浪潮,包括野獸派、立體派、表
現主義與超現實主義等,成為時代的先驅。這四位便是受此風氣所驅使,追隨他
們的老師輩乃至於同輩的足跡,前往巴黎等地觀摩,吸收世界藝壇的傳統與新
潮,以啓發自我的創作。其中,顏水龍與劉啓祥從巴黎回來後,仍暫時留居日本
發展。後來顏氏為了實踐他對臺灣美術工藝的理想而先行歸來,劉氏則至戰後才
返台。另外兩位,雖然定居臺灣,但都與日本畫壇保持密切關係。總之,這四位
畫家的發展或多或少反映了當時日本畫壇的背景,為了瞭解他們以及其他同時在
日本,未赴歐洲的臺灣美術學生,必需簡略地介紹日本畫壇在大正末年至昭和初
期的變化。

　　一般學者認為一九二三年九月的關東大地震結束了大正時期標榜的民主自由
理想氣氛,此大災變引發了許多政治、社會問題,產生強烈的危機感。[170]　另一

169　林育淳〈進入世界藝壇的先驅─日據時期留法畫家研究〉,臺大歷史研究所,藝術
　　　史組,碩士論文,1991。

170　有關日本昭和時期美術主要參考富山秀男〈近代洋畫の展開〉《原色現代日本の

方面，從巴黎陸續回來的美術家帶回來許多新潮畫派，包括野獸派、立體派、超寫實主義等，同時在社會主義思想的影響下，普羅美術運動也風起雲湧。原來，自從一九一九年，一次大戰結束後，歐洲經濟不景氣，相對地日本經濟蓬勃發展，故而留學或旅遊人數大增，在一九二〇年代，每年美術留歐學生總在一百五十人到兩百人之間，他們主要聚集在巴黎，享受自由創作的異國生活。他們已不再像明治時期黑田清輝及其學生，拜在學院派大師門下學習，而是自由自在地租下畫室，遊走於美術館與畫廊，甚至於登門拜訪心儀的大師，請他們指點其個人作品，下文將提到的四位臺灣美術學生也大致渡過相同的生活。其中，顏水龍所加入的大茅屋工作房 (La Grande Chaumiére) 就是個聘請了模特兒，共同創作、研究，卻沒有固定指導老師的畫室，學生的進出非常自由。如同梅原龍三郎曾去拜訪雷諾瓦 (Pierre-Auguste Renoir 1841-1919)，顏氏也利用巧遇的機會，請梵唐元 (Kees Van Dogen 1877-1968) 指導其畫作。因此，這些日本留學生與巴黎當代大師的距離拉近了，他們也自由參加團體展，如最富有國際色彩的秋季沙龍，幾乎是每位畫家練習的舞台。如藤田嗣治 (1886-1968) 則在長期滯法期間成為巴黎畫派的主角之一。這樣的局面一直維持到一九三二年世界經濟大恐慌，日幣大貶值，才使留學生不得不歸國，西行的人潮自此衰落。

留歐畫家帶回來日本的新畫風，主要以一九二六年成立的一九三〇年協會為代表，此會至一九三〇年由獨立美術協會所取代。這批畫家原來主要是二科會的會員、會友等關係人物，故也可以說是從二科會分裂出來的前衛畫家。另有造型美術家協會（一九二八成立）鼓吹普羅大眾美術，至一九三二年被軍方勢力鎮壓而解散。但是，相對於這些由巴黎帶來的新畫風，日本的中堅派畫家也開始深刻地反省個人主義的 (individualistic) 畫風以及民族性格表現的問題。其主導人物為安井曾太郎 (1888-1955)、梅原龍三郎與須田國太郎 (1891-1961) 等。安井是二科會的靈魂人物，與梅原同出於京都淺井忠的門下。梅原雖然也曾加入二科會、春陽會及一九三〇年協會等團體，但主要為國畫創作協會（一九二五）的領導人

美術》，東京：小學館 1979，頁 122-194；《昭和の美術》1,2，東京：每日新聞，1990。

物。此兩人都深習後期印象派及野獸派畫風,但安井留學巴黎時(1907-1914)先經過官立學院派訓練,師事歷史畫家Jean-Paul Laurens (1838-1921),此人與Collin(黑田清輝老師)爲同門師兄弟。安井留學後半期才自由研究,此時對米勒(Jean-François, Millet 1642-79),畢加索(Pablo Picasso 1881-1973)及塞尚(Paul Cézanne 1839-1906),尤其後者的心得頗多。回國經過重新摸索後,逐漸將寫實主義的作風加以變形,自由取捨,取得清爽堅實的日本風格,結構穩健,但造型鮮明,個性突出。梅原則於旅歐時受雷諾瓦啓發最多,重裝飾性平面空間,以直覺方式表現華麗灑脫的造型。此外,主辦官展的帝國美術院畫風在進入昭和年代後,活力漸衰,以表現穩健、客觀寫實爲主。其中較值得注意的是藤島武二(1867-1943)以印象抒情的寫實表現所作一系列日出,以及東方女性的古典裝飾美。他的色彩及造型往往能激發他的學生,如顏水龍的想像力。

簡言之,昭和時期的美術有兩大勢力,一爲多采多姿的前衛美術,二爲個人主義的,揉和東西方美學觀點的新寫實表現手法。毫無疑問,此時的美術界較前期更有自信,不但能掌握巴黎前衛美術的發展,也能銜接日本原有的藝術傳統美,重新創作當代日本的洋畫風格。若拿這四位畫家與早期留日學生黃土水,或約略同期的陳澄波相比,他們到日本的年紀較小,經濟優裕。顏水龍雖然後半段以工讀方式完成,卻毫無家累,只須要養活自己便成。他們四位都沒有受制於學院派的帝展,不以入選帝展證明自己的能力,比較不受社會成就感的壓力,其學藝的態度自在而游刃有餘。比較前輩,他們的日文教育完整,每個人都深受西洋文明的薰習。楊三郎與陳清汾來自臺北大都會的中產商人背景,劉啓祥與顏水龍來自相同的農村背景,但前者爲鄉紳大地主家庭,後者爲小康的糖廠主。雖然表現各有千秋,他們的舉止都像教養良好的紳士畫家。除了陳清汾後來棄藝從商,其餘三位在臺灣的畫壇都樹立相當風範,值得注意。

1. 陳清汾

四人中最早赴法的陳清汾,日後卻成爲最早離開畫壇者。陳氏係臺北大稻

埕茶商陳天來第四子，一九二五年自太平公學校畢業後，先至京都，入學於關西美術學校，後因府評議員李延禧（李春生之孫）的介紹，入有島生馬(1882-1974)門下。[171] 有島生馬畢業東京外國語學校，師事藤島武二。他出身名家，與兄有島武郎，弟里見弴同爲白樺社同人，並且在其雜誌《白樺》介紹塞尙風格，引起畫壇注目。有島氏又是二科會創立會員(1914)，帝國美術院會員(1935)與一水會創會員(1936)，影響力不可謂不大。

陳清汾於一九二八年二月先回臺北個展後，即隨有島生馬航向巴黎。他租下光線良好的畫室，雖然不懂法語，但並不妨礙他四處觀光寫生，享受藝術之都的自在生活。有島氏協助陳清汾安頓於巴黎，指導其畫作，並鼓勵其發表。是以，陳氏在法期間，以「悲秋」(1928)，「パンテオン景」入選法國秋季沙龍；另外自一九二八年起，連續九年入選二科會，[172] 聲名大噪。

陳氏以其來自臺北大商家的背景，頗能發揮交際手腕，故而與日本名畫家建立良好的交情成爲他藝途上的特色。一九三一年七月陳氏自法返臺時，在日本邀請擬赴臺灣擔任展覽會審查的小澤秋成與他同行，同時出席他的父親在大稻埕江山樓爲他所舉辦的洗塵宴，參加者包括「臺北市內本島人紳商有志及郡部茶業關

171　《臺日報》1928.11.6，及張星健，前引文，《臺灣文藝》2.8 & 9(1935.8)，頁76。
　　陳清汾曾短期在東京之日本美術學校受教於有島生馬。
172　陳清汾入選二科會目錄如下：

1928	15回	凱旋門
		河畔の柳
1929	16回	公園の一隅
1930	17回	春朝の光
1931	18回	巴里の屋根
		ソコー・フロアドボー
1932	19回	臺北の裏町
		草山林道
		野菜の静物
1933	20回	榕園
1934	21回	第二の榕園
		裏の大稻埕
1935	22回	南方の花園
1936	23回	初夏の庭

係者，凡二百名。」[173] 次年一月在臺北舊督府衙門（今中山堂位置）舉行歐遊個展，其師有島生馬及和田三造（1883-1977）均到場捧場。[174] 有島、和田及小澤都曾任臺展或府展的審查員，與臺灣畫壇有相當淵源。[175]

　　陳氏首開風氣，留學法國研習藝術，故頗受時人重視。畫風上受有島生馬影響，近於後期印象派，能輕鬆自然地呈現風景的趣味或氣氛，也相當受人歡迎，如一九三四年的「空のない風景」。（圖版19）可惜，他龐大的家庭事業逐漸剝取他的時間和精力。雖然在大戰結束前，他仍然每年定期參加官方展和臺陽展，但是創作終於成爲他的「趣味」（嗜好）而不是事業。故而，他對當時臺灣畫壇的影響並不顯著。

2. 顏水龍

　　顏水龍一九〇三年出生於臺南縣下營紅厝村，家中務農並兼營舊式製糖。六歲時父親去世，隔年母親亦亡，十二歲時撫養他的祖母又去世，到十三歲時姊姊出嫁，他成了獨立奮鬥的孤兒。公學校畢業後，入臺南州教員養成所，一九一八畢業，回下營公學校服務。後來，同校訓導澤田武雄（一九一九臺北國語學校畢業，石川欽一郎學生）邀其同住，又共同外出寫生，因而鼓勵他前往日本深造，發展其美術的興趣與天份。[176]

　　一九二〇年九月顏氏抵東京，插班私立正則中學夜間部三年級，次年並考入日本美術學校。中學畢業後，一九二二年入東美校西畫科。這時最主要影響他的兩位老師是藤島武二及岡田三郎助。顏氏在日求學前三、四年仍可依靠家鄉的田產，但後半段則以半工半讀方式完成，其打工範圍包括全靠勞力的送報、送牛

173　《臺日報》1932.1.15及1.18。

174　《臺日報》1931.10.22。此外，有關江山樓的介紹參考《自立晚報》1989.1.13。

175　此三位日本畫家至臺擔任審查員的時間分別爲，和田三造：臺展5,6回，府展4回（1931.32及41）；小澤秋成：臺展5,6,7(1931-33)；有島生馬：府展2回(1939)。

176　莊伯和〈鄉土藝術的推動者─顏水龍〉《雄獅美術》1979.3，頁6-44；雷田，〈孤獨而堅強的顏水龍〉《藝術家》1975.12，頁87-95；莊伯和〈爲鄉土奉獻心血的藝術─顏水龍〉《雄獅美術》1985.2，頁99-101。並顏水龍先生採訪稿，1988.6.10。

乳，以及略須技巧的刻印，畫廣告。如此現實的生活考驗，使他日後更關心美術工藝的實用價值。自西畫科畢業後，他回臺灣也找不到工作，只好再回學校，進入研究科。

兩年後，顏氏再度面臨求職不易的痛苦，他甚至起念想到偏遠山地擔任警察工作。如何不拘形式，盡一己微薄力量付諸社會大眾是他所關心的問題，這已經超過了藝術家的專業，而是出於人本主義的實踐性要求。不過，他的希望並沒有實現，更多的人勸他繼續前往巴黎學習。至今，顏氏仍可以如數家珍地回憶那些人士，主要是中部地區的士紳、實業家及師長，如何出錢出力，並且訂購他赴歐前的個展(1929.4)作品，終於湊足三千圓的旅費。

顏水龍為了節省旅費，取道橫跨歐亞大陸的西伯利亞國際鐵路，剛抵巴黎時寄回一封信給東美校的老師，可幫助我們了解當時臺灣留法學生適應法國的實際狀況：[177]

　　〈在佛顏水龍致田邊至(1886-1968)助教授信〉

　　分別後，托您的福，二十八日平安抵達巴黎。最高興的是在柏林突然與和田（季雄，在東美校任美術史課）先生（老師）會面。同時也遇見學建築的大澤，同級的小堀等兩三人，讓我信心百倍。從柏林再獨行到巴黎。荻野君及中西君到車站來迎接我。

　　我們拿著大使館的介紹狀直奔サツマ日本學生會館（日本基金會所建），安頓下來。預定近日再找便宜的工作室便搬家自炊。明天起到法語學校上課。在柏林的博物館頗受到刺激。不知為何突然有停筆的想法。因為看了リュベレス（待查）、提香（T. Titian 約 1488-1576，義・人物畫家）、德拉克洛瓦（F.V.E Delacroix 1798-1863，法・人物畫家）等傑出的作品。也在國家畫廊看了近代畫家如梵谷、莫內、雷諾爾、塞尚等作品。希望也在巴黎的博物館內繼續參觀。……

顏氏在東京就讀研究所時，夜間補習法語，故抵達巴黎後再繼續惡補，便可

177　〈海外消息〉東京美術學校《校友會月報》29.5(1930.11)，頁176 。感謝鶴田武良先生提供此資料，又曾就此譯稿請教顏水龍先生若干問題。

以應付日常所需。除了在博物館學習外，他選擇進入美術學校受正規練習。他先在大茅屋工作室加強素描訓練、油畫技法，再入由勒渾（Fernand Léger 1881-1955）與馬尚（Jean Marchand 1882-1941）主持的現代藝術學院（Academie Art Moderne）。最後一年，因勞累過度生病，至坎城休養時，巧遇心儀已久的肖像畫家梵唐元，[178] 遂隨之習畫，研究人物造型以及平塗色彩穩定而絢麗的效果。梵唐元的畫在日本頗受歡迎，雖然他以都會生活中的時髦婦女甚至於風月場所女子爲題材，與顏水龍的趣味終究不同。但顏氏從他學得修長優雅的造型以及用色，其影響明顯可見於一九三三年第七回臺展的「K孃」。（圖版20）

此外，他也珍惜到羅浮宮（Le Louvre）學習的經驗。他曾臨摹安格爾（J.A.D. Ingres 1780-1867）裸女立像「泉」（La Source, 1820-56）。[179] 日本早期留學生大都有過在羅浮宮臨摹的經驗，一方面動手複製與原作同大小、同色質的作品是很好的學習方式，另方面可將複製作品帶回國供其他學生或社會大衆參考。此時顏氏對人物畫特別感興趣，並著重造型的美，用色變化細膩，對稱均衡。一九三一年巧逢「世界殖民地未開化民族生活作品展」，爲其樸素的幾何造型美感所折服，自此關心臺灣民衆及原住民的工藝及傳統美術。同年，他的一張以乞丐村小孩爲模特兒的少女坐像及一張風景畫「盧森堡公園」入選秋季沙龍。[180] 一九三二年初秋在馬賽港迎接了自臺灣來的楊三郎與劉啓祥後，十月啓程返日。次年開

178　陳炎鋒〈顏水龍與花都半個世紀的戀情〉《藝術家》1985.12 ，頁170-175。梵唐元出生荷蘭，一八九七移居巴黎，一九二九年歸化法籍，初期從印象派出發，一九○六年加入野獸派團體，一九○八年參加德國表現派展出。擅長裸女及時髦婦女肖像，以姿態悠雅，色彩絢麗見長，但因後期作風落於世俗品味而受批評。參考 *The Oxford Dictionary of Art*, Oxford Uni. Press, 1988, P.149 。

179　法國畫家安格爾，一七九六年起定居巴黎，專長爲肖像畫，屬新古典畫派，以書法性線條勾勒，造型姿態美妙。一八○七年移居羅馬、佛羅倫士，一九二四年返巴黎，大受歡迎，開始爲羅浮宮作畫。其題材以貴婦肖像及浴女爲主，對人體肌膚或物體的表面光澤特別能表現出豐富的觸感及官能效果。*The Oxford Dictionary of Art*, op. cit., pp.251-252 。

180　林攀龍〈顏水龍氏の繪が巴里秋季沙龍に入選〉《臺灣新民報》1931.11.21。顏水龍〈舊地重遊〉《藝術家》1975.7，頁2-3 。

始受聘於大阪一間葡萄酒公司（斯毛克牙粉公司）作廣告海報，展現他在美術平面設計方面的才能。同年四月返臺個展於臺北教育會館。[181] 一九三四年，身在東京的顏氏，受聘返台任第八屆臺展審查員（因而引起另一場風波，將另文討論）。

　　除了巴黎秋季沙龍外，顏水龍並非每年固定參加臺展，在東京也僅參加由其東美校同學（一九二七年西畫科畢業班，包括名畫家小磯良平等）的上社展。可以說，他對於參加團體徵選展並不感興趣，這和同時期在臺的名畫家很不相同。而且，在他返臺以後，最關心的終究是原住民美術造型（圖版21），與民間美術工藝的實用、及社會實踐性，雖然他心目中理想的美術工藝學校終未實現，他的活動範圍經常是遠離其他畫家的。

3. 楊三郎

　　一九〇七年出生的楊三郎，在戰前以臺北大稻埕爲其主要活動地點，和陳清汾一樣擁有雄厚的財力和良好的經濟關係。祖父號稱爲碩儒，父親楊仲佐不但經營酒專賣事業且爲吟社辭宗，雅好園藝，秋節時在其永和家中舉行「偶園觀菊吟會」，日台士紳官員俱爲座上醉客。[182]

　　楊氏自小喜愛塗鴉，後見鹽月善吉一幅陳列在美術文具店的油畫，受感動而立志作畫家。[183] 一九二〇年自大稻埕公學校畢業，入廣末高等小學唸高等科兩年。畢業後（1922），即向家中爭取赴日留學，未得允。他卻利用平日儲蓄及家中往返商業郵件集郵換得現款三十元，逕行赴日，不告而別。幸而家人接其電報後，轉而諒解，接濟其費用。

　　一九二二年楊氏先入京都美術工藝學校。此校的前身爲京都府畫學校，成立於一八八〇年，是日本最早的公立美術學校，但以日本畫爲重心，後來分成京都市立繪畫專門學校與京都市美術工藝學校。後者屬中等教育美工專科。楊氏發現不合其志趣，二四年轉入私立關西美術學院，隔年，陳清汾亦入此校。關西美術

181　《臺日報》1933.4.27。

182　《臺日報》1921.11.20。

183　楊三郎〈跑不完的路〉《臺北文物》3,4 (1954)，頁74。

學院最早爲西畫家淺井忠的私塾，原稱聖護院洋畫研究所，即當初安井曾太郎與
梅原龍三郎同學之校，成立於一九〇三年，三年後擴大編制並改現名。楊氏主要
老師爲黑田重太郎 (1887-1970) 及田中善之助 (1889-1946) 等京都派西畫家。

　　一九二六年八月楊氏曾回臺北個展於臺北博物館，他個人作品四十五件，加
上十件兩位日本畫家的作品，日臺人士參觀者據說三日間共一千人，包括鹽月及
石川等知名人士，頗受好評。[184]　一九二七年，他以哈爾濱寫生作「復活祭の
頃」入選臺展第一回，並獲總督府收購後，一時肯定了自我努力的成就，家人也
「歡慶若狂」，自此每年參展入選成爲其畫業的目標。一九二八年起陸續入選春
陽展，[185]　一九二九年返台定居並成家。春陽會成立於一九二二年，由舊院展洋

184　　《臺日報》1926.8.24。石川氏曾寫短批指出其優缺點，譯稿見林保堯譯，欽一廬，
　　　　〈觀楊佐三郎君的個展〉，《藝術家》1992.5頁306。

185　　楊三郎去法國以前入選春陽會記錄如下：

1928	第六回	「滿州風景」
1929	第七回	「村の入口」
1931	第九回	「福州郊外」
		「廈門風景」
1932	第十回	「教會堂」

之後的入選春陽會記錄亦整理如下：

1934	第十二回	「ルクサンブル公園にて」
		「朝の食卓」
		「バルテ氏別莊」
		「グラン・カナ─ル」
		「古城を望む」
		「秋のモンスリ」
		「ジプシ─の宿車」
		「サクレク─ル寺院」
1935	第十三回	「洋墓地の春」
	（會友推薦）	「臺灣婦人像」
		「新綠の庭」
		「ホテルの庭」
1936	第十四回	「夕暮の淡水河岸」
		「紅花城の夏」
1937	第十五回	「マカオにで」
	（會友）	「南方漁村」

畫部的小杉放菴、山本鼎等加上剛剛自歐洲第二次歸來的梅原龍三郎所組成，提
倡藝術自由，不拘任何畫派的形式。但梅原於二五年退出，另組國畫創作協會。
以在野畫派而言，春陽會到三〇年代出現低潮，其主流畫派有股東洋的文人趣
味，希望發展臺日本式的油彩畫。[186]

　　楊三郎返台後，生活十分安定。上午在大稻埕幫忙家庭的菸酒專賣事業，下
午便專心在三重埔的私人畫室作畫。他每年持續參加臺北的臺展和東京的春陽
展，成績也頗為可觀。但是一九三一年他突然落選臺展，對他的信心與地位打擊
甚大，不得不下決心，負笈世界藝術之都巴黎，再度虛心學藝。一九三二年三
月，他先在臺北舊廳舍舉行赴歐前個展，四月又移至臺中公會堂展出。五月舉行
盛大歡送會，官民各界，包括鹽月桃甫均到場，楊氏抱著只許成功不許失敗的心
志，激動落淚。[187]

　　一九三二年七月底，楊氏與劉啓祥同船抵達馬塞港，顏水龍趕來迎接。（圖
版22）楊氏在歐洲待至次年春，到處旅行寫生，繪出兩百餘幅風景畫，並以「塞
納河畔」入選三二年秋季沙龍。次年七月返抵臺北。一九三四年一月及二月在臺
北及臺中舉行旅歐畫展。他當年的畫友知己顏水龍特別撰文評述，因其中談及旅
歐生活及願望，可幫助我們理解留歐學生生活，並且涉及楊三郎個人作風的轉
變，故將其部分翻譯如下：[188]

　　　　賀楊佐三郎君滯歐作品展　　　顏水龍於臺中

		「セントラル寺院」
1938	第十六回	「鄉村」
		「劍潭寺」
1939	第十七回	「夏の海邊」
		「秋容ちやん」
1940	第十八回	未詳
1941	第十九回	「森間初秋」
1942	第二十回	「風景」

186　島田康寬，〈昭和初年代の洋畫〉《昭和の美術》1，前引書，頁160。

187　個展消息見《臺灣新民報》1932.4.2；歡送會消息參見楊氏所提供剪報資料。

188　此亦楊三郎所提供剪報，未註明出處，但據查非《臺灣日日新報》，故推測為《臺灣
　　　新民報》1933.2月初（撰文日期為2月4日），配合台中展期（2月4日至5日）。

三郎君是我長久以來的知己，與他道別，出發到巴黎滿兩年之後，又在異地馬賽港迎接他，時值法國梧桐樹剛染黃之際。初秋之夜，暫宿波士多旅舍的一室，談話中不覺夜深竟至破曉。聽到家鄉的消息，與負笈而來三郎君的抱負，都讓我們彼此興奮不已。次晨坐進餐廳時，馬塞港的聖母院教堂依然籠照在濃霧中。

話題持續著，他所抱持的偉大願望，如燃燒般的熱情來自何方呢？是他對創作的執著，以及來自社會的強烈刺激吧！他擔心無法長居歐洲，焦慮的面容，自從馬塞港別後，時常浮現腦海。

觀三郎君這次展出的許多佳作，便可以明白他確曾以破斧沉舟的決心創作。一改往昔顯得枯澀晦暗的畫風，他發展出明亮而新鮮的色彩，況且他對繪畫的認知改變，質感與量感變得更加嚴謹，使畫風進步許多，這才是最大的收穫吧！

其作品的進步顯然是劃時代的，他吸收柯洛（J.B.C. Corot 1796-1895），庫貝特（Gustave Courbet 1819-1877）與尤特里羅（Maurice Utrillo 1883-1955）[189] 的手法，在自己的畫面上創造出自己的作風，可以說是三郎君的聰明表現吧！

柯洛曾說：「首先要學形，其次為調子。我認為此二者對藝術而言，便是最認真的基礎所在。色彩與最後的完成法能賦予作品魅力。」從此點便可以看出三郎從柯洛學得多少，事實上不僅是技法，內容上也受到後者極大的影響。

從庫貝所接受的影響是運用調色板以及畫刀的小技巧，在草率不在意的姿

189　柯洛，Jean Baptiste Camille Corot, 是法國自然風景畫家，學自古典傳統，經常外出取景描素後再回到工作室重新構圖，賦予個人的詩意，但不造作的自然景觀。庫貝爾，Gustave Courbet, 是獨行特立的法國畫家，畫題廣泛，手法寫實，並且善用調色刀處理畫面，但有時顯得粗率，對十九世紀畫家影響極大。尤持里羅，Maurice Utrillio, 法國畫家，以城鎮街道為要題材，早期（1909-1914）也是重要期作品，因其用色又稱白色時期，色調細緻能表現出都市生活的寂寥與空虛感。參見 *The Oxford Dictionary of Art*, op. cit., pp119-120; 122-123; 509.

勢下，偶然出現的色斑――可辨，色調卻渾然天成。在三郎君的作品中可以看到吸收此方法的痕跡。至於德安（André Derain 1880-1954）[190] 或尤特里羅，不論在技巧上或內涵都多所學習。

我所喜愛的幾件作品敘述如下：（省略）

另陳列一件模寫柯洛的作品，可謂對島內（臺灣）的美術家貢獻頗多。在沒有（美術）歷史的島上，畫家們常橫遭自島外傳來多種多樣不規則的潮流所影響，既缺乏明確的教學目標，優秀的畫家也不來（臺灣），旅行到台來賺錢的畫家也不一定拿出最好的作品，往往是旅行期間的創作或幾年來積存在畫室角落的作品湊在一起，拿了名望人士的介紹信，便到此地展覽，然而這些作品不過是用來愚弄誤導島民的眼光，全無良心的作品，對島內畫家迫切的渴望而言，毫無價值。

非常感謝三郎君認眞研究後能（在模畫中）再度展現十八世紀繪畫的風貌，啓發我們的想像。到歐洲去的畫家，如果都能模寫幾幅泰西名畫並帶回來，只消持續幾年便可以構成一個小型美術館。美術館的需要，不必在此重覆說明，三郎君實際上已漂亮地完成他的任務，令人歡喜。在短短滯歐期間，能夠吸收傑出名作的刺激，而且在不安定的生活中仍得盡力研究，我自己也曾深知其中的辛酸。然而，若能逐一地理解，當地（巴黎等地）畫家們面對作品的態度，及其生活或歷史所殘留下來的傑作，是如何開拓出來的，對我們島內將來的創作便是最大的收穫吧！

　　　　　　　　　　　　　　　　　　―― 終 ――　　　（二月四日記）

楊三郎所摹柯洛作品爲「田舍娘」。[191] 讀顏水龍的這段評論，不難想像，他們曾共享留學日本與巴黎的經驗，互相鼓勵慰勉，惺惺相惜的濃厚感情。顏氏同時也批評臺灣畫壇的現況與理想相去甚遠，沒有美術館不說，自日本來臺展出

190　德安 André Derain，是法國畫家兼雕刻家，他是野獸派（fauvism）的開創者之一，也
　　　追隨立體派（Cubism）作風，但一九二〇年以後，作風趨於保守。（同前註，
　　　p.141）。

191　《臺灣新民報》1934.1.19。

的作品也良莠不齊，造成臺灣畫家學習上的困難。

　　楊三郎在巴黎期間顯然對塞納河畔街景和歐洲鄉村最感著迷，而印象派風格給他最大的啓示爲構圖力求清晰簡單，色調明朗，肌理則細膩柔和（圖版 23）。楊氏返台後不久，便號召其他同輩臺灣畫家組成台陽美協（1934），此在野派團體展至今仍持續其生命，不容忽視。

4. 劉啓祥

　　劉啓祥於一九一〇年出生於臺南州新營郡查畝營（後改名柳營），先祖隨鄭成功遷臺，號稱臺南縣第一世家。[192] 其先祖多以科名出仕，祖、父俱爲地方鄉紳，父親爲當地區長，熱心地方公益及文教工作。劉氏幼時家教嚴格，除正式的公學校教育外，並聘請漢儒教導詩書及應對禮儀。同時，家族中很早便有兄長留學日本，帶回現代西洋文明的氣息，故有機會在鄉間寧靜安樂的成長環境中，自然地接觸西洋音樂及美術。一位日本的畫師便曾被招聘至其家中半個月，爲其父親畫肖像。其二姐夫陳端明，畢業於明治大學政治科，又入上智大學文科，也參與文化協會活動，曾於一九二六年自日本帶回三、四百件東西洋畫及雕刻，並由教育會協助，在臺北博物館展出，轟動一時。[193] 這些或可以幫助我們了解，劉氏出身背景中，文化基礎及資源都異常雄厚。劉氏十三歲喪父，歷經分產的糾紛，令他發奮力求獨立自主。次年九月抵東京，入青山學院中學部，此係教會學校，注重人文學科，學風自由。因經濟寬裕，他在課餘之際全力發展自己喜愛的小提琴與繪畫課程。在新營就讀公學校時，圖畫老師陳庚金[194] 早已稱讚過他的美術才能。而青山學院曾留學法國的美術老師，傳授他繪畫的基本知識與素描技法，使他愈發感興趣，課餘便入川端畫學校進修。他也常到美術館參觀，特別心

192　劉耿一，曾雅雲筆錄〈劉啓祥七十自敍〉《藝術家》1980.5　，頁39-65；胡龍寶，
　　　吳新榮《臺南縣志稿》8，人物志，鄉紳〈劉日純列傳〉，頁93-94。

193　《臺日報》1926.7.3。

194　陳庚金（1916年畢業公學師範部乙科），應爲石川欽一郎在臺北國語學校第一期
　　　(1907-1916) 學生，也曾入選臺展第一回 (1927)。

儀二科會團體展畫風，一九二八年中學畢業後，遂選擇進入與此畫會關係密切的
文化學院大學部深造。

　　二科會係大正時期最主要的在野畫派團體，因反對一九一四年文展（即後來
的帝展）而成立，主要成員有梅原氏與安井氏等。其中石井柏亭（1882-
1958）[195]、有島生馬、山下新太郎(1881-1966)[196] 等於一九二一年參與由當
時聞名的文學家、評論家共同合作成立的文化學院，先爲中學部，再增設大學部
(1925)，分爲本科（文學）與美術科，著重人文自由思潮及個性的發展。[197] 在
學期間，劉啓祥便入選二科會展，直至戰爭結束前，他都持續參加此會，並成爲
會友。[198] 這時在文化學院美術部還有來自嘉義東石郡的侯福侗，兩人交情甚
篤。一九三一年劉氏入選第五回臺展的「持曼陀林的青年」圖中，著西服彈琴的
男子便是侯福侗，後者可惜除了曾在一九三二年五月返嘉義個展外，在畫壇上幾
無其他消息。[199]

195　石井柏亭，東京出生，父爲日本畫家，太平洋畫會，パン會，二科會及一水會會
　　員，一九三五年成爲帝國美術院會員，參與《方寸》等美術雜誌編輯，介紹西洋美
　　術，美術教育貢獻頗多。

196　山下新太郎，東京出生，東美校西洋畫科選科畢。兩次赴歐(1905-10; 1931-32)，二
　　科會及一水會會員，一九三五年成爲帝國美術院會員。

197　加藤百合，《大正の夢の設計家》（東京：朝日新聞，1990）；林育淳，前引文，
　　頁30。

198　劉啓祥入選二科會展，整理如下：

1930	第十七回	臺南風景	
1936	第二十三回	モンマルトル	
		窗	
1937	第二十四回	肉店	
1938	第二十五回	肉店	
		坐婦	
1939	第二十六回	畫室	
		肉店	
1940	第二十七回	畫室	
1943	第三十回	野良	二科賞
		收獲	會友

199　侯福侗的簡介見其個展報導，《臺日報》1932.5.14。

　　一九三二年畢業後，劉啓祥返臺北，在臺灣日日新報社個展。一月有島生馬正好在台，先爲陳清汾滯歐展捧場後，再爲劉啓祥的赴歐展捧場。[200] 同年六月劉氏與楊三郎同船赴歐，並由顏水龍在馬賽港接船。劉氏與顏氏同爲臺南人，並在東京都經過中學和美術大學的背景，感情想必相當密切，雖未保存共同活動的文字記錄，卻可見於當時在馬賽港的合照。（圖版22）

　　此外，一則從巴黎寄回臺北的特別報導中，述及劉啓祥與楊三郎初抵巴黎的生活實況，摘錄數語以見其側影：[201]

　　　巴黎大學鎮上的日本學生館，曾住著兩位臺灣畫家。其中一人是臺北的楊佐三郎，另一人是臺南的劉啓祥，是昨（應爲「今」）年七月一塊抵達巴黎的吧！還不太習慣外國的樣子，從他們談話的細微處也可以感覺出來。楊君出身京都關西美術學院，劉君自東京文化學院畢業。兩位都是充滿希望的青年。略胖而快活，滔滔不絕的楊君；與瘦削而沈默，隨時都像在沈思中的劉君，對照之下非常有趣。永遠精神飽滿的楊君出門後，劉君獨自留在學生館的沙龍，啜著紅茶，姿影有些落寞。這是他們剛到巴黎兩三個月內，心情奇妙不安的時刻……。

　　在劉啓祥赴歐前，有島生馬特地爲他介紹海老原喜之助（1904-70），讓劉氏帶了兄長有島武郎的作品去拜訪他。海老原曾師事有島，中學畢業後，十九歲便前往巴黎（1923-1934），主要在蒙帕那斯區，從前輩畫家藤田嗣治（1886-1968）遊。海老原爲人灑脫眞誠，他的造型單純而富想像，色調柔和清澈，宛如吟詠詩歌。海老原與他建立亦師亦友關係，倍加照顧關懷。劉啓祥在日本學生會館住一段時間後，便搬往蒙帕那斯區，租下畫室，請模特兒寫生，並四處觀賞風景古蹟以及美術館，過著愜意的藝術家生活。此外，較年長的海老奈畫家，亦長住法國，曾幾次陪同梅原龍三郎拜訪雷諾瓦（1907年），也時常照顧劉氏，相偕外

200　《臺日報》1932.1.16。

201　此簡報係由楊三郎提供剪報影印，但無日期，僅註明「臺日」推測爲《臺灣日日新報》，但一時仍無法證實。又譯文曾參考林保堯先生初譯稿，而與之略有出入，林譯稿即將出版於〈臺灣美術的澱積者〉《臺灣美術全集7　楊三郎》臺北：藝術家，預定1993出版。

出，參觀美術展覽，也曾指導他臨摹雷諾瓦晚期作品「浴女」時如何使用紅色的技巧。海老奈雖不如海老原喜之助的顯赫有名，卻都是旅歐期間誠懇相待的難得長輩。

　　在法期間，劉氏廣泛地從博物館中的名家鉅作學習，專心臨摹以獲得繪畫的要訣。此時他特別喜愛人物畫，彷彿借著觀摹畫中人物的表現以接近大師創作的精神內涵。他曾長時間在羅浮宮等摹得馬奈 (Édouard Manet 1832-83) 的鉅作「奧林匹亞」(Olympia 1863) 與「吹笛少年」(Le Fifre, 1866)，（圖版24）接著又摹塞尚的賭牌 (The Card Players 1890-1892)，柯洛的「風景」與雷諾瓦的「浴女」(Baignenses 1919)，（圖版25）以攜返日、臺。他自稱一九三三年入選秋季沙龍的少女坐像「紅衣」（圖版26）深受塞尚的影響。的確，劉氏的老師有島生馬早有「塞尚通」之稱，故他對塞尚畫面空間結構的自然餘裕而兼備穩定莊重的作風應早已熟悉，面對作品一再揣摩，當更能得心應手。紅衣中的少女柔軟而富重量感的身軀坐滿畫幅三分之二，落落大方的姿勢便是受塞尚影響而來，但是背景的處理仍有些猶豫不定的表現。

　　劉氏攜回日、臺的除了繪作之外，還有一把小提琴，這是他在巴黎所聘請的女教師所贈，紀念他們共同相處的一段愉快時光。劉氏在歐洲三年多，足跡遍及英、荷、比、義等地，他並不急於寫生，而是儘量觀察、吸收入他的腦海中成為日後創作的資源。一九三五年，時局愈不景氣，從臺南輾轉匯款至巴黎也成為困難之事，劉氏終於啓程返台，同年十月下旬以「ひぢつく女」（圖版27）入選臺展九回，從目前僅存黑白照片看來，這幅半裸女坐像的構圖較兩年前更簡潔有力，背景明亮，小茶几的立體空間適當地補助略為傾側的女像，近於正視的眼神安詳而柔和，已經出現他後來人物表情的特色。身軀如同前幅，有偉然巨像的莊重感，裸露的肌膚更飽滿細緻，卻保留一片純潔無邪的感覺。劉啓祥的自我面貌雖在此約略可見，但真正重要作品卻要等到回東京後，在戰爭期間慢慢蘊釀而成，將另文討論。

小　結

　　本文共分三章：第一章討論美術與現代文化發展的關係。發現美術在臺灣的傳統的墾荒移民社會中，原來的地位並非重要，此與文化教育未普及於社會有密切的關係。日本總督府在臺灣的早期文化建設也相當有限，中、高級教育均受壓抑，因此促使地主階級紛紛送子弟至日本等地留學，他們回饋鄉老的方式便是推動政治文化啓蒙運動。在二〇年代的文化協會運動中，美術並不扮演重要角色。[202] 也可以說美術的登上全島舞台要等到一九二七年的官方展覽之後。民間政治文化的推動力量，文化協會運動被壓抑消失後，文學運動興起並擴大爲全島動員的文藝活動。一九三四年至三六年，美術也被吸收入文藝聯盟的活動中，因而較能擺脫官方美術的陰影，與民間文化活動結合。可惜，文藝聯盟的成員也因爲大衆性與民族性之間立場的分岐宣告分裂，加上中日戰爭前夕的戒嚴氣氛，此文化活動也迅即終結。

　　第二章檢討島內美術教育，分爲正式初級和師範教育體系下的美術課程。這些課程非常有限，實在目的不在訓練專業人材，卻因爲配合官辦展覽會而發揮極大的影響。另方面，薄弱的民間美術傳統面臨時代鉅變的考驗，產生了如何發奮圖強以沿續發展的問題。

　　第三章爲留學生的島外美術學習及創作生涯。雖然早期部分留學生爲總督府的公費生，但也都是由學生主動申請爭取得來的。大環境影響或使他們奮力爭取展覽會上的成績，揚名家鄉；或使他們爲了進修遠赴異地，甚而流浪以終，有家不歸。這些例子不僅限於美術留學生，也應該視爲臺灣學生學習、實踐現代社會文明的經驗。

　　當我們深入地瞭解美術留學生的早期活動時，發現以黃土水爲首，早在一九二〇年已發表了「余爲臺灣人因思欲發表臺灣獨特之藝術」這樣信心十足的臺灣

202　文化協會公開舉辦活動中並無美術展覽。陳澄波、陳植棋及郭柏川等雖曾參與文協，但並非核心人物。又前述新營人陳端明也曾加入文協，並且他個人從日本帶回美術作品三、四百件舉行臺北、臺中巡迴展，然而此活動卻由臺灣教育會主辦。

民族意識，就政治理念上固然與新民會吻合，就藝術創作的實踐上而言卻早於新文學運動。因爲這年他入選帝展的「蕃童」就是臺灣原住民生活的描述，而臺灣的新文學運動之父賴和的成名作〈一桿稱仔〉則遲了五年。因此進一步可申論爲兩方面的意義：一、臺灣的新美術創作運動早於文學運動；二、黃土水堪稱臺灣的現代美術之父。

就第一點而言，臺灣現代美術啓蒙藉由日本的管道，先驅者因此而接觸西方與日本的現代文明，反省臺灣文化體質，萌生迎頭趕上的強烈慾望。求知慾與理想是這一代先驅者共通的特色。然而，反過來說，如同黃土水所指，臺灣當時一般人並無法與之共鳴，藝術贊助者或市場的風氣也未形成，他們創作路途之艱辛非今日所能想像。

第一章所談的一九二〇年代文化協會運動企圖以留學生帶動民間的政治、文化風氣，雖然發揮相當影響卻不能持久發展。三〇年代繼之而起的文學運動才與美術創作者結合，成爲文藝聯盟推動一時風潮。美術家所追求的臺灣特色，才能脫離其畫室而與廣大的觀衆結合，究竟這些美術留學生如何摸索出自我與地方的風格？在他們爭相前往日本官方的權威美術機構，東京美術學校就讀，畢業後（或甚至於畢業前）又以參加官方展覽爲主要創作目標，風氣所趨，難免造成相信權威，追隨東京帝展風格的局限性，這是美術史無法否認的特點。然而先驅者闖盪江湖，打拚天下的霸氣也是特色之一，他們個自的風格也值得詳細討論，無法一概而論。

在這樣複雜、坎坷的發展過程中，官方的強勢美術展覽無疑將更進一步刺激現代文化的提昇，以及美術水準的提高。究竟具有風土與個人特色的美術風格如何發展？民間文化的自主、活潑的發展，如何與之和諧共存？詳細的分析將有待另撰專文繼續探討。

（初稿成於一九九一年九月，二稿一九九二年六月，三稿一九九二年九月。本文係行政院國科會專案輔助計劃「日據時期臺灣美術發展史」成果之一，感謝所有參與計劃人員，以及國科會與史語所臺灣史田野工作室之協助。）

（本文於一九九二年十一月十九日通過刊登）

附錄　　譯稿

說明:此篇長文如序文所言,係黃氏應《東洋》雜誌之三井氏所邀而作,時間在黃氏赴東京七年後,即一九二二年冬他搬至池袋區自己的工作室後,但何以遲至一九三五年黃氏逝世後才發表,理由未明。此文先闡明他作爲藝術家寧爲創作而死的立場,次則向日人介紹臺灣先天的優秀條件,再則反責諸己,悲嘆臺灣文化低落,精神生活不受重視,藝術的現況等於零。再鼓勵故鄉的年青人共同爲藝術上的「福爾摩沙時代」而努力。原文之序不分段,爲閱讀方便譯稿分成四段,又凡〔〕號內文爲筆者加註。

〈出生於臺灣〉　　黃土水　　《東洋》第三十八年第九號(1935.9)

序

　　世間的人往往批評藝術家爲怪人。我也是藝術家的一份子常常小心自己不要被人稱爲怪人,但還是時常被朋友提醒說,你是有些奇怪的人,不懂得與人交際。無可奈何的是雕刻是造形藝術中最困難的工作(同一程度的東西,日本畫要一天完成的話,油畫要一週,雕刻則要一個月左右)一件作品往往需要一、兩個月乃至五、六個月,稍微複雜的便得耗費一、二年乃至三、四年。比較少見的也有十數年,或者是終其一生僅完成一件作品。

　　昔稱人生七十古來稀,人類的壽命長不過七十左右,短暫的七十年後,此貴重的身體也得被淒涼地送往墓地,任由腐臭蛆蟲叢生。人的壽命其實很短;根本不到七十歲,實際上一般的情形人生五十很普遍,佛教也有五十年爲一輪迴的說法,可見人類的平均年齡連五十都不到。我自己不知道什麼時候會離開世間,假定人死也有命的話,我也已經過了一半以上的壽命了。殘餘的生命中究竟會完成什麼樣的作品呢?雕刻家的重要使命在於創造出優良的作品,使目前人類的生活更加美化。即使完成一件能達成此重大任務的作品,也不是容易的事。只要一想到這點,我就沒辦法像其他人一面抽著煙,一面逛街,飲酒聊天到半夜,寶貴的時間不能浪費。

　　如何才能把造像的姿態做好?如何能早些把石塊敲好?從早到晚只是考慮著彫刻的事,自然而然疏於人際往來。制作一尊五六尺的石像也幾乎要一年的時

間。從早到晚，手執鐵槌（hammer），不知道有幾十萬次或幾千萬次那樣地拚命敲打著石材，萬一其中只要有一下敲到了一根手指頭，那可就不得了，所有的努力都泡湯了。即使努力的方向還正確，所需要費用如石材，運費及模特兒、石膏材料，工具及其他種種雜費也不是容易籌措的事。貧窮如我對此最爲恐慌。今日是黃金萬能的時代，雖然想做些優良的作品，沒有費用便一切免談。除了束手向冥冥上天嘆息外什麼也不成。萬一稍不留意，讓許多寶貴的時間以及莫大的費用都落空了，想到這裏，我便時時刻刻兢兢業業。故而每日專心從事彫刻，自然無暇與人交際。這也不僅只是我而已，一般而言，藝術家都是這樣。因此常聽得到，藝術家多半是怪人的批評。

　　我這藝術家的一份子，也成了怪人群中的一位。（東洋）協會的三井先生有一天光臨敝宅，並爲發展東亞文化的雜誌《東洋》，請我寫些有關藝術的感想。如同前述，我是每天只知握著鎚頭工作的人，提筆寫文章的事不能答應。但是工作室前仍堆積著雪，想到（三井先生）在寒天特意找到郊外此處，我實在無法斷然拒絕，最後遂接受他的請求。然而，不管東洋藝術或世界藝術，像那樣的大論題，實非我無知小子所能也。我只能就臺灣的事，我所常常思考的問題，簡單地敘述，希望能達成三井先生的要求。

　　我們美麗的島嶼

　　生在這個國家便愛這個國家，生於此土地便愛此土地，此乃人之常情。雖然說藝術無國境之別，在任何地方都可以創作，但終究還是懷念自己出生的土地。我們臺灣是美麗之島更令人懷念。然而，從未在臺灣住過的內地人（日本人）卻以爲臺灣是像火的地獄般燠熱的地方，惡疾流行，而且住了許多比猛獸更恐怖的生番。有許多人對於從這樣的地方出來的人，總是非常好奇，一定不停地發問。我過去六、七年來住在東京，常常碰到令人忍不住要生氣，或者抱腹絕倒的奇怪問題。或問：「在臺灣也像在內地一樣吃米飯嗎？」，或「你的祖先也曾割取人頭嗎？」等一本正經地尋問，令我與其說是憤慨，不如說是可憐他們的無知。有一位我的內地朋友給我看他的家傳寶刀，說：「我下個月中旬將到臺中拜訪一位親友，想帶這把刀作爲護身用。」滿臉一副下決心大冒險的表情。我總是反覆說

明，這是荒唐的想法，臺灣絕不是到處都有生番，而且即使在有生番的地方，也絕不是像那樣的可怕。我不停地提醒他們，內地人總是想像，只要到臺灣鄉下便會遇上生番，然而，臺灣三百五十萬人口中，生番僅佔七、八萬人。而且是在人跡罕至的深山中。總之，內地人對臺灣的知識恐怕極爲貧乏，即使是有相當地位的知識份子，也有相當錯誤的觀念，可知普通一般人對臺灣的無知和誤會更是比想像的更爲嚴重。臺灣絕對不是內地人所想像的蠻荒之地。只要曾經去過臺灣，便會同意，臺灣實在是難得的寶島。例如，比內地的富士山高出許多的新高山（玉山），シルビや、以及秀姑巒等諸峰，其他蜿蜒貫穿南北的中央山脈的高峰峻嶺，都具有自然的峻美，西部在平野丘陵之間流動著數十條河川，翠綠的茶園瓜圃美如畫境。中部則綠色的稻波如浪，南部種植甘蔗田，還有高大的檳榔樹，茂盛的榕樹，林投樹林，還有竹林、鹽田、魚塭等。山裏盛產金、煤等礦物，以及木材、樟腦等，實在是南方的寶庫。而且四季常夏，草木茂綠，初春時嫩綠的垂柳和暗青的松杉下，爛漫的桃花爭妍；夏天則在恆古湛藍，點點柔細水草的日月潭上泛舟；秋天到淡水河邊欣賞夕陽五彩的景色；冬天蜿蜒的中央山脈，雪覆蓋著高峰峻嶺，尤其是一拔群山秀的新高山的雄姿，確實美麗壯觀之至。西方人嘆稱臺灣爲福爾摩沙（美麗之島），實在不是沒有道理的。我臺灣島的山容水態變化多端，天然物產也好像無盡藏般，故可以稱爲南方的寶庫，可比爲地上的樂園，此決非溢美之詞。

幼稚的藝術

我們〔臺灣〕島的天然美景如此的豐富，但是可悲的是居住於此處的大部分人，卻對美是何物一點也不了解，故無法在這天賜的美再加上人工的美，美化人們的生活，提倡高尚優美的精神，有意義地渡過人生。本島人完全忽視了美的生活與趣味的生活。在山腰處，森林的旁邊，兩三間農舍的炊煙嫋嫋，歸途上的農夫，肩荷著鋤頭走在田埂上，一面望向天空的美麗夕陽。一般人不能欣賞描繪這類自然風情的繪畫，或者是牧童騎牛背愉快地吹著口笛，具有天眞無邪的情趣的雕刻，卻常見酒精中毒，化粧奇異的人以及愚蠢胡鬧的演藝團體，這究竟是爲什麼？尤其這樣的現象已普見於上流社會，我實在爲臺灣而不堪其憂。有位在臺灣

社會地位高的千萬富翁長者，爲自己的癖好，擁有賤妓而不惜一擲萬金，一宵之宴抛下百金千金，但是一聽說某知名畫家的油畫一幅值五百圓卻渾身發軟。這可以說是只知道物質的重要，卻不知道精神〔的涵養〕較之更重要的人所做的事。

　　然而這類人高居臺灣社會的上層，引領一代的潮流。無怪乎島人曚昧於無明，沈迷於卑賤的物質萬能的夢中。看看臺灣何處的家庭裏出現藝術的美與香呢？中等以下的家庭內的裝飾千篇一律！壁龕〔亦或神桌上〕、對聯之間張貼連三毛錢都不值的觀音關公土地神等版畫。尤其中等以上家庭不過是掛著早該被排斥的臨摹作風的水墨畫，或是騙小孩般的色彩艷麗的花鳥，偶而還有頭與身軀同大，像個怪物的人像雕刻，品味之拙惡極爲可笑。若隨便看看大大小小幾十間神廟佛閣，也只能看到些枯燥無聊的東西，門上畫門神、金童、玉女、老宦、壁間畫龍虎，欄間有太公望釣魚，文王耕耘，檐下有魚蝦，都好像是小孩子塗鴉，落伍的東西。然而，因襲惡劣而保守的傳統，沒有增加一點新味美趣，反而將前人按舊經驗所建立起來的藝術毀滅了。在古董店裏放置著許多石刻的獅子狗〔柏犬，擺設在神社等門前石彫〕，木彫佛像以及土製的神像。當我看到手比腳大的神像時，忍不住覺得好笑，或無寧說是悲哀的感覺。不過，也許是因爲宇宙萬物都是神的雙手所創造，因此要表示神的手多偉大也說不定呢！眼睛是嘴巴的兩三倍，那樣的佛像也還受到崇拜。佛確是佛法無邊。佛眼睜得開便可以鉅細靡遺地看出人們的美惡，因此把眼睛做得大些嗎？臺灣最大的寺廟也是信仰中心的北港朝天宮媽祖廟，屋頂上刻著花紅柳綠的各種顏色的小茶碗，並裝飾許許多多的人偶。這樣雖已稍有改變，但是一想到這就是令人們引以爲傲的臺灣的藝術時，不由得一身冷汗。我非常心痛，爲臺灣藝術的幼稚，等於零的狀態忍不住吶喊起來。

　　年輕的同鄉朋友！

　　親愛的朋友們！人類的壽命只有五十年。假使再加一倍其實也不過一瞬間罷了！時鐘的聲音不斷地銷蝕掉人類的生命，日月的虛盈不也是引導著我們走入墳墓嗎？光陰如箭，一旦我們壽終，死期已至，我的肉體腐爛成爲肥料，你的骨頭也將粉碎。從宇宙無限的時間來看，人生是無法形容的短。實如閃電。「寄蜉蝣

於天地，渺滄海之一粟」蘇東坡的感嘆並非沒有道理。總之，小心謹愼盡全力保養的身體，一再訓練的頭腦，不斷鍛練的手腕，如今也還是看來很可憐地僅存幾片骨骸，終得埋入墓場，可見人的身體並不堅強。像秦始皇或漢武帝那樣醉心於求靈藥的人也終究不免一死。雖然祈神信佛也難逃死亡。年輕的人嚮往不老藥而飲乳酸卻引起下痢，老人欲返老還童而打針反而早死。古今中外一概相同，人類究竟無法保持萬年壽命。能永劫不死的方法只有一個。這就是精神上的不老不死。例如孔子、釋迦、基督或但丁、米開蘭基羅、拉菲爾等，他們在肉體已失去千百年後的今天，卻能保持精神上的不死。朋友！你們難道只是不停地追求物質的快樂，卻不講究長生之道嗎？後者即是在科學上有所發明，裨益人類，或於哲理有所發現，貢獻人生也可以。更進一步說，就我們的立場而言，只要留下優秀的作品美化人類的生活也可以。至少在我們藝術家以其血汗創作而成的作品還未被完全毀滅之前，我們是不死的。年青的朋友啊！藝術家實在是不老不死的。一定要有信心！沈醉於眼前的榮華，全不理解精神的重要，故鄉的這些可鄙的千萬富翁，不可聞銅臭，崇尙肉慾的上流者，他們死後倒底留下什麼？他們遺留的不過是賤妾的喧嘩與不肖子孫可恥地爭奪財產。別羨慕他們的財產、權力及榮華。捨一時肉體的享樂才能靈魂永生。

　　藝術家是艱苦的。然而這不過是肉體上、物質上的苦，在靈魂與精神上卻是無限的快樂。以大自然的黑土捏塑出天眞無邪的小孩，以紅木刻出朝氣活潑的男子，用白石彫出細緻柔軟的美人。同時又可以成爲永遠不死，不衰老不死的人類。拿一團泥土、一塊木石，按自己的想法造型，其間創作的快樂實在非外人所能理解。故鄉的年輕人啊！乘翼到藝術之道來吧！此處花開不斷，鳥唱不絕。啊！到此法喜之境來吧！

　　藝術上的「福爾摩沙時代」

　　我們臺灣是幸抑不幸，自然資源豐富，儘管物質文明的進步與日月俱增，可悲的是精神文明卻未能同時改善。對此我們必須大聲呼籲，喚醒他們的靈魂。縱令被下流的話罵瘋子，稱爲狂醉者，我們也應該勇猛地朝著自己的理想邁進。因此即使爲了故鄉的名譽，我們也要勇敢地向那些物質萬能主義者宣戰。不瞭解藝

術，不懂得人生的精神力量的人民，其前途是黑暗的。我們的征戰永無止境。我
們的戰爭旣長遠且艱苦，何以如此？因爲我們故鄉還沒有能與我們共事的藝術之
子。是的，以後的發展未可知，但今天在臺灣連一位日本畫畫家、一位洋畫家、
或一位工藝美術家都沒有。然而臺灣是充滿了天賜之美的地上樂土。一旦鄉人們
張開眼睛，自由地發揮年輕人的意氣的時刻來臨時，毫無疑問地必然會在此地產
生偉大的藝術家。我們一面期待此刻，同時也努力修養自己，爲促進藝術發展而
勇敢地，大聲叱喊故鄉的人們應覺醒不再懶怠。期待藝術上的「福爾摩沙」時代
來臨，我想這並不是我的幻夢吧！

參考書目

一、教育類

Ramon H. Myers and Mark R. Peattie, *The Japanese Colonial Empire, 1895-1945*, Princeton University Press, 1984.

Tsurumi, E. Patricia, *Japanese Colonial Education in Taiwan, 1895-1945*, Harvard East Asian Senes 88, Cambridge: Harvard University Press, 1977.

上沼八郎　《日本教育史Ⅱ——臺灣教育史》東京：講談社，1974。

上沼八郎　〈日本統治下における臺灣留學生 —— 同化政策と留學生問題の展望〉《國立教育研究所紀要》94(1978.3)，頁 133-157。

王一剛　〈日據初期臺灣的留日學生〉《臺灣風物》20:1(1970.2)，頁 64。

正榕會　《皇國民鍊成の教育》臺北正榕會，1931。

何義麟　〈皇民化期間之學校教育 1937-1945〉《臺灣風物》36:4（1986.12.31），頁 47-88。

吳文星　〈日據時期臺灣書房教育〉《思與言》16:3(1978.9)，頁 62-89。

吳文星　〈日據時期臺灣書房教育之再檢討〉《思與言》26:1(1988.5)，頁 101-108。

吳文星　〈日據時期臺灣師範教育之研究〉《師大史研專刊》8(1983.1)。

李汝和　《臺灣文教史略》臺灣省文獻委員會，1974.5。

汪知亭　《臺灣教育史料新編》臺北：臺灣商務印書館，1977。

汪知亭　《臺灣教育史》臺灣書局，1962。

林熊祥　《臺灣通志稿·教育文化事業篇》臺北：臺灣省文獻會，1958。

孫雅慈　〈日人統治下臺灣的教會教育〉政大史研碩士論文，1984。

張素碧　〈日據時期臺灣女子教育研究〉《雲林工專學報》4 期 (1985)。

張壽山　〈日據時期臺灣國民教育之分析〉政大教育研究所碩士論文，1959。

陳三郎　〈日據時期臺灣留日學生〉東海史研所碩士論文，1981。

游鑑明　　〈日據時期臺灣的女子教育〉《臺灣史研究暨史料發掘研討會論文集》
　　　　　臺灣大學：1987，頁195-242。

渡部宗助　〈アジア學生と日本の大學高等教育——殖民地臺灣からの留學生の
　　　　　場合——〉《月刊アジアの友》124號(1974.8)，頁9。

臺灣教育會　《臺灣教育沿革誌》臺北1939.12，古亭書屋影印，1973。

臺灣總督府　《臺灣の社會教育》臺灣總督府，1943。

臺灣總督府文教局　《臺灣社會教育概要》臺灣總督府，1932。

歐用生　　〈日據時代臺灣公學校課程之研究〉《臺南師專學報》12(1979.12)，
　　　　　頁87-111。

二、美術教育

上野浩道　《藝術教育運動研究》東京：風間，1981。

正榕會　　《歷史科、圖畫科、唱歌科教授提要》臺北：臺灣子供世界社，
　　　　　1938。

帝國教育會　《藝術教育の新研究》東京文化書房，1922。

黑田重太郎　《構圖の研究》東京：中央美術社，1928。

楊啓東　　〈美術節談美術教育〉《民聲日報》(1956.3.25)。

三、臺灣史・文學史

　　　　〈臺灣新文學回顧（座談紀錄）〉《臺灣文藝》103(1986.11)，頁6-28。

　　　　〈臺灣文聯東京支部第一回茶話會〉《臺灣文藝》2.4(1935.4)，頁24-30。

　　　　〈綜合藝術を語るの會（座談）〉《臺灣文藝》3.2(1936.2)，頁45-53。

　　　　〈卒業生要何處去？入學難與就難，臺灣青年的苦悶〉《臺灣民報》1928.3.
　　　　　25，2版。

　　　　《臺灣民報》《景印中國期刊五十種・第14種》臺北：東方文化，1973。

　　　　《（臺灣）新文學雜誌叢刊》《景印中國期刊五十種・第29種》17冊，
　　　　　臺北：東方文化，1977。

《臺灣社會運動先驅者王敏川選集》臺北：臺灣史研究會，1987。

《民俗臺灣》（1943-45）民俗臺灣雜誌社，臺北：武陵影印，1988。

《臺灣紳士名鑑》新高新報社，1937。

《臺灣人士鑑》臺北：臺灣新民報社，1937。

W. R. ウイルス　〈臺灣の印象〉《臺灣時報》1939.1，頁92-95。

山口充一　〈臺灣三十一文人抄〉《臺灣時報》1932.9，頁31-36。

土岐淳一郎　〈今日の臺灣〉《臺灣時報》1937·9，頁78-84。

山崎繁樹、野上矯介　《臺灣史》（1600-1930）臺北：武陵影印，1988。

井上聰　〈臺灣第七代總督石元二郎與同化政策〉《臺灣風物》37:1(1987)，頁
　　　　35-52。

井臺季和太；郭郭輝　編譯　《日據之臺政》臺北：臺灣省文獻委員會，臺灣叢
　　　　書譯文本第三種，1956。

王一剛　〈臺灣文藝作家協會—臺、日文藝工作者首次的攜手〉《臺北文物》3.
　　　　3(1954.11)，頁23-25。

王白淵　《蕀の道》岩手縣盛岡市，1931.6.1。

王詩琅　譯　《臺灣社會運動史——文化運動》（原名《臺灣總督府警察沿革
　　　　誌》第二編中卷）張炎憲、翁佳音編，臺北：稻鄉臺版社，
　　　　1988。

王錦江　〈《臺灣新文學》雜誌始末〉《臺北文物》3.3(1954.11)，頁70-71。

王錦江　〈張深切兄及其著作〉《臺灣風物》15·5，1965.12。

王錦江　〈賴懶雲論（臺灣文壇人物論(4)）〉《臺灣時報》1936.8，頁109-
　　　　114。

中島利郎編　《「新文學雜誌叢刊」總目·人名索引》奈良天理：臺灣文學研究
　　　　會，1992.3。

毛一波　〈臺灣文學史談〉《臺北文物》7·3(1958.10)，頁45-55。

矢內原忠雄；周憲文　譯　《日本帝國主義下之臺灣》臺北：帕米爾書店，1987
　　　　再版。

石　暘　〈臺灣人の年中行事〉《臺灣時報》1941.7，頁128-131。

竹村猛　〈作品と作家〉《臺灣時報》1942.9，頁59-63。

佐藤文一　〈高砂族原始藝術研究〉《臺灣時報》1936.6-10，1936.12，頁40-
　　　　　45，36-43，20-29，8-25，38-46，及33-41。

吳三連、葉榮鍾　等著　《臺灣近代民族運動史》臺北：自立晚報，1987。

吳三連、蔡培火　等著　《臺灣民族運動史》臺北：自立晚報，1971。

呂訴上　《臺灣電影戲劇史》臺北：銀華，1961。

尾崎秀眞　〈臺灣に於ける地下の文化〉《臺灣時報》1931.8，頁14。

志馬陸平　〈青年と臺灣〉《臺灣時報》1936.2,4及7, 9-12，頁70-74，頁76-
　　　　　84，頁63-69，頁69-74，頁56-60，頁59-68，頁108-113，頁106-
　　　　　112，及108-114。

李南衡　《日據下臺灣新文學：明集1～4》4冊，臺北：明潭，1979。

谷河梅人　〈活動映畫の重要使命〉《臺灣時報》1934.7，頁31-33。

東方孝義　〈臺灣習俗（臺灣人の文學、演劇、音樂、趣味……）〉《臺灣時
　　　　　報》1936, 1頁19-24; 2,30-33; 3,29-35; 4,19-23, 5,24-28; 6,81-84;
　　　　　7,47-51; 8, 26-33; 9, 33-39; 10, 21-31; 12, 24-32。

東嘉生　《臺灣經濟史概說》臺北：帕米爾，1985。

林瑞明　〈日本統治下的臺灣新文學運動─文學結社及其精神〉《文訊月刊》
　　　　　86, 90.4。

林瑞明　《賴和的文學與社會運動之研究》久洋，1988。

林瑞明　編〈臺灣文學史年表Ⅱ〉《臺灣文學史綱》高雄：文學界雜誌，1987，
　　　　　頁240-260。

河原功　〈臺灣新文學運動の展開─日本統治下臺灣における文學運動〉《文蹊
　　　　　論叢》17(1938)。

河崎寬康　〈臺灣の文化に關する覺書(一)～(三)〉《臺灣時報》1936.1-3，
　　　　　頁25-32，頁29-36，頁17-23。

河崎寬康　〈臺灣の文藝運動に關する二三の問題〉《臺灣新文學》2（1935.
　　　　　3），頁52-54。

邱奕松　〈鄉賢錄〉《嘉義文獻》一期（1986.3），頁123。

南瀛買生　〈詹炎錄・促我臺人之覺醒〉《臺灣日日新報》1920.8.14。

施學習　〈臺灣藝術研究會成立與福爾摩沙（Formosa）創刊〉《臺北文物》3.2
　　　　　（1954.8），頁69。

柳田謙十郎　〈躍進臺灣と精神文化〉《臺灣時報》1936.7-8，頁1-14及1-13。

洪炎秋　〈悼張深切兄〉《臺灣風物》15.5，1965.12。

島田謹二　〈明治文學に現はれたる臺灣（上）（下）〉《臺灣時報》1937.5-6，
　　　　　頁29-40，頁43-51。

徐復觀　〈一個「自由人」的形像的消失—悼張深切先生〉《臺灣風物》15.5，
　　　　　1965.12。

朗史紫筑　〈東京在學臺灣學生生活記〉《臺灣時報》1942.12，頁74-80。

高橋外次郎　〈臺灣に於ける映畫檢閱〉《臺灣時報》1931.9，頁11。

婁子匡　〈金馬獎編導張深切（《臺澎人物傳》之一）〉《臺北文獻》直字第6
　　　　　期，1969.12。

婁子匡　〈王井泉和山水亭（《臺澎人物傳》之一）〉《臺北文獻》直字第6
　　　　　期，1969.12。

張我軍　〈糟糕的臺灣文學界〉《臺灣民報》2・24，1924.11.21。

張我軍　〈致臺灣青年的一封信〉《臺灣民報》2・7，1924.4.21。

張志相　《張深切及其著作研究》國立成功大學歷史語言研究所，碩士論文，
　　　　　1992。

張炎憲　〈臺灣文化協會的成立與分裂〉《中國海洋發展史論文集（一）》中研
　　　　　院三民所，1984，頁271-296。

張炎憲　〈臺灣新竹鄭氏家族的發展型態〉《中國海洋發展史論文集（二）》
　　　　　中研院三民所，1986，頁199-218。

張炎憲　　〈簡介日本對日據臺灣史的研究概況〉《思與言》 17:4（1979.11），
　　　　　頁 15-21。

張深切　　〈對臺灣新文學路線的一提案〉《臺灣文藝》2.2(1935.2)，頁 78-8。

張深切　　〈臺灣文藝的使命〉《臺灣文藝》2.5(1935.5)，頁 19-21。

張深切　　《里程碑：又名黑色的太陽》臺北：臺灣聖工，1960。

許世楷　　《日本統治下の臺灣》東京：東大臺版會，1972。

連溫卿　　〈臺灣文化的特色〉《臺北文物》4:2・1954.8，頁 116-121。

連溫卿　　《臺灣政治運動史》臺北：稻鄉，1988。

連　橫　　《臺灣通史》1918 完成，1920 首次臺版，臺灣文獻叢刊第 128 種，臺
　　　　　灣銀行，1962。

郭千尺　　〈臺灣日人文學概觀〉《臺北文物》2.3(1953.11)，頁 2-17。

陳少廷　　《臺灣新文學運動簡史》臺北：聯經，1977。

陳逸松　　〈回憶文明批評家張深切先生〉《臺灣風物》15・5，1965.12。

陳漢光　　〈林本源家小史〉《臺灣風物》15・3，1965.8，頁 38-40。

曾麗蓉　　〈日據下臺灣新文學運動—以南音雜誌爲中心〉天理大學學士論文，
　　　　　1990。

黃昭堂；黃英哲　譯　《臺灣總督府》臺北：自由時代臺版社，1989。

黃英哲　　〈張深切略年譜（二稿）〉《臺灣文學研究會會報》 15.16（1990.6），
　　　　　頁 189-195。

黃英哲　　〈張深切における政治と文學〉《野草》46(1990.8)。

黃得時　　〈臺灣新文學運動概觀〉（二）《臺北文物》3.3(1954.11)，頁 26-29。

楊　逵　　〈藝術は大衆の物である〉《臺灣文藝》2.2(1935.2)，頁 8-12。

楊雲萍　　〈臺灣文藝界この一年〉《臺灣時報》1942.12，頁 54-61。

楊肇嘉　　《楊肇嘉回憶錄》臺北：三民書局，1980。

葉石濤　　《臺灣文學史綱》高雄：文學界，1987。

葉榮鐘　　〈急公好義的楊肇嘉先生〉《臺灣人物群像》帕米爾，1985.8，頁 115-
　　　　　130。

廖毓文　〈臺灣文藝協會的回憶〉《臺北文物》3.2(1954.8)，頁71-77。

廖漢臣　〈揚文會〉《臺北文物》2.4(1954.1)，頁77-82。

廖漢臣　〈新舊文學之爭〉（上、下）《臺北文物》3.2（1954.8）；3.3（1954.
　　　　11），頁26-37，頁35-53。

臺灣民報社　《臺灣民報、臺灣新民報》（1923-31）《景印中國期刊五十種‧
　　　　第40種》30冊，臺北：東方文化書局，1974。

臺灣省文獻會　《臺灣省通志稿》臺北：臺灣省文獻會，1958。

臺灣省立臺北師範專科學校　《北師四十年（1896-1985）》臺北：臺灣省立臺
　　　　北師範專科學校，1985。

臺灣總督府　《施政四十年の臺灣》臺北，臺灣總督府，1935。

臺灣文化三百年記念會　《續臺灣文化史說》臺北，同會，1931。

臺灣總督府文教局　《臺灣總督府學事年報》25，28臺北：臺灣總督府文教
　　　　局，1928及1930。

臺灣總督府官房調查課　《臺灣總督府統計書》40臺北：臺灣總督府官房調查
　　　　課，1924。

劉　捷　〈臺灣文學の史的考察〉《臺灣時報》1936.4-6，頁85-90，75-80，及
　　　　55-59。

劉　捷　〈一九三三年の臺灣文學界〉《フォルモサ》2(1932,12)，頁31-34。

增田福太郎　〈史的曙光裡の臺灣〉《臺灣時報》1936.1，頁1-7。

慶谷隆夫　〈臺灣の民風作興運動〉《臺灣時報》1937.1，頁1-15。

潘迺禎　〈士林歲時記〉《民俗臺灣》1.6(1941.12)，頁9。

稻田尹　〈臺灣の歌謠に就て〉《臺灣時報》1941.1，頁86-90。

蔡淵黎　〈日據時期臺灣新文化運動中反傳統思潮初探〉《思與言》26:1
　　　　(1988)，頁109-132。

賴子清　〈諸羅文化三百餘年概說〉《嘉義文獻》三期（1987.9），修訂再版，
　　　　頁131。

賴明弘　〈臺灣文藝聯盟創立的斷片回憶〉《臺北文物》3.3(1954.11)，頁57-
　　　　64。

戴寶村　〈士紳型政治運動領導者—林獻堂〉《臺灣近代名人誌》冊4，頁51-
　　　　73。

鍾肇政、葉石濤　編　《光復前臺灣文集全集1～8》臺北：遠景，1979。

蘇省行　〈臺灣祖國的文化交流〉《臺北文物》3:2(1955.3.5)。

涂照彥　《日本帝國主義下の臺灣》東京：東大臺版會，1975。

四、相關日本近代美術

《20世紀日本の美術》18冊，東京：集英社。

〈新構造社の歷史〉《56回新構造展，畫集陳列目錄》1984，東京。

《梅原龍三郎第三部—畫集北京》東京：求龍堂，1973。

《現代日本の美術9：岡田三郎助，小絲源太郎》東京：集英社，1977。

《現代日本繪卷全集》18冊，東京：小學館，1980-83。

《梅原龍三郎遺作展》東京國立近代美術館，1988。

《洋畫の動亂—昭和10年，帝展改組と洋畫壇—日本、韓國、臺灣》東京都
　　　　　　　　　　　　　　　　　　　　　　　庭園美術館，1992。

《フォーウイスムと日本近代洋畫》愛知縣美術館，1992。

《福田平八郎》東京：日本經濟新聞社，1976。

Clark, John “Modernity in Japanese Painting” *Art History*, vol. 9, no. 2,
　　　　1986.7，頁213-231。

Clark, John “Modernism and Traditional Japanese Style Painting,” *Semiotica*
　　　　74-1/2，1989，頁43-60。

Shuji Takashima　*Paris in Japan — the Japanese Encounter with European
　　　　Painting*, Tokyo: The Japan Foundation, 1987.

二科會　《二科七〇年史》東京：二科會，一九八五。

小學館　《原色現代日本の美術》18卷，東京：小學館，1979。

山內武士　著；許美鈴　譯〈一九一〇～一九三〇京都之日本畫受西風影響下之
　　　　　　　日本畫改革運動〉《現代美術》25，頁64-72。

土方定一　《大正、昭和期の畫家たち》東京：木耳社，1971。

土方定一　《土方定一著作集》8《近代日本の畫家論 III 》東京：岩波，
　　　　　　1990。

中村義一　〈臺展、鮮展と帝展〉《京都教育大學紀要》 Ser. A, No.75, 1989，
　　　　　　頁259-27）。

中村義一　《近代日本美術の側面》東京：造形社，1976。

加藤白谷　《大正の夢の設計家》東京：朝日新聞，1990。

立花義彰　《日本の水彩畫に石川欽一郎》東京：第一法規，1989。

匠秀夫　《大正の個性派》東京：有斐閣，1983。

岐阜縣美術館　《日本洋畫の青春——大正の光と影》岐阜縣美術館，1987。

李欽賢　〈臺灣東洋畫與日本近代美術〉《雄獅美術》1986. 3，頁90-96。

佐佐木靜一、酒井忠康　《近代日本美術史》2册，東京：有斐閣，1977。

每日新聞社　《昭和の美術》6册，東京：每日新聞，1990-1991。

東京國立近代美術館　《寫實の系譜》東京國立近代美術館，1988。

東京藝術大學　《東京藝術大學創立100周年記念展〔日本畫〕》東京：東京藝
　　　　　　　大，1987。

東京藝術大學　《東京藝術大學創立100周年記念展〔油畫・工藝〕》東京：東
　　　　　　　京藝大，1987。

河北倫明　等　《原色日本の美術30：近代の日本畫》東京：小學館，1972。

河北倫明、高階秀爾　《近代日本繪畫史》東京：中央公論社，1978。

青木茂監　修　《近代美術雜誌叢書》23卷，東京：ゆまに書房，1990。

青木茂監　修；吉田千鶴子　解說　《東京美術學校校友會誌叢書》38卷，東
　　　　　　　京：ゆまに書房，1992。

浦崎永錫　《日本近代美術發達史》東京：東京美術，1974。

森口多里　《近代美術》東京：東京堂，1937。

森口多里 《明治大正の洋畫》東京：東京堂，1941。

藤島武二 《人物畫法》東京：崇文堂，1941。

隈元謙次郎 《近代日本美術研究》東京：東京國立文化財研究所，1964，
　　　　　　頁172-178。

磯崎康彥，吉田千鶴子 《東京美術學校の歷史》東京：三晃，1977。

五、一九四五年以前美術文獻

〈臺灣美術發展への具體的方法試案〉《南方美術》1941.9，頁20-21。

〈第三回臺展畫の審查成る〉《臺灣日日新報》1929.11.13。

〈臺展評（上）（下）〉《臺灣日日新報》1929.11.16-17。

〈第四回臺灣美術展之我觀〉《臺灣日日新報》1930.10.25。

〈第五回臺展之我觀（上）（下）〉《臺灣日日新報》1931.10.25-26。

〈府展を散步する〉《臺灣時報》1941.12，頁73-77。

〈「臺展」を語る〉《新高新報》1930.10.23，8版。

N生記 〈臺展を觀る（一～六）〉《臺灣日日新報》1930.10.25-27，30-31。

X.Y.Z.生 〈臺展一巡して〉《臺灣日日新報》1929.11.13，2版。

Y 生 〈第四回臺展を見て〉《臺灣敎育》340(1930)，頁112-120。

一記者 〈兒童畫＋作品—學校美術展評〉《臺中州敎育》1940.3，頁28-30。

一記者 〈七星畫壇短評〉《臺灣日日新報》1926.8.29，2版。

大高文濤 〈東洋畫部瞥見—時代の流れを把握せよ〉《臺灣日日新報》1936.
　　　　　10.25，6-7版。

大島克衛 〈南方文化建設に就て〉《南方美術》1942.3，頁21-23。

小林萬吾 〈臺展審查に就ての感想〉《臺灣敎育》329(1929)，頁113-120。

川上喜一郎 〈嘉義交趾の葉王と淸嶽について〉《臺灣美術》1945.3，頁30-
　　　　　　31。

川平朝申 〈藍蔭鼎論－臺灣畫壇人物2〉《臺灣時報》1936.10，頁101-107。

山口充一等 〈臺灣だより〉《南方美術》1941.9，頁22-24。

山口蓬春等　〈皇軍の戰を讃ふ〉《南方美術》1942.3，頁 5-20。

山中登　〈決戰色調運動の提唱〉《臺灣美術》 1945.3，頁 28-29。

中村哲　〈美術時評〉《文藝臺灣》6(1940.12)，頁 496-497。

木下靜涯　〈東洋畫鑑查雜感〉《臺灣時報》1927.11，頁 23-24。

木下靜涯　〈世外莊漫語〉《臺灣新民報》1937.1.15。

木村重夫　〈現代作家の日本主義精神〉《南方美術》1941.11，頁 2-5。

木村重夫　〈日本的風景畫論〉《南方美術》1942.3，頁 14-15。

木村重夫　〈南方文化建設と美術〉《臺灣美術》1943.10，頁 10-13。

王白淵　〈府展雜感—藝術を生むもの〉《文藝臺灣》4.1(1943.12) 頁 12-18。

古統菴　〈臺灣美術展十周年所感〉《臺灣時報》1936.10，頁 21-26。

平野平野藻平次　〈パイプを口にして臺展無話〉《臺灣日日新報》1936.11.4。

永山義孝　〈赫熱せる感情—東部に於ける立石鐵臣氏の個展〉《臺灣日日新
　　　　　報》1936.10.1，4 版。

永山義孝　〈臺展雜感〉《臺灣教育》1933，頁 119-126。

日向田溫　〈本島畫壇の作家達〉《臺灣美術》1934.10，頁 24-25。

田中寬　〈學校美術展を觀て〉《臺灣教育》1934.4，頁 54-56。

田島正友　〈兒童畫についての一考察〉《臺灣美術》4 & 5(1945.3)，頁 7-9。

石川欽一郎　〈麗島餘錄〉《臺灣時報》1926.7，頁 72-74。

石川欽一郎　〈七星畫壇に就て一言〉《臺灣日日新報》1926.9.1，3 版。

石川欽一郎　〈初冬漫策〉《臺灣時報》1926.12，頁 87-92

石川欽一郎　〈臺展後記〉《臺灣日日新報》1927.11.9。

石川欽一郎　〈陳植棋君の藝術的生涯—遺作展を催すに就いて〉《臺灣日日新
　　　　　報》1931.9.11，4 版。

石川欽一郎　〈東西閑話〉《臺灣時報》1927.1，頁 78-85。

石川欽一郎　〈廈門と汕頭〉《臺灣時報》1927.2，頁 58-64 ; 1927.5，頁 58-
　　　　　64。

石川欽一郎　〈行旅雜抄〉《臺灣時報》1927.3，頁 49-55。

石川欽一郎　〈綠風抄〉《臺灣時報》1927.8，頁33-37。

石川欽一郎　（欽一廬）〈臺展漫語〉《臺灣日日新報》1927.9.14，2版。

石川欽一郎　〈秋立つ窗〉《臺灣時報》1927.9，頁75-80。

石川欽一郎　〈臺展概觀〉《臺灣時報》1927.11，頁17-21。

石川欽一郎　〈春景色〉《臺灣時報》1928.1，頁69-75。

石川欽一郎　〈行雲流水〉《臺灣時報》1928.4，頁51-58。

石川欽一郎　〈薰風榻〉《臺灣時報》1928.5，頁53-59。

石川欽一郎　（欽一廬）〈臺展小言〉《臺灣日日新報》1928.11.1-2。

石川欽一郎　〈各有因緣〉《臺灣時報》1929.1，82-85 及 1929.2，93-97。

石川欽一郎　〈南投行〉《臺灣時報》1929.3，頁81-87。

石川欽一郎　〈思臺の記〉《臺灣時報》1929.4，頁66-70。

石川欽一郎　〈薰風榻〉《臺灣時報》1929.7，頁50-55。

石川欽一郎　〈手法と色彩—赤島社展を觀て〉《臺灣日日新報》1929.9.5。

石川欽一郎　〈タツタカの思臺〉《臺灣時報》1929.11，頁121。

石川欽一郎　〈繪の見方〉《臺灣教育》328(1929)，頁77-84。

石川欽一郎　〈繪を描く人へ（一）〜（四）〉《臺灣教育》332，334，336，
　　　　　　340（1930），頁73-84；頁65-71；頁73-80；頁99-111。

石川欽一郎　〈隘勇線〉《臺灣時報》1930.3，頁90。

石川欽一郎　〈風の唸リ〉《臺灣時報》1931.1，頁84。

石川欽一郎　〈燈臺下暗錄〉《臺灣時報》1932.3，頁91。

石川欽一郎　〈薰風榻〉《臺灣時報》1932.5，頁104-110。

石川欽一郎　〈臺灣の山水〉《臺灣時報》1932.7，頁110-116。

石川欽一郎　〈臺灣のみやげ品〉《臺灣時報》1932.10，頁107-114。

石川欽一郎　〈啜茗閑話〉《臺灣時報》1933.2，頁103-108。

石川欽一郎　〈武藏野の窗にて〉《臺灣時報》1933.7，頁43-48。

石川欽一郎　〈我邦畫壇の現狀〉《臺灣時報》1934.7，頁43-45。

石川欽一郎　〈朝鮮の旅より〉《臺灣時報》1934.1，頁74-78。

石川欽一郎　〈內海沿岸の國立公園地帶〉《臺灣時報》1935.3，頁89-91。

石川欽一郎　〈臺灣風光の回想〉《臺灣時報》1935.6，頁52-55。

石川欽一郎　〈東京の田舍化と田舍の東京化〉《臺灣時報》1935.11，頁90-92。

石川欽一郎　〈樹木と風景〉《臺灣時報》1936.4，頁57-59。

石川欽一郎　〈記念の地〉《臺灣時報》1936.9，頁54-55。

石川欽一郎　〈東京畫界〉《臺灣新民報》1937.1.20。

石川欽一郎　《課外習畫帖》3冊，臺北：新高堂，1932。

石川欽一郎　《山紫水明集》矢壁正勝編，1932。

石川欽一郎　《石川欽一郎畫集》臺灣日日新報社，1932.10。

石黑英彥　〈臺灣美術展覽會に就いて〉《臺灣時報》1927.5，頁5-6。

石黑英彥　〈第一回臺灣美術展覽會臺品畫の審查に就て〉《臺灣時報》1927.11，頁16。

今井繁三郎　〈日本畫壇の現狀と臺灣美術への要求〉《南方美術》1941.11，頁6-11。

立石鐵臣　〈美術時評〉《文藝臺灣》5(1940.10)，頁400-401。

立石鐵臣　〈臺北素描〉《臺灣時報》1940.8，頁34-35,123,153；10, 頁59,102-103。

立石鐵臣　〈第九回臺展相互評西洋畫家の觀た東洋畫の批判〉《臺灣日日新報》1935.10.30，6版。

立石鐵臣　〈府展小感（上・下）〉《臺灣日日新報》1940.10.30.4及31.4。

立石鐵臣　〈臺灣美術論〉《臺灣時報》1942. 9，頁52-57。

立石鐵臣　〈府展記〉《臺灣時報》1942.11，頁122-127。

立石鐵臣　〈第六回臺灣美術展覽書〉《臺灣時報》1943.11，頁69-76。

立石鐵臣　〈生活文化振興會覺書〉《民俗臺灣》4.4(1944.4)，頁26-27。

伊原平三郎　〈洋畫の審查に搧はって〉《臺灣日日新報》1936.10.25・7版。

伊藤愼吾　〈戰爭に因む繪卷〉《臺灣美術》3 (1944.5)，頁2-4。

好相崙　〈染浦氏と楊氏の論爭—美聯展の入場料問題を繞って〉《臺灣新聞》
　　　　　1936.6.26。

克　雲　〈臺展の一問題に寄す〉《臺灣民報》1928.11.25，11版。

西川滿　〈文學と美術〉《臺灣美術》3（1944.5），頁8-9。

足立源一郎　〈臺陽展を觀て〉《臺灣日日新報》1936.4.28。

吳天賞　〈洋畫家點描〉《臺灣文學》1.2(1941.9)，頁41。

吳天賞　〈府展に關する諸說〉《臺灣文學》3.1(1943.1)，頁15-17。

吳天賞　〈繪畫巡禮：獨立展，日本美術院試作展，上社會洋畫展〉《臺灣文
　　　　　藝》2.5(1935.5)，頁69-71。

吳天賞　〈臺陽展畫評〉《臺灣藝術》1.3(1940.5)，頁12。

吳天賞　〈結局あなたが描いたものたから——畫家の內容——〉《臺灣藝術》
　　　　　1.3(1940.10)，頁87。

李石樵　〈この頃の感想〉《臺灣文藝》2.7(1935.7)，頁127。

村上無羅　〈木下靜涯論—臺灣畫壇人物3〉《臺灣時報》1936.11，118-125。

村山義友　〈美聯論爭への一小見〉《臺灣新聞》1936.7.17。

和田三造　〈臺灣の作品には臺灣の特色がない〉《臺灣新民報》1932.10.12。

岡山實　〈第九回臺展の洋畫を觀る—主體として質が向上した〉《臺灣日日新
　　　　　報》1935.11.2・3版。

岡山蕙三　〈府展漫評（三）（四）——洋畫の部〉《臺灣日日新報》1938.10.
　　　　　27・3版；10.28・3版。

林鹿二　〈臺展漫評—東洋畫を觀る〉《臺灣日日新報》1934.10.29・3版。

林錫慶　《東寧墨蹟》南瀛新報，1934。

林錦鴻（林雪樵）　〈壁畫の研究と美術・建築家の提攜〉《臺灣新民報》
　　　　　1937.4.20，5版。

林錦鴻　〈臺北高等學校美術部員展を觀る〉《臺灣新民報》1932.1.30。

林錦鴻　〈松ケ崎氏の個展を觀る〉《臺灣新民報》1932.5.8。

林錦鴻　〈吉見氏の個展を觀て〉《臺灣新民報》1932.5.8。

林錦鴻　〈一、二師の繪畫展を見る〉《臺灣新民報》1932.12. 7。

林錦鴻（錦鴻生）　〈栗原信氏の個展を觀て〉《臺灣新民報》，1932.12. 10。

林錦鴻　〈アトリエ巡リー木の群像を畫く：鹽月氏〉《臺灣新民報》1932.9.
　　　　17。

林錦鴻　〈アトリエ巡リー新高山を描く：鄉原氏〉《臺灣新民報》1932.9.18。

林錦鴻　〈アトリエ巡リー弟を描く：李石樵氏〉《臺灣新民報》1932.9.19。

林錦鴻　〈アトリエ巡リー水彩畫を描く：藍蔭鼎氏〉《臺灣新民報》1932.9.
　　　　22。

林錦鴻　〈アトリエ巡リー女作家：後藤登美子〉《臺灣新民報》1932.9.29。

林錦鴻　〈アトリエ巡リー夏を描く：市來しおり女史〉《臺灣新民報》1932.
　　　　10（日期不詳）。

林錦鴻　〈アトリエ巡リー軍雞を描く：呂鐵州氏〉《臺灣新民報》1932.10。

林錦鴻　〈アトリエ巡リー雙鶴を描く：呂孟津氏〉《臺灣新民報》1932（日期
　　　　不詳）。

林錦鴻　〈アトリエ巡リーコンポジシヨ，ニズムを描く：村上無羅氏〉《臺灣
　　　　新民報》1932（日期不詳）。

林錦鴻（錦鴻生）　〈臺灣日本畫協會展を見る〉《臺灣新民報》1932.10.3

林錦鴻　〈アトリエ巡リーローカル・カーラ・たつふりの綠陰を描く：廖繼春
　　　　氏〉《臺灣新民報》1932.10。

林錦鴻　〈アトリエ巡リー水彩畫家：倪蔣懷氏〉《臺灣新民報》1932.10。

林錦鴻（錦鴻生）　〈臺展の繪を評す（一）～（三）〉《臺灣新民報》1932.10.
　　　　29，10.30及11.1。

林錦鴻　〈美術界の動き一建設への努力〉《臺灣新民報》1933.1.16。

林錦鴻（錦鴻生）　〈何れも傑作揃ひ：大久保氏の個展〉《臺灣新民報》
　　　　1933.4.3。

林錦鴻（錦鴻生）　〈藝術の完成を期待して止まぬ：郭雪湖氏個人展〉《臺灣
　　　　新民報》1933.4.3。

林錦鴻（錦鴻生）　　〈顏水龍君の個展を見て〉《臺灣新民報》1933.4.30。

林錦鴻（錦鴻生）　　〈臺灣日本畫協會第二回展を觀る〉《臺灣新民報》 1933.
　　　　　　　　　　10.1。

林錦鴻　　〈アトリエ巡リ（十）裸婦を描く〉《臺灣新民報》1933.10.2。

林錦鴻（錦鴻生）　　〈臺展評：推薦特選級を見る；審查員作と審查を論ず〉
　　　　　　　　　　（一）～（六）《臺灣新民報》1933.10,28起連載。

林錦鴻　　〈從綠蔭裡畫臺來的鄉土〉《臺灣新民報》1933.10，（日期不詳）。

林錦鴻　　〈著實に進步した水彩畫會展〉《臺灣新民報》1933.11.28。

林錦鴻　　〈大きな目標を立て精進〉《臺灣新民報》1934.1（日期不詳）。

林錦鴻　　〈將來を約し得る作品― 楊三郎の個展評〉《臺灣新民報》 1934.1.
　　　　　　21。

林錦鴻　　〈臺展評〉（一）～五，《臺灣新民報》1934.10.27。

林錦鴻　　〈第二回一盧會展作品寸評〉《臺灣新民報》1934.5.1。

林錦鴻　　〈「雲煙と推の木」深山の悽愴な氣分を現はして見たい…木下靜涯
　　　　　　氏〉《臺灣新民報》1934（日期不詳）。

林錦鴻　　〈"坊ちやん畫家"綠の中の變化を求む、寫生は申しわけに―陳清汾
　　　　　　氏〉《臺灣新民報》1934（日期不詳）。

林錦鴻　　〈「讀書」どつしりとした―力強い繪を作る―廖繼春氏〉《臺灣新民
　　　　　　報》1934（日期不詳）。

林錦鴻　　〈「芭蕉のある庭」詩的な畫よりも、臺灣の強烈な色彩を楊佐三郎
　　　　　　氏〉《臺灣新民報》1934（日期不詳）。

林錦鴻　　〈「インド牛」忠實なスケッチから、次第に單純なものに：鹽月桃甫
　　　　　　氏〉《臺灣新民報》1934（日期不詳）。

林錦鴻（錦鴻生）　　〈臺展評〉（一）～（五）《臺灣新民報》1934.11.25起。

林錦鴻　　〈臺北州第四回學校繪畫展感想記〉《臺灣新民報》1935.2.27。

林錦鴻　　〈美術の秋アトリエ巡リ（五）－サンドミンコ城と淡水風景を描く―
　　　　　　楊佐三郎氏〉《臺灣新民報》1935.10（日期不詳）。

林錦鴻　〈美術の秋アトリヱ巡リ（十三）阿里山の神秘を藝術的に表現する—
　　　　陳澄波氏〉《臺灣新民報》1935.10（日期不詳）。

林錦鴻　〈第九回臺展評〉（一）～（五），《臺灣新民報》1935.10.26～11.
　　　　17。

林錦鴻　〈明朗な調子で雄大な自然を描く—林克恭氏の個展を見て〉《臺灣新
　　　　民報》1935.11.24。

林錦鴻　〈新年の書初會，斯道の麗しい集ひ〉《臺灣新民報》1936.1.3。

林錦鴻（錦鴻生）　〈昭和十一年度の臺灣美術界に對する希望官民の一致協力
　　　　　　　　　を期待〉《臺灣新民報》1936.1.8。

林錦鴻（錦鴻生）　〈臺展の前奏曲：栴檀社展を見る〉《臺灣新民報》1936.
　　　　　　　　　4。

林錦鴻（林漸陸）　〈臺展審查員問題〉《臺灣新民報》1936.6.30。

林錦鴻（林漸陸）　〈小澤氏の洋畫展を觀て〉《臺灣新民報》1936.7.26。

林錦鴻　〈臺展十週年を見て〉《臺灣新民報》1936.10（日期不詳）。

林攀龍　〈顏水龍氏の繪が巴里サロンドオトンタに入選〉《臺灣新民報》，
　　　　1931.11.21。

松林桂月　〈臺展審查に就ての感想〉《臺灣教育》329(1929)，頁103-112。

南薰造　〈變化が乏しい內容充實を望む—西洋畫〉《臺灣日日新報》1930.10.
　　　　20。

南方美術社　〈臺灣美術文化に就いて〉《南方美術》1（1941.8）4-23。

南方美術社　《臺灣美術府展號》1943.12。

某美術家　〈臺展を見て〉《臺灣日日新報》1927.10.28。

若槻道隆　〈臺灣美術展創設前後ところどころ〉《臺灣時報》1935.11，32-
　　　　35。

座談會　〈臺陽展を中心に戰爭と美術を語る〉《臺灣美術》1945.3，頁15-
　　　　23。

倪蔣懷　〈臺展の水彩畫〉《臺灣新民報》1932.11.2。

荒城季夫　〈二科展を觀る〉《美術新報》72（1943.10）頁2-3。

唐天棕　〈二科展と帝展の洋畫〉《臺灣文藝》2.1(1935.2)，頁96。

宮田彌太郎　〈第九回臺展相互評東洋畫家の觀た西洋畫の印象〉《臺灣日日新報》1935.10.30・6版。

宮武辰夫　〈臺展そぞろ步き―西洋畫を見る〉《臺灣日日新報》1936.10.29。

宮武淳三　〈作品評價の根抵―楊啓東氏の謬論〉《臺灣新聞》1936.7.22。

院田繁　〈美術界の動き―東京だより〉《臺灣時報》1941.1，頁84-85。

張星建　〈臺灣に於ける美術團體とその中堅作家〉《臺灣文藝》2.8 & 9 (1935.8)，頁76-76，2.10(1935.9)，頁83-85，3.2(1936.1)，頁47-48。

張耀堂　〈詩・書・畫三絕〉《臺灣時報》1933.8，頁77-84。

張耀堂　〈本島篆刻物語〉《臺灣時報》1934.7，頁54-57。

望月信成　〈南方共榮圈內の古美術〉《臺灣美術》1943,10，頁18-21。

望月春江　〈戰爭と美術〉《臺灣美術》1943.12，頁2-3。

若島義正　〈淡水學園の繪畫館を覗く〉《南方美術》1941.11，頁18-19。

野村幸一　〈臺展漫評――西洋畫を評す〉《臺灣日日新報》1934.10.29。

野村幸一　〈臺陽展を觀る―臺灣の特色を發揮せよ〉《臺灣日日新報》1935.5.7。

野村幸一　〈水彩畫展 ― 開拓すべき餘地がある〉《臺灣日日新報》1935.11.27，6版。

野村幸一　〈第二回美術聯盟展―純粹繪畫には未だ遠い〉《臺灣日日新報》1936.4.16。

野村幸一　〈陳進論―臺灣畫壇人物 (4)〉《臺灣時報》1936.12，頁118-121。

野村幸一　〈臺陽展を觀る ―― 臺灣の特色を發揮せよ〉《臺灣日日新報》1935. 5.7。

陳春德　〈第六回臺陽展〉《臺灣藝術》1.3(1940.5)，頁86。

陳春德　〈覺書〉《臺灣美術》3 (1944.5)，頁20。

陳澄波　〈製作隨感〉《臺灣文藝》2.7(1935)，頁124。

陳清汾　〈臺陽展に寄す〉《臺灣日日新報》1938.4.30〔六〕。

陳鶴子　〈兄の畫生活を想ふ〉《臺灣文藝》2.7(1935.7)，頁127-129。

勝田蕉琴　〈眞摯素直な臺品者の態度—東洋畫〉《臺灣日日新報》1930.10.
　　　　20。

舜吉　〈臺展前に美術を見る眼〉《臺灣日日新報》1927.9.19，3版。

鄉原藤一郎　〈臺灣の書畫に就て〉《臺灣教育》374(1932)，頁83-85。

飯田實雄　〈臺灣美術界秋の展望〉《臺灣時報》1939.10，頁126-129。

新井英夫　〈鹽月桃甫論—臺灣畫壇人物1〉《臺灣時報》1936.9，頁75-81。

新井英夫　〈臺灣に於ける國民美術の課題〉《臺灣時報》1937.9，頁130-
　　　　135。

楊佐三郎　〈臺陽展の歷史を訊く〉《臺灣美術》3(1943.5)，頁5-7。

楊啓東　〈石川欽一郎氏の藝術について〉《臺灣日日新報》1925.7.1・6版。

楊啓東　〈臺灣新聞社主催洋畫展覽會漫評〉《臺灣新聞》1928.12.2。

楊啓東（K.Y.生）　〈第三回臺展の盛況〉《臺灣教育》329(1929)，頁95-
　　　　100。

楊啓東　〈星雲時代の臺灣文壇〉《臺灣新聞》1930.5.8。

楊啓東　〈洋畫瞥見—陳澄波氏の畫に就ての斷想〉《臺灣新聞》1930.8.22。

楊啓東　〈カジマル社展漫評〉《臺灣新聞》1930.9.26。

楊啓東　〈東光社第二回洋畫展を見る〉《臺灣新聞》1931.3.27。

楊啓東　〈赤島社展隨感〉《臺灣新聞》1931.4.10。

楊啓東　〈臺展陳列會の洋畫雜感〉（一）（二）《臺灣新聞》1931.12.1-2。

楊啓東　〈巡回臺展の作品を見る〉《臺灣新聞》1932.11。

楊啓東　〈臺灣作家論〉《臺灣新聞》1934.11.26。

楊啓東　〈畫筆の落書〉《臺灣教育》1934.11。

楊啓東（Y.K.T生）　〈臺展洋畫を觀る〉（一～五）《臺灣新聞》1935.11.14-
　　　　18。

楊啓東　〈岡田邦義氏個人展寸感〉（一）（二）《臺灣新聞》1935.11.21,23。

楊啓東　〈臺灣現代作家小論—陳列作品を透して見たる〉（一）（二）（三）《臺
　　　　　灣新聞》1935.12.22-24。

楊啓東　〈第二回美聯展隨感〉《臺灣新聞》1936.5.21。

楊啓東　〈興奮性露臺症の愚痴を解剖手術する — 染浦三郎氏に說く〉（上）
　　　　　（中）（下）《臺灣新聞》1936.6.17，6.19，6.24。

楊啓東　〈學校美展雜感 —— 職員の作品を見て〉《臺中州敎育》1937.9，
　　　　　頁32。

楊啓東　〈制作慾の稀薄〉《臺中州敎育》1938.3，頁32-33。

楊　逵　〈美しさ心情〉《臺灣美術》1945.3，頁26。

溪歸逸路　〈再び臺灣の畫壇を語る〉《臺灣時報》1936.1，頁32-36。

某美術家　〈臺展を見て〉《臺灣日日新報》1927.10.28。

橫川毅一郎等　〈史的役割かひ觀た書龍社〉（特輯）《南方美術》1941.9，
　　　　　　　頁2-12。

廖繼春　〈自分の製作態度〉《臺灣文藝》2.7(1935.7)，頁126。

臺灣總督府　《臺灣美術展覽會圖錄》6冊，臺北：臺灣總督府，1938-1943。

劍　鍔　〈參觀郭柏川先生畫展後〉《中國文藝》2.6(1940.8.1)，頁33。

鄭登山　〈「臺灣美術展」を見て——內容の乏しさに失望する〉《臺灣民報》
　　　　　1927.10.30，12版。

澤村專太郎　〈臺展を見ての所感〉《臺灣日日新報》1928.10.28，1版。

諸畫家　〈今秋府展への抱負・計劃〉《臺灣美術》1943.10，頁14-15。

龜井和　〈新竹州學校美術展覽會〉《臺灣敎育》378(1934)。

謝孟章　〈デツサン・ゴーガン・技巧・エクセトラ——漸陸生を駁す——〉
　　　　　《臺灣文藝》2・7，1935.7，頁125-127。

藍蔭鼎　〈臺灣の山水〉《臺灣時報》1932.7，頁117-121。

藍蔭鼎　〈綠蔭閑談〉《臺灣時報》1935.8，頁122-124。

濱田隼雄　〈畫家の隨筆〉《臺灣美術》3（1944.5），頁24-25。

顏水龍　《臺灣美術展の西洋畫を觀る（一～三）》《臺灣日日新報》1934.10。

顏水龍　　〈角細工〉《民俗臺灣》3.5(1943.5)，頁 12-13。

顏水龍　　〈デツサンの問題〉《臺灣文藝》2:10(1935.9)，頁 83。

鷗汀生　　〈今年の臺展（一～四）〉《臺灣日日新報》1933.10.29-30，11.1-2。

鷗汀生　　〈府展漫評（一）—臺展から府展へ〉〈府展漫評（二）—東洋畫への一瞥〉《臺灣日日新報》1938.10.24・3版；10.25・6版。

鷗亭生　　〈新臺灣の鄉土藝術—赤島社展覽會を觀る〉《臺灣日日新報》1929.9.1。

鷗亭生　　〈臺展洋畫部に投げられた爆彈—小澤審查員の作を評す〉《臺灣日日新報》1931.10.26・3版。

鷗亭生　　〈臺展一巡〉《臺灣日日新報》1931.10.26・3版。

鷗亭生　　〈臺展評（物足らぬ東洋畫の諸作頭の臺來た作家が少い）〉《臺灣日日新報》1931.10.31・4版。

鷗亭生　　〈臺展の印象（一～六）〉《臺灣日日新報》1932.10.26-28 及 10.30，11.2。

鷗亭生　　〈臺展の印象〉（一）～（三）《臺灣日日新報》1932.10.26～28。

鹽月桃甫　〈臺展鑑查後の希望〉《臺灣日日新報》1927.10.28。

鹽月桃甫　〈臺灣洋畫概評〉《臺灣時報》1927.11，頁 21-22。

鹽月善吉　〈赤島社第一回展を觀る〉（上・中・下）《臺南新報》1929.9.4～6。

鹽月善吉　〈臺展鑑查への僻見に答ふ〉《臺灣日日新報》1931.10.31，4版。

鹽月善吉　〈臺灣美術展物語〉《臺灣時報》1933.11，頁 25-29。

鹽月桃甫　〈臺灣官展第一回展の臺發〉《臺灣時報》1938.11，頁 64。

六、一九四五年以後美術評論及研究

〈評中部美術展（審查委員座談會紀錄）〉《民聲日報》1956.4.4，3 版。

〈臺陽特刊〉《臺灣藝術》1:3(1940.5)。

《王悅之畫集》北京：人民美術臺版社，1985，頁 1-2。

《葫蘆墩美術研究會第一屆美展畫集》南投：葫蘆墩美術會，1979。

《清代臺南府城書畫展專集》臺南觀光年推行委員會，1978。

Clark, John "Taiwanese Painting under the Japanese Occupation"《東方文化》
　　　　　25:1，香港中文大學，1987，頁 63-105。

七　　星　〈美的旅程——臺陽美展五十年札記〉《自立晚報》1987.10.26。

于　　飛　〈用色彩來寫詩的畫家〉《藝術家》1979.6，頁 114-117。

已　　而　〈李梅樹的繪畫風格和其作品〉《雄獅美術》143(1983.1)，頁 131。

中村義一　〈鹽月桃甫論——ある地方畫家の運命〉《南十字星》4(1984.12.30)
　　　　　頁 83-96。

中村義一　〈臺灣のシユルレアリスム〉《曆象》107(1986)，頁 20-21。

中村義一　〈再び臺灣のシユルレアリスム〉《曆象》108(1987)，頁 40-41。

中村義一　〈臺灣のシユルレアリスムその他〉《曆象》109 (1988)，頁 30-
　　　　　31。

中村義一　〈臺灣・東京・モダニズム詩の青春〉《曆象》110 (1988)，頁 54-
　　　　　55。

尺寸圓　　〈龍山寺釋迦佛像和黃土水〉《臺北文物》8:4(1960.2)，頁 72-74。

方　　雨　〈探究繪畫本質的陳德旺〉《藝術家》1975.7，頁 140-143。

木長春　　〈跑道外的畫家——郭忠烈〉《雄獅美術》105 (1979.11)，頁 140-
　　　　　143。

王一剛　　〈臺展、府展〉《臺北文物》3:4(1955.3)，頁 65-69。

王白淵　　〈我的回憶錄（一）～（四）〉《政經報》1:2(1945.11)，頁 17-18；1:
　　　　　3(1945.11)，頁 21-22；1:4(1945.12)，頁 18-19；2:1(1946.1)，頁 12-
　　　　　13。

王白淵　　〈臺灣美術運動史〉《臺北文物》3:4(1955.3)，頁 16-64。

王白淵　　〈美術運動座談會〉《臺北文物》3:4(1955.3)，頁 2-15。

王白淵　　〈文化先覺王井泉兄的回憶〉《臺灣文藝》2:9(1965.10)，頁 44-49。

王白淵　　〈文化〉《臺灣年鑑》臺灣新生報，1947，第 17 章，共 25 頁。

王秋香　〈臺灣美術運動的先驅陳澄波〉《中國時報》〈人間副刊〉1979. 11. 29。

王秋香　〈藝術的苦行僧陳夏雨〉《雄獅美術》103(1979.9)，頁10-30。

王偉光筆錄　〈空谷足音 —— 陳德旺最後的談話〉《藝術家》 116(1985.1)，頁109-110。

王偉光　筆錄　〈陳德旺自述〉《藝術家》116(1985.1)，頁95-97。

王偉光　摘錄　〈陳德旺談畫錄〉《藝術家》116(1985.1)，頁98-104。

王爾昌　〈在北平期間的郭柏川〉《雄獅美術》38(1974.4)，頁16。

王耀庭　〈畫藝奔放在精微 —— 看林玉山先生的藝境〉《雄獅美術》 1986.5，頁139。

王耀庭　《臺灣美術全集3—林玉山》臺北：藝術家，1992。

王耀庭　等　《彰化縣先賢書畫專集》彰化縣文化中心，1988。

王昶雄　〈王白淵點點滴滴〉《臺灣文藝》85(1983.11)，頁171-178。

王慶臺　《臺灣美術全集8－李石樵》，臺北：藝術家，1993。

可　人（林錦鴻）　〈臺灣藝壇的麒麟兒——黃土水的水牛群像〉《雄獅美術》24(1973.2)，頁50。

可　人　〈臺灣畫壇先驅倪蔣懷——兼介本省初期美術運動及其團體〉《雄獅美術》29(1973.7)，頁95-99。

可　人　〈臺灣畫壇早期畫家陳澄波先生〉《雄獅美術》33(1973.11)，頁110-114。

可　人　〈人生短暫藝術千秋：青年早逝的畫壇奇才陳植棋〉《雄獅美術》34(1973.12)，頁69。

史文楣　〈生活如繪畫－陳慧坤樂在其中〉《藝術家》 55（1979.12），頁98-101。

本田布治雄　〈鹽月桃甫先生未亡人を尋ねて〉《南十字星》4(1984)，頁127-128。

石守謙　《臺灣美術全集2—陳進》臺北：藝術家，1992。

立石鐵臣　著；莊伯和　譯　〈回憶臺灣諸畫友〉《雄獅美術》1980.5，頁112-119。

伊　山　〈張萬傳畫展〉《藝術家》110(1984.7)，頁244。

任眞漢　〈郭雪湖與我〉《郭雪湖七十作品展》臺北：臺北市立美術館，1989，頁9。

朱婉華　〈柏川與我〉臺南：作者自印，1980。

朱尊誼　〈追思至友郭柏川教授〉《雄獅美術》38(1974.4)，頁14。

江春浩　〈李梅樹與三峽祖師廟〉《雄獅美術》107(1980.1)，頁62-69。

江春浩　〈臺展尺度外的野獸主義者—張萬傳的藝術歷程〉《雄獅美術》108(1980.2)，頁72-97。

江春浩　〈七星、赤島、楊三郎〉《雄獅美術》112(1980.6)，頁52-55。

江　銘　〈光復前臺灣美術回顧展〉《雄獅美術》97(1979.3)，頁116-119。

江　聲　〈珍貴的陳舊畫稿——談呂鐵州的生平及作品〉《雄獅美術》72(1977.2)，頁60-69。

百代美育　〈巨匠黃土水其人其事〉《百代美育》1:15(1974.11)，頁12-17。

行政院文化建設委員會　《年代美展》臺北：行政院文化建設委員會，1982。

行政院文化建設委員會　《明清時代臺灣書畫》臺北：行政院文化建設委員會，1984。

行政院文化建設委員會　《中華民國現代十大美術家展（圖錄）》臺北：行政院文化建設委員會，1987。

何明績　〈陳夏雨雕塑之我見〉《雄獅美術》104(1979.10)，頁63。

何政廣　〈歐美畫壇現況——廖繼春教授考察觀感〉《中央日報》1963.4.14。

何政廣　〈日本與巴黎——日本近代美術史的一個斷面〉《雄獅美術》1973.12，頁54-65。

何政廣　〈臺灣鄉土畫家藍蔭鼎一席談〉《雄獅美術》8(1971.10)，頁30-32。

何政廣　編　《廖繼春油畫集》臺北：藝術家，1981.3。

何恭上　〈桃城散人（林玉山）其人其畫〉《中國藝文》1(1971.4)，頁 25。

何肇衢　〈李石樵其人其畫〉《雄獅美術》14(1972.4)，頁 40。

何德來　《私の道》東京：松尾印刷，1974.2。

何懷碩　〈地底的靈魂—洪瑞麟〉《雄獅美術》101(1979.7)，頁 56-67。

印象藝術中心畫廊　《印象經典 I 張萬傳的傳奇色彩》臺北：印象，1991。

印象藝術中心畫廊　《印象經典 II 人道主義畫家洪瑞麟》臺北：印象，1992。

佑仁　〈國畫家林玉山教授的作品〉《臺灣》1977.3，頁 10。

吳川　〈談黃土水作品特展〉《雄獅美術》161(1984.7)，頁 157。

吳名世　〈詔安畫派之源流〉《臺北文物》4.3，1955.11，頁 49-51。

呂理尚　〈從臺展、府展圖錄中整理臺來的 — 幾個問題〉《雄獅美術》95
　　　　(1979.1)，頁 52-75。

呂　隆　〈美感的追求與再現 —— 張萬傳畫展〉《雄獅美術》161(1984.7)，
　　　　頁 154。

呂曉帆　〈緬懷先父〉《百代美育》1:15(1974.11)，頁 32-41。

呂璞石、廖德政　《呂璞石廖德政雙人展畫集》臺北：呂雲麟，1986。

巫永福　〈活躍早期臺灣畫壇的郭雪湖〉《藝術家》142(1987.3)，頁 184-
　　　　189。

李石樵　〈酸甜辣〉《臺北文物》36:4(1955)，頁 84-88。

李柯茂　〈林玉山其人其畫〉《國魂》386(1978.1)，頁 52。

李梅樹　〈臺灣美術的演變〉《臺灣風物》31:4(1981.12)，頁 117-132。

李梅樹　《李梅樹油畫集》臺北，1982。

李惠正　〈山水清音 —— 畫中隱者（李澤藩）〉《雄獅美術》114(1980.8)，
　　　　頁 101-112。

李欽賢　〈林玉山的京都畫派因緣〉《現代美術》34(1991.2)，頁 33-37。

李欽賢　〈臺灣美術運動的源流——日本官展系統的移植〉《臺灣風物》1985.
　　　　12，頁 89-99。

李欽賢　〈臺灣新美術草創期的尖兵陳澄波〉《臺灣近代名人誌》2，自立晚
　　　　　報，1987.1；頁 131-141。

李欽賢　〈從嚴謹走向飄逸的色彩家——廖繼春〉《臺灣近代名人誌》3，自立
　　　　　晚報，1987，頁 223-235。

李欽賢　〈復歸故土草原的藝術牧童——黃土水〉《臺灣近代名人誌》，自立晚
　　　　　報，1987，頁 121-132。

李欽賢　〈臺灣企業家資助文化的先驅——倪蔣懷〉《臺灣近代名人誌》，自立
　　　　　晚報，1987，頁 91-102。

李　渝　〈從俄國到中國——中國現代繪畫裡的民族主義和先進風格〉《雄獅美
　　　　　術》137(1982.7)，頁 38-67。

李銘盛　〈鏡頭裡的畫家——顏水龍〉《藝術家》108(1984.5)，頁 236-245。

李銘盛　〈鏡頭裡的畫家——李澤藩〉《藝術家》114(1984.11)，頁 252-259。

李賢文　〈塑造故鄉草原的形像——臺灣近代雕刻的先驅者黃土水〉《中國時
　　　　　報》〈人間副刊〉，1979.4.3。

依　凡　〈陳澄波的人體速寫〉《藝術家》79(1981.12)，頁 201。

林天從　〈爲繪畫而活的人——葉火城先生〉《雄獅美術》169(1985.3)，頁 94-
　　　　　95。

林文昌　〈落鋤的艱辛與再次的認定——臺灣前輩美術家聯展〉《雄獅美術》
　　　　　137(1982.7)，頁 146-149。

林玉山　〈省展四十年回顧展感言〉《全省美展 40 年回顧展》1985.10，頁 6，
　　　　　臺灣省政府。

林玉山　〈南洋寫生行腳〉《美術家畫刊》1967.8，頁 15，青文臺版社。

林玉山　〈略述國畫初步〉《師大美術系系刊》1968.6，頁 18。

林玉山　〈畫虎漫談〉《師大美術系系刊》1974.3，頁 56。

林玉山　〈威大講學回顧錄〉《師大美術系系刊》1976.3，頁 12。

林玉山　〈談雀與畫雀〉《師大美術系系刊》1976.3，頁 14。

林玉山　〈懷恩師談畫事〉《師大美術系系刊》1978.6，頁 51。

林玉山　〈花鳥畫經驗談〉《書畫家》1983.4，頁16。

林玉山　〈觀雀偶感〉《國魂》386(1978.1)，頁51。

林玉山　〈與陳澄波先生交遊之回憶〉《雄獅美術》106(1979.11)，頁60-68。

林玉山　〈藝道話滄桑〉《臺北文物》3:4(1955.3)，頁76-84。

林玉山　〈脫韁惟賴寫生勤 —— 四十年作畫甘苦談〉《藝壇》 60 (1973.3) ，
　　　　頁13。

林育淳　〈進入世界藝壇的先驅—日據時期留法畫家研究〉臺大歷史研究所，藝
　　　　術史組，碩士論文，1991。

林柏亭　〈三位傑臺的畫家〉《明清時代臺灣書畫作品》臺北：行政院文建會，
　　　　1984，頁436-440。

林柏亭　〈臺灣清代畫家林朝英〉《雄獅美術》96(1979.2)，頁84-89。

林柏亭　〈談明清師古臨摹的風氣對臺灣早期書畫的影響〉《雄獅美術》 154
　　　　(1983.12)，頁93-96。

林柏亭　〈臺灣東洋畫的興起與臺、府展〉《藝術學》3(1989.3)，頁91-116。

林柏亭　《臺灣美術全集9—郭雪湖》臺北：藝術家，1993。

林保堯　《臺灣美術全集7—楊三郎》臺北：藝術家，1993。

林惺嶽　〈我看東洋畫〉《雄獅美術》72(1977.2)，頁54-57。

林惺嶽　〈星辰下的長路——記李石樵與他的時代〉《雄獅美術》 105 (1979.
　　　　11)，頁16-40。

林惺嶽　〈不堪回首話當年——爲陳夏雨先生雕塑個展而寫〉《雄獅美術》 107
　　　　(1980.1)，頁88-95。

林惺嶽　〈保守殿堂的守護神：記楊三郎的繪畫生涯〉《雄獅美術》 112 (1980.
　　　　6) ，頁30-51。

林惺嶽　〈大自然的美容師——記最幸福的畫家林之助的生活與藝術〉《雄獅美
　　　　術》117(1980.1)，頁32-46。

林惺嶽　〈楊三郎與臺灣美術運動〉《雄獅美術》176(1985.10)，頁102-117。

林惺嶽　　〈從「二二」年啓蒙到「八二」年挑戰——試探臺灣水彩畫的過去、現
　　　　　　在、未來〉《雄獅美術》1982.6，頁50-77。

林惺嶽　　《臺灣美術全集4—廖繼春》臺北：藝術家，1992。

林錦鴻　　〈林錦鴻美術評論選譯〉《雄獅美術》83(1978.1)，頁76-89。

林錦鴻　　〈臺灣畫壇今昔雜誌〉《藝術家》1979.3，頁87-89。

林錦鴻　　〈日據時代臺灣藝壇瑣憶〉《藝術家》1988.6，頁74-75。

松　鷗　　〈顏水龍的繪畫歷程〉《雄獅美術》62(1976.4)，頁103-107。

邱忠均　　〈大家談——記陳夏雨雕塑臺中展〉《雄獅美術》104(1979.10)，頁56-
　　　　　　62。

邱奕松　　〈鄉賢錄〉《嘉義市文獻》1(1986.3)，嘉義市文獻會，頁120-128。

邱奕松　　〈美之化身——陳澄波〉《嘉義市文獻》3(1987.4)，頁47-72。

金周春美　《金潤作畫集》國立歷史博物館，1987。

雨　云　　〈郭柏川遺作展〉《藝術家》59(1980.4)，頁16-117。

姚夢谷　　〈畢生致力創造民族風格的畫家——爲懷念郭柏川先生而作〉《雄獅美
　　　　　　術》38(1974.4)，頁10-11。

施叔青　　〈典雅‧豔麗-訪林玉山談東洋畫〉《雄獅美術》72(1977.2)，頁73-
　　　　　　76。

施翠峰　　〈歌頌眞善美的畫家〉《雄獅美術》108(1980.2)，頁24-37。

施翠峰　　〈懷述藍蔭鼎往事〉《雄獅美術》108(1980.2)，頁38-41。

星　光　　〈楊三郎學畫五十年展〉《雄獅美術》26(1973.4)，頁167-168。

柏　黎　　〈翻開那些舊相簿—廖繼春的一生〉《雄獅美術》63(1976.5)，頁4-
　　　　　　23。

柏　黎　　〈楊三郎地中海畫遊〉《雄獅美術》106(1979.12)，頁98-102。

洪瑞麟　　〈洪瑞麟的心聲〉《雄獅術美》102(1979.8)，頁63。

陌　塵　　〈藍蔭鼎的人和畫〉《雄獅美術》97(1979.3)，頁109-115。

孫明煌　　〈畫家‧美術教育家 —— 張萬傳先生〉《百代美育》1:13(1979.9)，
　　　　　　頁76-80。

席德進　等　《當代藝術家訪問錄（一）》臺北：雄獅，1980再版。

徐海玲　〈不老的老畫家張萬傳〉《雄獅美術》102(1979.8)，頁108-111。

桂慧珠　〈從生活臺發的張萬傳〉《藝術家》92(1983.1)，頁247。

國立歷史博物館　《葉火城八十回顧展》臺北：歷史博物館，1987.8。

國泰美術館　《廖繼春畫集》臺北：國泰美術館，1981。

基隆市立文化中心　《雞籠早期風情畫》基隆市立文化中心，1988.6。

康添旺　〈廖繼春先生小傳〉《美術家年譜》；　臺北市立美術館，　1985　，
　　　　　頁117。

張炎憲　〈英年早逝的畫界奇才陳植棋(1906-1932)〉《臺灣近代名人誌》2，自
　　　　　立晚報，1987，頁219-226。

張建隆　整理　〈顏水龍的繪畫風格——黃才郎、蘇新田對談〉《雄獅美術》
　　　　　168(1985.2)，頁92-98。

張義雄　〈陳澄波老師與我〉《雄獅美術》100(1979.6)，頁125-129。

張道林　〈積學致遠淡泊明志的畫家〉《今日世界》262(1963.2)，頁22。

張德文　〈我所敬佩的林玉山教授〉《書畫家》1983.4，頁19。

莊世和　〈臺籍畫家一何德來在東京〉《臺灣文藝》88(1984.5)，頁205-208。

莊世和　〈奮進不懈的楊啓東〉《臺灣時報》1983.11.30。

莊世和　〈美的禮讚者〉（上）（下）《臺灣時報》1985.10.6-7。

莊世和　〈頌揚純粹美術的何德來〉《臺灣時報》1988.4.13。

莊世和　〈臺灣美術史簡記——創造新畫風的林玉山〉《民衆日報》1984.7.5-
　　　　　7。

莊伯和　〈林玉山畫牛〉《幼獅文藝》1979.12，頁73。

莊伯和　〈臺灣金石學導師一呂世宜〉《明清時代臺灣書畫作品》臺北：行政院
　　　　　文化建設委員會，1984，頁441-443。

莊伯和　〈鄉土藝術的推動者——顏水龍〉《雄獅美術》97(1979.3)，頁6-
　　　　　44。

莊伯和　〈葉火城油畫展〉《雄獅美術》99(1979.5)，頁118-122。

莊伯和　〈中國傳統繪畫移臺灣的新品種—林玉山〉《雄獅美術》 100 (1979.
　　　　　6，頁6-24。

莊伯和　〈陳進的繪畫藝術〉《雄獅美術》109(1980.3)，頁26-39。

莊伯和　〈小坪頂的法蘭西情調——劉啓祥的繪畫藝術〉《雄獅美術》 111
　　　　　(1980.5)，頁50-64。

莊伯和　〈大作的醞釀（楊三郎）〉《雄獅美術》118(1980.12)，頁80-83。

莊伯和　〈爲鄉土奉獻心血的藝術家——顏水龍〉《雄獅美術》168(1985.2)，
　　　　　頁99-101。

莊伯和　〈傳薪續火的書畫藝術〉《藝術家》1985.2，頁88-94。

莊素娥　《臺灣美術全集6—顏水龍》臺北：藝術家，1992。

許玉燕　口述；徐海玲　整理　〈臺陽美術協會五十年憶往〉《自立晚報》，
　　　　　　　　　　　　　　　1987.10.26。

許武勇　〈鹽月桃甫與自由主義思想〉《藝術家》1976.1，頁72-75。

許武勇　〈鹽月桃甫與石川欽一郎〉《藝術家》1986.11，頁235。

連曉青　〈天才雕刻家黃土水〉《臺北文物》1:1(1952.12)，頁66-67。

郭柏川　《郭柏川畫集》葉氏勤益文化基金會，1980.4。

郭爲美　〈父親的繪畫與教育〉《雄獅美術》38(1974.4)，頁29。

郭雪湖　《郭雪湖畫輯》香港：美術書社，無刊年。

陳　乃　〈呂西村〉《臺北文物》4.1(1955.5)，頁59-62。

陳永森　《物我兩忘》國立歷史博物館，1981。

陳　冷　〈老畫家的理想與夢〉《雄獅美術》38(1974.4)，頁24-28。

陳奇祿　〈光復前臺灣美術回顧展〉《藝術家》46(8:4)，1979.3，頁75-83。

陳幸婉　〈陳夏雨先生年表〉《雄獅美術》103(1979.9)，頁31-33。

陳炎鋒　〈顏水龍與花都半個世紀的戀情〉《藝術家》127(1985.12)，頁170-
　　　　　175。

陳春德　〈第六回臺陽展〉《臺灣藝術》1:3(1940.5)，頁86。

陳昭明　〈天才雕塑家——黃土水〉《百代美育》1:15(1974.11)，頁49-64。

陳英德　〈日本、法國與臺灣早期藝術關係初探（一）、（二）、（三）〉《雄
　　　　獅美術》 223（1989.9），頁 101-111；224（1989.10），頁 104-119；
　　　　225（1989.11） ，頁 136-143。

陳英德　〈爲風景傳神——臺灣前輩畫陳慧坤〉《藝術家》 135(1986.8)，頁 230-
　　　　237。

陳英德　《海外看大陸藝術》臺北：藝術家臺版社，1988。

陳清香　〈陳進的膠彩畫——釋迦行誼圖〉《法光》 1990.6.10。

陳景容　〈我的兩位老師——談廖繼春的色彩和張義雄的素描〉《現代美術》28
　　　　（1990.2），頁 33-38。

陳景容　〈懷念李梅樹先生〉《雄獅美術》 145(1983.3)，頁 25。

陳景容　〈追憶在第九水門的日子——寫在張義雄老師畫展之前〉《雄獅美術》
　　　　69(1976.11)，頁 81-85。

陳景容　〈顏水龍油畫展〉《藝術家》 10(1976.3)，頁 52。

陳景容　〈典型的畫家——懷念吾師廖繼春〉《藝術家》 10(1976.3)，頁 137-
　　　　139。

陳毓卿　〈爲黃土水先生遺作展覽催生〉《百代美育》 1:15(1974.11)，頁 44-
　　　　45。

陳慧坤　〈巴黎重遊感想〉《雄獅美術》 6(1971.8)，頁 2-4。

陳慧坤　〈歐洲新寫實派的興起與第三次歐遊觀感〉《雄獅美術》 18(1972.8)，
　　　　頁 16-18。

陳慧坤　〈歐美行腳與美術館巡禮〉《新時代》 4(1962.3)，正中書局。

陳慧坤　〈石濤語錄中的現代思想〉《學術論叢》 1964.12，頁 107-120。

陳慧坤　〈畫條有聲音的河流〉《藝術家》 16(1976.9)，頁 6。

陳慧坤　〈我對藝術的一些看法〉《藝術家》 135(1986.8)，頁 239-242。

陳澄波　〈日據時代臺灣藝術之回顧〉（譯稿）《雄獅美術》 106(1979.12)，
　　　　頁 69-72。

陳錦芳　〈飛花的山谷〉《雄獅美術》 38(1974.4)，頁 12-15。

陳瓊花　　〈談林玉山教授八十五年之藝術生涯〉《現代美術》34(1991.2)，頁24-
　　　　　32。

陳瓊花　　〈林玉山八十回顧展〉《藝術家》1986.5，頁98。

傅狷夫　　〈林玉山其人其畫〉《中央月刊》5:10(1973.8)，頁87。

博　　山　　〈臺灣泥土的氣息 —— 李澤藩的繪畫〉《雄獅美術》90（1978.8）
　　　　　頁101-103。

彭萬墀　　〈我們需要眞正的好畫——記廖繼春教授訪歐美歸來談話〉《聯合報》
　　　　　1963.3.31。

曾培堯　　〈郭柏川與南美會〉《雄獅美術》38(1974.4)，頁18-22。

雄獅美術社　　〈郭柏川一生作品選集〉《雄獅美術》38(1974.4)，頁30-43。

雄獅美術社　　〈石川欽一郎水彩畫展〉《雄獅美術》42(1974.8)，頁124。

雄獅美術社　　〈陳進作品選介〉《雄獅美術》72(1977.2)，頁70-72。

雄獅美術社　　〈黃土水彫刻專輯採訪過程〉《雄獅美術》98(1979.4)，頁48-
　　　　　76。

雄獅美術社　　〈林玉山作品欣賞輯〉《雄獅美術》100(1979.6)，頁25-52。

雄獅美術社　　〈洪瑞麟作品欣賞輯〉《雄獅美術》101(1979.7)，頁30-54。

雄獅美術社　　〈郭雪湖作品欣賞輯〉《雄獅美術》102(1979.8)，頁42-56。

雄獅美術社　　〈陳夏雨作品欣賞輯〉《雄獅美術》103(1979.9)，頁34-53。

雄獅美術社　　〈團聚：記陳澄波遺作展〉《雄獅美術》107（1980.1），頁96-
　　　　　97。

雄獅美術社　　〈郭柏川作品欣賞〉《雄獅美術》110(1980.4)，頁70-79。

雄獅美術社　　〈追憶李梅樹的六個年代〉《雄獅美術》145（1983.3），頁26-
　　　　　28。

雄獅美術社　　〈李梅樹墓園竣工記實〉《雄獅美術》167(1985.1)，頁26。

雄獅美術社　　〈悼畫家陳德旺先生〉《雄獅美術》167(1985.1)，頁27。

雄獅美術社　　〈展望「省展」新紀元座談會紀錄〉《雄獅美術》1979.3，頁84-
　　　　　95。

雄獅美術社　《黃土水─臺灣美術家1》臺北：雄獅，1979。

雄獅美術社　《陳夏雨》臺北：雄獅，1979.8。

黃才郎　〈一條筆直而深入的路 ── 崇高寫實的李梅樹〉　《雄獅美術》 107
　　　　(1980.1)，頁 28-55。

黃才郎　〈熱心教育的李梅樹〉《雄獅美術》 107(1980.1)，頁 56-58。

黃才郎　〈參與美術運動的李梅樹〉《雄獅美術》 107(1980.1)，頁 58-59。

黃才郎　〈從事地方建設的李梅樹〉《雄獅美術》 107(1980.1)，頁 60-61。

黃才郎　〈用油畫表現東方藝術氣質的開拓者 ── 郭柏川〉《雄獅美術》 110
　　　　(1980.4)，頁 48-55。

黃才郎　〈精煉而美麗的感情 ── 郭柏川的繪畫藝術〉《雄獅美術》 110(1980.
　　　　4)，頁 56-69。

黃才郎　《臺灣美術全集10─郭柏川》臺北：藝術家，1993。

黃冬富　〈日據時期高雄地區的美術發展〉《炎黃藝術》 30(1992.2)，頁 10。

黃春秀　〈秉時現世精神的畫家──陳進〉《雄獅美術》 109 (1980.3)， 頁 40-
　　　　47。

黃春秀　〈再創自然──楊三郎採訪略記〉《雄獅美術》 176(1985.10)，頁 95-
　　　　101。

黃春秀編　《黃土水雕塑展》臺北：國立歷史博物館，1989。

黃朝湖　〈本土臺發回歸本土的畫家葉火城〉《雄獅美術》 169(1985.3)，頁 92-
　　　　94。

黃葆芳　〈關於臺灣畫家王白淵〉《七十年代》 1975.5，頁 77。

愛力根畫廊　《張萬傳畫册》臺北：愛力根畫廊，1987.5。

新竹書畫益精社　《現代臺灣書畫大觀》新竹：書畫益精社，1929。

楊三郎　〈跑走不完的路〉《臺北文物》 3:4，頁 73-76。

楊三郎　〈私の製作氣分〉《臺灣文藝》 2:8&9(1935.8)，頁 73。

楊三郎　〈臺灣繪畫的回顧〉《臺灣文獻》 26.4與27.1合刊本 (1976.3)，頁 303-
　　　　306。

楊啓東　〈美的人生─記作協中分會美術寫生比賽作品展覽〉《民聲日報》，日
　　　　期不詳。

楊啓東　〈看顏水龍氏的個展〉《民聲日報》，日期不詳。

楊啓東　〈陳永森畫展觀感〉《民聲日報》1954.2.15。

楊啓東　〈看日本畫展〉《民聲日報》1955.3.22。

楊啓東　〈看第五屆中部美展隨感〉《民聲日報》1955.4.3。

楊啓東　〈看第三屆紀元美展〉《民聲日報》1955.12.4。

楊啓東　〈第11屆省展觀感〉《民聲日報》1955.12.6。

楊啓東　〈看中縣美展〉《民聲日報》1956.3.8。

楊啓東　〈高一峰美展觀後感〉《民聲日報》1956.7.24。

楊啓東　〈臺陽展觀後感〉《民聲日報》1956.8.23。

楊啓東　〈美展觀後〉《民聲日報》1957.12.16。

楊啓東　〈第八屆中部美展觀後〉《民聲日報》1958.3.31。

楊啓東　〈看藍蔭鼎遊美畫展〉《民聲日報》1958.4.4。

楊啓東　〈省美展觀後〉（一）（二）《民聲日報》1958，日期不詳。

楊啓東　〈王育仁的畫展〉《民聲日報》1959.8.2。

楊啓東　〈欣賞省美展印象〉《民聲日報》1960.1.25。

楊啓東　〈評文霽水彩畫展〉《民聲日報》1960.6.12。

楊啓東　〈自述、文學、美術隨感〉《臺灣文藝》100(1986.5)，頁113-114。

楊啓東　〈發展精神文化的捷徑〉《臺灣文藝》106(1987.7-8)，頁168-171。

楊啓東　〈論廖繼春其人其畫〉《臺灣文藝》110(1988.3-4)，頁176-187。

楊啓東　〈陳澄波的人與他的藝術〉《臺灣文藝》1989.1-2，頁140-151。

楊維哲　〈我的爸爸楊啓東先生〉《臺灣文藝》106(1987.7-8)，頁164-167。

楊維嶽　《族譜資料》國學文獻館，M1392240，(25-24,25-25)。

楊熾宏　〈寫眞巨匠李梅樹〉《藝術家》1979.9，頁140-145。

葉火城　《葉火城油畫選集》臺中：葉火城，1977.3。

葉火城　《葉火城油畫集》臺中：葉火城，1985.3。

董日福　　〈懷念恩師（郭柏川）〉《雄獅美術》38(1974.4)，頁26-27。

雷　田　　〈從「臺陽」的歷程談時代樣式——寫於四十屆臺陽展前夕——〉《雄
　　　　　　獅美術》1979.9，頁28-39。

雷　田　　〈放浪的詩魂——鄭世璠〉《藝術家》1975.6，頁73-79。

雷　田　　〈像塞尙從畫壇隱退的人們〉《藝術家》1975.7，頁128-131。

雷　田　　〈風景畫家蔡蔭棠〉《藝術家》1975.8，頁89-94。

雷　田　　〈呂基正的山與咖啡〉《藝術家》1975.9，頁101-105。

雷　田　　〈陶醉於自然的許深州〉《藝術家》1975.10，頁137-141。

雷　田　　〈林顯模的美女〉《藝術家》1975.10，頁58-61。

雷　田　　〈孤獨而堅強的顏水龍〉《藝術家》1975.12，頁87-97。

雷　田　　〈追求和諧的廖繼春〉《藝術家》1976.1，頁135-141。

雷　田　　〈閨秀畫家之陳進〉《藝術家》1976.3，頁102-110。

雷　田　　〈中日畫壇女傑柴原雪〉《藝術家》1976.4，頁135-141。

雷　田　　〈孤高嚴肅的李石樵〉《藝術家》1976.5，頁111-117。

雷　田　　〈黃碧月的孤獨純潔歷程〉《藝術家》1976.10，頁91-95。

雷　田　　〈自稱星期日畫家的羅美棧、黃混生〉《藝術家》1976.11，頁134-
　　　　　　140。

雷　田　　〈剛直不阿的張義雄〉《藝術家》1976.12，頁120-125。

雷　田　　〈抒情浪漫的沈哲哉〉《藝術家》1977.4，頁143-153。

雷　田　　〈喜愛廟宇的張炳堂〉《藝術家》1977.5，頁110-116。

雷　田　　〈黃靈芝的蘭花雕塑與文學〉《藝術家》1977.7，頁98-102。

雷　田　　〈炭坑畫家洪瑞麟〉《藝術家》1977.10，頁90-97。

雷　田　　〈浪漫瀟灑的林之助〉《藝術家》21(1977.9)，頁116-125。

雷　田　　〈對自然熱忱的葉火城〉《藝術家》22(1977.3)，頁137-139。

雷　驤　　〈廖繼春訪問記〉《雄獅美術》29(1973.7)，頁64-73。

雷　驤　　〈五十年繪畫經驗談——話林玉山〉《雄獅美術》30(1973.8)，頁73-
　　　　　　81。

廖雪芳　〈爲東洋畫正名——兼談林之助的膠彩畫〉《雄獅》72(1977.2)，頁45-
　　　　53。

廖雪芳　〈追求純粹藝術的畫家——陳德旺其人其畫〉《雄獅》176(1985.10)，
　　　　頁136-142。

廖雪芳　〈崇高寫實的李梅樹〉《雄獅美術》48(1975.2)，頁100-106。

廖雪芳　〈畫風堅實的水彩畫家李澤藩〉《雄獅美術》53(1975.7)，頁121-
　　　　128。

廖雪芳　〈看李石樵的繪畫長路〉《雄獅美術》63(1976.5)，頁59-69。

廖雪芳　〈寫實浪漫的老畫家楊三郎〉《雄獅美術》94(1978.12)，頁75-81。

廖雪芳　〈到泥土和勞動中會見藝術的洪瑞麟〉《雄獅美術》101(1979.7)，頁6-
　　　　30。

廖雪芳　《當代藝術家訪問錄（二）》臺北：雄獅，1980再版。

彰化縣立文化中心　《彰化縣先賢書畫專集》彰化縣立文化中心，1988。

漢　霜　〈李澤藩水彩畫展〉《藝術家》39(1978.8)，頁154。

碩　之　〈心專志堅的畫家郭柏川〉《雄獅美術》38(1974.4)，頁4-7。

臺中市立文化中心　《張錫卿八十回顧展》臺中市立文化中心，1988。

臺中縣立文化中心　《中華民國七十六年文藝季地方美展 —— 臺中縣美術家聯
　　　　展》臺中縣立文化中心，1987.12。

臺中縣立文化中心　《臺中縣美術發展史》臺中縣立文化中心，1987。

臺中縣立文化中心　《臺中縣美術家聯展》臺中縣立文化中心，1987。

臺中縣立文化中心　《林有德水彩畫展專輯》臺中縣立文化中心，1988。

臺中縣立文化中心　《呂璞石、廖德政雙人展專輯》臺中縣立文化中心，1989。

臺中縣立文化中心　《張炳南油畫展專輯》臺中縣立文化中心，1989。

臺中縣立文化中心　《楊啓東回顧展專輯》臺中縣立文化中心，1989。

臺中縣立文化中心　《葉火城油畫回顧展專輯》臺中縣立文化中心，1989。

臺中縣立文化中心　《林天從油畫專輯》臺中縣立文化中心，1989。

臺中縣立文化中心　《陳慧坤畫展專輯》臺中縣立文化中心，1989。

臺北市文獻委員會　《臺灣先賢書畫特展選集》臺北市文獻委員會，1987。

臺北市立美術館　《楊啓東回顧展》臺北市立美術館，1984。

臺北市立美術館　《陳德旺紀念展畫册》臺北市立美術館，1985。

臺北市立美術館　《美術家年譜》臺北市立美術館，1985。

臺北市立美術館　《陳進畫集》臺北市立美術館，1986。

臺北市立美術館　《石川欽一郎師生展》臺北市立美術館，1986。

臺北市立美術館　《陳慧坤畫集》臺北市立美術館，1986。

臺北市立美術館　《中國—巴黎 —— 早期旅法畫家回顧展專輯》臺北市立美術
　　　　　　　館，1988。

臺北市立美術館　《李石樵的繪畫世界》臺北市立美術館，1988。

臺北市立美術館　《郭雪湖七十作品展》臺北市立美術館，1989。

臺北市立美術館　《臺灣地區現代美術的發展》臺北市立美術館，1990。

臺北市立美術館　《臺灣早期西洋美術回顧展》臺北市立美術館，1990。

臺北市立美術館　《廖德政回顧展》臺北市立美術館，1991。

臺北市立美術館　《楊三郎回顧展》臺北市立美術館，1990。

臺北市立美術館　《生命之歌：劉啓祥回顧展》臺北市立美術館，1988。

臺北市立美術館　《中國‧現代‧美術—兼論日韓現代美術國際學術研討會論文
　　　　　　　集》臺北市立美術館，1991。

臺北市立美術館　《東心美學與現代美術研討會論文集》　臺北市立美術館　，
　　　　　　　1992。

臺灣文藝　〈臺灣畫壇老將——張萬傳先生的畫展〉《臺灣文藝》 89(1984.7)，
　　　　　頁 192-193。

臺灣文藝　〈臺灣學院中的素人畫家 —— 陳澄波〉《臺灣文藝》 105 （1987.5-
　　　　　6），頁 65-66。

臺陽美術協會　《臺陽美術》臺北：同會，1977。

銘　昇　〈陳澄波人體速寫遺作展〉《雄獅美術》 130(1981.12)，頁 41。

劉三豪　〈臺灣日據時代民間性畫家潘春源〉《藝術家》 1977.3，頁 99-104。

劉文三　　〈六十歲的畫家——寫廖繼春六十歲那一年〉《雄獅美術》144(1983.
　　　　　2)，頁113-117。

劉文三　　《廖繼春繪畫之研究》藝術家，1988。

劉其偉　　〈臺灣的先輩水彩畫家——藍蔭鼎〉《藝術家》44（1979.1），頁90-
　　　　　91。

劉耿一　　〈回憶與憧憬：記劉啓祥父子聯展〉《雄獅藝術》1990.7，頁152-
　　　　　156。

劉耿一、曾雅雯　筆錄　〈劉啓祥七十自敍〉《藝術家》1980.5，頁39-65。

劉敏敏　　〈平實中見眞性 —— 水彩畫家李澤藩〉《藝術家》125(1985.10)，
　　　　　頁162-181。

劉晞儀　　〈陳慧坤對時空的探討〉《藝術家》102(1983.11)，頁259。

慧　悟　　〈專精繪畫五十年——訪張萬傳〉《雄獅美術》81(1977.11)，頁125-
　　　　　129。

潘元石　　〈薛萬棟二三事〉《雄獅美術》72(1977.2)，頁77-80。

潘元石　編　《中華民國七十六年文藝季地方美展——臺南市美術家聯展》臺南
　　　　　市文化基金會，1988。

蔡文怡　　〈訪廖繼春的學生和友人〉《雄獅美術》63(1976.5)，頁24-31。

鄭世璠、賴傳鑑、賴武雄、謝孝德　等〈期待於全省美展——〉《雄獅美術》
　　　　　1979.1，頁96-103。

鄭　冰　　〈美的根源就是愛——訪陳慧坤敎授〉《雄獅美術》120（1981.2），
　　　　　頁131-133。

鄭獲義　　《臺灣臺身陳永森在日本畫壇五十年奮鬥史》高雄：鄭獲義，1987。

蔣　勳　　《臺灣美術全集12—洪瑞麟》臺北：藝術家，1993。

黎　蘭　　〈美與愛的播種者—李澤藩〉《雄獅美術》71(1977.1)，頁114-117。

賴傳鑑　　〈彩色的一生——悼廖繼春先生〉《藝術家》1976.3，頁132-133。

賴傳鑑　　〈四十年滄桑話「臺陽」〉《藝術家》1977.9，頁126-137。

霍　剛　　〈回顧東方畫會〉《雄獅美術》1976.5，頁102-107。

龍瑛宗　　〈張文環與王白淵〉《臺灣文藝》23(1982.5)，頁 329-332。

謝里法　　〈七十年代政治史觀的藝術檢驗〉（上）（中）（下）《自立早報》1992.1.
　　　　　　18-20。

謝里法　　〈日本畫家筆下的中國〉（一）～（三），《雄獅美術》67(1976.9)，
　　　　　　頁 10-18；68(1976.10)，頁 91-97；69(1976.11)，頁 74-80。

謝里法　　〈四十三年前文藝座談會節譯〉《雄獅美術》97(1979.3)，頁 96-
　　　　　　104。

謝里法　　〈臺灣近代雕刻的先驅者－黃土水〉《雄獅美術》98(1979.4)，頁 6-
　　　　　　46。

謝里法　　〈黃土水專輯的補充及修正〉《雄獅美術》99(1979.5)，頁 83。

謝里法　　〈林玉山的回憶〉《雄獅美術》100(1979.6)，頁 53-63。

謝里法　　〈郭雪湖四十歲以前生平表(1908-1948)〉《雄獅美術》102(1979.8)，
　　　　　　頁 39-41。

謝里法　　〈四十歲以前的郭雪湖及其藝術——新美術運動裡的“臺灣畫派”〉
　　　　　　《雄獅美術》102(1979.8)，頁 6-38。

謝里法　　〈學院中的素人畫家陳澄波〉《雄獅美術》106(1979.12)，頁 16-43。

謝里法　　〈色彩之國的快樂使者——臺灣油畫家廖繼春的一生〉《雄獅美術》
　　　　　　118(1980.12)，頁 48-69。

謝里法　　〈從抗戰前第一幅抗日油畫“棄民圖”——談臺灣最早的留日畫家劉錦
　　　　　　堂〉《雄獅美術》141(1982.11)，頁 71-82。

謝里法　　〈遙遠的秋海棠－記一位旅居北平的畫家張秋海〉《雄獅美術》156
　　　　　　(1984.2)，頁 75-78。

謝里法　　〈三十年代上海、東京、臺北的美術關係〉《雄獅美術》160(1984.
　　　　　　6)，頁 158-169。

謝里法　　〈妾悔作君婦，好爲名利牽——記三十年代在北平成名的一位臺灣畫家
　　　　　　王悅之〉《雄獅美術》161(1984.7)，頁 100-106。

謝里法　　〈臺灣東洋繪畫的第五度空間〉《雄獅美術》1977.2，頁 28-42。

謝里法　〈從沙龍、畫會、畫廊、美術館——試評五十年來臺灣西洋繪畫發展的
　　　　　四個過程〉《雄獅美術》1982.10，頁37-49。

謝里法　《重塑臺灣的心靈》臺北：自由時代，1988。

謝里法　《臺灣臺土人物誌》臺北：臺灣文藝雜誌社，1984。

謝里法　《日據時代臺灣美術運動史》臺北：藝術家，1978。

謝里法　編　《廿世紀臺灣畫壇名家作品集1》美國漢方醫藥研究所，1983。

謝　崧　〈一代藝人謝琯樵〉《臺北文物》4.3(1955.11)，頁59-66。

蕭瓊瑞　《臺灣美術史研究論文集》臺北：伯亞，1991。

鍾克豪　〈臺灣元老國畫家林玉山〉《時代生活》16(1985.8)，頁3。

舊　白　〈願教育以終身（李澤藩）〉《雄獅美術》114(1980.8)，頁113-115。

藍蔭鼎　《畫我故鄉》時報臺版社，1979。

顏水龍　〈舊地重遊〉《藝術家》2(1975.7)，頁2-3。

顏水龍　〈發展臺灣工藝〉《藝術家》20(1977.1)，頁6。

顏水龍　〈我與臺灣工藝 —— 從事工藝四十年的回顧與前瞻〉《藝術家》33
　　　　　(1978.2)，頁7-13。

顏水龍　《臺灣工藝》臺北：光華，1952。

顏娟英　〈從肖像畫到空間宇宙之畫 —— 李石樵畫展〉《現代美術》第21期
　　　　　(1988.11)，頁18-23。

顏娟英　〈寫生與自畫像〉《臺灣美術年鑑'90》臺北：雄獅，1990，頁445-
　　　　　450。

顏娟英　〈臺灣早期西洋美術的發展一～三〉《藝術家》1989.5-7，頁142-
　　　　　163，頁140-161，頁178-191。

顏娟英　〈日據時代臺灣美術研究之回顧〉「民國以來國史研究回顧」討論會論
　　　　　文，臺大，1989，臺版中。

顏娟英　〈一九三〇年代美術與文學運動〉《日據時期臺灣史國際為術研討會論
　　　　　文集》，臺北：臺灣大學歷史系，1992，頁535-554。

顏娟英　《臺灣美術全集1—陳澄波》臺北：藝術家，1991。

顏娟英　　〈日據時期臺灣美術史大事年表——西元一八九五年至一九四四年〉
　　　　　《藝術學》8（1992.9），頁57-98。

顏娟英　　《臺灣美術全集11—劉啓祥》臺北：藝術家，1993。

魏清德　　〈謝琯樵其姊謝藝史附 —— 流寓臺北市之書畫家〉《臺北文物》3.1
　　　　　（1954.5），頁96-97。

魏清德　　〈龍山寺釋迦佛像和黃土水〉《臺北文物》8.4(1960.2)，頁72。

龐靜平　　〈葉火城油畫展〉《藝術家》142(1987.3)，頁241。

藝術家　　《廖繼春畫集》臺北：藝術家，1980。

藝術家資料室　〈李梅樹藝術生涯簡介〉《藝術家》94(1983.3)，頁49-50。

藝術家雜誌社　〈廖繼春作品選輯〉《藝術家》10(1976.3)，頁134-136。

藝術家雜誌社　〈廖繼春作品選輯〉《藝術家》10(1976.3)，頁134-136。

藝術家雜誌社　〈崇尙寫實的李梅樹〉《藝術家》101(1983.10)，頁233。

藝術家雜誌社　〈陳德旺年譜〉《藝術家》116(1985.1)，頁111。

藝術家雜誌社　〈林之助做爲花的朋友〉《藝術家》120(1985.5)，頁89。

藝術家雜誌社　《藍蔭鼎水彩專輯》藝術家臺版社，1979。

蘇新田　　〈九段油畫家李石樵教授〉《雄獅美術》105(1979.11)，頁41-44。

鶴田武良　編　〈民國期美術學校畢業同學錄，美術團體會員錄集成—和泉市久
　　　　　保惣記念美術館〉《久保惣紀念文化財團東洋美術研究所紀
　　　　　要》2・3・4，1991。

圖1　林玉山　1927　大南門　第一回臺展

圖2　林玉山　1935　故園追憶　第九回臺展

圖3 黃土水 蕃童
1920 第二回帝展

圖4 黃土水
1921 甘露水 第三回帝展

圖5 黃土水 1926
釋迦出山像

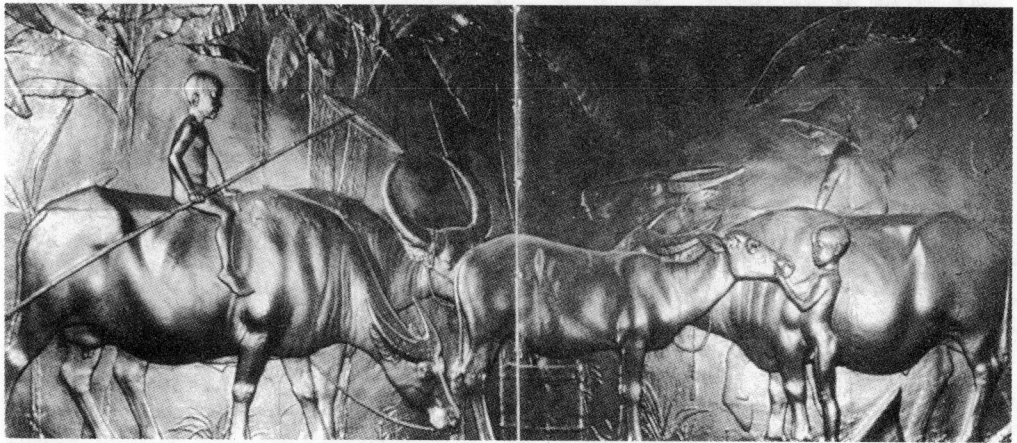

圖6 黃土水 1930 水牛群像

1880　1890　1900　1910　1920　1930　1940　至1945止
（明治13）（明治23）（明治33）（明治43）（大正9）（昭和5）（昭和15）

89東京美術學校

96西洋畫科設立

96日本繪畫協會——98日本美術院——14再興日本美術院

97日本南畫協會

07國畫玉成會

07日本彫刻會

29青龍社

37新興美術院

21日本南畫院

80京都府畫學校

01京都市立繪畫專門學校——09京都市立繪畫專門學校——45京都市立美術專門學校

07文部省美展——19帝國美術院美展——37（新）文部省美展

18帝國美術院創作協會

24槐樹社

32東光會

33旺玄會

87日本美術協會

06關西美術院

01太平洋畫會——29太平洋美術學校

12光風會

15草土社

22春陽會

14日本美術院（洋畫部）

18日本創作版畫協會

18國畫創作協會（日本畫）

26國畫創作協會（洋畫部）

28國畫會

14二科會

20未來派美協

22アクション——26—一九三〇年協會——30獨立美術協

24三科

25造型——27造型美協

36一水會

38九室會

43解散

45行動美術協會

39美術文化協會

37自由美術家協會

26日本普羅美術家連盟美術部

27造型美協

28日本無産者藝術連盟N.A.P.

89明治美術會

96白馬會

87日本美術協會

76工部美術學校

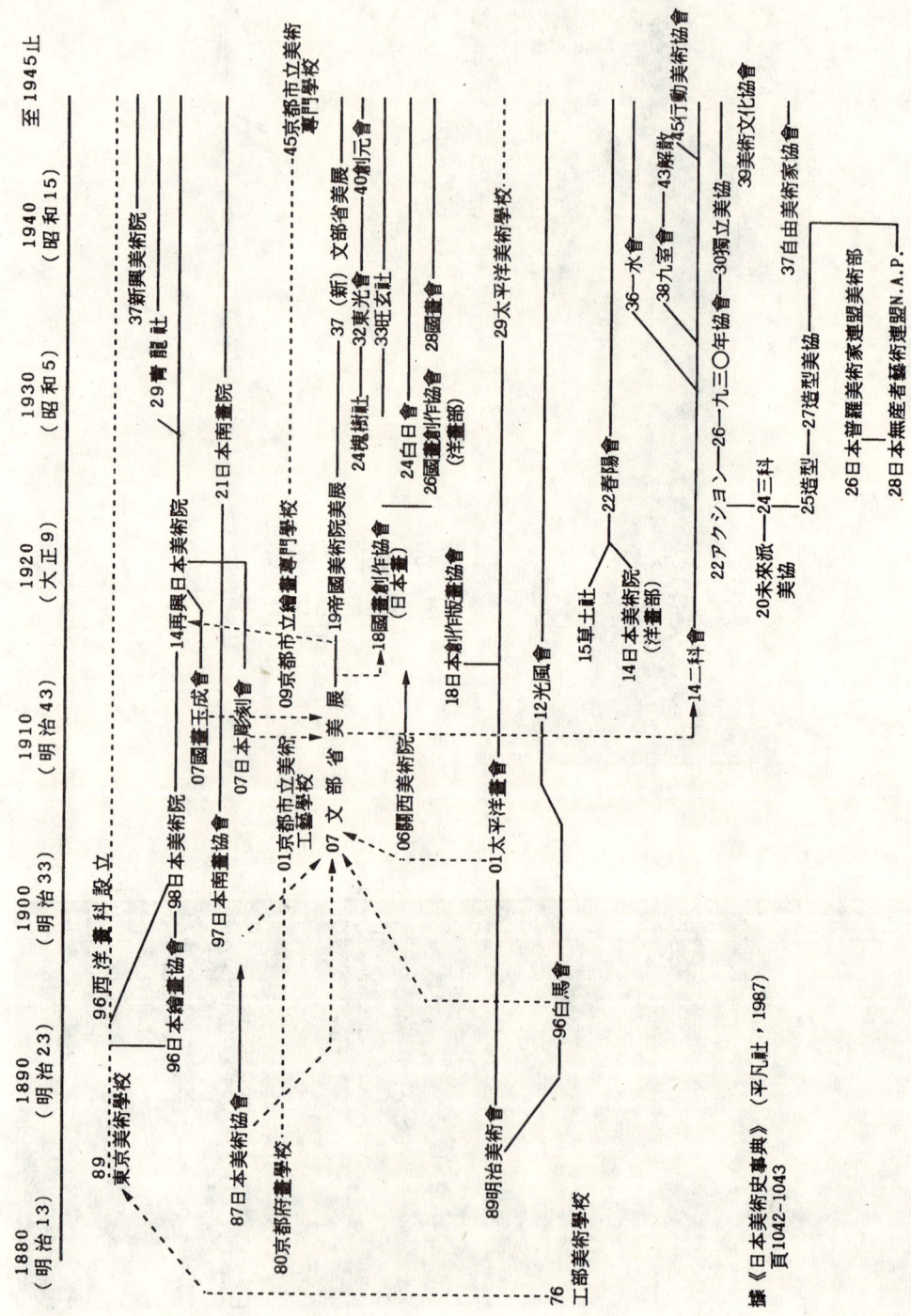

圖7　日本近代畫會組織略圖

據《日本美術史事典》（平凡社，1987）頁1042-1043

圖8 陳植棋 1927 海邊 第一回臺展特選

圖9 陳植棋 1930 淡水風景 第十一回帝展

圖10　何德來　1964　多摩川之秋

圖11　劉錦堂　1921－23
自畫像

圖12　劉錦堂　1928—29　芭蕉圖

圖13　劉錦堂　1929—34　亡命日記

圖14 陳澄波1926 嘉義の町はづれ 第七回帝展

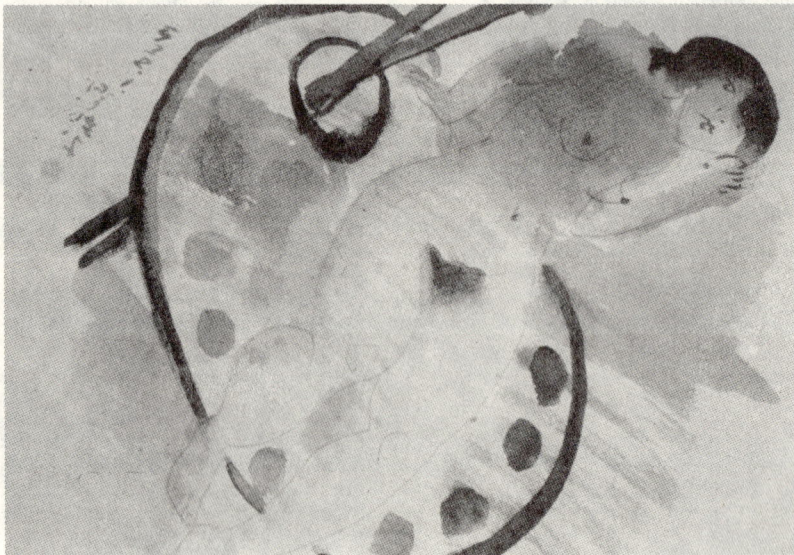

圖15 陳澄波 1932 淡彩素描

圖16 陳澄波 1929 早春（西湖）

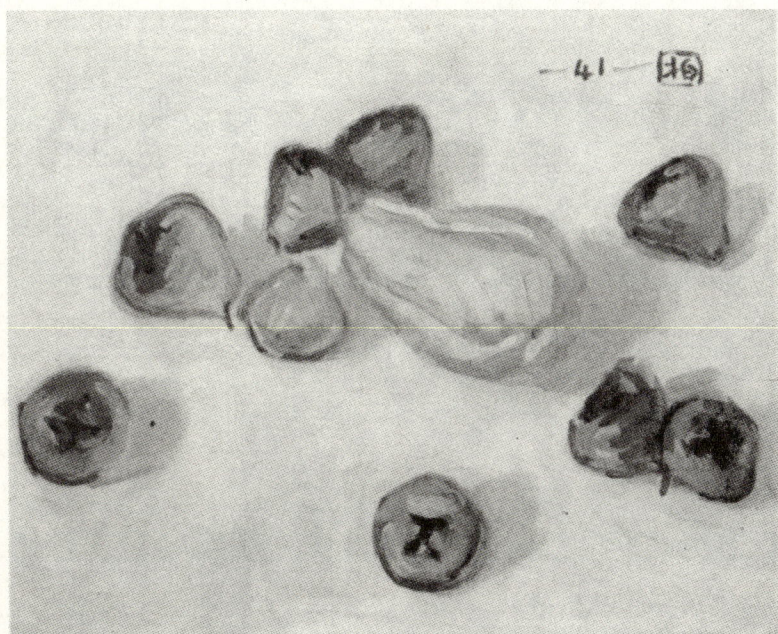

圖17 郭柏川 1952 蓮霧與佛手

圖18 郭柏川 1955
瓶花

圖19 陳清汾 1934 空のない風景 第八回臺展

圖20 顔水龍 1933
K孃 第七回臺展

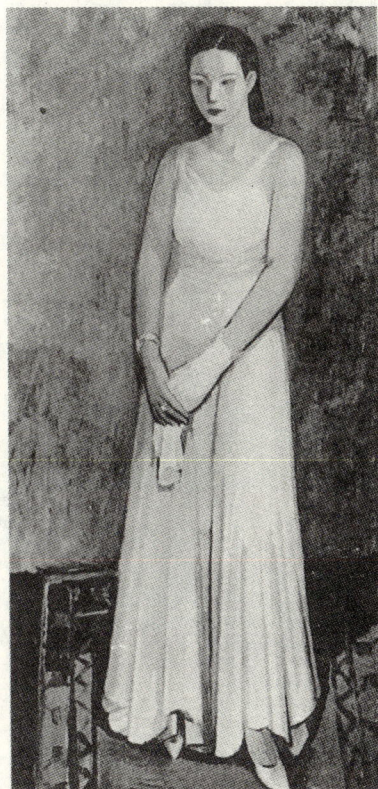

圖21 顔水龍 1935 紅頭嶼之娘 第九回臺展

圖22　顏水龍（中）與楊三郎（左）、劉啓祥（右）1932　合照於馬賽港

圖23　楊三郎　1934　南歐カーヌ

圖24　劉啓祥於羅浮宮　1932-34　莫奈「浴女」摹畫中

圖25　劉啓祥於羅浮宮　1932-34
馬奈「吹笛少年」摹畫中

圖26　劉啓祥　1933　紅衣
　　　巴黎秋季沙龍

圖27　劉啓祥　1935　くつぢひ女
　　　第九回臺展